# 东阳财税志

东阳财税志编纂委员会　编

方志出版社
Publishing House of Local Records

**图书在版编目(CIP)数据**

东阳财税志 / 东阳财税志编纂委员会编. -- 北京：方志出版社，2021. 12

ISBN 978-7-5144-4993-8

Ⅰ. ①东… Ⅱ. ①东… Ⅲ. ①地方财政-经济史-东阳②地方税收-经济史-东阳 Ⅳ. ①F812.755.4

中国版本图书馆CIP数据核字（2022）第046210号

**东阳财税志**

**编　　者**：东阳财税志编纂委员会

**责任编辑**：李　静

**出 版 者**：方志出版社

地址　北京市朝阳区潘家园东里9号（国家方志馆4层）

邮编　100021

网址　http://www.zgfzcb.cn

**发　　行**：方志出版社图书营销中心

电话（010）67110500

**经　　销**：各地新华书店

**排版设计**：金华丽泽文化发展有限公司

**印　　刷**：金华市曙光印务有限公司

**开　　本**：889×1194　1/16

**印　　张**：47.25

**字　　数**：1103千字

**版　　次**：2021年12月第1版　　2021年12月第1次印刷

**印　　数**：0001～1500册

ISBN　978-7-5144-4993-8　　定价：480.00元

# 东阳财税志编纂委员会

（2017年12月—2018年12月）

**主　　任**　吕良勇

**副 主 任**　杜希庭　吴正华　单仲尧　韦向东　钟柏青　曹晓红

**成　　员**　周奕明　严徽华　张雪飞　许飞南　王　克　虞红霞
李永刚　杜文康　金旭东　卢海峰　葛宏亮　陈岩金
方晓峰　王兆伟　陈洪升　胡金良　徐德洪　胡耀华
张　平　朱航军　陈小明　马国成　俞继萍　华　伟
严宝群　张忠孝　吴永强　金　华　金平平　任　俊
宗庆红　陈俊刚　邵良高

（2019年1月—2021年12月）

**主　　任**　徐育阳

**副 主 任**　韦向东　钟柏青　金旭东　严徽华

**成　　员**　徐宏刚　程　婧　李永刚　郭红军　陈俊刚　葛宏亮
陈洪升　邵良高　王　克　张向华　申屠静静
韦　刚　范丽华　杜文康　任　俊　卢光霄　金　华
吴永强　王兆伟

# 东阳财税志编辑部

**主　　编**　吴正华

**执行主编**　马樟云

**特邀编审**　严梅兰

**编辑人员**　倪新火　吴时根　范丽华　沈　沉　楼新泉

　　　　　　王晗倩

**封面题字**　林　建

1991 年，东阳市财税局机关干部合影

1997 年，东阳市国税、地税机构分设全体财税干部合影

2009年，东阳市财政、地税局全体干部合影

1999年，东阳市财政、地税局领导班子成员合影

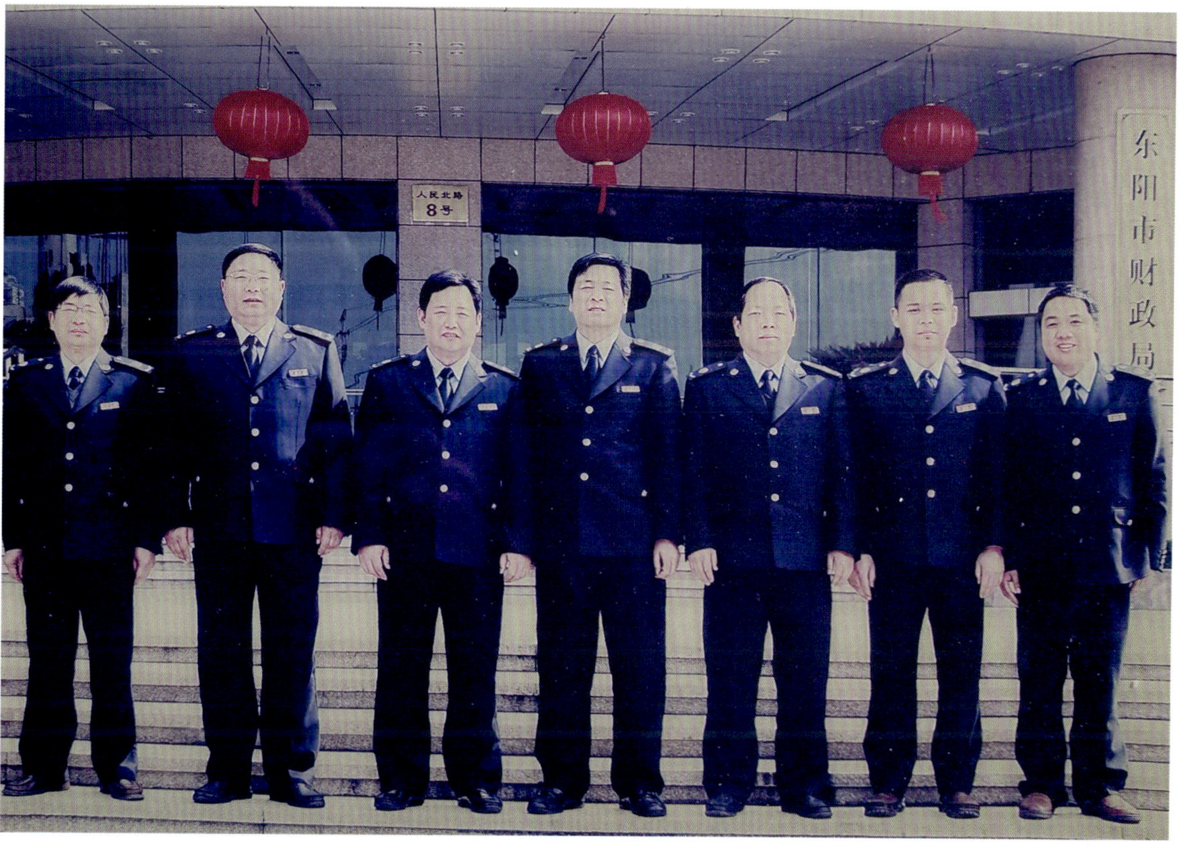


2009年，东阳市财政、地税局领导班子成员合影

2012年，东阳市财政、地税局年中工作会议

2017年，东阳市财政、地税局干部参加“东阳铁军”入列仪式

2020年，东阳市财政局“不忘初心、牢记使命”主题教育总结会议

2021年，东阳市财政局优秀公务员表彰大会

授予吴宁财税所的奖杯
（1986 年）

授予吴宁财税所的锦旗
（1987 年）

授予吴宁财税所的锦旗
（1989 年）

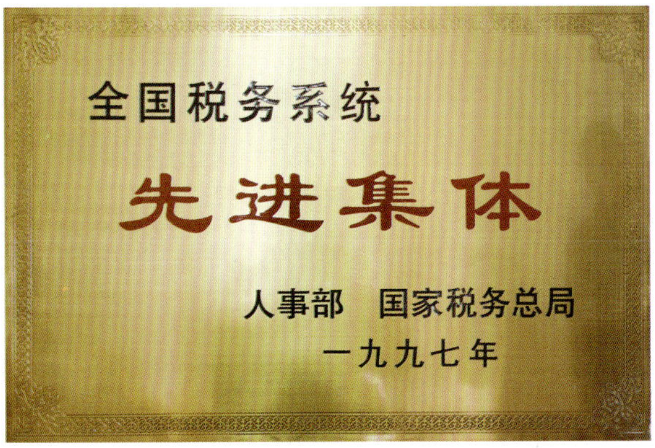


授予吴宁地税分局的奖牌
（1997 年）

授予东阳市行政事业单位会计核算中心的称号
（2007 年）

授予东阳市地税局吴宁分局的称号
（2009 年）

授予东阳市地税局吴宁分局的奖牌
（2009 年）

①
②
③

① 1973年3月—1988年10月，黉门前10号财税局办公门楼

② 1997年8月—10月，人民路69号原国税办公大楼

③ 1988年10月—2005年10月，吴宁东路38号财税办公大楼

2005年10月启用的人民北路8号东阳市财政局办公大楼

《东阳财税志》编辑人员合影

# 序

盛世修志，志载盛世。习近平总书记指出“要高度重视修史修志”。志书具有“存史、资政、教化”功能，修志是一项继往开来、服务当代、有益后世的千秋事业。《东阳财税志》历时四年终于付梓了，这是我市财税史上的盛事，也是东阳财税文化建设取得的重大成果，可喜可贺！

财政是国家政权活动的重要基础，也是推动经济发展和社会进步的重要手段。东阳自唐至今，被称为“婺之望县”“百工之乡”“工艺美术之乡”“建筑之乡”“教育之乡”“世界木雕之都”“影视文化名城”。东阳人崇文重教、精工善艺、大气包容、创新图强。东阳的财政经济历史发展源远流长，自汉兴平二年（195）设县治就有财税活动，但由于年代久远，资料湮灭，无法追述。南宋时，有官府为征收赋税而编制的土地簿册——鱼鳞图册，遗憾的是，绝大多数册籍已遗失。从文献记载可知，东阳在明成化十八年（1482）、万历九年（1581）进行大规模的土地清丈及鱼鳞图册攒造，是金华府的主要税源之地。清至民国，时间跨度长，值天下动荡，书契遗失，难以梳理还原。民国时期军阀混战，财政秩序混乱，税制屡经变异，县级财税来源枯竭，地方政府陷入穷途末路的困境。中华人民共和国成立后，东阳财税事业日新月异，特别是改革开放使东阳财政收支规模迅速扩大，财税对经济社会发展的支撑、保障、促进作用影响日增，并相继进行了一系列以强化财政管理为主要内容的改革，初步建立起全方位的财政预算管理和监督体系，增强了政府对地方财力的综合调控能力，促进了市场经济和社会各项事业的健康发展；积极稳妥地推行税制及其征管改革，基本形成了适应社会主义市场经济体制要求的现代税收制度和征管体系；国有资产监管体制逐步建立完善，努力实现国有资产的保值增值。

本志总计110余万字，设置9篇，以章、节、目分述。结构上采用述、记、志、录、图、表等体记述，内容丰富，资料翔实，体现浓厚的地方特色。编写人员本着科学、严谨、求实的原则，查阅并考证了大量文件、资料、报表，走访了财税系统的老领导、业务骨干，遵循志书的规范要求，采用简朴、平实的文风，真实客观地记录东阳财政、税务、国资发展的历史脉络，全面系统地记叙了东阳财政、税务、国资改革发展的辉煌历程，彰显了东阳市财政、税务、国资创新务实、锐意改革的进取精神。该志不仅为财政、税务、国资事业留存了资料性文献，更是东阳财政、税务、国资工作宝贵的精神财富。

读史可以明智，知古方能鉴今。在《东阳财税志》付梓之际，谨向各编委和全体编撰人员致以崇高的敬意，向关心支持编修工作的广大财政、税务、国资部门干部职工以及社会各界朋友表示衷心地感谢！

东阳市财政局党组书记 局长 徐齐阳

2021年12月28日

# 凡　例

一、本志以马克思列宁主义、毛泽东思想、邓小平理论、“三个代表”重要思想、科学发展观、习近平新时代中国特色社会主义思想为指导，坚持辩证唯物主义和历史唯物主义的立场、观点和方法，运用资料，考订史实，实事求是地记述东阳财税、国资事业发展历程。

二、记事上溯事物发端，下迄2018年底，中华人民共和国成立后作重点记述。有关人事变动与大事记延至2021年12月底。

三、本志采用述、记、志、录、图、表等体记述，不作评论。

四、本志按内容性质分类设篇，篇下设章、节、目。

五、中华人民共和国成立前用中国历史纪年，并括注公元纪年，同一年号在同一段落再次出现时则括注略。

六、历史上政区、机构、官职、地名等，均沿用历史旧称，有必要时加括号说明。通用名首次用全称，并括注简称，后用简称。1988年5月东阳撤县设市，此前称“东阳县”，此后称“东阳市”。

七、所用计量单位，中华人民共和国成立前度、量、衡和货币单位，均按当时记载；中华人民共和国成立后使用法定计量单位。货币按新人民币计（旧币制的已作换算）；保留土地面积计量单位“亩（市亩）”。

八、本志资料来源于档案、正史、旧志、年鉴、报章、专著、刊物以及采访、口碑资料，并经考证，一般不注明出处。数据原则上依据财政、税务和国资部门的年度决算、年度报表等统计资料，具体业务数据参用各相关部门档案资料和财税、国资部门各业务科室提供的统计数字，经考证鉴别后入志。

# 目　录

CONTENTS

# 概　述

东阳地处浙江省中部，北纬28°　58'～29°　30'，东经120°　05'～120°　44'。东西长64.5千米，南北宽58.7千米，市域总面积1747平方千米。属亚热带季风气候区，年平均气温17℃，年平均日照2002小时，年平均降水量1351毫米。气候温和，雨量充沛，空气湿润，四季分明，光照充足。

东阳境内地形以丘陵和盆地为主，占总面积的69.2%。会稽山脉、大盘山脉延伸入境，形成三山夹两盆、两盆涵两江的地貌。地势东高西低，中部山峦自东向西，将境域分为南乡和北乡。境内主要河流东阳江、南江主流走向由东向西，经婺江、兰江流入钱塘江。交通便捷，已建成的甬金高速、诸永高速、东永高速及多条国道、省道在境内交叉而过；在建杭温高铁、金甬铁路、金义东轻轨穿境东阳，将结束东阳没有铁路的历史；横店通用机场为浙中地区通用航空业务的运营中心。东阳已然成为浙中综合交通之枢纽。

东阳历史悠久，人文荟萃。东汉兴平二年（195）建县，1988年撤县建市，迄今已有1800多年的历史，素有“婺之望县”“歌山画水”之美称。东阳是省级历史文化名城，有“教育之乡、建筑之乡、工艺美术之乡、文化和影视名城”（三乡一城）的美誉。在古代有唐代名仕冯宿、舒元舆，南宋参知政事葛洪，明末清初大学士张国维等；在现代有北伐名将金佛庄、新闻先驱邵飘萍等；在当代有科学泰斗严济慈、植物学家蔡希陶、物理学家潘建伟等。1989年《人民日报》曾以“百名博士汇一市，千位教授同故乡”称赞东阳的教育，截至2021年，有东阳籍两院院士11名，1300余名博士和博士后，1万余名教授和副教授。

东阳的社会经济随着时代的进步而砥砺前行。在明代以前主要是封建小农经济模式，但因人多地少，且土地大多贫瘠，为图生计，明清时期，泥木工匠、织布印染等家庭副业渐渐兴起，逐步形成了以泥工、木工、木雕、竹编为代表的传统手工产业，至民国21年（1932），已有各类工匠60余种，素有“百工之乡”之称。中华人民共和国成立后，国有、集体经济迅猛发展。改革开放后，乡镇集体企业和民营个体经济快速崛起，在大力发展电子、化工、医药、建材、机械、家具等传统产业的同时，着力促进建筑、旅游、影视文化等第三产业和外向型经济的发展，并经过产权制度改革，全市以民营经济为主导，多种所有制经济并存，一、二、三产业全面发展，独具特色的社会主义市场经济模式基本形成。2018年末，全市辖有6个街道、11个镇和1个乡，户籍人口84万人，全市实现生产总值585亿元，其中第一产业16.8亿元、第二产业276.5亿元、第三产业291.7亿元；实现财政总收入112.4亿元，其中地方财政收入65.8亿元；居民人均可支配收入达43500元；多项经济指标的规模或增速位居金华各县(市)前列。同时,经济的持续快速发展,促进了社会各项事业的飞速进步,改革开放以来,东阳先后创建了多张国家级或省级的亮丽名片:浙江省首批小康县市、首批文明城市、首批旅游经济强市、全国县域经济百强县(市)、全国优秀旅游城市、中国恐龙之乡、国家卫生城市、国家森林城市、国家园林城市、世界木雕之都等。

## 一

春秋时,东阳为吴、越之地;战国时属楚。越王勾践七年(前490),吴王遣勾践等归国,勾践在越国改革内政,舍衍令,轻征赋;十一年(前486)采用计然之策,实行平粜法,平衡谷价。其间,为了适应社会生产力进一步发展的需要,各国相继进行全面的政治经济制度改革,先是鲁国君主于鲁宣公十五年(前594),废除公田制,承认土地私有,实行"初税亩",按照田亩的数额课税,"履亩十取一也",后有齐国实行"相地而衰征"、秦国实施"废井田,开阡陌"等,有力促进了封建经济和社会的发展壮大。春秋后期出现了"税",主要征收实物,此时赋、税逐渐合一。

秦王政二十六年(前221),秦灭六国,"初并天下",推行郡县制,东阳之地分属诸暨、乌伤县,属会稽郡。秦朝建立了史上第一个封建专制主义的中央集权制国家,此后至清代,整个封建社会历朝历代均实行中央集权统治,财政税收制度也相应地实行国家统一管理制度,由中央统收统支,地方只负责赋税钱粮征收,征收的赋税收入全额上缴中央,地方所需各项支出由中央拨付。

秦朝赋敛愈重,戍徭无已,除田租口赋和各种劳役兵役外,复有各种杂税,百姓负担20倍于古,终因横征暴敛,二世而亡。西汉王朝建立后,实施轻徭簿赋政策,实行十五税一,汉景帝元年(前156)五月"令田半租",即三十税一。至西汉末税负有所加重,实际税负重达十税其五。东汉初实行十税一,光武建武中复三十税一,至汉献帝循而未改。

汉兴平二年(195),析诸暨置汉宁县,为东阳建县之始。属会稽郡,隶扬州。

三国时期的田赋实行租调制,亦称田租户调制,沿袭秦汉的田租口赋制度演变而来的,是曹魏始创,也是魏晋南北朝时期的主要赋税制度,至唐代成为租庸调制的先导。另外,三国时期工商税有关税、市税和杂税,另有课于航路交通的桁税、牛埭税,课于富室的赀税等。

唐初实行租庸调制,武德七年(624),颁布均田法时正式颁布《租庸调法》,其课税对象是田、户、身,纳税形式是租、庸、调,推行以田计租税,以丁计徭役,以户计甲役。建中元年(780),唐德宗采用杨炎建议,废租庸调制实行两税法,将户税、地税及各种杂税统一征收,依户等纳钱,按田亩纳粟,分夏、秋两季征收,实际征收时"以钱谷定税,临时折征杂物",自此,赋税征纳逐渐由实物形态向货币形态过渡。唐代的工商税制度有矿税、关税、商税和杂税等。

宋代田赋承唐制,主要是两税及附加,税额基本不变,但两税存有"折变"与"支移"之法,支移脚费遂成田赋的正税。此外,还有名目繁多的田赋附加。嘉定十年(1217)整顿田赋,始编《鱼鳞册》，由里正、户长、乡书、手课督租赋，夏税以钱计，秋税以米计。宋代的工商税收有矿税、商税、牙契税、商税、市舶课以及还有众多杂税。

元代的田赋分为税粮和科差，税粮取于江北者，叫丁税、地税，此仿唐代的“租庸调法”；税粮行于江南者，叫夏税、秋税，此仿唐代的“两税法”。科差是官府向民户征收财物或派劳役，是元代前未曾有过的田赋税种，在南方包括户钞和包银，相当于唐代的“户调”。元初，江南除江东、浙西只征秋税，元贞二年(1296)九月，定浙东两税法，江南开始征收夏税。秋税征粮(本色)，夏税课物(折色)。元代的工商税有岁课、商税、市舶课、杂税及额外课等，杂税统称额外税，名目繁多，还有各种无名无目的杂征杂敛。

明初田赋基本沿用唐、宋的两税法。万历九年(1581)，因国家赋税收入锐减，偷逃税收严重，张居正改革赋役制度，在清丈土地的基础上，全面推行“一条鞭法”，赋税制度发生重大变化，由历来实行赋役平行征收制，逐渐向赋役合而为一转变，租税制取代了赋役制；随着商品经济和货币流通的日益广泛，田赋始以货币缴纳，货币税逐渐取代了实物税；同时，税粮征收由民收民解转变为官收官解，百姓纳税直接送递官府，由官府委人上解。明代的工商税收包括矿税、关税、商税及其他杂税等，东阳课征的主要有商税、市肆门摊税、酒醋税和其他杂税。

清初，田赋沿用明代“一条鞭法”，顺治至雍正的征额，与明万历时无甚出入。康熙以前，地与丁分，统称地赋、丁赋，均征粮米，康熙五十一年(1712)开始田赋制度改革。康熙五十五年(1716)起，清政府开始实行“摊丁入地、地丁合一”的地丁银制度，将丁税并入田亩征收，比率为“地十丁二”。雍正二年(1724)正式诏令全国推广，至乾隆四十二年(1777)最终全国统一实行，历时50余年，结束了明末清初以来赋税制度各地甚为混乱的状态，真正完成了自唐中期以来赋役合一的改革目标。至清代，随着工商业的发展，近代新税不断涌现，赋税体系不断延伸，是封建税制向近代税制的过渡时期。清前期开征的税种主要有盐税、茶税、关税、矿税、酒税、牙税、当税、契税、牲畜税、落地税、门面税等。至清后期，还开征有房捐、印花税、土药税等，还有多如牛毛的各种杂税杂捐。另外，为填补国家财政长年入不敷出巨额亏空，还开征了“厘金”的税制，它是一种商税，是清后期征收范围最大、苛扰最重、影响最深的一个新税种，厘金的种类很多，且各省征收的方式也不一致。

清后期，满清王朝在面临内忧外患的危机下，为了救亡图存，在推行政治经济改革的同时，也进行了财政改革。光绪三十一年(1905)，筹议立宪，划分国家、地方收支范围，赋予地方财政合法地位。宣统元年(1909)12月，清政府颁布《府厅州县地方自治章程》，其中对府厅州县财政的自治经费、预算及决算作了规定，开始试行中央与地方分税制和划分财权，此乃国家财政管理体制的重大变革，结束了自秦汉以来由中央统收统支的君主集权财政管理制度，实行具有法定意义的地方财政体制。

民国元年(1912)，临时国民政府财政部厘定《国家地方政费标准》，次年，又编制了《国税与地方税法草案》和《国家费目与地方费目暂行标准案》，作为编制财政预算的依据，初步形成国家税与地方税两大系统脉络，呈现以分税制为主、分成制为辅的具有现代意义的财政管理体制雏形。但划分地方财政体系仅及于省，尚未推及县。民国24年（1935）7月，民国政府颁布《财政收支系统法》，财政单位确定为中央、省、县三级，各有独立税源，各县均推行建立县级财政。是年，东阳开始编制地方财政预算，东阳县级财政体制正式运行，当年收入经常门中田赋附加占43.6%，各项税捐占43%。

民国时期的田赋制度主要有正税、田赋附加及带征等。民国初年，田赋制度沿袭清末旧制，南米改称抵补金，正税有地丁和抵补金两种，均折银圆，为国、省两税。民国21年（1932）田赋改制，地丁改称上期田赋，抵补金改称下期田赋，全部征收银圆。民国30年（1941），因时局混乱，物价飞涨，为转嫁通货膨胀，一律改征实物。解放战争时期，因国民党节节败退，人民抗税斗争风起云涌，民国36年（1947），东阳实征借稻谷只完成应征额的6成，次年实征不及两成。除正税外，民国时期还有名目繁多的田赋附加和带征，特别是民国35年（1946）后，国民政府因战争频仍，国库财力空虚，田赋附加名目更多，田赋附加税竟为正税的数倍。

北洋政府时期，开征的工商税收主要有关税、盐税、厘金、烟酒税、契税与验契费、印花税、矿税、牙税、当税、房税、通行税（运输税）、所得税、屠宰税及其他苛捐杂税等。南京国民政府成立后，对北洋政府的旧税制进行了较为彻底的改造，采取收回关税主权、裁撤厘金、改革盐制、创办统税、设立所得税等措施，从而建立了一个以关税、盐税、统税为主体的国家税系统和以田赋、营业税、契税为主体的地方税系统，基本构建了近代资本主义的税制体系。

## 二

1949年5月8日，东阳解放。5月15日东阳县人民政府成立，随后成立东阳县人民政府财粮科，接管民国县政府财政科、田赋粮食管理处和税捐征收处、合作金库，统管全县财政、粮食、金融业务。

中华人民共和国成立初期，百废待兴，国家首先进入三年国民经济恢复时期，东阳财政税收也在艰难中起步。为了克服财经困难，平衡财政收支，稳定金融物价，1950年3月，政务院通过了《关于统一国家财政经济工作的决定》，实行高度集中统一的财政体制，一切财政收支项目、收支程序、供给标准、行政人员编制，均由中央统一规定，区级及以上支出按照中央规定的标准由中央拨款开支1951年，按照“统一领导、分级负责”的原则，将国家财政分为中央、大行政区和省（市）三级财政，并明确划分中央与地方的财政收支范围。这标志全国财政分级管理的开始。但此时省与县尚未进行收支范围的划分，县级的各项收支仍作省级一部分列入省的预算和决算。这一时期，税收的首要任务是保障解放战争和抗美援朝的供给，照顾生产的恢复和发展，以及国家建设之需，清理整顿旧税制，建立健全新中国统一的税收政策与征管制度。1950年1月，中央人民政府政务院颁发《关于统一全国税政的规定》和《全国税政实施要则》，实行多税种、多次征的复合税制。1949年底，全县财政收入为147.2万元，其中主要是农业税收入占98.6%，工商各税收入仅占1.4%。通过三年经济恢复，到1952年底，全县工业总产值784万元，全年财政收入达352万元。

1953年，国家开始进入第一个五年计划建设时期，全国取消大区一级财政，实行中央、省（市）、县三级财政，并相应建立三级预算。该年起，东阳县级财政正式运行，由省规定县级财政的收支范围和年终结余处理办法，由省确定对县级财政实行“以收定支、一年一定”的财政体制。次年，根据邓小平提出的财政工作“六条方针”，财政体制又作了进一步改进，实行“分类分成，以支定收，一年一定”，财政支出由省核定，收支结余不上缴。随着第一个五年计划的完成，中央、省为给县级财政一定的发展经济和各项事业的财力，自1958年起实行“以收定支，三年不变”（后改为五年不变）的财政体制，明确划定地方财政的收支范围，适当扩大地方财政管理权限。10月，东阳、磐安两县合并，县财政合二为一，相应调整分成比例。但由于各种原因该体制仅执行了一年。从1959年起，实行“收支下放、计划包干、地区调剂、总额分成、一年一变”财政体制，实行县财政收支指标经省财政核定后，收大于支的，其大于支出的部分，按与总收入的比例上解，收小于支的不足部分由省财政给予补助，并在此基础上归县包干使用。1960年中央提出了国民经济“调整、巩固、充实、提高”的“八字方针”，次年起，国家经济进入调整和“三五”计划的过渡时期。1962年，调整了体制中的总额分成比例，增加超收分成政策。此后至1979年，东阳财政体制或“固定比例分成加超收比例分成”，或“总额分成加增收分成”，或分成比例略有调整，但总体是实行地方财政分成的体制。

经过三年国民经济恢复时期，国家税源发生许多新的变化，社会主义经济成分在整个国民经济中的比重逐步提高，为保证国家财政收入，1953年起，国家对税制作了一些修正，包括：试行商品流通税，修订货物税，修订工商业税，取消特种消费行为税，将粮食、土布交易税改征货物税，将棉纱统销税和棉花交易税并入商品流通税等。1958年，为适应社会主义改造后公有经济占绝对优势的新情况，按照“基本上在原来税负的基础上简化税制”的方针，对工商税收制度进行了一次较大的简化税制改革，包括试行工商统一税、简化征收办法、统一全国农业税制，国家颁布《中华人民共和国农业税条例》，废除全额累进税制，统一全国农业税制。是年，东阳农业税收入307万元，占全县财政收入908万元的33.8%，工商税收225万元占县财政收入的24.77%。此后，国家又进行几次税收政策调整。1958—1972年间，国家开征的9种工商税收中，东阳征收的有工商统一税、工商所得税、屠宰税、文化娱乐税、车船使用牌照税5种。1973年，试行工商税制度，对工商税制作了进一步的合并和简化。

1949年10月1日后，为适应国家实行高度集中的计划经济体制，主要借鉴苏联的会计工作经验，制定了分行业、分所有制的企业会计制度和财务政策，对加强经济核算、促进国民经济的恢复和发展发挥了基础作用。财政对国营企业主要是通过对其固定资产、流动资金、成本费用、利润分配、工资总额等环节直接的财务管理，严格会计核算，组织财政收入，并履行财政监督。在三年国民经济恢复时期，国家对国有企业实行统收统支的财务管理体制，企业实现的利润，除按规定抵留少量的奖励基金外，其余全部上缴财政，企业发生的亏损，由财政弥补，企业发展生产所需的资金，由财政拨款解决。1952年起，为了调动企业经营积极性，实现了各种形式的利润留成制度，包括企业奖励基金、超计划利润分成、全额利润留成、企业奖金、企业基金等，企业按规定提留利润分成后，全额上缴财政。1969年，实行按工资总额11%从生产成本中提取职工福利基金，用于职工困难补助、医药卫生费、集体福利设施及其他福利性开支，企业奖金制度从此取消，这一办法一直沿用到1977年。

1950—1952年国民经济恢复时期，各预算单位的行政事业费支出按规定标准供给，实行实报实销制，逐级向上申拨和报销。1953年，扩大地方预算管理权限，实行中央、省、县三级财政管理体制，随后，政务院、财政部颁布了一系列财政法规以及关于财政分级后各行政事业部门财务开支标准、管理办法等规章制度，东阳也相应制订实施办法，政府和各行政事业单位逐步建立预算、决算制度，并规定行政事业单位支出必须坚持按标准开支、超标准不予报销、结余上缴同级财政的财务管理办法。1959年，东阳根据浙江省人民委员会《关于紧缩办公费开支、压缩集团购买力的紧急措施》，规定县级机关、企业、事业单位一律不准购买高档办公器具，原来预算中的购置经费指标全部停用，开始实施控制社会集团购买力制度。同年起，对各行政事业单位的收支预算实行包干管理，根据各单位的经费收支状况，分全额预算、差额补助、自收自支三种模式，实行定额控制、调剂使用、结余上交办法。1960年，县人民委员会颁发《东阳县国家机关行政经费开支标准》和《东阳县农村人民公社经费开支标准》，实行经费标准化管理。1962年起，按预算单位实际人数，实行定员定额核拨经费。1972年，试行对事业经费采取“结余不上交、超支不弥补”的财务管理办法；对行政经费则采取人员经费按实结算，公用经费包干使用的办法。

## 三

1978年12月，中共十一届三中全会提出要把党和国家的工作重心转移到经济建设上来，并对经济工作提出了“调整、改革、整顿、提高”的八字方针，实行经济管理体制改革，由以家庭联产承包责任制为主要形式的农村改革向以城市为重点的经济体制改革全面展开，财政体制改革则是经济体制改革的突破口，以包干制为改革方向，改变统收统支模式，对地方进行放权让利。

1980年2月，国务院发出了《关于实行“划分收支、分级包干”财政管理体制的通知》，决定从1980年起，实行“划分收支、分级包干”财政管理体制（俗称中央与地方“分灶吃饭”）。实行“分灶吃饭”的分级包干财政体制，是国家经济体制由计划经济模式转向市场经济模式的一项重大改革举措，具有里程碑意义。浙江省对东阳以1979年12月31日收支执行数为基础确定包干基数，凡包干固定收入基数大于支出基数的部分定额上缴省，支出基数大于包干固定收入基数的，由工商税调剂，经工商税最高13%调剂后仍不足的，不足部分由省财政定额补助；以后包干收入超过基数的部分70%留用、30%上缴省；该体制原则上5年不变。1983年，在收支基数实行包干的基础上，实行总额分成办法。同年，经国务院批准恢复磐安县建制，东、磐分设，相应调整了包干基数和总额分成比例。1985年，实行了“划分税种，分级包干”的体制调整，由于食品企业由省下放到县，使东阳的地方固定收入由小于支出基数变为大于支出基数，由原本可以是“三税调剂县”变成了“定额上交县”，这一调整对东阳财政可用财力减少较大，财政也因此一度相当困难，且影响深远。1988年，还实行过“收入递增包干”的办法，至1993年，总体上是实行分级包干的财政体制。

随着改革开放的逐步推进，国家着力建立和完善社会主义有计划的商品经济体制及其相适应的税收制度势在必行，1980年起，税制建设重点在“对外开放”和“对内改革”两个方面进行，一是初步建立涉外税收制度，先后颁布了《中华人民共和国中外合资经营企业所得税法》及其《施行细则》等三部涉外税法；二是分别于1983年和1984年推行了第一、二步“利改税”改革，为正确处理国家、国有企业和职工三者的利益分配关系奠定了基础；同时，开征和恢复了多个税种。经过改革开放后的这一次工商税制的全面改革，将原来适应产品经济的单一税制，转向适应社会主义有计划商品经济发展需要的多税种、多层次、多环节发挥调节作用的复税制；将原来的流转税为主体的税制体系转向以流转税和所得税为主体、其他税种相配合的新税制体系，从而使中国的工商税制步入新的轨道。其间，东阳财税对基层试行了征、管、查“两分离”或“三分离”模式的税收征管体制改革。

1981年起，为理顺国家和国营企业的分配关系，东阳财政对国有企业试行以主管部门为单位的经济责任制包干办法，以核定的缴库利润为基数，对超基数部分实行分成，此后还相继提高对国有企业和主管部门的分成比例。1983年，对国营企业实行了第一步利改税，国营大中企业实现的利润按55%的税率缴纳所得税后，一部分留给企业，一部分采取包干上缴和缴纳调节税等形式上缴国家；小型企业按八级超额累进税率缴纳所得税后原则上留给企业自主支配。次年，又相继推行第二步利改税，重点对大中型盈利企业税后利润统一改为征收调节税，进一步明确国家、企业和职工的分配关系。为进一步扩大企业经营自主权，1988年起，在“利改税”的基础上，对全市全民所有制企业实行“包死基数，确保上缴，超数多留，欠数自补”的承包经营责任制，承包时间为三年。1990年，在推行第二轮承包经营责任制中，实行“两包一挂”政策，即包上缴利润和技术进步，实行工效挂钩，并建立承包风险基金制度。

改革开放后，按照“政企分开、两权分离”的要求，建立健全国有资产管理体系，加强国有资产监管提上了议事日程。1988年，国家国有资产管理局建立，并着手国有资产监管体制机制的改革和建设。1990年起，东阳先后建立了国有资产产权登记、产权界定、资产评估等基础管理制度，并开展全面的清产核资工作。1991年，东阳市政府印发《关于加强国有资产管理工作的通知》中明确“财政部门是我市国有资产所有者的代表，行使国有资产管理职能”。1993年8月，东阳在市财政局内增挂“国有资产管理科”牌子，并对企业国有资产管理实行以产权管理为中心，管理重点由国有资产的实物形态逐步转向价值形态，按照权责利相结合的原则，为确保国有资产保值增值，试行了多种形式的企业经营责任制，对国有企业经营者陆续实施了以国有资产管理部门为主体、以国有资产保值增值为核心指标的企业经营目标责任考核制度。

1980年，浙江省对东阳实行“分灶吃饭”的财政管理体制后，原按计划体制划分给县级部门的各项事业经费，不再归口按条条安排支出，也不再向县级财政分配财政支出指标。同年5月，东阳对各行政事业单位试行“预算包干”的办法，对全额预算管理单位实行“核定预算、包干使用、结余留用”办法；对差额预算管理单位实行“定收入、定支出、定补助、结余留用”办法。为兼顾国家、单位、个人三者关系，规定有事业收入单位，可在额定的年终结余款中提取一定比例的集体福利和增收节支奖励。1986年建立乡镇一级财政后，按照分级管理原则，实行“划分税种、核实基数、收支挂钩，超收分成，短收不补，节余留用，一年一定”的财政包干管理体制。同时，乡镇所属行政事业单位财务管理职能，由市属主管部门划归乡镇财政管理。1988年起，对事业单位在预算包干形式上由单一的“核定预算、包干使用、结余留用”，改为“核定基数，比例递增”；行政单位改为“综合定额加专项补助”的预算包干办法。1991年，东阳市财税局印发《东阳市事业单位财务管理办法（试行）》，对不同管理形式事业单位的经费预算、固定资产、社会集团购买力、现金和银行开户、专用基金等财务管理行为作了全面规范。

## 四

1993年11月，党的十四届三中全会通过的《中共中央关于建立社会主义市场经济体制若干问题的决定》，要求20世纪末初步建立起社会主义市场经济体制，明确提出“把现行地方财政包干制改为在合理划分中央与地方事权基础上的分税制，建立中央税收与地方税收体系”。次年起，根据中央和省的统一部署，东阳实施了围绕社会主义市场经济体制建设的一系列财税制度改革。

1994年1月1日起，中央对地方、省对市县实施了分税制的财政管理体制改革。分税制财政体制的实施，对地方财政收入增量分配进行重大调整，促进了中央和地方财政收入的稳步增长，财力结构得到进一步调整，促进了体制对经济由短期的、不稳定的调节到长期的、稳定的调节转变，适应市场化要求的财政管理体制框架初步构建，同时，确立了省对市县财政按地方财政收入实行二八分成共享的体制格局。此后，在分税制的框架下，中央对地方和省对市县的财政体制也作过几次调整：2002年1月起，中央施行所得税分享改革，企业所得税和个人所得税由原按产权隶属关系划分改为中央和地方按统一共享比例划分收入；自2016年5月1日起，在全国范围内全面推开营业税改征增值税试点后，相应地调整了中央和地方增值税收入划分办法，所有行业或企业缴纳的国内增值税收入，均纳入中央和地方共享范围。此外，浙江省财政还对市县实行分类分档的财政奖补机制，省对市县的转移支付制度得到逐步规范和完善。

分税制的财政体制必须以建立中央税收和地方税收体系为前提，1994年，按照"统一税法、公平税负、简化税制、合理分权"的原则，以建立符合社会主义市场经济要求的税制体系为目标，国家实施了分税制的税制改革，改革主要内容：一是间接税改革，取消产品税，开征消费税，缩小营业税范围，取消对外资企业征收的工商统一税，统一了内外资企业的税收制度，建立起以增值税为核心，消费税、营业税、资源税相互配套的课税制度；二是直接税改革，统一了内资企业所得税，统一了外资企业所得税，统一了个人所得税；三是其他税改革包括取消集市交易税、牲畜交易税、烧油特别税，将特别消费税并入消费税，将盐税并入资源税，并扩大资源税征收范围，开征土地增值税，扩大土地使用税征收范围及提高征税标准等。同时，同步推进税收征管体制改革，调整税收管理权限，设置了国税与地税两套征管机构系统，撤销东阳市税务局，建立东阳市国家税务局、东阳市地方税务局，与"东阳市财政局"实行一套班子，合署办公。1997年，"东阳市国家税务局"、"东阳市地方税务局"机构完全分设，独立行使职权。进入21世纪，随着我国社会经济的快速发展和加入WTO，中央进一步推行了现行税收制度的结构性改革：2004年起全市免征农业税及农林特产农业税，实行了几千年的农业税制度终于退出历史舞台；2008年，深化所得税改革，统一内外资企业所得税制度；2009年1月1日起推行增值税转型改革以及调整消费税政策；2012年，开始"营改增"试点，2016年5月1日起全面实行"营改增"，至此，营业税退出历史舞台；对其他地方税种也相继进行了调整和完善，自2018年1月1日起，开征了环境保护税。同时推行税收征管体制改革，2018年，将省级和省级以下国税地税机构合并。通过分税制及分税制后的一系列结构性改革，基本实现了减税降负和强化税收调节功能的两大目标，适应社会主义市场经济体制要求的税收体系基本形成。

为了建立适应社会主义市场经济发展要求的财务会计制度体系，自1992年起，国家统一对会计财务制度的各个方面进行了全面改革。1992年，财政部发布《企业会计准则》(基本准则)，并打破部门管理和所有制界限，重新确定行业划分，于同年12月发布了工业企业等13个行业会计制度，此后，又先后发布了《企业会计准则——关联方关系及其交易的披露》等13项具体会计准则，初步建立了行业会计制度体系和会计准则基本架构。同时，为适应分税制改革，国家实施新的《企业财务通则》和《分行业企业财务制度》，建立了以《企业财务通则》为核心、以《分行业企业财务制度》为主体、《企业内部财务管理制度》为补充的多层次企业财务管理法规体系。1999年，全国人大常委会修订了《中华人民共和国会计法》，12月，财政部颁布适用于所有企业的《企业会计制度》，并陆续修订和颁布《企业会计准则——基本准则》和42项具体准则，到2018年，已经形成了企业会计准则体系与《企业会计制度》并存的企业会计准则制度体系，是为适应由计划经济向市场经济转型的重大财务会计制度改革。此外，继1993年全国人大发布《中华人民共和国注册会计师法》后，自1996年起，注册会计师执业准则陆续发布并实施。2006年，财政部发布中国注册会计师《鉴证业务准则》22项和《审计准则》26项，建立了对市场主体由社会中介审计监督为主要形式的间接财务监管体系。2015年，财政部还新修订了《政府会计准则——基本准则》，并先后发布《政府会计准则》和《政府会计制度》等法规，初步建立起了适应转变政府职能要求的财务会计监督管理体系。

为建立"产权明晰、权责明确、政企分开、管理科学"的现代企业制度，1994年起，东阳开启对国有企业、城镇集体企业和乡镇集体企业的以产权制度为核心的企业改革工作。1994年，东阳市委、市政府出台了《关于国有、城镇集体企业试行股份合作制的通知》，在做好清产核资、资产评估和产权界定的基础上，按照"入股自愿、同股同利、利益共享、风险共担"的原则，通过宣传发动、清产核资、资产评估、产权界定、量化配股、审议章程、认购入股、建立组织、完善机制等程序，推行股份合作制改革。1998年，东阳市委、市政府决定进一步深化企业改革工作，因企制宜地分别采取出售、拍卖、兼并、破产、关闭、股份制改造等多种形式，进一步加大企业产权制度改革力度。至2005年，国有企业的改革工作基本完成。此后，为了城市建设和事业发展需要，相关部门陆续新设立了一些国有独资、国有控股或参股企业，并先后进行过多次国有企业资产重组，截至2018年，全市国有企业达到91家。

在推进企业改制的同时，国有资产监管体制改革也在同步推进。1996年，市财政局增挂"东阳市国有资产管理局"牌子，并成立"东阳市国有资产管理委员会"及其办公室。2007年，为加强国有资产的监督管理，东阳市委、市政府决定建立"东阳市国有资产监督管理委员会"。次年，东阳市委、市政府印发《关于进一步加强国有资产监督管理的若干意见》，建立起履行企业国有资产出资人职责，享有所有者权益，对行政事业单位国有资产实行统一管理、调配和处置的新的国有资产监管机制。同时，市政府出台《东阳市企业国有资产监督管理暂行办法》，进一步明确了市政府、国资委、国资办和各主管部门工作职责，对国有企业建立了重大事项报告制度。2009年，东阳市财政局增设"国有资产管理科"，并配备人员独立行使国资监管职能。此后，财政、国资部门先后制定了企业管理者的选拔、薪酬和业绩考核、劳动用工、企业采购、企业融资及资金监管、收益收缴等各项国有资产监管制度，对国有企业以国有资产所有者身份实施有效监督。2019年，东阳市委、市政府决定单设"东阳市人民政府国有资产监督管理办公室"，为政府专司国有资产监管的工作部门，其机构、人员从此与财政分设。

改革开放以来，实行"分级包干"特别是实行"分税制"的财政体制后，县级财政始有可自主支配的机动财力，基本形成了"一级政府、一级财政"的相对独立的地方财政运行机制，随着地方财力的增长，东阳市委、市政府在着力进行经济建设的同时，始终把促进民生事业发展放在首位，东阳财政坚持公共财政的理财理念，先后建立和完善了基本养老、基本医疗、失业、工伤、生育等社会保险以及最低生活保障等社会保障制度，并逐步加大社会保障力度，促进教育、医疗、文化、体育、生态等各项民生事业快速发展，保障民生成为财政支出的重要方面，民生保障领域逐步扩大，保障水平逐步提高。截至2018年，全市财政八项民生支出达70.6亿元，占财政一般公共预算支出的76.3%。

随着地方财力的增长和财权的扩大，规范预算管理，硬化预算约束，加强财政监督，提高财政资金绩效显得尤为重要。1994年起，随着《中华人民共和国预算法》及其《实施条例》颁布实施，地方财政预算管理走上了法治化轨道。2003年，东阳市级预算单位全面实行“收支两条线”管理的综合预算制度，并全面推行部门预算制度改革，按照“零基预算”的办法编制部门预算，建立起了横向到边、纵向到底、涵盖部门全部收支的部门预算机制，预算项目更加细化，预算执行、管理和监督更加透明。在财政监管方面，东阳财政也进行了卓有成效的各项改革。1994年推行预算外资金“收支两条线”管理制度；1998年，东阳开始试行政府采购制度，次年，市政府颁发《东阳市政府采购试行办法》，全面施行政府采购制度；2000年，对市本级行政事业单位实行会计集中核算制度；2006年，全市乡镇财政推行“镇财市管”改革，实行会计集中核算、资金集中拨付办法；2007年，在清理归并现有津贴补贴的基础上，建立了规范有序的津贴补贴发放制度；2010年，推行财政国库管理制度改革，对部门预算中不同支出类型的财政资金分别实行财政直接支付或财政授权支付制度；2011年起，先后在市级预算单位和乡镇财政推行公务卡制度；2014年起，逐步推行财政资金竞争性存放制度；2016年起，先后在行政机关、事业单位和国有企业推行公务用车制度改革。

总之，实行“分税制”财政体制后，东阳财政面对逐年壮大的地方财力，在市委、市政府的正确领导下，坚持以人民为中心的指导思想，以经济建设和民生事业为重点，在规范预算分配的同时，大力推进各项改革，强化财政监管，努力提高财政资金使用效益，让公共财政的阳光普照东阳大地，让每个东阳人在共同富裕的道路上逐梦前行！

# 大 事 记

**东汉**

兴平二年(195),析诸暨置汉宁县,始设县制。

**三国**

吴·永安六年(263),更名吴宁县。

吴·宝鼎元年(266),析会稽郡置东阳郡,吴宁县隶属东阳郡。田赋沿用曹魏实行租调制。

**西晋**

太康元年(280),颁行占田制、课田制,合称占课田制。

**东晋**

咸和五年(330),废除课田制,改行"度田收租法"。

太元二年(377),废度田收租制,改口税。

陈天嘉三年(562),东阳郡改为金华郡。

**隋**

开皇二年(582),颁布均田租调新令。

开皇九年(589),废金华郡,改婺州。吴宁入诸暨。

**唐**

武德元年(618),颁发《租庸调之法》。

武德七年(624),始定律令,全面施行井田制和租庸调制。

垂拱二年(686),析义乌东冲要地及吴宁故地置东阳县,属婺州,县治设今吴宁镇。

建中元年(780),废租庸调制,改行"两税法"。

**五代梁**

开平四年(910),因吴越王视"杨"为逆姓,"阳、杨"同韵,东阳县为避讳,改称"东场县"。

**北宋**

咸平二年(999),"东场县"复名"东阳县",属婺州,隶两浙路。

熙宁四年(1071),王安石变法,废差役,改为收助役钱,实行雇役。

宣和二年(1120)秋,方腊起义,东阳霍成富响应,占领州县,赋税册籍被焚毁。

**南宋**

嘉定十年(1217),整顿田赋,东阳始编《鱼鳞册》。

## 元

至元十七年(1280),颁行"钞法",废宋铜钱,商民凭钞缴纳赋税。

统三年(1335),大旱,县丞杨景安裹粮自食实勘灾情,奏请蠲免田赋。

至正十六年(1356),大旱,县尹吴普颜奏请免赋,罢铅山馈饷三万石,民无转输之劳。更出金珠质米麦以备赈。

## 明

洪武十四年(1381),奉令编造"赋役黄册",以户为主,详具旧管、新收、开除、实在四柱内容,载以户、丁、田亩数。

洪武二十年(1387),编造田块"鱼鳞图册",与"黄册"并行。

万历九年(1581),田赋改按土地面积分等负担。施行"一条鞭法",地税和劳役合而为一,按亩交纳,计亩征粮。

## 清

康熙五十五年(1716),开始推行"摊丁入地"制度,将丁税并入田亩征收。

雍正四年(1726),改革"田丁赋",实行"丁地合一""银米分征"。

乾隆五十二年至嘉庆五年间(1787—1800),录《东阳县田亩数额》,为东阳赋税征收文献。

咸丰十年(1860),湖溪程坊程本达聚众3000余人,反贪官苛捐,进袭县城不克,分道返里。

咸丰十一年(1861)8月27日,太平天国侍王李世贤部陈荣军攻克东阳,并征税。

光绪二十八年(1902),为"庚子赔款"普遍加税。

宣统元年(1909),颁布《府厅州县地方自治章程》,试行中央与地方分税制和划分财权,始行地方财政体制。

## 中华民国

民国元年(1912)1月1日,中华民国成立。国民政府豁免前清民欠钱粮。3月,开征田赋地丁,南米改称抵补金,均折银元。4月,成立烟酒稽征所,征收烟酒税。6月,县知事公署设财政课,掌管财政,另设粮柜,负责征收田赋。

民国2年(1913),颁布《国家税与地方税法草案》和《国家费目与地方费目暂行标准案》。

民国3年(1914),东阳裁课改科,以第一、二、三科相称,其中第二科向例掌管财政。

民国4年(1915),设金衢严烟酒税稽征局东阳稽征所。

民国9年(1920),张振鹏等呈省长申请革除东阳田赋陋规,在城西被人殴打,险遭不测,省长公署指令财政厅出示严禁东阳田赋陋规,次月,东阳县知事吴豫清出布告严禁田赋陋规。

民国11年(1922),壬戌大水灾,受灾区豁免田赋一年。

民国12年(1923),设立浙江省卷烟特税局第七(兰溪)分局东阳稽征所和巍山稽征所。

民国16年(1927),10月,瑞山乡农民四百余人,进城进行请愿减租,县长何建章被迫接受减租条例。是年，县公署改称县政府，知事改为县长，县长之下设财政科。

民国17年(1928)，设立东阳、义乌印花税支处(城内东街)。

民国20年(1931)，裁厘，成立第五区营业税征收局，辖东阳等县。

民国23年(1934)，成立东阳县财务委员会。设东阳县土酒税稽征所。

民国24年(1935)，颁布《财政收支系统法》，财政体系确定为中央、省、县(市)三级，并建立县级财政收支预算制度。是年，设立县田赋征收处。

民国26年(1937)，成立东阳县税征收处，负责地方税捐征收。

民国27年(1938)，东阳县土酒税稽征所改为金属烟酒稽征分局东阳县稽征所。

民国28年(1939)，田赋征收处与县税征收处合并，成立东阳县赋税征收处。并设东阳县警捐征收所。同年，成立东阳县税务处，负责营业税征收。4月，设置磐安县，原属东阳之廿八、廿九、三十、三十三、三十五、三十六都乡划归磐安县。

民国29年(1940)，3月，田赋征收处与县税征收处分设，县田赋征收处改为县粮食管理处。7月，东阳县税务局成立。

民国30年(1941)，因通货膨胀，法币贬值，始行田赋征实(稻谷)，并划归中央。县政府内设粮政科，后改设田赋管理处。

民国31年(1942)，成立营业税征收局。裁撤县税务局，恢复县税征收处。

民国32年(1943)，奉令合并田赋管理处、粮食管理处为田赋粮食管理处。

民国34年(1945)，8月10日，抗战胜利，田赋征实、征借是年全免，已征借者折价归还。同年，撤销县税征收处，改设浙江税务管理局临海分局东阳税务员办公处。

民国35年(1946)，1月，成立财政部浙江区直接税局诸暨分局驻东阳县办公处。10月，设浙江省东阳县捐税稽征处。

民国36年(1947)，2月，县长丁琮提请县参议会通过加征钱粮及向全县民众借款5亿元议案。4月15日，东阳中学学生奋起反抗，爆发学潮。5月，丁琮辞职。

民国37年(1948)，民国政府颁布实施《财政紧急处分令》、《金圆券发行办法》等一系列财政金融法规。9月8日，物价暴涨，与上年8月25日相比，大米涨4166倍。

民国38年(1949)，4月，东阳县设财政科、会计室、县田赋粮食管理处、县税征收处及国税稽征所。5月8日，东阳解放。5月15日，东阳县人民政府成立，次日，设立东阳县人民政府财经科，许维星任科长。5月17日，接管民国政府财政科、田粮处、县税捐征收处、合作金库，同日，设立东阳县人民政府税务处，任命龚子微为处长。5月27日,改财经科为财粮科，李效孔任科长。7月，析财粮科为财政科、粮政科。9月，裁撤税务处，建立浙江省税务局金华分局东阳稽征所，汤正许任负责人；同时，废田赋，开征农业税，省政府公布《1949年度浙江省征收农业税暂行办法》和《1949年度浙江省征收农业税简易办法》。财政(粮)科在县人民政府内办公。

## 中华人民共和国

### 1949年

10月1日，中华人民共和国成立。东阳县民政科、财政科共同整理地籍，核实田地亩分，登记造册，并成立东阳县房地产管理委员会，对公有款产进行清理。

### 1950年

1月，政务院颁布《全国税政实施要则》。

4月，成立东阳县人民政府税务局，霍俊任局长。局址设城内西街2-4号合和厅。

10月，刘鸿三任东阳县人民政府财政科副科长。

### 1951年

7月，曹洁民任东阳县税务局局长；刘鸿三任东阳县人民政府财政科科长。

10月，土地改革顺利完成，开展查田定产和征粮运动。

### 1952年

2月，开始私营工商业的“五反”（反贿赂、反偷税漏税、反盗窃国家财产、反偷工减料、反盗窃国家情报）运动。

5月，东阳县税务局为第一批单位开展“三反”（反对贪污、反对浪费、反对官僚主义）运动。

10月，财政、粮政两科合并建立东阳县人民政府财粮料，张建中任科长。同月，王德钰任东阳县税务局局长。

### 1953年

1月，全国取消大区一级财政，实行中央、省（市）、县三级财政，中华人民共和国成立后始设东阳县级财政。同月，全国统一修正税制。

7月，建立中共东阳县财政经济党组，王心斋任组长。

### 1954年

5月，东阳县财政金融工会税务局委员会成立。

7月，撤中共东阳县财政经济党组，并入新设中共东阳县企业党组，高铭俊任党组书记。

### 1955年

3月1日始，币制改革，发行新版人民币，新人民币值1元等于旧币值1万元。同月，撤中共东阳县企业党组，设中共东阳县财经企业党组，王德钰任党组书记。

8月，东阳县税务局由吕星春第一副局长主持工作。象岗区玠溪乡的玠溪、里西坑、东湖、楼村、流岭、卢山等六村695户、2552人，土地面积16996亩，随玠溪乡划归嵊县。

11月，中共东阳县财经企业党组撤销。

### 1956年

2月，乡镇人民政府改称乡镇人民委员会。次月撤区并乡。

4月，徐熙玉任东阳县人民政府财粮科科长。同月，高尚朋任东阳县税务局局长。

6月，在横店乡开展建立乡镇财政试点。

8月，南马乡西坞村共111户、458人、耕地573亩，划归永康县管辖；白云乡厚仪村、甘溪乡屏石头村、石范村共196户、799人、耕地1150亩，划归义乌县管辖。

10月，东阳县人民政府财粮科改称为东阳县人民委员会财政科，吴敌第一副科长主持工作。全县推行乡镇财政制度。

### 1957年

6月，开展整风运动，后转向反“右派”运动。

### 1958年

4月，东阳县人民政府财政科、税务局、保险公司合拟组建东阳县财政局，次月，任命吕传德任局长。

6月，建立中共东阳县财政局党组，吕传德任党组书记。“大跃进”运动开始。

9月，国务院印发《工商统一税条例（草案）》，改革工商税制，试行工商统一税。是月，东阳县第一个人民公社——巍山人民公社正式成立。

10月，财政科、税务局、保险公司正式合并组建东阳县财政局，办公地址设在西街2-4号县邮电局内。

11月，国务院批准撤销磐安县建制，全境并入东阳，所属红旗（安文）、卫星（新渥）、国庆（双溪）、盘山、灯塔（尚湖）5个人民公社，19个管理区，199个生产队并入东阳管辖。

12月，全县财政收入超千万，达1075.3万元。

是年，徐子良同志被评为浙江省财贸系统先进工作者。

### 1959年

1月，始建金华专署级财政，县级财政收支指标的分配应先由专署财政加以平衡。

6月，成立人民公社财政管理所。同月，开始实施控制社会集团购买力制度。

10月，中共东阳县财政局党组改称中共东阳县财政贸易党组，赵梁任党组书记。局址设黉门前原工商联办公室

12月，薛瑞符任东阳县财政局局长。

### 1960年

1月，撤销乡财政，建立公社一级财务。

3月，在工商企业中推行“三自”（即自计、自核、自交）纳税制度。

是年，开展精简机构、下放人员，全县精简41%的公务人员。

### 1961年

2月，安文人民公社仁川管理区的赤上、赤雨坑村84户，354人，耕地面积374亩，划归缙云县管辖。

3月，开始纠正“一平二调”错误，开展清理退赔工作。同月，财政与银行合并建立中共东阳县财政银行党组，薛瑞符任党组书记。

8月，财政、税务机构分设，恢复东阳县财政局和东阳县税务局，实行合署办公、两块牌子、一套班子，东阳县房地产管理委员会并入财政局。郭连照任东阳县税务局局长。财政局办公地址设在县政府东面原政协办公室内；税务局办公地址设在东街2–4号。

11月，倪志骧任东阳县财政局局长。

12月，撤销中共东阳县财政银行党组，更名为中共东阳县财政银行税务党组，秦泽恩任党组书记。

是年，丁廷友同志被评为浙江省财贸系统先进工作者。

### 1962年

1月，吕传德任东阳县税务局长。

4月，贯彻中共中央、国务院《关于严格财政管理的决定》(即双六条)，强调把国家财政主要集中到中央。

7月，吕传德任东阳县财政局局长。郭连照任东阳县税务局局长。

是年，东阳县税务局丁廷友、吴宏昌，东阳县财政局张桂松同志分别被评为浙江省财贸系统先进工作者。

### 1963年

6月，开展清理“小当家”和“小钱柜”。

是年，在全县财税系统开展“比、学、赶、帮”运动。

### 1964年

2月，中共东阳县财政银行税务党组更名为中共东阳县财政党组，吕传德任党组书记。

### 1965年

6月，双峰人民公社三丘田生产大队(含三丘田、楚石坑两村)3个生产队，47户计166人，耕地78亩，划归仙居县管辖。

### 1966年

2月，财政、税务两局合署办公，办公地址设东街2—4号后面。

### 1967年

1月，岭北公社30个大队，61个自然村，125个生产队，2628户计11044人，土地面积92316亩，划归诸暨县管辖。

12月，东阳县革命委员会成立。

### 1968年

1月，撤东阳县财政局、东阳县税务局，建立东阳县革委会财贸组财税小组。

7月，裁撤东阳县革委会财贸组财税小组，成立东阳县财税局革命委员会，倪子骧任主任。

### 1971年

4月，东阳县财税局、人民银行东阳县支行合并建立东阳县革命委员会生产指挥组财政金融局。

办公地址设簧门前银行宿舍。

6月，任命赵梁为东阳县革命委员会生产指挥组财政金融局革命领导小组组长。

9月，成立中共东阳县财政金融局支部委员会，赵梁任书记。

12月，共青团东阳县委批准，共青团财政金融局支部恢复组织生活。

**1973年**

1月，国务院颁布《中华人民共和国工商税暂行条例(草案)》，推行工商税制改革，取消工商统一税，合并工商统一税、城市房地产税、车船使用牌照税和屠宰税为工商税。

2月，财政、金融机构分设，撤销东阳县革命委员会生产指挥组财政金融局，建立东阳县革命委员会财税局，张芝田任局长。办公地址移至簧门前10号。

11月，建立中共东阳县财税局支部委员会，郭连照任书记。

**1975年**

11月，开展"农业学大寨"运动，县机关三分之一干部分赴10个人民公社蹲点。

**1976年**

8月，方前人民公社田芯生产大队(含田芯、寮车、阴鼠洋)3个村，9个生产队，236户，961人，土地面积12207亩，划归天台县管辖。

**1977年**

3月，成立东阳县财政税务局。

11月，郭连照任东阳县财政税务局局长。

是年，湖溪区财政税务所被浙江省革命委员会授予"全省'双学'(学大庆、学大寨)先进单位"。

**1978年**

1月，《浙江省统一发票管理试行办法》实施。

12月，党的十一届三中全会召开，提出把党和国家的工作重点转移到经济建设上来。是月，建设银行从财政税务局分设，成立中国人民建设银行东阳县支行。

是年，湖溪区财政税务所被评为省级大庆大寨式单位。

**1979年**

2月，将原由东阳县财政税务局所属东阳县房地产管理委员会，划归东阳县计划委员会。

10月，建立中共东阳县财政税务局党组，郭连照任党组书记。

**1980年**

4月，省对地、市、县财政实行"分灶吃饭"的财政包干体制。

7月，启用东阳县税务局印章。

**1981年**

1月，首次发行中华人民共和国国库券。

### 1982年

1月始，全面推行以家庭承包为主体的联产承包责任制。恢复成立中国人民保险公司东阳县子公司，从财税局分析。

是年，财税系统开展了“三忆、三查、三树立”活动。

### 1983年

8月，国务院和省政府批复，恢复磐安县建制，辖安文、盘山、玉山三个区财政税务所划归磐安县。

10月，国营企业实行第一步利改税。同月，东阳、磐安两县正式分设办公。

11月，任命丁廷友副局长主持东阳县财政税务局工作，并任中共东阳县财政税务局党组副书记。

### 1984年

1月，税务人员实行统一着装。

10月，实施国营企业第二步利改税。

### 1985年

1月，全国人大颁布《中华人民共和国会计法》，于1985年5月1日起施行。

8月，《东阳财税》创刊。东阳县财政税务工会委员会恢复。

### 1986年

1月，东阳县人民政府决定，除吴宁镇外，全面建立乡级财政。

2月，国务院发布《税收征收管理暂行条例》，自7月1日起施行。

8月，任命吴品文任中共东阳县财政税务局党组副书记。

9月，任命吴品文为东阳县财政税务局副局长并主持工作。

是年，吴宁财政税务所首次评为“全国财税系统先进集体”；东阳县财政税务局许树土同志被评为浙江省财税系统先进工作者。

### 1987年

4月，任命吴品文为中共东阳县财政税务局党组书记。

6月，任命吴品文为东阳县财政税务局局长。

7月，吴宁财政税务所所长徐子良参加全国第一次财税系统劳动模范、先进集体代表会议，接受“全国财税系统先进集体”表彰。

9月，浙江省财政厅长宋少祥来东调研财政运行情况。

### 1988年

1月，全民所有制企业实行第一轮承包经营责任制。同时，全面实行首轮“工效挂钩”办法。

5月，经国务院批准，东阳撤县设市。

8月，东阳县财政税务局更名为东阳市财政税务局，办公地址迁移至吴宁东路38号。

是年，吴宁财税所被评为“全国税务系统先进集体”“省级文明财税所”和“金华市级文明财税所”称号。

## 1989年

7月23日8时～14时，天降特大暴雨，6个小时降雨207毫米，致使全市37.8万人受灾，其中：无家可归1.1万人，死亡21人，倒塌房屋18493间，损坏房屋2万间，淹死牲畜近万头，成灾农田12.82万亩，其中绝收3.31万亩，148家工厂企业因灾停产停业，灾害造成直接经济损失2.85亿元，减产粮食8000万千克。史称“7·23”洪灾。

10月，分挂“东阳市财政局”、“东阳市税务局”两块牌子，实行一套领导班子。

是年，全面试行征管改革。吴宁财税所被评为“省级文明财税所”称号。

## 1990年

7月，施行会计证制度。

12月，全市基层财税所实行征管与检查“两分离”的双轨制模式或征、管、查“三分离”的三轨制模式。

是年，吴宁财税所被评为“省级文明财税所”称号。湖溪财税所方永祥同志被评为全省税务系统青年标兵。

## 1991年

4月，开展治理“乱收费、乱罚款、乱摊派”现象。清理统一着装。

12月，全市财政收入首次实现超亿元，达10128.4万元，跨入全省亿元县行列。

## 1992年

5月，全市实施“撤区扩镇并乡”，做好资金、财产的清理和移交工作。

9月，全国人大颁布《中华人民共和国税收征收管理法》，自1993年1月1日起施行。设立“东阳市会计师事务所”。

是年，吴宁财税所被评为“省级文明财税所”称号。

## 1993年

1月，粮食购销政策放开，农业税征收主体由东阳市财政局改为各镇乡政府。

4月，开展全市行政事业单位财产清查登记工作。

5月，任命严祖华为东阳市财政局、税务局局长，中共东阳市财政税务局党组书记。

7月，实施《企业财务准则》《企业会计准则》和分行业财务、会计制度，简称“两则”“两制”。

9月，撤销东阳市财政税务局检查组，建立东阳市税务稽查大队。

是年，吴宁财税所被评为“全省财税系统先进集体”和“省级文明财税所”称号。吴宁财税所单春同志被评为全省财税系统先进工作者。

## 1994年

1月，施行与“分税制”财政体制相适应的税制改革。

2月，浙江省政府印发《关于实行分税制财政管理体制的通知》，决定自1994年1月1日起在全省施行分税制财政管理体制。

3月，全国人大颁布《中华人民共和国预算法》，于1995年1月1日起施行。

6月，全市国有、城镇集体企业推行股份合作制改革。

9月，撤销东阳市税务局，建立“东阳市国家税务局”和“东阳市地方税务局”，任命严祖华兼任东阳市地方税务局局长、郭巧范为东阳市国家税务局局长。

是年，吴宁财政所、国税所、地税所被评为“省级文明所”称号。

### 1995年

1月，中共东阳市委决定，将原中共东阳市财政税务局党组更名为中共东阳市财政局党组，统一领导财政、国税、地税局工作。

3月，实施国有企业清产核资工作。

12月，全市地方财政收入突破亿元大关，达10033万元，重新跨入全省地方财政收入亿元县市行列，排名第二十位。

是年，吴宁财政所、国税所、地税所评为“省级文明所”；巍山国税所、地税所被评为“省级青年文明号”称号。八达乡财政组张荣洵同志被评为全省财税系统先进工作者。

### 1996年

8月，东阳市财政局增挂“东阳市国有资产管理局”牌子，陈军副局长兼任东阳市国有资产管理局局长。同时，东阳市委、市政府决定，成立“东阳市国有资产管理委员会”，下设办公室在国资局。

是年，吴宁财政所、国税所、地税所评为“省级文明所”；巍山国税所、地税所被评为“省级青年文明号”称号。湖溪国税所、地税所徐根龙同志被评为全省税务系统先进工作者。

### 1997年

5月，实施全市城镇集体企业清产核资工作。建立“东阳市农业综合开发办公室”。

8月，国税、地税机构进一步分设，东阳市国家税务局独立办公。东阳市地方税务局与东阳市财政局合署办公，办公地址迁继续留在吴宁东路38号。

11月，浙江省第七次地方财政收入亿元县(市)协作会议在东阳召开。浙江省财政厅厅长翁礼华到东阳参加会议并调研。

是年，东阳市被财政部确定为1997年度财政支持农业科技成果应用示范试点县(市)；吴宁地税分局评为1997年度“全国税务系统先进集体”、吴宁财政分局和地税分局被评为“省级基层财税文明单位”称号；巍山地税所被评为“省级青年文明号”称号。

### 1998年

5月，任命陈军为东阳市财政局局长，中共东阳市财政局党组书记。

7月，全市启动以产权制度为核心的深化国有和城镇集体企业改革工作。

8月，召开共青团东阳市财政局第一届委员会成立大会。

10月，开始实施政府采购制度。"东阳市地税局稽查大队"更名为"东阳市地方税务局稽查局"。

11月，任命陈军为东阳市地方税务局局长。

12月，建立中共东阳市纪律检查委员会驻东阳市财政局纪律检查组。

是年，吴宁地税分局张军南同志被评为全省税务系统省级优秀税务工作者。

## 1999年

1月，设立"东阳市第一税务师事务所"。

4月，举办规模空前的"财税之声"万人歌会，获浙江省地税局最佳效果奖。

8月，成立"中共东阳市财税局机关总支委员会"。

9月，东阳经济开发区税费征收服务中心开始运行，为全省首家税费征收集中服务机构。东阳市财政局设立"东阳市政府采购办公室"，与东阳市控制集团购买力办公室合署办公，并设立"东阳市政府采购中心"。同时设立"东阳市建设工程预决算审核中心"和"东阳市地税局信息中心"。

10月，东阳市会计师事务所完成脱钩改制。

12月，TaxFriend98地税征管软件在全市范围内试运行。东阳市第一税务师事务所完成脱钩改制。

是年，吴宁地税分局被评为"全省财税系统基层文明单位"；巍山地税所被评为"省级青年文明号"称号。

## 2000年

6月~10月，东阳财政、地税系统全员分批进行封闭式军事训练。

12月，推行行政事业单位会计集中核算制度改革，东阳市行政事业单位会计核算中心挂牌成立。

是年，东阳市财政局、地税局被评为"全省财税系统形象工程达标活动先进单位"；吴宁地税分局被评为"全省财税系统基层文明单位"；吴宁地税分局办税服务厅被评为"省级青年文明号"称号。

## 2001年

3月，全市实施行政事业性收费的票款分离制度。

6月，全系统开展"三个代表"学习教育活动。

是年，吴宁地税征管局被评为"地税系统省级基层文明单位"

## 2002年

1月，推行财政综合预算和农村税费改革。

3月，中共东阳市委决定，撤销东阳市国有资产管理局，保留东阳市国有资产管理办公室牌子，陈军兼任东阳市国有资产管理办公室主任。

8月，推行用人制度改革，实施中层干部竞争上岗和干部双向选择聘任办法。

12月，实行多元化纳税申报方式。

是年，吴宁地税征管局被评为"地税系统省级基层文明单位"。

## 2003年

1月，实行部门预算制度，预算编制推行“零基预算”办法。

5月，全面实施“金财工程”。财政综合管理系统正式运行。

10月，地税征管服务通过ISO9000质量管理体系认证。

12月，全市财政总收入首次超10亿元，达10.77亿元，其中全市地方财政收入达4.95亿元。

是年，吴宁地税征管局被评为“地税系统省级基层文明单位”。

## 2004年

2月，地税系统征管机构更名，将吴宁、横店、巍山征管局分别更名为东阳市地税局吴宁、横店、巍山分局。

4月，东阳市人民政府决定自是年起免征农业税。

是年，东阳市财政局、地税局被评为“全省财税系统党风廉政建设先进单位”；吴宁分局被评为“地税系统省级基层文明单位”；横店分局办税服务厅被评为“省级青年文明号”称号。

## 2005年

10月，局机关和吴宁分局、稽查局的办公大楼迁入人民北路6号、8号财税综合大楼办公。

是年，横店分局办税服务厅被评为“省级青年文明号”称号。

## 2006年

3月，实行新办企业国、地税税务登记合二为一。同月，东阳市政府决定施行“镇财市管”改革，“东阳市镇乡财政管理中心”成立。

4月，在“东阳市行政事业单位会计核算中心”增挂“东阳市财政支付中心”牌子。

是年，东阳市行政事业单位会计核算中心被全国妇联授予“全国巾帼文明岗”称号；吴宁分局被评为“地税系统省级基层文明单位”。

## 2007年

1月，根据财政部规定，自1月1日起实施新的政府收支分类办法。

4月，任命徐立刚为东阳市财政局局长、东阳市国有资产管理办公室主任，中共东阳市财政局党组书记。

7月，全市实行社会保险费“五费合征”。任命徐立刚为东阳市地方税务局局长。

8月，浙江省中华会计函授学校批复设立“浙江省中华会计函授学校东阳分校”。

11月，东阳市委、市政府决定建立“东阳市国有资产监督管理委员会”，由市长兼任主任。

12月，全市地方财政收入超十亿元，达11.3亿元，是年全市财政总收入达20.7亿元。

是年，吴宁分局被评为“全省地税系统文明单位创建成果奖”、“浙江省工人先锋号”；横店分局被评为“全省地税系统群众满意基层站所（办事窗口）创建工作先进单位”，其办税服务厅被评为“省级青年文明号”称号。

### 2008年

4月，增设“东阳市财政局经济开发区分局”。

是年，吴宁分局被评为“地税系统省级基层文明单位”；横店分局被评为“省级青年文明号”称号。

### 2009年

1月，国、地税联合设立“东阳办税中心”，开创全省国、地税办事大厅合署办公的先例。

5月，全国人大常委会颁布施行《中华人民共和国企业国有资产法》。

6月，设立东阳市财政局信息中心和东阳市地税局信息中心。

12月，东阳市财政、地税局获省档案工作目标管理三级认定单位。

是年，东阳市地税局吴宁分局被省委组织部、宣传部评为“人民满意的公务员集体”，被全国总工会授予“全国工人先锋号”，评为“地税系统省级基层文明单位”；横店分局被评为“全省地税系统群众满意基层站所（办事窗口）创建工作先进单位”，其办税服务厅被评为“省级青年文明号”称号。

### 2010年

1月，契税和耕地占用税征管职能由东阳市财政局划转到东阳市地方税务局。

9月，启动实施财政国库集中支付管理改革。

11月，东阳市财政局预算科更名为预算局、国库科更名为预算执行局、监督检查科更名为财政监督局，完成“三位一体”改革。

12月，成功发行总额12亿元“10东城发债”。同月，东阳市财政局、地税局获省档案工作目标管理二级认定单位。

是年，东阳市财政局农业和农业税收管理科被评为“全省财政系统先进集体”称号；吴宁分局被评为“地税系统省级基层文明单位”；横店分局办税服务厅被评为“省级青年文明号”。

### 2011年

1月，地税系统开展民主评议行风活动。

4月，东阳市乡镇财政管理中心撤销，会计核算职能归还乡镇财政，东阳市财政局内设镇乡（街道）财政管理科。

9月，东阳市市级预算单位实施公务卡制度。

8月，建立中共东阳市财政（地税）局直属机关委员会。

是年，吴宁分局被评为“地税系统省级文明单位”。横店分局办税服务厅被评为“省级青年文明号”。

### 2012年

4月，东阳市人民政府副市长陈军兼任东阳市财政局、地方税务局局长和中共东阳市财政局党组书记。

7月，金华市财政地税系统2012年运动会在我市举行，我局获团体总分第四名。

10月，设立“东阳市道路交通事故社会救助基金管理中心”。

11月，任命沈银福为东阳市财政局局长；任命虞跃桂为中共东阳市财政局党组书记。

12月，浙江省实施营业税改征增值税改革试点。

是年，吴宁分局被评为“地税系统省级文明单位”；横店分局办税服务厅被评为“省级青年文明号”。

## 2013年

1月，市级行政事业单位会计核算职能逐步退回单位。任命沈银福为东阳市地方税务局局长。

是年，横店分局办税服务厅被评为“省级青年文明号”。

## 2014年

2月，任命沈银福为中共东阳市财政局党组书记。

3月，全系统开展党的群众路线教育实践活动。同月，设立“浙江财经大学成人教育学院东阳函授站”。

6月，任命徐生银为东阳市国有资产监督管理委员会办公室主任。

10月，中共东阳市委副书记、市长朱建军带队来局巡查党风廉政建设责任制工作落实情况。

是年，横店分局办税服务厅被评为“省级青年文明号”。

## 2015年

7月，东阳发放首批“五证合一”营业执照。

11月，设立“东阳市财政预算编制中心”。

是年，横店分局办税服务厅被评为“省级青年文明号”。东阳市财政局吴时根同志被评为全省财政系统先进工作者。

## 2016年

3月，全市开展机关公务用车改革。

5月，全面推行营业税改征增值税，营业税停止征收。

9月，东阳市财政局增挂“东阳市国有资产监督管理委员会办公室”牌子。

11月，浙江省地税局劳晓峰副局长来东慰问东阳市地税局荣获全国税务系统满意度调查第二名。

12月，全国人大常委会颁布施行《中华人民共和国资产评估法》。同月，任命吕良勇为中共东阳市财政局党组书记。

是年，东阳市地税局在全国纳税人满意度调查工作中成绩突出，被浙江省地税局荣记“集体二等功”；横店分局被评为“全省地税系统先进集体”称号。东阳市地税局杜丹同志在全国纳税人满意度调查中表现突出，被浙江省税务局授予个人三等功；巍山分局朱航军同志被评为全省税务系统先进工作者。

## 2017年

3月，推行“最多跑一次”改革。

4月，任命吕良勇为东阳市财政局局长。

7月，任命吕良勇为东阳市地方税务局局长。

8月，政府采购管理系统全面上线使用。设立“东阳市国有企业财务管理中心”。

12月，东阳市地方税务局获2017年度全省纳税人满意度调查全省第4名，金华市第1名。

是年，东阳市财政总收入首次超百亿大关，达100.88亿元，全市地方财政收入达58.58亿元。吴宁分局荣获“浙江省文明单位”称号。

## 2018年

7月，东阳市财政局、地方税务局机构分设，东阳市财政局单设，东阳市地方税务局与东阳市国家税务局合并，成立“国家税务总局东阳市税务局”。

9月，平稳有序地做好社会保险费和非税收入征管职责划转工作。

10月，东阳市政府办公室确定按照“资产随职责人员走”的原则分割划转东阳市财政局与地税局资产。

## 2019年

1月，任命徐育阳为中共东阳市财政局党组书记、东阳市财政局局长。单设“东阳市人民政府国有资产监督管理办公室”。“东阳市农业综合开发办公室”机构、职能及人员划归东阳市农业局。行政事业单位实施新的《政府会计制度》。撤销行政服务中心财政窗口，相关业务实行“浙江会计之家”线上办理。

6月，新的“东阳市财政局综合办公平台”正式上线运行。“东阳市国控融资担保有限公司”成立。

9月，开展“不忘初心，牢记使命”主题教育活动。

## 2020年

1月，新型冠状病毒肺炎疫情暴发，全力做好疫情防控经费保障工作。

5月，设立“东阳市财政金融服务中心”；将“东阳市财政局信息中心”、“东阳市道路交通事故救助基金管理中心”，其职能和人员整合到“东阳市财政预算编制中心”，仍挂“东阳市道路交通事故救助基金管理中心”牌子；“东阳市行政事业单位会计核算中心”更名为“东阳市财政国库支付中心”。

6月，实行全市财政电子票据改革，财政票据进入无纸化时代。

10月，“东阳市财政金融服务中心”暨“东阳市金投控股集团有限公司”成立。

是年，东阳市财政局荣获“全省财政系统先进集体”称号。

## 2021年

3月，开展党史学习教育活动。

4月，金华市财政系统组织“百年潮涌我心向党”主题朗诵比赛，东阳市财政局参赛节目《百年征程·红色财政》获一等奖。东阳市获2021年度省级乡村振兴集成创新示范建设县。

5月，东阳市财政局将土改时期土地证档案移交档案馆。

6月，举行庆祝中国共产党建党100周年活动，并颁发“光荣在党50年”纪念章。

# 第一篇　财政体制与收支

## 第一章　地方财政与体制

财政是国家为了满足社会公共需要，对一部分社会产品进行的集中性分配，即以国家为主体的分配。财政既是一个经济范畴，又是一个历史范畴。原始社会末期，由于生产力的发展，出现了劳动剩余产品，是财政产生的物质基础，成为财政产生的经济条件；私有制、阶级和国家的出现，是财政产生的政治条件，财政是随着国家的产生而产生、并伴随着国家的发展而发展的。所以，财政历来都是国家财政。在市场经济条件下，国家财政具有公共性、公平性、公益性和法制性的特征。

### 第一节　东阳财政的产生

在原始社会初期，由于生产力水平极其低下，社会没有剩余产品，因而没有阶级，也没有国家，自然没有国家财政。

原始社会后期，因生产力的发展，产生了社会分工，剩余产品不断增多，逐步产生了阶级和私有制社会。为了维持统治阶级的统治地位，随之产生了国家。国家为了实现其职能，需要占有和消耗一定的物质资料，其所需的物质资料就只能依靠国家的政治权力，强制地、无偿地取得，这种凭借政治权力直接参与社会产品的分配，就是财政分配。财政产生以后，伴随着国家的发展而发展，随着生产力的变革以及社会形态和国家制度的更迭，财政也紧随着与生产资料所有制和国家形态相适应不断地发生变化。

自东汉兴平二年(195)东阳建县之始至清代，整个封建社会国家均实行中央集权统治，财政上相应地实行国家统一管理制度，由中央统收统支，地方只负征收赋税钱粮之责，无财政分配之权，征收的赋税收入全额上缴中央，地方所需各项支出由中央拨付，因而也没有地方财政。

清朝前期，在财政上实行的是统收统支的中央集权制，一切财权统掌于中央户部，所有税收归中央，地方督抚必须执行户部的规定，定期汇报收入、存留、起运、调拨等数字，未获批准不得擅自动用。由清政府统一制定税制，在中央规定的税收之外，地方不得另立名目征收地方税或在国家税基础上征收地方附加税。此间，虽有浮收、瞒报、冒销现象，纯属于官吏的贪污行为，不能形成地方政府收入，这样，就保证了一切财政收入权统归中央而地方官不得专擅。这一时期中央财政的经常性支出为官吏俸禄、军队饷银等15项，并由户部定额，层层分解到各部门和各地方州县。地方必须严格按照部定科目和数额开支，并直接向户部核销。这种中央集权的财政管理体制，在顺治至雍正年间逐步形成并完善起来，直至咸丰元年（1851）太平天国起义爆发，大体上没有变动。

**一、东阳县级财政的产生**

自道光二十年（1840）鸦片战争以后，中国逐渐沦为半封建半殖民地社会。持续的战争、失败、割地、赔款、借款，使国家财政不堪重负，中央集权的统治地位摇摇欲坠。道光三十年太平天国农民起义，加重了国家财政的困难，清廷为镇压太平天国革命筹集军饷，创办了地方税收厘金，增加了地方财权，同时，地方督抚及统兵大员截留税收，弄虚作假，朝廷制度颓废。咸丰三年（1853），太平军进入长江流域富庶省份，部库和各省布政使司库藏帑（公款）殆尽，至无款可拨，中央政府因此失去了经费保证。鉴于当时的形势，清政府不得不改变“京饷”的拨解制度，咸丰帝发布上谕：“向来户部岁需京饷，例于各省春秋拨册内，随时奏拨解部。近年以来，各省经部指拨之款，每因起解不时，以致部库时形支绌，自应先期筹画，以济要需。所有该部岁拨京饷，著准其自本年为始，归入冬拨案内，与各直省协拨兵饷一律酌拨。”后来，奕䜣等追述这一变革说：各省存留支用所剩款项“皆应于春秋报部，并随时由户部指拨……自咸丰三年，因各省春秋报拨并无存款，户部始改为按年定数指拨解部”。

京饷拨解这一制度的变革，原只是清中央政府保证自己常年经费的权宜之计，但它所产生的实际影响却是始料不及的。第一，京饷由各省每年将库款尽数报拨改为由户部定额指拨，而且咸丰十一年（1861）以后定额一直不变，意味着中央同地方的财政收入进行了划分并包干；第二，既然中央不管各省每年收支情况如何，必须按定额解足京饷，也就不再能够要求他们恪守户部规定的收支制度，必须承认或默认它们在入不敷出的情况下，进而在非入不敷出的情况下，自行增收、减支、挪用；第三，在中央集权财政体制下，户部对地丁、杂税、盐课、漕赋、关税以及出自这些项目的支出实行分口管理，分别责成布政使司、盐运使司、粮储道和税关监督管理，而由督抚、盐政、漕运总督或户部本身分别察核。此后，为了保证包括各项税收在内的京饷、协饷和其他摊款（如1860年摊分英法赔款、左宗棠西征月饷、1890年起摊分铁路经费、1896年摊还外款、1901年摊分庚子赔款等）能够按户部指拨数额起解而不被各省截留，清政府实行以省为单位，统统责成各督抚筹款上解的办法。这样就等于承认了各省督抚对布政使、盐运使等官员财政职权的干预，使这些官员成为督抚使员，其所管各库无形之中降为地方库，从而形成了以各省督抚为首领，以各省为单位，各省包括藩、运、粮、关等机构和其他财政局所在内的地方财政系统，开始出现地方督抚自行攫取财权的做法合法化，中央集权的财政体制于是陷于瓦解。地方督抚权力扩大，朝廷对地方丧失制约，地方督抚有自由课税权，对财政有自由调度权，中央财政空虚，反须受制于地方。至光绪三十四年（1908），清朝全国财政收入已超过2亿两，其中户部收入不过2400万两，仅占12%。至此，地方财政实际已经形成。

光绪三十四年（1908），福建道监察御史赵炳麟鉴于财权分散、政令不通的时局，奏呈改革意见，他说："我朝政之散，实由于财政之纷。各部经费各部自筹，各省经费各省自筹，度支部臣罔知其数。至于州县进款出款，本省督抚亦难详稽，无异数千小国，各自为计。"他认为要消除财权分散、政令不通的状况，必须改革。财政管理制度实行中央与地方的分税制，他说："一切租税，分作两项。一国税，以备中央政府之用；二地方税，以备地方行政之用。改布政使为度支使，每省一员，统司全省财政出入。征收国税和地方税，直接度支部，仍受督抚节制。……各省地方进款若干，用款若干，责成度支使每年详细报部，其国税听部指拨，地方税即留为各该省之用。租税界限分明，疆臣无拮据虑，出纳造报确实，部臣有统核之权。如是则各省财政可一。"资政部采纳了赵炳麟的意见，于次年，即宣统元年（1909），清政府颁布《府厅州县地方自治章程》，其中第五章对府厅州县财政的自治经费、预算及决算作了规定，开始试行中央与地方分税制和划分财权，此乃国家财政管理体制的重大变革，结束了自秦汉以来由中央统收统支的君主集权财政管理制度，实行具有法定意义的地方财政体制。

民国元年（1912），临时国民政府财政部厘定《国家地方政费标准》，作为编制财政预算的依据。民国2年冬，又编制了《国税与地方税法草案》和《国家费目与地方费目暂行标准案》，将当时已存在和将来准备举办的各税统计列表，分别划入国家、地方两大体系；在经费支出上，同样相应的划分为中央支出和地方支出。由于国民政府采用了中央集权的体制安排，草案中规定一切主要税源均归中央，留给地方的只有附加和零星杂项。

民国初期，划分地方财政体系仅及于省，尚未推及到县。各县的田赋县税"特捐"，在地丁、抵补金项下带征。东阳地丁每两加征5角5分，充作县公署经费。民国3年（1914），东阳地丁每两增加征收费9厘，折银元1角6分2厘，抵补金每石收银元1角5分。民国5年，地丁征收费不变，抵补金每石改为1角2分，作为地方经费，当年东阳县留支6650元。

民国16年（1927），东阳县管理公产委员会成立，常务委员2人，办事员、出纳员、书记各1人。

民国21年（1932）4月，设立东阳县临时整理地方款产委员会，由县长、财政科长、民众团体代表及聘任委员若干人组成，主要任务是清理、归集公款，便于以后更好地管理，统筹安排合理使用。当时共清理出29种公款。此后每年都进行公款公产调查登记，直至中华人民共和国成立。

表1-1-1-1　　民国20年(1931)东阳县地方公款一览表

| 序号 | 款别 | 来源 | 银额（元） | 征收机关 | 管理机关 | 用途 |
|---|---|---|---|---|---|---|
| 1 | 县税项下四成教育费 | 地丁项下带征 | 8055.876 | 县政府 | 教育款产委员会 | 教育经费 |
| 2 | 县税项下三成警察费 | 地丁项下带征 | 6041.908 | 县政府 | 县公款公产管理委员会 | 警察经费 |
| 3 | 县税项下二成公益费 | 地丁项下带征 | 4027.938 | 县政府 | 县公款公产管理委员会 | 党务费及出纳员薪金 |
| 4 | 县税项下一成准备金 | 地丁项下带征 | 2013.969 | 县政府 | 县公款公产管理委员会 | 地方行政不敷特捐核准动支 |
| 5 | 教育附捐 | 地丁抵补金带征 | 6188.410 | 县政府 | 教育款产委员会 | 教育经费 |
| 6 | 治虫经费 | 田赋带征 | 4132.753 | 县政府 | 治虫委员会 | 治虫经费 |
| 7 | 农民银行股本 | 田赋带征 | 7944.721 | 县政府 | 农民银行股本保管委员会 | 银行基金 |
| 8 | 县税不敷附捐二角公益费 | 地丁带征 | 7958.144 | 县政府 | 县公款公产管理委员会 | 党务经费 |
| 9 | 县税不敷附捐一角警察费 | 地丁带征 | 3979.720 | 县政府 | 县公款公产管理委员会 | 警察经费 |
| 10 | 附捐一角准备金 | 地丁带征 | 3979.720 | 县政府 | 县公款公产管理委员会 | 准备金 |
| 11 | 筑路经费 | 随粮带征 | | 县政府 | 路款保管委员会 | 筑路经费 |
| 12 | 保卫团经费 | 随粮带征 | | 县政府 | 保卫团经费管理委员会 | 保卫团经费 |
| 13 | 固有警捐 | 招商承包向猪牛羊肉业征收 | 1748.000 | 县政府 | 县公款公产管理委员会 | 警察经费 |
| 14 | 广告捐 | 招商承包 | 260.000 | 县政府 | 县政府 | 县立医院基金 |
| 15 | 置产捐 | 推收项下带征 | 3891.850 | 推收处 | 县政府 | 建设经费 |
| 16 | 征收捐款 | 征收处捐纳 | 1039.789 | 征收处 | 县公款公产管理委员会 | 县款产会管理经费 |
| 17 | 店屋捐 | 向店铺征收 | 1619.844 | 公安局 | 县公款公产管理委员会 | 警察经费 |
| 18 | 住屋捐 | 向住户征收 | 586.800 | 公安局 | 县公款公产管理委员会 | 警察经费 |
| 19 | 旅店捐 | 向旅店征收 | 147.500 | 公安局 | 县公款公产管理委员会 | 警察经费 |
| 20 | 戏捐 | 由戏班交纳 | 982.699 | 教育款产委员会 | 县公款公产管理委员会 | 警察建设实业学生津贴费暨教育经费 |

续表1-1-1-1

| 序号 | 款别 | 来源 | 银额（元） | 征收机关 | 管理机关 | 用途 |
|---|---|---|---|---|---|---|
| 21 | 小学基金 | 游民债券 | 3820.022 | 存庄生息 | 由县款产委员会保管或由教育款产保管 | 提利奖励优良小学 |
| 22 | 验契教育附捐 | 随契带征 | 9.400 | 验契所 | 教育款产委员会 | 教育经费 |
| 23 | 咸吉公益费 | 咸吉捐纳 | 100.000 | 县中学 | 县中学 | 中学经费 |
| 24 | 摊税 | 向县政府前食物摊征收 | 78.000 | 县中学 | 县中学 | 中学经费 |
| 25 | 自治户捐 | 住户派纳 | | 各区公所 | 县公款公产管理委员会 | 自治警察保卫公益等费 |
| 26 | 廉捐 | 县长廉捐 | 120.000 | 救济院 | 救济院 | 育婴所经费 |
| 27 | 公益金 | 德存堂及咸吉栈捐 | 108.000 | 救济院 | 救济院 | 育婴所经费，德存堂捐100元，咸吉每月捐助200元，每餐一元，21年开始 |
| 28 | 戏捐 | 成头做戏之地捐纳 | | 救济院 | 救济院 | 施医所经费 |
| 29 | 自治户捐 | 随粮带征每两5分 | 2000.000 | 县政府 | 县公款公产管理委员会 | 区公所经费 |

表1-1-1-2　　**民国35—38年（1946—1949）东阳县公产情况表**

| 年份 | 田（亩） | 地（亩） | 山（亩） | 租金（元） | 积谷（斤） | 房屋（间） |
|---|---|---|---|---|---|---|
| 民国35年（1946） | 1082 | 135 | 230 | 6017925 | 59465 | 7.5 |
| 民国36年 | 762 | 92 | 230 | 27854760 | 43665 | |
| 民国38年 | 7636 | 311 | 28 | | 29829 | |

民国22年（1933），兰溪作为实验县试编县级财政收支预算，首创全国县级财政预算制度。

民国24年（1935）7月，民国政府颁布《财政收支系统法》，国家财政体系确定为中央、省、县三级，实行分税制的财政体制，各有独立税源，摆脱了原先县级财政为省级财政附庸的地位，是年，东阳开始编制地方财政收支预算，正式确立具有独立地位的县级财政。划定国税为酒烟税、印花税。省税为田赋、营业税、契税，上缴100%。县级财政收入为田赋县级附加、房产税、营业牌照税、使用牌照税、行为取缔税等5种，留用100%；土地税除上缴省、中央外，县留50%；属中央所有的所得税县留20%～30%；遗产税县留25%。岁入预算分田赋附加、各项税捐、地方财产、地方事业、地方行政、省款补助、什项收入等7项；岁出预算分党务费、自治费、公安费、保卫费、财务费、教育文化费、卫生费、建设费、救恤费、什项支出、债务费、总预备费等12项，省财政给予定额补助800元后收支平衡。

民国25年(1936)地方捐税有18种。

表1-1-1-3　　民国25年(1936)东阳县地方捐税表

| 捐税名称 | | 用途 | 税率银元(元) | 预算数小计银元(元) |
|---|---|---|---|---|
| 田赋附加 | 特捐 | 党务公安教育总预备费等 | 按上期田赋正税每元带征0.306 | 21928 |
| | 县税不敷附加 | 党务公安债务等费 | 按上期田赋正税每元带征0.194 | 13902 |
| | 自治附捐 | 自治费 | 按上期田赋正税每元带征0.028 | 2006 |
| | 治虫附捐 | 建设费 | 按上期田赋正税每元带征0.028，下期田赋每元带征0.091 | 2067 |
| | 教育附捐 | 教育费 | 按上期田赋正税每元带征0.083，下期田赋每元带征0.091 | 6320 |
| 各项捐税 | 店住屋捐 | 公安费 | 店屋按租金征15%，凡月租在1元以下者免捐。住屋按租金征10%，凡月租在2元以下者免捐 | 2860 |
| | 旅店捐 | 公安费 | 甲等月征2元，乙等月征1元，丙等月征5角 | 328 |
| | 各项固有警捐 | 公安费 | (一)猪牙每户全年牙佣收入在100元以上者为甲等年征银4元，100元以下者为乙等年征银2元。(二)牛牙每户全年牙佣收入在100元以上者为甲等年征银5元，100元以下者为乙等年征银3元。(三)树牙每户全年牙佣收入在300元以上者为甲等年征银8元，300元以下者为乙等年征银5元。(四)锅炉每户全年营业额在5000元以上者为甲等，年征银16元，5000元以下者为乙等年征银10元。(五)屠宰业按屠宰正税征25% | 3200 |
| | 人力车捐 | 公安费 | 每辆月征车照捐1.50 | 720 |
| | 脚踏车捐 | 建设费 | 每辆季征车照1.50 | 300 |
| | 屠宰教育附捐 | 教育费 | 猪每只征银0.16 | 4920 |
| | 置产捐 | 建设费 | 田地塘每亩征银1元，山每亩征银0.5 | 2000 |
| | 广告捐 | 卫生费 | 分普通、特别两种按尺寸大小分等征收 | 100 |
| | 自治户捐 | 自治费 | 每户全年各项收入总额每200元征银1元，最高以10元为限 | 20000 |

续表1-1-1-3

| 捐税名称 | | 用途 | 税率银元(元) | 预算数小计银元(元) |
| --- | --- | --- | --- | --- |
| 各项捐税 | 保安及壮训不动产户捐 | 保安及壮训经费 | | 24702 |
| | 保安及壮训动产户捐 | | | 7290 |
| | 路租费 | | | 100 |
| | 戏捐 | 建设教育等费 | 每班每日夜征银1.50～2.50不等 | 600 |

## 二、民国时期的东阳财政

民国24—29年(1935—1940)的预算,县财政收入以各项地方杂捐及田赋附捐为土,一部分赖于省给补助。地方杂捐有店住屋捐、旅店捐、各项固有警捐(牛捐、米捐、生猪捐、木捐、肉捐)、人力车捐、脚踏车捐、公益费、戏捐、屠宰教育附捐、置产捐、广告捐、自治户捐、保安户捐、路费捐等多种。财政支出预算,以行政及自治费、公安费、保安费及教育文化费为大宗,各年所占比例有所不同。

表1-1-1-4

## 民国24—29年(1935—1940)东阳县地方财政预算表

单位：元

| 收入 | | | | | | | 支出 | | | | | | |
|---|---|---|---|---|---|---|---|---|---|---|---|---|---|
| 科目 | 24年 | 25年 | 26年 | 27年 | 28年 | 29年 | 科目 | 24年 | 25年 | 26年 | 27年 | 28年 | 29年 |
| 岁入经常门 | 106266 | 148551 | 195371 | 178372 | 180886 | 216823 | 岁出经常门 | 106266 | 139275 | 182767 | 165544 | 174154 | 255877 |
| 一.田赋附加收入 | 46223 | 46223 | 43070 | 43070 | 42118 | 37644 | 一.党务费 | 10000 | 10000 | 9773 | 7036 | 7332 | 9933 |
| 二.各项税捐收入 | 45707 | 67030 | 67140 | 62896 | 50056 | 68119 | 二.行政费 | | | 37992 | 29478 | 34920 | 56046 |
| 三.地方财政收入 | 5060 | 4437 | 4704 | 4604 | 4624 | 7606 | 三.自治费 | 10936 | 118386 | 36693 | 36024 | 40419 | 45012 |
| 四.地方事业收入 | 7955 | 7450 | 7450 | 7450 | 8685 | 14140 | 四.公安费 | 16078 | 17269 | 11462 | 16726 | 17468 | 29664 |
| 五.地方行政收入 | 10 | 660 | 660 | 660 | 1005 | 905 | 五.保卫、军训费 | 23000 | 20000 | 19386 | 17946 | 16128 | 27095 |
| 六.各项补助收入 | | | 30028 | 19080 | 48890 | 63438 | 六.财务费 | 4019 | 15900 | 15296 | 13384 | 12914 | 20214 |
| 七.地政收入 | | | | | | | 七.教育文化费 | 29627 | 44885 | 42151 | 34018 | 35909 | 45723 |
| 九.杂项收入 | 511 | 11923 | 41319 | 40612 | 25508 | 24971 | 八.建设费 | 4547 | 4856 | 4545 | 1068 | 1068 | 6434 |
| 十.省款补助收入 | 800 | 10828 | | | | | 九卫生费 | 90 | 402 | 442 | 316 | 472 | 5314 |
| | | | | | | | 十.抚恤费 | 1969 | 1840 | 1850 | 2222 | 2004 | 6319 |
| | | | | | | | 十三.债务费 | 4005 | 2742 | 329 | | | |
| | | | | | | | 十四.杂项支出 | 169 | 229 | 1910 | 1100 | 373 | |
| | | | | | | | 十五.预备费 | 1826 | 1766 | 938 | 6226 | 5147 | 4123 |
| 岁入临时门 | 1468 | 5720 | 2820 | 6212 | 46930 | 81008 | 岁出临时门 | 1468 | 14996 | 15424 | 19040 | 53662 | 41954 |
| 一.地方行政收入 | | 2820 | 2820 | 2820 | 3820 | 3220 | 一.党务费 | | | | 300 | 400 | 400 |
| 二.各项补助收入 | | | | 3932 | 34000 | 35000 | 二.行政费 | | | | | | 14410 |
| 三.杂项收入 | | 2900 | | | 9110 | 42788 | 三.自治经费 | | 13192 | 1620 | 2652 | 2379 | 8516 |
| | | | | | | | 四.公安费 | 1468 | 1804 | 1804 | 1804 | 2820 | 4612 |
| | | | | | | | 六.抚恤费 | | | | | 100 | 8956 |
| | | | | | | | 七.军训费 | | 12000 | 14284 | 47963 | | |
| | | | | | | | 八.建设及杂项支出 | | | | | | 5060 |
| 总计 | 107734 | 154271 | 198191 | 184584 | 227816 | 297831 | 总计 | 107734 | 154271 | 198191 | 184584 | 227816 | 297831 |

表1-1-1-5　　民国24—29年(1935—1940)东阳县地方财政预算支出结构表

单位:元

| 项目<br>年份 | 经常门支出 | 行政及自治费 | | 公安费 | | 保安费 | | 教育及文化费 | | 备注 |
|---|---|---|---|---|---|---|---|---|---|---|
| | | 金额 | 比例(%) | 金额 | 比例(%) | 金额 | 比例(%) | 金额 | 比例(%) | |
| 民国24年(1935) | 106266 | 10936 | 10.3 | 16078 | 15.1 | 23000 | 21.6 | 29627 | 27.8 | |
| 民国25年 | 139275 | 18386 | 13.2 | 17269 | 12.4 | 20000 | 14.3 | 44885 | 32.2 | |
| 民国26年 | 182767 | 74685 | 40.8 | 11462 | 6.2 | 19386 | 10.6 | 42151 | 23.1 | “七七”事变 |
| 民国27年 | 165544 | 65502 | 38.9 | 16726 | 10.1 | 17946 | 10.9 | 34018 | 20.5 | |
| 民国28年 | 174154 | 75339 | 43.2 | 17468 | 10.0 | 16128 | 9.3 | 35909 | 20.6 | |
| 民国29年 | 255877 | 101058 | 39.8 | 29664 | 11.9 | | | 45723 | 17.8 | |

以上6年预算,数字上看是收支平衡,但实际情况大多捉襟见肘,入不敷出。

民国26年(1937)9月,淞沪战火影响本省,收入锐减,军事支出浩繁,民国政府拟具了困难时期各项支出十项紧缩办法,省政府下发了民国26年度县级财政紧缩预算应注意事项:各机关及中等以上学校经常经费,9月份起一律按照原预算数对折拨付,在对折经费范围内,统盘筹划;员工薪俸月工资30元以下的九折支给,31元至51元的对折发给,但不低于27元,51元以上的对折发给,但不低于40元;军警机关经费一律照原额八五折发给;各项必要补助费一律对折计发。东阳县政府对非常时期县财政的紧缩办法是:非必要之事业费及补助费一律停发;临时费除最急需者外,一律停发;各项建筑经费除与国防有关者外,一律停发;各机关民国25年以前年度结余经费一律解库不得动用。同年,整顿财政工作,健全会计、审计制度,改革会计年度,由7月制改为历年制。同年3月,公布《财政收支系统法实施条例》,自当年1月1日起划分经常门、临时门,编制年度预决算。

民国27年(1938)1月,省政府又下发了七条紧缩办法,东阳县政府于同月下了训令:“案查本县近来各项税收因战事影响,收入异常短绌,以致应支各机关经费积欠甚巨,无法维持。兹为节省经费起见,自本月21日起将巍山防空监视所裁并巍山警察所办理,计每月节约经费15元;又将兽疫防治实验区暂行停办,计每月节约经费20元;又将合作指导员、度量衡检定员、治虫督保员薪旅费用一律留职停薪;又减少总队部司书两人薪水共40元。除分行令外,合行令即使遵照办理。”

民国28年(1939)9月,中央公布《县各级组织纲要》,实行新县制,规定以下8项为县财政收入:土地税的一部分(各种属于县有的田赋附加金额);土地陈报后正附溢额田赋的全部;中央划拨县地方印花税二成;土地税(未开征前为房捐);营业税一部分;县公产收入;县公有事业收入;其他依法许可的税捐。

民国30年(1941)4月,国民政府五届八中全会会议议决:调整了财政收支系统,田赋收归中央;奠定盐粮专卖制;筹备消费品专卖等项决议。同年6月,召开了第三次全国财政会议,将全国财政划分国家财政与地方自治财政两大系统,即中央和市县两级,省级并入中央财政,其收支由中央统管,地方自治财政以县为单位。县财政贯彻"自给自足"原则,财源有所扩大,县税划定为:营业牌照税、使用牌照税、屠宰税、房捐、筵席及娱乐税等5种自治税100%;警捐(本省单行的地方捐税)100%;中央田赋分成县得15%;营业税30%;遗产税25%;印花税35%;原归省级财政的契税划归市县。

民国31年(1942)4月19日,东阳县城沦陷,政府机关迁移,行政经费及特种事业费支出膨胀。民国30年的行政支出占总支出31.9%,民国31年度为了应付战争的特种事业费占总支出35.5%。

表1-1-1-6　　**民国30—31年(1941—1942)东阳县地方财政预算表**

单位:元

| 收入 | | | 支出 | | |
|---|---|---|---|---|---|
| 科目 | 预算数 | | 科目 | 预算数 | |
| | 民国30年 | 民国31年 | | 民国30年 | 民国31年 |
| 岁入经常门 | 555167 | 1387173 | 岁出经常门 | 518920 | 1412212 |
| 一、税课收入 | 290000 | 1256960 | 一、政权行使支出 | 14400 | 26750 |
| 二、惩罚及赔偿收入 | 3500 | 23000 | 二、行政支出 | 150000 | 217200 |
| 三、规费收入 | 20000 | 68000 | 三、教育文化支出 | 65000 | 162900 |
| 四、财产及权利收入 | | 27500 | 四、经济建设支出 | 30000 | 72400 |
| 五、公有事业收入 | | 9200 | 五、卫生及医疗支出 | 8000 | 36200 |
| 六、租金使用及特种许费收入 | 20000 | | 六、保育及救济支出 | 13000 | 34401 |
| 七、利息及利润收入 | 1000 | | 七、保安支出 | 219000 | 181000 |
| 八、补助收入 | 188667 | 10513 | 八、财务支出 | 8600 | 11620 |
| 九、其他收入 | 32000 | | 九、公务员退休及抚恤 | 110 | 90 |
| | | | 十、信托管理支出 | | 42680 |
| | | | 十一、特种事业费 | | 502473 |
| | | | 十二、其它支出 | 1420 | 24298 |
| | | | 十三、预备费 | 9390 | 100200 |
| 岁入临时门 | 11833 | 30000 | 岁出临时门 | 48080 | 4961 |
| 一、以前年度县款结余 | 11833 | | 一、政权行使支出 | 400 | 400 |

续表1-1-1-6

| 收入 | | | 支出 | | |
|---|---|---|---|---|---|
| 科目 | 预算数 | | 科目 | 预算数 | |
| | 民国30年 | 民国31年 | | 民国30年 | 民国31年 |
| 二、其他收入 | | 30000 | 二、行政支出 | 31080 | |
| | | | 三、保育及救济支出 | 8000 | |
| | | | 四、保安支出 | 5000 | |
| | | | 五、其他支出 | 3600 | 4561 |
| 总　计 | 567000 | 1417173 | 总　计 | 567000 | 1417173 |

民国32年(1943),日军盘踞东阳县城,政局动荡,工农业生产萎缩,物价变动骤剧,民众生活极不稳定,县财政尤为枯竭。全年度收入决算仅为原预算的46%,支出决算只能完成预算的63%,收入不敷支出部分用推行乡镇公益储蓄办法弥补,计612.4万元。

表1-1-1-7　　**民国32年(1943)东阳县地方财政预决算表**

单位:元

| 收入科目 | 决算数 | 预算数 | 支出科目 | 决算数 | 预算数 |
|---|---|---|---|---|---|
| 一、自治税课收入 | 690014 | 1680060 | 一、行政支出 | 540691 | 818458 |
| 二、分配县市国税收入 | 378847 | 467700 | 二、教育及文化支出 | 272991 | 328189 |
| 三、国税附加收入 | 19079 | 168440 | 三、经济及建设支出 | 30542 | 122130 |
| 四、征罚及赔偿收入 | 36 | 46000 | 四、卫生支出 | 84974 | 86676 |
| 五、规费收入 | 89415 | 142300 | 五、社会及救济支出 | 1000 | 16000 |
| 六、财产权利收入 | 35997 | 266030 | 六、保安支出 | 613045 | 937686 |
| 七、公有事业收入 | 569 | 3000 | 七、财务支出 | 104812 | 118804 |
| 八、积谷收入 | | 34000 | 八、公务员退休及抚恤支出 | 400 | 2000 |
| 九、其他收入 | 364551 | 309000 | 九、信托管理支出 | 28121 | 33213 |
| 十、乡镇保事业费收入 | | 288000 | 十、积谷支出 | | 36864 |
| | | | 十一、其他支出 | 152401 | 218871 |
| | | | 十二、乡镇保事业费 | | 288000 |
| | | | 十三、预备金 | | 8407 |
| 常时部分合计 | 1578508 | 3404530 | 常时部分合计 | 1878979 | 3015298 |
| 其他收入 | 2480 | 10000 | 一、行政支出 | 500 | 500 |
| | | | 二、教育文化支出 | 1000 | 1000 |
| | | | 三、其他支出 | 299891 | 397732 |
| 临时部分合计 | 2480 | 10000 | 临时部分合计 | 301391 | 399232 |
| 总　计 | 1580988 | 3414530 | 总　计 | 2180370 | 3414530 |

表1-1-1-8　　民国32年(1943)东阳县乡镇公益储蓄分配表

| 乡镇名称 | 金额(万元) | 乡镇名称 | 金额(万元) | 乡镇名称 | 金额(万元) |
|---|---|---|---|---|---|
| 湖溪区 | 168.50 | 大阳乡 | 14.00 | 岭北乡 | 19.00 |
| 湖溪镇 | 18.00 | 黄田畈镇 | 8.00 | 泗溪乡 | 15.00 |
| 石洞乡 | 20.00 | 划水乡 | 10.00 | 岘南乡 | 8.00 |
| 永昌乡 | 22.00 | 南溪乡 | 10.00 | 巍山区 | 141.90 |
| 兰亭乡 | 13.00 | 玉山区 | 51.00 | 巍山镇 | 4.00 |
| 横店镇 | 24.50 | 东新乡 | 10.00 | 大怀乡 | 16.00 |
| 合浦乡 | 22.50 | 岭口乡 | 19.00 | 练溪乡 | 18.00 |
| 圣武乡 | 12.00 | 尖山乡 | 22.00 | 虎鹿乡 | 20.00 |
| 风波乡 | 13.50 | 上卢区 | 121.00 | 东白乡 | 20.00 |
| 益智乡 | 13.00 | 吴宁镇 | 5.00 | 梓溪乡 | 18.00 |
| 三源乡 | 10.00 | 白云乡 | 15.00 | 歌山乡 | 0.40 |
| 南马区 | 130.00 | 卢宅镇 | 3.50 | 吴良乡 | 14.00 |
| 南马镇 | 22.00 | 锦溪乡 | 5.50 | 古渊乡 | 20.00 |
| 千祥镇 | 15.00 | 社姆乡 | 20.00 | 象岗乡 | 7.50 |
| 大连乡 | 16.00 | 蟠松乡 | 4.00 | 谷岱乡 | 4.00 |
| 明德乡 | 14.00 | 李宅乡 | 3.00 | | |
| 防军乡 | 21.00 | 甘溪乡 | 23.00 | | |

民国34年(1945),抗日战争取得胜利,各部复员,财政略有好转,国民政府宣布停征田赋一年。是年,东阳全县财政决算收入为2920.6万元,加上预算外收入164.4万元,合计收入为3085万元,决算支出为2585.4万元,结余499.6万元,主要原因是“地方性之捐献与赠与”收入较大。

表1-1-1-9　　民国34年(1945)东阳县地方财政预决算表

单位:元

| 收入科目 | 决算数 | 预算数 | 支出科目 | 决算数 | 预算数 |
|---|---|---|---|---|---|
| 常时部分合计 | 20800436 | 34662070 | 常时部分合计 | 23293657 | 41037451 |
| 一、税课收入 | 5793813 | 7610000 | 一、行政支出 | 6511521 | 7064478 |
| 二、分配县市国税收入 | 1425570 | 1425570 | 二、教育及文化支出 | 5669559 | 5756602 |
| 三、国税附加收入 | 77597 | 14000 | 三、经济及建设支出 | 458505 | 522820 |
| 四、征罚及赔偿收入 | 125135 | 729600 | 四、卫生支出 | 298190 | 334755 |
| 五、规费收入 | 367186 | 800000 | 五、社会及救济支出 | 55579 | 117960 |

续表1-1-1-9

| 收入科目 | 决算数 | 预算数 | 支出科目 | 决算数 | 预算数 |
|---|---|---|---|---|---|
| 六、财产及权利孳息 | 2615139 | 2762450 | 六、保安支出 | 4166641 | 6034591 |
| 七、公有营业之盈余 |  | 300000 | 七、财务支出 | 755525 | 828528 |
| 八、公有事业收入 |  | 5000 | 八、公务员退休及抚恤 | 500 | 20000 |
| 九、地方性之捐献及赠与 | 7449791 | 4700000 | 九、补助及协助支出 | 220555 | 220555 |
| 十、财产及权利之售价 | 60000 | 200000 | 十、信托管理支出 | 20337 | 35000 |
| 十一、积谷收入 | 40424 | 1200000 | 十一、县级公粮支出 | 2361592 | 14121050 |
| 十二、县公粮收入 | 2845781 | 14915450 | 十二、积谷费支出 | 34448 | 1192831 |
|  |  |  | 十三、其他支出 | 2740705 | 3102104 |
|  |  |  | 十四、预备金 |  | 214243 |
|  |  |  | 十五、特种事业费 |  | 1471929 |
| 临时部分合计 | 8406140 | 9600000 | 临时部分合计 | 2559869 | 3224619 |
| 地方性之捐献及赠与 | 8406140 |  | 一、行政支出 |  | 31112 |
|  |  |  | 二、教育文化支出 | 781645 | 781645 |
|  |  |  | 三、卫生支出 | 332545 | 332545 |
|  |  |  | 四、财务支出 | 362000 | 407024 |
|  |  |  | 五、其他支出 | 1083679 | 1672293 |
| 总　计 | 29206576 | 44262070 | 总　计 | 25853526 | 44262070 |

民国35年（1946），国民政府第四次全国财政会议修订《财政收支系统法》，恢复中央、省、县（市）三级财政管理体制，于7月1日公布施行。规定属于县级财政收入的税收项目有中央田赋分成县得50%、省属营业税县得50%、遗产税县得30%、印花税县得30%、契税县得100%以及原有5项自治税的100%。支出范围与民国24年公布的规定基本相同。这种体制沿袭到民国38年4月。

抗战胜利后，内战爆发，东阳财政状况越来越糟。对于民国35年（1946）度预算，当时县政府会计主任叶济民在编造总决算说明书时提到："民国35年原列预算数岁入岁出为27873万元。下半年度由于物价飞涨，调整员工待遇增加5亿元，故总预算为77873万元。此年度岁入决算数为73753万元，岁出决算数为68216万元，收支余存5537万元，但岁入决算中列入应收款56919.7万元，应付款50524万元，所以实际收支尚亏绌359.2万元，虚余实亏。"从各项支出看，行政费占4.87%，教育文化费占47.85%，生活补助支出占42.93%，经济建设支出仅占0.53%。由于通货恶性膨胀，公务人员生活只依赖补贴，浙江省政府决定，民国35年县级人员待遇标准，文职人员薪俸生活补贴基本数1.2万元，加成数四十九倍。

表1-1-1-10　　民国35年(1946)东阳县地方财政岁入岁出预决算表

单位:元

| 收入科目 | 决算数 | 预算数 | 支出科目 | 决算数 | 预算数 |
|---|---|---|---|---|---|
| 常时部分合计 | 729523994.1 | 672796780 | 常时部分合计 | 673770562.6 | 768813109.9 |
| 一、税课收入 | 112943168.4 | 256007515 | 一、行政支出 | 32631167.52 | 40857220 |
| 二、分配县市国税收入 | 36724488 | 22933500 | 二、教育及文化支出 | 320929756 | 321766080 |
| 三、国税附加收入 | 470300.59 | 140000 | 三、经济及建设支出 | 3620180 | 4399750 |
| 四、征罚及赔偿收入 | | 3600000 | 四、卫生支出 | 1226875 | 1347250 |
| 五、规费收入 | 15926412.64 | 78520000 | 五、社会及救济支出 | 1824750 | 1870850 |
| 六、补助及协助收入 | 140805 | 140805 | 六、保安支出 | 12230900.95 | 13946679 |
| 七、财产及权利之孳息收入 | 215645039.7 | 270272960 | 七、财务支出 | 2494022.13 | 2868350 |
| 八、公有营业之盈余收入 | | 400000 | 八、公务员退休及抚恤 | 3980 | 108000 |
| 九、公有事业收入 | | 200000 | 九、补助及协助支出 | 1078000 | 1078000 |
| 十、信托管理收入 | 60000 | 60000 | 十、信托管理支出 | 60000 | 4985000 |
| 十一、优待征属收入 | 50162668.5 | 10279000 | 十一、其他支出 | 1587830 | 1587830 |
| 十二、其他收入 | 297451111.3 | 30243000 | 十二、生活补助支出 | 292860281 | 361794980 |
| | | | 十三、优待费支出 | 3222820 | 10279000 |
| | | | 十四、预备金 | | 1924120 |
| 临时部分合计 | 8000000 | 105932860 | 临时部分合计 | 8385470.70 | 9916530 |
| 赊借收入 | 8000000 | 8000000 | 其他支出 | 8385470.70 | 8916530 |
| 其他收入 | | 97932860 | 公有营业基金支出 | | 1000000 |
| 总　计 | 737523994.1 | 778729640 | 总　计 | 682156033.3 | 778729640 |

民国36年(1947),内战加剧,民国政府的军费支出与日俱增,纸币发行大量增加,财政赤字不断扩大。3月,县长丁琮提请县参议会通过决议,加征钱粮,向全县人民借款5亿元。4月15日,东阳中学高秋二班李立初等28位同学以“一群热血青年”名义,草拟《反对东阳县参议会苛政呼吁书》,连夜在县城张贴,散发给国民党省、县机关团体和有关报社及杭州、金华、上海、南京、北平、天津等地大中学校东阳籍同学。4月22日,上海《大公报》以《参议会议决增税,老百姓表示不满》为题发表文章,东中其他班级学生及平、津、沪、杭、金华等地同学纷起响应,县参议会被迫复议,否决借款案,县长辞职。这一年,原定预算岁入、岁出为59906万元,后追加至84319万元,再后县长吕思文上任又追加两次,仍无济于事。

民国37年(1948)5月,东阳财政“以至山穷水尽之境,财源枯竭,不仅行政效力益低,而且职员之生活也难维持,其他事业开展更无法论及”,“收支不敷95亿元”,对此,政府采取一些增收措施:

屠宰税税率从原来的5%提为10%，严防截留，追征年初欠额；举办猪只出口特捐，凡采运猪只出东阳境的，每次5只以上者，每只从价征收采捐8%；营业税参照物价指数调整；房捐，依照拟定税率，按照时值征收；抓紧征收欠额田赋。支出方面自6月份起暂缓增设人事，酌定可减人员，予以紧缩。同年8月20日，民国政府公布《财政紧急处分令》《金圆券发行办法》《人民所有金银外币处理办法》《中华民国人民存放国外外汇资产登记办法》《整理财政和加强管制经济办法》等一系列财政金融法规。金圆券发行量的增加，币值迅速下降，物价如洪水决堤，不可收拾。

民国38年(1949)2月24日，民国政府颁布《财政金融改革案》，规定关税改征关元，货物税改征实物，盐税改征实物，必要时恢复专卖，营利事业所得税改采同业工会分摊包缴办法，估定税额，限期催收缴纳。

1949年5月8日，东阳解放。同年10月1日，中华人民共和国中央人民政府成立，东阳财政从此进入一个崭新的历史发展时期。

## 第二节　收入分成体制

财政体制是“财政管理体制”的简称，是规定中央财政和地方财政、地方财政之间，以及国家与部门、企业之间在财政管理方面的职责权限和相应利益的制度。广义的财政体制包括预算、税收、财务管理体制等，本章“财政体制”仅指“预算管理体制”，是处理中央和地方以及地方各级政府之间的财政关系的基本制度，主要阐述建国以来分别在“计划经济”和“市场经济”体制下，地方财力在中央、省级与东阳县(市)级政府间的分配关系。

1949年，中华人民共和国成立伊始，中国共产党的执政纲领决定了国家必须建立以公有制为主体、实行按劳分配的社会主义制度。为了尽快恢复长期凋敝的国民经济，制止通货膨胀，稳定物价，促进财政经济状况的根本好转，在经济方面实行全国统一的计划经济制度，在财政上实行财力集中的中央统收统支的财政政策，从而为国民经济的恢复和发展发挥了重要的作用。但是，经过近三十年的实践，计划经济模式也逐渐暴露出许多问题，诸如计划失误、损失浪费严重、吃“大锅饭”、缺乏积极性、经济和人民生活水平提高缓慢、国家财政供需矛盾突出等。1978年，党中央召开十一届三中全会，把党的工作重心转移到经济建设上来，并实施改革开放战略。财政方面在中央和地方及地方各级政府之间实行“分灶吃饭”，施行多种形式的财政包干体制，以充分调动地方政府发展经济的积极性和主动性，各地财政经济得以快速发展。1994年起，为了完善社会主义市场经济制度，增强市场经济活力，中央进一步深化经济体制改革，在财政上实行“分税制”，以进一步完善“一级政府、一级财政、一级预算”的财政管理体制。进入21世纪后，虽经历多次局部的结构性调整和改革，但总体“分税制”的格局未变。

总之，在国家各个建设和发展时期，根据经济发展状况和工作重心，按照“统一领导，分级管理”原则，在综合运用财政税收政策的同时，适时建立、调整和完善财政体制，使财政制度与经济社会的发展相适应。浙江省财政对东阳县级财政的体制演变也大体与中央对地方的体制形式变革相当，亦经历了统收统支、分级包干和分税制三个阶段。

### 一、统收统支(1949—1979年)

中华人民共和国成立后，面对国内尚在延续的解放战争及其所留下的废墟、一穷二白的经济基础、与强敌对抗的抗美援朝战争，国家财政面临军政费用开支庞大、财政收入增长缓慢而无法满足财政支出需要、财政收支脱节而不利于财力集中、财政赤字过大导致通货膨胀等极其严峻困境，为了尽快恢复长期凋敝的国民经济，制止通货膨胀，稳定物价，促进财政经济状况的根本好转，国家实行了一系列的政策和措施，逐步建立和完善了国家财政体制。

#### (一)集中财权　统收统支

1949年5月8日，东阳县城解放。此后，并相继成立东阳县人民政府及财经(政)科，主管全县财政事务。

为了克服财经困难，平衡财政收支，稳定金融物价，1950年3月，政务院通过了《关于统一国家财政经济工作的决定》，其基本内容是统一全国财政收支管理、统一全国物资管理、统一全国现金管理等，实行高度集中统一的财政体制。国家设中央、大区两级财政，以中央为主。一切财政收支项目、收支程序、供给标准、行政人员编制，均由中央统一规定。根据政务院《关于统一管理1950年财政收支的决定》，农业税、货物税、工商业税、国营企业收入、公债收入均属中央财政收入，全额上交中央；地方财政支出主要有行政费、教育费、监犯费、财务费、优恤费等五项，区级及以上支出按照中央规定的标准由中央拨款开支，凭据自下而上逐级审核结报，区向县财政，县财政向金华专员公署财政，金华财政向省财政，最后向华东军政委员会结报。乡镇级相关支出由地方附加、罚没收入、各项规费等地方收入开支，实行乡镇财政预算决算制度，单独结报。

1951年，随着全国经济形势的好转，为充分发挥地方积极性，减少资金在周转过程中的浪费，政务院先后颁发了《关于1951年度财政收支系统划分的决定》和《关于划分中央与地方在财政经济工作上管理职权的决定》，其核心内容是以统一领导、分级负责为原则，将国家财政分为中央、大行政区和省(市)三级财政，并明确划分中央与地方的财政收支范围。这标志全国财政分级管理的开始。省级财政的建立，虽然在预算管理权限上，由“收支两条线”改为了“收支挂钩”，但财权仍然集中于中央，划给地方的财力，实际上只是抵补部分中央拨款，地方财政收支范围较小，且省与县尚未进行收支范围的划分，县级的各项收支仍作省的一部分列入省级预算和决算，向华东地区财政结报。

#### (二)划分收支　分级管理

1953年，国家开始进入第一个五年计划建设时期，全国取消大区一级财政，实行中央、省(市)、县三级财政，并相应建立三级预算。1953年起，东阳始设县级财政，由省规定县级财政的收支范围和年终结余处理办法，由省确定对县级财政实行“以收定支、一年一定”的财政体制：印花税、屠宰税、契税、利息所得税、牲畜交易税、文化娱乐税及其他收入等作为县级财政固定收入；农业税和工商业税等为固定比例分成收入，分成比例由省核定；商品流通税和货物税等为调剂收入，调剂收入列省款补助。支出项目主要是社会经济建设和文教事业，支出由省财政核定；县财政收入不敷支出部分由省财政补助，本年度超收和节支，除专款结余上缴外，一般结余和超收部分，均作为下年度收入。在管理上仍实行“收支两条线”，收入全额上解，支出编制预算报省财政核拨。

1954年，邓小平兼任财政部部长，针对当时财政工作存在的问题，提出了财政工作“六条方针”：预算归口；包干使用；自留预备费，结余不上缴；控制人员编制；动用总预备费需经中央批准；加强财政监督。由此，国家财政体制又作了进一步改进：财政收入实行分类分成办法，分为地方固定收入、固定比例分成收入、调剂收入三类；财政支出基本按隶属关系划分，由省核定；收支结余不上缴；核定的收支差额由省财政补助；实行“以支定收，一年一定”。地方固定收入项目有：印花税、利息所得税、屠宰税、牲畜交易税、城市房地产税、文化娱乐税、车船使用牌照税、契税、公私合营县级企业利润收入、公产收入、事业收入、其他收入等；固定比例分成收入项目有：农业税、营业税、所得税等；调剂收入项目有：商品流通税、货物税等。当年，省财政核定东阳收支差额补助51.21万元。

1956年仍实行分类分成办法，并将公债列入地方固定比例分成收入。分成比例为：地方固定收入留县100%；地方固定比例分成比例各县不同，东阳营业税和所得税留成60%、农业税留成40%、公债留成40%；调剂收入留县10%；经省财政支出预算核定后确定东阳差额补助48.43万元。地方财力有所增加。

1954年至1957年间，除收入项目和分成比例略有调整外，总体保持该体制不变。

### （三）收支挂钩　比例分成

#### 1. 以收定支，五年不变

1957年，随着第一个五年计划完成，国务院印发《关于改进财政管理体制的规定》，规定自1958年起实行“以收定支，三年不变”（后改为五年不变）的财政体制：明确划定地方财政的收支范围，适当扩大地方财政管理权限，在保证国家重点建设的前提下增强地方机动财力。县级财政以1957年预算收支数为依据，确定正常年度的支出基数和收入基数。确定东阳的体制为：固定收入地方税留成100%，中央下放国营企业上缴利润分成20%，公债分成20%，商品流通税、货物税、营业税、所得税留成30%，农业税留成30%；支出包括地方正常支出和专款支出，地方正常支出由地方划定的收入分成中开支，自求平衡，年终结余留归地方；专款支出（主要包括基本建设支出和重大灾荒救济费、国家计划的大规模移民垦荒支出等特殊性支出）由中央专项拨款开支。

1958年11月，东阳、磐安两县合并，县财政合二为一，调整体制分成比例为：商品流通税、货物税、营业税、所得税分成30%，中央下放国营企业上缴利润分成20%，公债分成20%，农业税分成

34%;核定收支差额补助133.1万元。

受“大跃进”“共产风”等浮夸风的影响,财政收入出现虚假现象,该体制原定五年,实际仅仅执行了一年。

**2.总额分成,一年一变**

1958年9月,根据国务院《关于进一步改进财政管理体制和改进银行信贷管理体制的几项规定》,省人民委员会下发了《关于进一步改进专署及市、县财政管理体制的规定》,决定从1959年起实行“收支下放、计划包干、地区调剂、总额分成、一年一变”财政体制,按照该体制,将不再划分固定收入、固定比例分成收入和调剂分成收入,市、县财政收支指标经省财政核定后,收大于支的,其大于支出的部分,按与总收入的比例上解,收小于支的不足部分由省财政给予补助,并在此基础上按市、县包干使用,年终结余全部留归市县下年继续使用。市县的各项税收和地方管理的企事业收入及其他收入,除附加及自筹外,都作为市县财政收入实行总额分成;同时下放基本建设投资支出,核定市县财政各项支出(包括基本建设和增拨企业流动资金在内),其核定的支出占核定收入的比例即为市县总额分成比例,东阳总额分成比例为42.31%;总额分成比例实行一年一核定。

1962年4月,贯彻落实中共中央、国务院《关于严格财政管理的决定》,强调把国家财政主要集中到中央,全国一盘棋,上下一本账,坚持当年收支平衡,略有结余,不准打赤字预算。县级财政体制改为总额分成加超收分成的办法,超收部分县级财政得20%,东阳总额分成比例调整为31.33%。体制调整后东阳财政留成比例比调整前下降约30%左右。1963年至1965年实际分成比例分别为31.33%、29.1%、31%。1965年因建造横锦水库等水利设施及移民等增加财政支出较多,超收分成比例调整为50%。1966—1968年核定总额分成比例和超收分成比例均为52%和10%。

1963—1965年间,经过调整,国民经济的比例关系相对合理,县级财政收入有所增长。

1968年,省财政对市、县采取了特殊的“收支两条线”做法:省财政根据核定的收支指标,确定市、县与省的留解比例,收入超收和支出预算增减部分,由省财政年终时再行结算。

**3.定收定支,收支包干**

1971年实行“定收定支,收支包干,一年一定”的财政体制,简称“财政收支包干”体制。由于建立了地区(专署)一级财政,省财政不再与县发生直接的财政结算关系,省财政对专署核定收支指标和确定预算收入的留、解比例,预算收入的超收部分,省与地区以52%:48%的比例分成,地区与各县再行对半分成,东阳的留成比例为71%;超收部分县财政留30%、上缴地区财政10%、上缴省财政60%。

1972年改为“收入按固定比例留成,超收另定分成比例,支出按指标包干”。1972年和1973年省核定东阳的留成比例分别是53%和59%,超收分成比例仍为30%。

另外,1972年按照省革命委员会生产指挥部转批省财政金融局《关于进一步改进财政金融管理体制的报告》,规定“五小”(小煤炭、小钢铁、小化肥、小水泥、小水电)企业收入以40%上缴国家预算，60%作为预算外收入由地、县分成，其中县得70%、地区得30%，用于“五小”企业的技术改造。农业税附加上缴省3%、上缴地区2%、留县10%。

1974—1975年又改为“收入按固定比例留成，超收适当分成，支出按指标包干”的办法，定收定支，收支不挂钩。确定东阳按调度比例59%和固定留成比例1.8%进行分成。

**4. 收支挂钩，总额分成**

1976年，省对地（市）实行“定收定支，收支挂钩，总额分成，一年一定”的财政管理体制，简称“收支挂钩，总额分成”。每年根据核定的收支总额，分别确定省与地（市）、县的分成比例，地（市）、县的收入短收的，要相应地紧缩开支，自求平衡。分成比例改为调度比例和差额补助的办法，确定东阳固定的调度（分成）比例为54%，超收分成比例为15%，分成比例差补助3.83%，同时，省财政给予固定数额补助26万元。

1977年，在上述办法基础上，又增加了对预算超收部分省与地区6:4分成，东阳预算超收分成比例调整为20%。

这种体制有效缓和了年初争指标的矛盾，有利于调动地方增产增收积极性，但由于地方工业企业亏损严重，体制执行很不理想。

**5. 收支挂钩，增收分成**

1978年2月，浙江省革委会印发《关于改进财政管理体制的通知》，根据中央对省试行“增收分成”办法，决定自1978年起，省对各地（市）实行“定收定支、收支挂钩、增收分成、下年使用”的办法，简称“总额分成加增收分成”。县级财政按增收分成所得的机动财力，原则上当年不能安排使用。“其他工商税”（包括车船使用牌照税、屠宰税、牲畜交易税、集市交易税、城市房地产税）作为县级财政固定收入，不参与增收分成，用于支农和维修城镇房屋。实行增收分成办法后，原县办“五小”企业利润留成的办法不再执行，全民所有制企业纳入预算。县级财政可用资金包括分成收入和省补助收入，分成收入中分核定预算支出指标应得收入、增收分成收入（19%）及其他工商税收入（固定收入）三类。另外，1978年起，试行社队企业所得税留成办法，县（市）留成40%。

1979年，因国家对省的财政体制作了适当调整，浙江省革委会决定在继续实行上述体制的基础上，实施县办工业利润留成的办法，并适当降低增收分成比例。

## 二、分级包干（1980—1993年）

1978年12月，党的十一届三中全会提出要把党和国家的工作重心转移到经济建设上来，对经济工作提出了“调整、改革、整顿、提高”的八字方针。此后，对于财政体制的改革相继在多个省市进行了试点探索，改变统收统支模式、对地方放权让利、推行包干制财政体制的改革方向基本明确。1980年2月，国务院发出了《关于实行“划分收支、分级包干”财政管理体制的通知》，决定从1980年起，实行“划分收支、分级包干”财政管理体制（俗称中央与地方“分灶吃饭”），其基本原则是：在巩固中央统一领导和统一计划、确保中央必不可少的开支的前提下，明确各级财政的权利和责任，做到权责结合，各行其责，充分发挥中央和地方两个积极性。实行“分灶吃饭”的分级包干财政体制，是国家经济体制由计划经济模式转向市场经济模式的一项重大改革，具有里程碑意义。

**（一）划分收支，分级包干**

1980年4月，根据中央对省的体制形式，浙江省政府下发了《关于实行“划分收支、分级包干”财政管理体制的通知》，决定省与市（地）、县（市）实行“划分收支、分级包干”财政管理体制：

一是明确划分中央、省、县财政的收入范围。划归县级财政的固定收入包括：企业收入、工商所得税、农业税、其他收入等；工商税作为中央与地方的调剂收入；其他工商税不计入包干基数，作为县级财政的机动财力；

二是明确划分中央、省、县财政的支出范围。除中央和省拨专款外，各项支出均按企业、事业、行政单位的隶属关系划分。

三是确定包干基数。按照上述划分的收支范围，以1979年12月31日收支执行数为基础，经适当调整后确定包干基数。凡包干固定收入基数大于支出基数的部分定额上缴省；支出基数大于包干固定收入基数的，由工商税调剂，经工商税最高13%调剂后仍不足的，不足部分由省财政定额补助。上缴和补助数额确定后，原则上5年不变。以后包干收入超过基数的部分70%留用、30%上缴省。

根据1979年实际执行数经增减项目调整后，确定东阳1980年收入包干基数1209万元，支出包干基数1278万元，包干收入100%留用，核定工商税调剂比例为7.1%，收入超过包干基数部分70%留县财政。同年11月，因划转商业、供销社利润留成等收入减少因素和上划水文站、下划公社财务辅导员等支出调整因素，对原收支包干基数作了适当调整。

同时，明确地区（专署）不作一级财政，省与各县直接包干结算，确立了省管县的财政管理体制，一直沿用。

1981年粮食工业划归省管，县收入基数核减10万元，气象站及粮食工业简易建筑划省调减支出3万元，收入包干基数调整为1199万元，支出包干基数调整为1275万元，工商税留成比例调整为7.8%。

1982年，银行提高利率，减少县财政收入42万元；食品公司利润的10%交县作为发展地方畜牧基金，收入包干基数不作调整。

**（二）总额分成，分级包干**

1983年5月，根据财政部《关于浙江省财政体制改按“总额分成”办法的通知》精神，应东阳县政府申请，省财政同意对东阳改按“总额分成”办法，并对原包干体制的收支基数作了相应调整：收入包干基数在原来1199万元的基础上，加工商税列入收入基数（以1979年为基数）969万元，减水产企业下放亏损补贴4万元，加取消农用柴油补助增收15万元，收入基数为2179万元；支出包干基数在原来1275万元基础上，增加军队退休干部经费0.27万元，第四批军队转业干部经费19.5万元，新增财政税务员经费12.8万元，支出包干基数为1307.5万元；确定总额分成比例为57%。

1983年7月，经国务院批准恢复磐安县建制。同年11月，浙江省财政厅下发《关于同意东阳、磐安两县财政收支划分意见的复函》，对东阳与磐安分县后财政收支基数作出划分：

东阳县：1.收入基数1908万元，支出基数949.87万元；2.上缴中央财政资金比例2.6%；3.县财政总额分成比例为47.2%，上缴比例为52.8%。

磐安县：1.收入基数271万元，支出基数357.7万元；2.免缴1984年应缴中央财政资金；3.县财政收入留成比例为100%，支出基数大于收入基数86.7万元由省财政定额补助。

新的财政总额分成办法从1984年1月1日起执行。

### （三）划分税种，分级包干

从20世纪80年代初开始，国家在调整中央和地方关系的同时，对改进国家和企业的分配关系也进行了探索，针对国营企业进行了“利改税”改革的初步尝试。第一步“利改税”改革从1983年6月1日开始，各类企业基本都以缴纳企业所得税的形式上缴部分利润，并根据企业类型和规模，确定不同的税后利润分成办法或实行自负盈亏。“利改税”第一步改革后，企业与国家的分配形成一种“税利并存”模式。第二步“利改税”从1984年10月1日开始，将国营企业应当上缴国家的财政收入按11个税种向国家缴税，税后利润归企业自主安排使用。“利改税”第二步改革使“税利并存”模式逐步过渡到完全的“以税代利”模式。

随着以两步“利改税”为中心内容的税制改革的施行，中央、地方、部门和企业的分配关系发生了重大变化。1984年10月，党的十二届三中全会作出了《中共中央关于经济体制改革的决定》，明确了进一步完善税收制度、改革财政体制的任务。1985年3月，国务院印发《关于“划分税种、核定收支、分级包干”财政管理体制的通知》。同年5月，浙江省政府下发《关于改进财政管理体制的通知》，决定从1985年起对市、地、县财政管理体制作相应改进：

#### 1.划分各级财政收入

财政收入分为中央财政预算收入、省级财政预算收入和县级财政预算收入。县级财政预算收入包括：县属国营企业缴纳的所得税、调节税、利润、亏损和差价补贴（原县办工业分成均由预算外改列预算内），集体企业所得税，资源税，盐税，农业税，契税，其他工商税（包括车船使用牌照税、城市房地产税、屠宰税、牲畜交易税、集市交易税等），税款滞纳金，补税罚款收入，外资企业缴纳的工商统一税、所得税，城市维护建设税和其他收入。

#### 2.划分各级财政支出

财政支出相应地分为中央财政预算支出、省级财政预算支出和县级财政预算支出。县级财政预算支出包括：县自筹基本建设项目的基建投资和流动资金，城市维护建设费，抚恤和社会救济费，城镇青年就业经费，公费医疗经费，县级企业及事业、行政单位除中央和省拨专款以外的各项支出。

3. 确定财政收支包干基数

收入基数以1983年决算收入为基础，按照上述收入划分范围和“利改税”第二步改革后的收入转移情况计算确定。支出基数按照1983年决算收入数和原财政体制规定的办法计算地方应得的财力，并剔除上缴中央财政资金和上划、转移等因素调整确定。

4. 确定上交（补助）数额或调剂分成比例

凡县级财政预算收入基数大于支出基数的，多余部分定额上交省财政，即为“定额上交县”；县级财政预算收入基数小于支出基数的，不足部分在产品税、营业税、增值税（简称“工商三税”）中确定一个留成比例调剂，即为“三税调剂县”；“工商三税”全部留用还不足以抵补支出的，其差额部分由省财政定额补助，即为“定额补助县”。

今后县级财政预算收入比包干基数增加部分，视情况分别对待：“定额上交县”70%留用，30%交省；“三税调剂县”和“定额补助县”全部留用。

对“定额上交县”，“工商三税”比上年增加的部分，实行滚动增长分成，分成比例为15%；对“三税调剂县”，“工商三税”比包干基数增加部分，仍按原分成比例留用，比上年增加部分，实行滚动增长分成，分成比例与“定额上交县”同（15%），但原分成加增长分成以不超过100%为限；对“定额补助县”，“工商三税”增收部分全部留用。

县级国营企业奖金税按实际入库数留成52%，上缴48%。同时适当增加对集贸市场税收的返还。对“定额补助县”实行每年递增的办法。

在本轮体制调整中，由于食品企业由省下放到县，相应增加了东阳收入包干基数174万元，按上述办法核定东阳固定收入包干基数为1816.7万元，支出包干基数为1725.5万元，定额上交省91.2万元，使东阳的地方固定收入由小于支出变为大于支出，由原本可以是“三税调剂县”变成了“定额上交县”，财政体制发生了质的变化，对于县级财力影响深远，东阳财政也因此一度相当困难。

1986年至1987年，除执行原体制外，对“工商三税”滚动增收分成部分改为以1984年为基础，每年递增8%，超过部分县分成15%。

**（四）递增包干，超收分成**

1988年，根据国务院《关于地方实行财政包干办法的决定》，浙江省决定从1988—1990年对部分县（市）实行“收入递增包干”财政体制，省政府下发了《关于局部调整财政管理体制的通知》，从1988年1月1日起，对“定额上交县”和“三税调剂县”调剂比例在90%以下的县（市），实行“递增上交、增收分成”的办法：

第一，按1987年财政决算收入，减除1987年财政决算地方实际留用数（扣除中央借款数额）后计算确定上交基数。

第二，根据中央核定浙江省的收入递增包干比例，确定各市县的递增上交比例为6.5%。

第三，确定“超收分成”比例，对收入超过递增6.5～12%部分，90%留县，10%交省；收入超过递增12%以上部分，80%留县，20%交省。

经核定，东阳收入基数为6272.6万元，留用基数为2618.3万元，上交包干基数为3654.3万元，留用比例为41.74%。东阳执行“递增上交，超收分成”的财政体制后，县级财政可用财力明显增加，财政困难状况稍有缓解。

1991年，浙江省财政厅出台财政收入超亿元县的奖励政策，同年，东阳财政收入首破亿元大关，跨入全省25个亿元县行列。

1992年7月，浙江省政府下发《关于试行“分税制”财政体制的通知》，根据中央对省“分税制”试点办法精神，自1992年至1995年，省对市地县试行“分税制”财政体制：一是划分收入，将收入分为中央财政固定收入、地方财政固定收入和中央和地方共享收入；二是划分支出，分为中央财政支出和地方财政支出；三是确定收支基数，以1989年决算数为收入基数，东阳为6466.9万元，以1989年地方按包干体制应得财力为支出基数，东阳为4605.3万元，收大于支1861.6万元，换算成1991年的上交基数为2229.2万元，按5%比例递增包干上交；四是“分税制”试行期间，为保市县不吃亏，新体制与原包干体制比较，若市县财政财力少得的部分，由省财政补足。由于中央1994年全面推行“分税制”，浙江省“分税制”与“收入递增包干”的新老体制并行只试行了两年（1992—1993年），东阳财政每年新体制所得均少于原体制，实际可用财力仍按老体制结算。

### 三、分税制（1994—2018年）

1993年11月，党的十四届三中全会通过的《中共中央关于建立社会主义市场经济体制若干问题的决定》，要求进一步深化财税体制改革，明确提出“把现行地方财政包干制改为在合理划分中央与地方事权基础上的分税制，建立中央税收与地方税收体系”。根据这一精神，1993年12月，国务院出台《关于实行分税制财政管理体制的决定》，1994年2月，浙江省政府下发了《关于实行分税制财政管理体制的通知》，按照规范、简便和公正的要求，遵循“一是正确处理省与市地县的相互关系，二是维持各市地县现有利益格局基本不变，三是坚持财政税收体制的规范性”的原则，决定自1994年1月1日起在全省施行分税制财政管理体制。

#### （一）“分税制”的具体内容

##### 1. 划分财政收入

将财政收入划分为中央财政固定收入、省级财政收入、中央与地方共享收入和市县级财政收入。其中中央与地方共享收入主要是指“增值税”中央分享75%，地方分享25%。

县级财政收入包括：县属企业缴纳增值税的25%部分，企业所得税和上缴利润，个人所得税，营业税，城镇土地使用税，固定资产投资方向调节税，城市维护建设税，房产税，车船使用税，印花税，屠宰税，农业税，农业特产税，耕地占用税，契税，遗产和赠与税、土地增值税，国有土地有偿使用收入，资源税，其他收入等。另外，县级排污费、教育费附加、能源交通重点建设基金和预算调节基金等收入,作为专项收入,不列入体制收入结算。县级财政收入也称地方财政收入。

**2.划分财政支出**

将财政支出划分为中央财政支出、省级财政支出和市县级财政支出。

市县级财政支出包括:市县行政管理费,公检法支出,部分武警部队经费,企业技术改造和新产品试制经费,支农支出,城市维护和建设费,文化、教育、卫生、科学等各项事业费,价格补贴支出以及其他支出等。

**3.确定省与市县的分成办法**

在划分税种的基础上,以各市县1993年财政收入为基数(除排污费、教育费附加、能源交通重点建设基金和预算调节基金外,也称体制收入),核定东阳地方财政体制收入基数为6015万元,自1994年起,省对市县实行增收分成,市县财政体制收入比基数增长部分,省得20%,市县得80%。

**4.收入返还基数的确定**

按照1993年市县的实际收入以及税制改革和中央、省、市(地)、县(市)之间的收入划分情况,核定1993年中央从市县净上划的收入数额,中央净上划的收入全额返还给市县,并以此作为以后年度省财政对市县的收人返还基数,核定东阳税收返还基数为8256万元。1994年起,收入返还额在1993年基数上逐年递增,递增率与中央对浙江省的税收返还递增率一致。若1994年以后中央净上划收入达不到1993年基数,则相应扣减税收返还数额,由此影响省级财政20%增长分成部分,年终结算上交省。

同年10月,浙江省政府下发《关于实行分税制财政管理体制的补充通知》,决定省财政对市县的税收返还递增率,改按本市县上划中央的收入增长率1:0.3系数确定,市县按1:0.3系数递增增加的税收返还数,省与市县按二八比例分成,省得20%,市县得80%。

**5.总体维持原体制格局**

实行分税制后,原体制的分配格局暂时不变,即原体制实行递增上交的市县,按市县1993年实际上解省的收入和原定的递增比例(市县5.5%)继续递增上交,核定东阳原体制上交基数5867万元。另外,原省和市县按固定比例分成的收入(如能源交通重点建设基金、国家预算调节基金、耕地占用税、城镇土地使用税)、列收列支的专款收入(排污费收入、教育费附加收入等)、外贸亏损和粮食亏损补贴等,不列入"分税制"体制范围,仍按原办法执行,实行单项结算。

"分税制"财政体制改革,一改过去"包干制"、"分成制"财政体制的方式,是中央和地方及地方各级政府之间利益关系的再调整,1993年中央和省相继出台改革方案,且确定以当年财政收支为基数(尚未确定),这是体制调整有史以来所没有过的,东阳市财政局时任领导班子审时度势,抢抓机遇,班子成员带队分赴各所,督促做好基层单位的税收征收工作,做到应收尽收,努力做大收入基数,1993年实现工商税收收入比上年增长46.3%,增长幅度之大前所未有,为确保在"分税制"财政体制改革中东阳财力基数的最大化、地方财政的长远利益和改变东阳财政长期窘况奠定了基础。

## (二)“分税制”的政策完善

### 1.1997年“两保两联”的财政政策

1995年起,浙江省财政厅对17个定额补助以及部分财政较为困难的县市实行“两保两挂”的办法。1997年起,省对实行“两保两挂”政策以外的市县(含东阳)实行“两保两联”的财政政策,即在确保实现当年财政收支平衡和确保完成消化历年赤字的前提下,省对市县的技改补助和奖励与地方财政体制收入比上年(环比)增收上缴额相联系,对东阳的技改补助和奖励比例为10%和5%。

### 2.2002年所得税分享改革

2002年1月起,中央施行所得税分享改革,企业所得税和个人所得税由地方税改为中央和地方共享税,中央与地方各得50%,为保障地方财力不受大的影响,以2001年实绩为基数,影响地方财力部分中央给予返还补助。次年,又将分享比例调整为中央得60%、地方得40%,仍以2001年实绩为基数,并相应调整所得税的返还补助。

### 3.2003年取消原体制递增上缴

2003年11月,浙江省政府印发《关于进一步完善地方财政体制的通知》,按照“一要吃饭、二要建设、三要有所积累、四要增强调控能力”的要求和“划清事权,分级负责;各级稳妥,略调增量;化繁为简,规范转移;属地征收,统一透明”的原则,提出了自2003年1月1日起对现行分税制财政管理体制的完善办法,期限暂定为三年,调整内容如下:

(1)重新确定收入基数

以2002年市县财政收入决算为基础,经调整上下划收入后确定收入基数,上下划收入以该项收入2002年实际缴库数为基数,并据此调整市县上交省财政数额。市县级收入包括:市县企业增值税、企业所得税、个人所得税的地方分享部分,营业税,城市维护建设税,农业税,契税及各项非税收入和各类基金收入等。

(2)调整收入分成办法

一是县级财政原体制上交以及分税制增收上交省部分,以2002年决算数为基数,作为固定上交,不再递增。二是2003年以后,地方财政收入超过2002年收入基数的增量部分,省与市县实行“二八”分成,省得20%,县得80%。

(3)“两保一挂”奖励政策

将原“两保两联”技改补助和奖励、“亿元县上台阶”奖励等政策整合归并为“两保一挂”奖励政策。

(4)固定补助

从2003年起,将税务经费、“三代”手续费等原单项结算的体制项目,以2002年决算数为基数,作为固定补助。

**4.2006年实行优化收入结构奖励**

2006年起，浙江省财政厅决定对市县优化收入结构实行财力性奖励，奖励分为优化结构奖励和超收奖励：

（1）优化结构奖励

地方财政收入占财政总收入比重比上年提高的，按其提高的比重乘以其营业税及九个地方小税种（资源税、房产税、印花税、城镇土地使用税、土地增值税、车船作用和牌照税、耕地占用税、契税、烟叶税）环比增加额为奖励额。

（2）超收奖励

对营业税及地方小税种收入环比增长15%以上的市县，超过15%～20%（含20%）部分给予增收额5%的奖励；超过20%的，再给予超过20%部分增收额的15%的奖励。

**5.2008年建立分类分档激励奖补机制**

2008年9月，根据新的形势和中央要求，浙江省政府下达了《关于完善省对市县财政体制的通知》，决定从2008年1月1日起，对市县财政体制进行大稳定小调整：

（1）确定市县级收支范围和基数

按照新的《政府收支分类》重新明确县级财政收支范围。收入范围包括：按属地除规定为中央和省级以外的收入，包括企业增值税25%部分、企业所得税40%部分、个人所得税40%部分，营业税、城市维护建设税、房产税、城镇土地使用税、土地增值税、耕地占用税、契税等，市县各项非税收入。支出范围包括：县级一般公共服务、公共安全、教育、科学技术、文化体育和传媒、社会保障和就业、医疗卫生、环境保护、城乡社区事务、农林水事务、交通运输、工业商业金融等事务支出及其他支出等。

财政收入、财政支出、财力基数以2007年县（市）级财政收支决算为基础确定。

（2）税收返还收入

上划中央"增值税、消费税"的税收返还，以2007年为基期年核定。2008年以后，税收返还数额在2007年基数上逐年递增，递增率按县（市）当年上划中央"增值税、消费税"收入增长率的1∶0.3系数确定，即县（市）当年上划中央"增值税、消费税"收入每增长1%，省对县（市）返还0.3%，如若2008年以后上划中央"增值税、消费税"收入达不到2007年基数，则相应扣减税收返还数额；低于上年决算数，则按低于额的1∶0.3系数扣减税收返还数额。上划中央"企业所得税、个人所得税"税收返还收入，以2007年决算为基数核定，如若2008年以后上划中央"企业所得税、个人所得税"收入达不到2007年基数，则相应扣减税收返还基数。

（3）收入分成办法

一是县（市）财政历年按体制固定上交省的收入，以2007年决算数为基数，作为固定上交。二是2008年以后，县（市）地方财政收入超过2007年收入基数的增量部分，省与县（市）实行"二八"分成，即省得20%，县（市）得80%，2008年以后，县（市）上划中央“增值税、消费税”应返还收入比2007年返还基数的增加额，省与县（市）实行“二八”分成。

（4）建立分类分档激励奖补机制

将“两保两挂”“两保一挂”统一调整为“分类分档激励奖补机制”。将全省各市县分为两大类，一类是欠发达地区，实施三档激励补助政策、两档激励奖励政策；另一类是发达地区和较发达地区，实施两档激励奖励政策。东阳市为第二类第二档，在确保实现当年财政收支平衡、确保完成政府职责任务的前提下，实行省奖励与地方财政收入增收额挂钩的办法，挂钩比例为增收额的5%，其中4%部分用于发展资金，1%部分用于考核奖励。

（5）完善省对县市财政奖励政策和转移支付制度

主要是对市县营业税当年增收上交省部分予以返还奖励；加大一般转移支付力度，逐年增加因素法转移支付和生态环保财力转移支付的力度；逐步提高县乡基本公共支出最低保障水平；规范专项转移支付类别档次，统一标准系数。

**6.2012年建立促进发展奖补机制**

2012年，浙江省人民政府下发了《关于完善财政体制的通知》，对2008年财政体制的部分内容进行调整和完善。

（1）调整收入范围

全省金融业营业税调整为省与县（市）共享收入，省与县（市）统一按“六四”比例分享，40%为县（市）级地方财政收入。原省级金融业营业税下放县（市）40%，原县（市）金融业营业税上划省60%。原省级金融业企业所得税全部下放县（市），地方分享的40%部分为县（市）级地方财政收入。原属省级的电力生产企业增值税、企业所得税下放市、县（市），地方分享的增值税25%部分、企业所得税40%部分为县（市）级地方财政收入。上述收入上下划以2011年入库数为基数，相应调整县（市）上交省财政的数额或省财政对县（市）的补助数额。

（2）调整收支基数

财政收支基数以2011年市、县（市）财政收入、财力决算数为基础，经调整上下划后确定。

（3）税收返还收入

上划中央“增值税、消费税”税收返还收入，以2011年为基期年核定，2012年及以后年度，税收返还数额在2011年基数上逐年递增，递增率按县（市）当年上划中央“增值税、消费税”增长率的1:0.3系数确定，若2012年及以后年度上划中央“增值税、消费税”收入达不到2011年考核基数，则相应扣减税收返还数额，低于上年决算数，则按低于额的1:0.3系数，相应扣减税收返还基数。

（4）收入分成办法

以2011年地方财政收入为基数，2012年及以后年度，县（市）地方财政收入超过2011年收入基数的增量部分，省与县（市）实行“二八”分成，即省得20%，县（市）得80%。2012年及以后年度，县(市)上划中央“增值税、消费税”应返还收入比2011年返还基数的增加额,省与县(市)实行“二八”分成,省得20%,县(市)得80%。

(5)建立和完善促进发展的奖补机制

一是建立区域统筹发展激励奖补政策:省区域统筹发展激励奖补资金与各设区市对所辖县(市)年度财政补助资金挂钩。奖补系数比例分为两类三档,其中金华市、舟山市2个一类设区市奖补系数为1:1,即金华市对所辖县(市)财政补助资金1,则省财政相应奖励补助1。二是将原“分类分档激励奖补机制”调整为“地方财政税收收入增长奖补机制”,东阳仍为二类二档,实现省奖励与县(市)地方财政税收收入增收额挂钩计算,挂钩比例为增收额的5%,其中4%部分为发展资金,1%部分用于考核奖励。三是继续实行营业税增收省分成返还奖励政策,即对市、县(市)营业税当年增收省分成部分予以返还奖励。四是为加大有效投资投入力度,加快全省产业转型升级和经济发展方式转变,出台“浙商回归”“腾笼换鸟”等经济发展考核奖励政策。

(6)完善转移支付制度

整合省级部门专项性一般转移支付项目,原则上按“因素法”分配资金,即选取省级部门年度任务、工作目标、工作绩效等专用因素,以及受益县(市)人口、转移支付类别等通用因素,设置分配因素的量化指标、权重系数和计算公式,并据此分配资金,使省对县(市)转移支付更加科学、公平、规范、透明和有效。

**7.2014年金融业税收分享政策**

2014年12月,浙江省财政厅下发《关于明确金融业税收有关事项的通知》,明确全省银行及保险、证券、典当、信托等非银行金融企业以及担保、租赁企业缴纳的营业税(包括滞纳金和罚款收入)实行省与市县“六四”分成,分别缴库,即60%作为省级收入入省库,40%作为市县级收入入市县库。2016年推行营改增试点,上述非金融企业营业税改征增值税部分统一缴入省库,但仍实行省与市县“六四”分享,40%市县级收入部分通过调库方式下划各地。

**8.2015年完善发展激励奖补政策**

2015年,根据《浙江省人民政府关于加快建立现代财政制度的意见》,浙江省财政厅出台了《关于深化财政体制改革的实施意见》,自2015年1月1日起,省对市县财政体制作如下改革:

(1)推进事权和支出责任的划分

一是出口退税(包括出口货物退增值税和营业税改征增值税出口退税)全部由中央财政负担,县(市)按2014年原负担的出口退税基数,定额上解中央,东阳市为14130万元。二是省对县(市)消费税不再实行增量返还,改为以2014年消费税返还数为基数,实行定额返还,东阳为61.5万元。三是财政管理体制的收支基数以2014年市、县(市)财政收入、财力决算数为基础核定。

(2)优化转移支付分档体系

优化完善转移支付地区分类分档体系,建立换档激励奖补机制。以各县(市)经济社会发展水平、经济动员能力、财力状况等因素为依据，全省分为二类六档，其中东阳列为第二类第一档，转移支付系数为0.6。

（3）完善发展激励奖补政策

一是建立高新技术产业地方税收增量返还奖励政策。经国家认定的高新技术企业的企业所得税地方部分增收上交省当年增量部分，返还奖励给各县（市）。二是优化收入激励奖补政策，对东阳按本级地方财政税收收入当年增收额的10%给予奖励。三是优化区域统筹发展激励奖补政策，金华市对所辖县（市）的财政补助省奖补系数仍为1:1。

省与市、县（市）收支范围、收入分成、所得税分享改革基数返还、成品油价格和税费改革税收基数返还等仍按原规定执行。

**9.2016年全面推行“营改增”**

经国务院批准，财政部和国家税务总局决定自2016年5月1日起，在全国范围内全面推开营业税改征增值税试点，并在试点过渡期间，调整中央和地方增值税收入划分办法。

（1）调整增值税分享比例

营改增全面试点后，所有行业或企业缴纳的国内增值税收入，均纳入中央和地方共享范围，由中央与地方实行“五五”比例分享。同时，浙江省财政厅规定，全省银行及保险、证券、典当、担保、租赁、信托等非银行金融企业改征增值税后，地方留成部分（即50%部分）统一缴入省库，省与市县仍按“六四”比例分享，40%部分通过调库方式下划市县作市、县级预算收入。

（2）调整税收返还

增值税分享比例调整后，为确保地方既有财力不变，上划中央的收入按2014年实际执行数计算返还给地方。如完不成2014年基数，则相应扣减返还数额。

（3）取消上划税收增量返还

从2016年起，原上划中央的增值税和消费税不再实行增量返还，改为以2015年返还数为基数，实行定额返还。

## 第三节　单项结算体制

改革开放以后，省财政除了一般公共预算收入（体制收入）对市县财政确定分成体制外，为了促进财政收入的增长、收入结构的调整和专项工作的推进，先后对一些专项收入或专项工作出台单项的分成办法或奖励政策，这些也将直接影响东阳财政的可用财力。

### 一、中央借款和贡献款

1981年，实行分级包干体制后，为了稳定经济，稳定物价，平衡财政收支，控制货币投放，缓解中央财政困难，国务院决定地方财政收入中的一部分要由中央借用，根据中央下达的借款任务，浙江省财政厅按各县财政体制分成收入(留成净收入)的一定比例分配借款任务,确定东阳按15%比例计算应当负担234.9万元,后省财政厅核减东阳借款任务30万元,实际借给中央204.9万元。1982年继续向地方借款97万元。1987年再次向地方借款260.6万元。先后三次共计借给中央财政款562.5万元。

1989年12月,全国财政工作会议决定,为解决中央财政困难,1990年起要求地方财政每年向中央财政作贡献,作贡献的任务按地方财力的5%分配,浙江省财政厅确定东阳1990年向中央贡献款117.7万元。第二年中央财政预算安排仍然困难,再次要求地方作贡献,贡献数额不变。以后几年连续要求地方作贡献,1994年分税制体制改革时,该贡献款列入了地方固定上缴基数。

**二、"亿元县上台阶"奖励政策**

1986年,全省召开第一次财政收入上亿元和近亿元县(市)财政局长座谈会,研究确定利用财政资金使用上的时间差,将一部分省财政集中的财政间歇资金借给亿元县和近亿元县周转使用。

1991年6月,在黄岩召开的第六次全省财政收入亿元县会议上,确定了对财政收入上亿元县(市)的奖励办法:首次超亿元的县(市)奖励30万元和一辆"奥迪"小车购车指标,以后每上5000万元作为一个台阶,再奖20万元;借给周转金500万元、技术改造资金500万元,借用期为两年。是年,东阳财政收入首破亿元大关,跨入全省亿元县行列。

1994年,实行分税制财政体制后,把"亿元县"的标准从"财政总收入"上亿元,改为"地方财政收入"上亿元,东阳被"挤出"了"亿元县"行列。同年5月,在乐清召开的第九次财政收入"亿元县"会议上,调整了"亿元县"奖励政策:从1994年起,对地方财政收入首次上亿元的县(市)奖励30万元,以后每增加3000万元为一个台阶,奖励20万元,奖励对象为"亿元县"的党政干部和财税系统干部。次年,东阳地方财政收入超亿元,重新跨入"亿元县"行列。

2003年,在完善地方财政体制中,"亿元县上台阶"奖励政策被整合到了"两保一挂"的奖励政策之中。

**三、出口货物退(免)税负担机制**

为了增强本国产品在国际市场的竞争力,国务院决定从1985年开始实行出口退税制度。而我国的出口退税负担机制也成了处理中央和地方关系的重要制度,经历多次变革。

1985年至1987年,中央规定,中央外贸企业、工贸企业的退税由中央财政负担,而地方外贸企业、工贸企业的退税由地方财政负担。

从1988年开始,所有的出口退税改由中央财政负担。

1991年起,规定地方财政负担地方外贸企业10%的出口退税。1992年1月起,计划内出口产品退税按隶属关系地方财政的负担比例提高至20%,超过出口计划的出口产品,不予退税。

1994年,实行"分税制"财政体制改革,出口退税改为全部由中央负担,并规定原由地方负担部分以1993年为基数专项上解,以后年度按此定额结算。

2003年10月，为促进外贸体制改革，国务院下发《关于改革现行出口退税机制的决定》，按照“新账不欠，老账要还，完善机制，共同负担，推动改革，促进发展”的原则，对历史上欠退税款由中央财政负责偿还，确保改革后不再发生新欠，同时建立中央、地方共同负担的出口退税新机制：

一是适当降低出口退税率。区别不同产品调整退税率，对国家鼓励出口产品不降或少降，对一般性出口产品适当降低，对国家限制出口产品和一些资源性产品多降或取消退税。

二是加大中央财政对出口退税的支持力度。从2003年起，中央进口环节增值税、消费税收入增量首先用于出口退税。

三是建立中央和地方共同负担出口退税的新机制。从2004年起，以2003年出口退税实退指标为基数，对超基数部分的应退税额，由中央和地方按75∶25的比例共同负担。

四是推进外贸体制改革，调整出口产品结构。

五是累计欠退税由中央财政负担，对欠企业的出口退税款，中央财政从2004年起采取全额贴息等办法予以解决。

出口退税机制改革一年后，针对出口退税机制改革后出现的一些新情况和新问题，国务院于2005年8月下发《关于完善中央与地方出口退税负担机制的通知》，决定自2005年1月1日起在坚持中央与地方共同负担出口退税前提下完善现有机制：一是调整中央与地方出口退税分担比例，国务院批准核定的各地出口退税基数不变，超基数部分中央与地方按照92.5∶7.5的比例共同负担。二是规范地方出口退税分担办法。三是改进出口退税退库方式，出口退税改由中央统一退库，相应取消中央对地方的出口退税基数返还，地方负担部分年终专项上解，东阳专项上解基数为3177万元。

2015年1月1日起，出口退税（包括出口货物退增值税和营业税改征增值税出口退税）全部由中央财政负担，县（市）2014年原负担的出口退税基数，定额上解中央，东阳市上解基数为14130万元。

**四、能源交通重点建设基金**

国家为了加强能源交通等基础设施建设，于1982年12月，中共中央、国务院发布的《关于征集国家能源交通重点建设基金（简称“能交基金”）的通知》，从1983年1月1日起征集。

1984年11月，国务院发布《关于能源交通建设基金超收部分由中央同地方分成和制止地方加征这项基金的通知》，决定按照1984年下达各地上缴中央的任务计算，当年能交基金超收部分全部留给地方使用；从1985年起，各地超收部分实行中央和地方分成，地方留用70%，上缴中央30%。浙江省规定地方分成部分留省级财政。

自1987年1月1日起，省对各地、市、县的能交基金分成办法进行了调整：任务指标内留地方的30%中，省得21%，县得9%；当年超收留地方的50%中，省得35%，县得15%。

1990年，浙江省财政厅下发《关于固定比例分成收入划分的通知》，各县（市）征收的能交基金作为中央预算先全额入库，每月作一次调整，由中央划出30%作为地方收入，其中21%入省库，9%入县（市）库，始有县级财政的“国家能源交通重点建设基金”收入。

1994年起，财政部决定对地方单位征收的能交基金分成办法由超收分成改为总额分成，即30%留地方，70%上缴中央，至1996年停征。

**五、预算调节基金**

为加强国家宏观调控能力，适当集中财力，国务院发布《国家预算调节基金征集办法》，决定自1989年1月1日起开征国家预算调节基金（简称“调节基金”）。

1989年6月，经浙江省政府同意，省财政厅补充规定：调节基金中属中央单位缴纳的部分，全部归中央财政；省属单位缴纳部分，50%上交中央财政，50%留归省财政；县级单位缴纳部分50%上交中央财政，15%上交省财政，35%留归县级财政。县级财政按上述分成办法分得的调节基金，作为县级财政收入，至1996年停征。

**六、耕地占用税**

1987年开征耕地占用税时国务院规定，收入的50%上缴中央财政，50%留地方财政建立“农业发展专项基金”。留地方的50%部分，浙江确定留市（地）、县（市）40%，上缴省财政10%。“农业发展专项基金”的使用范围，只能用于开垦宜耕土地、围垦造田、改造整治低产田、改善农田水利设施和改良土壤，为发展农业并优先发展粮食生产服务。

1988年财政部规定，耕地占用税应上缴中央任务，实行包干办法，超收部分全部留给地方，短收由地方财政补足。浙江省财政厅对市（地）、县（市）应上缴中央和省级财政的耕地占用税任务，也实行包干办法，并明确在办理年度财政决算时结清。

1989年财政部通知，耕地占用税收入分成比例调整为三七开（即上缴中央30%，留地方财政70%）。浙江省政府规定，地方留成部分，留市（地）、县（市）60%，上缴省财政仍为10%。

1994年起，中央规定，耕地占用税收入全部留给市（地）、县（市），中央与省级不参与分成。

**七、教育费附加**

1986年，为了加大对教育的投入，根据国务院《征收教育费附加的暂行规定》，东阳县政府决定自7月1日起，对缴纳产品税、增值税、营业税的单位和个人征收教育费附加，收入全额留给县级财政。

1993年，浙江省财政厅下发《关于提高教育费附加计征率及分成办法的通知》，从1993年5月1日起，教育费附加计征率从“三税”的2%提高到3%。分成办法改为：85%留当地财政、10%上交市（地）财政、5%上交省财政。同年10月1日起，浙江省委省政府决定开征高等教育费附加，教育费附加的计征率从“三税”的3%提高到3.5%，同时调整省市县的分成比例：73%留归当地财政、9%上交地市财政、18%上交省财政，上交地市和省的部分主要用于师范教育和地方普通高等教育发展。

1996年，浙江省财政厅等部门联合下发《关于提高城镇教育费附加计征率及调整分成办法的通知》，决定从1997年1月1日起，教育费附加的计征率从“三税”的3.5%提高到4%；分成比例调整为：县市财政64%、地市财政8%、省财政28%，省财政的28%部分由国库直接划解省国库，地市财政的8%部分由县市财政专项上交。

2006年6月，浙江省政府下发了《关于开征地方教育附加的通知》，决定自当年5月1日起，调整教育费附加分成办法，省财政分成10%，地市财政不再参与分成。

**八、地方教育附加**

2006年，根据《财政部关于同意浙江省征收地方教育附加的复函》，浙江省政府下发《关于开征地方教育附加的通知》，决定自5月1日起，对全省境内所有缴纳“三税”的单位和个人（包括外商投资企业和外国企业）按实际缴纳“三税”税额的2%征收地方教育附加。省财政对县（市）征收的地方教育附加按10%分成。

**九、免征农业税**

2004年，中央着眼于实现粮食稳定增产、农民持续增收的大局，作出了五年内取消农业税的重大决定，并率先在黑龙江、吉林两省进行免征农业税试点，其他省份降低农业税税率，取消了除烟叶外的农业特产税。

2004年4月，东阳市政府下发《关于稳定发展粮食生产的指导意见》，决定从当年起免征农业税。

2005年1月，浙江省政府下发了《关于进一步做好深化农村税费改革工作的通知》，规定从2005年起全省全面免征农业税，因免征农业税而影响的地方收入，省对市县给予适当转移支付，确定东阳的转移支付系数为0.5。

**十、“两保一挂”政策**

1995年，省对17个贫困县和资金困难县实施了“两保两挂”财政政策。1997年，省对东阳等“两保两挂”政策以外的市县实行“两保两联”的财政政策，即在确保实现当年财政收支平衡和确保完成消化历年赤字的前提下，省财政的技改补助和奖励与地方财政体制收人比上年（环比）增收上缴额相联系，东阳的技改补助和奖励比例为10%和5%。

1998年，省财政适当加大“两保两联”政策的挂钩力度，对技改补助增加5个百分点。

2003年11月，浙江省政府下发《关于进一步完善地方财政体制通知》，将“两保两联”和“亿元县上台阶”等奖励补助政策整合为“两保一挂”政策，即“在确保实现当年财政收支平衡、确保完成政府职责任务”的前提下，实行省奖励与其地方财政收入增收额挂钩的办法，挂钩比例为增收额的5%，其中4%用于发展资金，1%用于个人奖励。

2008年，在省对市县地方财政体制调整中，对“两保一挂”的市县实施两档激励奖励政策，东阳归于第二档，挂钩奖励的比例不变，其中1%用于考核奖励。

2012年，实施地方财政税收收入增长奖补机制，即在“确保实现当年财政收支平衡、确保完成政府职责任务”的前提下，实行省奖励与其地方财政税收收入增收额挂钩的办法，东阳的挂钩奖励比例为5%，其中4%部分为发展资金，1%用于考核奖励，考核奖励资金用于省委、浙江省政府确定的各项考核奖励。

2015年，浙江省财政厅调整实施地方财政收入激励奖励政策，即在确保实现当年财政收支平衡、确保完成政府职责任务的前提下，实行省奖励与其地方财政税收收入增收额挂钩的办法，对东阳的奖励比例为当年地方财政税收增收额的10%。

### 十一、矿产资源专项收入

东阳的矿产资源专项收入主要是矿产资源补偿费和采矿权价款的收入。根据国家《矿产资源法》和国务院颁布的《矿产资源补偿费征收管理规定》，1995年省政府发布《浙江省矿产资源补偿费征收管理实施办法》规定：国家和省属矿山企业上缴的，省得80%，所在县得20%；地市属矿山企业上缴的，地市得60%，省和所在县各得20%；县属矿山企业上缴的，省县二八分成，县得80%，省得20%。

2006年，浙江省财政厅会同相关部门下发了《关于探矿权采矿权价款收入管理有关事项的通知》，规定探矿权采矿权价款收入按固定比例分成：中央20%、省20%、县60%。

2017年，国务院印发《矿产资源权益金制度改革方案》，将探矿权采矿权价款调整为矿业权出让收益，将探矿权采矿权使用费整合为矿业权占用费。2019年1月，根据上级有关规定，东阳市政府印发《关于矿业权出让收益征收管理的若干意见》，矿业权出让收益40%上缴中央，60%留市。

### 十二、生态环保财力转移支付

为了加强生态建设和环境保护，加大财政转移支付中生态补偿的力度，2008年，省政府下发《浙江省生态环保财力转移支付试行办法》，按照“谁保护、谁得益，谁改善、谁得益，谁贡献大、谁多得益，总量控制、有奖有罚”的原则，全面实施省对主要水系源头所在市县的生态环保财力转移支付，按照生态功能保护和环境质量改善两大类指标和各占50%的权重，经考核后计算财力转移支付资金，所得资金由市县统筹安排用于环境保护等方面的支出。

2012年，省政府办公厅对《浙江省生态环保财力转移支付试行办法》进行了重新修订，对考核指标的设置、权重系数和分配办法等进行了进一步完善，

## 第四节　地方财力和收支平衡

### 一、地方财力

地方财力是指地方政府根据财权划分的可用财政资金总量。县级地方财政的财力大小取决于财政体制所规定的财政收入范围的划分、各类收入的分成比例、上缴上级支出和上级财政的返还补助等因素。

### (一)财政收入范围

收入范围总体按照管理权限和属地的原则进行划分,但各个时期中央和省所集中的收入有所不同,划给地方政府的财政收入范围也相应变化。建国初期,由于实行高度集中的计划经济,国有工商企业及其所产生的税收和利润基本由中央集中。到1958年“大跃进”时期,国营工商业及其财务管理的权限大部分由中央下放给了地方,致使地方企业收入及税收有了大幅上升。到20世纪90年代后,又把一些垄断或专营行业如石油、烟草、盐业、地方金融等逐步地上划到省或中央。从收入项目上看,自从改革开放且中央和地方实行“分灶吃饭”的财政体制后,县级财政始有真正意义上收入范围划分,特别是1994年的“分税制”改革,则是一次较为彻底的财政收入范围划分的改革,之后,虽历经多次局部的调整和完善,但是,每次收入范围的调整,基本能确保地方财政的“既得利益”,即存量基数的财力继续留给地方,而发生变化的是收入增量的可用财力。

### (二)收入分成比例

财政体制中收入分成比例,由中央和省按照集中财力的需要和收入项目的稳定性原则进行确定,一般中央财力占全国财力比重低的时候,中央分成的比例就会提高;中央参与分成的一般是收入相对稳固的项目,以确保中央财力的稳定增长。如1994年分税制改革时,增值税是收入增长较快的税种,中央分成达75%。几年后,地方财政收入快速增长,中央财力比重有所下降,其中所得税成了地方稳定增长的税种,2002年中央进行了所得税分享改革,中央分成50%,次年又调整为60%。

浙江省财政对县市的分成比例,自“分税制”改革时确定为按地方财政收入二八固定比例分成,省得20%,市县得80%,这样既有利于调动市县的积极性,又能确保省级财政可用财力的稳定增长,所以,分成办法一直延续未变。

### (三)上缴上级支出

地方财政收入中按照财政体制规定需要上缴上级财政的资金称为“上缴上级支出”,或称为“上解支出”。上缴上级支出包括:一是在已列入县级地方财政的预算收入中,按体制规定的分成比例由金库直接划解中央财政或省财政的款项;二是按体制或省财政有关文件规定划汇给上级财政的专项上解款项等。在高度集中统一的体制下,地方财政收入大部分上解,1949—1952年实行收入100%上缴,所需支出由上级核定和拨款。1953年,建立中央、省、县三级财政,部分财政收入下放,但所占比例甚小,因此上解比例仍然较大。1958年,试行“以收定支”体制,下放一批原属中央管理的企业,并实行“分项分成”办法,不但使地方财政收入总量上有很大增加,地方留用的财力也相应增加。此后,中央几经宏观调控,上缴中央的比例逐步上升,一直到1980年实行财政“分灶吃饭”,1949—1979年的30年平均上缴比例为55%。1980年实施“分灶吃饭”的财政包干体制后,为解决中央财政困难,1981年起,中央财政多次向地方借款,作为专项上缴中央,1994年后直接列入上缴基数,尽管如此,实施包干体制总体增加地方财力,1980—1993年间,平均上缴比例为

48.8%。1994年实行分税制以后,因增值税的75%和消费税划作中央收入,但老体制的上缴办法仍予保留,后又进行了所得税的分享改革,因收入上划而影响地方财力部分由中央作税收返还处理,故地方收入的上缴比例不可同口径相比,若按原口径还原换算,2018年上缴比例大约为38.3%。

### (四)上级财政补助和返还

根据财政体制规定上级财政还需要对下级财政进行财力补助或收入返还,省财政对东阳县级财政的补助,大体上也可分为两类,一是一些影响地方收入的专项政策,按照财政体制的规定,经年终结算以后,需要由上级返还补助的,如取消农业税的转移支付补助等;二是一些专项支出,规定需由中央、省财政转移支付解决,根据相关文件进行补助的,如自然灾害救助资金等。这些补助,都由省财政根据不同情况决定,每年项目不同,数额不同。如1994年分税制改革时和2002年所得税分享改革后,由于收入上划,原地方既得利益(基数财力)部分由中央通过税收返还的形式补助给地方。

综上所析,地方财力=地方财政收入×分成比例—上解支出+补助收入。从1949—2018年的70年中,东阳财政的地方财力总体是增长的,到2018年的财力与建国初期相比已有翻天覆地的变化,是不可同日而语的。但在1958年"大跃进"到改革开放前的这一时期,因经济受到挫伤,财力增长缓慢,时有徘徊。改革开放后,经济得到快速发展,财政收入稳步增长,加上财政体制的改革,极大地调动了地方发展经济的积极性,地方财力也得到了迅速增长,东阳财政状况明显改善。2018年地方财力达755079万元,较财政分级包干前的1979年增长了500倍,年均增长10.6%。

表1-1-4-1　　1949—2018年东阳市(县)一般公共预算财力状况表

单位:万元

| 年份 | 财政总收入 | 上划收入 | 财力上解 | | | 财力补助 | | | 地方净财力 |
|---|---|---|---|---|---|---|---|---|---|
| | | | 小计 | 总额上解 | 专项上解 | 小计 | 各项补助 | 税收返还 | |
| 1949 | 147.2 | | 147.2 | 147.2 | | 5.1 | 5.1 | | 5.1 |
| 1950 | 236.7 | | 236.7 | 236.7 | | 38.2 | 38.2 | | 38.2 |
| 1951 | 335.5 | | 335.5 | 335.5 | | 77.5 | 77.5 | | 77.5 |
| 1952 | 352.0 | | 317.3 | 317.3 | | 73.6 | 73.6 | | 108.3 |
| 1953 | 408.1 | | 336.4 | 336.4 | | 136.0 | 136.0 | | 207.7 |
| 1954 | 499.2 | | 394.7 | 394.7 | | 73.4 | 73.4 | | 177.9 |
| 1955 | 520.8 | | 393.7 | 393.7 | | 84.0 | 84.0 | | 211.1 |
| 1956 | 550.0 | | 305.6 | 305.6 | | 76.5 | 76.5 | | 320.9 |
| 1957 | 755.3 | | 483.6 | 483.6 | | 12.4 | 12.4 | | 284.1 |
| 1958 | 1075.2 | | 716.9 | 716.9 | | 270.3 | 270.3 | | 628.6 |

续表1-1-4-1

| 年份 | 财政总收入 | 上划收入 | 财力上解 | | | 财力补助 | | | 地方净财力 |
|---|---|---|---|---|---|---|---|---|---|
| | | | 小计 | 总额上解 | 专项上解 | 小计 | 各项补助 | 税收返还 | |
| 1959 | 1037.5 | | 494.8 | 494.8 | | 34.8 | 34.8 | | 577.5 |
| 1960 | 1156.2 | | 641.1 | 641.1 | | 591.9 | 591.9 | | 1107.0 |
| 1961 | 798.4 | | 427.8 | 427.8 | | 343.7 | 343.7 | | 714.3 |
| 1962 | 1010.9 | | 674.0 | 674.0 | | 109.3 | 109.3 | | 446.2 |
| 1963 | 1064.6 | | 777.9 | 777.9 | | 163.2 | 163.2 | | 449.9 |
| 1964 | 1212.1 | | 863.2 | 863.2 | | 144.5 | 144.5 | | 493.4 |
| 1965 | 1196.0 | | 830.4 | 830.4 | | 38.1 | 38.1 | | 403.7 |
| 1966 | 844.8 | | 427.3 | 427.3 | | 72.3 | 72.3 | | 489.8 |
| 1967 | 756.5 | | 363.3 | 363.3 | | 93.3 | 93.3 | | 486.5 |
| 1968 | 739.8 | | 727.5 | 727.5 | | 514.3 | 514.3 | | 526.6 |
| 1969 | 772.8 | | 371.1 | 371.1 | | 395.2 | 395.2 | | 796.9 |
| 1970 | 1220.2 | | 708.8 | 708.8 | | 541.4 | 541.4 | | 1052.8 |
| 1971 | 1353.9 | | 447.4 | 447.4 | | 283.2 | 283.2 | | 1189.7 |
| 1972 | 1664.6 | | 827.2 | 827.2 | | 282.3 | 282.3 | | 1119.7 |
| 1973 | 1653.1 | | 693.8 | 693.8 | | 215.2 | 215.2 | | 1174.5 |
| 1974 | 1568.0 | | 614.7 | 614.7 | | 129.3 | 129.3 | | 1082.6 |
| 1975 | 1443.3 | | 565.8 | 565.8 | | 31.0 | 31.0 | | 908.5 |
| 1976 | 1368.8 | | 644.8 | 644.8 | | 112.0 | 112.0 | | 836.0 |
| 1977 | 1659.3 | | 864.6 | 864.6 | | 179.8 | 179.8 | | 974.5 |
| 1978 | 2068.1 | | 799.2 | 799.2 | | 2.8 | 2.8 | | 1271.7 |
| 1979 | 2261.9 | | 1018.6 | 1018.6 | | 259.6 | 259.6 | | 1502.9 |
| 1980 | 2465.7 | | 965.3 | 965.3 | | 240.2 | 240.2 | | 1740.6 |
| 1981 | 2730.7 | | 1392.4 | 1392.4 | | 255.7 | 255.7 | | 1594.0 |
| 1982 | 3101.9 | | 1440.0 | 1440.0 | | 302.1 | 302.1 | | 1964.0 |
| 1983 | 3423.2 | | 1442.7 | 1442.7 | | 436.2 | 436.2 | | 2416.7 |
| 1984 | 3648.6 | | 2051.1 | 2051.1 | | 92.4 | 92.4 | | 1689.9 |
| 1985 | 4911.3 | | 2782.4 | 2782.4 | | 440.1 | 440.1 | | 2569.0 |
| 1986 | 5650.5 | | 3083.7 | 3083.7 | | 480.9 | 480.9 | | 3047.7 |
| 1987 | 6476.3 | | 3822.3 | 3822.3 | | 951.8 | 951.8 | | 3605.8 |
| 1988 | 7800.4 | | 3879.3 | 3879.3 | | 660.0 | 660.0 | | 4581.1 |
| 1989 | 8960.0 | | 4235.5 | 4235.5 | | 1141.0 | 1141.0 | | 5866.0 |
| 1990 | 9380.0 | | 4556.0 | 4438.0 | 118.0 | 935.0 | 935.0 | | 5759.0 |
| 1991 | 10128.0 | | 4841.0 | 4723.0 | 118.0 | 1294.0 | 1294.0 | | 6581.0 |
| 1992 | 11088.0 | | 5693.0 | 5646.0 | 47.0 | 1853.0 | 1853.0 | | 7248.0 |
| 1993 | 14569.0 | | 5846.0 | 5810.0 | 36.0 | 1173.0 | 1173.0 | | 9896.0 |

续表1-1-4-1

| 年份 | 财政总收入 | 上划收入 | 财力上解 | | | 财力补助 | | | 地方净财力 |
|---|---|---|---|---|---|---|---|---|---|
| | | | 小计 | 总额上解 | 专项上解 | 小计 | 各项补助 | 税收返还 | |
| 1994 | 17611.0 | 9719.0 | 6647.0 | 6494.0 | 153.0 | 9314.0 | 1137.0 | 8177.0 | 10559.0 |
| 1995 | 21060.0 | 11027.0 | 7099.0 | 6947.0 | 152.0 | 10467.0 | 1643.0 | 8824.0 | 13401.0 |
| 1996 | 25073.0 | 13451.0 | 7388.0 | 7235.0 | 153.0 | 11383.0 | 2245.0 | 9138.0 | 15617.0 |
| 1997 | 27602.0 | 14565.0 | 7748.0 | 7594.0 | 154.0 | 11743.0 | 2441.0 | 9302.0 | 17032.0 |
| 1998 | 32838.0 | 17752.0 | 8077.0 | 7919.0 | 158.0 | 13110.0 | 3392.0 | 9718.0 | 20119.0 |
| 1999 | 34046.0 | 16337.0 | 8591.0 | 8423.0 | 168.0 | 13725.0 | 4395.0 | 9330.0 | 22843.0 |
| 2000 | 54138.0 | 30595.0 | 9755.0 | 9574.0 | 181.0 | 16801.0 | 5519.0 | 11282.0 | 30589.0 |
| 2001 | 68072.0 | 35573.0 | 11561.0 | 11320.0 | 241.0 | 18422.0 | 6808.0 | 11614.0 | 39360.0 |
| 2002 | 88028.0 | 48766.0 | 14481.0 | 14022.0 | 459.0 | 27168.0 | 14972.0 | 12196.0 | 51949.0 |
| 2003 | 107748.0 | 58238.0 | 18110.0 | 16602.0 | 1508.0 | 33759.0 | 11889.0 | 21870.0 | 65159.0 |
| 2004 | 116023.0 | 64098.0 | 20274.0 | 20274.0 | | 42567.0 | 14703.0 | 27864.0 | 74218.0 |
| 2005 | 137913.0 | 65048.0 | 24831.0 | 21654.0 | 3177.0 | 44562.0 | 21834.0 | 22728.0 | 92596.0 |
| 2006 | 168571.0 | 79401.0 | 28573.0 | 24744.0 | 3829.0 | 48970.0 | 25747.0 | 23223.0 | 109567.0 |
| 2007 | 207229.0 | 93971.0 | 33219.0 | 15137.0 | 18082.0 | 55337.0 | 31642.0 | 23695.0 | 135376.0 |
| 2008 | 240770.0 | 105060.0 | 37205.0 | 33464.0 | 3741.0 | 67495.0 | 43425.0 | 24070.0 | 166000.0 |
| 2009 | 255515.0 | 103984.0 | 42551.0 | 36572.0 | 5979.0 | 87255.0 | 61968.0 | 25287.0 | 196235.0 |
| 2010 | 323000.0 | 129026.0 | 52113.0 | 44831.0 | 7282.0 | 113946.0 | 88011.0 | 25935.0 | 255807.0 |
| 2011 | 409815.0 | 170285.0 | 65443.0 | 53747.0 | 11696.0 | 127961.0 | 101045.0 | 26916.0 | 302048.0 |
| 2012 | 503727.0 | 202670.0 | 83721.0 | 71232.0 | 12489.0 | 156372.0 | 127250.0 | 29122.0 | 373708.0 |
| 2013 | 594300.0 | 241182.0 | 95226.0 | 82211.0 | 13015.0 | 162038.0 | 132106.0 | 29932.0 | 419930.0 |
| 2014 | 700066.0 | 285228.0 | 108270.0 | 93791.0 | 14479.0 | 167169.0 | 136705.0 | 30464.0 | 473737.0 |
| 2015 | 811887.0 | 325714.0 | 118148.0 | 102231.0 | 15917.0 | 221566.0 | 190207.0 | 31359.0 | 589591.0 |
| 2016 | 924018.0 | 361449.0 | 139311.0 | 136022.0 | 3289.0 | 223177.0 | 182574.0 | 40603.0 | 646435.0 |
| 2017 | 1008807.0 | 423029.0 | 147689.0 | 147689.0 | | 269234.0 | 215103.0 | 54131.0 | 707323.0 |
| 2018 | 1124100.0 | 466552.0 | 159846.0 | 159846.0 | | 257377.0 | 203246.0 | 54131.0 | 755079.0 |

说明：1. 财政总收入－上划收入＝地方财政收入

2. 地方净财力＝财政总收入－上划收入－财力上解＋财力补助

## 二、地方财政收支平衡

地方财政收支平衡是地方财政可用财力与地方财政支出相比较的结果。在计划经济时期，由于预算外资金规模较小，主要关注的是预算内的收支平衡；改革开放后，强调预算内和预算外分别平衡，也称预算综合平衡；1998年政府会计制度改革后，则要求一般公共预算、政府性基金预算、国有资本经营预算和社会保险基金预算实现分别平衡，这里主要是指一般公共预算的收支平衡。

地方财政是整个国家财政的一个组成部分，因此地方的各项财政收入，首先要根据财政体制，在中央、省之间划分范围，凡属于中央和省级财政收入范围的，直接解缴中央和省国库，不作地方财政收入；属于县级财政收入范围的，解入县级国库，列入地方预算收入。第二，县级地方预算收入这一部分，又要根据财政体制的规定，在省和县级之间进行分配，反映为上解省和县分成两个部分，然后将分成收入与相应的支出平衡，其中还包括了省财政的补助收入、债务收支以及调入的其他资金等因素，才构成财政预算执行上的平衡或不平衡。

地方财政的年度收支平衡，是由这样几个因素构成的：一是财政预算收入和预算支出；二是上缴上级财政支出和上级财政的补助收入；三是可以留用的上年结余；四是债务收支、调入其他资金或收回以前年度支出等其他增减因素，其他增减因素中，除了债务收支因素外，增加的因素主要是因决算支大于收而从调入的预算外资金或预算稳定调节基金等，减少的因素主要是增列预算稳定调节基金等。

从1949年到2018年的70年中，东阳财政从总决算结果看，都实现了收支平衡，但各个时期或各个年份，由于财力状况和支出需求不同，预算执行也不是绝对平衡的，这些年份主要是通过采取节约支出、动用上年结余和调用预算外收入等措施实现收支平衡。

在财政预算的执行过程中，为了达到收支平衡，东阳财政采取了诸多措施，一是认真贯彻发展生产、保障供给的方针，每年在预算安排中，尽量挤出资金，支持生产建设，促进快速经济发展，从近些年看，财政在扶持经济方面的支出比重逐步加大；二是厉行节约，反对浪费，制止年终突击花钱，必要时按上级部署采取压缩支出预算、冻结单位银行存款等措施，特别是中共十八大以来，严格执行“八项规定”，损失浪费财政资金的现象得到遏制；三是调剂动用历年滚存的结余；四是适时调用预算外资金或预算稳定调节基金；等等。总之，根据中央“地方财政不得打赤字预算”的规定，东阳财政千方百计确保了收支平衡。

表1-1-4-2　　**1949—2018年东阳市(县)财政一般公共预算收支平衡表**

单位：万元

| 年份 | 地方财政收入 | 上级补助收入 | 地方财政支出 | 上解上级支出 | 其他增减 | 本年结余 |
|---|---|---|---|---|---|---|
| 1949 | 147.2 | 5.1 | 5.1 | 147.2 | | |
| 1950 | 236.7 | 38.2 | 38.2 | 236.7 | | |
| 1951 | 335.5 | 77.5 | 77.5 | 335.5 | | |
| 1952 | 352.0 | 73.6 | 105.7 | 317.3 | | 2.6 |
| 1953 | 408.1 | 136.0 | 170.8 | 336.4 | | 39.5 |
| 1954 | 499.2 | 73.4 | 192.9 | 394.7 | | 24.5 |
| 1955 | 520.8 | 84.0 | 212.0 | 393.7 | | 23.6 |

续表1-1-4-2

| 年份 | 地方财政收入 | 上级补助收入 | 地方财政支出 | 上解上级支出 | 其他增减 | 本年结余 |
|---|---|---|---|---|---|---|
| 1956 | 550.0 | 76.5 | 308.5 | 305.6 | | 36.0 |
| 1957 | 755.3 | 12.4 | 289.4 | 483.6 | | 30.7 |
| 1958 | 1075.2 | 270.3 | 618.9 | 716.9 | -50.0 | 90.4 |
| 1959 | 1037.5 | 34.8 | 666.8 | 494.8 | -46.9 | 48.0 |
| 1960 | 1156.2 | 591.9 | 1087.8 | 641.1 | -4.1 | 71.3 |
| 1961 | 798.4 | 343.7 | 703.2 | 427.8 | 2.3 | 80.1 |
| 1962 | 1010.9 | 109.3 | 420.2 | 674.0 | 19.6 | 86.5 |
| 1963 | 1064.6 | 163.2 | 441.0 | 777.9 | -6.6 | 102.0 |
| 1964 | 1212.1 | 144.5 | 517.4 | 863.2 | -1.9 | 79.9 |
| 1965 | 1196.0 | 38.1 | 412.6 | 830.4 | -2.4 | 73.4 |
| 1966 | 844.8 | 72.3 | 486.3 | 427.3 | 20.0 | 56.9 |
| 1967 | 756.5 | 93.3 | 529.6 | 363.3 | -0.1 | 13.9 |
| 1968 | 739.8 | 514.3 | 514.1 | 727.5 | -11.4 | 37.8 |
| 1969 | 772.8 | 395.2 | 752.6 | 371.1 | -38.7 | 120.8 |
| 1970 | 1220.2 | 541.4 | 997.0 | 708.8 | 49.7 | 126.9 |
| 1971 | 1353.9 | 283.2 | 1108.4 | 447.4 | 56.7 | 151.5 |
| 1972 | 1664.6 | 282.3 | 1233.2 | 827.2 | -28.9 | 66.9 |
| 1973 | 1653.1 | 215.2 | 1236.6 | 693.8 | -25.6 | 30.4 |
| 1974 | 1568.0 | 129.3 | 1066.2 | 614.7 | -12.9 | 59.7 |
| 1975 | 1443.3 | 31.0 | 899.4 | 565.8 | | 68.8 |
| 1976 | 1368.8 | 112.0 | 858.7 | 644.8 | -15.1 | 61.2 |
| 1977 | 1659.3 | 179.8 | 943.5 | 864.6 | -0.3 | 92.5 |
| 1978 | 2068.1 | 2.8 | 1186.0 | 799.2 | | 178.2 |
| 1979 | 2261.9 | 259.6 | 1482.6 | 1018.6 | | 198.5 |
| 1980 | 2465.7 | 240.2 | 1630.5 | 965.3 | | 308.6 |
| 1981 | 2730.7 | 255.7 | 1616.6 | 1392.4 | 57 | 229.0 |
| 1982 | 3101.9 | 302.1 | 1791.5 | 1440.0 | 97.8 | 303.7 |
| 1983 | 3423.2 | 436.2 | 2142.0 | 1442.7 | 0.1 | 578.3 |
| 1984 | 3648.6 | 92.4 | 2119.5 | 2051.1 | 1.4 | 147.3 |
| 1985 | 4911.3 | 440.1 | 2511.3 | 2782.4 | -6.6 | 211.6 |
| 1986 | 5650.5 | 480.9 | 3116.4 | 3083.7 | -18.9 | 161.8 |
| 1987 | 6476.3 | 951.8 | 3152.7 | 3822.3 | 260.6 | 354.3 |
| 1988 | 7800.4 | 660.0 | 4027.7 | 3879.3 | -7.2 | 914.9 |
| 1989 | 8960.0 | 1141.0 | 5529.5 | 4235.5 | 248.9 | 1002.0 |
| 1990 | 9380.0 | 935.0 | 5760.0 | 4556.0 | 0.7 | 1000.3 |
| 1991 | 10128.0 | 1294.0 | 6520.3 | 4841.0 | -20.0 | 1081.0 |
| 1992 | 11088.0 | 1853.0 | 7787.0 | 5693.0 | -58.0 | 600.0 |

续表1-1-4-2

| 年份 | 地方财政收入 | 上级补助收入 | 地方财政支出 | 上解上级支出 | 其他增减 | 本年结余 |
|---|---|---|---|---|---|---|
| 1993 | 14569.0 | 1173.0 | 9746.0 | 5846.0 | -274.0 | 1024.0 |
| 1994 | 7892.0 | 9314.0 | 11572.0 | 6647.0 | -514.0 | 525.0 |
| 1995 | 10033.0 | 10467.0 | 13397.0 | 7099.0 | -406.0 | 935.0 |
| 1996 | 11622.0 | 11383.0 | 15147.0 | 7388.0 | -475.0 | 1880.0 |
| 1997 | 13037.0 | 11743.0 | 17474.0 | 7748.0 | -740.0 | 2178.0 |
| 1998 | 15086.0 | 13110.0 | 21124.0 | 8077.0 | -1468.0 | 2641.0 |
| 1999 | 17709.0 | 13725.0 | 23900.0 | 8591.0 | -1082.0 | 2666.0 |
| 2000 | 23543.0 | 16801.0 | 27800.0 | 9755.0 | -45.0 | 5500.0 |
| 2001 | 32499.0 | 18422.0 | 37670.0 | 11561.0 | 18.0 | 7172.0 |
| 2002 | 39262.0 | 27168.0 | 49322.0 | 14481.0 | 26.0 | 9773.0 |
| 2003 | 49510.0 | 33759.0 | 63649.0 | 18110.0 | 10.0 | 11273.0 |
| 2004 | 51925.0 | 42567.0 | 75432.0 | 20274.0 | 29.0 | 10030.0 |
| 2005 | 72865.0 | 44562.0 | 92291.0 | 24831.0 | 28.0 | 10307.0 |
| 2006 | 89170.0 | 48970.0 | 108963.0 | 28573.0 | 49.0 | 10862.0 |
| 2007 | 113258.0 | 55337.0 | 127554.0 | 33219.0 |  | 18684.0 |
| 2008 | 135710.0 | 67495.0 | 154308.0 | 37205.0 | 1448.0 | 28928.0 |
| 2009 | 151531.0 | 87255.0 | 188226.0 | 42551.0 | -1215.0 | 38152.0 |
| 2010 | 193974.0 | 113946.0 | 247500.0 | 52113.0 | -6002.0 | 52461.0 |
| 2011 | 239530.0 | 127961.0 | 289096.0 | 65443.0 | 12375.0 | 53038.0 |
| 2012 | 301057.0 | 156372.0 | 392421.0 | 83721.0 | -14419.0 | 48744.0 |
| 2013 | 353118.0 | 162038.0 | 432344.0 | 95226.0 | -4825.0 | 41155.0 |
| 2014 | 414838.0 | 167169.0 | 480546.0 | 108270.0 | -14702.0 | 49048.0 |
| 2015 | 486173.0 | 221566.0 | 610386.0 | 118148.0 | -19032.0 | 47285.0 |
| 2016 | 562569.0 | 223177.0 | 714162.0 | 139311.0 | -64582.0 | 44140.0 |
| 2017 | 585778.0 | 269234.0 | 826984.0 | 147689.0 | -121880.0 | 46359.0 |
| 2018 | 657548.0 | 257377.0 | 925198.0 | 159846.0 | -153853.0 | 30093.0 |

说明：平衡公式：地方财政收入+上级补助收入-地方财政支出-上解上级支出+(-)其他增减+上年结余=本年结余

# 第二章　财政收入

财政收入是指在一定时期内(一般为一个财政年度)国家或各级地方政府所取得的货币收入。长期以来,因预算管理形式不同分为预算内收入和预算外收入,在实践中,财政收入仅指预算内收入(或称预算收入)。1994年实行"分税制"改革后,称为地方财政收入,即原财政收入剔除按财政体制上划中央收入后划为地方的财政收入。上划中央财政收入加地方财政收入,也称财政总收入。1997年6月颁布的财政总会计制度取消了预算内、预算外收支界限后,将预算内地方财政收入改称为"一般预算收入",并将部分预算外收入项目归并到一般预算收入,将"养路费"等一些具有专门用途的预算外收入项目归入"政府性基金",形成"基金预算收入"。2012年起,"一般预算收入"改称为"公共财政预算收入",2016年后改称"一般公共预算收入",口径不变。

2006年2月,财政部印发《政府收支分类改革的通知》,规定自2007年1月1日起实施新的政府收支分类办法,广义上的财政收入包括:一般公共预算收入、政府性基金预算收入、国有资本经营预算收入、社会保险基金收入等。为了全面反映改革前的财政预算外资金收入情况,本章将预算外资金收入单设一节表述。国有资本经营预算收入是一般公共预算收入的组成部分,这部分收入列入一般公共预算收入反映。

中华人民共和国成立以来,东阳在建制上经历了两次大的调整,1958年10月,撤销磐安县建制,成建制并入东阳县,财政收入数据相应合并。1983年10月,东阳和磐安分县,恢复磐安县建制,财政收入范围按属地原则相应划分。

## 第一节　一般公共预算收入

一般公共预算收入在1994年分税制改革前称财政收入(或称预算收入),分税制后专指按照财政体制划分的地方财政收入。一般公共预算收入包括企业收入、工商税收收入、农业四税收入及其他一般公共预算收入等,其中农业税、农业特产税、契税和耕地占用税4个税种,由于长期以来由财政农业部门负责征管,故俗称"农业四税",而农业特产税和农业税已分别于2003年和2004年在农村税费改革时停止征收,另外两税也于2010年起划归地方税务部门征收,因其特殊性,本章单设"农业四税收入"一目进行表述。

自1949年5月8日东阳县城解放至年底，全县财政收入为147.2万元，其中主要是农业税收入占98.6%，工商各税收入仅占1.4%。中华人民共和国成立后，全县财政收入逐年增长，收入规模不断扩大，收入结构也随之发生巨大变化，农业税在建国初期是主要的收入项目，到2003年（农业税取消前一年）仅占全市财政总收入的0.9%，而同年工商税收占财政总收入的比重为89.2%。至2018年，全市财政总收入达1124080万元，比分税制前的1993年增长了76.1倍，年均增长19%，其中一般公共预算收入（地方财政收入）达657548万元，占总收入的比重为58.5%，比1994年分税制改革时的44.8%提高了13.7个百分点，充分反映了东阳自分税制财政体制改革后，经济在总量规模快速发展的同时，地方财政收入占财政总收入的比重得到较大提高，经济结构更加优化。

表1-2-1-1　　**1949—2018年东阳市（县）一般公共预算收入情况表**

单位：万元

| 年度 | 财政总收入 | 地方财政收入 | | | | | | |
|---|---|---|---|---|---|---|---|---|
| | | 企业收入 | 工商税收 | 盐税 | 农业四税 | 其他收入 | 合计 | 比上年增长(%) |
| 1949 | 147.2 | | 2.0 | | 145.2 | 0 | 147.2 | |
| 1950 | 236.7 | | 28.9 | | 207.6 | 0.2 | 236.7 | 60.8 |
| 1951 | 335.5 | | 92.0 | | 242.6 | 0.9 | 335.5 | 41.7 |
| 1952 | 352.0 | 0.9 | 135.8 | | 213.2 | 2.1 | 352.0 | 4.9 |
| 1953 | 408.1 | 2.3 | 174.5 | | 217.1 | 14.2 | 408.1 | 15.9 |
| 1954 | 499.2 | 4.9 | 215.7 | | 225.9 | 52.7 | 499.2 | 22.3 |
| 1955 | 520.8 | 5.4 | 198.1 | | 276.4 | 40.9 | 520.8 | 4.3 |
| 1956 | 550.0 | 11.8 | 271.7 | | 243.5 | 23.0 | 550.0 | 5.6 |
| 1957 | 755.3 | 10.7 | 346.6 | | 359.4 | 38.6 | 755.3 | 37.3 |
| 1958 | 1075.3 | 217.3 | 441.5 | | 368.7 | 47.8 | 1075.3 | 42.4 |
| 1959 | 1040.3 | 387.7 | 303.7 | 2.3 | 337.8 | 8.8 | 1040.3 | -3.3 |
| 1960 | 1160.3 | 485.4 | 351.6 | 0.2 | 306.5 | 16.6 | 1160.3 | 11.5 |
| 1961 | 800.9 | 308.7 | 252.6 | 0.1 | 231.5 | 8.0 | 800.9 | -31 |
| 1962 | 1012.6 | 328.0 | 434.2 | 0.6 | 243.2 | 6.6 | 1012.6 | 26.6 |
| 1963 | 1070.5 | 321.8 | 474.0 | | 265.7 | 9.0 | 1070.5 | 5.7 |
| 1964 | 1213.0 | 399.0 | 550.1 | | 260.9 | 3.0 | 1213.0 | 13.3 |
| 1965 | 1197.7 | 370.3 | 533.4 | | 282.4 | 11.6 | 1197.7 | -1.3 |
| 1966 | 844.9 | 43.0 | 442.6 | | 356.7 | 2.6 | 844.9 | -29.5 |
| 1967 | 756.6 | 27.5 | 409.6 | 19.5 | 298.4 | 1.6 | 756.6 | -10.5 |
| 1968 | 739.8 | 19.6 | 396.0 | 0.1 | 321.0 | 3.1 | 739.8 | -2.3 |
| 1969 | 772.8 | 6.1 | 416.1 | | 333.3 | 17.3 | 772.8 | 4.5 |
| 1970 | 1220.2 | 459.4 | 415.5 | | 331.2 | 14.1 | 1220.2 | 57.9 |
| 1971 | 1353.9 | 532.9 | 509.4 | | 304.5 | 7.1 | 1353.9 | 10.9 |
| 1972 | 1664.6 | 722.6 | 607.0 | 0.1 | 328.2 | 6.7 | 1664.6 | 22.9 |

续表1-2-1-1

| 年度 | 财政总收入 | 地方财政收入 | | | | | | |
|---|---|---|---|---|---|---|---|---|
| | | 企业收入 | 工商税收 | 盐税 | 农业四税 | 其他收入 | 合计 | 比上年增长(%) |
| 1973 | 1653.1 | 664.9 | 652.8 | 12.9 | 313.4 | 9.1 | 1653.1 | -0.7 |
| 1974 | 1568.0 | 581.4 | 637.7 | 38.3 | 306.1 | 4.5 | 1568.0 | -5.2 |
| 1975 | 1443.3 | 478.8 | 641.1 | 17.5 | 299.4 | 6.5 | 1443.3 | -8.0 |
| 1976 | 1368.8 | 351.5 | 700.8 | 10.2 | 300.3 | 6.0 | 1368.8 | -5.2 |
| 1977 | 1659.3 | 501.1 | 851.7 | | 299.9 | 6.6 | 1659.3 | 21.2 |
| 1978 | 2068.1 | 721.4 | 1033.3 | | 301.4 | 12.0 | 2068.1 | 24.6 |
| 1979 | 2261.9 | 749.1 | 1257.5 | | 250.6 | 4.7 | 2261.9 | 9.4 |
| 1980 | 2465.7 | 808.4 | 1405.0 | | 249.0 | 3.3 | 2465.7 | 9.0 |
| 1981 | 2730.7 | 828.3 | 1632.4 | 5.1 | 258.7 | 6.2 | 2730.7 | 10.7 |
| 1982 | 3101.9 | 881.5 | 1941.7 | | 266.7 | 12.0 | 3101.9 | 13.6 |
| 1983 | 3423.2 | 830.0 | 2237.6 | | 339.2 | 16.4 | 3423.2 | 10.4 |
| 1984 | 3648.6 | 897.4 | 2473.4 | | 275.6 | 2.2 | 3648.6 | 6.6 |
| 1985 | 4911.3 | 833.3 | 3671.7 | 3.7 | 377.7 | 24.9 | 4911.3 | 34.6 |
| 1986 | 5650.5 | 902.5 | 4251.6 | 8.1 | 381.5 | 106.8 | 5650.5 | 15.1 |
| 1987 | 6476.3 | 1034.9 | 4891.6 | | 462.1 | 87.7 | 6476.3 | 14.6 |
| 1988 | 7800.4 | 1006.0 | 6233.8 | | 474.1 | 86.5 | 7800.4 | 20.4 |
| 1989 | 8960.0 | 917.3 | 7399.0 | | 427.0 | 216.4 | 8960.0 | 14.9 |
| 1990 | 9380.0 | 362.7 | 8034.7 | | 499.3 | 483.3 | 9380.0 | 4.7 |
| 1991 | 10128.0 | 500.4 | 8511.3 | | 579.3 | 537.4 | 10128.0 | 8 |
| 1992 | 11088.0 | 104.0 | 9409.0 | | 691.0 | 884.0 | 11088.0 | 9.5 |
| 1993 | 14569.0 | -228.0 | 13762.0 | | 586.0 | 449.0 | 14569.0 | 31.4 |
| 1994 | 17611.0 | | 7208.0 | | 678.0 | 6.0 | 7892.0 | -54 |
| 1995 | 21060.0 | | 9225.0 | | 947.0 | -139.0 | 10033.0 | 27.1 |
| 1996 | 25073.0 | | 10444.0 | | 1210.0 | -32.0 | 11622.0 | 15.8 |
| 1997 | 27602.0 | | 12063.0 | | 1419.0 | -445.0 | 13037.0 | 12.2 |
| 1998 | 32838.0 | | 14265.0 | | 1525.0 | -704.0 | 15086.0 | 15.7 |
| 1999 | 34046.0 | | 16152.0 | | 1869.0 | -312.0 | 17709.0 | 17.4 |
| 2000 | 54138.0 | | 24310.0 | | 2062.0 | -2829.0 | 23543.0 | 33 |
| 2001 | 68072.0 | | 36110.0 | | 3600.0 | -7211.0 | 32499.0 | 38 |
| 2002 | 88028.0 | | 34976.0 | | 6357.0 | -2071.0 | 39262.0 | 20.8 |
| 2003 | 107748.0 | | 37887.0 | | 10865.0 | 758.0 | 49510.0 | 26.1 |
| 2004 | 116023.0 | | 33832.0 | | 10841.0 | 7252.0 | 51925.0 | 4.9 |
| 2005 | 137913.0 | | 57711.0 | | 7234.0 | 7920.0 | 72865.0 | 40.3 |
| 2006 | 168571.0 | | 71910.0 | | 9142.0 | 8118.0 | 89170.0 | 22.4 |
| 2007 | 207229.0 | | 94440.0 | | 13054.0 | 5764.0 | 113258.0 | 27 |
| 2008 | 240770.0 | | 115141.0 | | 12134.0 | 8435.0 | 135710.0 | 19.8 |
| 2009 | 255515.0 | | 121354.0 | | 15169.0 | 15008.0 | 151531.0 | 11.7 |

续表1-2-1-1

| 年度 | 财政总收入 | 地方财政收入 | | | | | | |
|---|---|---|---|---|---|---|---|---|
| | | 企业收入 | 工商税收 | 盐税 | 农业四税 | 其他收入 | 合计 | 比上年增长(%) |
| 2010 | 323000.0 | | 149500.0 | | 26662.0 | 17812.0 | 193974.0 | 28 |
| 2011 | 409815.0 | | 188709.0 | | 29801.0 | 21020.0 | 239530.0 | 23.5 |
| 2012 | 503727.0 | | 262656.0 | | 14665.0 | 23736.0 | 301057.0 | 25.7 |
| 2013 | 594300.0 | | 307646.0 | | 15975.0 | 29497.0 | 353118.0 | 17.3 |
| 2014 | 700066.0 | | 351676.0 | | 35182.0 | 27980.0 | 414838.0 | 17.5 |
| 2015 | 811887.0 | | 400073.0 | | 27863.0 | 58237.0 | 486173.0 | 17.2 |
| 2016 | 924018.0 | | 464135.0 | | 38864.0 | 59570.0 | 562569.0 | 15.7 |
| 2017 | 1008807.0 | | 463459.0 | | 41068.0 | 81251.0 | 585778.0 | 4.1 |
| 2018 | 1124100.0 | | 535246.0 | | 42020.0 | 80282.0 | 657548.0 | 15.3 |

说明:其他收入包括债券收入、规费收入、罚没收入、以前年度支出收回、其他杂项收入等

## 一、企业收入

企业收入主要是指地方国营企业按规定上缴的企业利润(含利改税后上缴的国营企业所得税、调节税)、折旧基金、资金占用费收入以及价差补贴、亏损补贴等收入退库项目等。它是分税制改革前的收入项目。

### (一)企业利润

中华人民共和国成立后,东阳国营企业是从无到有、从小到大逐年发展壮大的。1952年始有企业收入0.9万元。1953年,仅有东阳县东华粮食加工厂、人民印刷厂和棉织厂等3家国营企业,当年分别上缴企业利润和折旧0.66万元、1.37万元和0.26万元。之后,在整个“一五”期间(1953—1957年),通过贯彻过渡时期总路线和对农业、手工业、资本主义工商业的社会主义改造,全民所有制经济得到较快发展,国营企业规模不断壮大,企业收入逐年增加。

“大跃进”和经济调整时期(1958—1965年),由于对国营工商业及其财务管理的权限大部分由中央下放给了地方,企业收入连年大幅上升,1960年达到了485.4万元,占当年财政收入的42%。当然也有一些企业片面追求不切实际的高指标,人为做大利润,企业收入水分较多。1961年,中央决定对国民经济实行“调整、巩固、充实、提高”的方针,将一部分重点企业、事业单位的收入上划中央,地方企业收入下降明显。

1977年后,特别是党的十一届三中全会以后,党和国家的工作重心转移到经济建设上来,伴随着经济体制改革,国营企业财务体制也进行多次改革,尤其是1983年和1984年两步利改税后,大部分企业上缴利润改为以国营企业所得税和国营企业调节税形式上缴,但仍然列入“企业收入”科目核算。

1988年，全面推行各种形式的承包经营责任制，对全民所有制企业实行上缴利润（含所得税和调节税）承包制，至1993年底，实际上扩大了企业留利，相应地影响了上缴财政的企业收入。

1994年，"分税制"改革后，全民所有制企业均按企业所得税的规定纳税，税后全部留企业分配，其收入也相应地反映在工商税收之中。

**（二）折旧基金**

中华人民共和国成立初期，国营企业按规定提取的固定资产折旧基金全部上缴财政统一分配使用。1971年，东阳县革命委员会根据上级规定实行企业留抵制度，即企业折旧基金全部或大部留给企业作为更新改造资金。1986年起，为了增强企业活力，折旧基金全部留给企业使用，财政不再集中。

**（三）资金占用费收入**

1979年，国务院颁发《对国营工业企业开征资金占用费条例》，规定企业在实行利润留成办法和清产核资后，向国家缴纳固定资金和流动资金占用费。次年1月起，浙江省试行开征，国营企业按照每月月初固定资金账面余额和各行业资金利润率的高低分别确定月率2‰～8‰计算缴纳。1981年，东阳根据上缴有关规定开始征收，征收比例为月率2.1‰。施行了2年，到1983年第一步利改税时停止执行。1990年7月1日起，实施对市属国营企业征收国家流动资金占用费，年占用费率为5%。1993年7月1日起，企业实施"资本金"制度后取消。

**（四）价差补贴**

县级财政的价差补贴主要是按国家规定对棉花和民用煤的补贴，1979—1985年属于收入退库项目，1986年起改列财政支出。

**1. 棉花价差补贴**

1979年提高棉花收购价格后，棉花供应价格和絮棉零售价格没有变动，所发生的调价价差由财政予以补贴。1983年棉花调价后，取消了纺棉的价差补贴，絮棉价差补贴仍然保留。

**2. 民用煤价差补贴**

1979年统配煤出厂价每吨平均提高5元，财政对市场用煤的价差进行相应的定额补贴。

表1-2-1-2　　**1979—1985年东阳县财政价差补贴情况表**

单位：万元

| 项目 | 1979年 | 1980年 | 1981年 | 1982年 | 1983年 | 1984年 | 1985年 |
|---|---|---|---|---|---|---|---|
| 民用煤补贴 | 17.4 | 28.8 | 25.8 | 23.2 | 46.0 | 55.9 | 63.8 |
| 棉花补贴 | 3.4 | 19.1 | 17.6 | 16.7 | 17.6 | 7.4 | 8.6 |
| 合计 | 20.8 | 47.9 | 43.4 | 39.9 | 63.6 | 63.3 | 72.4 |

### (五)亏损补贴

国营企业亏损补贴分为经营性亏损补贴和政策性亏损补贴,是企业收入中的收入退库项目。1962年,国家经委印发《关于国营企业财政补贴范围和严格管理各项费用的规定》,国营企业由于外部原因而发生的亏损,首先应由各有关主管部门积极负责解决,暂时还不能解决的,应当分别情况,在财政上按计划给予补贴。1979年,财政部会同国家经委印发《关于国营企业政策性亏损补贴试行办法》,规定对由于经营管理不善发生的亏损,一律不准列入亏损计划,财政不再补贴。东阳自1986年起主要对粮食、生猪、外贸等经营企业的政策性亏损实行补贴。1994年后,在预算收入科目中单列一款"国有企业计划亏损补贴",列入"其他财政收入"统计。

表1-2-1-3　　**1952—1993年东阳市(县)企业收入情况表**

单位:万元

| 年度 | 合计 | 国有企业上缴利润、折旧、所得税、调节税 | | | | | | 其他企业收入 |
|---|---|---|---|---|---|---|---|---|
| | | 小计 | 工业企业 | 商业企业 | 供销社 | 粮食企业 | 其他企业 | |
| 1952 | 0.9 | 0.9 | | | | | 0.9 | |
| 1953 | 2.3 | 2.3 | 1.5 | | | 0.5 | 0.3 | |
| 1954 | 4.9 | 4.9 | 2.4 | | | | 2.5 | |
| 1955 | 5.4 | 5.4 | 5.3 | | | | 0.1 | |
| 1956 | 11.0 | 11.8 | 4.3 | | | | 7.5 | |
| 1957 | 9.9 | 10.7 | 5.5 | | | | 5.2 | |
| 1958 | 217.3 | 217.3 | 31.0 | 174.0 | | 2.0 | 10.3 | |
| 1959 | 387.7 | 387.7 | 69.2 | 260.5 | | 6.4 | 51.6 | |
| 1960 | 485.4 | 485.4 | 169.1 | 270.9 | | 19.7 | 25.7 | |
| 1961 | 308.7 | 308.7 | 84.4 | 181.5 | | 19.8 | 23.0 | |
| 1962 | 328.0 | 328.0 | 48.5 | 169.9 | 82.2 | 23.9 | 3.5 | |
| 1963 | 321.8 | 321.8 | 39.0 | 261.1 | | 17.0 | 4.7 | |
| 1964 | 399.0 | 399.0 | 52.1 | 343.0 | | | 3.9 | |
| 1965 | 370.3 | 370.3 | 55.4 | 309.1 | | | 5.8 | |
| 1966 | 43.0 | 43.0 | 39.5 | 2.4 | | | 1.1 | |
| 1967 | 27.5 | 27.5 | 29.9 | 2.4 | | | -4.8 | |
| 1968 | 19.6 | 19.6 | 21.5 | 1.7 | | | -3.6 | |
| 1969 | 6.1 | 6.1 | 7.6 | 1.8 | | | -3.3 | |
| 1970 | 459.4 | 459.4 | 47.3 | 260.0 | 151.0 | | 1.1 | |
| 1971 | 532.9 | 532.9 | 104.2 | 265.1 | 148.2 | 6.9 | 8.5 | |
| 1972 | 722.6 | 722.6 | 180.5 | 343.0 | 173.0 | 3.1 | 23.0 | |
| 1973 | 664.9 | 664.9 | 195.5 | 361.3 | 88.6 | 8.6 | 10.9 | |
| 1974 | 581.4 | 581.4 | 29.8 | 438.5 | 102.8 | 8.8 | 1.5 | |
| 1975 | 478.8 | 478.8 | -12.5 | 390.2 | 84.1 | 4.5 | 12.5 | |

续表1-2-1-3

| 年度 | 合计 | 国有企业上缴利润、折旧、所得税、调节税 | | | | | | 其他企业收入 |
|---|---|---|---|---|---|---|---|---|
| | | 小计 | 工业企业 | 商业企业 | 供销社 | 粮食企业 | 其他企业 | |
| 1976 | 351.8 | 351.8 | 11.5 | 227.6 | 109.3 | 6.7 | -3.3 | |
| 1977 | 501.1 | 501.1 | 56.7 | 283.6 | 153.0 | 8.4 | -0.6 | |
| 1978 | 721.4 | 721.4 | 213.4 | 296.2 | 196.9 | 9.2 | 5.7 | |
| 1979 | 749.1 | 749.1 | 210.7 | 344.6 | 219.5 | 12.0 | -37.7 | |
| 1980 | 808.4 | 808.4 | 219.0 | 360.4 | 216.9 | 14.8 | -2.7 | |
| 1981 | 820.2 | 820.2 | 246.4 | 384.1 | 226.4 | 3.9 | -40.6 | |
| 1982 | 873.6 | 873.6 | 303.9 | 370.1 | 216.1 | 4.1 | -20.6 | |
| 1983 | 830.0 | 830.0 | 361.4 | 404.9 | 84.8 | 8.3 | -29.4 | |
| 1984 | 897.4 | 897.4 | 384.8 | 477.9 | 53.2 | 5.3 | -23.8 | |
| 1985 | 833.3 | 833.3 | 487.3 | 379.8 | | 6.3 | -40.1 | |
| 1986 | 902.5 | 923.6 | 486.8 | 372.6 | | 9.2 | 55.0 | -21.1 |
| 1987 | 1034.9 | 1039.9 | 575.9 | 357.0 | | 6.6 | 100.4 | -5.0 |
| 1988 | 1006.0 | 1218.8 | 697.0 | 381.6 | | 47.7 | 92.5 | -212.8 |
| 1989 | 917.3 | 1196.9 | 612.8 | 404.6 | | 84.8 | 94.7 | -279.6 |
| 1990 | 362.7 | 728.8 | | | | | | -366.1 |
| 1991 | 500.4 | 784.5 | | | | | | -284.1 |
| 1992 | 104.0 | 884.0 | | | | | | -780.0 |
| 1993 | -228 | 499.0 | | | | | | -727.0 |

说明：1."其他企业收入"包括国营企业资金占用费、差价补贴和亏损补贴等

2.1990—1993年对国营企业所得税、国营企业调节税，在决算中未作行业区分

## 二、工商税收收入

中华人民共和国成立初期，按照中央对新解放区税收"暂时沿用旧税法，部分废除，在征收中逐步整理的原则"，除废除一些苛捐杂税外，对部分地方税制定若干新的单行法规，后历经多次重大的税制制定、调整和改革，初步建立起了较为完备的中央税、中央和地方共享税和地方税等税制体系。随着经济的发展，东阳全市工商税收收入也由1950年的28.9万元，增加到了2018年工商税收总收入（含上划中央税收收入）的1043798万元，其中地方税收收入为577266万元，占工商税收总收入比重为55.3%；上划中央税收收入为466532万元，占工商税收总收入比重为45.7%。1994年分税制改革当年，地方税收收入占工商税收总收入比重为42.8%，地方税收收入比重提高了12.5个百分点。

工商税收按其征税对象不同可将税种划分为流转（货物劳务）税类、所得税类、资源税类、行为目的税类和财产税类五大类。

1994年，实施分税制改革后，工商税收按财政体制分为中央税、中央和地方共享税和地方税。

### （一）流转税类收入

建国以来，东阳先后开征的流转税包括货物税、商品流通税、营业税、工商统一税、工商税、产品税以及现行的增值税、消费税等。

#### 1.货物税、商品流通税

1950年1月，政务院颁布《货物税暂行条例》，开征货物税，1953年1月，全国统一修正税制，将生产厂商原来应纳的营业税及其附加、印花税并入货物税缴纳。同时开征商品流通税，将大部分原征货物税品种改征商品流通税。1958年9月，全面实行工商统一税，货物税和商品流通税并入工商统一税。

#### 2.营业税

中华人民共和国成立初期，沿用民国时期的规定征收营业税。1950年1月，根据政务院颁布《工商业税暂行条例》的规定征收营业税。1958年并入工商统一税。1984年9月，国务院颁布《中华人民共和国营业税条例（草案）》，恢复征收营业税。1994年分税制改革后，营业税逐步成为地方财政的主要税种。2012年进行营业税改征增值税试点，并逐步扩大“营改增”范围，2016年5月1日起全面推行“营改增”改革，营业税作为税种从此消失，其后2017—2018年的营业税收入是补征以前年度欠税的收入。

#### 3.工商统一税、工商税、产品税

1958年9月全国改革工商税制时，将商品流通税、货物税、营业税和印花税合并征收工商统一税。1973年1月，推行工商税制改革，将原来工商企业缴纳的工商统一税及其附加、城市房地产税、车船使用牌照税和屠宰税合并为工商税，合并后，对国营企业只缴纳工商税，集体企业只缴纳工商税和所得税，车船使用牌照税和屠宰税只对个人征收。1984年10月进行第二步利改税改革时，工商税分解为产品税、增值税、营业税、盐税，工商税停止施行。随着增值税的施行，产品税征收范围逐步缩小，1994年1月起，产品税停止征收，改征增值税和消费税。

#### 4.增值税、消费税

1983年，根据财政部颁布的《增值税暂行办法》试行征收增值税。随着增值税征收范围的不断扩大，1994年分税制改革时，增值税被列为共享税，75%归中央收入，25%归地方收入。2012年试行营业税改征增值税，并逐步扩大“营改增”范围，2016年5月1日起，全面推行“营改增”改革。

1989年2月1日起，对彩电、小轿车开征特别消费税。1994年分税制时，国务院颁布《中华人民共和国消费税暂行条例》，对少数消费品在征收增值税的基础上再征收消费税，并列为中央税，收入全部归中央。

### （二）所得税类收入

中华人民共和国成立后，所得税的征收章则历经变革，先后开征的所得税税种有营利事业所得税、存款利息所得税、工商业税所得税、工商所得税、国营企业所得税、国营企业调节税、集体企

业所得税、城乡个体工商业户所得税、私营企业所得税、中外合资经营企业所得税、个人收入调节税、外商投资企业和外国企业所得税、企业所得税、个人所得税等，其中国营企业所得税和国营企业调节税是1983年和1984年国营企业第一步、第二步利改税时由“上缴利润”演变而来的，故一直将其列入“企业收入”，至1993年止。

**1. 工商所得税、集体企业所得税、私营企业所得税、企业所得税**

中华人民共和国成立初期，按旧税制征收营利事业所得税、存款利息所得税。1950年1月，政务院颁布《全国税政实施要则》，规定按所得征税是工商业税的一个组成部分，不作为一个独立税种。1950年12月，修正公布的《工商业税暂行条例》中，对按照所得额征税的部分，改称“所得税”。1958年，税制改革将按所得额征收部分改称“工商所得税”，至此，才在实际上成为一个独立税种。在此后的实施中，工商所得税随着各个单项所得税种的出台而逐步淡出，1984年国营企业第二步利改税改革后出台了“国营企业所得税”和“国营企业调节税”，1985年1月，出台了“集体企业所得税”，1986年1月，实行《城乡个体工商业户所得税暂行条例》，工商所得税的规定停止执行。1990年1月，开征私营企业所得税。1994年1月起，除外商投资和外国企业外，其他所有企业均执行企业所得税，国营企业所得税、国营企业调节税、集体企业所得税、私营企业所得税同时废止。

**2. 个人所得税、城乡个体工商业户所得税、个人收入调节税**

1980年9月，全国人大颁布《中华人民共和国个人所得税法》，开征个人所得税。城乡个体工商业户所得税原属工商所得税的组成部分，1986年1月起分化出成为一个独立的税种，至1994年1月起废止，改征个人所得税。1986年9月国务院发布《个人收入调节税暂行条例》，1987年1月起开征个人收入调节税后，个人所得税只对在华外藉人员征收。1994年1月起个人收入调节税改按个人所得税征收。1994年1月起，修改后的个人所得税施行，并一直沿续执行。

**3. 中外合资经营企业所得税、外国企业所得税、外商投资企业和外国企业所得税**

1980年9月，全国人大通过《中华人民共和国中外合资经营企业所得税法》，同年12月国务院颁布实施细则并施行，自1991年7月起改按《外商投资企业和外国企业所得税法》执行，原税法同时废止。外国企业所得税自1982年1月起实行，止于1991年6月，改按《外商投资企业和外国企业所得税法》执行。1991年7月起，在华的外商投资和外国企业统一执行《外商投资企业和外国企业所得税法》。2008年起改征企业所得税。

**（三）其他工商税收收入**

**1. 资源税类收入**

包括盐税、资源税、城镇土地使用税等。

（1）盐税

盐税在我国是一个历史悠久的税种。1951年1月，政务院颁布《全国盐务工作决定》，确定盐税由盐务管理部门负责征收。1970年并入工商税。1984年9月，全国人大颁布《盐税条例（草案)》,于同年10月1日起施行。1994年1月起并入资源税征收。

(2)资源税

1984年9月,国务院颁布《资源税条例(草案)》,自当年10月1日起实施。1993年12月,国务院重新颁布《资源税暂行条例》,自1994年1月1日起施行,并沿续至今。

(3)城镇土地使用税

中华人民共和国成立初期,我国就开征了地产税,1951年8月,政务院颁布《城市房地产税暂行条例》,在城市中合并征收房产税和地产税,称之为城市房地产税。1973年并入工商税。1988年9月,国务院颁布《城镇土地使用税暂行条例》,于1989年1月1日起施行。

**2.行为目的税类收入**

此类税种包括:印花税、屠宰税、国营企业工资调节税、奖金税、城市维护建设税、固定资产投资方向调节税、土地增值税、文化娱乐税、集市交易税、牲畜交易税和筵席税等。

(1)印花税

在中华人民共和国成立初期沿用旧税制时就有此税种。1950年政务院正式颁布《印花税暂行条例》,1951年1月全国统一的印花税法施行。1958年9月,印花税并入工商统一税,不再单独征收。1988年8月国务院重新颁布《中华人民共和国印花税暂行条例》,同年10月1日起施行,沿续至今。

(2)屠宰税

1950年1月,政务院颁布《全国税政实施要则》,将屠宰税列为全国统一开征的税种。1950年12月,颁布《屠宰税暂行条例》并施行。此后,虽有征收政策之变化,但作为税种一直延续执行至2002年6月。2002年2月,东阳市政府下发《关于同意停止征收生猪屠宰税的批复》,决定从2002年1月22日起停止征收屠宰税。同年7月,浙江省委、省政府下发《关于全面进行农村税费改革的通知》,确定从2002年7月1日起全省取消屠宰税。

(3)国营企业工资调节税

1986年1月起开征国营企业工资调节税,至1994年分税制改革时取消。

(4)奖金税

1984年1月起开征国营企业奖金税。1985年1月起对集体企业和事业单位开征奖金税。至1994年分税制改革时取消。

(5)城市维护建设税

1985年1月开征城市维护建设税,沿续至今。

(6)固定资产投资方向调节税

1991年4月,国务院颁布《固定资产投资方向调节税暂行条例》,同年6月,财政部下发实施细则,东阳于1994年开征。1999年7月,国务院作出决定,自当年下半年起减半征收。2000年起暂停征收。

(7)土地增值税

1993年12月,国务院颁布《土地增值税暂行条例》,自1994年1月1日起施行,延续至今。

(8)文化娱乐税

在1953年修正税制时,文化娱乐税成为一个独立税种。1966年10月,文化娱乐税停征。

(9)集市交易税

1950年1月,政务院颁布《全国税政实施要则》,将集市交易税列为全国统一开征的税种之一。1962年6月正式开征。1965年9月15日起暂停征收,保留税种。

(10)牲畜交易税

1950年1月,政务院颁布《全国税政实施要则》,将牲畜交易税列为全国统一开征的税种之一。1953年11月全面开征,至1959年9月停征。1982年12月,国务院发布《牲畜交易税暂行条例》,从1983年3月1日起恢复征收牲畜交易税。1994年1月1日起取消牲畜交易税。

(11)筵席税

1988年9月,国务院颁布《筵席税暂行条例》,同年12月1日起开征筵席税。因征管因素,全市只于1989年征收0.1万元,征收情况不佳,于1994年起停征。

**3.财产税类收入**

包括房产税、车船(使用牌照)税等。

(1)房产税

1950年1月,政务院颁布《全国税政实施要则》,规定全国统一征收房产税、地产税两个税种,1951年8月起调整合并为城市房地产税。1984年全面改革工商税制时,将城市房地产税分为房产税和土地使用税两个税种,1986年9月正式颁布《房产税暂行条例》,10月1日起施行,沿续执行至今。

(2)车船税

1950年1月,政务院颁布《全国税政实施要则》,规定全国统一征收使用牌照税。1951年9月,政务院正式公布施行《车船使用牌照税暂行条例》,正式定名车船使用牌照税。1984年全面改革工商税制时,改名为车船使用税,1986年9月,国务院正式颁布《车船使用税暂行条例》,并于10月1日起施行。2006年12月国务院公布《车船税暂行条例》,自2007年1月1日起施行,更名车船税,原条例同时废止。

表1-2-1-4

# 1949—1993年东阳市(县)工商税收收入情况表

单位：万元

| 年份 | 收入合计 | 流转(货物劳务)税类 | | | | 所得税类 | | | 资源税类 | | | 行为目的税类 | | | | | | | 财产税类 | | | 补税罚款 |
|---|---|---|---|---|---|---|---|---|---|---|---|---|---|---|---|---|---|---|---|---|---|---|
| | | 小计 | 产品税 | 增值税 | 营业税 | 小计 | 工商所得税 | 个人收入调节税 | 小计 | 城镇土地使用税 | 盐税 | 小计 | 印花税 | 屠宰税 | 国营企业工资调节税 | 奖金税 | 城市维护建设税 | 其他行为目的税 | 小计 | 房产税 | 车船使用(牌照)税 | |
| 1949 | 2.0 | 1.0 | 1.0 | | | 0.1 | 0.1 | | | | | 0.8 | | 0.8 | | | | | 0.1 | 0.1 | | |
| 1950 | 28.9 | 17.2 | 17.2 | | | 0.5 | 0.5 | | | | | 10.6 | | 10.4 | | | | 0.2 | 0.6 | 0.4 | 0.2 | |
| 1951 | 92.0 | 66.8 | 66.8 | | | 3.8 | 3.8 | | | | | 22.3 | | 19.7 | | | | 1.6 | 0.1 | | 0.1 | |
| 1952 | 135.8 | 91.5 | 91.5 | | | 18.2 | 18.2 | | | | | 26.0 | | 20.2 | | | | 5.8 | 0.1 | | 0.1 | |
| 1953 | 174.5 | 107.7 | 107.7 | | | 23.0 | 23.0 | | | | | 43.8 | 1.0 | 30.4 | | | | 12.4 | | | | |
| 1954 | 215.7 | 139.1 | 139.1 | | | 44.4 | 44.4 | | | | | 32.2 | 0.7 | 26.7 | | | | 4.8 | | | | |
| 1955 | 198.1 | 146.4 | 146.4 | | | 31.9 | 31.9 | | | | | 19.8 | | 14.5 | | | | 5.3 | | | | |
| 1956 | 271.7 | 186.6 | 186.6 | | | 51.4 | 51.4 | | | | | 33.2 | | 29.7 | | | | 3.5 | 0.5 | | 0.5 | |
| 1957 | 346.6 | 209.7 | 209.7 | | | 94.1 | 94.1 | | | | | 42.4 | | 38.2 | | | | 4.2 | 0.4 | | 0.4 | |
| 1958 | 441.5 | 264.5 | 264.5 | | | 142.6 | 142.6 | | | | | 34.2 | 3.1 | 28.7 | | | | 2.4 | 0.2 | | 0.2 | |
| 1959 | 306.0 | 275.7 | 275.7 | | | 16.0 | 16.0 | | 2.3 | | 2.3 | 11.8 | | 11.1 | | | | 0.7 | 0.2 | | 0.2 | |
| 1960 | 351.8 | 326.5 | 326.5 | | | 10.4 | 10.4 | | 0.2 | | 0.2 | 14.5 | | 14.2 | | | | 0.3 | 0.2 | | 0.2 | |
| 1961 | 252.7 | 223.0 | 223.0 | | | 17.6 | 17.6 | | 0.1 | | 0.1 | 11.8 | | 11.6 | | | | 0.2 | 0.2 | | 0.2 | |
| 1962 | 434.7 | 284.9 | 284.9 | | | 73.7 | 73.7 | | 0.6 | | 0.6 | 75.1 | | 44.4 | | | | 30.7 | 0.4 | | 0.4 | |
| 1963 | 474.0 | 277.9 | 277.9 | | | 79.1 | 79.1 | | | | | 114.8 | | 91.5 | | | | 23.3 | 0.4 | | 0.4 | 1.8 |
| 1964 | 550.1 | 299.3 | 299.3 | | | 87.0 | 87.0 | | | | | 163.3 | | 147.9 | | | | 15.4 | 0.5 | | 0.5 | |
| 1965 | 533.4 | 296.2 | 296.2 | | | 98.8 | 98.8 | | | | | 137.8 | | 128.0 | | | | 9.8 | 0.6 | | 0.6 | |
| 1966 | 442.6 | 281.5 | 281.5 | | | 94.4 | 94.4 | | | | | 66.2 | | 65.9 | | | | 0.3 | 0.5 | | 0.5 | |
| 1967 | 429.1 | 261.1 | 261.1 | | | 95.0 | 95.0 | | 19.5 | | 19.5 | 53.4 | | 53.4 | | | | | 0.1 | | 0.1 | |
| 1968 | 396.1 | 276.7 | 276.7 | | | 79.0 | 79.0 | | 0.1 | | 0.1 | 40.3 | | 40.3 | | | | | | | | |
| 1969 | 416.1 | 289.1 | 289.1 | | | 86.9 | 86.9 | | | | | 40.0 | | 40.0 | | | | | 0.1 | | 0.1 | |

续表1-2-1-4

| 年份 | 收入合计 | 流转（货物劳务）税类 | | | | 所得税类 | | | 资源税类 | | | 行为目的税类 | | | | | | | 财产税类 | | | 补税罚款 |
|---|---|---|---|---|---|---|---|---|---|---|---|---|---|---|---|---|---|---|---|---|---|---|
| | | 小计 | 产品税 | 增值税 | 营业税 | 小计 | 工商所得税 | 个人收入调节税 | 小计 | 城镇土地使用税 | 盐税 | 小计 | 印花税 | 屠宰税 | 国营企业工资调节税 | 奖金税 | 城市维护建设税 | 其他行为目的税 | 小计 | 房产税 | 车船使用（牌照）税 | |
| 1970 | 415.5 | 364.4 | 364.4 | | | 46.6 | 46.6 | | | | | 1.6 | | 1.6 | | | | | 0.1 | | 0.1 | 2.8 |
| 1971 | 509.4 | 460.7 | 460.7 | | | 47.0 | 47.0 | | | | | -0.1 | | -0.1 | | | | | | | | 1.8 |
| 1972 | 607.1 | 530.1 | 530.1 | | | 75.1 | 75.1 | | 0.1 | | 0.1 | — | | | | | | | | | | 1.8 |
| 1973 | 665.7 | 553.9 | 553.9 | | | 97.5 | 97.5 | | 12.9 | | 12.9 | -0.7 | | -0.7 | | | | | | | | 2.1 |
| 1974 | 676.0 | 541.7 | 541.7 | | | 94.4 | 94.4 | | 38.3 | | 38.3 | -0.4 | | -0.4 | | | | | | | | 2.0 |
| 1975 | 658.6 | 551.2 | 551.2 | | | 88.9 | 88.9 | | 17.5 | | 17.5 | -0.6 | | -0.6 | | | | | | | | 1.6 |
| 1976 | 711.0 | 595.8 | 595.8 | | | 104.5 | 104.5 | | 10.2 | | 10.2 | -0.8 | | -0.8 | | | | | | | | 1.3 |
| 1977 | 851.7 | 692.5 | 692.5 | | | 157.5 | 157.5 | | | | | -0.7 | | -0.7 | | | | | | | | 2.4 |
| 1978 | 1033.3 | 789.8 | 789.8 | | | 213.4 | 213.4 | | | | | 30.4 | | 30.4 | | | | | | | | -0.3 |
| 1979 | 1257.5 | 968.7 | 968.7 | | | 241.4 | 241.4 | | | | | 47.6 | | 47.6 | | | | | | | | -0.2 |
| 1980 | 1405.0 | 1039.0 | 1039.0 | | | 315.0 | 315.0 | | | | | 49.5 | | 49.5 | | | | | | | | 1.5 |
| 1981 | 1637.5 | 1263.1 | 1263.1 | | | 325.2 | 325.2 | | 5.1 | | 5.1 | 43.6 | | 43.6 | | | | | | | | 0.5 |
| 1982 | 1941.7 | 1561.9 | 1561.9 | | | 331.8 | 331.8 | | | | | 46.8 | | 46.8 | | | | | | | | 1.2 |
| 1983 | 2237.6 | 1682.6 | 1623.6 | 59.0 | | 492.2 | 492.2 | | | | | 61.1 | | 61.1 | | | | | | | | 1.7 |
| 1984 | 2473.4 | 1794.6 | 1641.7 | 87.0 | 65.9 | 633.1 | 633.1 | | | | | 43.7 | | 43.7 | | | | | | | | 2.0 |
| 1985 | 3675.4 | 2673.0 | 1972.9 | 137.2 | 562.9 | 856.1 | 856.1 | | 3.7 | | 3.7 | 132.7 | | 43.5 | | 5.2 | 84.0 | | | | | 9.9 |
| 1986 | 4259.7 | 2941.6 | 1722.7 | 465.0 | 753.9 | 1107.4 | 1107.4 | | 8.1 | | 8.1 | 178.4 | | 32.4 | 9.3 | 26.6 | 109.0 | 1.1 | | | | 24.2 |
| 1987 | 4891.6 | 3418.2 | 1799.1 | 728.2 | 890.9 | 1239.7 | 1237.5 | 2.2 | | | | 172.7 | | 30.4 | | 8.8 | 132.8 | 0.7 | 35.6 | 22.6 | 13.0 | 25.4 |
| 1988 | 6233.8 | 4391.3 | 586.0 | 2530.3 | 1275.0 | 1543.0 | 1520.8 | 22.2 | | | | 220.3 | | 24.9 | 0.5 | 8.3 | 186.2 | 0.4 | 61.7 | 48.1 | 13.6 | 17.5 |
| 1989 | 7399.0 | 5482.1 | 796.4 | 3350.9 | 1334.8 | 1485.4 | 1461.7 | 23.7 | 13.7 | 13.7 | | 329.6 | 30.4 | 19.6 | 0.5 | 4.4 | 274.4 | 0.3 | 59.1 | 41.3 | 17.8 | 29.1 |

续表1-2-1-4

| 年份 | 收入合计 | 流转(货物劳务)税类 | | | | 所得税类 | | | 资源税类 | | | 行为目的税类 | | | | | | | 财产税类 | | | | 补税罚款 |
|---|---|---|---|---|---|---|---|---|---|---|---|---|---|---|---|---|---|---|---|---|---|---|---|
| | | 小计 | 产品税 | 增值税 | 营业税 | 小计 | 工商所得税 | 个人收入调节税 | 小计 | 城镇土地使用税 | 盐税 | 小计 | 印花税 | 屠宰税 | 国营企业工资调节税 | 奖金税 | 城市维护建设税 | 其他行为目的税 | 小计 | 房产税 | 车船使用(牌照)税 | |
| 1990 | 8035.6 | 6138.0 | 918.0 | 3862.0 | 1358.0 | 1377.0 | 1339.0 | 38.0 | 20.0 | 20.0 | | 383.6 | 23.0 | 27.0 | 11.0 | 4.5 | 318.0 | 0.1 | 84.0 | 67.0 | 17.0 | 33.0 |
| 1991 | 8511.3 | 6656.4 | 1091.2 | 4153.4 | 1411.8 | 1290.0 | 1247.0 | 43.0 | 23.0 | 23.0 | | 391.8 | 13.0 | 32.9 | 5.3 | 9.0 | 331.6 | | 99.4 | 83.5 | 15.9 | 50.7 |
| 1992 | 9409.0 | 7368.0 | 1085.0 | 4706.0 | 1577.0 | 1391.0 | 1361.0 | 30.0 | 20.0 | 20.0 | | 411.0 | 18.0 | 21.0 | 5.0 | 1.0 | 366.0 | | 101.0 | 82.0 | 19.0 | 118.0 |
| 1993 | 13762.0 | 11824.0 | 1622.0 | 7971.0 | 2231.0 | 1028.0 | 1005.0 | 23.0 | 12.0 | 12.0 | | 657.0 | 14.0 | 24.0 | 4.0 | 2.0 | 613.0 | | 92.0 | 69.0 | 23.0 | 149.0 |

说明：1.“产品税”中包括货物税、工商统一税、工商税等

2.“所得税类”不含国营企业所得税和国营企业调节税；“工商所得税”中包括集体企业所得税、私营企业所得税、城乡个体工商户所得税、外商投资和外国企业所得税等

3.“其他行为目的税”包括文化娱乐税、集市交易税、牲畜交易税、筵席税等

表1-2-1-5

## 1994—2018年东阳市(县)工商税收收入情况表

单位:万元

| 年份 | 合计 | | 中央税 | 共享税 | | | | | | | | | | | 地方税 | | | |
|---|---|---|---|---|---|---|---|---|---|---|---|---|---|---|---|---|---|---|
| | 税收总收入 | 市级税收收入 | 消费税 | 中央税小计 | 地方税小计 | 增值税 | | | 企业所得税 | | | 个人所得税 | | | 小计 | 营业税 | 城建税 | 其他工商税收 |
| | | | | | | 小计 | 中央收入 | 市级收入 | 小计 | 中央收入 | 市级收入 | 小计 | 中央收入 | 市级收入 | | | | |
| 1994 | 16823 | 7208 | 159 | 9456 | 4944 | 12608 | 9456 | 3152 | 1598 | | 1598 | 194 | | 194 | 2264 | 1102 | 622 | 540 |
| 1995 | 20162 | 9225 | 206 | 10731 | 6065 | 14308 | 10731 | 3577 | 1924 | | 1924 | 564 | | 564 | 3160 | 1930 | 705 | 525 |
| 1996 | 22989 | 10444 | 170 | 12375 | 6747 | 16500 | 12375 | 4125 | 1733 | | 1733 | 889 | | 889 | 3697 | 2400 | 706 | 591 |
| 1997 | 25554 | 12063 | 192 | 13299 | 8053 | 17732 | 13299 | 4433 | 2455 | | 2455 | 1165 | | 1165 | 4010 | 2733 | 769 | 508 |
| 1998 | 30200 | 14265 | 170 | 15765 | 8501 | 21020 | 15765 | 5255 | 1520 | | 1520 | 1726 | | 1726 | 5764 | 3995 | 1258 | 511 |
| 1999 | 30469 | 16152 | 76 | 14241 | 9507 | 18988 | 14241 | 4747 | 2474 | | 2474 | 2286 | | 2286 | 6645 | 4502 | 1311 | 832 |
| 2000 | 50756 | 24310 | 79 | 26367 | 17262 | 35156 | 26367 | 8789 | 5731 | | 5731 | 2742 | | 2742 | 7048 | 4498 | 1612 | 938 |
| 2001 | 65596 | 36110 | 101 | 29385 | 27087 | 39180 | 29385 | 9795 | 12751 | | 12751 | 4541 | | 4541 | 9023 | 5886 | 2061 | 1076 |
| 2002 | 80973 | 34976 | 118 | 45879 | 22473 | 46812 | 35109 | 11703 | 13316 | 6658 | 6658 | 8224 | 4112 | 4112 | 12503 | 8418 | 2523 | 1562 |
| 2003 | 93235 | 37887 | 229 | 55119 | 24256 | 49960 | 37470 | 12490 | 18395 | 11037 | 7358 | 11020 | 6612 | 4408 | 13631 | 9529 | 2566 | 1536 |
| 2004 | 55652 | 33832 | 109 | 21711 | 13106 | 5472 | 4104 | 1368 | 19460 | 11676 | 7784 | 9885 | 5931 | 3954 | 20726 | 14535 | 3256 | 2935 |
| 2005 | 122759 | 57711 | 128 | 64920 | 27670 | 62440 | 46830 | 15610 | 19528 | 11717 | 7811 | 10623. | 6374 | 4249 | 30041 | 21805 | 4045 | 4191 |
| 2006 | 151309 | 71910 | 88 | 79311 | 35030 | 71376 | 53532 | 17844 | 31625 | 18975 | 12650 | 11340 | 6804 | 4536 | 36880 | 25435 | 5365 | 6080 |
| 2007 | 188411 | 94440 | 84 | 93887 | 42427 | 80656 | 60492 | 20164 | 39965 | 23979 | 15986 | 15693. | 9416 | 6277 | 52013 | 36792 | 6974 | 8247 |
| 2008 | 220178 | 115141 | 137 | 104900 | 47795 | 88552 | 66414 | 22138 | 42990 | 25794 | 17196 | 21153. | 12692 | 8461 | 67346 | 44894 | 7759 | 14693 |
| 2009 | 225337 | 121354 | 135 | 103848 | 46451 | 91124 | 68343 | 22781 | 35060 | 21036 | 14024 | 24115 | 14469 | 9646 | 74903 | 48026 | 8660 | 18217 |
| 2010 | 278526 | 149500 | 129 | 128897 | 59375 | 106224 | 79668 | 26556 | 47733 | 28640 | 19093 | 34315 | 20589 | 13726 | 90125 | 59104 | 10467 | 20554 |
| 2011 | 358994 | 188709 | 143 | 170142 | 80545 | 131532 | 98649 | 32883 | 73850 | 44310 | 29540 | 45305 | 27183 | 18122 | 108164 | 64707 | 12533 | 30924 |

续表1-2-1-5

| 年份 | 合计 | | 中央税 | 共享税 | | | | | | | | | | | 地方税 | | | |
|---|---|---|---|---|---|---|---|---|---|---|---|---|---|---|---|---|---|---|
| | 税收总收入 | 市级税收收入 | 消费税 | 中央税小计 | 地方税小计 | 增值税 | | | 企业所得税 | | | 个人所得税 | | | 小计 | 营业税 | 城建税 | 其他工商税收 |
| | | | | | | 小计 | 中央收入 | 市级收入 | 小计 | 中央收入 | 市级收入 | 小计 | 中央收入 | 市级收入 | | | | |
| 2012 | 465596 | 262656 | 165 | 202775 | 100890 | 137172 | 102879 | 34293 | 116458 | 69875 | 46583 | 50035 | 30021 | 20014 | 161766 | 106683 | 15333 | 39750 |
| 2011 | 358994 | 188709 | 143 | 170142 | 80545 | 131532 | 98649 | 32883 | 73850 | 44310 | 29540 | 45305 | 27183 | 18122 | 108164 | 64707 | 12533 | 30924 |
| 2012 | 465596 | 262656 | 165 | 202775 | 100890 | 137172 | 102879 | 34293 | 116458 | 69875 | 46583 | 50035 | 30021 | 20014 | 161766 | 106683 | 15333 | 39750 |
| 2013 | 653570 | 307646 | 313 | 345611 | 155149 | 301032 | 225774 | 75258 | 146750 | 88050 | 58700 | 52978 | 31787 | 21191 | 152497 | 87173 | 16140 | 49184 |
| 2014 | 759442 | 351676 | 409 | 407357 | 185820 | 343004 | 257253 | 85751 | 170603 | 102362 | 68241 | 79570 | 47742 | 31828 | 165856 | 94506 | 19763 | 51587 |
| 2015 | 855555 | 400073 | 401 | 455081 | 210458 | 371716 | 278787 | 92929 | 190638 | 114383 | 76255 | 103185 | 61911 | 41274 | 189615 | 100263 | 22920 | 66432 |
| 2016 | 1104037 | 464135 | 363 | 639539 | 281119 | 580960 | 435720 | 145240 | 216678 | 130007 | 86671 | 123020 | 73812 | 49208 | 183016 | 91340 | 24093 | 67583 |
| 2017 | 886488 | 463459 | 308 | 422721 | 350954 | 414840 | 207420 | 207420 | 218200 | 130920 | 87280 | 140635 | 84381 | 56254 | 112505 | | 25501 | 87004 |
| 2018 | 1001778 | 535246 | 403 | 466129 | 390691 | 479632 | 239816 | 239816 | 243958 | 146375 | 97583 | 133230 | 79938 | 53292 | 144555 | | 35403 | 109152 |

说明："其他工商税收"：包括印花税、屠宰税、车船使用（牌照）税、房产税、城镇土地使用税、资源税、土地增值税、固定资产投资方向调节税、环境保护税、滞纳金与罚款收入等

表1-2-1-6　　1994—2018年东阳市其他工商税收收入明细表

单位：万元

| 年份 | 合计 | 印花税 | 屠宰税 | 车船(使用牌照)税 | 房产税 | 城镇土地使用税 | 资源税 | 土地增值税 | 固定资产投资方向调节税 | 环境保护税 | 滞纳金和罚款收入 |
|---|---|---|---|---|---|---|---|---|---|---|---|
| 1994 | 540 | 20 | 19 | 15 | 118 | 36 | | | 167 | | 165 |
| 1995 | 525 | 19 | 48 | 51 | 106 | 34 | | | 137 | | 130 |
| 1996 | 591 | 100 | 55 | 48 | 149 | 29 | 3 | | 138 | | 69 |
| 1997 | 508 | 20 | 75 | 46 | 154 | 20 | 1 | | 43 | | 149 |
| 1998 | 511 | 46 | 92 | 50 | 247 | 42 | 1 | | 33 | | |
| 1999 | 832 | 44 | 134 | 174 | 438 | 33 | 1 | | 8 | | |
| 2000 | 938 | 78 | 101 | 189 | 536 | 34 | 1 | | -1 | | |
| 2001 | 1076 | 154 | 106 | 219 | 540 | 49 | | 8 | | | |
| 2002 | 1562 | 246 | 41 | 266 | 942 | 61 | 2 | 4 | | | |
| 2003 | 1536 | 489 | | 293 | 590 | 78 | 1 | 85 | | | |
| 2004 | 2935 | 856 | | 372 | 1045 | 322 | 2 | 338 | | | |
| 2005 | 4191 | 915 | | 324 | 1633 | 658 | 30 | 631 | | | |
| 2006 | 6080 | 1303 | | 490 | 1978 | 753 | 113 | 1443 | | | |
| 2007 | 8247 | 2111 | | 475 | 2351 | 1152 | 126 | 2032 | | | |
| 2008 | 14693 | 2213 | | 1256 | 3727 | 4273 | 140 | 3084 | | | |
| 2009 | 18217 | 2162 | | 388 | 5615 | 4771 | 109 | 5172 | | | |
| 2010 | 20554 | 4124 | | 2120 | 4892 | 5561 | 200 | 3657 | | | |
| 2011 | 30924 | 4453 | | 1881 | 7806 | 6984 | 160 | 9640 | | | |
| 2012 | 39750 | 5248 | | 3726 | 9760 | 8971 | 134 | 11911 | | | |
| 2013 | 49184 | 6078 | | 5217 | 12092 | 9273 | 87 | 16437 | | | |
| 2014 | 51587 | 8187 | | 5397 | 13063 | 8851 | 194 | 15895 | | | |
| 2015 | 66432 | 10651 | | 6070 | 16833 | 11110 | 122 | 21646 | | | |
| 2016 | 67583 | 12074 | | 6645 | 12768 | 15132 | 303 | 20661 | | | |
| 2017 | 87004 | 10224 | | 7739 | 24667 | 15311 | 683 | 28380 | | | |
| 2018 | 109152 | 11692 | | 8506 | 19865 | 14317 | 637 | 53725 | | 410 | |

## 三、农业四税收入

农业四税是指农业税、农业特产税、耕地占用税、契税4个税种，因长期以来由各级财政农业部门负责征收管理，俗称“农业四税”。2003年和2004年农业特产税和农业税分别被取消，耕地占用税和契税于2010年1月1日起划转地税部门征管。

### (一)农业税

1949年东阳刚解放时,军粮急迫,通过自报公议,以户征借公粮公柴。1949年11月秋征开始,将公粮、公柴及乡村各项负担合并征收农业税。同年,浙江省政府颁布《浙江省征收农业税暂行办法》。1958年6月,颁布《中华人民共和国农业税条例》,统一全国农业税制,同年8月,浙江省人民委员会公布《浙江省农业税实施办法》,此后,沿续执行几十年,除正附税率、减免政策、征管方式等规定随着农村经济的发展变化而有所调整和修改外,就整体而言,基本政策没有变动。随着经济的发展和为农民减负,工商税收在财政收入中的比重逐年增大,农业税所占比重逐年下降。

2004年4月,东阳市政府下发《关于稳定发展粮食生产的指导意见》,决定从当年起免征农业税。浙江省于2005年起率先实施全省范围免征农业税。2005年12月,十届全国人大常委会第十九次会议通过了关于废止《中华人民共和国农业税条例》的决定,农业税从此退出历史舞台。

### (二)农业特产税

农业特产税在1994年前全称为“农林特产农业税”,简称农林特产税,此后改称“农业特产农业税”,简称农业特产税。1951年起,省内部分县(市)对林特产品单独计征农业税,1954年6月止,全省84个县(市)中,有67个县(市)开征农林特产税。1955年省人民委员会制定《浙江省1955年农业税施行细则》,规定农林特产税的征收范围、计税价格、征收环节和税率等,并予公布实施,在全省统一农林特产税税制。1983年11月,国务院下发《关于对农林特产收入征收农业税的若干规定》,全国纳入统一税制轨道。

1994年1月,国务院发布《关于农业特产收入征收农业税的规定》,1983年发布的《若干规定》同时废止,其名称改为农业特产农业税,简称农业特产税。

2000年农村税费改革试点工作开始以后,国家陆续下发文件,逐步降低了农业特产税的税率,缩小了农业特产税的征税范围。2002年7月,浙江省委、省政府下发《关于全面进行农村税费改革的通知》,确定对在农业税计税土地上生产的农业特产品,只征收农业税,不再征收农业特产税。

### (三)契税

1950年3月,政务院发布了《契税暂行条例(草案)》,浙江省据以制定《契税暂行条例施行细则》,并于1951年10月公布执行。契税开征后有较长一段时期,受政治经济变革影响,税收起落较大。1951年土地改革基本结束,东阳1953年起才有契税收入。1956年生产资料所有制的社会主义改造基本完成后,土地属国家所有,禁止买卖和转让,因而契税收入较少。1967年浙江省财政厅向财政部提出“关于停征契税建议等问题的报告”,自1968年起在财政总决算中已不反映契税收入,契税工作基本上处于停滞状态。1983年起恢复契税征收,此后,特别是21世纪以来,随着房地产市场趋热,契税收入逐年快速增长。

### (四)耕地占用税

为保护耕地资源,加强土地管理,制止乱占滥用耕地,国务院自1987年4月1日起开始实施

《中华人民共和国耕地占用税暂行条例》，开征耕地占用税，开征初期为中央与地方共享，50%归中央，10%归省，40%归县（市）；1989年中央30%，省10%，市、县60%；1990年中央30%，省10%，市、县60%；1994年起中央规定，耕地占用税收入全部留给市（地）、县（市），中央与省级均不参与分成。

表1-2-1-7　　**1949—2018年东阳市（县）农业四税收入情况表**

单位：万元

| 年份 | 合计 | 农业税 | 农业特产税 | 契税 | 耕地占用税 | | | |
|---|---|---|---|---|---|---|---|---|
| | | | | | 小计 | 中央收入 | 省级收入 | 县级收入 |
| 1949 | 145.2 | 145.2 | | | | | | |
| 1950 | 207.6 | 207.6 | | | | | | |
| 1951 | 242.6 | 242.6 | | | | | | |
| 1952 | 213.2 | 213.2 | | | | | | |
| 1953 | 217.1 | 217.0 | | 0.1 | | | | |
| 1954 | 225.9 | 223.9 | | 2.0 | | | | |
| 1955 | 276.4 | 268.5 | 7.6 | 0.3 | | | | |
| 1956 | 243.5 | 219.7 | 23.5 | 0.3 | | | | |
| 1957 | 359.4 | 352.2 | 6.8 | 0.4 | | | | |
| 1958 | 368.7 | 284.8 | 83.5 | 0.4 | | | | |
| 1959 | 337.8 | 271.3 | 66.5 | 0.01 | | | | |
| 1960 | 306.5 | 263.0 | 43.5 | | | | | |
| 1961 | 231.5 | 205.1 | 26.1 | 0.3 | | | | |
| 1962 | 243.2 | 216.4 | 26.1 | 0.7 | | | | |
| 1963 | 265.7 | 215.8 | 25.9 | 0.5 | | | | |
| 1964 | 260.9 | 230.5 | 29.8 | 0.6 | | | | |
| 1965 | 282.4 | 186.1 | 94.7 | 1.6 | | | | |
| 1966 | 356.7 | 259.2 | 94.7 | 2.8 | | | | |
| 1967 | 298.4 | 247.3 | 50.7 | 0.4 | | | | |
| 1968 | 321.0 | 253.7 | 67.3 | | | | | |
| 1969 | 333.3 | 275.3 | 58.0 | | | | | |
| 1970 | 331.2 | 258.5 | 72.7 | | | | | |
| 1971 | 304.5 | 240.2 | 64.3 | | | | | |
| 1972 | 328.2 | 260.8 | 67.4 | | | | | |
| 1973 | 313.4 | 257.9 | 55.5 | | | | | |
| 1974 | 306.1 | 260.0 | 46.1 | | | | | |
| 1975 | 299.4 | 261.2 | 38.2 | | | | | |
| 1976 | 300.3 | 260.5 | 39.8 | | | | | |
| 1977 | 299.9 | 261.4 | 38.5 | | | | | |

续表1-2-1-7

| 年份 | 合计 | 农业税 | 农业特产税 | 契税 | 耕地占用税 | | | |
|---|---|---|---|---|---|---|---|---|
| | | | | | 小计 | 中央收入 | 省级收入 | 县级收入 |
| 1978 | 301.4 | 258.5 | 42.9 | | | | | |
| 1979 | 250.6 | 203.7 | 46.9 | | | | | |
| 1980 | 249.0 | 203.2 | 45.8 | | | | | |
| 1981 | 258.7 | 205.9 | 52.8 | | | | | |
| 1982 | 266.7 | 205.9 | 60.8 | | | | | |
| 1983 | 339.2 | 287.4 | 49.7 | 2.1 | | | | |
| 1984 | 275.6 | 257.7 | 16.2 | 1.7 | | | | |
| 1985 | 377.7 | 336.6 | 37.9 | 3.2 | | | | |
| 1986 | 381.5 | 332.9 | 42.4 | 6.2 | | | | |
| 1987 | 462.1 | 367.2 | 42.1 | 12.4 | 101.0 | 50.5 | 10.1 | 40.4 |
| 1988 | 474.1 | 366.1 | 41.4 | 18.2 | 96.8 | 48.4 | | 48.4 |
| 1989 | 427.0 | 307.4 | 56.2 | 33.2 | 60.4 | 18.1 | 12.1 | 30.2 |
| 1990 | 499.3 | 419.2 | 34.4 | 20.0 | 43.5 | 13.0 | 4.4 | 26.1 |
| 1991 | 579.3 | 472.7 | 36.9 | 26.8 | 71.4 | 21.4 | 7.1 | 42.9 |
| 1992 | 691.0 | 528.0 | 23.0 | 47.0 | 155.0 | 46.5 | 15.5 | 93.0 |
| 1993 | 586.0 | 364.0 | 14.0 | 57.0 | 251.0 | 75.0 | 25.0 | 151.0 |
| 1994 | 678.0 | 577.0 | 26.0 | 11.0 | | | | 64.0 |
| 1995 | 947.0 | 660.0 | 45.0 | 109.0 | | | | 133.0 |
| 1996 | 1210.0 | 885.0 | 46.0 | 117.0 | | | | 162.0 |
| 1997 | 1419.0 | 837.0 | 48.0 | 259.0 | | | | 275.0 |
| 1998 | 1525.0 | 879.0 | 51.0 | 325.0 | | | | 270.0 |
| 1999 | 1869.0 | 809.0 | 97.0 | 555.0 | | | | 408.0 |
| 2000 | 2062.0 | 880.0 | 87.0 | 654.0 | | | | 441.0 |
| 2001 | 3600.0 | 956.0 | 91.0 | 1276.0 | | | | 1277.0 |
| 2002 | 6357.0 | 1002.0 | 9.0 | 1508.0 | | | | 3838.0 |
| 2003 | 10865.0 | 960.0 | 停征 | 4573.0 | | | | 5332.0 |
| 2004 | 10841.0 | 停征 | | 5239.0 | | | | 5602.0 |
| 2005 | 7234.0 | | | 5628.0 | | | | 1606.0 |
| 2006 | 9142.0 | | | 7775.0 | | | | 1367.0 |
| 2007 | 13054.0 | | | 10166.0 | | | | 2888.0 |
| 2008 | 12134.0 | | | 8614.0 | | | | 3520.0 |
| 2009 | 15169.0 | | | 12622.0 | | | | 2547.0 |
| 2010 | 26662.0 | | | 20695.0 | | | | 5967.0 |
| 2011 | 29801.0 | | | 24393.0 | | | | 5408.0 |
| 2012 | 14665.0 | | | 12552.0 | | | | 2113.0 |
| 2013 | 15975.0 | | | 13394.0 | | | | 2581.0 |

续表1-2-1-7

| 年份 | 合计 | 农业税 | 农业特产税 | 契税 | 耕地占用税 | | | |
|---|---|---|---|---|---|---|---|---|
| | | | | | 小计 | 中央收入 | 省级收入 | 县级收入 |
| 2014 | 35182.0 | | | 31514.0 | | | | 3668.0 |
| 2015 | 27863.0 | | | 26596.0 | | | | 1267.0 |
| 2016 | 38864.0 | | | 36682.0 | | | | 2182.0 |
| 2017 | 41068.0 | | | 25245.0 | | | | 15823.0 |
| 2018 | 42020.0 | | | 28454.0 | | | | 13566.0 |

## 四、其他一般公共预算收入

其他一般公共预算收入主要包括专项收入、行政事业收费(规费)收入、罚没收入、国有资本经营收入(国有企业亏损补贴)、“两金”(国家能源交通重点建设基金和国家预算调节基金)收入、政府住房基金收入、国有资源(资产)有偿使用收入、公产收入、其他杂项收入等非税收入。

### (一)专项收入

中华人民共和国成立以来,先后列入专项收入项目有:教育费附加、排污费、水资源费、矿产资源专项收入、地方教育附加、残疾人就业保障金、教育资金收入、农田水利建设资金、森林植被恢复费、地方水利建设基金等。

#### 1.教育费附加

1986年,国务院发布《征收教育费附加的暂行规定》,对工交、商业、粮食等企业征收教育费附加。同年3月,东阳市政府印发《关于筹措农村及城镇学校教育经费的补充规定》,规定自1985年7月1日起征收城市教育事业费附加,征收对象为国营和县属大集体工商企业,征收标准以“国家能源交通重点建设基金”数额为计征依据征收10%,重点用于补助贫困山区教育和师范教育的经费不足。同年6月,为贯彻国务院《暂行规定》,东阳县政府规定,凡缴纳“工商三税”的单位和个人,除按规定缴纳农村教育事业费外,自7月1日起,应按缴税额征收1%教育费附加。

1989年7月1日起,东阳市政府规定计征率从“三税”(产品税、增值税、营业税)的1%提高到2%。

根据国家规定,自1990年8月1日起,对按单位和个人实际缴纳的产品税、增值税、营业税的一定比例征收的附加收入称为“教育费附加”(也称“城镇教育费附加”),纳入预算管理。对乡镇政府按规定对农业、镇乡企业等农村集体经济组织征收的用于农村办学的附加称为“教育事业费附加”(也称“农村教育费附加),继续列预算外资金管理。

1993年,浙江省财政厅下发《关于提高教育费附加计征率及分成办法的通知》,从1993年5月1日起,教育费附加计征率从“三税”的2%提高到3%,并开始与省市分成。同年10月1日起,浙江省委、省政府决定开征高等教育费附加,教育费附加的计征率从“三税”的3%提高到3.5%。

1994年12月，浙江省财政厅等部门联合下发《关于进一步做好征收城乡教育费附加工作的通知》，规定设在城市范围内的单位和个人，都应按"三税"税额缴纳3.5%的城镇教育费附加；设在乡镇范围内单位和个人征收农村教育费附加，征收标准为：工业企业按销售收入0.4%～1%计征，商业、运输、建筑、饮食及其他服务业按营业额0.2%～0.5%计征，农民按上一年人均纯收入1.5%～2%征收。

1996年，浙江省财政厅等部门联合下发《关于提高城镇教育费附加计征率及调整分成办法的通知》，决定从1997年1月1日起，教育费附加的计征率人"三税"的3.5%提高到4%。

2006年，根据《财政部关于同意浙江省征收地方教育附加的复函》，浙江省政府下发《关于开征地方教育附加的通知》，决定自5月1日起，对全省境内除外商投资企业和外国企业外，所有缴纳"三税"的单位和个人按实际缴纳"三税"税额的3%征收教育费附加；对全省境内所有缴纳"三税"的单位和个人（包括外商投资企业和外国企业）按实际缴纳"三税"税额的2%征收地方教育附加。

**2.排污费收入**

1982年2月，国务院颁布《征收排污费暂行办法》。同年6月，省第五届人大常委会第十五次会议通过了《浙江省征收排污费暂行规定》，自7月1日起，一切企业、事业和其他单位排放的污染物，凡是超过国家和省规定标准的，均要征收排污费。东阳于是年5月开始对部分排污超标单位征收排污费。征收的排污费列入财政预算作专项收入，不参与体制分成，专项用于环境保护补助资金。

1993年3月，省环境保护局会同省财政厅印发《浙江省排污费基金管理暂行办法》，规定收取排污费应首先上缴省10%，剩余部分地（市）与市（县）二八分成，并明确了排污费基金的使用范围和审批程序等。

2003年11月，根据国务院新发布的《排污费征收使用管理条例》，省财政厅会同相关部门印发《浙江省排污费资金收缴使用管理办法》，规定对征收的排污费按1∶1∶8的比例进行分成，即10%入中央国库、10%入省级国库、80%入市（县）级国库。同时，规定排污费资金的收缴、使用必须实行"收支两条线"管理。

2018年1月1日起，国家开征环境保护税后，不再征收排污费。

**3.水资源费**

1993年4月，东阳市政府转发执行省财政厅会同省物价、水利部门印发的《浙江省水资源费征收管理暂行办法》，凡在本省境内直接从地下、江河、湖泊取水的单位和个人，应当缴纳水资源费，征收标准按水源性质和用途不同为0.01元/立方米～0.2元/立方米不等，征收的水资源费实行预算外资金专户管理，主要用于水资源的节约、保护、管理和合理开发等，征收的水资源费须上缴省和地市各20%。其征收标准分别于2004年和2014年进行了两次调整。根据财政部和浙江省财政厅的有关规定，东阳自2012年起将水资源费纳入一般公共预算管理。2016年起，水资源费收入列入"国有资源（资产）有偿使用收入"科目中反映。

4.矿产资源专项收入

矿产资源专项收入包括矿产资源补偿费、探矿权使用费、探矿权价款、采矿权使用费、采矿权价款等。东阳的矿产资源专项收入主要是矿产资源补偿费和采矿权价款的收入,自2015年起纳入预算管理。2016年起,矿产资源专项收入列入“国有资源(资产)有偿使用收入”科目中反映。

(1)矿产资源补偿费

矿产资源补偿费是指采矿权人为补偿国家矿产资源的消耗而向国家缴纳的一定费用。根据1994年国务院颁布的《矿产资源补偿费征收管理规定》和1995年6月省政府发布的《浙江省矿产资源补偿费征收管理实施办法》有关规定,东阳于1995年开始征收矿产资源补偿费。2007年12月,东阳市政府研究同意批复国土局提出的矿产资源补偿费征收标准,对砖瓦粘土类、采石类、饰面用石类、萤石类及其他类型的矿山企业规定了不同的征收标准。自2011年起,东阳市政府同意调整矿产资源补偿费征收办法:一是调整征收计算方式,征收金额按矿产销售收入、补偿费率和开采回采系数计算确定,其中补偿费率按省规定标准执行;二是调整征收办法,实行“按季预缴、年终结算、多退少补”。2016年,财政部下发《关于全面推进资源税改革的通知》,从2016年7月1日起,在实施资源税从价计征改革的同时,将全部资源品目矿产资源补偿费费率降为零。

(2)探矿权采矿权价款收入

探矿权采矿权价款收入是指国家出资(包括中央财政出资、地方财政出资和中央、地方共同出资)勘查形成的探矿权采矿权出让时所收取的全部收入。2004年8月,市政府下发《东阳市矿产资源采矿权有偿使用实施意见》,对全市所有矿山企业的矿产资源采矿权均实行有偿使用,并对有偿使用方式(公开出让或协议出让)、出让标准、出让年限等作了明确规定。2017年4月,国务院印发《矿产资源权益金制度改革方案》,将探矿权采矿权价款调整为矿业权出让收益,将探矿权采矿权使用费整合为矿业权占用费。2019年1月,东阳市政府印发《关于矿业权出让收益征收管理的若干意见》,矿业权出让收益按招标、拍卖、挂牌的结果确定,协议出让的由自然资源部门依据评估价和市场基准价经集体讨论后报市政府决定;出让收益留市部分30%返还所在乡镇(街道),用于区域生态环境修复,70%留市财政。

5.地方教育附加

2006年,根据《财政部关于同意浙江省征收地方教育附加的复函》,浙江省政府下发《关于开征地方教育附加的通知》,决定自5月1日起,对全省境内除外商投资企业和外国企业外,所有缴纳“三税”的单位和个人按实际缴纳“三税”税额的3%征收教育费附加;对全省境内所有缴纳“三税”的单位和个人(包括外商投资企业和外国企业)按实际缴纳“三税”税额的2%征收地方教育附加。地方教育附加列入政府性基金预算收入。2015年起,纳入一般公共预算“专项收入”。

6.残疾人就业保障金

为了贯彻《中华人民共和国残疾人保障法》,促进残疾人就业,1995年10月,东阳市政府下文要求，凡是本市区域内的机关、团体、企业（含三资和私营企业）、事业和城乡集体经济组织，均应按在职职工总数的1.5%比例接收安置残疾人就业；达不到此比例的，须按本市上年度职工年人均收入的60%交纳残疾人劳动就业保障金。残疾人劳动就业保障金主要用于残疾人职业培训费用、对超比例安置和安排残疾人就业做出显著成绩的单位的奖励、有偿扶持残疾人集体从业或个体经营等。2003年12月，省财政厅等四部门联合印发《浙江省残疾人就业保障金征收管理办法》，明确残疾人就业保障金属政府性基金。2015年起，纳入一般公共预算管理。

**7.教育资金**

2007年10月，东阳市政府印发《东阳市国有土地使用权出让收支管理办法》中确定按照国有土地使用权出让成交总额的2%提取农村教育基金，以补充教育资金不足。列预算外资金管理。

2011年，为实现2012年国家财政性教育经费支出占国内生产总值4%目标，进一步加大财政教育投入，根据财政部规定，东阳决定从2011年1月1日起在土地出让收益中计提教育资金，按国有土地使用权出让收入扣除相关支出项目后的10%计提，重点用于农村学前教育、义务教育、高中阶段学校的校舍建设和维修改造、教学设备购置等项目支出。该项计提后，原按2%提取的农村教育基金停止执行，列政府性基金预算管理。2013年起纳入一般公共预算管理。

**8.农田水利建设资金**

为加大农田水利建设投入力度，财政部于2011年7月下发通知，规定从2011年7月1日起，在国有土地使用权出让收入扣除相关支出项目后的收益中，提取10%的农田水利建设资金，专项用于农田水利设施建设。东阳于2015年起将提取的农田水利建设资金纳入一般公共预算管理。

**9.森林植被恢复费**

1994年4月，省政府发布《浙江省林地管理办法》，规定征用和占用林地的单位和个人均应缴纳森林植被恢复费，每亩缴纳1370元，纳入育林基金管理，用于森林植被的恢复和管护。

2002年10月，财政部根据《中华人民共和国森林法》及其实施条例制定了《森林植被恢复费征收使用管理暂行办法》，自2003年1月1日起，凡是占用林地的，都必须按规定缴纳森林植被恢复费。浙江省财政厅规定：县（市）级收入15%上缴省财政，5%上缴市（地）级财政，县（市）财政留用80%，用于植树造林、恢复森林植被。东阳于2015年起将森林植被恢复费纳入一般公共预算管理。

**10.地方水利建设基金**

为了加强水利建设，加快水利基础产业发展，东阳市政府根据省政府《关于水利建设专项资金征集办法》，决定自1994年1月1日起，在全市范围内征集水利建设专项资金，留市收入全额纳入财政预算外资金专户管理。

1997年，东阳市政府根据省政府有关精神，建立水利建设基金制度，并明确水利建设基金属政府性基金，纳入财政预算管理。1999年7月起，根据浙江省财政厅规定将水利建设专项资金纳入水利建设基金管理。2012年12月，省财政厅印发《浙江省地方水利建设基金征收和减免管理办法》,将水利建设专项资金统一规范调整为“地方水利建设基金”。

东阳2015年起将地方水利建设基金纳入一般公共预算管理。

根据上级规定,自2016年11月1日起,暂停向企事业单位和个体经营者征收地方水利建设基金。

表1-2-1-8　　1982—2018年东阳市(县)专项收入情况表

单位:万元

| 年份 | 合计 | 排污费收入 | 教育费附加 | 水资源费收入 | 矿产资源专项收入 | 地方教育附加收入 | 残疾人就业保障金 | 教育资金收入 | 农田水利建设资金 | 森林植被恢复费 | 水利建设专项收入 |
|---|---|---|---|---|---|---|---|---|---|---|---|
| 1982 | 1.7 | 1.7 | | | | | | | | | |
| 1983 | 7.2 | 7.2 | | | | | | | | | |
| 1984 | 8.9 | 8.9 | | | | | | | | | |
| 1985 | 10.2 | 10.2 | | | | | | | | | |
| 1986 | 22.4 | 22.4 | | | | | | | | | |
| 1987 | 30.5 | 30.5 | | | | | | | | | |
| 1988 | 28.7 | 28.7 | | | | | | | | | |
| 1989 | 28.8 | 28.8 | | | | | | | | | |
| 1990 | 49.1 | 24.4 | 24.7 | | | | | | | | |
| 1991 | 118.4 | 50.4 | 68.0 | | | | | | | | |
| 1992 | 175.0 | 102.0 | 73.0 | | | | | | | | |
| 1993 | 225.0 | 125.0 | 100.0 | | | | | | | | |
| 1994 | 299.0 | 169.0 | 130.0 | | | | | | | | |
| 1995 | 314.0 | 165.0 | 149.0 | | | | | | | | |
| 1996 | 383.0 | 212.0 | 171.0 | | | | | | | | |
| 1997 | (487.0) | (236.0) | (159.0) | | | | | | | | |
| 1998 | 425.0 | 263.0 | 162.0 | | | | | | | | |
| 1999 | 528.0 | 382.0 | 146.0 | | | | | | | | |
| 2000 | 611.0 | 380.0 | 231.0 | | | | | | | | |
| 2001 | 831.0 | 501.0 | 330.0 | | | | | | | | |
| 2002 | 880.0 | 511.0 | 369.0 | | | | | | | | |
| 2003 | 891.0 | 529.0 | 362.0 | | | | | | | | |
| 2004 | 922.0 | 441.0 | 481.0 | | | | | | | | |
| 2005 | 1071.0 | 453.0 | 618.0 | | | | | | | | |
| 2006 | 1867.0 | 452.0 | 1415.0 | | | | | | | | |
| 2007 | 3791.0 | 618.0 | 3173.0 | | | | | | | | |
| 2008 | 4158.0 | 606.0 | 3552.0 | | | | | | | | |

续表1-2-1-8

| 年份 | 合计 | 排污费收入 | 教育费附加 | 水资源费收入 | 矿产资源专项收入 | 地方教育附加收入 | 残疾人就业保障金 | 教育资金收入 | 农田水利建设资金 | 森林植被恢复费 | 水利建设专项收入 |
|---|---|---|---|---|---|---|---|---|---|---|---|
| 2009 | 4437.0 | 607.0 | 3830.0 | | | | | | | | |
| 2010 | 5586.0 | 652.0 | 4934.0 | | | | | | | | |
| 2011 | 6561.0 | 722.0 | 5839.0 | | | | | | | | |
| 2012 | 8736.0 | 694.0 | 7625.0 | 417.0 | | | | | | | |
| 2013 | 8741.0 | 646.0 | 7836.0 | 259.0 | | | | | | | |
| 2014 | 9715.0 | 764.0 | 8928.0 | 23.0 | | | | | | | |
| 2015 | 40750.0 | 924.0 | 9566.0 | | 7310.0 | 6395.0 | 2461.0 | 3678.0 | 2354.0 | 111.0 | 7951.0 |
| 2016 | 27951.0 | 832.0 | 11454.0 | | | 7689.0 | 2583.0 | 413.0 | 265.0 | 141.0 | 4574.0 |
| 2017 | 25736.0 | | 11487.0 | | | 7673.0 | 3541.0 | 2604.0 | 1667.0 | 38.0 | -1274 |
| 2018 | 33835.0 | | 15718.0 | | | 10457 | 5932.0 | 900.0 | 576.0 | 125.0 | 127.0 |

说明：1997年排污费和教育费附加在“财政基金预算收支决算表”中反映；2015年起水资源费收入、2016年起矿产资源收入在“国有资源（资产）收入”中反映；2017年起排污费收入在“行政事业性收费收入”中反映

### （二）行政事业性收费收入

行政事业性收费也称规费，是指国家机关对法人或自然人提供某些特许劳务或履行某些管理职能而收取的手续费或工本费。规费的征收标准和征收范围，在建国初有些沿用旧办法，有的根据当时当地情况由地方确定。当时规费门类较多，有公安规费、工商规费、卫生规费、民政规费、交通规费、司法规费、公务规费、财务及其他9种。

1957年，随着社会主义改造的完成和第一个五年计划的实现，私营、个体企业大为减少，规费收入项目、范围有所减少，征收办法也有所调整。

1963年，财政部下达《关于规费征收范围、收费标准等问题的复函》中规定：要求新开征的规费项目，必须按照国务院的规定，报经批准才能开征，初步规范规费管理。

1966年“文化大革命”开始，各种规费管理办法失控，收入基本为零。1975年，规费项目合并为房地产规费、司法规费、公安规费、工商规费4大类。

中共十一届三中全会以后，国家陆续发布了有关经济合同、公证、计量标准、民法、商品检验等一系列经济法规，各种证照增加，因此规费的征收范围和征收数额也逐渐扩大。但是，1980年起，对行政事业单位的财务制度也作了改革，逐步实行“经费包干、结余留用”的办法，部门和单位的规费收入也实行“以收抵支”，这样，自1982年起，预算内的规费收入就转移到由部门和单位管理的

预算外资金中去了。

随着预算外资金的消亡，并推行综合预算改革，东阳自2004年起，逐步将行政事业性收费纳入一般公共预算管理。

### （三）罚没收入

罚没收入是由司法机关、行政机关和其他经济主管部门对违反国家法律、法令或行政法规的行为，按规定课以罚金或没收赃款、赃物变价而上缴国家财政的收入。罚没收入一般采取由县级执法的主管部门汇总解缴入库的办法。各种没收物资，除没收的票证交原发证机关缴销、鸦片等毒品缴由公安部门处理外，其他各项没收物资，均由财政部门委托有关调剂商店变价或按规定程序拍卖，变价款就地缴入国库。

1952年，罚没收入归于"行政收入"类。1953年将罚没收入分为行政罚没、公安罚没、司法罚没、税务罚没4类。

"文化大革命"期间，由于社会秩序混乱，司法制度受冲击，1966—1969年罚没收入甚少或为零。

1980年以后，随着商品经济的发展，内外交流的扩大，经济犯罪活动也随之增加。因此，国家深入开展了打击经济领域犯罪活动，尤其是加大了打击大案要案的力度，法律制度不断健全和完善，罚没收入的征收范围不断扩大，罚没收入因此逐年增加。

1982年8月，浙江省财政厅转发财政部《关于追回赃款赃物的财务处理办法》，明确按规定上缴财政的赃款、赃物变价款和非法收入，应按单位或案犯所在单位的财务隶属关系上缴同级财政。同年9月，浙江省财政厅转发财政部《关于罚没财物管理办法》，对公安、检察、法院、海关、工商、税务等机关依法处理的罚没财物管理进行规范，因办案需要增加的费用，财政部门可在罚没收入20%～30%内掌握退库，统一安排使用。

1986年起，根据财政部规定，行政执法机关办案费用补助列预算支出，不再在罚没收入中作退库处理。

1987年，东阳县财税局转发财政部《罚没财物和追回赃款赃物管理办法》（以下简称《办法》），规定执法机关依法处理的罚没财物和赃款赃物都不得挪用、调换和压价拍卖，基层执法机关依法处理和扣留的财物，应按隶属关系上交主管机关，必须严格按《办法》规定办理，不得自行处理。1982年财政部颁发的两个《办法》同时废止。

1989年，东阳市财税局补充规定，各执法机关依法没收和追回的财物，统一上交财政部门集中变价处理后，按变价收入的20%返还原上交单位，作为办案费用补助。同时要求加强罚没财物的会计核算、票据和财物的管理。同年12月，东阳市财税局规定自1990年1月1日起，统一使用"东阳市罚没财物收据"。

1991年，为了贯彻中央和省坚决制止"三乱"（乱收费、乱摊派、乱罚款）精神，东阳市财税局下发《关于加强乡镇罚没财物管理的通知》，对乡镇依法取得的各项罚没财物，自1月1日起一律上交财政纳入预算管理，不得截留、坐支和私分。

1994年，东阳市政府印发《关于加强行政性收费和罚没收入管理的规定》，对罚没收入实行“收支两条线”管理，先收后支，严禁坐支，办案经费按上缴情况核定办案费用率给予补助，公检法单位为65%、其他单位为20%～35%。

1995年起，将罚没收入从其他收入中划分出来，在收入分类中另立一款反映。

1997年，东阳市政府印发《关于加强罚没收入管理的规定》，进一步规范了罚没收入管理，一是必须统一使用“浙江省罚没财物统一收据”和“浙江省当场处罚决定书（代罚款收据）”，凭执罚文件依据向财政部门领取；二是不得以收费、集资、捐助等形式代替罚没；三是建立和健全票据结报制度；四是乡镇罚没收入全部纳入市级财政统一管理；五是执罚单位不得将罚没收入与本部门的经费开支和职工奖金、福利相挂钩，取消财政对执罚单位办案经费与罚没收入比例分配的办法，实行罚没收入“收支两条线”管理。

2008年，市财政局印发《东阳市罚没收入管理和办案费预算管理办法》，对罚没收入实行“罚缴管”三分离的管理模式，即由执罚单位开票、银行代收款、财政统一管理。

至2018年，全市当年罚没收入达26320万元。

**（四）国有资本经营收入**

国有资本经营收入是指由政府及其相关部门和单位履行出资人职责的企业上缴的国有资本收益。包括上缴利润收入、上缴股利和股息收入、产权转让收入、国有资本经营收入退库（计划亏损补贴）及其他国有资本经营收入等。现行的国有资本经营收入主要是1994年以来的国有企业计划亏损补贴（退库）。

国有企业计划亏损补贴在1994年前计入“企业收入”中。1994年起，国有企业计划亏损补贴单列一款。2007年政府收支分类改革以后列为国有资本经营收入。

国有企业计划亏损补贴，到2000年后，因体制因素政策性亏损退库骤然增大，最高时达到9400万元。2004年，浙江省财政厅为控制政策性亏损退库的过快增长，对退库额度以基数形式进行了固定，每年的政策性亏损退库基本控制在2000万元左右，直至2018年。

**（五）“两金”收入**

“两金”系指国家能源交通重点建设基金和国家预算调节基金。

**1.国家能源交通重点建设基金**

国家为了加强能源交通等基础设施建设，于1982年12月，中共中央、国务院决定从1983年1月1日起征集国家能源交通重点建设基金，征集对象为：所有国营企事业单位、机关团体、部队和地方政府的各项预算外资金，以及这些单位所属的城镇集体企业缴纳所得税后的利润。按征集项目资金当年收入的10%比例计征。对地方财政的农（牧）业税附加、中小学校的学杂费、国营企业的大修理基金、林业部门的育林基金、民政部门所辖社会福利企事业收入、中小学校除校办企业利润外勤工俭学收入、行政事业单位经费包干结余等免予征集能源交通重点建设基金。1983年7月1日起，各项预算外资金和城镇集体企业税后利润征收的能源交通重点建设基金，征收比例由10%提高到15%。1987年5月1日起，凡未开征能源交通重点建设基金的城乡集体企业和个体工商户，应按所得税后利润的7%缴纳能源交通重点建设基金，单位所得税后年利润不足5000元的可免缴。

1990年起，县级财政留成9%列入预算收入，县级财政始有该项收入。自1994年起，财政部决定对地方单位征收的能源交通重点建设基金分成办法由超收分成改为总额分成，即30%留地方，70%上缴中央。

1991年后，国家陆续扩大能源交通重点建设基金的免征范围。1996年起全面停征。

**2.国家预算调节基金**

1989年4月，为加强国家宏观调控能力，适当集中财力，国务院发布《国家预算调节基金征集办法》，东阳市政府决定自1989年1月1日起，按照国家规定开征国家预算调节基金（以下简称调节基金），征集范围包括所有国有企业事业单位、机关团体、部队和地方政府的各项预算外资金，集体企业、私营企业以及个体工商户缴纳所得税后利润等，按所列征收项目当年收入的10%比例计征。对地方财政的农（牧）业税附加、中小学校杂费、勤工俭学收入、企业大修理基金、林业部门育林基金等项目免征调节基金。浙江省财政厅根据省政府意见补充规定，所有城乡集体所有制企事业单位（含基层供销社），按照计税利润扣除所得税后余额的10%计征调节基金。

1989年12月，东阳因遭受严重的“7.23”洪灾，浙江省财政厅批准同意东阳市的1989年地方财政预算外资金免缴调节基金。1990年以后，国家陆续出台一些调节基金的减免政策。1994年实行分税制改革后，停止对国有企业征收调节基金，对非国有企业和行政事业单位继续按规定征收。1996年起全面停征。

表1-2-1-9　**1983—1995年东阳市（县）“两金”征收情况表**

单位：万元

| 年份 | 能源交通重点建设基金 | 预算调节基金 | 年份 | 能源交通重点建设基金 | 预算调节基金 |
|---|---|---|---|---|---|
| 1983 | 172.8 | | 1990 | 362.0 | 340.0 |
| 1984 | 210.3 | | 1991 | 433.0 | 344.0 |
| 1985 | 219.8 | | 1992 | 357.0 | 331.0 |
| 1986 | 251.8 | | 1993 | 156.0 | 200.0 |
| 1987 | 306.7 | | 1994 | 120.0 | 130.0 |
| 1988 | 453.0 | | 1995 | 38.0 | 34.0 |
| 1989 | 530.0 | 171.0 | | | |

**（六）国有资源（资产）有偿使用收入**

国有资源（资产）有偿使用收入是指有偿转让国有资源（资产）使用费而取得的收入，包括国库存款和有价证券利息收入、行政事业单位非经营性国有资产的出租出借和处置转让收入、矿产资源专项收入、水资源费收入等。2016年起矿产资源专项收入、水资源费收入纳入该项收入。至2018年，除行政事业单位的非经营性国有资产收入因体制原因尚未纳入一般公共预算收入外，其他收入项目均已纳入一般公共预算管理。

**（七）政府住房基金**

政府住房基金是指按照国家《住房公积金管理条例》等政策法规的规定、由政府筹集、用于住房建设的专项资金。其收入包括：财政用于住房建设投资、维修和管理及住房制度改革的资金；直管公房出租、出售及统筹收入；住房建设基金；住房基金的利息和经营收入等。1992年10月，东阳市财税局会同相关部门转发了《浙江省住房基金筹集、使用和管理暂行规定》，1993年3月，市财税局印发《东阳市住房基金管理实施细则》，次年3月，东阳市住房制度改革领导小组又印发了《东阳市住房基金管理暂行办法》，规定政府住房基金实行财政专户管理，专款专用。2013年起，政府住房基金列入基金预算收入，2016年起纳入一般公共预算收入。

**（八）公产收入**

中华人民共和国成立初期，因接受和处理原国民政府和汉奸的财产，形成处理财产收入。而后，主要有国有土地、山林、房屋以及其他固定资产等公共财产的出租、变价的收入。土地改革以后，一部分未分配的土地、山林及城市房产归属国家所有，公产收入增加。1956年成立高级农业生产合作社后，公田租金停征。1979年，东阳县房管会（房地产管理委员会）从财政局划出，房产收入属于该机构收入之一，不作为财政预算收入，从此没有公产收入。

**（九）其他杂项收入**

其他杂项收入是指除上述所有一般公共预算收入以外的其他收入，其收入内容相当庞杂，各个时期也不尽相同，数额不可相比。如基建废料变价、预算外资金收缴、年终清理收缴、清理物资变价、“三反”退赃、“五反”补税、无主财物变价等。

表1-2-1-10　　**1950—2006年东阳市（县）其他一般公共预算收入情况表**

单位：万元

| 年份 | 合计 | 专项收入 | 规费收入 | 罚没收入 | 国有资本经营收入（亏损补贴） | “两金”收入 | 公产收入 | 其他杂项收入 |
|---|---|---|---|---|---|---|---|---|
| 1950 | 0.2 | | | | | | | 0.2 |
| 1951 | 0.9 | | | | | | | 0.9 |

续表1-2-1-10

| 年份 | 合计 | 专项收入 | 规费收入 | 罚没收入 | 国有资本经营收入（亏损补贴） | “两金”收入 | 公产收入 | 其他杂项收入 |
|---|---|---|---|---|---|---|---|---|
| 1952 | 2.1 | | | 0.8 | | | 0.1 | 1.2 |
| 1953 | 14.2 | | 0.9 | 1.2 | | | | 12.1 |
| 1954 | 52.7 | | 0.6 | 2.3 | | | 3.3 | 46.5 |
| 1955 | 40.9 | | 0.8 | 0.7 | | | 2.0 | 37.4 |
| 1956 | 23.0 | | 0.2 | 0.2 | | | 0.1 | 22.5 |
| 1957 | 38.6 | | 0.1 | 0.9 | | | 2.0 | 35.6 |
| 1958 | 49.0 | | 0.4 | 1.8 | | | 4.3 | 42.5 |
| 1959 | 8.3 | | | 0.5 | | | 4.4 | 3.4 |
| 1960 | 12.7 | | 0.2 | 2.1 | | | 4.7 | 5.7 |
| 1961 | 5.8 | | 0.3 | 2.2 | | | 0.1 | 3.2 |
| 1962 | 5.5 | | 0.3 | 3.8 | | | 0.2 | 1.2 |
| 1963 | 3.1 | | 0.3 | 1.4 | | | 0.3 | 1.1 |
| 1964 | 2.1 | | 0.2 | 2.0 | | | 0.3 | -0.4 |
| 1965 | 9.9 | | 1.1 | 7.3 | | | 0.5 | 1.0 |
| 1966 | 2.5 | | 0.1 | 1.1 | | | 0.1 | 1.2 |
| 1967 | 21.0 | | | 1.1 | | | 0.2 | 19.7 |
| 1968 | 3.2 | | | | | | | 3.2 |
| 1969 | 17.3 | | | | | | | 17.3 |
| 1970 | 14.1 | | | 3.2 | | | | 10.9 |
| 1971 | 7.1 | | 0.8 | 5.9 | | | 0.3 | 0.1 |
| 1972 | 6.8 | | 4.1 | 2.5 | | | | 0.2 |
| 1973 | 22.0 | | 0.1 | 5.1 | | | | 16.8 |
| 1974 | 42.8 | | 0.1 | 4.1 | | | | 38.6 |
| 1975 | 24.0 | | 0.2 | 5..7 | | | 0.5 | 17.6 |
| 1976 | 16.2 | | 0.2 | 4.8 | | | | 11.2 |
| 1977 | 6.6 | | 0.4 | 5.2 | | | | 1.0 |
| 1978 | 12.0 | | 0.5 | 6.9 | | | 0.4 | 4.2 |
| 1979 | 4.7 | | 0.4 | 1.4 | | | | 2.9 |
| 1980 | 3.3 | | 2.0 | 0.6 | | | | 0.7 |
| 1981 | 11.3 | | 1.4 | 0.7 | | | | 9.2 |
| 1982 | 12.0 | 1.7 | | 8.9 | | | | 1.4 |
| 1983 | 16.4 | 7.2 | | 7.8 | | | | 1.4 |
| 1984 | 2.2 | 8.9 | | 3.8 | | | | -10.5 |
| 1985 | 28.6 | 10.2 | | 15.5 | | | | 2.9 |
| 1986 | 114.9 | 22.4 | | 79.5 | | | | 13.0 |
| 1987 | 87.7 | 30.5 | | 56.5 | | | | 0.7 |

续表1-2-1-10

| 年份 | 合计 | 专项收入 | 规费收入 | 罚没收入 | 国有资本经营收入（亏损补贴） | “两金”收入 | 公产收入 | 其他杂项收入 |
|---|---|---|---|---|---|---|---|---|
| 1988 | 86.5 | 28.7 | | 57.8 | | | | |
| 1989 | 216.4 | 28.8 | | 102.1 | | 85.5 | | |
| 1990 | 483.0 | 49.1 | | 231.8 | | 202.0 | | |
| 1991 | 537.4 | 118.4 | | 208.1 | | 210.9 | | |
| 1992 | 884.0 | 175.0 | | 524.0 | | 184.0 | | 1.0 |
| 1993 | 449.0 | 225.0 | | 151.0 | | 73.0 | | |
| 1994 | 6.0 | 299.0 | | 112.0 | -460.0 | 56.0 | | -1.0 |
| 1995 | -139.0 | 314.0 | | 249.0 | -717.0 | 15.0 | | |
| 1996 | -32.0 | 383.0 | | 397.0 | -794.0 | | | -18.0 |
| 1997 | -445.0 | | | 408.0 | -853.0 | | | |
| 1998 | -704.0 | 425.0 | | 100.0 | -1229.0 | | | |
| 1999 | -312.0 | 528.0 | | 210.0 | -1050.0 | | | |
| 2000 | -2829.0 | 611.0 | | 310.0 | -3750.0 | | | |
| 2001 | -7211.0 | 831.0 | | 1358.0 | -9400.0 | | | |
| 2002 | -2071.0 | 880.0 | | 3049.0 | -6000.0 | | | |
| 2003 | 758.0 | 891.0 | | 3777.0 | -4000.0 | | | 90.0 |
| 2004 | 7252.0 | 922.0 | 1705.0 | 6424.0 | -1910.0 | | | 111.0 |
| 2005 | 7920.0 | 1071.0 | 2906.0 | 5776.0 | -1999.0 | | | 166.0 |
| 2006 | 8118.0 | 1867.0 | 3163.0 | 4845.0 | -1999.0 | | | 242.0 |

说明：“两金收入”指国家能源交通重点建设基金和国家预算调节基金的分成收入

表1-2-1-11 **2007—2018年东阳市其他一般公共预算收入情况表**

单位：万元

| 年份 | 合计 | 专项收入 | 行政事业性收费收入 | 罚没收入 | 国有资本经营收入（亏损补贴） | 政府住房基金 | 国有资源（资产）有偿使用收入 | | | | | |
|---|---|---|---|---|---|---|---|---|---|---|---|---|
| | | | | | | | 小计 | 利息收入 | 排污权出让收入 | 矿产资源专项收入 | 水资源费收入 | 国有资产处置收入 |
| 2007 | 5764 | 3791 | 800 | 2895 | -2000 | | 278 | 278 | | | | |
| 2008 | 8435 | 4158 | 2300 | 3675 | -2000 | | 302 | 302 | | | | |
| 2009 | 15008 | 4437 | 4800 | 7545 | -2000 | | 226 | 226 | | | | |
| 2010 | 17812 | 5586 | 4702 | 9053 | -2000 | | 471 | 471 | | | | |
| 2011 | 21020 | 6561 | 8000 | 7310 | -2000 | | 1149 | 1149 | | | | |

续表1-2-1-11

| 年份 | 合计 | 专项收入 | 行政事业性收费收入 | 罚没收入 | 国有资本经营收入（亏损补贴） | 政府住房基金 | 国有资源（资产）有偿使用收入 | | | | | |
|---|---|---|---|---|---|---|---|---|---|---|---|---|
| | | | | | | | 小计 | 利息收入 | 排污权出让收入 | 矿产资源专项收入 | 水资源费收入 | 国有资产处置收入 |
| 2012 | 23736 | 8736 | 8031 | 8044 | -2000 | | 925 | 925 | | | | |
| 2013 | 29497 | 8741 | 12328 | 9705 | -2000 | | 723 | 723 | | | | |
| 2014 | 27980 | 9715 | 9530 | 8618 | -1567 | | 1684 | 1684 | | | | |
| 2015 | 58237 | 40750 | 7999 | 10760 | -1873 | | 601 | 601 | | | | |
| 2016 | 59570 | 27951 | 11972 | 20229 | -2000 | 134 | 1284 | 423 | 619 | 242 | | |
| 2017 | 81251 | 25736 | 17345 | 36139 | -2000 | 69 | 3962 | 316 | 434 | 1200 | 1459 | 553 |
| 2018 | 80282 | 33835 | 19518 | 26320 | -2000 | 100 | 2509 | 368 | 209 | 249 | 1683 | |

## 第二节　政府性基金预算收入

政府性基金预算收入是指各级政府及其所属部门根据法律法规的规定，为支持特定公共基础设施和公共事业发展，向公民、法人和其他组织无偿征收的具有专项用途的基金收入。1998年财政总预算会计制度改革后，将原在预算外资金管理的政府性基金纳入预算管理，并将预算收入分为一般预算收入和基金预算收入。因体制等原因，东阳政府性基金是逐步纳入预算管理，这里所指的政府性基金是1998年后纳入基金预算管理的政府性基金收入项目，不含已经纳入一般公共预算管理的收入项目。主要项目有：农业税附加、城市公用事业附加、养路费、散装水泥专项基金、新型墙体材料专项基金、国有土地使用权出让金、国有土地收益基金、农业土地开发资金、城市基础设施配套费、污水处理费、彩票公益金、育林基金及其他政府性基金收入等。

### 一、农业税附加

农业税附加是指按照国家规定，随同农业税正税加征一定比例的税款。东阳始征于1953年。附加税率最高不超过15%，历经调整，1956年，浙江省规定为正税的12%；1961—1963年因受灾减产，降为10%；1964年为解决“社教”经费，又提高到15%；此后一直维持在这个水平。农业税附加主要用于地方性公益事业，除指定用于社教经费（后为“文化大革命”经费）外，一般用于农村道路、桥梁、义渡及中小学校舍维修等农村公益事业。原属财政管理的预算外资金，1998年列入财政基金预算收入，2004年起随农业税取消而取消。

### 二、城市公用事业附加

城市公用事业附加是对公用事业收取的附加，用于公用事业的维护和建设。中华人民共和国成立初期，沿袭旧制，主要有电费附加、水费附加等。东阳开征于1974年。1979年4月，根据国家计委、国家建委、财政部《关于工业比较集中的县镇开征公用事业附加的几项规定》，经省有关部门批准，东阳县革委会决定于当年1月1日起开征工业用电和工业用水附加，附加率8%，征收范围为城关镇和附近工矿区（户口由城关派出所管理、使用自动电话的单位），由水、电生产（销售）单位代征代交，公用事业附加用于安排城镇公共设施的维护，属财政管理的预算外资金。1996年后，因城镇范围扩大，供电部门代管城镇路灯维护费用增大，用城市公用事业附加安排的路灯维护支出预算缺口较大，供电部门代征的附加费自行坐收坐支，未能按规定上缴财政；同时，因自来水公司扩建工程投入运行，为了减轻运行成本，适当提高了自来水价格，并减免了工业用水附加。2009年，路灯管理所成立，日常工作经费由财政支出安排，但路灯电费仍实行电费附加抵支结算补差办法。2012年起实行“收支两条线”管理，电费附加收入纳入政府性基金管理，支出纳入预算安排。2017年4月1日起，根据国家规定取消城市公用事业附加的征收。

### 三、养路费

养路费是指对普通公路上行驶的车辆征收的专用于普通公路修建养护的行政事业性收费。解放初期，因财政困难，对公路的养护、修理、改造和管理等支出，国家实行“以路养路、专款专用”的政策，开征养路费。一直以来，对各种客货车、特种车、家用车等车辆征收的养路费，均由省交通部门统收统支，县级养路费收入全额上缴省，县级征收机构和公路养护的支出由省拨付。

1990年11月1日起，开征摩托车养路费，所征养路费全部留各市（县）用于县乡公路养护，并实行财政预算外资金专户“收支两条线”管理。2004年起，纳入财政基金预算管理。

2008年12月，国务院下发《关于实施成品油价格和税费改革的通知》，自2009年1月1日起取消公路养路费等6项收费。

### 四、散装水泥专项资金

1985—1986年，为了贯彻“限制袋装、鼓励散装”的方针，国务院和浙江省政府相继出台关于加速发展散装水泥的经济政策和规定。自1986年7月1日起，建立散装水泥专项资金制度，省计经委会同财政厅等部门印发《浙江省散装水泥专项资金管理办法》，专项资金来源包括：供应散装水泥节约的包装费（节包费）每吨7元、逾期未退纸袋押金的50%、未收纸袋押金的水泥厂每销售一吨收取2元专项资金。专项资金主要用于散装水泥设施建设、设备购置、科研、技术开发应用、宣传奖励等。

1999年，根据国务院和浙江省政府的有关规定，省财政厅会同相关部门印发《浙江省散装水泥专项资金管理实施办法》，规定专项资金的征收标准为：水泥生产企业销售袋装水泥按销量每吨缴纳2元、建设单位或使用单位使用袋装水泥按使用量每吨缴纳3元；并明确散装水泥专项资金为国家支持发展散装水泥事业而设立的政府性基金，纳入同级财政基金预算管理。

2002年，省政府发布了《浙江省促进散装水泥发展办法》。同年，省财政厅会同经贸委修订

《浙江省散装水泥专项资金征收和使用管理实施意见》,明确规定专项资金应当纳入财政预算,收入缴入国库,实行"收支两条线"管理。

2009年,省人大常委会废止省政府的办法,颁布了《浙江省促进散装水泥发展和应用条例》,次年5月,省财政厅下发《浙江省散装水泥专项资金征收和使用管理暂行办法》,规定对生产销售袋装水泥的应按规定缴纳专项资金,并建立建设单位在办理施工许可证前按规定预缴专项资金制度。

2017年起停止征收。

### 五、新型墙体材料专项基金

1993年,根据国务院和省政府的有关规定精神,省财政厅会同墙改办印发《浙江省发展新型墙体材料专项资金管理办法》,凡在城镇新建、改建或扩建的建设工程,建设单位和个人应当按规定缴纳新型墙体材料专项资金,缴纳标准为:工业建筑4元/平方米、民用建筑4.6元/平方米、其他建筑按实际实心黏土砖使用量0.02元/块。专项资金主要用于发展新型墙体材料的生产科研和技改、应用的设计和奖励等。专项资金纳入财政预算外资金专户管理。

2004年5月,根据省政府《浙江省新型墙体材料开发利用管理办法》和财政部《新型墙体材料专项基金征收和使用管理办法》的有关规定,省财政厅会同经贸委印发《浙江省新型墙体材料专项基金征收和使用管理实施意见》,将专项资金更名为专项基金,明确属政府性基金,收入全额缴入国库,纳入财政预算,实行"收支两条线"管理。2008年,该办法作了修订。

2017年4月1日起停止征收。

### 六、国有土地使用权出让金

国有土地使用权出让是指政府将国有土地使用权在一定年限内让与土地使用者使用,土地使用者向政府支付土地使用权出让金的行为。

1992年,东阳市政府印发《东阳市国有土地使用权有偿出让金管理暂行规定》,规定出让收入全部上缴财政,用于支付土地征用费用、业务费用等成本开支和城市建设、土地资源开发等,净收入安排支出部分由财政统一支付,实行"收支两条线"管理。

2004年,东阳以政府令发布《东阳市国有土地使用权出让管理暂行办法》,2005年,东阳市政府印发《东阳市国有土地使用权、采矿权招标拍卖挂牌出让管理暂行办法》,2007年,东阳市政府印发《东阳市国有土地使用权出让收支管理办法》,规定了土地出让收入的使用范围、各项政府性基金(专项资金)提取比例和净余额的分配顺序。此后,东阳国有土地使用权出让走上规范化轨道,随着房地产市场兴起,土地出让价格逐步提高,土地出让收入规模迅速扩大,国有土地出让收入成为地方财政建设资金的重要来源,对东阳财政产生了重大而深远的影响。

至2018年,全市当年国有土地使用权有偿出让收入达526277万元。

### 七、国有土地收益基金

2007年10月,东阳市政府印发《东阳市国有土地使用权出让收支管理办法》,确定按照国有土地使用权出让总成交总额的3%提取国有土地收益基金，主要用于土地收购储备。

## 八、农业土地开发资金

2004年3月，国务院下发《关于将部分土地出让金用于农业土地开发有关问题的通知》，明确规定土地出让金用于农业土地开发的比例不得低于土地出让平均纯收益的15%，并确定土地出让平均纯收益的征收标准，从高到低依次分为十五等，每平方米标准从160元到15元，东阳属十等，征收标准为41元/平方米。

2007年10月，市政府印发《东阳市国有土地使用权出让收支管理办法》，确定按照国有土地使用权出让合同面积6.15元/平方米提取农业土地开发资金，主要用于农业土地开发支出。

## 九、城市基础设施配套费

城市基础设施配套费是指政府因实施市政基础设施建设资金不足，而向城市规划区范围内以非出让方式取得土地使用权进行各类工程项目建设的单位和个人收取的政府性基金，主要用于城市市政道路、桥涵、供水、排水、供气、路灯、绿化、公共消防设施、公共环境卫生设施等配套基础设施的规划、建设和管理。

1989年，东阳市政府批转城乡建委《关于收取城市建设公用设施配套费和建设项目管理押金的实施办法》规定，凡一切单位和个人在市区规划区范围内进行新建、扩建、原地拆建、改建项目和技改项目中的土建工程，都要收取公用设施配套费，新区范围按项目类型和地段不同在4～10元/平方米的标准收取，老城区按新区的150%收取。

1991年，根据“人民城市人民建”的方针和省政府有关文件精神，市政府印发《东阳市收取城市公用设施配套费暂行规定》，凡在吴宁镇新老城区范围内进行新建、扩建、原地拆改建、升层建筑和技改项目土建工程等建设项目，都应交纳公用设施配套费，不同地段和不同建设项目采取按建筑面积每平方米15～120元的不同标准收取。

1993年，东阳市政府印发《收取建制镇公用设施配套费和建设项目管理押金的实施细则》，规定了除吴宁镇外的其他建制镇公用设施配套费的收取标准。

1997年，浙江省财政厅会同相关部门下发《关于规范城市基础设施配套费收费标准的通知》，同年12月，省物价局会同财政厅批复金华各县市城市市政基础设施配套费的收费标准：东阳市城区规划区范围内住宅45元/平方米、非住宅70元/平方米，各建制镇规划区范围内减半收取。

2009年，经东阳市政府同意，在经营性出让用地中计提城市基础设施配套费，将城市基础设施配套费列入经营性用地出让成本进行计提，计提标准：城市规划区每平米建筑面积45元、其他镇乡（街道）按每平米22.5元。

2010年和2011年，东阳市政府又分别下发文件，进一步明确国有出让用地城市基础设施配套费的收取标准：城市规划区内工业用地70元/平方米、经营性住宅用地45元/平方米、经营性非住宅用地70元/平方米；建制镇规划区内工业用地35元/平方米、经营性住宅用地22.5元/平方米、经营性非住宅用地35元/平方米；集镇规划区内工业用地28元/平方米、经营性住宅用地18元/平方米、经营性非住宅用地28元/平方米。

### 十、污水处理费

污水处理费是按照“污染者付费”的原则，由排水单位和个人缴纳并专项用于城镇污水处理设施建设、运行和污泥处理处置的资金。东阳2005年起向自来水用户开征污水处理费，2006年起向自备水和横锦水库原水用户开征污水处理费。污水处理费实行财政预算外资金专户“收支两条线”管理，

2011年起纳入基金预算管理。

2015年8月，省财政厅下发《浙江省污水处理费征收使用管理办法》，规定：向城镇排水与污水处理设施排放污水、废水的单位和个人，均应按其用水量缴纳污水处理费。

### 十一、彩票公益金

彩票也称奖券，是以抽签给奖而进行筹款的一种方式。我国通过国家发行的彩票有两种：“中国福利彩票”和“中国体育彩票”。中国福利彩票发行始于1987年。国家统一的全国性体育彩票发行工作始于1994年，此前，陆续有一些地方性体育彩票发行。为了规范彩票市场的管理，1991年，国务院发布《关于加强彩票市场管理的通知》，规定彩票的发行办法应报国务院批准。1999年12月，东阳首次组织发行“中国体育彩票”，发行总额为1600万元，面额2元，按发行总额8%作为销售费用实行总承包制销售。2001年10月，国务院下发《关于进一步规范彩票管理的通知》，规定从2002年1月1日起，彩票发行资金构成比例调整为：返奖比例不得低于50%，发行费用比例不得高于15%，彩票公益金比例不得低于35%。2009年5月，国务院公布《彩票管理条例》，同年7月1日起施行。

彩票公益金是指按照国家规定发行彩票取得销售收入扣除返奖奖金、发行经费后的净收入，包括体育彩票公益金和福利彩票公益金。1998年9月，国家体育总局会同财政部等制定了《体育彩票公益金管理暂行办法》，规定体育彩票公益金按销售总额不低于30%的比例提取；同年11月，财政部会同民政部制定了《社会福利基金使用管理暂行办法》，规定福利彩票筹集的社会福利基金中央级留成比例为彩票销售总额的5%，省、地两级的留成比例不得超过彩票销售总额的5%，县级留成比例不得低于彩票销售总额的20%。2006年3月，财政部下发《关于调整彩票公益金分配政策的通知》，规定从2005年起，中央和地方分配的比例调整为“五五开”。

2007年，财政部发布《彩票公益金管理办法》(2012年3月重新修订)。次年起，东阳将彩票公益金收入纳入基金预算管理。

2013年1月1日起，浙江省财政厅规定对各县市销售的体育彩票公益金扣除上缴中央财政50%后，其余部分按40:30:30的比例在省、市、县(市)之间分配。2018年11月，浙江省财政调整地方福利彩票公益金分成比例，各县市销售的福利彩票公益金扣除上缴中央50%后，其余部分按45:30:25

的比例在省、市、县(市)之间分配,销售“中福在线”筹集的彩票公益金100%留在销售所在地。

至2018年,全市彩票公益金收入全年达2277万元,其中体育彩票公益金 1187万元、福利彩票公益金1090万元。

**十二、育林基金**

育林基金是对采伐或收购木材、竹材的单位和出售木材、竹材的经济组织征收用于造林事业的专项基金。按来源不同分为国有育林基金和集体育林基金。育林基金制度始建于建国初期,由于财政困难,国家提出实施了“以林养林”的政策。

1982年,根据党中央、国务院《关于保护森林发展林业若干问题的决定》精神,省财政厅会同林业厅印发《浙江省育林基金管理暂行办法》,对育林基金的征收范围、标准、方法以及使用范围和管理作了明确规定。2009年,财政部会同相关部门重新修订了《育林基金征收使用管理办法》,规定征收育林基金不得超过其销售收入的10%。

2008年起,浙江省率先停征育林基金。

**十三、其他政府性基金收入**

其他政府性基金收入是指除上述收入项目以外的政府性基金收入。2001—2006年间,国家预算收入分类将税务部门代征缴入国库的社会保险基金收入包括其中。2011年以后的其他政府性基金收入主要是一些原在专户管理的政府性基金(或专项资金)、行政事业性收费收入集中纳入基金预算管理的收入。

表1-2-2-1

## 1997—2018年东阳市政府性基金预算收入情况表

单位：万元

| 年份 | 合计 | 国有土地使用权出让 | | | 彩票公益金 | 城市基础设施配套费 | 地方水利建设基金 | 养路费 | 散装水泥专项基金 | 新型墙体材料专项基金 | 残疾人就业保障金 | 地方（农村）教育费附加 | （育林基金）森林植被恢复费 | 水土保持补偿费 | 污水处理费 | 政府住房基金 | 农业税附加 | 城市公用事业附加 | 其他附加 | 其他政府性基金 |
|---|---|---|---|---|---|---|---|---|---|---|---|---|---|---|---|---|---|---|---|---|
| | | 国有土地收益基金 | 农业土地开发资金 | 国有土地使用权出让金 | | | | | | | | | | | | | | | | |
| 1997 | 487 | | | | | | | | | | | 159 | | | | | 92 | | | 236 |
| 1998 | 1105 | | | | | | 335 | | | | | | | | | | 97 | | 671 | 2 |
| 1999 | 566 | | | | | | 391 | | | | | | | | | | 89 | | 86 | |
| 2000 | 528 | | | | | | 341 | | | | | | | | | | 97 | | 90 | |
| 2001 | 3367 | | | | | | 383 | | | | | | | | | | 105 | | 712 | 2167 |
| 2002 | 11359 | | | | | | 490 | | | | | | | | | | 110 | | | 10759 |
| 2003 | 13049 | | | | | | 512 | | | | | | | | | | 104 | | | 12433 |
| 2004 | 23337 | | | | | | 748 | 42 | 3 | 49 | | 3327 | | | | | | | | 19168 |
| 2005 | 40574 | | 214 | | | | 1089 | 580 | 44 | 194 | 771 | 4525 | 144 | | | | | | 18 | 32995 |
| 2006 | 57075 | 295 | | 2378 | | | 1452 | 560 | 30 | 186 | 1269 | 3427 | 152 | | | | | | 18 | 47308 |
| 2007 | 30956 | 760 | 559 | 22750 | | | 1930 | 854 | 44 | 289 | 1438 | 2222 | 110 | | | | | | | |
| 2008 | 86427 | 2370 | 983 | 75465 | 405 | | 2265 | 659 | 46 | 196 | 1453 | 2585 | | | | | | | | |
| 2009 | 232197 | 6760 | 1627 | 216160 | 277 | | 3064 | | 77 | 220 | 1264 | 2748 | | | | | | | | |
| 2010 | 422090 | 7148 | 1278 | 404448 | 439 | | 3364 | | 48 | 264 | 1463 | 3479 | 159 | | | | | | | |
| 2011 | 503050 | 12724 | 1295 | 447674 | 617 | 11592 | 4039 | | 50 | 217 | 1542 | 3933 | 58 | 67 | 2223 | | | | | 17019 |
| 2012 | 237200 | 5025 | 650 | 189747 | 714 | 6225 | 4397 | | 94 | 411 | 1646 | 5075 | 30 | 81 | 2734 | | | 1241 | | 19130 |
| 2013 | 373472 | 9003 | 814 | 327021 | 979 | 8878 | 5152 | | 72 | 226 | 1886 | 5208 | 180 | | | 77 | | 1292 | | 12684 |
| 2014 | 405464 | 9487 | 910 | 329685 | 1307 | 8944 | 6295 | | 195 | 590 | 2225 | 5958 | 682 | 364 | | | | 2070 | | 36752 |
| 2015 | 299198 | 7896 | 960 | 263289 | 1514 | 9264 | | | 39 | 302 | | | | 99 | | 79 | | 1254 | | 14502 |
| 2016 | 111868 | 2168 | 297 | 75684 | 1441 | 6760 | | | 426 | 1479 | | | | | 7402 | | | 1743 | | 14468 |
| 2017 | 270861 | 7421 | 837 | 236008 | 1397 | 6266 | | | 154 | 337 | | | | | 4844 | | | 514 | | 13083 |
| 2018 | 571437 | 15387 | 1110 | 526277 | 2277 | 12956 | | | | | | | | | 4603 | | | | | 8827 |

## 第三节 社会保险基金预算收入

社会保险基金是指国家为了建立全社会统一的保障机制，举办社会保险事业，依法筹集而用于支付社会保险待遇的专项资金。社会保险基金预算收入包括基本养老保险基金收入、基本医疗保险基金收入、工伤保险基金收入、失业保险基金收入、生育保险基金等收入。具体政策将在“社会保险基金管理”章节中阐述。

社会保险基金预算收入中的具体内容包括社会保险费收入、财政补贴收入、集体补助收入、利息收入、委托投资收益、转移收入、上级补助收入、其他收入等。

浙江省财政厅要求从1995年1月1日起单独向省厅编报社保基金预决算及其分析，东阳市财政局于1996年1月始有“社会保障科”的内设机构，此前的社会保险基金或统筹资金均由社保部门直接管理。次年起，单独编报社保基金决算，并逐步建立和完善社保基金的预决算制度。

### 一、基本养老保险基金收入

基本养老保险基金是国家根据法律、法规的规定，强制用人单位和劳动者必须依法缴纳养老保险费，用以在劳动者达到国家规定的退休年龄或因其他原因而退出劳动岗位后，由社会保险经办机构向其支付养老金待遇而建立的专项基金，它包括企业职工基本养老保险基金、城乡居民基本养老保险基金、机关事业单位基本养老保险基金等。

#### （一）企业职工基本养老保险基金收入

企业职工基本养老保险基金始建于1987年，为了确保国营和县以上集体企业离退休人员待遇的及时足额发放，东阳县政府对企业职工离休、退休、退职劳动保险基金试行统筹办法。1993年，市政府印发《东阳市职工基本养老保险基金统筹暂行办法》，个人缴费实行按照本人上年月平均工资2%缴纳，基本养老金的计发实行与社会平均工资、职工缴费工资及缴费年限相挂钩的办法。1998年，东阳市政府决定建立统一的企业职工基本养老保险制度，规定全市各类企业和职工，包括国有企业、集体企业、股份制企业、股份合作制企业、联营企业、合作企业、私营企业、其他企业的全部职工和外商投资企业的中方职工，以及上述企业中的离退休人员，城镇个体劳动者，均实行基本养老保险制度。此后，企业职工基本养老保险制度逐步完善，职工参保人数和基金收入规模逐年扩大。

#### （二）城乡居民社会养老保险基金收入

社会养老保险制度首先在农村改革试点。1991年起，按照上级要求，东阳在歌山乡实施农村社会养老保险制度试点工作。1994年，东阳市政府印发《关于建立农村社会养老保险制度的通知》，逐步建立起适合农村实际的、社会保险与家庭养老相结合的、储蓄积累式的农村社会养老保险制度。

2009年，根据国家实行养老保险“全覆盖、保基本、有弹性、可持续”的方针，市政府颁发《东阳市城乡居民社会养老保险实施办法》,自2010年起,具有本市户籍,年满16周岁,未参加职工基本养老保险的城乡居民,均可参加城乡居民社会养老保险,原农村社会养老保险(老农保)制度不再执行。

2015年,将"城乡居民社会养老保险"更名为"城乡居民基本养老保险"。

**(三)机关事业单位基本养老保险基金收入**

机关事业单位基本养老保险基金制度始建于1987年,东阳县政府颁发《东阳县职工离休、退休、退职劳动保险基金统筹试行办法》,规定县以上集体所有制事业单位职工和国家机关、团体、事业单位的劳动合同制工人,均可参照企业参加离休、退休、退职劳动保险基金统筹。

2007年,根据管理需要,对企业职工基本养老保险基金和机关事业单位养老统筹基金实行分账管理。

自2014年10月1日起,国务院决定实施机关事业单位工作人员养老保险制度改革,浙江省政府规定在全省范围内统一机关事业单位基本养老保险制度和政策,原已参加企业职工养老保险制度的部分事业单位人员,经重新确认事业人员身份后纳入机关事业养老保险基金管理。

**二、基本医疗保险基金收入**

基本医疗保险基金是指国家为保障职工和城乡居民的基本医疗,由医疗保险经办机构按国家有关规定,向单位和个人筹集用于职工和居民基本医疗的专项基金,它包括职工基本医疗保险基金、城乡居民基本医疗保险基金等。

**(一)职工基本医疗保险基金收入**

2001年3月,市政府印发《东阳市城镇职工基本医疗保险暂行规定》及其《实施细则》等7个规范性文件,施行城镇职工基本医疗保险制度,并原享受公费医疗人员纳入城镇职工医疗保险。2013年,市政府印发《东阳市基本医疗保险实施办法》,将"城镇职工基本医疗保险"改为"职工基本医疗保险"。

**(二)城乡居民基本医疗保险基金收入**

2004年,东阳市委、市政府根据上级有关精神,实施新型农村合作医疗制度。2008年,为了建立健全多层次、广覆盖的社会医疗保障体系,市政府印发《东阳市城镇居民基本医疗保险暂行办法》,建立城镇居民基本医疗保险制度。2013年,市政府印发《东阳市基本医疗保险实施办法》,自2013年7月1日起,将城镇居民医疗保险和新型农村合作医疗两项制度合并,建立统一的城乡居民基本医疗保险基金制度。

**三、工伤保险基金收入**

1993年,市政府印发《东阳市职工工伤社会保险暂行办法》,推行职工工伤保险制度。2012年11月,东阳市政府将机关事业单位全部职工纳入工伤保险覆盖范围,工伤保险范围不断扩大。

**四、失业保险基金收入**

失业保险基金始于1986年建立的国营企业职工待业保险基金制度。1995年,省人大出台了

《浙江省职工失业保险条例》,自1996年1月1日起实施,将待业保险基金改称失业保险基金。1999年,东阳市政府将全部事业单位人员纳入失业保险范围。

### 五、生育保险基金收入

女工生育保险制度建立于20世纪50年代初。1989年起,开展了生育保险制度改革,对女职工生育保险基金实行社会统筹。1993年,东阳市政府印发《东阳市女职工生育基金统筹试行办法》。1994年,劳动部会同财政部等部门颁布《企业职工生育保险试行办法》,开始试行生育保险制度。1997年,省劳动厅制定《浙江省企业职工生育保险暂行办法》,明确女职工的生育保险费用实行社会统筹,建立生育保险基金制度。

表1-2-3-1　　1997—2018年东阳市社会保险基金收入情况表

单位:万元

| 年份 | 合计 | 企业职工基本养老保险基金 | 城乡居民基本养老保险基金 | 机关事业单位基本养老保险 | 城镇职工基本医疗保险基金 | 城乡居民基本医疗保险基金 | 工伤保险基金 | 失业保险基金 | 生育保险基金 |
|---|---|---|---|---|---|---|---|---|---|
| 1997 | 4329.0 | 3860.0 | | | | | 134.0 | 156.0 | 179.0 |
| 1998 | 5043.0 | 4459.0 | | | | | 161.0 | 255.0 | 168.0 |
| 1999 | 6786.0 | 6043.0 | | | | | 201.0 | 331.0 | 211.0 |
| 2000 | 10245.0 | 9008.0 | | | | | 390.0 | 435.0 | 412.0 |
| 2001 | 15823.0 | 8520.0 | | | 6381.0 | | 202.0 | 567.0 | 153.0 |
| 2002 | 20302.5 | 11157.5 | | | 8438.5 | | 153.5 | 423.0 | 130.0 |
| 2003 | 18727.9 | 12084.2 | | 363.2 | 5446.6 | | 105.0 | 595.6 | 133.3 |
| 2004 | 27595.0 | 18139.1 | | 395.9 | 5840.8 | 2348.1 | 121.5 | 622.9 | 126.7 |
| 2005 | 37394.6 | 24380.8 | | 491.7 | 8950.2 | 2401.6 | 204.6 | 825.9 | 139.8 |
| 2006 | 52143.5 | 27735.8 | | 4025.2 | 17188.8 | 1222.3 | 578.8 | 1141.9 | 250.7 |
| 2007 | 62226.8 | 39261.7 | | 2992.0 | 13987.7 | 3490.7 | 974.0 | 1264.0 | 256.7 |
| 2008 | 74114.2 | 41086.3 | | 3399.5 | 16800.0 | 7951.5 | 1669.6 | 2617.6 | 589.7 |
| 2009 | 80798.2 | 43037.8 | | 4392.4 | 17313.0 | 10198.9 | 1773.0 | 3440.1 | 643.0 |
| 2010 | 110963.7 | 48210.7 | 14603.3 | 4320.8 | 22201.8 | 13752.7 | 2228.4 | 4735.5 | 910.5 |
| 2011 | 206965.7 | 119693.6 | 15459.5 | 3881.0 | 33644.4 | 24657.0 | 2624.2 | 5822.4 | 1183.6 |
| 2012 | 206631.7 | 104790.0 | 19847.8 | 4667.3 | 34940.5 | 30377.2 | 3323.4 | 7246.0 | 1439.5 |
| 2013 | 325099.0 | 208537.5 | 18100.2 | 5106.4 | 38839.2 | 41186.0 | 3914.0 | 7842.5 | 1573.3 |
| 2014 | 319955.5 | 178869.3 | 20940.4 | 5679.5 | 49587.5 | 48624.0 | 4784.8 | 9645.7 | 1824.3 |
| 2015 | 332415.3 | 171354.4 | 26176.2 | | 53946.7 | 64409.1 | 5666.3 | 8655.6 | 2207.0 |
| 2016 | 450236.0 | 193268.0 | 26991.0 | 90679.0 | 59850.0 | 64330.0 | 5377.0 | 7653.0 | 2088.0 |
| 2017 | 447387.0 | 200210.0 | 26808.0 | 57920.0 | 72218.0 | 76726.0 | 5567.0 | 5595.0 | 2343.0 |
| 2018 | 527657.0 | 242590.0 | 31376.0 | 79960.0 | 86067.0 | 65467.0 | 6730.0 | 8761.0 | 6706.0 |

表1-2-3-2　　2018年东阳市社会保险基金收入明细表

单位：万元

| 项目 | 合计 | 企业职工基本养老保险基金 | 城乡居民基本养老保险基金 | 机关事业单位基本养老保险基金 | 职工基本医疗保险基金 | 城乡居民基本医疗保险基金 | 工伤保险基金 | 失业保险基金 | 生育保险基金 |
|---|---|---|---|---|---|---|---|---|---|
| 收入合计 | 527657.0 | 242590.5 | 31376.0 | 79959.6 | 86067.0 | 65466.8 | 6730.1 | 8761.2 | 6705.9 |
| 保险费收入 | 379535.3 | 205170.7 | 3372.1 | 59490.5 | 81963.6 | 14550.8 | 6542.9 | 5773.6 | 2671.0 |
| 利息收入 | 22754.4 | 13822.5 | 1364.7 | 72.6 | 3848.2 | 454.4 | 187.2 | 2970.0 | 34.9 |
| 财政补贴收入 | 118621.9 | 18269.2 | 26000.0 | 19891.1 | | 50461.6 | | | 4000.0 |
| 其他收入 | 28.6 | | 9.9 | 18.7 | | | | | |
| 转移收入 | 6716.8 | 5328.1 | 629.3 | 486.7 | 255.2 | | | 17.6 | |

## 第四节　预算外资金收入

地方财政除国家规定纳入预算的收入外，还有少量的地方附加和自筹收入，这些收入不纳入国家预算，由地方政府根据国家的政策规定，自行筹措，并在收入的范围内自行安排使用，作为国家预算的补充，称之为预算外资金。在计划经济时期，地方预算外资金规模较小，基本由财政部门直接管理。改革开放后，对地方国有企业扩大经营自主权和试行经营承包责任制，对行政事业单位试行预算包干的财务管理机制，致使国营企业及其主管部门和行政事业单位管理的预算外资金逐步增多。1984年财政部制定的《预算外资金收支科目》，将预算外资金收入分为地方财政部门管理的收入、事业和行政单位管理的收入、国营企业及其主管部门管理的收入三类。20世纪90年代，随着改革的深入，国营企业及其主管部门和行政事业单位管理的预算外资金项目逐渐取消或纳入财政预算管理。1998年国家预算总会计制度改革后，取消了预算外资金的概念，将原在预算外管理的政府性基金和行政事业性收费分别纳入一般预算和基金预算核算和管理。特别是2003年东阳实施综合预算改革后，原属部门单位管理的行政事业性收费等一般性预算外资金全部收归财政，实行统一的综合预算管理。

## 一、地方财政部门管理的收入

建国初期，预算外资金只有农业税附加和少量的工商税附加，1960年以后增加了县办工业利润留成一项；1968年增加了县集中的企业折旧基金；1974年开征了城市公用事业附加；1978年又增加县办自来水厂留成；20世纪80年代后，政府陆续开征了一些政府性专项收入，列入预算外资金管理。按其核算管理形式不同，财政部门管理的预算外资金收入分为纳入国库管理和纳入财政专户管理的收入，在计划经济时期，财政预算外资金全部纳入国库管理，改革开放后才设立财政专户管理预算外资金。

### （一）纳入国库管理的收入

财政部门纳入国库管理的预算外资金主要有地方附加收入、集中企业收入、政府性专项收入和其他收入等。

#### 1.地方附加收入

地方附加收入是地方财政预算外收入的主要组成部分，主要有工商税附加、农业税附加、城镇公用事业附加等。农业税附加、城镇公用事业附加于1997年后纳入基金预算管理，已在基金预算收入一节中阐述。

工商税附加是对工商统一税、工商税（含产品税、增值税、营业税）加征的附加，是在正税之外的附加税，附加率为正税的1%，主要用于城镇维护，但额度很少，不足以解决城市维护和建设的资金需要。1985年税制改革时开征城市维护建设税后，工商税附加停征。

#### 2.集中企业收入

集中的企业收入属于地方自筹收入，就是除地方各项附加以外，由地方政府向地方国营企业筹集、不纳入国家预算的资金。主要有集中企业基金、县办工业留成、集中自筹企业资金等。

（1）集中企业基金

集中企业基金主要是集中国营企业的固定资产基本折旧基金。在统收统支体制的情况下，国营企业的固定资产基本折旧，采取上缴国库，由财政纳入预算重新安排的方式。1968年始，集中部分折旧基金，由财政部门和主管部门调剂使用。1976年，财政不再集中企业固定资产折旧，而将一部分在利润中提取的更新改造资金集中调剂。1987年起，全部由企业自行安排，财政不再集中。

（2）县办工业留成

县办工业留成包括“五小”企业留成和县办工业留成，“五小”企业留成是为鼓励县级政府兴办小型企业的积极性，于1972年根据财政部文件规定，对县财政出资兴办的小煤窑、小水电、小水泥、小化肥、小矿山等小型企业，其利润以40%上缴国库，60%留给当地作为预算外收入，称为“五小”企业收入。1978年，又将“五小”企业留成改为县办工业留成。1985年国营工商企业第二步“利改税”后，财政不再集中企业留成。

(3)自筹企业资金

自筹企业资金指地方自筹资金兴办的、不纳入预算内的企业所上缴的利润。东阳仅1958年和1959年有所集中。

**3.政府性专项收入**

政府性专项收入主要有1987年后地方政府陆续开征的生猪生产稳定基金、粮食补偿金、购置车辆调节金、水利建设专项基金等。

(1)生猪生产稳定基金

为了促进生猪生产的稳定发展,1988年6月,浙江省政府出台生猪生产稳定基金管理办法,规定生猪生产稳定基金的来源包括:屠宰税增收部分(屠宰生猪每头2元、牛每头3元)、生猪生产保护金(收购肉猪每头1元)、生猪生产扶持费(省外来本省收购肉猪按收购金额5%收取)。稳定基金主要用于扶持生猪生产、良种推广、技术培训、弥补经营亏损等。1998年起停征。

(2)粮食补偿金

在计划经济向市场经济转换时期,粮食生产经营环节发生的政策性亏损和进销价格倒挂的价差,采取财政给予补贴的办法,为了减轻财政负担,根据浙江省政府发布《关于开征粮食补偿金的通知》,东阳市政府决定从1989年4月1日起,开征粮食补偿金。征收范围是:除财政拨款的行政、事业单位和已纳粮食附加税的乡(镇)村工业、建筑、交通、运输企业外,凡全民所有制和城乡集体所有制企业、城镇私营企业、外商投资企业和其他乡(镇)村企业(包括中央和外省、市所属的在本市的企业),实行企业化管理的全民和集体所有制的事业单位,非农业户口的个体工商户,均属征集范国。企业和事业单位按在册职工人数每人每月缴纳3元,个体工商户按从业人员每人每月缴纳5元。收入上缴财政,专户存储,专门用于补偿粮食差价和粮食企业政策性亏损。2001年2月1日起根据浙江省政府文件停征。

(3)购置车辆调节金

为抑制消费基金过快增长,东阳市政府根据浙江省政府决定自1993年3月1日起,在全市开征专控汽车消费调节基金,对不同价格档次的车按不同标准征收,按实际征收额县市留80%,上缴省20%,列入各级财政预算外收入,用于社会公共事业。同年,改征购置小汽车调节基金。自1996年1月1日起,将原征收购置小汽车调节基金改为征收购置小汽车调节金。同年9月1日起,将原征收购置摩托车调节基金改为征收购置摩托车调节金。1999年7月1日起停止征收购置国产小汽车调节金。同年12月,停止征收购置进口小汽车调节金。摩托车调节金同时停止征收。

**4.其他收入**

主要是一些杂项收入,如特种储蓄存款收入、已完工基建项目拨款结余收回、固定资产变价收入、基建存款利息收入和1997年农村地方教育附加、排污费、车辆调节金等。

表1-2-4-1

## 1953—1997年东阳市(县)财政预算外资金(纳入国库管理部分)收入情况表

单位:万元

| 年份 | 合计 | 地方附加收入 | | | | 集中企业收入 | | | | | 政府性专项收入 | | | | 其他收入 |
|---|---|---|---|---|---|---|---|---|---|---|---|---|---|---|---|
| | | 小计 | 农业税附加 | 工商税附加 | 城市公用事业附加 | 小计 | 县办工业留成 | 集中企业基金 | 流动资金占用费 | 集中自筹企业资金 | 粮食补偿金 | 生猪生产稳定基金 | 水利建设专项基金 | 车辆调节金 | |
| 1953 | 20.1 | 20.1 | 20.1 | | | | | | | | | | | | |
| 1954 | 19.5 | 19.5 | 19.5 | | | | | | | | | | | | |
| 1955 | 3.4 | 3.4 | 3.4 | | | | | | | | | | | | |
| 1956 | 14.3 | 14.3 | 14.3 | | | | | | | | | | | | |
| 1957 | 42.9 | 13.0 | 12.4 | 0.6 | | | | | | | | | | | 29.9 |
| 1958 | 43.7 | 23.2 | 19.2 | 4.0 | | 10.5 | | | | 10.5 | | | | | 10.0 |
| 1959 | 43.9 | 42.5 | 39.4 | 3.1 | | 1.4 | | | | 1.4 | | | | | |
| 1960 | 29.2 | 21.9 | 18.5 | 3.4 | | 6.1 | 6.1 | | | | | | | | 1.2 |
| 1961 | 24.3 | 12.3 | 9.8 | 2.5 | | 3.4 | 3.4 | | | | | | | | 8.6 |
| 1962 | 24.4 | 18.2 | 14.6 | 3.6 | | | | | | | | | | | 6.2 |
| 1963 | 20.8 | 18.7 | 15.2 | 3.5 | | | | | | | | | | | 2.1 |
| 1964 | 20.2 | 20.1 | 16.3 | 3.8 | | | | | | | | | | | 0.1 |
| 1965 | 35.0 | 20.3 | 16.4 | 3.9 | | | | | | | | | | | 14.7 |
| 1966 | 28.9 | 22.2 | 18.5 | 3.7 | | | | | | | | | | | 6.7 |
| 1967 | 41.3 | 41.3 | 37.8 | 3.5 | | | | | | | | | | | |
| 1968 | 45.6 | 38.8 | 35.3 | 3.5 | | 6.8 | | 6.8 | | | | | | | |
| 1969 | 67.3 | 39.4 | 35.8 | 3.6 | | 14.8 | | 14.8 | | | | | | | 13.1 |
| 1970 | 77.2 | 40.3 | 36.4 | 3.9 | | 22.5 | | 22.5 | | | | | | | 14.4 |
| 1971 | 47.3 | 38.1 | 33.5 | 4.6 | | 6.9 | | 6.9 | | | | | | | 2.3 |
| 1972 | 75.9 | 41.8 | 36.1 | 5.7 | | 29.1 | 12.3 | 16.8 | | | | | | | 5.0 |
| 1973 | 70.8 | 41.3 | 34.5 | 6.8 | | 29.0 | 10.0 | 19.0 | | | | | | | 0.5 |
| 1974 | 85.1 | 40.4 | 33.6 | 6.4 | 0.4 | 44.7 | 17.1 | 27.6 | | | | | | | |

续表1-2-4-1

| 年份 | 合计 | 地方附加收入 | | | | 集中企业收入 | | | | | 政府性专项收入 | | | | 其他收入 |
|---|---|---|---|---|---|---|---|---|---|---|---|---|---|---|---|
| | | 小计 | 农业税附加 | 工商税附加 | 城市公用事业附加 | 小计 | 县办工业留成 | 集中企业基金 | 流动资金占用费 | 集中自筹企业资金 | 粮食补偿金 | 生猪生产稳定基金 | 水利建设专项基金 | 车辆调节金 | |
| 1975 | 71.1 | 40.8 | 32.9 | 6.5 | 1.4 | 29.5 | 12.7 | 16.8 | | | | | | | 0.8 |
| 1976 | 82.3 | 40.6 | 33.0 | 7.1 | 0.5 | 35.9 | 11.1 | 24.8 | | | | | | | 5.8 |
| 1977 | 119.3 | 43.4 | 33.0 | 8.6 | 1.8 | 70.4 | 29.2 | 41.2 | | | | | | | 5.5 |
| 1978 | 130.5 | 44.1 | 33.1 | 10.1 | 0.9 | 82.0 | 29.3 | 52.7 | | | | | | | 4.4 |
| 1979 | 282.4 | 40.5 | 27.6 | 12.2 | 0.7 | 240.9 | 205.1 | 35.8 | | | | | | | 1.0 |
| 1980 | 254.4 | 48.8 | 27.4 | 13.7 | 7.7 | 197.2 | 152.6 | 44.6 | | | | | | | 8.4 |
| 1981 | 236.4 | 54.2 | 28.4 | 16.0 | 9.8 | 181.4 | 142.4 | 33.6 | 5.4 | | | | | | 0.8 |
| 1982 | 284.9 | 62.1 | 29.4 | 19.1 | 13.6 | 218.6 | 176.8 | 36.6 | 5.2 | | | | | | 4.2 |
| 1983 | 324.9 | 74.9 | 37.1 | 22.0 | 15.8 | 246.5 | 207.7 | 38.8 | | | | | | | 3.5 |
| 1984 | 332.9 | 69.1 | 30.1 | 24.7 | 14.3 | 262.0 | 224.6 | 37.4 | | | | | | | 1.8 |
| 1985 | 81.4 | 62.4 | 41.2 | 8.6 | 12.6 | 19.0 | | 19.0 | | | | | | | |
| 1986 | 83.1 | 56.7 | 41.3 | 3.4 | 12.0 | 7.3 | | 7.3 | | | | | | | 19.1 |
| 1987 | 103.7 | 78.6 | 45.0 | | 33.6 | | | | | | | 25.1 | | | |
| 1988 | 152.3 | 80.9 | 44.8 | | 36.1 | | | | | | | 26.7 | | | 44.7 |
| 1989 | 132.5 | 64.6 | 33.8 | | 30.8 | | | | | | 51.7 | 16.2 | | | |
| 1990 | 212.3 | 93.5 | 46.1 | | 47.4 | | | | | | 97.2 | 21.6 | | | |
| 1991 | 423.0 | 95.6 | 52.0 | | 43.6 | | | | | | 114.5 | 21.1 | | | 191.8 |
| 1992 | 231.0 | 104.0 | 58.0 | | 46.0 | | | | | | 111.0 | 16.0 | | | |
| 1993 | 211.0 | 76.0 | 40.0 | | 36.0 | | | | | | 104.0 | 18.0 | | | 13.0 |
| 1994 | 933.0 | 130.0 | 64.0 | | 66.0 | | | | | | 80.0 | 9.0 | 253.0 | | 461.0 |
| 1995 | 465.0 | 84.0 | 73.0 | | 11.0 | | | | | | 67.0 | 5.0 | 304.0 | | 5.0 |
| 1996 | 445.0 | 97.0 | 97.0 | | | | | | | | 39.0 | | 301.0 | | 8.0 |
| 1997 | 678.0 | | | | | | | | | | 42.0 | 4.0 | 332.0 | 300.0 | |

### (二)纳入专户管理的收入

纳入专户管理的预算外资金,是指上世纪八十年代起,为了预算外资金管理需要,财政在有关商业银行开设预算外资金专户,用以核算和反映由财政管理但未纳入国库的预算外资金收支情况,主要项目有政府性专项收入、行政事业性收入、统筹收入及其他收入等。1985年,为开征教育事业费附加,并实行专户管理,始设专户。2003年实施财政综合预算后,部分预算外资金仍通过专户进行管理,直至2018年,除教育收费仍留在专户管理外,其余均已纳入国库管理。

#### 1.政府性专项收入

政府性专项收入主要有农村教育事业费附加、"农转非"综合配套费、财政风险金、副食品价格调节基金、兵役义务费等。

(1)教育事业费附加

1985年5月,中共中央印发《关于教育体制改革的决定》,为了加大对教育的投入,明确地方可以通过征收教育费附加筹集教育经费,专项用于改善基础教育的教学设施。同年10月,县政府印发《东阳县中小学实行分级办学、分级管理的实施意见(试行草案)》,规定乡(镇)政府可向乡(镇)村企业、家庭企业和农业征收教育事业费附加,所征教育事业费附加主要用于民办教师工资待遇不足、乡(镇)办学校公用经费不足和学校建设投入等。

1990年8月1日起,根据国家规定,对按单位和个人实际缴纳的产品税、增值税、营业税的一定比例征收的附加收入称为"教育费附加"(也称"城镇教育费附加),纳入预算内管理。对乡镇政府按规定对农业、镇乡企业等农村集体经济组织征收的用于农村办学的附加称为"教育事业费附加"(也称"农村教育费附加),继续列预算外管理。

为了推进实施九年制义务教育,筹措办学经费,1991年1月,市政府下发了《东阳市征收农村教育事业费附加的实施意见》,规定凡设在乡镇范围内的工商企业、交通运输业、建筑业和农、林、牧、副、水产等都应当缴纳农村教育事业费附加,征收办法和征收率不强求统一,由各乡镇从实际出发,根据本地经济状况、群众承受能力和教育经费需要提出意见,经本级人代会通过并报市政府批准执行。

1994年,东阳市政府印发《关于进一步加强农村教育事业费附加征收和管理工作的通知》,规定乡(镇)村办集体企业、私营企业和个体工业户按销售收入0.5%计征;商业、运输、建筑、饮食及其他服务业按营业额0.2%计征,批发的按营业额0.1%计征;农民按上一年人均纯收入1.5%征收;建设用地按0.5元/平方米征收。此征收标准后历经调整。

2000年,市政府印发《东阳市农村教育费附加征收管理办法》,对征收范围和标准进行了调整,进一步明确征收部门的主体责任,并强化了农村教育费附加的使用管理。

2002年,针对各地"三乱"(乱罚款、乱收费、乱摊派)现象,东阳市政府转发市教委等部门拟订的《东阳市农村教育费附加征收管理暂行办法》,对农村教育费附加的征收范围、征收标准、征收主体、征收票据、使用管理、监督奖惩等重新作了规定。同年11月，东阳全面进行农村税费改革后，取消对农民征收的各项政府性收费和农村教育集资，对企业征收的农村教育费附加部分列入政府性基金“地方教育附加”管理。此后，农村教育费附加停止征收。

(2)“农转非”综合配套费

为了使户口管理工作适应改革开放的新形势，1993年，根据上级精神，东阳市政府批转市公安局《关于农民进城镇落户问题意见》，凡要求把农业户口从农村迁入城镇的人员，可以申请办理“蓝印户口”(由公安部门在其户口簿上加盖蓝色印章)，每人应一次性缴纳城市建设配套费，缴纳标准为：落户在吴宁镇城区的缴纳10000元、落户在其他乡镇的缴纳8000元，“蓝印户口”人员享有本地城镇居民同等权益。收取的城市建设配套费用于以下方面：先按每人2000元提取粮食风险金，其余20%用于教育、10%用于户籍管理、10%用于粮食网点建设、10%用于落户乡镇建设、50%用于城市建设。是年，共办理“蓝印户口238人，收取城市建设配套费220.8万元。

1995年，东阳市政府印发《关于继续办理城镇蓝印户口的通知》，对进城经商办企业的投资者及其子女、考试合格录取的职校技校中专生可申请办理蓝印户口，应一次性缴纳城镇人口增容费0.7～1.2万元/人。

1999年，为了有效集聚城市人口，促进经济发展，东阳市委、市政府印发《关于进一步放宽投资者“农转非”政策的通知》，对在城区范围内受让国有土地、购买商业住宅、投资经营企业或在企业从事技术骨干、生产管理的，本人及其子女均可办理“农转非”，须一次性缴纳“农转非”捐助费每人1000～3000元。

随着户籍管理政策趋宽，该政策自然消亡。

(3)财政风险金

为了解决地方财政困难，保障财政收支平衡，经东阳市政府批准，自1994年7月1日起，对从事生产经营活动、有销售和经营收入的企业单位和个体工商业户征集财政风险金，其中：生产性企业按销售额3‰、流通服务性企业按营业额2‰、商业批发企业按批发营业额1‰、金融(保险)按利息(保费)收入2‰、建筑安装企业按工程价款收入0.5‰、个体工商户按销售额3‰的标准征集。

2001年，为了减轻企业负担，进一步改善投资环境，东阳市政府决定自该年9月1日起停征。

(4)副食品价格调节基金

为了增强政府对市场物价的宏观调控能力，根据国务院和省政府的有关精神，1995年，东阳市政府印发《关于建立东阳市副食品价格调节基金制度的通知》，价格调节基金的来源为：一是旅馆业按床位收费标准的10%征收；二是进驻本市施工企业按工程预算造价0.5%征收，进驻本市务工、经商人员按月每人2元征收(全年按10个月计算)；三是运输业大客货车按每辆每月30元、其他车辆20元征收；四是饮食业按征税营业额1%征收；五是其他同价格有关的行业根据具体情况酌情征收。副食品价格调节基金主要用于“菜篮子”工程补贴、居民蔬菜价格补贴等。该制度自当年1月1日起执行。

1998年，根据东阳市政府《关于进一步做好副食品价格调节基金征管工作的通知》，进一步扩大副食品价格调节基金的征收范围，适当提高征收标准，并对价格调节基金的征收办法、征收管理及基金的使用和管理作了具体规定。2000年后，为减轻企业负担和支持服务业的发展，曾先后调减了其征收范围。自2010年6月1日起，经东阳市政府批准，取消全市副食品价格调节基金的征收。

(5)兵役义务费

兵役义务费是指依法统筹的用于义务兵及其家属优待和民兵预备役人员训练误工补贴的经费。为了每个公民履行国防建设义务，增强国防意识，1989年，东阳市政府决定在全市范围实行征收兵役义务费制度，征收对象为年满18—22周岁的男性役龄未服役公民，征收标准为每人每年不得少于20元，由乡镇政府负责征收，专项用于义务兵优待金的发放、民兵预备役和兵役工作费用开支等。

1993年11月，市政府印发《东阳市非农业户口义务兵优待金筹集和发放暂行办法》，规定自次年1月1日起，在吴宁镇范围内的所有机关、企事业单位的干部、职工中收取每人每年10元，用于提高发放非农业户口义务兵优待金。

1996年，根据省人大常委会通过的《浙江省兵役义务费社会统筹办法》，市政府印发《东阳市兵役义务费社会统筹实施细则》，规定自1月1日起，按照“以支定收、均衡负担”的原则，向各类企业和个体工商户按其销售收入或营业收入的1‰比例、应征男性公民每人每年40元的标准统筹。同年10月补充规定，对国家干部职工每人每年10元、城镇居民每人每年5元、平原农业人口每人每年2元、山区农业人口每人每年1元的标准统筹。

1999年，东阳市政府调整兵役义务费统筹标准：男性适龄公民每人每年80元、企业和个体工商户按销售收入或营业收入1.7‰的比例征收。

2002年，经财政部收费审核于当年6月1日起取消。

**2.行政事业性收入**

2003年全市实施综合预算改革后，因财政体制原因，仍有部分行政事业性收入留在预算外专户管理，由财政统筹分配。随着行政审批制度改革的深入，国家陆续取消了一些行政事业性收费项目，收入规模越来越小，同时预算管理日趋规范，到2018年底，仅有教育部门的收费收入还留在预算外专户管理，其余均已纳入一般公共预算管理。

**3.统筹收入**

统筹收入是指财务上实行“差额补助”或“自收自支”管理的事业单位，其收入实行“收支两条线”管理后财政按一定比例向其集中一部分资金的收入。2008年，市政府印发《东阳市政府非税收入管理暂行办法》，规定对未纳入财政综合预算的事业单位和使用财政票据的社会团体及各类协会等单位，政府按收入的10%征收政府统筹金。至2018年除征收范围略有变动外仍沿续执行。

4.其他收入

除上述收入项目以外的其他预算外资金收入。

## 二、国营企业及其主管部门管理的收入

为了调动企业经营积极性，1952年起，对国营企业相继实行了多种形式的利润留成制度，包括企业奖励基金、超计划利润分成、全额利润留成、企业奖金、企业基金等制度，且有主管部门的集中和统筹，形成了国营企业及其主管部门管理的预算外资金收入，东阳自1983年起始有对国营企业及其主管部门管理的预算外资金收支情况的财政决算统计。

1983年后，推行国营企业"利改税"，以及多种形式的承包经营责任制，企业留利比重提高，再加上企业经济效益也有明显提升，致使国营企业及其主管部门管理的预算外资金收入得到快速增长。

1993年7月1日起，国营企业实施《企业财务通则》和分行业财务制度后，国营企业及其主管部门管理的预算外资金不再列入财政决算统计。

## 三、行政事业单位管理的收入

行政事业单位管理的预算外资金收入，主要有行政事业性收费收入、事业服务性收入、后勤经营管理性收入等。1971年起，开始编制行政事业单位预算外资金收支决算。1979年前，主要是一些事业服务性或后勤管理性收入，1980年后，行政事业性收费实行"自收自支、抵补拨款"的管理方式，并随着收费项目增多，预算外资金规模逐年增大，特别是进入20世纪90年代中后期，由于"三乱"（乱收费、乱摊派、乱罚款）现象的存在，行政事业单位的预算外资金收入骤然增长，为此，1996年7月，国务院发布了《关于加强预算外资金管理的决定》，次年，财政部实施财政预算会计制度改革，1998起取消了预算外资金的名称，明确规定将部分政府性基金和行政事业性收费纳入财政预算管理。

表1-2-4-2　　1953—1982年东阳县预算外资金收入情况表

单位：万元

| 年份 | 合计 | 财政部门管理的预算外资金收入 | 事业行政单位预算外资金收入 | 年份 | 合计 | 财政部门管理的预算外资金收入 | 事业行政单位预算外资金收入 |
|---|---|---|---|---|---|---|---|
| 1953 | 20.1 | 20.1 | | 1958 | 43.7 | 43.7 | |
| 1954 | 19.5 | 19.5 | | 1959 | 43.9 | 43.9 | |
| 1955 | 3.4 | 3.4 | | 1960 | 29.2 | 29.2 | |
| 1956 | 14.3 | 14.3 | | 1961 | 24.3 | 24.3 | |
| 1957 | 42.9 | 42.9 | | 1962 | 24.4 | 24.4 | |

续表1-2-4-2

| 年份 | 合计 | 财政部门管理的预算外资金收入 | 事业行政单位预算外资金收入 | 年份 | 合计 | 财政部门管理的预算外资金收入 | 事业行政单位预算外资金收入 |
|---|---|---|---|---|---|---|---|
| 1963 | 20.8 | 20.8 | | 1973 | 176.2 | 70.8 | 105.4 |
| 1964 | 20.2 | 20.2 | | 1974 | 213.9 | 85.1 | 128.8 |
| 1965 | 101.4 | 35.0 | 66.4 | 1975 | 144.3 | 71.1 | 73.3 |
| 1966 | 28.9 | 28.9 | | 1976 | 252.3 | 82.3 | 170.0 |
| 1967 | 41.3 | 41.3 | | 1977 | 304.7 | 119.3 | 185.4 |
| 1968 | 45.6 | 45.6 | | 1978 | 347.2 | 130.5 | 216.7 |
| 1969 | 67.3 | 67.3 | | 1979 | 400.2 | 282.4 | 117.8 |
| 1970 | 77.2 | 77.2 | | 1980 | 421.3 | 254.4 | 166.9 |
| 1971 | 118.1 | 47.3 | 70.8 | 1981 | 452.9 | 236.4 | 216.5 |
| 1972 | 169.9 | 75.9 | 94.0 | 1982 | 554.8 | 284.9 | 269.9 |

表1-2-4-3　　**1983—1995年东阳市(县)预算外资金收入情况表**

单位:万元

| 年份 | 合计 | 财政部门 | | | 行政事业单位 | 企业及其主管部门 |
|---|---|---|---|---|---|---|
| | | 小计 | 县(市)级 | 乡镇财政 | | |
| 1983 | 1660.3 | 324.9 | 324.9 | | 240.8 | 1094.6 |
| 1984 | 1359.5 | 332.9 | 332.9 | | 207.9 | 818.7 |
| 1985 | 2219.0 | 81.4 | 81.4 | | 286.5 | 1851.1 |
| 1986 | 2859.5 | 349.4 | 83.1 | 266.3 | 528.0 | 1982.1 |
| 1987 | 3771.5 | 565.6 | 103.7 | 461.9 | 711.1 | 2494.8 |
| 1988 | 5353.6 | 725.0 | 152.3 | 572.7 | 1862.5 | 2766.1 |
| 1989 | 4997.4 | 931.7 | 132.5 | 799.2 | 1264.0 | 2801.7 |
| 1990 | 6627.6 | 1116.6 | 212.3 | 904.3 | 2206.6 | 3304.4 |
| 1991 | 7657.0 | 1457.0 | 423.0 | 1034.0 | 2342.0 | 3858.0 |
| 1992 | 8512.0 | 476.0 | 231.0 | 245.0 | 3058.0 | 4978.0 |
| 1993 | 4692.0 | 455.0 | 211.0 | 244.0 | 4237.0 | |
| 1994 | 12851.0 | 2556.0 | 933.0 | 1623.0 | 10295.0 | |
| 1995 | 21752.0 | 2414.0 | 465.0 | 1949.0 | 19338.0 | |

说明:1996和1997年决算资料缺失

# 第三章 财政支出

地方财政支出是指地方政府为了实现其职能，为提供公共产品和服务，满足社会共同需要而进行的财政资金支付活动，是对财政资金进行的再分配过程，是财政资金分配的第二阶段。与财政收入相对应，财政支出也有狭义和广义之分，狭义的财政支出在1997年财政总会计制度改革前称为预算支出（或预算内支出），1998年后称为一般预算支出，2012年起称为公共财政预算支出，2016年起称为一般公共预算支出。而广义的财政支出可泛指政府行为的一切支出，包括一般公共预算支出、政府性基金预算支出、国有资本经营预算支出、社会保险基金支出，还包括后来取消的预算外资金支出等。其中国有资本经营预算支出是一般公共预算支出的组成部分，这部分支出列入一般公共预算支出反映。

中华人民共和国成立以来，东阳在建制上经历了两次大的调整，1958年10月，撤销磐安县建制，成建制并入东阳县，1983年10月，东阳和磐安分县，恢复磐安县建制，财政支出范围相应地进行合并和划分。

## 第一节 一般公共预算支出

一般公共预算支出曾称财政支出、预算支出或预算内支出、一般预算支出、公共财政预算支出等。

2006年2月，财政部印发《政府收支分类改革的通知》，规定自2007年1月1日起实施新的政府收支分类办法，与改革前相比，支出分类范围、分类体系和具体科目设置办法等都有较大变化。一般公共预算支出在2006年政府收支分类改革前是按基本建设费、事业费、行政管理费等性质分类，类下按支出部门和行业设款。县级财政类级支出科目主要包括：基本建设支出、企业挖潜改造资金、简易建筑费、科技三项费用、流动资金、支援农村生产支出、农业综合开发支出、农林水利气象等部门的事业费、工业交通等部门的事业费、流通部门事业费、文体广播事业费、教育事业费、科学事业费、卫生经费、税务统计财政审计等部门的事业费、抚恤和社会福利救济费、行政事业单位离退休经费、社会保障补助支出、行政管理费、武装警察部队支出、公检法司支出、城市维护费、政策性补贴支出、支援不发达地区支出、土地和海域开发建设支出、专项支出、其他支出等。

《2007年政府收支分类科目》根据政府职能活动和开支的具体用途，设置政府支出功能分类科目和支出经济分类科目，其中支出功能分类设类、款、项三级，县级财政类级支出科目包括一般公共服务、公共安全、教育、科学技术、文化体育与传媒、社会保障和就业、社会保险基金支出、医疗卫生、环境保护、城乡社区事务、农林水事务、交通运输、工业商业金融等事务、其他支出、转移性支出17类。支出经济分类设类、款两级，类级支出科目包括：工资福利支出、商品和服务支出、对个人和家庭的补助、对企事业单位的补贴、转移性支出、赠与、债务利息支出、债务还本支出、基本建设支出、其他资本性支出、贷款转贷及产权参股、其他支出12类。此后支出科目略有增减调整，但总体结构未变。至2018年，县级财政一般公共预算支出功能分类的类级科目有一般公共服务支出、公共安全支出、教育支出、科学技术支出、文化体育与传媒支出、社会保障和就业支出、医疗卫生与计划生育支出、节能环保支出、城乡社区支出、农林水支出、交通运输支出、资源勘探信息等支出、商业服务业等支出、金融支出、援助其他地区支出、国土海洋气象等支出、住房保障支出、粮油物资储备支出、债务还本支出、债务付息支出、债务发行费用支出、其他支出及转移性支出23类。

为此，因口径不同，本章财政支出的表述和统计相应地也分为政府收支分类改革前后两个阶段。

### 一、政府收支分类改革前支出

1949—2006年，一般公共预算支出规模总体随着经济的发展和财政可用财力的增长而增长，在计划经济时期，因实行统收统支的财政体制，地方财力和支出规模增长缓慢，1950—1980年间，全县财政支出年均增长13.3%。改革开放后，财政体制实行"分灶吃饭"，调动了地方政府发展经济的积极性，经济得以加快发展，地方财政可用财力增长较快，支出规模快速扩张，稳步踏上千万元台阶，特别是1994年实行"分税制"后，财政支出开始踏上超亿元台阶，并加速增长，至2006年已经超越十亿元台阶，达10.9亿元。

表1-3-1-1　　1949—2006年东阳市（县）一般公共预算支出情况表

单位：万元

| 年份 | 合计 | 经济建设支出 | 科教文卫支出 | 社会保障支出 | 行政管理支出 | 城市维护费支出 | 价格补贴支出 | 专项支出 | 其他支出 |
|---|---|---|---|---|---|---|---|---|---|
| 1949 | 5.1 | | 0.3 | | 4.8 | | | | |
| 1950 | 38.2 | 0.1 | 8.2 | 6.7 | 23.2 | | | | |
| 1951 | 77.5 | | 17.2 | 0.4 | 49.4 | 0.4 | | | 10.1 |
| 1952 | 105.7 | 1.0 | 46.3 | 6.0 | 50.4 | 1.8 | | | 0.2 |
| 1953 | 170.8 | 5.4 | 104.2 | 6.3 | 54.5 | 0.4 | | | |
| 1954 | 192.9 | 21.4 | 97.4 | 11.1 | 61.8 | 1.1 | | | 0.1 |
| 1955 | 212.0 | 20.7 | 97.2 | 17.1 | 75.4 | 1.0 | | | 0.6 |

续表1-3-1-1

| 年份 | 合计 | 经济建设支出 | 科教文卫支出 | 社会保障支出 | 行政管理支出 | 城市维护费支出 | 价格补贴支出 | 专项支出 | 其他支出 |
|---|---|---|---|---|---|---|---|---|---|
| 1956 | 308.5 | 33.4 | 144.8 | 15.3 | 109.1 | 0.7 | | | 5.2 |
| 1957 | 289.4 | 20.8 | 147.4 | 13.2 | 100.8 | 0.4 | | | 6.8 |
| 1958 | 618.8 | 353.4 | 133.9 | 10.6 | 116.1 | 0.6 | | | 4.2 |
| 1959 | 666.6 | 379.4 | 144.9 | 10.2 | 123.3 | 0.9 | | | 7.9 |
| 1960 | 1087.8 | 763.6 | 184.3 | 12.2 | 120.4 | 1.5 | | | 5.8 |
| 1961 | 703.2 | 384.7 | 174.6 | 26.9 | 111.2 | 1.6 | | | 4.2 |
| 1962 | 420.2 | 122.5 | 174.0 | 17.2 | 94.4 | | | | 12.1 |
| 1963 | 441.0 | 132.1 | 176.8 | 29.5 | 89.3 | | | | 13.3 |
| 1964 | 517.4 | 154.3 | 197.1 | 61.2 | 88.6 | | | | 16.2 |
| 1965 | 412.6 | 92.5 | 197.3 | 26.9 | 87.1 | | | | 8.8 |
| 1966 | 486.3 | 90.4 | 242.7 | 30.3 | 107.0 | 1.0 | | | 14.9 |
| 1967 | 529.6 | 128.5 | 259.5 | 17.5 | 108.9 | | | | 15.2 |
| 1968 | 514.1 | 102.2 | 250.6 | 37.4 | 105.5 | | | | 18.4 |
| 1969 | 752.6 | 342.2 | 257.0 | 25.4 | 119.1 | | | | 8.9 |
| 1970 | 997.0 | 583.0 | 265.7 | 19.7 | 119.1 | | | | 9.5 |
| 1971 | 1108.4 | 622.5 | 311.4 | 31.6 | 135.5 | | | | 7.4 |
| 1972 | 1233.2 | 685.1 | 351.2 | 47.5 | 146.4 | | | | 3.0 |
| 1973 | 1236.6 | 669.3 | 381.1 | 36.7 | 140.7 | | | | 8.8 |
| 1974 | 1066.2 | 480.1 | 403.3 | 23.5 | 153.5 | | | | 5.8 |
| 1975 | 899.4 | 307.0 | 413.0 | 33.1 | 142.8 | | | | 3.5 |
| 1976 | 858.6 | 230.9 | 440.4 | 34.3 | 145.5 | | | | 7.5 |
| 1977 | 943.5 | 250.5 | 473.4 | 41.7 | 174.5 | | | | 3.4 |
| 1978 | 1186.0 | 412.0 | 558.7 | 22.4 | 187.7 | | | | 5.2 |
| 1979 | 1482.6 | 547.1 | 610.8 | 86.2 | 208.0 | 0.3 | | | 30.2 |
| 1980 | 1630.5 | 502.8 | 785.8 | 49.5 | 267.8 | | | | 24.6 |
| 1981 | 1616.6 | 458.9 | 797.3 | 53.2 | 257.5 | | | | 49.7 |
| 1982 | 1791.5 | 393.7 | 929.2 | 70.6 | 372.3 | 1.0 | | | 24.7 |
| 1983 | 2142.0 | 497.5 | 1037.4 | 68.5 | 519.8 | 9.1 | | | 9.7 |
| 1984 | 2119.5 | 434.6 | 1010.6 | 85.0 | 524.1 | 42.9 | | | 22.3 |
| 1985 | 2511.3 | 472.6 | 1174.3 | 104.6 | 486.1 | 79.3 | 57.0 | 2.2 | 135.2 |
| 1986 | 3116.4 | 503.8 | 1516.5 | 156.3 | 522.2 | 134.0 | 122.2 | 36.8 | 124.6 |
| 1987 | 3152.7 | 425.0 | 1438.6 | 234.8 | 562.2 | 134.2 | 152.2 | 13.4 | 192.3 |
| 1988 | 4027.7 | 536.7 | 1873.3 | 243.1 | 654.1 | 186.5 | 284.9 | 48.0 | 201.1 |
| 1989 | 5529.5 | 706.4 | 2326.6 | 571.6 | 920.0 | 255.0 | 395.9 | 28.4 | 325.6 |
| 1990 | 5760.3 | 816.8 | 2393.7 | 345.4 | 1035.3 | 354.0 | 307.9 | 61.6 | 445.6 |
| 1991 | 6520.3 | 956.3 | 2657.2 | 334.6 | 1191.8 | 341.5 | 415.5 | 123.0 | 500.4 |

续表1-3-1-1

| 年份 | 合计 | 经济建设支出 | 科教文卫支出 | 社会保障支出 | 行政管理支出 | 城市维护费支出 | 价格补贴支出 | 专项支出 | 其他支出 |
|---|---|---|---|---|---|---|---|---|---|
| 1992 | 7787.0 | 1312.0 | 3020.0 | 369.0 | 1469.0 | 411.0 | 154.0 | 167.0 | 885.0 |
| 1993 | 9746.0 | 2248.0 | 3732.0 | 476.0 | 1846.0 | 551.0 | 75.0 | 225.0 | 593.0 |
| 1994 | 11572.0 | 1483.0 | 5379.0 | 777.0 | 2599.0 | 632.0 | 72.0 | 308.0 | 322.0 |
| 1995 | 13397.0 | 1504.0 | 5948.0 | 942.0 | 2894.0 | 750.0 | 338.0 | 304.0 | 717.0 |
| 1996 | 15147.0 | 1995.0 | 6669.0 | 1103.0 | 3694.0 | 705.0 | 378.0 | 310.0 | 293.0 |
| 1997 | 17474.0 | 2423.0 | 7826.0 | 848.0 | 4911.0 | 741.0 | 225.0 |  | 500.0 |
| 1998 | 21124.0 | 3606.0 | 9075.0 | 797.0 | 5804.0 | 750.0 | 191.0 | 539.0 | 362.0 |
| 1999 | 23900.0 | 4425.0 | 9930.0 | 990.0 | 6519.0 | 960.0 | 178.0 | 446.0 | 452.0 |
| 2000 | 27800.0 | 4432.0 | 11377.0 | 1012.0 | 8086.0 | 914.0 | 180.0 | 620.0 | 1179.0 |
| 2001 | 37670.0 | 6138.0 | 15014.0 | 1420.0 | 11982.0 | 1226.0 | 18.0 | 840.0 | 1032.0 |
| 2002 | 49322.0 | 6506.0 | 18003.0 | 2126.0 | 16341.0 | 4460.0 | 20.0 | 1058.0 | 808.0 |
| 2003 | 63649.0 | 10408.0 | 23203.0 | 2919.0 | 18353.0 | 5536.0 | 988.0 | 750.0 | 1492.0 |
| 2004 | 75432.0 | 12284.0 | 28947.0 | 3197.0 | 21703.0 | 5191.0 | 1010.0 | 1075.0 | 2025.0 |
| 2005 | 92291.0 | 13552.0 | 35200.0 | 4091.0 | 28681.0 | 3991.0 | 800.0 | 1594.0 | 4382.0 |
| 2006 | 108963.0 | 20598.0 | 41925.0 | 4919.0 | 32918.0 | 2389.0 | 2020.0 | 1593.0 | 2601.0 |

说明：1949—1958年支出数已含磐安

### （一）经济建设支出

经济建设支出包括：基本建设、企业挖潜改造、简易建筑费、科技三项费用、流动资金、支援农业生产、农业综合开发等经济建设方面的投入和农业、林业、水利、气象、工业、交通、商贸等经济部门事业费的支出。

#### 1.基本建设支出

中华人民共和国成立初期，经过三年恢复时期（1950—1952年），国家经济得到全面复苏，金融物价持续稳定，财政收支实现平衡，财政经济状况实现好转。随后，国家进入了发展国民经济的第一个五年计划时期（1953—1957年），开始了有计划的大规模社会主义经济建设和生产关系方面的社会主义改造，逐步实现社会主义工业化，建立一个独立的、比较完整的工业体系，把我国的国民经济从落后的技术基础转移到现代化的技术基础上来。这一时期，作为整个国家而言，是一个财政大投入和经济大发展的时期，但主要集中在国家重点建设的工厂、矿山、铁路、公路、航空、水利工程等项目上，作为县级财政支出只能保障基本的民生和运行所需，基本建设支出比重很小，“一五”时期，东阳财政基本建设支出仅占财政总支出的1.96%。1958—1961年的三年“大跃进”时期，横锦水库建设上马，省财政增加拨款而相应地基本建设支出增加较大。20世纪60年代末70年代初，国家鼓励地方因地制宜地兴办“五小”（小水电、小煤窑、小水泥、小化肥、小矿山）企业，财政加大了企业的基本建设投入，创办了一批工矿企业。1980年实行企业利润留成制度后，国有企业的新建、扩建和改建的基本建设投资由企业自筹解决，并由国家拨款改由银行发放贷款；而对行政事业单位的基本建设投资则反映在各部门的事业费支出内，所以，此后的基本建设支出也就基本没有了。

**2.企业补助支出**

主要包括除投入企业的基本建设支出外的用于企业挖潜改造、简易建筑费、科技三项费用、流动资金和工交商事业费等支出。在改革开放以前，县级财政对企业的扶持支出主要是对地方国营企业的投入；20世纪80年代—90年代，财政对企业的扶持基本以财政周转金的形式实行资金有偿扶持的办法；1999年后，财政周转金清理整顿，停止发放，财政扶持资金有偿改无偿，实行分行业制定扶持政策的普惠制办法，并且扶持力度逐步加大，相应地财政对企业的补助支出也有较大增长，有效地激励了地方经济的发展和产业结构的调整。比如，1997年起，政府制定了影视文化产业的扶持政策，到2018年给予奖励补助资金达到47372万元，同期全市影视文化产业的税收收入也从1997年的72.1万元，到2018年已经达到157600万元，成为全市经济的支柱产业，也是全市地方财政收入的重要源泉。

2006年，东阳财政各项企业扶持资金支出达7551万元，占当年财政总支出的6.9%。

**3.支农支出**

支农支出是指财政为了改善农业生产条件、促进农村各项事业发展而安排的各项支出，主要包括支援农业生产、农业综合开发及农林水气等部门事业费支出等。1993年，《中华人民共和国农业法》颁布，其中规定“中央和县级以上地方财政每年对农业总投入的增长幅度应当高于其财政经常性收入的增长幅度”，1994年财政支农支出比上年增长33%，明显高于财政总支出增长23.9%的增幅。此后每年都以此作为考核指标，以保证法定增长比例的实现，至2018年，全市财政支农支出达到59251万元，占财政支出的比重为6.4 %，为1993年的72倍，有效地保证了财政对农业投入的持续增长。

（1）支援农村生产支出

支援农村生产支出是财政为改善农村基本生产条件，改变生产面貌，直接用于支援农业生产的专项资金，按照“自力更生为主，国家支援为辅”的原则有侧重地安排使用。1958年全国农村实行“公社化”后，1959年起，在“经济建设支出类”下单独设置“支援人民公社支出”款级科目，以反映财政对公社农业生产的专项资金支出。1982年，改为“支援农村生产支出”，与农林水等部门事业费同属支援农业生产支出类。1983年起单独设类，包括：小型农田水利和水土保持费、支援农村合作社组织资金、农村开荒补助费、水库移民建房支出、农村农技推广和植保补助费、农村草场和畜禽保护补助费、农村造林和林木保护补助费、农村水产补助费、农业发展专项资金支出、发展粮食生产专项资金支出共10款支出内容。其中1961年农业支出增加较大的主要原因是为纠正

“一平二调”的错误而发生的退赔款支出。改革开放后，逐步加大财政对农业生产基础设施的投入，该项支出快速增长。

(2)农业综合开发支出

农业综合开发是政府为保护、支持农业发展，改善农业生产基本条件，优化农业和农村经济结构，提高农业综合生产能力和综合效益，设立专项资金对农业资源进行综合开发利用的活动。1995年起，农业综合开发单设一类支出科目，2003年起，列“农业支出”类下的“款”级科目，2007年政府收支分类改革后，归列“农林水事务”类下设“款”级科目。

东阳1995年起实施农业综合开发，至2018年地方财政累计支出达4695万元，进一步加强了农业基础设施和生态建设，有效提升了农业综合生产能力和促进粮食安全。

(3)农林水气等部门事业费支出

为促进农业、林业、畜牧业、渔业、水利、气象等事业的发展，将财政支出安排用于勘察设计，新技术推广，农作物、林木、水产和畜禽的良种繁育与推广，植物保护和病虫害防治，改良土壤，农机鉴定，营林造林，兴修水利，预测预报天气，培训科技人才，进行科学研究等发展农业生产服务的事业性费用，按国家预算收支科目分为：农垦事业费、农场事业费、农业事业费、畜牧事业费、农机事业费、林业事业费、水产事业费、气象事业费、社队企业事业费、土地管理事业费、森工事业费、农业资源调查和区划费及其他农林水事业费14款支出。1950年，农林水等部门事业费支出并入经济事业支出，1952年“三年恢复时期”结束时，农林水等部门事业费已分列为农业、林业、水利3款，到“一五”结束时，又增设气象、水产、农垦而形成6款，后又陆续增设，至1995年形成上述14款，2003年，将“农林水气等部门事业费”类分为“农业支出”“林业支出”“水利和气象支出”三类。

**4. 工交商事业费支出**

工交商事业费支出主要包括工业、交通、环境保护、技术监督(计量标准)、城市建设、物价、商业、粮食、物资、外贸等经济部门的各项事业费支出。1982年前合工业、交通、商业事业费为一类，1983年起分为“工业、交通部门事业费”类和“商业(流通)部门事业费”类。

表1-3-1-2

## 1949—2006年东阳市(县)经济建设支出明细表

单位:万元

| 年份 | 合计 | 基本建设支出 | 企业补助支出 | 支农支出 | | | | | | | | | | | 工交商事业费 |
|---|---|---|---|---|---|---|---|---|---|---|---|---|---|---|---|
| | | | | 小计 | 支援公社农业支出 | 农业综合开发 | 农林水事业费支出 | | | | | | | 其他支农支出 | |
| | | | | | | | 小计 | 农业 | 林业 | 水利 | 气象 | 乡镇企业 | 土地管理 | | |
| 1950 | 0.1 | | | 0 | | | 0 | | | | | | | | 0.1 |
| 1951 | 0 | | | 0 | | | 0 | | | | | | | | 0 |
| 1952 | 1.0 | | | 0.3 | | | 0.3 | 0.3 | | | | | | | 0.7 |
| 1953 | 5.4 | 1.2 | | 2.6 | | | 2.6 | 2.4 | | 0.2 | | | | | 1.6 |
| 1954 | 21.4 | 4.1 | | 15.3 | | | 15.3 | 15.3 | | | | | | | 2.0 |
| 1955 | 20.7 | 4.4 | | 13.0 | | | 13.0 | 10.6 | 2.0 | 0.4 | | | | | 3.3 |
| 1956 | 33.4 | 10.4 | | 16.5 | | | 16.5 | 11.7 | 4.2 | 0.6 | | | | | 6.5 |
| 1957 | 20.8 | 3.0 | | 17.8 | | | 17.8 | 13.5 | 4.1 | 0.2 | | | | | 0 |
| 1958 | 353.4 | 179.6 | | 26.2 | | | 26.2 | 12.4 | 9.9 | 3.9 | | | | | 147.6 |
| 1959 | 379.4 | 328.7 | | 43.7 | 11.1 | | 32.6 | 18.7 | 11.5 | 2.1 | 0.3 | | | | 7.0 |
| 1960 | 763.6 | 562.2 | | 188.6 | 97.5 | | 91.1 | 25.8 | 18.9 | 45.6 | 0.8 | | | | 12.8 |
| 1961 | 384.7 | 52.6 | | 324.6 | 97.9 | | 38.5 | 11.1 | 8.0 | 18.7 | 0.7 | | | 188.2 | 7.5 |
| 1962 | 122.5 | 22.0 | | 85.7 | 15.8 | | 43.7 | 19.6 | 5.2 | 18.3 | 0.6 | | | 26.2 | 14.8 |
| 1963 | 132.1 | 66.4 | | 51.2 | 28.6 | | 22.6 | 13.3 | 4.0 | 5.3 | | | | | 14.5 |
| 1964 | 154.3 | 35.5 | | 101.3 | 61.9 | | 31.5 | 16.5 | 4.6 | 10.4 | | | | 7.9 | 17.5 |
| 1965 | 92.5 | 12.7 | 10.9 | 68.1 | 44.8 | | 23.1 | 11.8 | 7.0 | 4.3 | | | | 0.2 | 0.8 |
| 1966 | 90.4 | 10.4 | | 70.5 | 42.7 | | 27.5 | 14.1 | 7.7 | 5.7 | | | | 0.3 | 9.5 |
| 1967 | 128.5 | 53.0 | | 65.9 | 40.2 | | 25.4 | 15.6 | 7.3 | 2.5 | | | | 0.3 | 9.6 |
| 1968 | 102.2 | 64.6 | | 35.2 | 12.6 | | 22.6 | 14.0 | 5.3 | 3.3 | | | | | 2.4 |

续表1-3-1-2

| 年份 | 合计 | 基本建设支出 | 企业补助支出 | 支农支出 | | | | | | | | | | | 工交商事业费 |
|---|---|---|---|---|---|---|---|---|---|---|---|---|---|---|---|
| | | | | 小计 | 支援公社农业支出 | 农业综合开发 | 农林水事业费支出 | | | | | | | 其他支农支出 | |
| | | | | | | | 小计 | 农业 | 林业 | 水利 | 气象 | 乡镇企业 | 土地管理 | | |
| 1969 | 342.2 | 297.4 | 1.4 | 39.9 | 17.0 | | 21.9 | 14.8 | 5.0 | 2.1 | | | | 1.0 | 3.5 |
| 1970 | 583.0 | 433.2 | 35.6 | 90.9 | 61.4 | | 27.5 | 18.0 | 4.9 | 4.2 | 0.4 | | | 2.0 | 23.3 |
| 1971 | 622.5 | 440.0 | 45.7 | 134.2 | 110.3 | | 24.7 | 19.4 | 0 | 3.1 | 2.2 | | | *0.8 | 2.6 |
| 1972 | 685.1 | 499.8 | 29.5 | 151.9 | 118.1 | | 33.1 | 23.0 | 4.9 | 4.6 | 0.6 | | | 0.7 | 3.9 |
| 1973 | 669.3 | 374.4 | 75.9 | 215.7 | 165.9 | | 49.7 | 36.5 | 6.9 | 5.7 | 0.6 | | | 0.1 | 3.3 |
| 1974 | 480.1 | 357.5 | 20.3 | 99.2 | 48.9 | | 41.5 | 29.4 | 7.0 | 4.5 | 0.6 | | | 8.8 | 3.1 |
| 1975 | 307.0 | 164.7 | 14.9 | 122.2 | 66.1 | | 43.6 | 30.7 | 6.8 | 4.6 | 1.5 | | | 12.5 | 5.2 |
| 1976 | 230.9 | 26.5 | 21.5 | 168.5 | 88.1 | | 67.7 | 34.9 | 27.0 | 4.9 | 0.9 | | | 12.7 | 14.4 |
| 1977 | 250.5 | 27.4 | 32.2 | 167.0 | 87.4 | | 67.9 | 39.2 | 14.0 | 13.8 | 0.9 | | | 11.7 | 23.9 |
| 1978 | 412.0 | 7.0 | 77.6 | 293.3 | 168.4 | | 123.0 | 75.0 | 17.1 | 29.8 | 1.1 | | | 1.9 | 34.1 |
| 1979 | 547.1 | 15.5 | 101.4 | 401.0 | 236.2 | | 164.8 | 73.8 | 44.3 | 44.8 | 1.9 | | | 0 | 29.2 |
| 1980 | 502.8 | 45.0 | 112.9 | 310.7 | 177.2 | | 133.5 | 78.7 | 14.3 | 38.9 | 1.4 | 0.2 | | 0 | 34.2 |
| 1981 | 458.9 | | 50.6 | 394.0 | 219.2 | | 174.8 | 86.1 | 28.3 | 59.7 | 0.2 | 0.5 | | 0 | 14.3 |
| 1982 | 393.7 | | 63.8 | 311.6 | 164.4 | | 147.2 | 90.7 | 31.0 | 24.8 | 0.1 | 0.6 | | 0 | 18.3 |
| 1983 | 497.5 | | 74.4 | 404.6 | 232.5 | | 172.1 | 111.3 | 18.6 | 41.5 | | 0.7 | | 0 | 18.5 |
| 1984 | 434.6 | | 76.2 | 335.9 | 191.3 | | 139.0 | 108.7 | 14.5 | 15.2 | | 0.6 | | 5.6 | 22.5 |
| 1985 | 472.6 | | 177.2 | 264.1 | 157.5 | | 103.7 | 76.6 | 15.1 | 11.2 | | 0.8 | | 2.9 | 31.3 |
| 1986 | 503.8 | | 145.4 | 338.3 | 217.0 | | 117.3 | 87.5 | 16.1 | 12.9 | | 0.8 | | 4.0 | 20.1 |
| 1987 | 425.0 | | 133.9 | 267.5 | 130.5 | | 133.5 | 88.0 | 16.3 | 23.3 | | 5.9 | | 3.5 | 23.6 |
| 1988 | 536.7 | | 130.5 | 370.7 | 179.9 | | 187.3 | 109.6 | 34.4 | 39.8 | | 0.9 | 2.6 | 3.5 | 35.5 |
| 1989 | 706.4 | | 43.5 | 607.9 | 305.8 | | 299.6 | 128.3 | 25.4 | 141.7 | 0.2 | 0.9 | 3.1 | 2.5 | 55.0 |

续表1-3-1-2

| 年份 | 合计 | 基本建设支出 | 企业补助支出 | 支农支出 | | | | | | | | | | | 工交商事业费 |
|---|---|---|---|---|---|---|---|---|---|---|---|---|---|---|---|
| | | | | 小计 | 支援公社农业支出 | 农业综合开发 | 农林水事业费支出 | | | | | | | 其他支农支出 | |
| | | | | | | | 小计 | 农业 | 林业 | 水利 | 气象 | 乡镇企业 | 土地管理 | | |
| 1990 | 816.8 | | 12.5 | 738.6 | 500.3 | | 235.8 | 143.2 | 32.0 | 56.2 | 0.2 | 0.9 | 3.3 | 2.5 | 65.7 |
| 1991 | 956.3 | | 34.7 | 837.1 | 610.3 | | 224.3 | 146.8 | 38.6 | 34.3 | 0.2 | 0.9 | 3.5 | 2.5 | 84.5 |
| 1992 | 1312.0 | | 120.0 | 935.0 | 647.0 | | 285.0 | 183.0 | 54.0 | 43.0 | | 1.0 | 4.0 | 3.0 | 257.0 |
| 1993 | 2248.0 | | 1322.0 | 819.0 | 499.0 | | 309.0 | 201.0 | 55.0 | 47.0 | 1.0 | 1.0 | 4.0 | 11.0 | 107.0 |
| 1994 | 1483.0 | | 290.0 | 1076.0 | 626.0 | | 448.0 | 298.0 | 74.0 | 66.0 | 1.0 | 1.0 | 8.0 | 2.0 | 117.0 |
| 1995 | 1504.0 | 53.0 | 115.0 | 1221.0 | 352.0 | 337.0 | 532.0 | 353.0 | 107.0 | 60.0 | 2.0 | 1.0 | 9.0 | 0 | 115.0 |
| 1996 | 1995.0 | 74.0 | 337.0 | 1514.0 | 613.0 | 335.0 | 548.0 | 374.0 | 89.0 | 72.0 | 3.0 | 1.0 | 9.0 | 18.0 | 70.0 |
| 1997 | 2423.0 | 31.0 | 343.0 | 1953.0 | 805.0 | 300.0 | 807.0 | 576.0 | 111.0 | 104.0 | 5.0 | 1.0 | 10.0 | 41.0 | 96.0 |
| 1998 | 3606.0 | 210.0 | 583.0 | 2706.0 | 1354.0 | 300.0 | 1047.0 | 783.0 | 152.0 | 90.0 | 8.0 | 2.0 | 12.0 | 5.0 | 107.0 |
| 1999 | 4425.0 | 82.0 | 1200.0 | 2446.0 | 758.0 | 370.0 | 1303.0 | 949.0 | 179.0 | 142.0 | 15.0 | 3.0 | 15.0 | 15.0 | 697.0 |
| 2000 | 4432.0 | 451.0 | 1060.0 | 2449.0 | 854.0 | 350.0 | 1223.0 | 760.0 | 204.0 | 201.0 | 38.0 | 5.0 | 15.0 | 22.0 | 472.0 |
| 2001 | 6138.0 | 1657.0 | 1268.0 | 3078.0 | 1075.0 | 368.0 | 1621.0 | 1121.0 | 223.0 | 212.0 | 40.0 | 6.0 | 19.0 | 15.0 | 134.0 |
| 2002 | 6506.0 | 538.0 | 1797.0 | 3691.0 | 1489.0 | 375.0 | 1827.0 | 1137.0 | 236.0 | 379.0 | 42.0 | 6.0 | 27.0 | | 480.0 |
| 2003 | 10408.0 | 710.0 | 4961.0 | 4358.0 | | 360.0 | 3998.0 | 2836.0 | 336.0 | 693 | 73.0 | | 60.0 | | 379.0 |
| 2004 | 12284.0 | 550.0 | 4848.0 | 5906.0 | | 450.0 | 5456.0 | 3873.0 | 622.0 | 837.0 | 64.0 | | 60.0 | | 980.0 |
| 2005 | 13552.0 | 1930.0 | 4371.0 | 6192.0 | | 500.0 | 5692.0 | 4066.0 | 892.0 | 663.0 | 31.0 | | 40.0 | | 1059.0 |
| 2006 | 20598.0 | 3961.0 | 7551.0 | 7936.0 | | 650.0 | 7286.0 | 4690.0 | 1200.0 | 1256.0 | 72.0 | | 68.0 | | 1150.0 |

## （二）教科文卫支出

教科文卫支出主要包括文化、文物、教育、体育、广播电视、科学、科协、卫生、计划生育、党校、档案等部门的事业费支出。1986年前合称为“文教科卫事业费类”，1987年起，单设“科学事业费类”，1996年起，单设“卫生经费类”，1998年起，将“文教事业费类”分为“教育事业费类”和“文体广播事业费类”。

中华人民共和国成立后，教科文卫支出总体上随着财力的增长而稳步增长，只是在“文化大革命”期间呈徘徊状态。改革开放后，教科文卫支出呈快速增长，到2006年达到了41925万元，比1978年558.7万元，年均增长16.7%。

### 1.教育事业费支出

教育事业费支出包括教育管理事务、普通教育、职业教育、成人教育、广播电视教育、特殊教育、老师进修与培训、教育费附加安排的支出及其他教育支出等。自1998年起，在预算支出科目中单设类级科目。

东阳历来尊师重教。建国后，公办、民办等办学之风方兴未艾，财政对教育的投入随之迅速增长。“文化大革命”期间（1966—1976年），因经济处于停滞状态，特别是“文化大革命”头几年，财政收入不增反减，对教育的经费投入也相应的增长缓慢。改革开放后，教学秩序日趋正常，教育事业焕发生机，教育投入持续增长，到1994年预算内教育支出比1977年增长了11倍。1993年，国家制定了《中国教育改革与发展纲要》，提出到2000年前，全国财政性教育经费支出应该占国民生产总值4%的目标。此后，财政对教育的投入快速增长，至2006年一般公共预算教育支出达到31470万元，改革开放后，教育事业费支出年均增长16.9%。

### 2.科学事业费支出

科学事业费支出包括自然科学事业费、社会科学事业费和科协事业费等支出。1958年始设独立款级支出科目，东阳1960年始有该款支出，1987年起，由于科技事业的发展，在预算支出科目中将科学事业费升为类级支出科目。1993年7月，全国人大发布《中华人民共和国科学技术进步法》，规定“国家财政用于科学技术经费的增长幅度，应当高于国家财政经常性收入的增长幅度”，此后，财政对科技的支出呈大幅增长态势，至2006年，财政对科学技术支出达332万元，自1993年来年均增长19.7%，有力地促进了全市的科技进步和开发应用。

### 3.卫生事业费支出

卫生事业费支出包括公立医院、基层医疗卫生机构、公共卫生、中医药、计划生育、食品和药品监督管理、行政事业单位医疗、基本医保补助、医疗救助、优抚对象医疗、医疗卫生和计划生育管理事务等支出。建国初期，东阳的医疗卫生基础较为薄弱，全县仅有一家公立的人民政府卫生院，百姓看病主要靠遍及城乡的个体中医。1952年始有财政的卫生经费支出，其后虽然医疗卫生事业不断发展壮大，财政对卫生支出也逐年增长，但总体支出规模不大，增长速度不快，除了卫生防疫、卫生监督和卫生学校实行全额拨款外，对医院均实行“自收自支、差额补助”的财务保障机制。直至2002年出现“非典”的公共卫生事件后，自2003年起，财政加强了对公共卫生体系建设、医疗卫生基础设施和医疗保障等方面的投入，包括卫生防疫体制改革、增强疾病控制手段、加强公共卫生队伍建设、基层医疗机构设施建设、基本医保补助和救助等的投入，到2006年，财政对医疗卫生和计划生育的支出达到5385万元，比2002年年均增长61.3%。

表1-3-1-3　　1949—2006年东阳市（县）教科文卫支出明细表

单位：万元

| 年份 | 合计 | 文化事业费 | 教育事业费 | 卫生事业费 | 科学事业费 | 体育事业费 | 行政事业医疗经费 | 档案事业费 | 广播电视事业费 | 计划生育事业费 | 党政群干训费 | 其他文教事业费 |
|---|---|---|---|---|---|---|---|---|---|---|---|---|
| 1949 | 0.3 | | 0.3 | | | | | | | | | |
| 1950 | 8.2 | | 8.2 | | | | | | | | | |
| 1951 | 17.2 | 0.1 | 17.1 | | | | | | | | | |
| 1952 | 46.3 | 0.6 | 40.3 | 2.8 | | | | | | | | 2.6 |
| 1953 | 104.2 | 1.1 | 91.3 | 10.9 | | | | | | | | 0.9 |
| 1954 | 97.4 | 1.4 | 88.1 | 7.4 | | | | | | | | 0.5 |
| 1955 | 97.2 | 0.7 | 71.3 | 4.7 | | 0.1 | | | | | | 20.4 |
| 1956 | 144.8 | 1.2 | 106.2 | 10.0 | | 0.1 | | | | | | 27.3 |
| 1957 | 147.4 | 1.0 | 111.6 | 9.3 | | 0.1 | | | | | | 25.4 |
| 1958 | 133.9 | 2.2 | 114.3 | 14.1 | | 0.2 | | | 2.6 | | | 0.5 |
| 1959 | 144.9 | 2.5 | 126.4 | 15.2 | | 0.3 | | | 0.1 | | | 0.4 |
| 1960 | 184.3 | 4.2 | 157.7 | 19.6 | 1.8 | 0.2 | | | | | | 0.8 |
| 1961 | 174.6 | 1.6 | 150.9 | 19.6 | 1.4 | 0.4 | | | | | | 0.7 |
| 1962 | 174.0 | 1.5 | 149.5 | 20.2 | 1.1 | 0.2 | | | | | | 1.5 |
| 1963 | 176.8 | 1.8 | 149.2 | 24.3 | | 0.3 | | | | | | 1.2 |
| 1964 | 197.1 | 2.7 | 167.8 | 24.8 | 0.5 | 0.2 | | | | | | 1.1 |
| 1965 | 197.3 | 2.7 | 167.7 | 26.0 | 0.7 | 0.2 | | | | | | |
| 1966 | 242.7 | 3.7 | 205.2 | 33.3 | 0.3 | 0.2 | | | | | | |
| 1967 | 259.5 | 5.7 | 219.1 | 32.5 | 0.1 | | | | | 2.1 | | |
| 1968 | 250.6 | 7.2 | 203.1 | 34.5 | | | | | 4.2 | 1.6 | | |
| 1969 | 257.0 | 7.9 | 204.1 | 39.2 | 0.2 | 0.1 | | | 3.0 | 2.5 | | |
| 1970 | 265.7 | 8.8 | 203.3 | 44.9 | | 1.3 | | | 3.2 | 4.2 | | |
| 1971 | 311.4 | 7.2 | 238.4 | 37.9 | | 1.6 | 14.2 | | 3.8 | 8.3 | | |
| 1972 | 351.2 | 7.8 | 261.1 | 43.8 | 0.5 | 1.2 | 17.1 | | 9.3 | 10.4 | | |
| 1973 | 381.1 | 6.5 | 279.3 | 49.2 | 0.8 | 1.3 | 18.6 | | 13.1 | 12.3 | | |

续表1-3-1-3

| 年份 | 合计 | 文化事业费 | 教育事业费 | 卫生事业费 | 科学事业费 | 体育事业费 | 行政事业医疗经费 | 档案事业费 | 广播电视事业费 | 计划生育事业费 | 党政群干训费 | 其他文教事业费 |
|---|---|---|---|---|---|---|---|---|---|---|---|---|
| 1974 | 403.3 | 7.1 | 293.3 | 60.7 | 2.1 | 1.4 | 23.1 | | 7.7 | 7.9 | | |
| 1975 | 413.0 | 7.2 | 299.1 | 64.6 | 1.6 | 1.5 | 22.7 | | 8.6 | 7.7 | | |
| 1976 | 440.4 | 7.8 | 324.0 | 67.2 | 2.0 | 1.9 | 20.1 | | 7.8 | 9.6 | | |
| 1977 | 473.4 | 8.7 | 347.3 | 67.7 | 2.8 | 2.2 | 26.5 | | 8.0 | 10.1 | | 0.1 |
| 1978 | 558.7 | 9.1 | 398.0 | 87.9 | 5.6 | 2.0 | 29.6 | | 12.3 | 13.4 | | 0.8 |
| 1979 | 610.8 | 9.7 | 454.7 | 84.9 | 3.8 | 2.0 | 27.5 | | 13.0 | 13.5 | | 1.7 |
| 1980 | 785.8 | 11.8 | 564.2 | 113.2 | 2.2 | 1.5 | 47.4 | | 14.9 | 29.6 | | 1.0 |
| 1981 | 797.3 | 14.2 | 600.5 | 107.0 | 2.4 | 1.6 | 41.5 | | 14.0 | 14.5 | | 1.6 |
| 1982 | 929.2 | 17.4 | 654.4 | 144.5 | 3.3 | 2.5 | 39.4 | | 16.0 | 40.9 | 9.5 | 1.3 |
| 1983 | 1037.4 | 20.3 | 742.6 | 153.0 | 2.8 | 2.7 | 51.0 | | 20.9 | 36.4 | 5.9 | 1.8 |
| 1984 | 1010.6 | 25.1 | 681.3 | 144.2 | 22.5 | 8.4 | 39.0 | | 31.9 | 23.9 | 17.2 | 17.1 |
| 1985 | 1174.3 | 28.1 | 837.7 | 159.7 | 21.9 | 3.0 | 55.0 | | 26.2 | 25.4 | 7.0 | 10.3 |
| 1986 | 1516.5 | 32.1 | 1075.0 | 227.1 | 14.0 | 6.4 | 62.4 | 8.4 | 32.1 | 35.9 | 16.1 | 7.0 |
| 1987 | 1438.6 | 32.9 | 989.1 | 195.8 | 24.8 | 4.5 | 92.0 | 1.7 | 41.8 | 37.4 | 7.8 | 10.8 |
| 1988 | 1873.3 | 65.9 | 1343.6 | 221.9 | 19.2 | 4.3 | 115.0 | 2.3 | 29.2 | 56.7 | 9.5 | 5.7 |
| 1989 | 2326.6 | 164.2 | 1604.0 | 239.4 | 13.2 | 4.5 | 151.0 | 3.4 | 53.7 | 41.5 | 12.2 | 39.5 |
| 1990 | 2393.7 | 39.3 | 1762.8 | 247.4 | 19.6 | 8.1 | 170.0 | 4.3 | 57.3 | 57.8 | 13.0 | 14.1 |
| 1991 | 2657.2 | 70.1 | 1955.3 | 258.4 | 22.0 | 7.6 | 200.0 | 4.3 | 49.7 | 54.8 | 16.0 | 19.0 |
| 1992 | 3020.0 | 50.0 | 2220.0 | 281.0 | 25.0 | 11.0 | 240.0 | 6.0 | 78.0 | 60.0 | 19.0 | 30.0 |
| 1993 | 3732.0 | 62.0 | 2807.0 | 305.0 | 32.0 | 6.0 | 300.0 | 10.0 | 96.0 | 75.0 | 25.0 | 14.0 |
| 1994 | 5379.0 | 80.0 | 4250.0 | 329.0 | 34.0 | 6.0 | 370.0 | 11.0 | 127.0 | 95.0 | 32.0 | 45.0 |
| 1995 | 5948.0 | 108.0 | 4633.0 | 381.0 | 44.0 | 9.0 | 424.0 | 16.0 | 123.0 | 114.0 | 43.0 | 53.0 |
| 1996 | 6669.0 | 103.0 | 5182.0 | 415.0 | 59.0 | 10.0 | 500.0 | 18.0 | 164.0 | 137.0 | 34.0 | 47.0 |
| 1997 | 7826.0 | 150.0 | 5993.0 | 498.0 | 77.0 | 18.0 | 570.0 | 31.0 | 170.0 | 172.0 | 85.0 | 62.0 |
| 1998 | 9075.0 | 188.0 | 7029.0 | 529.0 | 77.0 | 31.0 | 720.0 | 26.0 | 197.0 | 176.0 | 49.0 | 53.0 |
| 1999 | 9930.0 | 182.0 | 7690.0 | 551.0 | 69.0 | 27.0 | 800.0 | 33.0 | 221.0 | 184.0 | 53.0 | 120.0 |
| 2000 | 11377.0 | 248.0 | 8876.0 | 574.0 | 77.0 | 26.0 | 900.0 | 47.0 | 215.0 | 225.0 | 58.0 | 131.0 |
| 2001 | 15014.0 | 278.0 | 11731.0 | 670.0 | 104.0 | 54.0 | 1400.0 | 39.0 | 225.0 | 296.0 | 69.0 | 148.0 |
| 2002 | 18003.0 | 426.0 | 14284.0 | 796.0 | 165.0 | 37.0 | 1100.0 | 70.0 | 197.0 | 404.0 | 303.0 | 221.0 |
| 2003 | 23203.0 | 427.0 | 19312.0 | 1186.0 | 220.0 | 29.0 | 922.0 | 77.0 | 219.0 | 515.0 | 146.0 | 150.0 |
| 2004 | 28947.0 | 548.0 | 23321.0 | 2409.0 | 233.0 | 54.0 | 900.0 | 58.0 | 220.0 | 729.0 | 220.0 | 255.0 |
| 2005 | 35200.0 | 654.0 | 28163.0 | 2918.0 | 412.0 | 52.0 | 900.0 | 74.0 | 239.0 | 1218.0 | 265.0 | 305.0 |
| 2006 | 41925.0 | 984.0 | 31470.0 | 5385.0 | 332.0 | 84.0 | 814.0 | 103.0 | 280.0 | 1732.0 | 293.0 | 448.0 |

### (三)社会保障支出

中华人民共和国成立后，国家的社会保障制度逐步建立，但除了公费医疗制度，其他社会保障制度均不够健全，基本以企业、单位、农村公社等全民或集体经济组织的保障为主。改革开放后，各项社会保障制度相继建立，为了加强和规范社会保障基金的管理和运行，财政在加大对社会保障投入的同时，积极参与各项社会保障资金的监管，有效确保了社会保障资金的可持续安全运行。社会保障支出主要包括社会保障补助、行政事业单位离退休经费、就业补助、抚恤、退役安置、社会福利、残疾人事业、自然灾害生活救助、红十字事业、最低社会保障、社会救济、特困人员救助供养、残疾人事业、补充道路交通事故社会救助基金、其他生活救助、财政对社会保障基金补助、其他社会保障和就业支出等。社会保障支出是重要的民生支出。1998年起，《政府预算收支科目》增设"社会保障补助支出"类，反映政府对社会保险基金及其经办机构和城镇就业的补助支出等。2000年以后，地方政府对民生事业十分重视，进一步加大财政民生支出，至2006年"社会保障支出"达4919万元，占财政总支出的4.5%。

表1-3-1-4

## 1950—2006年东阳市(县)社会保障支出明细表

单位：万元

| 年份 | 合计 | 抚恤和社会福利救济 | | | | | 行政事业单位离退休经费 | | | 社会保障补助 | | | | | 其他社会保障支出 |
|---|---|---|---|---|---|---|---|---|---|---|---|---|---|---|---|
| | | 小计 | 抚恤 | 社救 | 残疾人 | 其他 | 小计 | 行政 | 事业 | 小计 | 保险基金补助 | 城镇就业补助 | 经办机构经费 | 其他 | |
| 1950 | 6.7 | | | | | | | | | | | | | | 6.7 |
| 1951 | 0.4 | 0.4 | | 0.4 | | | | | | | | | | | |
| 1952 | 6.0 | 6.0 | | 6.0 | | | | | | | | | | | |
| 1953 | 6.3 | 6.3 | | 6.3 | | | | | | | | | | | |
| 1954 | 11.1 | 11.1 | | 11.1 | | | | | | | | | | | |
| 1955 | 17.1 | 17.1 | | 17.1 | | | | | | | | | | | |
| 1956 | 15.3 | 15.3 | | 15.3 | | | | | | | | | | | |
| 1957 | 13.2 | 13.2 | | 13.2 | | | | | | | | | | | |
| 1958 | 10.6 | 10.6 | 3.6 | 7.0 | | | | | | | | | | | |
| 1959 | 10.2 | 10.2 | 5.0 | 5.2 | | | | | | | | | | | |
| 1960 | 12.2 | 12.2 | 4.2 | 8.0 | | | | | | | | | | | |
| 1961 | 26.9 | 26.9 | 7.0 | 19.9 | | | | | | | | | | | |
| 1962 | 17.2 | 17.2 | 6.2 | 11.0 | | | | | | | | | | | |
| 1963 | 29.5 | 13.1 | 2.2 | 10.9 | | | | | | | | | | | 16.4 |
| 1964 | 61.2 | 12.3 | 3.9 | 8.4 | | | | | | | | | | | 48.9 |
| 1965 | 26.9 | 13.9 | 4.8 | 9.1 | | | | | | | | | | | 13.0 |
| 1966 | 30.3 | 20.0 | 5.1 | 14.9 | | | | | | | | | | | 10.3 |
| 1967 | 17.5 | 17.5 | 6.3 | 11.2 | | | | | | | | | | | |
| 1968 | 37.4 | 37.4 | 6.5 | 30.9 | | | | | | | | | | | |
| 1969 | 25.4 | 25.4 | 7.7 | 17.7 | | | | | | | | | | | |

续表1-3-1-4

| 年份 | 合计 | 抚恤和社会福利救济 | | | | | 行政事业单位离退休经费 | | | 社会保障补助 | | | | | 其他社会保障支出 |
|---|---|---|---|---|---|---|---|---|---|---|---|---|---|---|---|
| | | 小计 | 抚恤 | 社救 | 残疾人 | 其他 | 小计 | 行政 | 事业 | 小计 | 保险基金补助 | 城镇就业补助 | 经办机构经费 | 其他 | |
| 1970 | 19.7 | 19.7 | 6.2 | 13.5 | | | | | | | | | | | |
| 1971 | 31.6 | 31.6 | 12.7 | 18.9 | | | | | | | | | | | |
| 1972 | 47.5 | 45.9 | 8.8 | 9.1 | | 28.0 | | | | | | | | | 1.6 |
| 1973 | 36.7 | 28.4 | 3.5 | 13.4 | | 11.5 | 7.7 | | 7.7 | | | | | | 0.6 |
| 1974 | 23.5 | 15.5 | 2.9 | 11.1 | | 1.5 | 8.0 | | 8.0 | | | | | | |
| 1975 | 33.1 | 24.9 | 3.3 | 18.6 | | 3.0 | 8.2 | | 8.2 | | | | | | |
| 1976 | 34.3 | 23.9 | 3.7 | 20.2 | | | 10.4 | | 10.4 | | | | | | |
| 1977 | 41.7 | 30.9 | 8.9 | 18.5 | | 3.5 | 10.8 | | 10.8 | | | | | | |
| 1978 | 22.4 | 11.4 | 4.4 | 7.0 | | | 11.0 | | 11.0 | | | | | | |
| 1979 | 86.2 | 74.1 | 21.5 | 32.8 | | 19.8 | 12.1 | | 12.1 | | | | | | |
| 1980 | 49.5 | 34.4 | 11.0 | 23.1 | | 0.3 | 15.1 | | 15.1 | | | | | | |
| 1981 | 53.2 | 37.6 | 16.4 | 20.6 | | 0.6 | 15.6 | | 15.6 | | | | | | |
| 1982 | 70.6 | 52.6 | 19.2 | 33.0 | | 0.4 | 18.0 | | 18.0 | | | | | | |
| 1983 | 68.5 | 50.9 | 22.6 | 27.8 | | 0.5 | 17.6 | | 17.6 | | | | | | |
| 1984 | 85.0 | 60.1 | 25.5 | 26.6 | | 8.0 | 24.9 | | 24.9 | | | | | | |
| 1985 | 104.6 | 78.7 | 20.8 | 33.0 | | 24.9 | 25.9 | | 25.9 | | | | | | |
| 1986 | 156.3 | 75.7 | 30.8 | 24.3 | | 20.6 | 80.6 | 48.4 | 32.2 | | | | | | |
| 1987 | 234.8 | 146.4 | 41.9 | 31.7 | | 72.8 | 88.4 | 60.0 | 28.4 | | | | | | |
| 1988 | 243.1 | 136.8 | 47.8 | 24.2 | | 64.8 | 106.3 | 68.2 | 38.1 | | | | | | |
| 1989 | 571.6 | 454.5 | 77.5 | 46.0 | | 331.0 | 117.1 | 77.0 | 40.1 | | | | | | |
| 1990 | 345.4 | 213.4 | 94.0 | 36.7 | | 82.7 | 132.0 | 87.4 | 44.6 | | | | | | |

续表1-3-1-4

| 年份 | 合计 | 抚恤和社会福利救济 | | | | | 行政事业单位离退休经费 | | | 社会保障补助 | | | | | 其他社会保障支出 |
|---|---|---|---|---|---|---|---|---|---|---|---|---|---|---|---|
| | | 小计 | 抚恤 | 社救 | 残疾人 | 其他 | 小计 | 行政 | 事业 | 小计 | 保险基金补助 | 城镇就业补助 | 经办机构经费 | 其他 | |
| 1991 | 334.6 | 181.8 | 99.6 | 38.1 | | 44.1 | 152.8 | 101.7 | 51.1 | | | | | | |
| 1992 | 369.0 | 164.0 | 98.0 | 53.0 | | 13.0 | 205.0 | 144.0 | 61.0 | | | | | | |
| 1993 | 476.0 | 195.0 | 104.0 | 49.0 | | 42.0 | 281.0 | 206.0 | 75.0 | | | | | | |
| 1994 | 777.0 | 314.0 | 203.0 | 68.0 | | 43.0 | 463.0 | 358.0 | 105.0 | | | | | | |
| 1995 | 942.0 | 428.0 | 266.0 | 76.0 | | 86.0 | 514.0 | 412.0 | 102.0 | | | | | | |
| 1996 | 1103.0 | 492.0 | 237.0 | 144.0 | | 111.0 | 611.0 | 502.0 | 109.0 | | | | | | |
| 1997 | 848.0 | 726.0 | 268.0 | 238 | | 220.0 | 122.0 | 61.0 | 61.0 | | | | | | |
| 1998 | 797.0 | 654.0 | 330.0 | 207.0 | 7.0 | 110.0 | 135.0 | 69.0 | 66.0 | 8.0 | | | | 8.0 | |
| 1999 | 990.0 | 617.0 | 445.0 | 62.0 | 31.0 | 79.0 | 153.0 | 83.0 | 70.0 | 220.0 | | 47.0 | 33.0 | 140.0 | |
| 2000 | 1012.0 | 802.0 | 480.0 | 186.0 | 8.0 | 128.0 | 147.0 | 88.0 | 59.0 | 63.0 | | 23.0 | 40.0 | | |
| 2001 | 1420.0 | 933.0 | 544.0 | 247.0 | 12.0 | 130.0 | 180.0 | 98.0 | 82.0 | 307.0 | | 33.0 | 129.0 | 145.0 | |
| 2002 | 2126.0 | 1556.0 | 1041.0 | 339.0 | 26.0 | 150.0 | 250.0 | 144.0 | 106.0 | 320.0 | | 39.0 | 141.0 | 140.0 | |
| 2003 | 2919.0 | 1960.0 | 1014.0 | 107.0 | 20.0 | 819.0 | 224.0 | | 224.0 | 735.0 | | 548.0 | 172.0 | 15.0 | |
| 2004 | 3197.0 | 2172.0 | 1048.0 | 61.0 | 38.0 | 1025.0 | 302.0 | | 302.0 | 723.0 | | 501.0 | 222.0 | | |
| 2005 | 4091.0 | 2973.0 | 1259.0 | 136.0 | 98.0 | 1480.0 | 313.0 | | 313.0 | 805.0 | | 489.0 | 316.0 | | |
| 2006 | 4919.0 | 3515.0 | 1595.0 | 131.0 | 120.0 | 1669.0 | 307.0 | | 307.0 | 1097.0 | 50.0 | 650.0 | 397.0 | | |

### （四）行政管理支出

行政管理费是履行政府职能的重要物质保证。行政管理支出包括人大、政府、政协、党派、社会团体等行政机关支出，公检法司等公共安全和国防支出，消防武警支出，税务、财政、审计等其他部门事业费支出以及其他一般公共服务的支出等。1949—1950年，经费支出以人民币“元”的财政报账单位外，还有以大米、烧草等粮秣实物数量为报账单位的，1951年统一实施以人民币“元”为记账、报账单位。

行政管理支出在建国以后的计划经济时期，受到严格控制，历经多次机构和人员精简，总体上支出增长缓慢。改革开放以后，行政管理任务加重，特别是司法和行政执法力量进一步加强，行政管理的机构和人员快速增加，加上物价因素，人员经费和业务经费的支出标准提高较快，致使行政管理支出呈快速增长。

因各时期支出分类不同，所统计的口径并不完全一致。1950年3月，财政部公布《中华人民共和国财政收支划分暂行规定》，地方财政支出设置“社会文化教育事业费”“行政管理费”国家预算类级科目。1951年以后，“行政管理费”分为行政机关经费、党派团体补助经费与公检法司经费。1959年起，将行政机关经费、党派团体补助经费与公检法司经费合为“行政支出”一类。1986年起，将公检法司经费从“行政支出”划出，单设“公检法司支出类”支出科目。

#### 1.行政管理费

行政管理费（后称行政机关经费）包括人大经费、政府机关经费、政协经费、党派团体经费等。1988年起，将“行政管理费”分为人大经费、政府机关经费、政协经费、党派群众团体补助等。行政管理费支出的具体内容可分为人员经费、公用经费和项目经费三大部分，人员经费主要包括工资、各项津贴补贴、奖金以及个人和家庭的福利性支出等，根据行政机关人员编制定额和国家规定标准实施预算支出管理；公用经费主要包括公务费、设备购置费、修缮费、业务费和其他费用等（不含基本建设支出），公用经费实行定员定额管理；项目经费主要是一些如大型会议、物业管理等经常性的支出项目，根据节减原则和实际需要安排。行政管理费支出总体按照勤俭节约原则控制其过快增长，2006年行政管理费支出达14952万元，自1978年以来年均增长20.3％。

#### 2.公检法司支出

包括公安安全支出、检察院支出、法院支出、司法支出等。1981年起始有“公安支出”“款”级科目，1983年起始设“司法检察支出”“款”级科目，但未分检察院、法院和司法部门的支出。1991年起，将“检法司支出”款级科目分为检察院支出、法院支出、司法支出3个款级科目。公检法司支出的预算管理形式总体与行政机关相同，此外，根据公检法司机关的职能需要和财力可能，对公检法司机关在定额公用经费以外再另行安排专项业务经费。

#### 3.其他部门事业费

其他部门事业费包括税务、统计、财政、审计、工商、国资、旅游、劳动、纪检监察、机关事业等部门的事业费支出。

(1)税务事业费

税务事业费为按规定列入事业编制的税务机构经费和税务部门征收工商各税及非税收入的业务费。建国初期,税务机关经费在“行政管理费”内列支,业务费列“其他支出”,1958年在“其他支出”内设“税务费”项级科目。1962年基层税务机构改为事业编制,经费由“行政支出”划归“其他支出”类,设“税务机构经费”科目,包括机构经费和业务费。1968—1974年基层税务机构又改为行政编制,经费支出列“行政管理费”,1975年在“其他支出”类设“税务费”款级科目,支出内容为税务业务经费。1980年,税务机构人员又改为事业编制,在“其他支出”类设“税务事业费”款级科目。1982年“税务事业费”改列“其他事业费类”。20世纪80年代初,因税务事业人员剧增,使税务事业费支出迅速增长,到1986年末,全县列事业编制的税务人员达142人,为1980年的2.4倍,1986年支出达82.5万元,为1980年的11倍(东磐分县因素已按比例剔除)。1985年起,根据上级规定可按代征税款的4%提取代征手续费和按集贸市场税收的25%提取集贸税收分成,用于基层税务所建房、支付代征税收报酬和弥补税务事业费不足,此后,税务事业费中的业务费预算支出相应减少。1995年起,财政部、国家税务总局规定取消集贸市场税收分成办法,税务机关所需经费由财政列入预算支出安排。1998年起,税务机构分设,国税机关的经费上划由中央财政负担,地税机关经费仍由地方财政负担。2001年起,根据财政部、国家税务总局相关文件规定,代征手续费纳入预算实行“收支两条线”管理,税务机关所需经费由各级财政列入预算支出安排,其中国税机关的代征手续费由中央财政负担,地税机关代征手续费由地方财政负担。

(2)工商管理事业费

工商管理事业费反映基层工商行政管理机构的相关支出。基层工商行政管理机构,在1979年前属行政编制,经费列“行政支出”,1979年起由行政编制改为事业编制,经费由原“行政支出”改列“其他支出”,在“其他支出类”下设“工商管理事业费”款级科目,下设“基层工商管理经费”和“工商管理业务费”两项。1982年起改列“其他部门事业费”类。改革开放后,基层工商管理事业人员增长迅速,1980年全县基层工商行政管理事业职工人数为59人,至1986年年末达92人,1986年工商管理事业费支出达16.2万元,剔除东磐分县因素,为1980年3.6倍。此后,工商行政管理的预算外收费收入增多,抵补支出后相应地减少了预算内的支出。

(3)审计事业费

1983年起,国家和地方政府开始设立审计机构。1984年审计署、财政部发文设立“审计事业费”项级科目,主要开支审计监督业务所需的资料印刷费、记录费、专业设备购置费、专业会议费、委托费、通讯费、专业培调费、科研费、图书资料费等,东阳当年有业务费支出0.4万元。

(4)纪检监察事业费

1986年起,国家和地方政府开始组建监察机构。1989年按照财政部、监察部规定设立“监察事业费”项级科目，主要核算反映监察机关办案、检查、举报费，设备购置、专业会议、干部培训费以及监察机关事业单位经费等支出。1995年起改为“监察纪检事业费”。

**4.其他行政管理支出**

其他行政管理支出包括公社机关支出、政治（行政）业务费、干部训练费、“五七”干校支出、民兵建设、消防、武警、国防及其他行政经费等。

表1-3-1-5

## 1949—2006年东阳市(县)行政管理费支出明细表

单位:万元

| 年份 | 合计 | 党政机关支出 | | | | | | | 公检法司支出 | | | | | 其他部门支出 |
|---|---|---|---|---|---|---|---|---|---|---|---|---|---|---|
| | | 小计 | 人大 | 行政机关 | 乡镇公社 | 政协 | 党派团体 | 其他 | 小计 | 公安安全 | 检察院 | 法院 | 司法 | |
| 1949 | 4.8 | 4.8 | | 4.8 | | | | | | | | | | |
| 1950 | 23.2 | 23.2 | | 23.2 | | | | | | | | | | |
| 1951 | 49.4 | 49.4 | | 49.4 | | | | | | | | | | |
| 1952 | 50.4 | 50.4 | | 50.4 | | | | | | | | | | |
| 1953 | 54.5 | 54.5 | | 54.5 | | | | | | | | | | |
| 1954 | 61.8 | 61.8 | | 61.8 | | | | | | | | | | |
| 1955 | 75.4 | 75.4 | | 75.4 | | | | | | | | | | |
| 1956 | 109.1 | 109.1 | | 109.1 | | | | | | | | | | |
| 1957 | 100.8 | 100.8 | | 100.8 | | | | | | | | | | |
| 1958 | 116.1 | 108.0 | 0.5 | 37.0 | 45.3 | | 25.2 | | 8.1 | 4.1 | 1.4 | 2.6 | | |
| 1959 | 123.3 | 123.3 | | 66.8 | 56.1 | | | 0.4 | | | | | | |
| 1960 | 120.4 | 120.4 | | 65.3 | 53.1 | | | 2.0 | | | | | | |
| 1961 | 111.2 | 111.2 | | 61.7 | 48.0 | | | 1.5 | | | | | | |
| 1962 | 94.4 | 94.4 | | 35.8 | 45.5 | | 12.1 | 1.0 | | | | | | |
| 1963 | 89.3 | 89.3 | | 30.1 | 42.9 | | 12.6 | 3.7 | | | | | | |
| 1964 | 88.6 | 88.6 | | 29.3 | 43.8 | | 11.1 | 4.4 | | | | | | |
| 1965 | 87.1 | 87.1 | | 26.7 | 42.0 | | 15.8 | 2.6 | | | | | | |
| 1966 | 107.0 | 107.0 | | 32.0 | 61.4 | | 8.7 | 4.9 | | | | | | |
| 1967 | 108.9 | 108.9 | | 33.9 | 60.7 | | 10.8 | 3.5 | | | | | | |
| 1968 | 105.5 | 105.5 | | 105.5 | | | | | | | | | | |
| 1969 | 119.1 | 119.1 | | 119.1 | | | | | | | | | | |

续表1-3-1-5

| 年份 | 合计 | 党政机关支出 | | | | | | | 公检法司支出 | | | | | 其他部门支出 |
|---|---|---|---|---|---|---|---|---|---|---|---|---|---|---|
| | | 小计 | 人大 | 行政机关 | 乡镇公社 | 政协 | 党派团体 | 其他 | 小计 | 公安安全 | 检察院 | 法院 | 司法 | |
| 1970 | 118.1 | 118.1 | | 118.1 | | | | | | | | | | |
| 1971 | 135.5 | 135.5 | | 135.5 | | | | | | | | | | |
| 1972 | 146.4 | 146.4 | | 146.4 | | | | | | | | | | |
| 1973 | 140.7 | 140.7 | | 140.7 | | | | | | | | | | |
| 1974 | 153.5 | 153.5 | | 153.5 | | | | | | | | | | |
| 1975 | 142.8 | 142.8 | | 142.8 | | | | | | | | | | |
| 1976 | 145.5 | 145.5 | | 138.3 | | | | 7.2 | | | | | | |
| 1977 | 174.5 | 174.5 | | 163.3 | | | | 11.2 | | | | | | |
| 1978 | 187.7 | 186.5 | | 169.3 | | | | 17.2 | | | | | | 1.2 |
| 1979 | 208.0 | 207.1 | | 191.8 | | | | 15.3 | | | | | | 0.9 |
| 1980 | 267.8 | 266.9 | | 248.9 | | | | 18.0 | | | | | | 0.9 |
| 1981 | 257.5 | 241.6 | | 217.9 | | | | 23.7 | 15.9 | 15.9 | | | | |
| 1982 | 372.3 | 306.8 | | 281.5 | | | | 25.3 | 17.1 | 17.1 | | | | 48.4 |
| 1983 | 519.8 | 400.0 | | 388.9 | | | | 11.1 | 60.7 | 26.4 | | | 34.3 | 59.1 |
| 1984 | 524.1 | 354.3 | | 323.0 | | | | 31.3 | 99.2 | 41.7 | | | 57.5 | 70.6 |
| 1985 | 486.1 | 310.5 | | 247.9 | | | | 62.6 | 68.1 | 36.7 | | | 31.4 | 107.5 |
| 1986 | 570.6 | 359.2 | | 298.4 | | | | 60.8 | 77.2 | 45.0 | | | 32.2 | 134.2 |
| 1987 | 622.2 | 414.6 | | 333.6 | | | | 81.0 | 71.5 | 39.4 | | | 32.1 | 136.1 |
| 1988 | 722.3 | 459.2 | 10.2 | 396.2 | | 4.4 | 48.4 | | 129.7 | 69.8 | | | 59.9 | 133.4 |
| 1989 | 997.0 | 560.9 | 14.2 | 479.5 | | 5.9 | 61.3 | | 250.4 | 135.0 | | | 115.4 | 185.7 |
| 1990 | 1122.7 | 724.1 | 18.8 | 576.5 | | 7.7 | 121.1 | | 211.2 | 105.8 | | | 105.4 | 187.4 |

续表1-3-1-5

| 年份 | 合计 | 党政机关支出 | | | | | | | 公检法司支出 | | | | | 其他部门支出 |
|---|---|---|---|---|---|---|---|---|---|---|---|---|---|---|
| | | 小计 | 人大 | 行政机关 | 乡镇公社 | 政协 | 党派团体 | 其他 | 小计 | 公安安全 | 检察院 | 法院 | 司法 | |
| 1991 | 1293.5 | 867.9 | 38.4 | 679.3 | | 10.0 | 140.2 | | 239.3 | 114.1 | 31.6 | 79.2 | 14.4 | 186.3 |
| 1992 | 1613.0 | 1089.0 | 29.0 | 868.0 | | 13.0 | 179.0 | | 293.0 | 161.0 | 35.0 | 71.0 | 26.0 | 231.0 |
| 1993 | 2052.0 | 1375.0 | 41.0 | 1098.0 | | 23.0 | 213.0 | | 408.0 | 230.0 | 63.0 | 91.0 | 24.0 | 269.0 |
| 1994 | 2957.0 | 1924.0 | 88.0 | 1511.0 | | 32.0 | 293.0 | | 560.0 | 327.0 | 91.0 | 105.0 | 37.0 | 473.0 |
| 1995 | 3306.0 | 2331.0 | 73.0 | 1899.0 | | 40.0 | 319.0 | | 554.0 | 331.0 | 80.0 | 107.0 | 36.0 | 421.0 |
| 1996 | 4196.0 | 2967.0 | 81.0 | 2469.0 | | 48.0 | 369.0 | | 724.0 | 477.0 | 85.0 | 122.0 | 40.0 | 505.0 |
| 1997 | 4911.0 | 3472.0 | 127.0 | 2842.0 | | 59.0 | 444.0 | | 873.0 | 549.0 | 128.0 | 146.0 | 50.0 | 566.0 |
| 1998 | 5804.0 | 4178.0 | 133.0 | 3615.0 | | 89.0 | 341.0 | | 1005.0 | 654.0 | 123.0 | 175.0 | 53.0 | 621.0 |
| 1999 | 6519.0 | 4515.0 | 146.0 | 3698.0 | | 92.0 | 579.0 | | 1090.0 | 715.0 | 128.0 | 173.0 | 74.0 | 914.0 |
| 2000 | 8086.0 | 5376.0 | 174.0 | 4435.0 | | 108.0 | 659.0 | | 1515.0 | 1046.0 | 188.0 | 193.0 | 88.0 | 1195.0 |
| 2001 | 11982.0 | 7902.0 | 208.0 | 6184.0 | | 151.0 | 1359.0 | | 2369.0 | 1773.0 | 226.0 | 246.0 | 124.0 | 1711.0 |
| 2002 | 16341.0 | 9333.0 | 279.0 | 7482.0 | | 170.0 | 1402.0 | | 4310.0 | 3499.0 | 242.0 | 414.0 | 155.0 | 2698.0 |
| 2003 | 18353.0 | 9989.0 | 320.0 | 7710.0 | | 249.0 | 1710.0 | | 5305.0 | 3920.0 | 387.0 | 867.0 | 131.0 | 3059.0 |
| 2004 | 21703.0 | 11333.0 | 422.0 | 8499.0 | | 349.0 | 2063.0 | | 7498.0 | 5759.0 | 646.0 | 873.0 | 220.0 | 2872.0 |
| 2005 | 28681.0 | 14607.0 | 456.0 | 11344.0 | | 300.0 | 2507.0 | | 8088.0 | 5653.0 | 744.0 | 1362.0 | 329.0 | 5986.0 |
| 2006 | 32918.0 | 14952.0 | 611.0 | 11332.0 | | 328.0 | 2681.0 | | 10987.0 | 8495.0 | 687.0 | 1398.0 | 407.0 | 6979.0 |

### （五）城市维护费支出

城市维护费主要反映城市维护建设税和地方机动财力拨款等安排的城市维护方面的支出。城市维护费长期以来均以类级科目存在。在20世纪80年代以前，因财力所限，支出寥寥无几，自1985年开征城市维护建设税以来，城市维护支出有了固定的来源，其支出随着收入的增长而稳步增长。

### （六）价格补贴支出

价格补贴是财政对企业因进销价格倒挂发生亏损，政策性的收购加价、奖励、价外补贴、削价，政策性储备而发生的储存费用、利息，为支持和促进生产而发生的有关费用等实行的补贴。它实质上是财政对生产的支援和对人民生活的保障支出，是财政调控的一种手段。根据财政部规定，它可以反映为财政收入退库，或以财政支出处理。列入财政管理的价格补贴主要有：粮油价格补贴、副食品价格补贴、农业生产资料补贴、农副产品补贴、国家储备物资的利息费用补贴、政府建立的各类风险基金、消化粮食新老挂账、市镇居民肉价补贴和其他政策性补贴等。东阳价格补贴支出自1985年对居民实行肉价补贴开始，之后根据国家宏观经济政策对价格补贴政策时有调整。

### （七）专项支出

专项支出包括用排污费、教育费附加、矿产资源补偿费等专项收入项目安排相应用途的支出。1985年起有排污费支出，1990年起有教育费附加支出，1998年起有矿产资源补偿费支出。

### （八）其他支出

其他支出包括处理历史遗留问题支出、人民防空经费、民兵装备事业费、兵役征集费、支援不发达地区资金及其他杂项支出等。

## 二、政府收支分类改革

政府收支分类改革是指在我国现行《政府预算收支科目》的基础上，参照国际通行做法，构建适合社会主义市场经济条件下公共财政管理要求的新的政府收支分类体系。2006年2月，财政部印发《政府收支分类改革的通知》，规定自2007年1月1日起实施新的政府收支分类办法。新的收支分类体系具体包括收入分类、支出功能分类和支出经济分类三部分。收入分类反映政府收入的来源和性质，由于新旧收入科目的变化不大，这里主要将原支出科目和新科目的支出功能分类和经济分类对应的一般原则及其科目设置予以说明：

### （一）支出功能分类

2006年科目将支出划分为基本建设支出，各项事业费、行政管理费支出，外交外事支出，住房改革支出等；2007年科目支出划分为一般公共服务、外交、国防、公共安全等支出。因此，在新旧科目衔接上，原来的"基本建设支出""行政管理费"等，要根据支出单位的职能和资金的具体用途进行拆分，分别归集到一般公共服务、外交、国防等功能支出科目中。

支出功能分类主要反映政府活动的不同功能和政策目标。根据社会主义市场经济条件下政府职能活动情况及国际通行做法，改革后将政府支出分为类、款、项三级。其中类级科目设置情况如下：1. 一般公共服务，分设32个款级科目；2. 外交，分设8个款级科目；3. 国防，分设3个款级科目；4. 公共安全，分设10个款级科目；5. 教育，分设10个款级科目；6. 科学技术，分设9个款级科目；7. 文化体育与传媒，分设6个款级科目；8. 社会保障和就业，分设17个款级科目；9. 社会保险基金支出，分设6个款级科目；10. 医疗卫生，分设10个款级科目；11. 环境保护，分设10个款级科目；12. 城乡社区事务，分设10个款级科目；13. 农林水事务，分设7个款级科目；14. 交通运输，分设4个款级科目；15. 工业商业金融等事务，分设18个款级科目；16. 其他支出，分设4个款级科目。

**（二）支出经济分类**

2006年科目中，一般预算支出、政府性基金支出分设不同的目级科目。2007年支出科目设置了统一的支出经济分类，下设工资福利支出、商品和服务支出、债务还本支出、基本建设支出、其他资本性支出等类，类下细分款。因此，原一般预算、政府性基金目级科目的支出，以及债务预算支出，原来在一般预算支出目级科目反映的基本建设支出等，都要按新的经济分类，相应分解对应到相关的类、款科目中。

支出经济分类主要反映政府支出的经济性质和具体用途。改革后将支出经济分类设类、款两级，其中类级科目设置情况如下：1.工资福利支出，分设7个款级科目；2.商品和服务支出，分设30个款级科目；3.对个人和家庭的补助，分设12个款级科目；4.对企事业单位的补贴，分设4个款级科目；5.转移性支出，分设2个款级科目；6.赠与，下设2个款级科目；7.债务利息支出，分设6个款级科目；8.债务还本支出，下设2个款级科目；9.基本建设支出，分设9个款级科目；10.其他资本性支出，分设9个款级科目；11.贷款转贷及产权参股，分设6个款级科目；12.其他支出，分设5个款级科目。

新的收入分类能够全面、规范、明细反映政府的各项收入，新的支出功能分类能够清晰反映政府职能活动的支出总量、结构与方向，新的支出经济分类能够明细反映政府各项支出的具体用途，基本体现出“体系完整、反映全面、分类明细、口径可比、便于操作”的改革要求。

政府收支分类是财政预算管理的一项重要的基础性工作，直接关系到财政预算管理的透明度，关系到财政预算管理的科学化和规范化，是公共财政体制建设的一个重要环节。按照社会主义市场经济体制的发展要求，建立一套规范的政府收支分类体系，对建立民主、高效的预算管理制度，扩大公民民主参与预算过程，保证人民依法实现民主决策、民主管理和民主监督政府预算的权利，推进社会主义政治文明和政治民主建设，都具有重大意义。同时，对进一步深化各项财政改革，提高预算透明度和财政管理水平，起到十分重要的推动作用。

**三、政府收支分类改革后支出**

2007年起，国家实施政府收支分类改革，设置政府支出功能分类科目和支出经济分类科目两套支出分类方法。财政年度决算主要以功能分类的支出统计为主，经济分类统计年度决算资料口径不全，有的年度未有此类决算数据，因而，本节未作经济分类支出的分析和统计。

一般公共预算支出功能分类主要包括：一般公共服务支出、国防支出、公共安全支出、教育支出、科学技术支出、文化体育与传媒支出、社会保障与就业支出、医疗卫生与计划生育、节能环保支出、城乡社区支出、农林水支出、交通运输支出、资源勘探信息等支出、商业服务业等支出、金融支出、援助其他地区支出、粮油物资储备支出、国土海洋气象等支出、住房保障支出、债务还本付息支出、其他支出等。

截至2018年，一般公共预算支出达到925198万元。自改革开放以来的1978—2018年的40年间，一般公共预算支出年均增长率达18.1%。自2007年国家实施政府收支分类改革至2018年，一般公共预算支出年均增长率达19.7%，其中，教育支出平均增长15.3%、科学技术支出平均增长16.1%、社会保障和就业支出平均增长29.6%、医疗卫生与计划生育支出平均增长23.2%、农林水支出平均增长15.5%。

表1-3-1-6

## 2007—2018年东阳市一般公共预算支出情况表

单位：万元

| 项目＼年份 | 2007 | 2008 | 2009 | 2010 | 2011 | 2012 | 2013 | 2014 | 2015 | 2016 | 2017 | 2018 |
|---|---|---|---|---|---|---|---|---|---|---|---|---|
| 合计 | 127554 | 154308 | 188226 | 247500 | 289096 | 392421 | 432344 | 480546 | 610386 | 714162 | 826984 | 925198 |
| 一般公共服务支出 | 24791 | 28630 | 30677 | 34147 | 42628 | 44082 | 49199 | 44437 | 46271 | 46391 | 60493 | 66268 |
| 国防与公共安全支出 | 12463 | 13508 | 16199 | 20423 | 19254 | 27793 | 35744 | 32396 | 41976 | 43411 | 52057 | 53087 |
| 教育支出 | 36690 | 43265 | 56658 | 65647 | 88474 | 118974 | 132042 | 146000 | 161588 | 145024 | 157754 | 175131 |
| 科学技术支出 | 6492 | 6799 | 7432 | 9730 | 12243 | 17849 | 19737 | 21797 | 23885 | 27696 | 30447 | 33537 |
| 文化体育与传媒支出 | 2437 | 2797 | 3003 | 4897 | 5222 | 7055 | 8556 | 9014 | 14448 | 10478 | 10244 | 9532 |
| 社会保障与就业支出 | 6437 | 11931 | 8244 | 19914 | 21541 | 28549 | 31050 | 38391 | 52347 | 80848 | 99901 | 111852 |
| 医疗卫生与计划生育 | 9066 | 11317 | 15391 | 22278 | 23777 | 35030 | 36713 | 50039 | 55056 | 57401 | 67414 | 89573 |
| 节能环保支出 | 2717 | 5005 | 5809 | 9357 | 12394 | 17146 | 10891 | 11060 | 27660 | 25471 | 26328 | 14008 |
| 城乡社区支出 | 4868 | 6767 | 7226 | 7642 | 11992 | 14994 | 22443 | 24344 | 34271 | 92201 | 119004 | 162914 |
| 农林水支出 | 12175 | 13896 | 16808 | 19098 | 23629 | 29560 | 36137 | 42032 | 56643 | 63196 | 57741 | 59251 |
| 交通运输支出 | 462 | 191 | 8407 | 10117 | 10479 | 17074 | 16508 | 9859 | 33066 | 21487 | 32635 | 21344 |
| 资源勘探信息 | | | 5976 | 7725 | 5612 | 8284 | 8338 | 11610 | 8456 | 5429 | 15202 | 14717 |
| 商业服务业等支出 | 7171 | 6949 | 3889 | 11189 | 7349 | 18234 | 14240 | 24366 | 37985 | 51817 | 53212 | 52800 |
| 援助其他地区支出 | | 1220 | 1300 | 1515 | | 794 | 1060 | 1133 | 1202 | 1298 | 1401 | 1513 |
| 金融支出 | | | 220 | 303 | 300 | 729 | 556 | 677 | 968 | 897 | 1368 | 5445 |
| 粮油物资储备支出 | 157 | 263 | 293 | 366 | 391 | 977 | 1369 | 312 | 651 | 540 | 517 | 408 |
| 国土海洋气象等支出 | | | | 2089 | 2147 | 2375 | 3024 | 3340 | 4537 | 16996 | 5620 | 7228 |
| 住房保障支出 | | | | 121 | 66 | 2385 | 3901 | 8806 | 7478 | 14235 | 18267 | 22625 |
| 债务还本付息支出 | | | | 5 | 8 | 527 | 806 | 933 | 1898 | 9346 | 17329 | 23949 |
| 其他支出 | 1628 | 1770 | 694 | 937 | 1590 | 10 | 30 | | | | 50 | 16 |

## 第二节 其他财政预算支出

其他财政预算支出包括政府性基金预算支出、社会保险基金支出和预算外资金支出等。

### 一、政府性基金预算支出

政府性基金预算支出是1998年财政总预算会计制度改革时形成的支出分类，是指财政用政府性基金预算收入安排的支出。因政府性基金预算收入项目是具有专门指定用途的，相应地其支出安排具有专用性。1998年的《政府收支分类科目》，其基金预算支出是按照部门进行分类的，包括：工交部门基金支出、商贸部门基金支出、文教部门基金支出、社会保障基金支出、农业部门基金支出、其他部门基金支出、财政税费附加支出等。2007年实施政府收支分类改革后，基金预算支出实行按支出功能分类，设置类级支出科目有：教育、文化体育和传媒、社会保障和就业、城乡社区事务、农林水事务、交通运输、工业商业金融等事务等。至2018年的《政府收支分类科目》将基金预算支出分为：科学技术支出、文化体育与传媒支出、社会保障与就业支出、节能环保支出、城乡社区支出、农林水支出、交通运输支出、资源勘探信息等支出、商业服务业等支出、金融支出、其他支出等。

各项基金开征以来，在实行预算外专户管理而未纳入预算期间的基金支出，仍然统计在“预算外资金支出”中。

先后纳入政府性基金预算支出的项目有：农业税附加、城市公用事业附加、其他附加、养路费、散装水泥专项基金、新型墙体材料专项基金、国有土地使用权出让金、国有土地收益基金、农业土地开发资金、城市基础设施配套费、彩票公益金、育林基金、森林植被恢复费、地方水利建设基金、残疾人就业保障金、地方教育附加、农村教育费附加、污水处理费及其他政府性基金等支出。另外，还包括上级专项补助的水库移民扶持支出、大中型水库库区基金安排的支出、旅游发展基金安排的支出等。

由于纳入政府性基金预算支出的项目时有变化，口径不一，同时，有的支出项目在年度之间差异较大，如国有土地使用权出让收入，多的年份达50多亿元，少的年份才数亿元，相应地其支出也随之起落较大，至2018年，政府性基金预算支出达607887万元。

表1-3-2-1

## 1997—2018年东阳市政府性基金预算支出情况表

单位：万元

| 年份 | 合计 | 教育支出 | 社会保障和就业支出 | | 城乡社区支出 | | | | | 农林水支出 | | | 交通运输支出 | 资源信息等支出 | | 商业服务业 | 其他支出 | | | | | 债务付息支出 |
|---|---|---|---|---|---|---|---|---|---|---|---|---|---|---|---|---|---|---|---|---|---|---|
| | | | | | 国有土地使用权出让 | | | | | | | | | | | | | | | | | |
| | | 地方教育附加 | 残疾人就业保障金 | 大中水库移民后期扶持基金 | 国有土地收益基金 | 农业土地开发资金 | 其他国有土地出让金 | 城市基础设施配套费 | 污水处理费 | 地方水利建设基金 | 大中型水库库区基金 | 森林植被恢复费（育林基金） | 养路费 | 散装水泥专项基金 | 新型墙体材料专项基金 | 旅游发展基金支出 | 彩票公益金 | 城市公用附加 | 农业税附加 | 其他附加 | 其他政府性基金 | 地方政府专项债务付息 |
| 1997 | 311 | 130 | | | | | | | | 60 | | | | | | | | | | | 121 | |
| 1998 | 1200 | | | | | | | | | 329 | | | | | | | | | | 871 | | |
| 1999 | 526 | | | | | | | | | 390 | | | | | | | | | 136 | | | |
| 2000 | 739 | | | | | | | | | 320 | | | | | | | | | 102 | 317 | | |
| 2001 | 3607 | | | | | | | | | 496 | | | 14 | | | | | | 105 | 807 | 2185 | |
| 2002 | 12431 | | | | | 249 | | | | 520 | | | 9 | | | | | | | 792 | 10861 | |
| 2003 | 13922 | | | | | 373 | | | | 583 | | | 18 | | | | | | 206 | 214 | 12528 | |
| 2004 | 28070 | 1626 | 2 | | | 3608 | | | | 1355 | | | 1788 | | | | | | | 48 | 19643 | |
| 2005 | 44593 | 2873 | 763 | | | 1875 | | | | 1741 | | 91 | 3983 | 24 | 65 | | | | | 21 | 33157 | |
| 2006 | 61419 | 2819 | 1309 | | | 2698 | | | | 1925 | | 101 | 4212 | 47 | 121 | | | | | 18 | 48169 | |
| 2007 | 37520 | 4073 | 1492 | 1221 | | 416 | 21301 | | | 2944 | | 120 | 4990 | 40 | 291 | | | | | 80 | 552 | |
| 2008 | 94511 | 2799 | 1334 | 1251 | | 3156 | 74505 | | | 4660 | | 104 | 5757 | 29 | 193 | | 149 | | | 186 | 388 | |
| 2009 | 203768 | 2502 | 1264 | 755 | 2550 | 314 | 188059 | | | 7048 | | 45 | | 68 | 354 | 60 | 471 | | | | 278 | |
| 2010 | 411078 | 2462 | 1235 | 1437 | 14488 | 6650 | 378380 | | | 5143 | | 75 | | 39 | 114 | 70 | 689 | | | | 296 | |
| 2011 | 419635 | 1378 | 1864 | 1526 | 6235 | 2706 | 381838 | 7622 | | 4670 | | 45 | | 31 | 120 | | 227 | | | | 11373 | |

续表1-3-2-1

| 年份 | 合计 | 教育支出 | 社会保障和就业支出 | | 城乡社区支出 | | | | | 农林水支出 | | | 交通运输支出 | 资源信息等支出 | | 商业服务业 | 其他支出 | | | | | 债务付息支出 |
|---|---|---|---|---|---|---|---|---|---|---|---|---|---|---|---|---|---|---|---|---|---|---|
| | | | | | 国有土地使用权出让 | | | | | | | | | | | | | | | | | |
| | | 地方教育附加 | 残疾人就业保障金 | 大中水库移民后期扶持基金 | 国有土地收益基金 | 农业土地开发资金 | 其他国有土地出让金 | 城市基础设施配套费 | 污水处理费 | 地方水利建设基金 | 大中型水库库区基金 | 森林植被恢复费（育林基金） | 养路费 | 散装水泥专项基金 | 新型墙体材料专项基金 | 旅游发展基金支出 | 彩票公益金 | 城市公用附加 | 农业税附加 | 其他附加 | 其他政府性基金 | 地方政府专项债务付息 |
| 2012 | 278096 | 2794 | 2366 | 1038 | 7805 | 1075 | 237527 | 9448 | | 4911 | 60 | 243 | | 31 | 133 | | 804 | 1240 | | | 8621 | |
| 2013 | 387532 | 5468 | 2189 | 2790 | 9307 | 6816 | 325706 | 6701 | | 7602 | 60 | 21 | | 42 | 590 | | 1841 | 1290 | | | 17109 | |
| 2014 | 441147 | 4427 | 2481 | 2310 | 343 | 9067 | 377180 | 7024 | | 7745 | 65 | 40 | | 20 | 116 | 100 | 3352 | 763 | | | 26114 | |
| 2015 | 349788 | | | 2945 | 15498 | 4948 | 262062 | 12276 | | | 73 | | | 314 | 885 | 150 | 4423 | 2564 | | | 43637 | 13 |
| 2016 | 174671 | | | 2136 | 6937 | 12231 | 120426 | 7112 | 5051 | | 40 | | | 19 | 142 | 89 | 2043 | 1332 | | | 15355 | 1758 |
| 2017 | 244561 | | | 2089 | 6792 | | 208915 | 6423 | 5802 | | 92 | | | | 334 | | 2226 | 615 | | | 7930 | 3343 |
| 2018 | 607887 | | | 2610 | 11166 | 800 | 554677 | 7743 | 4418 | | 89 | | | | | 350 | 1695 | | | | 17252 | 7087 |

## 二、社会保险基金支出

社会保险基金支出是与社会保险基金收入相对应的支出项目，包括企业职工基本养老保险基金、城乡居民基本养老保险基金、机关事业单位基本养老保险基金、职工基本医疗保险基金、城乡居民基本医疗保险基金、工伤保险基金、失业保险基金、生育保险基金等支出。具体支出内容包括社会保险待遇支出、补贴支出、转移支出、上缴上级统筹支出（上解支出）和其他支出等。1998年设立基金预算收支科目后，将社会保险基金支出列入基金预算支出项目，先后将开设的各项社会保险基金列入其中。2007年政府收支分类改革后，将社会保险基金支出单设一类支出科目反映。2014起，并列于一般公共预算收支科目、政府性基金预算收支科目，独立设置社会保险基金收支科目，以全面反映社会保险基金收支情况。

东阳的社会保险基金自1997年起一直实行财政专户管理，是年，纳入专户管理的有企业职工基本养老保险基金、工伤保险基金、失业保险基金和生育保险基金等。后新设立的城乡居民基本养老保险基金、机关事业单位基本养老保险基金、职工基本医疗保险基金和城乡居民基本医疗保险基金等先后纳入其内。随着各项社会保险覆盖面的扩大、享受待遇人员逐年增多和享受标准的逐步提高，各项社会保险基金支出均呈快速增长态势，特别是企业职工基本养老保险基金2018年支出达到263383万元，年均增长22.3%；城乡居民基本养老保险基金2018年支出达到29443万元，年均增长15.7%；职工基本医疗保险基金支出2018年达到65578万元，年均增长23.1%；城乡居民基本医疗保险基金支出2018年达到79080万元，年均增长30.9%。

表1-3-2-2　　**1997—2018年东阳市社会保险基金支出情况表**

单位：万元

| 年份 | 合计 | 企业职工基本养老保险基金 | 城乡居民基本养老保险基金 | 机关事业基本养老保险基金 | 职工基本医疗保险基金 | 城乡居民基本医疗保险基金 | 工伤保险基金 | 失业保险基金 | 生育保险基金 |
|---|---|---|---|---|---|---|---|---|---|
| 1997 | 4081.0 | 3827.0 | | | | | 47.0 | 65.0 | 142.0 |
| 1998 | 4768.0 | 4587.0 | | | | | 39.0 | 36.0 | 106.0 |
| 1999 | 5253.0 | 4839.0 | | | | | 34.0 | 238.0 | 142.0 |
| 2000 | 6670.0 | 6385.0 | | | | | 54.0 | 82.0 | 149.0 |
| 2001 | 9802.0 | 7681.0 | | | 1908.0 | | 47.0 | 25.0 | 141.0 |
| 2002 | 12722.2 | 10108.0 | | | 2429.0 | | 99.5 | 16.0 | 69.7 |
| 2003 | 14236.5 | 10125.1 | | 86.8 | 3846.4 | | 35.4 | 54.6 | 88.2 |
| 2004 | 16539.5 | 10763.8 | | 122.9 | 5008.4 | 450.6 | 25.5 | 78.2 | 90.1 |
| 2005 | 20701.0 | 12026.4 | | 189.7 | 5848.6 | 2379.3 | 62.0 | 113.0 | 82.0 |
| 2006 | 24395.0 | 13186.0 | | 1500.5 | 6566.8 | 2858.6 | 105.9 | 108.1 | 69.1 |
| 2007 | 29919.8 | 14666.3 | | 3041.2 | 8273.3 | 3261.0 | 450.2 | 132.9 | 94.9 |

续表1-3-2-2

| 年份 | 合计 | 企业职工基本养老保险基金 | 城乡居民基本养老保险基金 | 机关事业基本养老保险基金 | 职工基本医疗保险基金 | 城乡居民基本医疗保险基金 | 工伤保险基金 | 失业保险基金 | 生育保险基金 |
|---|---|---|---|---|---|---|---|---|---|
| 2008 | 36874.0 | 18254.4 | | 3031.8 | 9500.4 | 4716.5 | 780.3 | 401.8 | 188.8 |
| 2009 | 47837.9 | 21754.1 | | 3111.5 | 11424.3 | 9650.8 | 782.8 | 540.9 | 573.5 |
| 2010 | 71068.5 | 25065.7 | 9195.8 | 3226.7 | 16857.5 | 13719.2 | 1250.8 | 1080.0 | 672.8 |
| 2011 | 98875.9 | 34416.0 | 11914.0 | 3358.5 | 24475.1 | 20713.9 | 1791.4 | 1351.6 | 855.4 |
| 2012 | 142724.4 | 52917.6 | 14444.6 | 6296.3 | 32349.6 | 32084.0 | 2152.9 | 1292.8 | 1186.6 |
| 2013 | 160244.8 | 67010.2 | 17637.2 | 5077.7 | 31646.5 | 33442.1 | 2404.5 | 1666.6 | 1360.0 |
| 2014 | 262501.6 | 128801.9 | 19114.5 | 5315.6 | 41850.1 | 60747.0 | 3004.1 | 1861.0 | 1807.4 |
| 2015 | 294221.2 | 163027.8 | 21797.1 | | 39073.9 | 61012.3 | 3753.9 | 3588.1 | 1968.1 |
| 2016 | 424371.0 | 196101.0 | 22099.0 | 89538.0 | 43294.0 | 62462.0 | 4789.0 | 3514.0 | 2574.0 |
| 2017 | 436677.0 | 231356.0 | 24862.0 | 53511.0 | 52003.0 | 64715.0 | 3936.0 | 3259.0 | 3035.0 |
| 2018 | 526434 | 263383 | 29443 | 75651 | 65578 | 79080 | 4833 | 3208 | 5258 |

说明:“城乡居民基本医疗保险基金”支出:2004年起为新型农村合作医疗支出;2008年起含城镇居民医疗保险基金支出;2011年起合并为城乡居民基本医疗保险基金

表1-3-2-3 **2018年东阳市社会保险基金支出明细表**

单位:万元

| 项目 | 合计 | 企业职工基本养老保险基金 | 城乡居民基本养老保险基金 | 机关事业基本养老保险基金 | 职工基本医疗保险基金 | 城乡居民基本医疗保险基金 | 工伤保险基金 | 失业保险基金 | 生育保险基金 |
|---|---|---|---|---|---|---|---|---|---|
| 支出合计 | 526434.1 | 263383.1 | 29443.2 | 75651.1 | 65578.5 | 79079.7 | 4832.5 | 3208.0 | 5258.0 |
| 1.待遇支出 | 502918.8 | 253934.7 | 28998.9 | 75191.2 | 61294.3 | 75987.4 | 4670.7 | 2158.0 | 683.6 |
| 2.补贴支出 | 6820.4 | | | | | 2245.6 | 0.4 | | 4574.4 |
| 3.其他支出 | 4746.9 | 70.9 | 1.2 | | 3138.6 | 846.7 | | 689.5 | |
| 4.转移支出 | 4200.2 | 2998.1 | 443.1 | 459.9 | 284.7 | | | 14.4 | |
| 5.上解支出 | 7747.8 | 6379.4 | | | 860.9 | | 161.4 | 346.1 | |

### 三、预算外资金支出

预算外资金支出是指用预算外资金安排的各项支出。与预算外资金收入管理的实际情况相适应,预算外资金支出分为:财政部门管理的预算外资金支出、国营企业及其主管部门的预算外资金支出和行政事业单位预算外资金支出等。

### (一)财政部门管理的预算外资金支出

财政部门管理的预算外支出按其资金核算管理形式,包括纳入国库管理的预算外资金支出和实行专户管理的预算外资金支出两部分。

#### 1.纳入国库管理的预算外资金支出

主要是以国营企业和单位上缴财政国库、列入预算外资金管理的地方附加收入、集中企业收入、政府性专项收入和其他收入等安排的各项支出。1998年财政总预算会计制度改革后,分别列入一般公共预算或基金预算支出。

表1-3-2-4 1953—1997年东阳市(县)财政预算外资金(纳入国库管理部分)支出情况表

单位:万元

| 年份 | 合计 | 经济建设 | | | | | 文教科卫支出 | 行政管理支出 | 城市维护支出 | 其他支出 |
|---|---|---|---|---|---|---|---|---|---|---|
| | | 小计 | 基本建设 | 支农支出 | 工业支出 | 交通支出 | | | | |
| 1953 | 9.3 | 0.5 | 0.2 | | 0.3 | | 7.9 | | | 0.9 |
| 1954 | 15.8 | 0.1 | | | 0.1 | | 14.8 | 0.1 | | 0.8 |
| 1955 | 3.5 | 0.2 | 0.1 | | 0.1 | | | 0.1 | | 3.2 |
| 1956 | 29.2 | 11.2 | 5.6 | | 5.6 | | 12.1 | 0.1 | | 5.8 |
| 1957 | 37.7 | 19.8 | 6.0 | 4.3 | 6.2 | 3.3 | 12.5 | 5.2 | | 0.2 |
| 1958 | | | | | | | | | | |
| 1959 | | | | | | | | | | |
| 1960 | 49.4 | 47.9 | 45.9 | 2.0 | | | | | 1.5 | |
| 1961 | 68.6 | 42.6 | 36.0 | | 1.7 | 4.9 | 8.2 | | 1.6 | 16.2 |
| 1962 | 29.6 | 26.7 | | 20.5 | 1.2 | 5.0 | | 1.4 | 1.5 | |
| 1963 | 19.2 | 16.6 | 9.0 | 6.4 | | 1.2 | 0.3 | 1.5 | 0.8 | |
| 1964 | 6.6 | 2.8 | | | | 2.8 | 0.7 | 1.1 | 2.0 | |
| 1965 | 67.9 | 54.0 | 4.4 | 44.4 | 2.6 | 2.6 | 1.5 | | 0.6 | 11.8 |
| 1966 | 22.2 | 8.6 | 4.4 | 2.6 | 0.7 | 0.9 | 3.2 | 1.6 | 0.4 | 8.4 |
| 1967 | 33.2 | 22.1 | 2.0 | 4.0 | 11.7 | 4.4 | 10.4 | | 0.7 | |
| 1968 | 44.4 | 33.7 | | 5.9 | 26.8 | 1.0 | 8.2 | 1.5 | 1.0 | |
| 1969 | 56.6 | 3.1 | | 0.1 | 3.0 | | 8.1 | | 0.8 | 44.6 |
| 1970 | 128.8 | 16.7 | 8.6 | | 8.1 | | 4.1 | 0.5 | 1.2 | 106.3 |
| 1971 | 181.4 | 133.6 | 36.0 | 82.0 | 15.6 | | 3.5 | | 2.7 | 41.6 |
| 1972 | 65.6 | 27.0 | | 18.0 | 9.0 | | | 0.1 | 1.9 | 36.6 |
| 1973 | 51.1 | 16.0 | | 5.6 | 10.4 | | 0.4 | 0.5 | 10.4 | 23.8 |
| 1974 | 61.4 | 14.8 | | 9.6 | 5.2 | | 10.1 | 1.9 | 6.7 | 27.9 |
| 1975 | 62.5 | 28.3 | 5.0 | 5.7 | 17.6 | | 12.6 | 2.7 | 6.1 | 12.8 |
| 1976 | 82.3 | 66.8 | | 25.7 | 38.6 | 2.5 | 11.0 | 1.3 | 3.2 | |

续表1-3-2-4

| 年份 | 合计 | 经济建设 | | | | | 文教科卫支出 | 行政管理支出 | 城市维护支出 | 其他支出 |
|---|---|---|---|---|---|---|---|---|---|---|
| | | 小计 | 基本建设 | 支农支出 | 工业支出 | 交通支出 | | | | |
| 1977 | 131.0 | 68.0 | | 37.4 | 30.6 | | 12.5 | 7.8 | 9.2 | 33.5 |
| 1978 | 115.0 | 23.4 | | 23.4 | | | 11.0 | 2.4 | 11.7 | 66.5 |
| 1979 | 264.4 | 20.7 | | 10.0 | 0.7 | 10.0 | 14.8 | 8.8 | 7.7 | 212.4 |
| 1980 | 270.6 | 212.2 | | 5.1 | 207.1 | | 16.3 | | 23.8 | 18.3 |
| 1981 | 209.5 | 23.9 | | 9.0 | 2.9 | 12.0 | 17.0 | | 16.4 | 152.2 |
| 1982 | 304.7 | 22.8 | | 12.8 | | 10.0 | 16.0 | 0.9 | 40.1 | 224.9 |
| 1983 | 326.5 | 38.0 | | 14.0 | | 24.0 | 13.9 | 8.6 | 32.2 | 233.8 |
| 1984 | 237.2 | 16.5 | | 6.5 | | 10.0 | 16.3 | 10.0 | 34.5 | 159.9 |
| 1985 | 136.8 | 5.3 | | 5.3 | | | 17.3 | | 15.6 | 98.6 |
| 1986 | 74.4 | 31.0 | | 18.0 | | 13.0 | 14.0 | | 22.4 | 7.0 |
| 1987 | 81.6 | 41.7 | | 16.7 | | 25.0 | 4.0 | 7.8 | 14.7 | 13.4 |
| 1988 | 117.1 | 62.7 | | 48.7 | | 14.0 | 20.0 | | 24.8 | 9.6 |
| 1989 | 52.3 | 19.3 | | 14.3 | | 5.0 | | | 30.5 | 2.5 |
| 1990 | 36.7 | 12.2 | | 0.6 | | 11.6 | | 10.0 | 14.5 | |
| 1991 | 185.5 | 14.0 | | 9.0 | | 5.0 | | 144.0 | 27.6 | |
| 1992 | 65.0 | | | | | | | | 47.0 | 18.0 |
| 1993 | 118.0 | | | | | | | | 59.0 | 59.0 |
| 1994 | 362.0 | 173 | | 173.0 | | | | | 72.0 | 117.0 |
| 1995 | 1854.0 | 375.0 | | 375.0 | | | | | 122.0 | 1357.0 |
| 1996 | 548.0 | 263.0 | | 263.0 | | | | | 105.0 | 180.0 |
| 1997 | 677.0 | 359.0 | | 359.0 | | | | | | 318.0 |

说明：1953—1957年支出包含磐安部分；1958—1959年无决算数据

2.纳入专户管理的预算外资金支出

主要是指20世纪80年代起，为了预算外资金管理需要，财政在有关商业银行开设预算外资金专户，用以核算和反映由财政部门管理但未纳入国库的预算外资金收支情况，主要项目是由政府性专项收入、行政事业性收入、统筹收入及其他收入等安排的各项支出。

**（二）国营企业及其主管部门的预算外资金支出**

国营企业及其主管部门的预算外资金支出，主要是国营企业以其各种利润留成资金，包括企业奖励基金、超计划利润分成、全额利润留成、企业奖金、企业基金等安排的支出，以及主管部门以其集中和统筹的企业利润留成资金安排的支出等。1952年起国家就开始实行多种形式的利润留成制度，到1983年起始有作为国营企业及其主管部门管理的预算外资金收支情况的决算统计。1983年后，推行国营企业"利改税"，以及多种形式的承包经营责任制，企业留利比重提高，再加上企业经济效益也有明显提升，致使国营企业的利润留成增加，相应地作为预算外资金支出也得到快速增长。1993年7月1日起，国营企业实施《企业财务通则》和分行业财务制度后，国营企业及其主管部门管理的预算外资金不再列入决算统计。

### （三）行政事业单位预算外资金支出

行政事业单位管理的预算外资金支出，主要是行政事业单位以其预算外资金安排的各项支出。建国以后，尽管国家实行统收统支的计划经济体制，但各行政事业单位也有少量的行政事业性收支，1971年起，开始编制行政事业单位预算外资金收支决算。改革开放后，随着收费项目增多，预算外资金规模逐年增大，特别是进入20世纪90年代中后期，由于“三乱”（乱收费、乱摊派、乱罚款）现象的存在，行政事业单位的预算外资金收入骤然增长，相应地其预算外资金支出规模随之扩大。1998年，财政部实施财政预算会计制度改革，取消了预算外资金的名称，明确规定将预算外资金支出分别列入一般公共预算或基金预算管理。特别是2003年实施综合预算改革后，行政事业单位的预算外资金与预算内资金等同实行综合预算管理，其资金陆续纳入国库。

表1-3-2-5　　**1953—1982年东阳县预算外资金支出情况表**

单位：万元

| 年份 | 合计 | 基本建设支出 | 农林水支出 | 工交商支出 | 文教科卫支出 | 社会福利支出 | 行政管理支出 | 城市维护支出 | 其他支出 |
|---|---|---|---|---|---|---|---|---|---|
| 1953 | 9.3 | 0.2 | | 0.3 | 7.9 | | | | 0.9 |
| 1954 | 15.8 | | | 0.1 | 14.8 | | 0.1 | | 0.8 |
| 1955 | 3.5 | 0.1 | | 0.1 | | | 0.1 | | 3.2 |
| 1956 | 29.2 | 5.6 | | 5.6 | 12.1 | | 0.1 | | 5.8 |
| 1957 | 37.7 | 6.0 | 4.3 | 9.5 | 12.5 | | 5.2 | | 0.2 |
| 1958 | | | | | | | | | |
| 1959 | | | | | | | | | |
| 1960 | 49.4 | 45.9 | 2.0 | | | | | 1.5 | |
| 1961 | 68.6 | 36.0 | | 6.6 | 8.2 | | | 1.6 | 16.2 |
| 1962 | 29.6 | | 20.5 | 6.2 | | | 1.4 | 1.5 | |
| 1963 | 19.2 | 9.0 | 6.4 | 1.2 | 0.3 | | 1.5 | 0.8 | |
| 1964 | 6.6 | | | 2.8 | 0.7 | | 1.1 | 2.0 | |
| 1965 | 75.3 | 10.8 | 44.4 | 5.2 | 1.5 | | | 0.6 | 12.8 |
| 1966 | 22.2 | 4.4 | 2.6 | 1.6 | 3.2 | | 1.6 | 0.4 | 8.4 |
| 1967 | 33.2 | 2.0 | 4.0 | 16.1 | 10.4 | | | 0.7 | |
| 1968 | 44.4 | | 5.9 | 27.8 | 8.2 | | 1.5 | 1.0 | |
| 1969 | 56.6 | | 0.1 | 3.0 | 8.1 | | | 0.8 | 44.6 |
| 1970 | 128.8 | 8.6 | | 8.1 | 4.1 | | 0.5 | 1.2 | 106.3 |
| 1971 | 280.1 | 37.7 | 83.6 | 40.5 | 63.9 | | | 2.7 | 51.7 |

续表1-3-2-5

| 年份 | 合计 | 基本建设支出 | 农林水支出 | 工交商支出 | 文教科卫支出 | 社会福利支出 | 行政管理支出 | 城市维护支出 | 其他支出 |
|---|---|---|---|---|---|---|---|---|---|
| 1972 | 175.0 | 4.4 | 22.7 | 9.0 | 94.4 | | 0.1 | 1.9 | 42.5 |
| 1973 | 185.7 | 12.0 | 22.4 | 10.4 | 102.4 | | 0.5 | 10.4 | 27.6 |
| 1974 | 219.5 | 14.2 | 17.3 | 5.2 | 142.6 | | 1.9 | 6.7 | 31.6 |
| 1975 | 136.8 | 15.5 | 15.6 | 17.6 | 62.1 | | 2.7 | 6.1 | 17.2 |
| 1976 | 232.2 | 5.4 | 77.8 | 41.1 | 77.5 | 7.8 | 3.8 | 3.2 | 15.6 |
| 1977 | 314.9 | | 111.5 | 30.6 | 95.7 | 6.0 | 9.1 | 9.2 | 52.8 |
| 1978 | 368.6 | | 155.1 | | 95.7 | 9.6 | 8.0 | 11.7 | 88.5 |
| 1979 | 390.2 | | 33.8 | 10.7 | 98.2 | 4.2 | 10.4 | 7.7 | 225.2 |
| 1980 | 398.0 | 25.1 | 16.1 | 207.1 | 84.3 | 5.4 | 2.1 | 23.8 | 34.1 |
| 1981 | 395.4 | 50.4 | 23.1 | 14.9 | 98.3 | 6.5 | 6.6 | 16.4 | 179.2 |
| 1982 | 519.4 | 52.3 | 43.5 | 10.0 | 105.4 | 0.9 | 10.0 | 40.1 | 257.2 |

说明:1.支出合计数包括财政部门预算外支出和事业行政单位预算外支出。2.其他支出:包括退赔公社平调支出、社教经费、科技两项(三项)费用、新产品试制、挖潜、挖革改、公房租金、大会堂招待所等支出

表1-3-2-6　　**1983—1995年东阳市(县)预算外资金支出情况表**

单位:万元

| 年份 | 合计 | 更新改造支出 | 大修理支出 | 福利奖励支出 | 城市维护支出 | 科技三项费用支出 | 增补流动资金支出 | 基本建设支出 | 行政事业费支出 | 固定资产投资 | 其他支出 |
|---|---|---|---|---|---|---|---|---|---|---|---|
| 1983 | 1618.5 | 833.4 | | 133.9 | 34.2 | 1.8 | 50.0 | 102.8 | 176.1 | | 286.3 |
| 1984 | 1218.9 | 426.3 | | 280.9 | 38.0 | 15.5 | | 72.1 | 171.3 | | 214.8 |
| 1985 | 1523.0 | 485.4 | 58.0 | 313.4 | 19.6 | 10.4 | 21.5 | 194.5 | 149.0 | | 271.2 |
| 1986 | 2030.8 | 266.6 | 146.1 | 395.9 | 75.0 | 83.0 | 40.8 | 187.4 | 302.4 | | 533.6 |
| 1987 | 3592.6 | 1111.9 | 264.2 | 549.2 | 42.5 | 133.4 | 14.8 | 170.5 | 793.1 | | 513.0 |
| 1988 | 4270.8 | 420.5 | 167.5 | 683.8 | 165.8 | 307.4 | 20.1 | 103.5 | 1605.1 | | 797.2 |
| 1989 | 4293.4 | 597.6 | 304.2 | 859.1 | 55.4 | 23.1 | 103.7 | 553.3 | 650.6 | | 1146.4 |
| 1990 | 6302.0 | 460.4 | 346.4 | 1021.4 | 72.8 | | 90.3 | 1819.1 | 844.2 | | 1647.4 |
| 1991 | 7275.0 | 523.0 | 385.0 | 919.0 | 175.0 | 37.0 | 68.0 | 1888.0 | 1311.0 | | 1969.0 |
| 1992 | 6818.0 | 661.0 | 391.0 | 1071.0 | 51.0 | | 67.0 | 1951.0 | 1176.0 | | 1450.0 |
| 1993 | 4638.0 | | | 311.0 | 193.0 | | | | 1386.0 | 1420.0 | 1328.0 |
| 1994 | 9851.0 | | | 463.0 | 285.0 | | | | 3061.0 | 4677.0 | 1365.0 |
| 1995 | 19724.0 | | | 469.0 | | | | | 5857.0 | 4659.0 | 8739.0 |

说明:本表支出包含财政部门管理的预算外资金支出、事业行政单位管理的预算外资金支出和国营企业及其主管部门管理的预算外资金支出等

# 第二篇 财政保障

## 第一章 扶持经济

经济决定财政，财政影响经济。东阳财政工作始终贯彻“发展经济，保障供给”的财政经济总方针，在各个历史时期，采取各种措施，通过财政资金奖补和财政政策扶持，坚持把促进经济发展放在重要位置。

在计划经济时期，坚持巩固农业作为第一产业的基础地位，大力发展农业生产和农业基础设施建设，在经济落后、物质匮乏、财政拮据的情况下，相继建设了横锦水库、南江水库、东方红水库及其灌溉渠系等一大批基础设施，确保了全县农业的稳产增产；在发展工业经济方面，根据东阳工业基础薄弱的实际，20世纪70年代开始，加大了财政的基本建设投入，先后创办了一批地方国营工矿企业，为东阳经济发展奠定了物质基础；并着力发展商贸服务业，从无到有，由弱到强，基本保障了东阳人民生产生活的物质和文化需要。

改革开放初期，在财政体制上实行了“分级包干”办法，极大地调动了地方政府发展经济的积极性，大力发展乡镇(社队)企业；“分税制”改革后，特别是20世纪90年代对国有、集体企业的改制，转变企业经营机制，为企业减负松绑，并大力发展民营经济，进一步增强了企业活力和经济发展后劲。

21世纪开始，财政持续加大对经济的扶持，重点支持影视文化、高新技术、建筑、旅游、商贸服务、木雕家具等一大批新兴产业的发展，使东阳经济和财政收入规模跃居金华市前列。同时，经济的快速发展，进一步促进东阳财政财力的增长，又成为促进经济快速发展的坚强后盾。

### 第一节 支援“三农”

“三农”是指农业、农村和农民。东阳长期以来属于农业县，农业占经济主导地位，财政也向来重视对农业的投入。改革开放后，工商经济兴起，东阳财政状况改善，工业反哺农业，加大财政对农业的投入，加强农业基础建设，繁荣农村经济，促进农民增收，成为财政工作的重要任务。

### 一、财政支农资金

财政支农资金是由财政预算安排，直接用于发展农垦、农业、畜牧业、林业、水利、农机、土地、气象等事业的基本建设、流动资金、各项事业费及支援农村社队和新农村建设的专项资金。

#### （一）支农资金投入

东阳历史上是个山多地少、人多耕地少的贫瘠县，解放后，人民政府为解决群众的温饱问题，十分重视农业农村工作，始终坚持农业是国民经济基础的定位，不断加大财政对农业的投入，加强农业基础建设，开发利用水利资源，1953年至1975年间，全县财政用于农业水利基本建设投资达1100.4万元，加上上级财政补助和社会各界的大力支持，先后建成以横锦水库和南江水库为骨干的一批大中小型水库及渠系配套工程，极大增强了农业旱涝保丰收的能力。同时，加大土地开发力度，努力增加耕地面积，1974年开始开发黄土丘陵工作，到1978年的5年间，财政共投资74.1万元，其中国家拨款32.8万元、县财力安排34.3万元，共开发可耕种土地3.43万亩，到1979年底，已种植面积达3.1万亩，实收产量100多万千克，平均亩产达322.5千克。

建国以来至1993年，全市累计投入支农资金9867.9万元，占同期财政支出的比重达12.8%，其中农业（含农垦、农场、农机、畜牧事业费等）2361.2万元、林业664.9万元、水利2874万元、支援农村社队3541.8万元。1993年7月，颁布《中华人民共和国农业法》，规定“中央和县级以上地方财政每年农业总投入的增长幅度应当高于其财政经常性收入的增长幅度”。此后，财政进一步加大对农业的投入，至2006年（国家收支分类改革前），全市一般预算支农支出达7936万元，比1993年《中华人民共和国农业法》颁布前的819万元增长8.7倍。至2018年，全年财政一般公共预算、政府性基金预算和其他财政资金共投入“三农”资金376493万元，比2007年增长了近4倍。

表2-1-1-1

## 2009—2018年东阳市财政“三农”支出情况表

单位：万元

| 项目 | 2009年 | 2010年 | 2011年 | 2012年 | 2013年 | 2014年 | 2015年 | 2016年 | 2017年 | 2018年 |
|---|---|---|---|---|---|---|---|---|---|---|
| 合计 | 100104 | 131834 | 162643 | 219168 | 237556 | 240160 | 320807 | 296711 | 343976 | 376493 |
| 一、一般公共预算支出 | 100104 | 131834 | 162643 | 219168 | 232088 | 235733 | 320807 | 296711 | 343976 | 376493 |
| 一般公共服务 | | | | | 8937 | 9412 | 10187 | 9118 | 9698 | 12352 |
| 国防与公共安全 | | | | | 78 | | 166 | 206 | 303 | 356 |
| 教育 | 56658 | 65647 | 88474 | 118974 | 121949 | 101981 | 135765 | 113011 | 130840 | 148911 |
| 文化体育与传媒 | 3003 | 4897 | 5222 | 7055 | 517 | 518 | 959 | 902 | 1134 | 1179 |
| 社会保障和就业 | 8244 | 19914 | 21541 | 28549 | 9055 | 26173 | 35652 | 39267 | 42386 | 46730 |
| 医疗卫生与计划生育 | 15391 | 22278 | 23777 | 35030 | 34026 | 40582 | 38648 | 41449 | 61277 | 80912 |
| 节能环保 | | | | | 445 | 420 | 6747 | 1030 | 600 | 150 |
| 城乡社区 | | | | | 5253 | 4730 | 4964 | 6994 | 8033 | 7018 |
| 农林水支出 | 16808 | 19098 | 23629 | 29560 | 36137 | 42032 | 56643 | 63196 | 57741 | 59251 |
| 交通运输 | | | | | 12042 | 7315 | 28854 | 18683 | 29856 | 17728 |
| 商业服务业等支出 | | | | | 1869 | 671 | 473 | 1355 | 515 | 350 |
| 援助其他地区支出 | | | | | 1060 | 1133 | 1202 | 1298 | 1401 | 1513 |
| 住房保障支出 | | | | | 696 | 697 | 167 | 63 | 34 | 15 |
| 粮油物资储备支出 | | | | | 24 | 69 | 380 | 139 | 158 | 28 |
| 二、政府性基金预算支出 | | | | | 5468 | 4427 | | | | |
| 地方教育附加支出 | | | | | 5468 | 4427 | | | | |

### （二）支农资金管理

加强支农资金管理，提高支农资金使用效率，是财政农业财务工作的基本任务。中华人民共和国成立以来，国家实行计划经济体制，财政支农资金也实行统收统支的管理模式，县级财政对支农资金的安排均由省级财政核定和拨给，县级财政主要实施项目的财务管理和资金拨付，财政对支农资金的管理贯穿于农业财务管理之中。

1979年起，中央对地方财政实行分级包干的财政体制，县级财政有了一定的机动财力和财权，开始对支农资金进行了分配和管理制度的改革和探索：一是扶持的对象从过去单纯扶持农村集体经济，转变到扶持所有全民企事业、农村集体及农户，既扶持贫困山区，也扶持商品经济发达的平原地区；二是扶持的范围一改过去围绕粮食生产，只重视农、林、水，转变为扶持种养业、工业、商业等；三是实行专项资金按项目投放使用，并推行合同制；四是将一部分专项资金由无偿支援改为有偿周转使用，且实行项目实施情况跟踪反馈，进行绩效评价。

1992年，市财政局印发《东阳市财政支农资金项目目标管理办法（试行）》，开始重点关注项目实施的目标效益。

1998年，东阳市政府批复在财政局设立支农专项资金项目管理办公室，负责省级以上支农项目的规划、设计、审查、立项、资金的筹措和分配、项目的组织实施、资金使用的监督检查等。

1999年，市财政局制定印发《东阳市财政支农资金项目管理实施细则》，对属于支援农业生产资金、农林水事业费专项安排用于项目的资金、农业发展资金、水利建设专项资金以及耕地开垦基金等安排的项目资金，且补助资金在5万元以上的均须实行项目化管理。

2009年，为了解决支农资金拨付不及时、项目交叉安排、分散使用、管理不力等问题，根据浙江省财政厅《关于加快支农资金拨付进度加强支农资金管理的意见》，东阳财政局对支农资金管理提出新的要求：一是加快支农资金的拨付和预算执行进度；二是规范完善项目立项和资金分配办法，提高工作透明度；三是加强支农资金的使用管理和监督；四是完善绩效评价办法，逐步建立以绩效为导向的资金分配激励机制；五是加强和规范部门预算支出管理；六是建立支农资金监管信息通报制度等。着力提高财政支农资金使用效率。

2015年，为了进一步加强财政支农专项资金管理，通过“规划引导、部门协调、统筹安排”，优化配置财政资金，推进财政支农体制机制改革，市政府印发《东阳市财政支农专项资金管理暂行办法》，对所有财政支农专项资金进行了重新整合，把财政支农专项资金分为政策性补贴类资金和项目类资金，实行分类管理，对支农专项资金的设立、调整、撤销、使用、绩效管理和监督等各环节进行规范，并进一步明确了农口主管部门和财政部门的管理职责。

### （三）涉农专项资金管理

#### 1.农业发展资金

为了促进农业发展，加大农业投入，1989年，东阳市政府根据省政府《关于建立农业发展基金增加农业资金投入的通知》精神，下发了《关于建立农业发展基金制度的通知》，规定自1989年开始，集中预算外专项收入的部分资金、乡镇企业和私营个体经营户税收的新增财力、耕地占用税留市部分的全部、农林特产税增加部分80%、粮食议购议销额的1%农业技术改进费等作为农业发展基金的来源，主要用于改善农业生产基础条件、新品种新技术推广、开发性生产和扩大耕地面积等，并成立"东阳市农业发展基金管理委员会"的基金管理协调机构。1993年，东阳市农业发展基金管理委员会印发了《东阳市农业发展基金管理制度实施细则》，对资金筹集来源、资金使用范围、审批程序、监督管理办法等作了具体规定，强调农业发展基金专款专用，以有偿为主，有偿部分应占全部资金的60%左右。

2009年，根据《浙江省农业产业化资金使用管理暂行办法》等相关文件精神，市政府印发《东阳市农业产业化项目资金管理办法》，规定农业产业化项目资金主要是用于发展农业主导产业、培育壮大现代农业经营主体、农产品品牌建设、提升农业科技服务水平和保障农产品质量安全等方面的财政资金，扶持的重点是以农业、林业、水产等种养业产业化为主，重点环节是农业、林业、种植和水产养殖生产基地以及以农林水产品为加工、销售原料的农业龙头企业。农业产业化资金扶持期一般为1～2年。

2015年，市政府下发《东阳市财政支持粮食生产综合改革试点工作实施方案》及其专项资金管理办法，建立财政支农资金整合机制，整合农资综合补贴、国家农作物良种补贴、粮食大户直接补贴、农机作业环节补贴、病虫害统防统治补贴、水稻集中育秧补贴、粮食生产以奖代补等粮食生产扶持政策资金，调整为："耕地保护补贴"，以加强耕地生产能力建设；"规模种粮补贴"，以引导适度规模经营；"政府购买服务补贴"，以提升社会化服务能力。并实行粮食补贴动态调整机制。

**2.水利建设资金**

东阳的地貌特征是"三山夹两盆，两盆涵两江"，"两江"即指东阳江和南江，而在中华人民共和国成立前，"两江"却成了两条"烂肚肠"，每年水灾成患。中华人民共和国成立后，人民政府着手治理水患，以保障农业生产丰收和人民安居乐业，开发利用水利资源，大力兴修水利，财政加大投入，各方筹工筹劳，先后建成以横锦水库和南江水库为骨干的一批水利工程，既增强了农业旱涝保丰收能力，也治理了水灾。

为进一步加强水利建设，加快水利基础产业发展，1994年，根据浙江省政府《关于水利建设专项资金征集办法》，东阳市政府决定自1994年1月1日起，在全市范围内从事生产经营活动、有销售经营业务收入的单位和个体工商户以及城乡非农业征用土地、县级财政可用财力、县级农业发展基金等征集水利建设专项资金，其中向生产经营单位和个体工商户征集的收入，30%上交省财政专户，其余征集的收入及向县（市）财政可用财力和农业发展基金征集的收入，全额纳入县级财政预算外资金专户管理。同年9月，根据浙江省财政厅有关文件精神，东阳财政局会同水利部门制定了《关于水利建设专项资金使用管理的暂行规定》，规定其使用范围为：本市的重点水利建设项目、小型农田水利、水土保持、防汛岁修、河道管理维护、水利规划和水文测报等，并对该项资金实行独立核算，专户管理。

1997年，东阳市政府决定建立水利建设基金制度，按照省政府印发《浙江省水利建设基金筹集和使用管理实施办法》的规定，从财政收取的相关政府性基金项目中提取3%设立水利建设基金，并明确水利建设基金属政府性基金，纳入财政预算管理。1999年7月起，根据浙江省财政厅规定将水利建设专项资金纳入水利建设基金管理。

2005年浙江省财政厅下发通知，决定自当年1月1日起，调整水利建设专项资金上缴省比例为15%。

2011年，东阳市委、市政府根据中央和省的有关精神，印发了《加快水利改革发展的实施意见》，要求积极筹措财政水利资金，加大对水利的专项投入和多渠道投资水利。同年7月，财政部下发通知，规定从2011年7月1日起，在国有土地使用权出让收入扣除相关支出项目后的收益中，提取10%的农田水利建设资金，专项用于农田水利设施建设。

2012年，省财政厅印发《浙江省地方水利建设基金征收和减免管理办法》，将水利建设专项资金统一规范调整为“地方水利建设基金”，并明确地方水利建设基金征收对象为从事生产经营活动，取得销售收入或营业收入的企事业单位和个体经营者。

2016年，浙江省财政厅通知自11月1日起暂停向企事业单位和个体经营者征收地方水利建设基金。

通过这些年多渠道筹措的水利建设资金，重点用于了中小河流治理、镇村河道整治、小型农田水利建设、灌区渠系改造、水库除险加固、山塘整治等，河流渠系得到改造和整治，水利基础设施进一步完善和巩固。

**3.农民饮用水工程建设资金**

为了改善农村生活生产基础条件，确保农民饮用水安全，2003年，浙江省财政厅会同水利厅根据省政府《关于实施“五大百亿”工程的若干意见》印发了《浙江省千万农民饮用水工程项目和资金管理办法》，“千万农民饮用水工程项目”是指为解决农村农民饮水困难和改善饮用水水质，以地方自筹为主，财政适当补助资金，鼓励民间资本、外资等多渠道资金投入兴建的农村水源工程、净水工程、引水工程、输配水工程、雨水集蓄工程等项目。

2005年，市政府印发《东阳市农民饮用水工程建设项目和资金管理办法》，正式启动农民饮用水工程项目建设。该项目实施历时15年，共投入财政资金23693万元，相继建成了如东阳第二水厂等一大批饮用水源水库和管网，解决了60多万人口的饮水困难和饮水安全问题。

2018年，为了进一步提高农民饮用水安全标准，省水利厅等有关部门联合下发《浙江省农民饮用水达标提标专项行动方案》，实施农民饮用水工程再提升。

表2-1-1-2　　2007—2014年东阳市农民饮用水工程主要项目实施情况表

| 序号 | 项目名称 | 项目实施主体 | 完工时间 | 项目投资(万元) | | | 饮用水覆盖人口(人) |
|---|---|---|---|---|---|---|---|
| | | | | 合计 | 财政投入 | 自筹配资 | |
| 1 | 东阳景山水厂 | 画水供水公司 | 2007.5 | 262.0 | 262.0 | | 26000 |
| 2 | 东阳南马水厂 | 思源供水公司 | 2008.9 | 3356.0 | 3356.0 | | 31400 |
| 3 | 东阳马宅水厂 | 马宅供水公司 | 2009.9 | 347.6 | 347.6 | | 12200 |
| 4 | 东阳东方红水厂 | 思源供水公司 | 2009.10 | 2594.0 | 2594.0 | | 42000 |
| 5 | 东阳湖溪水厂 | 湖溪供水公司 | 2009.12 | 960.0 | 960.0 | | 33100 |
| 6 | 巍山西坑沿水厂 | 巍山西坑沿村 | 2010.8 | 80.0 | | 80.0 | 12000 |
| 7 | 东阳里山水厂 | 画水供水公司 | 2011.1 | 240.0 | 240.0 | | 14400 |
| 8 | 东阳石塘坑水厂 | 画水供水公司 | 2013.10 | 357.0 | 357.0 | | 14200 |
| 9 | 东阳市第二水厂 | 市自来水公司 | 1013.12 | 24000.0 | | 24000.0 | 400000 |
| 10 | 东阳千祥水厂 | 千祥供水公司 | 2014.11 | 1270.4 | 1270.4 | | 34000 |

**4.林业发展与保护资金**

长期以来，国家对发展林业实施“以林养林”的育林基金制度。1998年，为加强林业资源保护，优化生态环境，省财政厅会同林业厅印发《浙江省林业基金制度》，在全省建立林业基金制度，使保护和培育森林资源、优化美化生态环境具有了正常、稳定的资金来源。

2016年，市财政局会同林业局制订印发了《东阳市林业发展和资源保护专项资金管理办法（试行）》，并于2018年5月进行了重新修订，明确该专项资金是指省市财政安排专项用于现代林业发展、森林（湿地）资源保护和管理的资金，重点支持现代林业发展、森林保护和管理、林业产业化等。

2018年，林业发展和资源保护专项资金支出达7064万元。

**5.城乡一体化建设资金**

为全面建设小康社会，提前基本实现农业农村现代化，2003年，东阳市委、市政府印发了《关于加快推进城乡一体化的若干意见》，提出了推进城乡一体化的总体目标、基本原则、实施阶段和措施等。此后，财政安排了城乡一体化建设项目的专项资金，相继实施了“村庄整治”“美丽乡村建设”“三改一拆”“四边三化”等工程建设。

（1）“村庄整治”和“美丽乡村建设”专项资金

2003年6月，东阳市委、市政府下发《关于实施“百村整治、十村示范”工程的通知》，提出用五年时间，每年对10%左右的行政村进行整治，以提升农村环境卫生和村容村貌，并明确了整治标准和实施措施。

2008年，市政府印发《东阳市村庄整治专项资金管理办法》，对继续实施的村庄整治专项资金明确补助政策和规范管理。2010年，市政府对《办法》作了修订，对资金补助的内容进行补充和完善。

2011年，根据省委、省政府的部署，市委、市政府印发《东阳市美丽乡村建设行动计划(2011—2015年)》，着力推进“农村生态经济体系、生态人居体系、生态文化体系和生态环境体系”等四大体系建设，建成一批“科学规划布局美、村容整洁环境美、创业增收生活美、乡风文明素质美”的美丽乡村，加快推进社会主义新农村建设。为此，财政设立了专项资金支持美丽乡村建设。

2016年，市委、市政府继续推进美丽乡村建设，市财政局会同相关部门下发了《东阳市美丽乡村精品村、精品线建设项目专项资金管理办法》，对美丽乡村进步村、先进村、精品村及市镇两级精品线建设项目实行以奖代补。

2018年，为了深化美丽乡村建设，东阳市委、市政府实施加快省美丽乡村示范县(市)创建工作，提出了具体工作方案，努力打造美丽乡村升级版。

截至2018年年底，全市村庄整治和美丽乡村建设工程实施历时15年，财政共投入93081万元，先后创建了一批独具特色的美丽乡村。

(2)“三改一拆”资金

“三改一拆”是指改造“城中村”、改造旧住宅区、改造旧厂区、拆除违法建筑的专项行动。为了深化统筹城乡发展，改善城乡环境，完善城市功能，提升城市品位，2013年3月，东阳市委、市政府印发《关于开展“三改一拆”行动的实施意见》，提出了三年行动的目标任务和工作要求。该项工作财政共投入19665万元。

(3)“四边三化”资金

所谓“四边三化”是指公路边、河边、山边、村镇边(简称“四边”)的洁化、绿化、美化(简称“三化”)。为了全面整治“四边”区域的环境问题，2013年1月，东阳市委、市政府下发了《关于印发〈东阳市“四边三化”行动方案〉的通知》，要求对“四边”区域的“脏乱差”问题得到全面整治。次年，市委、市政府又印发《东阳市深化“四边三化”行动方案(2015—2020年)》，继续深入实施“四边三化”行动，重新提出了行动的目标任务和工作要求。截至2018年，该项行动累计投入财政资金5619万元，有力推进了全市城乡生态环境面貌的提升。

**6.农村生活污水治理专项资金**

为了提高农村生态环境，提高农民生活质量，2014年1月，东阳市委、市政府印发了《关于全面推进农村生活污水治理工作的实施意见》和《东阳市农村生活污水治理规划(2014—2016年)》，同年6月，市政府印发《东阳市农村生活污水治理专项资金管理办法》，通过省市财政补助、镇村自筹和社会捐助筹集污水治理资金，并明确了财政资金的补助标准和补助办法。2015年，东阳市政府又相继出台了农村生活污水治理设施运行维护及其资金管理等办法，以确保农村生活污水处理设施的正常有效运行。截至2018年，财政投入累计达86089万元。

**7.农村公益事业"一事一议"项目建设资金**

自2010年起,为了积极推进城乡基本公共服务均等化,从中央到地方都先后建立了村级公益事业建设一事一议财政奖补制度。2013年1月,东阳市财政局贯彻执行浙江省农村公益事业建设一事一议财政奖补项目和资金管理办法,明确了"一事一议"项目资金的管理、监督和核算的相关制度。截止2018年,市级财政累计支持村级公益事业建设补助资金达28469.6万元,同时,争取上级财政补助、撬动村级集体经济和村民自筹及社会捐助等资金累计达7亿余元,组织实施了覆盖全市农村的完善基础设施、提升公共服务能力、改善人居环境、强化村级集体经济等方面700余个项目,有力助推美丽乡村建设。

**8.土地整理与改田造地补助资金**

东阳素来山多地少,人均耕地据1988年概查为0.55亩。为了增加耕地,1974年开始开发黄土丘陵工作,到1978年的5年间,财政共投资74.1万元,共开发田地3.43万亩。

为了筹措改田造地资金,1994年,东阳市政府决定从土地使用权出让金中提取6000元/亩、土地使用权转让增值费中提取25%、国家和乡镇企业用地提取1600元/亩、私人建房收取每平方米2元,建立造地专项基金制度,主要用于垦造耕地、农田建设、低产田改造等。1996年,东阳市政府适当调整了造地专项基金的征收范围,即除国家重点建设和非经营性公益事业用地外,均应按规定标准征收造地专项基金。

1999年1月1日起,实施修改后的《中华人民共和国土地管理法》,国家鼓励土地开发整理,并建立"占用耕地与开发复垦耕地相平衡"的制度。

2003年,东阳市政府下发《关于进一步加强土地开发整理确保耕地占补平衡的通知》,加大对造田造地的资金补助力度:新增水田每亩补助标准从原来2000~4000元提高到3000~5000元;新增旱地每亩补助标准由原来800~1500元提高到1000~2000元。

2004年,东阳市政府为了充分调动各乡镇(街道)土地开发整理的积极性,进一步提高造田造地和宅基地整理的补助标准:新造水田补助标准不变,新造旱地补助标准提高到1500~2500元,宅基地整理每亩补助7200元,同时享受省级财政每亩5000元补助。

2007年,东阳市政府印发《关于进一步加强土地开发整理工作的通知》,补助力度进一步加大:土地整理每亩补助1300~1800元;路渠配套工程每亩补助800~1200元;新造水田每亩补助3500~5000元;新造旱地每亩补助2000~2500元;农村建设用地(宅基地部分)复垦每亩补助10000元,同时享受省级补助6000元;农村建设用地(其他地类)复垦每亩补助2500~4000元。

2010年,东阳市政府进一步调整土地建设用地复垦的补助政策:新造水田补助5000~8000元;新造旱地补助3500~5000元;宅基地复垦补助36000元(含省级补助);其他地类复垦补助10000元,同时享受省级补助;山区村可上浮10%。

2011年,根据省委省政府相关精神,东阳市政府印发《关于深入开展农村土地综合整治工作的意见》,开始农村土地综合整治工作,重点对建设用地复垦出台了相关补助奖励政策。

2012年,东阳市政府下文对农村土地综合整治及土地开发整理的财政资金补助政策进行调整,其中土地开发(造田造地)新增水田和旱地每亩最高可补助20000元,并给予所在村政策处理费补助和乡镇(街道)奖励。

2015年,根据上级"占优补优、占水田补水田、占补耕地质量等级相同"的要求,东阳市政府印发《关于加大土地开发整理复垦力度切实提高补充耕地能力的意见》,继续加大土地开发整理复垦的财政投入,垦造耕地水田最高可补6万元、旱地最高可补3万元,同时给予乡镇(街道)奖励。并规定从2015年起收取非农建设占补平衡成本费。

2018年,东阳市政府对土地开发整理的相关政策作进一步完善,垦造耕地旱地工程款最高调整为4万元,增加坟墓搬迁补偿,简化项目资金拨付流程。

2003—2018年间,全市财政共用于土地整理和改田造地投入104235万元。

表2-1-1-3

## 2003—2018年东阳市财政涉农专项资金投入情况表

单位：万元

| 年份 | 农业发展资金（含支持粮食生产） | 水利建设资金 | 林业保护发展资金 | 农民饮用水工程 | 农村生活污水治理 | 三改一拆（农房改造） | 四边三化 | 一事一议 | 美丽乡村建设 | 土地整理与改田造地 |
|---|---|---|---|---|---|---|---|---|---|---|
| 2003 | 900 | 400 | 98 | | | | | | | 1971 |
| 2004 | 1080 | 1238 | 297 | 60 | | | | | 1667 | 2535 |
| 2005 | 1629 | 2867 | 619 | 450 | | | | | 1949 | 4014 |
| 2006 | 1524 | 3022 | 791 | 1344 | | | | | 2292 | 5503 |
| 2007 | 1639 | 3854 | 903 | 2446 | | | | | 1992 | 7527 |
| 2008 | 1889 | 4004 | 684 | 3956 | | | | | 1989 | 3647 |
| 2009 | 3274 | 5491 | 1215 | 4105 | | | | | 4158 | 2673 |
| 2010 | 3610 | 6348 | 2109 | 1956 | | 1750 | | | 3250 | 2821 |
| 2011 | 3841 | 6813 | 1840 | 2116 | | 3237 | | 2982 | 5822 | 1558 |
| 2012 | 4933 | 5940 | 2505 | 1252 | | 965 | | 3566 | 5028 | 2307 |
| 2013 | 4952 | 11743 | 2347 | 2062 | | 3215 | 1338 | 3746 | 6112 | 5656 |
| 2014 | 5789 | 17288 | 2845 | 686 | 8300 | 3503 | 4281 | 5653 | 2597 | 7306 |
| 2015 | 6291 | 16468 | 2834 | 261 | 25918 | 2350 | | 3536 | 4884 | 12726 |
| 2016 | 5793 | 14742 | 2515 | 670 | 20213 | 1947 | | 3997 | 10629 | 17558 |
| 2017 | 6115 | 10639 | 2967 | 371 | 21830 | 2678 | | 2930 | 19772 | 15068 |
| 2018 | 5023 | 9219 | 3157 | 1958 | 9828 | 20 | | 2060 | 17940 | 11365 |
| 合计 | 58282 | 120076 | 27726 | 23693 | 86089 | 19665 | 5619 | 28470 | 93081 | 104235 |

## 二、农业综合开发

农业综合开发是指中央政府为保护、支持农业发展，改善农业生产基本条件，优化农业和农村经济结构，提高农业综合生产能力和综合效益，设立专项资金对农业资源进行综合开发利用的活动。

### (一)管理机构

1991年起，金衢盆地被批准立项为国家农业综合开发区，东阳也包括其中，开始农业综合开发工作，为此，东阳市政府于1990年12月下文成立东阳市农业综合开发领导小组，下设办公室于农经委，承担相关工作。

1997年5月，东阳市编办下文批准设立东阳市农业综合开发办公室，为全额拨款事业单位，隶属东阳市财政局，核编4人，其职能相应划转，确定专职机构和人员从事农业综合开发工作。

2019年3月，东阳市机构改革方案将农业综合开发职能划归市农业局，东阳市农业综合开发办公室机构相应划转。

### (二)资金管理

1994年5月，国务院批转财政部《关于农业综合开发若干政策的通知》，规定了农业综合开发的目标原则、资金来源、项目和资金的管理等政策。同年12月，浙江省财政厅根据财政部颁发的《国家农业综合开发资金管理办法》，制定了《浙江省国家农业综合开发资金管理办法实施细则》，明确国家立项的农业综合开发资金，是指纳入国家批准的农业综合开发项目总投资计划内的各种资金，包括中央财政投入的资金、省财政投入的资金、县(市)乡(镇)级财政配套投入的资金、农业综合开发专项贷款、农村集体经济组织和农户自筹资金(含义务工以外的投劳折资、投物折资)、国有农业企业自身积累投入的资金以及经过法定手续筹集投入的其他资金等。

1998年起，根据浙江省财政厅要求建立农业综合开发资金专户拨付管理制度。

1999年3月，省财政厅修订《浙江省农业综合开发资金管理办法实施细则》，明确中央与地方(省、市、乡)财政原则上应按1:1配套，并列入预算。

2001年，省财政厅会同省农发办印发《浙江省农业综合开发财务管理办法实施细则》，要求加强农业综合开发的财务管理，规范农业综合开发财务行为。

2002年，国务院批转财政部《关于农业综合开发的若干意见》，重新明确农业综合开发的扶持范围和建设内容：一是土地资源开发治理项目，二是多种经营项目，三是高新科技示范项目等；遵循“突出重点，择优立项，综合开发，统筹规划，连片开发，产业化经营，科技与体制创新、开发与保护结合”原则；按各地财力状况分类确定地方财政资金配套比例，实行项目和资金管理有机结合。

2007年，东阳农业综合开发实行项目库管理制度。

2008年，浙江省财政厅对农业综合开发资金的投入比例进行重新规定：土地治理项目省以上财政资金与县市财政资金的配套比例按三档标准确定，东阳确定为1:0.3；产业化项目为0.9:0.1.

2011年，省财政厅根据财政部《关于修改〈国家农业综合开发资金和项目管理办法〉的决定》，制定了《浙江省农业综合开发资金和项目管理实施办法》，明确农业综合开发实行“国家引导、配套投入、民办公助、滚动开发”的投入机制，并实行开发县制度，推行项目法人制。

2014年，根据浙江省财政厅要求，农业综合开发项目按照“真实申报、严格评审、规范准入、联动会商”的机制推行阳光管理制度。

2016年，省财政厅印发《浙江省国家农业综合开发县管理实施细则（试行）》，开发县是指经省农发办认定纳入国家农业综合开发政策扶持范围的县市，包括国家开发县和省级开发县，东阳市被纳入国家开发县。

### （三）开发成果

自1997年东阳市农业综合开发办公室成立至今，全市共实施各类农业综合开发项目81个，累计完成项目总投资65475.2万元，其中各级财政投入资金46492.3万元。实施的项目中包括土地治理项目44个，财政投入资金30947.3万元；产业化发展项目25个，财政投入资金4853万元。通过这些项目的建设：

一是改善了农业生产基本条件，如2001年起在北江——歌山范围内实施的“中低产田改造”、“节水农业示范”“粮食自给工程”“土地整理”4个项目于一体的“四合一”项目，建设内容有“种子工程”“雨天工程”“沃土工程”“特色农业科技园”“现代农业科技服务大院”等，耕地连片建设面积达1.2万多亩，总投资达2000万元，使两个平原镇主要耕地基本实现了农田四化，排灌自流化；再如2005年起先后实施了南江和横锦两个中型灌区节水配套改造项目，总投资达8876.1万元，使灌区受益面积进一步扩大，农田抗旱涝能力进一步提升。

二是提高了农业综合生产能力，农业综合开发先后实施了多项中低产田改造工程，项目的建设内容包括实施改良土壤、平整土地、种子工程、机耕路建设、园区水利工程、科技园工程等，使项目区的农业综合生产能力得到加强。如2018年实施的巍山镇象岗片高标准农田建设项目，项目范围包括巍山镇象岗、上卜宅、环峰、王宅、曙光、沈良、巍山社区等6个行政村和1个社区共26个自然村，总投资1610万元，其中中央财政资金700万元、省财政资金700万元、市财政资金210万元，共建设高标准农田1万亩，主要建设内容包括衬砌灌渠39条13124米、衬砌排渠11条3976米、加固池塘7座、新建泵站1座、堰坝1座、过路涵管52处、农桥5座、建设机耕路48条15305米（其中碎石路面1条414米、人行游步道1条455米，混凝土硬化路面46条14436米）、新造林面积16亩等。该项目的建成，提高了项目区农业基础设施水平，改善了农民群众的生产和生活条件，促进了农业增效、农民增收和社会稳定；生态环境和农村品位得到了改善和提高。

三是促进了农业产业化经营，农业综合开发还先后实施了巴西菇生产加工、红豆杉药林基地、生态席草深加工、意式火腿加工以及香榧、青枣、油茶、蔬菜、茶叶等生产加工基地建设，有效推动了农业产业化的发展。

表2-1-1-4

## 1997—2018年东阳市农业综合开发项目完成情况表

单位：万元

| 年份 | 合计 | | | 土地治理项目 | | | 产业化发展项目 | | | 创新特色项目 | | | 中型灌区改造项目 | | | 其他项目 | | |
|---|---|---|---|---|---|---|---|---|---|---|---|---|---|---|---|---|---|---|
| | 完成项目个数 | 完成投资额 | | 完成项目个数 | 完成投资额 | | 完成项目个数 | 完成投资额 | | 完成项目个数 | 完成投资额 | | 完成项目个数 | 完成投资额 | | 完成项目个数 | 完成投资额 | |
| | | 财政资金 | 自筹资金 | | 财政资金 | 自筹资金 | | 财政资金 | 自筹资金 | | 财政资金 | 自筹资金 | | 财政资金 | 自筹资金 | | 财政资金 | 自筹资金 |
| 1997 | 4 | 466 | 165 | 3 | 160 | 165 | 1 | 306 | | | | | | | | | | |
| 1998 | 3 | 700 | 232 | 1 | 360 | 232 | 2 | 340 | | | | | | | | | | |
| 1999 | 4 | 1300 | 590 | 3 | 960 | 590 | 1 | 340 | | | | | | | | | | |
| 2000 | 5 | 4325 | 1108 | 4 | 4025 | 1108 | 1 | 300 | | | | | | | | | | |
| 2001 | 2 | 1056.32 | 570 | 2 | 1056.32 | 570 | | | | | | | | | | | | |
| 2002 | 4 | 1426 | 2265 | 3 | 1029 | 351 | 1 | 397 | 1914 | | | | | | | | | |
| 2003 | 4 | 989 | 394 | 3 | 769 | 244 | 1 | 220 | 150 | | | | | | | | | |
| 2004 | 3 | 1198 | 669 | 2 | 898 | 269 | 1 | 300 | 400 | | | | | | | | | |
| 2005 | 2 | 2530 | 1763 | | | | 1 | 330 | 1550 | | | | 1 | 2200 | 213 | | | |
| 2006 | 3 | 1448 | 1942 | 2 | 1248 | 482 | 1 | 200 | 1460 | | | | | | | | | |
| 2007 | 4 | 1205 | 971 | 3 | 1005 | 685 | 1 | 200 | 286 | | | | | | | | | |
| 2008 | 2 | 1300 | 332 | 2 | 1300 | 332 | | | | | | | | | | | | |
| 2009 | 2 | 776 | 572 | 1 | 676 | 164 | 1 | 100 | 408 | | | | | | | | | |
| 2010 | 2 | 1448 | 1375 | 1 | 1248 | 240 | 1 | 200 | 1135 | | | | | | | | | |
| 2011 | 3 | 1311 | 129 | 2 | 1251 | 39 | 1 | 60 | 90 | | | | | | | | | |
| 2012 | 2 | 2470 | 190 | 2 | 2470 | 190 | | | | | | | | | | | | |
| 2013 | 8 | 4755 | 869.07 | 2 | 1625 | 140 | 3 | 190 | 250 | | | | 1 | 2600 | 98.50 | 2 | 340 | 380.57 |
| 2014 | 10 | 7748 | 2173.53 | 3 | 3666 | 282 | 4 | 700 | 752 | 1 | 182 | 247 | 1 | 2600 | 284.55 | 1 | 600 | 607.98 |
| 2015 | 6 | 3402 | 1742.26 | 1 | 1482 | 0 | 1 | 400 | 410 | 2 | 520 | 690 | | | | 2 | 1000 | 642.26 |
| 2016 | 4 | 3272 | 759 | 2 | 2522 | 0 | 1 | 100 | 102 | 1 | 650 | 657 | | | | | | |

续表2-1-1-4

| 年份 | 合计 | | | 土地治理项目 | | | 产业化发展项目 | | | 创新特色项目 | | | 中型灌区改造项目 | | | 其他项目 | | |
|---|---|---|---|---|---|---|---|---|---|---|---|---|---|---|---|---|---|---|
| | 完成项目个数 | 完成投资额 | | 完成项目个数 | 完成投资额 | | 完成项目个数 | 完成投资额 | | 完成项目个数 | 完成投资额 | | 完成项目个数 | 完成投资额 | | 完成项目个数 | 完成投资额 | |
| | | 财政资金 | 自筹资金 | | 财政资金 | 自筹资金 | | 财政资金 | 自筹资金 | | 财政资金 | 自筹资金 | | 财政资金 | 自筹资金 | | 财政资金 | 自筹资金 |
| 2017 | 2 | 1687 | 101 | 1 | 1587 | 0 | 1 | 100 | 101 | | | | | | | | | |
| 2018 | 2 | 1680 | 71 | 1 | 1610 | 0 | 1 | 70 | 71 | | | | | | | | | |

### 三、农村税费改革

为了制止一些地方和部门乱收费的现象，规范财力资源的合理配置，减轻企业和群众负担，消除社会分配不公和腐败现象的滋生，2000年3月，中共中央和国务院下发了《关于进行农村税费改革试点工作的通知》，正式启动农村税费改革工作。

2002年，东阳市委、市政府根据省委、省政府农村税费改革的部署和要求，印发了《关于全面进行农村税费改革的通知》，决定在全市范围内进行以“减调改稳、合理负担、调整体制、配套进行”为主要内容的农村税费改革。

“减调改稳”：“减”就是减轻农民负担，实行三个“取消”，即取消乡镇统筹等面向农民征收的政府性收费和集资、取消屠宰税、取消农村劳动积累工和义务工；“调”就是调整农业特产税，对在农业税计税土地上生产的农业特产税产品，不征收农业特产税；“改”就是改革和规范村提留；“稳”就是稳定农业税。

“合理负担”：原则上乡镇统筹费开支的农村义务教育、计划生育、优抚安置、民兵训练和乡村道路建设支出列入市、乡镇（街道）财政预算管理，由市、乡镇（街道）财政合理负担。

“调整体制”：一是完善镇乡（街道）财政体制，对各乡镇（街道）因取消乡镇统筹费、调整农业特产税和取消屠宰税等减收因素通过调整镇乡（街道）财政体制给予适当解决。二是改革农村义务教育管理体制，按照国家规定，农村义务教育实行地方政府负责、分级管理、以市为主的体制。

“配套进行”：一是规范农村收费管理；二是精减乡镇（街道）机构的人员；三是制定改革配套文件，按照要求搞好有关法规规章的清理调整。

2004年，中央着眼于实现粮食稳定增产、农民持续增收的大局，作出了五年内取消农业税的重大决定，并率先在黑龙江、吉林两省进行免征农业税试点，其他省份降低农业税税率，取消了除烟叶外的农业特产税。同年4月，东阳市政府下发《关于稳定发展粮食生产的指导意见》，决定从当年起免征农业税。

2005年1月，浙江省政府下发了《关于进一步做好深化农村税费改革工作的通知》，规定从2005年起全省全面免征农业税，并相应出台了妥善安置农业税助征人员、统筹做好预算经费保障和做好尾欠清理工作等配套政策，因免征农业税而影响的地方财政收入，省对市县给予适当转移支付，确定东阳的转移支付系数为0.5。同年12月，十届全国人大常委会第十九次会议通过了关于废止《中华人民共和国农业税条例》的决定，次年起，在全国范围内免征农业税。

2006年起，农村税费改革转入农村综合改革的新阶段。

## 第二节　扶持企业

企业是运用各种生产要素（土地、劳动力、资本、技术和企业家才能等），向市场提供商品或服务，以满足社会各种需求，实行自主经营、自负盈亏、独立核算的社会经济组织，也称“公司”。企业是财政税收的主要贡献者。东阳财政坚持促产增收，培植财源，大力扶持企业发展，东阳企业从无到有、从小到大、产业优化的发展历程，也为东阳财政状况的持续向好奠定了坚实的物质基础。

**一、工业**

东阳工业早在唐时就有绸、绢、绵丝织品和木雕产品生产。宋时开始有竹编工艺品、火腿生产和铜、银矿开采。清后期，制鞋、铜锡、剃刀、铁器、染色、灯笼、竹木、制笔等行业陆续兴起。民国5年（1916）开设公大袜厂，开始从手工到机械、从作坊到工厂的转变。民国23年有肥皂厂、袜厂、碗厂、磁土矿等7家工厂。民国25年全县手工业总产值636万元，为民国时期产值最高年。1949年有私营工厂34家，职工318人，个体手工业者10721人，总产值388万元。中华人民共和国成立后，人民政府执行没收官僚资本、改造民族资本政策，到1952年底，全县有地方国营工业3家，公私合营工厂2家，合作社营工厂24家，工业总产值784万元。

建国以后，工业经济体系建设和发展坚持以公有制经济为主体的方针，地方国营工业企业均由财政进行基本建设投资创办，基本建设资金渠道有地方财政投资、上级专项拨款、自筹资金和贷款等。在“大跃进”时期，以钢铁为中心大办工业，发展了一批工矿企业，在三年调整中有的关停，有的并转。20世纪70年代初，以兴办小水电、小煤窑、小水泥、小化肥、小矿山的“五小”企业为主，全县又兴办了一批工矿企业。东阳自1953年至1979年止，上级拨款和县财政投入工业基本建设的资金共1801.9万元。至1979年基本建设“拨改贷”时，全县有冶金、机械、农机、化工、电力、森工、纺织、轻工等预算内全民所有制工业企业26户，拥有固定资产原值2454.2万元，职工人数达3656人，实现年工业总产值达3145.7万元。

表2-1-2-1　　1968—1993年东阳市(县)国营工业企业几项主要指标情况表

单位:户、人、万元

| 项目<br>年份 | 企业户数 | 工业总产值 | 产品销售收入 | 销售税金 | 利润总额 | 上缴财政 | 年末职工人数 | 职工工资总额 | 年末固定资产原值 |
|---|---|---|---|---|---|---|---|---|---|
| 1968 | 16 | 321.6 | 307.0 | 82.8 | 18.9 | 21.7 | 734 | 31.3 | 231.4 |
| 1969 | 19 | 372.3 | 345.4 | 75.2 | 16.5 | 7.6 | 894 | 39.7 | 314.9 |
| 1970 | 22 | 507.7 | 470.6 | 83.7 | 52.8 | 47.7 | 1337 | 56.1 | 394.9 |
| 1971 | 27 | 1127.0 | 1007.4 | 111.5 | 148.9 | 124.2 | 2419 | 103.2 | 723.6 |
| 1972 | 30 | 1345.8 | 1223.9 | 122.9 | 227.9 | 199.8 | 2693 | 135.7 | 1390.6 |
| 1973 | 26 | 1465.5 | 1352.7 | 141.2 | 223.4 | 219.3 | 2562 | 132.5 | 1674.8 |
| 1974 | 27 | 1218.0 | 1035.4 | 120.6 | 40.2 | 508.0 | 2612 | 136.8 | 1762.8 |
| 1975 | 26 | 1219.1 | 1020.5 | 126.5 | 56.2 | 28.2 | 2625 | 139.0 | 1598.2 |
| 1976 | 27 | 1273.1 | 1215.7 | 135.9 | -4.0 | 47.9 | 2992 | 155.6 | 2020.3 |
| 1977 | 27 | 2196.6 | 2048.1 | 179.2 | 178.2 | 98.7 | 3065 | 170.1 | 2096.6 |
| 1978 | 28 | 2414.5 | 2451.5 | 201.8 | 306.9 | 302.4 | 3264 | 192.5 | 2301.9 |
| 1979 | 26 | 3145.7 | 2905.7 | 239.3 | 501.7 | 493.8 | 3656 | 218.4 | 2454.2 |
| 1980 | 24 | 3778.1 | 3276.0 | 280.4 | 477.2 | 366.9 | 3723 | 295.9 | 2646.1 |
| 1981 | 24 | 4394.3 | 3617.4 | 313.7 | 531.8 | 341.3 | 4017 | 309.1 | 2938.7 |
| 1982 | 24 | 4244.5 | 4377.7 | 376.7 | 714.6 | 420.0 | 4388 | 335.2 | 3381.1 |
| 1983 | 24 | 4866.4 | 5344.5 | 405.4 | 969.0 | 507.7 | 4713 | 355.9 | 3730.7 |
| 1984 | 22 | 4783.7 | 6168.1 | 467.4 | 926.9 | 557.9 | 4698 | 452.9 | 3858.8 |
| 1985 | 22 | 6918.5 | 7144.0 | 569.0 | 1046.0 | 407.8 | 5188 | 586.8 | 4321.4 |
| 1986 | 22 | 7946.1 | 8264.5 | 595.6 | 1143.1 | 423.4 | 5880 | 734.6 | 5160.0 |
| 1987 | 22 | 10770.0 | 11826.0 | 731.5 | 1592.6 | 547.1 | 6706 | 887.7 | 7119.0 |
| 1988 | 21 | 12151.0 | 15095.0 | 919.4 | 1978.1 | 592.3 | 6918 | 1233.2 | 8389.3 |
| 1989 | 20 | 10523.4 | 11827.3 | 837.6 | 486.1 | 411.9 | 6470 | 1210.9 | 8255.7 |
| 1990 | 20 | 16472.5 | 14338.7 | 886.3 | 357.5 | 297.9 | 7090 | 1299.5 | 8921.3 |
| 1991 | 20 | 21935.3 | 19569.3 | 1255.2 | 1081.4 | 492.9 | 7180 | 1535.1 | 10471.9 |
| 1992 | 18 | 27327.0 | 23788.0 | 1533.0 | 1490.0 | 477.0 | 7497 | 1994.0 | 11456.0 |
| 1993 | 18 | 34349.0 | 31771.0 | 2152.0 | 88.0 | 173.1 | 7450 | 2857.0 | 11671.0 |

说明:1. 以上企业包括供电局,不包括粮油工业、商办工业

2. 工业总产值:1968—1970年按1957年不变价计算;1971—1981年按1970年不变价计算;1982—1989年按1980年不变价计算;1990年起按现行价计算

3. 上缴财政包括上缴利润、调节税、所得税

同时,在中华人民共和国成立初期完成土地改革后,对分散的个体手工业劳动者,按照"自愿

结合，自筹资金，按劳取酬，民主管理，自负盈亏”的原则，实行社会主义改造，成立了手工业生产合作社（组）321个，参加合作社人数达9252人，成为全县公有制工业经济的重要补充。

改革开放后，国家实行“以公有制为主体、多种所有制经济共同发展”的基本经济制度，全县乡镇集体企业、私营企业、个体工商业户等得到快速发展，同时，东阳县委、县政府确立“兴工强市”的发展战略，政府的扶持政策也由以全民所有制为主向多元化、均等化、产业化转变。

1984年，东阳县委转发《关于发展乡镇企业有关问题的报告》，在理顺乡镇企业管理体制、放宽乡镇企业经营范围、给乡镇企业“松绑”放权、分配政策以及政府监管和帮扶政策等方面进行了规定和明确。次年，东阳县委、县政府印发《关于加快发展乡镇企业的若干规定（试行）》，确定加快发展乡镇企业作为我县经济发展的重要战略，规定了乡镇企业的发展方式、税收优惠政策、税后利润分配政策、实行政企分开的管理体制、全方位支持乡镇企业发展等政策。

1991年，东阳市政府根据省政府有关规定印发了《关于扶持乡镇集体企业稳定发展若干政策措施的通知》，对重点骨干企业实行倾斜扶持、大力推进技术进步、扶持特困企业恢复生机、强化企业自我积累等方面实行减免税收、加速折旧、费用列支、利润分配等作出政策规定。

1996年，东阳市政府出台扶持优势工业企业的若干政策，以优势企业带动整个产业结构、产品结构和企业组织结构的调整，建立技改统筹基金以及在增提折旧、成本列支、税收减免、规费免缴、银行信贷等方面给予优惠。

1998年，东阳市政府印发《关于进一步推进企业技术进步的通知》，决定市财政每年安排300万元和财政周转金中一次性划入300万元，设立企业技术进步（技改）专项资金，用于重点扶持企业的技术改造、技术创新以及新产品开发和人才引进等。

2000年，市政府印发《东阳市高新技术项目投资风险金管理办法（试行）》，市财政每年安排100万元建立投资风险金，用于企业向大专院校和科研院所引进技术转让项目和专家咨询的费用资助。

2016年，市政府印发《东阳市财政扶持企业发展资金使用管理暂行办法》，将原由各行业主管部门归口管理的各产业扶持奖励资金，按照“突出重点、分类扶持，竞争择优、公开公平，政府引导、定向使用，注重绩效、加强监管”的原则实行统一管理。

**二、影视业**

东阳影视产业自1996年横店集团兴建《鸦片战争》电影拍摄基地起步，随后进入影视基地建设期，秦王宫、清明上河图、明清宫苑、圆明新园等影视景区相继建成，年接待影视剧组由零星几部到几百部，年游客量由几万人次到上千万人次，年上缴税收由几万元到几十亿元，东阳影视文化产业经历了由小变大的快速发展历程，到2018年，入驻横店影视文化产业实验区的企业达1511家，全市影视文化产业上缴税收达20.56亿元。

2008年，东阳市委、市政府印发《关于加快横店影视产业实验区发展的若干意见》，设立影视文化产业发展专项基金，支持影视企业发展。

2010年，东阳市委、市政府印发《关于进一步加快横店影视产业实验区发展的若干意见》，在设立“影视文化产业发展专项基金”基础上，再设立“影视企业贡献奖”，对上缴地方税费规模和增幅较大的企业给予奖励，同时对企业拓展市场、影视精品创作、后期制作基地建设、企业上市等给予奖励。

2012年，东阳市委、市政府印发《关于进一步推动横店影视产业实验区转型发展的若干意见》，进一步加大“影视文化产业发展专项基金”的奖励力度，同时，另设立“影视文化企业总部经济发展专项资金”，在“影视文化产业发展专项基金”享受到期后其留市部分提取20%，用于影视企业贴息、担保及展位补贴和奖励、购置办公用房补助等。

2017年，东阳市政府对扶持影视文化产业政策进行了补充，一是加大“影视文化产业发展专项资金”提取政策力度；二是加大“影视文化企业总部经济发展专项资金”的提取力度；三是每年财政安排1000万元用于影视产业发展相关的奖励。

目前，东阳的影视产业已发展成为全市的重要支柱产业，东阳也因此获得了“影视名城”之美誉。

**三、建筑业**

东阳建筑业历史悠久，是富民强市的传统优势产业，素有“建筑之乡”的美誉。特别是改革开放后，东阳建筑业得到快速发展，许多建筑企业如雨后春笋迅速发展壮大，到2018年，全市建筑企业达325家，其中特级企业达7家，名列全国县市前茅，建筑业总产值突破2600亿元，总税收达21.7亿元，已连续十年蝉联全国县级市第一。

1993年，为了推动全市建筑业的进一步发展，东阳市政府颁布《关于促进建筑业发展的若干奖励政策》，并于1995年进行了重新修订，政策规定在建筑企业上缴主管部门的管理费中设立奖励基金，对规模效益、高层建筑、名牌工程、质量优胜、行业管理扶持低资质企业等方面给予奖励。

1995年，经市政府同意建立“东阳市建筑业发展基金”，基金来源主要是财政拨给部分垫底周转资金、施工管理费收入提取部分、施工企业按资质等级缴纳部分等，主要用于扶持建筑企业上规模、上台阶。

2008年，东阳市委、市政府印发《关于促进建筑业持续健康发展建设建筑强市的若干意见》，确定对建筑企业做大做强、立足东阳发展、企业资质晋升和创新发展等给予政府奖励，同时规定对回归东阳发展建筑企业给予奖励。

2016年，东阳市委、市政府印发《关于进一步促进建筑业持续健康发展的若干意见》及其《补充意见》，进一步加大对建筑业鼓励和促进的政策措施，特别是对企业上市、信息技术创新、新技术和新工艺的研发和利用、专业资质转型、拓展省外境外业务等方面加大奖励力度。同时，根据建筑业面临“营改增”的新形势，市财政将建筑企业“营改增”后税负超过2%的留市财力部分，设立“建筑业发展专项资金”，用于企业购置设备、降低企业融资成本、建立经销公司、奖励优秀项目等。

2018年，东阳市委、市政府印发《关于进一步规范扶持建筑业提升发展的若干政策意见》，对原有的扶持政策进行修订完善，进一步加大了对建筑业的扶持力度。

**四、商贸服务业**

商贸服务业主要是指与企业商务活动和人民生活密切相关的商业、贸易、物流、文化娱乐、饮食服务等行业，是遍及城乡、关系民生的第三产业。商业在中华人民共和国成立前，以私营为主体。民国22年(1933)始设合作社。民国29年7月设东阳县交易公店。中华人民共和国成立以后，逐步建立和发展了国营和集体商业、服务业、供销合作社等，形成了较为完备的商贸服务体系。

1949年5月，设国营贸易公司供销商店，供应棉布、食盐等生活必需品。1950年2月，中国土产公司东阳办事处建立，同年6月建立中国百货公司东阳办事处，1951年9月建立金华专署东阳专卖事业分处，1953年1月建立中国食品进出口公司金华收购总站东阳收购组。1956年完成对私营商业的社会主义改造后，逐步形成以国营商业、供销合作商业为主导，国营、集体、个体等多种经济成分并存的社会主义商业经济体系。

计划经济时期，商贸服务业主要由国营或集体企业经营，因物资短缺，生活资料实行计划调拨分配，大多实行定量供应。改革开放以来，伴随着经济飞跃发展，居民收入大幅增长，居民消费水平明显提高，人们的生活方式也随之发生改变，消费需求强劲，购销活跃，消费规模持续扩大，相应地商贸服务业也随之得以快速发展。

20世纪八十年代末，为了调动出口创汇的积极性，促进外向型经济发展，东阳市政府决定建立市长出口创汇奖励基金制度，基金来源为省对本市按创汇额比上年增加部分计提(超1美元奖0.04元人民币)的奖励，其中30%奖励给出口供货企业，24%奖励给外贸收购企业，企业主管部门和服务部门各奖励8%，30%奖励给贡献突出的个人。1991年起，对奖励政策适当作了调整，按照外贸收购实绩分一、二、三等进行定额奖励。

到20世纪90年代，东阳市政府先后对国有和城镇集体性质的商业、粮食、物资、外贸、供销等系统的商贸服务企业实施改制，为进一步放开搞活企业经营松绑解困。

2000年，东阳市政府决定设立“开放型经济专项发展资金”，由市财政每年安排200万元，用于自营出口产品补贴、对外招商、重点外贸市场开拓以及对有功单位和人员奖励等。次年，该项专项发展资金增加到500万元。

为全面实施“商贸新市”战略，东阳市委、市政府继2006年出台《关于加快服务业发展的若干意见》后，于2008年2月印发了《关于加快发展商贸服务业的若干意见》，对招商引资、企业培育、提升传统服务业、城乡统筹发展、专业市场建设等方面具体提出了鼓励发展的政策措施。同年6月，印发了《补充意见》，规定财政安排1300万元建立专项基金制度，其中商贸服务业专项基金300万元，市场发展基金1000万元，用于扶持商贸服务企业和市场发展。

2011年，东阳市委、市政府印发《关于加快发展商贸服务业的若干意见》，在原有政策基础上，重点鼓励发展现代物流业、现代商贸服务业和企业主辅分离的生产性服务业等。

2012年，东阳市委、市政府印发《关于扶持开放型经济发展的若干政策意见》，确定财政设立开放型经济专项资金，重点对扩大外贸出口、引进利用外资、开拓国际市场等方面给予支持和奖励。

2018年，为了积极有效拓市场、促消费、调结构、稳增长，高质量推进商贸服务业、电子商务和开放型经济发展，东阳市委、市政府印发《关于促进商务经济高质量发展的若干政策意见》，由财政安排专项资金，对支持商贸服务业企业提升发展、推进农村和社区消费服务网络建设、大力发展电子商务、促进开放型经济发展等方面给予支持和奖励。

长期以来，特别是实行分税制财政体制改革以后，商贸服务业提供的税收成为地方财政收入的主要来源，到2015年“营改增”改革前，仅营业税收入超10亿元，达10.03亿元，占地方财政收入的20.6%，比1994年分税制改革时增长了90倍，加上缴纳的所得税，商贸服务业对地方财政收入的贡献功不可没。

**五、旅游业**

东阳自然旅游资源匮乏，旅游业在全市经济所占比重较低。“九五”计划期间，横店集团注重发展影视产业，并逐步从单一“影视拍摄基地”向影视主题旅游公园转变，从此，全市旅游产业得到了较快发展，2002年被命名为“中国优秀旅游城市”。

为了加快旅游业的发展，东阳执行浙江省政府的有关规定，自1998年1月1日起，对本市境内的各类旅行社、宾馆饭店等涉游企业，按计税营业额的1%征收旅游发展资金，其中60%留市用于旅游资源开发、旅游基础设施建设、旅游宣传促销、旅游人才培养等。

2003年，东阳市政府印发《关于进一步加快旅游产业发展的通知》，要加大财政投入，重点在旅游资源的开发利用、开拓国内外市场、优化旅游环境、提升旅游产业素质等方面给予政策扶持。是年起，财政每年安排100万元旅游专项资金，用于旅游资源开发、基础设施建设、旅游产品设计开发、旅游市场促销和人才培训等，同时，积极引导社会资本的投入。

2006年，东阳市委、市政府印发《关于加快发展农家乐休闲旅游业的若干意见》，提出了发展农家乐休闲旅游的相关扶持政策。

2008年，根据实施“影视名市”战略，建设旅游经济强市，打造“影视旅游名市”，优化旅游发展环境的要求，东阳市委、市政府印发了《关于建设旅游经济强市的若干意见》，进一步加大财政扶持力度，自2008年起，市财政每年安排500万元旅游发展专项资金，用于旅游规划修编、重点旅游项目补助、旅游信息化建设和旅游企业提升等。同年，市财政局会同旅游局印发《东阳市旅游发展专项资金管理办法》，具体明确了专项资金的使用原则、使用范围、资金拨付程序、监督管理办法等。

表2-1-2-2　　2001—2018年东阳市财政扶持企业支出情况表

单位：万元

| 年份 | 工业 | 商贸服务 | 影视文化 | 建筑 | 旅游 | 其他 |
|---|---|---|---|---|---|---|
| 2001 | 4423.0 | 28.0 | | | | 2570.5 |
| 2002 | 9298.0 | 85.0 | | | | 4678.8 |
| 2003 | 2901.0 | 144.0 | | | 55.0 | 2835.0 |
| 2004 | 5519.0 | 4175.0 | | | 180.0 | 1250.0 |
| 2005 | 4588.0 | 131.0 | 557.0 | | 100.0 | 4273.0 |
| 2006 | 7447.0 | 60.0 | 2421.0 | | 112.0 | 946.0 |
| 2007 | 3021.0 | 535.0 | 3853.0 | | 175.0 | 2375.0 |
| 2008 | 4214.0 | 57.0 | 4571.0 | | 568.0 | 1164.0 |
| 2009 | 4548.0 | 2789.0 | 6078.0 | 289.0 | 567.0 | 1502.4 |
| 2010 | 3939.0 | 3028.0 | 7951.0 | 387.0 | 619.0 | 1659.5 |
| 2011 | 7320.0 | 4057.0 | 13960.0 | 622.0 | 546.0 | 2227.0 |
| 2012 | 7628.0 | 4103.0 | 35401.0 | 576.0 | 756.0 | 1817.0 |
| 2013 | 8248.0 | 3630.0 | 37655.0 | 963.0 | 1137.0 | 4322.0 |
| 2014 | 13709.0 | 5541.0 | 43213.0 | 1184.0 | 676.0 | 2190.0 |
| 2015 | 16861.0 | 5722.0 | 53514.0 | 1094.0 | 1572.0 | 4626.0 |
| 2016 | 11414.0 | 5318.0 | 48372.0 | 751.0 | 1777.0 | 4465.0 |
| 2017 | 31809.0 | 3853.0 | 50491.0 | 4049.0 | 1095.0 | 3877.0 |
| 2018 | 30052.0 | 6809.0 | 47372.0 | 34537.0 | 911.0 | 3192.0 |

## 第三节　财政周转金

财政周转金是国家财政将一部分财政资金借给企业、部门或有经营收入的事业单位发展生产，到期回收、周转使用的资金，是财政支持工农业生产和文教行政事业发展资金的组成部分。财政周转金始于20世纪60年代，将一部分财政拨款资金改为无息贷款，由省分配给各县(市)使用。1963年东阳财政长期无息贷款数为16.4万元。1965年以后，浙江省财政厅相继设立小型农田水利贷款、小型技措贷款、小型水利贷款基金、农村水电站贷款基金、小化肥基建投资贷款等有偿使用项目资金，20世纪60年代中后期曾一度中断。改革开放后，为了发展地方经济，东阳县财政用地方机动财力、“拨改贷”资金和预算外间隙资金等，先后建立了支农周转金、小型技措周转金、扶持生产周转金和文教行政事业周转金，统称为财政周转金。20世纪90年代后期，针对财政周转金管理中存在的问题，为加强国家宏观调控，防范派生的金融和债务风险，中央决定取消财政周转金制度，1999年后一律只收不贷，并着手整顿、清理和回收工作。

## 一、支农周转金

支农周转金是财政部门为支持农业生产和农村经济发展而设立的有偿投放、定期回收、周转使用的支农资金。

1976年，为支援社队集体经济的发展，由东阳财政在地方机动财力中安排15万元资金，采取无息周转、到期归还的方法，始设支农周转金。东阳县财税局将资金分配至各区，由各区财税所负责管理；由企业申请、基层财税所审核、报区委审批后发放；其支持的主要对象是直接为农业生产服务的社队办企业。此后每年都作安排，滚动使用。

1982年，浙江省财政厅根据财政部有关规定，制定颁发《关于加强财政支农周转金使用管理的暂行规定》，明确支农周转金实行“有偿借用、无息周转”的管理办法，其资金来源包括当年预算内安排的各项支援社队资金、地方机动财力安排的支援社队发展生产的专项资金、农业税减免指标结余款、上年结余的各项支农资金等，其主要发放对象为直接为农业生产服务和有发展前途的社队企业、专业户，并规范了财政支农周转金发放、拨付、回收的使用管理。此后，东阳县财税局逐步形成了局所二级管理支农周转金的格局，各财税所负责区、乡企事业单位、种养植户和个体户的扶持，局负责对县直属企事业单位的扶持。

1985年，浙江省财政厅转发财政部《关于进一步加强财政支农周转金管理工作若干问题的意见》，要求多渠道、多途径地筹集支农周转金，不断扩大此项资金来源，并缩短周期，原则上不超过三年。是年起，东阳财政对超期归还的支农周转金，每月收取7‰滞还金；1986年改按每天0.5‰收取；1988年改为月费率15‰收取。

1986年，根据浙江省委、省政府有关指示，省财政厅印发《关于进一步用好用活财政资金、扩大试行资金有偿使用范围的意见》，凡有偿还能力的支出项目或者有经营业务收入的企事业单位使用财政资金，原则上都应推行有偿使用的办法，并按国家的有关政策、资金的使用方向和期限，分别确定不同的资金占用费率。是年，东阳财政支农周转金改为有息借用，按年收取3%的资金占用费；1988年改按月收取4.2‰的资金占用费，其中18个山区乡镇企业的按月收取3.5‰，对扶持农村种植业、养殖业、农副产品加工业、林业扶育等的按月收取2.5‰。此后历经调整。

1991年，浙江省财政厅转发财政部《关于加强财政支农周转金管理有关问题的通知》，强调财政支农周转金是财政支农资金的重要组成部分，是财政部门运用信用形式发放的一部分支农资金；其使用范围限于支援农业生产和农村经济的发展；任何部门和单位不得擅自改变资金的性质和用途，不得挪作他用，不得用于弥补预算赤字，必须维护支农周转金的完整性；财政支农周转金的投放，应当适度向粮、棉、油生产和农业科技推广领域倾斜；各地财政部门不得擅自提高占用费率和缩短回收期限。

1992年，东阳市财税局根据省财政厅要求，下发了《关于开展财政支农周转金清理检查的通知》，决定对自1981年至1991年期间的支农周转金管理情况进行一次清查，经查截至1991年底支农周转金余额达481.7万元，累计发放6526.6万元，到期应回收周转金5617.2万元，实际回收5455.2万元，回收率97.1%。同年12月，省财政厅印发《浙江省财政支农周转金管理、监督试行办法》，要按照“两公开一监督”要求规范支农周转金管理。

1999年9月，东阳市财政局下发《关于开展财政支农周转金清理工作的通知》，要求自9月7日起，财政支农周转金一律只收不贷，至此终止并清理。

**二、小型技措周转金**

小型技措周转金是财政用于地方国营工业企业除基本建设项目以外的小型技术措施项目、更新改造项目实行有偿使用的资金。

1977年起，地方国营企业小型技措贷款由地方财政安排，形成县级财政的小型技措周转金。1978年，浙江省财政厅规定小化肥等“五小企业”的利润由同级财政部门提留30%，建立工业发展基金，用于小型工业技术改造，并规定可并入小型技措周转金一同使用。

20世纪80年代以后，由于国营企业的基本建设资金的“拨改贷”和流动资金管理方式的改革，企业经营管理自主权进一步扩大，财政小型技措周转金的用途和发放范围也随之改变，在用途上也用于企业流动资金的临时周转，在发放范围上除了国营工业企业，也用于商业或其他国营企业，除了自有周转本金，也大力争取省财政厅的借款支持，周转金规模逐步扩大。

该周转金于1999年因财政周转金清理而停止。

**三、扶持生产周转金**

1988年，为了支持企业发展，帮助企业解决生产流动资金的临时困难，东阳财政利用财政预算外资金和间歇沉淀资金，设立了“扶持生产周转金”，主要用于对国营、集体和乡镇企业的生产经营周转支持。

该周转金于1999年因财政周转金清理而停止。

**四、文教行政事业周转金**

1993年，东阳财税局根据上级有关精神，制定印发《东阳市社会文教行政事业周转金的设置、使用和管理暂行规定》，将部分文教行政事业经费实行有偿使用，设立文教行政事业周转金。

该周转金于1999年因财政周转金清理而停止。

**五、财政周转金的管理**

1990年，市财政局制定了《东阳市财政有偿资金使用管理办法》，对支农周转金、小型技措周转金、扶持生产周转金等各项财政周转金的发放、管理、监督等规程作了统一规范，各科室的职责分工作了进一步明确。

1994年，浙江省财政厅下发《浙江省财政有偿使用资金管理办法实施细则》，按照“统一政策、分级管理”和“专款专用、有借有还”的原则，将财政有偿使用资金管理和监督规范化、制度化。

1995年8月，在全国财政工作会议上，针对地方财政周转金管理中存在的问题，提出“清理整顿、规范管理”的工作思路，并确定“控制规模、限定投向、健全制度、加强监管”的十六字方针。财政部于同年10月制定《地方财政周转金管理暂行办法》，浙江省财政厅据此制定《浙江省财政周转金管理实施办法》，实施严格的周转金规模限制，本金总额不得超过当年预算内可用财力的15%，并建立“统一制度、统一核算、分口管理”和风险准备金制度。

1996年，东阳市财政局下发《关于周转金统一开户、统一核算、集中管理的通知》，进一步规范周转金的统一管理。同年，财政部印发了《关于财政周转金清理整顿工作若干问题的通知》，浙江省财政厅先后着手布置财政有偿资金的清理整顿工作。

1999年7月，根据中央和省关于清理整顿财政周转金和部门有偿使用资金的有关规定，东阳市政府印发《关于清理整顿部门有偿使用资金的通知》，要按照“全面整顿、彻底清理、加强监管、稳步实施”的原则，对全市各机关、事业单位、社会团体利用财政预算内、外资金及其他资金实行有偿使用的资金，开展全面清理整顿工作，所有有偿使用资金进行自查清理，摸清家底，只收不贷，加强组织清收，减少国有资产流失，妥善处理呆账死账。同年9月，东阳市财政局印发《关于开展财政支农周转金清理工作的通知》，成立财政周转金清理整顿工作小组，要求自9月7日起，财政周转金一律只收不贷，9月底前完成周转金的清理对账，债权债务的核实工作；完成现有贷款余额分类统计工作，抓好到期资金的清理回收，对到期贷款要及时催收，在1999年底前将贷款余额压缩50%以上，2000年底前全部收回，各基层财政所收回的资金上交市财政局。

2000年，东阳市财政局开始与农行组织有关人员深入企业办理财政周转金债权转移工作，与市农行签订债权转移协议户7家，债权转移金额计650万元。

截至2000年年底，财政周转金资金来源共计19428.60万元，其中市本级财政周转金基金7488.06万元，上級借入3093.01万元，其他财政资金调入8847.53万元。财政周转金放款余额18361万元，比1998年末余额21261.39万元减少2901.39万元。此后，由于多方面的原因，清收工作曾一度停滞。

2007年，根据浙江省财政厅下发《关于进一步做好财政周转金清收扫尾工作的通知》，要求加强领导，综合治欠，积极清收，东阳市财政局重新成立财政周转金清收领导小组，并抽调人员成立专门工作小组。同年11月，东阳市政府成立了财政周转金清收工作领导小组，并印发《东阳市财政周转金清收实施办法》，重新组织并加大力度开展清收工作。

2010年，东阳市政府下发《关于进一步做好财政周转金清收扫尾工作的通知》，提出了“彻底清收，实事求是，程序规范，加强监管”的清收原则和清收扫尾的工作要求。

截至2018年，财政周转金尚未清收的余额为8293.6万元。

表2-1-3-1 1981—1999年东阳市(县)财政周转金发放情况表

单位:万元

| 年份 | 支农周转金 | | 小型技措周转金 | | 扶持生产周转金 | | 文教行政事业周转金 | | 合计 | |
|---|---|---|---|---|---|---|---|---|---|---|
| | 当年发放总额 | 年末贷款余额 | 当年发放总额 | 年末贷款余额 | 当年发放总额 | 年末贷款余额 | 当年发放总额 | 年末贷款余额 | 当年发放总额 | 年末贷款余额 |
| 1981 | 1.5 | 1.5 | | | | | | | 1.5 | 1.5 |
| 1982 | 84.5 | 86.0 | | | | | | | 84.5 | 86.0 |
| 1983 | 55.8 | 123.8 | | | | | | | 55.8 | 123.8 |
| 1984 | 95.3 | 70.2 | | | | | | | 95.3 | 70.2 |
| 1985 | 384.6 | 77.3 | | | | | | | 384.6 | 77.3 |
| 1986 | 407.4 | 208.1 | | | | | | | 407.4 | 208.1 |
| 1987 | 726.6 | 378.8 | 256.0 | 456.0 | | | | | 982.6 | 834.8 |
| 1988 | 1165.7 | 398.6 | 595.0 | 937.7 | 508.0 | 508.0 | | | 2268.7 | 1844.3 |
| 1989 | 627.8 | 316.4 | 137.0 | 993.0 | 7537.0 | 2245.0 | | | 8301.8 | 3554.4 |
| 1990 | 1377.3 | 789.4 | 160.0 | 893.0 | 3350.0 | 1238.0 | | | 4887.3 | 2920.4 |
| 1991 | 1843.6 | 1071.0 | 150.0 | 490.0 | 5113.0 | 1904.0 | | | 7106.6 | 3465.0 |
| 1992 | 2212.5 | 1316.0 | 575.0 | 880.0 | 4138.0 | 1911.0 | | | 6925.5 | 4107.0 |
| 1993 | 4011.5 | 2374.0 | 1230.0 | 1569.7 | 9044.5 | 2840.5 | | | 14286.0 | 6784.2 |
| 1994 | 3498.9 | 2873.0 | 2627.6 | 2590.0 | 4421.0 | 3521.0 | 50.0 | 50.0 | 10597.5 | 9034.0 |
| 1995 | 7700.6 | 4955.0 | 3527.6 | 3528.0 | 6060.0 | 5190.0 | 990.0 | 770.0 | 18278.2 | 14443.0 |
| 1996 | 4749.6 | 814.3 | 5895.0 | 5377.7 | 8040.0 | 5356.0 | 2350.0 | 1520.0 | 21034.6 | 13068.0 |
| 1997 | 3272.9 | 617.0 | 5570.0 | 6577.7 | 6516.0 | 4534.0 | 6300.0 | 4605.0 | 21658.9 | 16333.7 |
| 1998 | 4930.1 | 5896.0 | 5787.6 | 5747.0 | 15543.0 | 6044.0 | 4137.0 | 4854.0 | 30397.7 | 22541.0 |
| 1999 | 977.1 | 4029.0 | 1650.0 | 5434.0 | 2865.0 | 6472.0 | 205.0 | 3780.0 | 5697.1 | 19715.0 |

### 六、企业转贷资金

为了切实帮助企业解决融资难题,有效降低融资成本,2015年,经东阳市政府批准,市财政设立企业转贷专项资金,主要用于帮助企业解决到期银行贷款转贷的短期资金周转困难。是年3月,东阳市财政局会同经信局、人民银行东阳支行和金华银监分局东阳办事处等四部门联合印发《东阳市企业转贷专项资金管理办法》,明确专项资金总额为2亿元;成立企业转贷专项资金管理领导小组及其办公室,实行联席会议制度,统筹实施企业转贷专项资金运行全过程的指导、管理和决策;明确各部门职责;规定了转贷专项资金的发放范围和条件、管理原则、发放程序和风险管控机制等。2015—2018年分别发放转贷资金45.3亿元、58.3亿元、39.6亿元和24.7亿元,累计给2000多家次企业解决了短期资金困难。

## 第四节　政策性补贴

政策性补贴是指国家为了实现特定的政治经济目标所制定的经济政策，对企业经营产生影响，而需要通过财政给予价差、费用或亏损补贴的一种制度。政策性补贴按补贴性质可分为价格补贴、费用补贴、亏损补贴、专项补贴等。按其补贴内容分，包括粮油补贴、猪皮补贴、副食品补贴、棉花补贴、民用煤补贴、成品油价格补贴、家电下乡补贴、农资综合补贴等。

### 一、粮油补贴

粮油补贴是在执行国家粮油购销政策的前提下，对粮油经营企业发生的价差、费用和亏损等方面的补贴。粮油补贴包括粮油加价款、粮油价差补贴、平价粮油经营政策性亏损补贴、粮食收购价外补贴和地方粮油储备费用补贴等。

#### （一）粮油加价款

1966年开始，国家为鼓励粮食收购，对超购粮食实行加价收购政策，加价幅度为统购价的15%，加价款列入企业亏损，由财政给予补贴。1971年，加价幅度提高为统购价的30%。1974年起，粮油超购价款列入中央财政支出预算安排，由商业部管理，单独拨款，粮食部门不再作企业亏损处理。

1979年以后，中央对地方实行粮油购销调拨和加价款包干办法，粮油加价款改由各省财政单独拨补给省粮食部门，市县可按实际支付超购粮油加价款，经当地财政部门审查后，直接由中央金库退库。

1982年，执行商业部、财政部《超购粮油加价管理办法》，超购粮油是指按照国家统一规定的粮食年度计算，生产队当年实际交售给国家的粮食、食油超过征购基数的部分，对超购粮油实行加价，粮油超购加价的幅度为统购价格的50%，加价部分由财政补贴。

1983年，浙江省财政厅做出补充规定，加价款结算实行分季缴售、全年统算办法；粮食征购基数，省对各县（市）包干的比例，全省统一为92%，从1982粮食年度开始，一定三年不变，作为省同各县（市）结算超购加价款的依据。油菜籽的超购加价，从1983年粮食年度起，在省下达的收购计划数内，全省统一实行40%按统购价，60%按超购加价收购。超过计划的收购量，均按统购价收购。

1985年，浙江省粮食局、财政厅《关于下达粮油超购加价款管理办法的通知》，由中央财政支付加价款的粮油范围包括按国家规定合同定购内的小麦、稻谷、玉米3个粮食品种和由粮食部门敞开收购的油菜籽、棉籽、油茶籽。粮油加价比例（即按统购价计价比按超购价计价）采取不同粮油品种实行不同比例。粮油加价幅度仍为原统购价的50%。

1991年5月1日起，根据国家调整粮油统销价格的决定，浙江省实行食油购销同价，食油加价款支出进入进价成本，取消财政补贴。

1992年4月1日起，根据国家的统一规定，浙江省提高粮食购销价格，实行购销同价，国营粮食企业的平价粮食进价成本一律改按提高后的国家定购价格核算，财政取消对企业的粮食加价款补贴。

### (二)粮油价差补贴

1979年，国家提高粮油的统购价格，销售价格不动，由此所发生的调价价差，由财政给予补贴，自此开始执行粮油差价补贴制度。补贴的范围包括销售计划内城乡供应粮油和专项用粮油；农村周转粮、借销粮、种子粮、奖售粮、兑换粮、饲料粮以及议价供应的粮油商品不属于财政补贴范围。

1987年7月，财政部下发《关于加强粮食企业财务管理工作的意见》，重申除了按统销价格销售的粮油外，凡按其他价格销售的粮油，都不能给予补贴；价差补贴要坚持补在零售环节，防止重复补贴。同年10月，浙江省财政厅、粮食局下发通知，重申粮油价差补贴范围：粮油价差补贴是指合同定购内的粮食、油料，按统销价供应市镇人口的口粮(油)以及按统销价供应食品、饮食、副食、酿造等行业用粮(油)，其现行统购价与1979年提价前原统购价的差价；已退出统销范围的工业用粮、部分行业用粮、农村返销粮、调整产业结构用粮和粮油副产品，都不属于粮油价差补贴范围。

1990年，浙江省财政厅等三部门《关于油脂、大豆收购价格调整后有关财务处理问题的通知》规定，油脂统购价调高销价不变所增加的统购价款，向当地财政申拨补贴。至1991年、1992年食油、粮食分别实行购销同价后，粮油价差补贴相应取消。

### (三)平价粮油经营政策性亏损补贴

1987年以前，浙江省对平价粮油经营政策性亏损实行“亏损总额控制、减亏分成”的办法。从1987年起，浙江省财政厅、粮食局决定对粮食商业企业平价粮油经营实行政策性亏损定额补贴办法。补贴的范围主要包括：按照国家计划经营平价粮油的合理的商品流通费；1979年以前粮油购销价格倒挂的价差；为国家储备粮油和供应军用粮油发生的费用；营业外支出中的编外和长病人员工资、劳动保险费、离休干部经费支出等。政策性亏损补贴定额，按平价粮油经营净盈亏及企业合理留利与平价粮油纯经营量计算。

1991年，根据国家和省有关规定，粮食实行国家、省分级专项计划储备制度，储备计划收购资金由银行贷款解决，财政按结算价(每50千克37元)给予全额贴息，费用补贴为每50千克原粮2.88元。实际收购价高于或低于国家结算价的差额部分，由粮食企业列入盈亏。实际收购价高于结算价部分，由地方财政负担；低于结算价增加的收入由粮食企业顶抵平价亏损。

1991年、1992年食油、粮食分别实行购销同价后，平价粮油经营政策性亏损补贴相应取消。

### (四)粮食收购价外补贴

1993年，执行国家和省统一政策，全面放开了粮食购销和价格。粮价放开后，国家专项储备粮食计划管理、结算价格、费用、利息补贴等仍按原规定执行，按照上级有关政策，东阳先后建立了地方粮油储备制度、粮食风险基金制度和粮食收购价外补贴等配套制度。所谓粮食收购价外补贴是指将用于扶持粮食生产的平价化肥和柴油，由原来的实物供应方式改为支付货币，在储备粮食收购价格之外以加价形式付给农民，加价范围和标准执行国家统一规定。全省价外加价标准为每50千克定购粮加价3.74元。1997年后，国家调整粮食收购保护价政策，相应取消价外补贴政策。

**（五）地方粮油储备储备费用补贴**

从1993年1月起，按照浙江省政府要求建立政府粮油储备制度，政府所储备的粮油，由粮食企业代为储存和保管，因此而发生的储备、轮换费用及利息，省级储备的粮油，按粮食每年每50千克10元、食油每年每50千克30元的标准，由省财政负担；市县级储备的粮油，其储备、轮换费用和利息补贴标准，由当地财政参照省级储备办法确定；经政府批准动用储备粮油发生的差价收入上缴同级财政，发生的差价支出由同级财政拨补。

1998年，东阳市政府下发《关于健全储备粮油管理办法》，按照“保证规模、适时轮换、管理严格、运行有序”的原则，健全市级政府粮油的储备和管理制度，市级粮油储备规模按4个月城镇居民和流动人口基本口粮需要设置，确定储备规模为早籼谷5000吨、杂交谷1000吨、食用菜油100吨，储备粮油的保管费用、占用资金利息和储备粮油盈亏由财政承担。

2005年，市政府印发《东阳市市级储备粮油管理办法》，明确了市级储备粮油管理的职责分工，财政部门负责筹措储备粮油的利息、费用补贴等资金，并对资金的使用情况进行监督管理。同时对储备粮油用途、库存管理、轮换和使用管理、利息和费用补贴、贷款管理等作了具体规定。

2017年，为了确保市级储备粮油的数量、质量和储存安全，财政局会同粮食局印发《东阳市市级储备粮油财政补贴管理办法（试行）》，按照“核定标准、包干使用、结余留用”的原则，对市级储备粮油的各项费用补贴的补贴标准、补贴资金使用范围、补贴资金的拨付、补贴资金的审核清算和监管等作了规定。

## 二、成品油价格补贴

2008年，国务院印发《关于实施成品油价格和税费改革的通知》，为保证成品油价格和税费改革的顺利实施，中央财政继续对种粮农民、部分困难群体和公益性行业给予油价补助支持，浙江省财政厅等九个厅局联合下发《关于落实成品油和税费改革后财政补贴机制的实施意见》，补贴范围和对象为：种粮农民，以机动渔船从事捕捞和养殖的渔民或渔业企业，林场苗圃或林业企业，城市公交企业，农村道路客运和农村水路客运经营者，城市出租车司机等。当国家确定的成品油出厂价高于2006年成品油价格形成机制改革实施补贴前的水平（即汽油高于4400元/吨、柴油高于3870元/吨）时，国家启动油价补贴机制；当国家确定的成品油出厂价低于上述价格水平时，国家停止油价补贴；油价补贴随成品油价格的浮动而调整，当成品油价格上涨时，增加补贴，当成品油价格下跌时，减少补贴。补贴用油量以2008年补贴用油量为基础，考虑增减变化因素计算确定，以后年度依次类推。油价补贴资金由中央和省财政分别负担。该项补贴政策一直沿续执行。

## 三、家电下乡补贴

为了积极扩大内需，激活农民购买能力，扩大农村消费，促进内需和外需协调发展，2008年，国务院出台了关于促进家电下乡的政策，对家电下乡实施财政补贴机制，并在部分省市进行试点。次年2月1日起，全国推行家电下乡工作，下乡的家电品种确定为8种（彩电、冰箱、手机、洗衣机、摩托车、电脑、热水器、空调），财政补贴标准为销售价格的13%。后将家电品种增加到10种（新增微波炉、电磁炉）。根据省财政厅印发的《浙江省家电下乡补贴资金管理办法》，明确家电下乡财政补贴时期为：2009年2月1日至2013年1月31日；补贴资金由中央财政负担80%，省级财政负担20%。同年3月，东阳市政府印发《东阳市家电下乡工作实施方案》，组织实施全市家电下乡工作。补贴对象为农业户口人员。2010年，根据财政部《新增家电下乡补贴品种实施方案》，新增抽油烟机为家电下乡品种。同时，将国有农场、林场职工纳入家电下乡政策实施范围，享受财政补贴。此项工作补贴期限到期后终止。

**四、农资综合补贴**

种粮农民农资综合补贴是国家为了保护种粮农民的种粮积极性、促进粮食生产稳定发展和农民增收的一项政策性补贴。2006年7月，东阳财政局会同农业部门根据省财政厅的相关精神，下发了《关于东阳市种粮农民柴油、化肥等农业生产资料实行综合补贴的通知》，补贴对象为本市种植粮食的农民；补贴标准由省财政根据上一年度实际粮食播种面积计算确定补贴的亩均标准，并下达补贴资金；补贴资金由中央财政和省财政负担；补贴资金通过“一折通（一卡通）”发放给农民。

2011年，根据综合补贴工作的运行情况，东阳市政府根据省政府的相关文件精神，印发了《东阳市种粮农民农资综合补贴政策实施办法》，对播种面积的审核、补贴资金的监管和部门工作职责等作了进一步明确。

2015年3月，全省以农业补贴制度、农业公共服务供给机制和合作社改革发展为主要内容的财政支持粮食生产综合改革在东阳试点，市政府印发了《东阳市财政支持粮食生产综合改革试点工作实施方案》，将种粮农民农资综合补贴与其他财政支农资金进行了整合，取消了单行的种粮农民农资综合补贴制度。

**五、其他政策性补贴**

**（一）猪皮补贴**

自1966年起，为促进猪皮开剥和制革工业的发展，浙江省对皮革工业企业收购猪皮实行补贴，国营皮革工业企业每收购1市斤鲜猪皮补贴0.30元。东阳1971年起始有该项补贴。1978年，对各地肉类冷冻厂开剥的新鲜猪皮补贴，增加到0.45元，并相应调整了商业调给工业的猪皮价格。此后补贴标准历经调整。1979年起停止补贴。

**（二）棉花补贴**

为了调动棉农积极性，合理调整布局，促进棉花生产发展，1979年起，国家实行定基数、超购棉花加价政策，即以1976—1978年3年平均收购量为基数，超购棉花加价30%，同时，对北方棉区给予5%价外补贴的政策，加价款和补贴款由中央财政负担，奖励的对象是生产队。棉花收购价格提高后，对纺棉和絮棉的供应价格没有变动，所发生的调价价差由财政予以补贴。1983年棉花调价后，取消了纺棉的价差补贴，絮棉价差补贴仍然保留。1985年1月1日起，絮棉价差补贴不分省内棉、省外棉，每担絮棉由财政补贴21.15元。1991年起，东阳财政不再对棉花进行补贴。

1985年前棉花补贴为财政收入退库项目，1986年起，改列财政支出。

**（三）民用煤补贴**

1979年起，国家调整统配煤出厂价格，每吨平均提高5元，但对民用煤的市场供应价格不变，财政对市场用煤的价差进行相应的定额补贴。补贴范围包括城镇居民生活用煤、城镇饮食服务业用煤、城镇的区以下生产用煤等。1983年，省对市场用煤财政定额补贴办法作了补充规定，市场用煤价差补贴由原来的不分煤种按加权平均核定补贴定额，改为按不同煤种分别核定；补贴内容按1979年5月1日以前煤炭矿价、运价与1983年煤炭矿价（进价）、运价的差额；补贴范围以作价对象为依据，凡按市场用煤价格销售的煤炭，一律给予定额补贴；凡按工业用煤价格供应的一律不予补贴。1990年，国家调整民用煤的补贴范围，除城镇居民、部队生活用煤差价补贴继续保留外，取消城市饮食服务业用煤补贴。自1993年起全部取消民用煤补贴。

1985年前民用煤补贴为财政收入退库项目，1986年起改列财政支出。

除上述这些政策性补贴外，各个时期还有针对诸如茶叶、兔毛、食盐、小氮肥、农机具等在生产、收购和销售不同环节的财政补贴政策。

表2-1-4-1　　1971—2006年东阳市（县）财政政策性补贴情况表

单位：万元

| 年份 | 粮油补贴 | | | 棉花补贴 | 民用煤补贴 | 猪皮补贴 | 居民肉价补贴 | 平抑蔬菜价格补贴 | 其他政策性补贴 |
|---|---|---|---|---|---|---|---|---|---|
| | 粮油价差补贴 | 粮油储备补贴 | 消化亏损挂账 | | | | | | |
| 1971 | | | | | | 14.7 | | | |
| 1972 | | | | | | 19.9 | | | |
| 1973 | | | | | | 22.4 | | | |
| 1974 | | | | | | 21.1 | | | |
| 1975 | | | | | | 30.3 | | | |
| 1976 | | | | | | 27.0 | | | |
| 1977 | | | | | | 15.5 | | | |
| 1978 | | | | | | 7.3 | | | |
| 1979 | | | | 3.4 | 17.4 | | | | |
| 1980 | | | | 19.1 | 28.8 | | | | |
| 1981 | | | | 17.6 | 25.8 | | | | |
| 1982 | | | | 16.7 | 23.2 | | | | |

续表2-1-4-1

| 年份 | 粮油补贴 | | | 棉花补贴 | 民用煤补贴 | 猪皮补贴 | 居民肉价补贴 | 平抑蔬菜价格补贴 | 其他政策性补贴 |
|---|---|---|---|---|---|---|---|---|---|
| | 粮油价差补贴 | 粮油储备补贴 | 消化亏损挂账 | | | | | | |
| 1983 | | | | 17.6 | 46.0 | | | | |
| 1984 | | | | 7.4 | 55.9 | | | | |
| 1985 | | | | 8.6 | 63.8 | | 57.0 | | |
| 1986 | | | | 1.4 | 63.8 | | 57.0 | | |
| 1987 | | | | 3.9 | 91.3 | | 57.0 | | |
| 1988 | 139.9 | | | 5.0 | 67.0 | | 57.0 | 2.0 | 1.4 |
| 1989 | 196.3 | 23.0 | | 7.5 | 87.0 | | 30.7 | 17.4 | 34.0 |
| 1990 | 143.9 | 13.0 | | 1.9 | 70.0 | | 61.3 | 17.8 | |
| 1991 | 166.1 | 96.0 | | | 70.0 | | 62.2 | 20.0 | 1.2 |
| 1992 | 20.0 | 14.0 | | | 38.0 | | 62.0 | 20.0 | |
| 1993 | | 8.0 | | | | | 62.0 | 5.0 | |
| 1994 | | | | | | | 62.0 | 10.0 | |
| 1995 | | | | | | | 62.0 | 13.0 | 263.0 |
| 1996 | 129.0 | 10.0 | 117.0 | | | | 62.0 | 10.0 | 50.0 |
| 1997 | | | 78.0 | | | | 62.0 | 12.0 | 73.0 |
| 1998 | 40.0 | | 69.0 | | | | 62.0 | 10.0 | 10.0 |
| 1999 | | | 14.0 | | | | 62.0 | 10.0 | 92.0 |
| 2000 | | | 4.0 | | | | 62.0 | 10.0 | 104.0 |
| 2001 | | | | | | | | 10.0 | 8.0 |
| 2002 | | | | | | | | 10.0 | 10.0 |
| 2003 | | | | | | | | 10.0 | 978.0 |
| 2004 | | | | | | | | 10.0 | 1000.0 |
| 2005 | | | | | | | | | 800.0 |
| 2006 | | | | | | | | | 2020.0 |

说明：1.粮油价差补贴包括粮油加价款、价外补贴

2.其他政策性补贴包括副食品风险基金、粮食风险基金、成品油价格补贴和其他补贴等

表2-1-4-2　　**2007—2018年东阳市财政政策性补贴情况表**

单位：万元

| 年份 | 粮食储备费用补贴 | 成品油价格补贴 | 家电下乡补贴 | 种粮农民农资综合补贴 |
|---|---|---|---|---|
| 2007 | | 308 | | |
| 2008 | | 837 | | 1709 |
| 2009 | | 374 | 657 | 1732 |

续表2-1-4-2

| 年份 | 粮食储备费用补贴 | 成品油价格补贴 | 家电下乡补贴 | 种粮农民农资综合补贴 |
|---|---|---|---|---|
| 2010 | | 683 | 1568 | 1797 |
| 2011 | 1550 | 2171 | 2327 | 2095 |
| 2012 | 1942 | 1664 | 2667 | 2520 |
| 2013 | 2098 | 3719 | 617 | 2517 |
| 2014 | 2758 | 1388 | | 2481 |
| 2015 | 2819 | 1916 | | |
| 2016 | 2683 | 1651 | | |
| 2017 | 3154 | 1035 | | |
| 2018 | 3000 | 2262 | | |

## 第五节　企业财务管理

《企业财务通则》规定："各级财政部门应当加强对企业财务的指导、管理和监督。"财政企业财务管理的核心是正确处理好国家与企业的分配关系。建国以后，在高度集中的计划经济时期，企业的财务制度和财务政策均由中央统一制定，贯彻企业财务政策，加强企业财务核算和管理，提高企业经济效益，是地方财政管理工作的重要基础和内容。至20世纪90年代，为适应分税制改革要求，企业财务制度实施新的《企业财务通则》和《分行业企业财务制度》，建立了以《企业财务通则》为核心、以《分行业企业财务制度》为主体、《企业内部财务管理制度》为补充的多层次企业财务管理法规体系。此后，财政对企业的财务管理方式也从直接管理转变为间接管理，同时，建立国有资产监管体制，以国有资本出资人的身份对国有企业经营者实施国有资产经营效益的考核和监管。对其他民营企业则实行由社会中介机构审计监督为主要形式的间接财务监管。

分税制改革前，企业财务管理工作在财政部门内部的分工，基本按照与省财政厅职能处室上下对口的原则实行分口管理：国有企业（经委、商业、物资、粮食、外贸、文化等系统所属企业）及供销社企业（参照国有商业财务管理）划归企财科，农林水系统及乡镇企业划归农财科，二轻系统等其他城镇集体企业划归税政科。分税制改革后，城镇集体企业的财务管理职能由税务部门收回财政部门，与其他企业统一归口企财科和国资科合署进行管理。

### 一、国有企业财务管理

中华人民共和国成立后，人民政府执行没收官僚资本、改造民族资本政策，到1952年底，全县有地方国营工业企业3家（1950年4月，由陈文奎负责创办的私营无星米厂，于同年10月成立公私合营东华股份有限公司，1952年12月，转为地方国营隶属粮食部门；1951年8月，没收私营公大袜厂为地方国营棉针织造厂；9月，没收施万昌云记印刷厂为地方国营人民印刷厂）。1949年5月，设国营贸易公司供销商店，供应棉布，食盐等生活必需品，1950年6月建立中国百货公司东阳办事处，1951年9月建立金华专署东阳专卖事业分处，1953年1月建立中国食品进出口公司金华收购总站东阳收购组。1956年完成对私营商业的社会主义改造后，逐步形成以国营商业、供销合作商业为主导的社会主义商业经济体系。

经过40多年的建设和发展，至1994年（国有企业改制前），已基本形成了工业产业门类繁多、商业服务网点遍布并初具规模的国有经济体系。

表2-1-5-1 **1994年末东阳市国有企业情况表**

单位：万元

| 部门 | 合计（家数） | 工业 | | | 商业 | | | 服务业 | | | 其他 | | |
|---|---|---|---|---|---|---|---|---|---|---|---|---|---|
| | | 家数 | 资产总额 | 所有者权益 | 家数 | 资产总额 | 所有者权益 | 家数 | 资产总额 | 所有者权益 | 家数 | 资产总额 | 所有者权益 |
| 经委 | 23 | 21 | 40942 | 9322 | | | | 1 | 875 | 272 | 1 | 12678 | 4346 |
| 商业 | 15 | | | | 11 | 10376 | 1772 | 2 | 1397 | 402 | 2 | 2609 | 1057 |
| 粮食 | 18 | 4 | 3466 | 287 | 13 | 21786 | 390 | 1 | 165 | 47 | | | |
| 物资 | 15 | | | | 13 | 5844 | 567 | 1 | 392 | 52 | 1 | 198 | 30 |
| 交通 | 10 | 3 | 421 | -99 | | | | 7 | 8716 | 540 | | | |
| 外贸 | 1 | | | | 1 | 2214 | 157 | | | | | | |
| 农业 | 2 | | | | 1 | 583 | 213 | | | | 1 | 213 | 166 |
| 林业 | 2 | | | | 2 | 634 | 219 | | | | | | |
| 水利 | 1 | | | | | | | 1 | 1619 | 1213 | | | |
| 文化 | 2 | | | | | | | 2 | 602 | 350 | | | |
| 协作 | 1 | | | | 1 | 470 | 113 | | | | | | |
| 其他 | 3 | 1 | 548 | -197 | | | | | | | 2 | 5256 | 271 |
| 合计 | 93 | 29 | 45377 | 9313 | 42 | 41907 | 3431 | 15 | 13766 | 2876 | 7 | 20954 | 5870 |

长期以来，财政对国有企业财务管理，主要是通过对国有企业的固定资产、流动资金、成本费用、利润分配、工资总额等环节的管理，严格会计核算，组织财政收入，履行财政监督。

## （一）固定资产管理

财政对国营企业固定资产的管理工作主要体现在划分固定资产范围、确定固定资产计价方法、计提折旧政策、折旧基金收缴和固定资产处置管理等方面。

### 1. 固定资产范围

原则上将资产效用在1年以上、单位价值在规定限额以上的主要劳动资料纳入固定资产管理，使用年限在1年以上、但单位价值在规定限额以下的物品，列为低值易耗品。单位价值标准在各个时期有所不同，1953年，国家计委统一规定为单位价值在200元以上的物品作为固定资产管理。1960年起定为500元以上。1973年,固定资产单位价值标准按不同行业的企业分别调整为200、500或800元。1992年起,分别调整为1000元、1500元和2000元。

固定资产的分类在各个时期也有所不同,1951年时分为6类,到1962年分为9类,到1974年将工业企业的固定资产分为工业生产用固定资产、非工业生产用固定资产、未使用固定资产、不需用固定资产、土地5类。1993年7月1日起实施的《工业企业财务制度》,将符合下列两个条件之一的劳动资料列为固定资产:一是使用期限超过1年的房屋及建筑物、机器、机械、运输工具以及其他与生产经营有关的设备、器具、工具等;二是不属于生产经营主要设备,但单位价值在2000元以上、并且使用年限超过2年的物品;企业根据实际情况,制定固定资产目录。

**2.固定资产折旧**

为了确保企业再生产的进行,需要计提固定资产折旧。所谓固定资产折旧是指在企业生产经营过程中使用固定资产而使其损耗导致价值减少仅余一定残值,其原值与残值之差在其使用年限内分摊的固定资产耗费,也即固定资产在使用寿命内,按照确定的方法对应计折旧额进行系统分摊。所计提的折旧基金,在中华人民共和国成立后至1970年,全部交县财政统筹分配使用。1971年,东阳县革命委员会通知,固定资产原值不到35万元的企业,全部留给企业;在35万元以上的,70%留给企业,30%交县财政。1974年,调整为固定资产原值不到30万元的全部留给企业;30万元~100万元的,70%留给企业,30%交县财政;在100万元以上的60%留给企业,40%上交县财政。1977年,留给企业部分一般不低于50%,对企业上交县财政的比例调整为:硃矿、铜厂、农机厂、针机厂、瓷厂、糖酒纸厂为40%;无线电元件厂、微型电机厂、东阳酒厂为30%;化机厂、化工厂、化肥厂、内衣厂及电力工业为50%;其他企业全部留企业使用。1986年起,为了增强企业活力,全部留给企业使用,县财政不再集中。

此外,在各个不同的历史时期,国家对企业固定资产的折旧范围、折旧依据、折旧方法和折旧率等折旧政策也各有调整。

**3.固定资产处置**

企业固定资产的处置形式包括固定资产调拨、转让、出租、报废和清理等。国营企业固定资产处置应按规定权限报经批准。1954年规定,地方国营企业固定资产调拨应由省级企业主管部门全面掌握和统一调度,1959年起由县(市)主管部门批准。1959年,依据《浙江省地方工业企业固定资产管理暂行规定(草案)》,地方国营及行政事业单位之间多余固定资产调拨及相互调换,均作无偿调拨处理;拨给集体所有制单位,应一律作有偿调拨处理,收回的价款,全部上缴财政。1979年7月1日起,有偿调拨应报县级主管部门审核并报东阳县财税局批准,特殊情况仍实行无偿调拨的应报东阳县革委会批准;工交、水电系统所属企业调出固定资产所得的价款,应将30%解交县财政集中统一安排使用。1984年,扩大国营工业企业自主权后,企业有权决定将多余、闲置的固定资产出租和有偿转让。

## (二)流动资金管理

解放以后,国营企业所需的流动资金实行财政拨款供应的办法,并按照国家和省的统一规定,不同时期对企业流动资金采取不同的供应管理方式。

### 1.工业企业流动资金

工业企业的流动资金管理经历了从财政银行“双口管理”、全额信贷、“拨改贷”和资本金制度的演变过程。

1951—1958年,实行流动资金“双口供应、分别管理”的办法,即对流动资金定额部分,由财政拨款(或在企业上缴利润中抵补)解决;超过流动资金定额的临时性、季节性以及结算资金占用部分,由银行供应和管理。1958年,对地方工业企业(含公私合营企业)需要增加的定额流动资金,采用财政拨付部分资金的办法,预算拨付比例老企业为60%,新建企业为40%,其余部分由人民银行发放定额贷款解决。

1959年至1961年6月,停止财政银行“双口供应”办法,实行全额信贷。根据浙江省人民委员会规定,自1959年1月1日起,国营、地方国营企业所需要的流动资金,一律由人民银行采取信贷方式统一供应、统一管理;国家已经拨给的自有流动资金,不论用于何种用途,均按截至1958年12月31日为止的实绩,全部划转当地人民银行,作为人民银行的贷款,统一按月息6厘计算利息。

1961年7月—1983年6月,取消全额信贷,恢复“双口供应”管理方式。1961年5月,根据国家规定,从当年7月1日起,工业、交通运输部门所需的定额流动资金经核定以后,总额的80%由财政部门通过企业主管部门拨给企业,作为企业的自有流动资金;其余20%由财政部门统一拨给人民银行,由银行向企业发放定额贷款,按月息1.8厘计算,超定额的贷款仍然按原规定的月息6厘计算。

1981年1月1日起,根据国家和省的有关规定,实行定额贷款和国拨流动资金有偿占用的办法,企业根据每月月初国拨流动资金账面金额扣除“特准储备基金”后,按月率2.1‰计缴流动资金占用费。

1983年7月1日起,国营企业流动资金改由人民银行统一管理,企业所需增加的流动资金,由银行按照信贷政策核贷,国家财政不再增拨流动资金,称为流动资金“拨改贷”。当年财政交给人民银行接收国拨流动资金的国营工业29户,合计762.7万元,其余企业陆续交接。

1985年起,建立流动资金补充制度,规定企业在税后留利的生产发展基金中提取一定比例作为补充自有流动资金。

1990年7月1日起,实施对市属国营企业征收国家流动资金占用费,年占用费率为5%,其中70%留给企业补充国家流动资金,30%上交财政后分主管部门调剂使用,用于新办工商企业的投入。

1993年7月1日起,企业实施“资本金”制度。新财务制度实施后,流动资金管理制度发生重大变革,随着企业资本金制度的建立,企业资金不再分为固定资金、流动资金和专项资金,国家也不再核定企业的流动资金定额。

**2.商业企业流动资金**

商业企业流动资金由库存商品、包装物、物料用品、低值易耗品等项目所占用的资金组成。

1954年,财政部规定,商业、外贸、粮食三部门或其他部门所属的商业企业和供销企业,其所需流动资金除1953年底预计实有额外,不足部分由银行信贷解决。1959年,根据财政部、中国人民银行的有关规定,商业系统各二级站以及市(地)、县(市)商业局所属商业企业,其原来财政拨给的自有流动资金均按规定划转人民银行作为贷款;各级粮食部门截至1958年12月31日的自有流动资金一律转作"代管国家储备粮基金",不划转人民银行,但自1959年起所需增加的流动资金,由人民银行按信贷方式统一供应。粮食部门加工企业的自有流动资金划转人民银行。

1961年,各级物资管理部门以及工业、交通运输、文教、卫生部门所属供销企业的流动资金,由人民银行统一管理改回由财政、银行两家供应;商业、粮食等企业仍实行原来的办法。

1962年,根据国家规定,物资系统收购生产单位的物资所需的流动资金,以1962年年末收购生产企业物资计划库存总额的50%作为年度计划定额,由财政核定拨付,作为物资部门的自有流动资金,其余50%由银行发放超定额贷款。同年12月,对商业零售企业和三级批发企业分别按60%和20%核给自有流动资金,一、二级采购供应站以及农副产品采购企业均暂不核给自有资金。物资供销企业流动资金,由财政拨款60%、银行贷款40%,由全国统一掌握调配。

1965年,各级供销合作社的资金(股金除外)全部转为国家资金,视为国家对供销合作社的拨款,由全国供销合作总社统一管理。

1971年10月,《浙江省商业企业核定流动资金定额的初步意见》规定,对核定的商品资金区别不同经营企业分别采取定额管理和计划管理,实行计划管理的企业和商品,所需资金由银行贷款解决;各类企业都应核定非商品资金定额,由自有资金解决。

1983年起,执行国务院规定,商业企业流动资金改由人民银行统一管理。

**(三)成本费用管理**

成本费用管理是企业财务管理的重要环节,它直接关系到企业的效益和财政收入,在计划经济时期,企业向财政上缴利润,财政更加注重对企业成本费用的管理。在较长时期里,国有企业成本费用开支范围、标准、核算的内容、程序、方法等,均由财政部和省财政厅予以统一规定。

1959年,浙江省财政厅会同省工业生产委员会实施地方工业企业成本计划管理,明确成本计划考核指标为:可比产品成本降低率;全部商品产品成本;主要产品单位成本等。为做好成本管理工作,企业必须加强定额管理,建立和健全原始记录。

1973年,财政部颁发规定,要求企业加强企业成本的定额管理工作。

1984年,国务院颁发《国营企业成本管理条例》规定,企业可以结合生产经营特点确定成本核算的程序和具体方法,但不得与财政部的统一规定相抵触。国家对工交企业考核全部产品的计划成本和可比产品成本降低率;对商贸企业考核商品流通费降低率。

1987年1月起,执行财政部制定的《国营工业企业成本核算办法》,企业可根据生产特点和成本管理的要求,分别确定成本核算对象。企业必须加强成本核算的各项基础工作,包括建立原材料、在产品、半成品和产成品等各项财产物资的收发、领退、报废、清查盘点制度等。

1993年"两则""两制"(《企业财务通则》《企业会计准则》《分行业财务制度》《分行业会计制度》)实施以后,财政部门对国有企业由成本费用管理的考核转向企业整体绩效或资产保值增值的考核。

**(四)利润分配管理**

国营企业的利润分配制度体现了国家、企业和个人的分配关系,建国以来,先后经历了上缴利润(统收统支)、利润留成、利改税、承包经营责任制和税利分流五个阶段。

**1.上缴利润阶段**

三年国民经济恢复时期,国家对国营企业实行统收统支的财务管理体制。企业实现的利润,除按规定抵留少量的奖励基金外,其余全部上缴财政,企业发生的亏损,由财政弥补;企业发展生产所需的资金,由财政拨款解决;职工的各项福利开支,在企业生产成本中列支。1950年,政务院发布《公营企业缴纳工商业税暂行办法》,公营企业的所得税,一律作为利润,由其主管部门集中向财政部门缴纳。1951年,中财委下发《1951年度国营企业提缴利润暂行办法》,规定国营企业缴纳利润后,由财政机关根据其季度或月度会计报告所记载的实际利润与原计划利润,于每季度或每月度终了后30日内结算一次,多退少补。

**2.利润留成阶段**

为了调动企业经营积极性,1952年起,实现了各种形式的利润留成制度,包括企业奖励基金、超计划利润分成、全额利润留成、企业奖金、企业基金等,企业按规定提留利润分成后,全额上缴财政。

1952年,根据中财委规定,实行从计划利润和超计划利润中分别提取企业奖励基金制度,提取的企业奖励基金主要用于:发给先进工作者、劳动模范、模范单位等不包括在工资总额内的奖金;临时救济有特殊困难的职工;改善职工物质生活的各种福利设施等。

1957年起,实施以主管部门为单位超计划利润分成办法,主要用于发展生产,如弥补流动资金不足等。

1958年,根据国务院的规定精神,实施地方工业企业利润留成办法,以县(市)级工业主管部门为单位,一般不超过10%。同年,省规定商业企业利润的80%按规定上缴中央财政,20%缴地方财政,由省与市(地)、县(市)按规定比例分成,东阳商业企业留成率为4.8%。1961年,财政部按照"普遍降低、区别对待"的原则,调低了地方企业的利润留成比例,全国由原来平均占国营企业利润收入的13.2%降低到6.9%,东阳工业企业平均降低到9%,纯商业企业降到3.3%,其他商业企业降到2.9%。

1962年1月1日起，除了商业部门仍实行利润留成办法外，其他各部门的企业，不再实行利润留成办法，改为提取企业奖金的办法，企业所需的四项费用（技术组织措施费、新产品试制费、劳动保护措施费和零星固定资产购置费），改由财政拨款解决。1967年起停止执行利润留成制度。1969年，实行按工资总额11%从生产成本中提取职工福利基金，用于职工困难补助、医药卫生费、集体福利设施及其他福利性开支。企业奖金制度从此取消。这一办法一直沿用到1977年。

从1978年起，在国营企业中试行企业基金制度：企业全面完成国家下达的产量、品种、质量、原材料燃料动力消耗、劳动生产率、成本、利润、流动资金占用共8项年度计划指标以及供销合同后，可按职工全年工资总额的5%提取企业基金；完成产量、品种、质量、利润共4项指标和供货合同的工业企业，可按工资总额的3%提取企业基金，在此基础上，其他指标每多完成1项，按工资总额增提0.5%的企业基金。次年，商业系统企业恢复按实现利润分单位核定留利率的办法计提利润留成。

1980年起，根据上级有关精神，东阳县革委会决定自1月1日起，对化工厂等9家国营工业企业试行利润留成办法，对仪表电机厂等17家企业试行超计划利润分成办法。同年，经东阳县革委会同意，对物资企业试行利润留成办法，按净利润企业留成70%，上交财政30%，企业留成中70%为生产发展基金、30%为职工福利基金、10%为职工奖励基金。

1981年起，财政对国营企业主管部门试行经济责任制包干办法，以核定的净入库数（上缴利润）为基数，对超基数部分实行分成，分成比例为六四开（财政得60%，主管部门得40%）。1983年分成比例改为对半开（财政与主管部门各得50%）。1986年又改为财政得51%，主管部门得49%（主管部门留5%，返回企业44%）。1983年，东阳县财税局会同县经委等有关部门，对经委所属19户国营工业试行经济责任制考核办法，对企业规定了产品产量、质量、产值、利润、成本、资金周转、安全生产等考核指标，分别采取：①按产品产量与奖金挂钩；②按实现利润与奖金挂钩；③按基数利润和超利润分档提奖；④亏损包干、减亏留用、超亏不补等办法进行提奖。实行利润留成和经济责任制包干办法后，企业基金制度停止执行。

**3.利改税阶段**

为了适应现代企业制度改革，确立国营企业的市场主体和法人地位，从法律上明确国家与国营企业的分配关系，1983年起，开始推行国营企业“利改税”改革，分两步实施。

第一步：1983年，国务院批转财政部《关于国营企业利改税试行办法》，对国营企业实行第一步利改税，主要内容是：凡有盈利的国营大中企业，其实现的利润按55%的税率缴纳所得税，税后利润，一部分按国家核定的留利水平留给企业（分户核定留利率），另一部分采取包干上缴和缴纳调节税等形式上缴国家。在执行过程中，多数企业采用上缴调节税的办法，调节税率按1982年实现的利润减去应缴所得税和合理留利后的剩余额占实现利润的比率确定；对增长利润部分，减征60%的调节税；小型企业按八级超额累进税率缴纳所得税，税后利润原则上留给企业自主支配。

东阳国营工业企业第一步利改税经核定：大中型盈利企业征55%所得税后再交调节税的8户，平均调节税率为24.92%；定额上交的1户；征所得税后不上交的2户；亏损企业1户；小型企业征八级超额累进所得税的12户；工业供销公司征调节税38.73%；电力公司按联营时核定的基数利润额征55%所得税。

国营商业经核定：大中型盈利企业7户，征55%所得税后再征调节税平均35.12%；小型企业征八级超额累进所得税10户；食品厂不征调节税；饮食服务公司按15%征所得税；食品公司核定征调节税15.78%；医药公司征调节税22.24%；商业局集中留利4.1%。

第二步：从1984年1月1日起，国有工业企业实行利改税第二步改革，对大中型盈利企业仍实行55%的所得税率，税后利润的分配统一改为征收调节税；小型盈利企业实行新8级超额累进税率，调整了累进的起点和级距，使平均税负降低了3%～5%；逐步由原来的“税利并存”改为“以税代利”；税后利润全部留归企业。1985年1月1日起，交通、商业、物资以及粮食企业均实行利改税。

报经浙江省财政厅批准，第二步利改税核定东阳大中型工业盈利企业8户，征调节税19.48%，微利企业2户，小型企业11户。大中型商业盈利企业6户，征调节税30.23%；小型企业10户；医药公司征调节税11.47%；商业局集中留利4.1%。

利改税改革后，企业实现的利润虽然以所得税和调节税的形式上缴国家，但在财政的收入统计上和对企业的承包考核中，仍然合而以“上缴利润”计，至1994年“分税制”实施止。

**4.承包经营责任制阶段**

根据国务院深化企业改革精神，为了给企业以充分的经营自主权，东阳市政府决定，1988年1月1日起，在利改税的基础上，对全市全民所有制企业实行“包死基数，确保上交，超数多留，欠数自补”的承包经营责任制；由财政与主管部门签订承包协议，再由主管部门分企业落实，实行“二级承包、二级结算”的承包办法；承包基数按1987年应上缴利润实绩，再加适当递增幅度确定；超缴部分49%返还主管部门和企业；承包时间为三年。当年承包结算结果：经委上缴税利承包数为521.1万元，实际上缴结算数为563.3万元，超缴部分得分成款20.68万元；商业局承包数为389万元，上缴结算数为503.1万元，超缴部分得分成款55.91万元；物资局承包数为69万元，上缴结算数为92万元，超缴部分得分成款11.27万元。1990年，东阳市政府决定继续推行和完善承包责任制，实行“政府委托、指标切块、两级承包、两级结算”的第二轮承包经营责任制，承包的主要内容是“两包一挂”，即包上缴利润和技术进步，实行工效挂钩。次年，建立承包风险基金制度，实行风险抵押承包，并改“二级承包、二级结算”为“二级承包、一级结算”，即由财政直接与企业结算，企业上缴财政超承包数部分，51%留财政，44%返回企业，5%返回企业主管部门。

**5.税利分流阶段**

为了理顺国家与企业的分配关系，推进企业转换经营机制，东阳市政府决定从1994年1月1日起，在国有企业试行“税利分流”办法，即将国有企业的实现利润分别以所得税和税后交利的形式上交国家。“税利分流”体现了国家财政对国有企业具有的社会管理者(征税)和国有资产所有者(分利)双重职能进行科学地划分,其主要内容:一是企业所得税统一实行基准税率30%和地方附加3的税率;二是在1995年底前,对实现利润较少和规模较小的企业实行两档照顾税率,即对年实现利润额在3万元以下的企业,其所得税基准税率暂时减按15%和地方附加3%的税率征收,年实现利润在3万元至10万元的企业,其所得税基准税率暂时减按24%和地方附加3%的税率征收;三是取消调节税;四是税后留利免交能源交通重点建设基金和预算调节基金;五是“税前还贷”向“税后还贷”逐步过渡;六是实行税后缴利,国家作为国有企业的资产所有者,从税后利润中集中一部分作为投资收益,列入财政建设性预算,有重点的用于国有企业的再投资。

1993年7月1日起,企业统一执行新的《企业财务通则》和分行业企业财务制度,以及1994年1月1日起实行“分税制”改革后,国有企业依法执行统一的企业所得税制度,此后,国有企业除了财务税收制度改革的衔接过渡期,其税后利润全部留给企业进行技改或扩大再生产,财政没有再上缴。

2011年,为行使国家以国有企业资产所有者身份的资产收益权,市政府印发《东阳市企业国有资本收益收缴管理试行办法》,规定对国有独资企业的税后利润扣除弥补以前年度亏损和法定公积金后上缴财政15%。

2018年9月,经东阳市政府研究同意,自2019年1月1日起调整国有资本收益收缴比例,将国有独资企业税后利润上缴财政比例从15%提高到30%。

**(五)工资总额管理**

长期以来,国营企业职工工资基本实行级别工资制,企业工资总额实行国家计划管理,形成企业在工资分配中搞平均主义和吃大锅饭的弊端。1985年开始,根据国务院《关于国营企业工资改革问题的通知》,东阳县政府同意在市百货公司和针织一厂等8家国营大中型工商企业试行工资总额与实现利润挂钩的办法,简称“工效挂钩”。1988年,对全市全民所有制企业全面实行首轮“工效挂钩”办法;工资总额包括基本工资、加班工资、夜餐费、书刊费和奖励基金;经济效益包括上缴的产品税、营业税、增值税、城建税、印花税、土地使用税及所得税、调节税等;按1987年会计年报实绩为依据确定基数;对企业工资总额按与实现税利挂钩指标进行控制,对各主管系统采取按上缴税利与工资总额挂钩办法进行总量控制;挂期三年;经济效益净增长1%,工资总额可增长幅度为0.7%。

表2-1-5-2　　**1988年东阳市国营企业“工效挂钩”结算表**

| 项目＼系统 | 经委 | 商业局 | 物资局 | 粮食局 |
|---|---|---|---|---|
| 企业户数(户) | 24 | 12 | 10 | 25 |
| 平均人数(人) | 6999 | 1730 | 226 | 1421 |

续表2-1-5-2

| 项目＼系统 | | 经委 | 商业局 | 物资局 | 粮食局 |
|---|---|---|---|---|---|
| 工资基数 | 工资总额(万元) | 942.0 | 227.9 | 28.2 | 150.7 |
| | 其中:奖金(万元) | 126.0 | 60.6 | 8.2 | 26.5 |
| 税利基数(万元) | | 1581.4 | 667.1 | 113.0 | 166.7 |
| 应交税利实绩(万元) | | 1937.1 | 840.8 | 139.2 | 114.2 |
| 比基数增长(%) | | 22.5 | 26.0 | 23.2 | -31.5 |
| 浮动比例(%) | | 0.7 | 0.7 | 0.7 | 0.7 |
| 工资结算数(万元) | | 1087.6 | 278.2 | 32.8 | 155.7 |
| 工资使用数(万元) | | 972.9 | 258.7 | 37.8 | 172.6 |
| 工资结转数(万元) | | 114.7 | 19.5 | -5.0 | -16.9 |

1991年,继续执行第二轮的企业“工效挂钩”办法,此后,每三年为一轮,延续执行“工效挂钩”办法。1993年7月,根据企业职工工资水平偏低的情况,东阳市政府决定对全市工效挂钩企业的职工平均工资提高18%。1997年,在执行第四轮“工效挂钩”办法时,把“国有资产保值增值率”作为提取效益工资的否定指标,完不成该项指标的企业,不得提取新增效益工资。同时,对一些企业经东阳市财政局等相关部门批准同意,也可实行“工资总额包干”或按“两个低于”(即企业工资总额增长幅度低于本企业经济效益的增长幅度、职工实际平均工资的增长幅度低于本企业劳动生产率的增长幅度)原则确定工资总额等办法。

2000年以后,因面上国有企业大都进行了改制,“工效挂钩”办法不再继续实施,根据上级有关精神,对经营性企业在实行绩效考核的基础上,职工工资总额实行备案制管理;对功能性企业的职工工资总额实行核准制管理。

### (六)国有企业财务监管

《企业财务通则》和分行业财务制度的颁布实施,是我国企业财务制度的根本性变革,标志着以企业财务通则为统帅、分行业的企业财务制度为主体、企业内部财务管理办法为补充的企业财务制度体系全面建立。

1994年7月,《企业财务通则》及分行业财务制度颁布实施后,东阳市财政局转发财政部《关于工交企业制定内部财务管理办法的指导意见》,企业内部财务管理办法作为企业财务制度体系的基础,要求各企业(含商业和其他企业)根据企业实际情况,制定具体完整的内部财务管理办法,并报财政部门备案。

1995年,为了综合评价和反映企业经济效益状况,东阳市财政局印发《企业经济效益评价指标体系(试行)》,这套指标体系包括销售利润率、总资产报酬率、资本收益率、资本保值增值率、资产负债率、流动比率(或速动比率)、应收账款周转率、存货周转率、社会贡献率、社会积累率10项指标，以此报告和评价企业经济效益情况。

随着经济体制改革的深入，国有企业财务自主权进一步扩大，但违反财经纪律的现象也日趋严重，1999年，根据国务院和省政府的有关意见，市财政局制定印发了《东阳市关于国有企业财务监督的实施意见》，实施财务监督的范围包括：国有企业、国有独资有限公司、国有控股企业等；财政监督的重点内容包括企业非生产性开支、生产经营资金使用、对外投资、关联企业经营往来、企业购销活动、资金调度、成本费用、资产处置、利润分配、财务报告10个方面；财务监督方式包括外部监督和内部监督，外部监督由财政部门负责，内部监督由企业财务部门负责。

2001年，财政部印发《企业国有资本与财务管理暂行办法》，按照"国家所有、分级管理、授权经营、分工监管"的原则，财政部门根据职权负责企业国有资本与财务管理，包括：核定企业国有资本，监管资本变动事宜；参与企业制度改革，负责国有股权管理；组织清产核资和产权界定，办理国有资产产权登记；负责国有资产产权纠纷调处；指导财产评估业务，监管国有资产评估；制定企业税后利润分配制度，监缴国有资本收益；制定企业财务考核指标体系，组织国有资本营运绩效评价；监管国有资本保值增值情况，防止国有资产流失；指导和督促企业建立健全内部资本与财务管理办法等。

2008年，市国资委印发《东阳市国有企业财务总监管理暂行规定》，对国有企业实行委派财务总监制度，并明确了财务总监对所委派企业实施财务监督的职责范围和监督权限，规定了财务总监的选派程序、管理制度和待遇奖惩等。同年12月，东阳市政府对国有企业建立重大事项报告制度，将重大财务事项列入审批或备案管理范围。

2018年，为进一步加强国有企业财务管理工作，东阳市政府印发《进一步推进国有企业财务监督体制改革、加强国有企业财务监管工作的实施意见》，主要内容有：一是改革财务会计人员的管理模式；二是改进财务监管手段，加快推进出资人监管平台建设；三是完善企业内部财务管理制度；四是推行企业财务收支计划管理；五是加强资金统筹管理，建立国有企业"资金池"制度；六是加强财务风险控制体系建设，建立企业重大事项提交董事会决策机制；七是建立健全财务绩效评价体系等。同时，市政府印发《东阳市国有企业财务机构和人员管理暂行办法》，以加强财政、国资、主管部门及企业对财务机构和财务人员的教育培训、绩效考核、业务指导、管理监督等工作。

**（七）粮食企业财务管理**

在计划经济时期，县级粮食商业企业的财务归省管，粮食工业企业归县管。自1981年1月1日起，经东阳县政府同意，浙江省财政厅将粮油工业企业财务上划省管，其应缴财政收入80%上缴省财政，20%上缴县财政，并相应调整了省对县的财政体制包干基数。实行粮食财务包干后，粮食企业的财务管理体制由省下放到县管理。

**1.粮食财务包干**

为调动粮食企业改善经营管理积极性，打破企业吃"大锅饭"的局面，控制和减少国家财政补贴，根据国家有关精神，浙江省财政厅决定从1987年起，对粮食商业企业平价粮油经营实行政策性亏损定额补贴办法，补贴定额标准和总量由省核定到县，县财政部门会同粮食部门再核定到企业。定额补贴资金由县财政部门直接退省库进行拨付。

1988年，为了增强地方政府和粮食企业改善经营管理、提高经济效益的积极性，根据省政府精神，浙江省财政厅会同粮食局实施粮食财务包干办法，即对粮食企业收入、政策性亏损退库和粮油价差补贴从1988—1990年实行省对县财政包干的办法，省核定东阳1988年企业收入包干指标为-175万元（退库）、粮油价差补贴包干指标为141.77万元。包干指标以内仍由省财政负担，超指标由东阳财政负担。

1991—1992年继续实行包干办法，粮油价差补贴每年递增1.5%由省财政承担。1992年，为了控制粮食企业平价经营亏损，浙江省财政厅要求推行“盈亏分开、亏损集中、总额包干、两级清算”的粮食企业财务体制改革工作，控制粮食亏损，坚决不挂新账。

1993年起，全面放开粮食购销和价格政策，并对1991粮食年度末累计的粮食政策性财务挂账数额进行了核实和消化。

1998年，东阳市政府着手粮食流通体制改革，除粮食政策性储备外，政府不再经营粮食流通和加工业务，并对1992年4月1日—1998年5月31日的粮食企业新增挂账进行清理。

**2.清理和消化粮食企业财务挂账**

根据国家和省的统一规定，东阳先后对粮食企业财务挂账作过两次全面的清理和消化。第一次是1995年，清理1991年度前发生的粮食财务挂账，经省核定东阳1991粮食年度末粮食政策性财务挂账数为1445万元，其中：原平价政策性挂账1015万元、原议价政策性挂账430万元。政策性财务挂账从1995年1月起实行挂账停息，占用的银行贷款利息由中央财政支付。财务挂账由财政和企业分3年处理完毕，东阳提前于1997年底已基本完成了上述挂账的消化任务。第二次是1998年，对1992年4月1日—1998年5月31日的粮食企业新增挂账进行清理，省核定东阳新增粮食财务挂账和其他不合理占用贷款10737万元，其中纳入中央财政和地方政府贴息范围的新增粮食财务挂账和其他不合理占用贷款3802万元，中央和省制定了停息和弥补消化挂账的政策。

**3.粮食风险基金制度**

为了促进粮食流通体制改革，加强宏观调控，稳定粮食市场，浙江省政府决定，从1993年1月1日起放开粮食购销和价格，各级财政部门要相应建立政府粮食风险基金，主要用于平抑粮价，稳定市场，保护粮食生产者和消费者利益，为此，浙江省财政厅核定东阳建立粮食风险基金规模为100万元。1994年开始，根据国家的统一规定，由中央与省共同建立省级粮食风险基金，并核增东阳粮食风险基金规模为400万元，主要用于市级粮油储备利息费用补贴、粮食超储费用补贴等。1998年，东阳市政府进一步明确了粮食风险基金的筹措来源、使用范围、财政专户管理方式和资金拨付等管理规定。

2001年，根据浙江省财政厅《市县粮食风险基金管理暂行规定》，市（县）必须建立与地方现有粮食储备规模相适应的粮食风险基金，将市县粮食风险基金的筹集、使用和管理列入粮食安全分级负责责任制考核内容，重新核定东阳最低粮食风险基金规模为240万元，并规定销售储备粮油价差收入、轮换销售轮空期间节约的费用利息补贴和粮食风险基金存款利息收入等应当纳入粮食风险基金核算。截至2018年年底，东阳全市粮食风险基金余额为696万元。

### （八）外贸企业财务管理

建国以后，国家实行高度集中的外贸体制，作为县级外贸进出口业务很少，没有专门经营机构，如果有需要则通过省进出口公司经营。1973年，成立东阳外贸公司，隶属省公司。1988年，浙江省财政厅将外贸企业及其财务下放县管理，并明确：一是外贸进出口企业自1月1日起其财务关系与省公司脱钩，由县财政部门直接管理外贸公司财务；二是把省向中央承包的外贸出口收汇基数、上缴中央外汇额度基数、出口收汇基数内人民币补贴基数等承包任务，全部切块分解到县市实行承包，承包基数一定三年不变，超亏不补，减亏留用；三是出口补贴基数列入县财政预算，由县财政直接与省财政单独结算。

1989年，浙江省政府出台市县长出口创汇奖励基金办法，次年8月作了修改，规定以上年出口创汇实绩为基数，超基数每1美元奖励人民币0.04元。

1993年，执行新的商品流通企业财务会计制度后，要求外贸企业建立外汇风险金管理制度。

2001年6月，东阳市外贸公司实行整体改制。

### （九）农垦企业财务管理

全市农垦企业仅为东白山茶场一家。创建于1955年，初名“东白山垦荒市级社”，1959年更名为“东阳县东白山茶叶试验场”，1977年定名为“东阳县东白山茶场”，是一家专业生产茶叶的农垦企业。长期以来该企业为微利企业，1979年起，实行“独立核算、自负盈亏、亏损不补、有利润自己发展生产、资金不足可以贷款”的财务包干办法，促进了企业发展生产的积极性。1985年起，实行茶场职工分户承包制。1986年销售收入达85.2万元，实现利润10.7万元，企业销售收入和利润均创历史新高。1993年起，农垦企业统一执行新的“两则”、“两制”及相关的财务制度。

### （十）国营企业扭亏增盈

经济效益是企业的生命，政府一直重视国营企业的扭亏增盈工作，扭亏增盈工作也是企业财务管理的重要内容。针对国营企业的效益问题，建国以来曾进行多次扭亏增盈运动。1963年就全面开展过两次。1977年7月，国务院发出《关于大力开展扭转企业亏损、增加盈利工作的通知》，东阳县成立增产节约扭亏增盈领导小组，通过企业整顿，下降亏损，增加盈利，当年全民所有制企业80户，盈利额比计划增加229万元，与1976年相比，国营工业企业盈利22户，增加7户，盈利额254.4万元，增盈148.1万元，亏损5户，下降8户，亏损额76.2万元，减少34.1万元；商业企业盈利29户，盈利额682.8万元，增盈117.1万元。1978年3月，东阳县政府召开了86户企业负责人和170名会计人员参加的扭亏增盈大会，落实1978年77户国营企业计划利润947.7万元指标，比上年增长17%，其中工业企业28户，计划利润300万元，增长40.6%，亏损2户，计划亏损17.8万元，下降77%，经过企业努力，实际完成实现利润316万元，亏损额9.1万元。实践证明，开展扭亏增盈工作成效明显，东阳县经委所属工业企业22户，从1984年起连续五年无企业亏损，1988年实现利润比1983年成倍增加，是建国以来最好的一年。

**二、城镇集体企业财务管理**

城镇集体企业包括二轻系统所属的集体工业企业、供销系统所属的供销企业和基层供销社以及其他部门所属的集体性质的工商企业和合作企业等。

**(一)城镇集体工业企业财务管理**

城镇集体工业企业是在个体手工业合作社基础上发展起来的、实行按劳分配、自负盈亏的集体所有制企业，东阳的城镇集体工业企业主要是二轻系统的所属企业。1993年《企业财务通则》、《企业会计准则》以及分行业财务制度和会计制度实施后，其财务管理职能由税务部门收回财政部门管理。

在计划经济时期，城镇集体工业企业的财务制度基本参照国营工业企业执行，企业实现利润除上缴所得税和联社管理费外基本留给企业。自1980年1月1日起，经东阳县革委会批准，对二轻局所属合作工厂实行超收分成办法，按企业上缴所得税比上年增收部分25%返回企业，用于扩大企业再生产和职工福利。1983年，为了调动积极性，二轻系统推行经营承包责任制，是年，完成工业总产值4560万元，比上年增长8.5%，完成利润455.7万元，比上年增长12.8%。1984年继续实行承包责任制，实行主管部门对企业和企业内部两级承包，并改进工资分配形式。1986年，根据浙江省财政厅规定，因国有企业利改税后已停止提取企业基金，城乡集体企业也从1986年起不再提取企业基金。1987年，根据上级规定，东阳县财税局决定恢复城镇集体工业企业提取企业基金制度，在全面完成产值、利润、销售收入财务指标、并实现缴纳税金征期清的企业，可按工资总额提取5%的企业基金。

1993年7月1日起，城镇集体工业企业执行《企业财务通则》和分行业财务制度。1996年后，东阳城镇集体工业企业陆续进行改制。

**(二)供销社企业财务管理**

供销社是供销合作社的简称。创建于解放初期，是以农民为主体的劳动群众集体所有制的合作经济组织。在计划经济体制下，供销社的体制和性质经历了两次转为全民所有制和两次退回到集体所有制的变迁，1982年恢复集体所有制性质，1993年，实施股份合作制改革。

中华人民共和国成立后，供销社组建初期，全国没有形成统一的财务管理体制。1952年7月，中华全国供销合作总社明确，各级联社为独立经济核算单位，在合作社系统统一计划下，各自管理本身的财务，并各自核算盈亏。此后，供销社同国营商业合并，执行国营商业的财务管理体制。

1961年，供销社与国营商业分开后，财务管理体制大体上恢复1957年以前的状况，供销社系统上下级之间，实行“统一领导，统一计划，分级管理，分级核算，各负盈亏，基金调剂”的制度。

1966年起，将各级供销社的自有资金，除社员股金外，全部转为国家资金，视同国家财政对供销社的拨款，由全国供销合作总社统一管理；县以上供销社将缴纳所得税改为向国家上缴利润，实行利润留成制度；基层供销社仍实行“分级核算、各负盈亏、基金调剂”，向国家缴纳所得税的财务管理体制。

1980年，基层供销社及其归口的合作商店等集体商业试行企业基金制度，规定在完成利润、销售额和费用水平三项指标的，可按全年职工工资总额5%提取企业基金，如利润比上年实现增长的，还可按增长额在税后利润中提取10%企业基金。同年，县以上供销社实行利润留成制度，县属企业留26%，省供销社集中12%。利润留成主要用于补充流动资金、固定资产更新改造等。

1982年起，供销系统停止提取企业基金，改为提取职工基金的办法，经省核定东阳可按利润留成额的一定比例提取职工基金，县属企业为4%，基层供销社为5%。

1984年，东阳县政府批转县供销社联合社《关于深入体制改革的试行意见》，各级供销社一律实行“独立核算、自负盈亏、基金调剂”，向国家缴纳所得税的财务管理体制，并实行内部承包经营责任制。同年10月，浙江省供销合作社、财政厅下发《关于改革各级供销社财务管理制度的联合通知》，明确供销社的财务计划经理事会通过后报上级和财税、银行部门备案即可，不再核批。

1986年，供销社以前转为国家资金的自有资金又转作公积金处理。

1993年7月1日起，供销社企业执行《企业财务通则》和分行业财务制度，并陆续实施股份合作制等形式的企业改制。

### （三）城镇集体商业企业财务管理

集体商业企业是由群众集资、集体占有生产资料、共同从事商业劳动并实行多种形式的按劳分配、自负盈亏的集体商业经济组织。我市的集体商业企业的形成大体有三种形式：一是建国以后，国家对农业、手工业和私营工商业进行社会主义改造时，由个体的小商贩组成的合作商店；二是七十年代为安置待业人员而组成的集体商业组织；三是小型的国营商业转为集体经营的企业以及城乡基层单位开办的代购、代销、代营店等。1993年《企业财务通则》实施后，原由财政委托税务部门承担其财务管理的职能重新收回财政部门。

在计划经济时期，集体商业企业的财务制度参照国有商业财务制度执行。

1979年开始施行企业基金制度时，规定集体商业企业可比照国营商业企业提取企业基金并在税前列支。1983年，根据浙江省政府《关于集体商业全面推行承包经营责任制的意见》，按照“自主经营、自负盈亏、国家征税、按劳分配、民主管理”的原则，对集体商业企业实行承包经营。1986年，根据浙江省财政厅规定，因国有企业利改税后已停止提取企业基金，城乡集体企业也从1986年起不再提取企业基金。同年12月，省财政厅会同商业厅、供销社联合颁发《浙江省集体所有制商业财务会计制度(试行)》,1987年11月,根据上级规定,东阳县财税局恢复城镇集体商业企业提取企业基金制度,在全面完成营业收入、利润、商品流通费等三项财务指标、并实现缴纳税金征期清的企业,可按工资总额提取5%的企业基金。

1993年7月1日起,集体商业企业执行《企业财务通则》和分行业财务制度,并陆续实施多种形式的企业改制。

### 三、外商投资企业财务管理

自国家实行对外开放政策,外商陆续在国内投资兴办企业。外商投资企业包括中外合资经营企业、中外合作经营企业和外资企业。为了提高外商投资企业的财务管理水平,保护国家、企业、投资者和中方职工的利益,东阳市财税局根据国家有关外商投资企业的法律、法规和有关财务规定,对外商投资企业的资本投入、资产管理、成本费用的处理、利润分配和中方职工各项权益的计提使用等进行指导、检查和监督。1992年下半年起执行财政部颁发的《中华人民共和国外商投资企业财务管理规定》和《中华人民共和国外商投资企业会计制度》。1993年7月1日起,中外合作经营企业执行《企业财务通则》和分行业财务制度的相关规定。

#### (一)资本管理

中外合资经营企业的资本管理,执行1979年7月国家公布的《中华人民共和国中外合资经营企业法》的规定,外国合营者的投资比例一般不得低于注册资本的25%,合营各方按注册资本分享利润和分担风险及亏损。1983年,国务院发布《中华人民共和国中外合资经营企业法实施条例》,规定合营企业的投资总额,为企业合同、章程规定的生产规模需要投入的基本建设资金和生产流动资金的总和;其注册资本为合营各方认缴的出资额之和;合营各方对合营企业的责任以各自认缴的出资额为限。合营企业在合营期内不得减少其注册资本,合营一方向第三者转让其全部或部分出资额,须经合营他方同意,并经审批机构批准。合营各方缴付的出资额,应由中国注册会计师验资,并出具验资报告。

中外合作经营企业的资本管理,执行1988年4月颁布的《中华人民共和国中外合作经营企业法》,允许外国投者与中方举办合作经营企业,在合作合同中约定投资条件。与中外合资经营企业相比,具有以下特点:一是合作各方不论用哪些资源来投资,都可被视为合作的条件,除现金外,其他形式的投资(如机器设备、土地使用权、工业产权等)均可不作价,无须计算股权的比例;二是合作各方可以组成统一的具有法人资格的经济实体,也可以不组成统一的法人,各方可以各自的法人资格进行合作生产、合作制造、合作建设、合作销售和合作管理;三是合作企业允许外方合作者在合作期满前分期收回投资。

外资企业的资本管理,执行1986年颁布的《中华人民共和国外资企业法》,允许外国的企业和其他经济组织或者个人在中国境内举办外资企业,全部资本由外国投资者投入。1990年,国务院发布《中华人民共和国外资企业法实施细则》,明确规定外资企业的注册资本、出资方式与期限。

外国投资者在工商行政管理机关登记的注册资本，即为外国投资者认缴的全部出资额。外资企业的注册资本要与其经营规模相适应，注册资本与投资总额的比例应当符合中国有关规定。外资企业在经营期内不得减少其注册资本。外资企业注册资本的增加、转让，及将其财产或者权益对外抵押、转让，须经审批机关批准，并向工商行政管理机关办理登记、备案手续。

**（二）利润分配管理**

中外合资企业缴纳所得税后的利润，首先要提取储备基金、职工奖励及福利基金、企业发展基金，提取比例由董事会决定；提取这三项基金后的可分配利润，按照合营各方出资的比例进行分配。以前年度亏损弥补前不得进行分配，以前年度未分配的利润，可以并入本年度的利润进行分配。1986年浙江省财政厅规定：合营企业在未进行年度决算以前，企业盈利（或亏损）的最终结果尚不清楚，同时注册会计师也未曾对企业的年度会计报表和全年账目进行审查并出具查账报告，一般不能预分利润。

中外合作经营企业的利润分配应在合同中约定，合作期满时企业的全部固定资产归中国合作者所有的，可以在中外合作经营企业合同中约定外国投者在合作期限内先行回收投资的办法，但须按法律的规定和合同的约定，对中外合作经营企业的债务承担责任。中外合作经营企业合同约定外国合作者在缴纳所得税前回收投资的，应报经主管财政税务机关批准。外国合作者先行回收投资，要在保证企业正常生产经营活动的情况下进行。合作企业从税后利润提取储备基金、职工奖励及福利基金和企业发展基金的办法，与合资企业一样办理。

外资企业在缴纳所得税后的利润应当提取储备基金、取工奖励及福利基金，可不提取企业发展基金，其储备基金提取比例不得低于税后利润的10%，当累计提取金额达到税后利润的50%时，可不再提取。

**（三）专项基金管理**

外商投资企业中方的职工退休养老基金、待业保险基金、住房和物价等项补贴，按照财政机关和劳动部门核定的标准，从企业成本费用中提取。中方职工退休养老基金和待业保险基金，缴由负责企业中方职工退休和待业保险的机构管理，专门用于中方职工的劳动保险，不得挪作它用。住房补贴留给企业，作为中方职工住房补助基金，用于中方职工住房的维修、管理及按国家规定用于中方职工住房改革方面的其他费用性支出。1986年起，外商投资企业应按中方职工人数，向财政部门上缴粮、油、副食品、燃料等物价补贴每人每月25元，房租补贴平均每人每月30元。1987年，根据国家规定，外商投资企业经确认为产品出口企业和先进技术企业，免缴国家对中方职工物价等各项补贴；所有中外合资经营企业从成本中提取的国家对职工的房租补贴，自1月1日起不再上缴财政部门，一律留给本企业中方，作为职工住房补助资金，用于补贴建造、购置中方职工住房的费用。2000年起，东阳执行省规定停止征收外商投资企业中方职工物价补贴。同年4月，浙江省财政厅下发《关于加强和改进外商投资企业提缴使用涉及中方职工权益资金管理的通知》，规定职工福利费、职工教育经费、中方职工住房补助基金、职工奖励及福利基金等必须按规定提取和使用。2002年1月1日起，外商投资企业不再实行中方职工住房基金和中方职工住房周转金管理制度，按住房公积金管理规定，统一为职工提缴住房公积金。

**（四）财政登记管理**

1996年，东阳执行省财政厅印发的《浙江省外商投资企业财政登记管理办法实施意见》规定，外商投资企业在工商行政管理机关签发营业执照（副本）之日起30日内，持批准证书、营业执照、合同、章程、中方财产转移证明等文件的复制件，向主管财政机关办理财政登记，填写《外商投资企业财政登记表》，申领《外商投资企业财政登记证》，作为企业委托中国注册会计师办理验资和查账、开展财务会计活动、接受财政检查监督的基本依据。外商投资企业因修改合同、章程或者变更名称、住所、企业负责人、经营范围等，变更工商登记的，应当自办理工商登记之日起30日内，凭工商变更登记证明及有关证件，办理财政登记。

为进一步改善投资环境，减轻企业负担，浙江省外经贸厅、工商局、财政厅等8部门根据中央文件精神，决定自1997年起，每年1月1日至4月30日对外商投资企业进行联合年检。外商投资企业应自行到工商行政管理机关领取年检报告书，按照经会计师事务所审计的企业财务报告如实、准确、完整地填写后，于4月30日前将联合年检各部门要求提交的文件送达联合年检办公室，其中财政部门要求提交的文件是：年检报告书复印件、财政登记证副本、企业上年度财务报告及审计报告、验资报告。为保证企业申报年检的真实性，财政部门要对有关会计师（审计）事务所进行抽查，对在企业年度审计中有弄虚作假行为的中介机构，要依照有关法律法规予以处罚，并取消该中介机构为外商投资企业作年度审计的资格。

2002年，财政部印发《关于进一步加强外商投资企业财政登记管理工作有关问题的通知》，规定外商投资企业财政登记工作实行属地化管理，对企业因修改合同、章程或者更改名称、住所、企业负责人、经营范围、注册资本等，应自办理变更工商登记30日内，办理变更财政登记。

2015年起，财政部废止了《外商投资企业财政登记管理办法》，取消财政登记制度。

**四、乡镇企业财务管理**

乡镇企业原称社队企业，由土地改革时期的农村副业和农业生产合作社时期的工副业发展而成。1958年建立政企合一的人民公社体制，开始兴办钢铁厂、农机厂、木业社、铁业社、砖瓦厂等工业企业和种子场、种畜场、茶场、水产养殖队等农副企业，并将公社辖区内原属城镇集体手工业企业下放给公社，形成社、队两级所有的社队企业，当年年底，东阳全县社办企业达134家，职工人数40355人。基本采用工分制和务农社员一起分配的制度。1961年起，国家经济调整，社队企业纷纷关停，全县仅剩1家。后几经起落。1979年，国务院印发《关于发展社队企业若干问题规定（试行草案）》，社队企业迅猛发展，出现工资制为主体的分配形式。1984年恢复乡镇建制，社队企业改称乡镇企业。

### (一)社队企业财务

1958年,社队企业创建初期,规模很小,社办企业为独立核算单位;队办企业属报账制单位,财务会计纳入生产大队统一核算。20世纪60年代初,社队企业在农村经济中比重很小,当时浙江省农业厅规定,社队企业与社队管理部门,即农村人民公社工业办公室的财务关系实行统收统支,采取利润、固定资产折旧基金、变价收入三项全额上缴社队管理;弥补亏损、基建投资由管理部门下拨的"三上缴两下拨"办法,没有专门统一的财务会计制度。"文化大革命"期间,社队企业遭受严重干扰,生产经营不正常,企业管理混乱,财务制度无法实施。1978年,东阳社办企业管理局会同财税局下发《关于社队企业固定资产财务处理的通知》,对社队企业固定资产的条件范围、提取折旧、固定资产管理及其财务处理作了统一规定。1980年,省财政厅会同社队企业管理局颁发《浙江省社队工业企业财务管理办法和会计制度》,始有较为全面的财务管理制度。

改革开放以后,社队企业发展迅速,但因经营管理力量薄弱,财务管理和会计核算制度不健全,社队企业在经营管理中存在不少问题,为了扭转管理混乱和账目不清的状况,1983年,根据国家和省有关部门关于整顿和加强社队企业账务工作的几项要求,在全县开展了社队企业财务整顿工作,主要任务是:摸清家底,克服混乱,健全制度,改善管理,堵塞漏洞,增收节支,严肃财经纪律,纠正不正之风,打击严重经济犯罪活动;主要内容包括:进行全面财产清查,规范基本建设审批程序,做好"关、停、并、转"企业的财务处理,调整利润分配关系,严格财经纪律,建立健全财会制度,加强财会人员队伍建设和发挥财政金融的监督作用等。同年10月,中共东阳县委全面推行和完善多种形式的社队企业经营承包责任制,如"确定利润基数,超额奖励或超额分成""确定全额利润分成比例""利润包干,全奖全赔"等。

### (二)乡镇企业财务

1984年,人民公社建制被撤销,社队企业改称乡镇企业。1987年,乡镇企业财务管理职能在财政部门内部先明确工交财务部门管理,后又划归农业财务部门管理。

1986年,浙江省财政厅会同乡镇企业局制定《浙江省乡镇企业财务制度》和《浙江省乡镇企业会计制度》,自1988年1月1日起施行,使乡镇企业有了更加系统全面的财务制度。

1988年,浙江省财政厅印发《关于加强乡镇企业财务管理工作意见》,对加强乡镇企业财会管理工作、认真执行财务会计制度、落实乡镇企业利润分配政策、建立乡镇企业财务报告制度等提出意见,规定上缴乡村的税后利润不得多于20%,其中应有60%用于扶持乡镇企业再生产和发展新的乡镇企业。

1991年,东阳市财政局会同乡镇企业局下发《关于加强乡镇企业财务管理有关问题的通知》,对乡镇企业固定资产、材料和产品、应收账款、银行存款和现金、成本费用等方面的管理作了明确规定,要求如实反映企业经营和资产状况,防止虚盈实亏。

1993年7月1日起,乡镇企业统一执行《企业财务通则》和分行业财务制度。为了贯彻执行

《企业财务通则》和相关财务制度，浙江省财政厅制定出台了“乡镇企业执行新的企业财务制度若干政策问题”，明确财政部门是乡镇企业的财务主管机关；强调实行经营承包责任制的乡镇企业，其性质和隶属关系不变，乡镇企业的所有权仍归投资者所有，乡、村主管部门或董事会要与承包人签订合同，明确双方的责任和权益，承包人要提供必要的财产担保。同年9月，市政府出台《东阳市乡镇集体企业股份合作制试行办法》，对乡镇企业推行企业制度改革。

1995年，为了理顺产权关系，推行政企分离改革，市政府印发《东阳市乡镇企业集体企业集体资产管理办法（试行）》，规定乡镇企业集体资产属于乡镇全体农民集体所有；建立乡镇集体资产经营公司，按照所有权与经营权相分离的原则实行“多种经营、有偿使用”，也可以实行股份合作制经营；按照“集体统一所有，乡镇分级管理，企业自主经营”的原则建立资产占有变动管理制度；乡镇政府授权资产经营公司经营管理集体资产，资产经营公司以资产所有者的身份参与股份制企业的决策、管理和监督或对承包、出租企业的发包、发租。

1997年以后，乡镇企业全面推行产权制度改革，通过对资产的出售、拍卖、转让、租赁和破产等多种形式的改革，原集体所有制的乡镇企业已不复存在，取而代之的是按照《中华人民共和国公司法》确立的具备现代企业制度的股份有限公司、有限责任公司、私营企业等。

## 第六节　经济建设财政管理

中华人民共和国成立以后，国家实行集中统一的计划经济体制，经济建设项目和资金投入均列入国家计划统一组织实施。改革开放后，扩大了地方政府的经济建设自主权，财政上也有了地方机动财力，各级党委和政府的工作重心也转移到了经济建设上来，随之，东阳财政对经济建设的投入逐步加大，财政部门对经济建设资金的管理任务更加繁重。

### 一、经济建设专项资金管理

经济建设专项资金主要是指财政用于经济发展相关的基础性、要素性的支出资金，包括生态建设资金、城乡基础设施建设资金、基础产业投入资金和基本建设资金等。

#### （一）生态建设资金

##### 1.环境保护专项资金

1995年，根据国务院《污染源治理专项基金有偿使用暂行办法》的有关规定，市政府印发《东阳市环境保护基金管理办法》，对按规定征收的排污费及补助用于重点排污单位治理污染源资金、贷款利息、滞还金、挪用贷款的罚息等专项用于环境保护的基金，明确了使用对象、范围、条件及有偿使用的期限、利率、项目验收等程序和办法。2004年，全市推行生态市建设，为了支持生态市建设，2006年起，东阳市财政每年安排120万元生态建设专项资金，用于生态市建设的奖励和补助。2009年，市财政会同环保局印发《东阳市环境保护专项资金管理暂行办法》，以规范征收的排污费纳入预算管理并专项用于污染防治和环境保护。2016年，市财政会同环保局对2009年的《暂行办法》进行修订，并重新印发了《东阳市环境保护专项资金管理办法(试行)》，将市级预算安排和省级财政转移支付的各项环保专项资金进行整合和统筹，明确“突出重点、强化引导、奖补结合、注重绩效、专款专用、公开透明”的使用管理原则。

**2.黏土砖瓦窑整治资金**

2007年，为了有效保护耕地资源和生态环境，东阳市政府开展了黏土砖瓦窑整治工作，对高能耗、污染大、低效益、未经审批、无证经营等砖瓦窑实行强制关停和淘汰，并对实施关停的企业按时间进度给予奖励。2017年，东阳市政府下发《关于进一步加快黏土砖瓦窑关停拆除的通知》，要求所有粘土砖瓦窑于2017年底前实行全部关停。此项工作累计补助和奖励财政资金达3252.4万元，涉及61家企业，拆除1254门砖瓦窑。

**3.污水集中处理设施建设资金**

2006年，为了促进水污染防治，省财政厅会同建设厅印发《浙江省镇级污水集中处理设施建设专项资金管理暂行办法》，专项资金由省级财政预算安排，专项用于支持镇级污水处理设施建设。由此启动全市镇级污水集中处理设施建设，为了确保设施的正常运行，2011年起，东阳市财政安排专项资金用于补助各镇运行维护。2013年，东阳市政府印发《关于加快推进城区和镇级污水处理设施建设的实施意见》，进一步加大财政投入力度，提升镇级污水处理设施功能。

继东阳污水处理厂2004年建成投产后，财政加大投入，陆续建设了市污水处理二厂(一期和二期)、巍山镇六怀工业区污水处理厂、画水镇竹溪工业功能区污水处理厂、南马镇镇西污水处理厂、湖溪镇工业园区污水处理厂等及其配套管网，通过覆盖广泛的污水处理设施建设，全市污水处理能力得到全面提升。

**4.淘汰黄标车专项资金**

为了贯彻实施全省大气污染防治行动计划，2014年，市政府印发《东阳市黄标车淘汰补助实施办法》，通过界定施行依法淘汰的黄标车由财政安排专项资金给予淘汰补助，补助标准按车辆类型和注册登记年限确定，并从办法施行到2015年底分三个阶段采取不同的补助比例，2014年底前按标准100%补助，2015年6月底前按标准80%补助，2015年底前按标准60%补助。此项工作财政共补助资金4316.2万元，淘汰黄标车5476辆。

**5.高污染燃料炉窑整治**

为了加强大气污染防治，改善空气环境质量，2012年，东阳市政府决定在全市开展磁性行业炉窑燃煤烟气污染专项整治工作，彻底消除炉窑烟囱林立、燃煤烟气污染严重的状况。2015年，市政府印发《东阳市高污染燃料锅炉整治实施方案》，着手对10蒸吨/小时以下的高污染燃料锅炉进行淘汰，对10蒸吨/小时以上的锅炉要进行清洁化改造，对淘汰的锅炉财政安排资金给予补助。2018年，根据上级要求，继续对磁性材料行业煤气发生炉实施淘汰和改造。该项工作截止2018年年底，累计补助财政资金3775.1万元，淘汰锅炉654座。

6.流域上下游生态补偿机制

为了调动流域上下游地区生态保护积极性，2017年，浙江省财政厅等部门根据省政府的相关精神，印发了《关于建立省内流域上下游横向生态保护补偿机制的实施意见》，按照“权责对等、合理补偿，市县为主、省级引导，分年实施、全面推广”的原则，与东阳上游磐安县签订了“环境责任和补偿协议”，按照流域跨界断面水质指标确定补偿标准。2018年度执行结果水质指标达标，东阳补偿磐安生态资金189.1万元。

### （二）城乡基础设施建设资金

1.小城镇环境整治资金

根据浙江省委、省政府小城镇环境综合整治的工作部署，加快推进美丽东阳建设，2016年，市委、市政府印发《东阳市小城镇环境综合整治行动实施方案》，全面实施以“一加强三整治”（即加强规划设计引领、整治环境卫生、整治城镇秩序、整治乡容镇貌）为主要内容的小城镇环境综合整治行动，由市财政安排专项资金或统筹城镇基础设施建设资金给予补助和奖励。2017年，市政府印发《东阳市小城镇环境综合整治专项资金管理暂行办法》，对小城镇环境综合整治专项资金的筹集、分配、使用和管理作出明确规定。截至2018年年底，全市共有15个镇通过了省级检查验收，累计投入财政资金达35236万元。

2.城乡危旧房治理资金

为了保障群众生命财产安全，改善城乡人居环境，2017年，根据省政府的相关要求，东阳市委、市政府下发了《关于加快推进城乡危旧房治理改造工作的实施意见》，同年9月，市财政局会同治危办印发了《东阳市城乡危旧房治理改造工作专项资金管理办法》，明确了专项资金补助和奖励的标准、考核、拨付和使用的管理办法。截至2018年底，财政累计拨付专项资金39324.9万元。

3.城市风貌提升资金

根据浙江省委主要领导指示和要求，2016年2月，东阳市委、市政府决定启动横店城市风貌综合提升行动，并成立领导小组和11个工作组，经过近7个月的阶段性工作，争取国家、省专项资金补助以及市级财政预算安排，共投入财政资金约4.3亿元，完成城市风貌综合提升工程建设项目149个，继续实施项目27个，开展项目前期工作14个，以及对市容市貌、交通秩序、社区环境等的专项整治，使横店城市风貌得以较大提升。

翌年，财政进一步加大资金投入，保障东阳城区风貌综合提升工作，人民路等多条城区主要干道实施拓宽改造，西山、博大、儿童三大公园，江滨景观带，城市绿化亮化，城区停车位，小区截污纳管等一大批提升改造项目持续推进。

4.“五城同创”资金

2008年，东阳市委、市政府决定在创建省级文明城市的基础上，启动浙江省示范文明城市的创建活动。随后，市委、市政府决定，省示范文明城市（后改为全国文明城市）、国家园林城市和国家卫生城市同时创建，简称“三城同创”。2011年，在“三城同创”的基础上，增加国家环境保护模范城市和国家级生态市的两项创建任务，简称“五城同创”。按照创建内容和标准，市财政每年通过预算安排专项经费，保障创建活动扎实推进，东阳先后获得了“浙江省园林城市”“浙江省环境保护模范城市”“国家卫生城市”等荣誉称号。

### （三）交通道路建设资金

长期以来，国、省、县级道路的建设和改造资金均由国家和省级拨款投入，乡村道路以公益自筹建设为主，县级财政投入较少。1990年起，开征摩托车养路费留县使用，主要用于县乡公路的改造和养护。1992年起，实施“四自公路”（自行贷款、自行建设、自行收费、自行还贷）建设工程，完成了37和39省道107.45千米的建设改造，总投资80472.3万元。2000年以后，市级财政加大了交通道路建设的投入，同时，积极争取省级资金支持，并通过建设项目贷款、发行地方政府专项债券、引进社会资本合作等融资手段，先后完成了一大批高速公路、国省县级公路和乡村道路项目的建设，截至2018年，尚有一大批铁路、高速公路、国省高等级公路等重大交通建设项目在建，交通道路基础设施进入“大投入、大建设、大发展”时期。

#### 1.“康庄工程”建设资金

为了进一步加快乡村公路改造建设步伐，加速推进城乡一体化，根据浙江省委、省政府的部署，2003年10月，东阳市政府印发《关于实施“乡村康庄工程”的意见》，全面实施以乡村公路路面改造和等级提升为建设目标的“乡村康庄工程”，采取“省市财政补助一点、乡镇投入一点、村里自筹一点”的办法筹措资金，并明确了财政资金的补助政策。该项工程的实施历时2年多，财政共投入财力22706万元，新建乡村公路212.6千米，路面硬化1309千米，路基提升464千米，大大改善了全市农村道路状况。

为加快实现村村通公路、通客车目标，2007年开始，全市实施农村联网公路建设工程，至2013年，历时7年，累计完成总投资11998.4万元，完成159千米的农村联网公路建设，基本实现村村通公路的目标。

此后，为巩固乡村公路建设成果，财政继续加大投入，先后开展了“文明公路”“样榜公路”“平安大道”“美丽交通走廊”“四好农村路”等创建活动，进一步提升乡村道路的通行质量。

#### 2.高速公路建设

进入21世纪后，国家对高速公路投资建设实行了在政府引导下以市场化主导的项目投资体制，主要的投资资金由投资主体自筹和融资解决。2001年起，先后由东阳市政府投资参股“甬金高速”“诸永高速”“东永高速”3条高速公路金华范围段的建设，其中金华市金甬高速公路有限公司（2005年更名为“浙江省金华甬金高速公路有限公司”）累计出资9240万元，占总股本11.55%。该高速公路于2005年建成通车，从此结束了东阳无高速公路的历史。2005年，开始兴建“诸永高速”，原由东阳市政府出资参股的股份后转让给了他方，项目于2009年建成通车。2009年开始建设“东永高速”，东阳市政府累计出资参股34485万元，占总股本的33％，项目于2015年建成通车。此外，义东高速江北至南市段于2018年开工建设，总投资43.98亿元，该项目将进而顺接至南马与东永高速相连，届时将形成以“东阳—横店”为中心的高速闭合绕环圈。

**3.国省县道建设**

按照公路建设投资体制划分，国家和省级公路的新建和改造所需资金分别由国家和省投入，其中属“四自公路”（也称收费公路）的省给予部分补助；县级公路以县投入为主，省级财政适当补助。21世纪后，通过东阳财政持续加大投入，先后对S310嵊东义线、S217东永线、东永二线、S211诸东线、S218东仙线、X114金义东线以及南上湖至郭宅等县乡公路进行路基拓宽、路面“白改黑”、等级提升的改造建设，全市境内公路面貌焕然一新，创建了多条省级“文明公路”“示范公路”“平安公路”等。此外，截至2018年，尚有多条国省道公路重点建设项目在建，如315省道南市至画水段、217省道十里头至官清段、351国道兴平路口平改立以及县道岭头至西垣段等工程项目。

**4.铁路建设**

2017年，东阳市委、市政府决定成立东阳市铁路建设指挥部，先后启动金义东市域轨道交通（东阳段）等三条铁路项目工程建设，其中金义东市域轨道交通（东阳段）工程全长26.66千米，总投资98亿元，预计2021年建成通车；杭温高铁（东阳段）工程全长41.3千米，总投资72亿元，预计2022年建成通车；金甬铁路（东阳段）工程全长35千米，总投资42亿元，预计2022年建成通车。随着这些项目的建成，将结束东阳不通铁路的历史，也必将对东阳交通状况以及全市经济社会发展产生重大而深远的影响。

## 二、基本建设资金管理

### （一）预算内基本建设资金管理

中华人民共和国成立后，国家对基本建设投资实行“建设计划由国家统一下达、建设投资由国家统一分配、建设资金由财政无偿拨款”的统收统支管理制度。东阳1953年始有基本建设支出，建设资金均由上级财政拨入，并按上级有关规定进行管理。

1952年8月，中财委颁发《基本建设拨款暂行办法》后，到1958年拨款办法经过4次修改与补充，基本形成基本建设拨款的办理原则：拨款必须有依据；资金实行限额管理；出包工程预付款要有额度；支付工程款要有进度。1958年“大跃进”时，拨款秩序被打乱，建设项目盲目上马，重复建设，损失浪费严重，投资效益下降。1963年，中共中央、国务院发出《关于加强基本建设拨款监督工作的指示》（“拨款六条”），重申基本建设拨款要严格按照国家批准的基本建设计划、严格按照基本建设程序、严格按照国家批准的预算、严格按照工程进度的“四按”拨款原则。1966年，“文化大革命”开始，“四按”拨款原则又被打乱，1972年后才逐步恢复。1979年，浙江省财政局等部门转发国家计委、国家建委、财政部颁发《基本建设拨款暂行条例》，再次肯定“四按”拨款原则，1980年后基本建设投资预算拨款部分改为银行贷款（"拨改贷"），对仍实行拨款的项目则继续沿用原来的拨款办法，成为20世纪80年代基本建设拨款管理的基本法规。

1980年，根据建设银行总行《基本建设工程价款结算办法》，实行"旬末或月中预支，月终结算和竣工结算"的办法。1989年，执行建设银行总行规定：工程价款结算可根据不同情况，采取按月结算，工后一次结算，分段结算或经当地建设银行同意的其他结算方式，但总值不得超过合同价值的95%，其余5%尾款，待竣工验收后结清。1997年，东阳市财政局印发《关于加强基本建设财务财政管理的通知》，规定基本建设项目的资金来源须先经财政部门审查，用于基本建设资金须先存入"基本建设财政专户"，先存后批，先批后用，并建立基本建设财务报告制度。2001年，省财政厅印发《浙江省财政性投资基本建设项目财政财务监督管理暂行办法》，规定基本建设资金要严格按照基本建设程序、年度基建投资计划、年度支出预算和工程进度审批拨款，并按投资额的5%～10%保留工程余款，待工程竣工结算审查后拨付。2008年，市政府印发《东阳市政府性投资项目资金财政直接支付暂行规定》，对市财政预算安排的基本建设投资资金通过"财政基本建设资金专户"实行直接支付，在工程竣工验收后拨款80%，经工程结算价审计后拨至95%，留5%保修金。

2010年，实施国库集中支出制度改革后，政府投资的基本建设项目资金逐步实行国库集中支付办法。

**（二）自筹基本建设资金管理**

20世纪60年代始，出现地方财政自筹资金安排基本建设的情况，资金来源主要是以收抵支的企业收入、工商税附加、城市公用事业附加以及财政部门同意动用的其他资金，自筹资金一般只能用于小型项目或补充国家计划内大中型项目投资的不足，用自筹资金安排的基本建设所需材料、设备必须落实后才能安排建设项目。用于基本建设的自筹资金必须在建设银行专户存储、监督使用。

1963年，执行国务院《关于适当改变用自筹资金安排的基本建设审批权限的通知》，地方用自筹资金安排的基本建设，资金来源是否落实，由省计委负责审查，用自筹资金安排的大中型建设项目报国家计委批准，自筹基建资金来源必须正当，贯彻先筹后支原则，按照农、轻、重顺序行事。

1978年，根据浙江省计委规定，自筹基建资金一律交建设银行管理，先存后用，如发现资金来源不正当、不落实的，建设银行有权拒绝拨款，并严格按批准建设项目、建设规模和建设内容施工，严格按基本建设程序办事。

1987年，根据中央和省有关文件精神，企事业单位用预算外资金安排自筹基本建设的资金管理由财政部门负责，东阳县财税局会同计委和建设银行印发《关于加强用预算外资金安排自筹基本建设管理的通知》，实行资金来源审批和专户存储制度，严格执行"先审后存、先存后批、先批后用"的自筹基本建设资金管理程序。

1989年，为加强自筹基本建设资金的管理，东阳市计委会同财政和建行部门联合发出《关于重申加强自筹基建资金管理的通知》，重申对于自筹基本建设资金，必须执行“先存后批，先批后用，存足半年才能使用”的原则；规定自筹基本建设项目须存足总投资额的60%以上资金方能报批；自筹基建资金必须存入建设银行专户，实行一个口子管理。

1994年后，不分预算内基本建设和自筹基本建设，统一纳入政府投资基本建设项目管理。

**（三）基本建设投资“拨改贷”**

1979年，国务院批转国家计委、国家建委、财政部《关于基本建设投资试行贷款办法报告》及《基本建设贷款试行条例》，进行基本建设“拨改贷”试点，由建设银行负责办理基本建设贷款业务，建设银行的贷款基金，由财政从当年基本建设预算拨款中拨给；地方财政用机动财力安排的基本建设贷款基金，由地方在自筹基本建设资金中解决，贷款规模应当控制在自筹基建指标之内。同年12月，建设银行印发《基本建设贷款实施细则》。

经国务院批准，从1981年起，凡是实行独立核算、有还款能力的企业，都应该实行基建拨款改贷款的制度，财政预算安排的基本建设资金，给建设银行作为贷款基金，根据国家确定的基本建设计划，按照贷款条件发放。但因种种原因，“拨改贷”办法未能全面执行。

根据国家计委会同国家建委、财政部和建设银行印发《关于进一步实行基本建设拨款改贷款的通知》，从1982年起，原则上应按国务院要求，对独立核算有还款能力的项目，实行基本建设贷款制度。

1985年起，按照国家计委、财政部、建设银行制定的《关于国家预算内基本建设投资全部由拨款改为贷款的暂行规定》，凡是由国家财政预算安排的基本建设投资全部改为银行贷款，其中对科学研究、学校、行政单位以及防洪、防涝工程等没有还款能力的建设项目贷款，不计利息，免于归还本金。次年起，国家规定，科研、学校、行政单位等豁免本息的建设项目不再采用“拨改贷”方式进行管理，恢复拨款办法。因此，国家预算内安排的基本建设投资，分列为国家预算内拨款投资和国家预算内“拨改贷”两部分。

1988年，根据国务院规定，停止实行“拨改贷”，并对预算内和机动财力基建拨贷款项目进行清理，由建设银行逐年回收本金。

1995年，国家计委、财政部印发《关于将部分企业“拨改贷”资金本息余额转为国家资本金的实施办法》，按照该办法的有关规定，相关企业的“拨改贷”资金本息余额转为国家资本金。

**（四）政府投资项目的财政管理**

进入21世纪，对于企业投资的基本建设项目，虽然列入全社会基本建设投资计划管理，但其投资的资金和财务均由企业自行管理，财政部门则重点转向了对政府投资基本建设项目的资金和财务的管理。

2001年，东阳市财政局贯彻执行省财政厅印发的《浙江省财政性投资基本建设项目财政财务监督管理暂行办法》，建立财政性投资项目资金来源和工程预决算审查制度，凡有财政性(包括预算内、外)资金安排的建设项目，必须在基建项目报计划部门前，经财政部门审查其资金是否落实、资金来源是否合法，未经财政审批资金来源，计划部门不予安排年度基建投资计划；同时，建立基本建设项目的预决算审查制度，规定决算必须由市财政审查或委托财政审价中心审查，方可作为工程价款拨付和结算的依据。

2008年，为了规范政府投资项目管理，市政府印发了《东阳市政府投资项目管理办法》，对利用财政性资金投资建设的项目立项、计划管理、建设管理、项目监督等全过程的监管做出规定。

2009年，为了规范政府基本建设投资行为，东阳市人大常委会制定了《关于政府投资重大项目监督暂行办法》，规定对财政资金投资3000万元以上的建设项目，市人大常委会依法实施监督。此办法于2013年进行了修订，并将国有资产营运机构的重大投资项目也纳入其监督范围。

2011年，为了防范政府投资债务风险，加强政府投资预算管理，市政府印发了《东阳市政府投资预算管理办法(试行)》，规定用于政府投资基本建设项目的各项财政性资金都必须纳入政府投资预算管理，政府投资预算和决算须按规定程序报经审查和批准。

2017年，市政府对《东阳市政府投资项目管理办法》进行重新修订并印发，强调项目投资计划与投资资金预算的衔接；规定投资项目计划一经批准，任何单位和个人不得擅自变更；按照“平台赋码、接件验码、办件归集、信息共享”的原则，所有项目通过浙江省投资项目在线监管平台实行网上受理、办理、监管和服务，并逐步实现“一窗进件、一表申报、资料共享、网上审批、全程监控”的目标；对投资估算500万元以下的项目，采取直接预算审核和一表制审批的简易程序，对投资估算在500万～3000万元的项目，可直接进行初步设计和概算审批，对3000万元以上的项目应当按照基本建设程序进行全过程监管。

### (五)基本建设投资的宏观调控

基本建设投资的总量和结构，直接影响着国民经济发展的结构及其相互间的比例关系，在各个历史时期均受国家宏观调控。

1958—1960年，由于受“大跃进”影响，基本建设投资急剧膨胀，浙江省的基本建设投资总额高达18.8亿元，拨款总数亦达13.96亿元，比“一五”时期增长537%。1961年开始压缩基本建设规模，停缓建建设项目，精简基建队伍。从1962年7月起，根据中央和省委指示，全面开展基本建设清产核资工作，建设单位进行清查库存，核实家底，开展经济核算。

1977—1978年，根据基本建设投资增长过快的情况，根据省革命委员会指示精神，东阳开展了在建项目的清理工作，清理和压缩一批不正常的在建工程。当年，东阳剧院因乱上计划外基本建设项目被查，经查实后上报省革命委员会曾一度被停建处理。

1981年，根据中央关于国民经济实行进一步调整的方针，基本建设规模大幅压缩，当年停建缓建了一大批建设项目，浙江省财政厅等部门联合转发了国家有关部门《关于基本建设停建缓建项目善后工作若干规定》，要求财政部门做好停建缓建项目的各种财务清理工作，妥善解决停建缓建项目所需资金和费用问题。同年3月，国务院印发《关于加强基本建设计划管理、控制基本建设规模的若干规定》，对基本建设项目实行计划管理，控制资金投向，严格项目审批制度。

1988年，贯彻中央"治理经济环境，整顿经济秩序，全面深化改革"的方针，压缩固定资产投资规模，并继续开展在建项目清理和停缓善后处理工作。

2013年，为了弘扬艰苦奋斗、勤俭节约作风，贯彻落实中央八项规定精神，根据中共中央、国务院印发《关于党政机关停止新建楼堂馆所和清理办公用房的通知》，规定五年内全面停止新建党政机关楼堂馆所。

**三、基本建设财务管理**

基本建设财务管理是指财政部门对国有建设单位和使用财政性资金的非国有单位的基本建设投资活动实施管理和监督。

中华人民共和国成立初期，国家的主要任务是巩固新生政权，维护社会稳定。自1953年始，百业复兴、经济复苏、改善民生成为党和政府的中心工作，财政基本建设支出成为中央和地方预算支出的重要组成部分。1954年，政务院决定在财政系统设建设银行，接办原由交通银行经办的基本建设拨款和监督工作。1958年8月，建设银行浙江省分行并入省财政厅，对内为"基本建设财务处"，直接行使管理基建支出预算、审批基建年度决算、制定基本建设财务管理制度等财政职能。1962年5月，浙江省政府批准恢复全省建设银行机构，实行行业垂直领导。1970年1月，建设银行浙江省分行撤销，1972年9月又恢复，对内仍为省财政金融局基建财务处。此前，在中央和省级财政与建行尽管都有机构的撤并和职能的划转，而在县级其基本建设拨款和财务监管职能一直合在财政部门。1978年12月，经浙江省编委批准建立"中国人民建设银行东阳支行"，次年3月开业。1980年5月，浙江省财政局与省建行转发财政部和建设银行总行《关于财政局与建设银行在管理基建支出预算等方面的分工协作的几点规定》明确，建设银行管理体制改变后，继续行使财政和银行的双重职能，并对双方的职能进行了划分。此后，基本建设预算拨款（贷款）和财务监管责职仍由建设银行代行至1994年。1996年东阳市财政局内设基本建设科，负责全市基本建设的财政财务管理工作，2002年更名经济建设科。

1997年，东阳市财政局印发《关于加强基本建设财务财政管理的通知》，明确了财政部门履行基本建设项目资金监管的职责，并设立"基本建设专户"，实行"先存后批、先批后用"的基本建设资金监管办法，严格建设项目预决算管理，建立基本建设财务报告制度。

为了适应企业财务会计实行"两则""两制"改革和财政部门主管基本建设财务的职能要求，加强基本建设财务管理，1998年财政部发布了《基本建设财务管理若干规定》，自1月1日起施行，2002年，财政部对该《规定》的有关内容进行了修订，并发布《基本建设财务管理规定》，建立了基本建设项目竣工财务决算审批制度，东阳作补充规定：财政性投资占项目概算投资比例超过50%

或财政性投资超过500万元的项目，以及财政性投资在20万元以上的非经营性基本建设项目，其基本建设项目竣工财务决算须经主管部门审核后报财政部门审批；标准以下的中小型经营性项目和财政性投资在20万元以下的非经营性基本建设项目，由各主管部门审批，报财政部门备案，没有主管部门的报财政部门审批；其他基本建设项目竣工财务决算经主管部门审核后报市财政局审批。

2016年，东阳市财政局贯彻执行财政部颁发《基本建设财务规则》《基本建设项目建设成本管理规定》《基本建设项目竣工财务决算管理暂行办法》等配套制度，明确其执行范围为行政事业单位以及国有和国有控股企业使用财政资金的基本建设财务行为，为财政部门管理基本建设财务提供了全面系统的法律依据。

**四、政府投资项目工程预决算管理**

基本建设工程预算可分为概算和预算两类，概算有可行性研究投资估算和初步设计概算两种，可行性研究估算较为粗略，初步设计概算是指根据工程初步设计的内容和概算定额或费用标准编制、对建设项目及其各项工程费用所进行的概括估算；而预算主要是指建设项目的施工预算，是指施工单位根据施工详图，结合工程施工的具体情况，考虑降低工程成本的各种因素而编制的一种工程项目施工成本计划。工程决算则是施工单位和建设单位结算工程价款的依据。设计有概算，施工有预算，竣工有决算，是基本建设管理的基本要求，审查政府投资基本建设项目工程预、决算，是财政部门加强基本建设管理和经济核算的一项基础工作。

1954年，交通银行总管理处《关于审查工程预算和包工造价的指示》要求，必须审查工程预算和合同造价，以期促使逐步降低工程成本。1955年，为贯彻执行国家在非生产性民用建筑中“适用、经济、可能条件下美观”的原则，省建设银行配合省计委、省建委制定《浙江省民用建筑造价指标》和《浙江省民用建筑质量标准》，以后又作多次测算调整，据以在民用建筑中统一编制设计和预算，节约投资，降低造价。1959年，基本建设财务管理推行投资包干制，运用包干核算形式，强调群众审查设计、审查预算，淡化建设银行的专业审查工作。1961年，国民经济实行“调整、巩固、充实、提高”方针，基本建设财务管理得到加强，专业审查工程预算工作逐步恢复。1964年，中共中央、国务院发布《关于加强基本建设拨款监督工作的指示》，各级建设银行全面开展审查预算，核实工程造价，以节约投资。1966—1972年，浙江省级建设银行机构被撤并，工程预算审查工作受削弱。1972年，建设银行机构恢复，重整工程预算审查工作。

1978年，浙江省计委、省建委、省财政局颁发试行《关于加强基本建设概、预、决算管理工作的几项规定》，要求所有基本建设项目都必须编制设计概算、施工图预算和竣工决算。工程预算审查工作的深度和广度比过去有新的发展，并延伸到审查竣工决算。1988年，根据浙江省财政厅转发财政部《关于进一步加强建设银行审查工程预决算工作的通知》，明确规定：“鉴于建设银行长期管理建设资金，经国务院批准，建设银行仍然接受国家财政委托，代行财政职能，进一步加强审查工程预结算工作”，浙江省建设银行随后制定了《建设工程预结算审查管理办法》。1990年，浙江省财政厅、省建设银行联合下发《关于当前预(结)算和标底审查工作若干意见》，重申建设银行审查职能，进一步明确建设银行在审查预结算业务中的主审地位。

根据1991年建设银行东阳市支行、东阳市计划委员会、市财税局联合印发的《关于进一步加强工程预、结算审查工作报告》，“七五”期间，全市共审查工程预结算价值9800万元，通过审查净减核不合理资金670万元，核减率为6.8%，并指出，由于投资渠道的多元化和建筑市场的开放，在工程建设管理方面出现了一些新情况与新问题：有的单位擅自扩大建设规模，提高建设标准；有的单位随意扩大职能范围，采用不正当方式介入工程预、结算和标底审查工作；有的建设单位将工程结算交给个人审查，逃避监督等等，造成了国家资金的损失，助长了不正之风等，需要进一步加强工程预、结算审查和管理。

1995年，东阳市政府批转市计委等单位《关于加强工程预、结算审查管理实施意见》，为了加强建设工程预、结算和标的的审查和编制工作的管理，经市政府批准成立“东阳市工程造价审查中心”，隶属东阳市建设银行，独立行使全市范围内工程概、预、结算和标的的审查、编制等管理工作。

1996年，根据省财政厅会同计经委和建行印发《浙江省建设工程预结算审查管理暂行办法》规定，社会审价机构从事建设工程预结算审查业务，必须经过财政部门审核批准，取得预结算审价资格，并实行动态管理。

1998年，财政部印发的《关于加强建设项目工程预(结)算竣工决算审查管理工作的通知》，规定凡有国家财政性资金安排建设项目的概、预(结)、决算必须经过财政部门审查；建设项目的工程招标标底，必须经过财政部门的审核才能作为招标的依据。从此，建设项目工程预(结)算竣工决算审查的职能收回财政。次年9月，批准设立“东阳市建设工程预决算审核中心”，隶属市财政局。

2001年，东阳财政局贯彻执行省财政厅《浙江省财政性投资基本建设项目财政财务监督管理暂行办法》，规定凡有财政性资金投入的基本建设项目预、决算及建设项目的工程招标标底，必须经过财政部门或委托财政审价中心审查。

2008年，市政府印发《东阳市政府投资项目管理办法》，随后，相继出台了《东阳市政府性投资项目概预算调整和工程变更管理规定》《东阳政府性投资基本建设项目资金管理操作规程》《东阳市政府性投资基本建设项目预算(标底)审核管理规定》等配套管理办法，对财政进行预(结)、决算审查工作作出系统性规范。同年12月，东阳市政府印发《关于加强和改进政府性投资建设项目审计监督工作的意见》，规定政府建设项目实行必审制，审计部门依法对全市所有政府建设项目的工程竣工结算和竣工决算进行审计监督，未经竣工结算审计的项目不得办理工程价款结算。此后，政府性投资项目的竣工结算审查工作由审计部门履行。

表2-1-6-1　　2009—2018年东阳市财政审核政府投资建设项目情况表

单位：亿元

| 年份 | 概(估)算 | | | 预算 | | | 变更 | | | 决算 | | |
|---|---|---|---|---|---|---|---|---|---|---|---|---|
| | 项目个数 | 送审价 | 审核价 | 项目个数 | 送审价 | 审核价 | 项目个数 | 送审价 | 审核价 | 项目个数 | 送审价 | 审核价 |
| 2009 | 68 | 13.65 | 12.30 | 30 | 4.96 | 4.60 | | | | 39 | 0.28 | 0.24 |
| 2010 | 69 | 16.60 | 14.70 | 61 | 5.70 | 5.30 | | | | | | |
| 2011 | 100 | 18.20 | 17.50 | 60 | 6.40 | 5.90 | | | | | | |
| 2012 | 92 | 23.30 | 21.80 | 60 | 6.40 | 5.80 | | | | | | |
| 2013 | 76 | 69.90 | 67.80 | 49 | 15.10 | 13.70 | | | | | | |
| 2014 | 87 | 65.90 | 63.70 | 51 | 11.10 | 10.00 | | | | | | |
| 2015 | 71 | 25.70 | 23.70 | 18 | 4.87 | 4.49 | 6 | 0.03 | 0.01 | 10 | 0.23 | 0.21 |
| 2016 | 51 | 20.50 | 19.10 | 251 | 7.46 | 6.99 | 10 | 0.05 | 0.03 | | | |
| 2017 | 82 | 52.80 | 50.40 | 559 | 35.60 | 33.40 | 3 | 0.04 | 0.04 | | | |
| 2018 | 137 | 163.00 | 155.10 | 1108 | 53.70 | 52.00 | 33 | 0.29 | 0.32 | | | |

# 第二章　改善民生

中华人民共和国成立以后，东阳财政本着“取之于民，用之于民”的社会主义财政本性，立足发展经济，着力改善民生。改革开放以后，随着县级财政财力的增长，建立健全各种社会保险制度，进一步加大社会保障力度，教育、医疗、文化、体育等各项民生事业快速发展。特别是进入21世纪后，以公共财政理念为指导，保障民生成为财政支出的重要方面，民生保障领域不断扩大，保障水平持续提高。

## 第一节　社会保险基金

社会保险制度是一种为丧失劳动能力、暂时失去劳动岗位或因健康原因造成损失的人口提供收入或补偿的社会和经济制度。它是由法律规定并按照确定的规则实施的社会保险政策和措施体系，是社会保障体系的重要组成部分。我国的社会保险制度由政府举办，通过筹集社会保险基金，并在一定范围内实行统筹调剂，对参保对象遭遇风险时给予必要的经济补偿。从中华人民共和国成立起，国家已经先后建立起了包括养老、医疗、失业、工伤、生育五大保险为主、较完善、广覆盖的社会保险制度体系。

财政部门的主要职责是对各项保险基金运行的财政政策、预算管理和财务制度等方面实施监管，以保证保险基金安全和可持续运行。

### 一、基本养老保险基金

基本养老保险制度是指根据国家法律规定，用人单位和劳动者必须依法缴纳养老保险费，在劳动者达到国家规定退休年龄或因其他原因而退出劳动岗位后，由基本养老保险基金向其支付养老金等待遇，从而保障其基本生活的一种制度。现行基本养老保险制度包括机关事业单位工作人员养老保险制度、企业职工基本养老保险制度和城乡居民社会养老保险制度3种。

#### (一)机关事业单位工作人员养老保险基金

机关事业单位工作人员养老保险制度是一种主要以机关事业单位及其工作人员为参保对象的基本养老保险制度。1987年，根据上级有关文件精神，县政府颁发《东阳县职工离休、退休、退职劳动保险基金统筹试行办法》，规定县以上集体所有制事业单位职工和国家机关、团体、事业单位的劳动合同制工人均参加离休、退休、退职劳动保险基金统筹。这是机关事业单位工作人员养老保险制度的一种雏形。

1997年,根据国务院关于建立统一的企业职工基本养老保险制度的决定,实行企业化管理的事业单位,原则上按照企业职工养老保险制度执行。

2002年,东阳市政府明确要求非全额拨款事业单位及其职工必须以单位形式全部参保,实现单位与职工全覆盖。

2005年,市政府印发《东阳市职工基本养老保险工作实施细则》,规定市内非全额拨款事业单位及其全部职工(包括合同制工人、一个月以上的临时工)及行政机关、全额拨款事业单位一个月以上的临时工均应按职工基本养老保险规定征缴社会保险费。

2007年起,对企业职工基本养老保险基金和机关事业单位养老统筹基金实行分账管理。同年,市政府在《东阳市企业职工基本养老保险制度实施办法》中规定将企业化管理、自收自支和差额拨款管理的事业单位职工和机关事业单位、社会团体的编外聘用人员纳入企业职工基本养老保险。

自2014年10月1日起,根据国务院《关于机关事业单位工作人员养老保险制度改革的决定》和省政府印发的《实施意见》,东阳市政府决定实施机关事业单位工作人员养老保险制度改革,全市范围内统一机关事业单位基本养老保险制度和政策,单位缴费的比例为本单位参加机关事业单位养老保险工作人员个人缴费工资基数之和的20%,个人缴费的比例为本人缴费工资的8%;工作人员参加工作、个人缴费年限累计满15年的,退休后按月发给基本养老金,基本养老金由基础养老金和个人账户养老金组成;实行职业年金制度,单位按个人缴费工资基数之和缴8%,个人按本人缴费工资缴4%。至此,所有机关和全额拨款事业单位的工作人员全部参加养老保险,原已参加企业职工养老保险制度的部分事业单位人员,经重新确认事业人员身份后纳入机关事业养老保险基金管理,机关事业单位工作人员养老保险制度作为一个独立的险种正式确立。

**(二)企业职工基本养老保险基金**

企业职工基本养老保险制度,在20世纪50年代初随着国家《劳动保险条例》颁布而相继建立,当时规定职工退休费用由原企业承担,在生产(营业)外支出中列支。1958年和1978年作了两次大的修改。从20世纪80年代初开始,全国部分地区陆续试行了多种形式的养老保险制度改革。

1987年,县政府颁发《东阳县职工离休、退休、退职劳动保险基金统筹试行办法》,规定统筹的范围为县属、省属、中央部属全民所有制企业和县以上集体所有制企事业单位;统筹对象为在册固定工、合同制工人、离休、退休和退职职工;统筹基金由"县统筹办公室"遵循"以支定收、略有结余"的原则,实行统筹基金专户管理。同年,东阳县政府印发《关于发展乡镇企业若干经济政策的规定》,由乡镇企业管理局建立"乡镇企业职工养老保险基金",实行系统统筹。

1991年,国务院发布《关于企业职工养老保险制度改革的决定》,提出养老保险费由国家、企业和个人共同负担，按照“以支定收、略有结余、留有部分积累”的原则统一筹集，同时提出国家基本养老保险、企业补充养老保险和职工个人储蓄性养老保险三结合的改革办法。

1993年，市政府印发《东阳市职工基本养老保险基金统筹暂行办法》，个人缴费实行按照本人上年月平均工资2%缴纳，基本养老金的计发实行与社会平均工资、职工缴费工资及缴费年限相挂钩的办法。初步建立职工基本养老保险制度。

1995年起，着手深化企业职工养老保险制度改革，建立个人账户制度，实行社会统筹与个人账户相结合的原则计发基本养老金办法。

1997年，国务院发布《关于建立统一的企业职工基本养老保险制度的决定》，养老保险制度真正进入统一、规范的发展轨道。同年10月，浙江省政府发布《关于建立统一的企业职工基本养老保险制度的通知》提出：企业职工基本养老保险基金由地税部门代征；养老保险基金实行财政专户收支两条线管理；建立省级调剂金制度。同年11月，东阳市政府印发《关于完善社会保险制度改革的意见》，将职工个人缴费由按当年本人缴费工资的2%调整为按上年本人缴费工资的4%。

1998年，东阳市政府印发《关于建立统一的企业职工基本养老保险制度的通知》，规定全市各类企业和职工，包括国有企业、集体企业、股份制企业、股份合作制企业、联营企业、合作企业、私营企业、其他企业的全部职工和外商投资企业的中方职工，以及上述企业中的离退休人员，城镇个体劳动者，均实行基本养老保险制度；个人缴费按规定调整，最终达到8%；企业按照全部职工缴费工资基数之和的20%缴纳基本养老保险费；建立职工基本养老保险个人账户；缴费年限满15年达到法定退休年龄，可按月发给基本养老金，基本养老金由基础养老金和个人账户养老金组成。同年11月，为了确保企业离退休人员养老金按时足额发放，浙江省政府决定自1998年1月起，各地按征缴的基本养老保险基金总额的1%上缴省级调剂金。同时，省财政厅等4部门联合发布《浙江省企业职工基本养老保险基金实行收支两条线管理暂行办法》，从10月1日起施行基本养老保险基金收支两条线管理办法，并制定了企业职工基本养老保险基金会计核算、专户管理的相关制度和办法。次年1月，国务院《社会保险费征缴暂行条例》发布，确定了地税部门征收养老保险费的法律地位，同时也为进一步扩大养老保险覆盖面，提高基金收缴率，确保基金安全完整创造了良好的政策环境。

2002年，东阳市政府印发《关于进一步加强社会养老保险和失业保险工作的通知》，要求进一步扩大参保的覆盖面，加强保费征缴工作，个人缴费比例调整到7%，个体工商户、自由职业、自谋职业者缴费比例为17%。

2005年，市政府印发《东阳市职工基本养老保险工作实施细则》，着重对职工基本养老保险费的征缴作了具体规定。2007年，市政府印发《东阳市企业职工基本养老保险制度实施办法》，要求确保基本养老金按时足额发放，进一步扩大参保覆盖面，并调整和完善了相关政策。

2012年，根据上级精神，东阳市政府印发《关于完善我市养老保险政策衔接的实施意见》，规定被征地农民符合条件，经本人申请，可转职工基本养老保险，其个人账户（包括城乡居民社会养老保险个人账户）余额，用于抵缴应补缴或缴纳的费用，终止被征地农民基本养老保障关系及城乡居民社会养老保险关系。原参加农村社会养老保险人员参加职工基本养老保险的，经本人申请，其个人账户余额，可转入职工基本养老保险。此后，参加职工基本养老保险及其享受待遇人数迅速扩大，至2018年，职工基本养老保险基金支出比2011年增加了6.6倍，支付能力也从2011年的30.9个月下降到了2018年的不到19个月，给职工基本养老保险基金增加不少压力。

**（三）城乡居民基本养老保险基金**

城乡居民基本养老保险制度是一项覆盖城乡所有居民的养老保险制度，它是在农村社会养老保险制度基础上演变而来的，是国家实行养老保险“全覆盖、保基本、有弹性、可持续”方针的重要举措。

2009年，根据浙江省政府《关于建立城乡居民社会养老保险制度的实施意见》精神，市政府制定出台《东阳市城乡居民社会养老保险实施办法》，简称“城乡居保”，具有本市户籍，年满16周岁，未参加职工基本养老保险的城乡居民，均可参加城乡居保；城乡居保基金的来源包括个人缴费、集体补助和政府补贴；国家为每个城乡居保参保人建立终身记录的养老保险个人账户；养老金由基础养老金、个人账户养老金和缴费年限养老金组成，终身支付；本制度实施时，已年满60周岁的居民，不用缴费，直接按月领取基础养老金每月60元；本制度实施后，原农村社会养老保险制度不再执行，已领取农村社会养老保险养老金的可继续领取，并同时享受本制度的基础养老金；参加城乡居保的农村居民，符合条件的可以同时参加被征地农民基本养老保险。2010年，东阳市政府出台实施细则，对城乡居保制度的参保政策、操作程序等作了具体规定。

2012年，东阳市政府印发《关于完善我市养老保险政策衔接的实施意见》，规定已参加城乡居保的原农村社会养老保险人员，到达城乡居保待遇领取年龄时，其原农村社会养老保险的个人账户不再保留，余额转入城乡居保。

2015年，东阳市政府将“城乡居民社会养老保险”更名为“城乡居民基本养老保险”；将缴费档次、缴费标准和政府补贴标准作了调整；基础养老金提高到每人每月130元。此后，城乡居民基本养老保险的基础养老金发放标准几经调整，到2018年底，已提高到每人每月180元。

**（四）农村社会养老保险基金**

农村社会养老保险制度是深化农村改革，完善农村社会保障体系，落实计划生育基本国策的重要措施。1991年起，经国家有关部委批准，浙江全省开始实施农村社会养老保险制度试点。东阳在歌山乡进行试点。

1994年，东阳市政府印发《关于建立农村社会养老保险制度的通知》，按照“保费由个人交纳为主，集体补助为辅，国家予以政策扶持”的形式，逐步建立起适合农村实际的、社会保险与家庭养老相结合的、储蓄积累式的农村社会养老保险制度。同年9月，市政府出台《东阳市农村社会养老保险暂行办法》,确定市民政局为农村社会养老保险事业的主管部门,下设“市农村社会养老保险事业管理处”(简称“农保处”)承办具体业务,乡镇设“农村社会养老保险事业所”或设代办员,对保险对象、投保年龄、保险费的交纳、养老金的给付、基金管理与运用等作了明确规定。

2000年8月,东阳市政府决定市民政局所属农保处的机构和职能划归人事劳动局管理。

2009年,市政府制定的《东阳市城乡居民社会养老保险实施办法》实施后,农村社会养老保险(老农保)制度不再执行。

**二、基本医疗保险基金**

医疗保险制度建立于中华人民共和国成立初期,经过几十年的发展,至20世纪90年代末,已形成了公费医疗、劳保医疗、农村合作医疗等三种形式的医疗保险制度。公费医疗和劳保医疗是政府或公有制企业举办的医疗保险制度的两种管理模式,农村合作医疗制度是以农村家庭互助共济为主。公费医疗和劳保医疗的医疗标准和保险范围基本相同,但在经费的来源和管理上,公费医疗由财政拨款,由卫生部门负责管理;劳保医疗经费来源则是按企业职工工资的一定比例(连同职工福利基金)提取,由企业自行管理。

1998年起,国家推行医疗保险制度改革,先后建立了城镇职工基本医疗保险、城镇居民基本医疗保险、新型农村合作医疗等制度。2013年起,东阳市政府将城镇居民基本医疗保险和新型农村合作医疗合并为城乡居民基本医疗保险,统一建立“多层次、广覆盖、保基本、可持续”的、以职工基本医疗保险和城乡居民基本医疗保险为基础、大额医疗补助和商业保险为补充的基本医疗保险制度,统称为“基本医疗保险”。

**(一)公费医疗**

1952年,政务院发布《关于全国各级人民政府、党派、团体及所属事业单位的国家工作人员实行公费医疗预防的指示》,初步建立公费医疗制度。同年8月,经政务院批准发布《国家工作人员公费医疗预防实施办法》,进一步明确了享受公费医疗待遇人员的范围:全国各级人民政府、党派、团体在编人员;全国各级文化、教育、卫生、经济建设事业单位工作人员;受长期抚恤的在乡革命残疾军人等。各地卫生行政机关公费医疗预防处(科),对当地享受人员发放公费医疗证,凭证到指定医院或门诊部就诊,并明确公费医疗的报销范围。这一制度属于全免费的医疗保险模式,经费列入各级财政支出。

1959年,省卫生厅、财政厅修订《浙江省公费医疗预防实施管理办法》,对公费医疗实行“凭卡就诊、实报实销”的办法。1965年,东阳对区、社两级干部的公费医疗实行“定享受人数、定医疗单位、定医疗费用指标到医院”的三定办法。

1978年,东阳县革委会批转财税、卫生局《关于做好公费医疗的整顿和管理工作的意见》,实行“就近就医、分区划片、定点医疗”;公疗证与病历合一使用;医疗经费实行预算定额(每人每年30元)包干给定点医疗单位,超支的治疗单位负担20%等办法,试行公费医疗经费管理改革。

1981年,浙江省财政厅、卫生厅下文要求普遍试行公费医疗经费定额管理办法。3月,东阳实行公费医疗分系统包干的办法,超支由系统主管部门自行负责解决,结余留用。由此,改变了过去由财政大包大揽的模式。从1984年开始,全县实施公费医疗支出跟个人负担挂钩办法。1991年起,实行门诊费用“确定基数,切块包干”,住院费用统筹的办法;超过包干定额的与个人负担挂钩,按不同工龄确定不同的报销比例;并实行先个人付款后办理报销的办法。1992年,根据浙江省政府关于公费医疗改革试行意见,实行医疗单位管理公费医疗经费为主,公费医疗费用与享受单位、享受人员适当挂钩的办法,由公费医疗管理部门、医疗服务提供单位、医疗服务享受单位以及职工个人四方共同参与管理,这在一定程度上抑止了公费医疗支出的过快增长。

2001年4月,全市实行城镇职工基本医疗保险制度后,原享受公费医疗人员转入城镇职工医疗保险,公费医疗制度停止执行。

表2-2-1-1　　1961—2000年东阳市(县)公费医疗支出情况表

单位:万元

| 年份 | 支出数 | 年份 | 支出数 | 年份 | 支出数 |
|---|---|---|---|---|---|
| 1961 | 14.0 | 1976 | 20.1 | 1991 | 200.0 |
| 1962 | 13.5 | 1977 | 26.5 | 1992 | 240.0 |
| 1963 | 14.6 | 1978 | 29.6 | 1993 | 300.0 |
| 1964 | 16.1 | 1979 | 27.5 | 1994 | 370.0 |
| 1965 | 9.1 | 1980 | 47.4 | 1995 | 424.0 |
| 1966 | 9.7 | 1981 | 41.5 | 1996 | 500.0 |
| 1967 | 11.4 | 1982 | 39.4 | 1997 | 570.0 |
| 1968 | 11.8 | 1983 | 51.0 | 1998 | 720.0 |
| 1969 | 13.0 | 1984 | 39.0 | 1999 | 800.0 |
| 1970 | 10.7 | 1985 | 55.0 | 2000 | 900.0 |
| 1971 | 14.2 | 1986 | 62.4 | | |
| 1972 | 17.1 | 1987 | 92.0 | | |
| 1973 | 18.6 | 1988 | 115.0 | | |
| 1974 | 23.1 | 1989 | 151.0 | | |
| 1975 | 22.7 | 1990 | 170.0 | | |

### (二)劳保医疗

1951年,政务院发布《中华人民共和国劳动保险条例》,开始建立企业劳保医疗制度,覆盖范围主要是全民所有制企业及其职工,城镇集体企业及其职工参照执行。职工供养的直系亲属按规定享受部分项目的“半费”特遇。劳保医疗费用,在职职工在企业按工资总额一定比例所提取的福利基金中开支;离退休人员的医疗费在“营业外支出”项目下开支。改革开放以后,因企业经营状况的差异，一些企业劳保医疗待遇得不到保障，1992年起，各地对职工医疗保障制度进行了多种形式的改革探索。1998年，东阳市委市政府在深化企业改革时，将国有和城镇集体企业的离退休人员的医疗费用，按离休人员2万元、退休人员1万元的标准提留上缴市社保局实行统筹。2001年4月，全市实行城镇职工基本医疗保险制度后，企业劳保医疗制度停止执行。

**(三)农村合作医疗**

农村合作医疗制度，是中国农村社会通过集体和个人集资，用以为农村居民提供低费的医疗保健服务的一种互助互济制度。其管理形式有村办村管、村办乡管、乡办乡管等几种形式。中华人民共和国成立初期，各地陆续出现自发集资或以集体经济为基础、集体与个人相结合创办的具有公益性质的合作医疗站。1965年，贯彻“把医疗卫生工作的重点放到农村去”的方针，极大地推动了农村合作医疗事业的发展，合作医疗成为广大农村地区主要的医疗保障模式。1979年，为了促进合作医疗事业的巩固和发展，省卫生局、农业局联合印发《浙江省农村合作医疗管理办法(试行)》，次年2月，制定出台《农村合作医疗章程(试行草案)》，规定举办形式应以大队办为主，也可以社队联办或社办；基金筹集由参加合作医疗的个人和集体筹集，筹集多少根据需要与可能；基金收支可由大队管理，也可以由公社卫生院代为管理，但必须专款专用。此后，由于种种原因，农村合作医疗事业发展几经波折，有的处于停办状态。

2004年，东阳市委、市政府根据国务院和省有关精神，印发了《关于建立新型农村合作医疗制度的意见》，并相继制定了实施细则等配套文件，按照“政府组织引导，民办公助，自愿参加；多方筹资，以个人出资为主，政府适当资助；因地制宜，以收定支，收支平衡，略有结余；低点起步，保障适度，广覆盖，保大病，抗风险”等原则，在全市大力推行新型农村合作医疗制度，简称“新农合”。制度规定：参加“新农合”人员，以户为单位每人每年交纳统筹费20元，政府补助20元，建立“新农合”基金；参保人员因病需住院治疗，费用达到起付线以上时，可享受“新农合”分段按比例报销；基金实行专户管理，财政监管；由卫生部门管理和实施。此后，为了提高保障水平，报销待遇及个人筹资、政府补助标准几经调增。

自2013年起，根据医疗卫生体制改革要求，新型农村合作医疗制度管理职能由卫生部门移交人力社保部门。

2013年7月1日起，将城镇居民医疗保险和“新农合”两项制度合并，建立城乡居民基本医疗保险制度。

截至2012年底，全市参加新型农村合作医疗人数达53.98万人。

**(四)职工基本医疗保险基金**

职工基本医疗保险是依法对城镇职工基本医疗保障实行社会保险的一项制度。1998年，国务院印发《关于建立城镇职工基本医疗保险制度的决定》，开始在全国范围内推行城镇职工医疗保险制度改革。2001年，按照浙江省政府建立社会统筹和个人账户相结合、基本医疗保险费由用人单位和职工共同负担的、覆盖企业、机关、事业单位、社会团体等所有城镇用人单位及其职工的基本医疗保险制度的要求，市政府出台《东阳市城镇职工基本医疗保险暂行规定》，用人单位按缴费工资7.5%（其中0.5%用于大额医疗补助）、个人按缴费工资2%缴纳保险费，以上年全省社会平均工资作为缴费工资基数；建立个人账户与统筹账户相结合的制度；同时，在参加基本医疗保险的基础上，国家公务员享受医疗补助政策，企业应当建立企业补充医疗保险制度。同年4月，市政府印发《东阳市城镇职工基本医疗保险暂行规定实施细则》等7个规范性文件，对城镇职工医疗保险制度的实施作了具体规定。2013年5月，市政府印发《东阳市基本医疗保险实施办法》，将“城镇职工基本医疗保险”改为“职工基本医疗保险”。

### （五）城镇居民医疗保险基金

2008年，为了建立健全多层次、广覆盖的社会医疗保障体系，保障城镇居民的基本医疗需求，市政府印发《东阳市城镇居民基本医疗保险暂行办法》，建立城镇居民基本医疗保险制度，参保范围为城镇居民（含城镇户籍在校学生）、全日制高等院校、高中、街道内的初中和小学在校学生、参加职工医保三年以上人员共同生活的配偶和子女等；个人缴费在校学生每人每年60元、其他人员每人每年260元，财政给予适当补助；只建统筹账户，不建个人账户；主要保障参保人员住院医疗和特殊病种门诊医疗，适当兼顾在校学生意外伤害保险。2011年，对城镇居民基本医疗保险的筹资标准、享受待遇等相关政策作了适当调整。自2013年7月1日起，根据市政府印发的《东阳市基本医疗保险实施办法》，将城镇居民医疗保险和新型农村合作医疗两项制度合并，建立城乡居民基本医疗保险制度。

截至2012年底，全市参加城镇居民医疗保险人数达11.23万人。

### （六）城乡居民基本医疗保险基金

2013年7月1日起，根据市政府印发的《东阳市基本医疗保险实施办法》，将城镇居民医疗保险和新型农村合作医疗两项制度合并，建立城乡居民基本医疗保险制度。参保的范围进一步扩大，全日制在校学生、参加本市职工医保三年以上职工的配偶及子女、领取本市居住证的外来人员以及参加职工医保之外的其他本市户籍人员，均可参加城乡居民基本医疗保险。城乡居民基本医疗保险费由个人缴纳，财政给予一定的补贴。

## 三、失业保险基金

失业保险制度是一项依法向社会集中筹集建立失业保险基金，对非因本人意愿中断就业失去工资收入的劳动者提供一定时期的物质帮助及再就业服务的社会保险制度。1986年，国务院颁布《国营企业职工待业保险暂行规定》，提出建立待业保险制度。浙江省政府相应制定《实施细则》，从同年10月份开始在全省各地建立待业保险基金，按企业职工标准工资总额的1%筹集，并建立市（地）级调剂金，比例为各市（地）、县（市）基金收入的10%。1992年，浙江省政府发布《关于完善城镇职工待业保险制度的通知》，规定从10月份开始将缴费基数调整为企业职工工资总额，比例仍为1%；建立省级调剂金制度，比例为各地、市筹集额的5%，市级调剂金由10%降为5%，同时对实施范围、对象、标准也作了调整。同年11月，东阳市政府出台实施意见，要求扩大职工待业保险实施范围和保险对象，并调整保费收缴标准；待业职工除按规定发给生活救济金外，每人每月再发医疗定额补助费5元、粮油调价补贴费11元。

1995年，省人大出台了《浙江省职工失业保险条例》，自1996年1月1日起实施，将待业保险改称失业保险，规定统筹比例调整为1.5%，其中单位按全部职工工资总额的1%，职工个人按本单位平均工资的0.5%缴纳，省调剂金比例提高到6%，这是全国第一个出台的地方性失业保险条例。1998年，中共中央、国务院发布《关于切实做好国有企业下岗职工基本生活保障和再就业工作的通知》，规定将失业保险费缴费比例提高到3%，其中单位按全部职工工资总额的2%、职工按本人工资的1%缴纳，资金在保证失业保险所需费用的前提下，增收部分主要用于国有企业下岗职工基本生活保障和缴纳社会保险所需费用。

自1999年1月1日起，失业保险范围进一步扩大，事业单位及其职工，都应按照属地管理原则参加失业保险。同年7月，东阳市政府将全部事业单位人员纳入失业保险扩面范围。2002年，东阳市政府下发《关于进一步加强养老保险和失业保险工作的通知》，要求国有、集体企业和事业单位及其职工必须百分之百参加失业保险；原参保的国有、集体企业，改制后要继续参保；其他企业及其职工也要求参保；并相应提高了缴费标准和待遇发放标准。

2003年9月，省人大常委会修订《浙江省失业保险条例》，自2004年1月1日起施行。次年5月，东阳市政府印发贯彻《浙江省失业保险条例》意见，规定领取失业保险金按本地企业最低工资标准的70%确定；给予失业人员医疗保险或医疗补助；对失业人员再就业提出促进政策等。2005年，市政府印发《东阳市失业保险费征缴实施细则》，确定征缴标准为：单位每人每月20元、非农户口职工每人每月10元、农民合同工免缴。2013年4月起，失业保险金发放标准从原来按最低工资标准的70%提高到75%。

### 四、工伤保险基金

工伤保险制度是指劳动者在生产经营或在某些规定情况下，遭遇意外事故，造成伤残、职业病、死亡等伤害，为劳动者提供医疗救治和康复服务，保证劳动者及其家属生活的社会保障制度，于1951年随《中华人民共和国劳动保险条例》颁布而建立，《条例》规定：工人与职员因工负伤，全部治疗费、药费、住院费与就医路费，均由企业行政或资方负担，医疗期间工资照发；因工负伤致残，区别不同情况，分别给予本人工资60%～75%的因工残废抚恤费和2%～5%的因工残废补助费。此后，国家分别于1957年、1969年1978年、1980年作过几次调整，1992年开始尝试改革。

1993年7月，市政府印发《东阳市职工工伤社会保险暂行办法》，规定参加基本养老保险基金统筹的全民所有制企业、城镇集体所有制企业、“三资”企业、事业单位及其职工须参加职工工伤社会保险；按照“社会统筹、以支定收、列项开支、略有结余”的原则建立工伤社会保险基金，一律由单位按工资总额的一定比例(不同行业在0.4%~1.2%之间)缴纳,职工个人不缴纳;治疗费用在300元~10000元的统筹支付70%,单位支付30%,10000元以上的统筹和单位各负担50%;工伤致残的统筹支付致残养老金或一次性致残补助金,工伤死亡的统筹发给一次性抚恤金。

1994年,浙江省政府在总结各地试点经验的基础上,制定颁发《企业职工工伤保险暂行办法》,规定工伤保险的实施范围,享受工伤保险条件,待遇项目和支付标准。《暂行办法》实施后,工伤保险改革取得实质性进展,工伤保险由企业保险转变为社会保险,适应性和覆盖面更加广泛,统一工伤待遇和支付标准使企业处理工伤事故有章可循。

1999年,省财政厅与省劳动厅、省总工会联合制定《浙江省企业职工工伤保险实施办法》,在基金财务管理上规定:工伤保险基金纳入单独的社会保障基金财政专户,实行"收支两条线"管理,专款专用。

2005年,市政府印发《东阳市工伤保险费征缴实施细则》,规定除原参保单位外,境内各类企业、企业化管理的事业单位、有雇工的个体工商户等用人单位均应参加工伤保险;工伤保险费由用人单位全额缴纳;征缴额按不低于全市上年职工平均工资和不同行业的缴费率计算。2012年起,东阳市政府规定将机关事业单位全部职工纳入工伤保险覆盖范围。

**五、生育保险基金**

女工生育保险制度是依法向社会筹集建立生育保险基金,对生育职工给予经济和物质等方面帮助的一项社会保障制度。该制度建立于20世纪50年代初,按照中华人民共和国《劳动保险条例》规定,女职工生育休假56天,产假期间工资照发,享受免费医疗,费用由企业负担。1988年,《浙江省女职工劳动保护暂行规定》发布,同年,国务院发布《女职工劳动保护规定》,通过延长生育假期和调整实施范围,进一步保证女职工生育期间的休息和健康。1989年起,开展了生育保险制度改革,对女职工生育保险基金实行社会统筹。1993年,市政府印发《东阳市女职工生育基金统筹试行办法》,规定参加基本养老保险基金统筹的全民所有制企业、城镇集体所有制企业、"三资"企业及事业单位,均应参加女职工生育基金统筹;统筹对象为在册固定职工、合同制工人、临时工、及"三资"企业的中方职工;按照"以支定收、略有结余"的原则,由单位按上年工资总额的1%计征女职工生育基金;单位每一例女职工生育,由基金支付单位一次性生育补偿费,标准为本市上年社会平均工资的60%,单位应按国家有关规定如数发给女职工生育期间的各项工资福利待遇。

1994年,劳动部会同财政部等部门颁布《企业职工生育保险试行办法》,开始试行生育保险制度。1997年,省劳动厅制定《浙江省企业职工生育保险暂行办法》,明确女职工的生育保险费用实行社会统筹,建立生育保险基金,用于支付生育津贴、生育补偿和生育医疗费用等。2005年,市政府印发《东阳市生育保险暂行规定》,规定生育保险基金按照"以支定收、收支平衡"原则筹集,生育保险费由地税部门按用人单位缴费工资总额的0.5%~1%征缴;女职工生育期间,按缴费工资享受生育津贴,并给予生育医疗费用补偿。2014年,东阳市政府对上述《暂行规定》作了部分条款的修改。

### 六、社会保险基金管理

在改革开放以前，社会保险基金的管理以企业或相关主管部门管理为主，随着国家劳动保险制度改革的推进，加强财政对保险基金的财务和预算管理显得更为迫切。1987年，浙江省财政厅印发《关于加强国营企业待业保险基金和退休养老基金（简称"两项基金"）财务、预算管理的通知》，明确"两项基金"的提取比例，要按照"以支定收、略有结余"的原则合理确定，并实行单独立账、专户管理，建立预决算报告制度。这是财政参与社会保险基金监管的开始。1988年，执行省财政厅、省劳动人事厅发布《浙江社会劳动保险会计制度（试行）》，1990年又作补充规定，规范了社会劳动保险基金的会计核算和财务管理。

1994年，浙江省政府印发《关于深化社会保险制度改革的通知》，财政部门承担社会保障财务管理的任务越来越重，为进一步加强社会保障的财务管理，1995年，浙江省财政厅印发《关于做好社会保障财务管理工作的通知》，要求加快财政社保机构队伍建设，从1995年1月1日起单独向省厅编报社保基金预决算及其分析。东阳市财政局于1996年1月，报经编办批准增设"社会保障科"内设机构，专司社保财务管理工作。次年起，单独编报社保基金决算。

1997年，根据全市社会保险基金的收缴率明显下降的情况，东阳市政府印发《关于加强社会保险基金收缴工作的意见》，要求企业主管部门把企业缴纳社会保险基金的工作纳入企业经营目标责任制。

1998年，根据中央和省有关预算外资金管理的相关规定，浙江省财政厅下发了《关于社会保障基金财政专户会计核算有关问题的通知》，要求各项社会保障基金必须纳入财政专户，实行收支两条线管理，并明确了社会保障基金的专户核算办法。

1999年，执行国务院颁发《社会保险费征缴暂行条例》，规定社会保险费实行三项社会保险费（包括基本养老保险费、基本医疗保险费和失业保险费等）集中统一征收。同年，贯彻执行财政部等部门制发的《社会保险基金财务制度》及省制定的《浙江省社会保险基金财务制度实施细则》，进一步规范了各项社会保险基金的财务管理。

2003年，执行财政部、劳动保障部联合印发《关于加强社会保险基金财务管理有关问题的通知》，对社会保险基金收支管理、会计核算、票据管理、银行账户管理和预决算管理等方面作了规定。

2006年起，东阳按照"规范统一、利于管理、专款专用、收支平衡"的原则，开始试编社会保险基金预算。同年9月，浙江省财政厅等有关部门联合印发《关于进一步加强社会保险基金管理工作的通知》，要求财政、劳动保障和税务等部门按照各自职能，从基金征缴、基金发放、基金管理和运行等方面加强监管。

2007年，为了推进全市基本养老保险费、基本医疗保险费、失业保险费、工伤保险费和生育保险费的统一征收(简称“五费合征”),市政府根据省政府发布的《浙江省社会保险费征缴办法》印发了《东阳市社会保险费征缴管理实施办法》,规定社会保险费按照参保关系由地方税务机关实行属地征收,并明确了相关部门的工作职责。

2011年,市政府印发《东阳市社会保障资金预算管理办法(试行)》,社会保障资金包括社会保险基金,《办法》对社会保险基金的预算编制、预算审批、预算执行、预算调整、决算和监督等作了明确规定。

2013年起,东阳财政局根据社保基金存款余额较大的情况,尝试社保基金存款余额保值增值管理,在各银行之间实行按存款利率上浮幅度的竞争性存放,在政策规定范围内最大限度地实现保值增值,增值效果明显。

2015年,为了促进社保基金的保值增值,经浙江省委、省政府同意,省财政厅印发《关于开展社保基金保值增值运作工作的通知》,允许在确保社保基金可持续支付和安全运行的前提下参与政府性债务的转换,经省财政厅批准,东阳于2018年转换政府性债务1.5亿元。此项工作后被财政部叫停,浙江省财政厅于2018年11月下文停止该项工作,已于2018年底前收回。

2015年,市政府印发《东阳市财政资金竞争性存放管理暂行办法》,规定财政资金(含社保资金)按定期存款利率和公开招标等采购形式实行竞争性存放。此项规定于2018年10月作了修改,出台《东阳市财政专户资金存放管理实施办法》,进一步规范了财政资金存放工作。

2017年,浙江省社会保险监督委员会印发《关于建立健全社会保险基金第三方审计机制的意见》,建立由社会保险监督委员会委托的第三方审计机构对社保基金的收支、管理和投资运营情况进行审计,以加强对社保基金运行情况的监督。

表2-2-1-2　　**2018年东阳市各项社会保险基金运行情况表**

单位:万元

| 序号 | 基金名称 | 参保人数(人) | 基金收入 | 基金支出 | 滚存结余 | 支付能力(月) |
|---|---|---|---|---|---|---|
| 1 | 企业职工基本养老保险基金 | 331087 | 242590.0 | 263383.0 | 416986 | 18.99 |
| 2 | 城乡居民基本养老保险基金 | 273754 | 31376.0 | 29443.0 | 29795 | 12.14 |
| 3 | 机关事业基本养老保险基金 | 28024 | 79960.0 | 75651.0 | 9859 | 1.56 |
| 4 | 职工基本医疗保险基金 | 215411 | 86067.0 | 65578.0 | 146322 | 26.77 |
| 5 | 城乡居民基本医疗保险基金 | 648279 | 65467.0 | 79080.0 | 5967 | 0.90 |
| 6 | 工伤保险基金 | 216434 | 6730.0 | 4833.0 | 16707 | 41.48 |
| 7 | 失业保险基金 | 125672 | 8761.0 | 3208.0 | 56126 | 209.95 |
| 8 | 生育保险基金 | 135063 | 6706.0 | 5258.0 | 3133 | 7.15 |

说明:支付能力(月)=累计基金结余÷当年基金支出×12

## 第二节　其他社会保障资金

其他社会保障资金是指由财政预算安排或其他方式筹集，用于救济、资助困难群众，以保证其基本生活的社会保障专项资金。主要有最低生活保障金、被征地农民基本生活保障金、残疾人就业保障金、就业与再就业专项资金、老人优待与养老服务补助资金等。

### 一、最低生活保障金

最低生活保障是指国家对家庭人均收入低于当地政府公告的最低生活标准的人口给予一定的现金资助，以保证该家庭成员基本生活所需的社会保障制度。

随着国家改革开放的深入，由于经济发展的不平衡及其他各种原因，城乡居民的收入客观存在差异性，部分失业人员、低收入群众和民政救济对象等，因各种原因难以维持基本生活，直接影响着社会稳定和经济发展，为此，根据浙江省政府《关于全省逐步建立最低生活保障制度的通知》精神，东阳市政府于1996年5月组织相关部门着手开展调查确定全市城乡居民最低生活保障线工作。同年11月，市政府印发《东阳市最低生活保障制度暂行办法》，自1996年10月1日起施行，对家庭经济收入低于最低生活保障线的城乡居民、在职职工、失业职工和离退休人员等给予城镇家庭月人均130元、农村家庭月人均70元的资助，此标准每年将根据全市社会平均生活水平和物价指数的提高而调整；资金来源按照“财政投入、多方筹集、分级负担、条块包干”的办法落实，城乡居民的保障资金由市、镇（乡）两级财政列入预算，在职职工和离退休人员的保障资金由所在单位解决，失业人员的保障资金在失业保险基金中列支；最低生活保障对象凭证还可以享受免交各种集资摊派等相关优惠扶持政策；对最低生活保障对象实行动态管理。同年12月，东阳市政府下发《关于认真组织实施最低生活保障制度的通知》，对各镇乡和部门贯彻实施最低生活保障制度提出了具体要求。

2000年，市政府根据国家和省有关政策精神，对《东阳市最低生活保障制度暂行办法》作了修改：一是提高了资助标准，城镇居民、在职职工、失业职工和离退休人员等城镇家庭月人均提高到170元，农村家庭月人均提高到80元；二是救助资金改为以财政投入为主，城乡居民的保障救助资金实行市、镇（乡）两级财政分级负担，在职职工及离退休人员的保障救助资金全额改由市级财政负担；三是调整了保障救助对象的优惠扶持政策等。

2006年1月1日起，东阳市政府对城乡居民最低生活保障标准作了调整：城镇居民最低生活保障标准按当地最低工作标准的40%确定，农村居民最低生活保障标准按城镇居民最低生活保障标准的60%确定，为此，2006年的标准调整为城镇居民245元/月、农村居民145元/月。以后均按此规定进行相应的标准调整。同年3月，市政府印发《东阳市农村低保户住房救助实施意见》，对农业人口中享受最低生活保障对象现居住于危房或人均住房面积少于5平方米的家庭，实施住房救助，根据建造成本和家庭经济状况，给予每户补助3000～5000元。

2016年，东阳市政府按照“托底线、救急难、可持续”思路和应保尽保的目标，实施最低生活保障提质扩面工作，通过调查、申报、评议和核查等程序，全市共新增最低生活保障家庭306户，人数442人。同年12月，全市统一了城乡居民最低生活保障标准，不再区分城镇和农村，统一标准调整为698元/月。

截至2018年底，全市享受最低生活保障家庭5760户，人数达7295人，低保占比为0.88%。

**二、被征地农民基本养老保障金**

被征地农民基本养老保障是针对失地农民为保障其基本生活而建立的一项保障制度。2003年，东阳市政府根据省政府《关于加快建立被征地农民社会保障制度的通知》精神，印发了《关于建立被征地农民基本生活保障制度的意见（试行）》，规定对于依法享有村集体承包经营权或使用权，因土地被依法征用、人均耕地少于0.2亩的村集体经济组织成员，男年满60周岁、女年满55周岁以上的，可享受基本生活保障。保障方式分实物保障、社会保险保障和商业保险保障3种，实物保障是指政府给予被征地行政村或村集体经济组织适当留用地及其他税费优惠政策，建设标准厂房或三产开发，以租金或经营收入用于被征地农民的基本生活保障；社会保险保障是指以征地村为单位，采取一次性交纳保费的形式参加被征地农民社会保险，被征地农民参保后男年满60周岁、女年满55周岁时，可按每人缴纳保费的高低按月领取不同的养老金；商业保险保障是指由被征地村选择一家服务网络齐全、实力雄厚、经营稳健、本市有分支机构的国有寿险保险公司，以被征地村为单位统一组织投入商业保险，参保人员男年满60周岁、女年满55周岁时可领取养老金。被征地村必须根据各自情况，至少选择一种保障方式，政府给予补助。

2004年，市政府制定《东阳市被征地农民基本养老保障制度实施细则（试行）》，按照“政府出一点、集体补一点、个人缴一点”的原则，建立被征地农民基本养老保障基金，被征地农民村集体和个人可任选一档参保，其中村集体补助不得少于人均2000元，政府为参保对象人均补助1.5万元，从土地出让金中划入被征地农民保障基金账户。参保对象男年满60周岁、女年满55周岁后可按月和参保档次领取220元、180元和120元的基本养老保障金。

2008年，市政府对实施细则进行了修订，重新制定《东阳市被征地农民基本养老保障实施细则》，缴费档次标准略有提高，规定集体补助不少于人均2500元，政府按土地出让合同总额的5%提留，纳入被征地农民基本养老保障基金。参保对象男年满60周岁、女年满55周岁后领取的基本养老保障金标准也相应提高。

2011年，东阳市政府调整被征地农民基本养老保障待遇标准，参保对象领取待遇分别提高到每月350元、260元和170元。

2013年8月，东阳市政府印发《关于进一步完善被征地农民基本养老保障制度的补充意见》，实行被征地农民基本养老保障缴费标准和保障待遇与城镇居民最低生活保障标准同步调整机制，并规定“经确认为本市户籍的被征地农民，以本人自愿为原则，允许转入职工基本养老保险”，自10月1日起施行，此项政策简称“转保”，对于被征地农民的利益得到了极大保障，当然，也给职工基本养老保险基金的可持续运行产生深远影响。

2016年，东阳市政府下发《关于调整完善被征地农民基本养老保障政策的通知》，对即征即保的参保人数的确定、规范参保指标分配、缴费和待遇标准的调整等作了新规定。

2018年，东阳市政府根据上级规定精神印发《关于我市预征地被征地农民养老保障问题的处理意见》，按照“人地对应”原则，明确预征土地不得纳入参保指标核定范围。

截止2018年年底，全市被征地农民养老保障参保人数为26063人。

**三、残疾人就业保障金**

残疾人就业保障金是为了保障残疾人权益，向未按规定安排残疾人就业的单位收取，用于支持残疾人就业和保障残疾人生活的专项资金。

1990年，全国人大常委会颁布《中华人民共和国残疾人保障法》。1993年，市政府印发《东阳市残疾人事业“八五”计划》和《关于残疾人优惠政策的若干规定》，对残疾人事业发展提出了具体意见。

1995年，东阳市政府对促进残疾人就业做出具体规定：在全市采用多渠道、多层次、多形式的办法，以法律和经济手段全面实行按比例分散安置残疾人劳动就业，凡是本市区域内的机关、团体、企业（含“三资”和私营企业）、事业和城乡集体经济组织，均应按在职职工总数的1.5%比例接收安置残疾人就业；达不到此比例的，须按本市上年度职工年人均收入的60%交纳残疾人劳动就业保障金；成立残疾人劳动就业服务所负责“保障金”的收缴工作；残疾人劳动就业保障金主要用于残疾人职业培训费用、对超比例安置和安排残疾人就业做出显著成绩的单位的奖励、有偿扶持残疾人集体从业或个体经营等。同时，省财政厅会同省物价局、省残联印发《浙江省实施〈残疾人就业保障金管理暂行规定〉意见》，规定“保障金”按预算外资金实行财政专户储存和收支两条线管理，按照“以收定支、留有余地”的原则专款专用。

1997年，浙江省财政厅会同省残联下发《关于进一步加强残疾人就业保障金的通知》，针对管理中存在的问题，对管理职责、财政专户管理办法、使用范围、票据使用和监督检查制度等作了明确规定，同时，规定各地应按保障金收入总额的5%上缴省用于建立全省后备专项保障金。

2000年，东阳市政府印发《关于进一步做好残疾人劳动就业工作的通知》，规定非纳税单位实行银行托收、纳税单位委托税务部门代征的保障金收缴方式，并积极扶持创办福利企业安排残疾人集中就业。

2004年1月1日起，执行省财政厅等四部门联合印发的《浙江省残疾人就业保障金征收管理办法》，用人单位每少安排1名残疾人就业，应按统计部门公布的本市上年度职工平均工资的100%缴纳保障金；由残疾人就业服务机构核定征收数抄送税务部门，由税务部门向用人单位征收保障金;明确保障金属政府性基金,纳入财政预算管理。次年7月,东阳市政府同意对纳税单位保障金的缴纳标准调整为按用人单位在岗职工总数每人每月15元统一由地税部门代征。

2009年,市财政局会同市残联印发《东阳市残疾人就业保障金使用管理办法》,对"保障金"的使用原则、使用范围、开支标准、使用程序、绩效评价、监督管理等作了修订和完善,保障金统一纳入政府性基金预算管理,建立保障金收支预算制度。

2016年1月起,浙江省财政厅等四部门联合下发通知,残疾人就业保障金省级统筹比例提高到10%。同年,市财政局会同人力社保局、残联等部门联合印发《东阳市残疾人就业创业补助办法》,对聘用残疾人就业的企业及相关组织和机构实施各项补助政策,包括:就业补助、创业补助、培训补助、贷款贴息、保险补助及其他补助和优惠政策等。

2017年,东阳市财政、地税、残联三部门联合印发《关于残疾人就业保障金征收有关事项的通知》,保障金按上年用人单位在职职工年平均工资计算,用人单位年平均工资超过社会平均工资3倍以上的按社会平均工资3倍计征,用人单位无法确定在职职工工资总额的,按上年社会平均工资核定征收,并从7月1日起,由用人单位自行向地税部门申报缴纳保障金。

表2-2-2-1　　2004—2018年东阳市残疾人就业保障金收支情况表

单位:万元

| 年份 | 收入 | 支出 | 年份 | 收入 | 支出 |
|---|---|---|---|---|---|
| 2004 | | 2.0 | 2012 | 1646.0 | 2366.0 |
| 2005 | 771.0 | 763.0 | 2013 | 1886.0 | 2189.0 |
| 2006 | 1269.0 | 1309.0 | 2014 | 2225.0 | 2481.0 |
| 2007 | 1438.0 | 1492.0 | 2015 | 2461.0 | 2331.7 |
| 2008 | 1453.0 | 1334.0 | 2016 | 2583.0 | 3149.3 |
| 2009 | 1264.0 | 1264.0 | 2017 | 3541.0 | 4327.3 |
| 2010 | 1463.0 | 1235.0 | 2018 | 5932.0 | 4992.6 |
| 2011 | 1542.0 | 1864.0 | | | |

## 四、就业与再就业专项资金

在计划经济时期,农业和城镇户籍严格划分,城镇劳动力就业岗位实行计划分配。随着改革开放的逐步深入,进入20世纪90年代,失业、下岗职工再就业和企业富余职工分流安置,成了社会劳动就业和深化企业改革的一个突出问题,促进就业和再就业也成为各级政府的重要任务。

1996年,东阳市政府转发劳动人事局《关于实施再就业工程的意见》,提出通过动员全社会力量,积极拓展就业渠道,综合运用政策扶持和失业保险等各种就业服务手段,促进失业职工就业和富余职工分流安置,对安置职工的用人单位给予补助,参加失业职工转岗培训的给予培训补助等扶持政策。

1997年，东阳市政府印发《关于进一步做好再就业工程实施工作的意见》，建立再就业工作责任制，并通过财政补助、失业保险基金提取和破产企业清算资金中拨付等方式，设立再就业工程专项经费，用于扶持安置失业职工和支持下岗职工开展生产自救、转岗培训、技能训练等。

2003年，市财政局会同劳动和社保局制定《东阳市促进再就业专项资金管理办法》，规定再就业所需资金列入财政年度预算，对资金筹集渠道、使用范围、补贴标准、拨付程序都作了明确规定。

2007年，东阳市财政局会同人劳社保局对2003年的《管理办法》作了修订，专项资金使用范围进一步扩大，明确被征地农民就业再就业扶持资金应当从土地出让金或征地调节资金中安排。同年8月，国家颁布《中华人民共和国就业促进法》。

2009年，东阳市政府印发《关于做好就业工作促进社会和谐的实施意见》，提出强化政府责任，确立就业工作优先地位，实施积极的就业政策，制定和完善了一系列促进就业的财政政策。

2016年，为进一步激发大众创业活力，促进创业带动就业，东阳市政府印发《关于支持大众创业促进就业的实施意见》，进一步加大政府财政投入，分别对扶持创业和促进就业给予政策和资金的支持。

2018年，东阳市政府印发《关于做好当前和今后一段时期就业创业工作的实施意见》，提出了进一步优化就业创业生态环境，促进创业带动就业，推动实现更加充分、更高质量就业的相关扶持和优惠政策。

2018年，全市财政就业支出达3139万元，登记失业率为2.1%。

**五、老人优待与养老服务补助资金**

20世纪90年代后，中国社会开始步入老年化时期，保障老年人享受经济社会发展成果，不断提高老年人晚年生活和生命质量，是坚持以人为本，构建社会主义和谐社会的重要内容，是社会文明进步的重要标志，老年人工作受到党委政府的高度重视。

1991年起，东阳市政府规定，给予百岁老人每人每月25元的生活费补助。

1999年起，东阳市政府出台政策，对高龄老人和离休干部实行多项优待和照顾，包括免费游览公园景点（横店集团所属景点减半）、半价购票观看电影、就诊免挂号费、半价乘公交车等。

2003年起，百岁老人生活补助费标准提高到每人每月200元。

2006年，市政府印发《东阳市优待老年人规定》，对年满60周岁的本市居民发给“老年人优待证”，凭“优待证”享受优惠待遇，包括70周岁以上老人免收诊疗挂号费、70周岁以上老年人免费乘坐城市公共汽车，其他老年人减半，70周岁以上老年人半价乘坐农村公共汽车；以及政府公共场所免费向老年人开放等。

2007年，东阳市政府印发《关于促进养老服务业发展的通知》，按照“政策引导、政府扶持、社会兴办、市场推动”的原则，逐步建立和完善以居家养老为基础、社区服务为依托、社会福利机构养老为辅助的养老服务体系，财政要加大对养老服务事业的投入，通过对养老机构的补助、购买服务和贷款贴息等政策，扶持养老服务业的发展。同年7月，东阳市政府印发《关于推进居家养老服务工作的实施意见》，向居家老年人开展以生活照料、医疗保健、精神慰籍、文化娱乐为主要内容的服务，在社区建立居家养老服务中心。

2010年1月起，百岁老人生活补助费标准提高到了每人每月300元。同年4月，东阳市政府印发《关于加快推进养老服务体系建设的实施意见》，全面建设城乡社区"星光老年之家"，实现城乡社区居家养老服务基本覆盖；提升乡镇（街道）敬老院基础设施和服务功能；大力推进民办养老服务机构发展；对新建"星光老年之家"和民办养老机构床位数给予财政补助。

2012年、2014年，东阳市政府相继出台加快发展养老服务事业的扶持政策，财政投入持续加大。2014年12月，市财政局会同民政局联合印发《东阳市社会养老服务体系建设专项资金使用管理暂行办法》，除省市财政公共预算安排的资金外，将福利彩票公益金收入的50%以上用于支持发展养老服务业，主要用于公办养老服务机构新改扩建和设施购置补助、民办养老服务机构新增床位及运营补助、养老机构综合责任险补助、养老机构从业人员入职奖补和岗位补贴、居家养老中心的运行补助及奖励、"三无"人员和"五保"对象的生活医疗补助等，并对具体奖补标准和资金管理作了明确规定。

2018年12月，东阳市政府印发《关于加强老年人照顾服务工作的实施意见》，要求相关部门在完善养老服务补贴政策、高龄补贴、低保待遇、居家养老服务、适老化设施建设、老年人安全出行、老年法律援助、医疗健康服务、涉老保险、老年人教育、老年体育文化等方面制定有效措施和政策。

截至2018年年底，全市建有各类养老机构26家，床位数达6815张，其中护理型床位数达3130张。

### 六、社会保障风险准备金

为了防范社会保障资金支付风险，2004年起，浙江省政府、省财政厅先后制定了关于建立社会保障资金多渠道筹措机制的意见和实施办法，规定对国有资产收益、国有土地有偿使用收入、统筹的预算外资金及政府预算超收财力等，应当提取一定比例筹集社会保障资金，通过多渠道筹措的社会保障资金，由财政部门单独建立"社会保障风险准备金"，用于弥补有关社会保险基金和社会保障资金支付缺口，或应对其他重大社会保障支付风险等。

2010年7月1日起，东阳市政府规定在国土出让收入中，按出让合同总额提取5%作为社会保障风险金。此后，在统筹的预算外资金、国有资产收益等渠道均有提取筹措。

为了进一步加强和规范社会保障风险准备金的筹集、使用和管理，2018年，省财政厅印发《浙江省社会保障风险准备金管理办法》，进一步明确了社保风险准备金的筹集来源和标准：一是从一般公共预算中安排资金转入，额度根据实际需要和有关规定确定，包括按照不低于企业职工基本养老保险2012年末退休人数和每人1800元/年的标准计算的社区综合补贴。二是从国有土地使用权出让收入中安排资金转入，额度区分企业职工基本养老保险基金支付能力的不同，按照不低于当年国有土地使用权出让收入的一定比例确定，具体为：上年末企业职工基本养老保险基金支付能力在9个月及以下的，额度按照不低于当年国有土地使用权出让收入的8%确定；上年末企业职工基本养老保险基金支付能力在9～18个月（含18个月）的，额度按照不低于当年国有土地使用权出让收入的7%确定；上年末企业职工基本养老保险基金支付能力在18个月以上的，额度按照不低于当年国有土地使用权出让收入的6%确定，各地上年末企业职工基本养老保险基金支付能力，根据社保基金决算由省财政厅审核批复，国有土地使用权出让收入按照国有土地收益基金的计提基数确定。三是从国有土地使用权出让收入等资金中统筹安排资金转入，额度按照当年新参加企业职工基本养老保险的被征地农民人数（包括参照被征地参保人员），以参保时上年度当地在岗职工平均工资为缴费基数、按18%的缴费比例、一次性提取5年确定。四是从国有资本经营预算收入中安排，额度按照不低于当年国有资本经营预算收入的30%确定。五是经营类事业单位改制时按规定提取的改制前已退休人员和改制前参加工作改制后退休人员的养老保险费、医疗保险费转入。六是按国务院和省政府相关规定可划转的国有资本收益转入。七是社保风险准备金保值增值收益。八是其他适当来源。

当上年末社保风险准备金滚存结余可支付当年社会保险基金预算支出的月数超过12个月的统筹地区，报经省财政厅核准后可减少或暂停执行上述第一、二、四款的规定；上年末社保风险准备金滚存结余可支付当年社会保险基金预算支出的月数未达到12个月以上的统筹地区，须严格执行上述规定。上年末企业职工基本养老保险基金支付能力超过24个月的统筹地区，当上年末社保风险准备金中专项用于企业职工基本养老保险基金的滚存结余可支付当年企业职工基本养老保险基金预算支出的月数超过12个月时，报经省财政厅核准后可减少或暂停执行上述第一、二、四款的规定；上年末社保风险准备金中专项用于企业职工基本养老保险基金的滚存结余可支付当年企业职工基本养老保险基金预算支出的月数未达到12个月以上的统筹地区，须严格执行上述规定。

社保风险准备金实行专款专用，动用社保风险准备金必须符合规定条件，并按规定程序报批。上述第一、二、六款和第三款"一次性提取5年"部分2017年及以后年度筹措的社保风险准备金专项用于弥补企业职工基本养老保险基金缺口，不得用于其它用途。有下列情况之一的，可按规定动用社保风险准备金：一是上年末企业职工基本养老保险基金滚存结余支付能力不足3个月的，当年可动用社保风险准备金补助，年度动用额不超过当年该项基金预算支出平均6个月的额度；二是城乡居民基本养老保险基金、机关事业单位基本养老保险基金、职工基本医疗保险基金、城乡居民基本医疗保险基金、失业保险基金、工伤保险基金、生育保险基金、被征地农民基本生活保障资金等八项基金中的某项基金出现滚存缺口的，可动用社保风险准备金补助，年度动用额不超过当年该项基金预算支出平均3个月的支出额度；三是出现其它重大或突发性的社保支付风险、且报经省财政厅批准的，可动用社保风险准备金，未经省财政厅审批同意，不得动用。同时，社保风险准备金纳入同级社会保障基金财政专户管理，单独设置子账户，单独核算管理。

表2-2-2-2　　2004—2018年东阳市社会保障风险准备金收支情况表

单位：万元

| 年份 | 收入 | 支出 | 滚存结余 | 年份 | 收入 | 支出 | 滚存结余 |
|---|---|---|---|---|---|---|---|
| 2004年 | 3497.5 | | 3497.5 | 2012年 | 8316.6 | 10165.3 | 23892.9 |
| 2005年 | 1567.1 | 500.0 | 4564.6 | 2013年 | 13127.7 | 11988.0 | 25032.6 |
| 2006年 | 2084.2 | 1000.0 | 5648.8 | 2014年 | 19127.8 | 6314.8 | 37845.6 |
| 2007年 | 7820.4 | 2000.0 | 11469.2 | 2015年 | 15920.5 | 6419.0 | 47347.1 |
| 2008年 | 6620.8 | 5604.7 | 12485.3 | 2016年 | 7097.3 | 7041.9 | 47402.5 |
| 2009年 | 7254.9 | 4125.0 | 15615.2 | 2017年 | 21487.0 | 6741.2 | 62148.3 |
| 2010年 | 6288.6 | 7495.3 | 14408.5 | 2018年 | 86944.0 | 19000.0 | 130092.2 |
| 2011年 | 17548.5 | 6215.4 | 25741.6 | | | | |

## 第三节　社会救助资金

社会救助是政府对因各种原因（因灾、因病等）而发生生活困难的公民给予物质接济和生活扶助，以保障其最低生活需要的一项制度。我国历来都有赈济灾荒、抚弱济贫的优良传统，中华人民共和国成立后，更是把社会救助写入了宪法。

中华人民共和国成立初期，人民政府承担了大量社会救助工作，主要是收容、资遣、改造、安置旧社会转入的国民党军队散兵游勇、烟民、妓女、外流农民以及失业人员等。为了加强其经费的管理，1953年，财政部会同内务部制定《关于社会事业费管理使用的几项规定》；1955年，财政部、内务部又颁发《优抚、社会救济事业费管理使用暂行办法》。1962年，根据中共中央、国务院关于加强财务管理，严格财政制度，严肃财经纪律的要求，财政部、内务部修订颁发《抚恤、社会救济费管理使用办法》，进一步明确规定了社会救济经费的使用原则和范围、发放办法、预决算制度等。"文化大革命"期间，社会救济经费的管理有些放松。

1978年，财政部、民政部重新印发《抚恤、社会救济事业费管理使用办法》；1980年，财政实行分级管理的财政体制后，财政社会救助经费也实行了分级包干办法，除特大自然灾害救济款项外，其他社会救助资金都列入财政包干范围。

1984年，财政部会同民政部颁发《民政事业费使用管理办法》，对各项民政事业经费的使用原则、使用范围、预算和决算制度、拨付程序、财务监督等作了系统规定。

2005年，为了增强社会救助工作的规范化、制度化和法制化，实行分层次、分类别、多方面、全方位救助机制，构筑新型社会救助体系，东阳市政府印发《关于建立困难群众救助机制的实施意见》，对社会救助对象、救助内容和救助标准等作了明确。2011年，市政府印发《东阳市城乡居民临时救助暂行办法》，对具有本市常住户籍，因突发性、临时性事件造成基本生活出现暂时困难的城乡家庭给予临时救助。2016年，市政府根据国务院2014年发布的《社会救助暂行办法》，印发《东阳市临时救助办法》，对临时救助的对象、救助内容、标准和程序等作了调整和完善。

2018年12月，按照中央打赢脱贫攻坚战的要求，浙江省财政厅会同民政厅下发《关于做好低收入农户社会救助兜底保障的实施意见》，对低收入农户社会救助兜底保障工作提出要求。同时，还印发了《浙江省社会救助家庭供养费核算办法》和《浙江省困难群众救助补助资金使用管理办法》，以最大限度地保障被供养人的基本生活和发挥社会救助资金的使用效益。

经过中华人民共和国70年变革，已逐步建立起了适合我国国情的较为完善的多层次、全方位的新型社会救助体系，包括自然灾害救助、“五保”对象救助、生活困难救助、医疗救助和道路交通事故救助等社会救助制度。

## 一、自然灾害救助资金

自然灾害救助工作一直都是党和政府的一项重要工作。建国以后，由于国家实行计划经济模式，财政自然灾害救助资金基本实行统收统支的管理形式，地方发生重大自然灾害，主要依靠中央财政拨款救助。改革开放以后，随着地方财力的逐步增大，地方财政用于灾害救助的支出也随之加大。

1997年，市政府发布《东阳市自然灾害救助暂行办法》，明确救助职责和程序，建立灾害救助基金，规定自1995年始每年市级财政安排10万元自然灾害救济事业费，以后视情递增，先期达到农业人口人均1元标准；同时要求乡镇（街道）财政也要建立稳定的自然灾害救助基金，并对基金的管理使用作了规定。同年，省财政厅会同民政厅印发《浙江省民政救灾经费管理暂行办法》，东阳市财政局据此建立“自然灾害财政风险金”制度，专项用于特大自然灾害的救灾资金。

1999年，市政府按照“救灾工作分级负责，救灾款分级负担”的救灾体制改革思路，印发《东阳市救灾救济工作管理体制改革实施方案》，逐步建立政府主导、社会参与、各方有责的救灾工作新机制；要求救灾事业费向镇乡延伸，每年按山区人均1～2元、平原人均2元的标准列入镇乡财政预算。

2007年，东阳市政府推行“避灾工程”建设，要求每个镇乡、街道按照就近就便原则，确定1～2个避灾中心和若干个避灾点，能够快速、足量地为群众提供避灾场所；避灾中心要储备相应的救灾设备和救灾物资。此后财政连年下拨避灾场所建设和救灾物资储备专款。

2010年9月1日起，根据国务院发布的《自然灾害救助条例》，自然灾害救助实行人民政府行政领导负责制，制定应急预案，确立预警响应机制和应急响应机制，规范灾后救助制度。

2012年，根据省财政厅、民政厅联合印发《浙江省自然灾害生活救助资金管理暂行办法》，规定财政安排的自然灾害生活救助资金主要用于解决受灾居民自身无力克服的衣、食、住、医等临时性生活困难，紧急转移安置和抢救受灾群众，抚慰因灾遇难人员家属，恢复重建倒损住房，以及采购、管理、储运救灾物资等项支出；要按救助内容编制年度预算；明确救助资金拨付程序和分担比例。

## 二、"五保"对象救助资金

所谓"五保"是指保吃、保穿、保医、保住、保葬（或保教）五项保障措施，"五保"对象主要是农村中无劳动能力、无生活来源、无法定赡养扶养义务人或虽有法定赡养扶养义务人，但无赡养扶养能力的老年人、残疾人和未成年人等。在计划经济时期，对"五保"对象的扶养主要由所在村集体经济组织负责。

1956年，中央下发《1956—1967年全国农业发展纲要（草案）》中规定："农业生产合作社对于社内缺少劳动力，生活无依靠的鳏寡孤独的农户和残废军人，应当在生产和生活上给以适当的安排，做到保吃、保穿、保烧（燃料）、保教（儿童和少年）、保葬，使这些人的生养死葬都有指靠"。这是我国最早的"五保"社会救助制度。

1962年，中央发布《农村人民公社工作条例（修正草案）》中规定："生产队可以从可分配的总收入中，扣留一定数量的公益金，作为社会保险和集体福利事业的费用……对于生活没有依靠的老、弱、孤、寡、残疾的社员，遭到不幸事故、生活发生困难的社员，实行供给或者给以补助。"

"文化大革命"结束后，实行了农村联产承包责任制，但仍然要求由村集体承担五保供养工作。1982年1月，中共中央印发《全国农村工作会议纪要》提出：包干到户要有一定的公共提留，统一安排烈军属、五保户、困难户的生活。

1991年，国务院颁布《农民承担费用和劳务管理条例》，确立了由乡统筹和村提留支付五保供养的措施。1994年，国务院发布《农村五保供养工作条例》，明确了五保供养对象的条件，供养经费由大队或生产队农民分担转为由乡村集体经济组织供养。

1997年，市政府发布《东阳市农村五保供养工作实施细则》，明确五保供养是农村集体福利事业，所需款物实行以村为基础的乡镇统筹，合理负担，市财政适当救济的多渠道筹集的原则，实行集中供养和分散供养相结合的形式，并规定了五保供养标准。

2003年，农村税费改革全面推开，取消了乡统筹和村提留，五保供养经费开始列入政府财政预算。同年9月，东阳市政府印发《关于推行农村五保对象集中供养工作的意见》，要求集中供养率达到80%以上，并实现"应保尽保"；供养标准按照当地上年农民人均纯收入的60%确定；供养经费由市、镇乡（街道）两级政府负责，所在村依法承担大病医疗、丧葬费用等。

2004年，根据农村五保供养工作出现的许多新的情况和问题，东阳市政府要求镇乡（街道）落实应保尽保责任。

2005年，东阳市政府印发《关于建立困难群众救助机制的实施意见》，规定五保对象的供养标准，并把五保对象纳入低保和合作医疗保险范围，合作医疗保险个人出资部分，由市财政负责解决，保险报销后自负部分给予医疗救助。至此，五保对象的供养经费都由财政保障，同时创建了五保供养标准的自然增长机制。此后，五保对象列入困难群众救助机制。

**三、生活困难救助资金**

中华人民共和国成立以后，政府对因各种原因产生的临时生活困难家庭和人员都给予经济或物质上的救济，在救济渠道上除了政府的民政部门直接救济外，还有各所在单位、企业或集体经济组织的救助，也称临时救助，但没有明确的救济对象范围和救济标准。

2005年，为了减轻生活必需品价格上涨对城乡困难群众基本生活的影响，东阳市政府印发《关于对城乡困难群众实行基本生活消费品价格上涨动态补贴的实施意见》，决定实施城乡困难群众基本生活物价补贴，补贴范围为：低保对象，因下岗失业、患重大疾病、受灾害影响等造成生活特别困难的人员及其他应当救助的对象；补贴标准根据全省统一编制的低收入群体居民消费价格指数相应调整低保标准，其他救助对象参照低保调整标准给予一次性物价补贴；所需经费纳入财政预算。同年9月，为了增强社会救助工作的规范化、制度化和法制化，实行分层次、分类别、多方面、全方位救助，构筑新型社会救助体系，东阳市政府印发《关于建立困难群众救助机制的实施意见》，确定纳入救助范围的困难群众包括：凡具有本市常住户口，家庭人均收入高于低保标准20%以下的低收入家庭和因病、因灾等致贫家庭及低保和“五保”对象、城镇“三无”人员、特困职工、特困残疾人等，经各种渠道和各种类型救助后仍有困难的，均可向当地政府申请再救助；救助内容包括：生活贫困救助、就学救助、就业救助、医疗救助、助残救助、住房救助和法律援助等，并规定了具体救助标准。

2006年，东阳市政府为了进一步完善新型社会救助体系，有效保障城乡困难群众的基本生活，确定根据经济发展和物价上涨水平适时调整低保标准和一次性物价补贴；其他救助对象建立和完善分层分类救助制度；除了财政要继续加大对社会救助的资金投入，鼓励和动员社会力量参与社会救助工作。

2011年，市政府印发《东阳市城乡居民临时救助暂行办法》，对具有本市常住户籍，因突发性、临时性事件造成基本生活出现暂时困难的城乡家庭给予临时救助；规定市财政每年按总人口人均不低于3元的标准安排临时救助专项资金；同时对救助标准和救助程序进行明确。

2016年，市政府根据上级有关精神对原《临时救助暂行办法》进行了修改，印发《东阳市临时救助办法》，明确临时救助是指对遭遇突发事件、意外伤害、重大疾病或其他特殊原因，导致基本生活陷入困境，其他社会救助制度暂时无法覆盖或救助之后基本生活暂时仍有严重困难的家庭或个人，给予的应急性、过渡性救助。救助资金由市级财政根据需要列入预算安排；对救助内容、标准和程序等作了调整和完善。

2018年，按照中央打赢脱贫攻坚战指示精神和浙江省财政厅会同民政厅《关于做好低收入农户社会救助兜底保障的实施意见》,东阳市政府对低收入农户社会救助兜底保障提出了:加强政策衔接、完善认定方法、合理确定标准、增加资金投入、建立长效机制等工作要求,以最大限度地保障被供养人的基本生活。

## 四、医疗救助资金

社会医疗救助是政府对那些因为贫困而没有经济能力进行疾病治疗的居民实施医疗费用救济的一项制度。

2005年,市政府根据省政府有关精神,制定印发《东阳市社会医疗救助实施意见》(简称《实施意见》),自当年1月1日起执行,按照"政府资助、社会捐赠与个人负担相结合"的原则,对本市户籍的低保对象、"五保"对象、城镇"三无"人员、以及城乡居民家庭年人均收入虽在低保线以上,但因患各种重大疾病经各类医保报销和各种救济帮困后,医疗费用负担仍有困难且严重影响其家庭基本生活的,实施社会医疗救助,并对救助标准、救助程序和救助资金监管等作了规定,救助资金来源主要通过财政按人均不低于3元的标准列入预算安排,也要通过社会捐款等方式筹集部分社会医疗救助资金。次年,市政府对《实施意见》作了修改,把"三老"人员(老党员、老交通员、老游击队员)和在乡重点优抚对象纳入救助范围,并提高了救助标准。

此后,《实施意见》几经修订,救助范围不断扩大,救助标准逐年提高,2017年修订的《东阳市社会医疗救助实施意见》,将困境儿童、重度残疾救助对象、低于低保标准150%的低收入家庭、精神病患者、特殊病种对象、应急医疗救助对象、无主无助病人等纳入救助范围,实行分类分层次不同的标准救助。

## 五、道路交通事故救助基金

为了依法及时对道路交通事故中受害人进行救助,保障道路交通事故受害人合法权益,2010年,省政府印发《浙江省道路交通事故社会救助基金管理试行办法》,要求全省建立道路交通事故社会救助制度。为此,2012年10月,经东阳市编委批准设立"东阳市道路交通事故社会救助基金管理中心",为全额拨款事业单位,隶属市财政局,负责道路交通事故社会救助基金的具体业务管理工作。

2013年1月,市政府印发《东阳市道路交通事故社会救助基金管理试行办法》(以下简称《办法》),道路交通事故社会救助基金是指依法筹集用于垫付本市行政区域内发生的机动车道路交通事故中受害人人身伤亡的丧葬费用、部分或全部抢救费用及给予因交通事故责任人逃逸或无力赔偿造成受害人生活困难的家庭一次性经济补助的社会救助专项基金。《办法》对各相关部门的职责、基金的筹集、基金的使用、费用的垫付与追偿、基金的监管等作了规定。

为有效提升救助基金管理的工作效率和全面提升救助基金的规范化、精细化管理水平,2016年8月起,全面启用"浙江省道路交通事故社会救助基金管理系统"。

2018年,市政府对原《办法》进行了修订,印发《东阳市道路交通事故社会救助基金管理办法》，对救助基金的设立、筹集、使用和监管作了新的规定。

### 六、流浪乞讨人员救助资金

为了对在城市生活无着的流浪、乞讨人员实行救助，保障其基本生活权益，国务院于2003年发布《城市生活无着的流浪乞讨人员救助管理办法》，规定县级以上城市政府应当根据需要设立流浪乞讨人员救助站，救助工作所需经费纳入财政预算。

2005年，浙江省财政厅会同民政厅联合下发明确城市生活无着的流浪乞讨人员中特殊困难救助对象跨省返乡所需经费由流入地和流出地协调解决。

2009年，执行浙江省财政厅等相关部门《关于进一步加强城市街头流浪乞讨人员救助管理和流浪未成年人解救保护工作的通知》，做好所需经费的保障工作。

自建立流浪乞讨人员救助机制后，街头巷尾再无流浪乞讨人员出现。

## 第四节　教育经费的保障与管理

办好教育，既是兴国大计，更是民生大事。东阳历来耕读传家，尊师重教，勤奋好学，素有“教育之乡”之美誉。中华人民共和国成立初期（1949—1952年），全县共有公办幼儿园2所；小学837所，其中民办761所，民办公助12所，公办民助64所，学生数46975人；中学5所，其中初中3所，高中2所，学生数3737人。至2018年全市共有各类学校325座，学生数达161460人，在职教师数达9740人。

表2-2-4-1　　2018年末东阳市各类学校基本情况表

| 类别 | 公办 | | | 民办 | | | 合计 | | |
|---|---|---|---|---|---|---|---|---|---|
| | 学校数（所） | 学生数（人） | 教师数（人） | 学校数（所） | 学生数（人） | 教师数（人） | 学校数（所） | 学生数（人） | 教师数（人） |
| 幼儿教育 | 45 | 12414 | 251 | 134 | 26300 | 1780 | 179 | 38714 | 2031 |
| 小学教育 | 84 | 61366 | 3196 | 8 | 7983 | 522 | 92 | 69349 | 3718 |
| 初中教育 | 32 | 27177 | 1963 | 3 | 2414 | 214 | 35 | 29591 | 2177 |
| 高中教育 | 6 | 9635 | 809 | 7 | 7453 | 495 | 13 | 17088 | 1304 |
| 职业教育 | 2 | 4726 | 364 | 3 | 1877 | 107 | 5 | 6603 | 471 |
| 特殊教育 | 1 | 115 | 39 | | | | 1 | 115 | 39 |
| 合计 | 170 | 115433 | 6622 | 155 | 46027 | 3118 | 325 | 161460 | 9740 |

1986年实施《中华人民共和国义务教育法》以来，东阳每年小学的入学率均在99.5%以上；1994年，基本普及九年义务教育；2000年，东阳被省委、省政府命名为“浙江省教育强市”；2018年

东阳成为全省基本实现教育现代化县(市、区);教育事业方兴未艾。

在教育经费方面,东阳自宋代始,各宗族即有学田养贤制度。清末行官拨教育经费。民国时期,政府拨款、学杂费收入、教育附加、民间捐赠、勤工俭学等多渠道收入成为教育经费的基本来源。中华人民共和国成立后,教育经费主要依靠政府拨款。改革开放后,随着经济快速发展,财政性教育经费按照1995年颁布《中华人民共和国教育法》逐步实现"三个增长"、"两个提高"(教育财政拨款的增长应当高于财政经常性收入的增长,并使按在校学生人数平均计算的教育费用逐步增长,保证教师工资和学生人均公用经费逐步增长;财政性教育经费支出占国民生产总值的比例应当随着国民经济的发展和财政收入的增长逐步提高,各级财政支出总额中教育经费所占比例应当随着国民经济的发展逐步提高)的要求,逐步建立涵盖学前教育、基础教育(含特殊教育)、职业教育及高等学校的学生资助等财政投入机制,财政对教育的投入快速增长。2018年,一般公共预算教育支出达到175131万元,财政性教育经费支出占GDP的比重为3%。

## 一、教育经费的筹措

中华人民共和国成立后,教育经费除了向学生适当收取学杂费补偿外,主要由财政拨款投入,教育支出成为县级地方财政的重点支出,1949—1978年累计教育支出占财政支出的比重为28.7%,其中最高时的1953年,教育支出占财政支出的比重曾一度达到了53.5%。期间,因国家实行计划经济体制,财政实行统收统支模式,县级地方教育支出每年由省级财政核定预算指标。

改革开放后,教育事业进入了快速发展的时期。1977年全面恢复高等学校招生考试制度,1980年党中央、国务院做出了普及小学教育的决定,但是,国家财力薄弱和对教育投入严重不足是客观的现实,正如中共中央、国务院印发《关于普及小学教育若干问题的决定》所指出的,"在我们这样一个人口众多,经济不发达的大国,普及小学教育,不可能完全由国家包下来,必须坚持'两条腿走路'的方针,以国家办学为主体,充分调动社队集体、厂矿企业等各方面办学的积极性,还要鼓励群众自筹资金办学",为此,根据教育管理体制改革和教育事业发展的要求,从中央到地方各级政府先后出台了各项多渠道筹集教育经费、加大教育投入的措施和办法,财政实行包干体制后形成的地方机动财力,应按一定比例用于教育投入。

1983年,浙江省政府印发《关于地方财力用于教育事业和集资办学的若干规定》,要求今后每年教育经费的增长比例,在一般情况下应略高于财政总支出的增长比例;市县财政机动财力中,用于教育事业的经费,一般不低于10%;在城市维护费和各项附加中,要拿出一部分款额用于中小学的校舍的修缮和修建;鼓励厂矿企事业单位办学,办学经费可在企业营业外支出或事业预算外支出。

1985年,中共中央印发《关于教育体制改革的决定》,明确把发展基础教育的责任交给地方,并有步骤地实行九年制义务教育。同年10月,东阳县政府决定实施中小学分级办学、分级管理体制,县属高中、技校归县管理,初中、小学和幼儿园按属地原则归乡镇管理,财政拨给教育的经费以

1984年为基数实行包干到乡（镇）；由乡（镇）政府向乡（镇）村企业、家庭企业和农业开征教育事业费附加，所征教育事业费附加主要用于民办老师工资待遇不足、乡（镇）办学校公用经费不足和学校建设投入等，以后教育经费的筹集、分配和管理均由乡镇负主体责任。

1986年，东阳市政府印发《关于筹措农村及城镇学校教育经费的补充规定》，自1985年7月1日起，对国营和县属大集体工商企业征收城市教育事业费附加，重点用于补助贫困山区教育和师范教育的经费不足。同年6月，东阳县政府规定，凡交纳“工商三税”的单位和个人，除按规定缴纳农村教育事业费外，自7月1日起，应按交税额征收1%教育费附加。此后征收率逐步提高。

1988年，东阳市政府印发《进一步落实分级办学分级管理的若干意见》，规定市乡财政机动财力、城市维护建设费、各项附加等，要安排一部分数额用于义务教育，乡镇财政超收或增收分得的财力应当主要用于义务教育事业。

根据国家规定，自1990年8月1日起，对按单位和个人实际缴纳的产品税、增值税、营业税的一定比例征收的附加收入称为“教育费附加”（也称“城镇教育费附加”），纳入预算管理。对乡镇政府按规定对农业、镇乡企业等农村集体经济组织征收的用于农村办学的附加称为“教育事业费附加”（也称“农村教育费附加），继续列预算外资金管理。

为了推进实施九年制义务教育，筹措办学经费，1991年，东阳市政府决定开征农村教育事业费附加，凡设在乡镇范围内的工商企业、交通运输业、建筑业和农、林、牧、副、水产等都应当缴纳农村教育事业费附加，征收办法和征收率不强求统一，由各乡镇从实际出发，根据本地经济状况、群众承受能力和教育经费需要提出意见，经本级人代会通过并报市政府批准执行。

1998年，为了解决全市基础教育投入不足问题，改善基础教育办学条件，市政府出台了《东阳市基础教育费筹措办法》，所筹措的资金专项用于学校建设与设备添置。

2002年起，针对普遍存在的“三乱”问题，东阳市委根据上级部署决定推行农村税费改革，取消了对农民征收的农村教育事业费附加和农村教育集资的规定所需经费列入财政预算。为持续加大对教育的经费投入，2006年，浙江省政府决定自5月1日起开征地方教育附加。

2007年，东阳市政府根据上级精神，实施义务教育经费保障机制改革，按照“明确各级责任、加大财政投入、提高保障水平、分步组织实施”的原则，将全市义务教育全面纳入公共财政保障范围，建立政府对义务教育经费的保障机制。同时，进一步调整市镇（乡）财政负担机制，以市为主。同年7月，为了筹集教育资金，东阳市政府遵照上级精神决定对建筑业开征地方高等教育费，除上缴省外，留市部分用于发展教育事业。同年10月，东阳市政府又规定，按照国有土地使用权出让成交总额的2%提取农村教育基金，以补充教育资金不足。

根据国务院关于农村中小学不得举债建设的规定，按照上级要求，2008年东阳市财政局会同教育部门联合对各农村义务教育学校的负债情况进行了清理，截至2007年9月30日，全市共有教育负债11398万元，通过乡镇财政体制超收分成、多方筹措社会财力、省市财政奖励和补助等办法，于2009年底前全面完成债务化解任务，为农村义务教育减轻了负担。

2011年，为实现2012年国家财政性教育经费支出占国内生产总值4%目标，进一步加大财政教育投入，根据财政部规定，东阳市政府决定从2011年1月1日起在土地出让收益中计提教育资金，重点用于农村学前教育、义务教育、高中阶段学校的校舍建设和维修改造、教学设备购置等项目支出。

2013年，根据东阳市委全力保障义务教育学校改善办学条件需要的要求，市财政每年设立新建项目经费5000万元以上、破旧校舍维修经费3000万元以上、标准化学校建设专项经费2000万元以上、教育装备专项经费1200万元~2000万元。同时，对普通高中和职业学校的日常经费、校舍建设和维修、设备添置等按需要全额纳入财政保障。

2015年，东阳市实施发展学前教育第二轮三年行动计划，规定市财政每年安排1200万元学前教育专项经费，用于发展学前教育奖补；新增财政教育经费应向学前教育倾斜。

2018年，为适应学前教育健康发展需要，东阳市政府决定将学前教育财政财务管理体制上划至市财政，其收入全额上缴市财政，所需支出由市级财政保障。

**二、学校运行经费保障**

学校运行经费是学校正常运行的物质基础，各个时期的学校运行经费通常按照不同的经费定额和标准予以保障。

1951年，全县共有各类学校921所，实行公办民助、民办公助或私塾体制，教育经费支出平均每年每生8.7元。

1952年，学校经费开支按供给制标准为：单班每学期大米120千克，2~3班每班每学期大米105千克，4~7班每增一班加大米90千克，8~9班每增一班加大米85千克，10班以上每增一班加大米80千克。

1961年，学校设备费，初中每人每年3元，高中每人每年4元，其中仪器费占50%，图书费占30%，文体费占10%，一般购置费占10%。小学仪器占学费总收入3%，文体费完小每班一年10元，教学费（参考书及挂图）每班一年5元。中学茶水费，山区每人每学期0.40元，半山区每人每学期0.70元，城镇每学期每人1元。小学茶水费，山区每人每学期0.20元，平原每人每学期0.30元，城镇每学期0.40元（卢宅、吴宁一校、二校）。

1962年，为了减轻国家负担，全县731所公办村校转为民办村校，占全部村校的91.1%，相应地有541名公办教师转为民办教师。

1976年，随着初、高中学生数的增加，在财政教育经费急剧增加的同时，民负的教育经费加重，全县147万元，占教育经费支出的45%。

1983年，浙江省财政厅、教育厅印发《关于加强普通教育事业经费管理的通知》，规定安排中小学公用经费的预算定额每年生均不得低于以下标准：重点中学：高中18元、初中15元；城镇一般中学:高中11元、初中7元;农村一般中学:高中9元、初中6元;小学1.2元。并可试行“预算包干、结余留用、增收归校”的办法。

2001年,为了加快中等职业教育发展,东阳市政府明确逐年增加财政性职业教育投入,确保职业教育经费在教育经费中的比例,城市教育费附加应安排不低于20%的比例用于发展中等职业教育,生均公用经费应高于普通高中。

2004年,为了确保农村中小学校正常运行,东阳财政局会同教育局出台了农村中小学公用经费定额标准:农村小学每生每年220元、农村初中每生每年300元,以后视发展情况适时调整。

2007年,东阳市政府推行义务教育经费保障机制改革,提高义务教育阶段中小学日常公用经费保障水平,小学提高到280元、初中提高到370元,所需经费由市财政给予保障。

2013年,为了加快推进教育现代化,东阳市委、市政府规定按照省定最低标准提高15%~25%安排生均公用经费,生均住宿标准按住宿生200元/年标准增加生均住宿管理成本。

2016年起,确定全日制公办中等职业学校生均公用经费标准为每生每年2500元,列入年度财政预算安排。

2018年,东阳财政局会同教育局印发《关于建立东阳市学前教育生均经费制度的通知》,一是建立学前教育生均经费标准,即按幼儿园在园幼儿人数平均计算的经费收入,确定我市学前教育生均经费标准为:省一级园不低于8000元、省二级园不低于6500元、省三级园不低于5500元,准办园不低于4000元;二是建立学前教育生均公用经费标准,确定:一级园650元/生.年、二级园600元/生.年、三级园(含准办园)500元/生.年;三是建立公办幼儿园生均财政拨款标准,包括人员经费、公用经费、专项经费在内每年每生不低于6500元。

**三、基本建设资金保障**

建国初期,农村中小学校舍多用厅堂庙宇等老旧房屋办学,设施简陋。新建的部分校舍均由国家投资,但农村中小学列入国家校舍投资计划的寥寥无几,1949—1959年间,国家拨给东阳的中学基建款28.5万元,建筑面积1.1万平方米,拨小学基建款20.9万元,建筑面积1万平方米。

20世纪70年代,中小学校数量剧增,农村学校的建设基本由公社、生产大队投入为主,国家给予少量补助,县属高中仍由财政投资为主。1977年,南马一中以自力更生为主建成了全县第一个拥有6道400米跑道的大操场。

20世纪80年代,校舍建设以消灭危房为主要任务,实施分级办学后,市级财政安排的专项资金主要用于危房改造。同时,兴建了一批体育教学设施,至1988年,全县学校拥有:灯光球场一个、400米田径场2个、200~350米小运动场20个、篮球场289个、排球场54个等。

自20世纪90年代起,校舍建设在消灭危房的基础上,以破旧房改造为主要任务,按照建设现代化学校的目标,进一步加大校舍建设投入,重点实施“9081”工程,1990—1998年,全市中小学完成危房和破旧房改造、校舍新建等总投资达2.41亿元,完成建筑面积68.4万平方米,为创建一批示范性学校奠定了物质基础。

2000年以后，中小学校实施布局调整，校舍建设围绕布局调整任务，筹集建设资金，安排建设规划。2004年，东阳市政府印发《关于实施学校布局调整工作的意见》，市财政每年安排专项资金用于学校布局调整的奖励和补助，规定教学楼建设每平方米补助300元、其他建筑每平方米补助200元，对完成调整任务的另行给予奖励。

2005年，根据上级要求，东阳市政府决定实施农村中小学食宿改造工程，计划通过三年时间，采取拆建、扩建和迁建等方式，全面改造农村中小学宿舍和食堂的危、破、旧房，建设经费以市为主，每平方米补助510元，不足部分由镇乡（街道）筹措。至2008年底，全市完成食宿改造项目53个，总投资9043万元，完成建筑面积12.46万平方米，全面完成食宿改造任务。

2007年，东阳市政府实施义务教育经费保障机制改革，建立义务教育中小学校舍维修改造长效机制，将校舍维修专项资金与布局调整、食宿改造工程等项目统筹安排。同年12月，市财政局、教育局印发《东阳市中小学校舍维修改造专项资金管理实施办法》，规定财政每年安排中小学校舍维修改造专项资金不少于2500万元。

2013年，为了确保全市教育继续保持领先地位，东阳市政府决定提高义务教育学校和幼儿园新建项目经费补助标准，并按镇乡（街道）财力状况实行分类管理，每平方米分类补助标准如下：一类镇乡（街道）义务教育学校1300元、幼儿园900元，二类镇乡（街道）义务教育学校1400元、幼儿园1100元，三类镇乡（街道）义务教育学校1600元、幼儿园1300元。

2014年，根据东阳市委加快推进教育现代化的意见，市财政局会同教育局印发《东阳市义务教育标准化学校建设专项资金管理办法》，明确2014—2015年财政每年安排2000万元设立标准化学校建设专项资金，用于达到省标准化学校创建要求的奖励和补助。

**四、学生资助经费保障**

学生资助是指对于家庭困难学生由政府给予减免学费、杂费或其他生活费用，以帮助其完成学业的一项资助政策。

1951年起，为解决贫下中农子弟入学困难，东阳县建立人民助学金和减免费制度，不同时期标准略有不同。1953年，有50%左右贫下中农子弟享受人民助学金。1986年后，全县所有学校将助学金改为奖学金。

1993年秋季起，东阳对义务教育对象免收学费，只收杂费。1995年秋季起，对特殊教育学校及少数民族小学生免收杂费，对困难家庭学生分别给予缓、减、免杂费。2003年春季起，东阳市政府决定对佐村、宅口、三单、上村和八达5个山区乡镇17所中小学校的学生实行免费入学；普通高中提取学费收入的10%用于减免困难学生学费或奖励优秀学生。同年秋季起，根据浙江省政府决定，对经济困难家庭子女实行免费接受九年义务教育和高中阶段教育，包括免收学费、杂费、代管费、住宿费和借读费等，并实行“教育券”制度。

2005年，按照浙江省政府要求，东阳市政府决定在全市农村中小学全面实施“四项工程”（包括“农村中小学家庭经济困难学生资助扩面工程”“农村中小学爱心营养餐工程”“农村中小学食宿改造工程”和“农村中小学教师素质提升工程”），所需经费由财政保障。其中家庭经济困难学生的资助对象扩大为：义务教育段的低保和低收入家庭子女、革命烈士子女、福利机构监护和五保供养的未成年人以及残疾学生等，资助内容按不同困难类型分别给予免收杂费、课本作业本费、住宿费等，扩面后资助对象比原来增加一倍，全市达到9%左右。同时，自2005年秋季入学开始，实施农村义务教育阶段中小学家庭困难学生免费配供爱心营养餐工程，享受对象范围与就学资助对象相同，标准为每周对享受对象提供二至三餐荤素搭配、营养合理的营养餐，补助标准为每周5元，每年按40周计算。

2006年秋季起，所有义务教育段学生免交杂费。同年，对家庭经济困难的中等职业学校学生免收学费、代管费等。

自2007年秋季学期起，根据国家统一部署，全市全额免除课本费，已缴纳课本费的予以退还，以后课本费由财政保障，仅此一项，全市每年需要增加财政支出2300多万元。

2008年起，免收符合条件的外来民工子女的借读费，并减免就读民工子弟学校的学生学费。2011年开始，外来民工子弟在东阳就读同等享受“四免一补”政策（免学杂费、课本费、作业本费、住宿费和补助校方责任保险费）。同年，在实施新一轮职业教育“六项行动计划”中，继续对中等职业学校学生实行分类资助：对家庭经济困难学生免学费、代管费，并享受爱心营养餐的标准资助；其他学生一、二年级资助国家助学金，标准为每年每生1500元，三年级起不再享受。并实施中等职业教育政府奖学金政策，标准为每人每年1000元。

2011年秋季起，对家庭经济困难儿童入学幼儿园按省三级公办幼儿园减免50%保育费。

2012年起，对部分家庭经济困难的残疾儿童学前的教育训练和生活费给予资助，资助标准为每人每年3000元。

自2015年起，对所有家庭经济困难的入园儿童按照三级幼儿园保育费标准给予资助。

**五、生源地助学贷款政策**

为了帮助本地家庭经济困难学生完成全日制普通高等学校学业，2001年，东阳市政府根据上级相关政策，出台了《东阳市生源地财政贴息助学贷款实施细则》，对家庭经济确有困难，无力解决在校学习期间的生活费用，由国家向学生提供无息贷款，由生源地财政部门承担50%的贴息资金，户口所在地金融机构承办贷款，由学校负责发放和催还。年度贷款金额最高不超过1学年的学费和生活费；每笔贷款期限一般不超过6年；还贷办法可毕业前一次或分次还清，也可毕业后由其所在工作单位将全部贷款一次垫还；发放贷款的学校，也可在毕业生见习期满后，在2~5年内由所在单位从其工资中逐月扣还，毕业生工作的所在单位，也可视其工作表现，决定减免垫还的贷款。

2016年1月起，执行浙江省教育、财政等有关部门《关于完善国家助学贷款政策的若干意见》：

一是学生在读期间贷款利息全部由财政补贴；二是贷款最长期限延长至20年；三是还本宽限期延长到3年；四是建立高校国家助学贷款还款救助机制；五是每人每年助学贷款额度调整为：本科不超过8000元、研究生不超过12000元。

为了引导和鼓励高校毕业生面向我省基层单位就业，浙江省财政厅、教育厅决定自2017年起，对省属全日制普通高等学校应届毕业生，自愿到本省一类一档地区和海岛县基层单位工作、服务期达到3年以上的，实施学费补偿和助学贷款代偿制度。

**六、教师待遇与培训经费保障**

加强教师队伍建设，事关教学水平和教育质量，长期以来，东阳市委、市政府历来重视对教师的培养及其待遇的保障。

中华人民共和国成立后，曾一度采取折实工资，以大米计酬，标准不一，待遇较低。1951年，东阳县人民政府规定，小学主委（校长）月薪米120千克，教导主任110千克，教员100千克，工友70千克，私立及民办小学薪给可向公立小学看齐，酌情提高至公立小学发薪标准，一般不低于75千克。公私立中学教员月薪米100～150千克不等。

1952年秋开始，教职工工资均由政府财政支付，其工资根据《教职工工资标准与评定办法》评定等级，实行工资分制，中小学城镇教师人均月工资分约128个，职员120个，工友86个。乡村教师人均111个，工友80个（每工资分含九二米0.4千克、十二磅龙头细布0.2市尺、浙盐0.01千克、菜油0.025千克、松柴1千克），工资分值每月由《浙江日报》公布一次，合人民币约0.225元）。私立中学教师工资参照公立中学标准自行评定。

1956年，全国工资改革，实行货币工资制，中小学分别制定教师级别，中教分12级、小教分10级、学校行政人员按中小学行政级定级。

1963年，调整教师工资，小学教师人均每月工资由36.84元提高到40.17元，中学教师由47.62元提高到52.38元。

1980年，根据省有关规定，在普通中学和小学试行班主任津贴制度，原则上每个班设班主任1人，每月班主任津贴标准：中学每班学生人数在35人以下发4元、36～50人发5元、51人以上发6元；小学每班学生人数在35人以下发3元、36～50人发4元、51人以上发5元；民办教师任班主任平均每人每月补助中学3元，小学2元。1989年作了提高，提高后的标准为：小学为8元、10元、12元；中学为10元、12元、14元。幼儿园班主任津贴参照小学班主任标准执行。

1981年，国务院决定首先在中小学教师中调资，所有中小学教师普遍提升一级工资。此后，各镇乡对民办教师的待遇也逐年作了相应提高。

1985年，全面工资改革，实行以职务工资为主的结构工资制，教师工资由基础工资、职务工资和工龄工资组成，此次工改公办教师人均每月增加25元。同年，实行教师教龄津贴制度：教龄满20年月津贴10元、满15年月津贴7元、满10年月津贴5元、满5年月津贴3元。此年以后，逐步实现了民办教师与公办教师相同的待遇。

1987年起，实施教师职称评定制度，教师实行职称工资制。

1993年，实施机关事业单位工资改革，教师工资由基础工资、职务工资、保留工资和教龄工资组成，人均月增资约17.6元。

1998年，国务院下发确保教师工资按时发放的通知，规定农村义务教育各类学校公办教师的工资，应由县级财政负责支付。自2002年1月1日起，全市中小学教师工资实行市级财政统发，从而确保了全市中小学教师工资的及时足额发放。

2003年7月1日起，调整事业单位工作人员工资，中小学教师在新的技术职务等级工资标准的基础上提高10%。

为了充分调动教师的积极性，2004年，市政府出台《东阳市优秀教师奖励办法》，对获得各级综合性荣誉称号的教师、名师名校长、特级教师和功勋教师实施奖励，其中对名师名校长、特级教师和功勋教师按月发给200元～1600元的津贴，其他荣誉称号给予一次性奖励。

2005年，按照省政府要求，东阳市政府决定在全市实施"农村中小学教师素质提升工程"：一是实施全员培训，以3年为一个周期，每个教师在一个周期内必须完成144学时的培训；二是培养一批学科骨干教师，选拔20名教师参加省级培训，选拔50名教师参加地市级培训。所需经费由财政保障，每年按不少于教职工工资总额的3%比例安排专项资金，用于中小学教师培训。

2006年7月1日起，国家机关事业单位再行工资改革，教师实行岗位工资和薪级工资制，并在岗位工资和薪级工资基础上提高10%。同年，为了提高中等职业学校教育质量和办学水平，实施中等职业学校师资队伍建设行动计划，实施专业课教师全员培训、专业骨干教师培训、专业负责人培训和专业技能比武等。

2009年1月起，实施绩效工资制，并落实国家《义务教育法》关于"教师的平均工资水平应当不低于当地公务员的平均工资水平"的规定。

为鼓励教师安心从事农村教育事业，自2015年1月1日起，对在农村中小学承担教学任务并享受基本工资标准提高10%的在岗专任教师发放农村特岗教师津贴，将农村中小学校分为三类，分别发给每月300元、500元和900元的特岗教师津贴，对骨干教师交流到农村学校任教的相应增加特岗津贴。同时，市政府对优秀教师奖励办法作了修订，对特级教师和名师名校长的每月津贴标准提高到500元～2500元；对获得其他各类荣誉称号的，分别给予2000元～50000元不等的一次性奖励；建立名师名校长专项奖励基金。

### 七、教育经费财务管理

建国初期，按照国家财政"高度集中，统收统支"的预算管理体制，对教育经费的财务管理实行实报实销制度。

1952年开始，执行定员定额管理办法，各单位人员经费按核定编制和定额来确定，公用经费按开支标准或费用定额编列预算。公办中小学经费由国家根据财力和各地区物价及其他条件统一安排,实行供给制,以实物计算经费。

1960年,根据国务院《关于进一步加强教育经费管理的意见》,要求各级政府财政部门和教育行政部门根据“条条”“块块”相结合,以“块块”为主共同负责管理好教育经费,并根据全国统一经费开支标准或原则,结合本地实际情况,具体制定本地区统一执行的各项教育经费标准定额。次年,县人委发布《东阳县学校财务管理》《东阳县学校行政开支标准》,各学校成立财务检查委员会,负责监督检查本单位财务工作。

1974年,县文教局会同财税局修订并印发《东阳县中小学财务管理试行办法及经费收支标准》。

1980年起,根据国家和省的有关规定精神,东阳县财税局对教育经费试行“预算包干”办法,由原来“国家核定预算、年终结余收回”,改为“核定预算、包干使用、结余留用”的办法。实行“预算包干”办法后,预算结余部分,可结转下年度继续使用,并可从增收节支中提取一部分作为奖励,其中专项拨款不列入预算包干范围。

1983年,全县中小学校全面贯彻执行省教育厅、财政厅印发的《浙江省中小学校财务管理暂行办法》和《浙江省中小学校财产、物资管理暂行办法》,这对“文化大革命”后进一步规范学校经费财务和财产物资管理起到了重要作用。

1985年,东阳根据省政府实行分级办学的要求,规定农村学校的办学经费,采取多种渠道筹措,国家拨给的经常性教育事业费,以上一年的预算为基数,对乡镇实行包干,包干经费应当全部用于教育,各乡镇不能减少,不得截留,年终如有结余可结转下年度继续使用。

1986年,乡镇财政成立后,乡镇所属学校财务纳入各乡镇财政管理。

1989年,根据浙江省财政厅《关于事业单位财务管理的若干规定和实施细则》精神,东阳对教育事业费实行“基数加增长”的分配办法,并实施“预算包干、结余留用、超支不补”预算管理形式。

1989年以后,东阳市政府有关部门加强了学校收费监管,规定不得增加收费项目和提高收费标准,集资办学不得以学校名义收费,借读费不得用于发放奖金,收费收入不得私设“小金库”等。1993年取消了一批收费项目。1995年开展学校收费治理,实行收费许可证制度,使用财政统一收据。1997年实行收费登记卡制度,收费公示。2004年起逐步将教育收费纳入财政综合预算管理。

1996年,市教委会同财政局制定《东阳市教育事业单位财务管理暂行办法》,按照“统一领导、集中管理、分工负责、权责结合”的原则,所有单位的预算内外资金都必须由单位统一收支、集中管理,实行“一支笔”审批财务开支的制度。镇(乡)中心完小所属的完小、村校,其资金由中心完小统一管理,分户核算,所有支出向中心完小报账。同时,对财务人员职责、经费管理、会计核算、财务监督等做出明确规定。

2003年起,东阳市级行政事业单位实行部门预算制度,以各学校为单位编制年度教育经费预算。城区(吴宁、白云、江北)学校划归市级部门预算管理。同年,东阳市会计核算中心教育分中心成立,市属中学和城区中小学校经费纳入分中心统一核算。同时,推行市级行政事业单位综合预算制度,将财政安排的预算内教育资金和学校的预算外资金(学杂费等)统筹安排,并实行预算管理。

2008年,东阳市乡镇财政管理中心成立,实行“乡财市管”机制,乡镇(街道)所属的学校财务相应地划入市乡镇财政管理中心核算和管理,实行报账制。

2011年,东阳市乡镇财政管理中心撤销,乡镇财政所属学校的财务仍下放给乡镇财政核算和管理。同年,市级部门预算单位实行国库集中支付,市属学校和城区中小学校纳入国库集中支付系统实行直接支付。

2014年,东阳市财政局、教育局联合出台义务教育学校新建项目专项经费管理办法,实行对乡镇(街道)分类分配经费,补助经费严格按项目进度拨付,项目开工拨50%、中间验收拨30%、竣工验收并审计拨20%。

2018年,东阳市委、市政府印发《关于推进镇乡(街道)教育管理体制改革的通知》,决定撤销镇乡(街道)中心学校、城区学校管理办公室、横店教育处的建制,辖区内学校(幼儿园)的经费核算和财务资产直接由镇乡政府和街道办事处管理。

表2-2-4-2

## 2007—2018年东阳市一般公共预算教育支出明细表

单位：万元

| 年份 | 合计 | 教育管理事务 | 普通教育 | | | | | | 职业教育 | 特殊教育 | 其他教育 |
|---|---|---|---|---|---|---|---|---|---|---|---|
| | | | 小计 | 学前教育 | 小学教育 | 初中教育 | 高中教育 | 高等及其他 | | | |
| 2007 | 36690 | 890.0 | 32031 | 190 | 17373.0 | 11001 | 3266 | 201 | 1376 | 130 | 2263 |
| 2008 | 43265 | 995.0 | 37695 | 220 | 20202.0 | 13545 | 3199 | 529 | 2051 | 135 | 2389 |
| 2009 | 56658 | 1083.0 | 48871 | 233 | 26340.0 | 18458 | 3611 | 229 | 2393 | 149 | 4162 |
| 2010 | 65647 | 1178.0 | 56944 | 377 | 31618.0 | 21183 | 3510 | 256 | 2644 | 197 | 4684 |
| 2011 | 88474 | 1444.0 | 75517 | 4462 | 34768.0 | 22074 | 11183 | 3030 | 3188 | 217 | 8108 |
| 2012 | 118974 | 1845.0 | 94498 | 4150 | 41475.0 | 28030 | 16681 | 4162 | 10283 | 238 | 12110 |
| 2013 | 132042 | 1816.0 | 102458 | 6655 | 45929.0 | 27425 | 21133 | 1316 | 17895 | 293 | 9580 |
| 2014 | 146000 | 2509.0 | 107431 | 2291 | 48615.0 | 26517 | 12210 | 17798 | 5433 | 347 | 30280 |
| 2015 | 161588 | 3100.0 | 137287 | 3677 | 66893.0 | 36789 | 17230 | 12698 | 6144 | 559 | 14498 |
| 2016 | 145024 | 2393.0 | 121455 | 4153 | 51501.0 | 31965 | 14829 | 19007 | 5906 | 471 | 14799 |
| 2017 | 157754 | 2378.0 | 129299 | 7304 | 53972.0 | 34481 | 16933 | 16609 | 7138 | 469 | 18470 |
| 2018 | 175131 | 2889.0 | 147741 | 12551 | 65347.0 | 39621 | 21434 | 8788 | 8222 | 716 | 15563 |

## 第五节 科技文化体育经费的保障与管理

加强科技、文化和体育事业的建设和发展是社会精神文明建设的重要方面，财政对科技、文化和体育事业的投入，是财政民生支出的重要内容。

### 一、科技经费

中华人民共和国成立后，各类科学技术机构相继建立，群众性科学实验和科学普及活动不断扩大。1958年，国家成立科学技术委员会，是年，国家预算支出科目中独立设置“科学事业费”款级科目，以反映科委系统财政预算支出情况。作为县级地方，科学研究和实验主要活跃在各相关经济部门，东阳财政对科学事业费自1960年始有支出，金额1.8万元。此后及“文化大革命”期间断断续续有少量支出。中共十一届三中全会后，特别是1978年3月召开了全国科学大会，提出了“四个现代化的关键是科学技术现代化”的英明论断，科学技术事业开始快速发展。

1979年，为了管好用好科学事业经费，浙江省财政局会同科委印发《地、市、县科学事业经费管理暂行办法》，明确了科学事业经费的预算分配、开支范围、财务管理等规定。

1980年起，根据国家和省的有关规定精神，东阳县财税局对科学事业经费试行“预算包干”办法，由原来“国家核定预算、年终结余收回”，改为“核定预算、包干使用、结余留用”的办法，实行“预算包干”办法后，预算结余部分，可结转下年度继续使用，并可从增收节支中提取一部分作为奖励，其中专项拨款不属预算包干范围。

1987年开始，由于科技事业的发展，在财政预算支出科目中，将科学事业费从款级升为一个大类，主要反映财政用于自然科学研究、社会科学研究和科学技术协会的事业经费支出。

1993年，全国人大公布《中华人民共和国科技进步法》，规定“国家财政用于科学技术的经费的增长幅度，高于国家财政经常性收入的增长幅度”。从此，地方财政对科技的投入增长有了法定比例。

1996年，东阳市政府提出“科教兴市”的发展战略，目标将科技进步对经济的贡献率由1995年38%提升到2000年的45%～50%。要求财政每年对科技投入的增长幅度高于财政收入的增长幅度；1997年的科技三项费用支出达到财政支出的1%；到2000年财政科技投入占财政支出达到3%，其中科技三项费用支出不低于50%；各镇乡财政每年也要安排一定的经费用于科技事业；建立科技发展基金；到2000年全市人均科普经费要达到0.3元；农业发展基金要安排不低于20%用于农业科技进步计划项目。同年，市科委会同财政局《东阳市科技发展基金管理办法》出台，科技发展基金包括科技三项费用有偿部分、“星火”基金、“火炬”基金和自然科学基金等。

1999年，东阳市政府设立技术进步市长专项奖励资金。

2006年，东阳市委、市政府印发《关于加强自主创新推进科技强市建设的若干意见》，力争到2010年科技进步对经济贡献率达到55%以上，为此，财政要加大科技投入：对列入金华市级以上技术创新重点项目的，每个项目给予3万元～5万元配套支持；对新认定的市级以上高新技术研发中心建设，给予国家级30万元、省级10万元、金华及本市级5万元的补助；市政府设立每年100万元的科技创业种子扶持专项资金；对列入金华市级以上高新技术企业的给予1万元～5万元的一次性奖励；市政府设立农业科技成果转化专项资金每年100万元；到2010年财政科技支出占财政总支出的比例达到4.5%以上。次年，财政科技支出大幅增加，支出比重达到5.1%。

2008年，为了加强科技专项资金管理，市财政局会同科技局印发《东阳市科技专项资金管理办法》，对专项资金的分配办法、补助标准、审批程序、管理监督等做出规定。

2014年，为贯彻创新驱动发展战略，促进产业转型升级，东阳市委、市政府提出进一步提升科技创新能力的若干意见，要求财政每年安排科技经费的增长幅度高于同级财政经常性收入增长幅度1个百分点以上，科技支出占财政经常性支出的比例达到4.5%以上。同时，对培育科技创新主体、实施科技计划项目、创新平台建设、产学研协同合作、科技人才和科技成果、专利创造应用等给予政府奖励和补助。

2018年，东阳市委、市政府提出进一步加大财政投入和科技创新的奖励力度，将农业、建筑业和木雕红木产业的科技创新项目纳入奖励范围，设立东阳市中小企业市长科技创新奖。是年，市政府印发《东阳市中小企业市长科技创新奖管理办法》，对规模以上企业按当年应税销售收入分类，对照科技创新奖评选指标经评选后确定10家企业给予奖励，每家奖励30万元。

到2018年，全市科技支出达到33537万元，占一般公共预算支出的3.6%。

### 二、文化经费

东阳素来兴学重教，文化源远流长，沉积深厚，中华人民共和国成立后，文化事业更是快速发展。1949年9月，县民众教育馆改称群众文化馆，1950年改名人民文化馆。1952年以后，各公社相继建立文化站。1954年改名成立东阳婺剧团。1956年建立县文化馆图书室（东阳图书馆的前身）。1956年批准设立公私合营的东阳戏院（东阳影剧院的前身）。1957年东阳县电影队成立（东阳电影发行放映公司前身）。1960年设立人民电影院。

1960年前，东阳婺剧团为集体所有制的民间职业剧团。1960年后改为全民所有制事业单位，经费实行差额预算管理，核定收支，财政给予定额补助。电影队实行经费自收自支。文化馆和图书馆均实行财政全额预算管理。

党的十一届三中全会后，文化事业逐步得到恢复。1980年，成立全民所有制的东阳影剧院，财务实行自收自支管理。同年，成立东阳县电影发行放映公司，属全民所有制企业管理。

1980年起，根据国家和省的有关规定精神，东阳县财税局对文化事业经费试行“预算包干”办法，凡实行全额预算管理的单位，由原来“国家核定预算、年终结余收回”办法，改为“核定预算、包干使用、结余留用”的办法。实行“预算包干”办法后，预算结余部分，可结转下年度继续使用，同时，各单位可从增收节支中提取一部分作为奖励，其中专项拨款不列入预算包干范围。差额预算管理的单位，实行“定收入、定支出、定补助、结余留用”的办法。

1997年，根据中共中央《关于加强社会主义精神文明建设若干重要问题的决议》精神，为了加大对文化事业建设的投入，开征文化事业建设费，对营业性娱乐场所和广告媒介经营单位按营业收入3%征收，收入全额入省库，其中70%返还各县市，用于精神文明、思想道德和公共文化设施等建设。

2003年起，东阳市级行政事业单位先后实行部门预算和综合预算制度，将全额预算单位的预算外收入纳入综合预算，与预算内资金统筹安排，单位的收入全额上缴财政，支出由财政预算安排。

2005年，东阳市委、市政府印发《关于加快建设文化大市的意见》，财政要加大对公益性文化项目经费的投入，此后，为了繁荣和丰富农村文化生活，先后开展了“送戏下乡”“送电影下乡”“送书下乡”等文化下乡活动，所需经费由财政保障。

2006年，针对东阳婺剧团生存困难问题，市财政局会同文化局对市婺剧团的补助经费分配办法试行改革，取消原来的定额补助办法，实行“实绩考核、分类补助、演补挂钩、多劳多得”的财政补助办法，分为演出场次补助、设备更新补助、演员培训补助和新品精品奖励等。2010年，在此办法基础上，适当调增了补助标准和强化了绩效考核。

2009年，东阳市委、市政府印发《关于开展乡镇文化队伍建设工作的实施方案》，要求各镇乡(街道)建立文化专项资金，按人口每人每年6元的标准确定文化活动经费，由市级财政负担3元。

2010年，市财政局会同市文化广电新闻出版局印发《东阳市农村文化建设专项资金管理办法》，明确对农村文化设施建设、文化队伍建设、开展文化活动、文化遗产保护、文化信息共享等给予财政补助。

2011年，东阳市委、市政府印发《关于进一步加强全市宣传文化队伍建设的实施意见》，规定到2012年，财政对农村宣传文化投入达到人均10元，其中市级财政安排5元，镇乡(街道)配套5元。

2013年1月，市政府决定对东阳市婺剧团、东阳剧院、东阳市电影总公司实施改革，撤销3家事业法人，组建公益性的婺剧保护传承机构——东阳市婺剧艺术传承中心，为公益二类事业编制，事业身份人员转入，经费由市财政按综合预算管理办法核定；同时，成立企业性质的演艺公司和电影放映公司，企业身份人员转入。同年，东阳市委、市政府启动农村文化礼堂建设，财政每年安排不少于400万元资金用于文化礼堂建设的奖补。截至2018年，全市共建成并通过验收的文化礼堂达到199个，财政补助建设经费1790万元、运行经费320万元。

2016年，为了加快构建覆盖全市的现代公共文化服务体系，促进基本公共文化服务标准化、均等化，提高城乡公共文化服务水平，提高人民群众文化素质，市政府印发《东阳市关于加快构建现代公共文化服务体系的实施方案》，提出财政要力争做到“两个高于”：即文化投入的增幅高于本级财政经常性收入增幅，“十三五”时期文化事业投入占财政支出比重高于“十二五”时期。

2018年，全市文化与传媒支出达9281万元。

**三、体育经费**

中华人民共和国成立后，群众体育运动逐步兴起。特别是1953年毛泽东发出“三好”(身体好、学习好、工作好)指示后，基层群众体育运动普遍得到重视。1955年，很多乡镇和高级合作社都先后组织起了篮球队，至20世纪50年代末，全县共有业余篮球队1000余支。

1971年起，浙江省财政厅会同省体委先后制定出台了运动员、教练员及其他工作人员在训练、竞赛期间的伙食补贴、奖励、裁判员酬金、体育津贴、服装费等一系列发放标准，并根据物价水平历经调整和完善。

1974年，根据国家有关规定，浙江省体委会同财政部门制定了全省性运动会经费试行定额包干的办法，东阳参照省规定对全市竞赛经费实施包干，按照参会运动员人数、比赛天数和规定标准进行包干使用，此后包干经费标准历经调整。

中共十一届三中全会后，体育工作逐步得到恢复，体育事业得以快速发展。

1980年起，根据国家和省的有关规定，东阳县财税局对体育事业经费试行“预算包干”办法，由原来“国家核定预算、年终结余收回”办法，改为“核定预算、包干使用、结余留用”的办法。实行“预算包干”办法后，预算结余部分，可结转下年度继续使用，同时，各单位可从增收节支中提取一部分作为奖励。

1994年后，地方开始陆续发行体育彩票。1998年9月，国家体育总局会同财政部等制定了《体育彩票公益金管理暂行办法》，规范了体育彩票公益金的提取比例、分配和使用管理办法。1999年12月，东阳首次组织发行“中国体育彩票”，其提取的公益金返还部分全部用于发展体育事业。

2003年起，市级行政事业单位先后实行部门预算和综合预算制度，将全额预算单位的预算外收入纳入综合预算，与预算内资金统筹安排，单位的收入全额上缴财政，支出由财政预算安排。

2006年，为了推进全市老年人体育事业，东阳市政府规定各镇乡(街道)应按60岁以上老年人口年人均不低于3元的标准筹集老年体育活动经费。

2007年，为了加快我市体育事业发展，东阳市政府决定在镇乡(街道)实施创建体育强镇和城市体育先进街道活动，力争至2010年，有80%镇乡达到金华市级以上体育强镇标准，有90%的街道被评为金华市级以上城市体育先进街道，市财政对通过验收的镇乡(街道)给予资金奖励。

2008年，浙江省财政厅和体育局调整了体育彩票公益金的分成比例：电脑彩票分成比例为：省8.75%、市4.375%、县4.375；电脑足球彩票分成比例为：省5.5%、市2.25%、县2.25%；网点即开彩票分成比例为：省分成的10%全部返还给市级。2012年，分成比例又作调整为：除按规定上缴中央财政50%外，其余地方部分在省、市、县之间按40%、30%和30%比例分成。通过体育彩票公益金先后在全市城乡建设了大批公益性群众体育活动设施。

2013年，浙江省财政厅会同体育局对参加体育竞赛经费定额包干标准进行了调整。同年，东阳市政府为了进一步加强老年体育工作，加大对老年体育工作的经费投入，规定老年人体育开展工作所需经费，以政府财政投入为主，市财政要按照老年人口年人均3元的标准列入预算，各镇乡(街道)也要安排一定的经费，确保老年体育活动正常开展。

2016年，为了促进全市体育事业和产业发展，市体育局会同财政局制定印发《东阳市体育事业(产业)发展奖励实施细则》，包括体育事业类奖励政策、体育产业类奖励政策和体育竞技类奖励政策等，其中体育事业类奖励主要用于扶持基层公共体育设施建设、组织开展健身活动及现有设施的管护等；体育产业类奖励主要用于扶持优秀体育企业、机构、组织和重点体育产业项目，设立引导资金100万元；体育竞技类奖励主要用于参加市级以上体育运动会并获得名次的运动员和教练员奖励，以及体育后备人才建设等。

2018年，全市体育事业支出达251万元，另有彩票公益金安排的体育支出595万元。

## 第六节　医疗卫生与计划生育经费的保障与管理

### 一、医疗卫生投入和补偿机制

中华人民共和国成立初期，东阳和全国一样，卫生服务资源十分短缺，尤其广大农村地区卫生资源更加匮乏，基本没有医院，以民间乡医为主。

当时，财政经济十分困难，无力投入卫生事业，为此，自1954年起，国家允许医院药品价格实行加成的政策出台，医院可按批发价采购药品，按零售价销售给患者，以批零差价收入弥补财政投入之不足，这是医院药品加成制度的开始。

1958年起，陆续在农村乡镇设立卫生院，但仍然缺医少药，条件较差。

针对农村地区卫生资源极度短缺的实际情况，党和国家高度重视广大农民的医疗卫生问题，1965年6月，毛泽东同志发出“要把医疗卫生工作的重点放到农村去”，要有一大批农村养得起的医生在农村给农民看病等指示，此后，农村合作医疗制度应运而生，1969年1月，东阳县红旗公社五一大队创办全县第一个合作医疗站，到年底，全县有76个公社、1413个大队实行了合作医疗制度，占生产大队总数的88%，“赤脚医生”遍布农村大地，最多时达1255人。合作医疗经费在创办之初，以大队负担为主，后多数实行大队、生产队和个人三者负担。

党的十一届三中全会后，国家实行经济体制改革，“文化大革命”对医疗卫生事业带来的严重影响，客观上要求进行调整、建设和改革。1979年，卫生部提出“运用经济手段管理卫生事业”的理念，对医院实行“定额补助、经济核算、考核奖惩”的办法，改变医院“吃大锅饭”的体制机制。

1980年，国务院批转卫生部《关于允许个体开业行医问题的请求报告》，开启了医疗主体多元化的先河，改变了原来国有、集体医疗机构一统天下的局面，形成多种所有制并存的医疗服务机构体系。

1992年，国务院下发《关于深化卫生医疗体制改革的几点意见》，卫生部贯彻时提出“建设靠国家，吃饭靠自己”的观念，要求医院“以工助医、以副补主”，推进医院创收。此后，医疗卫生机构向市场化、盈利性转变。

1997年，东阳市政府印发《关于卫生改革与发展的实施意见》，在卫生改革方面重点推进医疗保障制度建设，在医疗机构内部管理方面推行院长负责制，实行目标管理责任制；收费价格实施“总量控制、结构调整”改革。次年6月，东阳卫生、财政、物价三部门提出完善医药费“总量控制、结构调整”改革办法，1998年“总量”增长指标在1997年实绩基础上控制在20%以内，其中药品类“总量”增速控制在15%以内，同时调整部分医疗项目收费标准。

2002年，东阳市政府推行卫生监督和预防保健体制改革，撤销东阳市卫生防疫站、市卫生局公共卫生监督所，组建东阳市卫生监督所（东阳市卫生监督执法大队）、东阳市疾病预防控制中心（东阳市卫生检验检测中心）。

2010年，东阳市委、市政府印发《关于深化医药卫生体制改革的实施意见》，明确坚持公共医疗卫生的公益性质，加大政府对公共卫生和基本医疗服务的投入，建立覆盖城乡居民的基本医疗服务体系，构建“20分钟医疗卫生服务圈”，推进基本公共卫生服务均等化，基本医疗保险覆盖90%以上城乡居民，围绕“保障基本、加强基层、健全基础”，切实保障卫生事业发展改革所需的资金投入。

2012年，根据浙江省政府县级公立医院综合改革试点的指导意见，市政府印发《东阳市公立医院综合改革试点工作实施方案》，通过采取“一减一调一补”（即减少药品费用、调整医疗服务收费、适当增加财政对公立医院改革的投入）措施，破除长期以来的“以药养医”机制，削除逐利性，维护公益性。此后，所有公立医院实行药品零差率销售，结束了长达50多年的药品加成机制。

2017年，为了进一步推进医疗资源纵向整合，提升基层服务能力，推进分级诊疗，东阳市委、市政府印发《关于推进城乡医疗健康服务共同体建设的实施意见（试行）》，按照“首诊到社区、小病慢病在社区、大病进医院、康复回社区、服务一体化”就医模式，市属公立医院与基层医疗机构分别组建四个医疗服务共同体（简称“医共体”），要求市财政在资金和政策上全力支持医共体建设，在基本建设、设备购置、学科建设等十个方面重点保障到位。2018年，全年财政用于医共体建设的资金达12352万元。

**二、公共卫生服务投入**

2006年，东阳市政府根据中央和省政府的有关文件精神，印发了《关于加强农村公共卫生工作的实施意见》，全面实施“农民健康工程”，确定面向农民的3大类12个公共卫生服务项目；全面推进乡镇卫生院标准化、社区卫生服务规范化、新型农村合作医疗制度普及化（简称“三化”）建设；财政按照农村常住人口每人每年15元的标准设立农村公共卫生服务专项资金。

同年4月，市财政、卫生部门印发《东阳市农民健康体检专项资金管理办法》，对参加新型农村合作医疗的农民，每两年由政府提供一次免费健康体检，经费标准为每人每年10元，由财政专项列入预算安排，实行发放“健康券”结算制度。同年，东阳市财政、卫生部门印发《东阳市农村公共卫生服务专项资金管理实施细则（试行）》，明确专项资金的使用范围、分配原则、补助标准和监管办法等。

2008年，东阳市政府印发《关于加快发展城乡社区卫生服务的实施意见》，将公共卫生服务由农村人口覆盖到城市人口。同年12月，市财政局会同卫生局制定印发《东阳市城市公共卫生服务专项资金管理实施细则》，根据3大类12项服务项目内容，确定财政用于城市公共卫生服务的预算标准按城市常住人口每人每年20元。同年12月，市财政、卫生部门修订印发《东阳市农民健康体检专项资金管理办法》，经费标准提高到每人每年15元，取消了“健康券”结算办法。

2010年起，农民健康体检经费纳入“新农合”基金统一管理。同年6月，东阳市委、市政府印发《关于深化医药卫生体制改革的实施意见》，提出全面加强公共卫生服务体系建设，除加强基本公共卫生服务外，实施重大公共卫生项目，包括艾滋病、结核病等重大疾病防控和国家免疫计划、15岁以下人群补种乙肝疫苗、血液安全、农村孕产妇住院分娩补助、重性精神疾病管理治疗、农村改厕以及免费婚检孕检等。同时，根据国家和省实施公共卫生服务均等化要求，将农村和城市公共卫生服务合二为一，设立“城乡公共卫生服务专项资金”，并统一确定经费标准为按全市常住人口每人每年20元由财政列入预算。

此后，城乡基本公共卫生服务经费标准历经提高，到2018年调整到人均55元，基本公共卫生服务的项目和内容相应地逐步扩大，服务质量逐步提高。

表2-2-6-1　　**2010—2018年东阳市财政公共卫生支出情况表**

单位：万元

| 年份 | 公共卫生支出 | 其中：重大公共卫生专项支出 |
|---|---|---|
| 2010 | 5472 | 700 |
| 2011 | 4912 | 772 |
| 2012 | 4499 | 951 |
| 2013 | 5015 | 801 |
| 2014 | 5196 | 777 |
| 2015 | 1197 | 104 |
| 2016 | 1266 | 75 |
| 2017 | 6372 | 911 |
| 2018 | 9685 | 2603 |

说明：公共卫生支出包括疾病预防控制、卫生监督、妇幼保健、基本公共卫生服务、重大公共卫生服务及其他公共卫生支出等

## 三、卫生事业财务管理

卫生事业单位按其职能分为公共卫生服务机构和医疗服务机构。公共卫生服务机构包括防治防疫机构、妇幼保健机构、药品检验机构、中等卫生学校等，主要实行全额预算管理。医疗服务机构包括市属医疗机构和基层医疗机构等，主要实行差额预算管理。

### （一）公共卫生机构财务管理

1950年开始，在"高度集中，统收统支"的预算管理体制下，统一执行中央和省有关事业单位财务管理的规定，在卫生事业发展的各个历史时期，对医疗卫生单位的财务管理机制作过一些调整。

1963年，浙江省财政厅、卫生厅联合下发《关于加强卫生事业财务管理若干问题的规定的联合通知》规定：防疫机构的业务收入（主要指检验收入），可抵充药品材料消耗经费开支，不上缴财政。结核病防治所、麻风病防治站仍采取差额补助办法。卫生部门举办的妇幼保健机构，凡有收入的，作为"全额管理、差额补助"单位，凡没有业务收入的，作为全额预算管理单位。

从1980年起，根据浙江省财政局《关于事业、行政单位试行"预算包干"的意见》精神，对医疗卫生事业单位试行"预算包干"办法，具体内容：一是实行全额预算管理单位，如卫生学校、防治防疫机构、药品检验机构等，由现行"国家核定预算，实报实销，年终结余收回财政"，改为"核定预算，包干使用，结余留用"办法，即按核定的年度预算，由单位包干使用，年终结余留归单位，有些单位实行年度预算全额包干有困难的，也可以对单位的一项或几项经费实行包干使用办法；二是原实行差额预算管理单位，实行"定项（额）补助、结余留用"的办法；三是实行预算包干单位，年终仍按单位实际发生的收支数字列报财务决算，财政上按银行支出数列入决算，预算结余部分作为已安排支出的财政结余，结转到下年度使用。

此后历次深化卫生体制改革，均以充分发挥医疗卫生人员积极性和技术、设备潜力，鼓励扩大医疗卫生服务、增加医疗卫生收入为方向。1989年，国务院批转卫生部等5部局下发《关于扩大医疗卫生服务有关问题的意见》，卫生防疫、妇幼保健、药品检验等单位根据国家有关规定，对各项卫生检验、监测和咨询工作实行有偿服务的收入，应全部留给单位，在扣除必要的物质材料消耗和适当的仪器设备折旧后，用于改善职工的工作条件和生活待遇，国家不减少对其正常的经费补助。

1992年，东阳卫生、财政、物价3部门《关于加强卫生财务管理的办法》规定，全额预算卫生事业单位开展的有偿服务收入和按规定收取的费用，全部留给单位使用，有偿服务收入扣除直接费用和间接费用后的净收入70%作为以收抵支处理，20%作为职工奖励，10%作为职工福利，用于奖励部分的具体比例由单位编制以收抵支预算方案报卫生局、财政局确定。

2002年起，执行市政府印发的《东阳市行政事业单位预算外资金收支管理办法》，实施"政府所有、全额交缴、综合预算、核定收支、超收分成、短收扣支、节支奖励"的管理办法，对全额事业单位全面实行"收支两条线"制度。同年7月，东阳市政府印发《关于推行财政综合预算管理的意见》，自2003年1月1日起，将市卫生局及其所属的全额预算单位所有政府性基金、政府性专项资金、预算外资金等全部纳入预算管理，实施“收入全额上缴财政、支出列入财政预算、预算结余收回财政”的综合预算制度，一直延续执行。

### （二）市属医疗机构财务管理

1950年，国家对医疗卫生单位实行统收统支，一切收入上缴国库，一切支出由财政部门按规定供给标准，按实报销。1953—1972年，医疗机构的预算管理先后实行了“统收统支”“以收抵支，差额补助”“全额管理，定额补助”“全额管理，差额补助”的办法。

1973年起，根据省财政金融局、省卫生局制发的《浙江省卫生事业财务管理办法和开支标准》的精神，对县及县以上医院，实行“全额管理、定项补助、预算包干”的预算管理办法；对收入较少的专科医院，各县卫生主管部门可在医院包干的工资经费内统筹调剂；传染、麻风、精神病院减免费可另行安排。

从1980年起，根据省财政局《关于事业、行政单位试行“预算包干”的意见》精神，对医疗卫生事业单位试行“预算包干”办法，原实行差额预算管理单位，实行“定项（额）补助、结余留用”的办法。

1989年起，浙江省卫生厅、省财政厅根据卫生部、财政部发的《医院财务管理办法》和《医院会计制度》和浙江实际，制定了补充规定，明确医院是差额预算管理单位，对医院财务管理实行“统一领导、分级负责、归口管理”原则，国家对医院实行“全额管理、差额（定额、定项）补助、超支不补、结余留用”的预算管理办法，医院的各项收支均纳入预算内管理。同年，国务院批转卫生部等5部局下发《关于扩大医疗卫生服务有关问题的意见》：一是国家对医疗卫生事业单位的经费补助，除大修理、大型设备购置及离退休人员经费外，实行定额包干，包干后，在合理定编、定员的前提下，减人不减钱，增人不增钱。二是医疗卫生事业单位经费包干以后的收支结余部分，除提留一定比例（县以上医疗卫生事业单位不低于40%）的事业发展基金外，其余部分由单位自主分配。三是医疗卫生人员的业余医疗卫生服务收入（不含药品收入），在扣除必要的物质材料消耗费用和适当的仪器设备折旧后，作为个人酬金全部由单位自主分配，不计入奖金总额。医疗卫生人员超额劳动的收入提成，应计入奖金总额。

1992年，东阳卫生、财政、物价等三部门《关于加强卫生财务管理的办法》规定，各单位在各种经济活动中收取厂批差价、让利收入等要全部纳入事业发展基金，不得直接用于科室和个人奖励。医院正常收支结余（不含药品收支结余）可按规定进行分配：事业发展基金50%、集体福利12%～22%、职工奖励25%～35%、院长基金3%。另外，医院开展业余医疗服务收入，扣除消耗的成本费用后的净收入可用于对职工的补贴。

1993年，中共东阳市委印发《关于东阳市人民医院、巍山医院管理体制改革的意见》，推行管理体制和运行机制改革，建立董事会机制。

2008年，市政府印发《东阳市人民医院董事会章程》，明确人民医院“实行政事分开、经营权与所有权分离，建立以董事会为主体的医院治理结构，实行董事会领导下的院长负责制”，“按照绩效优先原则，自行制定内部工资分配制度”，进行了扩大医院自主权的尝试。

2010年，财政部、卫生部根据《事业单位财务规则》，制定印发了《医院财务制度》，制度明确“医院是公益性事业单位，不以营利为目的”，“国家对医院实行核定收支、定项补助、超支不补、结余按规定使用的预算管理办法”。

2012年，根据省政府有关精神，市政府印发《东阳市公立医院综合改革试点工作实施方案》，破除“以药养医”机制，通过采取“一减一调一补”政策，取消药品加成，实行药品零差率销售。同时，财政在公立医院的基本建设、设备购置、扶持重点学科发展、养老保险单位缴费补助、离退休人员费用、政策性亏损补贴和承担公共卫生任务补助等方面加大投入。

2018年8月，市财政、卫计部门联合印发《东阳市公立医院财政投入改革实施方案》，按照“政府主导、统筹规划、完善体系、保障基本、加大投入、提高绩效”的原则，财政对公立医院的补助分为经常性补助、专项补助和奖励补助三项，其中经常性补助实行每年定额补助；专项补助主要对退休人员费用、公共卫生任务、人才培养、重点学科建设、基本建设、大型设备购置、专科医院发展等项目进行补助；奖励补助主要是对医院绩效考核进行的奖励。

表2-2-6-2　**2018年东阳市市属医院主要财务指标运行情况表**

单位：万元

| 指标＼医疗机构 | 市人民医院 | 巍山医院 | 市中医院 | 市妇保院 | 横店医院 | 市红会医院 | 市第七人民医院 | 市皮肤病医院 |
|---|---|---|---|---|---|---|---|---|
| 固定资产原值 | 123517.4 | 15977.4 | 15256.6 | 20511.6 | 6078.0 | 9265.7 | 2579.9 | 3550.4 |
| 医疗业务收入 | 119005.0 | 14690.2 | 29960.8 | 23160.6 | 11509.9 | 10272.4 | 3902.8 | 3259.6 |
| 其中：门诊收入 | 44026.7 | 5945.6 | 18125.3 | 14122.5 | 7016.4 | 5374.0 | 1509.8 | 3259.3 |
| 住院收入 | 74978.3 | 8744.6 | 11835.5 | 9038.1 | 4493.5 | 4898.4 | 2393.0 | 0.3 |
| 当年收支结余 | 4633.5 | 155.3 | 1887.5 | 275.0 | 262.5 | *289.8 | 367.3 | 242.9 |
| 平均开放床位数(张) | 1727 | 326 | 420 | 350 | 200 | 200 | 250 | 30 |
| 门急诊数(人次) | 1762955 | 331192 | 728173 | 705664 | 597051 | 336162 | 60487 | 162295 |
| 出院数(人次) | 76656 | 10519 | 12100 | 20832 | 6836 | 9908 | 1822 | 1 |
| 在职职工数(人) | 2707 | 446 | 789 | 695 | 309 | 359 | 61 | 54 |

**(三)基层医疗机构财务管理**

1958年起，开始陆续在农村公社(乡镇)设立卫生院，也即现在的基层医疗机构，但条件较差，医务人员较少。

1959年，中央《关于人民公社卫生工作几个问题的意见》指出：“公社卫生院、卫生所是人民公社举办的集体卫生福利事业”，不实行“自负盈亏”“自给自足”，由公社(生产大队)调拨公积金发展卫生事业，并从公益金中调拨一部分作为卫生院(所)经常开支费用。

1962年，卫生部下发《关于调整农村基层卫生组织问题的意见(草案)》明确“农村基层卫生组织在相当长的时期内，应该以医生集体举办为主要形式”，对医生集体办的医疗机构，明确为“小型集体所有制”，“原由公社或生产大队投资举办的医疗机构，如果继续办下去有困难，可以转为医生集体办”，并实行“看病收费，独立核算，自负盈亏，民主管理，按劳分配”等原则。

1973年，国务院科教组、卫生部、财政部下发《关于卫生事业计划财务工作中若干问题的意见》中规定：对国家办的公社卫生院，在财务上实行“全额管理，定项补助，结余留用”的制度，对集体办的公社卫生院，实行“社办公助”，主要依靠集体经济力量来办。国家对卫生院给予必要的补助，具体补助标准，要根据他们不同的经济情况，区别对待，不补、少补或多补。总的公助水平，暂按卫生院正常支出(除去药品材料)的35%或集体人员工资的60%。

1988年，随着乡镇财政的建立，为了发挥乡镇政府办好卫生院的积极性，东阳市政府根据上级精神，决定推行以乡镇政府为主管理乡镇卫生院的改革，并要求加强村卫生室的建设和管理，财政对乡镇卫生院的支出责任也相应地实行以乡镇财政为主。

1989年起，浙江省卫生厅、省财政厅对卫生部、财政部颁发的《医院财务管理办法》作补充规定：要求各级、各类全民所有制医院，乡、街道卫生院统一执行医疗机构的财务、会计制度；明确医院是差额预算管理单位，对医院财务管理实行“统一领导、分级负责、归口管理”原则，国家对医院实行“全额管理、差额(定额、定项)补助、超支不补、结余留用”的预算管理办法；医院的各项收支均纳入预算内管理。同年，国务院批转卫生部等5部局下发《关于扩大医疗卫生服务有关问题的意见》：一是国家对医疗卫生事业单位的经费补助，除大修理、大型设备购置及离退休人员经费外，实行定额包干，包干后，在合理定编、定员的前提下，减人不减钱，增人不增钱；二是医疗卫生事业单位经费包干以后的收支结余部分，除提留一定比例的事业发展基金外，其余部分由单位自主分配；三是医疗卫生人员的业余医疗卫生服务收入(不含药品收入)，在扣除必要的物质材料消耗费用和适当的仪器设备折旧后，作为个人酬金全部由单位自主分配，不计入奖金总额。医疗卫生人员超额劳动的收入提成，应计入奖金总额。

1992年，东阳卫生、财政、物价3部门联合转发省级三个部门《关于加强卫生财务管理的办法》的通知规定，区(镇)乡卫生院开展业余医疗服务收入，扣除消耗的成本费用后的净收入可用于对职工的补贴。同年9月，卫生部、财政部颁发《关于加强农村卫生工作若干意见的通知》，对农村卫生经费投入及经费安排原则作了具体规定，卫生、财政部门要逐步调整卫生事业费内部支出结构，卫生经费分配向农村卫生和预防保健工作倾斜，积极安排专项资金支持农村卫生院的改造和装备。并根据卫生院预防保健任务不断增加、各项费用不断上涨和离退休人员逐年增加的实际情况，适当调增正常经费补助数额，有领导、有组织地开拓其他社会资金筹集渠道，村提留、乡统筹和乡镇财政预算外资金应按有关规定，拿出一定资金专项用于乡、村两级卫生机构建设和开展卫生工作。

1997年，东阳市政府根据中央和省政府有关精神，印发《关于实施乡镇卫生院三年建设计划的通知》，计划经过三年时间的努力，使全市乡镇卫生院基本实现“一无三配套”（无危房和房屋、设备、人员三配套），建立由乡镇政府投入为主、市财政适当补助、卫生院自筹相结合的卫生投入机制，市财政每年安排100万元设立农村卫生院“三项建设”专项资金，用于补助农村卫生院医疗用房和医疗配套设施建设。

2006年，东阳市政府印发《关于加强农村公共卫生工作的实施意见》提出“要集中力量在每个建制乡镇办好一所公立卫生院，其人员、业务、经费等由市卫生行政部门统一实施管理”，为此，自2006年起，乡镇卫生院的财政补助经费和财务上划市级管理。次年，市财政局、卫生局联合印发《东阳市农村社区卫生服务机构专项补助资金管理办法》，对基层医疗机构（包括卫生院、社区卫生服务中心和卫生服务站）及村卫生室的设施新建改造和装备添置进行补助，并明确补助标准和补助程序。

2008年，东阳市政府印发《关于加快发展城乡社区卫生服务的实施意见》，提出“原则上每个镇乡街道办好一所社区卫生服务中心……要进一步把镇乡、街道卫生院和现有农村卫生机构改造成为社区卫生服务机构”“社区卫生服务是政府的一项公共服务职能”“社区卫生服务机构主要提供公共卫生与基本医疗服务，具有公益性质，不以营利为目的”，对社区卫生服务机构的基本建设、房屋修缮、设备购置、信息化建设、人员培训、离退休费用、政策性亏损等所需经费由市财政为主解决。

2010年，市政府印发《东阳市农村医疗卫生服务体系建设与改革实施方案》，以建立“20分钟医疗卫生服务圈”的目标，进一步完善市、镇乡（街道）、村（社区）三级医疗卫生服务网络。完善政府对城乡基层医疗卫生机构的投入机制，明确按国家核定的基本建设经费、设备购置经费、人员经费和其承担公共卫生服务的业务经费由政府负责。

2012年，为保障基层医疗卫生机构的正常运行，市财政局会同卫生局印发《东阳市基层医疗卫生机构财政财务管理办法（试行）》，按照“明确政府责任，落实财政补助”的原则，确定对经常性收支项目的补助资金实行“明确范围、核定收支、差额补助、总量控制”的管理方式，对建设发展支出项目的补助资金实行“核定计划、专项安排、包干使用、绩效考评”的管理方式。同时，下发《东阳市基层医疗机构基本建设专项资金管理办法》《东阳市基层医疗机构设备购置专项资金管理办法》等配套文件。

2013年，为了推进基层医疗机构的综合改革，减轻基层医疗机构财务负担，东阳市财政、卫生部门组织了对基层医疗机构历年累积债务的化解工作，通过申报、核查，全市共化解基层医疗机构债务2063.28万元，其中财政补助1696.08万元。此后，基层医疗机构实现零债务运行。

2015年，为了加强基层医疗卫生人才队伍建设，市财政、卫计部门联合下发《东阳市基层医疗卫生技术人员培养培训专项资金管理办法》，按照“先培训、后考核、再拨付”的要求，确定经费补助标准、考核要求和拨付办法等。同年12月，东阳市财政、卫计部门联合下达《基层医疗机构医疗设备三年（2015—2017年）采购计划》，按照功能定位与分类，确定六石等五家中心卫生院按B类管理，其他10家卫生院按C类管理，实行分类确定配备标准，分年度实施设备采购和资金补助。

2018年，根据浙江省财政厅关于推进基层医疗卫生机构补偿机制改革和东阳市政府关于推进城乡医疗健康服务共同体建设的相关意见，东阳市政府印发《东阳市基层医疗卫生机构财政补偿机制改革实施办法》，对基层医疗机构建立专项补助与付费购买相结合、资金补偿与服务绩效相挂钩、与医共体建设相融合的基层医疗卫生机构补偿新机制，实行“建设发展等非经常性支出主要由政府财政安排专项资金给予保障，日常运行等经常性支出主要通过提供基本医疗和公共卫生等服务，由政府定项或由政府、医保和个人按标准付费购买进行补偿”。各项财政补助资金以市医共体管理中心为单位进行统一结算拨付。

表2-2-6-3　　2018年东阳市基层医疗机构主要财务指标运行情况表

单位：人、万元

| 序号 | 指标<br>医疗机构 | 固定资产 | 财务收入 | | | 当年收支结余 | 在编在岗职工人数 |
|---|---|---|---|---|---|---|---|
| | | | 合计 | 业务收入 | 财政补助 | | |
| 1 | 白云街道卫生服务中心 | 193.3 | 729.7 | 350.6 | 379.1 | -24.3 | 39 |
| 2 | 江北街道卫生服务中心 | 1299.4 | 2425.6 | 1500.0 | 925.6 | 0 | 51 |
| 3 | 城东街道卫生服务中心 | 1089.6 | 1734.6 | 967.8 | 766.8 | 0 | 45 |
| 4 | 南市街道卫生服务中心 | 1267.6 | 1947.9 | 1088.4 | 859.5 | 14.5 | 46 |
| 5 | 六石街道卫生服务中心 | 3473.0 | 4513.4 | 3633.4 | 880.0 | 0 | 86 |
| 6 | 巍山中心卫生院 | 927.0 | 2921.1 | 1714.7 | 1206.4 | -6.7 | 52 |
| 7 | 佐村中心卫生院 | 600.4 | 1523.5 | 541.4 | 982.1 | -11.7 | 33 |
| 8 | 湖溪中心卫生院 | 2703.9 | 3562.5 | 2659.1 | 903.4 | 0 | 63 |
| 9 | 画水中心卫生院 | 2337.4 | 4262.9 | 3267.9 | 995.0 | 0 | 82 |
| 10 | 南马中心卫生院 | 2185.9 | 5034.5 | 3761.4 | 1273.1 | 0 | 82 |
| 11 | 千祥中心卫生院 | 2980.2 | 3961.0 | 2597.8 | 1363.2 | 93.9 | 71 |
| 12 | 歌山卫生院 | 1150.9 | 1977.4 | 1249.3 | 728.1 | -33.8 | 36 |
| 13 | 虎鹿卫生院 | 951.3 | 1446.8 | 755.8 | 691.0 | -18.9 | 36 |
| 14 | 东阳江卫生院 | 827.9 | 1161.5 | 511.5 | 650.0 | -14.1 | 25 |
| 15 | 马宅卫生院 | 948.7 | 1169.3 | 564.2 | 605.1 | -13.6 | 28 |
| 16 | 三单卫生院 | 324.0 | 555.4 | 181.9 | 373.5 | -10.8 | 16 |
| | 合　计 | 23260.5 | 38927.1 | 25345.2 | 13581.9 | -25.5 | 791 |

### （四）医院会计制度的演变

1950年9月，在全省第一次卫生系统财务工作会议上，确定了浙江省医疗单位实行统一的会计制度。

1979年7月1日起，根据省卫生局、省财政局《浙江省医疗机构药品管理核算试行办法》，对医疗机构药品实行"全额控制、数量统计、实耗实销"的核算管理办法，即医院药房药品以配出处方额列财务管理支出，月末实物与财务核对，改变以往药品以领出列支出或月末盘点倒轧支出的状况。

1983年，财政部、卫生部为统一全国各地医院的会计核算，制定《医院会计科目》，浙江省财政厅、省卫生厅补充要求县及县以上各级医院（包括门诊部）采用复式反收付记账法，从1984年1月1日起执行。

1988年，财政部、卫生部颁发《医院财务管理办法》、《医院会计制度》，确定医院会计核算基础是权责发生制，明确规定了医院各项专用基金的提取和使用办法：①一般修购基金，每月按医疗收入、药品收入和制剂收入的规定比例提取，县、区级医院：医疗收入按2%～3%，药品、制剂收入5%，使用范围：用于单价1000元以下的设备购置、一次5000元以下的修理；②大型仪器设备更新维护基金，按《固定资产管理办法》分类中的"贵重仪器设备""一般专业设备"的原值提取，月提取率为0.7%，用于大型设备的更新维护；③四项基金提取，按当年业务收支差额减去群众医疗欠费后的结余提取事业发展基金50%、集体福利基金22%、奖励基金25%、院长基金3%，个别医院因客观原因业务收入差，职工基本奖金发放有困难的，经主管部门同意，可适当提高"奖励基金"提取比例，奖金在国家奖金税免税额度内发放，超过免税额度的，按有关规定在提取的"奖励基金"内缴纳奖金税；院长基金主要用于对有突出贡献或科研成果的职工奖励。

自1999年1月1日起，执行财政部、卫生部印发的《医院会计制度》，该制度适用于各类独立核算的公立医院，包括卫生院；会计核算除采用权责发生制外，均按照《事业单位会计准则》规定的一般原则和本制度的要求进行。1988年制定的《医院会计制度（试行）》同时废止。

2011年7月1日起，执行财政部、卫生部联合印发的《基层医疗卫生机构会计制度》，该制度根据基层医疗机构的业务特点，规定会计采用收付实现制为基础；适用于各类独立核算的城市社区卫生服务中心和乡镇卫生院等基层医疗卫生机构。2012年1月1日起，执行财政部、卫生部修订的《医院会计制度》，该制度规定医院会计采用权责发生制为基础；适用于各类独立核算的公立医院，但不包括城市社区卫生服务中心和乡镇卫生院等基层医疗卫生机构。1998年的《医院会计制度》同时废止。该两个制度持续执行至今。

## 四、计划生育事业财政财务管理

1980年起，根据国家和省的有关规定精神，东阳县财税局对计划生育事业经费试行"预算包干"办法，由原来"国家核定预算、年终结余收回"办法，改为"核定预算、包干使用、结余留用"的办法。实行"预算包干"办法后，预算结余部分，可结转下年度继续使用，同时，各单位可从增收节支中提取一部分作为奖励。

1982年9月，党的十二大将计划生育确定为基本国策，同年12月写入《中华人民共和国宪法》。此后，财政对计划生育事业的支出逐步增大。

1983年，国家和省两厅一委下发《关于计划生育事业费开支范围和加强财务管理的规定》，进一步明确了计划生育四项手术费的开支标准和计划生育事业费的财务管理规定。

1985年，浙江省六届人大常委会第十一次会议通过了《浙江省计划生育条例》。1989年12月，省七届人大常委会第十三次会议通过修订的《浙江省计划生育条例》，对符合条件不再生育的，发给“独生子女父母光荣证”，并给予每年60元的奖励至子女14周岁。

2003年，为了解决计划生育家庭的优待、养老问题，建立健全计划生育社会保障机制，市政府印发《东阳市计划生育公益金管理暂行办法》，通过财政预算安排、社会抚养费拨付和社会资助等多渠道筹集建立计划生育公益金，用于计划生育困难家庭补助。

2006年，为促进农村社会保障制度的完善，改善农村计划生育家庭在生活、养老方面的境况，市政府出台《东阳市农村部分计划生育家庭奖励扶助制度的实施意见》，对符合条件的农村计划生育夫妇，每人每年给予600元的奖励扶助，直至亡故，奖扶所需经费由财政保障。

2008年，为了解决独生子女伤残死亡家庭的特殊困难，东阳市政府出台《关于计划生育家庭特别扶助实施意见》，对独生子女死亡或伤、病残后未再生或收养子女家庭的夫妻，年满49周岁后可按规定领取每月150元或120元的扶助金，所需经费由财政保障。

2012年，东阳市政府印发《关于调整和完善人口和计划生育利益导向机制若干意见的通知》，对计划生育家庭奖扶标准、特别扶助标准进行了调整，并建立独生子女意外伤害保险制度。

2013年，为了进一步加强人口和计划生育工作，东阳市委、市政府印发《关于加强人口和计划生育工作的若干意见》，要求加大投入，加快市计划生育宣传技术服务站、镇乡（街道）计划生育服务站、“三优”促进指导中心的建设；同时完善对镇乡（街道）的补助机制：扣除上缴省部分，年度计划生育率在95%以上的补助80%、95%～92%的补助70%、92%～90%的补助60%、90%以下的补助50%，并补助市人口和计划生育局5%，补助经费用于人口计划生育工作的相关支出。

自2014年起，根据浙江省卫计委等6部门的文件精神，对独生子女伤残死亡的特殊困难家庭夫妻，女方年满49周岁未满60周岁的特别扶助金统一提高到每人每月500元，年满60周岁且未纳入政府养老服务补贴范围的特别扶助金统一提高到每人每月700元；男方年满60周岁的按每人每月500发放，未纳入政府养老服务补贴范围的按每人每月700元发放。次年，省相关部门补充规定对有计划生育手术并发症的、失能失智的、重度残疾的、收养子女的等特殊困难家庭的扶助金标准也作了相应调整。

2015年政府机构改革时，将卫生局和人口与计划生育局的职能合并，设立卫生与计划生育局。

2018年，根据省物价局文件精神，东阳市卫生与计划生育局会同财政局联合下文调整了计划生育免费技术服务项目结算标准，提高结算标准所需经费由财政保障。

表2-2-6-4

## 2007—2018年东阳市医疗卫生与计划生育支出情况表

单位：万元

| 年份 | 合计 | 医疗卫生与计划生育管理事务 | 公立医院 | 基层医疗卫生机构 | 公共卫生 | 中医药 | 计划生育事务 | 医疗保障 | 其他医疗卫生和计划生育支出 |
|---|---|---|---|---|---|---|---|---|---|
| 2007 | 11454 | 648 | 170 | 3295 | 1187 |  | 1998 | 4091 | 65 |
| 2008 | 13873 | 867 | 848 | 2438 | 1381 |  | 2045 | 6282 | 12 |
| 2009 | 18196 | 940 | 1584 | 2846 | 1928 |  | 2496 | 8298 | 104 |
| 2010 | 25533 | 1089 | 931 | 1263 | 5472 |  | 2931 | 13409 | 438 |
| 2011 | 28409 | 1253 | 956 | 2188 | 4912 |  | 4206 | 14591 | 303 |
| 2012 | 41271 | 1872 | 2020 | 6509 | 4499 |  | 6232 | 19838 | 301 |
| 2013 | 43931 | 2092 | 1866 | 5046 | 5015 |  | 7329 | 22191 | 392 |
| 2014 | 49072 | 1956 | 2045 | 3789 | 5196 | 100 | 8144 | 27238 | 604 |
| 2015 | 54103 | 4823 | 1700 | 4328 | 1197 | 213 | 4846 | 36481 | 515 |
| 2016 | 55834 | 6734 | 2437 | 4208 | 1266 | 150 | 4380 | 35840 | 819 |
| 2017 | 65668 | 2158 | 2612 | 6917 | 6372 | 76 | 3500 | 43733 | 300 |
| 2018 | 87219 | 2940 | 4433 | 11928 | 9685 | 105 | 3576 | 53676 | 876 |

# 第三章 保障运行

财政作为国家分配的重要工具，确保各项行政任务的完成和促进各项社会事业发展，是财政的重要职责。财政通过对所筹集资金运用预算机制进行再分配，正确处理各个历史时期的需要与可能、开源与节流、保障与控制的矛盾关系，不断完善预算分配办法，加强预算管理，努力提高资金分配的有效性，在保证各行政事业单位正常运行的情况下，努力实现财政收支平衡。

## 第一节 部门预算

部门预算是指由与财政部门直接发生经费缴拨款关系的一级预算单位汇编，反映部门本身及所属单位在一个财政年度内全部资金收支的计划。它由本部门预算及所属各单位预算组成，是反映一个部门全部收支状况的预算，也就是说一个部门一本预算。部门预算是政府预算的基本组成部分。部门预算包括收入预算和支出预算两个方面。

1953年开始，县级财政对同级行政事业单位建立会计核算和编制预决算制度，并统一开支标准，经费实行实报实销。次年，改为在规定标准范围内，按年度经费计划实报实销。

1959年，对各行政事业单位的收支预算实行包干管理，根据各单位的经费收支状况，分全额预算、差额补助、自收自支三种预算管理形式，实行定额控制、调剂使用、结余上交的预算管理办法。

1962年起，按预算单位人数，实行定员定额编制预算，核拨经费。

1980年，浙江省政府在《关于实行"划分收支、分级包干"财政管理体制的通知》中明确，按规定划分给县市的各项事业经费，今后不再归口按条条安排支出，也不再向地方分配财政支出指标，实行中央、省、地、县"分灶吃饭"。同年5月，东阳县财税局执行省财政厅关于对行政事业单位试行"预算包干"的办法，经费的预算分配以部门为单位实行"基数+增长"的办法，对所属单位的经费预算由主管部门进行再分配。

2002年，东阳市政府印发了《关于推行财政综合预算管理的意见》，规定自1月1日起，按照"保证重点、兼顾一般、分档核定、综合包干、结余留用、超支不补"的原则，对市级行政事业单位的预算内外所有财政性资金，实施"统一预算、统一管理"的、以部门预算为基础的财政综合预算管理形式。经费分配实行"零基预算"方法,对人员经费,按编制、按实际、按标准逐人核定;对公用经费和业务经费按部门和单位分档次按定额核定;对专项经费视财力可能分类逐项核定。

## 一、收入预算

行政事业单位的收入主要有行政事业性收费收入、服务收入、罚没收入、资产处置收入和杂费收入等。东阳在2002年市级行政事业单位推行财政综合预算制度前,除罚没收入、规费收入按规定上缴国库管理外,其他各项收入均列入预算外资金管理,或以收抵支,或实行"收支两条线"的专户管理,未有建立规范的收支预算管理制度。

2002年1月1日起,东阳市政府印发了《关于推行财政综合预算管理的意见》,按照"保证重点、兼顾一般、分档核定、综合包干、结余留用、超支不补"的原则,对市级行政事业单位的预算内外所有财政性资金,实施"统一预算、统一管理"的、以部门预算为基础的财政综合预算管理形式。各部门执收的各项收入全额上缴财政,在编报部门预算时,同时编制收入预算,部门支出预算不与收入预算挂钩。

## 二、人员经费预算

人员经费是指行政事业单位对在职职工的工资、福利、社会保险费及离退休费、对个人和家庭补助等人员方面的支出。

中华人民共和国成立初期,根据政务院公布的各级人民政府供给标准,编制和核定人员经费支出预算。国家工作人员分供给制和薪给制两种。供给制人员执行中央人民政府颁发的1950年度暂行工资标准,个人生活费部分分为:菜金及燃料、食粮、服装费、津贴费、过节费、保健费等六项,供给标准如下:

菜金及燃料(每人每天):大灶:菜金包括油3钱、盐5钱、肉4钱、粗菜0.5千克;燃料包括原煤0.625千克或木柴1千克;中灶:(轻病伤员同)菜金按大灶2.5倍计算,原煤0.9千克或木柴1.5千克;小灶:(重病伤员同)菜金按大灶3.7倍计算,原煤1千克或木柴2千克。

食粮(每人每天):定量供给米0.75千克。

服装费(每人每年):单衣1套、草帽1顶、衬衣1件、棉衣2/3套、棉帽1顶、棉被1/4条、夹鞋3双、棉鞋1双、袜子2双、单帽1顶、大衣1/3件、蚊帐1/5顶。

津贴费(普通津贴):每人每月猪肉0.5千克、肥皂2/3块、牙刷1/6把、牙粉2/3包、烟叶8两、理发2次、毛巾1/6块;区长以上增加纸烟5包;县长级增加纸烟10包;专员级增加纸烟15包。

过节费:元旦、春节、国庆每节每人发猪肉0.5千克。

保健费:甲等每月肉2.5千克,乙等每月肉2千克,丙等每月肉1.5千克,丁等每月肉1千克。

1950年元月时的物价标准:菜每千克0.073元,猪肉每千克0.56元,黄烟每两0.04元,灯油每千克0.64元,肥皂每条0.09元,牙粉每包0.03元,牙刷每把0.18元。1950年8月份全县共有国家工作人员678人,其中薪给制26人、供给制652人。

表2-3-1-1 **1950年8月份东阳县供给制人数表**

单位：人

| 单位 | 县级 | 区级以下 | 勤什 | 合计 | 单位 | 县级 | 区级以下 | 勤什 | 合计 |
|---|---|---|---|---|---|---|---|---|---|
| 县委 | 4 | 57 | 21 | 82 | 湖溪区 | | 32 | 5 | 37 |
| 县政府 | 1 | 54 | 10 | 65 | 南马区 | | 37 | 5 | 42 |
| 税务局 | | 10 | 1 | 11 | 划水区 | | 30 | 4 | 34 |
| 司法科 | | 7 | 4 | 11 | 马宅区 | | 31 | 5 | 36 |
| 公安局 | 1 | 100 | 8 | 109 | 玉山区 | | 26 | 5 | 31 |
| 城关区 | | 32 | 3 | 35 | 林浦区 | | 25 | 4 | 29 |
| 上卢区 | | 27 | 3 | 30 | 象岗区 | | 25 | 2 | 27 |
| 巍山区 | | 30 | 3 | 33 | | | | | |
| 李宅区 | | 36 | 4 | 40 | 合计 | 6 | 559 | 87 | 652 |

1952年，供给制标准调整为：大灶每人每月发73个工资分，中灶98个工资分，小灶123个工资分。工资分值按发工资日《浙江日报》公布牌价计算，1953年12月10日，金华地区每分值为0.216元，并实行包干制。此外，请保姆、保育、生育、妇女卫生、病号伙食、家属招待、小孩医药、子女教养、回家路费、老年优待等亦由国家负担。薪给制人员待遇标准，以折实单位为基数折人民币发给，一个折实单位以1市尺龙头细布、0.78千克中白尖米、16两制1两菜油、5钱盐、1.5千克松柴的交易价组成，随物价跌涨，时有变动，由《浙江日报》每日公布。1953年10月10日，每个折实单位为0.545元。发放标准：县级干部93～120个单位、科级干部72～96个单位、科员60～80个单位、办事员46～66个单位。教职员工每月大米60千克，半脱产每人每月大米30千克。另外，城市公教人员房租、电灯、自来水费用每人补助5～12个单位。

1952年，国家工作人员第一次评定工资等级，试行等级工资制。1954年调整部分人员工资等级。1955年起，全部实行货币工资制。1956年工资改革，同时评定乡镇干部工资等级。1963年后，曾多次对低工资人员或有贡献人员进行工资升级。1982年，普升一级工资。

1985年进行了工资改革，实行基本工资加工龄工资、职务工资与奖励工资相结合的工资制度，称为"结构工资制"，其中基本工资、工龄工资和职务工资是国家统一规定的，此外，还有奖励工资以及地方性物价和生活补贴由各地确定。是年东阳地方性补贴包括：

奖励工资　1979年起实行奖金制度，工资级别在行政17级以下或相当于17级的国家行政事业工作人员均可参加评奖，每月人均5元，分一、二、三等发给，高的8元，低的3元。1981年，奖金额度改为按参加评奖人数的工资总额12%提取，人均最低6元，同时规定连同年终奖金在内的人均奖金额度，不得超过两个月的标准工资(96元)。1986年，奖金额度适当放宽，可超过三个月的平均工资，此后改称奖励工资，每月人均15元。另外，1980年实行单位预算包干制度后，于次年起有包干结余的单位年终可发放人均15元的增收节支奖，后年终奖实行考核，并根据各乡镇经济发展、财政收入和部门包干结余状况不同而有所差异。

伙食补贴　20世纪60年代开始，区、乡干部驻村的伙食，按每月驻村日期，论餐补贴，标准早、中、晚餐不同，后为简化手续，改为固定补贴。1988年实行按月包干，分为基层和机关两个标准，基层26元，机关20元，即后来称之为“下乡伙食包干补贴”。后几经调整标准。至2014年，取消市内下乡进行伙食补贴的规定。

粮价补贴　1966年，国家提高粮食统购统销价格，开始对行政级别17级以下的职工发给粮价补贴，基数每人一份，每份金额3元，供养人口多的职工一份半或两份。1979年后，在历次工资调整中，陆续冲销一部分粮价补贴。1980年以后新招收的人员不享受该项补贴，1984年6月起，对原享受一份以上补贴的全部发一份。1988年底，原享受补贴人员，尚保留粮贴每人每月1.5元，至1993年工资改革时纳入工资。

生活补贴　1979年，国家提高肉、禽、蛋等8种副食品价格，开始对职工每人每月发副食品补贴5元，临时工减半。1984年12月开始每人每月增发肉食补贴8元。次年改革工资时，取消了5元副食品补贴。1987年12月，再次增加生活补贴8元。1988年4月1日起，又增加生活补贴2元。1988年7月起增发主要副食品临时价格补贴，其标准按主要副食品市价涨落，由物价部门测算公布：是年7月份6.5元，8月份7.5元，9月份7.5元，10月份9元，11月份8.5元，12月份8元，各月不等。至1993年工资改革时纳入工资。

至1988年底，国家工作人员生活待遇由基础工资、职务工资、工龄工资和各种价格补贴、生活津贴、临时生活补贴及奖金、卫生费、书报费等组成。

1991年，为了大力控制机关事业单位人员的过快增长，减轻财政负担，浙江省委、省政府规定停止增设机构、提高机构规格、增加人员编制和领导职数等。随后，浙江省财政厅会同相关部门推行国家机关、事业单位人员编制和工资基金结合管理办法，通过多管齐下，致使在1991—1995年间机关事业单位人员总量基本稳定。

1993年，再次进行工资改革，行政单位与事业单位分别实行不同的工资制度。行政单位实行职务级别工资制度，事业单位实行固定部分和机动部分（津贴）相结合的工资制度，同时将现行发放的临时性补贴纳入工资。其后，又多次进行定期调整工资标准，并相应调整离退休、退职人员的离休、退休费和退职生活费。

1995年10月1日起，机关事业单位工作人员实施正常晋升工资档次工作，并建立在严格考核基础上的工资档次正常晋升制度。

2001年起，对机关事业单位工作人员年度考核称职（合格）以上人员，实行兑现一个月基本工资额奖金的制度。

2002年，东阳市政府决定推行财政综合预算管理改革，实现财政性资金的“统一预算、统一管理”，年度预算编制取消基数法，按“零基预算”的方法编制，分别对人员经费、公用经费、事业发展经费和专项经费进行核定，其中对人员经费实行按实核定预算。

2006年7月1日起，国家机关事业单位进行工资制度改革。公务员实行职务与级别相结合的职级工资制，由职务工资、级别工资和津贴补贴三部分组成。事业人员实行岗位绩效工资制，由岗位工资、薪级工资、绩效工资和津贴补贴四部分组成，其中岗位工资和薪级工资为基本工资。此后，2009年起在义务教育段教师实施绩效工资制。2010年起在公共卫生与基层医疗卫生事业单位实施绩效工资制。2011年起在其他事业单位实施绩效工资制。

2007年起，全省统一实施清理和规范公务员津贴补贴工作，通过清理、核实、规范，省核定东阳市公务员津贴补贴平均水平为42275元，对各类津贴、补贴和奖励进行了归并，制定了新的津补贴发放标准。此标准后经浙江省政府批准作了调整，均未突破省定的津贴补贴调控线指标。相应地，同步调整了离退休人员生活补贴标准。同年，省财政厅会同人事厅印发《浙江省津贴补贴调节基金征收管理办法》，对各地实际发放水平高于省定调控线指标的，将按超额累进方式征收调节基金上缴省财政：津贴补贴额不超过调控线的征20%，超过调控线2倍以内部分征60%，超过调控线2倍以上部分征200%，省征收的调节基金全部用于对津贴补贴水平较低县市的转移支付。此后，规范发放津补贴和奖金成为地方和部门重要的财经纪律行为。

2012年开始，在机关事业单位发放年终奖金。

2014年10月1日起，实施机关事业单位养老保险制度，对机关公务员和事业人员的工资相应地作了调整。

至2018年，公务员的薪金构成包括职务工资、级别工资、津贴补贴、年终奖励和部分特岗津贴等。事业人员薪金构成包括岗位工资、薪级工资、绩效工资、津贴补贴、年终奖励和部分特岗津贴等。2018年7月1日起，根据国家规定，对机关事业单位工作人员基本工资和离休人员离休费进行调整，调整后的标准详见附表：

表2-3-1-2

## 2018年7月东阳市公务员职务级别工资标准表

单位：元/月

| 职务 | 职务工资 工资标准 领导职务 | 职务工资 工资标准 非领导职务 | 级别 | 级别工资 档次 1 | 2 | 3 | 4 | 5 | 6 | 7 | 8 | 9 | 10 | 11 | 12 | 13 | 14 |
|---|---|---|---|---|---|---|---|---|---|---|---|---|---|---|---|---|---|
| 国家级正职 | 9280 | | 一 | 7109 | 7631 | 8153 | 8675 | 9197 | 9719 | | | | | | | | |
| | | | 二 | 6546 | 7003 | 7460 | 7917 | 8374 | 8831 | 9288 | | | | | | | |
| 国家级副职 | 7240 | | 三 | 6028 | 6445 | 6862 | 7279 | 7696 | 8113 | 8530 | 8947 | | | | | | |
| | | | 四 | 5537 | 5923 | 6309 | 6695 | 7081 | 7467 | 7853 | 8239 | 8625 | | | | | |
| 省部级正职 | 5670 | | 五 | 5082 | 5448 | 5814 | 6180 | 6546 | 6912 | 7278 | 7644 | 8010 | 8376 | | | | |
| | | | 六 | 4662 | 5007 | 5352 | 5697 | 6042 | 6387 | 6732 | 7077 | 7422 | 7767 | 8112 | | | |
| 省部级副职 | 4390 | | 七 | 4296 | 4609 | 4922 | 5235 | 5548 | 5861 | 6174 | 6487 | 6800 | 7113 | 7426 | | | |
| | | | 八 | 3982 | 4264 | 4546 | 4828 | 5110 | 5392 | 5674 | 5956 | 6238 | 6520 | 6802 | | | |
| 厅局级正职 | 3370 | 3150 | 九 | 3705 | 3959 | 4213 | 4467 | 4721 | 4975 | 5229 | 5483 | 5737 | 5991 | 6245 | | | |
| | | | 十 | 3453 | 3682 | 3911 | 4140 | 4369 | 4598 | 4827 | 5056 | 5285 | 5514 | 5743 | | | |
| 厅局级副职 | 2700 | 2530 | 十一 | 3219 | 3430 | 3641 | 3852 | 4063 | 4274 | 4485 | 4696 | 4907 | 5118 | 5329 | 5540 | | |
| | | | 十二 | 3000 | 3197 | 3394 | 3591 | 3788 | 3985 | 4182 | 4379 | 4576 | 4773 | 4970 | 5167 | 5364 | |
| 县处级正职 | 2100 | 1950 | 十三 | 2795 | 2980 | 3165 | 3350 | 3535 | 3720 | 3905 | 4090 | 4275 | 4460 | 4645 | 4830 | 5015 | 5200 |
| | | | 十四 | 2603 | 2777 | 2951 | 3125 | 3299 | 3473 | 3647 | 3821 | 3995 | 4169 | 4343 | 4517 | 4691 | 4865 |
| 县处级副职 | 1630 | 1510 | 十五 | 2424 | 2588 | 2752 | 2916 | 3080 | 3244 | 3408 | 3572 | 3736 | 3900 | 4064 | 4228 | 4392 | 4556 |
| | | | 十六 | 2257 | 2411 | 2565 | 2719 | 2873 | 3027 | 3181 | 3335 | 3489 | 3643 | 3797 | 3951 | 4105 | 4259 |
| 乡科级正职 | 1260 | 1170 | 十七 | 2102 | 2246 | 2390 | 2534 | 2678 | 2822 | 2966 | 3110 | 3254 | 3398 | 3542 | 3686 | 3830 | |
| | | | 十八 | 1959 | 2093 | 2227 | 2361 | 2495 | 2629 | 2763 | 2897 | 3031 | 3165 | 3299 | 3433 | 3567 | |
| 乡科级副职 | 1010 | 940 | 十九 | 1827 | 1951 | 2075 | 2199 | 2323 | 2447 | 2571 | 2695 | 2819 | 2943 | 3067 | 3191 | | |
| | | | 二十 | 1706 | 1820 | 1934 | 2048 | 2162 | 2276 | 2390 | 2504 | 2618 | 2732 | 2846 | | | |

续表2-3-1-2

| 职务工资 | | | 级别工资 | | | | | | | | | | | | | | |
|---|---|---|---|---|---|---|---|---|---|---|---|---|---|---|---|---|---|
| 职务 | 工资标准 | | 级别 | 档次 | | | | | | | | | | | | | |
| | 领导职务 | 非领导职务 | | 1 | 2 | 3 | 4 | 5 | 6 | 7 | 8 | 9 | 10 | 11 | 12 | 13 | 14 |
| 科　员 | | 780 | 二十一 | 1595 | 1699 | 1803 | 1907 | 2011 | 2115 | 2219 | 2323 | 2427 | 2531 | | | | |
| | | | 二十二 | 1494 | 1588 | 1682 | 1776 | 1870 | 1964 | 2058 | 2152 | 2246 | | | | | |
| 办事员 | | 640 | 二十三 | 1403 | 1487 | 1571 | 1655 | 1739 | 1823 | 1907 | 1991 | | | | | | |
| | | | 二十四 | 1322 | 1396 | 1470 | 1544 | 1618 | 1692 | 1766 | 1840 | | | | | | |
| | | | 二十五 | 1250 | 1315 | 1380 | 1445 | 1510 | 1575 | 1640 | | | | | | | |
| | | | 二十六 | 1186 | 1244 | 1302 | 1360 | 1418 | 1476 | | | | | | | | |
| | | | 二十七 | 1130 | 1181 | 1232 | 1283 | 1334 | 1385 | | | | | | | | |

表2-3-1-3

## 2018年7月东阳市机关技术工人岗位技术等级工资标准表

单位：元/月

| 标准<br>技术等级 | 岗位工资 | | | | | | | | | | | | | | | | | | 技术等级工资 |
|---|---|---|---|---|---|---|---|---|---|---|---|---|---|---|---|---|---|---|---|
| | 1 | 2 | 3 | 4 | 5 | 6 | 7 | 8 | 9 | 10 | 11 | 12 | 13 | 14 | 15 | 16 | 17 | 18 | |
| 高级技师 | 1978 | 2082 | 2186 | 2290 | 2414 | 2538 | 2662 | 2796 | 2930 | 3064 | 3218 | 3372 | 3526 | 3690 | 3854 | | | | 1510 |
| 技师 | 1646 | 1740 | 1834 | 1928 | 2032 | 2136 | 2240 | 2364 | 2488 | 2612 | 2746 | 2880 | 3014 | 3168 | 3322 | | | | 1140 |
| 高级工 | 1403 | 1477 | 1551 | 1625 | 1719 | 1813 | 1907 | 2011 | 2115 | 2219 | 2343 | 2467 | 2591 | 2725 | 2859 | 2993 | 3147 | | 910 |
| 中级工 | 1250 | 1315 | 1380 | 1445 | 1519 | 1593 | 1667 | 1761 | 1855 | 1949 | 2053 | 2157 | 2261 | 2385 | 2509 | 2633 | 2767 | 2901 | 750 |
| 初级工 | 1130 | 1181 | 1232 | 1283 | 1348 | 1413 | 1478 | 1552 | 1626 | 1700 | 1794 | 1888 | 1982 | 2086 | 2190 | 2294 | 2418 | 2542 | 610 |

表2-3-1-4

## 2018年7月东阳市机关普通工人岗位工资标准表

单位：元/月

| | 1 | 2 | 3 | 4 | 5 | 6 | 7 | 8 | 9 | 10 | 11 | 12 | 13 | 14 | 15 | 16 | 17 | 18 | 19 |
|---|---|---|---|---|---|---|---|---|---|---|---|---|---|---|---|---|---|---|---|
| 普通工 | 1710 | 1761 | 1812 | 1863 | 1928 | 1993 | 2058 | 2132 | 2206 | 2280 | 2374 | 2468 | 2562 | 2666 | 2770 | 2874 | 2998 | 3122 | 3246 |

表2-3-1-5

## 2018年7月东阳市事业单位专业技术人员基本工资标准表

单位：元/月

| 岗位工资 | | 薪级工资 | | | | | | | | | |
|---|---|---|---|---|---|---|---|---|---|---|---|
| 岗位 | 工资标准 | 薪级 | 工资标准 | 薪级 | 工资标准 | 薪级 | 工资标准 | 薪级 | 工资标准 | 薪级 | 工资标准 |
| 一级 | 6010 | 1 | 260 | 14 | 746 | 27 | 1700 | 40 | 3049 | 53 | 4812 |
| 二级 | 4650 | 2 | 286 | 15 | 800 | 28 | 1790 | 41 | 3168 | 54 | 4969 |
| 三级 | 4110 | 3 | 312 | 16 | 860 | 29 | 1880 | 42 | 3287 | 55 | 5142 |
| 四级 | 3530 | 4 | 338 | 17 | 920 | 30 | 1979 | 43 | 3406 | 56 | 5315 |
| 五级 | 3070 | 5 | 369 | 18 | 986 | 31 | 2078 | 44 | 3535 | 57 | 5498 |
| 六级 | 2710 | 6 | 400 | 19 | 1052 | 32 | 2177 | 45 | 3664 | 58 | 5681 |
| 七级 | 2500 | 7 | 436 | 20 | 1126 | 33 | 2276 | 46 | 3793 | 59 | 5874 |
| 八级 | 2200 | 8 | 472 | 21 | 1200 | 34 | 2385 | 47 | 3934 | 60 | 6067 |
| 九级 | 1960 | 9 | 513 | 22 | 1274 | 35 | 2494 | 48 | 4075 | 61 | 6276 |
| 十级 | 1810 | 10 | 554 | 23 | 1356 | 36 | 2603 | 49 | 4216 | 62 | 6485 |
| 十一级 | 1640 | 11 | 600 | 24 | 1438 | 37 | 2712 | 50 | 4357 | 63 | 6714 |
| 十二级 | 1620 | 12 | 646 | 25 | 1520 | 38 | 2821 | 51 | 4498 | 64 | 6943 |
| 十三级 | 1510 | 13 | 692 | 26 | 1610 | 39 | 2930 | 52 | 4655 | 65 | 7204 |

表2-3-1-6

## 2018年7月东阳市事业单位管理人员基本工资标准表

单位：元/月

| 岗位工资 | | 薪级工资 | | | | | | | | | |
|---|---|---|---|---|---|---|---|---|---|---|---|
| 岗位 | 工资标准 | 薪级 | 工资标准 | 薪级 | 工资标准 | 薪级 | 工资标准 | 薪级 | 工资标准 | 薪级 | 工资标准 |
| 一级 | 5910 | 1 | 260 | 14 | 746 | 27 | 1700 | 40 | 3049 | 53 | 4812 |
| 二级 | 4780 | 2 | 286 | 15 | 800 | 28 | 1790 | 41 | 3168 | 54 | 4969 |
| 三级 | 3960 | 3 | 312 | 16 | 860 | 29 | 1880 | 42 | 3287 | 55 | 5142 |
| 四级 | 3360 | 4 | 338 | 17 | 920 | 30 | 1979 | 43 | 3406 | 56 | 5315 |
| 五级 | 2780 | 5 | 369 | 18 | 986 | 31 | 2078 | 44 | 3535 | 57 | 5498 |
| 六级 | 2360 | 6 | 400 | 19 | 1052 | 32 | 2177 | 45 | 3664 | 58 | 5681 |
| 七级 | 2070 | 7 | 436 | 20 | 1126 | 33 | 2276 | 46 | 3793 | 59 | 5874 |
| 八级 | 1840 | 8 | 472 | 21 | 1200 | 34 | 2385 | 47 | 3934 | 60 | 6067 |
| 九级 | 1620 | 9 | 513 | 22 | 1274 | 35 | 2494 | 48 | 4075 | 61 | 6276 |
| 十级 | 1510 | 10 | 554 | 23 | 1356 | 36 | 2603 | 49 | 4216 | 62 | 6485 |
| | | 11 | 600 | 24 | 1438 | 37 | 2712 | 50 | 4357 | 63 | 6714 |
| | | 12 | 646 | 25 | 1520 | 38 | 2821 | 51 | 4498 | 64 | 6943 |
| | | 13 | 692 | 26 | 1610 | 39 | 2930 | 52 | 4655 | 65 | 7204 |

表2-3-1-7

## 2018年7月东阳市事业单位工人基本工资标准表

单位：元/月

| 岗位工资 | | 薪级工资 | | | | | | | |
|---|---|---|---|---|---|---|---|---|---|
| 岗位 | 工资标准 | 薪级 | 工资标准 | 薪级 | 工资标准 | 薪级 | 工资标准 | 薪级 | 工资标准 |
| 技术工一级 | 2250 | 1 | 225 | 11 | 509 | 21 | 938 | 31 | 1566 |
| 技术工二级 | 1900 | 2 | 248 | 12 | 544 | 22 | 990 | 32 | 1636 |
| 技术工三级 | 1690 | 3 | 271 | 13 | 582 | 23 | 1048 | 33 | 1706 |
| 技术工四级 | 1590 | 4 | 297 | 14 | 620 | 24 | 1106 | 34 | 1776 |
| 技术工五级 | 1500 | 5 | 323 | 15 | 661 | 25 | 1170 | 35 | 1846 |
| 普通工 | 1480 | 6 | 352 | 16 | 702 | 26 | 1234 | 36 | 1922 |
| | | 7 | 381 | 17 | 746 | 27 | 1298 | 37 | 1998 |
| | | 8 | 410 | 18 | 790 | 28 | 1362 | 38 | 2074 |
| | | 9 | 442 | 19 | 838 | 29 | 1426 | 39 | 2150 |
| | | 10 | 474 | 20 | 886 | 30 | 1496 | 40 | 2232 |

表2-3-1-8

## 2018年7月东阳市义务教育教师基本工资标准表

单位：元/月

| 岗位工资 | | 薪级工资 | | | | | | | | | |
|---|---|---|---|---|---|---|---|---|---|---|---|
| 岗位 | 工资标准 | 薪级 | 工资标准 | 薪级 | 工资标准 | 薪级 | 工资标准 | 薪级 | 工资标准 | 薪级 | 工资标准 |
| 一级 | 6665 | 1 | 288 | 14 | 827 | 27 | 1885 | 40 | 3381 | 53 | 5337 |
| 二级 | 5157 | 2 | 317 | 15 | 887 | 28 | 1985 | 41 | 3513 | 54 | 5511 |
| 三级 | 4558 | 3 | 346 | 16 | 954 | 29 | 2085 | 42 | 3645 | 55 | 5702 |
| 四级 | 3915 | 4 | 375 | 17 | 1020 | 30 | 2195 | 43 | 3777 | 56 | 5894 |
| 五级 | 3405 | 5 | 409 | 18 | 1093 | 31 | 2305 | 44 | 3920 | 57 | 6097 |
| 六级 | 3005 | 6 | 444 | 19 | 1167 | 32 | 2414 | 45 | 4063 | 58 | 6300 |
| 七级 | 2773 | 7 | 484 | 20 | 1249 | 33 | 2524 | 46 | 4206 | 59 | 6514 |
| 八级 | 2440 | 8 | 523 | 21 | 1331 | 34 | 2645 | 47 | 4363 | 60 | 6728 |
| 九级 | 2174 | 9 | 569 | 22 | 1413 | 35 | 2766 | 48 | 4519 | 61 | 6960 |
| 十级 | 2007 | 10 | 614 | 23 | 1504 | 36 | 2887 | 49 | 4676 | 62 | 7192 |
| 十一级 | 1819 | 11 | 665 | 24 | 1595 | 37 | 3008 | 50 | 4832 | 63 | 7446 |
| 十二级 | 1797 | 12 | 716 | 25 | 1686 | 38 | 3128 | 51 | 4988 | 64 | 7700 |
| 十三级 | 1675 | 13 | 767 | 26 | 1785 | 39 | 3249 | 52 | 5162 | 65 | 7989 |

## 三、公用经费预算

公用经费是指行政事业单位为了维持机构日常运行而发生的购买商品和服务的支出，如办公费、印刷费、水电费、差旅费、会议费、维修费等。

中华人民共和国成立初期，各级财政根据政务院公布的各级人民政府供给标准编制和核定公用经费支出预算。机关开支，保持老解放区的艰苦奋斗传统，主要办公费用仅开支纸张和灯油费两项，纸张每人每月4张，灯油费每人每月12两（16两制）。

1954年，浙江省根据国家有关规定制定《浙江省行政机关经费供给标准》，次年又颁发《浙江省国家机关行政经费开支标准》等相关制度，要求各级行政事业单位支出的各项经费要按预算开支，规定行政费与事业费、办公费与业务费不准相互挤占，执行定员定额，按标准开支，超标准不予报销。

1958—1959年，因受"大跃进"的影响，中央对地方调整了财政体制，加大了中央财力集中的力度，浙江省相继出台一系列压缩经费支出的措施，包括控制社会集团购买力、压减经费预算指标、精减行政人员、冻结存款、严肃财经纪律等，1960年和1961年，行政支出公用经费定额均比上年下降近20%。

1972年，浙江省财政厅相继制定或修订了差旅费、会议费、福利费、探亲费、交通费、办公费、各种津贴补贴等开支标准，使行政事业单位支出有章可依，财务管理状况有所好转。

1980年起，中央对地方实行"分级包干"的财政体制，东阳县财税局对行政事业单位也全面实行"核定预算、包干使用、结余留用"的预算包干办法，对事业经费实行"基数加增长"的预算总额核定办法，对行政单位则分别对人员经费、公用经费和专项经费进行核定，其中公用经费实行定额包干办法。

2002年，为了强化政府宏观调控，优化财力资源配置，依法规范理财，东阳市政府决定推行财政综合预算管理改革，实现财政性资金的"统一预算、统一管理"，年度预算编制取消基数法，按"零基预算"的方法编制，分别对人员经费、公用经费、事业发展经费和专项经费进行核定，其中公用经费实行按定额核定的办法。

2005—2008年，根据中央关于加强公安、人民法院、人民检察院和基层司法机关工作的决定精神，浙江省财政厅会同相关部门先后制定了公安、法院、检察院、司法等机关的公用经费保障标准，确定县（市）级机构年人均最低标准不低于30000元（含日常公用经费和业务经费），并随财政收入的增长逐步提高。

2016年，东阳市政府决定实施机关公务用车制度改革，各机关单位除配备必需的执法和特殊专用车辆外，一律不得配备公务用车，车辆经费相应减少。

2017年，为了鼓励行政事业单位工作人员公务出行乘坐公共交通，加强公务出行交通安全保障，根据省财政厅有关文件精神，东阳市财政局出台了行政事业单位公共交通意外保险制度，对行政事业单位在编在职工作人员按每人每年30元(一份)的标准购买公共交通意外险,保险费用由市财政统一结算支付。

2018年起,东阳市级行政事业单位执行日常公用经费支出预算标准体系,细化日常公用经费预算定额,厘清日常公用支出与专项公用类项目支出的界限,制定了按经济分类科目“商品与服务支出”类下的20个款级公用经费科目的支出预算标准,包括人均标准、物均标准、限额标准和比例标准等四类。

**四、项目经费预算**

项目经费是指行政事业单位除基本支出经费(人员经费和公用经费)外具有专门用途的事业建设发展或行政专项工作所需的经费。

自中华人民共和国成立以来,在整个计划经济时代,主要的项目支出就是基本建设和更新改造等经济建设方面的支出,并实行中央集中统一管理,地方少有机动财力安排项目支出。

1980年,中央对地方及地方各级实行了“划分收支、分级包干”的财政体制后,县级财政方有部分机动财力,可以在国家计划之外实施一些自筹的基本建设项目或其他事业发展性项目。

1988年起,为了防止行政事业单位基本支出与项目支出混用并相互挤占,对年度项目支出预算指标单列,实行单独管理,专款专用,如项目取消,专项经费应缴回财政,如项目已完成尚有经费结余,结余款项可留单位,但须经财政部门批准后安排使用。

2002年,东阳市政府推行财政综合预算管理改革,对项目经费根据事业发展需要和财力可能进行细化核定。

2003年,为了规范和加强市级行政事业单位项目支出预算管理,市财政局制定《东阳市市级部门项目支出预算管理试行办法》,实行分类管理,将支出项目分为经常性支出项目、建设性支出项目和发展性支出项目三类,按照“统筹安排、量力而行,合理排序、专款专用,分类管理、追踪问效”的原则,对项目申报、项目审核、项目预算核定与实施、项目实施监督与考核等四个阶段实施管理。

2008年,根据省财政厅的有关规定,市财政局修订出台《东阳市项目支出预算管理办法》,将支出项目分为专项公用类项目和发展建设类项目两类,实行项目库管理制度,并将项目库分为市级部门项目库和财政项目库,申报和审核的支出项目将按轻重缓急排序分别从项目库中筛选,并对项目库实行滚动管理,对列入预算安排的项目实行绩效评价。

2018年起,试行项目支出预算标准化,细化项目支出预算编制,通过规范项目命名、建立项目支出标准体系、编写项目申报指南、推行财政专项资金分配管理系统等方法,进一步规范单位项目支出预算的编报,提高项目支出预算编制和管理的科学性。

表2-3-1-9

## 2018年年末东阳市财政支出机构人员基本情况表

| 预算科目 | 年末机构人数（个） | 年末人数(人) | | | 其中： | | | | | | | | | 年末学生人数（人） |
|---|---|---|---|---|---|---|---|---|---|---|---|---|---|---|
| | | 合计 | 在职人员 | 离休人员 | 一般公共预算财政拨款开支人数 | | | 一般公共预算财政补助开支人数 | | | 经费自理人数 | | | |
| | | | | | 小计 | 在职人员 | 离休人员 | 小计 | 在职人员 | 离休人员 | 小计 | 在职人员 | 离休人员 | |
| 一般公共服务支出 | 77 | 1635 | 1623 | 12 | 1361 | 1349 | 12 | 274 | 274 | | | | | |
| 公共安全支出 | 6 | 1129 | 1128 | 1 | 1091 | 1090 | 1 | 38 | 38 | | | | | |
| 教育支出 | 96 | 6899 | 6891 | 8 | 12 | 12 | | 6887 | 6879 | 8 | | | | 107248 |
| 科学技术支出 | 3 | 26 | 26 | | 15 | 15 | | 11 | 11 | | | | | |
| 文化体育与传媒支出 | 14 | 279 | 278 | 1 | 46 | 46 | | 190 | 189 | 1 | 43 | 43 | | |
| 社会保障和就业支出 | 20 | 297 | 288 | 9 | 185 | 178 | 7 | 112 | 110 | 2 | | | | |
| 医疗卫生与计划生育支出 | 31 | 4982 | 4968 | 14 | 150 | 148 | 2 | 4832 | 4820 | 12 | | | | |
| 节能环保支出 | 4 | 77 | 77 | | 30 | 30 | | 47 | 47 | | | | | |
| 城乡社区支出 | 13 | 444 | 444 | | 237 | 237 | | 207 | 207 | | | | | |
| 农林水支出 | 27 | 783 | 782 | 1 | 347 | 346 | 1 | 436 | 436 | | | | | |
| 交通运输支出 | 6 | 196 | 196 | | 11 | 11 | | 185 | 185 | | | | | |
| 交河勘探信息等支出 | 7 | 93 | 93 | | 64 | 64 | | 29 | 29 | | | | | |
| 商业服务业等支出 | 4 | 37 | 37 | | 27 | 27 | | 10 | 10 | | | | | |
| 金融支出 | 1 | 4 | 4 | | | | | 4 | 4 | | | | | |
| 国土海洋气象等支出 | 8 | 176 | 176 | | 111 | 111 | | 65 | 65 | | | | | |
| 粮油物资储备支出 | 2 | 13 | 13 | | 10 | 10 | | 3 | 3 | | | | | |
| 合计 | 319 | 17070 | 17024 | 46 | 3697 | 3674 | 23 | 13330 | 13307 | 23 | 43 | 43 | | 107248 |

## 第二节　节减财政支出

正确处理需要与可能的矛盾，以有限的财政资金最大限度地满足人民群众物质和文化的需求，是做好财政工作永恒的主题。我们党和国家历来倡导艰苦奋斗、勤俭建国的优良作风，财政分配坚持“勤俭办一切事业”方针，紧紧围绕党委政府的工作重心，实行有保有压，保民生，保重点，压缩行政成本，压缩一般性支出，确保财政收支平衡。特别是党的十八大以来，坚持反对“四风”，推行“八项规定”，使财政支出效率不断提高。

### 一、行政经费控制

中华人民共和国成立初期，国家建立和完善了行政经费管理的相关法律和制度，各级政府重视行政管理费的节约使用和监督管理，发扬艰苦奋斗的优良传统。

1953年，扩大地方预算管理权限，实行中央、省、县三级财政管理体制，大区改为中央派出机构。政务院及财政部公布了《关于各级人民政府工作人员福利费掌握使用办法的通知》《各级国家机关单位预算会计制度》以及关于财政分级后各行政事业部门财务开支标准、管理办法等规章制度。

1954年，省财政厅制订了《浙江省行政机关经费供给标准》，1955年9月颁发《浙江省国家机关行政经费开支标准》，规定行政费与事业费、办公费与业务费不准互相挤占，执行定员定额，坚持按标准开支、超标准不予报销、结余上缴同级财政的财务管理办法。

1958年起，根据当时经济形势，对行政机关财务管理工作的中心是压缩和节减行政费支出，中共中央和国务院接连发出《关于冻结、清理机关团体在银行的存款的指示》《关于大力压缩社会集团购买力的指示》《关于厉行节约的紧急规定》《关于严格控制财政管理的决定》等等一系列措施，主要包括：下达和压缩节约经费指标，严格控制社会集团购买力支出；精简临时机构和行政人员编制，控制人头费支出；抓紧冻结存款的清理；不准请客送礼，制止滥发奖金、补贴、实物；加强定员定额管理，从单位预算中扣除设备购置费、会议费、大部分修缮费、一部分办公费；严格审批手续，控制预算经费拨款等。1960—1965年，根据“精兵简政”原则，通过严格控制行政机关人员经费支出，全县财政行政管理费支出持续下降。

1977年，东阳县财税局对各区、公社的行政经费实行“总额控制、分级审批”制度，每个单位全年总数不得突破100元，一次支出50元以下的由各财税所审批，超过50元的报县财税局审批。

1979年起，东阳县财税局对全县各区、公社的公杂费、水电费、自行车修理费、邮电费、会议费等行政经费支出实行定额包干办法。

1980年起，对行政机关由“核定预算、实报实销、年终结余收回财政”的办法，改为“核定预算、包干使用、结余归单位”的办法，各单位可从增收节支的结余中提取一定比例的奖励金，用于集体福利和个人奖励。

1983年，浙江省政府针对事业行政经费使用中存在的突出问题，印发《关于加强事业行政经费使用管理的通知》，重申以下规定：严格财务制度和开支标准；控制基本建设投资；严格奖金、津贴、补贴、劳保福利、制作服装等涉及个人待遇的发放范围和发放标准；控制非生产性购置；严禁私设“小金库”；坚决制止公费旅游等不正之风。

1985年，针对各地各部门滥发奖金、补贴和实物，相互攀比，名目越来越多，标准越来越高，消费基金猛增的情况，党中央、国务院三令五申，接连发出紧急通知，浙江省政府印发《关于坚决制止滥发奖金、补贴、实物的紧急通知》，明确规定工资管理政策以及奖金、补贴的发放项目、范围和上限标准。

1988年，省财政厅印发《浙江省行政经费“预算包干”办法(试行)》，对人大、政府机关、党派团体等行政单位试行综合定额加专项补助的预算包干办法，经常性经费(包括人员经费和公用经费)的支出实行综合定额管理，结余留用，超支不补；专项工作需要的专项支出实行专项安排，专款专用，并实行专项经费跟踪反馈办法。

1989年，根据行政经费支出增长迅猛的情况，财政部对各地实行行政经费支出总额控制的办法，浙江省财政厅分配东阳全年行政经费支出控制指标463万元，同时，要求严格控制机构和人员编制、严格执行各项开支标准、社会集团购买力比上年压缩20%、大力压缩会议费等公用经费开支等。同年10月，根据收入增幅趋缓、支出居高不下、财政收支平衡形势严峻的情况，浙江省政府下发《关于坚决节减财政支出的通知》，要求各财政拨款单位的经费支出，除人员经费外，其他各项开支在当年第四季度都要在预算的基础上节减5%，并提出了控制人员、规范收费、清理报刊等节支措施。

1997年起，浙江省财政厅对各地行政费支出进行了考核，并制定行政费考核办法，设定“行政费总量增长水平”“行政费支出占财政支出的比重”“财务管理目标”3项考核指标。

1999年起，针对各级党政干部外出考察活动频繁的情况，东阳市委、市政府印发《关于严格控制党政干部外出考察活动的通知》，严格控制组团考察、出国学习、因公出差和外出培训等活动，实行分级报批制度。后又连续下发多个文件重申。

为了贯彻执行中共中央、国务院《关于进一步加强和完善机构编制管理严格控制机构编制的通知》和国务院《地方各级人民政府机构设置和编制管理条例》精神，2007年，浙江省委、省政府印发了实施意见，规定行政编制实行总量控制、分级管理，要求到2011年，实现行政编制数、实有人数、财政供养人数一一对应。2012年，为了进一步严格控制机构编制，严肃机构编制纪律，东阳市委、市政府印发《关于严格控制机构编制的实施意见》，对机构设置管理、编制总量管理、编制管理制度执行、严肃机构编制纪律等作了明确规定。

2009年，东阳市委、市政府印发《关于坚决制止公款出国(境)旅游的通知》，要求从严掌握因公出国(境)任务安排，大力压缩因公出国(境)经费。

2012年，为了加强党政机关公务用车管理，在组织全市党政机关公务用车全面清理的基础上，根据省委、省政府印发的《浙江省党政机关公务用车配备使用管理办法》，对党政机关公务用车重新定编，按照“从紧从严、总量控制”的原则，经省公车治理领导小组会议审批，重新核定东阳党政机关公务用车编制总量控制数793辆，其中一般公务用车503辆、执法执勤用车290辆。直至2016年东阳市委、市政府决定实施公务用车改革。

2014年，根据推进节约型机关建设的要求，市委、市政府印发了《东阳市党政机关厉行节约反对浪费实施细则》，按照“从严从简、依法依规、实事求是、公开透明”的原则，对经费管理、出差出国、公务接待、公务用车、会议活动、办公用房、资源节约等方面作出了具体规定，并要求各部门单位认真执行，严格督查，建立责任追究制度。

2018年，浙江省财政厅根据省政府加强作风建设的要求和“2018年起各级政府文件、会议数量和会议经费原则上不得增加”的规定，印发《关于加强会议经费控制的通知》，规定2018—2022年各地每年会议经费总额原则上不得超过2017年会议费的决算数，财政部门要牵头做好会议经费预算管理工作。

## 二、清理和规范津贴补贴

改革开放以后，由于对机关事业单位实施预算包干的财务体制，形成在一些机关事业单位之间的职工收入和福利待遇差距逐步扩大，特别是在工资外的各种津贴、补贴的发放上，存在相互攀比、巧立名目、扩大范围、擅定标准、管理混乱等情况，为此，浙江省政府于1995年11月印发《关于加强对机关事业单位各种津贴补贴管理的通知》，要求对现行各种津贴补贴的资金来源和发放情况进行一次全面清理，进而规范资金来源，控制发放标准和范围，健全管理制度。

2007年，为了适应公务员工资制度改革的要求，规范公务员收入分配秩序，根据浙江省纪委会同财政厅等五部门联合印发了《关于规范公务员津补贴问题的通知》精神，东阳市政府组织相关部门按要求进行了清理和规范，按照“规范有序、宏观调控、统筹兼顾、严肃纪律”的原则，在清理归并现有津贴补贴的基础上，通过行政手段，逐步建立规范有序的津贴补贴发放、调控和监督制约机制，运用“削峰填谷”的办法，将不同部门、镇乡之间相同职级公务员收入的水平基本相当。通过清理和规范，对违反规定或超范围超标准发放的津贴补贴予以取消，对其他津贴补贴项目进行归并，归并为工作性津贴和生活性补贴两类，其中工作性津贴分为按职级确定标准发放和按绩效考核发放两部分，同时，规范奖励性补贴和特殊岗位津贴，暂时保留改革性补贴，并适当提高离退休人员津贴补贴的发放水平。通过清理、核实、规范，省核定东阳公务员津贴补贴平均水平为42275元/人·年。清理和规范津补贴后，实行“预算控制、审批发放、专户统发”的管理方式，任何部门和单位均无权制定和出台相关政策，今后需要统一调整津贴补贴必须报省政府批准后执行。

## 三、公务用车制度改革

根据中共十八大和十八届三中全会精神，2013年11月，中共中央、国务院印发《党政机关厉行节约反对浪费条例》。为加强节约型机关建设，按照上级部署，东阳市委、市政府自2016年起推行公务用车制度改革工作。

### （一）机关公务用车改革

2016年9月，东阳市委、市政府决定首先在机关开展公务用车改革。参加改革范围为：市级党委、人大、政府、政协、审判机关、检察机关、群团机关、乡镇机关、参照公务员法管理事业单位及其在编在岗的县处级及以下机关公务员、参公人员和行政编制工勤人员。改革办法：一是取消一般公务用车，仅保留部分特种、特需和执法车辆；二是市域内公务出行给予公务交通补贴：处级1040元/每人每月、科级650元/每人每月、科级以下（含工勤人员）500元/每人每月；三是市外省内出差可实行定额报销或按差旅费有关规定执行，省外按差旅费有关规定执行；四是公务交通补贴列入财政预算，随工资按月发放；五是除按规定予以保留和报废的车辆外，其他车辆实行公开拍卖；六是对原司勤人员给予妥善安置。

全市车改工作于2016年年末全部到位，参改车辆788辆，继续保留公务用车451辆，其余337辆均实行公开拍卖处置，相关司勤人员作了分流安置，并由机关事务管理局牵头建设留用公务车辆的集中统一管理平台。

为了规范公务用车制度改革后的公务交通费使用管理，2016年10月，市财政局会同人力资源和社会保障局印发《东阳市公务交通费管理暂行办法》，公务交通费包括发给个人的公务交通补贴和单位集中使用的公共交通费两部分，单位公共交通费按公务交通补贴的15%核定，其中50%列入部门预算，50%列入机关事务局预算（按实际用车情况结算），实行“总额包干、专款专用、超支不补、结余留用”的办法，主要用于重要或特殊的公务活动和工作人员到补贴区域外出行所需的租车或定额报销费用。

### （二）非参公事业单位公务用车改革

2018年，东阳市政府印发《东阳市事业单位公务用车制度改革实施意见》，启动事业单位公务用车制度改革工作：一是取消一般公务用车，保留必要的特种专业技术用车和业务用车；二是按照报销公务交通费用保障公务出行的岗位和人员原则上维持现有方式，对于界定为事业单位副厅级及以上实职领导人员可发放公务交通补贴；三是根据改革前车辆数量、运行成本和交通费支出情况合理确定公务交通费用报销额度；四是妥善安置司勤人员，规范处置取消车辆。全市共有355家事业单位参加车改，参改车辆562辆，改革后保留公务用车526辆，取消36辆，分流司勤人员12人，改革前后公务交通费用节支率4%。

### （三）国有企业公务用车改革

2018年，东阳市政府印发《东阳市国有企业公务用车制度改革实施意见》，启动国有企业公务用车改革工作。一是一律取消企业负责人配备公务用车，日常经营业务活动以公共交通、社会化方式保障，实行按年度计算的报销标准内据实报销；二是公务交通报销标准根据企业实际情况提出方案，报主管部门审核后确定；三是取消与经营和业务无关的车辆，推行企业经营和业务活动用车保障方式向社会化、市场化改革；四是妥善安置司勤人员，规范处置取消车辆，完善企业公务交通保障制度。全市75家国有企业、5家企业化管理事业单位和7家集体所有制企业实施了公务用车制度改革，参改车辆132辆，改革后保留108辆，取消24辆，分流司勤人员13人，改革前后公务交通费用节支率11.6%。

## 第三节　公务经费开支管理

行政事业单位公务经费的支出管理主要是通过制定和执行公务方面相关费用的开支标准实施管理。经费开支标准是行政事业单位费用开支的范围和额度。行政事业单位公务经费的支出主要有差旅费、会议费、培训费、业务招待费、夜餐费、福利费等。

### 一、差旅费

差旅费主要是指工作人员因公出差而发生的乘坐交通工具、住宿、伙食补助等费用开支。

1955年10月，浙江省财政厅制订了差旅费开支标准：

车船费　凡因公出差有车船地区均可搭乘火车轮船者，13级以上人员（省长及相当省长级人员之随行的机要人员、警卫员，下同）坐软席车、舱，14级以下人员坐硬席车、舱，夜间通宵乘火车者，准购同席卧铺。按各该等级车船规定票价实报实销。

途中伙食补助费　徒步或乘坐车船达1天里程者，13级以上人员补助1.80元，14级以下人员补助1.50元（各地可根据本地区实际生活水平在0.50元至1.50元内作具体规定），徒步或乘坐车船不足1天者，按所用餐数补助（早餐按上述标准五分之一，中、晚餐各五分之二）；乘坐火车通宵者补助1元（乘卧铺者不发），夜间6时以后乘车超过4小时者，补助0.50元。

旅馆费　因公出差到达地区应住机关招待所，如不能住机关招待所者，可住旅馆。一般应开支普通房间费，并按实报销。

住勤费　因公出差至省外生活程度较高的大城市或边疆地区，如北京、上海、福州、天津、南京、厦门、广州、重庆、昆明、兰州、西安、沈阳、武汉、哈尔滨、大连等城市，每人每天补助0.20元。省内不享受物价津贴地区的人员因公出差到享受物价津贴地区，每人每天补助0.05元。出席会议不发住勤费。

工作人员调遣旅费　被调工作人员及随同迁移的直系家属之车船费、旅馆费，均按出差标准开支，家属途中伙食补贴按14级以下人员标准补贴，行李费一律按本人不超过80千克，家属不分大小人每人不超过30千克，据实报销。

1964年7月，浙江省财政厅对差旅费开支标准进行了修订：

车船费、旅馆费标准

| 项目 | 交通费 | | | 旅馆费 |
|---|---|---|---|---|
| | 火车 | 轮船 | 其他工具 | |
| 副省长及7级以上人员 | 软席车 | 一等舱 | 按实支报 | 套间或单间 |
| 副厅(局)长及13级以上人员、4级以上工程师 | 软席车 | 二等舱 | 按实支报 | 二等或普通房间 |
| 其余人员 | 硬席车 | 三等舱 | | 普通房间 |

说明:"其他人员"严格控制乘坐飞机;因公出差的市内交通费,一般应乘电车或公共汽车,如因深夜或携带公物等,可以改乘三轮

出差省内的途中伙食补助和住勤费　①工作人员出差的途中伙食补助(不分等级)按以下标准开支:乘火车,每人每天补助1.50元;乘汽车、轮船或步行,每人每天补助1.20元;如出差在途不足1天,按餐计算。如通宵乘坐火车,可购同席卧铺票,如买不到卧铺票的,每人每夜增发1.50元补助费。出差在沿途转车、候车期间,在1天内按在途伙食补助标准报支;超出1天的,其超出天数按住勤费报支。②住勤费:省内县(市)境外出差到市(地)、县(市)人民委员会驻在地的城镇,每人每天补贴住勤费0.40元;凡出差到市(地)、县(市)驻在地以外的镇或农村,每人每天补贴住勤费0.20元。出县参加会议,凡不享受会议伙食补贴者,可回原单位报销住勤费。

出差省外的途中伙食补助和住勤费　①途中伙食补助:工作人员出差乘坐飞机、火车不分地区每人每天补助1.50元。乘坐轮船、长途汽车及其他交通工具或步行,按照出差地区分类,到第一、二类地区每人每天补助1.20元,到第三类地区每人每天补助1.50元,到第四类地区每人每天补助2.00元,到第五类地区每人每天补助2.50元。②住勤费:到专署所在地市以上城市和工矿、林区的,不分在机关内或机关外就餐,按地区类别标准发给住勤费。

1977年,浙江省财政金融局对差旅费开支标准再作修订:国家机关科级(指县属科、局级)以上干部因公出差,可以乘坐飞机,其他工作人员因公出差需要乘坐飞机的,须经相当于县级领导批准;工作人员出差的途中伙食补助费,不分职级,不分地区,也不分乘坐何种交通工具或步行,一律按在途期间,每人每天补助1.20元,夜间乘坐火车、轮船不买卧铺票的,每人每夜加发补助费1.20元;工作人员出差的住勤费,不分职级,也不分城市和集镇,一律按从一类地区出发到一类地区的,每人每天补助0.60元,到二类地区的,每人每天补助0.70元,到三类地区的,每人每天补助0.90元,到四类地区的,每人每天补助1.20元;工作人员在省内出差住勤费标准为每人每天补助0.60元,毗邻县出差,当天往返不足4小时的,应减半发给,县境范围内出差,每人每天补助0.30元,当天往返不足4小时的,应减半发给,往返时间短,不需要在外用膳的,不发住勤费;区工作人员在区所在地的公社范围内工作,比照公社干部处理,公社干部在公社范围内工作,可在每人每天0.10元内补助,由县(市)制定。次年,因主要副食品价格提高,东阳财税局根据上级规定调整了补助标准:途

中伙食补助提高到1.5元；住勤费按地区分类相应提高；县境内出差每人每天补0.5元；区内出差补0.3元；公社内出差补贴0.15元；区、公社工作人员实行包干补贴办法，每人每月山区补助4.50元，平原补助3.8元；汽车驾驶员在县内出差按每百公里补助0.5元；对金华、杭州、上海来回实行固定补贴办法。

1980年，规定对符合乘坐卧铺而不买卧铺票的，给予按票价30%的夜间乘车补助费；工作队或蹲点在外地工作一个月以内按住勤费标准补助，超过一个月减半；到农村出差，在农民家搭伙，应向农民交纳伙食费每人每天0.5元，早餐0.1元，中晚餐各0.2元。

1984年，对出差住宿费的标准作了修改，即一般工作人员出差应住普通房间，所需床位费用，经单位领导批准按实报销。

1989年，根据改革开放后社会经济发展变化的实际情况和省财政厅颁发的差旅费开支规定，市财税局印发《东阳市行政机关、事业单位工作人员差旅费开支暂行规定》，主要规定如下：

交通费　工作人员出差，不分职务级别，乘坐火车为硬度车，轮船为三等舱，一般不得乘坐飞机，不论省内省外不得乘坐出租小汽车，市内交通费每人每天1元包干使用。

住宿费　采取限额控制办法，住宿费的限额等级标准(元)：

| 出差地点<br>职级别 | 深圳、珠海 | 本省杭、宁、温及出省 | 出市省内其他地区 | 市内 |
|---|---|---|---|---|
| 副市长及相当于该职级以上人员 | 25 | 20 | 15 | 8 |
| 其他人员 | 20 | 15 | 12 | 5 |

限额以内凭据报销，节约部分奖励50%，超过部分自负50%。

伙食补助费　省外一般地区每人每天4元，深圳、珠海7元；省内每人每天4元；市内每人每天2.4元；区内每人每天0.8元；乡内每人每天0.6元。区乡干部仍实行包干，包干标准为每人每月13元。驾驶员出差与一般工作人员相同。

此外，对长期驻外工作人员、不脱产人员和工作人员调动等都作了具体规定。

1997年，东阳财政局根据省厅相关文件精神，自1月1日起，对市级国家行政机关、执行国家机关公务的事业单位和乡镇人民政府工作人员，实行本市范围内出差伙食补助费定额包干办法，包干标准为每人每月45元，不再实行凭据报销。不列入包干范围的公务出差，仍按差旅费规定按日计发伙食补助费。

2003年，根据省财政厅印发的《浙江省行政机关工作人员差旅费开支规定》，重新修订了《东阳市行政机关工作人员差旅费开支规定》，一是住宿费实行限额内按实报销，取消限额内节约部分给予奖励的办法，超过限额的自负30%；二是规定了出差期间杂费(包括市内交通费和通讯费等)的开支标准，省外出差每人每天15元限额内凭据报销，省内出差10元，单位自备车出差的，省外每人每天6元，省内4元；三是伙食补助费需凭住宿费票据报销，无住宿票据的不发伙食补助费，当天来回的适当提高伙食补助费；四是市内出差增加发放交通费每人每月25元，不再发给伙食补助费；五是驾驶员在市内出差与工作人员一样实行定额包干，另实行定额补助和行车路程补贴相结合的行车补贴办法，定额补贴为每人每月200元，路程补贴为每千米5分，考核发放。事业单位参照执行。

2014年，为了贯彻落实中共中央国务院《党政机关厉行节约反对浪费条例》，加强机关工作人员差旅费管理，统一和规范差旅费开支标准，东阳转发执行省财政厅重新制定的《浙江省机关工作人员差旅费管理规定》，明确差旅费包括城市间交通费、住宿费、伙食补助费和公杂费等，对相关标准作了重新规定，并实施凭据报销和定额包干相结合的管理办法。

城市间交通费　按职级乘坐交通工具：①副厅及相当职级人员：火车可乘软席，高铁或动车可乘一等座（全列软席为一等软座），轮船二等舱，飞机经济舱，其他交通工具凭据报销；②其余人员：火车可乘硬席，高铁或动车可乘二等座（全列软席为二等软座），轮船三等舱，飞机经济舱，其他交通工具凭据报销。

住宿费　实行分职级和分地区的限额标准控制，出差地区的限额标准由财政部统一公布；并规定副处级及以上职级人员可住单间或标准间，一人一间，其他人员应两人住一个标准间。

伙食补助费　省外出差按财政部公布的分职级和分地区伙食补助标准包干使用，省内出差按财政部公布标准内据实报销，无餐饮发票的，按每人每天30元标准补助，并规定出差人员应当自行用餐，如接待单位协助安排用餐，应当自行支付伙食费。

公杂费　包括市内交通费和打印、复印、传真、寄送等费用，省外出差按每人每天80元包干使用，省内出差在每人每天60元标准内据实报销，无发票的按每人每天30元标准补助。

此后，为了便于执行操作，根据各地反馈意见，省财政厅连续下发了几个《问题解答》和调整规定。

2016年，实施机关公务用车制度改革后，对机关工作人员开展公务活动实行发放公务交通补贴制度，本市内下乡、出差不再报销差旅费或固定包干补贴；对到市外省内出差，实行区域间交通费定额报销办法。

2017年，市财政局根据省财政厅的差旅费管理规定，制定印发了《东阳市机关工作人员差旅费管理规定》，调整了以下内容：住宿费仍执行出差地分级别分地区限额标准，县乡副科级以上领导人员可一人住一间；伙食补助费按财政部公布的标准包干使用，西藏、青海、新疆每人每天120元，其他地区100元，省内出差不再凭票报销；公杂费不分省外省内，一律按每人每天80元标准包干使用。

### 二、会议费

行政事业单位会议费按照会议级别和性质划分会议经费的开支渠道（或承担对象）和开支标准，浙江省财政厅规定对会议费开支划分的基本原则是：各级人民代表大会、党的代表大会、政协全体会议及各民主党派代表大会，由同级政府行政经费开支；县以上各级政府召开各种专业性工作会议及县以上召开的劳模、积极分子及先进工作(生产)者会议，县以上工会、共青团、妇女、青年、民兵、烈军属代表会议，由召开会议的部门按会议性质分别列入有关费用(行政经费、事业费、企业管理费)内开支；行政、事业、企业单位混合召开的会议，可按参加会议人数比例分摊，列入有关费用开支。会议费主要由会议伙食补助和公杂费组成，其开支标准随经济社会发展变化而历经调整。

1955年，浙江省制订的会议费开支标准规定：①参加各级人代会代表，其本身系国家工作人员者，应按平日伙食标准自行交费，其不足的差额由公家报销。②其他各种会议伙食根据单位条件，分甲、乙两种伙食标准(甲种收费0.50元、乙种收费0.30元，外加规定伙食补贴)，由出席人员自行选择缴纳。③除人代会外，其他各种代表会议凡无工作机关或不由公家供给，亦不领取工资的会议出席人员，其伙食费，除按规定标准开支会议伙食补助外，其自缴伙食部分每人每天按0.30元由公家报销。④会议列席人员及服务人员伙食及公杂费，一律与出席会议人员标准同。⑤区召开各种布置及总结工作会议，凡参加会议人员均应自带伙食，但个别群众、积极分子缴纳有困难者，由区领导批准按机关普通伙食列报。公杂费按出席人数在规定的限额标准内实报实销。具体伙食补贴和公杂费开支标准如下：

| 会议类别 | 伙食定额 | 伙食补贴 | 公杂费 |
| --- | --- | --- | --- |
| 县级人代会 | 0.55 | | 0.10 |
| 县级党代会及全面性会议 | | 0.15 | 0.05 |
| 县级群众团体代表会、干部扩大会议 | | 0.10 | 0.05 |
| 区级工作布置或总结会议 | | | 0.02 |

说明：以上开支标准除人代会之外，系除去本人自缴伙食外的增加补贴部分

1964年，浙江省财政厅修订会议费开支标准，实行会议分类管理，规定县级各部门召开的专业性会议一般不开支会议伙食补贴，可开支每人每天0.05元的公杂费。县级会议费标准如下：

| 会议类别 | 会议名称 | 级别 | 会议伙食标准 | | 公杂费 |
| --- | --- | --- | --- | --- | --- |
| | | | 合计 | 其中补贴 | |
| 第一类 | 县级人代会、党代会、政协全体会议、各民主党派代表会议 | 县级 | 0.90 | 0.50 | 0.12 |
| 第二类 | 团、工、妇、民兵、工商联、烈军属代表大会，劳模及先进工作者会议等 | 县级 | 0.80 | 0.40 | 0.08 |
| 第三类 | 其他工作会议 | 县级 | 0.65 | 0.25 | 0.05 |

说明：自交伙食费每人每天0.40元

1977年，东阳县财税局转发财政部《关于严格执行会议费规定的通知》，规定召开会议应由召

开会议的单位开支会议费，不得转嫁参加单位，不属会议开支的费用不得挤入会议费开支，不准超标准开支会议费，不准以会议名义请客招待，会议期间不准游山玩水，不准给代表赠送礼品等。

1978年，为了贯彻“勤俭建国”方针，发扬艰苦朴素的革命传统，东阳县财税局出台了对行政、事业、企业单位会议费开支的管理规定，包括召开会议应当贯彻节约的原则、会议事前编制预算及审批制度、会议费开支范围和标准等作了具体规定。

1979年以后，因副食品价格变动因素，东阳财税局对会议费伙食补助标准作了多次调整。

1997年，东阳市财政局在调整会议费标准中规定，要控制会议工作人员，一类会议控制在15%以内，其他会议控制在10%以内；为鼓励节约开支，与会人员不参加住宿的，按会议伙食补助标准的60%补贴给个人。

2003年，东阳市财政局印发《关于加强会议经费支出管理的通知》，进一步明确了召开会议的审批权限，会议工作人员比例调整为一类会议不超过15%、二类会议不超过10%、三类会议不超过5%，会议场租费、资料费等按实报销，不得以会议名义发放纪念品或进行高消费娱乐活动。

2013年起，全市建立会议费和“三公”经费支出情况月报制度。

2014年，根据中共中央、国务院《党政机关厉行节约反对浪费条例》等规定精神，市财政局重新制定了《东阳市机关事业单位会议费管理规定》，明确会议费包括住宿费、伙食费、场租费、交通费和文件资料印刷费等，其中伙食费按标准控制，住宿费和其他费用实行综合控制，一、二类会议按规定列入部门预算专项支出，三类及其他非全市性业务会议原则上由主办单位在其公用经费中支出，不另行安排经费。至2018年，会议费用标准如下（单位：元/天·人）：

| 会议类别 | 住宿费 | 伙食费 | 其他费用 | 合计 |
|---|---|---|---|---|
| 一类会议 | 250 | 150 | 100 | 500 |
| 二类会议 | 200 | 130 | 100 | 430 |
| 三类会议 | 180 | 120 | 100 | 400 |

### 三、培训费

改革开放以后，在职干部职工参加各类学习培训活动渐增，1984年，为了鼓励干部职工积极参加学习培训，培养有知识的人才，规范培训费支出，东阳县财税局下发《关于干部教育经费开支的暂行规定》，其中参加短期培训班而必须在培训单位用膳的，可按省外每人每天0.40元、省内每人每天0.30元、县内0.20元的标准给予伙食补助，培训用的参考资料和学习用品自理，途中可按差旅费规定报销。此后，培训费列支标准历经调整。

2014年7月，根据上级加强党政机关培训费管理的要求，市财政局重新制定印发了《东阳市行政事业单位培训费管理规定（试行）》，明确培训费包括住宿费、伙食费、培训场地费、讲课费、培训资料费、交通费和其他费用等，实行总额控制办法，按培训举办地不同实行分类分项确定控制上限标准,可在总额内调剂使用,五天以内的培训按标准控制,五天以上按标准的80%控制。同年9月,东阳市财政局会同人力资源和社会保障局印发《关于因公短期出国培训经费管理的规定》,因公短期出国培训是指各单位因公选派人员到国外进行90天以内的业务培训。因公短期出国培训应按规定报批。费用开支范围包括:培训费、国际旅费、国外城市间交通费、住宿费、伙食费、公杂费和其他费用,住宿费、培训费在规定的标准内据实报销,其他费用参照《浙江省因公临时出国经费管理规定》执行。

2016年起,全市实行培训费支出定期申报制度。

至2018年,培训费开支控制标准如下(单位:元/天·人):

| 培训举办地 | 住宿费 | 伙食费 | 其他杂费 | 合计 |
| --- | --- | --- | --- | --- |
| 举办单位所在地 | | 120 | 100 | 220 |
| 非举办单位所在地 | 180 | 120 | 100 | 400 |

其他杂费标准包含场地费、资料费和其他费用。另外,培训讲课费按以下标准(每学时最高标准)控制支付:中级技术职称及以下专业人员300元、副高级技术职称专业人员500元、正高级技术职称专业人员1000元、院士和全国知名专家1500元。

**四、夜餐费**

国家规定行政事业单位工作人员因工作需要在节假日加班或延长工作时间,应当采取补休或轮休的办法,一般不发加班工资或补贴,但对于延长工作时间至夜间11时以后的,可给予夜餐费或加班餐补贴。

1979年,东阳县财税局规定:工作到夜间11时以后的,可开支夜餐费每人每餐0.30元,11时以前一律不准开支;工作到凌晨2时 以后的,可开支夜餐费0.40元。后因物价变动因素,开支标准历经调整。

2009年1月1日起,浙江省财政厅规定夜餐费标准调整到每人每次15元,工作到凌晨4时的可补贴早餐费8元。

2016年,东阳市财政局印发《关于规范机关工作人员夜餐费开支管理的通知》,规定开支夜餐费的条件是仅限于工作人员因工作需要,经批准在正常工作时间外连续加班工作4小时及以上的;标准为:工作日晚上加班4小时及以上的,每人每次补助夜餐费40元、休息日加班的满4小时不到8小时的按1次补助、连续满8小时及以上的按2次补助;夜餐费在单位包干的公用经费中列支。

**五、其他公务经费**

**(一)因公临时出国人员补贴**

机关和事业单位工作人员因公临时出国的经费开支标准,一直执行国家和省的有关规定。改革开放以后,县级因公出国人员逐渐增多。

1981年，财政部修订了《因公临时出国人员国外伙食、住宿、公杂费预算标准》，按照不同国家和币别分别制定了伙食费、住宿费、公杂费标准，其中公杂费包括市内交通费、邮电费、小费、洗衣费、理发费等，在国外的食、宿费预算标准可以调剂使用，并规定预算标准不得包干给个人，有结余的外汇应当退还。

1984年，财政部将在外国期间的伙食费由实报实销的办法改为按不同比例实行包干办法，并规定先包干到出国团或组，结束后再向个人结算。

1992年，财政部会同外交部重新制定了《临时出国人员费用开支标准和管理办法的规定》，对伙食费、住宿费和公杂费开支标准进行了调整，并规定对伙食费可由出国团组选择是否采取包干办法。

1995年7月1日起，执行财政部新修订的临时出国人员费用开支标准和管理办法，新办法除调整伙食费、住宿费、公杂费开支标准外，新增以下补贴项目：

服装费　初次出国可按职务给予厅级及以下人员服装费补助700元，第二、三周年中有临时出国任务的，每周年给予一次150元补助，三周年为一期；

个人国外零用费　按离、抵国境之日计算，每次出国在15天以内的，每人发给30美元，超过15天的，从第16天起，按天计算，每人每天发给2美元；

出国人员乘坐国际列车，国内段按国内差旅费规定执行，国外段超过6小时以上的按自然天数计算，每人每天补助8美元；

此外，还规定了出国人员按职级乘坐交通工具的标准。

2001年，浙江省财政厅转发财政部《临时出国人员费用开支标准和管理办法》，对预算单位工作人员因公临时出国用汇一律纳入财政部门人民币预算限额管理；取消了对临时出国人员服装费补助的规定；对出国人员在国外的伙食费和公杂费按规定标准发给个人包干使用；住宿费在规定标准内按实报销；零用费调整为出国在10天以内的每人每天发给50美元，超过10天的从第11天起按每人每天发给5美元。

2014年，根据《党政机关厉行节约反对浪费条例》和财政部的有关精神，省财政厅会同外事办印发《浙江省因公临时出国经费管理规定》，一是因公临时出国实行经费预算总额和出国计划审批管理；二是出国经费实行凭据报销和定额包干相结合的管理办法，出国经费包括：国际旅费、国外城市间交通费、住宿费、伙食费、公杂费和其他费用等，其中：国际旅费，通过政府采购等方式，按规定标准乘坐相应交通工具，据实报销；住宿费，按职级标准由出访团组统一掌握，包干使用，超出部分个人承担30%；伙食费和公杂费，按规定标准发给个人包干使用；出国签证费等其他费用，凭据按实报销；三是出国的专项活动经费实行预算专项审核和审批。

2018年，根据浙江省财政厅有关规定，调整了国外61个城市的住宿费标准，并规定外方仅提供交通接待的，出国人员可按标准的40%领取公杂费。

### (二)业务招待费

在计划经济时期,公务接待中基本没有业务招待费支出,改革开放后,业务招待费支出渐渐增多,一般在包干的公用经费或预算外资金中列支。1998年,为了明确反映行政事业单位业务招待费的使用情况和支出水平,严格控制业务招待费支出,东阳贯彻执行财政部《行政事业单位业务招待费列支管理规定》和省财政厅的补充规定,明确业务招待费是指为执行公务或开展业务活动需要合理开支的接待费用,包括在接待地发生的交通费、用餐费和住宿费等。规定年度业务招待费开支不得超过本单位当年预算中"公务费"的2%,在政府预算收支科目中增设一个"业务招待费"目级科目进行核算并如实反映,不得列入其他费用支出项目。

2004年,东阳市委、市政府印发《关于基层接待工作的若干规定》,要求严格控制日常接待中使用香烟,一般会议一律不备香烟、水果、糖果和饮料,接待市内工作人员在镇乡(街道)机关食堂就工作餐,接待市外来宾实行"一事一批"。

2008年,东阳市委、市政府印发《关于进一步做好接待工作的通知》,规定了市外来宾的接待费用开支标准:(1)宴请,按出陪领导级别50~80元/餐·人;(2)便宴50~60元/餐·人;(3)工作餐40元/餐·人;(4)自助餐45元/餐·人。

2014年,为规范党政机关国内公务接待管理,厉行节约,反对铺张浪费,加强党风廉政建设,东阳市委、市政府根据上级有关精神印发《东阳市党政机关国内接待管理细则》,明确国内公务接待是指出席会议、考察调研、执行任务、学习交流、检查指导、请示汇报工作等公务活动所需的接待,要求控制接待范围、严格接待审批制度、控制陪同人数、规范用餐和住宿安排等,严禁超标准接待,公务接待费支出要公开并接受监督等。

2016年,东阳市委、市政府下发《关于进一步规范公务接待工作的通知》,要求严格控制陪同陪餐人数,严禁在一般公务接待中赠送礼品。

### (三)福利费

1957年,国务院《关于国家机关工作人员福利费掌管使用的暂行规定》,明确福利费的使用范围包括:解决工作人员的家属生活困难、家属患病医药费困难、家属死亡埋葬费困难及其他困难和补助集体福利事业费用等。

1965年,财政部会同内务部发布《国家机关和事业单位工作人员福利费标准问题的通知》规定,国家机关和事业单位工作人员福利费按工资总额2.5%提取,主要用于工作人员的生活困难补助和集体福利补贴。

1979年,浙江省财政厅会同人事厅印发《关于改进国家机关工作人员福利费掌管使用的通知》,提取比例调整为:县市级党政机关和人民团体按工资总额2.5%提取、镇及公社工作人员按工资总额2.7%提取、事业单位仍按工资总额2.5%提取;行政单位由人事部门统一掌管使用,事业单位福利费包干使用,结余留单位转下年继续使用,但不得超支。自次年7月起,机关、党派、团体的福利费提取办法改按发工资人数每人每月1.50元提取，事业单位不变。后计提标准历经调整。

自2013年1月1日起，东阳市财政局会同人力资源和社会保障局调整了行政机关工作人员福利费提取标准和管理办法，取消由财政统一提取管理的做法，由各单位按工资总额（含津贴补贴）及离退休费的3.5%提取，列日常公用经费“商品和服务支出——福利费”科目支出，由单位管理和掌握使用，主要用于工作人员生活困难补助、单位统一安排的职工体检、职工因病慰问及其他集体福利支出等。事业单位参照执行。

2015年1月1日起，东阳市财政局决定提高福利费提取比例至5%。

**（四）离休干部特需经费和公用经费**

1982年10月，国务院发布《关于老干部离职休养制度的几项规定》，对建国前参加革命工作的老干部实行离职休养制度，简称“离休”。离休干部生活待遇略为从优，除加发工资和生活补贴外，建立离休干部“特需经费”制度，东阳于次年1月1日起实施，凡有离休干部的单位，每年按每个离休干部150元的标准提取“特需经费”，并统一上缴老干部局集中掌握使用，用于解决离休干部的特殊困难和离休干部订阅报刊、组织参观和购置文娱活动用品等开支。行政事业单位列预算支出，企业单位列“营业外支出”。

1984年，东阳县财税局会同老干部局执行省财政厅和老干部局《关于加强对离休干部特需经费使用管理的通知》，规定了特需经费的具体用途，其中50元留老干部局统一掌握使用，另100元返还原单位作为老干部的报刊费、参观差旅费等，凭据报销，不能外出参观的可按80元的60%发给个人掌握使用。

1985年起，增加提取离休干部公用经费每人每年350元，规定公用经费和特需经费按照“按人提取、不平均使用”的原则，实行分开管理和分开使用。公用经费由原单位管理，特需经费上缴老干部统一管理使用。公用经费主要用于活动用品购置、订阅报纸杂志、组织学习、参观疗养及其他费用，其中50元可发给个人订阅报刊，200元可由个人凭票报销。特需经费主要用于全县离休干部活动设施建设、组织全县性活动、离休干部因病慰问及困难补助等。

后提取标准历经调整，自2014年起，公用经费提取标准提高到每人每年2000元，其中600元上缴市老干部局统一使用，其余留单位掌握使用。自2018年起，特需经费提高到每人每年1000元，其中500元上缴市老干部局统一使用，其余留单位掌握使用。

## 第四节　行政事业财务管理

行政事业财务是指行政事业单位在依法履行其职能的过程中进行筹集、分配和使用财政性资金的经济活动，它包括行政财务和事业财务，反映行政事业单位与国家、单位、个人之间所发生的经济关系。

行政事业财务管理是国家财政管理的重要组成部分，它的资金运动形式主要体现以国家为中心、以单位为基础的经济关系，因此，行政事业财务管理体制、管理形式与国家财政状况和财政管理体制是密不可分的。财政部门对行政事业单位的财务管理，按照“保障供给、精简节约、平衡收支”的原则和根据各个时期财政体制的变化，相应制定和贯彻执行各项财务管理制度和办法。

## 一、财务管理制度

中华人民共和国成立初的三年恢复时期，国家实行高度集中的财政体制，由财政部按大行政区划定各级地方政府收支，各单位的行政事业费支出按规定标准供给，实行实报实销，并逐级向上申拨和报销支出，直至财政部华东财政管理局。

1953年，扩大地方预算管理权限，实行中央、省、县三级财政管理体制，大区改为中央派出机构。此后，政务院、财政部颁布了一系列财政法规以及关于财政分级后各行政事业部门财务开支标准、管理办法等规章制度，浙江也相应制订实施办法，各级政府和行政事业单位逐步建立预算、决算制度，并规定行政事业单位支出必须坚持按标准开支、超标准不予报销、结余上缴同级财政的财务管理办法。

“一五”计划时期，财政对行政事业单位的财务管理工作重点是根据中央和国务院接连发出的《关于冻结、清理机关团体在银行的存款的指示》《关于大力紧缩社会集团购买力的指示》《关于厉行节约的紧急规定》《关于严格控制财政管理的决定》等政策，贯彻执行克服财政困难的一系列措施，包括：从单位预算拨款中扣除设备购置费、大部分修理费、一部分办公费、杂支费、会议费，并下达压缩和节约经费指标；精简各级机关和行政人员编制；制止请客送礼和滥发奖金；加强定员定额管理；抓紧冻结存款的清理；加强财务监督检查，严格财经纪律等。

1959年起，对各行政事业单位的收支预算实行包干管理，根据各单位的经费收支状况，分全额预算、差额补助、自收自支3种模式，实行定额控制、调剂使用、结余上交办法。

1960年，县人民委员会颁发《东阳县国家机关行政经费开支标准》，分工资、补助工资、职工福利、公务费四个部分，同时印发《东阳县农村人民公社经费开支标准》，分工资、补助工资、行政管理费、福利事业费、文教卫生事业费5个部分。

1962年起，按预算单位实际人数，实行定员定额核拨经费。

1972年，对事业经费采取“结余不上交、超支不弥补”的包干办法；行政经费采取人员经费按实结算，办公、水电、自行车修理三项公用经费包干使用。

1980年，浙江省政府在《关于实行“划分收支、分级包干”财政管理体制的通知》中明确，按规定划分给县市的各项事业经费，今后不再归口按条条安排支出，也不再向地方分配财政支出指标，实行中央、省、地、县“分灶吃饭”。5月，东阳县财税局执行省财政厅关于对行政事业单位试行“预算包干”的办法。实行全额预算管理单位，把原来“国家核定预算、实报实销、年终结余上交财政”的办法，改为“核定预算、包干使用、结余留用”办法。实行差额预算管理单位，分别情况，执行“定收入、定支出、定补助、结余留用”办法。完成和超额完成国家下达计划和工作任务的单位，预算支出包干结余的指标，全部留归单位次年使用；未完成计划和任务的单位，因未完成计划而结余的资金相应扣回，不予留用。各主管部门也相继制定对所属单位实行经费包干的办法。为兼顾国家、单位、个人三者关系，规定有事业收入单位，可在额定的年终结余款中提取25%，用于集体福利，其中15%可用于奖励增收节支做出贡献的集体和个人；没有事业收入单位，实行“定额管理，节约奖励”办法，可提取定额节支额的40%，用于集体福利和奖励对节约支出有贡献的集体和个人，奖励部分不超过15%。

1986年起建立乡镇一级财政后，按照分级管理原则，乡镇所属行政事业单位财务管理职能，由市属主管部门划归乡镇财政管理。

1988年，根据全省试行预算包干的经验和国家有关精神，对事业单位实行“核定基数、比例递增”的办法。对行政单位主要改为“综合定额加专项补助”的预算包干办法。规定包干结余所提取的职工福利和奖金不得超过50%。

1989年，财政部发布《关于事业单位财务管理的若干规定》及其《实施细则》，明确事业单位预算管理形式分为：全额预算管理、差额预算管理和自收自支管理三种形式。规定全额预算管理单位实行预算包干、结余留用、超支不补的办法；差额预算管理单位实行核定收支、定额（或定项）补助、增收节支留用、减收超支不补的办法；自收自支管理单位实行核定收支、增收节支留用、减收超支不补的办法。并要逐步创造条件，将全额预算管理单位向差额预算管理过渡、差额预算管理单位向自收自支过渡、自收自支管理单位向企业管理过渡。同时，对事业单位建立基金制度（事业发展基金、职工福利基金、职工奖励基金等）、财政部门设立扶持事业周转金制度等作了明确规定。

1991年，市财税局印发《东阳市事业单位财务管理办法（试行）》，对不同管理形式事业单位的经费预算、固定资产、社会集团购买力、现金和银行开户、专用基金等管理作了具体规定。

1997年1月起，执行财政部颁布的《事业单位财务规则》，明确国家对事业单位实行核定收支、定额或定项补助、超支不补、结余留用的预算管理办法，对事业单位的预算、收入、支出、结余及其分配、资产、负债等的管理进行了系统规定。同时，浙江省财政厅发布了《规则》的六个实施办法：《浙江省事业单位预算决算管理制度》《浙江省事业单位财务收支管理制度》《浙江省事业单位资产及负债管理制度》《浙江省事业单位专用基金管理制度》《浙江省事业单位财务的设立与清算制度》《浙江省事业单位财务监督、分析、考核制度》，通过这些制度的实施，全面系统地规范了事业单位财务行为。《事业单位财务规则》于2012年4月由财政部进行了重新修订。

1998年1月起，财政部颁布《行政单位财务规则》及《行政单位财务分析指标》，明确财政部门对行政单位实行收支统一管理、定额定项拨款、超支不补、结余留用的预算管理办法。同时，浙江省财政厅对行政单位预算管理、决算管理、财务的设立与清算、财务机构配置等作了具体规定。《行政单位财务规则》于2012年12月由财政部进行重新修订。

2009年，为建立健全预算约束激励机制，调动各部门和单位增收节支的积极性，继规范津贴补贴之后，市政府出台了《东阳市行政事业单位增收节支奖励办法》，各单位当年上交财政的行政事业性收费收入超过年初核定预算的，按超收额的50%返还单位使用，其中25%可用于本单位绩效考核奖励，发放个人奖励部分最高不得超过年人均3600元，完不成收入预算的则相应扣减单位支出指标。同年，市财政局会同人劳社保局出台了《东阳市机关事业单位编制外人员用工管理办法》，以规范行政事业单位编外人员用工管理。

2016年，根据中共中央关于"对财政资金分配使用、国有资产监管、政府投资、政府采购、公共资源转让、公共工程建设等权力集中的部门和岗位，实行分事行权、分岗设权、分级授权、定期轮岗，强化内部流程控制，防止权力滥用"的精神，按照上级要求，东阳市财政局会同审计等部门印发《关于加强行政事业单位内部控制建设的通知》，要求在2016年底前完成，以后逐年完善、持续优化，并自2016年起，将行政事业单位内部控制建设和执行情况纳入部门预算管理绩效综合评价的重要内容。

## 二、会计集中核算

2000年8月，为了进一步加强市本级行政事业单位会计核算，规范会计核算程序，加强财务监督，提高理财能力和管理水平，东阳市政府决定，在保持单位"资金使用权不变、财务自主权不变、利益格局不变、内部理财机制不变"的前提下，对市本级行政事业单位实行会计集中统管。成立"东阳市行政事业单位会计核算中心"，为会计集中统一核算的专职机构，隶属市财政局，人员编制20人，面向行政事业单位现有财会人员中选调。其职责是：贯彻执行国家财经法规，规范预算管理；依法组织会计核算，实施会计监督；参与编制和执行单位预算及财务收支计划，分析执行情况；向纳入统管单位定期报送会计信息；帮助纳入统管单位健全内部财务管理制度等。同年11月，市财政局印发《东阳市行政事业单位统一会计核算管理试行办法》，明确"东阳市行政事业单位会计核算中心"是行政事业单位财务管理的主管单位，对纳入统一管理单位的会计业务和财务事项实行单一账户集中支付、统一核算的管理制度。当年11月30日前把首批纳入单位预算外收入过渡账户中的余额全部划入财政预算外资金财政专户，12月1日起所有资金账户实施冻结，并进行清理。次年1月1日起，首批原在市机关大院内的各部门及所属全额拨款事业单位共计48家纳入会计核算中心集中核算。

2001年5月1日起，第二批市级行政事业单位共60家纳入中心集中统一核算。2002年1月1日起，第三批市级行政事业单位共13家纳入中心集中统一核算。2005年1月1日起，其他行政事业单位及其所办、挂靠或相关联的学会、协会、职工技协等账户及资金全部纳入会计核算中心统一管理。

2006年4月，为了适应国库支付制度改革需要，在"东阳市会计核算中心"增挂"东阳市财政支付中心"牌子。

2011年，为了确立各预算单位会计核算的主体职能，东阳市财政局决定将部分具备条件的市级行政事业单位的会计核算权限退回单位，实行按系统由主管部门集中核算，东阳市行政事业单位会计核算中心的职能逐步转移到财政集中支付上来。自2014年1月1日起，将所有尚在核算中心实行集中核算的单位，全部返还单位自行核算。至此，核算中心完成行政事业单位会计集中核算的历史使命，承担财政资金支付的审核和直接支付职能。

## 三、公务卡制度

公务卡制度是继国库集中支付制度改革后推行的又一项重要的财政支付结算制度。公务卡是指由预算单位工作人员持有的，主要用于日常公务支出和财务报销业务的贷记卡。推行实施公务卡制度，主要为了规范预算单位财务管理，减少现金支付结算，提高公务支出透明度，强化财政动态监控，加快预防和惩治腐败体系建设。

2011年，东阳市人民政府办公室印发了《东阳市公务卡制度改革实施方案》。实施公务卡制度的基本原则是“两个不变”，即不改变现行财务管理制度和报销流程，不改变现行会计核算办法。主要内容是“银行授信额度、个人持卡支付、单位报销还款、财政实时监督”。具体操作方法为：一是办理国库集中支付业务的代理银行向持卡人发放公务卡，并予授信(原则上每张公务卡的信用额度不超过5万元，特殊需要经批准同意可提高信用额度)；二是公务卡以预算单位工作人员个人名义申请开设，也称个人公务卡，主要用于日常公务支出和财务报销，也可用于个人支付结算业务，工作人员作为持卡人并承担相应法律责任；三是个人公务卡不允许提取现金用于公务消费，如发生提现行为，视同个人支付行为，单位财务部门不予报销相关费用。

2011年进行部分单位试点，2012年全面推行，至2012年底，所有实施国库集中支付制度的市级行政事业单位全面应用公务卡。次年，东阳市财政局会同监察局、人民银行东阳支行印发《东阳市镇乡预算单位公务卡管理暂行办法》，决定在各镇乡财政所属预算单位实施公务卡制度。同时，东阳市财政局出台公务卡消费强制结算目录，对16类公务支出强制采用公务卡结算。

2017年，为进一步完善市级预算单位公务卡制度，解决国库集中支付中委托收款等问题，提高公务卡支出效率，东阳市财政局会同人民银行东阳支行决定在市级预算单位推行单位公务卡制度，单位公务卡是以预算单位名义申请开设的贷记卡，仅用于同城委托收款业务，不得用于消费等公务支出和提取现金；每个单位只开设一张单位卡；单位卡不予办理实体卡片。

2018年，为进一步贯彻落实中央“八项规定”，规范公务支出，东阳市财政局印发《关于进一步深化预算单位个人公务卡改革的通知》，一是属于公务卡强制结算目录内的公务支出，应按规定使用公务卡或转账结算，不得使用现金结算；二是公务卡公务消费报销时应提供发票和交易凭条等原始凭证；三是各预算单位如不规范使用公务卡的，将给予通报；四是取消备用金预借制度。

## 四、财政资金绩效管理

提高财政资金使用效益，是财政一切管理活动的出发点和落脚点，它是一项长期的财政实践活动。在计划经济时期，虽然也强调财政资金的绩效问题，但由于体制机制的原因，财政部门存在重分配轻管理，资金使用部门和单位存在“吃大锅饭”的问题，始终没有形成一套行之有效的绩效管理机制。改革开放以后，虽然财政资金使用效益问题得到重视，1988年也曾制定《东阳市行政事业单位专项经费跟踪反馈办法》，1992年起，浙江省财政厅制定《社会文教行政经费使用效果考核办法》，但由于缺乏有效的绩效管理手段，绩效理念终难得以贯彻。

2000年以后，特别是2003年中共中央十六届三中全会提出要建立预算绩效评价体系，从中央到地方积极探索绩效管理的实施路径。此后，财政部门开始推行绩效评价机制。财政支出绩效评价是指财政部门和预算单位根据设定的支出项目绩效目标，运用科学、合理的绩效评价指标、评价标准和评价方法，对财政支出的运行过程及其效果进行客观、公正的评判。

2005年，浙江省政府办公厅下发《关于认真做好财政支出绩效评价工作的通知》及《浙江省财政支出绩效评价办法（试行）》和《浙江省财政支出绩效评价指标体系》，要求按照“统一组织、分级实施、先易后难、由点及面”的原则，稳步推进财政支出绩效评价工作。2006年3月，省财政厅下发《浙江省财政支出绩效评价实施意见》，明确以财政支出项目评价为重点，有条件的地方和部门可以推行单位财政支出整体绩效评价的试点。采取项目单位自行评价、主管部门和财政部门组织评价相结合的方式，全面推进财政支出绩效评价工作。

2007年12月，东阳市编办批准东阳财政局增挂“绩效评价科”。

2008年，东阳财政局印发《关于开展财政支出绩效评价试点的通知》，选择了涉及民生和基础设施建设的12个支出项目进行了绩效评价试点，涉及11部门。同年12月，东阳市财政局印发了《东阳市财政支出绩效评价实施办法》，对财政支出绩效评价的对象范围、方法步骤、评价标准、结果运用等做出规定，全市绩效评价工作进入正常化。此后，列入绩效评价的项目逐步增多、领域逐步扩展。

2011年起东阳市财政局作出规定，凡财政支出金额单项超过50万元的专项资金项目均应列入绩效评价范围。

2013年，东阳市政府根据省政府的有关意见，制定并印发了《关于推进预算绩效管理的实施意见》，指出预算绩效管理是以财政支出结果为导向，在预算管理过程中更加关注财政资金的产出和结果，力求更加务实、高效地向社会提供更多更好的公共产品和服务的一种预算管理模式。它是政府绩效管理的重要组成部分。按照“统一领导、稳步推进、规范程序、低效问责”的原则要求，建立“预算编制有目标，预算执行有跟踪，预算完成有评价，评价结果有应用”的预算绩效管理运行机制。形成以绩效目标为基础，以绩效跟踪为主线，以绩效评价为手段，以结果应用为保障，以改进预算管理、优化资源配置、节约行政成本、提高公共产品质量和公共服务水平为目标，逐步建立覆盖所有财政性资金的预算绩效管理体系。

2015年，东阳市人大常委会对《关于市级财政预算审查监督的办法》做出第二次修改，明确对财政资金安排50万元及以上的专项资金要进行绩效评价。市人大常委会每年确定2～3个财政资金投入数额较大、涉及重大民生事项的专项资金项目进行绩效审计或评价，要求按照"谁用款、谁负责"的原则，逐步建立绩效公开和绩效问责制度。

2017年，东阳市政府下发了《关于进一步加强财政支出绩效评价工作的意见》，强调突出绩效评价重点，实施年度重点绩效评价工作。同时，在歌山、湖溪两镇开展整体支出绩效评价工作。

2018年，全市开展了整体支出绩效评价工作。整体支出绩效评价是以政府部门的预算资金为对象，以预算单位所有支出所达到的产出和效果为内容的一种评价方式，以促进预算单位整体提高支出绩效管理水平，树立"花钱必问效，无效必问责"的意识。该年，将全市18个镇乡（街道）的16.4亿财政支出资金全部纳入绩效评价。

通过绩效评价和跟踪问效，部门和单位对使用财政资金的绩效观念进一步增强。

表2-3-4-1

## 2008—2018年东阳市财政支出绩效评价情况表

| 年份 | 合计 | | 财政评价 | | 部门和单位评价 | | 中介评价 | | 评价结果 | | | |
|---|---|---|---|---|---|---|---|---|---|---|---|---|
| | 项目（个数） | 支出（万元） | 项目（个数） | 支出（万元） | 项目（个数） | 支出（万元） | 项目（个数） | 支出（万元） | 优秀（个数） | 良好（个数） | 合格（个数） | 不合格（个数） |
| 2008 | 13 | 29906.6 | 5 | 4238.4 | 7 | 25343.2 | 1 | 325.0 | 9 | 4 | | |
| 2009 | 7 | 4487.7 | 3 | 1024.9 | 4 | 3462.8 | 0 | | 5 | 1 | 1 | |
| 2010 | 33 | 39476.4 | 8 | 8328.1 | 22 | 10088.3 | 3 | 21060.0 | 20 | 10 | | 3 |
| 2011 | 37 | 14672.9 | 6 | 1941.2 | 27 | 10073.4 | 4 | 2658.2 | 30 | 7 | | |
| 2012 | 30 | 16257.9 | 6 | 2334.6 | 19 | 10590.3 | 5 | 3333.0 | 17 | 12 | 1 | |
| 2013 | 62 | 55636.4 | 5 | 21037.0 | 51 | 24699.0 | 6 | 9900.4 | 47 | 11 | 2 | 2 |
| 2014 | 99 | 5543.9 | 8 | 2463.0 | 87 | 2138.9 | 4 | 942.0 | 76 | 19 | 3 | 1 |
| 2015 | 134 | 39085.8 | 5 | 2634.4 | 120 | 33025.1 | 9 | 3426.3 | 90 | 38 | 5 | 1 |
| 2016 | 207 | 73274.3 | 6 | 1255.0 | 194 | 68175.3 | 7 | 3844.0 | 170 | 28 | 8 | 1 |
| 2017 | 306 | 200652.2 | 8 | 2418.3 | 268 | 140554.4 | 30 | 57679.5 | 196 | 63 | 46 | 1 |
| 2018 | 314 | 299144.0 | 8 | 9274.6 | 290 | 228977.4 | 16 | 60892.0 | 248 | 58 | 7 | 4 |

# 第三篇　财政管理

## 第一章　预算管理

预算管理是指政府财政部门对预算资金的筹集运用进行计划、控制、调节和监督，保证预算资金合理组织、有效运用，满足政府履行其职能需要的活动，它是财政管理的中心环节。随着在各个时期政治经济体制的变化，特别是财政体制的变化，预算管理的方式和重点也有所不同。

### 第一节　预算编制

财政预算是一定时期内政府收支安排的计划，也称政府预算。预算编制是预算管理活动的基础环节。

#### 一、预算制度

中华人民共和国成立初期，东阳财政的预算制度尚未健全，驻军粮草、机关人员供给按实有数量和标准，编造计划，一月一报，逐级汇总上报领取，发放或支出后逐级凭据按实结报。

1950年，政务院下达《关于决算制度、预算审核、投资施工计划和货币管理的决定》，实行预算审核。按照政务院规定，编制省级收支预算，应报华东大区核定。县级财政收支预算需报地区行署审核，各机关、学校、团体向财政部门提出经费的预算或国营企业上报投资预算时，必须首先经过各该领款机关的首长审核后，才能提出，上级财政对下级财政的预算负有重新审查与核算的责任。个别有争议的项目不能确定的，报由上级财政部门会同领款部门的上级机关复核审定。

1951年，政务院颁布《中华人民共和国预算决算暂行条例》，中央人民政府财政部依照国家施政方针与建设计划拟编下年度预算之指标数字，经中央人民政府政务院批准者，称概算。根据概算拟编之年度收支计划，未经核定者，称预算草案，经过核定程序者，称预算。在核定预算范围内，按月或按季编制之分配实施计划，称分配预算。按照年度预算执行最终结果所编造之全年度会计报告，称决算。分月或分季所编造之月份或季度会计报告，称计算。国家预算每一会计年度办理一次。会计年度采用历年制，自公历1月1日起，至12月31日止，为一会计年度。每一会计年度之一切收入，为本年度之岁入，每一会计年度之一切支出，为本年度之岁出。一切岁入岁出，均须依照本条例之规定，事前成立预算，事后编造决算。并规定了国家预算、决算的组成体系，明确县级预算、决算是国家预算、决算的组成部分。由此开始建立新的财政预算制度。

1953年，设立了中央、省、县三级财政，同时也相应地建立了中央、省、县三级预算体系，东阳财政预算从该年开始编制，从此，东阳财政预算制度开始走上了规范化轨道。

1991年10月，国务院发布《国家预算管理条例》，自1992年1月1日起施行；明确规定"国家预算管理，实行统一领导，分级管理，权责结合的原则，应当做到收支平衡"；建立中央、省、设区市、县、乡五级预算体系，"县级以上预算必须设立国家金库（简称国库）"；规定了中央和地方财政收支划分办法和范围；规定各级人民政府是预算管理的国家行政机关；财政部门编制的预算及其预算调整和决算均需报人民政府审定并报同级人民代表大会或人大常委会审查批准。同时废止了1951年的《中华人民共和国预算决算暂行条例》。

1994年3月，全国人大常委会颁布《中华人民共和国预算法》，自1995年1月1日起实施。1995年11月国务院发布《中华人民共和国预算法实施条例》，使国家预算的管理和运行走上了法治化轨道，使国家预算的分配、管理和监督职能更加强化。1991年国务院发布的《国家预算管理条例》同时废止。

2003年，东阳市人民政府下发《关于实行综合预算的通知》，将市级各部门单位所有政府性基金、政府性专项资金、预算外资金等全部纳入预算，全面实行"收支两条线"管理的综合预算制度。次年，市级部门全面推行部门预算制度，进一步建立起了横向到边，纵向到底，涵盖部门全部收支，预算项目更加细化，预算执行、管理和监督更加透明的部门预算机制。同年，试行政府采购预算制度。

2008年，在编制部门预算的同时，对项目支出预算试编绩效目标，试行绩效预算制度。

2014年起，为了使政府预算更加公开透明，根据国务院《政府信息公开条例》等相关规定，财政部推行地方预决算公开工作，要求财政部门负责本级政府预算公开，各部门负责本部门预算公开，并于每年6月底前完成预算公开工作，预算公开内容包括政府预算、部门预算和"三公"经费（因公出国经费、公车购置和运行经费、公务接待经费）预算等。

2018年12月，全国人大常委会对《中华人民共和国预算法》首次作了修改并颁布实施。新《中华人民共和国预算法》更加完善了政府预算体系，建立健全了透明预算制度；进一步改进了预算控制方式，建立了跨年度预算平衡机制；规范了地方政府债务管理，严格控制了政府债务风险；进一步完善了转移支付制度，有效推进基本公共服务均等化；继续坚持厉行节约，更加硬化了预算支出约束；更加注重了绩效管理，进一步强化了支出责任。

**二、预算编制原则**

预算编制原则是按照党和国家的财政经济方针政策和围绕党委、政府中心工作而确定的财政收支预算编制的指导思想，不同时期因客观的政治经济形势不同，重点工作不同，预算编制的原则也各有侧重。

1953年，地方财政根据政务院《预算决算暂行条例》建立县级财政和县级预算后，每年中央和省都将根据当年的政治经济状况，颁发年度编制预算的指示，提出收支预算编制的原则和重点，指导预算编制工作。初期，预算编制贯彻党和国家经济建设路线、方针、政策，坚守收支平衡、略有节余的原则，正确处理积累和消费比例关系。1956年，预算编制以“收入打足，支出打紧，收支平衡，不再动用结余”为指针。1962年，国家经济采取“调整、巩固、充实、提高”的八字方针，实行紧缩的财政政策，县级财政预算按“农、轻、重”次序安排。

1980年，实行“划分收支，分级包干”以后，按照“收支平衡，略有结余，不打赤字”为原则由地方自行安排支出预算。同时，随着人民代表大会制度的逐渐加强，人民代表大会（简称人代会）对财政预算的审查工作渐趋正常，省财政也逐渐放松和停止了对市（地）县（市）财政预算的核定工作，以同级人代会及其常委会审查为主。

1988年，中央和国务院提出经济要进一步稳定、改革要进一步深化、生产建设和各项事业要进一步发展、要采取紧缩的财政、信贷、投资的政策，根据这一方针，东阳财政预算安排的原则是：立足发展生产，提高经济效益，保持财政收入的必要增长；支出安排，坚持量入为出，量力而行，区别对待，有保有压。预算安排的顺序为：一是编内的人员经费和已经确定的改革出台措施所需资金；二是适当增加对农业的投入；三是必要的文教科卫事业费；四是促进外向型经济发展和企业技术进步所急需的资金；五是继续控制和压缩基本建设投资及行政经费；其他方面的支出，按量力而行、统筹兼顾的原则，有多少钱，办多少事，坚持收支平衡，不打赤字预算。

2009年起，经全国人大批准同意地方政府允许发行地方政府债券，并将债券收入和支出列入预算安排，改变了长期以来地方政府年度“不打赤字预算”的原则界线，但债券的发行费用和以后年度的还本付息支出仍然必须列入预算安排。

2010年编制预算的原则是：一是量入为出、量力而行；二是优化收支结构；三是实施精细化财政管理；四是硬化预算约束。

2018年，在“促进发展，保障民生，科学理财，加强监管”的理财思想指导下，预算编制原则是：一是量入为出，量力而行；二是保民生，保重点；三是科学精细，规范透明；四是强化预算刚性。

### 三、预算编制程序

在计划经济的体制下，预算指标以上级下达为主。收入预算一般分为三个部分：一是企业收入根据省分配的收入任务，交由财政企业财务管理科室与企业主管部门根据当年生产计划协商编制；二是税收收入任务由省税务机关将征收任务数直接下达到县（市）税务局，省税务机关下达的征收任务一般与省财政下达的收入（入库）数相衔接，具体计划由税务机关编制和落实；三是农业税及其他收入由财政机关的有关职能科室编制和落实。支出预算的编制一般分为三步：一是在上年的10月左右由各有关主管部门编制下年预算；二是财政在审核主管部门报送预算的基础上，根据省财政对这一年度编制预算的指示、收入计划、可用资金测算以及本级政府的要求，经平衡后汇编成预算草案，除上报本级人民代表大会外，还按省财政的表格要求报送省财政厅；三是经省级财政与各主管部门确定的收支指标报本级人代会通过的预算最后分配落实到各主管部门，再由主管部门下达到基层预算单位。

1980年，实行"分灶吃饭"的财政体制后，省财政对县市，一般只下达收入指标，不下支出指标，由各地根据收入计划按体制计算可用资金，按照收支平衡的原则编制支出预算。这时，预算编制采取"一上一下"的程序编制，即政府下达预算编制指示后，由各部门并组织下属单位编制上报收支预算，上报财政后，由财政部门经汇总、审核、试算平衡，编制全市的财政收支预算草案报人代会审查和批准，经人代会批准的预算由政府下达到各部门和乡镇执行。

2004年起，东阳全面推行市级部门预算制度，市级部门预算编制实行"二上二下"的程序编制，即政府下达预算编制指示后，由各部门并组织下属单位编制上报收支预算（"一上"），上报财政后，由财政部门经汇总、审核、试算平衡，向各预算单位下达预算控制数（"一下"），各预算单位根据下达的预算控制数进行细化调整相关指标并上报（"二上"），财政部门根据各预算单位调整后的指标建议数作进一步的审核和试算平衡，并编制全市的财政收支预算草案报人代会审查并批准，经人代会批准的预算由政府下达到各部门和乡镇执行（"二下"）。

**四、预算编制方法**

中华人民共和国成立初期，县级预算制度尚未正式建立，各项财政支出需要按实有数量和标准，编造计划，一月一报，逐级汇总上报领取，发放或支出后逐级凭据按实结报。

在计划经济时期，一般根据上级下达的预算编制要求，在10月左右布置下年财政预算编制工作，上报本年一至三季度实绩和四季度预计数，再提出下年度计划数，最后按照上级下达的预算指标执行。

1980年，实施"划分收支，分级包干"的财政体制后，财政收入根据省财政下达的收入计划和本市实际经济发展状况及财力需求进行编制；财政支出则按照"基数加增长"（或核定定额）的办法确定支出总额指标，下达给主管部门，再由主管部门分配给所属单位，并实行对预算单位支出总额包干的办法，在包干范围内，单位可以在一定程度上自行安排支出项目，如有结余财政不再收回重新分配。此办法，有些单位对包干后的支出预算安排比较粗放，财政部门也放松了对编制预算的审核工作，导致了"包而不干"和财政资金损失浪费情况的发生。

2003年，实行部门预算制度后，预算编制推行"零基预算"的办法，即按照"人员经费按实编报，公用经费按定额编报，项目经费按需要与可能相结合的原则编报"的办法编制部门预算。实行"零基预算"编制办法，使预算编制更加科学合理，更能体现各项事业发展和行政任务的实际情况。同时，实行预算的早编细编，预算编制工作提前至8月份布置，对支出预算项目逐步细化，且预算编制到基层预算单位。

2011年，市政府印发《东阳市地方公共财政预算编制方法（试行）》，对市级预算单位坚持以部门预算为基础，按照“收入一个笼子，支出一个盘子”的综合预算方法，进一步细化人员经费、公用经费和项目经费的预算编制，同时，推行支出绩效和政府采购预算的编制工作，建立支出项目库并实行动态管理。

另外，1986年，全县建立乡镇级财政后，相应地建立了乡镇一级财政预算。乡镇财政预算是全县财政预算的组成部分，由各乡镇根据确定的财政体制计算可用财力和乡镇的支出需要编制收支预算，经乡镇人代会审查批准后上报县财政。很长时间，由于乡镇财政预算制度不够健全，预算管理基础比较薄弱，预算编制能力和水平相对较低，虽然在形式上都按照规定程序进行运行，但预算编制、执行和管理的质量和效果并不十分理想，各乡镇预算编制上报后，仍由县财政进行调整代编，经汇总后形成全县的财政收支预算，待县人代会通过后，再上报省财政厅。自2014年，乡镇财政与市级部门实行统一的预算编制平台系统后，乡镇财政的预算编制质量得以逐步提高。

## 第二节　预算执行

预算执行是指经法定程序审查和批准的预算的具体实施过程，是把预算由计划变为现实，完成预算收支任务的关键步骤。预算执行具体工作体现在税收管理、财务管理、绩效管理和乡镇财政管理之中，是财政管理的核心，它包括收入预算的执行、支出预算的执行、预算调整和财政决算等工作。

### 一、收入预算执行

#### （一）工商税收收入预算执行

工商税收收入预算，一直由税务机关负责执行。省级税务部门每年下达年度收入计划，在本地财政预算和税收计划相衔接的基础上，由税务机关按其计划执行。税务机关在完成上级税务机关核定的税收计划的同时，加强财政、税务间的联系和协调，加强税收征管，及时分析和解决预算执行中出现的问题，促进财政税收收入预算的圆满实现。

2013年起，为了贯彻税收“应收尽收”原则，上级税务机关不再向下级和基层税务机关下达年度税收收入计划，也不再实行税收收入计划任务完成情况的考核，地方财政税收收入预算的执行实行财税联席会议机制进行实时协调，确保其预算收入任务的完成。

#### （二）企业收入预算执行

企业收入预算，由财政部门的企业财务管理科室（企财科）负责执行，负责将年度企业收入预算指标分解到各企业主管部门，会同各主管部门将收入预算指标具体落实到企业，并负责收入的监缴入库和企业收入预算执行情况的分析等。直至1994年实行“分税制”改革，取消了企业收入。

**(三)农业四税收入预算执行**

长期以来,农业四税收入预算,由财政部门的农业财务管理科室(农财科,后改为农业科)负责执行,负责土地面积、产量(定产和受灾减产)和征收额的核定等工作,由区、镇、乡政府负责具体征收工作,并按应征数检查其执行情况,其中农业特产税、契税和耕地占用税由财税部门征收或委托相关部门代为征收。农村税费改革后,相继取消了农业税和农业特产税。2010年起,契税和耕地占用税划转到地税部门征管并负责其预算执行。

**(四)非税收入预算执行**

非税收入在没有纳入综合预算管理前,除罚没收入、规费收入外,基本按照预算外资金管理办法管理,由各执收部门单位自收自支(抵顶预算拨款)或列入财政专户管理,没有纳入预算的编制和执行;罚没收入和规费收入由财政预算(或综合)部门监督执收单位及时足额缴库。实行综合预算后,所有非税收入均纳入预算管理,由相应的经管部门负责征收和缴库(或缴入专户),财政部门的综合科负责监督和检查预算执行情况。

**二、支出预算执行**

支出预算由各预算单位及其主管部门负责执行,财政部门各归口科室负责监管。各科室所归口的预算单位,随着各个时期的机构变化而有所不同,如农业科归口管理农业、林业、水利、气象等部门事业费和支农支出的预算执行;预算科归口管理工交商、文化、教育、体育、广播等部门事业费及行政管理、党派团体经费支出的预算执行;企业科归口管理扶持企业支出预算的执行;1996年成立了社保科,归口管理卫生、公费医疗、抚恤、救济、残疾人等事业费的支出预算执行;同年成立了经建科,归口管理发改、规划、建设、交通、经信、环保等部门及经济建设和政府投资项目支出预算的执行。年度支出预算指标按部门下达后,各归口科室在核定的季度分月计划拨款指标的基础上,由各相应的预算单位财务部门严格执行,审查和签发各预算单位的经费领拨申请,以掌握支出预算的执行进度。2010年实施国库集中支付改革后,各归口科室改为通过审批预算指标月度用款计划进行控制和分析预算执行情况。

为了确保全年财政收支预算任务的完成,必须加强预算执行进度的分析和研判,及时发现和解决预算执行中出现的问题。因此,东阳财政长期以来坚持并重视财政收支预算执行情况的分析,包括收支预算执行的时间进度、收支比上年同期的增减变化、全年预算执行的预计情况、财政收支平衡情况、库款的拨付和调度情况以及当年预算执行中遇到的影响收支变化的因素等,从而,确保了历年预算收支平衡的圆满实现。

**三、预算调整**

收支预算在执行中,由于客观情况变化,如地方收入的超收或短收、原定投资计划的改变、实际支出需要与原计划发生较大差距、发生意外事件及新增政策性变化因素等,都需要对原定收支预算进行局部或全面的调整。

在统收统支和计划经济时期,根据《预算决算暂行条例》的精神,对上级财政拨付的基本建设和其他专款,县级财政不得调用,年终余额结转下年继续使用或按上级财政规定的办法处理;除此以外的预算调整,由各级政府在体制规定的范围内自行处理,同一主管部门管理的经费,预算科目同“款”以内各项之间调整,由主管部门自行决定,“款”与“款”之间如需调整,须报财政部门同意。

1980年实行预算包干财务体制后,在本部门或本单位不突破包干指标的情况下,在预算科目“款”与“款”之间的指标调整可由部门或预算单位自行处理;部门、单位之间的经费指标,一般不作调整,必要时通过财政作追加或追减处理;预算单位因各种原因需要追加支出预算,经财政部门查明确属必需时,由财政部门报请市政府批准,动用总预备费予以追加预算指标。

每年9—10月左右,财政部门将对当年预算收支执行情况作一次全面的分析和预测,对可能超收时,提出超收预算,并提出超收财力的分配意见,追加有关项目预算;因经济发生变化,预计年度预算有较大短收时,提出全面调整预算的意见,追减收入预算,同时追减有关单位支出预算,如1959年受浮夸风影响,县级收支预算普遍夸大,收入预算不能实现,由于及时调整预算,确保了当年收支平衡。

根据《中华人民共和国预算法》规定,以下预算调整事项必须报经本级人大常委会审查和批准:需要增加或减少预算总支出的;需要调入预算稳定调节基金的;需要调减预算安排的重点支出数额的;需要增加举借债务数额的。

**四、预算结余处理**

预算结余是当年财政收支预算执行的结果,包括部门单位预算结余和财政结余两部分。

**(一)单位预算结余**

单位预算结余是指预算指标下达后各预算单位执行预算的结果,在国库集中支付改革前,预算单位按照预算指标已经从国库拨出的资金,在年底如有结余应当缴回国库,因而,单位的预算结余就是预算指标的结余。

在计划经济时期,单位预算结余原则上全部收回财政或按上级指示处理。

实行预算包干财务体制后,单位预算结余可留归单位结转下年度继续使用。但是,为了控制单位包干结余增大,曾历经多次对单位结余资金进行清理。1981年曾对1980年各单位的年底存款余额进行全面清理,自1981年1月18日起冻结,未经批准,不得动用。1986年,按浙江省财政厅规定,为充分发挥资金效益,对1985年的县级财政结余资金进行清理,对安排不合理或情况有了变化不宜继续安排的,或项目已完成,有结余资金沉淀不用的,可将项目注销,收回沉淀资金,交同级财政统筹安排,至年底全县清理出1985年底止的结余资金共211.6万元。其后,也多次进行了预算结余资金的清理工作。

2008年,为了提高财政资金使用效益,东阳市财政局出台关于部门(单位)结余资金管理办法,规定对人员经费结余留下年度滚动使用,公用经费结余归部门(单位),对项目经费结余,如项目已完成，则由财政收回，可优先用于本部门（单位）的其他项目支出；如项目尚未完成，则留下年度继续使用。

2010年，根据财政部的有关规定，部门预算结余资金，要在编制年度部门预算时统筹安排使用，对结转超过一年以上的项目预算结余，要通过调减部门预算等方式将资金收回财政。同年，东阳市实施国库集中支付制度，为了改变单位结余越滚越大的状况，加快预算执行进度，提高财政资金使用效率，逐步减少单位预算结余的结转数额，除少部分预算项目在年底尚未执行完毕的专项结余可结转下年度继续执行外，其余原则上收回财政，待下年度重新安排。此后，东阳市财政局对部门单位的历年预算结余资金，多次通过抵减预算指标、调整结余资金用途、清理收回财政再分配等方式进行压减。

至2018年底，除确需结转下年度继续使用的未完项目结余资金外，单位结余资金已基本清零。

### （二）财政结余

财政结余是指全部预算收支结余中减去单位预算结余（单位包干结余和需结转下年支出结余）后的结余，也叫财政净结余。它是在年度预算执行中预算收入超收、上级补助增加、预算支出减支等因素形成的。在计划经济时期，财政结余或缴回上级财政或按上级指示适当留给地方作机动财力。实行财政包干体制后，财政结余全部留地方财政。1991年颁发的《国家预算管理条例》规定："各级政府预算在执行中当年实际收入超过预算的部分，应当留作下年使用；确需安排某些急需支出的，视同预算调整处理。"1995年颁布的《中华人民共和国预算法》规定："各级一般公共预算年度执行中有超收收入的，只能用于冲减赤字或者补充预算稳定调节基金。"预算稳定调节基金是指各级财政通过超收安排的具有储备性质的基金，用于弥补短收年份预算执行的收支缺口，以及视预算平衡情况，在安排年初预算时调入并安排使用，基金的安排使用接受同级人大及其常委会的监督。此后，当年财政结余不能用于安排当年支出的规定一直执行。

## 五、财政决算

财政决算的编审处于预算执行活动的总结阶段。1950年，中央人民政府政务院决定："所有军队、政府、公立学校及受国家经费补助的团体，均须每年分四季向中央或各级人民政府的财政部门作决算报告，每年3月31日作上年度的全年决算报告，再由中央人民政府财政部将上年度总决算草案报请中央人民政府核批。"1951年发布的《预算决算暂行条例》中更对决算的编造及审定作了具体规定，各级地方遵循中央规定，根据内容完整、数字正确、报送及时的要求，做好每年的年终决算的编报工作。始立财政决算制度。

年度财政决算主要总结和反映财政预算收支的总体情况和重要部门、重要收支项目的具体情况，包括决算报表和决算说明两部分。决算程序包括：在年度终了前自上而下发布决算指示；着手预算单位和上下级财政之间的对账和清理结算工作；确有未尽事项，可在清理期进行调整（随着财政结算信息化而取消）；组织决算审查和汇编；决算的上报和审批，在计划经济时期以上级财政审批为主，改革开放后改由同级人大审议批准，并将批准的决算批复至预算单位。

2014年起，根据国务院《政府信息公开条例》等相关规定，东阳推行地方财政预决算公开工作，要求财政部门负责本级政府决算公开，各部门负责本部门决算公开，并于每年10月底前完成决算公开工作，决算公开内容参照预算公开的范围、体例和内容。

## 六、预算资金监管

### （一）银行账户管理

1950年，财政部发布《各级人民政府暂行单位预算会计制度》及1966年重新修订的《行政事业单位预算会计制度》，都对行政事业单位银行账户的开设、使用和管理作了明确规定。

1988年，财政部颁发的《事业行政单位会计制度》规定：全额拨款单位的预算资金部分，实行"划拨资金"办法的，在国家银行开立"经费存款"户；属于应缴预算收入、预算外收入、专用基金、专项资金、事业周转金等其他资金部分，开立"其他存款"户；一个单位既有事业经费又有行政经费的，可按需要分别开立有关存款户；有外币的单位，可在有关银行开立"外币存款"户。单位办理银行存款开户应报上级单位或同级财政部门批准。

2003年，浙江省财政厅会同相关部门印发《关于加强财政预算单位银行结算账户管理的通知》，规定预算单位银行账户的开立、变更、撤销，实行财政审批、备案制度；应在国有及国有控股银行开立银行账户；由单位财务部门统一办理银行账户的开户、变更、撤销手续；一个单位只能开设一个基本存款账户，如有基本建设项目或专项资金管理需要的，可开设专用存款账户。

2005年，东阳市财政局对乡镇（街道）银行账户作了规定：原则上每个单位新开设一个基本存款账户、两个专用结算账户；原开设的四个银行账户一律撤销，账户资金余额相应划转新账户；并统一了账户名称。

2011年，市财政局会同相关部门印发《东阳市预算单位账户管理暂行办法》，明确预算单位银行账户分为基本存款账户、专用存款账户和一般存款账户；一个预算单位只能开立一个基本存款账户，如有使用国债资金、基本建设资金、住房资金及党费、工会经费等可开立专用存款账户；有使用贷款资金的可开设一个一般存款账户。同时规定了银行账户变更、撤销的监督管理办法。同年5月，根据上级有关规定精神，为深化财政国库管理制度改革的需要，完善国库单一账户体系，实现财政资金专户的"集中管理、分账核算、规范调度"，对本级财政所有财政资金专户进行了规范，原由各科室核算和管理的各类专项资金账户统一归口到预算执行局进行集中核算和管理，没有省级财政以上文件依据的专户一律撤销，结余资金转入国库，保留的账户实行统一印鉴；同时，对预算单位账户管理职责由综合科移交预算执行局，实行专人管理账户。

2015年10月，根据上级要求，进一步撤销和归并了财政专户，除上缴收入过渡的、资金代管的或上级专项拨付国债等资金需要专项管理的专户外，本级财政预算安排的所有专项资金均通过国库集中支付实行直接拨付。

### (二)国库支付制度改革

财政预算资金实行国库管理制度,包括收入收缴制度和国库支付制度。

1950年,中央人民政府政务院颁布《中央金库条例》,规定国库的基本职责为办理国家预算收入的收纳、划分和留解,国家预算支出的拨付。预算支出的拨付采用中央预算支出实行限额拨付、地方预算支出实行实拨资金的方式。

1985年,国务院颁布《国家金库条例》,原《中央金库条例》同时废止。1989年,财政部和中国人民银行颁发《国家金库条例实施细则》。

2001年,为了加强财政资金拨付管理,财政部印发《财政预算资金拨付管理暂行办法》,对财政部门拨付预算资金在内部岗位职责、印鉴管理、账户管理、对账制度等方面作了明确规范。

在国库支付制度方面,国家一直沿用传统的分散支付、先拨后用的模式,资金活动透明度不高,支付信息反馈迟缓,不能满足政府对宏观经济管理的需要;专项资金预算总体上比较粗,财政部门对各部门单位专项资金预算的合理性、支出规模较难把握和审核,因而,造成各部门单位年初争预算、抢项目的情况;财政资金大量分散闲置在各单位账户上,得不到充分有效利用,进而出现挤占、挪用财政资金和虚列支出等违规违纪情况。为此,根据上级要求,2010年6月,东阳市政府决定推行财政国库管理制度改革。8月,东阳市财政局会同中国人民银行东阳支行印发《东阳市财政国库集中支付管理试行办法》,国库集中支付改革正式启动。改革的主要内容包括四个方面:一是建立国库单一账户体系,这是实行国库集中收付制度的基础,即建立由国库单一账户、预算外资金财政专户、财政零余额账户、预算单位零余额账户和特设专户五类账户构成的单一账户体系,所有财政性资金必须纳入国库单一账户体系管理;二是实行国库集中收缴,税收和各类非税收入,由纳税人或征收机关通过直接缴库或集中汇缴的方式,缴入国库单一账户;三是建立分月用款计划,各单位必须根据批准的部门预算和预算执行进度编制分月用款计划,国库支付执行机构以分月用款计划作为办理各项财政资金支付的依据;四是实行国库集中支付,是此次改革的核心,即对部门预算中不同支出类型的财政资金分别实行财政直接支付或财政授权支付,其中对金额较大、支付对象明确的支出项目,由财政国库支付中心根据预算单位的申请,通过财政零余额账户将财政资金直接支付到最终供应商;对日常小额支出,由财政授权给预算单位通过单位零余额账户自行支付。

同时,出台了相关配套改革文件,成立财政国库支付中心(由东阳市行政事业单位会计核算中心职能转变),负责具体办理财政直接支付和财政授权支付业务。至年底,全市228家行政事业单位全面推行了国库集中支付制度。

按浙江省财政厅工作部署,2018年东阳市纳入国库集中支付电子化改革试点。国库集中支付电子化管理改革,是以国库集中支付制度为基础,通过建立电子支付安全支撑体系,实现财政、人行、代理银行、预算单位之间系统互通互联,实现财政直接支付、授权支付和财政实拨业务等电子化管理,确保财政资金安全高效运行,进一步增强财政管理水平,提升财政服务效能。东阳市

2018年进行试点，2019年7月份全面完成。同时，为深入贯彻落实《预算法》，进一步强化预算单位执行主体地位，依法落实预算单位资金支付责任，提高预算执行效率，东阳市财政局对市级国库集中支付的直接支付和授权支付范围进行了调整，调整后直接支付范围为市级预算单位（不含街道、学校）在工资系统统一发放的工资，其他所有财政资金统一通过授权支付方式支付。

**（三）财政资金竞争性存放**

2014年，为了加强社保资金保值增值工作，东阳市财政局首先尝试社保资金存款实施竞争性存放工作，以社保资金保值增值为目标，通过资金存款利率竞争，突破银行存款利率的限制，为社保资金保值增值取得了较好成效，此项工作走在了金华各县市之先。

2015年，根据浙江省委、省政府印发《关于防止领导干部在公款存放方面发生利益冲突和利益输送的办法》的有关精神，东阳市政府印发《东阳市财政资金竞争性存放管理暂行办法》，规定财政仍在国库以外的各类专户资金（含社保资金），应当按照“公开、公平、公正、竞争、效益”的原则，通过公开招标、竞争性谈判等采购方式，择优确定存款存放银行，财政资金竞争性存放进一步规范。

2016年，东阳市财政局转发浙江省财政厅和省纪委《关于进一步推进公款竞争性存放管理切实解决领导干部“以权揽储”问题的通知》，要求各行政事业单位和国有企业积极有序地推进公款竞争性存放管理工作。

2018年，市政府印发《东阳市财政专户资金存放管理实施办法》，对原财政资金实行竞争性存放管理工作中的存放原则、竞争方式、公开招标、评标指标、集体决策、管理监督等作了全面而具体的规范和明确。

## 第三节　预算外资金及非税收入管理

预算外资金是指国家机关、事业单位、社会团体和国营企业，依据国家法律、法规和具有法律效力的规章而收取、提取和安排使用的未纳入国家预算管理的各种财政性资金。1998年财政总预算会计制度改革前，财政资金分为预算内资金和预算外资金两部分，总预算会计制度改革后，取消了预算外资金的概念，所有财政性资金逐步纳入预算管理，形成政府“非税收入”，预算收入中非税收入的规模随之壮大。

### 一、预算外资金管理

预算外资金是相对于预算内资金而言的，是预算内资金的有效补充。

**（一）预算外资金的形成**

中华人民共和国成立初期，为克服财经困难，集中财力进行经济建设，政务院于1950年3月通过了《关于统一国家财政经济工作的决定》，建立了统一的全国财政，一切财政收支都纳入预算，国营企业实现利润及提取的折旧基金也上交财政，纳入预算，但对根据地时期延续下来的一些由各地自收自支的项目，如乡村自筹经费及机关生产收入等，予以保留，列预算外管理，形成了最初的地方预算外资金。

1951年，政务院发布《关于进一步整理城市地方财政的决定》，据此，各地兴办了一些轻工业和其他小型工厂，这些企业收入列入预算外管理。

1952年，政务院颁发《关于统一机关生产》和《整顿乡自筹的决定》，取消了各部门、各单位和部队的生产收入，除民政生产事业、劳改企业等以外的一切生产单位，均作为企业管理，其收入纳入预算。对原来由乡自筹解决的开支改为由国家供给，纳入预算。但允许地方征收7%以下的农业税附加，以解决农村公益事业开支，形成了财政部门管理的预算外资金。随着地方国营企业经济核算制的推行，为调动企业的积极性，同年，地方国营企业开始实行企业奖励基金和超计划利润分成制度，地方国营企业全部完成国家规定的生产、销售、财务等计划，可从计划利润或超计划利润中提取企业奖励基金。对企业提取的折旧基金、大修理基金等也留给企业一部分，专户储存，专款专用，由此逐步形成了地方国营企业及主管部门的预算外资金。

1958年，改革了财政体制，财权下放，原有中央管理的一些国营大中型企业下放地方管理，地方国营企业实行全额利润留成制度，企业原由预算拨款的新产品试制费、安全保护费等四项投资及原提取的奖励基金等，由利润留成中开支，从而使地方国营企业及主管部门的预算外资金大幅度增长。同时，随着经济建设及各项社会事业的发展，地方还创办了许多预算外企业。

1961年，针对财权财力分散的状况，中央提出了“调整、现固、充实、提高”的方针，对预算外资金进行清理整顿，采取“纳、减、管”的办法，有的纳入预算，有的减少数额，以加强管理。因此，地方预算外资金相应减少。

1969年，为解决企业之间固定资产更新和技术改造资金苦乐不均问题，各级企业主管部门从企业集中部分专项资金，统筹安排，调剂使用，企业主管部门管理的预算外资金也有很大增长。

1970年起，实行了县办“五小”企业两三年内实现的利润60%纳入预算、40%留给县财政预算外的办法，相应增加了财政部门管理的预算外资金。

党的十一届三中全会以后，为了发展地方经济，在国家统一规定范围内，增设了一些预算外项目，随着经济的发展，地方各项附加收入及集中企事业收入数额增加较多，地方财政管理的预算外资金稳定增长；通过实施国有企业的企业基金、利润留成、盈亏包干、承包经营等制度，使地方国有企业及其主管部门管理的预算外资金大幅度增长；行政事业单位实行了“经费包干、结余留用”的财务管理制度，增加了行政事业性收费项目，以及鼓励有条件的事业单位开展创收，使地方行政事业单位的预算外资金也有了很大增长。

1983年，财政部颁布的《预算外资金管理试行办法》，明确“预算外资金是指根据国家财政制度、财务制度规定，不纳入国家预算，由各地区、各部门、各企业事业单位自收自支的财政资金”。由此开始，国家明文将财政资金分为预算内和预算外两部分，并明确规定了预算外资金的所有权与使用权归属地方部门或单位，从而形成事实上的国家预算“双轨制”。

1996年，国务院发布《关于加强预算外资金管理的决定》，改变了传统的预算外资金所有权不变的管理观念，明确规定所有预算外资金的所有权归国家，使用权归政府，而管理权则归财政，即各级财政部门有权利也有义务对各种预算外资金行使管理权。

1998年起，财政总预算会计制度改革，取消了预算外资金名称，此后逐步将原作为预算外资金的收入项目纳入预算管理，预算外资金从此渐渐消亡。

**（二）预算外资金管理**

中华人民共和国成立初期，由于预算外资金规模较小，国家没有制定单独的管理制度。随着地方预算外资金的逐步发展，特别是1958年财政财务管理体制改革后，地方预算外资金有了较快增长，为加强管理，国家先后制定了许多预算外资金管理制度，如对各项附加的征收比例、专用基金的提留及使用等作了明确规定，并要求将预算外的各项资金编制收支计划，作为国家预算的附属组成部分。

1960年，国务院做出了加强综合财政计划工作的决定，提出预算内外资金要综合平衡，统筹安排，明确地方预算外资金在国家财政制度规定下，由各地区、各部门、各单位自行管理。

1961年以后，进行了预算外资金清理，并对各项资金的使用做了更具体的规定，明确预算外资金项目的设置权属国务院，地方、部门都无权设置。

1983年，财政部发布《预算外资金管理试行办法》，规定未经国务院、财政部批准、由各地自行设立的预算外资金项目，要进行清理整顿，今后必需增设的预算外资金项目，一律报经国务院批准；预算外资金的收费标准、留成比例、开支范围和标准，必须按现行财政财务制度规定执行；要求建立健全预算外资金会计核算、财务收支计划和决算制度。同时印发预算外资金收支科目和收支计划表式。是年，根据省财政厅要求，东阳开始编制预算外资金收支计划和预算外资金收支决算。

1987年，为了切实加强对预算外资金的管理，搞好社会财力的综合平衡，浙江省政府下发《关于加强预算外资金管理的通知》，提出对预算外资金的管理，在资金所有权不变的前提下，可以根据不同情况，采取不同的管理方式，对于行政事业单位管理的预算外资金原则上采取由财政部门专户储存、计划管理、财政审批、银行监督的方式；对于国有企业及其主管部门管理的预算外资金，原则上采取计划管理、政策引导的方式。同时要建立预算外资金预决算及其执行情况监督制度。

1988年，根据浙江省政府要求，省财政厅部署全面开展预算外资金专项清查，重点检查行政事业单位和企业主管部门预算外资金收支和结余情况，同时，推行预算外资金收支预算及报告制度、行政事业单位预算外资金财政专户储存管理、预算外资金自筹基建审核管理等工作。同年3月，东阳县财税局组织开展对全县有预算外资金收入的全民所有制企业及其主管部门、行政事业单位的预算外资金进行清查。同年5月，东阳县政府印发《关于县级行政事业单位预算外资金实行财政专户储存的通知》，在县级行政事业单位全面推行“专户储存、计划管理、财政审批、银行监督”的管理方式，当年，纳入专户储存单位18个，储存资金261万元。次年起，“专户储存”范围进一步扩大，将市属二级全额预算单位和自收自支单位纳入“专户储存”。

1989年4月，为了加强预算外资金管理工作，经东阳市编委批准，东阳市财税局内设“综合计划科”，专司预算外资金管理，并配备了专职人员。7月，东阳市政府决定在全市范围开展预算外资金专项检查。

1990年，中共中央和国务院作出《关于坚决制止乱收费、乱罚款和各种摊派的决定》，在全国范围开展治理“三乱”活动。此后，在治理涉农、涉教、涉企等方面的“三乱”和“小金库”等活动持续不断。

1992年，市政府印发《东阳市预算外资金管理办法》，进一步规范预算资金管理制度，对行政事业单位继续实行财政专户储存的管理方式，在开设专户时分别设立“收入专户”和“支出专户”，“收入专户”只进不出，“支出专户”只出不进，这是预算外资金“收支两条线”管理的雏形，并坚持“先收后支、量入为出”的用款原则；对用预算外资金进行自筹基本建设的，其资金来源应先经财政部门审查，并实行“先存后批”制度。

1994年，为了进一步加强预算外资金管理，纠正行业不正之风，加强廉政建设，市政府印发《东阳市预算外资金管理暂行规定》，东阳市财政局相应制订《实施细则》规定：对财政专项管理的预算外资金，实行“计划管理、专款专用、有偿使用、滚动增值”的办法管理；对行政事业单位和企业主管部门的预算外资金实行“财政专户储存，收支两条线，编制计划，分级审批，银行监督”的办法管理。同时，对行政事业单位和企业主管部门的预算外资金进行适度集中，征集财政风险金。

截至1996年12月，全市纳入财政专户储存单位124个，储存资金14345万元，利用预算外间歇资金扶助生产经营950万元。

1996年，国务院发布《关于加强预算外资金管理的决定》，对预算外资金进行重新定义：“预算外资金，是指国家机关、事业单位和社会团体为履行或代行政府职能，依据国家法律、法规和具有法律效力的规章而收取、提取和安排使用的未纳入国家预算管理的各种财政性资金”，明确“预算外资金是国家财政性资金”，并规定将部分数额较大的政府性基金（收费）纳入财政预算，实行“收支两条线”管理。

1999年，市政府印发《东阳市预算外资金管理办法》及其《实施细则》，对预算外资金收入实行“各家开票、各家收款、全额上缴、年终清算”的管理方式，支出实行“单位申请、财政审批”的管理办法，进一步落实“收支两条线”管理。

2000年，省人大常委会颁布施行《浙江省预算外资金管理条例》，对收费管理、票据管理、财政专户管理、收支计划管理等规定了一系列管理制度。

2002年，东阳市政府印发了《关于推行财政综合预算管理的意见》，将所有预算外资金纳入综合预算管理。为了适应综合财政预算管理要求，市政府同时印发《东阳市行政事业单位预算外资金收支管理办法》,在贯彻预算外资金"收支两条线"管理原则下,实行"政府所有、全额交缴、综合预算、核定收支、超收分成、短收扣支、节支奖励"的预算内外综合财政预算管理体制。

自2011年1月1日起,根据浙江省财政厅《关于将按预算外资金管理的收入纳入预算管理的通知》要求,东阳陆续将列入专户管理的预算外资金纳入预算管理,至目前,除教育收费外,其他预算外收入均已全部上缴国库,纳入预算管理。

### (三)行政事业性收费管理

行政事业性收费是指国家机关、事业单位、代行政府职能的社会团体及其他组织根据法律、行政法规等有关规定,在向公民、法人提供特定服务的过程中,按照成本补偿和非营利原则向特定服务对象收取的费用,是行政事业单位预算外资金和政府非税收入的重要来源。1987年国家颁布的《价格管理条例》正式引用"行政性、事业性收费"的概念。财政部门是行政事业性收费管理和监督部门。

改革开放以后,曾一度出现"乱收费、乱罚款、乱摊派"现象,使企业和个人负担过重,1990年,中共中央、国务院印发《关于坚决制止乱收费、乱罚款和各种摊派的决定》,要求对现有的收费、罚款、集资项目和各种摊派进行全面清理整顿,经过清理整顿,1991年,东阳市政府公布取消和停止了一批行政事业性收费、罚款和集资项目,并建立了"收费许可证"制度,实行亮证收费。

1992年,为进一步加强对行政事业性收费管理,完善收费许可证制度,省财政厅会同物价局发布《浙江省收费许可证管理办法》,规定凭"收费许可证"向财政部门购领收费收据,收费必须使用合法收据,以加强收费管理,保障合法收费并制止乱收费行为。并对"收费许可证"实行年度审验制度。

1993年,为了纠正部门和行业不正之风,东阳市政府决定在全市开展清查整顿行政事业性收费,在清理整顿的基础上,对各项行政事业性收费项目和标准进行重新申报审核,公布取消了一批收费项目。

根据中央全面治理"三乱"的要求,为了减轻企业和社会负担,自1997年起,东阳市政府陆续公布取消了若干批次的涉企、涉农、涉教的收费项目,降低或减免部分收费标准或转为经营服务类收费项目。

1999年,根据上级要求,东阳市财政局会同相关部门重点开展了对公安等18个市级部门(单位)和各镇乡行政事业性收费项目、收费票据、银行账户的清理检查,通过检查摸清了预算外资金家底,发现了一些单位违规收费的情况。

2000年,省财政厅发布《浙江省行政事业性收入项目统一编码目录》,凡经中央和省权限部门批准的行政事业性收费均纳入"统一编码目录"管理,各地各部门不得擅自增减,未列入统一编码的收费项目不得提供收费票据,不得收费。统一编码实行动态管理,新增、取消、调整收费项目的及时修改调整。

2001年，省财政厅会同物价局印发《浙江省行政事业性收费项目和标准审批管理暂行办法》，规定对行政事业性收费实行中央和省两级审批管理，对申请设立、变更行政事业性收费项目和制定、调整行政事业性收费标准，实行年度申报计划制度。同年，浙江省政府印发《关于审核公布行政事业性收费、政府性基金项目和标准的通知》，于次年起，对各地各部门所有收费项目经省财政厅会同物价局重新审核后给予公布。

2002年，为了减轻农民负担，根据上级要求，东阳市政府推行涉农价格和收费公示制度，做到收费依据合法、价格管理透明、收费行为规范、监督机制完善、农民负担明显减轻。

2017年，执行财政部关于全国政府性基金和行政事业性收费目录清单"一张网"管理制度，各地公布的收费范围不得超出"一张网"公布目录清单范围。

2018年，国家发改委、财政部重新修订印发《行政事业性收费标准管理办法》，规定收费标准实行中央和省两级审批制度，全国性或跨省区域范围实施的收费标准，由国务院或国务院价格、财政部门审批，地方区域内实施的收费标准可授权省级政府价格、财政部门审批，未列入收费目录清单的收费项目，一律不得审批收费标准。

**（四）财政票据管理**

财政票据是指国家机关、事业单位、社会团体，具有行政管理职能的企业主管部门和政府委托的其他机构，为履行或代行政府职能，依据法律、法规和具有法律效力的行政规章的规定，在收取行政事业性收费和征收政府性基金时，向被收取单位或个人开具的收款凭证。

在1986年以前，收费票据基本由各部门及其上级主管部门自行印制、领发和监管，一种收费一种票据。财政部门管理的非税收入则以收入缴款凭证代替收款票据。1986年，东阳县政府印发《东阳县行政事业单位收、付凭证管理暂行办法》，对全县行政事业单位使用收、付凭证首次进行了统一，实行统一印制、统一领发、统一监管。

1988年，市政府印发《东阳市行政事业单位收款收据管理办法》规定，统一收款收据（包括"乡镇财政收款收据"和"市级行政事业单位收款收据"两种收据）都必须由市财税局统一制发，套印《浙江省东阳市财税局统一收据专用章》，全市一切全民和集体事业、机关、团体、学校、部队，凡收入或支付各种规费、罚款、手续费、工本费及其他收入等，均需开具和取得统一收款收据。1986年印发的《东阳县行政事业单位收、付凭证管理暂行办法》同时废止。

1989年，浙江省财政厅印发《关于加强非经营性收费票据管理的通知》，决定自7月1日起，对非经营性收费票据实行全省统一管理，即统一票式、统一印制、统一领发、统一监管，收费票据统一套印当地财税部门的监制章，并规范领购、保管、使用、结报、核销等手续，明确财政部门是收费票据的管理机关。

自1993年1月1日起，根据浙江省财政厅的有关规定，按规定收取的行政事业性收费，除税法规定须使用税务发票外，一律使用行政事业性收费票据；经批准向单位或个人无偿筹集资金，一律使用集资票据；各行政事业单位使用的票据，一律套印“浙江省东阳市财政局收费、集资票据监制章”；凭“收费许可证”“会计证”和《票据购买簿》向财政部门购买。

自1995年1月1日起，统一使用浙江省财政厅监制的新版浙江省行政事业单位票据。行政事业单位票据包括行政事业性收费、集资票据和行政事业单位往来款收据等，收费票据分为统一票据和专用票据两种，统一票据由浙江省财政厅统一制定样式，统一监制，并委托市（地）财政局印发，县（市）财政部门向市（地）财政部门统一购领；专用票据和集资票据由省业务部门提出样式，报省财政厅审批、监制并印发；往来款票据由浙江省财政厅制定统一样式，市县财政部门负责监制、印发。执收部门和单位按财务隶属关系向当地财政部门购领，并实行“票据准购证”制度，规定行政事业单位在向财政部门购领收费票据前，须持省级以上权限部门批准的收费文件、收费许可证、单位介绍信，向财政部门申请办理“票据准购证”，凭“票据准购证”办理收费票据购领手续。

1998年1月1日起，根据省财政厅《浙江省行政事业性收费票据管理暂行办法》规定，使用行政事业性收费票据必须同时具备以下几个条件：一是执收主体必须是履行或代行政府职能的国家机关、事业单位，具有行政管理职能的企业主管部门和政府委托的其他机构（以下简称部门和单位）；二是收取的资金必须是经权限部门批准设立的各种行政事业性收费、主管部门集中的资金、乡镇自筹、统筹资金以及以政府名义获得的各种捐赠资金；三是收取的资金必须按规定上缴国库或财政专户。对不同时具备以上三个条件的部门和单位，财政部门不予发放收费票据。

2000年，市财政局印发《东阳市预算外资金票据管理实施办法》，规定票款必须每月向财政部门结报一次。同年11月，根据浙江省财政厅有关精神和“收支两条线”管理要求，市财政局会同相关部门印发《东阳市行政事业性收费、罚没收入票款分离管理办法》，按照“执收部门职能不变，收费资金用途不变”的原则，实行“单位开票、银行代收、财政统管”的管理办法；涉及系统分成的行政事业收费，采取“缴费人就地缴款，资金由代收银行按资金分成比例分别划转省级财政专户结算户和市财政专户”的办法运行，收费票据由原来向省级主管部门领发结报改为统一向市财政部门领发、结报。

2004年，省财政厅印发《浙江省财政票据管理暂行办法》，将“收费票据”改称为“财政票据”。财政票据分为非税收入票据和其他财政票据。非税收入票据分为通用票据和专用票据，用于纳入政府非税收入管理的各种财政性资金的收缴；通用票据是指能满足政府非税收入征管的一般要求，具有通用性质的票据，用于收取行政事业性收费、政府性基金（含资金、附加）、主管部门从所属单位集中的资金、非经营性国有资产出让转让收益等其他非税收入。实行“收缴分离”的非税收入，执收单位向缴款人开具收费票据和缴款凭证合一的《非税收入一般缴款书》；实行“集中汇缴”的非税收入，执收单位向缴款人开具《非税收入统一票据》，并按限期限额的“双限”规定，将收取的款项分收入项目汇总填写《非税收入汇总缴款书》，缴入财政专户或国库。专用票据是指通用票据不能满足非税收入征管的特殊需要时，根据非税收入的征收特点而设计的具有特定式样的票据；专用票据分为定额票据和非定额票据；执收单位开具专用票据收取的非税收入款项按核定的收缴方式，缴入财政专户或国库。其他财政票据是指除非税收入票据和法律、法规规定必须使用税务发票外,依据国家有关规定和财务管理需要而设定的票据,包括捐赠票据、社会团体会费票据、行政执法预收(暂扣)款票据、行政事业单位(社会团体)往来款票据等。购领财政票据实行"购领证"制度,凭证购领。2009年,东阳财政局根据省财政厅的有关规定印发了《东阳市财政票据管理暂行办法》。

2012年,财政部发布《财政票据管理办法》,2013年,省财政厅下发《浙江省财政票据管理实施办法》,对财政票据的种类及其适用范围、印制、领购、使用、保管、核销等进行了修改和完善。

2014年,省财政厅印发《关于浙江省财政票据整合改版工作的通知》,对全省财政票据进行归并、整合和改版,并实行全省票据种类的目录管理制度,按票据性质和用途,建立全省财政票据种类目录和财政票据样本,今后新设、调整、合并、取消财政票据的将及时修改并发布。

2017年,财政部印发《关于稳步推进财政电子票据管理改革的试点方案的通知》,次年,财政部印发《关于全面推开财政电子票据管理改革的通知》,逐步实现财政票据管理电子化,并建立全国统一的财政电子票据管理系统。

在逐步建立和完善财政票据管理制度的同时,财政票据的监督工作也在不断加强,自1990年开始治理"三乱"以来,每次清理检查"三乱"收费项目的同时,对各种收费票据也都进行了检查和清理;2003年,开展了镇乡(街道)收费票据的清理检查工作;2009年,根据上级部署,开展对行政事业单位财政票据管理和使用情况的监督检查;2015年,在全市范围开展了政府非税收入和财政票据的专项检查工作。

**二、非税收入管理**

非税收入是指除税收以外,由各级国家机关、事业单位、代行政府职能的社会团体及其他组织依法利用国家权力、政府信誉、国有资源(资产)所有者权益等取得的各项收入。政府非税收入是财政收入的重要组成部分,是政府参与国民收入分配和再分配的一种形式。地方财政的非税收入具体包括:行政事业性收费收入、政府性基金收入、罚没收入、国有资源(资产)有偿使用收入、国有资本收益、彩票公益金收入、以政府名义接受的捐赠收入、利息收入及其他政府非税收入等。随着政府性基金和行政事业性收费逐步纳入预算管理,一般公共预算收入中非税收入的范围和比重随之扩大,2007年政府收支分类改革时非税收入占地方财政收入的比重为5.2%,到2018年此比重提高到了12.2%。

2005年,浙江省财政厅根据省政府的相关意见印发《关于加强非税收入管理的通知》,要求彻底转变原有的"预算外资金""单位自有资金"的观念,对非税收入的概念、性质、管理范围、收入分类、管理主体、管理方法等进行了明确,积极推行部门预算和综合预算改革,切实落实"收支两条线"管理,进一步完善非税收入征管机制,强化征管手段。

2007年起,全国推行政府收支分类改革,把一般公共预算收入分成了"税收收入"和"非税收入"两大类,

2008年，市政府印发《东阳市政府非税收入管理暂行办法》，明确市财政局是政府非税收入的主管机关，具体负责全市政府非税资金的收支管理；规定对非税收入应当依法征收，应收尽收，不得多收、少收、或擅自减收、免收和缓收；加强收费票据管理，实行“以票管收”；政府非税收支实行综合预算制度，对政府非税收入全部纳入财政专户或国库、支出全部纳入市财政综合预算管理，实行收缴分离和收支脱钩。

2010年，省人大常委会颁布《浙江省政府非税收入管理条例》，自2011年1月1日起施行，《条例》是国家明确将按预算外资金管理的收入全部纳入预算管理后出台的第一部政府非税收入管理的地方性法规，为政府非税收入的依法征收、依法管理提供了法律依据，使政府非税收入管理工作走上了法制化的轨道。

2016年，财政部发布《政府非税收入管理办法》，对非税收入的设立、征收、票据、资金及其监督管理等活动进行了规范。

为适应“最多跑一次”改革要求，提高非税收入征管效率，2017年在全市推行政府非税收入接入统一公共支付平台收缴改革，实现收费项目全覆盖、支付渠道全方位开通。

至2018年年底，除教育收费外的其他所有政府非税收入已全部纳入预算管理。

表3-1-3-1　　2007—2018年东阳市非税收入情况表

单位：万元

| 年份 | 合计 | 一般公共预算 | | | 政府性基金预算 | 国有资本经营预算 |
|---|---|---|---|---|---|---|
| | | 总收入 | 非税收入 | 占比重% | | |
| 2007 | 36720 | 113258 | 5764 | 5.19 | 30956 | |
| 2008 | 94862 | 135710 | 8435 | 6.22 | 86427 | |
| 2009 | 247205 | 151531 | 15008 | 9.90 | 232197 | |
| 2010 | 439902 | 193974 | 17812 | 9.18 | 422090 | |
| 2011 | 524070 | 239530 | 21020 | 8.78 | 503050 | |
| 2012 | 260936 | 301057 | 23736 | 7.88 | 237200 | |
| 2013 | 402969 | 353118 | 29497 | 8.35 | 373472 | |
| 2014 | 433863 | 414838 | 27980 | 6.74 | 405464 | 419 |
| 2015 | 358102 | 486173 | 58237 | 11.98 | 299198 | 667 |
| 2016 | 172161 | 562569 | 59570 | 10.59 | 111868 | 723 |
| 2017 | 352663 | 585778 | 81251 | 13.87 | 270861 | 551 |
| 2018 | 654815 | 657548 | 80282 | 12.21 | 571437 | 3096 |

说明：非税收入合计=一般公共预算非税收入+政府性基金预算非税收入+国有资本经营预算非税收入

## 三、综合预算管理

综合预算是指预算单位在编制部门预算时，将财政拨款收入、预算外资金收入(非税收入)、事业收入、事业单位经营收入及其他收入等统筹安排部门预算支出的一种预算管理模式。

2002年，东阳市政府印发了《关于推行财政综合预算管理的意见》，规定自2002年1月1日起，对行政事业单位的预算内外所有财政性资金，实施“统一预算、统一管理”的、以部门预算为基础的财政综合预算管理形式，严格预算约束，规范预算执行，强化预算监督；同时，对综合预算的编报程序、编制方法和管理要求进行了明确。是年，除实行企业化管理的事业单位和公立医院等部分差额预算单位外，市本级其他所有行政事业单位和党派团体均纳入了综合预算范围。

2011年，东阳市政府又出台了《关于综合财政预算管理办法(试行)》，按照“收入一个笼子，预算一个盘子，支出一个口子”的要求，进一步强调对部门所有收入和支出进行综合预算统筹安排，综合预算包括：一般公共预算、政府基金预算、社会保障基金预算、国有资本经营预算和政府债务收支计划等，要求实现收支综合平衡。

到2018年底，政府非税收入和支出已全部纳入综合预算，实行“一个盘子”管理，资金资金除教育收费外全部纳入国库，实行“一个笼子”管理。

## 四、住房基金管理

住房制度改革是经济体制改革的重要组成部分，通过改革逐步把住房的生产、交换、分配、消费纳入有计划的商品经济轨道，加快住房建设速度，缓解居民住房困难，不断改善住房条件，逐步实现住房商品化，发展房地产市场。

1992年9月，市政府印发《东阳市城镇住房制度改革实施方案》，从当年10月1日起施行住房制度改革。改革的主要内容包括：逐步提高公房租金、出售公有住房、扶持集资建房、实行新房新制度、推行住房公积金制度和建立住房基金制度等；改革的范围包括：本市城镇党政机关、团体、市属全民和集体所有制企事业单位，以及省、地(市)属单位在本市镇区范围内的单位自管公房和房管部门直管公房；设立“东阳市住房基金管理中心”，负责住房基金管理、使用的日常工作。

同年10月，省有关部门颁布《浙江省住房基金筹集、使用和管理暂行规定》，明确住房基金是指各级政府、行政和企事业单位及个人专项用于住房改革和住房生产、经营、消费的资金，它由政府、单位和个人三级住房基金组成。政府住房基金的收入来源包括：财政用于住房建设投资、维修和管理及住房制度改革的资金；直管公房出租、出售及统筹收入；住房建设基金；住房基金的利息和经营收入等。行政事业单位财政拨款购建的公房，其出售收入50%留单位住房基金，50%扩充政府住房基金。个人住房基金主要是个人缴存和单位提供归个人所有的住房公积金。

1993年，市政府印发《关于东阳市住房基金管理意见的通知》，明确了市财税局与住房基金管理中心的职责划分，并规定了住房基金使用比例：按当年归集总额的10%作为备付金、40%作为单位住房基金安排，剩余部分的60%作为个人政策性贷款安排、40%作为经营性贷款安排。

1994年,市住房制度改革领导小组印发了《东阳市住房基金管理暂行办法》,规定政府住房基金实行财政专户储存、单位和个人住房基金由"中心"实行专户管理,并对住房基金专户的开设、资金的缴存、基金的核算和预决算制度等作了具体规定。

1995年,市政府印发《东阳市深化城镇住房制度改革实施意见》和《东阳市公有住房出售管理暂行办法》,对城镇住房制度改革方案进行了深化和完善,包括:扩大房改范围,将外商投资企业和私营企业及城东、城中、城西办事处等地域均纳入房改范围;全面建立住房公积金制度,并适当提高住房公积金提取标准,单位和个人均按工资总额的5%提取;推进住房租金改革,进一步提高租金标准;稳步出售公有住房,完善出售公房及其管理政策;加快经济适用房的开发建设;健全住房基金管理制度等。

2000年,市政府印发《东阳市进一步深化城镇住房制度改革实施方案》规定:停止住房实物分配,逐步实行住房分配货币化;完善住房公积金制度,1月1日起,住房公积金缴存比例单位和个人各提高到按职工工资总额的7%;建立和完善住房供应体系,加快经济适用住房和普通商品住宅建设,对不同收入家庭实行不同的住房供应政策;培育住房市场,发展住房金融,加强物业管理。

2007年,市政府印发《东阳市国有土地使用权出让收支管理办法》中确定按照国有土地使用权出让合同面积2元/平方米提取廉租房建设资金。

2013年起,政府住房基金收入列入基金预算管理。2016年起纳入一般公共预算收入管理。

**五、水权有偿转让**

东阳与义乌是东阳江流域上下游的两个市,因下游义乌市水资源缺乏,而东阳相对比较丰富,义乌市向东阳市提出购买横锦水库的部分用水权,2000年11月,经双方协商,确定以2亿元人民币一次性购买东阳横锦水库每年4999.9万立方米的永久用水权,此外,义乌方需向东阳供水方支付当年实际供水量的0.1元/立方米综合管理费。引水管道工程由义乌方投资建设。用水权转让收入上缴财政主要用于横锦水库向梓溪流域的蓄水引水工程等项目建设。

此项转让开启省内用水权有偿转让之先河。

## 第四节 政府性债务管理

在20世纪90年代前,国家实施计划经济或由计划经济向市场经济转轨时期,地方政府尚不存在债务问题。1994年,施行分税制财政体制改革后,重构了中央与地方政府之间的财政关系,财权向中央政府倾斜,事权向地方政府下放,而地方政府又有强烈的建设和发展诉求,这对地方财政产生了巨大压力,而旧的《中华人民共和国预算法》规定,地方政府不得直接举债。在收支压力之下,地方政府及其所属部门相继成立了实施投资城市开发建设的平台公司,发展成"城投模式"这一具有中国特色的地方投融资模式,地方政府性债务应运而生。

地方政府性债务是指地方机关事业单位及地方政府专门成立的基础设施性企业为提供基础性、公益性服务直接借入的债务或地方政府机关提供担保形成的债务。地方政府性债务包含地方政府负有偿还责任的债务、负有担保责任的债务以及负有救助责任的债务。地方政府负有偿还责任的债务，是指确定由财政资金偿还、政府负有直接偿债责任的债务，例如地方政府债券。地方政府负有担保责任的债务，是指因地方政府（包括政府部门和机构）提供直接或间接担保，当债务人无法偿还债务时，政府负有连带偿还责任的债务。例如政府融资平台公司向金融机构或企业举借的债务。地方政府负有救助责任的债务，是指政府融资平台公司、经费补助事业单位等举借的债务，由非财政资金偿还，但地方政府没有提供担保，据法律规定，该类债务政府没有偿债责任，但如果债务单位出现了债务危机，政府应承担救助责任，因此也划入地方政府性债务范畴。

## 一、国有企业债券

2010年，为确保红椿巷区域旧城改造、卢宅明清古建筑群保护利用、第二自来水厂等一大批重点项目建设提供资金保障，在完成了发债平台整合、建设项目整合、财务审计、主体和债项信用评级等各项基础工作后，报经国家发改委审核批准，于是年10月20日成功发行"10东城发债"12亿元人民币的企业债券。发行人为东阳市城市发展有限公司，债券名称为"2010年东阳市城市发展有限公司债券"。本期债券为7年期固定利率债券，同时附加发行人上调票面利率选择权及投资人回售选择权，本期债券在存续期内前5年票面年利率为6.85%，在债券存续期内前5年固定不变；在本期债券存续期的第5年末，发行人可选择上调票面利率0至100个基点（含本数），债券票面年利率为债券存续期前5年票面年利率加上上调基点，在债券存续期后2年固定不变。本期债券采用单利按年计息，不计复利，逾期不另计利息。本期债券面值100元人民币，平价发行。以1000元为一个认购单位。

此债券已于2017年12月到期后一次性还本兑付。

## 二、地方政府债券

地方政府债券是指地方政府因交通、通信、住宅、教育、医院和污水处理等地方性公共基础设施建设需要，以当地政府的财政收入能力作为还本付息担保，而向社会公开发行的债券。我国的地方政府债券最早出现在建国初期，曾在部分地区发行，1981年恢复发行国债后地方债券就停止发行了。1995年1月1日起施行的《中华人民共和国预算法》第28条明确规定：除法律和国务院另有规定外，地方政府不得发行地方政府债券。现行地方政府债券发行始于2009年，初期由财政部代理发行，再转贷给地方，2014年起由省财政厅自行组织发行。地方政府债券根据资金用途和还款来源分为一般债券和专项债券。发行债券的收入和使用以及还本付息、发行费用等支出纳入地方各级财政一般公共预算管理。截至2018年年末，全市累计发行地方政府债券的债务余额为965400万元，其中：一般债务余额761692万元，专项债务余额203708万元。

表3-1-4-1　　2009—2018年东阳市地方政府债券发行收入情况表

单位:万元

| 年份 | 发行收入 | 年份 | 发行收入 | 年份 | 发行收入 |
|---|---|---|---|---|---|
| 2009 | 8000 | 2013 | 10000 | 2017 | 118562 |
| 2010 | 9000 | 2014 | 10000 | 2018 | 120000 |
| 2011 | 7000 | 2015 | 130180 | | |
| 2012 | 8000 | 2016 | 364294 | | |

## 三、世界银行贷款

世界银行贷款是世界银行组织对其成员国政府和私人企业提供的项目贷款。县级利用世界银行贷款主要是通过国家和省转贷的项目贷款。1980年,世界银行执行董事会批准恢复中国在世界银行的代表权。1981年世界银行开始向中国提供第一笔贷款。1986年,国务院批转国家计委《关于利用国外贷款工作分工意见》明确,世界银行贷款的对外窗口是财政部,财政部门对内归口管理世界银行贷款工作。在与世界银行合作初期,世行贷款主要转贷给中央部门为主,1988年后,向转贷给地方政府转变,为此,财政部印发《关于地方财政部门做好世界银行贷款工作的几点意见》明确,地方财政部门作为各级人民政府的债权、债务代表人,要按照“统一领导、归口管理、分工合作、各司其职”的原则,负责管理本地区的世界银行贷款工作。1995年,浙江省政府强调,根据“谁借款、谁受益、谁还款、谁承担风险”的原则,实行借、用、还统一管理,认真履行还贷义务。1998年,实施世界银行贷款还贷准备金制度,按年初贷款债务余额的3%~8%筹集还贷准备金,并纳入同级财政预算管理。2000年后,将外国政府贷款业务,也划转财政部门归口管理。

东阳实施世界银行贷款项目主要有红壤开发、区域卫生、疾病防控、造林和农村改水等,自上世纪八十年代后期开始陆续实施。实施世界银行贷款项目,不仅解决了实施项目的部分资金需要,也对转变管理理念和提高项目管理水平起到了积极作用。

### (一)红壤地区开发项目(红壤二期)

1994年9月,东阳市政府与浙江省农业厅签订红壤开发项目二期的转贷和执行协议,项目内容为长松岗和东白山各50公顷示范园区建设,项目总投资280万美元,其中世行贷款140万美元、国内各级配套140万美元。项目实施后,于2001年通过省检查团的检查,实际取得世行贷款报账总额为44.06万个特别提款权(SDR,下同),折合人民币494.1万元,占原额度101.09万个SDR的43.6%;另外,项目得到省市无偿配套资金125万元。

### (二)综合性区域卫生发展规划项目(卫生Ⅲ)

1989年10月,根据上级有关要求精神,经东阳市八届人大常委会审议通过,东阳市政府正式向省确认实施“综合性区域卫生发展规划项目”,通过项目实施,改善区域内卫生投资结构和效益,促进提高卫生服务质量。项目贷款本金折合人民币548.22万元，还本付息付费资金由财政承担40%，主管部门和受益单位承担60%，国内配套资金353.71万元由主管部门和受益单位承担，还款期限至2008年。截至2007年年底，尚有82.82万元人民币（合2.73万个SDR）的债务余额，为了减轻项目单位的债务负担，2009年1月，浙江省财政厅决定给予本息余额全额豁免，相应地东阳市财政局会同卫生部门于2016年5月对项目单位实施债务豁免。

**（三）传染病与地方病控制项目（卫生Ⅴ）**

1993年4月，东阳市政府与浙江省财政厅签订协议，实施项目的内容为“血吸虫病控制”，协议贷款额度为4.02万个SDR。项目实施后实际报账2.07万个SDR，占协议贷款额的51.6%，折合人民币22.09万元。贷款期限20年，贷款资金主要用于购置防止血吸虫病的药品和设备，至2010年贷款未作归还，为减轻项目单位债务负担，2010年4月，浙江省财政厅决定给予本息全额豁免，相应地东阳市财政局会同卫生部门对项目单位实施债务豁免。

**（四）国家造林项目（林业一期）**

1995年1月，东阳市政府及其计委、财政局、林业局与浙江省林业厅签订《执行国际开发协会“国家造林项目”协议书》，项目内容为营造速生丰产用材林991.7公顷，项目总投资398.21万元人民币，贷款额度为23.09万个SDR，其中直接贷给6.47万个SDR，其余折合人民币贷给，约172.03万元（折合16.62万个SDR），贷款期20年（后调整延长至25年）。至1997年年底，已按协议规定全部完成造林任务，实际完成造林面积1100公顷，完成协议任务的110.9%。

2005年12月，浙江省财政厅会同林业厅下发《关于对世界银行贷款“国家造林项目”、“森林资源发展和保护项目”实施债务减免有关政策的通知》，采取生态补助和按时还贷相结合的政策，在各县市按时还贷的基础上，自2005年起，按还贷金额给予还贷生态补助，由省财政承担40%，东阳财政承担60%，林农不再承担相应还款责任。

**（五）农村改水项目**

为尽早完成市农村改水重点工程项目——巍山自来水厂建设，1994年8月，经东阳市政府同意，由东阳市卫生局、财政局与浙江省爱卫会、财政厅签订《浙江省农村改水工程周转资金贷款协议书》，向省借款200万元人民币（第一次发放100万元人民币，按1994年8月25日人民币与美元汇率折合成116429.35美元记账，归还时按当日美元与人民币汇率折成人民币归还）周转贷款，贷款按工程进度分期发放，并一次性交纳贷款总额0.35%的项目管理费7000元，贷款按每次发放贷款时约定的期限还本付息。巍山镇自来水厂建设项目已于1996年2月建成并投入使用。

**（六）浙江省小水电项目**

2006年开始实施，主要用于南江水库加固及其渠系改造建设，建设期为三年，贷款额度为183万元人民币，截至2018年年底尚有债务余额99.98万元。

## 四、地方政府债务管理

为防范地方政府债务风险，全面、客观、准确地了解和掌握各级地方政府债务情况，2003年，浙江省财政厅下发《关于报送地方政府债务情况的通知》，统一政府债务的统计口径，自2002年（所属年度）起，建立地方政府债务统计报告制度。

2005年，针对不少地方的政府性债务包袱日益沉重，债务风险逐步显现的状况，浙江省政府印发《关于加强地方政府性债务管理的通知》，要求按照“权、责、利”和“借、用、还”相统一的原则，将政府性债务管理纳入规范化、制度化的轨道，努力防范和化解地方政府过度负债的风险，构建政府性债务风险预警体系，建立债务风险监测指标体系，以负债率（债务余额与当年地区生产总值的比例）、债务率（债务余额与当年可支配财力的比例）、偿债率（年度还本付息额与当年可支配财力的比例）等为重点，对政府性债务的规模、结构和安全性进行动态监测和评估，其中，负债率不得超过10%，债务率不得超过100%，偿债率不超过15%。同时，坚决限制政府融资担保行为，除经国务院批准的为使用外国政府贷款或者国际经济组织贷款进行转贷之外，各级政府及其部门不得提供融资担保，切实防止将市场主体经营性债务风险转嫁到地方政府。设立偿债准备金，准备金数额一般为政府性债务余额的3%～8%。

2006年，东阳市人大常委会做出规定，将政府举债情况列入重大事项须向人大常委会报告，此后，每年政府性债务收支计划应当向市人大常委会报告并批准。

2007年，根据浙江省财政厅会同省教育厅下发《关于做好市县基础教育债务清理核实工作的通知》，按照“优先化解农村义务教育债务”和“制止新债、摸清旧债、明确责任、分类处理、逐步化解”的要求，全市推行清理、核实和化解义务教育债务工作。经过清理核实，全市公办义务教育学校截止2007年9月30日止的债务余额达11397.59万元，已按规定要求于2009年底前全部化解完毕。

2009年，浙江省财政厅规定，债务规模已经突破警戒线指标的市县，不得再增新债。同年9月，市政府出台了《东阳市政府性债务管理暂行办法》，对责任主体、计划管理、风险预警、行政责任等做出具体规定。

2011年，市政府出台《东阳市政府性债务收支计划管理办法（试行）》，建立“单位上报、财政审核、政府审批、人大通过”的债务收支计划管理制度，规定政府性债务不得用于经常性支出和竞争性项目建设，对属于政府性债务范围的各项债务纳入全市政府性债务收支计划的编制和管理，不得无计划超计划举债。同年10月，根据浙江省政府《关于清理化解基层医疗卫生机构债务的实施意见》，开展了全市基层医疗卫生机构债务清理核实工作，通过清理、核实和化解，全市共化解基层医疗卫生机构债务2063.28万元。次年，根据上级指示又开展了政法机关基础设施建设债务清理核查工作，经清理核实并化解债务6610.25万元。

2016年，浙江省政府印发《关于进一步加强地方政府性债务管理的实施意见》，明确地方性政府债务的主体责任是地方政府，按照“谁借谁还谁管”的原则省政府不予救助；实行限额管理制度，根据各县市债务风险和财政状况由省政府下达限额指标,在限额内提出举债方案报同级人大常委会审批;按照风险警戒线指标划分高、中、低风险等级,对不同等级采取不同的政策。

表3-1-4-2　　2009—2018年东阳市政府性债务余额表

单位:万元

| 年份 | 年底债务余额合计 | 政府负有直接偿还责任债务 | 政府负有担保责任债务 | 政府负有救助责任债务 |
|---|---|---|---|---|
| 2009 | 263624.0 | | | |
| 2010 | 336458.0 | | | |
| 2011 | 247156.0 | | | |
| 2012 | 266174.0 | | | |
| 2013 | 518461.4 | 486986.1 | 1200.3 | 30275.0 |
| 2014 | 655849.9 | 555512.5 | 889.4 | 99448.0 |
| 2015 | 692195.9 | 598115.5 | 889.4 | 93191.0 |
| 2016 | 792098.6 | 747018.2 | 889.4 | 44191.0 |
| 2017 | 889876.9 | 845685.9 | | 44191.0 |
| 2018 | 1009591.3 | 965400.3 | | 44191.0 |

## 第五节　国债发行

国债又称国家公债,是国家通过发行债券形式举借的债务。国债发行收入金额上缴中央财政,地方政府和财政部门负责国债发行推销工作。

### 一、清朝和民国时期发行的国债

清朝政府滥借外债,财政困窘,试行举办内债。光绪二十年(1894)发行国内公债——息借商款。光绪二十四年(1898)又发内债——昭信股票。宣统三年(1911)发行爱国公债,后由民国政府继续担任偿还。

民国政府也曾多次发行公债,抽签偿还,先后流通上市,视作一种有价证券。

民国2~3年(1913~1914),袁世凯统治期间,举借外债达20项。民国3年,袁政府设立内国公债局,开始发行内债。此后,北洋军阀期间则年年发行内债,民国12~15年间,共发行了27种内债,发行额达61206.3万元。

民国16年(1927)发行了"江海关二五附税国库券"3000万元,续发4000万元,两次都以海关二五附税作担保。自民国16~25年的10年内战期间,发行了26亿元以上的内债,并向外国借债,其中民国18年10月,东阳推销省建设债券7万元;民国20年7月,东阳推销清理旧欠公债3万元。抗日战争爆发后,发行了民国26年的救国公债。以后,又发行以法币和关金券计算及谷、麦、粮食计算的各种内债。民国34年抗日战争胜利后，民国政府又采取美元、金圆、稻谷、黄金等形式发行几次内债。浙江省自民国元年发行爱国公债开始，到民国27年止，先后发行过17次，其名称、用途、押款及发行时间分列如下：

表3-1-5-1　　民国时期浙江省发行公债项目一览表

| 序号 | 名称 | 用途 | 押款 | 发行时间 |
|---|---|---|---|---|
| 01 | 浙江爱国公债 | 军政府为应付一时财政之急需 | 浙西盐课厘收入 | 民国元年(1912) |
| 02 | 浙江省财政厅定期贷款 | 弥补省、国历年预算不敷之款 | 全省统捐新增比例 | 民国10年 |
| 03 | 浙江省财政厅第二次定期贷款 | 弥补省、国历年预算不敷之款 | 契税及牙帖税 | 民国12年 |
| 04 | 浙江省财政厅第三次定期贷款 | 弥补省、国历年预算不敷之款 | 全省统捐新增比例 | 民国13年 |
| 05 | 浙江省财政厅第四次定期贷款 | 弥补省、国历年预算不敷之款 | 全省丝捐 | 民国13年 |
| 06 | 浙江善后公债 | 救济省财政困难<br>弥补历年预算不敷款 | 七省盐斤加价 | 民国14年 |
| 07 | 浙江省整理旧欠公债 | 整理旧欠，调整财力 | 七省盐斤加价 | 民国15年 |
| 08 | 浙江省偿还旧欠公债 | 偿还各项债款并整理收入 | 七省盐斤加价 | 民国17年 |
| 09 | 浙江省公路债券 | 省各县公路 | 地丁抵补金下带征之建设附捐 | 民国17年 |
| 10 | 浙江省建设债券 | 为建杭江铁路、杭徽公路，扩充电气事业，修治钱江水利 | 本省田赋项下之附加，建设特捐 | 民国18年 |
| 11 | 浙江省赈灾公债 | 赈济本省灾荒 | 省牙帖税捐 | 民国19年 |
| 12 | 清理旧欠公债 | 清理旧欠 | 契税及营业税收入 | 民国20年 |
| 13 | 浙江省金库券 | 弥补预算短亏 | 契税及营业税 | 民国21年 |
| 14 | 浙江省地方公债 | 清理积欠债务及发展地方建设事业 | 普通营业税余款暨田赋，牙行营业税，烟酒牌照税 | 民国23年 |
| 15 | 定期借款 | 弥补民国23年度(1934)岁计不敷之用 | 盐税、箔类营业税收入 | 民国25年 |
| 16 | 浙江省整理公债 | 清理多年入不敷出数 | 省建设特捐，田赋建设附捐，普通营业税 | 民国25年 |
| 17 | 浙江省6厘公债 | 以济时艰 | 田赋 | 民国27年 |

省债中仅两项公债用于经济建设，一项公债用于赈济灾荒，其余大部分用于弥补财政亏欠或

发新债以还旧债。多数以赋税作为担保。

民国29年(1940)以前,国债和省债东阳县派额及募起数如下:

表3-1-5-2 民国时期东阳县国债、省债派额及募起情况表

单位:元

| 序号 | 时间(民国) | 债券名称 | 还本期(年) | 年利率(%) | 分派额(元) | 实募数(元) |
|---|---|---|---|---|---|---|
| 1 | 民国3年(1914) | 内国公债 | 12 | 6 | 5000 | 未募 |
| 2 | 民国4年 | 内国公债 | 8 | 6 | 2000 | 未募 |
| 3 | 民国8年 | 短期公债 | 8 | 7 | 4000 | 未募 |
| 4 | 民国13年1月 | 省财政厅第三次定期借款 | 3 | 14.4 | 4000 | 未募 |
| 5 | 民国13年7月 | 省财政厅第四次定期借款 | 3 | 14.4 | 5000 | 未募 |
| 6 | 民国14年1月 | 善后公债 | 6 | 10 | 8000 | 未募 |
| 7 | 民国15年5月 | 整理旧欠公债 | 6 | 10 | 4000 | 第三期定期借款未还本款悉数调换整理旧欠公债票 |
| 8 | 民国16年10月 | 续发二、五库券 | 4 | 9.6 | 30000 | 22890 |
| 9 | 民国17年6月 | 财政部善后短期公债 | 3 | 8 | 8000 | 7770 |
| 10 | 民国17年7月 | 浙江省公路债券 | 8 | 10 | 20000 | 11925 |
| 11 | 民国18年9月 | 编遣库券 | 8 | 8.4 | 30000 | 未募 |
| 12 | 民国18年10月 | 浙江省建设债券 | 9 | 8 | 70000 | 银6140 |
| 13 | 民国18年3月 | 财政部卷烟税国库券 | 3 | 9.6 | 3000 | 后改为关税库券 |
| 14 | 民国18年6月 | 关税库券 | 5 | 8.4 | 3000 | 银1890 |
| 15 | 民国19年8月 | 关税短期库券 | 5 | 9.6 | 17500 | 银2160 |
| 16 | 民国20年 | 浙江省清理旧欠公债 | 10 | 8 | 30000 | 3278 |
| 17 | 民国26年 | 救国公债 | | | 450000 | 14170 |
| 18 | 民国31年 | 同盟胜利公债 | 分20年还清 | 6 | | 50000 |
| 19 | 民国32年 | 同盟胜利公债 | 分20年还清 | 6 | 120000 | 401314 |
| 20 | 民国34年 | 同盟胜利公债 | 分20年还清 | 6 | 1200000 | 244500 |

民国政府为平衡预算,稳定物价,健全金融,吸收游资,分别于民国31年(1942)和32年发行同盟胜利公债,东阳县分别实际募起数为5万元和36.57万元。

## 二、中华人民共和国成立后发行的国债

中华人民共和国成立后,国家根据需要也发行公债或国库券,是国家以信用方式筹集建设资金

的一种方法。发行的公债主要有人民胜利折实公债、经济建设公债、国库券、国家重点建设债券、国家建设债券、财政债券、保值公债、特种国债等。国债的发行方式长期以来主要依靠行政分配办法，1995年财政部首次试行招标方式发行国债，并逐步建立国债承销团制度，2000年以后主要以市场化方式发行。

### （一）人民胜利折实公债

1949年12月30日中央人民政府政务院发布了《关于发行1950年第一期人民胜利折实公债的指示》，年息5厘，分5年偿还。当年折人民币共发行2.6亿元。东阳县筹集1.1万元，占任务1万元的110%。1950年以后，由于国家财政有所好转，第二期未发行。此项公债于1956年11月30日全部偿清。

### （二）国家经济建设公债

1954至1958年，为加速国家建设和国民经济的发展速度，连续5年发行了国家经济建设公债。利率一律为年息4厘，发行对象包括干部、职工、农民、居民、工商界及其他。东阳认购情况如下：

表3-1-5-3　　1954—1958年东阳县国家经济建设公债认购情况表

| 年份 | 任务数（万元） | 实际认购数（万元） | 完成任务（%） |
|---|---|---|---|
| 1954 | 16.27 | 39.3 | 241.5 |
| 1955 | 20.27 | 25.7 | 126.8 |
| 1956 | 28.89 | 16.2 | 67.8 |
| 1957 | 13.6 | 30.0 | 220.6 |
| 1958 | 24.9 | 37.4 | 150.2 |

1959年起，全国性公债停止发行。此项公债于1968年全部偿还。

### （三）国库券

国库券是指国家财政为弥补收支不平衡而发行的一种政府债券。1981年起，国家“为了调整与稳定国民经济，适当集中各方面的财力，进行社会主义现代化建设，逐步提高人民物质和文化生活水平”，决定发行中华人民共和国国库券（简称国库券）。

1981年发行的国库券，主要向国营企业、集体所有制企业、企业主管部门和地方政府分配发行，机关、团体、部队、事业单位和农村富裕的社队可以适当认购，个人自愿也可以认购。利率为年息4厘。自发行后第六年起，一次抽签，按发行额分五年作五次偿还本金，支付利息。时间从当年1月1日开始，到6月30日交款结束，7月1日起计息。

1982年继续发行国库券，发行对象扩大为机关、团体、部队、事业单位和农村富裕社队；国营企业、集体所有制企业、企业主管部门和地方政府；城乡居民个人。单位购买的，年息为4厘，个人购买的提高为8厘,分五年作五次偿还。单位购买的,规定在6月30日结束,个人购买的在9月30日交款结束。

1983年,在东阳县财税局设立东阳县国库券推销办公室。

1985年起,单位购买的年息提高为5厘,个人购买的年息提高为9厘。

1986年起,单位购买的年息提高为6厘,个人购买的年息10厘,并把由分年偿还时间改为第六年全部偿还。

1988年改为第四年全部偿还。与此同时,增加一种对个人购买50元面额的国库券,实行抽签中奖的鼓励办法。

1992年开始,国家发行少量的凭证式国库券。

1997年开始,全部采用凭证式和证券市场网上无纸化发行。此前,国库券的发行均采取实物券的形式。

在20世纪80年代国库券发行之初,人们对国库券的发行认识不清,所以国家采取分配任务方式强制推销。1985年前规定国库券不准自由买卖,1985年起,国库券允许抵押贷款、贴现,1994年起,国库券可以在国家指定的交易场所办理转让,但不得作为货币流通。

表3-1-5-4　　1981—1995年东阳市(县)国库券发行任务完成情况表

单位:万元

| 项目<br>年份 | 任务数 | 入库数 | 占任务(%) | 其中 | | |
|---|---|---|---|---|---|---|
| | | | | 单位认购 | 职工认购 | 农民认购 |
| 1981 | 120.0 | 115.6 | 96.3 | 115.6 | | |
| 1982 | 146.0 | 155.3 | 106.4 | 98.4 | 28.4 | 28.5 |
| 1983 | 145.0 | 158.4 | 109.2 | 98.5 | 30.4 | 29.5 |
| 1984 | 125.0 | 134.7 | 107.8 | 81.6 | 23.8 | 29.3 |
| 1985 | 195.0 | 198.3 | 101.7 | 84.9 | 41.5 | 71.9 |
| 1986 | 201.0 | 210.4 | 104.7 | 86.9 | 43.1 | 80.4 |
| 1987 | 201.0 | 212.9 | 105.9 | 87.7 | 39.6 | 85.6 |
| 1988 | 305.0 | 307.9 | 101.0 | 121.4 | 58.5 | 128.0 |
| 1989 | 323.5 | 325.7 | 100.7 | | | |
| 1990 | 323.5 | 328.4 | 101.5 | | | |
| 1991 | 340.0 | 364.0 | 107.1 | | | |
| 1992 | 700.0 | 700.0 | 100.0 | | | |
| 1993 | 720.0 | 720.0 | 100.0 | | | |
| 1994 | 900.0 | 900.0 | 100.0 | | | |
| 1995 | 280.0 | 280.0 | 100.0 | | | |

说明:1989~1991年含特种国债

### （四）国家重点建设债券

国家重点建设债券是为保证国家重点建设需要，由银行代理国家财政发行的债券。1987年我国首次发行了国家重点建设债券。其中向单位发行部分，年息6%，期限3年，采取按1987年各地自筹固定资产投资计划的比例及各地预算外资金收入情况，以分配任务的办法，核定认购数额，发给国家重点建设债券收据，可记名、挂失和抵押，但不能转让和进入流通。向个人发行部分，由建设银行代理，年息10.5%，期限3年，免征个人所得税，自愿认购，可以转让、继承，不能作为货币流通。所有筹集资金作为“特种拨改贷”专项资金，全部用于计划内重点项目的建设。是年，东阳派购任务为154万元，实际完成认购数156万元。

国家重点建设债券是新中国第一次发行的明确项目和用途的政府国内债券。1987年以后没有再发行。

### （五）国家建设债券

国家建设债券是财政部为筹集国家建设资金而发行的一种国家债券，仅1988年发行过一次，发行对象主要是城乡个人、各种基金会组织、金融机构以及企事业单位，期限2年，年利率9.5%，到期一次还本付息，东阳分配任务324万元。

### （六）财政债券

财政债券是国家为筹集建设资金、弥补财政赤字所发行的一种债券。1988年国家第一次发行66亿财政债券，发行对象为各专业银行、综合性银行及其他金融机构。期限分2种，一种为5年期，年利率7.5%；一种为2年期，年利率8%，到期一次还本付息，不计复利；发行方式采用向认购单位按比例分配任务，一次发行，分3次缴款。可以记名，可以挂失，但不能流通转让；由中国人民银行及其分支机构办理还本付息。当年东阳派购任务为387万元，实际完成179.8万元。此后，1990～1992年均有发行，发行期限为五年，年利率9%～10%。

### （七）保值公债

保值公债是一种对本金实行价格变动贴补的政府国内债券。1989年，财政部发行保值公债120亿元，以进一步调整经济结构，筹集经济建设资金。期限3年，利率随人民银行规定的3年期定期储蓄存款利率浮动，外加一个百分点，实际利率14.14%，发行对象为城乡居民、个体工商户、基金组织和保险公司等，由各级人民政府组织专业银行、财政、邮政等部门多渠道办理推销认购手续。保值公债采用债券形式发行，面额为20元、50元、100元3种，不记名、不挂失，发行后可转让、可抵押。分配东阳保值公债发行任务为250万元，实际完成认购250.74万元。

1994年，财政部曾再次发行保值公债，地方推销较少。

### （八）特种（定向）国债

特种国债是国家为了实施某种特殊政策或达到某种特殊目的而发行一种国债。1989年，国家为了筹集资金，支援国家建设，促进经济协调发展，决定发行特种国债，发行对象除经济条件较好的企业、金融机构、企业主管部门事业单位和社会团体外，还包括全民所有制企业职工退休养老基金管理机构、待业保险基金管理机构和交通车辆购置附加费管理机构。债券偿还期5年，从缴款之日起计息，到期一次还本付息，不计复利。采用收款单形式，可记名、可挂失，不得转让、不得作货币流通。除上述基金和附加费三种管理机构外，债券可向银行抵押贷款。发行方式采用向认购单位分派任务，其发行和还本付息由各地财政部门办理。

此后，1990年和1991年均有发行。

1994年，特种国债改为特种定向债券，采取主要向养老保险基金、行业保险基金及其他社会保险基金定向募集方式发行。当年省分配东阳特种定向债券派购任务89.8万元，其中养老保险基金认购83万元、失业保险基金认购6.8万元，年利率为15.86%，期限为五年，五年期满后一次还本付息。此后，1995～1998年间均以同样方式发行了特种定向债券，年利率有所调整。

表3-1-5-5 **1994—1998年东阳市特种定向债券发行任务完成情况表**

单位：万元

| 年份 | 任务数 | 完成数 | 占任务(%) |
|---|---|---|---|
| 1994 | 89.8 | 90.0 | 100.3 |
| 1995 | 92.0 | 92.0 | 100.0 |
| 1996 | 95.0 | 95.0 | 100.0 |
| 1997 | 85.0 | 85.0 | 100.0 |
| 1998 | 232.0 | 232.0 | 100.0 |

### (九)重点企业债券

为加强能源、交通、原材料等基础设施建设，经国家特批，1987年由部分重点企业发行了电力建设债券、钢材建设债券、石化建设债券和有色金属建设债券等四种，总称“1987年重点企业债券”。重点企业债券由其主管部门担保，到期由企业还本付息，债券的发行利率、期限、还本付息方式依企业情况不同而不同，如“电力建设债券”是含用电权的债券，每元面值的债券含用电指标为每年两度平价电，不再另算利息，实行“以电代息”，用电指标有效期为20年。1987年东阳完成认购总额156万元。

1988年，继续发行重点企业债券，为国家重点企业筹集定向贷款资金，期限五年，年利率6%，到期后一次还本付息。东阳完成认购总额37.67万元。

# 第二章　会计管理

会计管理是财政管理重要的基础性工作。财政管理会计工作包括建立健全会计制度，完善会计核算体系，加强会计队伍建设，强化会计财务监督，提高会计信息质量等。通过会计管理，依法规范会计行为，保障财政收入，强化财经纪律，维护社会主义市场经济秩序，提高经济效益。

## 第一节　会计制度建设

中华人民共和国成立后，国家废除国民政府的超然主计制度，终止各部门会计人员调配和会计业务垂直领导关系，借鉴苏联的会计制度模式，并结合我国实际，逐步建立起了具有中国特色的会计制度。经过几十年的会计实践，形成了适应我国经济管理要求并指导我国会计实践的系列会计制度，建立了“统一领导、分级管理”的会计管理体制。在国务院财政部门统一管理全国会计工作的前提下，地方财政部门负责管理本行政区范围内的会计工作。根据1985年5月实施的《中华人民共和国会计法》(以下简称《会计法》)规定，国家统一的会计制度由国务院财政部门制定，地方在同《会计法》和国家统一会计制度不相抵触的前提下，可制定会计制度或者补充规定。1993年修订后的《会计法》，明确“国家实行统一的会计制度”，取消了地方财政部门制定会计制度权限。随着经济体制改革的深入，我国对会计法规也进行了重大的改革，《会计法》几经修订，企业会计制度与政府会计制度改革齐头并进，制定和发布了一系列准则、制度和办法，到目前，已经基本形成了以《会计法》为指导，以会计准则为主线，其他会计管理监督制度相配套的具有中国特色的会计制度体系。

### 一、会计制度改革

#### (一)企业会计制度改革

企业会计制度先后经历了四次大的改革。

**1. 第一次改革**

中华人民共和国成立初期，国家实行高度集中的计划经济体制，在学习苏联会计工作经验的基础上，贯彻执行分行业、分所有制的企业会计核算体系，这套核算体系基本适应当时的经济体制和企业管理需要，对加强经济核算、促进国民经济的恢复和发展发挥了一定作用。但也暴露出集中过多、会计核算方法程序过于繁琐等问题。当时地方国营企业大多数规模较小，执行中困难较多。针对存在问题，1957年到1958年间，自上而下地推行会计改革，主要内容有：精简会计科目和会计报表；对小型企业实施简易会计制度；推动基层单位会计核算工作同增产节约、民主理财运动相结合等。随着“大跃进”的开始，会计改革工作未能顺利推进。

**2. 第二次改革**

1965年下半年，根据财政部印发的《企业会计工作改革纲要（试行草案）》，开始第二次企业会计改革。这次改革吸取第一次改革的教训，改革的指导思想是“算要有用、管要合理、改而不乱”，在方法上强调有破有立，先立后破，自上而下，有计划、有步骤地推行，改革的主要内容是：改革成本核算方法，取消成本还原；简化费用分摊方法和各项资金核算方法；进一步精简凭证、账簿、科目、报表；定期组织群众查物资、查账目等等。精简一些不切实际的核算程序，让会计人员腾出精力抓经济核算，开展班组核算，调动广大职工当家理财的积极性。不久，“文化大革命”开始，这次改革被迫停止。

第一、第二两次会计改革，都在不同程度上受到“左”的思想干扰，改革虎头蛇尾，无果而终，而且在改革的内容方面，强调了会计方法、形式上的改革，忽视会计目标模式的转换。因此，两次改革都未能成功，于是就有了第三次企业会计改革。

**3. 第三次改革**

1991年7月，财政部《会计改革纲要（草案）》出台，明确新时期会计改革的总体目标为：建立适应社会主义商品经济发展要求的会计体系，要求对会计工作的各个方面进行全面改革；建立起以提高经济效益为中心的经营管理型会计；建立适应转变政府职能要求的既能有利于改善和加强宏观调控，同时又可以充分发挥地方、部门、基层核算单位积极性和创造性的会计管理体制；建立统一的会计准则体系；建立统一的注册会计师的社会经济监督体系。经国务院批准，财政部于1992年11月发布《企业会计准则》（基本准则），随后，在原来40多个分行业、分所有制、按部门的会计制度基础上，打破部门管理和所有制界限，重新确定行业划分，于同年12月公布了工业企业、商品流通企业、交通运输企业、交通运输（铁路）企业、交通运输（民航）企业、邮电企业、旅游饮食服务企业、施工企业、房地产开发企业、农业企业、对外经济合作企业、金融企业、保险企业等13个行业会计制度，从1993年7月1日起实施。随后，先后制定发布了《企业会计准则——关联方关系及其交易的披露》等13项具体会计准则。初步建立了行业会计制度体系和会计准则基本架构。

**4. 第四次改革**

随着经济体制改革的不断深入，为了适应市场经济发展的新形势，维护市场经济秩序，1999年10月，全国人大常委会通过新修订的《会计法》，为了配合新修订《会计法》的实施，2000年6月，国务院发布了《企业财务会计报告条例》（国务院令第287号），对资产、负债和所有者权益等会计要素进行了严格的界定；对使用财务会计报告的部门和机构的行为也作了规定；对重大的会计政策、或有事项、关联交易、企业合并和分立、重大的投资融资活动等事项披露提出明确要求。同年12月，财政部颁布适用于所有企业的《企业会计制度》。此外，针对银行、保险公司、证券公司、投资公司和基金公司等业务的特点，次年11月，财政部发布了《金融企业会计制度》。2004年，为了规范小企业会计行为，财政部又发布《小企业会计制度》。这样，《企业会计制度》《金融企业会计制度》《小企业会计制度》涵盖了国内所有种类企业，但《金融企业会计制度》和《小企业会计制度》随着企业会计准则的完善而废止。

2001年，我国正式签署协议加入世贸组织，标志着中国的对外开放进入了一个新阶段，为了满足新形势的需要，2006年2月，财政部新颁布了《企业会计准则——基本准则》和《企业会计准则第1号——存货》等38项具体准则，自2007年1月1日起在上市公司范围内施行，鼓励其他企业执行。并明确执行该38项具体准则的企业不再执行原准则、《企业会计制度》和《金融企业会计制度》。同年10又颁布了《企业会计准则——应用指南》。此后，财政部对企业会计准则又作了多次修订和完善，到目前，已经形成了由1项《企业会计准则——基本准则》、42项具体准则及其应用指南构成的企业会计准则体系与《企业会计制度》并存的企业会计准则制度体系。

**（二）政府会计制度改革**

建国以来，对财政总会计和行政事业单位会计统称为预算会计，并分为财政总预算会计和单位预算会计，自2015年后改称为政府会计。政府会计先后经历了三次大的改革。

**1. 第一次改革**

中华人民共和国成立初期，国家建立了全国统一的新预算会计核算制度，取代旧中国会计制度和改革解放区供给制会计。1950年，财政部颁布《暂行总预算会计制度草案》《暂行单位预算会计制度草案》《中央金库条例实施细则》3个会计制度，以此在全国各地建立预算会计体系。

1965年，财政部修订了《行政事业单位会计制度》和《财政机关总会计制度》，新制度规定使用“资金收付记账法”，而浙江全省经财政部同意，则采用“复式反收付记账法”，制定了《浙江省市县财政机关总预算会计制度》和《浙江省单位预算会计制度》。

**2. 第二次改革**

为了建立适应社会主义市场经济的、有中国特色的预算会计模式，财政部于1993年成立“预算会计改革小组”进行研究，并分别于1997年5月、6月、7月和1998年2月印发了《事业单位会计准则（试行）》《财政总预算会计制度》《事业单位会计制度》《行政单位会计制度》，统一自1998年1月1日起执行，对行政事业单位的会计制度进行了全面改革。浙江省此后改“反收付记账法”为“借贷记账法”。

这次改革的主要内容：一是重新界定了预算会计的概念，确立了预算会计的地位，预算会计被正式确认为我国会计两大系列之一；二是重新构建预算会计结构模式，将乡镇财政会计正式纳入预算会计系列，将单位预算会计分为事业单位会计和行政单位会计，并分别制定会计制度和会计准则；三是规范核算原则和核算方法，分别归纳了总会计、事业会计、行政会计的一般原则，统一采用借贷记账法；四是明确会计主体，确立单位会计的主体地位，改变单位会计单纯为国家预算管理需要的做法，明确财政总预算的会计主体是各级政府；五是确立财政总预算会计“以拨列支”为主的预算支出列报基础，规范财政支出列报口径；六是实行预算内外资金统一核算，以加强预算外资金管理；七是兼顾宏观决策与微观管理的需要，提高会计信息质量。

3. 第三次改革

为贯彻落实党的十八届三中全会提出“建立权责发生制的政府综合财务报告制度”的重大改革举措，2015年10月，财政部新修订了《政府会计准则——基本准则》，自2017年1月1日起施行，明确政府会计由预算会计和财务会计构成；政府会计核算应当采用借贷记账法。并先后发布《政府会计准则第1号——存货》等9项具体会计准则及其应用指南和《政府会计制度——行政事业单位会计科目和报表》等制度。

此次改革，统一了现行各项单位会计制度，有机整合了《行政单位会计制度》《事业单位会计制度》和医院、基层医疗卫生机构、高等学校、中小学校、科学事业单位、彩票机构、地勘单位、测绘单位、林业（苗圃）等行业事业单位会计制度的内容；重塑了单位会计要素，确定单位会计要素包括财务会计要素和预算会计要素；完善了报表体系和结构，将报表分为预算会计报表和财务会计报表两大类，要求行政单位和事业单位均要编制资产负债表、收入费用表和净资产变动表；创新“平行记账”核算方法，所谓平行记账，是指单位在一个会计信息系统中同时进行财务会计核算和预算会计核算，即对于纳入预算管理的现金收支业务，在采用财务会计核算的同时进行预算会计核算，对于其他业务，仅需进行财务会计核算，规定财务会计核算实行权责发生制，单位预算会计核算实行收付实现制；取消了基本建设会计专门核算要求，而是把基本建设项目作为单位业务活动统一到事业单位核算项目上。

2015年10月，财政部颁布《财政总预算会计制度》，于2016年1月1日起施行，对财政总预算会计制度也进行了重大改革，主要变化：一是重新定位总会计核算目标，不仅要反映预算执行情况，也要反映资产负债等财务状况；二是改进会计核算方法，广泛采用“双分录”会计核算方法；三是完善资产核算内容，增设用于核算反映政府财政持有的债权、股权等资产的会计科目；四是完善负债核算内容，增设用于核算反映不同类型政府财政负债的会计科目；五是完善净资产核算内容，增设“资产基金”和“待偿债净资产”科目，修改部分净资产类会计科目名称；六是对部分收支类科目名称和核算内容作了调整；七是完善会计报表体系和报表格式。

## 二、会计制度沿革

### （一）企业会计制度沿革

#### 1. 工业企业会计

建国初期，东阳的工业企业主要由地方国营企业和私营企业两类企业构成。地方国营企业主要由政府没收的官僚资本企业形成，私营企业后来通过社会主义改造而成为公私合营企业，这些企业在1952年以前，或沿用各自的原有会计制度，或执行各自主管单位的会计核算办法，除向税务机关申报纳税外，没有向当地财政部门报送会计报表。

1952年，财政部制定《国营工业企业统一会计科目及会计报表格式》，基本上套用苏联模式，共设会计科目149个，一级明细科目83个，会计报表格式22种，其中年度报表格式16种。次年，浙江省财政厅统一全省地方国营工业企业的会计核算和会计报表编报。以后，财政部对统一会计科目和会计报表格式多次进行修订，并陆续发布《国营工业企业材料会计处理办法》、《国营工业企业成本报表格式及说明》等规定，逐步形成了地方国营工业企业会计核算体系，并纳入地方财政监督管理。

1956年，财政部将统一会计科目精简为85个，1957年又先后颁布地方国营工业企业和地方公私合营工业企业简易会计制度。在"彻底放权""大力简化"的观点指导下。1958年的会计科目简并为19个，成本项目简为"料、工、费"三个。工业企业报送的会计报表合并为一张"简易指标表"。

1959年下半年，浙江省财政厅恢复企业编报资产负债表(后改为"资金平衡表")等会计报表的规定。

1962年，根据财政部的有关规定，省财政厅制定出台了《浙江省地方工业企业会计制度》，逐步恢复和健全了财务会计管理制度，克服了工业企业会计核算混乱，不能及时、准确、完整编报会计报表等问题。

1966年开始，根据改革企业会计工作的要求，简化会计核算手续，大中型企业执行修订后的会计科目和会计报表格式，会计科目简并为29个，其余企业执行《工业企业简易会计制度》，只设17个会计科目，会计报表简并为6种，产品成本集中在厂部按料、工、费三个成本项目进行核算，简化费用分摊方法。

1981年，财政部制定发布《国营工业企业会计制度——会计科目》和《国营工业企业会计制度——会计报表》，设置会计科目50个，会计报表9种。

1985年，财政部对《国营工业企业会计制度——会计科目和会计报表》作修改，会计科目增加到60个，并统一规定科目编号，设置会计报表格式13种。

1987年起，执行《国营工业企业成本核算办法》，按权责发生制原则计算产品的生产成本和销售成本，一般设置原材料、燃料和动力、工资及福利费、车间经费、企业管理费五个成本项目。

1993年7月1日起，所有工业企业执行财政部制定的《工业企业会计制度》，会计核算模式向国际会计准则接近，推行制造成本法，允许企业提取坏帐准备和加速折旧，会计处理与财务、税务规定保持相对独立等等。新的工业企业会计制度会计科目仍为60个，但科目的设置和内容都发生了根本性的变化。不久，由于实际工作需要陆续增添待转销汇兑损益、递延税款、住房周转金、所得税、以前年度损益调整等会计科目。

企业具体会计准则制定或修订颁布后，执行相关的企业会计准则。

**2.流通企业会计**

1949年10月，省贸易总公司制定《浙江省贸易总公司暨所属各级机构统一会计制度》，共12章，包括：总则、会计科目、会计凭证、会计账簿、会计报表、预算及决算、内部转账及支拨规则、仓库管理规则、会计人员交代规则、簿记规则、费用购置及意外损失报销规则等；会计入账基础为权责发生制；设会计科目95个，分为资产、负债及净值、收益、损失4类；会计凭证有现金收入、现金支出、转账收入、转账支出、收入总传票、支出总传票、现金收入通知单和现金支出通知单8种；会计报表分单位会计报表与合并会计报表，按日、月、期编报；全省国营商业企业统一执行，不得任意变通办理。这是浙江省第一个商品流通企业统一会计制度。

1950年8月1日起，执行中央贸易部制定的《中央人民政府贸易部所属国营贸易企业系统暂行会计制度》，制度规定会计科目161个，为适应当时建立贸易金库，实行资金大回笼制的情况，设置金库存款、金库外汇存款、回笼现金、回笼上缴现金、下级现金回笼和直属上下级往来等科目。会计恒等式为资产＝负债+净值。会计报表按月、季、年编报，主要是资产负债表和损益表。

1955年1月起，全省商业企业执行商业部发的《国营商业企业统一会计制度》。这个制度主要依照苏联会计制度的模式设计：改“传票制”为“记账凭单制”，会计科目194个，改按用途性质分成基本业务、基本建设、大修理和资产负债表外科目4大类；会计报表增加了财务情况说明书和政府资金增减表等。

1957年，浙江省商业管理体制改革，撤销专业公司，实行政企合一，同时下放企业，改变隶属关系。根据商业部精简报表的要求，会计科目改为67个，会计报表减为5种。

1958年，根据第一、第二商业部关于下放、废止或修改会计核算制度的意见精神，省商业厅制定《浙江省商业厅系统财务会计暂行制度》，对会计凭证、账簿的设置，本着“账不重设、单不重填”的原则，结合具体情况由企业自行研究规定；内部凭证尽量利用外来凭证代替，账簿设置也可尽量以单表代替，并且提出实行以表代账必须遵守的6项原则。次年，省商业厅制订《浙江省商业厅系统财务会计核算暂行制度（草案）》，重申会计核算必须真实、及时、完整的要求；规定各单位不得自行变更会计科目和会计报表，除省商业厅统一规定可以以单、表代账的账户外，必须一律设置账簿。

1960年，恢复执行全国统一商业会计制度，省商业厅制定会计科目、会计报表部分的补充规定。

1962年，国营商业和供销合作社分开，商业部重新修订《商业部系统财务会计制度（草案）》，规定了94个会计科目和14种会计报表，改变生搬硬套苏联的一些做法，吸取1958年制度改革中的教训。

1965年12月，商业部提出《财会制度改革第一步方案（修订本）》，经财政部审查同意后从1966年1月起执行，会计科目由96个减为69个，会计报表由14种减为8种。

1970年，商业部、粮食部、供销合作总社等机构合并组成商业部，合并后的商业部精简合并原商业、粮食、供销三个系统的会计制度，制定《商业会计制度(试行草案)》，规定会计科目41个和会计报表3种。1971年，省商业、水产、卫生、财政金融局联合颁布《浙江省商业企业统一会计制度(试行草案)》，从1971年1月起在全省试行。

1976年1月起，执行商业部重新制定的《商业会计制度》，设置59个会计科目和9种会计报表。之后在试行利润留成制度、承包经营责任制、利改税等改革过程中陆续作了一些补充规定。

1981年，为了加强集体商业企业的会计核算，财政厅会同商业厅制定颁发《浙江省集体商业财务会计制度(试行草案)》，次年又对该制度进行了修订和完善，部分内容作了修改。同年，浙江省财政厅还会同省供销社制定了《供销系统集体商业财务会计制度(试行)》。

1985年，省商业厅制定《浙江省集体商业企业财务会计制度改、转、租企业试行稿(会计科目、会计报表部分)》，俗称《改转租企业会计制度》，共设37个会计科目、1个表外科目和3种会计报表。这个制度在资金核算上作较大改革，取消固定资金、流动资金、专用基金的分段平衡关系，为小型企业统筹使用企业资金创造条件。

1987年起，统一执行财政部、商业部印发修订后的《国营商业会计制度》，这个制度是根据《会计法》的有关规定，本着“统一领导，分级管理，正确核算，简明易行”的原则制定的。适用于国营商业系统独立核算的批发企业、零售企业、商办工业、饮食服务、储运、农牧等各类企业。设置一级会计科目90个和表外科目1个，会计报表15种。

由于商业管理体制变动频繁，机构时分时合，有时上下机构不对口，全省粮食系统、供销合作社系统的企业有时执行统一的商业会计制度，有时执行各自系统的会计制度，但基本内容与统一的商业会计制度大同小异。1993年7月1日后，废止了长期存在的按系统划分的会计制度，各系统的商业企业统一执行《商品流通企业会计制度》，这个制度共设65个会计科目，会计报表5种。

企业具体会计准则制定或修订颁布后，执行相关的企业会计准则。

**3.外商投资企业会计**

中共十一届三中全会以后，我国实行对外开放政策，由于缺乏相应的会计制度，就参照国营工业企业会计制度的规定来处理会计业务，但与实际情况不合，在引进外资工作中产生了一些误解和麻烦。1985年3月财政部发布《中外合资经营企业会计制度》，这个制度第一次系统地规定了会计核算的一般原则，包括合法性、真实性、一贯性、历史成本、收入与费用配比、权责发生制、划分资本性支出与收益性支出等原则；明确规定中外合资经营企业会计年度采用日历年制，以人民币为记账本位币，用中文填制凭证、登记账簿、编制报表，采用借贷复式记账法等。此外，还对固定资产借款费用资本化、外币核算和汇兑损益处理、无形资产和开办费核算、成本核算采用制造成本法、固定资产加速折旧的核算、改资金平衡表为资产负债表并增加编制财务状况变动表，以及年度会计报表必须经中国注册会计师审计，合营各方缴付的出资额须经中国注册会计师验证并出具验资报告等等，作了详细的规定。这些规定，既符合中国国情，又基本上与国际会计准则和惯例接近，受到国外和港澳台同胞投资者的欢迎。但是，它的适用范围比较窄，不能涵盖所有的外商投资企业。

1989年，省财政厅制订《浙江省中外合资经营企业中方暂行会计制度——会计科目和会计报表》，适用于合营企业的合营中方以整个企业投入而仍保留原建制的具有法人地位的中方合营者。制度规定，合营企业中方财务会计工作可以由中方财务会计人员兼管，但必须与合营企业财务会计严格分开，中方的各项收支必须单独立账、单独开户、单独核算，维护中方的合法权益。制度共设中方投资、中方利润分配、中方投资基金、中方利润收入等17个一级科目、38个二级科目和3张会计报表。它作为贯彻执行中外合资经营企业会计制度的配套措施，规范了中方财务的会计核算。

1992年，财政部在总结《中外合资经营企业会计制度》执行情况基础上，制定《外商投资企业会计制度》，自1992年7月1日起施行，该制度适用于在中华人民共和国境内的所有中外合资经营企业、中外合作经营企业和外资企业（俗称外商独资企业）。这个制度适用范围扩大了，内容也有所充实，它对外币业务、有价证券、长期投资、投资人权益等业务核算作了比较详细的规定，并且对中外合作经营企业某些特殊问题的处理也作了相应的规定。为了便于具体操作，还印发了《外商投资工业企业会计科目和会计报表》和《外商投资旅游企业会计科目和会计报表》。

随着外商投资企业涉及的行业不断扩大，财政部于1994年7月印发《外商投资企业分行业会计报表及其编制说明》，涉及房地产、商品流通、银行、租赁、农业、交通、施工等行业，对1992年印发的外商投资工业、旅游企业的会计科目表和会计报表项目也作一些相应的调整。

随着企业会计准则的完善和实施、行业会计制度的统一，外商投资企业逐步转向执行相关的企业会计准则和统一的《企业会计制度》。

**4.股份制企业会计**

20世纪80年代末，在推行股份制试点时，尚无相应的法律法规，企业运行无章可循，会计核算难以规范。1992年5月，国家经济体制改革委员会会同有关部门先后制定《股份制企业试点办法》《股份有限公司规范意见》《有限责任公司规范意见》等文件，对股份制企业的设立、股份、组织机构、财务会计与审计、合并与分立以及终止与清算等都作了规定。为具体规范股份制试点企业的会计核算工作，维护投资者和债权人的合法权益，同年5月，财政部和国家经济体制改革委员会制定《股份制试点企业会计制度》，自1992年1月1日起施行。

由于股份制企业具有产权多元化结构和产权清晰、责权分明等特点，这个制度突出权益类核算，切实保障股东权益：设置股本、资本公积金、盈余公积金等科目来核算和反映股本的保值增值，解决好投资者与经管者的关系；对新股东实行溢价发行的，溢价部分作为企业的资本公积金核算，对新股东按原价发行的，对老股东作送股的核算，解决好新老股东之间的关系。在资产与负债的核算，利润及利润分配的核算方面，制度也作了比较详细的规定，以适应股份制企业融资多渠道及资金使用自主性等特点。

这个制度适用于所有按照规定程序、经批准设立的股份有限公司和有限责任公司。在实施的前两年，制度执行并没有完全到位，直到1994年7月1日《中华人民共和国公司法》施行后，才逐渐有所改进。

随着企业会计准则的完善和实施、行业会计制度的统一，股份制企业逐步转向执行相关的企业会计准则和统一的《企业会计制度》。

此外，其他还有诸如《城镇集体工业企业会计制度》《二轻集体工业企业会计制度》《社队（乡镇）企业会计制度》《小企业会计制度》《农业企业会计制度》等中央或地方颁发的会计制度，随着企业会计准则的完善和实施、行业会计制度的统一，逐步转向执行相关的企业会计准则和统一的《企业会计制度》。

**5.企业会计准则**

企业会计准则是企业会计核算的基本规范。建国后的40多年中，国家对企业会计核算的基本要求，大多分散体现在分行业、分部门、分所有制的会计制度之中。

1985年，财政部颁布的《中外合资经营企业会计制度》和1992年发布的《股份制试点企业会计制度》中曾经规定过会计核算的一般原则，但不完整，并且只适用于各该类企业，并没有形成完整的、普遍适用的会计准则。

1992年11月，经国务院批准，财政部发布《企业会计准则》（基本准则），自1992年7月1日起施行，中国才有了历史上第一部会计准则。《企业会计准则》分为基本准则和具体准则两个层次，基本准则主要就会计核算的一般要求作出原则性规定，统驭具体准则，为制定具体准则和会计制度提供依据，它适用于所有设立在中国境内的企业，不分行业、部门和所有制，一律遵守。具体准则是在基本准则指导下处理会计具体业务标准的规范。1994年后，财政部先后制定发布了《企业会计准则——关联方关系及其交易的披露》等13项具体会计准则。初步建立了企业会计准则体系的基本架构。

2006年，财政部新颁布了《企业会计准则——基本准则》和《企业会计准则第1号——存货》等38项具体准则。同年10月又颁布了《企业会计准则——应用指南》，于2007年1月1日起先在上市公司范围内施行，鼓励其他企业执行。

2011年，财政部发布《小企业会计准则》，自2013年1月1日起施行，2004年发布的《小企业会计制度》同时废止。

2014年，财政部新发布《企业会计准则第39号——公允价值计量》及第40、41号3项具体准则。同时，先后对《企业会计准则》（基本准则）及《企业会计准则》第2、9、30、33、37号等5项具体准则进行修订并重新发布。

2017年，财政部新发布《企业会计准则第42号——持有待售的非流动资产、处置组和终止经营》，并先后对《企业会计准则第14号——收入》及第16、22、23、24、37号等6项具体准则进行修订并重新发布。

至此，已经形成了由1项《企业会计准则——基本准则》、1项《企业会计准则——应用指南》和41项具体准则构成的较为完整的与国际会计惯例相接近的企业会计准则体系。

**（二）政府会计制度沿革**

政府会计是指用于确认、计量、记录和报告政府和事业单位财务收支活动及其受托责任的履行情况的会计体系。政府会计曾称预算会计，包括财政总预算会计和行政事业单位预算会计；2015年后改称为政府会计。

**1.财政总预算会计**

中华人民共和国成立初期，建立全国统一的新预算会计核算制度，取代旧中国会计制度和改革解放区供给制会计。1950年，财政部召开了第一次全国预算会计和金库制度会议，讨论通过《暂行总预算会计制度草案》《暂行单位预算会计制度草案》《中央金库条例实施细则》。

1963年，财政部颁发《财政机关总会计制度》。

1965年，财政部召开全国第二次预算会计工作会议，补充修订了1963年颁发的《财政机关总会计制度》，新制度规定使用"资金收付记账法"，浙江省经财政部同意，采用"复式反收付记账法"，并制定《浙江省市、县财政机关总预算会计制度》。

1974年，浙江省财政厅重新修订《浙江省财政总预算会计制度》。

1984年，财政部重新颁布《财政机关总预算会计制度》，并于1988年作了修订，次年1月，浙江省财政厅转发并补充规定，明确继续实行"反收付记账法"。并且，为了适应建立乡镇财政、设立财政周转金的需要，还制定了《浙江省乡镇财政会计制度》《浙江省财政有偿资金会计核算办法》等地方性会计制度。

1997年，财政部发布《财政总预算会计制度》，自1998年1月1日开始执行，1988年修订的《财政机关总预算会计制度》同时废止，浙江省由此改"反收付记账法"为"借贷记账法"。

2015年，财政部新修订印发了《财政总预算会计制度》，于2016年1月1日起施行。主要变化是重新定位总会计核算目标，改进会计核算方法，采用"双分录"会计核算方法，在核算预算收支的同时，也核算反映与预算收支变动密切相关的资产负债情况等。

2015年起，财政部颁布系列政府会计准则制度，自2019年1月1日起统一执行新的政府会计准则制度。

**2.行政事业单位会计**

中华人民共和国成立初期，建立全国统一的新预算会计核算制度，取代旧中国会计制度和改革解放区供给制会计。1950年，财政部召开了第一次全国预算会计和金库制度会议，讨论通过《暂行单位预算会计制度草案》。

1965年，财政部召开全国第二次预算会计工作会议，修订了《行政事业单位会计制度》，新制度规定使用"资金收付记账法"，浙江省经财政部同意，采用"复式反收付记账法"，并制定《浙江省单位预算会计制度》。

1974年,浙江省财政厅重新修订《浙江省事业行政单位会计制度》。

1987年,省财政厅根据实行企业化管理的事业单位经济核算的特点,印发了《浙江省实行企业化管理事业单位会计制度》(试行),自1987年起试行。

1988年,财政部重订《事业行政单位预算会计制度》,浙江省财政厅在执行财政部制度的基础上,作了切合本省实际的补充规定,补充了会计料目,并继续采用"反收付记账法"。

为了适应社会主义市场经济体制和社会事业发展的需要,财政部分别于1997年5月、1997年7月和1998年2月印发了《事业单位会计准则(试行)》《事业单位会计制度》《行政单位会计制度》,从1998年1月1日起执行,1988年制发的《事业行政单位预算会计制度》同时废止,对行政事业单位的会计制度进行了全面改革,浙江省此后改"反收付记账法"为"借贷记账法"。

2012年12月,财政部修订并颁布《事业单位会计准则》和《事业单位会计制度》,于2013年1月1日起施行,1997年印发的《事业单位会计准则(试行)》和《事业单位会计制度》同时废止。

2013年12月,财政部印发《行政单位会计制度》,自2014年1月1日起施行,1998年2月印发的《行政单位会计制度》同时废止。

2015年起,财政部先后颁布系列政府会计准则制度。

**3.政府会计**

2015年10月,财政部发布《政府会计准则——基本准则》,自2017年1月1日起施行。此后,依据基本准则陆续制定发布了《政府会计准则第1号——存货》等9项具体准则及《政府会计准则——应用指南》和《政府会计制度——行政事业单位会计科目和报表》(统称为"政府会计准则制度")。执行本制度的单位,不再执行《行政单位会计制度》《事业单位会计准则》《事业单位会计制度》《医院会计制度》《基层医疗卫生机构会计制度》《高等学校会计制度》《中小学校会计制度》《科学事业单位会计制度》《彩票机构会计制度》《地质勘查单位会计制度》《测绘事业单位会计制度》《国有林场与苗圃会计制度(暂行)》《国有建设单位会计制度》等制度。以上政府会计准则制度于2019年1月1日起全面施行。

此外,其他还有诸如《浙江省乡镇财政会计制度》《浙江省财政有偿资金会计核算办法》《国库会计和收入征解会计》《预算外资金财政专户会计》等中央或地方颁发的会计制度,随着政府会计准则的完善和实施、行业会计制度的统一,逐步转向执行相关的政府会计准则和统一的《政府会计制度》。

### (三)基本建设会计制度沿革

建国以来,国家的基本建设财务会计制度的管理职能一直由建设银行履行。1980年起,其会计制度的管理职能移交财政部。

1986年,财政部颁布《国营建设单位会计制度——会计科目和会计报表》,自1987年1月1日起施行。

1987年8月，浙江省财政厅会同省建行下文明确，基本建设会计制度管理工作由省建行移交省财政厅管理，但基本建设财务管理工作仍由建行负责办理。

自1996年1月1日起，执行财政部重新的《国有建设单位会计制度》，凡实行独立核算的国有建设单位均执行本制度，1986年的《国营建设单位会计制度》同时废止。

自2019年1月1日起，建设单位执行相关企业会计准则制度或政府会计准则制度的，不再执行《国有建设单位会计制度》。

### 三、会计制度体系

经过70年的改革和实践，我国已建立起了具有中国特色、与我国国情相适应的、较为完整的会计制度体系，截至2018年年底，我国正在施行的会计制度体系详列如下：

#### （一）《会计法》

1985年1月，第六届全国人大常委会第九次会议通过了《中华人民共和国会计法》，这是我国第一部会计法，同年5月1日起施行。之后，进行了两次修改与完善。为了适应建立社会主义市场经济的要求，1993年12月，第八届全国人大常委会第五次会议通过了《关于修改〈中华人民共和国会计法〉的决定》，对会计法作了第一次修正。1999年10月31日，第九届全国人大常委会第十二次根据进一步深化经济体制改革对会计工作提出的新的要求，审议通过了重新修订的会计法，自2000年7月1日起施行，并于2017年11月第十二届全国人大常委会作第二次修正。

#### （二）企业会计准则制度

企业会计准则制度体系包括：

《企业会计准则——基本准则》；

《企业会计准则第1号——存货》；

《企业会计准则第2号——长期股权投资》；

《企业会计准则第3号——投资性房地产》；

《企业会计准则第4号——固定资产》；

《企业会计准则第5号——生物资产》；

《企业会计准则第6号——无形资产》；

《企业会计准则第7号——非货币性资产交换》；

《企业会计准则第8号——资产减值》；

《企业会计准则第9号——职工薪酬》；

《企业会计准则第10号——企业年金基金》；

《企业会计准则第11号——股份支付》；

《企业会计准则第12号——债务重组》；

《企业会计准则第13号——或有事项》；

《企业会计准则第14号——收入》；

《企业会计准则第15号——建造合同》；

《企业会计准则第16号——政府补助》；

《企业会计准则第17号——借款费用》；

《企业会计准则第18号——所得税》；

《企业会计准则第19号——外币折算》；

《企业会计准则第20号——企业合并》；

《企业会计准则第21号——租赁》；

《企业会计准则第22号——金融工具确认和计量》；

《企业会计准则第23号——金融资产转移》；

《企业会计准则第24号——套期保值》；

《企业会计准则第25号——原保险合同》；

《企业会计准则第26号——再保险合同》；

《企业会计准则第27号——石油天然气开采》；

《企业会计准则第28号——会计政策、会计估计变更和差错更正》；

《企业会计准则第29号——资产负债表日后事项》；

《企业会计准则第30号——财务报表列报》；

《企业会计准则第31号——现金流量表》；

《企业会计准则第32号——中期财务报告》；

《企业会计准则第33号——合并财务报表》；

《企业会计准则第34号——每股收益》；

《企业会计准则第35号——分部报告》；

《企业会计准则第36号——关联方披露》；

《企业会计准则第37号——金融工具列报》；

《企业会计准则第38号——首次执行企业会计准则》；

《企业会计准则第39号——公允价值计量》；

《企业会计准则第40号——合营安排》；

《企业会计准则第41号——在其他主体中权益的披露》；

《企业会计准则第42号——持有待售的非流动资产、处置组和终止经营》；

《企业会计准则——应用指南》；

《小企业准则》；

《企业会计制度》。

### (三)政府会计准则制度

政府会计准则制度体系包括:

《政府会计准则——基本准则》;

《政府会计准则第1号——存货》;

《政府会计准则第2号——投资》;

《政府会计准则第3号——固定资产》;

《政府会计准则第4号——无形资产》;

《政府会计准则第5号——公共基础设施》;

《政府会计准则第6号——政府储备物资》;

《政府会计准则第7号——会计调整》;

《政府会计准则第8号——负债》;

《政府会计准则第9号——财务报表编制和列报》;

《政府会计准则——应用指南》;

《政府会计制度——行政事业单位会计科目和报表》;

《财政总预算会计制度》;

《行政单位会计制度》;

《事业单位会计制度》。

## 四、记账方法沿革

中华人民共和国成立前和成立初期,一般私营企业大都采用中国传统的上收下付单式记账法,对每项经济业务只在一个账户中进行单方面登记,也就是每项经济业务只记一笔账,一般只记人欠(应收款项)、欠人(应付款项)等事项,不能全面、系统地反映和监督单位的经济活动情况,也不便于检查记录的准确性,较大规模的企业采用复式借贷记账法或收付记账法,政府会计则一律采用借贷记账法,借贷记账法是一种国际通行的复式记账方法,俗称“西式簿记”,它以“借”“贷”作为记账符号;以“有借必有贷,借贷必相等”作为记账规则;以发生额和余额的全部平衡作为试算平衡公式;能全面系统地反映和监督单位的经济活动情况,便于检查账簿记录是否正确。

20世纪50年代初,随着国民经济的恢复和发展,城乡普遍建立供销合作社、手工业合作社,大力培训新型会计人才,除少数单位外,普遍采用了借贷记账法。政府总预算会计和单位预算会计曾在1951年试行过所谓“复式簿记原理、现金收付记账法”1年,次年又恢复采用借贷记账法。60年代中期,有人批判借贷记账法是资本主义的东西,难懂难学,不利于工人阶级监督管理,财政部列为改革会计制度的重点之一。

1965年,浙江省首先在行政事业单位推行“反收付记账法”,它是一种以会计为主体并以钱、物分管为基础的复式记账方法，主要特点是：以“收”“付”二字为记账符号；以有收必有付、收付必相等为记账规则；账户固定划分为资金来源、资金占用和资金结存三大类；账户基本结构为收、付、余额三栏，余额分为收方余额和付方余额；平衡公式为“资金来源-资金占用=资金结存”。这种记账方式有别于财政部规定的资金收付记账法，为浙江省所独有。

1966年，全省商业系统企业全面推行增减记账法。增减记账法也是一种复式记账方法，它的主要特点是：以“增”“减”二字作为记账符号；账户固定划分为“资金占用及支出类”和“资金来源及收入类”两大类；以同类账户有增有减、异类账户同增同减为记账规则；所有账户的余额都是增方余额；采用发生额的差额平衡公式或发生额的交叉相加平衡公式或余额平衡公式进行试算平衡，以检查账簿记录是否正确。

全县大部分工业、交通、建筑、农林企业先后改用增减记账法或反收付记账法，也有极少数企业坚持采用借贷记账法，有些社队（乡镇）企业则采用财产收付存记账法或其他名目的记账方法。

1980年，财政部允许企业在保证把账记清楚、不错不乱的原则下，可以根据实际情况自行确定记账方法。于是，除商业企业外，大部分企业恢复采用借贷记账法。

1985年3月，财政部发布《中华人民共和国中外合资经营企业会计制度》，将采用借贷复式记账法列为会计核算的一般原则之一，在粮食系统、供销合作社系统相继恢复借贷记账法后，商业系统的企业也陆续停用增减记账法，改用借贷记账法。1998年，全省财政总预算会计和行政事业单位会计也改用借贷记账法。通过近40年的记账方法改革，以普遍恢复国际通用的复式借贷记账法而告终。

## 第二节　会计基础工作

会计基础工作是会计管理的基本环节，抓好会计基础工作是财政部门、各主管部门和单位管理会计工作的重要任务。

### 一、会计基础规范化建设

中华人民共和国成立初期，国家对企业会计凭证和会计账簿的设置、使用、保管没有统一规定，各企业做法不一。1953年，财政部制定《国营企业统一登记会计簿记填制会计凭证办法》规定：每个企业设置总分类账、明细分类账、记账凭单登记簿以及必要的辅助登记簿；根据合法的记账凭单、原始凭证或原始凭证汇总表登记账簿；采用复式记账原理和统一的会计科目，不得使用多借多贷的会计分录；会计账簿的登记、会计凭证的填制均使用墨水、化学铅笔或打字机，其文字及数字不得涂改、刮擦或挖补；按其重要性，会计簿籍保存5～10年，会计凭证保存1～10年，销毁时均需经企业主管部门同意。其他企业参照此规定办理。以后，随着清产核资等工作的进行，企业会计记录不全、会计处理不一、账目不清、资产不实等问题逐步得到改进，会计基础工作初步得以规范。

1958年,会计工作放权后,曾一度出现会计基础工作混乱的情况。1959年,财政部印发《关于国营企业会计核算工作的若干规定》,从会计凭证、会计账簿、会计报表、固定资产的增减和内部转移、各种物资的验收领发、退库手续、库存现金和银行往来的核算对账和管理、会计交接手续等10个方面作了具体规定。此后,初步制止了会计基础工作混乱状况的进一步恶化。

1961年,国务院发出《关于试行国营企业会计核算工作规程(草案)的通知》,财政机关、企业主管部门和一些企业纷纷恢复会计机构,充实会计人员,采取措施,纠正曾经发生的账目不清、家底不实、责任不明的情况和"以表代账"、"无账会计"等错误做法,经过各方共同努力,到1963年,企业会计基础工作规范化基本得到恢复。

中共十一届三中全会后,国家进入改革开放的新时期,会计工作开始逐步恢复正常。1984年,财政部印发《会计人员工作规则》,要求各单位对有关建立会计工作岗位责任制、使用会计科目、填制会计凭证、登记会计账簿、编制会计报表、管理会计档案、办理会计交接手续等具体工作均应严格按规则操作。

1985年,国家颁布首部《中华人民共和国会计法》,随着《中华人民共和国会计法》的宣传、贯彻和实施,对会计基础工作重要性的认识进一步得到提高。

1989年,东阳市财政局根据财政部和浙江省财政厅《会计工作达标升级试行办法》及其实施细则,提出"力争用三至五年时间,使95%以上的全民所有制和县以上集体所有制单位的会计工作达到达标标准"的目标,组织开展会计工作达标升级活动。会计工作等级分为:会计工作达标、三级、二级和一级等四个等级;达标升级考评工作每年进行一次,每两年进行一次复评;达到三级以上的单位给予奖励。此项工作后因考核验收活动过多过滥被国务院叫停。同年8月,东阳市财政局编制印发《会计工作基本规范》,要求会计人员作为业务工作手册对照办理。

1997年,财政部制定印发《会计基础工作规范》,同时提出了《关于会计基础工作规范化的意见》,要求重点抓好会计机构和会计人员、会计核算、会计监督、内部会计管理制度等4大类20个方面的会计基础规范化工作。

1999年,浙江省财政厅印发《关于加快会计基础工作规范化进程若干意见》,实行对会计核算单位的会计基础规范化工作考核验收制度,并通过会计信息质量抽查、与税务部门的一般纳税人分类管理挂钩、与会计机构和会计人员的利益挂钩等措施,加快推进规范化建设。

进入21世纪后,会计基础工作以规范会计行为和整顿会计工作秩序为着力点,重点推进单位内部控制制度建设,试行国有企业财务总监委派制、行政事业单位会计机构负责人委派制、会计集中核算制等办法。

2008年,为应对国际金融危机,维护经济金融稳定和社会公众合法权益,增强企业竞争能力,东阳贯彻实施财政部会同相关部门制定《企业内部控制基本规范》,2010年又出台《企业内部控制配套指引》,并引导会计师事务所开展企业内部控制审计和咨询服务。

2016年,为进一步提高行政事业单位内部管理水平,加强廉政风险防控机制建设,东阳市财政局会同相关部门对行政事业单位推行内部控制建设。次年,还组织相关部门开展了对23个行政事业单位的内部控制建设情况检查,反映了行政事业单位在内部控制建设方面的薄弱环节。

为了加强内部控制建设工作,真实反映内部控制建设情况,2018年起,全市建立了行政事业单位内部控制报告编报制度。

### 二、会计电算化

会计电算化是指以电子计算机为主体的当代电子技术和信息技术在会计工作的应用。我国会计电算化始于1979年。1981年将计算机在会计上的应用统一称为“会计电算化”。

20世纪80年代后期,开展会计电算化的单位日益增多,为了加强会计电算化工作的管理,进一步推广会计电算化的应用,根据财政部《会计核算软件管理的几项规定(试行)》等文件精神,1991年,省财政厅印发《浙江省会计核算软件管理办法(试行)》,对会计核算软件的开发、购置、评审、使用及其管理权限等作了具体规定。

1995年,省财政厅根据财政部有关规定制定印发了《浙江省会计电算化管理办法》及《会计核算软件基本功能规范》等4个配套文件,系统地规范了会计电算化工作管理,使会计电算化管理工作逐步纳入制度化轨道。

1998年起,东阳市财政局根据浙江省财政厅要求,将会计电算化纳入会计人员继续教育内容,着力培养电算化会计人才,提高会计电算化水平。

2000年后,全市会计电算化工作逐步推广。至2018年,会计电算化已得到全面普及。

### 三、会计工作监管

20世纪50年代后期,出现不少企业会计凭证不完整、会计账簿不健全、会计数字失实、财产心中无数、损失浪费严重等情况。1959年,根据财政部《关于国营企业会计核算工作的若干规定》,浙江省财政厅下文恢复企业编送会计报表制度,初步制止会计核算混乱现象的蔓延。

1961年,国家对国民经济实行“调整、充实、巩固、提高”的八字方针,财政部和中国人民银行总行联合召开了建国后的第一次全国会计工作会议后,各地开展整顿会计工作,恢复会计机构,充实会计人员,健全会计制度,按照国务院发的《国营企业会计核算工作规程(草案)》的规定,一些规模较大的企业在厂长(经理)的领导下,设置总会计师,全面领导、组织和监督企业的财务会计工作。1962年,财政部和人民银行联合召开全国会计工作会议并发布《会计人员职权试行条例》。经过两年多的整顿,到1963年基本扭转了会计工作混乱的现象。

“文化大革命”期间,会计工作秩序被冲击,会计机构被撤并,会计人员被“精减”,会计制度被废弃,会计核算和会计监督被严重削弱。

党的十一届三中全会后,党把工作重点转移到社会主义现代化建设上来,在党中央提出的“调整、改革、整顿、提高”新的八字方针指引下,会计工作重新被重视,并通过会计秩序整顿,会计工作得到恢复和发展。同年,国务院发布《会计人员职权条例》,规定国营企业、事业、机关、团体都必须单独设置会计机构,配备必要的会计人员;明确会计人员工作职责;会计人员的权利以及对会计人员的技术职称、任免和奖惩等作了规定。

1985年,首次颁布《中华人民共和国会计法》,为强化会计工作提供了法律保障。

为了加强会计工作,1989年12月,浙江省七届十三次人大常委会审议通过《浙江省会计工作管理办法》,自1990年2月1日起施行,在《中华人民共和国会计法》的指导下,对会计核算、会计监督、会计机构和会计人员及其奖惩等作了具体规定,为全省会计工作管理和监督提供了法定依据。

1990年,经东阳市编委批准,东阳市财政局会计事务管理科成立,从此,会计工作管理有了专司机构和人员。

改革开放以后,会计工作虽然在法制建设、核算制度模式转换等方面取得了显著成效,但会计工作秩序仍存在不少问题:假造会计票据、乱摊成本、搞“两本账”、隐瞒收入、偷逃税收、转移资金、搞“小金库”等违反财经纪律问题突出,为此,1995年,时任国务院副总理朱镕基向全国会计工作会议提出整顿会计工作秩序的“约法三章”:一是所有企业、事业单位必须依法建帐,并确保会计工作的秩序和会计信息的质量;二是认真培训和大力提高会计工作者和注册会计师的政治素质、业务能力和职业道德;三是财政部门要负责从法规、制度、培训、监管等方面加强会计工作,其他主管部门都要加强对基层单位的会计监督。

1996年,东阳市政府根据国务院《关于整顿会计工作秩序进一步提高会计工作质量的通知》要求,开展了全市范围内检查整顿会计工作秩序的活动,在全面检查执行国家财政、税务、财务、会计等法规情况的基础上,重点整顿以下问题:(一)按照国家规定应当建账而没有建账,或者账目严重混乱的;(二)账外设账,或者假造会计凭证、会计账簿、会计报表,隐瞒真实的财务状况和经营成果的;(三)违反财务会计制度,乱挤乱摊成本、随意核销费用,任意减少利润或者增加亏损,擅自冲减国家资本金的;(四)转移国家资产,公款私存,挪用、截留应上缴国家收入,私设“小金库”的;(五)假造票据、发票,偷逃和骗取国家税收的。对此,东阳市政府专门成立“市整顿会计工作秩序领导小组”,指导全市整顿会计秩序工作的开展和整改。

1998年,浙江省财政厅转发财政部等部门《关于进一步规范会计工作秩序的意见》,要求财政、审计、经贸、税务、工商行政管理等部门通力协作,齐抓共管切实抓好会计工作秩序的监管。

2000年,贯彻财政部《关于贯彻实施〈会计法〉加强会计监督意见》,《意见》提出财政部门要加强会计监督、不断健全和完善会计法规体系和加强会计工作宏观管理。

2015年,东阳市财政局印发《关于创建全市会计行业“信义会计”诚信体系的若干意见》,按照“诚信为本,操守为重,坚持准则,不做假账”的基本要求,推进全市会计诚信体系建设。

2018年,为进一步夯实行政事业单位的会计工作基础,贯彻执行浙江省财政厅《关于加强行政事业单位会计工作的意见》,重点抓好加强预算管理、落实政府会计制度、推进会计管理改革、强化会计监督、加强会计机构和队伍建设等工作。

### 四、会计档案管理

建国后,各级机关、团体、事业单位积累了大量会计凭证、会计账簿和会计报表等会计档案,为此,财政部会同国家档案局于1965年联合颁发《预算会计账簿、凭证、报表保管销毁暂行办法》,首次对行政事业单位的会计档案的管理做出规定。

1973年,财政部颁发的《国营企业会计工作规则(草案)》,对国营企业做好会计档案的保管、交接、提供利用和按期销毁工作做出规定。但仍有许多单位存在会计档案管理混乱,随意堆放,不办交接,毁损、散失、泄密等问题。

1984年,财政部、国家档案局发布《会计档案管理办法》,统一了全国全民所有制单位的会计档案工作制度,并对1966年以前积存的会计档案提出清理的原则意见。东阳县财政局会同档案局针对一些行政事业单位长期不设固定资产明细账的实际,作补充规定:行政事业单位以财产登记簿代替固定资产明细账的,也应按固定资产明细账的保管期限保管,自1985年起一律设立固定资产明细账进行核算。次年,根据财政部、国家档案局《关于抓紧清理1966年以前积存会计档案的通知》要求,东阳县财政局会同档案局开展组织会计档案清理工作,并决定在清理1966年以前17年的会计档案的基础上,将1967年以后18年的会计档案也列入清理范围:先清一、二级核算单位,后清三级核算单位;先清全民单位,后清集体单位和乡镇企业(含村办、联办企业):先清1966年以前的,后清1967年以后的。这次清理工作对1966年以前积存的会计档案资料,主要是做好资料的收集、分类、鉴定和销毁或归档工作:对超过规定保管期限的会计资料,按规定程序、权限,报经批准后予以销毁;对尚需继续保存的会计档案资料要妥善保管,防止损坏、散失;对1967年以后的会计资料,主要是做好整理、分类、组卷、编目、划分保管年限和归档工作。通过此次清理工作,全市共组织清理单位数1211个,其中县属一级预算单位31个、二级预算单位333个、区镇乡64个、乡镇企业399个、村级384个,清理归档会计档案达21.23万卷,销毁到期档案1.19万卷,为有效保护和利用会计档案打下了基础,抢救了一批具有重要参考价值的历史资料,并清理出许多有关落实政策、处理历史遗留问题的可靠证据。

1988年起,执行省财政厅、省档案局印发的《浙江省会计档案管理实施办法》,该办法适用范围为预算会计、企业会计和建设单位会计等会计核算单位,并规定集体所有制企业、事业和乡镇企业、街道企业、村办企业及农村基层单位的会计档案管理工作参照执行;归档范围包括:会计核算单位在会计核算过程中形成的会计凭证、会计账簿、会计报表和其他会计核算专业资料等;会计档案分为三年、五年、十年、十五年、二十五年和永久保管等六类保管期限;各单位档案的分类和排列顺序可在以下3种中任选1种:“年度—形式—保管期限”“年度—保管期限—组织机构”“形式—年度—保管期限”;会计档案保管期满,需要销毁时,由本单位档案部门]提出销毁意见,会同财会部门严格审查，共同鉴定，编造“会计档案销毁清册”，分别情况，报经本单位领导批准，并报同级财政、档案部门备查，或经本单位领导、审计部门、上级主管部门派员监销。由此，标志着会计档案管理进入正常化、规范化轨道。

1991年，东阳市财政局会同档案局印发《关于加强会计档案管理问题的意见》，明确会计档案应当按照“年度—形式(报表、账簿、凭证)—管理期限”进行分类归档，并对立卷、移交和保管提出要求。次年，东阳市财政局会同档案局根据上级规定，对已满保管期限的“文革”期间形成的会计档案决定暂不销毁；并重申会计档案期满需要销毁时应按规定程序审批。

1997年起，东阳市财政局会同档案局在全市行政事业单位开展财务会计档案目标管理活动，实行会计档案目标三级管理制度，从三级达标开始逐级晋升。经组织考评，全市当年创建一级达标单位10个、二级达标单位25个、三级达标单位6个。

1998年10月，国家对《会计档案管理办法》作了重新修订，1984年的《会计档案管理办法》和1988年的《浙江省会计档案管理实施办法》同时废止。

1999年，全市行政事业单位会计档案管理达标活动继续开展，第二批创建一级达标单位7个、二级达标单位9个。

2015年12月，财政部、国家档案局发布第二次修订后的《会计档案管理办法》，自2016年1月1日起施行，原办法同时废止。重点修改了对电子会计档案的管理要求，对电子会计档案的形成、保存、移交作了规定。同时将会计档案保管期限由3年、5年、10年、15年、25年调整为10年、30年。

## 第三节　会计队伍建设

《中华人民共和国会计法》第三十九条规定“会计人员应当遵守职业道德，提高业务素质。对会计人员的教育和培训工作应当加强。”所以加强会计队伍建设是财政会计工作的重要内容。

### 一、会计人才培养

#### (一)以师带徒

建国初期，百废待举，会计人才奇缺，国家虽然举办了一些会计业余学校、财会培训班，能够持续学习1～2年，并较系统地学完商业簿记、会计学、成本会计和珠算等几门基础课程的实为少数，远不能满足实际需求。所以，大多数是挑选有一定文化基础的青年店员、工人，经过每期长则百日，短则十天半月的短期培训，学点会计基础知识，就结业上岗的会计人员，然后通过以师带徒，边干边学，逐步积累经验，提高专业水平。会计队伍建设主要依靠以师带徒现象一直延续30多年之久。

#### (二)学历教育

在1952年以后的近30年中，浙江全省没有一所财经类高等院校。1977年恢复高考后，许多全日制中等专业学校和高等院校几乎都陆续开设了财务会计课程，向社会输送了大量经过系统学习现代财会理论和专业知识的会计专门人才。同时,20世纪80年代始,各类电大、函授、自考等成人在职办学方式兴起,会计人员开始有了在职进修并取得学历的机会。

1989年3月,"浙江省中华会计函授学校"成立。7月,东阳成立"浙江省中华会计函授学校东阳函授站",成为专门培养中等专业学历会计人才的函授教育机构。2007年8月,该校升格为"浙江省中华会计函授学校东阳分校"。2008年设立"浙江财经学院东阳教学点",开始培养大专学历的财会人员。2014年,设立"浙江财经大学东阳函授站",开始培养专科升本科学历的财会人员。东阳会计函校自成立以来,截至2018年,累计为东阳培养在职财会人员中专学历1531人、大专学历1205人、本科学历57人。

此外,其他相关部门的所属职校也相继创办会计专业函授、电大、自学考试等面向在职会计人员的教育机构,由此,原有的会计队伍学历有了较大提升。

2000年以后,全日制院校毕业的会计专业人员逐渐增多。特别是实施会计从业资格制度后,会计队伍的学历程度和专业水平都有了质的提升。

经过多年的教育和培养,全市会计队伍的学历结构发生了重大变化。据1982年统计,县属企业以下单位有会计专业学历的会计人员很少,县属以上单位的会计人员中,具有大学本科学历的仅占0.75%,具有大学专科学历的仅占1.12%,具有中专学历的也只有11.75%,而只经过短期培训,甚至未经专业训练就上岗的高达86.4%。截至2018年年底,全市会计人员中,具有中专学历的占19%,具有大专学历的占37.7%,具有大学本科学历的占25.9%,具有硕士以上历的占0.6 %。

**(三)继续教育**

改革开放后,会计队伍的学历水平和专业素质虽有逐步提高,但会计队伍学历结构和层次依然偏低,部分会计人员知识结构陈旧老化,少数会计人员职业道德素质不高,会计信息失真,在一定程度上制约了会计作用的充分发挥,影响会计工作质量的进一步提高。尤其是1992年《企业会计准则》《企业财务通则》和新的分行业会计制度、财务制度出台,会计工作从理论到实务都发生了根本性的变革,多数会计人员一时难以适应,为此,东阳市财政局着手组织了相关的业务培训。

1998年,根据财政部和浙江省财政厅印发的《会计人员继续教育暂行规定》及其《试行办法》,东阳自1999年起实施会计人员继续教育制度,继续教育的内容包括:会计理论和实务、财务会计法规制度、会计职业道德规范、会计电算化及其他相关法规和知识等,并规定未参加继续教育的会计人员不予办理会计证年检,将会计人员的继续教育制度化。

2003年,根据上级要求,东阳市财政局在全市开展会计职业道德宣传教育活动,并将会计职业道德教育培训纳入会计人员继续教育体系。

2007年,根据财政部修订的《会计人员继续教育规定》,浙江省财政厅相应修订了《实施办法》,以进一步规范会计人员继续教育工作。2013年,省财政厅对《浙江省会计人员继续教育实施办法》又进行了第二次修订。

2018年7月1日起，根据财政部会同人力资源社会保障部重新制定颁布的《会计专业技术人员继续教育规定》，继续教育的内容分为公需科目和专业科目，对会计专业技术人员的继续教育实行学分管理、登记管理和考核评价制度。

**二、会计人员奖励**

《中华人民共和国会计法》规定："对认真执行本法，忠于职守，坚持原则，做出显著成绩的会计人员，给予精神的或者物质的奖励。"据此，自1986年起，陆续进行对先进财会集体、个人和长期从事财会工作者给予奖励或颁发荣誉证书。

**（一）评选先进会计工作者**

1988年，经省政府同意，浙江省财政厅会同省计划经济委员会、省劳动人事厅、省总工会等有关部门举办全省首次优秀会计评选活动，选出省级优秀会计人员300名，东阳市机床附件厂的卜家岑和东阳市人民政府行政科单昌明被授予省级优秀会计奖章和荣誉证书，并给予适当物质奖励。

1990年，根据财政部、人事部《关于做好全国先进财会工作集体和先进会计工作者评选表彰工作的通知》，首次在北京召开全国会计工作会议暨全国先进会集体和个人表彰大会。

2005年，金华市财政局印发《关于评选金华市先进会计工作者的通知》，首次开展评选金华市级先进会计工作者。

2009年，市财政局根据省财政厅相关精神，制定印发《东阳市先进会计工作者评选表彰办法》，规定每三年评选一次，并明确先进会计工作者的评选范围、条件和程序，以进一步规范评选工作。

此后，先进会计工作者分为国家级、省级、金华市级和东阳市级等荣誉称号。截至2018年，全市累计评选获得省级先进会计工作者2人，金华市级先进会计工作者7人，东阳市级先进会计工作者41人。

**（二）会计人员荣誉证书**

1988年，为了鼓励会计人员热爱和做好本职工作，增强会计人员的职业荣誉感，财政部发布《颁发会计人员荣誉证书试行规定》，对从事财务会计工作满30年，属于会计专业职务评聘范围的现职会计人员，以财政部名义给予颁发"会计人员荣誉证书"，1988年首次颁发，以后每2年颁发一次。浙江省财政厅于1988年组织全省首批"会计人员荣誉证书"颁发活动，东阳市经济委员会杜世良等68位财会人员获得"荣誉证书"。

此后，历经多次"会计人员荣誉证书"颁发活动。

**三、从业资格管理**

随着社会主义市场经济的发展，社会对会计人才的需求日益增长，不少单位由于缺少具有会计专业知识和技能的人员担任会计工作，造成这些单位会计工作混乱。为促进各单位配备和聘用合格的会计人员，提高会计人员素质，省财政厅会同省劳动人事厅、省工商行政管理局等部门，于1989年印发《浙江省会计证试行办法》，在全省试行会计人员持证上岗制度，并先后制定《浙江省会计人员颁发会计证考试办法》《浙江省会计人员颁发会计证考核办法》等制度。全市除私营企业外共发放“会计证”1829份。

1990年起，根据省财政厅会同相关部门的有关规定，全市推行会计证验证制度，即在企业办理各种工商登记、购买发票、银行开户、更换印鉴时，必须提供会计机构负责人或会计主管人员、出纳人员的“会计证”。

1992年，为了进一步完善会计证制度，加强对持证会计人员的管理，省财政厅制定《浙江省会计证管理暂行规定》，对持证会计人员的考核、调动和“会计证”年检、吊销、换证等作了明确规定。

1995年，浙江省财政厅在总结试行会计证制度的基础上，根据财政部《会计证管理办法（试行）》的有关规定，修改制定《浙江省会计证管理办法》：明确会计证是具备一定会计专业知识和技能的人员从事会计工作的资格证书；规定凡从事会计工作的人员，必须持有“会计证”，无“会计证”人员不得上岗从事会计工作；会计证发证对象应遵守“会计法”，热爱会计工作并具备下列条件之一者可申请领取会计证：1.具有会计员以上会计专业技术职务任职资格的；2.具有国家教育部门承认的会计、审计、财务管理专业中专及以上学历的；3.按规定要求接受会计专业培调，并经市（地）级以上发证机关统一组织“会计证”考试合格和按规定经计算技术考核合格的。并实行“会计证”注册登记制度。

1996年，根据浙江省财政厅的有关规定，实行每年一次由发证机关办理年检制度，年检不合格的吊销收回“会计证”。

1997年，省财政厅根据财政部修订后的《会计证管理办法》重新修订《浙江省会计证管理办法》，将“会计证”分为正式会计证和预备会计证两种，在岗的必须申领正式会计证，不在岗并符合条件的可申领预备会计证。

2000年7月1日起，财政部颁布实施《会计从业资格管理办法》，1996年的《会计证管理办法》同时废止。该办法实施后又分别于2005年、2012年、2016年等进行过多次修订。

2017年11月，全国第十二届人大常委会修改《会计法》，对其第三十八条“从事会计工作的人员，必须取得会计从业资格证书”修改为“会计人员应当具备从事会计工作所需要的专业能力”。同年12月，财政部决定废止《会计从业资格管理办法》及其相关的管理制度和办法。从此，“会计证”制度停止执行。此前，全市共有17099人取得会计从业资格证书。

**四、会计专业技术资格**

1978年，我国社会主义经济建设进入新的发展时期，为了充分发挥会计人员积极性，明确会计人员的职责权限，9月，国务院颁发《会计人员职权条例》，对会计工作职责、工作权限、技术职称和任免奖惩作了明确规定，其中规定对具备条件的会计人员分别授予总会计师、会计师、助理会计师和会计员等技术职称。次年，省财政局发布《浙江省关于授予会计人员技术职称的暂行规定》，通过全面考核符合条件的可分别授予高级会计师、会计师、助理会计师、会计员和助理会计员等技术职称，并对具体条件、审批权限和授予程序作了明确规定。

1981年，浙江省财政厅会同省人事厅根据国务院批转财政部、国家人事局《会计干部技术职称暂行规定》制定了实施细则，明确会计干部的技术职称定为：高级会计师、会计师、助理会计师和会计员四级；确定或晋升会计干部的技术职称，由本人申请或组织推荐，经过相应的评审组织评定，由主管机关授予。

1992年，省财政厅会同人事厅印发《浙江省会计专业技术资格考试实施意见》，自1992年起实行会计专业技术资格考试制度。同年9月，经浙江省政府同意，在全省行政单位中开展会计人员专业技术资格评审试点，实行评定资格、不聘任、不与有关待遇挂钩的办法。

2000年，财政部、人事部修订印发《会计专业技术资格考试暂行规定》及其实施办法，将会计专业技术资格分为：初级资格、中级资格和高级资格，取得初级资格可按照条件聘任助理会计师或会计员职务，取得中级资格可聘任会计师职务，高级资格实行考试与评审结合的评价制度。

截至2018年，全市会计人员中取得高级资格的有139人，取得中级资格的有1245人，取得初级资格的达3053人。

## 第四节　会计中介服务

会计中介服务是指在会计信息市场中介于会计信息供需双方之间的第三方，为会计信息的验证、传递、交换提供的服务活动。它是社会主义市场经济发展的产物。

### 一、注册会计师

注册会计师是依法取得注册会计师证书并接受委托从事审计和会计咨询、会计服务业务的执业人员。我国从1991年开始实行注册会计师全国统一考试制度，1993年起，注册会计师考试每年举行一次。

为了发挥注册会计师在社会经济活动中鉴证和服务作用，加强对注册会计师的管理，维护社会公共利益和投资者的合法权益，1993年10月，八届全国人大常委会四次会议通过《中华人民共和国注册会计师法》，自1994年1月1日起施行，为注册会计师从事会计中介服务提供了法律保障。

自1996年起，注册会计师执业准则陆续发布并实施。独立审计准则又称独立审计标准，是注册会计师在执行独立审计业务过程中应当遵循的行为标准，它包括独立审计基本准则和具体准则。

2006年，财政部发布《中国注册会计师鉴证业务基本准则》等22项准则和《中国注册会计师审计准则第1142号——财务报表审计中对法律法规的考虑》等26项准则，自2007年1月1日起施行，原《独立审计基本准则》等相关准则同时废止。

2014年8月，第十二届人大常委会第十次会议通过对《中华人民共和国注册会计师法》的第一次修正并颁布实施。

截至2018年，全市共有注册会计师26名，成为社会会计监督和服务的重要力量。

**二、会计师事务所**

会计师事务所是依法设立并承办注册会计师业务的机构。《中华人民共和国注册会计师法》规定注册会计师执行业务，应当加入会计师事务所。

1992年9月，为适应会计中介服务的需要，经东阳市编办批准设立东阳会计师事务所，为自收自支的全民所有制事业单位，隶属东阳市财税局。

1998年，浙江省财政厅根据财政部印发《关于加快会计师事务所及审计事务所体制改革的通知》，提出改变原有事务所国有和集体所有制性质体制，建立由注册会计师发起并出资设立、与社会主义市场经济体制相适应、与国际惯例相衔接、自主执业、自担风险、自我约束、自我发展的独立的社会中介机构。

1999年10月，通过法定程序，东阳会计师事务所完成脱钩改制工作，原机构撤销。

东阳会计师事务所、东阳审计事务所相继脱钩改制后，东阳衡力会计师事务所等多家由注册会计师及其合伙人共同发起创立的会计师事务所先后设立。截止2018年，全市共设有4家从事会计中介服务的会计师事务所。

**三、会计代理记账**

1994年，为了促进小型经济组织和个体工商户建立健全会计核算工作，财政部印发《代理记账管理暂行办法》，规定凡不具备配备专职会计人员条件的小型经济组织和应当建账的个体工商户等，应当按规定委托代理记账机构办理会计业务。从事代理记账业务的机构，必须向财政部门申请代理记账资格，实行许可证制度。

2005年、2016年，财政部分别对《代理记账管理办法》进行了两次修订，规定除会计师事务所以外的机构从事代理记账业务应当经县级以上地方人民政府财政部门批准。代理记账制度逐步完善。

截至2018年，全市具备规定代理记账资格的机构达16家。

# 第三章　乡镇(街道)财政

乡镇财政始于清末。光绪三十四年(1908)颁布《城镇乡地方自治章程》,城镇设董事会,乡设乡董,为乡镇财政执行机构。为监督乡镇财政的实施,城、镇、乡各设议事会。各乡镇以本地公款、公产、公益捐及罚金等项收入作为自治经费。

民国3年(1914),内务部颁布《地方自治试行条例》,改以区为单位,以本地原有公款、公产及公益捐等项收入充作自治经费,统归区董管理。由区董编制预决算,送交自治会议决议,并受县知事监督。民国11年又改以乡为自治单位,自治经费有附加税、杂捐、规费、使用费、财产收入和营业收入等。民国16年,国民政府奠都南京,颁布《县组织法》,以区、乡、镇为下级自治团体。区以下设乡、镇,成为两级制。收入项目有五种:①乡镇公款、公产利息;②乡镇公营企业纯利;③依法赋予的自治款项;④县补助金;⑤特别捐。乡镇编造预决算应经乡民、镇民大会议决,并受监察委员监督。

抗战时期,县财政无力补助,靠摊派应付支出。从民国36年(1947)起,随田赋正附税带征乡镇自治经费和乡镇教育经费,由县政府统一调度。

中华人民共和国成立后,1952年首次建立乡财政体制,后停止运行。1956年第二次在全县建立乡财政体制,该年6月先在横店乡试点,10月全县全面推行。但1958年成立人民公社后,乡镇财政机制名存实亡,1960年撤销乡镇财政建制。1986年起全县全面恢复乡镇财政制度,并一直延续至今。

## 第一节　乡镇财政体制

乡镇财政体制是指处理乡镇政府及其所辖企事业单位与市级政府及其部门单位之间财政财力分配关系的一种制度。各街道办事处虽不设一级财政,归属市级部门预算管理,但在财力分配上参照乡镇财政体制模式,故列入本节作为街道财务体制表述。

### 一、财权集中体制(1956—1960年)

1956年6月,金华地区在东阳县横店乡和汤溪县罗埠乡(今金华市婺城区)建立乡镇财政试点,按照"统一领导,分级管理"原则建立乡镇财政体制,列入乡镇财政的收入项目有农业税附加

7%中留给乡镇的部分收入、小学学费收入、乡镇的公产收入、规费收入、其他收入及工商税的分成收入等；支出项目分农林、水利、交通、邮电、文化体育、教育、卫生、消防、行政、其他经费等10项。年度收支预算经乡镇人民代表大会审查通过，呈报县（市）批准，由乡镇人民委员会执行，乡长负责掌握，乡财粮委员具体经办。

1958年，根据浙江省人民委员会《关于建立乡财政的指示》和“统一领导，分级管理”原则进行了体制完善：规定属于乡财政的收入有：各项地方税（包括屠宰税、牲畜交易税、车船使用牌照税）和地方附加、公债和特种储蓄收入、事业费收入、企业收入、保险收入、其他收入。各乡镇财政的可用财力包括：固定收入（工商税）100%；统一比例分成收入（全县各乡镇确定统一的分成比例）；调剂分成比例收入（根据各乡镇各项收入情况确定不同的分成比例）；专项拨款等。属于乡财政支出的有10项：地方工业支出、农业支出、农田水利支出、林业支出、交通支出、社会卫生支出、文化教育支出、优抚和社救支出、管理支出、其他支出等。根据以上收支划分，实行“以收定支、自收自支、自求平衡”。

1960年撤销乡镇财政，建立公社一级的财务。实行行政人员按编制“工资照发、差旅费实报实销、办公费定额包干使用、节余不上交”的财务体制。

## 二、分级包干体制（1986—1993年）

### （一）第一轮体制（1986—1988年）

1986年1月，东阳县人民政府下发《关于全面建立乡财政的通知》，除吴宁镇外，其他乡镇相继建立起了乡镇级财政。按照“统一领导，分级管理”的原则，实行“划分税种、核实基数、收支挂钩、超收分成、短收不补、节余留用、一年一定”的管理体制：

**1.收支划分**

划给乡镇财政的收入范围有：乡镇村办企业、户办或集资和联办企业、个体工商业户及农、林、牧、水产业的税收；乡级其他收入等。其中农业税、集体企业和个体经济所得税、其他工商税及乡镇其他收入为乡镇财政固定收入。

划定乡镇财政支出范围包括：乡镇财政开支的农业、文化、广播、教育、卫生、计划生育、抚恤社救、行政管理费、离退休经费及国家预算拨款的各种专管员经费等。

**2.分成比例**

凡固定收入基数大于支出基数的，实行县乡按比例分成；凡固定收入基数小于支出基数的，县财政给予定额补助。

**3.超收分成**

固定收入超过包干基数部分，乡镇分成比例在50%以下的按实际比例计算，分成比例超过50%的，按50%计算；乡镇范围的营业税、产品税、增值税按环比办法计算超收分成。

4.收支基数

以1984年财政收支决算数为依据，在统盘考虑大的政策性变化（如农业税调价、工资调整以及生产发展等因素）后，确定收支基数。

此体制一年后未作调整，一直延续执行了三年。

### (二)第二轮体制(1989—1993年)

1989年11月，东阳市政府决定调整全市乡镇财政体制，确定新一轮的乡镇财政体制为“核定基数、递增包干、超收分成、一定二年”。核定基数：收入以1987—1988年两年工商税收的年平均数加按当时调价后的农业税收入之和为基数，工商税收基数年递增率为6.5%（山区乡不递增）；支出以1988年底乡镇实际在册人数，按各项开支标准核定的经费为基数。收支范围划分与第一轮相当，重点突出了收入的递增包干办法，鼓励乡镇积极增收。该轮乡镇体制延续执行至1993年底。

## 三、“分税制”体制(1994—2018年)

1993年12月，国务院出台《关于实行分税制财政管理体制的决定》，据此，1994年2月，浙江省政府下发了《关于实行分税制财政管理体制的通知》，决定自1994年1月1日起在全省施行分税制财政管理体制，由于地方收入结构及省对市财政体制发生了重大变化，市对乡镇财政体制也相应地进行了改革。

### (一)第三轮体制(1994—1995年)

1994年，东阳市政府决定于1月1日起实施新的乡镇财政体制，实行“划分范围、核定基数、收支挂钩、定率递增、超收分成、短收不补、增支分担、一定二年”的第三轮乡镇财政体制。①乡镇财政的收入范围为：乡镇企业、联营、私营、个体工商业户的地方财政收入；②支出范围为：乡镇本级预算内支出的行政、文化、教育、卫生、广播、农技、林业、计划生育、民政、离退休经费等；③收入基数：以1993年乡镇财政收入实绩按新的收入范围换算，适当考虑特殊因素后的50%，加1994年乡镇财政收入任务数的50%确定；④支出基数：以1993年底在册人数和开支标准测定，加1994年人均700元/年工资改革因素确定；⑤乡镇地方财政收入基数加1993年中央收入返还基数大于支出基数的，为定额上交，小于支出基数的，为定额补助；⑥实行定率递增办法：每年地方财政收入除农业税和中央收入返还基数外，按5.5%递增，支出基数按2%递增；⑦超收分成：收大于支的乡镇，超收10%以内部分乡镇得30%，超收10%以上部分乡镇得40%，五个山区乡镇超收部分100%留给乡镇，其他乡镇超收10%以内部分乡镇得40%，超收10%以上部分乡镇得60%；⑧短收赔补：除农业税、城建税和中央返还收入外的其他地方财政收入短收按50%赔补。

### (二)第四轮体制(1996—1998年)

1996年1月1日开始，根据浙江省政府关于“完善省以下分税制财政体制”的精神，东阳市政府对乡镇实行了“划分收支、核定基数、增收分成、奖励挂钩、一定三年”的第四轮财政管理体制，收入范围为：乡镇企业、乡镇及乡镇以下的三资企业、私营企业、个体工商业户的地方财政收入，农业税和农业特产税。支出范围为：乡镇本级的行政、教育、文化、卫生、广播、农技、农业、林业、计划生育、民政及离退休经费等支出。以1995年的地方财政收入和可用资金为基数，并按1995年地方财政收入占体制可用资金的比例来确定乡镇类别，实行增收分类分成办法，乡镇分类如下：

第一类：吴宁、横店，可用资金比例150%以上，增收分成比例为30%；

第二类：北江、李宅、湖溪、黄田畈，可用资金比例100%～150%之间，增收分成比例为50%；

第三类：上卢、六石、巍山、怀鲁、虎鹿、歌山、南马、大联、防军、东阳江、郭宅、千祥、三联、马宅、画溪，可用资金比例50%～100%之间，增收分成比例为70%；

第四类：佐村、上村、三单、宅口、八达，可用资金比例为50%以下，增收分成比例为100%。

实行挂钩奖励办法：一类乡镇地方财政收入超1000万元的奖10万元，以上每增500万元奖6万元；其他乡镇超500万元的奖10万元，以上每增250万元奖6万元；所有乡镇地方财政收入三年实现翻番的奖10万元。

对5个山区乡镇财政实行"两保两挂"政策，即：在保证财政收入任务完成、保证乡镇财政当年收支综合平衡的前提下，实行地方财政收入增加和市财政补助挂钩，乡镇财政收支综合平衡和奖励挂钩，具体为：5个山区乡镇年度地方财政超上年实绩部分，市财政按以下比例实行补助：佐村镇和八达乡超1补4、上村乡和宅口乡超1补5、三单乡超1补6；实现当年财政收支综合平衡的，市财政给予5万元的奖励，可用于乡镇干部奖励和福利。

1997年，为进一步完善第四轮乡镇财政体制，实施"两保两联"政策：除已实行"两保两挂"的五个山区乡镇以外的其他乡镇，在确保实现当年财政收支综合平衡和确保完成逐年消化历年累计赤字任务的前提下，地方财政收入（扣除上缴省20%、增值税25%部分和农业税）比上年增收上解市级收入与专项补助和奖励相联系，联系比例定为：专项补助联系比例10%、奖励联系比例5%。

鉴于横店镇实施国家综合实验区试点改革的需要，从1998年1月1日起，市政府决定对横店镇实行"划分收支、核定基数、增收分成、奖励挂钩、一定一年"的财政管理体制。

### （三）第五轮体制（1999—2001年）

从1999年1月1日起，东阳市政府决定对乡镇实行"划分收支、核定基数、增收分成、奖赔挂钩、一定三年"的第五轮财政管理体制。①收支划分的范围与前轮相当。②基数核定：以该乡镇第四轮乡镇财政体制后两年地方财政收入实绩的平均数提增10%为收入基数，5个山区乡镇（指佐村、三单、宅口、上村、八达，下同）以第四轮乡镇财政体制后两年地方财政收入平均数作为收入基数（不含增值税25%），农业税按1999年入库实绩为基数；支出以1998年底乡镇财政供给人员为依据，按规定标准核定人员经费，按定额核定公用经费，作为乡镇财政体制的可用资金基数。③增收分成：乡镇地方财政收入超基数部分（不含增值税25%部分和农业税价格变动增减收入部分）扣除上缴省20%后，按各乡镇的类别确定增收分成比例计算超收分成：吴宁为一类乡镇，按50%分成；5个山区乡镇为三类乡镇，按100%分成；其他乡镇为二类乡镇，按70%分成。④奖赔挂钩：

为充分调动乡镇组织收入的积极性，实现当年乡镇财政收支平衡的，由市财政给予收支平衡奖，一类乡镇奖10万元，二、三类乡镇奖5万元；各乡镇在确保完成消化历年累计赤字任务的前提下（3年消灭累计赤字），由市财政按乡镇当年消灭赤字额的20%给予奖励，地方税收收入比上年实绩增长20%以上的部分，由市财政按超收分成比例计算，给予奖励；5个山区乡镇继续给予优惠的财政政策，在保证财政收入任务完成，保证乡镇财政收支平衡前提下，对5个山区乡镇财政年度地方税收收入超上年实绩部分，市财政分别按佐村镇和八达乡超1补3、上村乡和宅口乡超1补4、三单乡超1补5的比例给予补助。以上财政政策重点强调了消化财政赤字，确保收支平衡工作，确保3年内消化历年赤字，并下达了具体消化乡镇财政赤字的任务。

**（四）第六轮体制（2002—2005年）**

2002年，国家全面实行农村税费改革，从根本上减轻农民负担，乡镇财政的收入结构发生了重大变化，为促进市和乡镇（街道）两级经济和社会各项事业的全面发展，按照“保平衡、保人员经费、保重点”的原则，加快构建社会主义公共财政框架，东阳市政府决定从是年1月1日起实行新一轮乡镇财政体制，主要内容包括重新核定乡镇（街道）财政的收支范围、重新确定乡镇（街道）财政收支基数、合理确定乡镇（街道）超收分成等。从这一轮体制起，对吴宁、白云、江北、城东、南市等五个街道办事处从乡镇财政中分离出来，作为市级机关的派出机构，列入市级部门预算，但参照乡镇财政体制的结算机制，单独实行财政奖励的办法。本轮体制原一定三年，后延续执行到2005年。

**（五）第七轮体制（2006—2008年）**

2006年，东阳市政府推行“乡（镇）财市管”的乡镇（街道）财政管理方式改革，同时，相应调整了乡镇财政体制，实行“核定收支，两保一挂，增收奖励”的财政体制，并专门制定了“两保一挂”的奖励办法，即在确保实现当年财政综合预算收支平衡和确保完成政府重点职能工作的前提下，实行一般预算收入（留市部分）增收与市财政奖励相挂钩，比上年增收部分按下列比例奖励：山区乡镇100%、东阳江和虎鹿镇60%、其他镇40%，其中政府工作目标责任制考核得分低于90%的不予奖励，增收奖励中60%作为发展奖励、40%作为个人奖励。同年12月，市财政局根据各街道办事处的特点，为了促进其各项事业的发展，印发了《东阳市街道办事处理财奖励办法（试行）》，对各街道在确保当年一般预算有结余、预算外资金收支平衡的前提下，对其政府重点职能履行、消化政府性债务、预算管理工作等情况进行考核，市财政每年安排一定的奖励基金用于街道办事处的财力性奖励。

**（六）第八轮体制（2009—2010年）**

2009年，东阳市政府下发了《关于进一步完善镇乡财政体制的意见》，规定自1月1日起，乡镇财政实行“明确收支范围、核定基本支出、加大转移支付、收入增长奖励、超收相应分成、短收适当赔补、一定三年不变”的体制。该体制除了划分收支范围、核定收支基数、实行超收分成外，制定了短收赔补政策，即各乡镇当年入库数与上年入库数少交的差额需上缴上级财政部分，称为短收赔补额，需相应扣减乡镇当年的超收分成奖励资金，当年不够扣减的，在当年单项分成奖励资金中扣减。同年1月，为了规范街道办事处预算管理，调动街道办事处发展经济的积极性，推动街道经济和社会各项事业健康发展，市政府印发《东阳市街道办事处预算管理和增收奖励办法》。对镇乡（街道）建立增收节支奖励机制：一是增收奖励，即在确保实现当年财政收支平衡、确保完成各项工作任务的前提下，中心镇以超收分成奖励、工业企业主辅分离营业税超收奖励的15%，其他镇乡以超收分成奖励、工业企业主辅分离营业税超收奖励的50%，街道以超收分成奖励、工业企业主辅分离营业税超收奖励的40%，作为增收奖励基金，年终经考核后兑现增收奖励资金，当年人均奖励额不得超过3600元，奖励基金结余部分可用于以后年度以丰补歉；二是节支奖励，即各镇乡、街道财政当年实行收支平衡的，可按当年预算外结余额的50%用于个人节支奖励，当年人均奖励额不得超过1000元。此外，对体制外收入如增值税留市部分、计划生育社会抚养费收入、土地出让金收入及其他预算外收入等实行单项分成办法。该轮体制执行了两年。

### （七）第九轮体制（2011—2013年）

2011年，东阳市政府决定调整和完善镇乡（街道）财政体制，重新核定收支基数（街道只核收入基数，支出列入市级部门预算安排）；继续实行超收分成（街道实行超收奖励）；对计划生育社会抚养费、土地出让收入、违规建设罚没收入、预算外收入等仍实行单项分成办法；对5个山区和半山区镇乡实行综合转移支付补助；建立2000万元的中心镇发展培育基金；本轮体制自2011年起执行，一定三年。

### （八）第十轮体制（2014—2016年）

2014年，为了进一步加强镇乡财政建设，东阳市政府决定调整镇乡财政管理体制，实行“明确范围、核定基数、超收奖励、短收赔补”的体制办法。确定列入体制结算的收入范围为镇乡行政区域内隶属镇乡的各类企业及行政事业单位缴纳的税收收入（市属企事业及其分支机构、影视企业、房地产企业的税收除外），并以上年实际入库数为基数；按照镇乡经济社会发展状况分为三类：一类为横店、南马、巍山；二类为画水、千祥、湖溪、歌山；三类为三单、佐村、马宅、东江、虎鹿等，分类核定支出基数；分类分档确定体制收入增幅目标和分成比例；建立镇乡财政以丰补歉基金、生态保护基金和山区发展专项资金；街道收入超收奖励参照镇乡办法；本体制自1月1日起执行，一定三年。

### （九）第十一轮体制（2017—　）

为了充分调动镇乡政府发展经济、培植财源、增收节支的积极性，经市政府同意，东阳市财政局印发《关于调整和完善镇乡财政体制的通知》，2017年1月1日起，实行新一轮以“划分收支范围、核定收支基数、收支挂钩、超收分成”为主要内容的乡镇财政管理体制。收支范围基本与前一轮相同。调整镇乡分类：一类为横店、南马、巍山和歌山镇；二类为画水、千祥、湖溪和虎鹿镇；三类为佐村、马宅、东江镇和三单乡。镇乡财政体制收入基数根据2016年收入决算数按中央和地方税收分成体制调整后确定；支出基数根据“保基本、保运转”原则分基本支出和社会发展支出分别核定。实行“收支挂钩”：凡当年体制收入留市财力小于核定支出基数的，差额部分由市财政作为体制转移支付补助，即“体制补助”；反之，财力大于支出基数的，多余部分上交市财政，即“体制上交”。实行“超收分成”：超收入基数部分的留市财力按一类镇乡35%、二类镇乡70%、三类镇乡100%比例分成。设立镇乡财政以丰补歉基金、生态镇乡发展专项资金和小城市（中心镇）培育专项资金；建立对原“体制补助”镇乡一次性财力奖励制度。对各街道和开发区实行收入超收奖励办法和单独的项目补助政策。

## 第二节 乡镇财政收支

乡镇财政收支反映的是按照财政体制规定划入乡镇财政范围的收入和支出情况。1956年试行的乡镇财政体制是在统收统支的计划经济模式下确定的体制形式，收支规模小，施行时间短，故本节主要表述1986年后的乡镇财政收支情况。

### 一、财政收入

乡镇（街道）财政收入是指按照财政体制确定的列入乡镇（街道）体制分成或超收奖励的一般公共预算收入（常指预算内收入或体制收入）。乡镇（街道）财政的收入范围总体与省对市的财政体制相匹配，中央对地方或省对县市调整了收入划分范围，则市对乡镇（街道）财政的收入范围也相应地作调整。

1986年1月，东阳县人民政府下发《关于全面建立乡财政的通知》，除吴宁镇外，其他乡镇相继建立起了乡镇级财政，并实行“划分税种、核实基数、收支挂钩、超收分成、短收不补、节余留用、一年一定”的管理体制，划给乡镇财政的收入范围为：乡镇村办企业、户办或集资和联办企业、个体工商业户及农、林、牧、水产业的税收和乡级其他收入，包括工商税收、农业税收和其他收入等。

1994年起，国家实施“分税制”财政体制和税收制度改革，相应地对乡镇财政收入的范围也作了调整，即乡镇所属企业缴纳的工商税收地方财政收入部分（包括增值税的25%、所得税的60%、其他地方税的100%）和农业税收（包括农业税和农林特产税）划归乡镇财政收入。

2002年起，各街道办事处的收支列入市级部门预算安排，其划定的考核收入目标仅用于计算财力奖励，其收入不计入乡镇级财政收入范围；同时，增值税25%部分不列入乡镇（街道）财政体制收入范围。同年，中央实施所得税分享机制改革，将所得税地方所得比例调整为50%，次年起，又调整为40%。

2011年起，将增值税25%部分列入乡镇（街道）财政体制收入范围。

表3-3-2-1　　1986—1993年东阳市(县)乡镇财政收入情况表

单位:万元

| 序号 | 乡镇 | 1986年 | 1987年 | 1988年 | 1989年 | 1990年 | 1991年 | 1992年 | 1993年 |
|---|---|---|---|---|---|---|---|---|---|
| 1 | 白云 | 60.56 | | | | | | | |
| 2 | 亭塘 | 61.70 | | | | | | | |
| 3 | 罗屏 | 15.68 | 19.95 | 30.51 | 32.24 | 29.30 | 34.7 | | |
| 4 | 槐堂 | 22.66 | 32.67 | 56.74 | 66.74 | 55.15 | 61.9 | | |
| 5 | 南溪 | 32.02 | 56.27 | 66.62 | 84.19 | 103.56 | 101.5 | | |
| 6 | 王坎头 | 33.12 | 34.86 | 47.44 | 60.67 | 70.74 | 81.1 | 84.0 | 119.0 |
| 7 | 黄田畈 | 61.17 | 109.81 | 145.18 | 109.70 | 130.12 | 154.4 | 234.0 | 299.0 |
| 8 | 洪塘 | 45.56 | | | 56.34 | 70.56 | 83.1 | | |
| 9 | 上卢 | 56.35 | 59.85 | 67.07 | 83.83 | 67.99 | 73.8 | 63.0 | 135.0 |
| 10 | 六石 | 55.90 | 65.62 | 65.78 | 80.19 | 90.63 | 96.6 | 161.0 | 212.0 |
| 11 | 樟村 | 72.38 | 56.19 | 59.64 | 77.43 | 59.07 | 67.3 | | |
| 12 | 怀鲁 | 31.21 | 33.16 | 37.81 | 49.71 | 46.98 | 44.6 | 69.0 | 90.0 |
| 13 | 罗山 | 5.91 | 7.70 | 7.95 | 6.78 | 13.60 | 20.3 | | |
| 14 | 红旗 | 66.76 | 64.33 | 72.55 | 88.38 | 87.52 | 107.2 | | |
| 15 | 风山、北江 | 22.38 | 28.21 | 40.68 | 61.51 | 115.66 | 131.7 | 279.0 | 506.0 |
| 16 | 李宅 | 33.87 | 30.68 | 37.13 | 41.70 | 45.88 | 59.5 | 70.0 | 100.0 |
| 17 | 塘西 | 39.14 | | | | | | | |
| 18 | 巍山 | 69.82 | 78.17 | 243.06 | 93.48 | 100.32 | 98.8 | 446.0 | 713.0 |
| 19 | 古光 | 24.24 | 28.94 | | 61.27 | 65.41 | 74.5 | | |
| 20 | 虎鹿 | 43.09 | 52.61 | 94.70 | 92.53 | 88.28 | 74.5 | 107.0 | 138.0 |
| 21 | 东白 | 8.27 | 10.88 | | 20.64 | 23.31 | 23.7 | | |
| 22 | 白溪 | 3.44 | 4.09 | | 7.14 | 6.25 | 6.2 | | |
| 23 | 胡村 | 3.38 | 3.58 | | 10.14 | 9.26 | 12.9 | | |
| 24 | 象岗 | 26.50 | 38.70 | | 55.07 | 64.89 | 113 | | |
| 25 | 歌山 | 77.74 | 104.18 | 133.58 | 93.13 | 78.08 | 77.1 | 81.0 | 107.0 |
| 26 | 巍屏 | 35.21 | 55.82 | | 70.36 | 71.68 | 68.7 | | |
| 27 | 佐村 | 7.92 | 9.08 | 12.07 | 21.96 | 17.08 | 17.5 | 24.0 | 41.0 |
| 28 | 上村 | 2.99 | 3.29 | 2.62 | 3.71 | 4.22 | 8.1 | 11.0 | 25.0 |
| 29 | 罗峰 | 2.74 | 4.05 | 3.27 | 4.40 | 6.72 | 7.7 | | |
| 30 | 宅口 | 3.86 | 4.13 | 4.47 | 5.41 | 4.79 | 6.2 | 7.0 | 9.0 |
| 31 | 玉溪 | 1.06 | 0.68 | 0.32 | 0.65 | 1.08 | 1.8 | | |
| 32 | 三单 | 4.06 | 3.77 | 3.88 | 4.71 | 4.26 | 6.1 | 8.0 | 9.0 |
| 33 | 西营 | 2.10 | 1.95 | 1.58 | 2.26 | 2.48 | 4.2 | | |
| 34 | 湖溪 | 69.71 | 60.04 | 78.20 | 92.42 | 92.44 | 86.9 | 221.0 | 361.0 |
| 35 | 屏岩 | 89.46 | 87.49 | 91.53 | 133.33 | 122.91 | 133.7 | | |
| 36 | 南上湖 | 26.28 | 32.26 | 41.01 | 56.06 | 54.32 | 76.8 | | |

续表3-3-2-1

| 序号 | 乡镇 | 1986年 | 1987年 | 1988年 | 1989年 | 1990年 | 1991年 | 1992年 | 1993年 |
|---|---|---|---|---|---|---|---|---|---|
| 37 | 南江 | 6.79 | 11.23 | 15.53 | 18.32 | 26.02 | 30.9 | | |
| 38 | 郭宅 | 34.66 | 39.33 | 56.97 | 78.57 | 83.57 | 90.6 | 99.0 | 118.0 |
| 39 | 东阳江 | 32.56 | 29.52 | 39.51 | 54.01 | 63.42 | 78.2 | 95.0 | 132.0 |
| 40 | 八达 | 7.02 | 84.90 | 9.46 | 11.87 | 13.10 | 14.2 | 16.0 | 27.0 |
| 41 | 东门 | 1.65 | 1.05 | 1.54 | 1.10 | 1.92 | 2.1 | | |
| 42 | 横店 | 213.18 | 322.78 | 367.36 | 376.78 | 421.79 | 488.4 | 684.0 | 1286.0 |
| 43 | 南马 | 85.43 | 119.44 | 137.09 | 151.52 | 129.24 | 143.1 | 288.0 | 373.0 |
| 44 | 大联 | 52.25 | 51.41 | 49.13 | 53.38 | 60.20 | 72.8 | 110.0 | 141.0 |
| 45 | 大阳 | 43.96 | 54.74 | 67.74 | 67.56 | 64.13 | 74.6 | | |
| 46 | 维风 | 26.10 | 30.72 | 32.97 | 33.88 | 35.27 | 29.1 | | |
| 47 | 明德 | 31.56 | 38.79 | 41.53 | 49.65 | 50.39 | 59.1 | | |
| 48 | 防军 | 58.99 | 63.07 | 70.80 | 70.26 | 88.94 | 105.6 | 124.0 | 127.0 |
| 49 | 千祥 | 63.68 | 78.32 | 102.51 | 107.85 | 107.58 | 109.4 | 116.0 | 124.0 |
| 50 | 民主 | 8.94 | 10.76 | 11.24 | 14.48 | 16.97 | 18.8 | | |
| 51 | 三联 | 33.52 | 39.23 | 45.94 | 51.60 | 54.33 | 58.9 | 72.0 | 91.0 |
| 52 | 马宅 | 25.72 | 29.80 | 25.57 | 46.11 | 60.89 | 71.6 | 110.0 | 171.0 |
| 53 | 徐宅 | 6.72 | 6.20 | 7.61 | 13.71 | 8.49 | 6.2 | | |
| 54 | 青联 | 11.48 | 10.88 | 11.42 | 13.15 | 11.20 | 12.5 | | |
| 55 | 山店 | 1.70 | 1.70 | 2.63 | 1.93 | 2.66 | 3.4 | | |
| | 合计 | 1982.52 | 2126.40 | 2542.32 | 2945.86 | 3103.21 | 3485.6 | 3578.9 | 5454.0 |

说明:1987年白云、亭塘、塘西撤乡并入吴宁镇,洪塘撤乡并入黄田畈镇。1988年巍山区实施撤区扩镇,古光、象岗、胡村和巍屏并入巍山镇,东白、白溪并入虎鹿镇。1989年,洪塘及古光、象岗、胡村、巍屏、东白、白溪等乡重新恢复乡镇财政建制。1992年,全面实施撤区扩镇并乡工作。1989年王坎头改称画溪

表3-3-2-2

## 1994—2005年东阳市乡镇(街道)财政地方财政收入情况表

单位:万元

| 序号 | 乡镇 | 1994年 | 1995年 | 1996年 | 1997年 | 1998年 | 1999年 | 2000年 | 2001年 | 2002年 | 2003年 | 2004年 | 2005年 |
|---|---|---|---|---|---|---|---|---|---|---|---|---|---|
| 1 | 吴宁 | 1715 | 2209 | 2303 | 2342 | 2381 | 2476 | 2574 | 4305 | 2875 | 3379 | 5300 | 9252 |
| 2 | 横店 | 533 | 847 | 1075 | 1280 | 1768 | 2255 | 3923 | 4582 | 1333 | 1588 | 2869 | 2987 |
| 3 | 白云 | | | | | | | | | 626 | 1089 | 2581 | 5571 |
| 4 | 画溪 | 70 | 93 | 137 | 88 | 92 | 104 | 63 | 78 | 84 | | | |
| 5 | 黄田畈.画水 | 149 | 195 | 259 | 214 | 206 | 160 | 141 | 192 | 188 | 274 | 282 | 202 |
| 6 | 上卢.江北 | 73 | 73 | 83 | 73 | 101 | 110 | 75 | 77 | 291 | 1057 | 659 | 790 |
| 7 | 六石 | 133 | 153 | 197 | 199 | 196 | 180 | 165 | 193 | 209 | 237 | 260 | 341 |
| 8 | 怀鲁 | 74 | 82 | 108 | 110 | 132 | 118 | 106 | 115 | 90 | | | |
| 9 | 北江 | 267 | 199 | 256 | 228 | 332 | 184 | 176 | 225 | 213 | | | |
| 10 | 李宅.城东 | 66 | 122 | 151 | 158 | 172 | 123 | 133 | 204 | 461 | 438 | 556 | 534 |
| 11 | 巍山 | 332 | 369 | 412 | 457 | 425 | 385 | 374 | 441 | 426 | 520 | 850 | 1107 |
| 12 | 歌山 | 73 | 86 | 103 | 102 | 99 | 91 | 88 | 107 | 85 | 390 | 418 | 476 |
| 13 | 虎鹿 | 121 | 123 | 176 | 174 | 169 | 152 | 131 | 169 | 143 | 160 | 121 | 142 |
| 14 | 佐村 | 31 | 37 | 45 | 47 | 57 | 77 | 38 | 53 | 45 | 112 | 98 | 172 |
| 15 | 上村 | 16 | 21 | 26 | 27 | 25 | 67 | 29 | 33 | 25 | | | |
| 16 | 宅口 | 10 | 12 | 16 | 22 | 21 | 35 | 16 | 21 | 18 | | | |
| 17 | 三单 | 10 | 12 | 13 | 14 | 21 | 76 | 22 | 27 | 22 | 26 | 48 | 143 |
| 18 | 湖溪 | 214 | 223 | 271 | 277 | 265 | 174 | 199 | 265 | 233 | 333 | 376 | 340 |
| 19 | 郭宅 | 86 | 113 | 104 | 95 | 105 | 100 | 84 | 97 | 84 | | | |
| 20 | 东阳江 | 74 | 94 | 90 | 89 | 89 | 87 | 68 | 92 | 83 | 83 | 94 | 89 |
| 21 | 八达 | 15 | 19 | 25 | 26 | 27 | 43 | 24 | 43 | 13 | | | |
| 22 | 南马 | 208 | 269 | 342 | 304 | 371 | 296 | 331 | 590 | 478 | 633 | 635 | 786 |
| 23 | 大联.南市 | 131 | 110 | 141 | 150 | 168 | 143 | 144 | 210 | 237 | 369 | 1424 | 2023 |

续表3-3-2-2

| 序号 | 乡镇 | 1994年 | 1995年 | 1996年 | 1997年 | 1998年 | 1999年 | 2000年 | 2001年 | 2002年 | 2003年 | 2004年 | 2005年 |
|---|---|---|---|---|---|---|---|---|---|---|---|---|---|
| 24 | 防军 | 79 | 98 | 121 | 131 | 141 | 126 | 104 | 135 | 106 | | | |
| 25 | 千祥 | 72 | 114 | 128 | 156 | 226 | 140 | 178 | 332 | 285 | 430 | 527 | 503 |
| 26 | 三联 | 62 | 92 | 97 | 103 | 126 | 119 | 112 | 157 | 138 | | | |
| 27 | 马宅 | 99 | 135 | 96 | 110 | 94 | 182 | 102 | 120 | 177 | 90 | 62 | 87 |
| | 合计 | 4713 | 5900 | 6776 | 6976 | 7809 | 8003 | 9400 | 12863 | 8968 | 11208 | 17160 | 25545 |

表3-3-2-3

## 2006—2018年东阳市乡镇财政地方财政收入情况表

单位：万元

| 序号 | 乡镇 | 2006年 | 2007年 | 2008年 | 2009年 | 2010年 | 2011年 | 2012年 | 2013年 | 2014年 | 2015年 | 2016年 | 2017年 | 2018年 |
|---|---|---|---|---|---|---|---|---|---|---|---|---|---|---|
| 1 | 横店 | 3279 | 4407 | 7946 | 20331 | 26715 | 48300 | 88497 | 80633 | 96241 | 124306 | 185869 | 184684 | 195422 |
| 2 | 画水 | 253 | 457 | 529 | 455 | 975 | 1913 | 2281 | 2218 | 2767 | 3114 | 3829 | 6071 | 7089 |
| 3 | 巍山 | 1426 | 1657 | 1969 | 1869 | 2383 | 5093 | 6494 | 7255 | 7588 | 7667 | 9975 | 12763 | 21184 |
| 4 | 歌山 | 644 | 989 | 1142 | 1368 | 1697 | 3746 | 4307 | 5252 | 6072 | 6939 | 10008 | 12197 | 15941 |
| 5 | 虎鹿 | 204 | 248 | 348 | 304 | 656 | 1274 | 1558 | 1429 | 1695 | 1239 | 1379 | 1676 | 3127 |
| 6 | 佐村 | 188 | 234 | 375 | 236 | 366 | 606 | 664 | 752 | 825 | 772 | 948 | 2259 | 4371 |
| 7 | 三单 | 65 | 86 | 64 | 63 | 192 | 387 | 218 | 162 | 138 | 35 | 18 | 132 | 791 |
| 8 | 湖溪 | 481 | 684 | 528 | 588 | 788 | 2320 | 2367 | 2248 | 2551 | 2963 | 4168 | 6314 | 10270 |
| 9 | 东阳江 | 203 | 269 | 342 | 257 | 674 | 1471 | 1260 | 1021 | 958 | 755 | 954 | 1587 | 3100 |
| 10 | 南马 | 1232 | 1385 | 1618 | 2045 | 3371 | 10750 | 7788 | 9078 | 10405 | 11777 | 13130 | 19907 | 23416 |
| 11 | 千祥 | 570 | 831 | 565 | 527 | 871 | 1733 | 1514 | 1640 | 1853 | 1856 | 2126 | 3225 | 4551 |
| 12 | 马宅 | 119 | 161 | 178 | 113 | 344 | 481 | 697 | 742 | 991 | 935 | 1150 | 1228 | 3498 |
|  | 合计 | 8664 | 11408 | 15604 | 28156 | 39022 | 78074 | 117645 | 112430 | 132084 | 162360 | 233556 | 252043 | 292760 |

训明：2006年起街道不列入乡镇决算

表3-3-2-4

## 2018年东阳市乡镇财政地方财政收入结构情况表

单位：万元

| 序号 | 乡镇 | 合计 | 增值税25%部分 | 企业所得税40%部分 | 个人所得税40%部分 | 城市维护建设税 | 房产税 | 印花税 | 城镇土地使用税 | 土地增值税 | 环境保护税 |
|---|---|---|---|---|---|---|---|---|---|---|---|
| 1 | 横店 | 195422 | 88565 | 48287 | 32453 | 9540 | 2503 | 2914 | 1746 | 9316 | 98 |
| 2 | 画 水 | 7089 | 4465 | 292 | 447 | 554 | 691 | 112 | 460 | 45 | 23 |
| 3 | 巍山 | 21184 | 14802 | 2845 | 515 | 1526 | 447 | 349 | 500 | 128 | 72 |
| 4 | 歌山 | 15941 | 10267 | 2230 | 348 | 1079 | 463 | 510 | 629 | 277 | 138 |
| 5 | 虎鹿 | 3127 | 2227 | 115 | 252 | 213 | 82 | 48 | 144 | 45 | 1 |
| 6 | 佐村 | 4371 | 3255 | 449 | 45 | 378 | 38 | 81 | 113 | 8 | 4 |
| 7 | 三单 | 791 | 730 | 19 | 4 | 24 |  | 14 |  |  |  |
| 8 | 湖溪 | 10270 | 7641 | 384 | 457 | 893 | 293 | 149 | 349 | 95 | 9 |
| 9 | 东阳江 | 3100 | 2282 | 355 | 153 | 230 | 16 | 36 | 28 |  |  |
| 10 | 南马 | 23416 | 13193 | 2709 | 931 | 1317 | 1685 | 458 | 1151 | 1914 | 58 |
| 11 | 千祥 | 4551 | 3619 | 210 | 130 | 362 | 67 | 76 | 85 | 2 |  |
| 12 | 马宅 | 3498 | 2823 | 139 | 107 | 226 | 65 | 68 | 54 | 14 | 2 |
|  | 合计 | 292760 | 153869 | 58034 | 35842 | 16342 | 6350 | 4815 | 5259 | 11844 | 405 |

**二、财政支出**

乡镇(街道)财政支出是指按照财权与事权相统一的原则在财政体制中划分的属于乡镇(街道)财政范围的各项支出,现称为一般公共预算支出。

1986年1月,全县乡镇除吴宁镇外,相继恢复建立乡镇财政建制,按体制划定乡镇财政支出的范围包括:乡镇所属的农业、文化、广播、教育、卫生、计划生育、抚恤社救、行政管理费、离退休经费及国家预算拨款的各种专管员经费等支出。

20世纪80年代,特别是乡镇财政建立以后,东阳各乡镇所属各项事业经费的保障总体以乡镇筹措为主,市级财政补助为辅。如教育经费,根据中央《关于教育体制改革的决定》,东阳实施中小学分级办学、分级管理,县属高中、技校归县管理,初中、小学和幼儿园按属地原则归乡镇管理,市财政对教育的经费拨款以1984年为基数包干到乡镇,以后教育经费的筹集、分配和管理均由乡镇负主体责任。

1988年,随着乡镇财政的建立,为了发挥乡镇政府办好卫生院的积极性,东阳市政府根据上级精神,决定推行以乡镇政府为主管理乡镇卫生院的改革,财政对乡镇卫生院的支出责任也相应地实行以乡镇财政为主。

进入21世纪后,国家提出了公共财政理念,特别是2002年实行农村税费改革后,乡镇取消了乡统筹、摊派的收费项目,相应地各项事业所需经费均由财政保障,而乡镇(街道)财力有限,且苦乐不均,因而加大了市级财政对乡镇(街道)财政的转移支付力度,乡镇(街道)财政公共预算支出得以快速增长。

2006年,东阳市政府印发《关于加强农村公共卫生工作的实施意见》提出“要集中力量在每个建制乡镇办好一所公立卫生院,其人员、业务、经费等由市卫生行政部门统一实施管理”,为此,自2006年起,乡镇卫生院的财政补助经费和财务上划市级卫生主管部门管理。

2007年,东阳市政府印发《关于实施义务教育经费保障机制改革的通知》,按照“明确各级责任、加大财政投入、提高保障水平、分步组织实施”的原则,将全市义务教育全面纳入公共财政保障范围,建立政府对义务教育经费的保障机制。同时,进一步调整市镇(乡)财政负担机制,实行以市为主。

至2018年,全市乡镇财政一般公共预算支出达122598万元,占全市财政一般公共预算支出比重为13.3%。

表3-3-2-5　　**1986—1993年东阳市(县)乡镇财政支出情况表**

单位:万元

| 序号 | 乡镇名 | 1986年 | 1987年 | 1988年 | 1989年 | 1990年 | 1991年 | 1992年 | 1993年 |
|---|---|---|---|---|---|---|---|---|---|
| 1 | 白云.吴宁 | 29.78 | | | | | | 245.0 | |
| 2 | 亭塘 | 36.08 | | | | | | | |
| 3 | 罗屏 | 12.41 | 13.62 | 17.92 | 24.65 | 24.91 | 24.5 | | |
| 4 | 槐堂 | 16.18 | 17.07 | 22.63 | 30.30 | 33.63 | 43.8 | | |
| 5 | 南溪 | 19.13 | 19.05 | 25.85 | 43.45 | 39.04 | 56.8 | | |
| 6 | 王坎头 | 24.11 | 24.93 | 39.13 | 44.50 | 40.82 | 57.4 | 69.0 | 83.0 |
| 7 | 黄田畈 | 25.47 | 45.12 | 64.84 | 49.14 | 74.24 | 61.8 | 130.0 | 141.0 |
| 8 | 洪塘 | 16.44 | | | 25.58 | 28.02 | 40.7 | | |
| 9 | 上卢 | 31.82 | 32.29 | 43.88 | 51.71 | 54.91 | 58.1 | 74.0 | 99.0 |
| 10 | 六石 | 28.16 | 31.62 | 39.68 | 46.96 | 53.70 | 67.2 | 123.0 | 149.0 |
| 11 | 樟村 | 23.80 | 25.46 | 29.94 | 33.91 | 38.81 | 39.8 | | |
| 12 | 怀鲁 | 16.73 | 17.38 | 23.62 | 26.48 | 28.83 | 40.6 | 93.0 | 94.0 |
| 13 | 罗山 | 28.32 | 18.32 | 21.47 | 23.95 | 27.94 | 38.6 | | |
| 14 | 红旗 | 28.32 | 28.19 | 34.41 | 37.63 | 43.11 | 61.1 | | |
| 15 | 凤山.北江 | 19.34 | 18.65 | 23.36 | 24.67 | 58.85 | 72.2 | 125.0 | 130.0 |
| 16 | 李宅 | 18.29 | 19.12 | 25.92 | 28.47 | 31.47 | 48.2 | 57.0 | 58.0 |
| 17 | 塘西 | 22.68 | | | | | | | |
| 18 | 巍山 | 19.58 | 20.22 | 106.37 | 32.53 | 34.09 | 56.2 | 212.0 | 258.0 |
| 19 | 古光 | 16.76 | 17.28 | | 32.77 | 35.08 | 53.1 | | |
| 20 | 虎鹿 | 25.69 | 28.44 | 74.42 | 41.64 | 53.11 | 57.4 | 114.0 | 142.0 |
| 21 | 东白 | 11.92 | 13.71 | | 18.06 | 25.46 | 37.3 | | |
| 22 | 白溪 | 11.77 | 13.92 | | 18.94 | 19.25 | 20.9 | | |
| 23 | 胡村 | 11.49 | 11.46 | | 16.98 | 16.25 | 28.2 | | |
| 24 | 象岗 | 18.30 | 19.58 | | 30.16 | 37.77 | 34.2 | | |
| 25 | 歌山 | 20.29 | 28.71 | 37.77 | 31.28 | 32.67 | 34.2 | 46.0 | 61.0 |
| 26 | 巍屏 | 15.09 | 17.75 | | 25.54 | 27.48 | 30.6 | | |
| 27 | 佐村 | 15.03 | 18.81 | 24.15 | 25.05 | 29.09 | 37.2 | 66.0 | 81.0 |
| 28 | 上村 | 10.33 | 17.36 | 16.54 | 16.04 | 20.22 | 20.4 | 43.0 | 61.0 |
| 29 | 罗峰 | 8.73 | 10.82 | 14.64 | 15.09 | 17.78 | 19.9 | | |
| 30 | 宅口 | 10.60 | 13.26 | 17.36 | 18.36 | 18.89 | 22.8 | 30.0 | 36.0 |
| 31 | 玉溪 | 12.02 | 11.81 | 12.67 | 13.94 | 14.93 | 14.7 | | |
| 32 | 三单 | 16.05 | 17.25 | 26.23 | 25.95 | 26.37 | 29.6 | 47.0 | 71.0 |
| 33 | 西营 | 9.88 | 10.41 | 13.91 | 13.03 | 15.31 | 14.7 | | |
| 34 | 湖溪 | 31.05 | 27.70 | 29.75 | 44.67 | 44.62 | 44.7 | 155.0 | 185.0 |
| 35 | 屏岩 | 19.45 | 18.83 | 24.94 | 44.35 | 40.72 | 47.9 | | |
| 36 | 南上湖 | 24.51 | 27.66 | 31.26 | 40.68 | 39.15 | 64.3 | | |

续表3-3-2-5

| 序号 | 乡镇名 | 1986年 | 1987年 | 1988年 | 1989年 | 1990年 | 1991年 | 1992年 | 1993年 |
|---|---|---|---|---|---|---|---|---|---|
| 37 | 南江 | 11.40 | 14.76 | 16.20 | 21.32 | 22.93 | 37.8 | | |
| 38 | 郭宅 | 23.62 | 24.88 | 36.04 | 37.25 | 52.18 | 68.6 | 60.0 | 83.0 |
| 39 | 东阳江 | 19.54 | 19.45 | 27.99 | 35.50 | 38.38 | 51.6 | 68.0 | 79.0 |
| 40 | 八达 | 13.52 | 20.13 | 21.54 | 22.78 | 26.64 | 38.0 | 38.0 | 44.0 |
| 41 | 东门 | 9.58 | 11.90 | 11.15 | 14.68 | 13.38 | 12.8 | | |
| 42 | 横店 | 32.30 | 36.71 | 53.87 | 68.09 | 57.91 | 87.1 | 128.0 | 167.0 |
| 43 | 南马 | 23.42 | 30.45 | 40.28 | 52.50 | 47.61 | 47.7 | 144.0 | 192.0 |
| 44 | 大联 | 24.84 | 28.52 | 32.69 | 44.17 | 42.79 | 45.6 | 93.0 | 117.0 |
| 45 | 大阳 | 18.62 | 24.31 | 27.18 | 30.90 | 31.35 | 31.0 | | |
| 46 | 维风 | 15.04 | 15.09 | 22.62 | 43.32 | 24.16 | 25.1 | | |
| 47 | 明德 | 16.18 | 21.27 | 22.18 | 32.87 | 31.75 | 33.8 | | |
| 48 | 防军 | 26.20 | 33.90 | 33.14 | 142.73 | 41.56 | 45.4 | 56.0 | 71.0 |
| 49 | 千祥 | 25.74 | 38.93 | 48.62 | 62.06 | 43.73 | 54.6 | 63.0 | 81.0 |
| 50 | 民主 | 13.51 | 19.53 | 21.61 | 25.45 | 25.69 | 44.6 | | |
| 51 | 三联 | 23.43 | 25.66 | 31.99 | 54.45 | 42.66 | 51.7 | 95.0 | 113.0 |
| 52 | 马宅 | 20.15 | 22.95 | 29.73 | 39.22 | 42.84 | 53.6 | 115.0 | 133.0 |
| 53 | 徐宅 | 11.54 | 13.29 | 16.12 | 17.29 | 16.51 | 25.9 | | |
| 54 | 青联 | 13.61 | 17.44 | 16.39 | 28.06 | 20.70 | 19.8 | | |
| 55 | 山店 | 13.61 | 16.20 | 13.40 | 14.84 | 15.88 | 16.6 | | |
| | 合计 | 1062.78 | 1091.24 | 1365.28 | 1783.98 | 1765.23 | 2173.3 | 2489.0 | 2729.0 |

说明:1987年白云、亭塘、塘西撤乡并入吴宁镇,洪塘撤乡并入黄田畈镇。1988年巍山区实施撤区扩镇,古光、象岗、胡村和巍屏并入巍山镇,东白、白溪并入虎鹿镇。1989年,洪塘及古光、象岗、胡村、巍屏、东白、白溪等乡重新恢复乡镇财政建制。1992年,全面实施撤区扩镇并乡工作。1989年王坎头改称画溪

表3-3-2-6

## 1994—2005年东阳市乡镇(街道)财政支出情况表

单位:万元

| 序号 | 乡镇街道 | 1994年 | 1995年 | 1996年 | 1997年 | 1998年 | 1999年 | 2000年 | 2001年 | 2002年 | 2003年 | 2004年 | 2005年 |
|---|---|---|---|---|---|---|---|---|---|---|---|---|---|
| 1 | 吴宁 | 996 | 1317 | 1343 | 1486 | 1723 | 2130 | 2532 | 3064 | 1717 | 2017 | 465 | 920 |
| 2 | 横店 | 242 | 435 | 482 | 588 | 641 | 2249 | 921 | 1451 | 1549 | 1886 | 2837 | 3214 |
| 3 | 白 云 | | | | | | | | | 642 | 861 | 253 | 555 |
| 4 | 画 溪 | 118 | 126 | 145 | 170 | 180 | 98 | 212 | 261 | 326 | | | |
| 5 | 黄田畈.画水 | 194 | 210 | 235 | 276 | 302 | 160 | 355 | 432 | 568 | 1252 | 1668 | 2488 |
| 6 | 上卢.江北 | 139 | 158 | 189 | 214 | 248 | 109 | 294 | 364 | 955 | 1199 | 373 | 631 |
| 7 | 六石 | 229 | 243 | 277 | 318 | 358 | 202 | 446 | 515 | 674 | 926 | 1232 | 1327 |
| 8 | 怀鲁 | 152 | 151 | 180 | 202 | 225 | 143 | 270 | 328 | 432 | | | |
| 9 | 北江 | 189 | 215 | 229 | 275 | 333 | 184 | 407 | 511 | 584 | | | |
| 10 | 李宅.城东 | 95 | 97 | 123 | 137 | 156 | 122 | 194 | 247 | 686 | 940 | 1205 | 1461 |
| 11 | 巍山 | 376 | 406 | 464 | 512 | 572 | 396 | 658 | 776 | 985 | 1877 | 2536 | 2916 |
| 12 | 歌山 | 105 | 100 | 119 | 138 | 159 | 89 | 181 | 258 | 277 | 1186 | 1478 | 1571 |
| 13 | 虎鹿 | 224 | 243 | 262 | 310 | 337 | 183 | 397 | 477 | 580 | 795 | 1040 | 1207 |
| 14 | 佐村 | 105 | 130 | 147 | 154 | 193 | 74 | 193 | 292 | 331 | 876 | 998 | 1175 |
| 15 | 上村 | 80 | 100 | 120 | 122 | 147 | 66 | 163 | 219 | 282 | | | |
| 16 | 宅口 | 58 | 64 | 72 | 75 | 88 | 33 | 107 | 142 | 162 | | | |
| 17 | 三单 | 79 | 101 | 112 | 128 | 155 | 74 | 216 | 249 | 267 | 281 | 410 | 553 |
| 18 | 湖溪 | 258 | 196 | 215 | 249 | 291 | 172 | 343 | 447 | 511 | 1168 | 1468 | 1595 |
| 19 | 郭宅 | 122 | 134 | 157 | 185 | 190 | 100 | 205 | 278 | 322 | | | |
| 20 | 东阳江 | 131 | 127 | 157 | 168 | 191 | 87 | 191 | 276 | 340 | 641 | 770 | 965 |
| 21 | 八达 | 60 | 73 | 85 | 86 | 106 | 42 | 151 | 185 | 213 | | | |
| 22 | 南马 | 282 | 435 | 326 | 389 | 457 | 279 | 547 | 762 | 877 | 1608 | 2403 | 2751 |

续表3-3-2-6

| 序号 | 乡镇街道 | 1994年 | 1995年 | 1996年 | 1997年 | 1998年 | 1999年 | 2000年 | 2001年 | 2002年 | 2003年 | 2004年 | 2005年 |
|---|---|---|---|---|---|---|---|---|---|---|---|---|---|
| 23 | 大联.南市 | 171 | 290 | 144 | 188 | 212 | 142 | 248 | 307 | 774 | 1176 | 1468 | 1832 |
| 24 | 防军 | 109 | 135 | 153 | 205 | 213 | 125 | 259 | 304 | 375 | | | |
| 25 | 千祥 | 131 | 122 | 158 | 191 | 205 | 140 | 239 | 302 | 426 | 1302 | 1600 | 1725 |
| 26 | 三联 | 174 | 138 | 207 | 244 | 261 | 129 | 299 | 392 | 488 | | | |
| 27 | 马宅 | 194 | 172 | 221 | 247 | 297 | 172 | 360 | 411 | 570 | 652 | 871 | 1094 |
| | 合计 | 5013 | 5989 | 6322 | 7257 | 8240 | 7700 | 10388 | 13250 | 15913 | 20643 | 23075 | 27980 |

表3-3-2-7

## 2006—2018年东阳市乡镇财政支出情况表

单位：万元

| 序号 | 乡镇名称 | 2006年 | 2007年 | 2008年 | 2009年 | 2010年 | 2011年 | 2012年 | 2013年 | 2014年 | 2015年 | 2016年 | 2017年 | 2018年 |
|---|---|---|---|---|---|---|---|---|---|---|---|---|---|---|
| 1 | 横店 | 3574 | 4317 | 5853 | 9023 | 8152 | 15209 | 13236 | 17062 | 20060 | 21854 | 24301 | 29928 | 29613 |
| 2 | 画 水 | 2238 | 2595 | 2992 | 3705 | 4038 | 4789 | 5498 | 5672 | 5768 | 6977 | 6618 | 9060 | 10240 |
| 3 | 巍山 | 3391 | 3757 | 4409 | 5559 | 6048 | 7896 | 8055 | 8596 | 8039 | 9493 | 8848 | 13566 | 16350 |
| 4 | 歌山 | 1832 | 2151 | 2433 | 2947 | 3232 | 4385 | 4461 | 4364 | 5426 | 6831 | 5257 | 6942 | 7849 |
| 5 | 虎鹿 | 1411 | 1578 | 1801 | 2182 | 2364 | 2787 | 3175 | 3415 | 3400 | 3907 | 3784 | 4254 | 6254 |
| 6 | 佐村 | 1278 | 1462 | 1555 | 1787 | 1969 | 2178 | 2553 | 2661 | 2739 | 3122 | 2595 | 5155 | 4717 |
| 7 | 三单 | 550 | 668 | 696 | 897 | 987 | 1135 | 1506 | 1437 | 1663 | 1984 | 1627 | 2536 | 2941 |
| 8 | 湖溪 | 1757 | 2194 | 2487 | 2986 | 3337 | 3834 | 4378 | 4234 | 4352 | 5661 | 5012 | 5986 | 7648 |
| 9 | 东阳江 | 1129 | 1260 | 1370 | 1616 | 1764 | 2572 | 2583 | 2550 | 2508 | 3194 | 2749 | 4096 | 5269 |
| 10 | 南马 | 2829 | 3567 | 4030 | 4579 | 5398 | 8185 | 7274 | 7456 | 8267 | 10957 | 10627 | 12067 | 18301 |
| 11 | 千祥 | 1932 | 2407 | 2885 | 3498 | 3925 | 4344 | 5164 | 5585 | 6504 | 6837 | 5866 | 6894 | 8356 |
| 12 | 马宅 | 1204 | 1505 | 1739 | 1984 | 2017 | 2379 | 2734 | 2815 | 2730 | 2874 | 2511 | 3868 | 5060 |
|  | 合计 | 23125 | 27461 | 32250 | 40763 | 43229 | 59284 | 60617 | 65847 | 71456 | 83694 | 79796 | 104354 | 122598 |

说明：2006年起街道不列入乡镇财政决算

表3-3-2-8

## 2018年东阳市乡镇财政支出结构情况表

单位：万元

| 序号 | 乡镇 | 合计 | 一般公共服务支出 | 公共安全支出 | 教育支出 | 文化体育与传媒支出 | 社会保障和就业支出 | 医疗卫生与计划生育支出 | 节能环保支出 | 城乡社区支出 | 农林水支出 | 商业服务业等支出 | 住房保障支出 |
|---|---|---|---|---|---|---|---|---|---|---|---|---|---|
| 1 | 横店 | 29613 | 1911 | 45 | 17117 | 136 | 2136 | 120 | 509 | 3424 | 2845 | | 1370 |
| 2 | 画水 | 10240 | 1122 | 19 | 5533 | 78 | 798 | 65 | 14 | 240 | 1776 | | 595 |
| 3 | 巍山 | 16350 | 1927 | 47 | 9785 | 115 | 1096 | 108 | 106 | 581 | 1840 | | 745 |
| 4 | 歌山 | 7849 | 1112 | 33 | 3827 | 89 | 594 | 119 | 340 | 249 | 1093 | | 393 |
| 5 | 虎鹿 | 6254 | 606 | 26 | 3418 | 86 | 451 | 83 | 1 | 169 | 1136 | | 278 |
| 6 | 佐村 | 4717 | 570 | 23 | 1261 | 90 | 295 | 103 | 11 | 267 | 1851 | | 246 |
| 7 | 三单 | 2941 | 459 | 8 | 1192 | 63 | 200 | 79 | 15 | 102 | 706 | | 117 |
| 8 | 湖溪 | 7648 | 985 | 53 | 3371 | 110 | 594 | 77 | 4 | 378 | 1698 | 6 | 372 |
| 9 | 东阳江 | 5269 | 593 | 2 | 1406 | 81 | 360 | 90 | 1 | 176 | 2364 | | 196 |
| 10 | 南马 | 18301 | 1618 | 57 | 8636 | 113 | 1180 | 146 | 154 | 944 | 4708 | | 745 |
| 11 | 千祥 | 8356 | 944 | 35 | 4368 | 139 | 705 | 122 | 5 | 310 | 1305 | | 423 |
| 12 | 马宅 | 5060 | 505 | 8 | 1601 | 79 | 334 | 80 | 11 | 178 | 2059 | | 205 |
| | 合计 | 122598 | 12352 | 356 | 61515 | 1179 | 8743 | 1192 | 1171 | 7018 | 23381 | 6 | 5685 |

## 第三节　乡镇财政管理

### 一、乡镇财政机构建设

中华人民共和国成立后，为了促进乡镇经济和社会发展，先后两次统一建立乡镇财政。

1956年，为了有计划地发展农村经济和文化建设事业，按照"统一领导，分级管理"的原则，金华地区在东阳县横店乡和汤溪县罗埠乡（今金华市婺城区）进行了建立乡镇财政试点。

1957年，浙江省人民委员会批转《关于建立乡财政的请求》，随后，东阳在试点的基础上，各乡镇逐步推行建立了乡镇财政。

1958年，根据"建立初期管理水平不高，财政内容也较简单，而且县里集中过多"等问题，对乡镇财政进行了进一步的完善。同年，乡镇普遍成立人民公社，同时相应实行人民公社包干体制，但由于人民公社本身并无经济实力，也没有建立人民公社财政机构，各项支出实际上仍然依靠县级财政拨款，公社财政并未实际运行。1959年7月，浙江省财政厅通知："为了照顾公社工作任务繁重，经省领导研究决定公社暂不建立一级财政，但对公社范围内的财政收支，公社仍应加强管理。"嗣后，仅建立公社财务，成为指导农村公社和生产队财务工作的机构。

1983年，中共中央、国务院决定实行政社分设，建立乡人民政府，并"随着乡政府的建立，应当建立乡一级财政和相应的预决算制度，明确收入来源和开支范围"。次年，浙江省在总结各地试点经验的基础上，印发《浙江省乡一级财政管理试行办法》。

1986年，东阳县人民政府下发了《关于全面建立乡级财政的通知》的1号文件，决定自1月1日起除吴宁镇外的55个乡镇全面建立乡级财政。是年，全县公开招聘专职财会人员55人（每乡一人），办理乡级财政会计事项。各乡镇设立财政组，乡镇长兼任财政组长，配备总会计一名、出纳一名。乡镇财政暂不设金库，税收及其他财政收入全部解缴县国库，支出由县财政按月预拨、年终结算。

1987—1992年，先后进行"撤区扩镇并乡"的行政区划调整，至1992年全市设置18个镇和8个乡，除吴宁镇外，其他乡镇均设立乡镇财政机构，实行乡镇一级财政运行。

1994年，吴宁镇建立镇级财政。

1999年，东阳市政府做出《关于加强乡镇财政建设和管理的决定》，规定乡镇应单独设立乡镇财政办公室，人员组成包括办公室主任、总会计、出纳、票据管理人员及税收财务专管员等，乡镇财政办公室业务上受市财政部门指导，办公室主任和总会计的任免、调动由市财政部门提出意见商市委组织部同意。

2002年，因县乡机构改革和行政区划调整，乡镇（街道）机关内设机构核编后，各乡镇均单独设立财政办公室。

2003年，全市乡镇行政区划再作调整，由26个乡镇调整为18个，其中6个街道、11个镇、1个乡，相应地对乡镇财政业务范围及人员也作了调整。

2006年，全市推行“镇财市管”改革，在保持“三权”不变的前提下，实行会计集中核算、资金集中拨付；成立“东阳市镇乡财政管理中心”，负责对各乡镇财政的会计核算和财务管理工作；撤销吴宁、白云、江北、城东、南市和六石6个街道办事处一级财政建制，作为市政府派出机构，其收支列入市级部门预算编制和审批，参照乡镇财政管理模式进行预算管理。

2007年，根据浙江省委、省政府《关于推进乡镇机构改革工作的意见》，东阳市委、市政府印发《关于深化完善镇乡、街道机构改革的实施意见》，撤销原财政办公室，其乡镇财政职能并入“党政综合办公室”。

2011年，为了充分调动镇乡（街道）发展经济、开辟财源、增收节支的积极性，确保基层组织正常运转，东阳市委、市政府印发《关于进一步加强镇乡（街道）财政建设的意见》，将财政的会计核算和财务管理职能退还给乡镇（街道），撤销“东阳市乡镇（街道）财政管理中心”，各街道设立“财务办公室”，各乡镇设立“财政办公室"，“财政（务）办公室"挂靠党政综合办公室，实行条块结合管理，日常管理以乡镇（街道）为主，业务接受市财政局指导，其人员编制由组织人事部门统一招聘充实，财务人员调配由组织人事部门、相关镇乡（街道）和财政局研究决定，财务人员原则上不兼任其他工作。同年9月，东阳市财政局增设“镇乡（街道）财政管理科”，负责指导镇乡（街道）财政收支预算和财务管理工作。

2012年，为了开展横店小城市培育试点，加快横店镇发展，东阳市委、市政府印发《关于扩大横店镇经济社会管理权限的若干意见》，明确横店镇内设财政局。

2013年，经东阳市编委同意，全市除横店镇外的其他17个镇乡（街道），将“财政（务）办公室"统一更名为“镇乡（街道）财政所”，并一直延续至今。

**二、乡镇财政管理制度建设**

1986年，根据东阳县人民政府《关于全面建立乡级财政的通知》，全县除吴宁镇外的55个乡镇全面建立乡级财政，并规定乡镇财政暂不设金库，税收及其他财政收入全部解缴县国库，支出由县财政按月预拨、年终结算；建立预决算制度，支出要严格按照预算拨款，由财政组长“一支笔”批钱等管理制度。

1988年1月1日起，各乡镇财政试行编制乡镇财政预算和财政决算制度。规定乡镇财政的国家预算资金、预算外资金和乡镇自筹资金均须纳入乡镇财政收支预算，经乡镇政府审查、报经县级财政部门审核、提请乡镇人民代表大会审议批准；严格收支预算的执行，不得办理超预算、无计划的拨款；建立收支预算执行情况报告制度；乡镇财政要按规定编制财政决算，并经乡镇政府和县财政部门审查后，提请乡镇人民代表大会审批。

1989年，省财政厅印发《浙江省乡镇财政预算外和自筹资金管理暂行规定》，规定乡镇财政预算外和自筹资金，是乡镇政府有计划筹集和分配的资金，必须纳入乡镇财政统一管理，乡镇财政机构应当加强其筹集、分配、使用的管理。

1994年在实施第三轮乡镇财政体制时，为了防范乡镇财政风险，东阳市财政局建立了乡镇财政风险金等配套措施，要求各乡镇按乡镇财政预算内年终净结余数的25%提取财政风险金，用于以丰补歉。

1999年，根据乡镇财政赤字和政府负债逐年增加的状况，为了强化乡镇财政职能，促进乡镇经济和社会事业全面发展，东阳市政府印发《关于加强乡镇财政建设和管理的决定》，总体目标是通过几年努力，彻底消灭赤字，建立起财源稳固、职能强化、体制规范、机构健全的新型乡镇财政管理体制。进一步强化了乡镇财政的组织机构和职能，调整和完善了乡镇财政体制，建立和规范支出体系，包括严格执行"一支笔"审批制度、精简和压缩财政供养人数、控制基本建设和消费性支出、清理和消化历年财政赤字和欠债、建立消灭赤字和收支平衡的考核和奖励机制等。同年9月，为了加强乡镇财政资金管理，东阳市政府要求各乡镇政府的各项资金必须统一存入乡镇所在地信用社，需要新开银行账户的，须报经市财政局和人行批准。同年12月，市财政局印发《东阳市乡镇财政管理考核办法》，对各乡镇财源建设、组织建设、预算管理、收支管理、制度建设和会计财务核算管理等六个方面进行考核和奖励。

2000年起，根据上级规定要求，在全市建立和推行乡镇财政政务公开制度，并分别明确了对群众和企事业单位、本机关干部职工的公开内容、形式等。

2001年，为了提高乡镇财政资金的使用效益，控制乡镇财政支出，规范乡镇财政财务管理，东阳市政府决定对乡镇政府基本建设、固定资产购置和债务性借贷实行审批制度，凡投资在20万元以上的基本建设和固定资产购置项目，须经市财政局审核后报市长审批，乡镇财政资金不得拆借和提供担保，确需负债建设的，须经市政府审批。同年9月，东阳市委、市政府转发市"学教办"会同市财政局《关于在全市镇乡建立会计核算中心实行集中收付制的意见》，要求各乡镇建立会计核算中心，乡镇所属行政事业单位所有收入和支出归入中心，原有账户一律取消，实行由中心单一账户集中收付，统一办理资金结算，但实行集中核算后，各单位内部理财机制、财务管理职能、计划和预算编制方法仍保持不变。

2007年，为保障乡镇政权正常运转和各项事业的健康发展，中共东阳市纪律检查委员会会同市财政局等5个部门联合印发《东阳市进一步加强乡镇财政管理的若干规定》，强调各乡镇要健全财政预算制度，对一般预算、基金预算和预算外资金要分别做到收支平衡，严禁打赤字预算；健全内部财务管理制度，加强对招待费、发放奖金补贴、小汽车经费及其他一般性支出的控制和管理，严格控制编外人员；加强乡镇政府性债务的管控，建立偿债责任考核机制；严格执行政府采购制度，不得擅自随意采购；规范国有(集体)资产管理；加强预算外资金"收支两条线"管理；加强财务监管，严肃财经纪律。

2012年，为了加强乡镇财政资金监管，切实保障人民群众切身利益，财政部制定印发《乡镇财政资金监管工作办法和流程》，重点对乡镇财政资金监管的信息通达、公开公示、抽查巡查三个环节的工作办法和流程进行规范和统一，确保乡镇财政资金监管工作落实有效。次年，省财政厅印发《浙江省乡镇财政资金监管实施办法》，此后，根据省财政厅的部署，东阳市财政局每年都组织开展乡镇财政资金监管情况的监督检查工作。

2015年，为了改进和加强乡镇财政工作，规范乡镇财政财务管理行为，东阳市财政局执行省财政厅《关于进一步改进和加强乡镇财政财务管理工作的意见》，进一步强化乡镇财政综合预算管理，严格全口径预算约束；规范财政财务支出行为，做到支出有预算、开支有标准、审批有程序；加强乡镇政府性资产和债务管理；进一步提升乡镇财政资金监管工作质量，强化信息通达、公开公示、抽查巡查机制；建立健全乡镇财政财务管理考核制度。

2018年，为了助推乡村振兴战略的实施，加快推进基层治理体系和治理能力现代化，根据浙江省财政厅《关于进一步加强乡镇财政管理工作的意见》，按照“补短板、强基础、抓管理、促改革”的要求，东阳市财政局对加强乡镇财政财务管理、深入推进乡镇财政规范化建设、强化乡镇财政资金监管等方面工作提出了意见。

**三、“乡(镇)财市管”改革**

进入21世纪后，乡镇政府经济建设和社会民生事业发展的需求进一步加大，而乡镇财政财力相对不足，财政赤字、资金挪用、过度负债、滥发钱物等现象普遍发生，财政管理制度受到削弱。为了进一步深化财政管理制度改革，努力构建社会主义公共财政管理体系，健全和完善乡镇财政管理制度，规范乡镇财政支出行为，控制和压缩乡镇财政赤字和债务，防范和化解乡镇财政风险，东阳市政府决定自2006年8月1日起，实施“乡(镇)财市管”的乡镇财政管理方式改革，即在“三权不变”(资金所有权不变、预算管理权不变、经费审批权不变)的前提下，对乡镇财政实行“预(决)算统编、账户统设、票据统管、核算统一、收付集中”的财政管理模式，由市财政部门直接管理并监督乡镇财政收支；撤销吴宁、白云、江北、城东、南市、六石等6个街道办事处一级财政，办事处作为市政府的派出机构，列入市级部门预算编制和审批，参照乡镇财政管理模式进行预算管理；成立“东阳市镇乡财政管理中心”，隶属市财政局，将原各乡镇财政总会计和预算单位会计的核算职能划归“中心”，负责代理乡镇财政总预算会计和预算单位会计业务、协助编制乡镇财政收支预算、分析乡镇财政收支预算执行情况、实施乡镇财政和所属预算单位的财务监督、研究和提出完善乡镇经费使用的内控制度建议等；进行新一轮乡镇财政体制改革；建立乡镇财政“两保一挂”奖励办法；制定街道办事处预算管理办法。

经过几年“乡(镇)财市管”模式的施行，乡镇财政财务管理秩序得到初步有效恢复。

2011年，为了充分调动乡镇(街道)发展经济、开辟财源、增收节支的积极性，加强乡镇(街道)财政建设，确保基层组织正常运转，东阳市委、市政府印发《关于进一步加强镇乡(街道)财政建设的意见》，将会计核算职能返还给乡镇(街道)，撤销“东阳市镇乡财政管理中心”，完善乡镇(街道)

财政机构设置，进一步明确了乡镇（街道）财政工作职能。同时，为了强化乡镇（街道）财政的指导和监管，东阳市财政局增设乡镇（街道）财政管理科，专司乡镇（街道）财政、财务的指导和监督管理工作。

### 四、乡镇财政规范化建设

2011年，为了大力推进乡镇财政业务建设和队伍建设，努力将乡镇财政管理机构建设成为紧贴民生的公共服务窗口，浙江省财政厅决定开展乡镇财政管理规范化建设，力争到2015年，使乡镇财政的组织机构更加健全、工作制度更加完善、基本条件明显改善、管理水平明显提高，全面提升乡镇财政科学化精细化水平。建设内容包括乡镇财政组织机构规范化、乡镇财政基本业务规范化、乡镇财政资金监管工作规范化、乡镇财政队伍建设规范化、乡镇财政基础设施建设规范化等。

2012年，东阳市乡镇（街道）财政公共服务平台建设开始试点。2013年，东阳市政府决定全面开展镇乡（街道）公共财政服务平台建设工作，搭建由计划生育、社会保障、农经、民政、医保、财政等涉及财政支付职能组成的统一平台，最大限度地整合政府公共服务资源，创建"一个门进、一个平台办事、一卡通使用"的乡镇公共财政服务新模式，每个镇乡（街道）成立"镇乡（街道）公共财政服务中心"，在镇乡（街道）财政所（局）的主导下建立镇乡（街道）公共财政服务数据库，协助做好财政资金监管工作。

到2013年年底，东阳全市乡镇财政管理机构全部建立到位，乡镇财政人员已全部配足，乡镇公共服务平台也已全面覆盖，率先实现机构、平台、系统建设三到位。

按照浙江省财政厅制定的乡镇财政机构规范化建设标准，经考核验收，截至2018年年底，全市已有16个乡镇达到了规范化财政所的创建要求（截至2019年2月，全市所有乡镇均达到规范化财政所的创建要求）

### 五、国库集中支付制度改革

2013年，为了进一步规范乡镇财政收支管理，促进乡镇政府更好地履行农村社会管理和公共服务职能，按照上级财政部门有关要求，东阳市财政局会同监察和人民银行等部门推行全市乡镇财政国库集中支付制度改革，按照"规范透明、运行高效、稳步推进、因地制宜"的原则，以加强乡镇公共财政管理为切入点，以建立乡镇公共服务平台为契机，逐步建立起以国库单一账户体系为基础、国库集中支付为主要形式的新型乡镇财政资金管理制度和机制。改革的主要内容包括：一是建立乡镇财政国库单一账户体系，在代理银行开设国库单一账户、财政零余额账户、单位零余额账户和在商业银行开设其他财政性资金专户；二是实行财政支出预算指标管理；三是实行预算单位用款计划申报和审批制度；三是规范收入收缴，乡镇各项收入直接缴入国库或财政专户，未纳入预算管理的非税收入缴入其他财政性资金专户，实行"收支两条线"管理；四是规范支出支付程序，所有财政支出均通过财政零余额账户或单位零余额账户进行财政直接支付或财政授权支付；五是实行公务卡制度，以减少现金支出；六是建立和完善财政管理信息系统。此项改革，经过2013年在巍山镇和南市街道进行试点，至2014年已在全市所有镇乡和街道全面推行。

2015年，根据浙江省财政厅《关于进一步深化乡镇财政国库集中支付制度改革的通知》，针对乡镇财政国库集中支付改革模式有待完善、资金覆盖率有待提高、支付操作不够规范的问题，提出了乡镇财政国库集中支付深化改革意见，将所有一般公共预算资金和政府性基金预算资金纳入国库集中支付系统进行规范支付；按照“一级政府、一级财政”的改革模式，优化和规范操作流程，提高支付效率。

**六、乡镇财政资金监管**

2010年，为加强乡镇财政资金监管工作，根据财政部的有关文件精神，东阳贯彻执行浙江省财政厅《关于切实加强乡镇财政资金监管工作的实施意见》，规定将各级财政安排和分配用于乡镇及以下的各种财政性资金，以及部分乡镇组织的集体经济收入等，全部纳入乡镇财政监管范围；实施分类监管办法：对财政补助性资金，即直接或间接补助到农民的财政资金，要建立健全财政补贴农民资金管理和发放工作责任制，重点把好公示关、核实关和发放关“三关”；对用于改善农村生产生活条件、自然生态环境等建设项目的财政补助资金，要从项目申报、工程实施、工程监理、竣工验收、资金报账等各个环节参与和实施全程监管，重点抓好申报环节、公示环节、实施环节和验收环节的监管工作；要将乡镇财政的所有收入全部纳入预算管理，实行综合预算。

2012年，为扎实推进乡镇财政资金监管工作，财政部制定印发《乡镇财政资金监管工作办法和流程》，对乡镇财政资金监管的信息通达、公开公示、抽查巡查三个重点环节的工作办法和流程进行了规范和统一。

此后，为了切实推进乡镇财政资金就地就近监管工作，按照浙江省财政厅统一部署，东阳市财政局每年都组织对乡镇财政资金监管工作开展情况的专项检查。

2013年，为加强乡镇财政科学化精细化管理，认真做好乡镇财政资金监管工作，省财政厅制定印发《浙江省乡镇财政资金监管实施办法(试行)》，对监管范围、监管工作机制、监管工作目标、实施分类监管的办法和程序、监管工作的保障和考评等作了进一步规范。

# 第四篇　财政监督

## 第一章　财政督查

财政监督是财政部门依法对单位和个人涉及财政、财务、会计等事项实施监督的活动。财政监督的目标是贯彻国家财经纪律，加强财政管理，保障财政资金安全、规范和有效使用，维护国家财经秩序。

### 第一节　监督机构与职能

1950年10月，政务院批准《中央人民政府财政部设置财政监察机构办法》，其主要任务是：监察各级机关对于财政政策、法令、制度之彻底执行；监督、检查各级机关及企业事业机构预算、决算及财务收支计划的依法编造和执行；监督、检查国营企业及合作社机构对于各项税款、利润、折旧及其他应缴款项的正确计算与如期缴库；监督、检查中国人民银行对政府所规定的执行国家预算出纳业务办法及交通银行对政府所规定的基本建设拨款办法的正确执行；监督、检查国营企业、合作社机构以及各部门内部监察组织是否坚持厉行节约反对贪污浪费等。

1953年，财政部颁布《财政监察工作实施细则》。是年，东阳县税务局内设监察股。

1958年起，财政部及省级财政监察机构撤销，其职责任务由各财政业务部门承担，东阳相应地撤销了监察股，对外监察工作职责归口业务科室，对内监察工作职能并入人事秘书股。

1961年，为了贯彻执行勤俭建国方针，积极组织收入，合理使用资金，浙江省委印发《关于加强财政纪律的规定》，制定财政纪律12条：①各项财政收入应及时入库，不得截留；②划清预算内外资金界限，严禁化大公为小公；③财政收支必须有预决算，并上报审批；④一切基本建设项目列入计划，批后拨款；⑤开支按预算拨款；⑥必须严格执行各项规定制度和标准；⑦基本建设和流动资金不得挪用；⑧固定资产必须保管使用好；⑨企业不得乱挤成本；⑩执行会计制度，严禁虚报隐满；⑪人员变动必须办好交接手续；⑫加强监督检查，严肃查处违纪行为。

1980年，国务院批转财政部《关于财政监察工作的几项规定》，重申恢复财政监察机构，明确机构设置、人员配置及职责权限等相关规定。次年，浙江省级财政监察机构恢复，并要求县级财政部门配备专职财政监察人员。

1984年，审计机构组建，其职能主要负责对部门、单位、社会组织或个人的财政经济活动进行审计监督。同年，东阳县财税局恢复监察股的内设机构，以对本系统财税干部的内部监察为主。

1985年10月，县政府决定成立“东阳县税收财务大检查办公室”（简称“大检办”），设于县财税局，并于次年，在东阳县财税局内设立“检查组”，负责税收财务的常规检查和大检办的日常工作。

1987年，为了严格执行财政法规，保护国家财产不受侵犯，维护社会经济秩序，国务院发布《关于违反财政法规处罚的暂行规定》，同年10月，财政部颁布《违反财政法规处罚的暂行规定施行细则》，具体规定了单位和个人有以下违反财政法规行为的，由执行检查的审计机关、财政机关或者其他相关部门作出处罚：①隐瞒、截留应当上缴国家的税金、利润或者其他财政收入；②虚报冒领、骗取国家财政拨款或者补贴；③超越权限擅自减免税收、动用国库款项；④违反规定挪用生产性资金用于非生产性支出；⑤违反规定将全民所有的财产转让给集体，或者将预算内资金划转为预算外资金；⑥严重违反国家财务开支规定，挥霍浪费国家资财；⑦违反国家规定，超越权限，擅自提高补贴标准、扩大补贴范围、提高工资；⑧利用职务上的便利，将公共财物非法占为已有。此后，财政监督工作进入法治化轨道。

1990年，东阳市财政局根据国务院大检办制定的《税收、财务、物价大检查工作人员守则》，对参加税收财务物价大检查人员提出八项纪律守则，以约束参加检查工作人员的执法行为。

1995年，根据浙江省财政厅和大检办联合转发的《财政税收财务大检查工作规定》，对大检办的职责任务、检查人员的权限义务、检查工作程序及检查机构设置和人员配备作了明确规定。

1997年，针对财税纪律松弛的种种状况，为贯彻党中央、国务院关于进一步规范和整顿经济秩序的指示精神，财政部制定印发《关于进一步整顿财税秩序切实强化财政监督的意见》，要求在预算收入管理、规范财政支出、预算外资金管理、会计工作秩序整顿、建立健全内部监督机制以及加大对违法违纪责任人的查处等方面，进一步加大财政监督力度。同年10月，东阳市编办批准设立“东阳市财政稽查大队（稽查分局），作为市财政局直属单位，专司财政监督检查职责，但没有实际配备运行。2002年6月，东阳市委机构改革“三定”方案确定，撤销“东阳市财政稽查大队（稽查分局）的事业机构，在市财政局内设立财政监督检查科，主要职能是监督财政、税收、会计、国有资产管理的法律、法规、政策的执行；查处违反相关政策的案件；监督本局各科室在预算编制、执行和监督过程中执行财政法律、法规、政策与制度的情况；监督本局所属单位的财务收支管理工作等。

2004年，国务院修订并发布《财政违法行为处罚处分条例》，明确财政违法行为包括：违反财政收入管理规定的行为；违反国家有关财政收入上缴规定的行为；违反国家有关上解和下拨财政资金规定的行为；违反规定使用、骗取财政资金的行为；违反国家预算管理规定的行为；违反国家投资建设项目管理规定的行为；滞留、挪用、骗取外国贷款的行为；企业和个人不缴或少缴财政收入的行为；企业和个人违反规定使用、骗取有关资金行为；违反财政收入票据管理规定的行为；违反规定擅自占有、使用、处置国有资产的行为；违反规定擅自提供担保的行为；违反规定擅自在金融机构开立、使用账户，私存私放财政资金或者其他公款的行为等。规定其执法主体为财政部门、审计机关和监察机关。该《条例》于2005年2月1日起施行，1987年发布的《关于违反财政法规处罚的暂行规定》同时废止。

2006年，为了规范财政检查工作，保障和监督财政部门有效实施财政检查，财政部颁布《财政检查工作办法》，要求财政部门应当遵循合法、客观、公正、公开的原则实施财政检查。

2010年，经东阳市编委批准，东阳市财政局内设的“财政监督检查科”升格为“财政监督局”，为副科级内设机构。

2012年，财政部颁布《财政部门监督办法》，规定财政部门应当按照财政管理体制、财务隶属关系对财政、财务等事项实施监督，按照行政区域对会计事项实施监督。其监督职责由本部门专职监督机构和业务管理机构共同履行；由专职监督机构实行统一归口管理、统一组织实施、统一规范程序、统一行政处罚；并分别明确了专职监督机构和业务管理机构各自所履行的监督职责。

2017年，为规范财政监督检查工作，健全财政监督机制，加强局内部业务科室的配合，东阳市财政局制定《关于建立财政监督联动机制的实施方案》，按照各科室的业务工作职责，在局长的统一领导下，在财政监督工作计划、工作程序及结果运用等方面实行有机衔接，提高财政监督工作实效。

2018年，为了规范财政监督行为，东阳市财政局成立监督检查案件审理委员会，明确了案审委的职责范围、审理内容、审理程序等。同年5月，省财政厅印发《浙江省财政监督检查工作纪律》，规定工作纪律共十条，所有参加检查的工作人员必须严格执行纪律，并接受被检查单位和社会各界的监督。

## 第二节　财政监督检查

财政监督检查按照各个时期监督检查的重点内容不同，包括财经纪律检查、税收财务物价大检查、会计监督检查等。

### 一、财经纪律检查

财经纪律检查是对国家机关、团体、企业、事业单位贯彻执行财政政策、法令、制度情况进行的监督检查。

建国初期，根据国家赋予的职责，财政监察主要对贪污和挪用公款、偷税漏税等违法违纪行为进行查处；配合“三反”“五反”运动；调查税源；检查基本建设财务等。

1952年，中共东阳县委组织有关单位，对县合作社、粮食局、县人民银行、公安局、法院、财政科、县府、县卫生院等十个单位，对解放三年来的财经纪律和财务制度执行情况作了检查，并发了通报。

1960年开始，县级行政事业单位建立财务辅导互审制度，按归口所属成立财务辅导网，每月(季)组织互审辅导活动一次，交流工作经验，发现问题，及时纠正。

1963年，对区、公社一级的财政、财务情况进行检查和整顿，规定凡属于国家预算收入的民政规费、公安规费、公房分成收入、罚没收入等均应专款上缴，不得截留抵用；支出的人员工资、差旅费按实照拨，其他邮电费、公什费等公用经费定额包干，超支不补，结余留用。

1977年，共组织180人的财务人员力量，对全县的县级行政单位和县属厂矿、商业、农林茶场、文化、教育、卫生等单位进行了财务检查，查出的主要问题有：不按基本建设有关程序规定，搞计划外项目建设；未经批准，购买控购商品；不按财产购买审批权限自行购置固定资产；违反财务制度滥发补贴费等。

1978年，贯彻省革委会有关文件精神，东阳县革委会印发《关于开展财经纪律大检查的通知》，决定对各单位从1974年以来执行财经纪律的情况，进行一次全面检查。全县工商企业除财务自查外，同年6月，成立县财经纪律检查组，抽调97户企业的负责人和财会人员165人，分成28个检查小组，对82户企业进行了复查。查出违纪情况有：21个单位搞计划外基本建设和超规模建设的金额28.68万元；10个单位未经批准购置设备7.96万元；16个单位擅自购置社会集团控购商品；10个单位乱挤成本费用；9个单位因盲目采购造成变质报废损失6.6万元；14个单位请客送礼0.21万元；国营工业企业欠交税利96.56万元；3个单位“小金库”存款0.64万元。

1979年，针对一些企业拖欠国家税款和应缴未缴利润问题，为了确保财政收支平衡，东阳县革委会印发《关于严肃财经纪律及时交纳国家税收和利润的通知》，对于隐瞒应缴收入或屡催不交的，将采取加收滞纳金、不予减免税、停批控购商品、通知银行扣款、扣发企业领导人奖金等一系列措施，以确保财政收入及时足额入库。

1981年，根据国务院和省政府《关于开展企业财务检查的通知》精神，东阳县政府决定在全县开展企业财务检查工作，共向多个部门抽调检查人员270多人，对经委、计委、农委、财办、文化系统的143家企业进行财务检查，共查出：成本不实，欠税23家，金额49.7万元；多提企业基金，滥发奖励、津贴19家，金额2.95万元；私设“小金库”9家，金额0.27万元；以及违犯现金管理制度、占用流动资金搞基本建设、违规购买控购物资、用公款请客送礼等问题。

## 二、财务税收物价大检查

1983年，根据国务院的统一部署，在全国范围开展了财务大检查，通过检查发现乱摊成本、截留利润、偷税漏税、滥发奖励、化公为私、以权谋私、挥霍浪费等违反财经纪律情况仍然相当严重，为此，于1984年国务院批转财政部的报告中确定，今后每年经常化、制度化地开展财务大检查工作。

1985年，根据国务院批转财政部《关于开展税收、财务大检查的报告》，将税收与财务结合一起开展检查，东阳县政府决定开展全县税收财务大检查工作，历时数月，通过对6个区2个镇的6764户企业和个体户检查，共查违纪金额1562.6万元，其中应缴国库资金449.7万元。同年10月，县政府决定成立“东阳县税收财务大检查办公室”，设于县财税局。1986年，在东阳县财税局内设立“检查组”，负责税收财务的常规检查和大检办的日常工作。

1986年，东阳持续开展税收财务大检查，自查企事业单位和个体工商户4418户，重点检查725户，累计查处违纪金额291万元，其中应补税收253万元。

自1987起，根据中央和省有关精神，东阳将物价政策检查纳入税收、财务大检查同时部署，开展税收、财务、物价大检查，由财政、审计、物价等部门分工协作，税收和财务检查以财税部门为主，物价检查以物价部门为主，中央和省属单位以审计为主；按照“自查从宽、被查从严、实事求是、宽严适度”的原则，认真组织开展自查和重点检查工作。同年10月，原“东阳县税收财务大检查办公室”改为“东阳县税收财务物价大检查办公室”。

此后，东阳每年组织开展一年一度的税收财务物价大检查工作。

1993年，根据东阳市政府税收财务物价大检查工作的统一部署，适时开展了市级行政事业单位和乡镇财政的财务大检查工作，检查重点是：预算内外资金开支渠道是否合理、罚没收入有否坐支移用、有否私设“小金库”、有否超标准发放钱物以及有否违反控购政策等。

1997年10月，因国地税机构分设，大检查工作分工作了调整，变过去的分块检查为条块结合检查，国税部门以检查消费税、增值税、涉外税收为主，地税部门以检查营业税、地方企业所得税、个人所得税及其他地方各税为主，财政部门以检查企业财务、行政事业单位财务为主，物价检查由物价部门组织进行，大检办和审计部门根据情况抽查部分企业单位实施综合检查。

1998年，国务院宣布取消一年一度的税收财务物价大检查活动，随之“东阳市税收财务物价大检查办公室”机构撤销。

表4-1-2-1

## 1988—1993年东阳市税收财务物价大检查收入入库情况表

单位：万元

| 年份 | 合计 | 工商税收 | | | | | | | 企业收入 | | 能源交通重点建设基金 | 预算调节基金 | 粮食附加税 | 其他收入 |
|---|---|---|---|---|---|---|---|---|---|---|---|---|---|---|
| | | 产品税 | 增值税 | 营业税 | 城建税 | 所得税 | 罚没收入 | 其他税收 | 国企所得税 | 国企调节税 | | | | |
| 1988 | 401.9 | 31.2 | 123.8 | 61.4 | 9.2 | 140.2 | 2.7 | 10.4 | 13.2 | | | | 9.8 | |
| 1989 | 298.0 | 15.0 | 86.0 | 70.0 | 7.0 | 50.0 | 11.0 | 11.5 | 30.0 | 6.0 | 4.0 | 6.0 | | 1.5 |
| 1990 | 415.1 | 10.6 | 131.8 | 41.6 | 6.7 | 153.2 | 15.2 | 8.9 | 9.4 | 2.6 | 12.4 | 14.6 | | 8.1 |
| 1991 | 55.0 | 3.3 | 23.4 | 4.6 | 2.0 | 13.7 | | 5.2 | | | 1.5 | 1.3 | | |
| 1992 | 282.0 | 5.0 | 85.0 | 23.0 | 6.0 | 121.0 | 6.0 | 27.0 | | | 6.0 | 3.0 | | |
| 1993 | 628.0 | 13.0 | 236.0 | 32.0 | 15.0 | 245.0 | 58.0 | 17.0 | 12.0 | | | | | |

说明：1.所得税：包括集体企业、私营企业和个体企业所得税

2.其他工商税收：包括车船使用税、房产税、土地使用税、奖金税、印花税、个人收入调节税、工资调节税、投资方向调节税、建筑税及其他工商税等

3.其他收入：包括农林特产税、契税及其他收入

### 三、会计监督检查

长期以来，财政对企业和单位的会计监督，主要通过财务管理为抓手实施监督，寓监督于管理之中。在1998年以前，国有企业年度财务报表实行财政审批制度，根据1998年修订的《中华人民共和国会计法》和国务院有关政策规定，自1998年起，国有企业年度财务报表不再实行财政审批，而是委托中国注册会计师进行审计，这意味着财政部门对主要一类会计监督对象从直接监管转变为间接监管，为了应对这种转变和针对当时部分企业会计信息失真情况严重的状况，财政部决定对经过注册会计师审计后的财务报表，建立会计信息质量检查制度。

1999年，东阳首次组织了会计信息质量检查工作。以后每年都组织对部分企事业单位的会计信息质量检查。

2004年起，在组织对企事业单位进行会计信息质量检查的同时，开展了对会计师事务所的执业质量进行了检查。

2012年起，会计信息质量检查改为会计监督检查，采取会计信息质量和会计师事务所执业质量检查以县市为主，重点行业会计监督检查，实行省市县上下联动检查。同年，开展了全省范围的会计师事务所执业情况专项检查。此后，每年都由财政部统一部署，围绕财政中心工作，确定检查重点行业和重点领域。

2016年起，对会计师事务所采取分类监管、随机抽查、上下联动机制，建立分类监管系统，对不同类别的会计师事务所采取不同的日常监管和监督检查措施，并推广随机抽查制度。

## 第三节　专项清理检查

建国以来，根据党和国家各个时期政治、经济和社会方面的中心工作需要，充分发挥财政监督的职能作用，历经多次在财经领域开展专项清理检查工作。

### 一、冻结和控制存款

冻结和控制存款是平衡财政收支、控制货币投放、稳定市场、保证生产建设顺利进行的财政紧急措施。我国最初冻结存款是在抗美援朝初期的1950年和20世纪60年代初，为克服财政暂时困难采取过冻结存款的办法。

1961年，东阳全县冻结存款185.48万元，按当时冻结存款有关政策进行处理，收回财政10万元，经审查批准使用的77.48万元，继续冻结的98万元。1963年继续实行冻结，上交财政74.08万元。

1965年，东阳县人委决定对下列资产实行冻结：区、公社历年收入的公共积累、固定资产、库存物资材料以及变价收入款；停办企业的物资和资金；社办企业1964年底的银行和信用社存款及其销售收入、固定资产变价收入结余；公社邮电所收入结余等。

1968年，东阳县生产指挥组根据上级指示，决定冻结以下十种人的银行储蓄和公债：叛徒，特务，党内走资派，没有改造好的地、富、反、坏、右分子，反革命资产阶级分子和反革命知识分子在银行和信用社的储蓄及持有的公债等。同年，执行国务院《关于进一步实行节约闹革命，坚决节约开支的紧急通知》，对县以上（包括县级）的集体所有制单位；县供销社及其所属的生产、生活、农村3个经理部；县运输联社、手工业联社、手工业经理部和9个县级合作工厂及东阳县针织厂、木雕厂、城关木器厂、丝线厂、城关皮革厂、东阳江皮革制品厂、巍山机床附件厂、安文竹器厂、安文铁木合作工厂、北江农垦场、城关牛奶场、东阳婺剧团、东阳越剧团等单位的存款进行冻结。

以上几次冻结存款，对于配合经济政策，解决当时财政经济上的暂时困难，都起到了一定作用。

1976年10月，中共中央印发了《关于冻结各单位存款的紧急通知》，东阳县成立冻结存款办公室，负责清理各单位银行存款的具体内容，对各机关、团体、学校、企业、事业单位1976年10月底止的各项经费和资金的结余存款，减除计划内未完工程基本建设拨款、企业流动资金、当年提取的大修理基金和更新改造资金、当年安排的技术措施费、农田水利建设资金、优抚救济资金以及除11、12月两个月的人员经费外的其他资金，一律按银行存款的账面数字实行冻结。次年2月，对各单位的冻结存款进行复查，作必要的调整。金华地区革命委员会通知对临时紧急用款，按冻结数的3%审批解冻。5月，按银行实际冻结数的72%报批解冻。1978年5月，东阳县冻结存款办公室，对各单位的冻结存款作了全面清理：41户转入流动资金198.58万元、95户上缴财政181.39万元、1户留用0.25万元、17户调整0.5万元。同年7月，省分配给东阳对被冻结单位处理一些必要的特殊问题指标54.1万元，拨还给21个单位。

1981年，为了贯彻落实、调整、稳定经济的方针，严格财政管理，控制货币投放，保证市场物价的基本稳定，国务院发出《关于控制单位上年结余存款的紧急通知》，对一切机关、团体、部队、企业、事业单位的1980年底银行的存款，按账面数予以控制。东阳县人民政府规定对上述控制存款属于继续使用的，各单位应按实际开列清单，经审批后按正常资金管理使用；企业的更新改造资金、大修理基金、生产发展基金、用于流动资金周转的周转性资金，只能用于流动资金周转，不准安排新的开支，更不准搞基本建设。同年6月，又规定：国营企业、集体企业及其主管部门的上年结余存款，在完成认购国库券和交款任务后，凡是用于增产日用消费品、短线原材料、节约能源和提高运输能力的挖潜改造措施，以及科研、新产品试制等，由使用单位提出申请，人民政府批准解控使用。行政事业单位及主管部门完成认购国库券和交款任务后，在实际控制结余存款20%的范围内，由用款单位提出申请，经人民政府批准解控使用。1982年1月1日撤销原控制账户，由开户银行自动转入新年度账户，不再进行控制。

## 二、“小金库”专项检查

所谓“小金库”是指党政机关、社会团体、事业单位和国有企业、集体企业等单位违反法律法规及其他有关规定，应列入而未列入符合规定的单位账户的各项资金（含有价证券）及其形成的资产，也称“小钱柜”“小家当”。“小金库”具有普遍性、多样性、隐蔽性、挥霍性和顽固性的特点。“小金库”具有极大危害性：扰乱市场经济秩序，严重破坏党政党风，滋生腐败现象，造成国有资产流失。为此，建国以来，党和政府历来重视对“小金库”的清理工作，各个时期几乎没有间断。

1952年，中央人民政府财政部颁发《关于接收各级机关小公家务规定的通令》，开展了清理“小公家务”工作。

1956年，开始清理“小金库”工作。

1963年，财政部印发《关于切实做好清理“小家当”、“小钱柜”工作的通知》，再次进行清理“小家当”“小钱柜”，东阳全县累计清理查出“小家当”资金7.1万元，其中：属截留各项财政收入2.9万元；上级拨入基建款结余1.1万元；上级拨入专款结余资金2.8万元；虚报支出0.2万元；物资变价0.1万元。次年2月，对“小家当”“小钱柜”的清理情况进行了复查，清理出粮食30117.5千克、粮票27424.5千克、棉布2606尺、布票2576尺及衣物等。核实“小钱柜”中属于县级各单位的有4万元，其中：商业系统0.89万元、文教系统0.72万元、卫生系统0.18万元、农林系统0.13万元、工交系统0.35万元、粮食系统1.73万元；属区社一级的有2.5万元。

1986年，根据浙江省财政厅、省人民银行通知，东阳对1984年至1986年2月的“小钱柜”的来源和去向进行了清理，重点对以下13种资金来源进行了清理：①挪用转移应属于预算内、预算外的资金；②截留的营业收入、营业外收入及其他业务收入；③非法占用或者变卖国家资财所得；④用不正当手段将全民所有制单位的资财转为集体所有制；⑤未经国家批准，动员赞助、捐赠等方式筹集的资金；⑥擅自收取或挪用的罚没款以及自立名目提取的款项；⑦应交回的各种经费结余；⑧虚报冒领的各种款项；⑨侵吞盘盈资财或账外财物；⑩利用国家资财取得的各种经营收入；⑪投资分红未按规定入账的款项；⑫非法经商所得；⑬其他隐匿不报的各种非法收入等。东阳全县共对144户行政事业单位和国营企业进行了“小钱柜”清理，查出“小金库”10个，违纪金额6.19万元。

1989年，针对不少机关、团体、企业和事业单位，违反国家财经制度，私设各种形式的“小金库”屡禁不止的情况，根据国务院《关于清理检查“小金库”的通知》，东阳市政府决定结合税收、财务、物价大检查，对私设“小金库”情况进行一次全面彻底的清理和检查，清理范围包括所有机关、团体、企业和事业单位，并明确除了党费、团费、工会经费、稿费提成和互助金等项目外，凡侵占、截留国家和单位的收入，化大公为小公、化公为私、未在本单位财务会计部门列收列支、私存私放的各项资金，均属“小金库”，都要进行清理和检查。根据清理检查情况，市政府决定在次年一季度继续深入开展清查“小金库”工作。

1995年，财政部会同审计署和中国人民银行印发《关于清理检查“小金库”的具体规定》，凡违反国家财经法规及其他有关规定，侵占、截留单位收入和应上缴收入，且未列入单位财务部门账内或未纳入预算管理，私存私放的各项资金均属“小金库”。明确界定“小金库”的7种主要表现形式:①违规收费、罚款及摊派设立"小金库;②用资产处置、出租收入设立"小金库;③以会议费、劳务费、培训费和咨询费等名义套取资金设立"小金库";④经营收入未纳入规定账户核算设立"小金库";⑤虚列支出转出资金设立"小金库";⑥以假发票等非法票据骗取资金设立"小金库";⑦上下级单位之间相互转移资金设立"小金库"。

根据上级要求,东阳在全市行政机关和企事业单位中开展了"小金库"的清理工作,共查出"小金库"资金329万元,并按规定作了相应处理。

2009年,针对一些部门和单位无视三令五申,仍然通过各种名义设立"小金库"的情况,根据上级有关精神,东阳市委、市政府决定在全市开展"小金库"专项治理工作,专项治理的范围为党政机关和事业单位,以财政全额拨款单位为重点,对发现的"小金库"问题,严格按照"依法处理、宽严相济"的原则进行处理,并建立举报奖励制度。次年,根据上级部署,继机关和事业单位开展"小金库"专项治理后,东阳市财政局会同相关部门分别对社会团体和国有企业(含国有控股企业)开展了"小金库"专项治理工作。2011年,根据中央和省的部署,东阳市财政局会同市纪委等相关部门继续开展全市党政机关、事业单位、社会团体和国有企业的"小金库"专项治理工作,主要任务是:巩固党政机关和事业单位专项治理成果,防止反弹;社会团体和国有企业要加大力度做好查出问题的整改落实;注重总结经验,建立长效机制。通过全面复查、督导抽查、整改落实、机制建设和总结验收五个阶段工作,彻底根治和解决产生"小金库"的突出问题。通过三年的专项整治,全市累计组织自查和复查单位618个,重点检查单位37个,共查出有问题资金756.34万元,依法进行了处理。

2014年,为了贯彻执行中央"八项规定",真正从源头上斩断产生不正之风的"资金链",根据上级要求,东阳市财政局会同审计局决定在全市开展贯彻执行中央八项规定、严肃财经纪律和"小金库"专项治理工作,专项治理对象是纳入预算管理或有财政拨款的部门和单位,重点是各级党政机关、事业单位和社会团体。治理的内容包括:预算收入管理情况、预算支出管理情况、政府采购管理情况、资产管理情况、财务会计管理情况、财政票据管理情况和设立"小金库"情况等。通过自查和重点检查,全市共纳入专项治理单位406个,重点检查单位38个,发现了现金结算和公务用车等方面存在的问题并进行了整改。

**三、查抄物资清理**

"文化大革命"初期,全县一部分家庭和个人遭到非法查抄。1967年,中共中央下发了《关于在文化大革命中处理红卫兵抄家物资的几项规定》,着手进行查抄物资的清理。1978年,浙江省委统战部会同财政厅、人行印发《关于退还资本家万元以下被查抄财物的通知》,根据省委指示,对属于人民内部矛盾的资本家,被查抄财物代管金额在1万元以下的,予以退还,1万元以上的,先退还1万元。

至1985年,历时十多年的查抄物资清退款工作基本结束,共计退赔上交财政的现金和财物变价款达16.2万元。

## 四、清仓查库和清理资金

清仓查库和清理资金，简称"两清"，主要是针对国有工商企业经营管理情况而组织开展的，主要目的是为了防止和减少库存物资积压，造成国家流动资金浪费。建国以来曾进行过多次清仓查库和清理资金工作。

1959年，对商业系统开展清理商业资金和商品库存情况，据对6717种商品排查，发现积压商品794种，总值38万元，物资霉变7万元，资产不实损失8万元。1960年，商业企业清理损失79.34万元，压缩不合理资金12万元。

1961年，对工交企业开展了定额流动资产和大部分固定资产的清查，据10户企业统计，5户固定资产盘盈3.69万元，盘亏损失9.57万元；8户定额流动资产盘盈4.31万元，盘亏损失11.74万元；5户呆账损失1.28万元。1972年，工业企业进行全面清仓清资，24户企业清出有问题商品124.6万元。

1973年，商业系统开展了清商品、清财产、清资金、清账务、清票证的"五清"工作，共清查处理有问题资金40多万元。1976年，商业再次清仓查库，清出有问题商品305.7万元，占库存总额的16.6%。

由于经济工作管理水平低，一方面许多地方和企业反映物资供应紧张，资金不足，另一方面，流通部门和企业积压着大量物资，占用了大量资金和仓库，财政收支中积累下来的呆账、旧账长期没有清理，造成一些虚假因素。为此，根据中央和省指示，1978年11月东阳县革委会决定在各部门、各企业单位全面开展清仓查库、清理资金工作，主要是清查积压物资和资金占用情况。据80户工商企业统计，批准处理遗留问题列作营业外支出的有16.5万元；批准流动资产处理的：盘盈2万元、盘亏2.5万元、报废损失13.1万元；批准核销固定资产处理的：盘盈1.8万元、盘亏4.4万元、报废23.5万元；查出超储积压物资46.9万元；经清查盘实，固定资产原值为3717.2万元，已提折旧1173.5万元；清出有问题商品300.4万元，占全部商品库存额2961.7万元的10.14%，年内处理179.8万元，占有问题商品额的59.9%。同时，对29户工矿企业核定了年底库存物资周转量。

1982年，对全县商业系统开展积压滞销商品清查处理工作，查出有问题商品285.78万元，当年处理积压滞销商品179.68万元，占62.87%。

1986年，为了摸清企业家底，落实财政收入，东阳县财税局决定对企业财产、财务进行一次清查和清理，包括应缴财政收入、成本费用列支、营业外收支、应收应付账款、各类财产物资等情况进行清查。

1987年，根据浙江省政府的部署，为后三年承包经营责任制打下基础，东阳县财税局开展了对国有工业企业的清理物资、清理资金工作，重点是清理企业超储、积压的原材料、半成品、呆滞积压的商品和各项清算资金中的不合理资金占用情况。

进入20世纪90年代，实施新的"两则""两制"和国有企业改制后，以清产核资代替了"两清"

工作。

## 五、小汽车专项清理

改革开放以后，对小汽车的购置逐步放开计划管理。1986年，针对各地各部门小汽车数量成倍增长，特别是党政机关争相购买和更换进口小轿车的情况，根据中央精神，浙江省委、省政府决定严格控制新购小汽车，并对党政机关1984年以来购车、换车和现有配车情况进行一次认真清理，以进一步规定配车标准和用车办法，规定1986年全省不再用地方外汇进口小汽车；党政机关一律不得在计划外购买小汽车；未经省控办审批购买的小汽车，财务部门不予报销，银行不予付款（转账），公安不予发牌，供油部门不予供油，控办有权没收；经过清理，凡是违反规定购买的车辆进行调剂，下属单位赠送或调用的一律退回。

1990年，根据省控办的统一部署，东阳市财政局会同公安、计划等部门，对全市大轿车、小汽车开展了全面普查登记工作，普查范围为机关团体（含公检法司）、企事业单位、乡镇企业和个体工商户的车辆（包括小轿车、吉普车、15座以下的旅行车、封闭式工具车、大轿车等），凡经过普查登记合格的车辆，发给"浙江省专项控制汽车登记卡"，作为车辆检查凭证，无卡车辆暂停使用。通过普查登记，查明全市拥有各种大轿车和小汽车526辆，并发现违反规定购置、转让、挂户等小车52辆，对违规车辆进行了处理，收缴罚没款46.6万元。

2012年，为了加强党政机关公务用车管理，根据浙江省委、省政府《关于开展党政机关公务用车问题专项治理工作的实施方案》精神，在组织全市党政机关公务用车全面自查清理的基础上，开展了公务用车问题专项治理重点检查工作，重点检查登记自查情况、违规车辆纠正处理情况、建立公务用车使用管理制度情况等内容。在此基础上，根据省委、省政府印发的《浙江省党政机关公务用车配备使用管理办法》，对党政机关公务用车重新定编，按照"从紧从严、总量控制"的原则，省公车治理领导小组会议审批，核定东阳党政机关公务用车编制总量控制数793辆，其中一般公务用车503辆、执法执勤用车290辆，不得超编配置车辆。直至2016年东阳市委、市政府决定实施公务用车改革。

## 六、移动电话清理

1997年，为了制止公费配置和安装移动电话或住宅电话的泛滥现象，浙江省委、省政府印发《关于进一步加强党政机关移动电话和住宅电话管理的通知》，要求在全面清理检查的基础上进行规范管理，1998年上半年，东阳全面开展通讯工具的清理工作，全市共清理出移动电话640部，公费住宅电话301部，合计941部，按东阳市清理领导小组核准全部折价归个人，折价款上缴财政82余万元。同时规定公费配置移动电话只限于特殊工作岗位，且通话费用实行限额控制；对住宅电话通话费实行限额包干补贴、超支自负的办法。

## 七、统一着装清理

改革开放以后，一些国家机关执法部门的工作人员，经相关部门批准陆续开始统一着标志服装。但逐渐出现一种倾向，一些部门把统一着装视为一种福利待遇，因而要求统一着装的部门越来越多，着装范围擅自扩大，造成着装混乱。为此，1982年，国务院批转财政部《关于国家工作人员制着统一制服问题的请示报告》规定，未经国务院批准而自定统一着装的一律停止执行，确需统一着装的须报国务院审批，并对制着统一制服问题进行一次清理整顿，以制止乱着装或乱发制服费等违反财经纪律问题。浙江省财政厅规定，凡1981年以来违反着装发放范围和擅自提高服装标准的单位，一律作价收回。

1984年，国务院和浙江省政府连发关于制止滥发服装等问题的规定，明确国家行政机关和事业单位，除经国务院批准统一制装的以外，一律不准用公款制作服装或发放制装款。

1986年，针对统一着装中存在的问题，国务院决定进行整顿统一着装问题，印发《关于整顿统一着装的通知》，明确规定了着装范围、着装人数、制装标准、着装管理及自负制装料工费成本的30%等，对超越规定着装、扩大范围、提高标准的，都要进行清理、整顿和纠正。

1988年，东阳市政府根据国务院《关于立即制止擅自统一着装的通知》，印发《关于清理整顿检查统一着装的通知》，决定在全市范围内对统一着装进行全面清理、整顿和检查，对擅自扩大着装范围的人员，统一着装费由个人自负，从1988年开始收取。

1991年，针对“大盖帽满天飞”的现象，东阳市委决定由市纪委牵头，对公费统一着装问题进行一次清理。同时，浙江省政府印发了《关于清理整顿统一着装问题的通知》。

2004年，东阳市政府根据上级有关规定精神，印发《关于做好清理整顿统一着装工作的通知》，清理整顿的范围包括：未经国务院批准着装的部门和人员；经批准但擅自扩大着装范围的人员；标志与国务院批准统一制式雷同的行业工作服或标志服的部门和人员等。

### 八、银行公款账户清理

1990年，为切实解决行政事业单位在各专业银行开设账户过多过滥等问题，加强财务监督，根据浙江省财政厅会同中国人民银行省分行的文件精神，东阳市财政局会同人民银行东阳支行决定，对全市行政事业单位的银行账户进行全面清理整顿，规定：全额预算管理单位可在银行开立一个预算资金账户，有预算外资金的单位可再开立一个预算外资金账户；差额预算、自收自支和企业化管理单位，只准在银行开设一个预算外资金账户；有基本建设和外汇收支的单位，可分别在建设银行和中国银行开设基本建设存款和外汇存款账户；非独立核算单位不准开设银行账户；今后新开银行账户，必须经主管部门和财政部门批准，向人民银行东阳支行领取“银行开户许可证”，凭证到专业银行开户。除上述允许开户外，该撤并的要立即撤并，该取消的要取消，相关资金按财务隶属关系上缴。

1998年，根据东阳市委、市政府的统一部署，为了确保顺利推行预算外资金收支两条线管理改革，开展了对全市所有的行政事业单位公款账户开户情况的清理检查工作，先与各行政事业单位签订了《公款账户清理检查承诺单》，进行了自查，并会同审计、人行、纪委、各专业银行分别对公安、检察、法院、工商、财税等五个部门的公款账户进行了重点检查。通过对124个行政事业单位的清理检查,发现共有公款账户485个,公款账户余额2.6亿元,归并公款账户322个,为推行预算外资金收支两条线管理摸清了家底。

2011年,为进一步加强和规范财政专户管理,根据财政部和省财政厅有关精神,东阳市财政局决定对财政局内部各类财政资金专户开展一次全面清理整顿工作。清理范围为:财政局各科室及乡镇财政管理中心、会计核算中心、开发区财政分局、各中心镇财政办公室等在2010年底仍保留的各类财政专户。清理整顿的主要内容包括:开立财政专户的文件依据是否有效;是否存在一年内未发生资金往来业务的财政专户;同类或相似性质资金是否开立多个财政专户;是否存在违规将国库资金调入或采取“以拨作支”方式转入财政专户的情况;是否存在将应存放国库的预算资金调入财政专户进行投资理财行为;财政专户中是否存有应缴库未缴的非税收入;财政专户是否全部转归预算执行(国库)部门统一管理;财政专户开设、变更是否经预算执行(国库)部门核准并报财政局领导批准后办理;财政专户管理各项制度是否建立健全;财政专户资金管理中是否存在安全漏洞和隐患等。通过清理整顿,相关资金列入规定账户或上缴国库。此后,又经多次归并,2013年~2017年陆续撤销财政专户22个,截至2018年继续保留的财政专户减至19个。

## 九、拖欠公款清缴

为了进一步规范党政领导干部的从政行为,严格财务管理,2004年8月,财政部会同监察部决定,对党政领导干部拖欠公款或利用职权将公款借给亲友的问题进行一次集中清理,清理对象为各级党政领导干部从党政机关、事业单位和国有企业借用且应在2004年5月31日前归还而未归还的公款或利用职权借给亲友的公款;按照“谁借出、谁收回”的原则,必须在清理期间主动归还;同时要严格财务制度,禁止任何单位和个人违反财政、财务制度规定出借公款。

2005年,东阳市财政局会同监察局根据拖欠公款的清理情况和上级规定,要求各单位在上年清理整顿成果的基础上,进一步做好党政领导干部拖欠公款清缴工作,重点任务是对尚未收回的欠款进行清缴。

## 十、预算资金清理

2003年,为了配合财政综合预算改革,加强对行政事业单位预算外资金的财政监管,东阳市财政局组织了对市级行政事业单位历年往来款项结余资金进行全面清理,包括应付预收款中的暂借、暂收、暂扣款及应作为预算外收入的往来款项;应收预付款中的已垫付应收回的款项和出借给外单位和个人的款项等。清理后视情作相应处理。此后,又分别于2010年和2015年进行两次对纳入综合预算的市级行政事业单位的往来款进行了清理检查。

2018年,为了进一步做好盘活财政存量资金工作,根据上级审计机关对本级财政审计整改意见,对市级各行政事业单位进行了存量资金的清理工作,包括历年形成的预算结余资金和各项往来资金等,对部分单位往来款项结余收回财政统筹使用。

# 第二章　控制社会集团购买力与政府采购

## 第一节　控制社会集团购买力

控制社会集团购买力(简称控购)是国家对各机关、团体、部队、学校、全民和集体所有制企事业等社会集团用公款购买非生产性商品的货币支出实行行政控制的一种手段。它是在社会供给严重不足的情况下节制公共消费、节约非生产性支出、克服铺张浪费、实施财政管理的一项有效措施。

各个历史时期控制社会集团购买力的范围和方式不尽相同,通常是控制社会集团用公款购买交通工具、办公用品、家具设备、文化体育用品、药品和劳动防护用品、生活用燃料等非生产性消费用品的支出总额,在特定时期除控制总额外,还要根据市场供需情况,对社会集团购买一些高级消费品进行专项控制,称为"专控商品"。

### 一、限额控制与专控商品

1959年,东阳县委、县人委转发了浙江省委、省人委《关于紧缩办公费开支、压缩集团购买力的紧急通知》,规定县级机关、企业、事业单位,在以后几个月内一律不准购买高档办公器具,原来预算中的购置经费指标全部停用。这是东阳实施控制社会集团购买力的开始。

1961年,东阳县委执行浙江省委《关于进一步压缩社会集团购买力的决定》,规定所有单位一律停止非生产性的购置,一年内不得购置沙发、地毯、桌椅、自行车、照相机、录音机、扩音机、打字机、计算机、电风扇等,并坚持不搞非生产性的基本建设。是年,经各系统调查,全县机关、团体、企事业单位及人民公社等,共计压缩商品性支出为69.5万元,完成下达指标74万元的93.9%,比上年同期降低41.7%。

表4-2-1-1　　1961—1962年东阳县社会集团购买力控制情况表

单位:万元

| 项目＼年份 | 1960年 | 1961年 | | 1962年 | |
|---|---|---|---|---|---|
| | 实绩 | 指标 | 实绩 | 指标 | 实绩 |
| 合计 | 222.0 | 89.0 | 92.1 | 71.1 | 82.3 |

续表4-2-1-1

| 项目＼年份 | 1960年 | 1961年 | | 1962年 | |
|---|---|---|---|---|---|
| | 实绩 | 指标 | 实绩 | 指标 | 实绩 |
| 一、城市集团 | 198.0 | 78.1 | 86.2 | 69.1 | 79.2 |
| 1.机关团体事业 | 92.5 | 40.6 | 38.4 | 44.1 | 50.2 |
| 2.地方工业企业 | 64.6 | 23.8 | 41.8 | 10.6 | 11.7 |
| 3.商业企业 | 28.4 | 8.8 | | 8.2 | 12.4 |
| 4.集体所有制企业 | 12.5 | 4.9 | 6.0 | 6.2 | 4.9 |
| 二、农村集团 | 24.0 | 10.9 | 5.9 | 2.0 | 3.1 |

1965年，国民经济好转，市场商品供应日益充裕，从1966年1月1日起，改进了控制社会集团购买力的管理办法，财政部门不再核定社会集团购买力控制指标，改由各部门各单位在财政部门和主管部门核定的经费数额内，根据有关财政财务制度，本着节约的精神自行控制掌握，取消一整套凭购货卡控制供应商品的做法。同时，重新确定专控商品范围为：沙发、地毯、钢丝床、小汽车、摩托车、电冰箱、照相机和绸缎呢绒等。

1971年，东阳县生产指挥组决定重新恢复下达控购指标及使用购货证购置控购商品的办法，对控购商品的审批权限作以下调整：一是对沙发、地毯、钢丝床、电冰箱等严禁购置；二是对购置录音机、照相机及大型高级乐器等应报省财金局审批；三是购置电影放映机、电视机、收音机、摩托车、呢绒等商品应报地区革委会审批；四是对购置油印机、打字机、保险箱、电风扇、家具、自行车、高音喇叭、扩大器、电唱机、钟表、绸缎等商品应从严控制，报县革委会审批。

1973年，东阳县革委会根据国家和省有关精神，调整了部分专项控购商品的品目和审批权限，同时，恢复建立社会集团购买力总额控制制度，单位在编制年度支出预算或财务计划时，要同时编制年度购买一切非生产性物品的计划，各主管部门在核定所属单位支出预算或财务计划时，应同时核定各单位集团购买力总额，不得突破。同年3月，东阳县财税局会同商业局下发《关于社会集团购买力总额控制管理办法》，一是明确社会集团购买力包括的范围；二是明确社会集团购买力计划编制和核定的原则和方法；三是实行全民所有制单位社会集团购买力指标购物证制度，一年一换。

1979年，根据全县社会集团购买力增长较快的情况，东阳县革委会下发《关于坚决压缩社会集团购买力的通知》，继续实行凭证供应、限额控制办法，重申28种专项控制商品分为甲乙两类，甲类12种应报省审批，乙类16种由县审批。次年，东阳县革委会根据上级规定调整专项控购商品为32种，其中需报省审批的有16种，其余由县控办审批。

1981年，东阳县财办会同计委、经委下发《关于改进限额控制方法、进一步管好社会集团购买力的通知》，取消凭证供应和使用专用发票的办法，将原来买卖双方共同控制限额，改为以花钱单位控制为主的办法，并加强单位社会集团购买力控制指标管理。

1984年4月，浙江省控办修改专项控制商品管理制度，将省审批的专控商品调整为7种，县控办审批的调整为24种。6月，浙江省控办下文对乡镇企业和街道企业购买专控商品不再实行“专项审批”的管理办法。9月，东阳县政府根据国家有关规定印发《关于修改控制社会集团购买力办法的通知》，各单位购买力不再实行限额控制；减少专控商品品种，省批的调整为小汽车、大轿车、录像机和空调器4种，县批的调整为摩托车、沙发、地毯、沙发床、录音机和多用机、照相机和放大机、大型或高级乐器（单价300元以上）、家具（单价100元以上）、呢绒及其制品、纯毛毯10种。同年，开展了控制社会集团购买力工作大检查。

1985年，东阳县政府根据国务院《关于严格控制社会集团购买力的紧急通知》和省控办的有关规定精神，印发了《关于严格控制社会集团购买力的通知》，规定专控商品在原来14种的基础上，又增加了彩色电视机、电冰箱和洗衣机3种，并从严控制，其中彩电、摩托车、电冰箱、收录机、照相机、洗衣机6种专控商品年内停止购买。同时规定，各单位当年集团购买力指标要按照上年分配的控制指标再压缩50%。

1987年，东阳县人民政府下发了《关于继续严格控制社会集团购买力的通知》，将各种电取暖、电煮水设备增列为专控商品。

1988年2月，针对一些地方、部门和单位有令不行，有禁不止，集团购买力仍然增长过快的情况，国务院下发《关于严格控制社会集团购买力压缩开支的紧急通知》，规定1988年社会集团购买力指标，一律在1987年实际支出的基础上压缩20%；年内停止购买小汽车等19种专控商品。同年10月，浙江省政府规定，在原有19种专控商品的基础上，又增加了复印机、电子打字机、电传机、羽绒服、风雨衣、吸尘器、丝绸及其制品、50元以上的钟表、100元以上的各种灯具、国产13种名牌卷烟和进口卷烟、国产13种名牌酒和进口酒及其制品、针织品、书写印刷纸13种专控商品。至此，是控制社会集团购买力历史上专控商品品目最多的时期。并规定单位购买专控商品，供货部门凭社会集团购买力管理机关签发的准购证供应，银行凭准购证办理结算，财会部门凭准购证办理支付和报销，车辆管理部门凭准购证发放车辆牌照，财政、审计、监察机关要加强监督检查，对违反控购规定的，必须严肃处理。同年，东阳转发执行全国控办会同相关部门制定的《关于违反控制社会集团购买力规定的处理暂行办法》，进一步严肃控购纪律，并在全县实行专控商品定点供应制度。

表4-2-1-2　**1989年东阳市国家规定的专控商品一览表**

| 序号 | 商品名称 | 单位 | 说明 |
|---|---|---|---|
| | **一、省批商品** | | |
| 1 | 小汽车 | 辆 | 包括小汽车、吉普车、旅行车、工具车以及用于更新的车辆 |
| 2 | 大轿车 | 辆 | 包括大客车及用于更新的车辆 |

续表4-2-1-2

| 序号 | 商品名称 | 单位 | 说明 |
|---|---|---|---|
| 3 | 摩托车 | 台 | 包括用油及电动的各种摩托车、轻骑以及用于更新的车辆。不包括后三轮货运摩托车 |
| 4 | 沙发 | 个 | |
| 5 | 地毯 | 平方米 | 包括纯毛、含混纺和化纤地毯及挂毯、壁毯 |
| 6 | 沙发床 | 个 | 包括沙发床垫 |
| 7 | 空气调节器 | 台 | 指窗式、柜式的制冷或制冷耐热机 |
| 8 | 录音机和多用机 | 台 | |
| 9 | 录像机 | 台 | 包括摄影(像)机、放像机、编辑机、监视机和投影机 |
| 10 | 照相机和放大机 | 台 | 包括扩印机和各种镜头 |
| 11 | 大型或高级乐器 | 件 | 单价在500元以上的 |
| 12 | 彩色电视机 | 台 | 不含黑白电视机 |
| 13 | 电冰箱 | 台 | 300升以下的,包括冰柜 |
| 14 | 洗衣机 | 台 | 不包括工业用洗衣机 |
| 15 | 各种取暖、电煮水设备 | 件 | 包括电热水淋浴器 |
| 16 | 复印机 | 台 | |
| 17 | 电子打字机 | 台 | 包括除手动以外的各种文字的打印机 |
| 18 | 电传机 | 台 | 包括传真机等所有电讯传递文字、图表、图像的设备 |
| 19 | 吸尘器 | 台 | |
| | **二、市县批商品** | | |
| 1 | 家具 | 件 | 单价在100元以上的钢、铁、木、藤等材料制作的各种桌、椅、橱、柜、箱、床台等 |
| 2 | 呢绒毛料及制品 | 米 | 包括混纺及其制品。海轮旗帜免于审批 |
| 3 | 毛毯 | 条 | 包括混纺和纯化纤的毛毯 |
| 4 | 羽绒服 | 件 | 包括羽绒、羽毛服装、被褥等各种制品 |
| 5 | 风雨衣 | 件 | |
| 6 | 丝绸及其制品 | 米 | 包括以蚕丝、尼龙、化纤为原料的各种绸缎等织物及其制品 |
| 7 | 布匹及其制品 | 米 | 包括棉布、混纺布、纯化纤布及其制品 |
| 8 | 针织品 | 件 | 包括各种运动服装、棉毛衫裤、绒衣、绒裤、毛巾被、浴巾、床单和床罩 |
| 9 | 50元以上的各种钟表 | 个 | 包括各种类型、用途的计时钟表,不包括机械秒表 |
| 10 | 100元以上各种灯具 | 个 | |
| 11 | 国产13种名牌卷烟和进口卷烟 | 条 | 中华(金中华)、云烟、玉溪、红塔山、红山茶、茶花、牡丹(包括上海牡丹、金牡丹、北京牡丹)、阿诗玛、大重九、恭贺新喜、石林、上海红双喜、黄人参 |
| 12 | 国产13种名牌酒和进口酒 | 瓶 | 茅台、五粮液、郎酒、泸州特曲、古井贡酒、洋河大曲、双沟大曲、全兴大曲、剑南春、董酒、汾酒、西凤、特制黄鹤楼 |
| 13 | 书写印刷纸 | 令 | 包括新闻纸、凸版纸、铜板纸、胶版纸和复印纸 |

鉴于社会购买力大幅度上升的趋势，1989年，浙江省政府下发《关于从严控制社会集团购买力的决定》，除了建立和完善社会集团购买力辅助帐、控购报告等制度外，进一步加大了控购政策执行情况的检查和处罚力度。

1990年，东阳市控办会同乡镇企业局、建工局决定，自1991年1月1日起，对横店企业集团公司等十五家乡镇企业的社会集团购买力管理实行分配指标、计划管理、直接控制的办法。开始将重点乡镇企业列入控购范围。

1991年，东阳市编办批准单设“东阳市控制社会集团购买力办公室”(简称“控办”)，并增加行政编制2人，配备了专人管理控购工作。同年4月，根据预算外资金管理的有关规定，对用预算外资金购置专控商品的，实行资金来源审批制度。同年5月，根据省控办等相关部门规定，东阳实行专控汽车控审证制度。

1992年，东阳市政府转发执行省政府《浙江省控制社会集团购买力暂行办法》，规定社会集团用公款购买非生产性商品的货币支出，均属控购管理范围，实行严格的指标控制；购买属于国家规定的专控商品，必须按权限报批，领取“准购证”后才能购买，并实行定点供应制度。是年，专控商品目录调整为29种。次年5月1起，专控商品目录调减为8种。

为了加强大型医疗仪器和助力自行车的审批管理，适度控制社会集团消费，经省政府批准，浙江省控办规定自1997年7月1日起，将六项大型医疗仪器和助力自行车列入专控商品，由县控办审批。至此，专控商品调整为10种。

2004年，浙江省政府废止了《浙江省控制社会集团购买力暂行办法》，控制社会集团购买力制度退出历史舞台，控办职能转向小汽车管控和政府采购监管。

**二、小汽车专控管理**

在计划经济时期，小汽车属于国家计划严格管控商品。改革开放后，一些地方和单位出现未经批准擅自通过各种途径购买进口小汽车及工具车、客货两用车等情况，为此，国家对小汽车实施专项控制管理。

1981年，浙江省财政厅会同计委、物资局和人行等部门联合印发《关于进一步加强对小汽车购买管理的通知》，规定小汽车(包括小轿车、吉普车、旅行车以及进口工具车、客货两用车等)属省统一计划管理分配物资，严格实行计划管理，未纳入省计划分配的，一律不得购买。

1985年，浙江省财政厅会同相关部门印发《关于汽车计划管理的几点改革意见》，一是适当放宽小汽车的配备，生产建设需要自备小汽车的，可根据企业自有资金和车源可能，酌情逐步配备；二是下放审批权限，对乡镇企业、街道企业购买小汽车、大客车，由当地计委审批，不需购买力审批；三是简化小汽车供应、上牌手续。

1990年，为了制止公家出钱、私人购车(上照)、公家用车的违控行为，浙江省控办会同公安厅印发《关于对个人购买小汽车、大轿车管理的规定》，加强对个人购车资金来源的审查，严禁以个人名义为单位购车。同年10月，在全市开展小汽车、大轿车普查登记的基础上，东阳市控办会同相关部门印发《关于进一步加强小汽车、大轿车管理的通知》规定：所有社会集团购买、转让、过户、互换小汽车、大轿车的，均应报经控购机关批准；私人购车须经资金来源审查；未办相关审批手续将给予处罚。

1991年1月起，东阳实行专控汽车控审证制度，对除个人购车及公交营运客车外的所有专控车辆，均列入发征范围，凭证办理相关手续和审验车辆。1994年1月，为了支持轿车工业发展，根据上级精神，决定取消购买轿车、大客车、旅行车、越野车和工具车的控购审批。同年5月起，对单位购置小汽车实行"浙江省购置小汽车控购指标证"管理制度。

1995年5月起，按照上级部署，组织了对机关购置小汽车的专项清理工作，同时，对购置大小客车的机关团体、企事业单位个人，一律须缴纳汽车调节基金。同年，浙江省委印发《浙江省党政机关汽车配备标准及管理规定》，对党政机关配备小汽车标准、购车指标管理、审批程序、违规处罚等做出规定。

1998年，对党政机关公用小车实行定编管理制度。同年5月，省控办下达《浙江省企业购置小汽车标准及有关规定》。

2001年，浙江省财政厅会同公安、控办下发《关于小汽车控购审批及上牌等有关事项的通知》规定：党政机关购车采取指定车种、车型的办法；事业单位购车参照党政机关标准执行；国有企业、国有控股企业购车确定排量上限标准；在编制、标准内购车，报省控办审批，特殊公务需超标、超编配车的，需报省反腐办审批。

2002年，根据浙江省控办《关于重新核定市县机关小汽车编制的通知》，对小汽车核编的范围、原则和标准等进行了重新明确，重新核定了机关小车编制，并按规定由同级纪委审定后上报省控办备案。

2012年，按照上级统一部署，为了加强党政机关公务用车管理，东阳在组织全市开展公务用车的全面清理检查基础上，根据省委、省政府印发的《浙江省党政机关公务用车配备使用管理办法》，对党政机关公务用车重新定编，严格控制公务用车编制总数，经省核定东阳党政机关公务用车编制总量控制数为793辆，并严格党政机关公务用车的编制管理、标准管理、审批管理、使用管理。同时，开展事业单位公务用车清查工作，规范国有企业公务用车审批。

2016年起，根据东阳市委、市政府决定，先后实施了党政机关、事业单位和国有企业公务用车改革。

### 三、征收购置车辆调节金

为抑制消费基金过快增长，通过行政手段和经济手段相结合的办法，将部分消费基金转为财政预算外资金，以达到控制消费基金过快增长和支持一些事业发展的资金需要，东阳市政府根据浙江省政府和财政厅有关精神，决定自1993年3月1日起开征专控汽车消费调节基金，对行政机关、社会团体、企事业单位、三资企业以及个人购买小汽车、大轿车，不论新增、更新、过户，一律按国家规定的汽车销售统一价格缴纳汽车消费调节基金，对不同价格档次的车按不同标准征收，旧车过户按交易价的15%征收。属省控办审批的单位由省征收，属县市初审的单位由县市征收，所征汽车消费调节基金按规定县市留80%，上缴省20%，专控汽车消费调节基金列入各级财政预算外收入，主要用于社会公共事业。同年，浙江省控办会同公安厅下发通知，将专控汽车消费调节基金改征购置小汽车调节基金。

1994年，浙江省财政厅会同公安厅印发《征收购置小汽车调节基金实施细则》，明确“小汽车”是指轿车、20座以下旅行车、吉普车、各种中小型封闭式车辆等，凡购置小汽车的单位和个人，一律按标准缴纳购置小汽车调节基金，征收标准按车辆价格档次0.5万元～9万元不等，县市征收的调节基金上缴省20%，其中财政拨款购车的，上缴省20%部分给予返还。

1995年，东阳市政府根据金华市政府《金华市摩托车调节基金征收办法》精神，决定自9月1日起，对单位和个人购置摩托车，不论新增、更新、过户，一律按规定缴纳摩托车调节基金，征收标准按核定管理费基准价的10%定率一次性征收，过户的按5%征收，并规定县市征收的摩托车调节基金应上缴金华市控办5%。

1996年1月1日起，将原征收购置小汽车调节基金改为征收购置小汽车调节金，其他有关规定不变。同年9月1日起，金华市控办将原征收购置摩托车调节基金改为征收购置摩托车调节金，其他有关规定不变。

1998年5月1日起，下调国产小汽车调节金的征收标准，进一步明确调节金征收基准价和征免范围。

1999年7月1日起，为了扩大内需，刺激消费，启动市场，促进民族工业和地方经济发展，浙江省财政厅会同公安、控办决定，停止征收购置国产小汽车调节金。同年12月，为切实减轻企业负担，扩大内需，改善有效供给，从12月16日起，停止征收购置进口小汽车调节金。摩托车购置调节金同时停征。

## 第二节　政府采购

政府采购是指机关、团体和事业单位使用财政性资金采购集中采购目录以内的或采购限额标准以上的货物、工程和服务的行为。集中采购目录及采购限额标准由省政府或其授权机关公布，在2003年《中华人民共和国政府采购法》出台前由东阳市人民政府公布，《中华人民共和国政府采购法》实施后由设区市（金华市）人民政府公布。

### 一、政府采购制度

1996年，国家实行政府采购制度试点工作。

1998年，东阳开始试行政府采购制度。是年10月，召开了首次政府采购竞标会，采购行政事业单位公务用小汽车10辆。全年共组织行政事业单位大宗物品政府采购活动7个批次，采购金额781.8万元，节约资金86万元，节约率为11%。

1999年，市政府颁发《东阳市政府采购试行办法》，规定各级党政机关、人大机关、政协机关、司法机关、群众团体、事业单位，利用财政性资金或其他资金采购日常政务活动或为公众提供服务所需的商品和劳务，均纳入政府采购范围，具体包括：一是市财政资金投入的城市基础设施和各项事业发展的基本建设项目；二是各机关、事业单位的基本建设工程支出，购置家电设备（包括空调器、彩电、录像机和音响设备等）、车辆、大宗办公设备（计算机、复印机、移动电话、一体机、打印机等）等消耗性支出；三是会议接待、工作业务往来接待、车辆和房屋维修等劳务性支出；四是大型医疗设备、交通监控设备、现代教学设备；五是由市人民政府确定的其他项目。同时，对政府采购计划编制、政府采购方法、政府采购程序、采购资金结算等作了明确规定。同年，相继成立“东阳市政府采购办公室”和“东阳市政府采购中心”，东阳市政府采购办公室与财政局合署办公，东阳市政府采购中心隶属市财政局。是年，共组织采购8个批次，预算金额1252.6万元，采购合同价为1158.75万元，节减资金8.15万元，节约率7.04%。次年，政府采购中心配备了事业编制专职人员2人。

2001年，省财政厅相继出台了《浙江省政府采购招标投标具体实施办法》《浙江省政府采购供应商管理暂行办法》《浙江省政府采购招标评标运行规则》《浙江省政府采购代理机构管理暂行办法》等相关配套制度。同年3月，为了规范医疗机构药品购销活动，提高药品采购透明度，市政府印发《东阳市医疗机构药品集中招标实施办法（试行）》，对医疗机构药品实行联合集中招标采购。

2002年6月，全国人大常委会通过《中华人民共和国政府采购法》，于2003年1月1日起施行，政府采购工作步入法治化规范化轨道。

2003年，东阳市政府公布《2003年东阳市政府采购目录》，规定国家机关、事业单位、群众团体，使用财政性资金，采购目录以内的工程、货物、服务或者采购目录之外限额标准以上的工程、货物、服务项目，均应纳入政府采购；采购目录之外或限额标准之内的工程、货物、服务项目，可由各单位自行组织分散采购。采购目录：一是货物类包括建筑物、一般设备、建筑和装饰材料、专用设备、交通工具等；二是工程类包括公用房建设、市政道路建设、体育公益设施建设、园林绿化建设、修缮和装饰工程、系统集成和网络工程等；三是服务类包括印刷和制版、软件开发设计、建筑物方案设计、交通工具的维护保障、物业管理等。上述目录外的采购实施限额标准：货物和服务类项目，单项累计预算金额10万元；工程类项目单项累计金额30万元。同时，规定货物、服务类采购超过50万元、非基建工程超过100万元的项目，必须采用公开招标方式采购。

2005年，市政府印发《东阳市政府采购货物和服务招标投标管理暂行办法》，规定东阳市财政局是全市政府采购监督管理部门，成立东阳市招投标市场管理委员会办公室（简称市招标办）和东阳市招投标中心。市招标办负责对全市政府采购货物和服务招标投标活动进行协调、监督和管理，受理对政府采购招标投标活动的投诉，协助相关职能部门查处政府采购招标投标违法违规行为；市招投标中心是全市政府采购的集中采购机构，根据采购人的委托办理政府采购事宜，为政府采购活动提供场所和相关配套服务。此后，“东阳市政府采购中心”机构撤销，其职能划归东阳市招投标中心，事业编制人员相应划转。

2006年，根据浙江省政府关于进一步深化政府采购制度改革、全面推进政府采购工作的意见，东阳以治理商业贿赂为契机，为强化政府采购监管职能，按照中央、省关于治理政府采购领域商业贿赂工作的要求，在宣传动员、自查自纠的基础上，组织了重点检查，促进了政府采购工作程序的规范运行。

2007年4月，根据浙江省财政厅会同省监察厅印发《关于进一步规范政府采购活动的若干意见》，对采购业务委托、采购招标方式审批、采购文件审查、供应商资格审查、采购专家评审、采购结果确认等事项作出具体规范。同年9月，市财政局出台《东阳市政府采购协议供货管理实施办法》，协议供货是通过公开招标方式确定协议供货的供货商和协议产品，在协议有效期内，采购人直接或通过谈判或询价等方式与协议供应商签订供货合同的一种采购形式。《办法》规定纳入协议采购的内容包括定点服务和通用设备及货物采购等，对协议供货行为进行了规范，并实施了办公通用设备的协议采购。

2008年，市财政局印发了《东阳市政府采购预算管理暂行办法》，建立了政府采购预算制度，无预算不得实施采购。

2009年，东阳市财政局对加强协议供货管理（包括协议供货商的认定、实行定期竞价采购、实行网上竞价、协议供货服务质量等）、政府采购验收管理和实行供货商诚信考核制度等作了补充规定。

2014年，全国人大常委会对《中华人民共和国政府采购法》进行修正。次年1月，国务院颁发《中华人民共和国政府采购法实施条例》，自2015年3月1日起施行。

2015年，为贯彻落实东阳市政府《关于政府向社会力量购买服务的实施意见》，市财政局制定《东阳市政府购买服务采购管理办法》，以积极稳妥地推进全市政府购买服务工作，规定政府购买服务应按照“公开择优、以事定费”原则纳入政府采购管理，行政机关、具有行政管理职能的事业单位以及编入行政编制管理且经费由财政拨款的群众团体组织向社会组织、企业、其他经济组织和机构等社会力量购买的服务，应按规定实施采购。

2017年，市财政局制定《东阳市政府采购代理机构管理暂行办法》，对参与政府采购的社会中介机构代理业务行为作了进一步规范。同年10月，针对政府采购政策执行中出现的一些不规范行为，东阳市财政局下发了《关于进一步重申政府采购纪律的通知》，重申政府采购范围、采购方式、采购限额、采购预算、财务报销等管理规定，并强调了违反政府采购管理规定的责任追究办法。同年，政府采购云计算服务平台（简称“政采云”）启用。

2018年，全市政府采购金额达33099.9万元，其中货物采购20225.1万元、工程采购783.1万元、服务采购12091.7万元，采购预算资金节约率6.72%。

## 二、公务车定点保险

为加强全市行政事业单位公务车辆管理，节减车辆保险费用支出，保证车辆保险服务质量，经东阳市政府同意，东阳市财政局决定自2002年1月1日起，对全市党政机关、事业单位、群众团体的所有车辆实行集中定点保险，通过政府采购确定中国人民保险公司东阳市支公司为车辆保险定点单位，由定点承保单位承诺保费优惠和理赔服务质量，实行定点保险后的保险费优惠部分，可在不超过节减额50%范围内给予驾驶员安全驾驶奖励。

2005年，继续实行定点保险，确定东阳人民财产保险和大众保险两家保险公司作为保险定点单位，保险费优惠部分实行直接扣除办法，取消对驾驶员的奖励。

2007年，车辆保险定点单位调整确定为东阳人民财产保险、大众保险和平安保险3家。

2008年起，车辆保险定点单位确定为省政策性农业保险共保体的代表单位——中国人民财产保险公司东阳分公司，明确保险种类为：车损险、第三者责任险、车上人员险、交强险等四种，商业险按省保监局规定优惠30%。

2012年，经公开招标，择优确定东阳人民财产保险、平安保险和太平洋保险为定点保险承保单位，定点执行期限为二年。此后均每两年招标定点承保单位一次。2017年，根据公车改革有关文件精神，经公开招标确定东阳人民财产保险和平安保险两家为承保单位，定点执行期限为三年。

## 三、公务车定点加油

为规范行政事业单位公务用车的用油管理，节约财政支出，经东阳市政府批准，自2003年8月1日起实行定点加油制度，经招标确定中石化东阳支公司所属11家加油站和市城北顺达加油中心为定点加油单位，定点单位应当给予加油车辆油价下浮优惠，对公务车辆实行“一车一卡”的加油卡管理制度，货款采取先记账后结算办法，执行期限暂定一年。

2005年，继续实行定点加油办法，经招标确定中石化东阳支公司所属11家加油站为定点单位，其中有4个加油站货款采取记账、其余加油站采用现金结算办法，执行期限至2006年12月。以后到期持续招标。

2008年10月1日起，记账加油方式取消，推行IC卡加油办法，对现金加油不再享受油价优惠。

2016年实施公务用车改革后，各单位保留的公务车辆仍然实行定点加油制度，油价优惠幅度为挂牌市场价每升下降0.15元，并进一步完善了定点加油的管理办法。

## 四、会议培训定点管理

2015年4月，为规范行政事业单位公务接待活动，加强会议培训接待等经费管理，降低行政运行成本，根据财政部和省关于党政机关会议定点管理的有关规定精神，东阳市财政局开始实施会议培训场所定点制度，凡党政机关、事业单位和社会团体在市内召开或承办的各类会议、培训，均应在政府采购确定的定点饭店、酒店、宾馆举办，上述单位公务接待中的住宿，也应在定点服务饭店中按定点饭店承诺的价格选择，并凭公务卡结算，经政府采购公开招标，确定海天大酒店等6家单位为定点服务场所。

2017年，定点协议到期后再行采购招标，确定海天大酒店等11家饭店为定点服务场所，协议有效期至2019年3月31日。

**五、信息化项目定点监理**

为了加强和规范电子政务信息化建设，保证信息化建设质量，根据市政府《东阳市电子政务项目管理暂行办法》，2018年4月，东阳市财政局实施2018—2020年信息化项目监理服务定点采购，对行政事业单位投资预算在1000万元以下的信息化系统工程（即信息化建设项目监理费在30万元以内）项目监理服务实行统一定点采购，经公开招标，择优确定浙江天信咨询监理有限公司等9家单位为本期信息化建设项目监理定点服务单位，建设单位可在入围的供应商中以一对一议价或一对多议价等方式择优选择供应商。

# 第五篇　国有资产管理

## 第一章　国有资产基础管理

国有资产是指法律上确定为国家所有并能为国家提供经济和社会效益的各种经济资源的总和。它包括国家依法或依权力取得和认定的财产，国家资本金及其收益所形成的财产，国家向行政和事业单位拨入经费所形成的财产，对企业减税、免税和退税等形成的资产以及接受捐赠、国际援助等所形成的财产等。

国有资产管理是指国家对国有资产所有权的行使、管理权限的划分、资产的保值增值、收益的享有、资金的处分等进行的监督，对各类国有资产的经营和使用，进行组织、指挥、协调、监督和控制的一系列活动的总称。简言之是对国有资产的占有、使用、收益和处置进行管理。国有资产管理的基本目标是确保国有资产的完整，实现国有资产的保值增值。

国有资产基础管理内容包括：建立和完善国有资产监管体制；实施资产评估管理；开展产权界定、产权登记、产权转让管理；依法组织清产核资等国有资产基础性管理工作。

### 第一节　国有资产监管体制

中华人民共和国成立后，国家实行没收官僚资本、改造民族资本政策，到1952年底，东阳全县有地方国营工业企业3家；商业在中华人民共和国成立前，以私营为主体，1956年完成对私营商业的社会主义改造后，逐步形成了国营商业企业；人民政府接收旧政府的官产和没收官僚、买办、恶霸的资产，为新政府和公益事业所用，形成了最初的行政事业单位资产。东阳的国有资产就是在这样的基础上从无到有并发展壮大起来的。

计划经济时期，国家将国有资产作为非商品性质的资产进行管理。国家对国有企业和行政事业单位均实行统收统支体制，企业利润和行政事业单位收入全额上缴，成本费用、事业支出和投资由政府实行计划管理，财政全额拨款，企业和单位少有自主权。进入20世纪80年代，虽然对国有企业实行了企业基金、利润留成、经营承包、税利分流等制度，对行政事业单位实行了经费包干办法，在一定程度上调动了企业和单位的积极性，但未能在根本上给予企业经营自主权，财政和主管部门仍然掌控着企业的投资、分配和经营。国家对国有资产的管理贯穿于财政财务管理的各项制度与政策之中。

改革开放后，按照“政企分开、两权分离”的要求，为理顺国有资产关系，建立健全国有资产管理体系，以利于发展以公有制为基础的有计划的社会主义商品经济，1988年，国务院决定设立国家国有资产管理局，归口财政部管理，此后，地方各级陆续成立国有资产管理机构，归口财政部门管理，并着手推进以产权为核心的国有资产监管体制机制的改革。

1990年起，先后建立了国有资产产权登记、产权界定、资产评估等基础管理制度，并在全国范围开展全面的清产核资工作。

1991年，东阳市政府根据国务院和省政府的有关精神，印发《关于加强国有资产管理工作的通知》，明确“财政部门是我市国有资产所有者的代表，行使国有资产管理职能”，要求财政部门摸清国有资产存量、管理、效益等方面的家底，坚决防止和纠正损害国有资产产权的行为。

1993年，党的十四届三中全会通过的《中共中央关于建立社会主义市场经济若干问题的决定》指出，必须进一步转换国有企业经营机制，建立适应市场经济要求、产权明晰、权责明确、政企分开、管理科学的现代企业制度，以现代产权制度为核心的国有资产管理体制改革逐步展开并深化。东阳于是年8月在市财政局内增设“国有资产管理科”，与“企财科”合署办公。

1996年，经东阳市编委批准，市财政局增挂“东阳市国有资产管理局”牌子。同时，为了加强对国有资产的宏观管理，确保国有资产的保值增值，确保公有制经济的巩固和发展，东阳市委、市政府决定，成立“东阳市国有资产管理委员会”，由市委书记担任主任，下设办公室在国资局。

2007年，为加强国有资产的监督管理，根据上级有关规定，东阳市委、市政府决定建立“东阳市国有资产监督管理委员会”，由市长兼任主任。

2008年，东阳市委、市政府印发《关于进一步加强国有资产监督管理的若干意见》，提出国有资产监管要坚持与机构、人事、产权、预算等制度改革相结合，实行权利、义务、责任相统一，管资产、管人、管事相结合，优化资源配置，讲究资产效益的原则。建立履行企业国有资产出资人职责、享有所有者权益、对行政事业单位国有资产实行统一管理、调配和处置的新的国有资产监管机制，并进一步明确国有资产监管机构（国资办）的职责。同年3月，在市财政局内独立分设“国有资产管理科”，专司国资管理职责。

2016年，东阳市编委批准，市财政局增挂“东阳市国有资产监督管理委员会办公室”牌子，同时增加“投融资管理科”内设机构。

2019年3月，根据机构改革方案，市委、市政府印发《东阳市人民政府国有资产监督管理办公室职能配置、内设机构和人员编制规定》，确定“东阳市人民政府国有资产监督管理办公室”（简称

“市国资办”)是政府工作部门,为正科级单位,主要职责是根据市政府授权,对行政管理与行业部门彻底脱钩的国有企业全面履行出资人职责;对暂未脱钩的国有企业,国资办负责涉及国有资产权益的重大事项审批和政府授权特定事项监管。从此,其机构、人员与财政完全分设。

## 第二节　资产评估管理

资产评估是指由专门机构和人员,依据国家规定和相关资料,根据特定目的,遵循适用的原则、范围、程序和标准,运用科学的方法,以统一的货币单位,对被评估资产价值做出的评定和估价。资产评估管理就是对资产评估的行为、过程和要素所进行的组织、指导、协调和监督,国资部门对资产评估管理主要是对资产评估立项、评估结果确认和中介评估机构的管理。

### 一、资产评估的立项和确认

为了防止国有资产在流动中受到损失,1990 年,浙江省财政厅转发国家国有资产管理局《关于在国有资产产权变动时必须进行资产评估的若干暂行规定》,凡占用国有资产的单位实行租赁、联营、股份经营、兼并和出售国有企业、破产清理、中外合资、合作经营的,都应进行资产评估。

1991 年,东阳市财税局转发执行省财政厅颁发的《浙江省国有资产评估暂 行办法》,规定凡是占用国有资产单位发生兼并、租赁、联营、股份经营、抵押、担保、企业拍卖、资产出售、合资合作、经营评价、结业清理、破产清理及其他涉及产权变动的行为时,必须进行资产评估。资产评估的程序包括申报、立项、委托、资产清查、评定估算、验证确认六个阶段,其中申报和委托由资产占用单位发起,国资部门负责资产评估立项管理和验证确认工作,资产清查和评定估算是资产评估机构受托进行评估的基本任务,依法并按照专业技术要求自主进行,受国有资产管理行政主管部门的监督。资产评估方法包括收益现值法、重置成本 法、现行市价法、清算价格法及其他规定的方法,并规定了每一种方法的具体应用。占有单位对评估结果确认有异议的,可向上一级国资部门申请复议或仲裁。

1992 年,根据国务院《国有资产评估管理办法》制定颁布《国有资产评估管理办法实施细则》,明确了资产占有单位、资产评估机构、资产评估管理机构或其他行政主管部门工作人员的法律责任。

1995 年,东阳市财政局转发执行国家《关于资产评估立项、确认工作的若干规范意见》,对国有资产管理机构办理审批立项和评估确认工作的程序和条件要求作了具体明确。

1998 年,根据上级有关规定,对国资部门的资产评估确认工作作了改进,重点对中介机构的执业资格、资产评估人员的执业资格、评估操作方法的合法性、资产评估报告的有效期等进行确认,并规定涉及上市公司的资产评估立项和确认应报省国资局复审并报财政部审批。

2002 年,为进一步转变政府职能,减少行政性审批,促进中介机构和从业人员独立、客观、公正地执业,根据上级有关精神,东阳对全市国有资产评估管理方式进行了改革:取消国有资产评估项目的立项、确认审批制度,实行核准制和备案制,有关经济行为的资产评估活动由国有资产占有单位按照现行法律、法规的规定,聘请具有相应资质的中介机构独立进行,评估报告的法律责任由签字的注册资产评估师及所在评估机构承担。经市政府、市国资委批准实施的企业集团组建、授权经营、企业改制、企业破产、跨县际资产重组等重大经济事项涉及的国有资产评估项目,由市财政局进行核准,除核准项目以外的其他国有资产评估 项目实行备案制,国有资产占有单位应在收到评估机构出具的评估报告后,及时 将备案材料报送市国资办办理备案手续。资产评估管理方式改革后,国资管理部门将加大资产评估活动的监督力度。

2003年,为了规范资产评估行为,市财政局印发《东阳市国有资产评估结果公示办法》,对以改制和产权转让为目的的国有资产评估结果,应当实行公示,其他目的的资产评估结果视情公示。

## 二、评估机构管理

1990年7月,省财政厅印发《浙江省资产评估机构管理办法》规定:省国有资产管理部门负责全省资产评估机构的资格审查并统一颁发"资产评估资格证书",同时,各市(地)国有资产管理部门可以认可临时资产评估机构。

1991年,东阳市财税局转发执行省财政厅颁发的《浙江省国有资产评估暂行办法》,规定资产评估机构必须取得省级国资部门颁发的《资产评估资格证书》,才能开展资产评估业务,评估人员必须取得注册资产评估师从业资格方可从事评估工作。

1993年,根据国家国有资产管理局发布的《资产评估机构管理办法》,浙江省国有资产管理局规定:全省资产评估机构实行统一管理的体制,资产评估机构的资格审批由省国有资产管理局统一审批,各市(地)不再审批临时资产评估机构。

1994年,针对一些地方和部门自行制定资产评估管理办法、擅自审批资产评估资格、以行业或系统层层设置评估机构、自行确认评估结果的乱象,为减少国有资产在产权变动中流失,根据国家国有资产管理局下发的《紧急通知》精神,浙江省政府印发《关于进一步 加强国有资产评估管理工作通知》,进一步重申国资管理部门负责管理、指导和监督国有资产评估工作,资产评估机构的资格审批和《资产评估资格证书》的核发工作,统一由省国有资产管理局负责。所有资产评估机构都必须取得《资产评估资格证书》后,方可开展国有资产评估业务,否则评估结果不予确认。

1995年,东阳实施国家注册资产评估师执业资格制度。

1996年开始,对资产评估机构的资格开展年检工作,对年检不合格的评估机构,采取通报批评、限期改正或停业整顿直至吊销资产评估资格的处罚措施。

2016年,全国人大常委会颁布《中华人民共和国资产评估法》,自12月1日起施行,成为首部资产评估行业的法律。次年10月,根据《中华人民共和国资产评估法》和财政部《资产评估行业财政监督管理办法》的规定,省财政厅制定印发《浙江省资产评估机构财政监督管理实施办法》,明确设区市财政部门负责本区域内资产评估机构及其资产评估专业人员实施监督管理。

截至2018年，东阳全市从事资产评估机构3个，资产评估专业人员25人。

## 第三节　产权管理

国有资产产权即指国有资产所有权。国有资产产权管理就是依法对国有资产所享有的占有权、使用权、收益权和处分权的管理，确保国有资产所有权不受侵犯，确保国有资产安全和完整。它包括产权界定、产权登记、产权转让管理以及产权纠纷调处等工作。

### 一、产权界定

改革开放后，对国有企业逐步实行政企分开，所有权和经营权相分离。在此期间，国有资产所有权归属问题出现许多争议和混乱。

1991年，执行国家国有资产管理局、财政部、国家工商总局发布《企业国有资产所有权界定暂行规定》，明确企业国有资产所有权界定工作由国有资产管理部门组织实施；国家以各种形式对企业的投资和投资收益形成的资产、没有法律依据归集体、个人或外国政府、法人、公民所有的资产均属国有资产；对各类企业中以各种形式形成的资产所有权界定作了具体规定。同年8月，东阳市财政局转发执行国家国有资产管理局《关于用国有资产开办集体企业或经营单位产权归属问题的通知》，规定用国有资产开办登记注册为集体所有制性质的企业，由国家投资及投资的经营收益所形成的资产属国家所有。今后，凡完全用国有资产开办的企业和经营单位，除国家另有规定外，均不得登记为集体所有制性质。

1993年，为了进一步明确产权归属，国家国有资产管理局印发《国有资产产权界定和产权纠纷处理暂行办法》，首次对相关用语作了定义，“国有资产”是指国家依法取得和认定的、或者国家以各种形式对企业投资和投资收益、国家向行政事业单位拨款等形成的资产；“产权”是指财产所有权以及与财产所有权有关的经营权、使用权等财产权；“产权界定”是指国家依法划分财产所有权和经营权、使用权等产权归属，明确各类产权主体行使权利的财产范围及管理权限的一种法律行为；“产权纠纷”是指由于财产所有权及经营权、使用权等产权归属不清而发生的争议。产权界定遵循“谁投资、谁拥有产权”的原则。凡国家机关及其所属事业单位占有、使用的资产以及政党、人民团体中由国家拨款等形成的资产，界定为国有资产。国有资产产权界定和纠纷调处工作按照分级分工管理关系由同级国有资产管理部门会同有关部门进行。

1994年，东阳市委、市政府决定在全市国有、城镇集体企业中试行股份合作制改革，在印发的《关于国有、城镇集体企业试行股份合作制的通知》中明确，企业的原始产权应当按照“谁投资谁所有，谁积累谁所有”的原则进行合理界定，国有企业按照1983年底的账面资产减去待转固定基金后，全部界定为国有资产，1984年1月1日以后国家专项拨款全部界定为国有资产，1984年1月1

日以后企业税后留利和政策规定提留的各项基金，减去相关亏损、损失、赤字和消费性开支后的结余，作为企业公共积累，归企业集体所有。

1995年，东阳市财政局转发执行国家国有资产管理局《国有资产产权纠纷调处工作试行规则》和《集体企业国有资产产权界定暂行办法》，对集体企业中的国有资产产权归属，从资产的原始来源入手，凡国家作为投资主体，在没有将资产所有权让渡之前，仍享有对集体企业中国有资产的所有权。

1998年，为了加快经济体制改革步伐，深化企业制度改革，东阳市委、市政府印发《关于进一步深化企业改革的若干政策意见（试行）》，对国有、城镇集体企业改制过程中涉及国有资产界定政策明确如下：国有企业经资产评估后的所有者权益界定为国有资产；集体企业按“谁投资谁所有”的原则，其中国家投资部分及其收益按投资比例界定为国有资产；上述界定中若有争议的，由市深化企业改革领导小组裁定。

2006年，财政部颁布《行政单位国有资产管理暂行办法》和《事业单位国有资产管理暂行办法》，规定由各级财政部门负责组织产权界定。

2009年5月1日起施行的《中华人民共和国企业国有资产法》第四十二条规定，企业改制应当按照规定进行资产的准确界定，客观、公正地确定资产的价值。由政府授权履行出资人职责的机构负责组织产权界定工作。

此后，凡涉及企业改制、资产拍卖等国有产权变动情况的，均按上述相关规定进行产权界定。

**二、产权登记**

**（一）企业产权登记**

国有资产管理部门代表政府登记占有国有资产的各类企业的资产、负债、所有者权益等产权状况，依法确认产权归属，是国有资产管理中重要日常基础性工作。

1989年，国务院决定清理整顿公司，批转国家工商行政管理总局《关于公司年检和重新登记注册若干意见的通知》，财政部据此制定清理整顿公司财务的规定，要求凡属清理整顿的公司，必须持财政部门和财政部门认定的财务管理部门出具的证明（即公司实有资金证明），方可办理重新登记注册手续，以便核实资产，明确财务隶属关系。

1990年，国务院《关于加强国有资产管理工作的通知》明确要求登记国有资产产权。据此，国家国有资产管理局、财政部、国家工商行政管理总局制定《国有资产产权登记管理办法（试行）》，开始建立国有资产产权登记制度，凡是占有、使用国有资产的企业都必须向国有资产部门申报、办理产权登记手续。

1992年，国家国有资产管理局印发《国有资产产权登记管理试行办法实施细则》，根据上级统一部署，东阳市财政局会同工商行政管理局自1992年9月起在全市开展国有资产产权登记工作，对全民所有制企业、实行自收自支或企业化管理的独立核算的事业单位、行政事业单位下属企业、完全用国有资产开办的集体企业等均列入登记范围;产权登记包括开办产权登记、变动产权登记、注销产权登记和产权登记年度检查;经国有资产管理部门审核同意的"国有资产产权登记表"作为企业单位占用国有资产的资金信用证。通过登记并审核,全市91户企业国有资产总量达2.12亿元,其中国有资本金达1.94亿元。

1996年,随着社会主义市场经济的发展和《中华人民共和国公司法》的出台,为建立与市场经济相适应的产权管理体制,加强企业国有资产产权登记管理,根据前几年的产权登记实践,国务院发布《企业国有资产登记管理办法》,规定国有企业、国有独资公司、持有国家股权的单位以及以其他形式占有国有资产的企业,应当依法办理产权登记。同时,国家国有资产管理局印发《企业国有资产产权登记管理办法实施细则》,新办法将以前的开办产权登记改为占有产权登记,产权登记分为占有产权登记、变动产权登记、注销产权登记。东阳国有资产管理局在贯彻执行中明确:企业国有资产产权登记的范围是占有国有资产并已经取得企业法人资格的各类企业和用国有资产申请取得法人资格的企业;企业国有资产产权登记由县级以上国有资产管理部门按产权归属关系组织实施;企业产权登记通过审核的发给由国家国有资产管理局统一印制的"中华人民共和国国有资产产权登记证(境内企业)",其中对实收资本为零的暂缓发证,对企业所有者权益小于或等于零的企业不予发证。

为了进一步加强国有资产产权登记管理工作,1998年,东阳市政府转发省政府《关于加强国有资产产权登记管理工作有关问题的通知》,要求工商行政管理、银行等相关部门配合做好国有资产产权登记管理工作。

2000年,财政部根据国务院颁布的《企业国有资产产权登记管理办法》制定发布《企业国有资产产权登记管理办法实施细则》,规定产权登记机关是县级以上国有资产管理部门,财政部主管全国产权登记工作,统一制定产权登记的各项政策法则。原国家国有资产管理局1996年制定的《企业国有资产产权登记管理办法实施细则》同时废止。同年12月,根据上级精神,东阳市重新开展企业占有登记和换发新的"产权登记证"工作。

2002年,根据《企业国有资产产权登记管理办法实施细则》的有关规定,东阳市对企业解散、依法撤销、依法宣告破产、企业转让全部国有资产、改制后不再设置国有股份的企业或单位开展了注销产权登记工作。是年起,全市实行企业国有资产产权登记年检制度。

2005年,根据国务院国资委《企业国有资产产权登记业务办理规则》和省国资委的有关精神,东阳全市开展产权登记表证换发工作。

因全省国家出资企业产权登记管理信息系统正式上线,并初步建立了以2012年6月30日为时点的新的产权登记数据系统,为保证信息系统的正常运行和数据质量,2013年,浙江省国资委印发《关于进一步做好国家出资企业产权登记工作的通知》,要求及时做好日常产权登记工作,启用新版产权登记证、登记表,并加强产权登记情况的监督检查工作。

为加强企业产权登记工作，2018年，浙江省国资委组织开展了全省范围的企业国有资产交易和国有产权登记检查工作。

### （二）行政事业单位产权登记

1995年，国家国有资产管理局根据《行政事业单位国有资产管理办法》制定颁布《行政事业单位国有资产产权登记实施办法》，省国资局据此制定印发《浙江省行政事业单位国有资产产权登记实施办法》，凡占有、使用国有资产的行政事业单位，都要对应属国家所有的资产按照规定，向国有资产管理部门申报、办理产权登记，并由国资管理部门核发《国有资产产权登记证（行政事业单位）》。产权登记包括设立产权登记、变动产权登记、撤销产权登记。1996年1月1日起，东阳开始进行行政事业单位产权登记工作。

2002年，浙江省财政厅根据省政府《关于进一步加强行政事业单位国有资产管理工作的意见》精神，制定印发《浙江省行政事业单位国有资产产权登记试行办法》，凡是占有、使用国有资产的行政事业单位，均应按要求向财政部门申请办理产权登记；财政部门代表国家对行政事业单位国有资产进行登记，依法确认国有资产的所有权和行政事业单位占有、使用权，并由财政部门核发“浙江省行政事业单位国有资产产权登记证”；产权登记包括占有产权登记、变动产权登记和注销产权登记等。次年，根据浙江省财政厅统一部署，东阳全市重新开展行政事业单位国有资产占有产权登记工作。

2014年，根据财政部印发《事业单位及事业所办企业国有资产产权登记管理办法》，按照上级部署，东阳市财政局开展事业单位及企业国有资产产权登记与发证工作，登记范围为各类事业单位以及占有、使用国有资产的社会团体和民办非企业单位，事业单位所办的国有独资企业、国有独资公司、国有控股公司、实行企业化管理的事业单位等。登记基准日为2013年12月31日。全市共对316户事业单位及事业单位所办企业进行了国有资产产权登记和发证工作。

### （三）金融企业产权登记

为进一步做好金融企业国有资产产权登记管理工作，切实清理核实金融企业国有资产占有和变动情况，2002年，财政部印发《关于进一步做好金融企业国有资产产权登记管理工作的通知》，凡在我国境内设立的金融企业，其实收资本包括国家资本金的，均须按规定办理国有资产产权登记；金融企业国有资产产权登记管理工作，按照“统一政策、分级管理”的原则，由县级以上主管财政机关组织实施；金融企业国有资产产权登记管理工作主要包括国有资产占有登记、变更登记、注销登记以及年度检查审核等工作；主管财政机关应当建立产权登记档案；农村信用社的产权登记工作要按照先易后难原则，逐步实施。

2006年，财政部颁布《金融类企业国有资产产权登记管理暂行办法》，进一步规范金融类企业国有资产产权登记管理工作。

因东阳长期以来没有地方所属的国有金融企业，故此项工作未有开展。2018年12月，经市政府批准设立“东阳市国控融资担保有限公司”，为东阳市第一家地方性国有金融企业。

## 三、产权转让

产权转让是指资产所有人将资产所有权让渡的行为。行政事业单位国有资产产权转让，按照其资产处置的有关法规办理，具体在本篇第二章第二节“行政事业国有资产管理”中表述，本节主要表述企业国有资产的产权转让。

企业国有资产产权主要包括国家对企业以各种形式投入形成的权益、国有及国有控股企业各种投资所形成的应享有的权益、依法认定为国家所有的其他权益等。企业国有资产产权转让是指国有资产监管机构或持有国有资本的企业将所持有的企业国有产权有偿转让给境内外法人、自然人或其他组织的活动。企业国有资产产权转让应当遵守相关法律、法规和政策规定。

1991年，浙江省财政厅转发国家国有资产管理局《关于国有资产办理无偿划转手续的通知》，并作了一些补充规定：属县（市）管理的国有资产跨市地划转的，由市地国有资产管理部门提出申请，报省国有资产管理部门审批；省与县（市）之间的国有资产划转，由划入划出的省级主管部门与地方国有资产管理部门提出申请，报省国有资产管理部门审批。

1994年，针对一些地方在国有企业产权交易过程中的出现的一些问题，国务院下发《关于加强国有企业产权交易管理的通知》，规定省级人民政府组织成批国有企业产权交易活动，必须报国务院审批，地市以下政府不准组织成批国有企业产权交易活动；地方管理的国有企业产权转让，要报地市以上人民政府审批；国有企业产权转让的收入，首先偿还银行债务和安置好本企业职工；禁止将国有企业产权低价折股、低价出售、无偿分给个人，不准以赊销的方式转让国有企业产权。同年10月，为了积极稳妥地推进国有、城镇集体企业产权的出售工作，市政府印发《东阳市出售国有、城镇集体企业产权的暂行规定》，对国有、城镇集体企业的产权原则上都可以部分出售或整体出售，重点是长期经营不善、连续多年亏损、资不抵债、停产多年、濒临破产或无主导产品、设备老化、经济效益差、需要优化产业结构的企业。对被出售企业应当在清产核资和资产评估的基础上采取公开拍卖或协商作价的方式转让。

1997年，东阳市政府转发执行省政府《浙江省企业国有资产产权转让管理暂行办法》，明确企业国有产权是指企业中国家作为国有资产所有者依法取得或通过出资及收益形成的财产权益；企业国有产权转让是有偿出让或者受让企业国有产权的行为。国有产权转让必须遵循“符合国家产业结构调整的需要；有利于优化资源配置，提高整体运营效益；促进国有资产保值增值，防止国有资产流失；自愿、有偿、公开、公平、公正”的原则。出让资产总额在500万元以下并净资产200万元以下的，按隶属关系由同级国资部门审批；出让资产总额在500万元以上或净资产200万元以上的，由同级政府或国资委审批。企业国有产权转让应当在依法设立并具有从事企业国有产权转让业务资格的产权交易机构内进行，国有资产管理部门实施对产权交易机构从事国有产权交易资格管理。次年，省财政厅出台《浙江省产权交易机构从事国有产权转让资格管理暂行办法》，对从事国有产权交易的机构资格条件及其监督管理作了规定。

1998年,为了进一步加快全市国有、城镇集体企业改革步伐,培育和发展产权市场,规范国有、城镇集体产权转让行为,促进资产优化配置,防止国有、集体资产流失,东阳市政府印发《东阳市国有、城镇集体企业产权转让管理暂行办法》,规定产权转让的范围包括:非公司制国有、集体的整体产权或部分产权;有限责任公司和非上市公司的国有、集体股权;其他经批准转让的国有、集体产权等。国有产权以国有资产管理部门或市政府授权的机构作为出让主体,城镇集体产权以改制企业的主管部门作为出让主体。出让资产的出让价格,原则上以中介机构评估,并经产权主体单位界定确认的价值作为出让底价。出让方式可采取竞价出让、协议出让或国家规定的其他方式出让,以协议方式出让的,出让成交价下浮幅度低于10%的,经主管部门审查同意后报市企改办(市企业改革领导小组办公室)审批,成交价下浮幅度高于10%的,须经市企业改革领导小组审批。同时,对出让程序、出让收入收缴、出让违规处罚等作了明确规定。

2000年,东阳市国有资产管理局转发执行省财政厅《关于企业国有资产办理无偿划转手续的规定》,对企业因管理体制调整、行政隶属关系改变、企业之间兼并、国有产权转换、组建企业集团等原因发生产权变动情况,应按规定向财政(国资)部门办理企业资产无偿划转手续。

2002年,为了进一步规范国有产权交易行为,促进国有资产合理流动和优化配置,省财政厅根据省政府有关国有产权交易管理的政策意见,制定印发《浙江省国有产权交易监督管理暂行办法》,明确国有产权是指国有有形资产、无形资产所有权以及与财产所有权相关的经营权、使用权、收益权、处分权等权利。财政(国资)部门按照规定的职责和权限负责国有产权交易的监督和管理。产权交易必须在依法设立并取得从事国有产权转让资格的产权交易机构内进行,严禁场外交易。产权交易可采取拍卖、竞价转让、招标转让、协议转让及法律规定的其他方式。

2005年,为了进一步完善国有产权交易资格管理制度,省国资委印发《浙江省国有产权转让业务资格管理办法》,产权交易机构必须取得国有产权转让业务资格方能从事国有产权转让业务;县级国资部门负责产权交易机构国有产权转让业务资格的初审,报省国资部门审定,并核发"国有产权转让资格证书"。同年12月,为了深化产权制度改革,规范国有(集体)产权交易行为,市政府印发《东阳市国有(集体)产权交易管理暂行办法》,规定市招投标市场管理委员会办公室对全市国有(集体)产权交易进行协调、监督和管理,为产权交易提供场所和配套服务;市财政(国资)等部门按照规定的职责和权限实施监督管理。

2006年,为推动产权交易市场健康发展,确保公平竞争,省国资委印发《浙江省企业国有产权转让招标投标管理试行办法》,规定国有产权转让招标投标活动应当坚持公开、公平、公正、规范和诚信的原则,任何单位和个人不得以任何方式非法干涉招标投标活动。

2014年,省国资委重新修订印发《浙江省国有产权转让业务资格管理办法》,对产权交易机构资格申报、日常管理及其法律责任等进行了修改和完善,明确省国资委负责全省产权交易机构国有产权转让业务资格的审定工作，各市县国资监管机构负责所辖产权交易机构国有产权转让业务资格的初审工作；对产权交易所（中心）、招投标机构和拍卖机构应当具备的条件作了明确规定；对具备国有产权交易业务资格的机构由省国资委核发“浙江省国有产权转让业务资格证书”，证书有效期3年，到期重新申办。

2016年，国务院国资委和财政部颁布《企业国有资产交易监督管理办法》的第32号令，进一步强化了国有产权交易的监督管理。

2017年，通过采购招标确定浙江鼎盛拍卖有限公司东阳分公司、东阳市光大拍卖公司等4家为东阳市国资办国有资产拍租（卖）中介服务采购中标单位，从事国有资产拍租（卖）服务业务。

## 第四节　清产核资

清产核资即“清查财产、核定资金”的简称。通过清产核资，摸清企业或行政事业单位的资产“家底”，促进加强各项基础管理，增强发展后劲，同时，理顺产权关系，为建立现代企业制度，推进政府各项改革，加强国有资产管理奠定基础。

### 一、国有企业清产核资

国有企业清产核资工作始于1951年，中财委颁布《关于国营企业清理资产核定资金的决定》《国营企业资产清理及估价暂行办法》《国营企业资金核定暂行办法》，进行清产核资，清理截至1951年6月底的国营企业实有资产，以人民币为单位重新估价，并根据1951年上半年实际状况和下半年的生产和供销计划，核定流动资金定额及所需固定资金，以便正式确定国营企业的国家投资额。

1962年，浙江省颁布《关于国营工交企业、基建单位核定固定资产和流动资金若干问题的规定》，进行了第二次清产核资工作。企业应按房屋、建筑物、动力设备、传导设备、生产设备、工具仪器及生产用具、运输设备、管理用具、土地9个类别核定固定资产。按储备资金、生产资金、成品资金3个环节计算流动资金定额。在核定固定资产时，要摸清三种情况：一是查清现有各项固定资产的项目、数量、金额；二是按照核定的生产规模所必需的和备用的固定资产；三是多余和不足的固定资产。核定流动资金时，要摸清以下四种情况：一是几年来生产和物资、资金的变化情况；二是1961年年末流动资金实际占用情况，分析其中积压多余、盘亏短缺等不正常的因素；三是根据1962年的有利条件，提出需要有关资金、物资的定额定量情况；四是按照1962年的生产计划，试算所需的流动资金定额。核定资产后，企业应将不足的、积压多余的物资和固定资产分别列表，报告清产核资小组和企业主管部门，以便调剂和处理。

1972年，浙江省根据国务院和全国清产核资领导小组印发的《全国清产核资实施办法（草案）》以及省革命委员会增产节约、清产核资领导小组《关于清产核资中若干具体问题的解答》等文件的规定，进行了第三次全面清产核资工作。当年，对核定流动资金定额提出了一些具体规定，如核资应以国家下达当年的生产计划为依据；对于季节性生产的工业企业和属于季节性的农副产品原材料储备，应按全年生产中最低季度生产的合理资金需要核定资金定额等。

经过“文化大革命”，国民经济面临崩溃边缘，国营企业亏损严重，为了加强企业经营管理，提高企业利润水平，根据国务院部署，1978年，东阳县革委会开展企业扭亏增盈工作，经过一年多的努力，扭亏增盈工作取得较大成效，但是企业亏损面和亏损率还不能根本改变，盈利水平低，扭亏进度仍不够理想，为此，国务院决定自1979年起，用两年时间继续加强扭亏增盈和开展清产核资工作，主要目的是要在全面清查财产、摸清家底的基础上，对企业固定资产和流动资金逐步实行有偿占用制度。1980年，浙江省转发国务院清产核资扭亏增盈领导小组等4部门《关于国营工交企业清产核资划转定额贷款和国拨流动资金实行有偿占用的通知》，从1981年1月1日起一律实行企业国拨自有流动资金有偿占用办法。

1995年，为贯彻《中共中央关于建立社会主义市场经济体制若干问题的决定》中提出的“有步骤地开展清产核资”精神，根据中央和省关于清产核资工作的总体安排，市政府印发《东阳市1995年清产核资实施方案》，指导思想是：通过清产核资，摸清企业“家底”，促进加强企业基础管理，适当帮助企业解决困难，增强企业发展后劲，同时，理顺产权关系，为建立现代企业制度、改革国有资产管理体制和管理方式奠定基础，为推进各项改革工作打好基础。清产核资的范围包括：全市所有国有企业、实行企业化管理的事业单位、各类地方国有金融企业、各部门创办的境外企业和机构等。清产核资的主要内容包括：资产清查、产权界定、价值重估和土地估价、资金核实、产权登记、建章立制等。资产清查的时间点为1994年12月31日。

表5-1-4-1

## 1995年东阳市国有企业清产核资情况表

| 序号 | 所属系统 | 企业名称 | 企业地址 | 资产总额（万元） | 所有者权益(万元) | 资产负债率(%) | 1994年利润总额（万元） | 固定资产估价后 | | 土地估价后 | |
|---|---|---|---|---|---|---|---|---|---|---|---|
| | | | | | | | | 原值（万元） | 净值（万元） | 面积（平方米） | 价值（万元） |
| 1 | 经委 | 东阳针织一厂 | 东阳经济开发区 | 3167 | 610 | 80.74 | -97 | 2267 | 1388 | 59972 | 310 |
| 2 | 经委 | 东阳纺织工贸公司 | 吴宁中路51号 | 1022 | -14 | 101.37 | -24 | 612 | 345 | 8196 | 108 |
| 3 | 经委 | 东阳酿造总厂 | 吴宁中路58号 | 1292 | 347 | 73.14 | -87 | 1125 | 692 | 65751 | 219 |
| 4 | 经委 | 东阳针织机械厂 | 东阳西门外蒋店 | 1042 | 252 | 75.82 | 1 | 526 | 413 | 23460 | 256 |
| 5 | 经委 | 东阳市瓷厂 | 东阳城北大桥西侧 | 789 | 155 | 80.35 | | 683 | 412 | 33005 | 174 |
| 6 | 经委 | 东阳造纸厂 | 东阳市黄田畈 | 606 | -99 | 116.34 | -155 | 798 | 435 | 41188 | 206 |
| 7 | 经委 | 东阳纺织机械厂 | 东阳市塘西 | 1448 | 351 | 75.76 | 1 | 970 | 551 | 130600 | 616 |
| 8 | 经委 | 东阳汽车有限公司 | 吴宁镇过境北路 | 875 | 272 | 68.91 | 28 | 377 | 221 | 11353 | 88 |
| 9 | 经委 | 浙江精密量具厂 | 东阳人民医院旁边 | 789 | 205 | 74.02 | -32 | 610 | 316 | 17051 | 186 |
| 10 | 经委 | 东阳机械制造厂 | 吴宁镇东街东井巷3号 | 661 | 281 | 57.49 | | 616 | 320 | 18088 | 182 |
| 11 | 经委 | 东阳无线电元件厂 | 东阳横锦 | 1354 | 7 | 99.48 | -25 | 583 | 312 | 27904 | 178 |
| 12 | 经委 | 浙江莹光化工有限公司 | 吴宁镇东七里 | 12643 | 3761 | 70.25 | 701 | 4157 | 3143 | 149035 | 1320 |
| 13 | 经委 | 东阳农药厂 | 吴宁镇东七里 | 7528 | 1601 | 78.73 | -220 | 2976 | 1766 | 117598 | 1029 |
| 14 | 经委 | 浙东兴化工企业集团公司 | 吴宁镇迎晖路56号 | 136 | 9 | 93.38 | 8 | | | | |
| 15 | 经委 | 东阳化学工贸有限公司 | 吴宁镇东七里 | 3341 | 680 | 79.65 | 10 | 1947 | 830 | 80636 | 653 |
| 16 | 经委 | 东阳市生物化工厂 | 东阳市歌山镇 | 918 | 208 | 77.34 | 1 | 505 | 207 | 18225 | 90 |
| 17 | 经委 | 东阳黄金公司 | 吴宁镇卢三中滩 | 858 | 216 | 74.83 | | 647 | 487 | 57740 | 240 |
| 18 | 经委 | 东阳正方石材厂 | 吴宁镇卢三中滩 | 252 | 10 | 96.03 | -50 | 155 | 149 | 10921 | 98 |
| 19 | 经委 | 东阳市供电局 | 吴宁中路 | 12678 | 4346 | 65.72 | 312 | 3204 | 2218 | 33065 | 219 |
| 20 | 经委 | 东阳市水泥厂 | 吴宁镇七里寺 | 1221 | 410 | 66.42 | 127 | 1044 | 772 | 61226 | 290 |
| 21 | 经委 | 东阳市矿业公司 | 吴宁镇龙山路10号 | 635 | 426 | 32.91 | 15 | 525 | 310 | 25529 | 127 |

续表5-1-4-1

| 序号 | 所属系统 | 企业名称 | 企业地址 | 资产总额（万元） | 所有者权益(万元) | 资产负债率(%) | 1994年利润总额（万元） | 固定资产估价后 | | 土地估价后 | |
|---|---|---|---|---|---|---|---|---|---|---|---|
| | | | | | | | | 原值（万元） | 净值（万元） | 面积（平方米） | 价值（万元） |
| 22 | 经委 | 东阳市医药化工厂 | 吴宁镇焕山 | 925 | -109 | 111.78 | -20 | 236 | 123 | 1711 | 8 |
| 23 | 经委 | 东阳市工业供销公司 | 吴宁西路24号 | 315 | 15 | 95.24 | | 63 | 41 | 744 | 20 |
| | | 小计 | | 54495 | 13940 | 74.42 | 494 | 24626 | 15451 | 992998 | 6617 |
| 24 | 商业 | 东阳市纺织品公司 | 吴宁镇振兴路2号 | 821 | 146 | 82.22 | 1 | 45 | 22 | 1482 | 17 |
| 25 | 商业 | 东阳市百货批发公司 | 吴宁镇双岘路17号 | 563 | 57 | 89.88 | 17 | 78 | 36 | 5536 | 60 |
| 26 | 商业 | 东阳市百货公司 | 吴宁东路1号 | 814 | 248 | 69.53 | 21 | 634 | 418 | 2444 | 193 |
| 27 | 商业 | 东阳市五交化总公司 | 吴宁镇双岘路31号 | 1505 | 146 | 90.30 | 2 | 320 | 225 | 9337 | 147 |
| 28 | 商业 | 浙江石油公司东阳市公司 | 吴宁镇山川路3号 | 1013 | 317 | 68.71 | 82 | 354 | 228 | 32770 | 294 |
| 29 | 商业 | 东阳市食品总公司 | 吴宁西路23号 | 2355 | 607 | 74.23 | 30 | 1309 | 882 | 115121 | 854 |
| 30 | 商业 | 东阳市医药药材有限公司 | 吴宁镇山川路2号 | 1141 | 255 | 77.65 | 73 | 189 | 137 | 8595 | 168 |
| 31 | 商业 | 东阳市南极冷食有限公司 | 吴宁镇西岘路14号 | 1106 | 60 | 94.05 | | 343 | 257 | 9701 | 113 |
| 32 | 商业 | 东阳市蔬菜水产公司 | 吴宁镇南街33号 | 327 | 41 | 87.46 | | 144 | 111 | 5527 | 119 |
| 33 | 商业 | 东阳市商运实业公司 | 吴宁镇环城北路84号 | 73 | 23 | 68.49 | | 4 | -1 | 1902 | 25 |
| 34 | 商业 | 东阳商业局驻义乌转运站 | 义乌市义东路32号 | 7 | 2 | 71.43 | | 2 | 1 | 163 | 1 |
| 35 | 商业 | 东阳商业集团公司 | 吴宁镇长生路7号 | 596 | 97 | 83.72 | | 139 | 131 | 2228 | 33 |
| 36 | 商业 | 东阳市糖盐烟酒总公司 | 吴宁东路13号 | 1141 | 113 | 90.10 | 19 | 333 | 280 | 13170 | 225 |
| 37 | 商业 | 浙江烟草公司东阳市公司 | 吴宁镇振兴路 | 1596 | 740 | 53.63 | 258 | 534 | 503 | 5380 | 110 |
| 38 | 商业 | 东阳市饮食服务公司 | 吴宁西路13号 | 1324 | 379 | 71.37 | 80 | 1383 | 1117 | 14604 | 736 |
| | | 小计 | | 14382 | 3231 | 77.53 | 583 | 5811 | 4347 | 227960 | 3095 |
| 39 | 交通 | 东阳市交通服务部 | 吴宁西路11号 | 33 | 4 | 87.88 | 1 | | | | |
| 40 | 交通 | 东阳市汽车运务公司 | 吴宁西路11号 | 87 | 14 | 83.91 | 8 | 138 | 48 | 11360 | 148 |
| 41 | 交通 | 东阳市货联运公司 | 吴宁西路11号 | 358 | 26 | 92.74 | | 48 | 16 | 6884 | 90 |
| 42 | 交通 | 东阳市交通电器厂 | 吴宁东路176号 | 147 | -31 | 121.09 | -6 | 5 | 4 | | |

续表5-1-4-1

| 序号 | 所属系统 | 企业名称 | 企业地址 | 资产总额（万元） | 所有者权益(万元) | 资产负债率(%) | 1994年利润总额（万元） | 固定资产估价后 | | 土地估价后 | |
|---|---|---|---|---|---|---|---|---|---|---|---|
| | | | | | | | | 原值（万元） | 净值（万元） | 面积（平方米） | 价值（万元） |
| 43 | 交通 | 东阳市顺风新型建材厂 | 李宅镇奎梧塘村 | 222 | -3 | 101.35 | | 84 | 83 | | |
| 44 | 交通 | 东阳市汽车出租旅游公司 | 吴宁东路7号 | 171 | | 100.00 | | 69 | 68 | | |
| 45 | 交通 | 东阳市汽车客运公司 | 吴宁西路11号 | 1090 | 365 | 66.51 | 120 | 986 | 593 | 778 | 10 |
| 46 | 交通 | 东阳市汽车修理公司 | 东阳市大寺下 | 387 | -167 | 143.15 | -160 | 195 | 34 | 8443 | 110 |
| 47 | 交通 | 东阳市交通电器二厂 | 吴宁东路176号 | 52 | -65 | 225.00 | -39 | 4 | 3 | | |
| 48 | 交通 | 浙江顺风交通集团公司 | 吴宁镇建设路186号 | 6590 | 298 | 95.48 | 55 | 1107 | 972 | 57510 | 487 |
| | | 小计 | | 9137 | 441 | 95.17 | -21 | 2636 | 1821 | 84975 | 845 |
| 49 | 物资 | 东阳市机电设备公司 | 吴宁西路35号 | 1101 | 178 | 83.83 | | 298 | 252 | 2363 | 46 |
| 50 | 物资 | 东阳民爆物资专营公司 | 吴宁西路47号 | 392 | 52 | 86.73 | -10 | 16 | 11 | 2637 | 33 |
| 51 | 物资 | 东阳市燃料公司 | 吴宁镇人民路 | 1718 | 458 | 73.34 | 1 | 646 | 443 | 27467 | 297 |
| 52 | 物资 | 东阳市生产物资公司 | 吴宁镇通江路8号 | 251 | -92 | 136.65 | -59 | 61 | 46 | 3677 | 17 |
| 53 | 物资 | 东阳市建材物资公司 | 吴宁过境北路 | 372 | 22 | 94.09 | -28 | 22 | 14 | 1458 | 7 |
| 54 | 物资 | 东阳市金属材料公司 | 吴宁镇环城北路 | 1106 | -57 | 105.15 | -155 | 170 | 160 | 3390 | 31 |
| 55 | 物资 | 东阳市化工轻工公司 | 吴宁镇环城北路 | 234 | 36 | 84.62 | -16 | 21 | 14 | 1488 | 7 |
| 56 | 物资 | 物资再生综合利用公司 | 吴宁镇环城北路 | 198 | 30 | 84.85 | -25 | 57 | 48 | 4841 | 37 |
| 57 | 物资 | 东阳市物资总公司 | 吴宁镇环城北路 | 409 | -30 | 107.33 | -22 | | | | |
| 58 | 物资 | 东阳物资局吴宁供应站 | 吴宁镇环城北路 | 254 | 1 | 99.61 | | | | | |
| 59 | 物资 | 东阳物资总公司巍山公司 | 东阳市巍山镇 | 31 | 18 | 41.94 | | 18 | 13 | 1049 | 5 |
| 60 | 物资 | 东阳物资总公司南马公司 | 东阳市南马镇 | 40 | 17 | 57.50 | | 38 | 32 | 2977 | 15 |
| 61 | 物资 | 东阳物资总公司横店公司 | 横店镇江南中路94号 | 58 | 24 | 58.62 | 1 | 48 | 44 | 1197 | 6 |
| 62 | 物资 | 东阳物资局东门供应站 | 吴宁镇环城北路 | 211 | -6 | 102.84 | -13 | 4 | 1 | | |
| 63 | 物资 | 东阳物资局六石供应站 | 东阳市六石镇 | 59 | -2 | 103.39 | | | | | |
| 64 | 物资 | 东阳市物资协作公司 | 吴宁镇环城北路 | 470 | 113 | 75.96 | | 184 | 165 | 14424 | 128 |

续表5-1-4-1

| 序号 | 所属系统 | 企业名称 | 企业地址 | 资产总额（万元） | 所有者权益（万元） | 资产负债率（%） | 1994年利润总额（万元） | 固定资产估价后 | | 土地估价后 | |
|---|---|---|---|---|---|---|---|---|---|---|---|
| | | | | | | | | 原值（万元） | 净值（万元） | 面积（平方米） | 价值（万元） |
| | | 小计 | | 6904 | 762 | 88.96 | -326 | 1583 | 1243 | 66968 | 629 |
| 65 | 粮食 | 东阳市面粉厂 | 东阳市经济开发区 | 1791 | 308 | 82.80 | 127 | 1009 | 955 | 25605 | 120 |
| 66 | 粮食 | 东阳市米厂 | 吴宁镇卢宅佐店 | 400 | 77 | 80.75 | 2 | 204 | 145 | | |
| 67 | 粮食 | 浙金穗集团食品工贸公司 | 吴宁镇长生路13号 | 344 | 28 | 91.86 | | 39 | 25 | 1912 | 17 |
| 68 | 粮食 | 东阳市味精厂 | 东阳市湖溪镇 | 931 | -126 | 113.53 | | 1032 | 923 | 10950 | 55 |
| 69 | 粮食 | 东阳市饲料公司 | 吴宁镇西山路3号 | 349 | 65 | 81.38 | 18 | 215 | 140 | 5439 | 49 |
| 70 | 粮食 | 东阳市粮食局汽车队 | 吴宁镇卢宅佐店 | 165 | 47 | 71.52 | | 132 | 91 | 4936 | 44 |
| 71 | 粮食 | 东阳市直属粮管所 | 吴宁镇爱国路3号 | 1239 | 36 | 97.09 | 35 | 400 | 328 | 3811 | 55 |
| 72 | 粮食 | 东阳市粮油储运公司 | 吴宁镇佐店 | 877 | 26 | 97.04 | 7 | 317 | 229 | 50196 | 449 |
| 73 | 粮食 | 东阳市划水粮食管理所 | 东阳市划水镇 | 455 | 31 | 93.19 | 20 | 143 | 110 | 14819 | 74 |
| 74 | 粮食 | 东阳市上卢粮食管理所 | 东阳市六石镇 | 1055 | 76 | 92.80 | 14 | 249 | 168 | 39871 | 199 |
| 75 | 粮食 | 东阳市巍山粮食管理所 | 巍山镇工人路18号 | 924 | 27 | 97.08 | 7 | 478 | 371 | 22590 | 113 |
| 76 | 粮食 | 东阳市佐村粮食管理所 | 东阳市佐村镇 | 237 | 1 | 99.58 | 10 | 72 | 64 | 9280 | 46 |
| 77 | 粮食 | 东阳市横店粮食管理所 | 东阳市横店镇 | 630 | 18 | 97.14 | 1 | 436 | 386 | 23032 | 115 |
| 78 | 粮食 | 东阳市湖溪粮食管理所 | 东阳市湖溪镇 | 660 | 20 | 96.97 | 9 | 228 | 191 | 14006 | 70 |
| 79 | 粮食 | 东阳市千祥粮食管理所 | 千祥镇南路103号 | 237 | 15 | 93.67 | 7 | 132 | 86 | 6802 | 36 |
| 80 | 粮食 | 东阳市南马粮食管理所 | 东阳市南马镇 | 404 | 13 | 96.78 | 29 | 236 | 168 | 30896 | 154 |
| 81 | 粮食 | 浙金穗工贸集团义乌公司 | 义乌市稠城镇 | 369 | 13 | 96.48 | 7 | 257 | 253 | 2928 | 18 |
| 82 | 粮食 | 东阳市粮食局 | 吴宁镇长生路13号 | 14350 | 49 | 99.66 | -129 | 128 | 98 | | |
| | | 小计 | | 25417 | 724 | 97.15 | 164 | 5707 | 4731 | 267073 | 1614 |
| 83 | 其他 | 东阳对外经济贸易公司 | 吴宁镇人民路5号 | 2214 | 157 | 92.91 | 2 | 244 | 184 | 4872 | 43 |
| 84 | 其他 | 东阳市农业机械公司 | 吴宁西路45号 | 583 | 213 | 63.46 | 41 | 155 | 112 | 9008 | 76 |
| 85 | 其他 | 东阳市林产品公司 | 吴宁西路49号 | 111 | 60 | 45.95 | | 70 | 61 | 1654 | 17 |

续表5-1-4-1

| 序号 | 所属系统 | 企业名称 | 企业地址 | 资产总额（万元） | 所有者权益(万元) | 资产负债率(%) | 1994年利润总额（万元） | 固定资产估价后 | | 土地估价后 | |
|---|---|---|---|---|---|---|---|---|---|---|---|
| | | | | | | | | 原值（万元） | 净值（万元） | 面积（平方米） | 价值（万元） |
| 86 | 其他 | 东阳市东白山茶场 | 东阳市虎鹿镇 | 213 | 166 | 22.07 | 8 | 308 | 190 | 6670000 | |
| 87 | 其他 | 东阳市木材总公司 | 吴宁西路48号 | 523 | 101 | 80.69 | | 354 | 333 | 12655 | 124 |
| 88 | 其他 | 东阳市人民政府招待所 | 吴宁镇十字街12号 | 856 | 159 | 81.43 | | 242 | 178 | 4110 | 141 |
| 89 | 其他 | 东阳剧院 | 吴宁镇南街47号 | 200 | 130 | 35.00 | 1 | 320 | 233 | 3822 | 68 |
| 90 | 其他 | 东阳电影发行放映公司 | 东阳电影公司 | 402 | 220 | 45.27 | -33 | 521 | 374 | 12182 | 532 |
| 91 | 其他 | 东阳市自来水公司 | 吴宁镇环城北路76号 | 1619 | 1213 | 25.08 | 41 | 1274 | 1094 | 50814 | 310 |
| 92 | 其他 | 东阳市印刷厂 | 吴宁镇陈宅街10号 | 548 | -197 | 135.95 | -158 | 484 | 318 | 11219 | 146 |
| 93 | 其他 | 东阳市住宅公司 | 吴宁镇东岘南路2号 | 4400 | 112 | 97.45 | 30 | 75 | 67 | 1920 | 25 |
| | | 小计 | | 11669 | 2334 | 80.00 | -68 | 4047 | 3144 | 6782256 | 1482 |
| | | 总计 | | 122004 | 21432 | 82.43 | 826 | 44410 | 30737 | 8422230 | 14282 |

1999年，为了适应企业"改革、改组、改造和加强管理"的要求，积极配合机构改革和政企分开等工作，东阳市财政局会同清产办转发财政部《关于做好日常清产核资工作有关问题的通知》，要求按照"统一领导、分级管理、各负其责"的原则，对企业发生脱钩挂靠、清理整顿、产权变动、财务异常或要求核销国有资本金等情况时，经主管部门和清产核资机构确定并组织清产核资工作，严格按照制度规定认真做好资产清查、产权界定、价值重估、资金核实等工作。

2003年，为规范企业清产核资工作，真实反映企业的资产及财务状况，完善企业基础管理，为科学评价和规范考核企业经营绩效及国有资产保值增值提供依据，国务院国资委颁布《国有企业清产核资办法》，规定清产核资内容包括：账务清理、资产清查、价值重估、损溢认定、资金核实和完善制度等，并对清产核资的范围、程序、结果认定等作了具体规定。同时，国务院国资委印发《国有企业清产核资工作规程》和《国有企业清产核资资金核实工作规定》等文件。清产核资步入法制化轨道。

2012年，为了摸清国有资产真实存量，核实其质量，发挥最大效益，东阳市委、市政府决定开展全市企业国有资产清理核查工作。清理核查范围为国有及国有控股企业(含企业化管理事业单位、实质上为国有的"集体"企业)。清理内容包括资产、负债和所有者权益，以及企业担保和借款情况、证券投资、资产损失和资金挂账情况等，重点是企业占有房产、土地情况的清查。清查基准时间为2011年12月31日。

2015年，为加强国有资产管理，避免漏管和闲置，东阳市政府决定在全市开展一次国有资产专项清查，清查的重点是国有企业所有、管理和使用的国有土地、房产等不动产，清查标准日为2015年3月31日。

2018年，为全面摸清全市国有资产家底，建立政府向人大常委会报告国有资产管理情况制度，充分发挥国有资产在保运转、保民生、促发展中的积极作用，市政府印发《东阳市国有资产清查工作方案》，决定对国有企业所有、管理、使用的资产(包括固定资产、流动资产、长期投资、无形资产和其他资产)进行清查。清查基准日为2018年9月30日。

表5-1-4-2 **2018年东阳市国有企业资产清查情况表**

| 项目 | | 国有企业 | 企业化管理事业单位 | 合计 |
|---|---|---|---|---|
| 基本情况 | 清查户数(户) | 93 | 12 | 105 |
| | 职工人数(人) | 6563 | 265 | 6828 |
| 资产情况 | 资产总额(万元) | 2713897.3 | 13939.6 | 2727836.9 |
| | 其中：固定资产(万元) | 238074.3 | 6203.1 | 244277.4 |
| | 1.房屋、建筑物(万元) | 107334.3 | 1330 | 108664.3 |
| | 建筑面积(万平方米) | 30.5 | 1.00 | 31.5 |

续表5-1-4-2

| 项目 | | 国有企业 | 企业化管理事业单位 | 合计 |
|---|---|---|---|---|
| 资产情况 | 2.通用设备(万元) | | | |
| | 3.其他固定资产(万元) | | | |
| | 流动资产(万元) | 2151697.0 | 7451.3 | 2159148.3 |
| | 在建工程(万元) | 162212.7 | | 162212.7 |
| | 无形资产 | 161913.2 | 285.3 | 162198.5 |
| | 1.土地资产(万元) | 117592.9 | 1959.5 | 119552.4 |
| | 2.土地面积(万平方米) | 576.1 | 42.4 | 618.5 |
| | 公共基础设施资产(万元) | 1058800.0 | | 1058800.0 |
| 2018年经营情况 | 营业收入(万元) | 211671.8 | 5791.5 | 217463.3 |
| | 实现利润(万元) | 17934.5 | 873.4 | 18807.9 |

## 二、城镇集体企业清产核资

为摸清和准确掌握集体所有制企业、单位的资产存量、结构及效益状况,理顺其产权关系,加强集体经济的资产管理,促进集体经济的改革和发展,国务院决定自1996年起在全国有计划地开展城镇集体企业、单位清产核资工作。

1997年,东阳市清产核资领导小组印发《东阳市城镇集体所有制企业、单位清产核资试点方案》,总体任务是全面摸清城镇集体企业资产的分布、存量、结构和效益状况,促进加强内部经营管理和财务管理,帮助企业解决部分困难,增强企业发展后劲,推进集体经济改革和发展,逐步提高集体企业资产运营效益。试点范围包括:城乡信用社、二轻系统所属企业及其他部门已进行改制的集体企业。清产核资的基本工作内容包括:资产清查、价值重估、产权界定、资金核实、产权登记、建章立制。清产核资的时间点为1997年3月31日。同时,东阳市清产办转发财政部等部门制定的《城镇集体所有制企业、单位清产核资暂行办法》及清产核资产权界定有关文件,结合试点工作执行。

1998年,根据上级统一部署,市清产核资领导小组印发《1998年东阳市城镇集体企业、单位清产核资工作方案》,决定在全市全面开展城镇集体企业清产核资工作,确定清产核资的时间点为1998年3月31日24时,通过资产清查、价值重估、产权界定、资金核实、产权登记等程序,全面摸清城镇集体企业家底。期间,对名为集体企业、实为私营(或个体)的企业,首先进行了清理、核定和甄别,经清理将68户“挂靠”企业属于私营或个体企业,不列入集体企业清产核资范围。通过本次历时两年的清产核资工作,摸清全市共有城镇集体企业单位161户,其中地方工商企业114户、地方金融企业46户、中央企业1户。

表5-1-4-3　　1997—1998年东阳市城镇集体企业清产核资汇总表

| 类别 | 户　数（户） | 资产总额（亿元） | 负债总额（亿元） | 所有者权益（亿元） | 资产负债率（%） |
|---|---|---|---|---|---|
| 地方工商企业 | 114 | 14.3 | 11.6 | 2.7 | 81 |
| 地方金融企业 | 46 | 25.3 | 23.8 | 1.5 | 94 |

### 三、行政事业单位清产核资

长期以来，行政事业单位的财产物资管理混乱，家底不清，损失浪费情况严重。为此，1979年国务院决定在行政、事业和基本建设单位对固定资产和流动资产进行全面清查盘点，并逐一核实，登记入账，做到账实相符。9月，东阳县清产核资扭亏增盈办公室会同财税局印发《关于行政事业单位清理财产的通知》，固定资产的清理范围包括：一是一般设备单价在20元以上且耐用时间在一年以上的；二是事业单位专用设备在50元以上的；三是单价虽不满20元（或50元），但耐用时间在一年以上且有大批的同类财产。流动资产的清理范围包括库存的、外借的、在途的财产物资和应收应付账款等。

1992年，为保证“撤区扩镇并乡”的机构改革顺利推进，切实做好资产处理工作，根据省委、省政府的有关意见和东阳市政府的决定，按照“划清产权、明确归属、谁有谁管、不搞平调”的原则，对机构变动的单位所有资产进行了清查，并按规定进行资产冻结、调拨、划转、移交等处理工作。

为了查清和核实行政事业单位占用财产的实物量及其相应的价值量，将国家所有的财产纳入国家财产管理，逐步做到财产占有与经常性支出预算管理相衔接，建立健全和完善行政机构及事业单位的财产管理制度，达到财产合理、有效、节约使用的目的，1993年，根据国务院和省的统一部署，市清产核资领导小组印发《东阳市国家行政事业单位财产清查登记工作实施方案》，明确财产清查登记的范围是国家行政单位和全民所有制事业单位；工作内容包括财产清查、财产价值确定和登记入账、所有权界定、清查结果账务处理和报告、建章立制等；以1992年12月31日为清查盘存时间点。

2002年，为了切实加强行政事业单位资产、财务的监督管理，根据省政府的有关精神，东阳市政府决定在全市全面开展行政事业单位清产核资工作，在全面摸清行政事业单位人员编制、经费使用、资产状况及债权债务等“家底”的基础上，积极配合行政机关、事业单位深化改革，为进一步加强行政事业国有非经营性资产的监督管理，强化财政预算管理奠定基础。清查的主要任务包括：一是对单位户数和人员情况进行清理，摸清人员编制和实有人数；二是对各项资产进行全面清查登记，核实债权债务，清理各项资金来源渠道和支出结构；三是真实报告清产核资结果，并进行相关的账务处理；四是健全管理制度，堵塞管理漏洞。清产核资的时间点统一为2002年6月30日。

2007年，为规范和加强行政事业单位国有资产管理，推动财政预算管理制度改革，根据财政部的统一部署，东阳市财政局决定在全市组织开展行政事业单位资产清查工作。资产清查的工作目标是：全面摸清家底，为建立行政事业单位国有资产动态监管系统提供信息支撑，建立资产管理与预算管理、资产管理与财务管理、实物管理与价值管理相结合的运行机制，建立健全资产管理制度。资产清查内容包括单位基本情况清理、账务清理、财产清查、建立国有资产卡片、完善管理制度等。清查工作程序为：单位清理、专项审计、部门审核、财政审批、账务处理等。清查基准日统一为2006年12月31日。

2008年，为了做好部分机构调整后的资产移交工作，东阳市政府决定对涉及机构调整中被撤销、归并、分设单位的所有资产，包括固定资产、低值易耗品、专用材料、银行存款、现金、有价证券、债权债务及其他资产等进行资产清查，清查基准日为2008年2月25日，清查工作内容包括财务清理、资产登记、资产核实、结果上报和财政核查等。

2012年，为了摸清国有资产真实存量，核实其质量，发挥最大效益，东阳市委、市政府决定开展全市国有资产清理核查工作。清理核查的范围为机关各部门、事业单位及其下属单位、镇乡（街道）及其下属单位。清理内容包括占有的固定资产、对外投资、无形资产及负债等，重点是建筑物、土地、城市公共设施、廉租房等。清查基准时间为2011年12月31日。

2015年，为加强国有资产管理，避免漏管和闲置，东阳市政府决定在全市开展一次国有资产专项清查，清查的重点是各行政事业单位（含财政拨款社会团体）所有、管理和使用的国有土地、房产等不动产。清查标准日为2015年3月31日。

2016年，为进一步加强行政事业单位国有资产管理，根据财政部和省财政厅部署，东阳市财政局决定在全市开展行政事业单位资产清查工作。清查范围为2015年底前批准成立、执行行政事业财务会计制度的行政事业单位和社会团体，以及执行民间非营利组织会计制度但与财政有经费缴拨关系的社会团体等。清查内容包括单位基本情况清理、账务清理、财产清查等。清查工作方法包括单位清理自查、主管部门审核、财政（国资）部门组织核查、建账立卡、完善管理信息系统、健全管理制度等。清查基准日是2015年12月31日。

2018年，为全面摸清全市国有资产家底，建立政府向人大常委会报告国有资产管理情况制度，充分发挥国有资产在保运转、保民生、促发展中的积极作用，市政府印发《东阳市国有资产清查工作方案》，决定对全市所有行政事业单位（含财政拨款的社会团体）所有、管理、使用的资产（包括固定资产、流动资产、长期投资、无形资产和其他资产）进行清查。清查基准日为2018年9月30日。

表5-1-4-4 **2018年东阳市行政事业单位资产清查情况表**

| 项目 | 行政单位 | 事业单位 | 合计 |
|---|---|---|---|
| 清查户数(户) | 81 | 328 | 409 |
| 资产总额(万元) | 375878.92 | 622373.90 | 998252.82 |
| 一、固定资产 | 100920.65 | 328109.05 | 429029.70 |
| 1.房屋资产(万元) | 40421.97 | 223676.63 | 264098.60 |
| 建筑面积(平方米) | 342750 | 2345934 | 2688684 |
| 2.土地资产(万元) | 3940.31 | 10127.09 | 14067.40 |
| 土地面积(平方米) | 2470511 | 3801445 | 6271956 |
| 3.通用设备(万元) | | | 85231.51 |
| 4.其他固定资产(万元) | | | 65632.19 |
| 二、流动资产(万元) | 195472.08 | 178105.61 | 373577.69 |
| 三、在建工程(万元) | 79007.35 | 93987.54 | 172994.89 |
| 四、无形资产(万元) | 478.83 | 1195.83 | 1674.66 |
| 五、长期投资(万元) | | 15558.28 | 15558.28 |
| 六、其他(万元) | | 5417.58 | 5417.58 |

说明:固定资产中的通用设备和其他固定资产无划分行政、事业单位的数据

# 第二章　国有资产分类管理

国有资产按其管理形式不同分为非金融企业国有资产、金融企业国有资产、行政事业性国有资产和资源性国有资产等。非金融企业的国有资产由政府授权相关机构以出资人身份实施监管，并由东阳市国资办负责综合管理；金融企业和行政事业性国有资产由财政部门负责监管；资源性国有资产由政府委托相关资源行政主管部门负责监管。

## 第一节　企业国有资产管理

在改革开放以前，政府对企业国有资产的管理，以资产的实物形态管理为主，实行对企业具体经营环节的计划管理，并贯穿于财政和各企业主管部门对国有企业财务管理的各项制度与政策之中，企业少有生产经营自主权和国有资产保值增值责任。改革开放后，实行社会主义市场经济体制，对企业国有资产管理以产权为中心，并由对资产实物形态的管理逐步转向价值形态的管理，按照权责利相结合的原则，试行多种形式的企业经营责任制，努力实现国有资产保值增值。

### 一、管理制度建设

1990年7月，为加强国有资产管理，确保国有资产及其权益不受损害，合理配置和有效经营国有资产，提高经济和社会效益，国务院印发《关于加强国有资产管理工作的通知》，对有计划地开展清产核资，核实国家资金，摸清国有资产“家底”；坚决防止和纠正损害国有资产的行为；完善企业的国有资产产权管理机制，继续深化企业改革；改进、完善企业经济效益考核内容；切实加强对国家固定资产投资的管理；在深化经济体制改革中，逐步建立与社会主义有计划商品经济相适应的新型的国有资产管理体制；按照“统一领导、分级管理”的原则，逐步建立和健全国有资产管理机构等方面提出了要求。1991年，东阳市政府据此印发《关于加强国有资产管理工作的通知》，提出要坚决防止和纠正损害国有资产产权的行为，规定凡用国有资产参股经营、合资经营以及进行企业租赁、兼并、向非全民所有制法人出售国有资产等活动，必须报经财政部门批准，并按有关规定对资产价值进行评估，办理产权转移手续；要加强承包经营责任制企业的国有资产管理，不得为多得留利而少提折旧、大修理基金，虚增利润，进一步完善承包经营企业国有资产保值增值考核指标，对国家基金的报损、冲减和核销必须报财政部门审批。

1994年，国务院颁发《国有企业财产监管条例》，较为系统地规定了各级政府国有资产管理行政主管部门、企业主管部门（或集团、总公司）、国有企业等对国有资产监管的职责、权限、方法和要求等，国有资产监管制度进一步规范。

此后，中央、省和东阳市政府陆续制定和出台有关企业国有资产清产核资、产权管理、保值增值考核、企业制度改革等方面的制度和办法。

2003年，为建立适应社会主义市场经济需要的国有资产监督管理体制，进一步搞好国有企业，发展和壮大国有经济，实现企业国有资产的保值增值，以国务院令形式发布了《企业国有资产监督管理暂行条例》，规定各级政府应当坚持政府的社会公共管理职能与国有资产出资人职能分开、政企分开、所有权与经营权分离的原则，实施国有资产监管。国有资产监管机构依法履行企业国有资产产权界定、产权登记、资产评估监管、清产核资、资产统计、综合评价等基础管理工作，根据授权依法履行出资人职责，依法对企业国有资产进行监督管理。此后，各地设区市以上独立的国有资产监督管理机构陆续建立。

2008年，东阳市委、市政府印发《关于进一步加强国有资产监督管理的若干意见》，提出国有资产监管要坚持与机构、人事、产权、预算等制度改革相结合，实行权利、义务、责任相统一，管资产、管人、管事相结合，优化资源配置，讲究资产效益的原则，建立履行企业国有资产出资人职责、享有所有者权益的新的企业国有资产监管机制。据此，市政府同时印发《东阳市企业国有资产监督管理暂行办法》，明确市政府代表国家按照政企分开、社会公共管理职能与国有资产出资人职能分开的原则，履行出资人职责，享有所有者权益；东阳市国资委（国有资产监督管理委员会）是全市国有资产监督管理的决策机构，负责研究制定企业国有资产监督管理的重大政策，决定企业国有资产投资、运营和监管的重大事项，决定企业管理者的人事任免；下设办公室（国有资产监督管理委员会办公室，简称“国资办”），是日常办事机构，专司全市企业国有资产监管的工作部门，并明确了国资办、主管部门和企业的工作关系及各自的监管职责；对企业管理者的选择、业绩考核、企业重大事项管理、各项基础管理工作和国有资产授权经营等作了具体规定。

2014年，为规范国有企业劳动用工，严格控制企业用工人数，强化企业用工监督管理，提高企业经济效益，市政府印发《东阳市国有企业劳动用工管理办法（试行）》，明确市国资办和人力社保局负责企业劳动用工计划的审定，企业劳动用工情况的监督和企业劳动用工招录的组织、监管、登记、备案等，企业及其主管部门负责企业员工的日常管理。国有企业劳动用工管理遵循“总量控制、机构精简、结构优化、人员精干；面向社会、条件公开、平等竞争、择优录取；运转高效、管理有序、降低成本、增加效益”的原则，并对劳动用工的招录、管理和监督作了具体规定。

2016年，为规范国有企业采购行为，市政府印发《东阳市国有企业采购管理办法（试行）》，对国有企业以合同方式有偿取得代购限额标准以上的货物和服务行为进行规范管理，按照公开、公平、公正、竞争、择优、诚信的原则，国有企业的采购活动应当按规定进入市公共资源交易平台进行采购交易，相关部门应当加强监管。

2017年，为加强国有企业资金融资行为的管理，市国资办、财政局和投融办（市投融资管理办公室）联合印发《关于进一步加强国有企业融资管理的通知》，国有企业通过银行及其他非银行金融机构取得的各类直接融资和间接融资，包括发行债券、银行贷款、基金融资、依托计划、融资租赁、债权投资等，均应纳入融资管理。

2018年，市政府印发《东阳市国有企业"资金池"管理办法（试行）》，"资金池"就是在维持国有企业资金所有权、借款和还款责任、独立核算主体不变的前提下，对各国有企业的资金通过统一平台实行集中管理和调剂，这个平台就叫"资金池"。建立"资金池"的目标是监控国有企业资金的规范、有序使用，统筹调剂企业闲置资金，解决企业之间短期性、结构性的资金需求。成立"东阳市国有企业财务管理中心"，具体负责"资金池"借款审批、资金调拨、理财、收益分配和系统安全维护等日常运作。9月，全市国有企业资金集中管控系统开通运行。至2018年年末，共入池国有企业87家，入池资金25.9亿元，调剂出借资金3220万元，为相关国有企业临时解决了资金需求，资金使用效益明显提升。

**二、重大事项管理**

2008年，为了进一步加强企业国有资产的监管，市政府印发《东阳市企业国有资产监督管理暂行办法》，建立国有企业重大事项的报告、审批或备案制度，由市国资办负责管理，规定如下：

**（一）下列事项应当报经主管部门和市国资办审核后报市国资委批准：**

1. 企业出售、股份制改造等企业改制方案及企业的分立、合并、破产或者解散；

2. 转让全部国有股权或者转让部分国有股权致使国家不再拥有控股地位；

3. 特别重大的投资项目；

4. 国有及国有控股企业重大财产损失核销；

5. 为非国有单位、个人提供担保等事项；

6. 市国资委确定的其他重大事项。

**（二）下列事项应当由主管部门审核后报市国资办批准：**

1. 国有独资公司和国有控股公司章程；

2. 重大投资项目；

3. 企业整体承包或委托经营；

4. 增减资本或者发行公司债券；

5. 在增资扩股中全部或者部分放弃国有股认股权；

6. 吸纳其他非国有资本投资入股，导致国有股比例下降；

7. 企业处置土地使用权等无形资产、房屋、成套生产线及关键设备；

8. 捐赠企业资产和资产无偿划拨；

9.国有及国有控股企业财产损失核销；

10.国有及国有控股企业间的重大担保；

11.企业工效挂钩方案或工资核定方案

12.其他重大事项。

**(三)下列重大事项应由主管部门批准，并报市国资办备案：**

1.企业重大投融资规划、发展战略规划、年度投资计划和年度财务计划；

2.国有独资及国有控股企业进行超过企业总资产10%以上的资产承包、租赁等重大资产委托经营活动；

3.国有及国有控股企业年度工资总额计划及分配情况、企业实施职工住房补贴、住房公积金、企业年金等收入分配方面的重大事项；

4.其他重大事项。

**(四)下列事项应当向主管部门和市国资办报告：**

1.国有控股公司、国有参股公司的股东会、董事会决定公司分立、合并、破产、解散、增减资本、发行公司债券等重大事项时，市国资委派出的股东代表、董事应当事前向市国资办报告，按照市国资办的意见行使表决权，并在规定时间内将有关情况向市国资办提交书面报告。

2.企业的下列重大事项应当及时向主管部门和市国资办报告：发生生产安全事故、重大质量事故造成企业人员伤亡和重大财产损失；企业重大法律纠纷案件；产品被外国或地区列入反倾销调查目录；企业管理者因被采取限制人身自由的强制措施或健康等原因不能履行职责；需报告的其他重大事项。

此项管理办法一直延续执行至今。

**三、企业负责人的选择和考核**

在计划经济时期，对国有企业及其负责人的选择和考核，是由各行政主管部门为主体，按企业级别及其负责人的管理权限进行任命和管理，并对其各项计划指标的完成情况进行的考核。20世纪90年代起，对国有企业经营者(负责人或法人代表)陆续实施了以国有资产管理部门为主体、以国有资产保值增值为核心指标的企业经营目标责任考核制度。所谓国有资产保值增值是指企业在考核期内，期末国家所有者权益等于或大于期初国家所有者权益。

1990年，国家国有资产管理局、财政部等4部委联合颁发《关于加强承包经营企业国有资产管理的试行办法》，对承包中如何确保国有资产保值增值作相应规定，要求设计出一套考核指标，把企业国有资产保值增值纳入承包体系。

1993年，为了调动企业经营者的经营积极性，市政府出台《东阳市工商企业经营者规模效益工资制试行办法》，对工商企业经营者推行规模效益工资制：一是当年实现税利在100万元以上，且销售收入在800万元以上的工商企业可实行规模效益工资制；二是规模效益工资制实行综合考核办法，其考核指标包括实现税利（实现利润+销售税金）和销售收入；三是规模效益工资制由规模工资和效益工资两项组成。

表5-2-1-1　　1993年东阳市企业经营者规模效益工资分档标准

| 当年销售收入（万元） | 规模月工资总额 | | 当年实现税利（万元） | 效益月工资总额 | |
|---|---|---|---|---|---|
| | 档次标准（元） | 超档万元销售工资（元） | | 档次标准（元） | 超档万元销售工资（元） |
| 800 | 240 | 0.04 | 100 | 360 | 0.80 |
| 2000 | 300 | 0.03 | 200 | 450 | 0.60 |
| 5000 | 400 | 0.03 | 500 | 640 | 0.30 |
| 10000 | 560 | 0.03 | 1000 | 800 | 0.30 |
| 15000 | 720 | 0.02 | 1500 | 1000 | 0.25 |
| 20000 | 820 | 0.02 | 2000 | 1200 | 0.20 |

1994年，国务院颁发《国有企业财产监管条例》，赋予国有资产管理部门制定企业国有资产保值增值体系、从总体上考核国有资产经营状况、对国有资产保值增值进行检查和监督的职责。规定企业应对其全部法人财产及其净资产承担保值增值责任，厂长（经理）作为企业法定代表人，对保值增值承担经营责任。

1995年，浙江省财政厅、国资局、劳动厅转发国家相关部门制定的《国有资产保值增值考核试行办法》，对完成核定的国有资产保值增值指标和其他有关指标考核值的厂长（经理），可按规定取得基本收入，并视保值增值指标及有关考核指标的完成情况获得风险收入，没有完成保值增值和有关考核指标的，应适当扣减基本收入。

1996年，根据上级有关精神，东阳市财政（国资）局对市烟草公司进行国有资产保值增值考核试点，签订《东阳市国有企业国有资产保值增值责任书》，以1995年度资产增值净额的实绩数为基数，年递增8%作为考核指标，并将销售收入和上交财政收入作为辅助考核指标。1996年考核年度实际完成新增净资产2205.8万元，增长104.4%，销售收入和上缴财政收入分别增长61.1%和63.8%，按协议给予提取奖励122.3万元，其中法人代表可奖励40%为48.9万元。

1997年，根据上级有关国有资产保值增值考核的规定，在保值增值考核试点的基础上，市政府印发《东阳市企业国有资产委托经营责任制试行办法》，所谓国有资产委托经营责任制是由国资委授权各企业主管部门把国有资产委托给企业经营者经营，确定资产保值增值基数，核定资产增值目标，明确权利与责任，根据经营业绩确定经营者奖赔，将企业的国有资产保值增值任务落实到经营者的一种责任制形式，包括选择确定经营者、确定资产基数和目标、制定考核办法、实行风险抵押、明确企业的权利和义务、企业经营者的利益和责任等内容。次年，在继续对市烟草公司试点的基础上，扩大对浙江莹光化工有限公司和东阳市进出口公司等部分国有企业的国有资产进行保值增值考核试点。

2008年，市政府印发《东阳市企业国有资产监督管理暂行办法》，规定下列人员由市国资委依照法律、法规以及企业章程规定任免或者建议任免：国有独资企业的所有企业高级管理人员；国有控股公司的董事长及董事、监事会主席及监事、总经理；国有参股公司的董事、监事。

2011年，为了建立有效的激励和约束机制，落实国有资产保值增值责任，市政府印发《东阳市国有企业经营者经营目标责任制考核暂行办法》，考核工作由市国资办牵头，直接或会同主管部门提出并签订经营目标责任书，实行年度考核与任期考核相结合、考核结果与薪酬收入相挂钩的考核制度。考核指标分为基本指标（企业净利润）、分类指标（根据企业行业特点确定）和辅助指标（根据企业实际情况选取）三类。经营者实行年薪制，包括基本年薪和绩效年薪组成，基本年薪在考核年度内固定领取，绩效年薪是经考核确定的浮动年薪。企业经营者实行经营风险金制度，经营风险金在绩效年薪中扣存。

2015年，市政府对《东阳国有企业经营经营目标责任制考核暂行办法》进行了重新修订，根据企业功能和行业特点将国有企业分为竞争类企业、公共服务类企业和功能类企业三类，实行分类分级综合考核办法。企业负责人基本年薪原则上不得超过上年度全市国有企业在岗职工平均工资的2倍，竞争类、公共服务类、功能类企业负责人绩效年薪最高分别不超过上年度国企职工平均工资的6倍、4倍、3倍，其他企业领导班子成员根据负责人年薪在0.6～0.9的系数区间内确定。经营目标考核采用百分制考核办法，考核指标包括经济指标、内部管理指标、社会效益指标及重大项目、重点工作指标等，根据企业特点合理确定权重比例。

2017年，为进一步深化国有企业改革，规范国有企业负责人薪酬管理，根据中央和省的统一部署，东阳市政府推行深化国有企业负责人薪酬制度改革，印发《东阳市国有企业负责人薪酬制度改革的实施意见》，改革范围为全市国有企业、国有独资公司和国有控股公司中担任董事长、党委书记、总经理以及其他副职等企业领导班子成员。改革内容包括：一、合理确定薪酬结构和水平，薪酬由基本年薪、绩效年薪和任期激励三部分组成，其中基本年薪按上年度国企职工平均工资的2倍内确定，绩效年薪以基本年薪为基数按最高考核评价系数2以内确定，任期激励根据任期考核评价结果不超过任期内总年薪水平的30%内确定。二、完善综合考核评价办法，完善经营业绩考核，建立综合考核评价制度。三、规范薪酬支付和管理，基本年薪按月支付，绩效年薪按考核年度一次性兑现，任期激励实行延期支付，按比例逐年兑现。四、统筹规范福利性待遇，规定了养老保险、医保、住房公积金的缴存标准，将企业年金、补充医疗保险等福利性待遇一并纳入薪酬体系统筹管理。五、健全薪酬监督管理机制，建立健全组织监督、内部监督、信息公开、审计监督等制度。同时，制定印发了《东阳市国有企业薪酬管理办法》和《东阳市国有企业负责人经营业绩考核办法》。

## 四、混合所有制企业的国有股权

国有股权是指财政(国资)部门对有国有资产投资控股或参股的混合所有制企业的国有股份依法持有并行使股权。混合所有制企业国有股份情况如下:

### (一)浙江东阳中国木雕城有限公司

2006年,为实施“商贸兴市”战略,东阳市政府决定由开发区管委会在白云商贸园区创办白云内衣城,实行国有资本与民营资本股份合作模式,国有股权由东阳市开发总公司持有。2007年建成开业时正式命名为“东阳市世界贸易城有限公司”,为国有控股企业,注册资本10000万元,国有股权占51%。2009年6月,东阳市政府决定以每股2.4元的价格将东阳市世界贸易城有限公司的49%非国有股权收回国有。同年8月,东阳世界贸易城有限公司更名为“浙江东阳中国木雕城有限公司”。2011年1月,东阳市政府决定将由东阳市开发总公司持有的东阳世界贸易城有限公司股权全部划转给市国资办。同年12月,在对木雕城有限公司整体资产评估的基础上,将市国资办持有的木雕城有限公司的全部股权,以股东权益价44419.76万元协议转让给中国木雕文化博览城有限公司。

### (二)中国木雕文化博览城有限公司

2012年,东阳大力实施“东阳人经济回归工程”,引进上海复星、阿里巴巴等知名企业,由东阳市政府与上海复星、阿里巴巴等共同组建“中国木雕文化博览城有限公司,注册资本6.7亿元,其中东阳市政府持有25%股份、上海复星占55%、阿里巴巴等公司占20%。存续至今。

### (三)东阳日报有限公司

2004年9月,浙江日报报业集团有限公司与东阳日报社合资成立东阳日报有限公司,注册资本1985万元,其中东阳市国资办出资973万元,占股份49.02%。2018年4月增资扩股至4235万元,其中东阳市国资办增加出资1102.5万元,累计出资股本2075.5万元,占股份49%。存续至今。

### (四)金华银行股份有限公司

1998年4月,因金华城市信用合作社进行股份制改革,成立金华市商业银行,按照金华市政府要求,经东阳市政府批准同意,由东阳市财政局向金华市商业银行投资参股522.95万元,占总股本的1.21%。后经几次增资扩股,截止2018年底,东阳市财政局累计持有的金华银行股份有限公司的股权1328.1228万元,占总股本的1.21%。

### (五)浙江省金华甬金高速公路有限公司

2001年12月,为了建设甬金高速公路金华段,由金华、义乌、东阳三市的所属企业投资组建金华市金甬高速公路有限公司,注册资本20000万元,东阳方由东阳市交通投资有限公司出资6600万元,占总股本33%。次年8月,公司增资扩股,吸收浙江省交通建设集团有限公司投资股本28000万元,总股本增至48000万元,其他三家出资额不变。2003年9月,经商务部批复同意,公司吸收外资投资,注册资本增至80000万元。2005年又二次变更股本结构,并更名为“浙江省金华甬金高速公路有限公司”，东阳市交通投资有限公司增资2640万元，累计出资9240万元，占总股本11.55%。

2007年4月，经东阳市政府同意并报金华和省国资委批准，将东阳市交通投资有限公司持有的浙江省金华甬金高速公路有限公司11.55%股份，以1∶1.5的价格（计13860万元）全部转让给浙江交通投资集团有限公司。

**（六）金华市东永高速有限公司**

2009年4月，为了建设东永高速公路，由永康和东阳两地组建“金华市东永高速投资有限公司”，东阳市由东阳市三大交通发展有限公司出资7000万元，占总股本21000万元的33 %。同年10月，根据增资方案，东阳市国资办同意“三大交通”增加投资股本16066万元。2011年5月，根据投资需要再次增资，“三大交通”需增加注册资本6435万元。2012年5月，东阳市国资办批准同意“三大交通”增加投资股本金9009万元，累计投资34485万元，占总股本的33 %。存续至今。

**（七）东阳市中国石化经营有限责任公司**

2011年11月，经市政府批准，由东阳市国有资产经营有限公司和中国石化股份有限公司浙江石油分公司共同出资成立“东阳市中国石化经营有限责任公司”，经营成品油的批发、零售等业务，注册资本2000万元，双方各以货币形式出资50%计1000万元。2018年6月，经东阳市国资办批复，由东阳市国有资产经营有限公司持有的东阳市中国石化经营有限责任公司股权全部无偿划转给东阳市交通投资建设集团有限公司持有。存续至今。

**（八）东阳市华数广电网络有限公司**

2013年4月，经东阳市政府批准成立“东阳市华数广电网络有限公司”，以国资办委托东阳市广播电视台作为出资人，注册资本1000万元，为国有独资企业。同年9月，东阳市国资办批准将市广播电视台的有线网络资产经评估后的净资产18484.30万元，作为资本注入东阳市华数广电网络有限公司，相应增加注册资本。

2015年2月，为了加快东阳广电网络“一省一网”整合发展，经东阳市政府研究和人大常委会审议通过，将东阳市华数广电网络有限公司按8月31日资产评估价的19.14%股权以3600万元转让给浙江华数广电网络股份有限公司，东阳市华数广电网络有限公司其余80.86%股权（评估核准价为15209.53万元）作为出资投入浙江华数广电网络股份有限公司，为其全资子公司，并拥有浙江华数广电网络股份有限公司2.84 %的股权，由东阳广播电视台持有。存续至今。

**（九）浙江东阳影视文化投资有限公司**

2014年7月，经东阳市政府批准同意组建“浙江东阳影视文化投资有限公司”，注册资本3000万元，其中东阳市国有资产投资有限公司出资1500万元，横锦山水文化发展有限公司、东阳日报有限公司和金华日报报业传媒中心各出资500万元，为国有控股有限公司。2016年6月，东阳市政府研究同意将市国有资产投资有限公司持有的浙江东阳影视文化投资有限公司的股权进行转让，通过产权交易机构以1587万元的价格出让全部股份。

### 五、国有资产收益管理

在计划经济时期，国家对国有企业的分配采取实现利润全额或大部分上缴财政，企业新建、扩建或更新改造投资和亏损由财政拨补的办法。20世纪80年代实施国营企业“利改税”改革后，税后利润全部留企业扩大再生产，财政也不再向企业进行基本建设或更新改造投资。1994年，国家推行“分税制”改革后，国家对企业的分配形式，确定为以社会管理者身份进行税收分配和以国有资产所有者身份参与收益分配的两种形式，但东阳财政一直没有参与企业税后利润的分配。2011年起，开始对国有企业税后利润实行部分上缴财政。国有资产收益管理就是财政（国资）部门代表国家以国有资产所有者身份对占有和使用国有资产的企业收益分配实施监管。

1995年，根据国家有关规定精神，省财政厅会同国资、人行等部门印发《浙江省国有资产收益收缴管理办法》，规定国有资产收益包括：国有企业上缴的利润、股份制企业中国有股的股利或分红、产权（股权）转让收入、破产国有企业清算收入、其他占用国有资产或国家投资形成的收益等，国有资产收益应按规定上缴财政，列入同级政府国有资产经营预算。

1998年，东阳市委、市政府印发《关于进一步深化企业改革的若干政策意见（试行）》规定：国有、城镇集体企业资产出售收入，先上缴企业主管部门企业改革专用账户，分企业核算，依据有关政策支付有关费用后有结余的，属国有资产的，其中80%留主管部门用于改制企业职工安置和职工生活保障等费用，20%上缴市企业改革专户用于全市企业改革经费统筹。

2011年，为了建立国有资本经营预算制度，规范国家与企业的分配关系，市政府印发《东阳市企业国有资本收益收缴管理试行办法》，明确国有资本收益属于政府非税收入，直接上缴财政，实行收支两条线管理，纳入国有资本经营预算，由财政部门负责收取，国资办负责监缴。规定国有独资企业的税后利润按规定弥补亏损和扣留后的15%上缴财政；国有股权（股份）的股利或股息、产权（股权）转让收入、国有企业清算收入等全额上缴财政。

同年6月，根据浙江省政府《关于试行国有资本经营预算的意见》精神，市政府印发《东阳市国有资本经营预算管理试行办法》，国有资本经营预算是对国家以所有者身份依法取得的收益进行分配的各项收支预算，是政府预算的重要组成部分。东阳市国资办为国有资本经营预算单位，负责监督国有资本收益收缴，编报国有资本经营收支预算。国有资本经营预算编制实行“二上二下”程序，预算一经批准，应当严格执行，不得自行调整。

2018年9月，经东阳市政府研究同意，东阳市财政（国资）局下发通知，自2019年1月1日起调整国有资本收益收缴比例，将国有独资企业税后利润在抵扣以前年度未弥补亏损和法定公积金后的余额，上缴财政比例从15%提高到30%。

表5-2-1-2　　2012—2018年东阳市国有资本收益收缴情况表

单位：万元

| 收入项目 | 2012 | 2013 | 2014 | 2015 | 2016 | 2017 | 2018 |
|---|---|---|---|---|---|---|---|
| 利润收入 | 269.9 | 243.8 | 418.9 | 540.0 | 723.0 | 551.1 | 890.9 |
| 股利股息收入 | | | | 127.0 | | | 2205.0 |
| 合　计 | 269.9 | 243.8 | 418.9 | 667.0 | 723.0 | 551.1 | 3095.9 |

## 第二节　行政事业国有资产管理

行政事业国有资产系指国家行政事业单位通过财政拨款、各种行政事业性收费及其他预算外收入、接受捐赠等形成的资产。其表现形式为：固定资产、流动资产、长期投资、无形资产和其他资产等。行政事业国有资产管理内容包括：资产清查登记、产权登记管理、资产使用监管、资产处置管理及非经营性资产转为经营性资产监管等。其中资产清查和产权登记已以在“国有资产基础管理”一章中阐述，本节不再赘述。

### 一、管理制度建设

长期以来，对行政事业单位资产购置、使用、报废和处置的管理，以实物形态管理为主，贯穿于财务管理之中，重实物管理，轻价值管理，特别是行政单位对于资产的会计核算也是相当薄弱。

1979年起，对行政单位单价在20元以上，耐用年限一年以上，或单价虽不满20元，但耐用一年以上的成批财产，如图书、桌子、凳子等以及事业单位专用设备单价在50元以上的，一概作为固定资产，应当加以清理登记，造册入账，并建立制度加强管理。

1993年，为了加强事业行政单位财产物资管理，保证财产物资的有效使用和安全完整，东阳市财政局根据省财政厅《浙江省事业行政单位财产物资管理办法》，制定印发了《东阳市事业行政单位财产物资管理实施细则》，事业行政单位财产物资包括固定资产、材料、低值易耗品等，实行分类管理；规定对全额和差额预算管理的事业行政单位的一般设备单价在200元以上、专用设备单价在500元以上、自收自支和企业化管理的事业单位设备单价在500元以上，或单价虽在起点以下而使用年限在一年以上的大宗家具设备和图书等应当列入固定资产管理；对各类财产物资的购置、计价、报损、报废、调拨、变卖、出租、保管、清查及核算等作了具体规定；并要求对固定资产起点标准提高后进行一次全面盘点，相应调整“固定资产”“国有资金”等核算账户。

1995年，东阳市财政局转发执行国家国有资产管理局和财政部印发的《行政事业国有资产管理办法》，定义“行政事业国有资产”是指由行政事业单位占有使用的、在法律上确认为国家所有、能以货币计量的各种经济资源的总和，包括固定资产、流动资产、长期投资、无形资产和其他资产等。国家对行政事业资产的管理，坚持所有权和使用权相分离的原则，实行国家统一所有，政府分级监管，单位占有使用的管理体制。国资部门对本级政府管辖的行政事业资产施行综合管理，行政事业单位对本单位占有使用的资产实施具体管理。管理内容包括：产权的登记界定、变动和纠纷的调处，资产的使用、处置、评估、统计报告和监督等。

2000年，为了进一步加强行政事业单位国有资产管理工作，提高执行国有资产管理政策法规意识，防止国有资产流失，东阳市财政（国资）局决定组织开展对行政事业单位国有资产法规执行情况的检查，检查的内容包括：行政事业单位经营性资产管理情况、国有资产处置情况、产权登记年检情况等。

2003年，东阳市财政局印发《东阳市行政事业单位固定资产管理办法》，适当调整了固定资产的起点标准：一般设备单价在500元以上、专用设备单价在800元以上、使用年限在一年以上而单价不到规定起点的大批同类资产（如大宗家具设备、图书）等；固定资产分为房屋和建筑物、专用设备、一般设备、文物和陈列品、图书和音像资料5类；行政事业单位对固定资产以各种方式进行处置或以各种方式从事经营的，必须按规定报经批准。

2008年，东阳市财政局根据财政部颁布的《行政单位国有资产管理暂行办法》和《事业单位国有资产管理暂行办法》，分别制定印发了《东阳市行政单位国有资产管理实施办法（试行）》和《东阳市事业单位国有资产管理实施办法（试行）》，明确财政部门是行政和事业单位国有资产管理的职能部门，实行综合管理；实行国家统一所有、政府分级监管、单位占有使用的管理体制；管理内容包括：资产配置、资产使用、资产处置、资产评估、产权界定、产权纠纷调处、产权登记、资产清查、资产统计报告和监督检查等。

2017年，根据省委的部署，东阳市委施行行业协会商会与行政机关脱钩改革工作，为做好脱钩改革中的国有资产管理，防止国有资产流失，根据省财政厅的有关意见，市财政局印发《东阳市行业协会商会与行政机关脱钩改革中加强国有资产管理的意见》，要求主管行政机关对脱钩行业协会商会进行全面资产清查，并委托中介机构进行专项审计；规定对由会费和服务性收入形成的国有资产，可继续由行业协会商会使用；对财政性拨款形成的国有资产，可采取有偿使用、分阶段收回等方式进行管理，确保国家所有者权益。

2018年，为规范行政事业单位资产配置，完善预算标准体系，推进预算管理精细化，根据上级有关精神，市财政局制定印发《东阳市行政事业单位通用设备、办公家具配置标准》，分别对通用办公设备和通用办公家具按品目规定了配置数量上限、最高价格标准和最低使用年限，不得配置高端设备和豪华家具。

**二、资产处置管理**

资产处置是指行政事业单位对其占有、使用的国有资产进行产权转让及注销产权的行为，包括无偿转让、出售、报废、报损等。

在计划经济时期，行政事业单位的财产报废报损的，应当按规定权限报主管部门或财政部门审批，在全民所有制单位之间划转的一般实行无偿调拨。

1979年，东阳县财税局转发执行省财政局《关于行政事业单位固定资产试行部分有偿调拨的通知》，对行政事业单位的固定资产在主管部门所属单位以外的全民所有制单位之间的调拨，一律改无偿为有偿，实行有偿调拨。因隶属关系改变而上划下划的固定资产、因撤销合并单位而移交的固定资产以及主管部门系统内单位之间调拨的固定资产，仍可实行无偿调拨。有偿调出的资产应按质论价。系统以外的有偿调拨应当报财政部门批准。

1996年，东阳市财政局转发执行国家国有资产管理局制定的《行政事业单位国有资产处置管理实施办法》，规定行政事业单位国有资产的处置，在全额预算管理行政事业单位之间，一般可实行无偿划拨，除此之外，均实行有偿转让。有偿调拨、变卖国有资产，应经有资质的资产评估机构进行评估作价，并报国资管理部门确认。报废、报损的国有资产，应由主管部门组织技术鉴定。对房屋、建筑物、土地、车辆及单价在5000元以上的仪器设备的处置，经主管部门审核后报市财政局审批；权限标准以下的资产处置，由主管部门审批；资产占用单位一律不得擅自处置。并明确规定了国有资产的处置程序。

2000年，为加强国有资产的处置管理，制止资产处置中的各种违纪行为，市政府印发《东阳市行政事业单位国有资产处置管理办法》，规定对出售国有资产的应当进行立项、评估和确认，并委托拍卖中介机构公开拍卖。资产处置收入由国资管理部门实行集中分户管理，其使用权仍归原资产占用单位，用于国有资产的修缮或更新改造。

2001年，为了加强因布局调整、学校停办、搬迁而闲置的学校资产处置管理，充分利用教育资产，市政府印发《东阳市闲置校产处置管理暂行办法》，闲置校产按分级办学划分为乡镇闲置校产和市属闲置校产。闲置校产的租赁分别由乡镇和市教育部门决定；闲置校产的出让，由乡镇和教育部门提出方案，报市政府决定，并严格执行“立项报批、资产评估、公开出让”的程序。资产处置收入专项用于发展教育事业，其中属于乡镇的校产返还乡镇财政。

2002年，为了配合市级党政机构改革工作，东阳市政府印发《关于机构改革中变动单位资产处置意见》，按照规范性、完整性和资产划分与人员、事权划分相结合的原则，在财务清理和资产清查的基础上，分别对合并、分设和撤销的单位资产处置作出规定，合并的单位资产实行成建制合并，分设的单位资产按人员和事权划分的比例或职能划分情况进行划分资产，撤销的单位资产由市资产处置小组按规定处置。

2008年，为了进一步加强行政事业单位国有资产处置管理，根据上级有关规定，市政府对原《东阳市行政事业单位国有资产处置管理办法》进行了重新修订，规定了行政事业单位国有资产的处置范围和处置方式，重点对处置程序、审批权限和处置收入管理作了明确规定：房屋、土地和交通工具的处置由单位提出申请，经主管部门审核报财政部门审批；办公设备和家具的处置在单价5000元或批量价值50000元以下的，由单位自行处置，处置资产价值在规定标准以上的，由单位提出申请，经主管部门审核后报财政部门审批；货币性资产核销，由单位提出申请，经主管部门审核同意后报财政部门审批。处置收入实行“收支两条线”管理，上交财政专户，单位需要购置固定资产或修缮改造时可申请补助。次年9月，东阳市政府对国有房产的处置作了补充规定：行政事业单位闲置的国有房产，统一上缴市政府进行处置，房产出售的应采用公开拍卖方式，处置收入上缴财政。

2011年，根据行政事业单位国有资产处置规定的执行情况，重新修订了管理办法，其中对行政事业单位职工住房的出售收入，应当按规定上交市住房基金管理中心。

2018年，为进一步加强国有危旧公房统筹利用，充分发挥国有资产效益，助推治危拆违工作，东阳市政府印发《关于做好国有危旧公房处置工作的若干意见》，对国有危旧公房的处置程序、处置方法进行了明确，规定对行政事业单位所属危旧公房的处置收入全额上缴财政，对国有企业危旧公房的处置收入按财务制度规定列入企业收入。同年，根据“放、管、服”和“最多跑一次”的改革要求，东阳市财政局对行政事业单位国有资产处置管理权限作了调整：一是对已达到规定使用年限且应淘汰的固定资产报废和无形资产核销，单项价值在20万元以下的，由单位提出申请报主管部门审批，单项价值超过上述标准的，应当报财政部门审批；二是涉及房屋建筑物、土地使用权、股权处置的，由单位提出申请经主管部门审核后报财政部门审批；三是对单笔金额5万元以上的货币性资产损失核销、对外捐赠等事项，由单位提出申请经主管部门审核后，报市财政局审批，5万元以下的由主管部门审批。

**三、“非转经”资产管理**

所谓“非转经”是指非经营性资产转为经营性资产，即行政事业单位在保证完成正常工作的前提下，将非经营性资产采取出租、出借、租赁、承包、对外投资、兴办经济实体等形式从事盈利性活动的行为。改革开放以后，为了减轻国家财政负担，弥补经费不足，财政财务政策支持行政事业单位开展多种形式的经营创收活动，充分调动增收节支积极性。

1991年，东阳市财政局转发执行国家国有资产管理局《关于国家事业行政单位在创收活动中加强国有资产管理工作的暂行规定》，事业行政单位为进行创收活动而设立的经营实体，对其所占用的国有资产，应按出资单位的财务管理形式，向财政局报告并办理产权登记；对外出租出借国有资产的，应报财政局批准，并进行评估，其收益用于弥补本单位经费不足和事业发展，企业化管理事业单位的收益可转入专用基金。

1999年，为了加强行政事业单位国有非经营性资产转为经营性资产的管理，防止国有资产流失，东阳市政府根据省政府的有关规定，制定印发《东阳市行政事业单位国有非经营性资产转为经营性资产管理办法》，“非转经”的主要形式包括：以非经营性资产作为初始投资兴办具有企业法人资格的经济实体；以非经营性资产进行投资、入股、合资、合作、联营等；以非经营性资产作为经营资金兴办不具有法人资格的附属营业单位；用非经营性资产对外出租、出借等。“非转经”资产须报经主管部门同意后报财政（国资）部门审批。“非转经”资产应当按规定进行产权登记、资产评估。

“非转经”资产所取得的经营收入应当纳入本单位财务管理，不得私设“小金库”。“非转经”资产应当实行有偿使用，向财政（国资）部门按年上交资产占用费，其中对外出租出借的为10%；对外投资、承包、入股、合资、合作、联营的为3%；兴办实体的为3%；兴办社会福利、安置残疾人就业、弥补教育经费不足的可予减免。不得用“非转经”资产开办集体性质的企业。8月，为了贯彻市政府的管理办法，东阳市财政（国资）局决定对行政事业单位的国有“非转经”资产进行一次全面清查，包括“非转经”资产的管理情况、收益收支情况、资产来源情况及与资产使用者权责利关系情况等。当年共对36家行政事业单位办理了“非转经”资产的报批手续，收缴国有资产占用费4.8万余元。

2002年，东阳市政府印发《关于进一步加强行政事业单位国有“非转经”资产管理工作若干补充规定》，行政事业单位占用的房屋在保证办公需要后，可将闲置房屋对外出租，但须经主管部门审核报财政（国资）部门审批，并公开投标，按规定缴纳国有资产占用费。

2004年，市财政局会同监察局印发《东阳市行政事业单位出租用房公开拍租实施办法》，规定凡在城区范围内行政事业单位用房出租用于经营性的，必须由财政（国资）部门统一实行公开拍租，租期一般为一年，最长不得超过二年，拍租收入提取10%国有资产占用费，统一用于出租用房的修缮和拍租费用。6月，补充规定：拍租收入扣除拍租相关税费后，全额上缴财政，纳入综合预算管理；对尚未纳入综合预算管理的事业单位，其拍租收入扣除相关税费后，30%上缴财政统筹安排，70%返回单位作为事业收入；单位未按规定公开拍租的，除按规定追缴全部收益外，追究相关人员责任。

2011年，市财政局会同监察局修订印发《东阳市行政事业单位出租用房公开拍租实施办法》，规定行政事业单位出租用房应先进行租金评估，设置公开招租的最低价格，低于最低竞价的为废标；适当延长租期，一般二年，最长三年；适当调整租金收入的分配使用办法。

2018年，为了完善国有资产报告制度，根据省财政厅的要求，东阳市财政局开展了行政事业单位2017年度经管资产报告试编工作。行政事业单位经管资产是指国家以所有者身份和社会管理者身份控制的，预期能够带来经济利益或者产生服务潜能的经济资源，包括政府储备物资、公共基础设施、文物、保障性住房等资产。报告内容包括资产报表和资产分析报告两部分，以全面反映政府资产管理绩效，提升财政治理能力和水平。

表5-2-2-1 **2017年末东阳市行政事业单位经管资产统计表**

单位：万元

| 占有单位 | 合计 | 政府储备物资 | 公共基础设施 | 文物资产 | 保障性住房等其他经管资产 | 受理代理资产 |
|---|---|---|---|---|---|---|
| 行政单位 | 1741355.9 | 56.0 | 963203.0 |  | 84.2 | 778012.7 |
| 事业单位 | 631999.2 | 112.5 | 285508.7 | 48.6 | 6613.0 | 339716.4 |
| 合　计 | 2373355.1 | 168.5 | 1248711.7 | 48.6 | 6697.2 | 1117729.1 |

表5-2-2-2　　2008—2018年东阳市国有公房拍租拍卖收入情况表

单位：万元

| 年份 | 拍租拍卖期数 | 拍租拍卖收入 | 其中：行政事业出租 | 年份 | 拍租拍卖期数 | 拍租拍卖收入 | 其中：行政事业出租 |
|---|---|---|---|---|---|---|---|
| 2008 | 12 | 976.0 | | 2014 | 22 | 2872.4 | 1020.0 |
| 2009 | 12 | 1694.7 | 347.8 | 2015 | 27 | 3934.7 | |
| 2010 | 10 | 1998.4 | | 2016 | 15 | 4351.3 | 2808.0 |
| 2011 | 14 | 1892.8 | 464.4 | 2017 | 10 | 3680.3 | 2759.0 |
| 2012 | 17 | 1098.7 | 645.6 | 2018 | 9 | 4810.4 | 3920.9 |
| 2013 | 21 | 8751.6 | 1029.6 | | | | |

## 第三节　其他国有资产管理

### 一、资源性国有资产管理

资源性国有资产是指属于国家所有、通过开发能够带来一定经济价值的国有资源，包括矿产能源资源、森林资源、水资源、海洋资源、草原资源、土地资源等，具有稀缺性、有限性、复杂性和失衡性的特点。按其形成资产的条件统计，东阳涉及资源性国有资产主要有森林资源、水资源、土地资源等。

1993年，国家国有资产管理局、林业部规定，国有森林资源（包括国有林地、林木）产权归属、产权登记和经营范围的确定，以县以上人民政府和国家授权部门核发的"国有林权证"或"山林权证"为准。国有林业单位和非林业单位使用的国有林地及经营的国有林木，其产权登记及产权管理日常工作，由国有资产管理部门委托同级林业主管部门办理。

1996年，国家国有资产管理局、林业部设立国有森林资源资产监督委员会，对林业企、事业单位和企业集团的国有森林资源资产行使监督、检查、评价职能，并对占有、使用国有森林资源资产单位实行考核制度，具体考核指标包括财务、营林和资源管理三个方面。

1997年，浙江省国有资产管理局、林业厅对森林资源资产产权变动有关问题作出规定：国有森林资源资产产权变动，应报省林业厅会同省国有资产管理局审批；集体经营组织的森林资源资产产权变动：林地、林木资源产权变动面积10亩以下，由县（市）林业行政主管部门审批，10～20亩，由市（地）林业行政主管部门复核后，报省林业厅审批；森林资源资产产权变动时，必须进行资产评估，并按《中华人民共和国经济合同法》规定签订产权变动合同或协议，签订的合同或协议生效后，当事人应向批准机关办理产权变动登记手续；出让或转让森林资源资产应按规定缴纳出让费或转让费，出让费为成交额的5%，转让费为成交额的3%，国有森林资源资产的出让或转让，由出让、转让单位直接向省林业厅缴付出让费或转让费，县（市）、市（地）、省实行比例分成，分级管理，专项用于森林资源资产的管护，资金实行财政专户存储，收支两条线管理；出让或转让未入账的林地（国家划拨的林地）使用权收入，扣除应缴税金及出让或转让费等各项费用后的净额，经审批产权变动的机关批准后，转增出让或转让单位的国家资本金

2005年，市政府印发《东阳市森林资源转让管理办法》，明确森林资源转让是指森林资源所有权人或者使用权人将其依法可转让的森林、林木的所有权或者使用权和林地的使用权，按照法定程序以有偿或者互换的方式转移给他人的行为。规定：林地的所有权不得转让；转让应当依法采用拍卖、招标的方式公开进行，并接受国资部门监管；森林资源转让应当按照规定的权限和程序报经林业行政主管部门审查同意；森林资源转让应当按规定进行资产评估，转让金额不得低于评估价；转让期最长不得超过70年；国有森林资源的转让收益应当实行财政专户管理，用于职工安置、清偿债务和森林资源培育管护。

2007年，省财政厅会同林业厅印发《浙江省森林资源资产评估与产权变动管理暂行规定》，规定国有森林资源资产转让、置换或以国有森林资源资产出资合资、合作、合股、联营、租赁、抵押等涉及资产性质变化的，应当进行资产评估。资产评估项目实行核准制和备案制，涉及省级以上重点公益林的，由相应林业主管部门核准，其他评估项目由林业主管部门备案。

2010年，为规范森林资源资产抵押行为，市政府印发《东阳市森林资源资产抵押管理办法（试行）》，对可作为抵押物的森林资源资产的范围、抵押物的评估、抵押期限、抵押物登记、抵押物管理、抵押物处置等作出规定。

2018年，为了完善国有资产报告制度，根据省财政厅的要求，东阳市财政局开展了2017年度自然资源资产报告试编工作。自然资源资产包括矿产能源资源、水资源、海洋资源、土地资源、森林资源等资产。报告内容包括资产报表和资产分析报告两部分，以全面反映政府资产管理绩效，提升财政治理能力和水平。

表5-2-3-1　　**2017年末东阳市自然资源国有资产统计表**

单位：万元

| 占有单位 | 合计 | 森林资源 | 土地资源 | 水资源 |
|---|---|---|---|---|
| 行政单位 | 8626568.7 | 133.1 | 8595659.8 | 30775.8 |
| 事业单位 | 131453.1 | 5221.0 | 126232.1 | |
| 合　计 | 8758021.8 | 5354.1 | 8721891.9 | 30775.8 |

## 二、金融企业国有资产管理

金融企业是指从事经营银行、证券、保险、信托、租赁、担保等业务并取得金融监管部门经营许可资质的企业。长期以来，东阳没有地方所属的国有金融企业。2018年12月，经市政府批准设立

"东阳市国控融资担保有限公司",经金融监管部门授予经营许可的业务范围为主营融资性担保业务、兼营非融资性担保业务及相关的财务顾问、咨询中介服务等,为第一家地方国有金融企业,注册资本3亿元,由东阳市金融控股有限公司出资,按《中华人民共和国公司法》和现代企业制度运行。

## 第四节　国有企业改革

在计划经济时期,国有企业按照国家计划组织生产和经营,利润上缴国家,亏损由国家弥补。党的十一届三中全会后,国家进入社会主义市场经济模式,国有企业作为市场主体,政府逐步下放了生产经营自主权,在此转换过程中,长期计划经济遗留的各种弊端逐渐显现,"吃大锅饭"、分配上的平均主义、权责利关系不明等等,致使企业效益低下,生存困难,在20世纪80年代,虽然试行了以承包制为主要内容的各种经营责任制形式,如承包经营、工效挂钩、国有民营、资产委托经营等等,在一定程度上调动了经营者的积极性,但终因产权关系不明而未能彻底改变企业状况。20世纪90年代中后期,东阳市委、市政府开始推行以资本为纽带、权责利相结合、产权关系明确的现代企业制度改革,使企业真正成为市场经济主体。进入21世纪后,政府又相继兴办了一些关系国计民生或具功能性的地方国有企业,并历经资产重组,以进一步理顺产权关系和监管体制,进一步提高国有企业运行效率。

### 一、国有企业改制

1989年,为了完善社会主义市场经济制度,国家体改委、国家计委、财政部、国家国有资产管理局颁发了《关于企业兼并的暂行办法》指出,企业兼并是社会主义商品经济发展的客观要求,是竞争机制发挥作用的必然结果,也是深化企业改革的重要内容。《关于企业兼并的暂行办法》对企业兼并的重点对象、企业兼并形式、企业兼并的程序、被兼并方企业资产的评估、企业职工安置等问题作了严格的规定。

1994年,东阳市委、市政府出台了《关于国有、城镇集体企业试行股份合作制的通知》,开始启动涉及产权制度的企业改革工作,旨在促进全市经济增长方式和企业经营机制双重转换,明晰企业产权关系,加强科学管理,使企业真正成为自主经营、自负盈亏、自我发展、自我约束的法人实体和市场竞争主体。在做好清产核资、资产评估和产权界定的基础上,按照"入股自愿、同股同利、利益共享、风险共担"的原则,通过宣传发动、清产核资、资产评估、产权界定、量化配股、审议章程、认购入股、建立组织(股东会、董事会、监事会、经营班子等)、完善机制等程序,推行股份合作制改革。将企业1983年底的账面资产和1984年1月1日以后国家专项拨款全部界定为国有资产,1984年1月1日以后新增的企业净资产作为企业公共积累,界定为企业集体资产。国有企业改组为股份合作制的,一般可设置国家股、企业集体股、社会法人股和个人股,其中个人股应向企业经营者和骨干倾斜,企业集体资产在提取一定比例后备基金后可量化分配到职工个人名下,作为劳动补偿股,享受分红权，没有所有权。对行政划拨取得的国有土地使用权，可暂作维持现状处理，对使用集体性质的土地，应当先由国家征用，再作出让处理。对企业的无形资产一般不予作价入股。改制后企业中的国有资产、国家股权，由市政府委托国有资产管理部门承担行政管理。离退休人员的离退休费和医疗费用按社保规定执行，由企业负担部分仍在企业管理费中列支。

同年10月，市政府下发《东阳市出售国有、城镇集体企业产权的暂行规定》，以出售企业产权的办法，加快企业改制步伐。国有产权原则上都可以出售，既可以部分出售，也可以整体出售。出售的重点是：①停产多年，名存实亡，无法恢复生产经营的企业；②长期经营不善，连续多年亏损或微利的企业；③资不抵债和接近破产的企业；④无主导产品，设备老化，经济效益差，难以维持在职职工正常工资发放和退休职工统筹金上缴的企业；⑤为了优化结构，需要出售的企业，宜卖则卖，但必须执行审批程序，严格执行政策。对被出售企业的资产（包括无形资产）必须进行清产核资，对资产组织专业评估，确定出售底价，采取公开招标拍卖方式，禁止私下交易。对土地使用权可以一并依法转让。同时，对出售产权付款、职工安置和缴纳离退休人员医疗费等作了具体规定。

1996年，东阳市委、市政府下发《关于深化国有、城镇集体企业股份合作制改革的补充规定（试行）》，明确改制企业的国有资产可全部出售，并按规定办理产权转移手续；对改制企业的土地使用权要求连同资产一起出让；国有企业改制时剥离的土地使用权价值及属国有资产部分的非经营性资产，由市国资局或市国资经营公司委托改制后的企业实行专项管理。资不抵债的企业，可按照零资产进行改制，资产与债务的差额部分，可在5年内由改制后企业用税前利润逐年弥补。同年6月，东阳市委、市政府制定《企业改制工作总体实施计划》，要求各企业及相关管理部门，因地制宜、因企制宜、不搞一刀切、采取多种形式，加快企业存量资产的流动和重组，转换经营机制，以推行股份合作制为主要形式，逐步建立产权明晰、权责明确、政企分开、管理科学的现代企业制度。同年10月，为统一规范企业改制中的财务行为，对国有企业改组为股份合作制中的有关财务会计事项处理问题，市财政局印发《东阳市国有企业股份合作制改造有关财务会计处理办法》，对资产清查中发现的盘盈、盘亏、报废、递延资产、削价损失等资产，对资产评估中的资产增值减值、土地使用权价值，对剥离的资产、提留的费用，改制前后盈亏、资产出售收入等有关财务会计问题明确规定了统一的处理办法。

1998年，为加快经济体制改革步伐，打好改革攻坚战，东阳市委、市政府出台了《关于进一步深化企业改革的若干政策意见（试行）》，按照“国有、集体资产坚决从竞争行业中一次性退出的原则”，推进改革“五到位”：产权买断到位、土地出让到位、社保运行到位、民营机制到位、股份集中到位，实行“整体推出、分批推进”的办法，因企制宜地分别采取出售、拍卖、兼并、破产、关闭、股份制改造等多种改制形式，进一步加大企业改革力度。产权出售收入80%（其中商业用地40%、其他用地60%）上交企业主管部门企改专户，用于职工安置和生活保障，20%（其中商业用地60%、其他用地40%）上交市企改专户，主要用于改制经费的统筹和调剂。在职职工实行留用、自谋职业、下岗等多渠道分流，解除或终止现行劳动合同，并按工龄和所在企业净资产水平发给200～600元/年不同标准的安置费，同时，对下岗职工三年内可享受基本生活保障。离退休(职)人员的基本养老和医疗费用按标准(离休人员每人6万元、退休退职每人3万元、遗属、精减职工等按当年实际标准提留)一次性上交社保局实行统筹，人员统一由社保局管理。

表5-2-4-1　　1998年东阳市职工安置费及基本生活保障费发放标准

单位：元

| 改制企业资产变现后人均净收入 | 安置费发放标准 元/工龄年 | | 基本生活保障费 (城镇正式职工)元/人.月 | | |
|---|---|---|---|---|---|
| | 城镇正式职工 | 农民合同制工人 | 第一年 | 第二年 | 第三年 |
| -3万元以下 | 300 | 200 | 200 | 190 | 170 |
| -3万元(含)～0 | 400 | 300 | 210 | 200 | 180 |
| 0(含)～3万元 | 500 | 400 | 225 | 215 | 195 |
| 3万元(含)以上 | 600 | 500 | 245 | 235 | 215 |

是年，东阳市政府根据上述政策，为了规范在企业改革过程中的产权出售(转让)行为，印发了《东阳市国有、城镇集体企业产权转让管理暂行办法》。同时，对原已实行股份合作制的企业，提出深化改革的意见，印发《关于进一步深化股份合作制企业改革的指导意见》，要求股权有序流动，向经营者或投资者集中持股；彻底处置剥离的国有资产和国有股份。根据企业改革中遇到的问题，市企改办、财政局等相关部门，先后出台了《东阳市国有、集体改制企业土地资产处置、管理若干意见》、《东阳市企业改制资金财务管理试行办法》等规定，指导企业规范处置土地使用权，确保改制资金合理筹措使用，防止国有、集体资产流失。

2001年，东阳市委、市政府印发《关于改制企业实行属地管理的通知》，决定对改制后的国有企业实行属地管理，业务上接受各行业主管部门的指导。今后新完成的改制企业，办理交接后实行属地管理。同年5月，为加快企业改革步伐，东阳市委、市政府印发《关于进一步深化企业改革的若干补充意见》，对尚未进行深化改革的原股份合作制企业，要按市委及相关文件规定进行深化改革；对尚未进行改制的其他企业，经企业主管部门集体研究要求以系统为单位进行股份制改造，且原则上有50%以上班子成员入股改制的，可以实行系统股份制改造；部分专营的企业对专营部分剥离后非专营部分先进行改制；原有行政管理职能的企业，改制后其行政管理职能收归原企业主管部门。

2004年，为保证国有企业改制工作健康、有序、规范地进行，浙江省国资委印发《进一步规范国有企业改制工作实施办法》，要求凡是采取重组、联合、兼并、租赁、承包经营、合资、转让国有产权和股份制等多种形式进行国有企业改制的，必须制订改制方案，并按规定权限报经批准；企业改制必须进行清产核资、资产评估，并按规定程序处置资产；必须按规定的程序和形式进行国有产权转让；企业改制必须维护债权人和职工的合法权益。

截至2004年底，全市列入改制计划的国有企业基本完成改制，实施产权出让、破产或股份合作制等形式改制的国有企业达80家。

表5-2-4-2　　2005年末东阳市国有企业改制情况一览表

| 序号 | 企业名称 | 主管部门 | 改制形式 | 改制资产范围 | 改制协议时间 |
|---|---|---|---|---|---|
| 1 | 东阳市工业供销公司 | 计经委 | 破产 | 整体清算 | 1999.12 |
| 2 | 东阳市纺织工贸公司 | 计经委 | 破产 | 整体清算 | 1999.11 |
| 3 | 东阳市汽车电器有限公司 | 计经委 | 产权转让 | 整体 | 1999.12 |
| 4 | 东阳针织一厂 | 计经委 | 破产 | 整体清算 | 1999.12 |
| 5 | 东阳市仪表电机有限公司 | 计经委 | 股份合作 | 整体 | 2000.6 |
| 6 | 东阳市化学工贸有限公司 | 计经委 | 股份合作 | 整体 | 2000.12 |
| 7 | 浙江精密量具厂 | 计经委 | 产权转让 | 整体 | 2000.11 |
| 8 | 东阳市东伦纸业有限公司 | 计经委 | 产权转让 | 整体 | 2000.3 |
| 9 | 东阳市生物化工厂 | 计经委 | 产权转让 | 整体 | 1999.3 |
| 10 | 东阳机械制造厂 | 计经委 | 破产 | 整体清算 | 2000.5 |
| 11 | 东阳化工厂 | 计经委 | 产权转让 | 整体 | 2001.10 |
| 12 | 东阳市矿业公司 | 计经委 | 产权转让 | 整体 | 2001.9 |
| 13 | 东阳市纺织机械厂 | 计经委 | 产权转让 | 整体 | 2001.10 |
| 14 | 东阳黄金公司 | 计经委 | 破产 | 整体清算 | 2001.10 |
| 15 | 东阳市力达陶瓷有限公司 | 计经委 | 产权转让 | 整体 | 2001.9 |
| 16 | 东阳市东龙实业有限公司 | 计经委 | 产权转让 | 整体 | 2001.1 |
| 17 | 东阳农药厂 | 计经委 | 破产 | 整体清算 | 2001.5 |
| 18 | 东阳市针织机械有限公司 | 计经委 | 产权转让 | 整体 | 2000.12 |
| 19 | 东阳市无线电元件厂 | 计经委 | 产权转让 | 整体 | |
| 20 | 东阳市五交化公司 | 商业局 | 股份合作 | 整体 | 2000.1 |
| 21 | 东阳市商运实业公司 | 商业局 | 公开出让 | 整体 | 1999.12 |
| 22 | 东阳市百货公司 | 商业局 | 股份合作 | 整体 | 2002.2 |
| 23 | 东阳市糖盐烟酒总公司 | 商业局 | 股份合作 | 整体 | 2002.2 |
| 24 | 东阳市食品总公司 | 商业局 | 股份合作 | 整体 | 2002.2 |
| 25 | 东阳市饮食服务公司 | 商业局 | 股份合作 | 整体 | 2002.2 |
| 26 | 东阳商业集团 | 商业局 | 股份合作 | 整体 | 2002.2 |
| 27 | 东阳市蔬菜水产公司 | 商业局 | 股份合作 | 整体 | 2002.2 |
| 28 | 东阳市百货批发有限公司 | 商业局 | 股份合作 | 整体 | 2000.12 |
| 29 | 东阳市第二百货公司 | 商业局 | 产权转让 | 整体 | 2000.6 |
| 30 | 东阳市纺织品公司 | 商业局 | 产权转让 | 整体 | 2000.10 |

续表5-2-4-2

| 序号 | 企业名称 | 主管部门 | 改制形式 | 改制资产范围 | 改制协议时间 |
|---|---|---|---|---|---|
| 31 | 东阳市食品厂 | 商业局 | 破产 | 整体清算 | 2000.6 |
| 32 | 东阳市第二饮食服务公司 | 商业局 | 产权转让 | 整体 | 2000.8 |
| 33 | 东阳市医药药材有限公司 | 商业局 | 产权转让 | 整体 | 2002.1 |
| 34 | 东阳面粉厂 | 粮食局 | 产权转让 | 整体 | 2002.7 |
| 35 | 东阳市直属粮食管理所 | 粮食局 | 破产 | 整体清算 | 2004.4 |
| 36 | 东阳市饮料公司 | 粮食局 | 产权转让 | 整体 | 2001.5 |
| 37 | 东阳市味精厂 | 粮食局 | 破产 | 整体清算 | 2001.9 |
| 38 | 划水粮食管理所 | 粮食局 | 产权划转 | 部分转让 | 1998.1 |
| 39 | 南马粮食管理所 | 粮食局 | 产权划转 | 部分转让 | 2002.8 |
| 40 | 横店粮食管理所 | 粮食局 | 产权划转 | 部分转让 | 2002.1 |
| 41 | 东阳市粮食收储有限公司 | 粮食局 | 产权划转 | 部分转让 | 2001.5 |
| 42 | 东阳市米厂 | 粮食局 | 破产 | 整体清算 | 2003.2 |
| 43 | 巍山粮食管理所 | 粮食局 | 产权划转 | 部分转让 | 2002.1 |
| 44 | 湖溪粮食管理所 | 粮食局 | 破产 | 整体清算 | 2005.12 |
| 45 | 上卢粮食管理所 | 粮食局 | 破产 | 整体清算 | 2003.4 |
| 46 | 金穗集团东阳大厦 | 粮食局 | 产权转让 | 整体 | 2000.12 |
| 47 | 杭州解百东阳商厦 | 粮食局 | 产权转让 | 整体 | 2002.12 |
| 48 | 东阳市汽车客运公司 | 交通局 | 改股份制 | 整体 | 2000.8 |
| 49 | 东阳市汽车运务公司 | 交通局 | 改股份制 | 整体 | 2000.8 |
| 50 | 东阳市汽车修理公司 | 交通局 | 改股份制 | 整体 | 2000.8 |
| 51 | 东阳市联运公司 | 交通局 | 改股份制 | 整体 | 2000.8 |
| 52 | 东阳市土石方工程公司 | 交通局 | 改股份制 | 整体 | 2000.8 |
| 53 | 东阳市交通劳动服务总公司 | 交通局 | 改股份制 | 整体 | 2000.8 |
| 54 | 东阳市公交公司 | 交通局 | 改股份制 | 整体 | 2000.8 |
| 55 | 东阳市交通电器二厂 | 交通局 | 改股份制 | 整体 | 2000.8 |
| 56 | 东阳市建筑机械厂 | 交通局 | 改股份制 | 整体 | 2000.8 |
| 57 | 东阳市顺风海得尔有限公司 | 交通局 | 改股份制 | 整体 | 2000.8 |
| 58 | 东阳市货联运公司 | 交通局 | 改股份制 | 整体 | 2000.8 |
| 59 | 东阳市安达运贸有限公司 | 交通局 | 改股份制 | 整体 | 2000.8 |
| 60 | 东阳市交通服务部 | 交通局 | 改股份制 | 整体 | 2000.8 |
| 61 | 东阳市交通建筑工程公司 | 交通局 | 改股份制 | 整体 | 2000.8 |
| 62 | 东阳市顺风房产开发公司 | 交通局 | 改股份制 | 整体 | 2000.8 |
| 63 | 东阳市汽车出租旅游公司 | 交通局 | 改股份制 | 整体 | 2000.8 |
| 64 | 东阳市顺风集团公司 | 交通局 | 改股份制 | 整体 | 2000.8 |
| 65 | 东阳市物资总公司 | 物资局 | 破产 | 整体清算 | 2000.6 |
| 66 | 东阳市燃料公司 | 物资局 | 产权转让 | 整体 | 2001.3 |
| 67 | 东阳市建材物资公司 | 物资局 | 破产 | 整体清算 | 2000.12 |

续表5-2-4-2

| 序号 | 企业名称 | 主管部门 | 改制形式 | 改制资产范围 | 改制协议时间 |
|---|---|---|---|---|---|
| 68 | 东阳市化工轻工公司 | 物资局 | 破产 | 整体清算 | 2000.12 |
| 69 | 横店物资供应站 | 物资局 | 产权转让 | 整体 | 1999.6 |
| 70 | 东阳印刷厂 | 东阳报社 | 兼并 | 整体 | 1998.2 |
| 71 | 东阳市政府招待所 | 市府办 | 产权转让 | 整体 | 1999.9 |
| 72 | 东阳市农业机械有限公司 | 农业局 | 产权转让 | 整体 | 2002.10 |
| 73 | 东阳市住宅公司 | 建设局 | 产权转让 | 整体 | 2000.9 |
| 74 | 东阳市房地产实业公司 | 建设局 | 产权转让 | 零资产转让 | 2001.3 |
| 75 | 东阳市煤气公司 | 协作办 | 产权转让 | 整体 | 2000.6 |
| 76 | 东阳市林产品公司 | 林业局 | 产权转让 | 整体 | |
| 77 | 东阳市木材总公司 | 林业局 | 产权转让 | 整体 | 2001.3 |
| 78 | 浙江华东建材市场 | 林业局 | 产权转让 | 整体 | 2003.5 |
| 79 | 东阳中国旅行社 | 市侨办 | 产权转让 | 整体 | 2000.12 |
| 80 | 东阳市外贸公司 | 外经局 | 产权转让 | 整体 | 2001.6 |

## 二、国有企业资产重组

国有企业资产重组是指政府为了提高国有企业资产效率或实现特定目的，以资产所有者身份对企业资产的状态与外部经济主体进行重新组合、调整与配置的过程。

2004年，为了加快城市基础设施建设，经东阳市政府研究，决定成立“东阳市城市发展有限公司”，注册资本30000万元，其中财政资金投入5000万元、政府土地储备投入25000万元，经营范围为市政基础设施建设、房地产开发、项目投资等。

2005年，根据省政府《关于深化全省盐业管理体制改革的通知》精神，经东阳市政府同意，将以3月31日为基准日审计认定的东阳市盐业公司总资产682.54万元、总负债322.61万元、所有者权益(净资产)359.93万元无偿划转给浙江省盐业集团有限公司。

为了发行企业债券所需，解决城市建设资金不足，2005年12月，东阳市政府决定将东阳市城市建设有限公司、东阳市自来水公司、东阳市粮食收储有限公司、东阳市国置房地产开发有限公司、东阳市民爆物资专营公司5家企业的100%股权划转给东阳市城市发展有限公司。此后，市政府又先后将东阳市水利水电开发有限公司、东阳市公路建设工程有限公司、东阳市江北开发建设有限公司、东阳市文旅发展有限公司、东阳市市场开发有限公司等企业的100%股权划入东阳市城市发展有限公司。同时，将政府授权的收储土地经营收入、市政公用设施的冠名权收入、政府授权的其他城市公共无形资产收入等划入其下。2010年10月，“10东城发债”12亿元的企业债券成功发行。

2006年1月1日起，根据浙江省政府《转发省财政厅等部门关于我省烟草商业企业资产财务关系上划若干问题实施意见的通知》精神，县级烟草公司实行资产有偿上划，并根据省财政厅同意将东阳市烟草综合大楼资产剥离后无偿划归东阳市政府所有，同年10月，市政府研究同意将烟草综合大楼以5000万元价格处置给浙江国厦房地产开发有限公司下属的国厦广场，同时，由浙江国厦房地产开发有限公司负责无偿提供东阳市烟草公司6000平方米的办公用房。

2008年，为积极推进城市公共交通运营体制改革，加快建设城市公共交通运营管理体制，东阳市政府决定向顺风集团等相关企业收回公共交通线路运营权并收购其车辆，批准成立“东阳市惠民公共交通有限公司”，为国有独资企业，实行城市公共交通国有化经营。

2012年，为深化国有资产监管体制改革，推进国有资产优化配置和整合，东阳市政府决定将“东阳市城市发展有限公司”更名为“东阳市国有资产投资有限公司”。

2016年，东阳市政府决定组建“东阳市交通投资建设集团有限公司”，注册资本50000万元，出资人为东阳市国资办。同年9月，经东阳市财政局、国资办批准同意将东阳市三大交通发展有限公司等7家市交通局所属公司的国有股权及市交通局6个交通建设指挥部的资产全部无偿划归交通投资集团公司。2018年1月，东阳市政府为了增强交通投资集团的投融资能力，决定将东阳市交通局所属单位一批资产无偿划入交通投资集团。

2016年7月，为推进国有城市建设企业整合重组，促进国有企业资源优化配置，提升企业融资能力，市政府决定组建“东阳市城市建设投资集团有限公司”，注册资本50000万元，出资人为东阳市国资办，将市建设局下属的东阳市创美投资有限公司等8家公司制企业股权划入其下。次年9月，东阳市政府为了做大城投集团，有效整合国有资产，决定再将东阳市农业投资开发有限公司和东阳市正天机电公司划归城投集团，将北江农垦场和市国投公司所持有的农业投资开发有限公司股权、市农机管理站所持有的东阳正天机电公司股权无偿划转给城投集团，同时，将河头汽车驾驶员培训学校等7所单位或资产无偿划转给城投集团。

2017年，东阳市委、市政府印发《关于深化水务体制改革的实施意见》，按照“队伍专业化、服务标准化、管理规范化、资产资本化”的要求，为进一步理顺水务行业管理体制，市政府决定组建“东阳市水务投资集团有限公司”，承担全市制水、供水、排水的建设运维任务，注册资本10000万元，出资人为东阳市国投公司，将东阳市自来水有限公司等水务局下属5家公司制企业划入其下。

同年11月，为了进一步发挥国投公司融资和资本管理的功能，创造条件提升发行企业债、公司债和其他非金融企业债务融资的能力，市政府印发《东阳市国有资产投资有限公司资产进一步优化重组方案》，资产重组内容包括：

一是将东阳市国资办持有的市交投集团的全部股权无偿划转到国投公司，市交投集团成为国投公司一级子公司。将原国投公司持有的东阳市公路建设工程有限公司全部股权无偿划转到市交投集团，东阳市公路建设工程有限公司成为交投集团子公司。

二是根据水投集团组建方案，将原东阳市国投公司持有的东阳市自来水有限公司、东阳市水利水电开发有限公司全部股权无偿划转到东阳市水投集团。东阳市自来水有限公司、东阳市水利水电开发有限公司成为水投集团子公司。

三是将东阳市财政局持有的东阳市金融控股有限公司全部股权无偿划转给东阳市国投公司。东阳市金融控股有限公司(以下简称"市金控公司")成为国投公司一级子公司;东阳市国投公司将应收东阳市农业投资有限公司的2500万元借款债权无偿转让给东阳市金控公司作为增加资本金投资。将东阳市国投公司持有的金华市现代服务业投资发展有限公司、东阳市农业投资有限公司、东阳市锯银民间资本管理股份有限公司、东阳民间融资服务中心有限公司和浙江横店影视产权交易中心有限公司股权无偿划转给东阳市金控公司。

四是将东阳市财政局持有的金华银行股份有限公司股权无偿划转给东阳市金控公司。

五是将东阳市国资办持有的东阳市国有资产经营有限公司全部股权无偿划转给东阳市国投公司,东阳市国有资产经营有限公司成为东阳市国投公司子公司。

六是为完善国投公司资本结构,优化财务结构,提高资产收益率,将东阳市国投公司持有的东阳市江北开发建设有限公司全部股权无偿划转到东阳市国资办,东阳市江北开发建设有限公司从东阳市国投公司剥离。

表5-2-4-3　**2018年末东阳市国有企业财务基本情况表**

单位:万元

| 序号 | 企业名称 | 总资产 | 净资产 | 营业收入 | 利润总额 |
|---|---|---|---|---|---|
| 1 | 东阳市国有资产投资有限公司(本级) | 661237.4 | 401972.4 | 1769.6 | 3617.1 |
| 2 | 东阳市金融控股有限公司 | 41850.5 | 41653.9 | | 33.7 |
| 3 | 东阳市转型升级产业基金有限公司 | 1137.8 | 1137.8 | | 29.7 |
| 4 | 东阳市国有资产经营有限公司 | 21813.9 | 8657.8 | 169.2 | -580.6 |
| 5 | 东阳市高铁新城开发投资有限公司 | 8732.0 | 1605.8 | | -74.5 |
| 6 | 东阳市横锦山水文化发展有限公司 | 13207.2 | 932.2 | | -7.6 |
| 7 | 东阳市总部中心开发建设有限公司 | 89843.9 | 3770.6 | 2049.1 | -9.8 |
| 8 | 东阳市粮食收储有限公司 | 30309.1 | 13581.0 | 10776.3 | 15.1 |
| 9 | 东阳市民爆物资有限公司 | 2260.9 | 1992.5 | 1778.1 | 47.2 |
| 10 | 东阳市市场开发有限公司 | 59387.2 | 45139.8 | 5658.4 | 2745.2 |
| 11 | 东阳市文旅投资发展有限公司 | 97479.1 | 84468.3 | 964.9 | -819.7 |
| 12 | 东阳市木雕博物馆发展有限公司 | 247.9 | 227.8 | 140.7 | 58.8 |
| 13 | 东阳市易龙文化产业发展有限公司 | 1703.1 | 1703.1 | | -14.1 |
| 14 | 东阳市机动车检测有限公司 | 1188.6 | 949.6 | 822.0 | 194.0 |
| 15 | 东阳市保安服务有限公司 | 3648.1 | 3139.3 | 14079.8 | 1.8 |
| 16 | 东阳市国城建设工程有限公司 | 790.4 | 590.4 | 157.5 | 10.9 |
| 17 | 东阳市国置房地产开发有限责任公司 | 30458.7 | 1104.9 | | -1266.4 |
| 18 | 东阳市国置房屋拆迁有限公司 | 168.4 | -176.9 | | -119.6 |

续表5-2-4-3

| 序号 | 企业名称 | 总资产 | 净资产 | 营业收入 | 利润总额 |
|---|---|---|---|---|---|
| 19 | 东阳市国置物业服务有限公司 | 1668.3 | -468.8 | 221.2 | -130.0 |
| 20 | 东阳市成建市政园林绿化有限公司 | 3182.9 | 831.1 | 725.4 | 230.7 |
| 21 | 东阳市城市建设投资集团有限公司 | 671396.8 | 335196.9 | 1684.8 | 11364.6 |
| 22 | 东阳市创美投资有限公司 | 316223.6 | 133581.1 | 18.7 | -1101.1 |
| 23 | 东阳市城资资产经营管理有限公司 | 152.9 | 106.5 |  | -93.7 |
| 24 | 东阳市城投学前管理有限公司 | 2202.0 | 200.6 |  | 0.8 |
| 25 | 东阳市城发项目管理有限公司 | 11.7 | 14.4 |  | -185.6 |
| 26 | 东阳建筑供应链服务有限公司 | 7460.5 | 7245.9 | 13272.0 | 206.5 |
| 27 | 东阳市城建建筑材料有限公司 | 1511.4 | 1497.2 | 234.3 | 5.6 |
| 28 | 东阳市公共停车服务有限公司 | 396.2 | 35.6 | 666.7 | -39.9 |
| 29 | 东阳市农业投资开发有限公司 | 6584.1 | 411.2 | 347.0 | -215.1 |
| 30 | 东阳市交通房地产开发有限公司 | 2920.2 | -297.5 |  | -23.8 |
| 31 | 东阳市南山交通技术培训中心有限公司 | 2275.3 | 277.8 | 1284.1 | 54.7 |
| 32 | 东阳市三大交通发展有限公司 | 26919.9 | 24344.9 |  | -4282.4 |
| 33 | 东阳市交通检测咨询有限公司 | 147.9 | 133.4 | 198.9 | 47.0 |
| 34 | 东阳创享汽车服务有限公司 | 1346.9 | 1480.7 |  | -19.3 |
| 35 | 东阳市交通绿化有限公司 | 2679.8 | 391.9 | 1584.9 | 199.8 |
| 36 | 东阳市世展交通产业发展有限公司 | 695.5 | 457.2 |  | -42.8 |
| 37 | 东阳市交通投资建设集团学陶加油站有限公司 | 332.0 | 50.0 |  | -0.01 |
| 38 | 东阳市公路设施有限公司 | 1458.3 | 713.7 | 2850.3 | 107.0 |
| 39 | 东阳智达新能源汽车销售有限公司 | 9.9 | 9.9 | 821.1 | -0.05 |
| 40 | 东阳市交通投资建设集团堂鹤加油站有限公司 | 328.1 | 5.0 |  | -0.01 |
| 41 | 浙江省东阳市公路建设工程有限公司 | 9573.4 | 2739.4 | 8417.9 | 282.5 |
| 42 | 东阳市交通建设监理咨询有限公司 | 269.1 | 220.7 | 556.0 | 60.0 |
| 43 | 东阳市交通投资建设集团有限公司-母公司 | 282538.4 | 100806.9 |  | 635.6 |
| 44 | 东阳市交通物流有限公司 | 1238.9 | -1343.0 | 734.3 | -109.0 |
| 45 | 东阳市水务投资集团有限公司 | 47170.6 | 44906.8 |  | -1417.7 |
| 46 | 东阳市自来水有限公司 | 35223.6 | 32035.0 | 8420.8 | 429.9 |
| 47 | 东阳市思源供水有限公司 | 3163.1 | 2002.9 | 802.1 | -94.7 |
| 48 | 东阳市污水处理有限公司 | 29370.1 | 10860.9 |  | -1407.2 |
| 49 | 东阳市供排水安装工程有限公司 | 11.8 | -38.2 |  | -38.2 |
| 50 | 东阳市水利水电开发有限公司 | 29233.9 | -1240.5 |  |  |
| 51 | 东阳市大江勘测有限公司 | 162.4 | 25.4 | 130.3 | 66.6 |
| 52 | 东阳市清源排水有限公司 | 133.2 |  |  |  |
| 53 | 东阳市滨江便民餐饮设备租赁有限公司 | 75.9 | 47.0 | 44.2 | -7.3 |
| 54 | 东阳市江北开发建设有限责任公司 | 212676.3 | 131233.2 | 111827.6 | 2750.6 |
| 55 | 东阳市电影放映有限公司 | 387.7 | 106.2 | 127.7 | 88.3 |

续表5-2-4-3

| 序号 | 企业名称 | 总资产 | 净资产 | 营业收入 | 利润总额 |
|---|---|---|---|---|---|
| 56 | 东阳市婺剧演出有限公司 | 132.1 | 48.3 | 223.2 | -39.8 |
| 57 | 东阳市志远教育发展有限公司 | 513.1 | 512.1 |  | 2.9 |
| 58 | 东阳市惠民公共交通有限公司 | 15092.1 | -1110.0 | 1898.1 | -431.4 |
| 59 | 东阳市富民城乡公共交通有限公司 | 9.0 | 0.1 |  | -0.01 |
| 60 | 东阳市东白山旅游投资有限公司 | 9837.9 | 7046.1 |  | -187.9 |
| 61 | 东阳市西甑山公墓有限公司 | 1502.6 | 972.6 | 491.8 | 215.9 |
| 62 | 东阳市白云开发建设有限公司 | 28452.1 | -116.4 | 408.9 | -58.8 |
| 63 | 东阳市开发总公司 | 87619.4 | 68934.4 |  | -27.4 |
| 64 | 浙江省东阳市鸿达市政园林有限公司 | 9063.0 | 1320.0 | 514.2 | -85.8 |
| 65 | 东阳市长征投资开发有限公司 | 161139.7 | 89537.0 | 11.4 | 29.4 |
| 66 | 东阳市禹山投资有限公司 | 61247.2 | 55247.4 |  | -328.4 |
| 67 | 东阳市禹山基础设施建设有限公司 | 5037.6 | 37.6 |  | 29.2 |
| 68 | 东阳市衡信价格事务所有限公司 | 162.3 | 140.4 | 60.8 | -8.1 |
| 69 | 东阳市和正建设工程检测有限公司 | 621.3 | 473.3 | 532.8 | 380.5 |
| 70 | 东阳市货物配载运输有限公司 | 287.7 | 169.3 | 3.3 | -3.4 |
| 71 | 东阳市中国石化经营有限责任公司 | 2241.8 | 2223.5 |  | 73.2 |
| 72 | 东阳市人力资源服务有限公司 | 1122.2 | 627.8 | 8748.2 | 205.1 |
| 73 | 浙江省东阳市开发建筑工程公司 | 22076.1 | 2300.7 | 826.9 | -151.4 |
| 74 | 浙江省东阳市民政工业服务公司 | 369.1 | 357.4 | 37.3 | 28.3 |
| 75 | 浙江东阳正天机电公司 | 2562.2 | 1208.0 | 352.9 | -10.8 |
| 76 | 东阳市智联人力资源开发有限公司 | 190.0 | 179.1 | 66.1 | 26.6 |
| 77 | 东阳市供水公司 | 1537.8 | 1480.7 | 90.5 | -217.8 |
| 78 | 东阳市规划建筑设计院 | 7913.3 | 6722.2 | 3877.9 | 1010.7 |
| 79 | 东阳市土地勘察规划测绘院 | 3640.0 | 3166.3 | 1598.8 | 562.5 |
| 80 | 东阳市机动车驾驶员培训学校 | 605.0 | 366.8 | 725.0 | 25.0 |
| 81 | 东阳市汽车综合性能检测站 | 741.9 | 218.0 | 451.4 | -7.7 |
| 82 | 东阳市交通设计所 | 403.9 | 387.0 | 349.5 | -167.3 |
| 83 | 东阳市气瓶检验站 | 530.8 | 114.0 | 123.9 | -7.0 |
| 84 | 东阳市经济开发区液化气化储配站 | 2509.2 | 1930.1 | 3567.0 | 555.3 |
| 85 | 东阳市阳光职业技能培训学校 | 39.3 | 37.3 | 10.2 | 6.1 |
| 86 | 东阳市水利水电勘测设计所 | 385.3 | 354.3 | 51.7 | -54.0 |
| 87 | 浙江省东阳市公证处 | 1602.2 | 782.0 | 603.4 | 226.7 |
| 88 | 东阳市东白山茶场 | 741.5 | 581.5 | 139.9 | -46.1 |
| 89 | 东阳市良种场 | 1209.7 | 395.7 | 294.9 | 35.6 |
| 90 | 东阳市小水电管理站 | 441.3 | 84.5 | 172.8 | -43.3 |
| 91 | 浙江省东阳市北江农垦场 | 1074.2 | 855.2 | 39.6 | 89.4 |

# 第六篇　税制税种

## 第一章　中华人民共和国成立以前的税收

中华人民共和国成立前，中国经历了原始社会、奴隶社会、封建社会和半殖民地半封建社会的社会形态，在奴隶制社会里产生了国家，同时也伴随着产生了税收。随着社会制度的变迁，国家的赋税制度也经历了各个社会阶段的演变。

### 第一节　清代以前赋税

#### 一、夏、商、周及春秋战国时期的赋税

夏代实行井田制，它既是土地制度，也是赋税制度。实行因田制赋，授田有一定的面积，一定面积的土地负担一定的赋税。赋税存以贡和赋两大形式，贡，即任土作贡，随乡所出，就地取物，以供国用；赋，即因田制赋。《尚书·禹贡》开篇“禹别九州，随山浚川，任土作贡。”即禹把全部土地划为九州，又依据九州的土质、地貌物产的不同，把土地分为九等，按等纳贡缴赋，施行分等定级的贡赋制度。据《史记·夏本纪》载：“自虞、夏时，贡赋备矣。”《史记·夏本纪》还记载了夏代在浙江绍兴举行的赋税会议，氏族首领防风氏因没有及时足额纳贡，“禹杀而戮之”。夏代除实施田赋制度外，还施行盐贡和力役制度，盐贡即为后世盐税的源头，力役之征乃人头税的初级形态，所以夏代的贡赋、盐贡和力役成为后世田赋、盐税和人头税三大直接税的起源。

商代的赋税制度沿袭夏代，仍为贡赋结构。田赋收入是国家主要赋税收入，改行“助”法，即在井田制基础上，“但借其力以助耕公田，而不复税其私田”。此外，由于市场交换兴旺发达以及贵金属货币的出现，商代首创开征关市之税，我国的工商税由此引入赋税体系。

周代的赋税制度仍以贡赋结构为主体，其赋包括田赋、力役、军赋和罚课；贡为九贡，除贡赋外，辅以杂税。田赋制度行“彻”法，即打通井田内公田和私田的界限，土地全部分给平民耕种，“耕百亩者，彻取十亩以为赋”。在西周时期有“九赋制度”，据《周礼》记载：“以九赋敛财贿，一曰邦中

之赋，二曰四郊之赋，三曰邦甸之赋，四曰家削之赋，五曰邦县之赋，六曰邦都之赋，七曰关市之赋，八曰山泽之赋，九曰币余之赋。”劳动者在畿内缴纳的赋税，称为“九赋”，其第一至第六项属于地税，即田赋；第七至第九项属于杂税，即工商税。

春秋战国时期，鲁宣公于十五年（前594）废除公田制，承认土地私有，实行“初税亩”，按照田亩的数额课税。后有齐国实行“相地而衰征”、秦国实施“废井田，开阡陌”等等，各国相继进行全面的政治经济制度改革，有力促进了封建经济和社会的发展壮大，开放矿山、河海、林木等，允许经商，国家从中征税，春秋后期出现了“税”。“税”字从兑从禾，征收主要是实物，赋、税于此时逐渐合一。

**二、秦汉时期的赋税**

秦代首创了中国封建模式的赋税结构——赋税与徭役并行制（统称赋役制度）。秦代的赋税主要包括：田赋、口赋和徭役三大组成部分，并辅以杂税和复除制度。秦代田赋包括田租和刍稿两种形式，田租以“受田之数”缴纳赋税，按田亩计征，占收获物的三分之二；刍稿即牧草禾秆，属土地附加税，与田租并行征收，主要用于供给官府马匹和牲畜的饲料。口赋，又称口钱，即人头税，可纳实物，也可纳货币，每口一千钱，且以户为单位，逐户收取，故又称户赋。秦代徭役有三：更卒、正卒和戍卒，徭役按人丁计算，秦代徭役苛重，且滥兴，全国“男子力耕不足粮饷，女子纺织不足衣服，竭天下之资财以奉其政，犹未足以澹其欲也。”秦代杂税即工商税，包括市租、盐铁之课、酒课、山泽税、关税等；复除是依据法律免除劳动者应纳的租税和应服的徭役制度。

汉代的赋税制度在总结前代税制的基础上，形成了包括土地收益税、人头税、财产税、工商税、所得税等多元化的封建赋税制度体系，其土地收益税类包括田租、刍稿、田赋附加和海租等；人头税类包括算赋、口赋、更赋、户赋和献费等；财产税类包括算缗钱、算车船、税民资（或赀税）和牲畜税等；工商税类包括关税、市租、山泽园池税、盐铁酒专卖及税等；所得税类包括所得税（一般收益税）、贳贷税、工商营利所得税等。同时，实施“轻徭薄赋”政策，汉景帝二年（前155），正式下诏“令民半出田租，三十而税一”。自此，“三十而税一”为汉代田租税率的定制。

汉兴平二年（195）置吴宁县，为东阳建县之始，属会稽郡，隶扬州。但此后至宋代，东阳县税收情况因查无历史记录，无考。

**三、三国至唐代的赋税**

三国时期的田赋实行租调制，亦称田租户调制，是沿袭秦汉的田租口赋制度演变而来的。建安九年（204），曹操颁布《收田租令》：“其收田租亩四升，户出绢二匹，绵二斤而已”，此“其收田租亩四升”即为田租，属田赋，将原比例税率改为定额税率，并实行低税征收；“户出绢二匹，绵二斤”即为户调，属工商税，实行按户定税，实物征收。三国时期有工商税（关税、市税）和杂税（牛肉税、鱼税、算缗、税再熟稻、蒿秸铚粟之调、杂征）。

两晋南北朝时期的赋税结构总体沿袭三国。田赋制度实施租调制。北魏孝文帝太和九年

(485),实行"均田制";工商税主要有关市税、通行税、估税、矿冶税和杂税等。

唐代武德七年(624)颁布《租庸调法》,其课税对象是田、户、身,纳税形式是租、庸、调,推行"有田则有租,有身则有庸,有户则有调",以田计租税,以丁计徭役,以户计甲役。建中元年(780),唐德宗采用杨炎建议,废租庸调制实行两税法,将户税、地税及各种杂税统一征收,依户等纳钱,按田亩纳粟,分夏、秋两季征收,实际征收时"以钱谷定税,临时折征杂物",自此,赋税征纳逐渐由实物形态向货币形态过渡。唐代除征收田赋正税外,还征收各种田赋附加,包括青苗钱、蒿税(税草)、脚租、加征两税钱等。

唐代的工商税制度有矿税、关税、商税等,其中关税包括内陆关税和国境关税,盛唐时期,设立了众多对外通商口岸,入境外国商船需"纳舶脚",税率约为30%。此外,还有诸如间架税、除佰钱、埭程、率贷、借商、口钱、贯率和口算等杂税。

五代时期,田赋沿用唐代两税法。工商税制度以商税为主要财源,包括关税、市税、通行税等,以及屋税、丁口税等。

**四、宋代的赋税**

推行"削夺其权、制其钱谷、收其精兵"措施,"制其钱谷"就是废除"留州"、"留使"的名目,诸州财赋除留少量应付日常经费外,其余的钱帛悉送中央,外州不得留财;皇帝亲掌财政;地方财税官员及转运使、发运使直接由中央任命和管辖。

宋代田赋主要是两税及附加。两税为正税,税额基本不变,"宋田赋率每亩在一斗上下",但附加则繁杂多变,往往超过正税数倍。宋代两税存有"折变"和"支移"之法。此外,还有诸如头子钱、义仓税、农器税、进际税等名目繁多的田赋附加。

据《雍正金华府志》载,东阳县宋代历年田赋征缴情况如下表:

表6-1-1-1 **东阳县宋代田赋及附加统计表**

| 项目 | 夏税 | | | 秋粮 | 茶租 | 免役钱 | 和预买 | | | | |
|---|---|---|---|---|---|---|---|---|---|---|---|
| 名称 | 绢 | 绸 | 绵 | 米 | 钱 | 钱 | 平罗 | 绸 | 绢 | 绵 | 折帛钱 |
| 单位 | 匹 | 匹 | 两 | 石 | 贯 | 贯 | 匹 | 匹 | 匹 | 两 | 贯 |
| 数量 | 5360 | 3337 | 57291 | 21213 | 720 | 12159 | 2945 | 7677 | 5431 | 800 | 53429 |

宋代因"养兵费、养官费和岁币(对外赔款)"三大支出的逐年增加,商税比重日增,熙宁十年(1077),工商税占赋税的70%。

**矿税** 宋代在不同时期对矿业经营实行三种形式:官营、专卖、民营,民营需纳税。宋室南渡后,矿政渐废弛。

**商税** 宋代建隆元年(960)颁发《商税则例》。宋代的商税分住税和过税,住税即对开设店铺出售货物的商人所征收的落地税，税率为3%；过税即对行商所课征的通过税，税率为2%。

**牙契税**　商税。行商2%，坐商3%，宋代历年实收21515贯。

**市舶课**　宋代将国内出海贸易的商舶及海外诸国来华贸易的商舶统称为市舶。宋代对市舶实行统制政策，对舶来商品除抽解（征收进口关税）和博买（国家强制征购）外，基本实行榷买（专卖）制。

此外，宋代还有众多杂税，是中国古代史上杂税最多的王朝之一，如契税、经总制钱、月桩钱、板账钱、市例钱、力胜税、折帛钱、免行钱、河渡钱、和买、和籴等等，以及各种名目的随时摊派，官吏暴敛百姓，不堪重负。

据《雍正金华府志》载，东阳县宋代历年工商各税征缴情况如下表：

表6-1-1-2　**东阳县宋代工商各税统计表**

| 税种 | 项目 | | 单位 | 数量 |
|---|---|---|---|---|
| 酒税 | 酒务 | 租额 | 贯 | 11299 |
| | | 实收 | 贯 | 9919 |
| | 村坊 | | 处 | 19 |
| | | 税额 | 贯 | 21269 |
| | | 每月课利 | 贯 | 292 |
| 商税 | | 租额 | 贯 | 2428 |
| | | 实收 | 贯 | 2426 |
| 茶税 | 批发 | 数量 | 斤 | 25800 |
| | | 税钱 | 贯 | 5676 |
| | 住买 | 数量 | 斤 | 12700 |
| | | 税钱 | 贯 | 2794 |
| | 小计 | 税钱 | 贯 | 8470 |
| 盐税 | 数量 | | 斤 | 1880000 |
| | 税额 | | 贯 | 99000 |
| 牙契税 | 实收 | | 贯 | 21515 |
| 矾税 | 数量 | | 斤 | 1400 |
| | 税钱 | | 贯 | 182 |
| 合计实收 | 合计实收 | | 贯 | 163073 |

## 五、元代的赋税

元代纸币成为国家法定的通货，以货币课征成为元代赋税制度的一大特点。元代的田赋分为税粮和科差，税粮取于江北者，叫丁税、地税，此仿唐之租庸调法；税粮行于江南者，叫夏税、秋税，此仿唐之两税法。科差是官府向民户征收财物或派劳役，是元代前未曾有过的田赋税种，在北方包括丝料、包银、俸钞三项，在南方包括户钞和包银，相当于唐代的"户调"。

元代的工商税有岁课、商税、市舶课、杂税及额外课等。岁课亦称洞冶课，是对天地自然之利、山林川泽之产所课征的税收，包括金课、银课、铜铁课、其他矿课和竹木课等。商税自太宗八年(1236)开征，实行"三十取一"的低税政策。市舶课即对进行贸易的中外船舶所载之货的抽分和课税，货分粗细，率分二等，细货十分取一，粗货十五取一，抽分之后，随客商自由买卖。元代的杂税统称额外税，名目繁多，有名有目的就多达三十二种。

据《雍正金华府志》载，东阳县元代历年赋税征缴情况如下表：

表6-1-1-3　　**东阳县元代赋税统计表**

| 税类 | 税种 | 项目 | 单位 | 数量 |
| --- | --- | --- | --- | --- |
| 田赋 | 夏税 | 中统钞 | 锭 | 831 |
| | 秋粮 | 米 | 石 | 17435 |
| 工商税 | 商税 | 岁办 | 锭 | 277 |
| | | 其中：窑课 | 锭 | 3 |
| | 酒课 | 岁办 | 锭 | 14 |
| | 醋课 | 岁办 | 锭 | |
| | 茶课 | 岁办 | 锭 | 5 |
| | 食盐 | 额买 | 引 | 3983 |
| | | 税额 | 锭 | 717 |
| | 房地赁钱 | 岁办 | 锭 | 10 |
| | 秋租地利 | 岁办 | 锭 | 92 |
| | 授时历 | 大小历 | 本 | 6493 |
| | | 定价 | 锭 | 100 |
| | 合计 | 中统钞 | 锭 | 1215 |
| | | 稻谷 | 石 | |

说明：元代中统钞50两(或50贯)为锭

## 六、明代的赋税

明代洪武四年(1371)起，实行粮长收解制，即由里甲催督，粮长征收，并解送官府。洪武十四年(1381)清查户口，实行里甲制，编赋役《黄册》。洪武二十年(1387)丈量田亩，编制《鱼鳞图册》。《黄册》以户为主，田归其户，详记旧管、新收、开除、实收之数。《鱼鳞图册》以田土为主，分都图画定田亩为图，按《千字文》字序排列，写明四至与田主姓名、面积大小，制成册。县设户房、粮房职掌财政田粮。东阳设18区，每区设粮长1名、副粮长2名，由政府指派区内田地最多的大户充当，主持区内田粮征收和运转事宜。后粮长职权扩大，拟订田赋科则，编造《鱼鳞图册》，申报灾荒蠲免，检举逃避赋粮人户和劝导农民努力耕种，按期纳粮当差。

成化八年(1472)黄册记载:东阳夏税麦2374石8斗1升9合4勺,秋粮米24423石3合6勺。隆庆六年(1572),黄册记载东阳官民田、地、山、塘合计113万亩;万历六年(1578)东阳坐派夏税麦2348石1斗5升7合,新增麦3斗2升4合9勺。秋粮米24424石7斗5升2勺,新增米4石1合6勺,内折色米9982石2斗9升3合8勺3抄5撮1圭8粟。

万历九年(1581),张居正改革赋役制度,在清丈土地的基础上,全面推行"一条鞭法":即将一县之赋税,量地计丁,计亩征银,折办于官。赋役合一,夏秋二税合征,化繁为简,以银交纳,官收官解,成为封建赋税史上的一次重大改革。是年,东阳知县黄文炳丈量田土,田、地、山、塘共113.3万亩,全县计税户口人丁为22577石;夏税麦2333石,秋粮米25602石,官房屋赁钱2518贯,上半年折麦61石,下半年折米46石。万历六年(1578)派征都察院轿车夫、狱卒、甲首、马丁、门子等银2233两余;嘉靖三十五年(1556),总督胡宗宪为除倭患建议正赋外加派"助饷"、"剿饷"、"练饷",每田一亩加派1分5厘,地9厘,山4厘6毫,塘7厘,加派之重,人民不堪负担。

明代工商税包括矿税、关税、商税及其他杂税等。东阳课征的主要有商税、市肆门摊税、酒醋税和其他杂税。门摊税,是收取营业税之始,洪熙元年(1425)先对两京地区商贾聚集地、官私店铺开征,宣德四年(1429)推广于全国。酒课,明代既禁酒,又征酒税,分两次征收,即对造酒所用酒曲征一次税,再对所卖之酒征一次税,税率各代不一,成化年间,准曲投税,每百取二。

据《雍正金华府志》载,东阳县明代历年赋税征缴情况如下表:

表6-1-1-4　**东阳县明代赋税统计表**

| 税类 | 税种 | 项目 | 单位 | 数量 |
|---|---|---|---|---|
| 田赋 | 夏税 | 麦 | 石 | 2348 |
| | | 丝 | 两 | |
| | | 钞 | 锭 | |
| | | 万历六年增减 | 石 | |
| | 秋粮 | 米 | 石 | 24423 |
| | | 秋租钞 | 锭 | |
| | | 万历六年增减 | 石 | 4 |
| | | 其中折色米 | 石 | 9982 |
| 工商税 | 酒醋钞 | 小计 | 锭 | 186.3 |
| | | 正额 | 锭 | 172.1 |
| | | 增羡 | 锭 | |
| | | 闰月 | 锭 | 14.2 |
| | 茶课 | 小计 | 锭 | 63.1 |
| | | 正额 | 锭 | 63.1 |
| | | 增羡 | 锭 | |
| | | 闰月 | 锭 | |

续表6-1-1-4

| 税类 | 税种 | 项目 | 单位 | 数量 |
|---|---|---|---|---|
| 工商税 | 窑灶 | 小计 | 锭 | 19.3 |
| | | 正额 | 锭 | 18.1 |
| | | 增羡 | 锭 | |
| | | 闰月 | 锭 | 1.2 |
| | 碓磨油榨 | 小计 | 锭 | 49.2 |
| | | 正额 | 锭 | 45.3 |
| | | 增羡 | 锭 | |
| | | 闰月 | 锭 | 3.9 |
| | 果价 | 小计 | 锭 | 0.2 |
| | | 正额 | 锭 | 0.2 |
| | | 闰月 | 锭 | |
| | 茶引由工墨 | 正额 | 锭 | 49.4 |
| | 商税 | 小计 | 锭 | 6938 |
| | | 正额 | 锭 | 1115.5 |
| | | 增羡 | 锭 | 2.9 |
| | | 闰月 | 锭 | 533.4 |
| | | 加增 | 锭 | 5286.2 |
| | 契本工墨 | 小计 | 锭 | 0.4 |
| | | 正额 | 锭 | 0.2 |
| | | 增羡 | 锭 | 0.2 |
| | 门摊 | 小计 | 锭 | 299 |
| | | 正额 | 锭 | 276 |
| | | 加增 | 锭 | |
| | | 闰月 | 锭 | 23 |

## 七、清代的赋税

清代是我国历史上最后一个封建王朝。清前期统一中国后，先后采取了一系列恢复生产、振兴经济的政策措施，政权得以巩固、社会日趋稳定、经济得到发展，仍然保持着主权独立、闭关自守、集权统治的封建制大帝国的地位。鸦片战争以后，国门被打开，中国自给自足的自然经济日趋瓦解，加上清政府政治腐朽、经济崩溃、国力衰败，战争、割地、赔款、借款，逐渐沦为丧权辱国的半殖民地半封建制的国家，国家财政陷入严重危机，加重旧税、开征新税、发行公债、举借外债，财政走向国弱民贫、税重财困的绝境。

### （一）清代的田赋制度

清初田赋沿用明代“一条鞭法”。顺治三年（1646），谕户部稽核钱粮原额，汇编《赋役全书》，悉复明万历之旧。浙东八府，俱自顺治四年（1647）正月初一起，通照前朝万历四十八年（1620）则例征收，天启、崇祯加派尽行蠲免。分夏秋两季征收，夏征在二至五月，称“上忙”；秋征在八至十一月，称“下忙”。据顺治十四年（1657）《赋役全书》和《东阳县田赋税课全书》记载：东阳县应征土地税、人丁税共计白银47669.8997687两，除去品官、举人、入学生员等人的免征银457.191424两，应征夏税银47212.7083447两、秋粮米1820.5644932石。顺治至雍正的征额，与明万历时无甚出入。

康熙十年（1671）《朝觐须知册》记载：东阳县土地114.9万亩，户26571，丁口80085人。全县征地丁正银44418两，漕运银1214两，闰月加征567两。“漕运”即转运京师的运费，以实物大米缴纳留存，供南方驻防官兵食用，征大米1808石，闰月加征23.9石，后改称“南米”，又以每石银1两5钱折征解库。地丁附加5分（即5%），称“耗羡”，一部分归地方官史，称“养廉”，一部分解布政司，称“羡余”。

清初随地丁银带征平余、耗羡等项。康熙四年（1665），取消加派名目，附加、带征并入正税。乾隆五十三年（1788），县令谢昕以编造户籍清册为由，立“户管新法”，每亩田、地、山、塘分别额外加征钱40、30、20文，共计额外索费27万余贯。五十二都东湖村秀才胡含英等6人联名上告巡抚转奏朝廷。乾隆令刑部查办，处县令以贪赃枉法罪，责杖一百，流放新疆伊犁；知府失于觉察，革其职。谢昕暗嘱同伙诬告胡含英抗缴皇粮，胡含英被革去秀才，发配新疆，途经陕西醴泉时暴病而死。

雍正十二年（1734），东阳实行粮米分征。

表6-1-1-5　　清雍正十二年（1734）东阳县田赋实征额一览表

| 项目 | 实有田亩（万市亩） | 实征粮 | | 实征米 | |
|---|---|---|---|---|---|
| | | 旧制银（两） | 折合银元 | 旧制（石） | 折合吨 |
| 合计 | 125.02 | 44419 | 59077 | 1808 | 135.6 |
| 田 | 55.08 | 37868 | 50364 | 1544.7 | 115.9 |
| 地 | 29.85 | 3603 | 4792 | 141.8 | 10.6 |
| 山 | 34.52 | 2620 | 3485 | 108.2 | 8.1 |
| 塘 | 5.57 | 328 | 436 | 13.3 | 1.0 |
| 附注 | 每遇闰年，加征银522两，加征米24石，此为田赋正额 | | | | |

嘉庆十九年（1814），东阳田、地、山、塘为113.3万亩，起运实征银44662两，存留实征银2083两。道光四年（1824）赋役全书记载：地丁并岁课实征银47778两，每两随征耗羡银5分。光绪二十五年（1899），地丁征银44709两，漕运1164两，南米1455石。光绪二十八年（1902）加派庚子赔款，每丁1两，折制钱300文，称“粮捐”。

太平天国侍王李世贤于清咸丰十一年（1861）至同治二年（1863）进军浙东，以金华为中心建立根据地。咸丰十一年（1861）八月二十七，太平军占领东阳，由瞻婺门入城，告示安民，整稽户丁，开造田册征赋。地丁以钱交纳，每亩700文和南米1～2斗，并收田凭费60～1000文，门牌费每户3～4元，太平军于同治二年(1863)正月十八撤离东阳。

**(二)清代的工商税制度**

清初，工商税无定额。康熙十六年(1677)始定契税等额，买产银1两，征税3分，东阳县额征契税银200两。酒税，酒坊2家，每户定额银10两，共征银20两。当税，光绪年间，当铺6家，每户5两，征银30两。牙税，向官署领取“牙贴”，缴纳牙贴税银，征银21.8两。牛税，每两征银3分，定额银8两。烟税，烟坊2户，定额银4.2两。盐税，每引300～400斤，征银4钱8分。定额盐引税5.5两。光绪二十三年(1897)，典当业每户增加10倍(即50两)。土药厘税并征，每担征银60两。光绪二十八年(1902)，盐引加价，每引加课银4两。房捐按租值收10%。

**(三)新增税种——厘金**

厘金是清后期商品经济的进一步发展和国家财政长年入不敷出巨额亏空所产生的一种税制。厘金是一种商税，后发展为产、运、销三个环节同时征收，具有出产税、交易税和营业税的性质，是清后期征收范围最大、苛扰最重、影响最深的一个新税种。厘金的种类很多，各省征收的方式也不一致。

同治元年(1862)，左宗棠在衢州创设浙江牙厘总局，开征“厘金”。同治三年(1864)浙江牙厘总局移设杭州，并于嘉、湖、宁、绍、台、衢、温、处8府设府局，金华、严州不设府局，由省局直辖。各府局于要津设卡，分上卡、中卡、下卡，见货抽厘，兼综百货。厘金初定百值抽一。同治二年(1863)更定：逢起抽3%，逢验减半(1.5%)，一起一验抽4.5%，两起两验抽9%。分上水、下水，下水自江西入境，常山起兰溪验，义桥起曹娥验，宁波照票放行。上水宁波起百官验，义桥起兰溪验，衢州常山照票放行。光绪二十二年(1896)，改为一起一验合并征收。厘课货物共分12大类682项。正厘以外，附于百货厘金者尚有加征善举、储备公款、厂纱捐3项。此外，还对辖境内商户从境外购得货物销售时抽收落地捐。厘金以百货厘收入最大，丝捐、茶厘其次，土药厘最少。

## 第二节　民国时期税收

1911年10月，孙中山领导的辛亥革命推翻了清王朝，结束了中国历史长达两千多年的封建君主专制制度，建立了中华民国。1912年至1927年为北洋军阀统治时期，称为北洋政府时期。1927年，通过北伐战争推翻了北洋政府，进入了国民政府时期，直至1949年10月1日成立中华人民共和国。

北洋政府时期，由于各地军阀拥兵自立，割据一方，各自为政，自定税制，自行课征赋税，任意截留税款，且苛捐杂税繁多，滥施加征课派，税收制度混乱不堪。国民政府时期，因内战不断，赋税制度一切从内战需要出发，为外国列强在华利益和买办官僚资本服务，且赋税征实，以转嫁通货膨胀，具有深厚的封建性、掠夺性和半殖民地性。

## 一、田赋制度

民国时期的田赋制度主要有正税、田赋附加及带征等。

### (一)正税

民国28年(1939)5月,东阳县政府发出催收田赋布告:"查本县田赋收数,近数月来,颇形疲滞,库储匮乏,应付困难。此项固有赋税,为业户应输之款。迭奉省令严催,以济要需,自应切实遵办;除令饬赋税征收处积极催征,并分令各乡镇保以认真协助外,合亟布告全县业户,一体知悉,值此抗战时期,军政需款万急,务各仰体时难,将所有欠完田赋,速自动清完,制串安业。"

民国30年(1941),因时局混乱,物价飞涨,通货膨胀,财政入不敷出,田赋收归中央,为转嫁通货膨胀,一律改征实物。行政院颁布《战时各省田赋征收实物暂行通则》,东阳按正附税总额每元折征稻谷2斗(每斗折10.8市斤);第二年改为3斗,又带征公粮1斗,"借征"1斗5升,称为"三征",合计每元折征稻谷5斗5升。民国31年9月,东阳沦陷,沦陷区仍折币征收,每石稻谷折法币60元。

民国32年(1943)10月到民国33年9月,田赋实征27137石,带征县级公粮9046石,征收地主积谷5572石,征属优待谷2682石,代浙东行署采购军用公粮谷1513石。征起32年度的旧欠田赋570石,县级公粮190石,地主积谷81石,征属优待谷40石。同年,县政府为顾念服务于乡镇工作人员的生活,制定了《东阳县乡级公务人员借粮办法》,自4月1日开始,一个月内,照下列标准借乡级公粮:3亩以上5亩以下佃户借谷12斤;5亩以上10亩以下佃户借谷20斤;10亩以上20亩以下佃户借谷40斤;20亩以上佃户借谷80斤。征借工作由乡镇公所主持,按省颁发的乡镇级公粮收支保管办法办理。

民国34年(1945),庆祝抗日战争胜利,免征当年田赋。次年复征,每亩征谷5.9斗,因民众不堪重负,省政府被迫按民国33年征额五折征实。

民国35年(1946),田赋仍征实,每亩征实3斗,征借1.5斗,省、县级公粮1斗,地主积谷4升,合计5斗9升。人民不堪重负,政府被迫照33年原征额五成征实。

民国36年(1947)3月,国民党东阳县长丁琮向县参议会提出县政府财政入不敷出,为"弥补赤字",要在钱粮每元正税下加征充地方自治费及土地测量费的稻谷各20余斤(加上原有的90余斤,就高达140余斤)。同时,还要向全县人民借款5亿元(法币),贷利充实县政府经费。当时,所谓的"民意机关"县参议会,竟贸然通过了加征钱粮和5亿元借款的议案。

东阳中学发起了"反对国民党东阳县长丁琮5亿元借款"的爱国民主运动,得到了全国100多所大中学校东阳籍学生的响应。该爱国民主运动还得到了社会各界的广泛同情和支持,在乡军官会、三青团,也对"5亿元借款案"发表意见书,召开座谈会,要求国民党县政府暂停执行借款案,要求县参议会重新复议;在县城大街小巷要道口设置的"民意测验",民众无不签署意见反对"5亿元借款案"。

迫于全国形势和强大社会舆论压力,县参议会不得不复议通过否决5亿元借款案,国民党浙江省政府撤掉丁琮的东阳县长职务。

因解放战争节节胜利，民国36年（1947），应征借稻谷11万3220石，实征借稻谷6万8883石，只完成应征额的6成；民国37年应征借公粮6万9634石，实征借公粮1.3万石，实征不及两成。

表6-1-2-1　　民国20年（1931）前东阳县田赋亩额课征表

| 等级 | 银、米分征负担额，每亩应征银米数 | | | | |
|---|---|---|---|---|---|
| 官田 | 银 | 1钱1分5厘6毫 | 玉田 | 银 | 4分4厘9毫 |
| | 米 | 3合6勺3抄 | | 米 | 1合4勺 |
| 僧田 | 银 | 1钱1分8厘5毫 | 官地 | 银 | 4分1厘5毫 |
| | 米 | 3合6勺9抄 | | 米 | 1合2勺3抄 |
| 伍田 | 银 | 8分2厘2毫 | 民地 | 银 | 1分9厘3毫 |
| | 米 | 2合4勺9抄6撮 | | 米 | 6勺2抄 |
| 正田 | 银 | 7分8厘1毫 | 官山 | 银 | 1分9厘3毫 |
| | 米 | 3合4勺3抄4撮 | | 米 | 6勺2抄 |
| 从田 | 银 | 6分7厘2毫 | 民山 | 银 | 2分 |
| | 米 | 3合9抄5撮 | | 米 | 6勺2抄 |
| 瑞田 | 银 | 6分4厘7毫 | 官塘 | 银 | 7厘9毫 |
| | 米 | 2合1抄7撮 | | 米 | 2勺4抄 |
| 永田 | 银 | 5分2厘2毫 | 民塘 | 银 | 1分8厘 |
| | 米 | 1合6勺2抄7撮 | | 米 | 6勺2抄7撮 |

表6-1-2-2　　民国21年（1932）改征银圆后东阳县田亩应征额表

单位：元

| 税目 | 亩等级 | 税率 | | | 附加税 | | | 正附税并计 | | | 实征亩数 |
|---|---|---|---|---|---|---|---|---|---|---|---|
| | | 上期 | 下期 | 合计 | 上期 | 下期 | 合计 | 上期 | 下期 | 合计 | |
| 僧田 | 29 | 0.213 | 0.02 | 0.225 | 0.425 | 0.007 | 0.432 | 0.638 | 0.019 | 0.657 | 7.3419 |
| 官田 | 29 | 0.208 | 0.012 | 0.220 | 0.415 | 0.007 | 0.422 | 0.623 | 0.019 | 0.642 | 30.837 |
| 伍田 | 36 | 0.144 | 0.008 | 0.152 | 0.287 | 0.005 | 0.292 | 0.431 | 0.013 | 0.444 | 181.603 |
| 正田 | 37 | 0.141 | 0.008 | 0.149 | 0.281 | 0.005 | 0.286 | 0.422 | 0.013 | 0.435 | 122.945 |
| 从田 | 39 | 0.121 | 0.007 | 0.128 | 0.242 | 0.004 | 0.246 | 0.363 | 0.011 | 0.374 | 87.133 |
| 瑞田 | 39 | 0.116 | 0.007 | 0.123 | 0.232 | 0.004 | 0.236 | 0.348 | 0.011 | 0.359 | 22.905 |
| 永田 | 42 | 0.094 | 0.005 | 0.099 | 0.188 | 0.003 | 0.191 | 0.282 | 0.008 | 0.029 | 34.718 |
| 玉田 | 43 | 0.081 | 0.005 | 0.086 | 0.162 | 0.003 | 0.165 | 0.243 | 0.006 | 0.251 | 43.092 |
| 官地 | 34 | 0.074 | 0.004 | 0.078 | 0.148 | 0.003 | 0.151 | 0.222 | 0.007 | 0.229 | 3.335 |
| 民地 | 38 | 0.035 | 0.002 | 0.037 | 0.070 | 0.001 | 0.071 | 0.105 | 0.003 | 0.108 | 191.284 |
| 官山 | 8 | 0.035 | 0.002 | 0.037 | 0.070 | 0.001 | 0.071 | 0.105 | 0.003 | 0.108 | 9.103 |
| 民山 | 10 | 0.014 | 0.001 | 0.015 | 0.020 | 0.001 | 0.029 | 0.042 | 0.002 | 0.044 | 336.180 |

表6-1-2-3　　民国元年—24年(1912—1935)东阳县田赋征收统计表

单位:米:石;银元:元

| 年份 | 地丁 | | 抵补金 | | 租课 |
|---|---|---|---|---|---|
| | 银两 | 折银元 | 米 | 折银元 | |
| 民国元年(1912) | 34999 | 62998 | 1090 | 3270 | 13 |
| 民国2年 | 35952 | 64714 | 1119 | 3357 | 13 |
| 民国3年 | 36138 | 65588 | 1134 | 5534 | 30 |
| 民国4年 | 41305 | 74349 | 1285 | 6389 | |
| 民国5年 | 40189 | 72340 | 1251 | 5025 | |
| 民国6年 | 40654 | 73177 | 1265 | 5075 | |
| 民国7年 | 41738 | 75128 | 1302 | 5216 | |
| 民国8年 | 41682 | 75228 | 1297 | 5193 | |
| 民国9年 | 40769 | 73384 | 1267 | 5071 | |
| 民国10年 | 40853 | 73535 | 1269 | 4835 | |
| 民国11年 | 29993 | 53987 | 934 | 3553 | |
| 民国12年 | 39429 | 70972 | 1226 | 4444 | |
| 民国13年 | 39771 | 71588 | 1238 | 4350 | |
| 民国14年 | 40391 | 72704 | 1255 | 4283 | |
| 民国15年 | 38432 | 69178 | 1194 | 3949 | |
| 民国16年 | 41229 | 74218 | 1279 | 4225 | 56 |
| 民国17年 | 40365 | 72657 | 1262 | 4165 | |
| 民国18年 | 37790 | 68022 | 1177 | 3884 | |
| 民国19年 | | 72550 | | 4146 | |
| 民国20年 | | 72348 | | 4134 | |
| 民国21年 | | 74503 | | 4211 | |
| 民国22年 | | 68948 | | 3940 | |
| 民国23年 | | 39569 | | 2269 | |
| 民国24年 | | 4164 | | 2386 | |

表6-1-2-4　　民国27—37年(1938—1948)东阳县田赋征收统计表

| 年份 | 应征 | | | 实征 | | | | |
|---|---|---|---|---|---|---|---|---|
| | 赋额 | 征实 | 征借 | 折银元 | 折稻谷 | 实借 | 县级公粮 | 其他 |
| | 万元 | 石 | 石 | 万元 | 石 | 石 | 石 | 石 |
| 民国27年(1938) | 12.7 | | | 7.2 | | | | |
| 民国28年 | 11.9 | | | 12.5 | | | | |
| 民国29年 | 11.9 | | | 10.2 | | | | |

续表6-1-2-4

| 年份 | 应征 | | | 实征 | | | | |
|---|---|---|---|---|---|---|---|---|
| | 赋额 | 征实 | 征借 | 折银元 | 折稻谷 | 实借 | 县级公粮 | 其他 |
| | 万元 | 石 | 石 | 万元 | 石 | 石 | 石 | 石 |
| 民国30年 | | | | | 45000 | | | |
| 民国31年 | | | | | | | 7050 | |
| 民国32年 | | | | | | | 6512 | |
| 民国33年 | | | | | 25000 | | 9045 | 10648 |
| 民国35年 | 11.3 | 33968 | 11322 | | 19665 | 6888 | 6888 | |
| 民国36年 | | 113220 | | | 68883 | | | |
| 民国37年 | | 69635 | | | 13424 | | | |

说明:其他实征包括征收地主积谷、征属优待谷、代征浙东行署采购军用公粮谷、补征上年旧欠

### (二)田赋附加及带征

田赋附加,是在田赋正税之外的额外加派,始于东汉桓帝延熹八年(165),因对羌族用兵,耗费过大,开征田赋附加。民国时期田赋附加逐步增加,田赋划归地方收入后,中央政府虽三令五申严禁地方附加,也曾先后颁布《限制附加八项办法》、《整理田赋附加办法十一条》等,但因体制原因难以节制,且变本加厉,至民国16年(1927)后,省、县两级均增加附加税,多达十余项。民国30年田赋征收实物后,各类附加税并入正税。民国35年后,国民政府因战争频仍,国库财力空虚,田赋附加名目更多,田赋附加税竟为正税的数倍。

表6-1-2-5　　民国元年—33年(1912—1944)东阳县正税与附税比照表

| 名称/年份 | 附税率与正税比重 | | 名称/年份 | 附税率与正税比重 | |
|---|---|---|---|---|---|
| | 附税 | 正税 | | 附税 | 正税 |
| 民国元年-5年 | 0.488 | 48.8% | 民国22年 | 1.903 | 190.3% |
| 民国6-9年 | 0.467 | 46.7% | 民国23-25年 | 1.815 | 181.5% |
| 民国10-13年 | 0.464 | 46.4% | 民国26-27年 | 1.772 | 177.2% |
| 民国15-16年 | 0.455 | 45.5% | 民国28年 | 2.029 | 202.9% |
| 民国17-18年 | 1.204 | 120.4% | 民国29年 | 1.342 | 134.2% |
| 民国 20年 | 1.262 | 126.2% | 民国30年 | 6.83 | 68.3% |
| 民国 21年 | 1.845 | 184.5% | 民国31-33年 | 2.275 | 227.5% |

说明:民国30年(1941)上期征米折币,民国30年下期至民国32年征收稻谷

表6-1-2-6

## 民国16—28年(1927—1939)东阳县田赋省县正附税率一览表

| 科目 | 年别 | 正税 | 附税 | | | | | | | | | | | | | | | | 罚金 | 每两、石合成每元正附税计(元) |
|---|---|---|---|---|---|---|---|---|---|---|---|---|---|---|---|---|---|---|---|---|
| | | | 解省 | | | 留县 | | | | | | | | | | | | | | |
| | | | 建设特捐事业特捐 | 建设附捐 | 十九年土地事业费二十二年飞机捐 | 县税特捐 | 教育附税 | 治虫经费 | 农村股本 | 县税不敷附税 | 自治附捐 | 东义路经费 | 警卫经费 | 补21年自治捐 | 不动产保安户捐 | 训练壮丁费 | 地主积谷代金 | 征收公费 | | |
| 地丁 | 16年 | 1.800 | 1.000 | | | 0.550 | | | | | | | | | | | | 0.162 | 0.180 | 3.692 |
| | 17年 | 1.800 | 1.000 | 0.150 | | 0.550 | 0.150 | | | | | | | | | | | 0.162 | 0.180 | 3.992 |
| | 18年 | 1.800 | 1.000 | 0.150 | | 0.550 | 0.150 | 0.100 | | | | | | | | | | 0.162 | 0.180 | 4.092 |
| | 19年 | 1.800 | 1.000 | 0.150 | 0.300 | 0.550 | 0.150 | 0.100 | | 0.400 | | | | | | | | 0.162 | 0.180 | 4.792 |
| | 20年 | 1.800 | 1.000 | 0.150 | | 0.550 | 0.150 | 0.100 | 0.200 | 0.400 | 0.050 | | | | | | | 0.162 | 0.180 | 4.742 |
| 上期田赋 | 21年 | 1.000 | 0.556 | 0.083 | | 0.306 | 0.083 | 0.056 | 0.111 | 0.194 | 0.028 | 0.600 | 0.360 | | | | | 0.090 | 0.100 | 3.567 |
| | 22年 | 1.000 | 0.556 | 0.083 | 0.020 | 0.306 | 0.083 | 0.056 | 0.111 | 0.194 | 0.028 | | 0.360 | 0.418 | | | | 0.090 | 0.100 | 3.405 |
| | 23年 | 1.000 | 0.556 | 0.083 | | 0.306 | 0.083 | 0.028 | | 0.194 | 0.028 | | 0.360 | | | | | 0.090 | 0.100 | 2.825 |
| | 24年 | 1.000 | 0.556 | 0.083 | | 0.306 | 0.083 | 0.028 | | 0.194 | 0.028 | | | | 0.280 | | | 0.090 | 0.100 | 2.740 |
| | 25年 | 1.000 | 0.556 | 0.083 | | 0.306 | 0.083 | 0.028 | | 0.194 | 0.028 | | | | 0.280 | 0.080 | | 0.090 | 0.100 | 2.820 |
| | 26年 | 1.000 | 0.556 | 0.083 | | 0.306 | 0.083 | 0.028 | | 0.150 | 0.028 | | | | 0.280 | 0.080 | 0.300 | 0.090 | 0.100 | 3.084 |
| | 27年 | 1.000 | 0.556 | 0.083 | | 0.306 | 0.083 | 0.028 | | 0.150 | 0.028 | | | | 0.280 | 0.080 | 0.300 | 0.090 | 0.100 | 3.084 |
| | 28年 | 1.000 | 0.556 | 0.083 | | 0.306 | 0.083 | 0.029 | | 0.150 | | | | | 0.280 | 0.080 | 0.300 | 0.090 | 0.100 | 3.084 |
| 抵补金 | 16年 | 3.300 | 1.000 | | | | | | | | | | | | | | | 0.1215 | 0.303 | 5.7245 |
| | 17年 | 3.300 | 1.000 | 0.300 | | | 0.300 | | | | | | | | | | | 0.1215 | 0.303 | 5.3245 |
| | 18年 | 3.300 | 1.000 | 0.300 | | | 0.300 | 0.100 | | | | | | | | | | 0.1215 | 0.303 | 5.4245 |

续表6-1-2-6

| 科目 | 年别 | 正税 | 附税 | | | | | | | | | | | | | | | | 每两、石合成每元正附税计（元） |
|---|---|---|---|---|---|---|---|---|---|---|---|---|---|---|---|---|---|---|---|
| | | | 解省 | | | 留县 | | | | | | | | | | | | 罚金 | |
| | | | 建设特捐事业特捐 | 建设附捐 | 十九年土地事业费二十二年飞机捐 | 县税特捐 | 教育附税 | 治虫经费 | 农村股本 | 县税不敷附税 | 自治附捐 | 东义路经费 | 警卫经费 | 补21年自治捐 | 不动产保安户捐 | 训练壮丁费 | 地主积谷代金 | 征收公费 | | |
| | 19年 | 3.300 | 1.000 | 0.300 | 0.300 | | 0.300 | 0.100 | | | | | | | | | | 0.1215 | 0.303 | 5.7245 |
| | 20年 | 3.300 | 1.000 | 0.300 | | | 0.300 | 0.100 | 0.200 | | | | | | | | | 0.1215 | 0.303 | 5.6245 |
| 下期田赋 | 21年 | 1.000 | 0.303 | 0.091 | | | 0.091 | 0.030 | 0.061 | | | | | | | | | 0.057 | 0.100 | 1.713 |
| | 22年 | 1.000 | 0.303 | 0.091 | 0.020 | | 0.091 | 0.030 | 0.061 | | | | | | | | | 0.037 | 0.100 | 1.733 |
| | 23年 | 1.000 | 0.303 | 0.091 | | | 0.091 | 0.015 | | | | | | | | | | 0.037 | 0.100 | 1.637 |
| | 24年 | 1.000 | 0.303 | 0.091 | | | 0.091 | 0.015 | | | | | | | | | | 0.037 | 0.100 | 1.637 |
| | 25年 | 1.000 | 0.303 | 0.091 | | | 0.091 | 0.015 | | | | | | | | | | 0.037 | 0.100 | 1.637 |
| | 26年 | 1.000 | 0.303 | 0.091 | | | 0.091 | 0.015 | | | | | | | | | | 0.037 | 0.100 | 1.637 |
| | 27年 | 1.000 | 0.303 | 0.091 | | | 0.091 | 0.015 | | | | | | | | | | 0.037 | 0.100 | 1.637 |
| | 28年 | 1.000 | 0.303 | 0.091 | | | 0.091 | 0.015 | | | | | | | | | | 0.037 | | |

说明：一、本县呈准在25年份上期田赋项下征收训练壮丁费始于25年10月1日起在串内加戳带征。

二、本县奉令在26年份上期田赋项下征收地主积谷代金，始于26年8月11日起在串内加戳带征。业户在8月11日以前已完成26年份上期田赋者，前项代金在完纳27年份上期田赋时补征。

三、奉令自28年份起，按照征税1元征收自治经费二角，另据。

四、28年份上期田赋定28年6月1日开征，下期定12月1日开征，业户如在开始起一个月内纳完者，即照所完正税给以百分之十奖金，如逾期开征三个月后投完者照所纳正税加收百分之十罚金。

## 二、工商税制度

民国时期，中国经济半殖民地半封建程度更加深化，特别是国民政府时期，外国资本、官僚买办资本和民族资本都有不同程度的发展，但因军阀割据，战乱不断，财政经济陷于崩溃，未能形成系统、完整和统一的工商税收制度。

民国北洋政府时期，开征的工商税收主要有关税、盐税、厘金、烟酒税、契税与验契费、印花税、矿税、牙税、当税、房税、通行税（运输税）、所得税、屠宰税及其他苛捐杂税等。国民政府成立后，对北洋政府的旧税制进行了较为彻底的改造，采取收回关税主权、裁撤厘金、改革盐制、设立统税、所得税等措施，从而建立了一个以关税、盐税、统税为主体的国家税系统和以田赋、营业税、契税为主体的地方税系统，基本构建了近代资本主义的税制体系。

### （一）间接税

间接税是指纳税人能够通过提高价格或收费标准等方法把税收负担转嫁给他人负担的税种。如盐税、厘金和统税、货物税等。

#### 1. 盐税

民国初期，政府对盐的产制运销所征收的捐税被外国列强所控制，民国2年（1913），北洋政府与英、法、德、俄、日五国银行团签订善后借款，以盐税抵押，中国政府仅能使用盐税收入抵债后的余款(即盐余)。民国3年，统称盐税。北洋政府为增加盐税收入，乃筹议改良。是年年底，颁布《盐税条例》，规定每百斤征税2.5元（后改为3元），此外不得以他种名目征税，从此各种不同之税率得以逐渐趋于划一。可至民国11年核定每担征收额提高到了50元，年底59元。同时，食盐加价接二连三，民国13年善后加价，民国17年军用加价、省债加价、军事加价、省府加价等，名目繁多。民国31年5月歌山官栈2.7万担食盐被抢空。

民国30年（1941）9月，盐税改为从价征收40%。

#### 2. 厘金

厘金是清末至民初征收的一种商业税，因其初定税率为1厘（1%），故名厘金，又称厘捐、厘金税。浙江省厘金创办于同治元年（1862），北洋政府时期沿袭而用。民国初期，厘金名目繁多，且税率各异。民国元年（1912），北洋政府拟定厘金为国家税。其间，厘金是无物不税，无地不税，厘卡林立，重复课征，弊端丛生，既不合财政原则，也不合经济原则，成为北洋时期的一大弊政。直至民国17年7月财政部召开裁厘会议，方才定案。民国21年1月厘金才正式裁撤，至此，沿袭70余年的厘金制度才被废除。

表 6-1-2-7　　民国6—10年(1917—1921)东阳县丝茧捐征额统计表

单位:银圆(元)

| 年份 | 额征数 | 实征数 |
| --- | --- | --- |
| 民国6年(1917) | 87 | 87 |
| 民国7年 | 537 | 537 |
| 民国8年 | 794 | 794 |
| 民国9年 | 267 | 267 |
| 民国10年 | 172 | 172 |

接踵而来的是统税(1903年到1904年称统捐,包括营业税和货物税等,厘金中的落地捐演变成营业税,厘金中的出产地认捐演变成货物税)。

**3.统税**

所谓统税,即将过去不同名称的繁复捐税,于出产地统收一次税款,以后通行各地不复重征。统税源于清末厘金之一的统捐,是向特定货品课征的货物商品税,因税收方式视商品类型统一税率征收而得名。北洋政府时期各地税收不一,统税制度停顿。民国16年(1927)北伐战争后,国民政府恢复延续清朝的统税政策。民国18年,将卷烟、麦粉、棉纱、火柴、水泥五种货物做为主要货物课征对象,并称五项统税,课征税率由2.5%至80%不等。同年7月,熏烟叶及洋酒、啤酒划归统税范围。后统税范围历经调整。民国33年糖类复由专卖改为统税征实,并将烟类及火柴复由专卖而改征统税。民国34年,麦粉、糖类及棉花先后停止征实,仍照规定税率从价征收法币。民国35年8月,国民政府颁货物税条例,于同月废止货物统税条例。

**4.货物税**

货物税是以列举货物为征税对象的一种流转税。晚清时设厘金,其就产地征收部分演变为货物税。民国35年(1946)8月16日,民国政府颁发货物税条例,明列货物税课税品目为卷烟、熏烟叶、洋酒啤酒、火柴、糖类、棉纱、麦粉、水泥、茶叶、皮毛、锡箔及迷信品、饮料类、化装品13项。上述品目的税率,曾于民国37年随货币的日益贬值而数次修订提高。

东阳货物税的税源以土酒、土红糖为主。但酿酒业并不发达,家酿自用者居多数,即使大酿户一年亦仅酿几缸,以调剂本地区农户应酬所需,税负向来较轻。民国22年(1933)财政部税务署核定土酒定额税率每100斤黄酒正税1元带征9分,每100斤烧酒正税2元带征2角。民国27年,调整税负,核定每缸酒出酒率为580斤,纳正附税9元3角,贴印花4角。民国38年东阳经营烟酒业户有746家,诸暨国税分局分配给东阳稽征所下半年货物税收入任务土酒税50.7万元,土烟丝49.2万元,土红糖113万元。可是,还来不及实现,东阳解放。

**(二)直接税**

直接税是指税负不能转嫁,而由纳税人直接负担的税种。国民政府建立后,为弥补裁厘损失,民国25年(1936)开征所得税,民国27年设过分利得税,民国29年将印花税并入直接税,同年7月开始实行遗产税法,民国31年又将营业税并入直接税系统,自此,直接税体系形成。

**1. 所得税**

民国25年(1936)7月,民国政府明令公布《所得税暂行条例》,8月,行政院公布实施细则,并开征了第二类所得税(薪给报酬所得税),营业事业和证券存款所得税等,其他各类于民国26年开征。《所得税暂行条例》规定所得税征税范围为:营业事业所得、薪给报酬所得和证券存款所得等。

民国32年(1943),改《所得税暂行条例》为《所得税法》,增加财产租赁收入所得税。民国33年7月,财政部公布实施细则83条。

民国35年(1946)4月公布《修正所得税法》,应纳所得税范围分为五类:一类为营利所得;二类为薪给报酬所得;三类为证券存款所得;四类为财产租赁所得;五类为一时所得。各类税率有所不同(详见表6-1-2-8),而且在第三条中规定个人所得总额超过60万元者,加征综合所得税。民国37年经行政院改订的所得税范围分四类起,并相应调整征额及税率级距。

表6-1-2-8　　**民国35年(1946)东阳县分类所得税税目税率表**

| 类别 | 名 称 | 起征额 | 税率名称 | 级 数 | 最高税率 | 最低税率 |
|---|---|---|---|---|---|---|
| 一类 | 营利事业所得 | 甲种:所得额合资本额满5%,乙种:所得满15万元者 | 全额累进 | 9级<br>11级 | 30%<br>30% | 4%<br>4% |
| 二类 | 薪给报酬所得 | 甲种:全年所得满15万元者,乙种:每月所得满5万元者 | 超额累进 | 10级<br>10级 | 20%每千元征一百 | 3%每千克征7元 |
| 三类 | 证券存款所得 | | 比例税率 | | | 10% |
| 四类 | 财产租凭所得 | 每年满5万元者 | 超额累进 | 甲种12级<br>乙种12级 | 25% | 3% |
| 五类 | 一时所得 | 所得满二万元者 | 全额累进 | 9级 | 30% | 6% |
| 综合类 | 综合所得 | 满60万元者 | 超额累进 | 12级 | 50% | 5% |

**2. 利得税**

税率分六级超额累进,最高为50%,最低为10%,设专门征收机关。各征收机关的上级,在每年7月至9月间派员至各地抽查征纳情况,效果甚佳,民国政府当局把此税称为“战时最良税政之一”。

**3. 营业税**

民国20年(1931),省分配营业税征税4000元,列全省第八位,实际征银元15459万元。民国21年,财政窘迫,浙江省政府财政厅修订营业税率印发《告全省商民书》,规定“不分整卖零卖,一律依照营业额或资本额,征收1%”,税目141个。制造业税率最高2%,粮食业税率最低0.5%。所征税款70%归省,30%留县。自民国21年4月1日起实施。对此,一般商民想法颇多,以至于民国21年营业税收入反而比民国20年有所减少。

民国24年(1935)4月,修正后的《浙江省营业税征收章程》公布实施。同年7月,财政收支系统法公布,实施三级财政体制,其分配标准,营业税收入70%划归省,30%拨给县市。

抗日战争爆发后,为适应战争需要,普遍提高营业税税率。民国27年(1938),营业税率提高五成至一倍,7—12月解交入库的营业税为法币(下同)1.7万元,民国28年收入4.8万元,民国29年收入6万元,民国30年1—8月收入9.5万元,民国35年收入5074.65万元,民国37年1—4月收入18318.52万元。

表6-1-2-9　　民国20—22年(1931—1933)东阳县各种营业税实收数统计表

单位:银圆(元)

| 种类 | 民国20年 | 民国21年 | 民国22年 |
|---|---|---|---|
| 一、普通营业税 | 3620.000 | 6326.000 | 3030.342 |
| 二、屠宰业税 | 1175.216 | 7615.000 | |
| 三、牙行业税 | 391.850 | 645.000 | 679.000 |
| 四、典当业税 | 211.667 | | |
| 合　计 | 15398.733 | 14586.000 | 3709.342 |

**4.遗产税**

民国27年(1938)10月,国民政府颁布《遗产税暂行条例》,共24条。次年12月颁布其实施条例,规定于民国29年(1940)7月1日起施行。条例规定遗产总额不满5000元者免征。税率系采用超额累进制,分17级,最高为50%,最低为1%。此后几经修正,最后起征额提高为100万元,税率级距变动最高改为60%,最低仍为1%。

遗产税收入,中央地方按比例分成,15%给省,5%留县。县分得税款,40%用于教育事业;60%用于保育慈善事业。民国32年(1943)东阳分成得8396元,34年为5500元,35年为45100元。

**5.印花税**

民国元年(1912)参议院议决开征印花税,通令各省实施,浙江省于民国4年开征。《印花税法》开始时比较简单,经历年修正,贴花项目达35目,遂成为国家重要税源之一。民国26年10月,国民政府为抗战需要,颁布《非常时期征收印花税暂行条例》,将第1目至35目税率一律提高一倍。后因物价猛涨,民国32年再次修正印花税法和实施细则,税率提高1倍至25倍不等。应贴花凭证为29目,一部分采取按比例纳税,其余则按件定额贴花。纳税额自1角起,废除分额票,加重罚金。至民国37年4月进行了第8次修正,成为民国时期最后的《印花税法》。

印花税属中央税,由中央划拨35%给县市作为县地方收入。民国30年(1941)至民国35年,所征留县数：民国30年2520元，民国31年4800元，民国33年2.2万元，民国34年12.2万元，民国35年6万元。

### （三）地方自治税

民国时期的地方自治税是指民国30年（1941）6月全国财政会议确定的屠宰税、营业牌照税、使用牌照税、房捐、筵席及娱乐税以及本省增列的警捐和民国32年开征的山地收益捐等。

#### 1.屠宰税

民国4年（1915）开征屠宰税，征收范围包括猪、牛、羊3种。规定猪每头收银币3角，牛每头收银币1元，羊每头收银币2角。民国5年，为了不影响农事起见，财政部通令删除对牛课税，猪、羊每头增加1角，以资抵补。东阳县屠宰税征收业务由县税征收处办理，每乡配有查征员具体负责。

自开征起至民国19年（1930），征屠宰税35933元，分年度收入如下：民国4年205元，民国5年605元，民国6年1224元，民国7年1264元，民国8年1080元，民国9年838元，民国10年1158元，民国11年669元，民国12年1569元，民国13年892元，民国14年1743元，民国15年2980元，民国16年3965元，民国17年3753元，民国18年5996元，民国19年7992元。

民国32年（1943），国民政府颁布《屠宰税法》，规定屠宰税征收范围以猪、牛、羊三种为限，税率最高不得超过5%。浙江省政府同时公布《浙江省各市县屠宰税征收细则》，税率确定为5%。民国36年复加修正，再次公布《屠宰税法》，征收范围扩大为猪、牛、羊、马、骡5种，税率有所提高，但不得超过10%，东阳定为5%。民国36年，县政府公布《东阳县整顿屠宰税户登记暂行办法》，规定所有饲养以上五种牲畜者都应预先进行登记，以控制税源。民国37年因财政困难提高到10%。民国37年6月报经省政府批准，县政府公布了《东阳县毛猪出口特捐暂行办法》，规定县内贩运毛猪至外县、省者，按价征收5%特捐。

民国31年（1942）至民国37年屠宰税实收数：民国31年为6.42万元，民国32年27.2万元，民国33年76.6万元，民国34年258.7万元，民国35年6057.4万元，民国36年35175.5万元，民国37年93094.4万元。

民国后期，屠宰税的计算采用牲畜重量乘单价税率这一模式征收。牲畜重量及单价由政府按月公布一个平均数，民国38年1月份东阳屠宰税征收税额如下表：

表6-1-2-10　**民国38年（1949）1月东阳县屠宰税税额表**

| 牲畜种类 | 平均单价（元） | 平均重量（市斤） | 税率 | 每头税额（元） |
|---|---|---|---|---|
| 猪 | 7 | 70 | 10% | 49 |
| 牛 | 5 | 150 | 10% | 75 |
| 羊 | 6 | 20 | 10% | 12 |

2. **营业牌照税**

营业牌照税系过去行之已久，具有牌照性质的牙贴、当贴和非必须消费的戏馆、舞场、酒馆、旅馆、球房、屠宰业户，以及其他应取缔的行业之营业牌照税等税种的合并，单独成立税目，列为地方税源之一。

民国32年（1943），贯彻浙江省《营业牌照税征收细则》，征收范围进一步扩大。民国33年，民国政府颁布《营业牌照税法》，规定营业牌照税课税标准按资本额分刷划分等级课税，税率最低一级为资本额未满1万元者，征10元，最高一级不得超过其资本额5‰。民国35年4月，省政府又公布《浙江省各县市营业牌照税征收细则》，征收范围又扩大了参茸燕桂银耳业、海味糖食果品业、理发浴室业3种。税额分16等，资本1000万元以上者，按3‰征税，40万元以下者，征税1000元。

营业牌照税实征数：民国31年（1941）0.5万元，民国32年2.1万元，民国33年7.8万元，民国34年42.8万元，民国35年339.4万元，民国36年1652.6万元。

3. **使用牌照税**

民国35年（1946）4月，贯彻《浙江省各市县使用牌照税征收细则》，对使用公共道路、河流之车、船、筏、肩舆、驮兽、水碓均须向县政府请领牌照，缴纳使用牌照税。改一年征收为分上下半年两次征收。此项工作民国35年由东阳县手车业工会代征，民国36年由东阳县税捐稽征处接办。同年2月，东阳县参议会通过使用牌照税的征收率如下。

表6-1-2-11　　**民国36年（1947）东阳县使用牌照税征收率表**

| 种类 | | | 全年征收额 | 种类 | | | 全年征收额 |
|---|---|---|---|---|---|---|---|
| 甲车 | 一机器行驶者 | 1、乘人小汽车 | 每辆30000元 | 乙船 | 一 | 人力行驶者 | 每只8000元 |
| | | 2、乘人大汽车 | 每辆50000元 | | 二 | 机器行驶者 | 本县无 |
| | | 3、货车 | 每辆50000元 | 丙 | | 竹筏 | 每张6000元 |
| | | 4、机器脚踏车 | 每辆5000元 | 丁 | | 肩舆 | 每乘5000元 |
| | 二 | 人力行驶者 | 每辆5000元 | 戊 | | 驮兽 | 每只8000元 |
| | 三 | 兽力行驶者 | 每辆8000元 | | | | |

民国37年（1948）东阳县领有牌照的交通工具有：汽车2辆，脚踏车15辆，人力车642辆。

民国31年（1942）至36年内使用牌照税实收数为：民国31年0.4万元，民国33年0.2万元，民国34年0.9万元，民国35年39.6万元，民国36年327万元。

4. **房捐**

房捐即过去店住屋捐的改称。住屋捐始于清光绪二十六年（1900），民国成立后，仍沿用旧制，民国5年（1916）曾改为店住房捐。民国17年，经省政府委员会第117次会议议决修正的捐率为：

店屋捐按每月租价征收15%，住屋捐按每月租价征收10%，由县税征收处承办，充作警察经费。民国30年统一改称房捐后，列为县市收入，用途不限于警察费一种。

民国32年(1943)，县公布的《房捐条例》，规定房捐向房屋所有人征收，捐率为：营业用房屋出租者为其全年租金之20%，自用者为其房屋现值之2%；住家用房屋出租者为其全年租金之10%，自用者为房屋现值之1%。民国35年10月复加修正，捐率调整为：营业用房出租者不得超过其全年租金之10%；自用者不得超过其房屋现值之10‰；住家用房屋出租者不得超过其全年租金之5%，自用者不得超过其房屋现值的5‰。

民国36年(1947)，县参议会第三次扩大会议通过的房捐征收率为：营业用房出租者，按全年租金10%征收；营业用房自用者，按房屋现值10‰征收；住家用房出租者，按全年租金5%征收；住家用房自用者，按房屋现值5‰征收。实征房捐数为：民国24年0.2万元，民国26年0.2万元，民国27年0.2万元，民国28年0.3万元，民国29年0.2万元，民国31年8.3万元，民国32年16.6万元，民国34年6.6万元，民国37年91.2万元。

**5.筵席及娱乐税**

民国前期为筵席捐及戏剧捐。民国28年(1939)，东阳县政府规定的筵席税税率：每席菜价在1元以上不满5元者，按照菜价征收一成；每席菜价5元以上不满10元者，按照菜价征收二成；每席菜价在10元以上者，按菜价征收三成。捐款由顾主交70%，菜馆交30%，顾主的捐款由菜馆负责代收转交。

民国31年(1942)国民政府公布《筵席及娱乐税法》，民国35年复加修正，其税率为：筵席税最高不得超过原价的20%；凡以营利为目的电影、戏剧、书场、球房及其他娱乐场所不得超过原价的50%。税款由营业人代为征收。

民国36年(1947)，省政府公布《各县市筵席及娱乐税征收细则》。县参议会于同年第三次扩大会议通过的筵席和娱乐税税率：筵席税，筵席价格在起征点每席0.6万元以上不满5倍者，每席10%，5倍以上者，每席20%；7月1日起每席起征点改为1万元。娱乐税按其收入额征20%。

筵席及娱乐税的征收由吴宁镇柜业工会认办。民国29年征收2.76元，民国33年征6560元，民国34年5.6万元，民国35年63.2万元，民国36年195万元，民国37年111万元。

**6.警捐**

为浙江省单行的自治税，与房捐一并征收，征收对象为房客。警捐，原为铺户捐、商铺户捐，开征于民国初期。民国31年(1942)起改为警捐，相等于原来的房捐，故名房警捐。税款用于警务费，故称警捐。民国28年，县政府对房警捐开展编查编征工作。一是设市日的地区，如湖溪、横店、千祥、防军、南马等乡镇，二是居住100户以上的村庄。此项捐税民国25年度征收0.3万元，民国31年度为0.1万元，民国32年度为1万元，民国33年度为1万元，民国34年度为1.6万元，民国35年度为13.2万元，民国36年度为83万元。民国36年奉财政部指令停征。

7.山地收益捐

为平衡地方收支及弥补事业经费之不足，国民政府于民国31年（1942）颁布《山地收益捐细则》。东阳县政府于民国31年12月公布《东阳县征收山地收益捐暂行办法》，就一般山地上所滋生的收益征税，种粮食或其他蕃薯菜蔬等作物山地免征。并在岭干、溪口、罗店、湖溪、南马、横店、雅坑、徐宅、千祥、玉山、鹤州、楼西宅、黄田畈、岭北周、南上湖等地设16个山地收益捐稽征所，开展征收管理工作。民国34年底奉令停征。三年实收数为：民国32年度39.1万元；民国33年度71万元；民国34年度为134.5万元。

## 三、抗日战争时期的税收

抗日根据地政府收入为粮赋、货物税、抗卫捐，规定粮赋一年一收，对于赤贫、抗属及荒歉则予减免。并规定负担标准最多不超过其收入的30%。货物税根据反封锁政策，按货物性质确定免税、轻税或重税、禁止，坚持一物一税，税不重征。

1942年，诸义东根据地执行《自卫谷筹集办法》，税捐实行轻税低税政策，按国民政府税率对折征收。

1943年8月，浙东抗日根据地颁布《抗卫军粮、抗卫经费并征暂行征收条例》。抗卫军粮、抗卫经费的征收范围是根据地的业主、农民、商人及殷富。抗卫军粮及1943年下半年抗卫经费合并征收，征收标准根据土地性质为一田（平原水田）每亩征谷13斤；二田（旱地）甲等每亩征谷6.5斤、乙等每亩征谷5斤；三田（山间水田）每亩征谷8斤。不论种植粮食或其他农作物，一律按条例规定标准征收。条例依据公平合理原则规定分担率：自有田地，自行耕种者全部负担；租佃之田及山田由业主及佃户平均负担；租佃之地，甲等地业主负担2斤，佃户负担4.5斤；乙等地业主负担1.5斤，佃户负担3.5斤。凡田地有大小业主之分者，由大业业主、小业业主及佃户3方各负担三分之一；大小业主属同一业主者负担三分之二，佃户负担三分之一。

1944年4月，浙东敌后临时行政委员会行政工作会议决定1944年田赋和各种地方税征收办法：

田赋1943年及以前旧欠田赋一律豁免，但个别已开征1943年度田赋者可继续征收。1944年田赋征收赋额暂定为：官田每亩75元；民田每亩65元；地50元；山荡5元。

屠宰税暂定猪每口600元；羊每口100元；禁宰耕牛，菜牛经区署检查准许照10%税率征收。

油坊税每车油征收200元，由油坊按面自报该日打油车数，缴解税款，区署派员随时检查，必要时由油坊主自认车数照缴。

牙税平均每月佣金收入约在150000元以上者为甲等，税额每季10000元；收入约在100000~150000元者为乙等；税额每季5000元；收入约在50000~100000元者为丙等；税额每季2000元；收入约在10000~50000元者为丁等；税额每季1000元；收入约在10000元以下者为戊等；税额每季300元。由区署举办牙商登记，估计其佣金收入额，分五等按季征收，未缴纳税款之牙商，予以取缔。

酒捐分家酿、坊酿，每缸600元，由区署派员直接征收或委托乡镇公所代办、招商承包，并设法尽快完成征收。

盐税税率不超过5%，依担计征，由盐务管理处拟定办法，呈报财经处核准施行。

营业税征收办法另定。

嗣后浙东敌后临时行政委员会颁发《三十三年份（1944）公粮田赋合并征收办法》，实行田赋征收实物与公粮合并统一征收，一年一收，一次征足。所征公粮田赋，田赋全部拨充军事费用，公粮包括：军事公粮、行政公粮。军事公粮、行政公粮由临时行政委员会统一征收，乡镇公粮按各县实际情况，征收办法另订。

1944年，诸义东抗日根据地制定《商品过境税征收办法》，规定税率：食盐2%，日用品、文化用品、药品5%，化妆品10%，烟酒类20%，迷信品30%，粮食不征。坐商的营业税税率5%，猪、羊屠宰点定额征收商品过境在交通要道设税站征收。民国33年（1944）至民国34年1月，在东阳、诸暨、义乌3县交界处设8个税站，运销商品经过第一个税站征税后，发给税单，再经其他税站时只查验不征税。

# 第二章　中华人民共和国时期的税收

## 第一节　税制沿革

中华人民共和国税制经过70年的建设、改革和发展，从计划经济体制下作为财政收入方式之一的不完全税收制度，演变成基本适应社会主义市场经济下作为财政收入主体方式的全面税收制度，进而再发展为适应国家治理体系和治理能力现代化的现代税收制度，在中国社会主义建设的各个历史时期都发挥了重要作用。

中华人民共和国的税收制度建设和改革，大致可分为以下四个阶段：第一阶段为中华人民共和国成立至改革开放前（1949—1979年），是建立和健全统一的以社会主义公有制经济为基础的与计划经济相适应的税收制度阶段；第二阶段为改革开放初期（1980—1993年），以建立与改革开放和社会主义有计划的商品经济相适应的税收制度为目标；第三阶段为分税制改革阶段（1994—2002年），是建立与社会主义市场经济体制相适应的税收制度阶段；第四阶段为分税制体制下的结构性改革阶段（2003—2018年），是健全和完善与社会主义市场经济体制相适应的现代税收制度阶段。

### 一、建立和健全社会主义新税制（1949—1979年）

#### （一）统一税制（1949年5月—1952年）

1949年5月8日，东阳解放。解放初，地区间的税制及征税办法存在较大差异，各税种征税对象的税目多寡、税率高低、管理宽严，在不同地区之间也不统一。中央对新解放区的税收原则是“暂时沿用旧税法，部分废除，在征收中逐步整理”。税收的首要任务是保障解放战争的供给，照顾生产的恢复和发展，以及国家建设之需，清理整顿旧税制，建立健全中华人民共和国统一的税收政策与征管制度。

1950年1月，中央人民政府政务院根据《共同纲领》第四十条关于税收政策的主要精神，颁发了《关于统一全国税政的规定》和《全国税政实施要则》，实行多税种、多次征的复合税制。除农业税外，开征货物税、工商业税、盐税、关税、薪给报酬所得税、存款利息所得税、印花税、遗产税、交易税、屠宰税、房产税、地产税、特种消费行为税、使用牌照税14个税种。1950年3月政务院颁布了《契税暂行条例》，开征契税；1951年4月，配合棉纱统销政策，从货物税中划出棉纱一项，开征棉纱统销税。同年6月，政务院财经委员会发布调整税收的决定：一是停征和兼并税种。决定暂不开征薪给报酬所得税和遗产税，将房产税和地产税合并为城市房地产税，将原14个税种减为11种。二是兼并税目。货物税原有1136个征收品目，确定免征387个品目，合并391个品目，经兼并后剩下358个品目；印花税原有30个税目，免去5个税目，剩下25个税目；限定中间产品征收货物税的范围，增加货物税级距。三是降低税率。盐税按原来税额减半征收；货物税目中，纸烟税率由120%调为90%至120%，毛织品税率由30%降为20%，火柴税率由20%减为15%；利息所得税税率由10%减为5%；工商业税中的所得税提高累进起征点，增加累进级数，拉开累进级距，降低实际税负，最低级距由3000元提高到1万元，累进级数由十四级改为二十一级累进；房地产税等其他税种也作了一些减轻税收负担的调整。四是对私营工商业的征收采取自报查帐依率征收、民主评议、定期定额3种办法。

这一阶段的工商税制的基本特点是"多种税，多次征"。东阳县开征了其中的货物税、工商业税(包括公营企业营业税、营业税、所得税、临时商业税、摊贩牌照税、固定工商业税)、存款利息所得税、印花税、交易税、屠宰税、薪给报酬所得税、房地产税、特种消费行为税（包括筵席捐、娱乐捐）、使用牌照税（包括车辆使用捐、船舶使用捐）10个税种。

**（二）修正税制（1953—1957年）**

经过三年恢复时期，国家税源发生许多新的变化，经济逐步恢复正常，社会主义经济成分在整个国民经济中的比重逐步提高，新的商业网点大量建立，经营方式和商品流转环节也起了变化。为控制税源，保证国家财政收入，1953年，国家对税制作了一些修正，重点是改变营业税的纳税环节，把原先课征的生产、批发、零售三道营业税，尽可能集中到工业环节来缴纳，便于征收。

**1. 试行商品流通税**

国家对能控制生产或收购的22个品目应纳的货物税、营业税、印花税，以及在商业批发环节和商品零售环节交纳的营业税，印花税合并为商品流通税，集中到商品第一次批发(或调拨)环节来征收，商品进入流通环节后不再征税。

**2. 修订货物税**

将应税货物原来应缴纳的印花税、工商营业税、商业批发营业税及其附加费，并入货物税征收，相应调整货物税税率，税目由358目简化为174目。同时把原来按不含税价格计税的方法改按国营商业批发价计税，使计税工作大为简化。

**3. 修订工商业税**

将工商业应缴纳的营业税、印花税及营业税附加费，并入营业税征收。统一营业税税率。已缴纳商品流通税的商品不再缴纳营业税，已缴纳货物税的货物只在商业零售时缴纳一道营业税。1953年下半年，恢复对私营批发商品征收营业税。

**4. 取消特种消费行为税**

将电影、戏剧及娱乐部分改征文化娱乐税，税率不变；筵席、冷饮、旅馆、舞场部分并入营业税，分别规定税率加以征收。

**5.粮食、土布交易税改征货物税**

停征药材交易税，保留牲畜交易税一种。

**6.合并棉纱统销税和棉花交易税**

两种税并入商品流通税。

修正后的税制有两个主要特点：一是货物税由多道税、多次征收改为出厂时一次征收；二是公私一律平等纳税，取消对国营企业和合作社的优惠政策。但之后不久，根据社会主义过渡时期总路线的要求，又进行了重新调整，制定了过渡时期的税收政策。首先，纠正1953年税制所确定的"公私一律平等"的纳税原则，加快对私营经济的改造；其次，恢复了对国营企业和合作社的税收优惠和扶持；再次，恢复对私营批发商的征税。经过修正后的新税制，对于推进社会主义改造与"一五"时期(1953—1957年)全面建设发挥了重要作用。

税制修正后，除农业税、契税外，国家开征的工商税收共有12种，即商品流通税、货物税、工商业税、盐税、关税、印花税、屠宰税、牲畜交易税、城市房地产税、文化娱乐税、车辆使用牌照税、利息所得税。东阳开征的有商品流通税、货物税、工商业税、印花税、利息所得税、屠宰税、牲畜交易税、文化娱乐税8种。

**(三)简化税制(1958—1979年)**

1958年，进入第二个五年计划建设时期，原来在多种经济成分并存的条件下制定的复税制，已不适应社会主义经济占绝对优势的新情况，按照"基本上在原来税负的基础上简化税制"的方针，对工商税收制度进行了一次较大的改革：

**1.试行工商统一税**

1958年9月，国务院颁布试行《工商统一税条例》草案，将原来的商品流通税、货物税、营业税和印花税合并为工商统一税，税种由11种简并为7种；将所得税从工商业税中划分出来，更名为工商所得税；实行工业环节和商业零售环节分别征税的两次课税制。

**2.简化征收办法**

简化计税价格，把过去分别按国家规定的调拨价格和国营商业批发价计征的方法，改为按销售收入计税，减少中间产品征税。

**3.统一全国农业税制**

1958年6月，颁布《中华人民共和国农业税条例》，废除了原来在革命根据地实行的累进税制，在全国范围内统一实行分地区的差别比例税制。

1958年后，国家又进行几次税收政策调整。1959年，进行了"税利合一"试点，实行"以利代税"，取消税收，试点不过半年以失败告终。同年，停征利息所得税和牲畜交易税。1962年，开征集市交易税，征收范围为家畜、家禽、肉类、蛋品、干鲜果、土特产和家庭手工业7类，税率一般为

10%,少数价格高的为15%。1963年,调整工商所得税,限制个体经济,调节集体经济利润,对个体经济实行最高税率62%的十四级全额累进税率;对合作商店实行最高税率60%的九级超额累进税率;对手工业和运输合作组织实行最高税率55%的八级超额累进税率;对供销社改按39%的比例税率征收。1969年开始试行综合税。1970年试行行业税,对国营工业、国营商业,县以上供销社试行国营企业综合税。

1958—1972年间,国家开征的工商税收有:工商统一税、工商所得税、利息所得税、集市交易税、屠宰税、文化娱乐税、车船使用牌照税、盐税、牲畜交易税9种。其中文化娱乐税于1966年10月停征。东阳征收的有工商统一税、工商所得税、屠宰税、文化娱乐税、车船使用牌照税5种。

1973年,在"左"倾思想影响下,按照"在保持原税负的前提下,合并税种,简化征税办法"的原则,进行较大程度的工商税制改革,国务院颁布《中华人民共和国工商税条例(草案)》,试行工商税制度,工商税制进一步简化。

**4.合并税种**

把企业交纳的工商统一税及其附加、对企业征收的城市房地产税、车船使用牌照税、屠宰税和盐税,合并为工商税(后来盐税仍按原办法征收)。保留城市房地产税,车船使用牌照税、屠宰税等税种,但只限于向个人及华侨、外国企业征收。东阳只有城市房地产税未开征。

**5.简化税目、税率**

把108个税目减为44个;税率由过去的141个减为82个。

**6.调整部分行业的税率**

降低农机、农药、化肥、水泥的税率,提高印染、缝纫机、部分化工原料的税率。

## 二、"利改税"改革(1980—1993年)

1978年党的十一届三中全会后,随着改革开放的逐步推进,国家建立和完善有计划的商品经济体制及其相适应的税收制度势在必行,税制建设重点在"对外开放"和"对内改革"两个方面进行。

### (一)初步建立涉外税收制度

1980年9月,全国人大颁布《中华人民共和国中外合资经营企业所得税法》和《中华人民共和国个人所得税法》,同年12月,国务院制定两个税法的《施行细则》;1981年12月,全国人大颁布《中华人民共和国外国企业所得税法》,次年2月,财政部制定《施行细则》。这三部涉外税法,遵循维护国家权益、税负从轻、优惠从宽的原则,对中外合资经营企业所得税采用30%比例税率,个人所得税实行分类所得税制,外国企业所得税采取超额累进税率,做到合理负担。

### (二)国营企业"利改税"

为正确处理国家、国营企业和职工三者的利益分配关系,于1983年推行了第一步"利改税"改革,即将国营企业上缴利润改为缴纳企业所得税;对国营大中型企业在征收所得税后的利润,采取多种形式上交国家,实行税利并存。

1984年，国家又推行了“利改税”第二步改革，将国营企业应当上缴国家的财政收入按8个税种向国家交税，即由“税利并存”过渡到完全的“以税代利”，税后利润归企业自己安排使用。具体内容包括：

**1.对盈利的国营企业征收所得税**

国营大中型企业按55%的比例税率缴纳所得税，其税后利润还要征收调节税；国营小型企业按新拟定的八级超额累进税率征收所得税。

**2.把原来的工商税按性质划分**

有产品税、增值税、营业税和盐税四种税，并把产品税的科目细化，适当调整税率。

**3.开征资源税。**

**（三）恢复和开征多个税种**

1982年7月，对锅炉、工业窑炉烧用原油、重油的单位征收烧油特别税(东阳未开征)。1982年12月，财政部在试点基础上颁布了《增值税暂行办法》，扩大了增值税的征收范围。1983年9月，颁布《建筑税征收暂行办法》，开征建筑税；同年，恢复征收牲畜交易税。1984年6月国务院颁布《国营企业奖金税暂行规定》，开征国营企业奖金税。1985年先后开征城市维护建设税、国营企业工资调节税、集体企业奖金税、事业单位奖金税等；恢复开征房产税、土地使用税、车船使用税和城市维护建设税等地方税。1987年开征个人收入调节税；同年12月，开征粮食附加税。l988年11月，开征城镇土地使用税；恢复征收印花税和筵席税。1989年，开征特别消费税。1991年1月，开征固定资产投资方向调节税，同时废止建筑税。此外，先后把原来的工商所得税按经济性质分设集体企业所得税、城乡个体工商业户所得税、私营企业所得税。1992年，停征牲畜交易税。

经过改革开放后的第一次工商税制的全面改革，将原来适应产品经济的单一税制，转向适应社会主义有计划商品经济发展需要的多税种、多层次、多环节发挥调节作用的复税制；将原来的流转税为主体的税制体系转向以流转税和所得税为主体、其他税种相配合的新税制体系，从而使中国的工商税制步入新的轨道。

截止1988年底，东阳开征的税种有25个，其中工商税收22个，包括产品税、增值税、营业税、盐税、牲畜交易税、建筑税、集体企业所得税、私营企业所得税、城乡个体工商业户所得税、工资调节税、国营企业奖金税、集体企业奖金税、事业单位奖金税、屠宰税、车船使用税、城市维护建设税、筵席税、房产税、印花税、城镇土地使用税、个人收入调节税、国营企业所得税。农业税收的税种3个：农业税、契税及耕地占用税。

## 三、分税制改革(1994—2002年)

党的十四届三中全会作出《中共中央关于建立社会主义市场经济若干问题的决定》，将“建立社会主义市场经济新体制”确定为我国经济体制改革目标，并提出要“积极推进财税体制改革”。1994年，按照“统一税法、公平税负、简化税制、合理分权”的原则，以建立符合社会主义市场经济要求的税制体系为目标，国家实施了分税制改革，改革主要内容如下。

**（一）间接税改革**

取消产品税，在生产环节、批发零售环节和进出口环节全面实行增值税；开征消费税，在征收增值税的基础上，确定11类产品再征收一道消费税；缩小营业税范围，仅对提供劳务、转让无形资产和销售不动产征收营业税；取消对外资企业征收的工商统一税，统一了内外资企业的税收制度。

通过间接税改革，建立起以增值税为核心，消费税、营业税、资源税相互配套的课税制度。

**（二）直接税改革**

统一内资企业所得税，合并国营企业所得税、集体企业所得税、私营企业所得税，执行《企业所得税暂行条例》，同时取消国营企业调节税、能源交通基金和预算调节基金；统一外资企业所得税，1991年起，将《中外合资经营企业所得税法》和《外国企业所得税法》合并，统一执行《外商投资企业和外国企业所得税法》；统一个人所得税，将原个人所得税、个人收入调节税、国有企业工资调节税、城乡个体工商业户所得税和各类奖金税合并，统一征收新的个人所得税。

**（三）其他税改革**

取消集市交易税、牲畜交易税、烧油特别税；将特别消费税并入消费税；将盐税并入资源税，并扩大资源税征收范围；开征土地增值税；扩大土地使用税征收范围，并提高征税标准。

**（四）税收征管体制改革**

明确划分税种归属，建立中央税收和地方税收体系；在征收机构方面，设置了国税与地税两套系统；将屠宰税、筵席税、下放给地方，调整税收管理权限。

## 四、结构性税制改革（2003—2018年）

进入21世纪，随着我国社会经济的快速发展和加入WTO，经济的市场化程度明显提高，对外开放不断扩大，同时，国内居民收入差距逐渐拉大，为此，客观要求进行税收制度的进一步改革，以充分发挥税收对市场经济和收入分配的调节作用。2003年，十六届三中全会提出了“分步实施税收制度改革”的要求。此后，按照“简税制、宽税基、低税率、严征管”原则，在保持税收收入稳定较快增长的前提下，以适应经济形势和国家宏观调控的需要为目标，积极稳妥地分步实施对现有税制的结构性改革。具体举措如下。

**（一）全面取消农业税**

2002年，东阳市委、市政府根据中央和省的部署决定推行农村税费改革，并自2004年起全市免征农业税及农林特产农业税，实行了几千年的农业税制度终于退出历史舞台。

**（二）深化所得税改革**

2008年起，统一内外资企业所得税制度，内外资企业统一执行《中华人民共和国企业所得税法》，统一税率为25%；修订《中华人民共和国个人所得税法》，2008年10月起暂停征收储蓄存款利息的个人所得税，并逐步提高工资、薪金所得的费用扣除标准。

## （三）推进流转税改革

### 1. 增值税改革

2009年1月1日起在全国范围内推行增值税转型改革，即由“生产型增值税”转为“消费型增值税”，以减轻企业实际税收负担；2017年，调整增值税税率，由四档减至17%、11%和6%三档；2018年又将原适用17%和11%税率的增值税分别调整为16%和10%。

### 2. 消费税政策调整

2006年起，对消费税的税目、税率及相关政策进行调整，2008年9月1日起调整乘用车消费税政策；2009年起提高成品油消费税、卷烟消费税的税率；适当调整其他部分消费品消费税的科目、征收范围环节和税率，把高能耗、高污染产品及部分高档消费品纳入征收范围，促进节能减排和环境保护。

### 3.“营改增”改革

“营改增”即营业税改征增值税，这是我国结构性减税的重要改革举措，2012年，开始“营改增”试点，2016年5月1日起全面实行“营改增”，至此，营业税退出历史舞台。

### 4. 调整出口退税政策

在2002年确定的出口退税制度的基础上，2004年起，按照“新账不欠、老账要还、完善机制、共同负担、推动改革、促进发展”的原则，执行新的出口退税负担机制；2004年以后，国家根据对外开放和国内经济形势变化的要求，适时对出口退税的范围、退税税率等政策进行多次结构性调整。

## （四）其他税制调整

### 1. 土地增值税

对房地产开发企业的土地增值税由“预征制”转为“清算制”，并抽调征收税率；提高城镇土地使用税税额标准，并将征税范围扩大到外商投资企业和外国企业。

### 2. 资源税

国家根据资源利用政策，不断调整资源税的征税税目和适用税额标准，促进对资源的集约开发和节约利用。

### 3. 房产税

自2009年起实施房产税和城市房地产税的“两税合并”，统一为房产税。

### 4. 车船税

2007年1月1日起，将车船使用税和车船使用牌照税统一为车船税，提高了税额。

### 5. 开征环境保护税

自2018年1月1日起，《中华人民共和国环境保护税法》施行，为我国首部“绿色税法”，推动环境保护“费改税”。环境保护税应税污染物包括大气污染物、水污染物、固体废物和噪声等。

此外，还对耕地占用税、城市维护建设税等税收政策进行调整。

### (五)税收征管体制改革

为高质量推进新时代税收现代化,为更好发挥税收在国家治理中的基础性、支柱性和保障性作用,2018年,国家实行税收征管体制改革,将省级和省级以下国税地税机构合并,具体承担所辖区域内的各项税收、非税收入征管等职责。国税地税机构合并后,实行以国家税务总局为主与省(自治区、直辖市)人民政府双重领导管理体制。

通过分税制及分税制后的一系列结构性改革,基本实现了减税降负和强化税收调节功能的两大目标,国家税收制度更趋完善,适应社会主义市场经济体制要求的税收体系基本形成。

表6-2-1-1　　中华人民共和国成立以来国家先后开征的税种分类表

| 流转(货物劳务)税类 | 所得税类 | 资源税类 | 行为目的税类 | 财产税类 |
|---|---|---|---|---|
| 货物税;<br>棉纱统销税;<br>工商业税;<br>商品流通税;<br>工商统一税;<br>工商税;<br>产品税;<br>#增值税;<br>营业税;<br>#消费税;<br>*关税;<br>*烟叶税 | 工商所得税;<br>国营企业所得税;<br>国营企业调节税;<br>集体企业所得税;<br>城乡个体工商业户所得税;<br>私营企业所得税;<br>中外合资经营企业所得税;<br>外国企业所得税;<br>外商投资企业和外国营企业所得税;<br>#企业所得税;<br>个人收入调节税;<br>#个人所得税;<br>农业税;<br>*牧业税;<br>农林特产农业税 | 盐税;<br>#资源税;<br>#城镇土地使用税;<br>#耕地占用税 | #印花税;<br>屠宰税;<br>特种消费行为税;<br>*烧油特别税;<br>建筑税;<br>奖金税;<br>国营企业工资调节税;<br>#城市维护建设税;<br>固定资产投资方向调节税;<br>#土地增值税;<br>#环境保护税;<br>#车辆购置税;<br>文化娱乐税;<br>集市交易税;<br>牲畜交易税;<br>筵席税;<br>*船舶吨税 | #房产税;<br>#车船(使用牌照)税;<br>#契税 |

说明:前面"*"号表示东阳没有征收的税种;前面"#"号表示2018年东阳正在施行的税种

## 第二节　流转税类

流转税,也可称货物劳务税,是以货物和劳务的流转额为征税对象的税收种类。中华人民共和国成立以来曾经征收的流转税种包括货物税、工商业税、商品流通税、工商统一税、工商税、产品税、增值税、营业税、消费税、关税等,是财政收入的重要来源。除关税外,其他税种在东阳都有征收。

### 一、货物税

货物税在中华人民共和国初期暂时沿用民国时期的规定征收,以应税货物为纳税对象,以产制人或购运人为纳税义务人,按税率从价计征,税目税率分17类32项70目,最高税率100%(机制卷烟、雪茄烟、洋啤酒、改制酒等),最低税率2.5%(麦粉)。

1950年1月,政务院颁布《货物税暂行条例》规定,浙江省征收货物税的产品共分10大类51小类1136目。同年7月调整兼并为8大类358目,并调整部分产品税率。同年12月经政务院修正浙江省征税的产品统一规定为16个税率,最高为120%(甲级卷烟)、最低3%(机制麦粉);完税价格每月评定一次,物价上涨超过10%时,随时调整。

1953年1月,全国统一修正税制后,将征收货物税的商品大部分改征商品流通税,将原来应纳的营业税及其附加、印花税纳入货物税缴纳,货物税税目税率调整为36项174目,最高税率50%(雪茄烟)、最低税率2%(粮食)。1955年实际征收品目为160目。

1958年9月,税制改革,全面实行工商统一税,货物税与营业税、商品流通税、印花税简化合并为工商统一税。

表6-2-2-1　**1950—1957年东阳县货物税收入情况表**

单位:万元

| 年份 | 1950 | 1951 | 1952 | 1953 | 1954 | 1955 | 1956 | 1957 |
|---|---|---|---|---|---|---|---|---|
| 收入数 | 7.6 | 28.0 | 27.8 | 22.7 | 24.4 | 53.3 | 68.4 | 73.8 |

说明:数据包括磐安县

## 二、工商业税

工商业税是1950年1月全国统一税制时开征的一个主要税种,包括营业税、所得税、临时商业税、摊贩营业税四个税目。1953年修正税制时将部分营业税改征商品流通税,1958年工商税制改革时将营业税、临时商业税和摊贩营业税划为工商统一税,所得税纳入工商所得税,此税种随之消失。

### (一)营业税

中华人民共和国初期,沿用民国时期的规定征收营业税。

1950年1月,根据政务院颁布《工商业税暂行条例》规定,不分公营、私营、公私合营或合作事业,一律于营业行为所在地交纳营业税。征收方法有自报查帐、依率计征和自报公议、定期定额征收两种。税目按行业设计:工业26个行业,税率分五级,1%至3%,商业17个行业,税率分四级,1.5%至3%,按佣金收益额计征的6个行业,税率分五级,6%至15%。

1953年1月,统一修正税制后,将印花税、营业税及营业税附加费均并入营业税,按合并后的税率计征,税率作了调整;1957年7月开始,商业零售营业税税率,一律改为3%,服务性行业的营业税税率改为3%、5%、7%。

### (二)临时商业税

1951年9月1日起,根据财政部《临时商业税稽征办法》规定,对无固定营业场所之行商及固定工商业在外埠销售本业以外之货物者，均应于销售地交纳临时商业税。以一次销售额满15元为起征点，整批货物分次出售应合并计算。税率：粮食、棉花、山货、药材依营业总额4%计征；其他货品为6%。

1958年5月，税率统一提高到10%，起征点降为10至15元，可加征一成至十成。

**（三）摊贩业税**

1950年3月，根据财政部《摊贩营业牌照税稽征办法》规定，对从事固定经营或流动经营的零售小贩征收摊贩牌照税。按资本额分级定额计征，税额分十四级，最低一级资本额20元，每季征收0.5元；资本额超过180元至200元，每季征税12元；资本额超过200元，每增20元增加税额2元；资本额不满20元者免税。

1951年9月，摊贩营业牌照税改称摊贩业税，按营业额征收，税率与固定工商业户相等。日平均营业额不满3元者，免纳摊贩业税。

1953年1月修正税制后，摊贩业税按月交纳。对月销货额不满90元，收益额不满60元者免税。

表6-2-2-2　　**1950—1957年东阳县工商业税收入情况表**

单位：万元

| 年份 | 1950 | 1951 | 1952 | 1953 | 1954 | 1955 | 1956 | 1957 |
|---|---|---|---|---|---|---|---|---|
| 收入数 | 9.8 | 28.9 | 54.8 | 64.7 | 88.4 | 69.1 | 38 | 55.6 |

说明：数据包括磐安县

## 三、商品流通税

商品流通税是为逐步改革货物税制而设计的一种税种，是对某些特定商品按其流转额从生产到消费实行一次课征制的一种流转税。1953年1月根据政务院财政经济委员会公布的《商品流通税试行办法》开征。商品流通税税目包括卷烟、原木、生铁、有色金属及其他副产品等，共22项54目，设置22个比例税率和一个定额税率，最高税率66%（甲级卷烟），最低税率5%（生铁）。实行从产计销，一次计征。东阳商品流通税的税源主要是酒和原木。

1958年9月，全面实行工商统一税时，商品流通税并入工商统一税。

表6-2-2-3　　**1953—1958年东阳县商品流通税收入情况表**

单位：万元

| 年份 | 1953 | 1954 | 1955 | 1956 | 1957 | 1958 |
|---|---|---|---|---|---|---|
| 收入数 | 107.7 | 139.1 | 146.4 | 186.6 | 209.7 | 264.5 |

说明：数据包括磐安县

## 四、工商统一税

工商统一税是以工业品、部分农产品和商业零售、交通运输、服务性业务的流转额为征税对象，实行两次课征制的一种流转税。1958年9月改革工商税制时，将货物税、商品流通税、工商业税中的营业税、印花税合并简化为工商统一税，简称“四税合一”。根据《工商统一税条例(草案)》的规定，对一切从事工业品生产、农产品采购、外贸进口、商业零售、交通运输有服务性业务的单位和个人，都应按规定征收工商统一税，共设108个税目、141个税率，工农业产品最高税率69%(甲级卷烟)，最低税率1.5%(棉坯布)；商业零售税率3%；交通运输2.5%；服务性行业分设3%、5%、7%三档税率。实行工商统一税制度后，工商统一税迅速成为主要税种。

1973年1月1日起，根据《工商税条例(草案)》规定，工商统一税改征工商税。

改革开放后，对中外合资经营和外国企业继续执行工商统一税至1993年。

表6-2-2-4　　1960—1972年东阳县工商统一税占工商各税收入的比重表

| 项目＼年份 | 1960 | 1962 | 1963 | 1964 | 1971 | 1972 |
| --- | --- | --- | --- | --- | --- | --- |
| 税额(万元) | 326.5 | 284.9 | 277.8 | 299.9 | 158.6 | 530.0 |
| 比重 | 92.9 | 65.6 | 58.6 | 54.5 | 31.3 | 87.3 |

## 五、工商税

工商税是对一切从事工业生产、商业经营、农产品采购、交通运输、进口贸易、服务业务的单位和个人，就其产品销售和业务收入征收的一种税，它在流转税中占主导地位。1973年1月起，全国施行《中华人民共和国工商税条例(草案)》，将原工商统一税及其附加、城市房地产税、车船使用牌照税、盐税、屠宰税合并为工商税。税率分工业、交通运输、农、林、牧、水产品采购及商业零售、服务等四个部分，设44个税目，81个税率，最高税率为甲、乙级卷烟66%，最低税率是农机农具为3%。浙江省根据税收管理权限，在统一税收政策的前提下，对少数税率作了必要调整。此后，先后对部分产品税率、征收办法、减免政策等作了调整和改进。

1984年第二步利改税时又把工商税按性质分为产品税、增值税、营业税、盐税4个税种，工商税停止施行。

工商税是当时税收体系中的主要税种。1973—1984年东阳共征收工商税11594.8万元，占同期工商税收收入的74.9%。

## 六、产品税

产品税是以生产、进口或采购的特定产品为征税对象，对其流转额征收的一种税，是1984年10月第二步利改税时从工商税中分解出来的税种。产品税按照具体产品设置税目，产品税税率有比例税率和定额税率两种，实行定额税率的只有大型发电一种，其他应税产品采用比例税率，设置24大类，税目270个，其中工业产品260个税目，最高税率为（甲级乙级卷烟）60%，最低税率为（棉坯布、农药）3%；农林牧水产品设置10个税目，最高税率为（烟叶）38%，最低税率(如食用生猪、菜牛、菜羊等)为3%。

此后，对产品税税目、税率、计税依据、减税免税等政策历经调整。随着增值税的施行，增值税征收范围不断扩大，轻纺、建材、有色金属等产品中部分改征增值税，因此，产品税征收范围逐步缩小，至1990年征收产品税的税目仅为96个，最高税率为60%，最低税率为3%。1994年1月起，产品税全部停止施行，改征增值税和消费税。

**七、增值税**

增值税是从原工商税中分解出来而设置的税种，是对销售货物或者提供加工、修理修配劳务以及进口货物的单位和个人就其实现的增值额征收的一个税种。1984年10月1日，根据国务院《增值税条例（草案）》规定，增值税作为一个独立的税种正式开征，征税范围仅限于12项工业产品，共设12个税目，分甲乙两类，甲类为机器和机械及零配件、汽车、机动船舶、轴承；乙类为钢材、印染机织丝织品、西药等；计税方法分扣税法和扣额法两种。

1993年12月，国务院颁布《增值税暂行条例》，增值税征税范围扩大到31个税目，12个档次的税率，最高税率为（化妆品）45%，最低税率为（农业机具）6%。1994年1月，开始执行，新的《增值税暂行条例》规定，凡在中国境内销售货物、提供加工、修理修配、进口货物，均属增值税征收范围。增值税实行价外计税办法，即以不含增值税税额的价款作为计税依据。增值税税率与征收率为：①销售或进口货物，提供加工、修理修配劳务，税率为17%；②销售粮食、食用植物油、自来水等，税率为13%；③纳税人出口货物税率为零；④小规模纳税人应纳税额按销售额征收率计算，不得抵扣进项税额。征收率的标准为6%。

1994年分税制改革时增值税列为共享税，中央75%、地方25%。1997年国、地税机构分设后，增值税由东阳市国家税务局负责征收。

**八、营业税**

营业税是对在我国境内从事商业经营、交通运输、建筑安装和各种服务性行业的单位和个人取得的营业收入或收益所征收的一种税。营业税最初出现于民国17年（1928）国民政府制定的《营业税办法大纲》，中华人民共和国成立初期为工商业税中的一个税目，1958年税制改革后，先后并入工商统一税、工商税中。1984年第二步利改税时，根据国务院颁布的《中华人民共和国营业税条例（草案）》，又把营业税从工商税中分离出来，成为一个独立的税种，自1984年10月1日起施行。按照不同行业设置11个科目、23个税率，若将相同税率归并，实际税率仅为四档：3%、5%、10%和15%。

1994年1月起，执行国务院新颁布的《中华人民共和国营业税暂行条例》，以交通运输业、建筑业、金融保险业、邮电通信业、文化体育业、娱乐业、服务业提供的应税劳务及转让无形资产或销售不动产的应税行为为征税对象，以提供上述劳务和应税行为的单位和个人为纳税人，设9个税目，3%、5%两个固定税率，对娱乐业则设置5%～20%的弹性税率。根据实施细则规定，纳税人提供应税劳务、转让无形资产或销售不动产价格明显偏低而无正当理由，主管税务机关有权按规定程序核定其营业额，如交通运输业、建筑业、金融保险业、文化体育业、服务业等适用成本利润率为10%，最低不得低于5%；邮电通信业、娱乐业、转让无形资产、销售不动产等适用成本利润率为30%，最低不得低于15%。

1994年分税制改革时，营业税划为地方税，此后成为地方财政的主要税种。1997年国、地税机构分设后，营业税由东阳市地方税务局负责征收。

2013年8月1日起，在全国范围内开展交通运输业和部分现代服务业营改增试点；2014年6月1日起，对电信行业进行营改增试点。

2016年5月1日起，我国全面实施营业税改征增值税。

《中华人民共和国营业税暂行条例》于2008年11月5日修订，2017年11月废止。

### 九、消费税

消费税是以消费品和消费行为为课税对象的一种税。它是对特定消费品和消费行为、以调节消费为目的而征收的一种间接税。

1989年2月1日起，国家对彩色电视机实行专营、小轿车加强销售管理的同时，对这两种产品开征特别消费税，这是征收消费税的开始，按规定其纳税环节在工业和进口环节，故东阳实际未征收特别消费税。

1994年1月1日起，国务院颁布实施《中华人民共和国消费税暂行条例》，规定凡在中国境内生产、委托加工、进口应税消费品的单位和个人，为消费税的纳税义务人；消费税分11个税目、13个子目、25个征税项目；税率分比例税率和定额税率两种。

1994年分税制改革时，消费税列为中央税。1997年国、地税机构分设后，消费税由东阳市国家税务局负责征收。

表6-2-2-5　　**1949—1997年东阳市(县)流转税类收入情况表**

单位：万元

| 年份 | 合计 | 工商统一税 | 工商税 | 产品税 | 增值税 | 营业税 | 消费税 |
|---|---|---|---|---|---|---|---|
| 1949 | 1.0 | 1.0 | | | | | |
| 1950 | 17.2 | 17.2 | | | | | |
| 1951 | 66.8 | 66.8 | | | | | |
| 1952 | 91.5 | 91.5 | | | | | |
| 1953 | 107.7 | 107.7 | | | | | |

续表6-2-2-5

| 年份 | 合计 | 工商统一税 | 工商税 | 产品税 | 增值税 | 营业税 | 消费税 |
|---|---|---|---|---|---|---|---|
| 1954 | 139.1 | 139.1 | | | | | |
| 1955 | 146.4 | 146.4 | | | | | |
| 1956 | 186.6 | 186.6 | | | | | |
| 1957 | 209.7 | 209.7 | | | | | |
| 1958 | 264.5 | 264.5 | | | | | |
| 1959 | 275.7 | 275.7 | | | | | |
| 1960 | 326.5 | 326.5 | | | | | |
| 1961 | 223.0 | 223.0 | | | | | |
| 1962 | 284.9 | 284.9 | | | | | |
| 1963 | 277.9 | 277.9 | | | | | |
| 1964 | 299.3 | 299.3 | | | | | |
| 1965 | 296.2 | 296.2 | | | | | |
| 1966 | 281.5 | 281.5 | | | | | |
| 1967 | 261.1 | 261.1 | | | | | |
| 1968 | 276.7 | 276.7 | | | | | |
| 1969 | 289.1 | 289.1 | | | | | |
| 1970 | 364.4 | 364.4 | | | | | |
| 1971 | 460.7 | 460.7 | | | | | |
| 1972 | 530.1 | 530.1 | | | | | |
| 1973 | 553.9 | | 553.9 | | | | |
| 1974 | 541.7 | | 541.7 | | | | |
| 1975 | 551.2 | | 551.2 | | | | |
| 1976 | 595.8 | | 595.8 | | | | |
| 1977 | 692.5 | | 692.5 | | | | |
| 1978 | 789.8 | | 789.8 | | | | |
| 1979 | 968.7 | | 968.7 | | | | |
| 1980 | 1039.0 | | 1039.0 | | | | |
| 1981 | 1263.1 | | 1263.1 | | | | |
| 1982 | 1561.9 | | 1561.9 | | | | |
| 1983 | 1682.6 | | 1623.6 | | 59.0 | | |
| 1984 | 1794.6 | | 1413.6 | 228.1 | 87.0 | 65.9 | |
| 1985 | 2673.0 | | | 1972.9 | 137.2 | 562.9 | |
| 1986 | 2941.6 | | | 1722.7 | 465.0 | 753.9 | |
| 1987 | 3418.2 | | | 1799.1 | 728.2 | 890.9 | |
| 1988 | 4391.3 | | | 586.0 | 2530.3 | 1275.0 | |
| 1989 | 5482.1 | | | 796.4 | 3350.9 | 1334.8 | |
| 1990 | 6137.4 | | | 917.8 | 3861.6 | 1358.0 | |

续表6-2-2-5

| 年份 | 合计 | 工商统一税 | 工商税 | 产品税 | 增值税 | 营业税 | 消费税 |
|---|---|---|---|---|---|---|---|
| 1991 | 6656.4 | | 13.3 | 1077.9 | 4153.4 | 1411.8 | |
| 1992 | 7368.0 | | 37.0 | 1048.0 | 4706.0 | 1577.0 | |
| 1993 | 11824.0 | | 113.0 | 1509.0 | 7971.0 | 2231.0 | |
| 1994 | 4254.1 | | | | 11757.0 | 1102.4 | 158.6 |
| 1995 | 5506.5 | | | | 12977.0 | 1929.8 | 206.3 |
| 1996 | 6524.8 | | | | 16575.0 | 2399.8 | 193.1 |
| 1997 | 7165.7 | | | | 17752.0 | 2732.7 | 188.3 |

说明：1949—1957年的商品流通税、货物税、工商业税并入工商统一税，上述数据包括磐安县；1966—1970年国营企业工商税并入工商统一税

表6-2-2-6　　1998—2016年东阳市营业税收入情况表

单位：万元

| 年份 | 收入数 | 年份 | 收入数 | 年份 | 收入数 |
|---|---|---|---|---|---|
| 1998 | 3995 | 2005 | 21805 | 2012 | 106683 |
| 1999 | 4502 | 2006 | 25435 | 2013 | 87173 |
| 2000 | 4498 | 2007 | 36792 | 2014 | 94506 |
| 2001 | 5886 | 2008 | 44894 | 2015 | 100263 |
| 2002 | 8418 | 2009 | 48026 | 2016 | 91340 |
| 2003 | 9529 | 2010 | 59104 | 2017 | 10653 |
| 2004 | 14535 | 2011 | 64707 | 2018 | 2155 |

## 第三节　所得税类

所得税是国家对法人、自然人和其他经济组织在一定时期内的各种所得征收的税收。建国以来先后开征各类所得税包括工商所得税、国营企业所得税、国营企业调节税、集体企业所得税、城乡个体工商业户所得税、私营企业所得税、中外合资经营企业所得税、外国企业所得税、外商投资企业和外国企业所得税、企业所得税、个人收入调节税、个人所得税等，以上税种东阳皆有征收。另外，已经停征的农业税和农业特产农业税，其征税对象为农业收益，划归所得税类，因其特殊性，在本章单设一节“农业税收”进行表述。

### 一、工商所得税

解放初期，沿用旧税法征收营利事业所得税和存款利息所得税。

1949年12月，按省税务局《营利事业所得税稽征办法》，凡在中国境内以营利为目的的工商业者，均为营利事业所得税的纳税义务人，实行十七级超额累进税率，最低为5%，最高为20%，采用民主评议办法征收。1950年1月，政务院颁布《全国税政实施原则》规定，按所得征税是工商业税

的一个组成部分，不作为一个独立税种。1950年12月，修正公布的《工商业税暂行条例》中，对按照所得额征税的部分改称“所得税”，实行21级全额累进税率，最低5%、最高30%。1953年修正税制，将所得税附加与正税合并征收，合并后的税率最低为5.5%，最高为33%。1958年实行工商税制改革，原工商业税中按所得额征收部分改称工商所得税，此时，所得税才成为一个独立税种。

1957年以后，我国农业、手工业和资本主义工商业的社会主义改造基本完成，为巩固和发展社会主义经济，国家对工商所得税政策陆续作了调整，从不分行业、统一税率向分行业、分经济性质分别制定征收政策，随着各单项所得税种的出台，工商所得税逐步淡出。1984年第二步利改税时，工商所得税中分列出集体企业所得税，1986年将城乡个体工商业户所得税单独列出，1988年又单独列出私营企业所得税，至此，工商所得税自行消失。

## 二、国营企业所得税

国营企业所得税是对国有企业的生产经营所得和其他所得征收的一种税。它是1983年实行国营企业在第一步利改税中开征的一个新税种，即将原来国营企业上缴利润改为按国家规定的税种、税率缴纳税收。其纳税人是从事工业、商业、交通运输业、建筑安装业、金融保险业、饮食服务业，以及教育、科研、文化、卫生、物资供销、城市公用和其他行业的全民所有制企业和经营单位。其课税对象为企业(单位)在纳税年度内从国境内外取得的生产经营所得和其他所得。税率分为55%的固定比例税率和八级超额累进税率。大中型企业，适用55%比例税率；小型企业、饮食服务企业和营业性的宾馆、饭店、招待所等，适用八级超额累进税率。

1994年分税制改革时，取消了按企业所有制形式设置所得税的办法，1月1日起统一执行《中华人民共和国企业所得税暂行条例》，1984年发布的《中华人民共和国国营企业所得税条例》(草案)同时废止。

## 三、国营企业调节税

国营企业调节税是以国营大中型企业为征收对象，是国家对大中型国营企业缴纳所得税后，对其税后剩余利润超过核定留利水平的部分征收的一种税。是1984年第二步利改税时出台的一个税种。

1984年9月18日颁布《国营企业调节税征收办法》，规定：以1983年实现利润为依据，调整因“三税”增减影响的利润，核定“基期利润”，扣除应上缴所得税和1983年企业合理留利后的余额，占“基期利润”的比例为调节税税率。企业当年利润比“基期利润”增长部分，减征70%调节税。利润增长部分按定比计算，规定七年不变，自1985年度起执行。

国营企业调节税没有统一的税率，只有一个核定调节税率的计算原则，具体采取由财税部门分户核定税率征收的办法。具体计算方法为：

调节税税率=[基期利润×(1－55%)－1983年合理留利]÷基期利润×100%

1994年1月分税制改革时，统一执行《中华人民共和国企业所得税暂行条例》，国营企业调节税同时取消。

**四、集体企业所得税**

集体企业所得税是国家对从事生产经营的集体企业就其生产经营所得和其他所得征收的一种税。

1985年4月，国务院颁布《中华人民共和国集体企业所得税暂行条例》，同年7月财政部颁布实施细则，从1985年1月1日起实施，从而建立了单项的按所有制性质的法人所得税征税制度。条例规定凡从事工业、商业、服务业、建筑安装业、交通运输业以及其他行业生产经营、实行独立核算的集体企业，都是集体企业所得税的纳税义务人；以纳税义务人每一纳税年度的收入总额，减除成本、费用和国家允许在税前列支的税金、营业外支出后的余额，为所得税的计税依据；实行八级超额累进税率，最低一级是全年所得额在1000元以下的，税率为10%，最高一级是全年所得额在20万元以上的部分，税率为55%；实行"按年计征、按季或按月预缴、年终汇算清缴、多退少补"的征收方法。

1994年分税制改革时，取消了按企业所有制形式设置所得税的办法，将集体企业所得税与国营企业所得税、私营企业所得税合并，统一执行《中华人民共和国企业所得税暂行条例》，集体企业所得税同时废止。

**五、城乡个体工商业户所得税**

城乡个体工商业户所得税是国家对城乡个体工商业户就其生产经营所得征收的一种所得税。1986年1月，国务院颁布了《中华人民共和国城乡个体工商业户所得税暂行条例》，城乡个体工商业户所得税从工商所得税分离出来成为了单独的税种。

城乡个体工商业户所得税以城乡个体工商业户生产经营所得和其他所得为征税对象。城乡个体工商业户是纳税义务人，对不符合按集体企业所得税征税条件的合法经营、联户经营企业，以及个人承包企业，也按个体工商业户征所得税。应纳税所得额为所得税计税依据。税率实行十级超额累进制，最低一级为全年所得额在1000元以下，税率为7%；最高一级为全年所得额3万元以上部分，税率为60%。为了调节收入，对全年所得额超过5万元至8万元部分加征10%，超过8万元至10万元部分加征20%，超过10万元至11万元部分加征30%，超过11万元部分加征40%。征收方法采用"核定毛利率或纯益率计算带征率"的方法。

1994年1月1日起，执行第八届全国人大修订的《中华人民共和国个人所得税法》，城乡个体工商业户所得税并入新的个人所得税中，原施行的《中华人民共和国城乡个体工商业户所得税暂行条例》同时废止。

**六、私营企业所得税**

私营企业所得税原来是包括在城乡个体工商业户所得税之内，1988年6月，国务院颁布《中华人民共和国私营企业所得税暂行条例》，财政部于同年8月颁布施行细则，规定凡是从事工业、建筑业、交通运输业、商业、饮食业以及其他行业的城乡私营企业征收私营企业所得税。纳税依据是纳税人每一年度的收入总额，减除成本、费用、国家允许在所得税前列支的税金和营业外支出后的余额，即私营企业应纳税所得额。税率为35%。

1994年1月1日起，执行《中华人民共和国企业所得税暂行条例》，私营企业所得税停止执行。

**七、中外合资经营企业所得税**

改革开放后，我国经济对外合作进一步扩大，1980年9月，全国人大颁布《中华人民共和国中外合资经营企业所得税法》，同年12月，国务院颁布了施行细则。这是我国制定的第一部直接涉外的企业所得税法。

纳税义务人是中外合资经营企业以及合资经营企业中将分得利润汇出国外的外国合营者。所得税税率实行比例税率，包括三个组成部分：一是合营企业所得税基本税税率为30%；二是合营企业地方所得税税率10%；三是合营企业的外国合营者从企业分得的利润汇出国外时征收的10%所得税。

1991年7月1日起，执行《中华人民共和国外商投资企业和外国企业所得税法》，《中华人民共和国中外合资经营企业所得税法》同时废止。

**八、外国企业所得税**

为适应对外开放，吸收外资，1981年12月，全国人大颁布《中华人民共和国外国企业所得税法》，财政部于1982年2月颁布施行细则，自1982年1月1日起施行。其纳税义务人包括：①在中国境内设立机构独资经营的外国公司、企业和其他经济组织；②在中国境内同中国企业合作生产经营的外国企业；③在中国境内未设立机构而有来源于中国的股息、利息、租金、特许权使用费等项所得的外国企业。外国企业所得税实行五级超额累进税率，税率为20%~40%；全年所得额不超过25万元的，税率为20%；全年所得额超过25万元至50万元部分，税率为25%；全年所得额超过50万元至75万元部分，税率为30%；全年所得额超过75万至100万元部分，税率为35%；全年所得额超过100万元以上的部分，税率为40%。

1991年7月1日起，执行全国人大颁布的《中华人民共和国外商投资企业和外国企业所得税法》，《中华人民共和国外国企业所得税法》同时废止。

**九、外商投资企业和外国企业所得税**

1991年4月，全国人大颁布《中华人民共和国外商投资企业和外国企业所得税法》，同年6月，国务院公布实施细则，于1991年7月1日起实施。

其征税对象为外商投资企业，包括在中国境内设立的中外合资、合作经营的外资企业。其总机构设在中国境内的，按其来源于中国境内外的所得征收所得税。外国企业包括在中国境内设立机构场所和未设立机构场所而有来源于中国境内所得的公司、企业和其他经济组织，按其来源于中国境内的所得征收所得税。基本税率为30%，地方所得税税率为3%，合计为33%。

外国企业在中国境内未设立机构场所，而有来源于中国境内的利润、利息、租金、特许使用权费和其他所得，或者虽设立机构场所，但上述所得与其机构场所没有实际联系的，其应征所得税税率为20%。

外商投资企业和外国企业所得税实行分地区、有重点和多层次的税收优惠，包括新办企业减免、特殊地区减免、特定企业项目减免和地方所得税减免等。

1994年分税制改革时，该税种列为中央和地方共享税。

1997年国、地税机构分设时，该税种划归东阳市国家税务局征收。

2008年1月1日起，国家统一了内外资企业的所得税制度，对外商投资企业和外国企业统一按新的《中华人民共和国企业所得税法》征收所得税，《中华人民共和国外商投资企业和外国企业所得税法》同时废止。

### 十、企业所得税

为适应社会主义市场经济发展和经济体制改革不断深化的需要，按照公平税负、促进竞争、统一税政的原则，1993年12月，国务院颁布《中华人民共和国企业所得税暂行条例》，次年2月，财政部颁布《中华人民共和国企业所得税暂行条例实施细则》，在合并原三个内资企业所得税基础上形成了企业所得税。《条例》规定凡中国境内各种经济性质的企业，除外商投资和外国企业外，均为企业所得税纳税义务人。其生产经营所得和其他包括来源于中国境内外的所得，均为征税对象。所有内资企业实行统一税率为33%的比例税率，统一税基，统一优惠办法，包括对所得额较小的给予税率优惠，对高新技术、第三产业、“三废”利用、老少边穷地区、劳动就业、校办工厂、乡镇企业等实行减免优惠等。

1994年分税制改革时，该税种列为地方税。

1997年国、地税机构分设时，该税种按企业流转税税种划分征收范围，以缴纳增值税、消费税为主体税种的企业，则企业所得税由国税部门征收，以缴纳营业税为主体税种的企业，其企业所得税由地税部门征收。

2002年所得税分享改革后列为中央与地方共享税。

2007年3月，全国人大颁布《中华人民共和国企业所得税法》，同年11月，国务院颁布实施条例，自2008年1月1日起实施。统一了内外资企业的所得税法，实行内资企业和外资企业同等税收待遇，结束了外资企业在华享受超国民待遇的“内外有别”的所得税制度，所有在中华人民共和国境内的企业和其他取得收入的组织均为企业所得税的纳税人，税率实行比例税率，基本税率为25%，居民企业中符合条件的小型微利企业减按20%征税，国家重点扶持的高新技术企业减按15%征税。

2018年12月，全国人大首次对《中华人民共和国企业所得税法》作了修改。

### 十一、个人收入调节税

1986年9月，国务院颁布《中华人民共和国个人收入调节税暂行条例》，自1987年1月1日起施行。个人收入调节税是对在中国境内有住所,取得个人收入的中国公民所征收的一种税。它是将全国人大1980年9月颁布的《中华人民共和国个人所得税法》中中国公民个人收入部分分列出来,纳入其征收范围,所以纳税义务人是具有中国国籍、户籍,并在中国境内居住,取得达到规定纳税标准收入的公民。征税对象是纳税人的应税收入,包括工资、薪金收入,承包、转包收入,劳务报酬收入,财产租赁收入,专利权转让、专利实施许可和非专利技术的提供、转让取得的收入,投稿、翻译取得的收入,利息、股息、红利收入,以及财政部确定征税的其他收入。个人收入调节税税率分为按个人综合收入计税的超倍累进税率和按个人单项收入计税的比例税率两种。综合收入按照超倍累进税率计算征收,工资、薪金、承包、转包、劳动保障、财产租赁等收入,合并计入月综合收入,以地区计税基数核算(金华地区计税基数为100元)。纳税人月综合收入超过基数3倍以上部分,按照超倍累进税率计算,按月征收。每应纳税收入额400元至500元部分税率为20%,500元至600元部分税率为30%,600元至700元部分税率为40%,700元至800元部分税率为50%,800元以上部分税率为60%。

对投稿、翻译、专利权转让、专利权实施许可、非专利技术提供、转让取得的收入,每次不满4000元的,减除费用800元;每次收入4000元以上的,减除费用20%,余额按20%的比例税率计征。对利息、股息、红利收入按20%的比例税率计征。

1990年7月1日起,每部书稿酬收入不超过20000元的,按《中华人民共和国个人收入调节税暂行条例》规定计算的应纳税额,减征30%。每部书稿酬超过20000元的,仍按原规定执行。

1994年1月1日起,个人收入调节税的征税内容并入修改后的《中华人民共和国个人所得税法》,《中华人民共和国个人收入调节税暂行条例》同时废止。

**十二、个人所得税**

改革开放后,国内居民之间的个人收入出现了较大差距,外籍人员来华取得高工资收入,国家为了调节个人收入,促进社会公平分配,1980年9月,全国人大颁布《中华人民共和国个人所得税法》,同年12月,财政部颁布实施细则,凡在中国境内有住所,或者无住所而在中国境内居住满一年的个人,从中国境内和境外取得所得的,以及在中国境内无住所又不居住或者无住所而在境内居住不满一年的个人,从中国境内取得所得的,均为个人所得税的纳税人。个人所得税的税率:工资、薪金所得,适用超额累进税率,税率为5%至45%;劳务报酬所得,特许权使用费所得,利息、股息、红利所得,财产租赁所得和其他所得,适用比例税率,税率为20%。

1987年1月1日起,国务院《中华人民共和国个人收入调节税暂行条例》颁布施行后,对在中国境内的公民所征收个人收入调节税,此时,个人所得税仅对外籍人员征收。

1994年1月1日起,《中华人民共和国个人收入调节税暂行条例》废止,境内的中国公民均按修改后的《中华人民共和国个人所得税法》征税。同年,分税制改革将个人所得税列为地方税。

1997年国地税机构分设时个人所得税划归地方税务局征收。

2002年所得税分享改革后列为中央与地方共享税。

《中华人民共和国个人所得税法》颁布实施后，进行了多次修改，全国人大2018年8月通过了第七次修改，将基本减除费用标准提高到每年6万元（每月5000元），并增加专项附加扣除，实行分类和综合相结合的征收模式。

表6-2-3-1　　**1949—1985年东阳县工商所得税收入情况表**

单位：万元

| 年份 | 入库数 | 年份 | 入库数 | 年份 | 入库数 | 年份 | 入库数 |
|---|---|---|---|---|---|---|---|
| 1949 | 0.1 | 1959 | 16.0 | 1969 | 86.9 | 1979 | 241.4 |
| 1950 | 0.5 | 1960 | 10.4 | 1970 | 46.6 | 1980 | 315.0 |
| 1951 | 3.8 | 1961 | 17.6 | 1971 | 47.0 | 1981 | 325.2 |
| 1952 | 18.2 | 1962 | 73.7 | 1972 | 75.1 | 1982 | 331.8 |
| 1953 | 23.0 | 1963 | 79.1 | 1973 | 97.5 | 1983 | 492.2 |
| 1954 | 44.4 | 1964 | 87.0 | 1974 | 94.4 | 1984 | 633.1 |
| 1955 | 31.9 | 1965 | 98.8 | 1975 | 88.9 | 1985 | 856.1 |
| 1956 | 51.4 | 1966 | 94.4 | 1976 | 104.5 | | |
| 1957 | 94.1 | 1967 | 95.0 | 1977 | 157.5 | | |
| 1958 | 142.6 | 1968 | 79.0 | 1978 | 213.4 | | |

表6-2-3-2　　**1983—1997年东阳市（县）所得税类收入情况表**

单位：万元

| 年份 | 国营企业所得税 | 国营企业调节税 | 集体企业所得税 | 城乡个体工商业户所得税 | 私营企业所得税 | 涉外企业所得税 | 企业所得税 | 个人收入调节税 | 个人所得税 |
|---|---|---|---|---|---|---|---|---|---|
| 1983 | 632.8 | 197 | | | | | | | |
| 1984 | 721.9 | 175.5 | | | | | | | |
| 1985 | 739.1 | 171.5 | 856.1 | | | | | | |
| 1986 | 785.6 | 138.0 | 1072.0 | 35.4 | | | | | |
| 1987 | 879.2 | 160.7 | 1189.6 | 47.9 | | | | 2.2 | |
| 1988 | 1109.7 | 93.5 | 1333.1 | 187.7 | | | | 22.2 | |
| 1989 | 1041.9 | 107.4 | 1273.6 | 155.5 | 32.6 | | | 23.7 | |
| 1990 | 636.8 | 92.0 | 1225.0 | 78.0 | 36.4 | | | 38.3 | |
| 1991 | 711.9 | 72.6 | 1161.1 | 65.0 | 20.9 | | | 43.0 | |
| 1992 | 809.0 | 75.0 | 1279.0 | 59.0 | 12.0 | 10.6 | | 30.0 | |

续表6-2-3-2

| 年份 | 国营企业所得税 | 国营企业调节税 | 集体企业所得税 | 城乡个体工商业户所得税 | 私营企业所得税 | 涉外企业所得税 | 企业所得税 | 个人收入调节税 | 个人所得税 |
|---|---|---|---|---|---|---|---|---|---|
| 1993 | 427.0 | 72.0 | 897.0 | 94.0 | 14.0 | | | 23.0 | |
| 1994 | | | | | | 1.5 | 1597.0 | | 193.9 |
| 1995 | | | | | | 1.6 | 1922.0 | | 563.6 |
| 1996 | | | | | | 207.0 | 1525.7 | | 889.2 |
| 1997 | | | | | | 9.0 | 2446.0 | | 1165.0 |

表6-2-3-3　　1998—2018年东阳市企业所得税、个人所得税收入情况表

单位：万元

| 年份 | 企业所得税 | 个人所得税 | 年份 | 企业所得税 | 个人所得税 | 年份 | 企业所得税 | 个人所得税 |
|---|---|---|---|---|---|---|---|---|
| 1998 | 1290.0 | 1726.5 | 2005 | 7811.0 | 4249.0 | 2012 | 46583.0 | 20014.0 |
| 1999 | 2474.0 | 2286.1 | 2006 | 12650.0 | 4536.0 | 2013 | 58700.0 | 21191.0 |
| 2000 | 5731.0 | 2742.1 | 2007 | 15986.0 | 6277.0 | 2014 | 68241.0 | 31828.0 |
| 2001 | 12751.0 | 4541.3 | 2008 | 17196.0 | 8461.0 | 2015 | 76255.0 | 41274.0 |
| 2002 | 6658.0 | 4112.0 | 2009 | 14024.0 | 9646.0 | 2016 | 38441.0 | 49208.0 |
| 2003 | 7358.0 | 4408.0 | 2010 | 19093.0 | 13726.0 | 2017 | 44594.0 | 56254.0 |
| 2004 | 7784.0 | 3954.0 | 2011 | 29540.0 | 18122.0 | 2018 | 97583.0 | 53292.0 |

## 第四节　资源税类

资源税类是国家对开发、利用各种自然资源的单位和个人就其收入或级差收入征收的一类税种。包括盐税、资源税、城镇土地使用税和耕地占用税等。

### 一、盐税

盐税是一个古老的税种。1951年1月，政务院颁布《全国盐务工作决定》，按照“从量核定、就场征收、税不重征”的原则开征盐税，由盐务管理部门负责征收。1958年7月1日起改由税务部门征收。1970年工商税制改革时，盐税并为工商税的一个科目，但征收方式不变。1984年，国务院颁布《中华人民共和国盐税条例（草案）》，盐税从工商税中分离出来成为一个独立税种，规定对从事生产经营和进出口盐的单位和个人应按规定缴纳盐税，实行从量定额征收，浙江省每吨税额140元，对集体盐场、进出口及特殊用盐实行减免。1994年分税制改革时，将盐税一分为二，即分

解为对原盐分别征收增值税和资源税，盐成为资源税的一个税目。东阳无盐场，几年中有盐税一项收入，是因改变盐的用途，如将战备用盐、工业用盐、农业用盐等特殊用盐改为食用盐所补征的税款。

## 二、资源税

资源税是以各种应税自然资源为课税对象，对在我国境内开采应税矿产品及生产盐的单位和个人，以其应税产品销售额或销售数量为计税依据而征收的一种税。资源税具有调节资源级差收入之特征。

1984年10月1日起，国务院颁布实施《中华人民共和国资源税条例（草案）》开征资源税，仅对原油、天然气、煤炭征收，金属及其他非金属矿产品暂缓征收；实行按应税产品销售收入利润率超额累进税率征收，利润率12%以下的不征，达到12%～20%的每增加1个百分点税率提高0.5个百分点，达到20%～25%的每增加1个百分点税率提高0.6个百分点，超过25%的每增加1个百分点税率提高0.7个百分点。

1986年起，资源税率改为从量定额计征。当时东阳没有资源税的征税对象。

1994年1月1日起，国务院颁布施行新的《中华人民共和国资源税暂行条例》，扩大了资源税的征税范围，盐税并入资源税。财政部颁布《实施细则》，并印发《资源税科目税额明细表》，详细规定计税单位税额执行标准。同年分税制改革，将资源税划为地方税税种。

1996年起东阳始有资源税收入。1997年国地税机构分设时资源税划归地方税务局征收。

2004年后，先后增加对从事建筑用石、萤石、青石矿产资源开采销售的单位和个人开征资源税，按炸药购买使用数量换算矿产品开采量计算缴纳资源税，并由东阳市民爆物资专营公司在销售炸药环节代扣代缴。

2011年11月1日起，执行修订后的《中华人民共和国资源税暂行条例实施细则》《资源税税目税率明细表》《几个主要品种的矿山资源等级表》。

## 三、城镇土地使用税

城镇土地使用税是对城市、县城、建制镇和工矿区范围内使用土地的单位和个人，按使用土地面积定额征收的一种税。

建国初期，国家就开征了地产税。1951年8月，政务院颁布《城市房地产税暂行条例》，在城市中合并房产税和地产税，征收城市房地产税，限于核定的若干城市征收。1984年第二步“利改税”时确定为一个独立的新税种，但未开征。1988年9月，国务院颁布《城镇土地使用税暂行条例》，1989年3月，浙江省政府印发《浙江省城镇土地使用税实施办法》，从1989年1月1日起开始征收。规定征税范围为县城、建制镇和工矿区；实行地区幅度差别定额税率。同年6月，东阳市政府具体规定征收范围和税率标准如下：

表6-2-4-1　　1989年6月东阳市城镇土地使用税征收范围和税率标准表

| 类别 | 建制镇 | 征税范围(村) | 适用税额标准(年·每平方米) |
|---|---|---|---|
| 一 | 吴宁镇 | 解放、上市头、城东、和平、城西、里托、潼塘、外托、南门、西门 | 0.80元 |
| 二 | 黄田畈镇 | 旭光、建胜、永乐 | 0.60元 |
| | 巍山镇 | 巍一、巍二、巍三、巍四、巍五、巍六 | |
| | 横店镇 | 横店 | |
| | 虎鹿镇 | 夏程里 | |
| 三 | 六石镇 | 六石 | 0.40元 |
| | 李宅镇 | 李一、李二、李三、李四、同兴 | |
| | 湖溪镇 | 湖溪、炉庄 | |
| | 东阳江镇 | 茜畴 | |
| | 千祥镇 | 千一、千三、千四、吕宅、前巷、丁宅 | |
| | 南马镇 | 泉府 | |
| | 大联镇 | 大田头 | |
| | 防军镇 | 防一、防二、防三 | |
| | 马宅镇 | 马宅 | |

1994年分税制时，将城镇土地使用税划为地方税税种。1997年国地税机构分设时城镇土地使用税划归地方税务局征收。

2003年东阳市地方税务局按“扩大税基，简化税制”原则对全市城镇土地使用税的征税范围和单位税额进行了调整，单位税额调整为城区2元每平方米；镇区1元每平方米。

2005年，因全市镇乡街道拆扩并后行政区域调整，东阳市地方税务局对征税范围进行了调整。2007年1月1日起，执行修改后的《城镇土地使用税暂行条例》，根据东阳市人民政府《关于同意调整城镇土地使用税税额标准的批复》，调整城镇土地使用税税额标准和征收范围，将东阳市范围内用于生产、经营的土地按不同范围分为三个等级：一是城区东至人民路、南至乐园路—振兴路、西至新南路—吴宁西路—吴宁西路和西门街交界处—西门街—中山路、北至环城北路，按每平方米9元标准征收；二是吴宁街道和白云街道(除一款范围)及江北街道的城镇区划范围，按每平方米6元标准征收；三是其他镇区、街道的城镇区划范围，按每平方米3元标准征收；上述范围含周边路段街道另一侧街面房占地。

2018年1月1日起，城镇土地使用税执行东阳市人民政府东政办发[2018]39号《东阳市开展调整城镇土地使用税政策促进土地集约节约利用工作实施办法》的通知，调整了城镇土地使用税税额标准和征收范围：一级范围东至学士路、南至城南东路—城南西路、西至望江南路—望江北路、北至江滨南街，按每平方米12元标准征收；二级范围是吴宁街道、白云街道、江北街道行政区域

(不含上述一级范围),按每平方米9元标准征收;三级范围是其他镇区、街道(不含上述一、二级范围),按每平方米6元标准征收.上述范围含周边路段街道另一侧街面房占地。

## 四、耕地占用税

耕地占用税是对占用耕地建房或从事其他非农业建设的单位与个人在占用环节一次性征收的一种税。保护耕地资源,加强土地管理,制止乱占滥用耕地,确保粮食生产稳定发展,1987年4月,国务院颁布《中华人民共和国耕地占用税暂行条例》,浙江省政府批转省财政厅《关于开征耕地占用税的报告》,于1987年4月1日起开征耕地占用税。凡经批准占用国家所有和集体所有的耕地均应缴纳耕地占用税。根据浙江省耕地占用税的征收标准划分为"四类地区"的规定,东阳属第四类地区,东阳市政府确定耕地占用税征收标准为:建制镇范围的每亩征收4000元,其他乡村范围的每亩征收3000元,并对建制镇的范围作了明确。耕地占用税由财政部门负责征收。

1991年,根据"先纳税,再用地"的原则,东阳实行在用地项目报批前进行预征耕地占用税的办法,

1992年7月1日起,调整耕地占用税征收标准,东阳划为二类地区,征收标准为9元/平方米,即6000元/亩。

1994年分税制时,将耕地占用税划为地方税税种。

2010年1月1日起,耕地占用税由财政部门划转到地方税务部门征收。

继2007年12月国务院颁布修订《中华人民共和国耕地占用税暂行条例》后,于2018年12月,全国人大颁布了《中华人民共和国耕地占用税法》,自2019年9月1日起施行。

耕地占用税规定了对军事设施和公益设施建设项目用地、优抚对象和农村居民自建房屋用地和其他特殊用地实施减征和免征。东阳对耕地占用税加征办法执行浙江省耕地占用税管理规定:1.经济特区、经济技术开发区和经济发达、人均耕地特别少的地区,适用税额可适当提高,但最高不超过规定税额的50%。2.对单位和个人获准征用或者占用耕地超过2年不使用的,按规定加征两倍以下税额。3.基建工程暂时缓建,凡工程已进行一定规模(不易恢复耕地)并准备续建的,可以不加征。对尚未正式施工(不影响恢复耕种)占用超过2年不使用的,应照章加征。

表6-2-4-2　　**1949—2018年东阳市(县)资源税类收入情况表**

单位:万元

| 年份 | 盐税 | 资源税 | 城镇土地使用税 | 耕地占用税 | 年份 | 盐税 | 资源税 | 城镇土地使用税 | 耕地占用税 |
|---|---|---|---|---|---|---|---|---|---|
| 1949 | | | | | 1952 | | | | |
| 1950 | | | | | 1953 | | | | |
| 1951 | | | | | 1954 | | | | |

续表6-2-4-2

| 年份 | 盐税 | 资源税 | 城镇土地使用税 | 耕地占用税 |
|---|---|---|---|---|
| 1955 | | | | |
| 1956 | | | | |
| 1957 | | | | |
| 1958 | | | | |
| 1959 | 2.3 | | | |
| 1960 | 0.2 | | | |
| 1961 | 0.1 | | | |
| 1962 | 0.6 | | | |
| 1963 | | | | |
| 1964 | | | | |
| 1965 | | | | |
| 1966 | | | | |
| 1967 | 19.5 | | | |
| 1968 | 0.1 | | | |
| 1969 | | | | |
| 1970 | | | | |
| 1971 | | | | |
| 1972 | 0.1 | | | |
| 1973 | 12.9 | | | |
| 1974 | 38.3 | | | |
| 1975 | 17.5 | | | |
| 1976 | 10.2 | | | |
| 1977 | | | | |
| 1978 | | | | |
| 1979 | | | | |
| 1980 | | | | |
| 1981 | 5.1 | | | |
| 1982 | | | | |
| 1983 | | | | |
| 1984 | | | | |
| 1985 | 3.7 | | | |
| 1986 | 8.1 | | | |
| 1987 | | | | 40.4 |
| 1988 | | | | 48.4 |
| 1989 | | | 13.7 | 30.2 |
| 1990 | | | 19.5 | 26.1 |
| 1991 | | | 23.0 | 42.9 |
| 1992 | | | 20.0 | 93.0 |
| 1993 | | | 12.0 | 151.0 |
| 1994 | | | 36.0 | 64.0 |
| 1995 | | | 34.0 | 133.0 |
| 1996 | | 3.0 | 29.0 | 162.0 |
| 1997 | | 1.0 | 20.0 | 275.0 |
| 1998 | | 1.0 | 42.0 | 270.0 |
| 1999 | | 1.0 | 33.0 | 408.0 |
| 2000 | | 1.0 | 34.0 | 441.0 |
| 2001 | | | 49.0 | 1277.0 |
| 2002 | | 2.0 | 61.0 | 3838.0 |
| 2003 | | 1.0 | 78.0 | 5332.0 |
| 2004 | | 2.0 | 322.0 | 5602.0 |
| 2005 | | 30.0 | 658.0 | 1606.0 |
| 2006 | | 113.0 | 753.0 | 1367.0 |
| 2007 | | 126.0 | 1152.0 | 2888.0 |
| 2008 | | 140.0 | 4273.0 | 3520.0 |
| 2009 | | 109.0 | 4771.0 | 2547.0 |
| 2010 | | 200.0 | 5561.0 | 5967.0 |
| 2011 | | 160.0 | 6984.0 | 5408.0 |
| 2012 | | 134.0 | 8971.0 | 2113.0 |
| 2013 | | 87.0 | 9273.0 | 2581.0 |
| 2014 | | 194.0 | 8851.0 | 3668.0 |
| 2015 | | 122.0 | 11110.0 | 1267.0 |
| 2016 | | 303.0 | 15132.0 | 2182.0 |
| 2017 | | 683.0 | 15311.0 | 15823.0 |
| 2018 | | 637.0 | 14317.0 | 13566.0 |

## 第五节　行为目的税类

行为目的税是以纳税人的某些特定行为为课税对象所征收的一类税种。主要包括印花税、屠宰税、特种消费行为税、文化娱乐税、集市交易税、牲畜交易税、筵席税、建筑税、奖金税、国营企业工资调节税、城市维护建设税、固定资产投资方向调节税、土地增值税、车辆购置税和环境保护税等。

### 一、印花税

印花税是对经济活动中书立、使用、领受具有法律效力的的各种合同、产权转移书据、营业账簿、权利许可证照等应税凭证文件的单位和个人征收的一种税。

解放初期，沿用旧制征收。1950年12月，政务院颁布《中华人民共和国印花税暂行条例》，施行新税法，共25个税目，税率按其性质可分为按金额比例贴花和按件定额贴花两种。按金额比例贴花的税率分别为万分之一、万分之三、千分之三；按件定额贴花的分别为2分、5分、2角、5角。

1958年9月改革工商税制时，印花税并入工商统一税，取消印花税这一税种。

改革开放后，为适应经济发展需要，1988年8月，国务院重新颁布《中华人民共和国印花税暂行条例》（简称《条例》），是年10月1日起恢复征收印花税。

《条例》规定，印花税的纳税义务人是在中华人民共和国境内书立、领受条例所列举凭证的单位和个人。印花税的征收范围：1.购销、加工承揽、建设工程承包、财产租赁、货物运输、仓储保管、借款、财产保险、技术等合同或具有合同性质的凭证。2.产权转移书据。3.营业帐簿：包括单位和个人从事生产经营活动所设立的各种帐册。4.权利许可证照，包括房屋产权证、工商营业执照、商标注册证、专利证、土地使用证。5.经财政部确定征税的其他凭证。

印花税共13个税目，税率有比例税率与定额税率两种，分别列举征税。比例税率分1‰，5‰，3‰，0.5‰和0.3‰五档，定额税额为5元。适用于1‰的，有财产租赁和仓储保管2个税目；适用5‰的，有加工承揽，建设工程勘察设计，货物运输合同，产权转移书据4个税目和营业帐簿税目中记载资金的帐簿；适用3‰有购销、建设安装工程承包和技术合同3个税目；适用0.5‰的，为借款合同1个税目；适用0.3‰的，为财产保险合同1个税目。自1990年7月1日起，财产保险合同改按保险费1‰贴花。定额税额为5元，适用定额税率的，有权利许可证照，营业帐簿税目中的其他帐簿。印花税由纳税人根据规定自行计算应纳税额、购买并一次贴足印花税票。

1994年分税制时，将印花税划为地方税税种。1997年国地税机构分设时印花税划归地方税务局征收。

2006年11月，财政部、国家税务总局通知，对纳税人以电子形式签订的各类应税凭证按规定征收印花税。

### 二、屠宰税

屠宰税指对猪、牛、羊等税法中规定的几种牲畜，在发生屠宰行为时，向屠宰单位和个人征收的一种税。

解放初期，沿用旧制征收。1950年1月，政务院颁布《全国税政实施纲要》，将屠宰税列为全国统一开征和税种。同年4月财政部制发《屠宰税暂行条例草案》，同年12月政务院颁布《屠宰税暂行条例》。

1951年7月以前是按实际重量从价计征，税率为10%，每隔一段时间由税务局公布一个定额进行征收。1953年1月起，将屠宰商应缴的印花税和营业税及其附加并入屠宰税，税率为13%，农民出售仍按10%计征。1957年为发展畜牧生产将屠宰税税率统一改为8%。

1973年起，将屠宰税并入工商税，成为工商税的一个科目。

1982年以后，屠宰税实行定额征收。

1994年1月1日起，国务院将屠宰税下放地方管理，凡在东阳市范围内屠宰或收购猪、牛、羊等牲畜的单位和个人，都应按每头牛14元、每头猪10元、每只羊2元缴纳屠宰税，税额根据经济发展及市场肉类价格变动情况适时进行调整。同年，分税制改革时将屠宰税列为地方税。

1997年国地税机构分设时将屠宰税划归地方税务局征收。

为切实减轻农民负担，稳步推进农村的税费改革，从2002年1月22日起，停止征收屠宰税。

### 三、特种消费行为税

特种消费行为税系由旧税制的筵席税和娱乐税演变而来的，是统一全国税制时确定的对某些特定的消费行为征收的一个税种。

东阳解放初期，沿用旧制征收筵席税和娱乐税。1950年确定全国统一征收特种消费行为税，征税范围为电影戏剧及娱乐、舞场、筵席、冷食、旅馆等；税率按行业从5%～50%不等；实行从价计征、价外征税。

1953年起，对筵席、冷食、旅馆、舞场的特种消费行为税并入营业税；对电影戏剧及娱乐改征文化娱乐税。

### 四、文化娱乐税

文化娱乐税是对经营文化娱乐的企业及组织举办文艺演出单位，就其售票收入或收费金额征收的一种税。文化娱乐税的征收范围原为特种消费行为税中的征税税目，只限于县城所在地。1953年起，对电影戏剧及娱乐改征文化娱乐税，征税范围延伸至区、乡。

1966年10月起，文化娱乐税停征。

### 五、集市交易税

集市交易税是对在城乡集市出售应税商品，依据交易金额课征的一种交易行为税。1950年1月政务院颁布《全国税政实施要则》，将交易税列为全国统一开征的税种之一。1962年4月，国务院批准财政部制订的《集市交易税试行规定》，同年6月，浙江全省范围开征集市交易税。征收范围包括：家畜、家禽、肉类、蛋品、干鲜菜、土特产品和家庭手工产品7类产品和旧表、旧自行车等。

集市交易税以商品成交额为计征依据，适用税率除家畜和水产品类按5%征收外，其余一律按10%征收。1963年，陆续停征西瓜、生姜、牛、羊、猪等22种产品的集市交易税。1965年，对旧手表、旧自行车暂停征收集市交易税。1965年9月全部停征，仅保留税种。

**六、牲畜交易税**

牲畜交易税是对规定的几种牲畜在交易行为发生时，按交易价格向买方征收的一种交易行为税。

1950年1月，政务院颁发《全国税政实施要则》，把交易税列为全国开征的税种之一。浙江于1953年11月起全面开征牲畜交易税，征收项目为牛、马、驴、骡4种。后来由于经济情况的变化，于1959年9月停征牲畜交易税。

1982年12月，国务院颁布《牲畜交易税暂行条例》，浙江相继制定《浙江省牲畜交易税暂行条例施行细则》，从1983年3月1日起恢复征收牲畜交易税。《施行细则》规定，凡在浙江境内(不分市场内外)进行牛、马、骡、驴4种牲畜交易的单位和个人，除税法另有规定者外，均应按照规定缴纳牲畜交易税；以购买牲畜的单位或个人为纳税义务人；税率为5%；以购买方应付的全部价款为计税依据，由牲畜成交地的税务机关征收。

1994年1月1日起，浙江省遵照国务院文件规定，取消牲畜交易税。

**七、筵席税**

筵席税是在中国境内的饭店、酒店、宾馆、招待所，以及其他饮食营业场所举办筵席的单位和个人，就其筵席支付金额征收的一种税。

1951年，政务院颁发《特种消费行为税暂行条例》，筵席税列入特种消费行为税的一个税目，税率为10%～20%，按次从价计征。1953年修正税制时，取消特种消费行为税，将筵席、冷饮等部分并入工商业税的营业税中征收，筵席税即随之停征。

1988年9月，国务院颁布《中华人民共和国筵席税暂行条例》，同年11月，浙江省政府制订《浙江省筵席税施行细则》，同年12月1日起将筵席税单独列为一个税种征收。规定对举办筵席的单位和个人，按次从价计征，税率为15%；起征点为一次筵席支付金额(包括菜肴、酒、饭、面点、饮料、水果、香烟等价款)人民币400元。东阳筵席税基本未征，仅在1989年征收了1000元。

1994年1月1日起，筵席税管理权下放，浙江省也从此日起停征。

**八、建筑税**

建筑税是对自筹基本建设投资和更新改造措施项目中的建筑工程投资征收的一种特定目的税。1983年9月，国家为加强基本建设管理，控制固定资产投资规模，国务院颁发《建筑税征收暂行办法》，自当年10月1日起开征建筑税。征税范围包括：用国家预算外资金、地方机动财力、企事业单位各种自有资金、银行贷款、其他自筹资金等安排用于基本建设投资和更新改造措施项目中的建筑工程投资的。纳税人包括国营企业、事业单位、机关团体、部队、地方政府及城镇集体企业等。税率统一按10%的比例税率征收。

1987年6月，国务院发布新的《中华人民共和国建筑税暂行条例》，对税率作了较大的调整，采取差别税率，不同的纳税人和纳税对象实行10%～30%的差别税率。

1991年开征固定资产投资方向调节税后，建筑税停征。

## 九、奖金税

奖金税是对国营和集体企业、事业单位发放奖金总额超过一定额度的部分征收的一种税。改革开放后，国家逐步扩大了企业和事业单位的分配自主权，是国家为了控制企业和事业单位奖金发放的一项措施。

1984年6月，国务院颁布《国营企业奖金税暂行规定》，自1984年1月1日起开征国营企业奖金税。以实行独立核算的企业为纳税人，对全年奖金发放总额人均超过4个月标准工资以上部分，实行超额累进税率，分别20%、50%、100%和200%四档，按年计算征收。此后，分别对免税限额、工资标准等作了调整。

对国营企业征收奖金税后，集体企业和事业单位也先后实行奖金的自主分配，为了平衡税负，国务院于1985年分别颁布了《集体企业奖金税暂行规定》和《事业单位奖金税暂行规定》，从1985年度起，对集体企业和事业单位征收奖金税。

1994年1月分税制改革时，停征奖金税。

## 十、国营企业工资调节税

国营企业工资调节税是对实行工资总额随经济效益挂钩浮动的国营企业增发工资超过国家规定免税限额部分征收的一种税。其目的是促进国营企业工资制度改革，在有计划地逐步提高职工工资水平的同时，从宏观上合理地控制消费基金的过快增长。

1985年，国务院颁布《国营企业工资调节税暂行规定》，浙江省自1986年1月1日起开征国营企业工商调节税。该税纳税人为国营企业，计税依据是企业当年发放的工资总额，其中，不超过国家核定的上年工资总额7%以内的增发工资部分，为免税限额；超过7%的部分，按照超额累进税率征税，最低一级税率为30%，最高一级税率为300%。

随着工资制度改革的深入，从1988年度开始，国家扩大了工资总额随经济效益挂钩办法的实行范围，决定下放审批权限，由劳动、财税部门批准，实行工资总额同经济效益挂钩的全民、集体企业和事业单位，均应按《国营企业工资调节税暂行规定》征收工资调节税。

1994年1月1日起，取消国营企业工资调节税。

## 十一、城市维护建设税

为了加强城市的建设维护，扩大和稳定城市建设维护的资金来源，1985年2月，国务院颁布《中华人民共和国城市维护建设税暂行条例》，自当年1月1日起开征城市维护建设税。城市维护建设税是对缴纳产品税、增值税、营业税（简称“三税”）的单位和个人就其“三税”的征收数计算征收的一种税，与“三税”同时缴纳，也是一种带有附加性质的税种。

城市维护建设税以缴纳“三税”的单位和个人为纳税义务人。税率因纳税人的所在地不同而不同，纳税人所在地在市区的，税率为7%；在县城、镇的，税率为5%；在其他地方的为1%。东阳县城及吴宁镇、巍山镇、横店镇、千祥镇、湖溪镇、六石镇、南马镇范围内的纳税人为5%，其他为1%。1987年9月，黄田畈镇、李宅镇、东阳江镇设镇后也按5%征收。

1994年1月1日起，城市维护建设税以增值税、消费税、营业税等新的“三税”为计税依据，税率不变。当年分税制改革将其划为地方税税种。

1997年，国地税分设将城市维护建设税划为地方税务局征收。

2010年12月1日起，根据财政部、国家税务总局《关于对外资企业征收城市建设维护费和教育附加有关问题的通知》，开始对外商投资企业和外国企业及外籍个人征收城市维护建设税。

**十二、固定资产投资方向调节税**

为了贯彻国家产业政策，控制投资规模，引导投资方向，调整投资结构，促进国民经济持续、稳定、协调发展，1991年4月，国务院颁布《固定资产投资方向调节税》，同年6月财政部颁发实施细则。固定资产投资方向调节税是指国家对在我国境内进行固定资产投资的单位和个人，就其固定资产投资的各种资金征收的一种税。由建筑税发展而来。

该税根据国家产业政策和项目投资规模实行差别税率，税目、税率按《固定资产投资方向调节税税目税率表》分为0%、5%、10%、和15%和30%五档，并列出国家禁止发展的项目。

1991年1月1日起，东阳市开征固定资产投资方向调节税，废止建筑税；商品房的固定资产投资方向调节税，按房屋实际售价（包括收取的各种配套费）的70%作为计税依据。

1994年分税制改革时列为地方税税种。1997年国地税机构分设时，该税种划归地方税务局征收。

2000年1月1日起，根据财政部、国家税务总局的规定，暂停征收固定资产投资方向调节税。

**十三、土地增值税**

为了规范土地、房地产市场交易秩序，合理调节土地增值收益，1993年12月，国务院颁布《中华人民共和国土地增值税暂行条例》，自1994年1月1日起开征土地增值税。土地增值税是指转让国有土地使用权、地上的建筑物及其附着物并取得收入的单位和个人，以转让所取得的收入包括货币收入、实物收入和其他收入为计税依据向国家缴纳的一种税，不包括以继承、赠与方式无偿转让房地产的行为。纳税人为转让国有土地使用权及地上建筑物和其他附着物产权并取得收入的单位和个人。课税对象为有偿转让国有土地使用权及地上建筑物和其他附着物产权所取得的增值额。增值额为纳税人转让房地产所取得的收入减除法定扣除项目金额后的余额，按照四级超率累进税率进行征收。计算增值额的扣除项目包括：取得土地使用权所支付的金额；开发土地的成本、费用；新建房及配套设施的成本、费用，或者旧房及建筑物的评估价格；与转让房地产有关的税金；财政部规定的其他扣除项目等。

1994年分税制改革时列为地方税税种。1997年国地税机构分设时，该税种划归地方税务局征收。

2006年12月，国家税务局下发《关于房地产开发企业土地增值税清算管理有关问题的通知》，决定从2007年2月1日起开始清算房地产开发企业的土地增值税。

**十四、环境保护税**

为了保护和改善环境，减少污染物排放，推进生态文明建设，2016年12月，全国人大通过并颁布《中华人民共和国环境保护税法》，自2018年1月1日起施行。环境保护税是对在国家领域和管辖的其他海域，直接向环境排放应税污染物的单位和经营者征收的一种税。

环境保护税应税污染物为环境保护税法所附《环境保护税税目税额表》《应税污染物和当量值表》规定的大气污染物、水污染物、固体废物和噪声等。纳税人排放应税污染物的当日，应当向应税污染物排放地的税务机关申报缴纳环境保护税。应税污染物的计税依据按以下办法确定：应税大气污染物按照污染物排放量折合的污染当量数确定；应税水污染物按照污染物排放量折合的污染当量数确定；应税固体废物按照固体废物的排放量确定；应税噪声按照超过国家规定标准的分贝数确定。其应纳税额计算方法：应税大气污染物的应纳税额为污染当量数乘以具体适用税额。应税水污染物的应纳税额按《环境保护税税目税额表》《应税污染物和当量值表》规定的污染当量数和具体适用税额计算确定。

环境保护税属地方税，由地方税务局负责征收，并建立与环境保护主管部门和其他相关单位的分工协作工作机制，协同做好环境保护税的征收管理工作。

表6-2-5-1　　**1949—1980年东阳县行为目的税类收入情况表**

单位：万元

| 年份 | 印花税 | 屠宰税 | 文化娱乐税 | 集市交易税 | 牲畜交易税 |
|---|---|---|---|---|---|
| 1949 | | 0.8 | | | |
| 1950 | | 10.4 | 0.1 | | 0.1 |
| 1951 | | 19.7 | 0.3 | | 1.3 |
| 1952 | | 20.2 | 0.2 | | 5.6 |
| 1953 | 1.0 | 30.4 | 0.4 | | 12.0 |
| 1954 | 0.7 | 26.7 | 0.6 | | 4.2 |
| 1955 | | 14.5 | 0.5 | | 4.8 |
| 1956 | | 29.7 | 0.3 | | 3.2 |
| 1957 | | 38.2 | 0.2 | | 4.0 |
| 1958 | 3.1 | 28.7 | 0.1 | | 2.3 |

续表6-2-5-1

| 年份 | 印花税 | 屠宰税 | 文化娱乐税 | 集市交易税 | 牲畜交易税 |
|---|---|---|---|---|---|
| 1959 | | 11.1 | | | 0.7 |
| 1960 | | 14.2 | 0.3 | | |
| 1961 | | 11.6 | 0.2 | | |
| 1962 | | 44.4 | 0.4 | 30.3 | |
| 1963 | | 91.5 | 0.6 | 22.7 | |
| 1964 | | 147.9 | 0.6 | 14.8 | |
| 1965 | | 128.0 | 0.4 | 9.4 | |
| 1966 | | 65.9 | 0.2 | 0.1 | |
| 1967 | | 53.4 | | | |
| 1968 | | 40.3 | | | |
| 1969 | | 40.0 | | | |
| 1970 | | 1.6 | | | |
| 1971 | | -0.1 | | | |
| 1972 | | | | | |
| 1973 | | -0.7 | | | |
| 1974 | | -0.4 | | | |
| 1975 | | -0.6 | | | |
| 1976 | | -0.8 | | | |
| 1977 | | -0.7 | | | |
| 1978 | | 30.4 | | | |
| 1979 | | 47.6 | | | |
| 1980 | | 49.5 | | | |

表6-2-5-2　　1981—1997年东阳市(县)行为目的税类收入情况表

单位:万元

| 年份 | 印花税 | 屠宰税 | 牲畜交易税 | 筵席税 | 建筑税 | 奖金税 | 国营企业工资调节税 | 城市维护建设税 | 固定资产投资方向调节税 | 土地增值税 |
|---|---|---|---|---|---|---|---|---|---|---|
| 1981 | | 43.6 | | | | | | | | |
| 1982 | | 46.8 | | | | | | | | |
| 1983 | | 61.1 | | | | | | | | |
| 1984 | | 43.7 | | | 16.8 | | | | | |
| 1985 | | 43.5 | | | 11.4 | 5.2 | | 84.0 | | |
| 1986 | | 32.4 | 1.1 | | 30.8 | 26.6 | 9.3 | 109.0 | | |

续表6-2-5-2

| 年份 | 印花税 | 屠宰税 | 牲畜交易税 | 筵席税 | 建筑税 | 奖金税 | 国营企业工资调节税 | 城市维护建设税 | 固定资产投资方向调节税 | 土地增值税 |
|---|---|---|---|---|---|---|---|---|---|---|
| 1987 | | 30.4 | 0.7 | | 44.4 | 8.8 | | 132.8 | | |
| 1988 | | 24.9 | 0.4 | | 23.3 | 8.3 | 0.5 | 186.2 | | |
| 1989 | 30.4 | 19.6 | 0.2 | 0.1 | 19.4 | 4.4 | 0.5 | 274.4 | | 13.7 |
| 1990 | 23.0 | 27.0 | 0.1 | | 18.9 | 4.5 | 11.0 | 318.0 | | 20.0 |
| 1991 | 13.0 | 32.9 | | | 5.0 | 9.0 | 5.3 | 331.6 | | 23.0 |
| 1992 | 18.0 | 21.0 | | | | 1.0 | 5.0 | 366.0 | | 20.0 |
| 1993 | 14.0 | 24.0 | | | | 2.0 | 4.0 | 613.0 | | 12.0 |
| 1994 | 19.8 | 19.0 | | | | | | 622.3 | 166.5 | |
| 1995 | 18.8 | 47.7 | | | | | | 705.2 | 137.3 | |
| 1996 | 100.3 | 54.7 | | | | | | 706.1 | 137.9 | |
| 1997 | 20.2 | 75.3 | | | | | | 768.8 | 43.0 | |

表6-2-5-3 **1998—2018年东阳市行为目的税类收入情况表**

单位：万元

| 年份 | 印花税 | 屠宰税 | 城市维护建设税 | 土地增值税 | 固定资产投资方向调节税 | 环境保护税 |
|---|---|---|---|---|---|---|
| 1998 | 46.0 | 92.0 | 1258.0 | | 33.4 | |
| 1999 | 44.0 | 134.0 | 1311.0 | | 7.7 | |
| 2000 | 78.0 | 101.0 | 1612.0 | | -1.2 | |
| 2001 | 154.0 | 106.0 | 2061.0 | 8.0 | | |
| 2002 | 246.0 | 41.0 | 2523.0 | 4.0 | | |
| 2003 | 489.0 | | 2566.0 | 85.0 | | |
| 2004 | 856.0 | | 3256.0 | 338.0 | | |
| 2005 | 915.0 | | 4045.0 | 631.0 | | |
| 2006 | 1303.0 | | 5365.0 | 1443.0 | | |
| 2007 | 2111.0 | | 6974.0 | 2032.0 | | |
| 2008 | 2213.0 | | 7759.0 | 3084.0 | | |
| 2009 | 2162.0 | | 8660.0 | 5172.0 | | |
| 2010 | 4124.0 | | 10467.0 | 3657.0 | | |
| 2011 | 4453.0 | | 12533.0 | 9640.0 | | |
| 2012 | 5248.0 | | 15333.0 | 11911.0 | | |
| 2013 | 6078.0 | | 16140.0 | 16437.0 | | |
| 2014 | 8187.0 | | 19763.0 | 15895.0 | | |

续表6-2-5-3

| 年份 | 印花税 | 屠宰税 | 城市维护建设税 | 土地增值税 | 固定资产投资方向调节税 | 环境保护税 |
|---|---|---|---|---|---|---|
| 2015 | 10651.0 | | 22920.0 | 21646.0 | | |
| 2016 | 12074.0 | | 24093.0 | 20661.0 | | |
| 2017 | 10224.0 | | 25501.0 | 28380.0 | | |
| 2018 | 11692.0 | | 35403.0 | 53725.0 | | 410.0 |

## 第六节　财产税类

财产税是对财产所有人、占有人或使用人所拥有或支配的应税财产，就其数量或价值依法课征的一类税种，包括房产税、车船使用税（车船使用牌照税）、契税等。

### 一、房产税

房产税是以房产为征税对象，依据房产原值或房产租金收入向产权所有人或经营人征收的一种税。

解放初期，沿用旧制征收房捐。1950年1月，政务院颁布《全国税政实施要则》，规定全国统一征收房产税、地产税，同年7月，调整合并为城市房地产税。1951年8月，政务院颁布《城市房地产税暂行条例》，规定城市房地产税由产权所有人缴纳；产权出典者由承典人缴纳；承典人不在当地者，由代管人或使用人代为报缴。采用比例税率按年计征，房产税按标准房价征1%；地产税按标准地价征1.5%。征税范围仅限于核定的若干城市。

1973年简化税制时，将国营、集体企业征收的房地产税并入工商税。

1986年9月，国务院发布《中华人民共和国房产税暂行条例》，规定在城市、县城、建制镇和工矿区征收房产税，自当年10月1日起开始执行。东阳征收范围包括吴宁镇、巍山镇、横店镇、黄田畈镇4个镇的镇人民政府所在地的行政区域。房产税只对内资企业和个人征收，对外资企业和外籍个人仍征收城市房地产税。

房产税计税依据分两种：一种是从价征税，依房产账面原值减除30%后余值计算，无原值或账面与实际相差悬殊的，以房产建造年限、计算原值基数作为计税依据，税率为1.2%；另一种从租征税，依房屋租金收入的12%计征。

1994年分税制改革时列为地方税税种。1997年国地税机构分设时，该税种划归地方税务局征收。

2009年1月1日起，外商投资企业、外国企业和组织以及外籍个人，依照《中华人民共和国房产税暂行条例》缴纳房产税，实现了内外统一。

**二、车船税(车船使用牌照税、车船使用税)**

车船税是对在我国境内拥有并使用车船的单位和个人按其使用车船的种类、大小、使用性质等税目、计税单位和年税额标准计算征收的一种税。

1949年11月,浙江省发布《车船使用牌照税征收暂行办法》,对行驶在公共道路、河流的车船,不分地区,全省开征车船使用牌照税。

1950年1月,政务院颁布《全国税政实施要则》,确定全国统一征收使用牌照税,将使用牌照税立为一个独立的税种。1951年9月,政务院正式公布施行《车船使用牌照税暂行条例》,正式定名为车船使用牌照税。浙江省规定的征税范围包括:机动船、机动车、自用人力车、自用三轮车等。

1973年简化税制时,把对企业征收的车船使用牌照税并入工商税,只对外商投资企业和外侨征收。

1984年全面改革工商税制时,恢复征收车船使用牌照税,并改名为车船使用税。1986年10月1日起执行国务院颁布的《中华人民共和国车船使用税暂行条例》,并颁布《船舶税额表》和《车辆税额表》,对纳税范围的车船税额标准和减免政策作了明确规定。

1994年分税制改革时列为地方税税种。1997年国地税机构分设时,该税种划归地方税务局征收。

2007年1月1日起,施行《中华人民共和国车船税暂行条例》,停征车船使用税,改征车船税。

2011年2月,全国人大通过颁布《中华人民共和国车船税法》,同年12月,国务院公布其实施条例,自2012年1月1日起施行。新的车船税法,一是扩大了征税范围,将在机场、港口以及其他企业内部场所行驶或作业且依法不需在车船登记管理部门登记的车船也纳入征收范围;二是改变了计税依据,对乘用车按"排气量"划分7个档次征收;三是完善了税收优惠。车船税实行按年申报、分月计算、一次性缴纳。

**三、契税**

契税是一个历史悠久的税种,最早起源于东晋的"估税"。中华人民共和国成立后,建立了新的契税制度。1950年4月,政务院颁布《契税暂行条例(草案)》,浙江省据以制定《浙江省契税暂行条例施行细则》,于1951年10月公布施行。规定凡土地房屋之买卖、典当、赠与或交换,均应凭土地、房屋所有证,并由当事人双方订立契约,由承受人依照条例完纳契税。契税税率,买契按买价征收6%,典契按典价征收3%,赠与契按现值价征收6%。完税期限在契约成立后3个月内办理完毕。契税由财政部门负责征收。

1954年起,对国家机关、部队、学校及国营企事业单位和合作社,凡有土地房屋的买、典、承受、赠与或交换行为者,均免纳契税。

1956年建立农业合作社后,土地为集体所有,土地转移的契税相应停止办理。

此后,受政治经济变革影响,契税的征税范围、减免政策曾作过多次修改、补充和调整。

1984年4月，对房屋契税征收管理进行了整顿，把契税按照契约性质分买契、典契、赠与契、交换契、分析契、建筑契、继承契等7种，规定征收的只是前列的3种契税。同时，改进契税征收管理办法，原由基层财税所办理的契税发证工作改由县财税局统一办理。

1989年，随着住宅商品化的进展，房屋开发经营单位出售商品房日益增加，对商品房征收契税问题作了规定：机关、部队、学校、党派、受国家补贴的团体、国营企业事业单位和大集体单位，凡购买商品住宅分配给干部职工居住的免征契税；转售给干部职工的，应依法缴纳契税。个人向房屋开发经营单位购买的商品房，均应依法纳税。

1991年起，商品房契税计税价格一律按当地成交价计征。

1994年分税制改革时，契税划为地方税税种。同年10月1日起，浙江全省统一启用新制式房屋契证。

1997年10月1日起，国务院颁布《中华人民共和国契税暂行条例》，浙江省细则规定：以受让、购买、受赠、交换等方式取得土地、房屋产权的单位和个人依法缴纳契税。土地、房屋权属以下列方式转移的，视同土地使用权转让、房屋买卖或者房屋赠与：①以土地、房屋权属作价投资、入股；②以土地、房屋权属抵债；③以获奖方式承受土地、房屋权属；④以预购方式或者预付集资建房款方式承受土地、房屋权属。契税税率为3%。

契税的计税依据：①国有土地使用权出让、土地使用权出售、房屋买卖的市场成交价格；②土地使用权赠与、房屋赠与，参照市场价格核定；③交换的土地使用权、房屋为其交换的价格差额。减征、免征契税的范围严格按国务院的规定执行。

1999年8月1日起，个人购买自用普通住宅契税暂减按1.5%执行（别墅除外）。此后，为配合国家住房政策和房地产市场调节，曾多次调整契税税率。

2007年8月1日起，对廉租住房经营管理单位购买住房作为廉租住房和经济适用住房经营管理单位回购经济适用住房继续作为经济适用住房房源的，免征契税。对个人购买经济适用住房且面积在普通住宅标准内的，减按1.5%征收契税；面积超过普通住宅标准的，按3%征收契税。

进入21世纪以来，由于城市化进程加快，房地产市场发展迅速，全市契税大幅增长。

表6-2-6-1　　**1949—2018年东阳市（县）财产税类收入情况表**

单位：万元

| 年份 | 车船（使用牌照）税 | 契税 | 房产税 | 年份 | 车船（使用牌照）税 | 契税 | 房产税 |
|---|---|---|---|---|---|---|---|
| 1949 | | | 0.1 | 1953 | | 0.1 | |
| 1950 | 0.2 | | 0.4 | 1954 | | 2.0 | |
| 1951 | 0.1 | | | 1955 | | 0.3 | |
| 1952 | 0.1 | | | 1956 | 0.5 | 0.3 | |

续表6-2-6-1

| 年份 | 车船(使用牌照)税 | 契税 | 房产税 | 年份 | 车船(使用牌照)税 | 契税 | 房产税 |
|---|---|---|---|---|---|---|---|
| 1957 | 0.4 | 0.4 | | 1988 | 13.6 | 18.2 | 48.1 |
| 1958 | 0.2 | 0.4 | | 1989 | 17.8 | 33.2 | 41.3 |
| 1959 | 0.2 | 0.01 | | 1990 | 17.0 | 20.0 | 67.0 |
| 1960 | 0.2 | | | 1991 | 15.9 | 26.8 | 83.5 |
| 1961 | 0.2 | 0.3 | | 1992 | 19.0 | 47.0 | 82.0 |
| 1962 | 0.4 | 0.7 | | 1993 | 23.0 | 57.0 | 69.0 |
| 1963 | 0.4 | 0.5 | | 1994 | 15.0 | 11.0 | 118.0 |
| 1964 | 0.5 | 0.6 | | 1995 | 51.0 | 109.0 | 106.0 |
| 1965 | 0.6 | 1.6 | | 1996 | 48.0 | 117.0 | 149.0 |
| 1966 | 0.5 | 2.8 | | 1997 | 46.0 | 259.0 | 154.0 |
| 1967 | 0.1 | 0.4 | | 1998 | 50.0 | 325.0 | 247.0 |
| 1968 | | | | 1999 | 174.0 | 555.0 | 438.0 |
| 1969 | 0.1 | | | 2000 | 189.0 | 654.0 | 536.0 |
| 1970 | 0.1 | | | 2001 | 219.0 | 1276.0 | 540.0 |
| 1971 | | | | 2002 | 266.0 | 1508.0 | 942.0 |
| 1972 | | | | 2003 | 293.0 | 4573.0 | 590.0 |
| 1973 | | | | 2004 | 372.0 | 5239.0 | 1045.0 |
| 1974 | | | | 2005 | 324.0 | 5628.0 | 1633.0 |
| 1975 | | | | 2006 | 490.0 | 7775.0 | 1978.0 |
| 1976 | | | | 2007 | 475.0 | 10166.0 | 2351.0 |
| 1977 | | | | 2008 | 1256.0 | 8614.0 | 3727.0 |
| 1978 | | | | 2009 | 388.0 | 12622.0 | 5615.0 |
| 1979 | | | | 2010 | 2120.0 | 20695.0 | 4892.0 |
| 1980 | | | | 2011 | 1881.0 | 24393.0 | 7806.0 |
| 1981 | | | | 2012 | 3726.0 | 12552.0 | 9760.0 |
| 1982 | | | | 2013 | 5217.0 | 13394.0 | 12092.0 |
| 1983 | | 2.1 | | 2014 | 5397.0 | 31514.0 | 13063.0 |
| 1984 | | 1.7 | | 2015 | 6070.0 | 26596.0 | 16833.0 |
| 1985 | | 3.2 | | 2016 | 6645.0 | 36682.0 | 12768.0 |
| 1986 | | 6.2 | | 2017 | 7739.0 | 25245.0 | 24667.0 |
| 1987 | 13.0 | 12.4 | 22.6 | 2018 | 8506.0 | 28454.0 | 19865.0 |

## 第七节　农业税类

农业税收是指从事农业生产、有农业收入的单位和个人征收的税收种类，包括农业税和农业特产税。农业税收是对有农业收益所征收的一种税，故应当划入所得税类，因其特殊性，本章单设一节表述。

中华人民共和国成立后，国家在废除旧的田赋制度的同时，建立了新的农业税制度，贯彻休养民力、减轻农民负担的方针，实施在一定时期内稳定负担、增产不增税的政策，对促进农业生产和农村经济发展起到了积极作用。

改革开放后经过20多年的快速发展，社会经济结构发生了重大变化，21世纪进入了"工业反哺农业，城市支持农村"的历史新阶段，各地先后免征了农业税和农业特产税，东阳也于2003年农村税费改革中取消了农业特产税，次年继而取消了农业税。2005年12月，第十届全国人大常委会通过决议，决定自2006年1月1日起废除《中华人民共和国农业税条例》，全国取消了农业税和农业特产税，结束了在我国延续几千年的农业田赋制度。

农业税收体现的是国家和农民之间的一种分配关系。在中华人民共和国初期，农业税收曾是地方的主要税源，1949年，农业税占全县财政收入的98.6%，国民经济恢复期（1950—1952年）和"一五"计划时期（1953—1957年），农业税仍占县财政收入的54.2%，到2003年（农业税取消前一年）仅占全市财政总收入的0.9%，凸显全市经济结构发生了重大变化。

## 一、农业税

农业税曾称"公粮"，是对从事农业生产、有农业收入的单位和个人征收的税种。农业税是中华人民共和国成立后唯一存在的一种实物税，以征收现粮为主，俗称"交公粮"。

### （一）税制沿革

新的农业税制度是在解放战争时期征收公粮的基础上，适应农村经济变革而逐步建立起来的。

1949年5月，执行借粮筹草，支援解放军向西南挺进，通过自报公议，以户征借粮、柴，征借标准：人均田亩在7分以下者不负担，7分以上至2亩者每亩借8斤，2亩以上至3亩者每亩借12斤，3亩以上至4亩者每亩借20斤，4亩以上至6亩者每亩借20斤，6亩以上至10亩者每亩借40斤，10亩以上者每亩借50斤。每斤借粮附柴草1斤。以稻谷为主，其他品种也可抵交，其折率规定：大麦150斤抵谷100斤，马料豆、玉米抵谷1斤对等1斤，黄豆85斤抵谷100斤，小麦粉82.5斤抵谷100斤，猪油10斤抵谷100斤，菜干25斤抵谷100斤。当年东阳共征借原粮4270吨，附借柴草573吨。

表6-2-7-1　　1949年5—12月东阳县征借公粮征收实绩统计表

单位：斤

| | 稻谷 | 糙米 | 白米 | 小麦 | 杂粮 | 柴草 | |
|---|---|---|---|---|---|---|---|
| | | | | | | 小计 | 折谷 |
| 农业税收入 | 4864968 | | | | | | |
| 预借粮草 | 1200389 | 140685 | 350277 | 65703 | 104708 | 988231 | 177882 |
| 预收粮草 | | | 24918 | 3580 | 8788 | 78062 | 14051 |
| 暂收粮草票 | 40394 | | 103256 | 1000 | 1635 | 80269 | 14438 |

续表6-2-7-1

| | 稻谷 | 糙米 | 白米 | 小麦 | 杂粮 | 柴草 | |
|---|---|---|---|---|---|---|---|
| | | | | | | 小计 | 折谷 |
| 合　计 | 6105751 | 140685 | 478451 | 70283 | 115131 | 1146562 | 206371 |

1949年11月，浙江省政府公布《1949年度浙江省征收农业税暂行办法》暨《1949年度浙江省征收农业税暂行简易办法》，自秋征开始，将公粮、公柴及乡村各项负担合并为农业税，贯彻“打击地主经济，限制富农经济，团结中农，扶持贫农”的阶级路线，以每户土地占用之多少，不分自耕、租出或佃入，按收益人均缴纳农业税。土地按土质肥瘠、产量高低，设立甲、乙、丙、丁四等，每亩全年产量在500斤以上者为甲等，产量在400斤以上不足500斤者为乙等，300斤以上不足400斤者为丙等，不足300斤者为丁等田。旱地、山、塘视其收入折成田亩征收。再以户为单位，按占地多少分为十六级税率，占地越多和土质优等者税负就重，逐级升降，每级再不足2亩者免征，2亩以上按照田亩多少分等级依次类推，50亩以上为顶级，甲等田每亩税额122.5公斤，乙等田100公斤，丙等田77.5公斤，丁等田55公斤。

表6-2-7-2　　1949年东阳县农业税税额表

单位：斤

| 每户田亩 | 每　亩　税　额 | | | |
|---|---|---|---|---|
| 2亩以上不足3亩 | 50 | 41 | 32 | 22 |
| 3亩以上不足3亩 | 55 | 46 | 36 | 25 |
| 4亩以上不足3亩 | 61 | 51 | 40 | 28 |
| 5亩以上不足3亩 | 68 | 57 | 45 | 32 |
| 6亩以上不足3亩 | 77 | 64 | 50 | 36 |
| 7亩以上不足3亩 | 87 | 72 | 56 | 40 |
| 8亩以上不足3亩 | 98 | 81 | 63 | 45 |
| 9亩以上不足3亩 | 110 | 90 | 71 | 50 |
| 10亩以上不足3亩 | 124 | 100 | 79 | 56 |
| 11亩以上不足3亩 | 138 | 111 | 87 | 62 |
| 13亩以上不足3亩 | 153 | 123 | 96 | 69 |
| 16亩以上不足3亩 | 168 | 136 | 106 | 76 |
| 20亩以上不足3亩 | 183 | 150 | 116 | 83 |
| 25亩以上不足3亩 | 198 | 164 | 127 | 91 |
| 35亩以上不足3亩 | 218 | 180 | 140 | 100 |
| 50亩以上者 | 245 | 200 | 155 | 110 |

1950年9月，政务院颁发《新解放区农业税暂行条例》，正式废除民国时期的田赋制度，实行查田

定产，县、区、乡、村成立土整委员会，核实人口，就册并户，弄清地亩，划片定级，按农户地亩等级，评定常年产量，采取全额累进税制，以户为单位，农业人口人均常年产量120斤以下免征，121～3411斤以上分40个等级，税率从3%～40%，20万斤以上的大地主，经省人民政府批准，税率可提高到80%。实行全年一次征收。地方附加不得超过正税的15%。是年，东阳应税户数111101户，应税人口401138人，应征中央正税12555吨、地方附加税1886吨，实际税率14.5%，实征粮14645吨，超额1.2%。实际落实农业税负担按阶级成份划分：贫农9%，中农17%，富农27.5%，地主40.7%。

表6-2-7-3　　1951年末东阳县实行土地改革地区农业税税率表

| 税级 | 全家每人平均全年农业收入（斤） | 税率 | 税级 | 全家每人平均全年农业收入（斤） | 税率 |
|---|---|---|---|---|---|
|  | 150斤以下 | 免征 |  |  |  |
| 1 | 151～190 | 3 | 21 | 1231～1310 | 24 |
| 2 | 191～230 | 4 | 22 | 1311～1390 | 24 |
| 3 | 231～270 | 5 | 23 | 1391～1490 | 25 |
| 4 | 271～310 | 6 | 24 | 1491～1590 | 26 |
| 5 | 311～350 | 7 | 25 | 1591～1690 | 29 |
| 6 | 351～390 | 8 | 26 | 1961～1790 | 28 |
| 7 | 391～430 | 9 | 27 | 1791～1890 | 30 |
| 8 | 431～470 | 10 | 28 | 1891～1990 | 30 |
| 9 | 471～510 | 11 | 29 | 1991～2110 | 31 |
| 10 | 511～550 | 13 | 31 | 2111～2230 | 33 |
| 11 | 551～610 | 13 | 31 | 2231～2350 | 33 |
| 12 | 611～670 | 14 | 32 | 2351～2470 | 34 |
| 13 | 671～730 | 15 | 33 | 2471～2590 | 35 |
| 14 | 731～790 | 16 | 34 | 2591～2710 | 36 |
| 15 | 791～850 | 17 | 35 | 2711～2050 | 37 |
| 16 | 851～910 | 18 | 36 | 2851～2990 | 38 |
| 17 | 911～990 | 19 | 37 | 2991～3130 | 39 |
| 18 | 991～1069 | 19 | 37 | 3131～3270 | 40 |
| 19 | 1070～1150 | 21 | 39 | 3271～3410 | 41 |
| 20 | 1151～1230 | 22 | 40 | 3411斤以上者 | 42 |

1951年，浙江省政府公布《浙江省1951年农业税施行细则》规定：凡已完成土地改革的地区，因土地占有情况起了根本变化，实行23级全额累进税制，取消免征点，缩小税级，限制富农经济，税率为8%～30%，规定人均常年产量在150斤以下的农户按8%计征，2000斤以上的农户按30%计征。是年，东阳土地改革基本完成。

1952年起，政务院修改《新解放区农业税暂行条例》，实行差额较少，有起征点的24级全额累进税制。以户为单位，农业人口每人平均常年产量（原粮）75公斤为起征点，税率为7%～30%。

1954年实现统购统销，"征购结合，先征后购"，缺粮或自给社(户)征收代金。人均常年产量在175公斤以下的农户免征地方附加税，超过175公斤者按正税7%征收地方附加税。

1956年，东阳县基本实现农业合作化。浙江省政府对农业税的征收以粮食"三定"（定产、定购、定销）产量为依据，采用地区差别比例税率，地方附加改为12%。对于初级合作社社员和个体农户，农业税以户为单位缴纳，增减相抵后每增减1人，根据各户不同税率增减其应征额，即每户税率在10%以内者，每人增或减20斤，税率在11%～15%者，每人增或减30斤，税率在21%至25%者，每人增或减50斤，税率在26%～30%者，每人增或减60斤；对于集体所有制的高级社，农业税按其土地常年产量与平均税率计征，并按其全部应征额减征0.5%。

表6-2-7-4　**1952—1957年东阳县全额累进税率表（24级）**

单位：市斤（主粮）

| 税级 | 全家每人平均全年农业收入 | 税率% |
|---|---|---|
| | 未满150 | 免税 |
| 1 | 150以上未满200 | 7 |
| 2 | 200以上未满250 | 8 |
| 3 | 250以上未满300 | 9 |
| 4 | 300以上未满350 | 10 |
| 5 | 350以上未满400 | 11 |
| 6 | 400以上未满450 | 12 |
| 7 | 450以上未满500 | 13 |
| 8 | 500以上未满550 | 14 |
| 9 | 550以上未满600 | 15 |
| 10 | 600以上未满650 | 16 |
| 11 | 650以上未满700 | 17 |
| 12 | 700以上未满850 | 18 |
| 13 | 850以上未满950 | 19 |
| 14 | 950以上未满1,050 | 20 |
| 15 | 1050以上未满1,150 | 21 |
| 16 | 1,150以上未满1,250 | 22 |
| 17 | 1,250以上未满1,350 | 23 |
| 18 | 1,350以上未满1,450 | 24 |
| 19 | 1,450以上未满1,550 | 25 |
| 20 | 1,550以上未满1,650 | 26 |
| 21 | 1,650以上未满1,750 | 27 |

续表6-2-7-4

| 税级 | 全家每人平均全年农业收入 | 税率% |
|---|---|---|
| 22 | 1,750以上未满1,850 | 28 |
| 23 | 1,850以上未满1,950 | 29 |
| 24 | 1,950以上 | 30 |

1958年6月,《中华人民共和国农业税条例》颁布,统一了全国农业税制。同年8月,浙江省根据该条例制定了《浙江省农业税征收实施办法(修正草案)》,执行"稳定负担、公平合理、增产不增税"政策,废除累进税制,实行地区差别比例税率,最高税率不得超过常年产量的25%,全省平均税率为16%。东阳县正税的平均税率调整为10.48%,调产改制前的1957年为13%。至此,中华人民共和国的农业税制度基本形成,并在以后的40多年中,虽然在具体征收方法上有修改和补充,地区之间的税率有所调整,但基本政策与制度没有大的变动。

1963年,为增加灾歉减免机动数,平均税率调为9.82%。同时,为巩固集体经济发展,对个体农户恢复加成征收办法,有雇工,出租土地等收入的农户,税率提高到10.7%。

此后,国家稳定了农业税政策,每年将农业税任务下达给县政府进行分解落实,基本没有大的变动。东阳根据山区平原不同情况,确定最低税率为13%,最高税率为18%,平均税率15%。

2004年,执行国务院促进农民增加收入的政策,东阳市政府决定自2004年开始对农民免征农业税。2005年12月,十届全国人大常委会通过决议,决定自2006年1月1日起废除《中华人民共和国农业税条例》,农业税税种从此被彻底取消,中国征收了几千年的田赋和由其派生的附加税退出了历史舞台。

### (二)征收管理

农业税以征收粮食为统一计算标准,产粮区以征收稻谷为主,兼以征收一些杂粮(即大小麦、玉米、黄豆),按规定折率折为主粮,称"代物";自给或缺粮的生产队折币缴纳的称"代金"。种植粮食的,由财政局下达征粮任务给各乡镇,委托粮食部门征购,贯彻"先征后购"的原则,按规定价格折币入库。种植其他农林特产品的,按规定缴纳农林特产农业税。农业税的征收程序,大体分为调查基数、组织入库和落实减免政策三个环节。调查基数的主要任务是办理土地变动登记,核实基数,落实计征任务;组织入库,分为预征和秋征两期,预征在每年8月、9月进行,包括农副产品收获投售季节预征的代金,现粮基本是预征中一次完成,秋征时主要是催收农业税代金;落实减免政策一般在年底进行。

1949年解放初期,农业税的征收,采取自上而下分派征额与自下而上自报公议相结合的方法。税额的分派:根据上级颁布的预借粮草暂行办法,由县分派征额至区,区政府在确保上级政府派定的征额下,参酌土地质量的优劣、土地占有集中与分散等不同情况,派定各乡的征额,乡再将派额分配至村，并通过自报公议确定每户征借额。

1950年，根据《新解放区农业税暂行条例》，农业税由派额计征改为评产计征。在各乡(村)设立农业税调查评议委员会，核实有关人口、田亩、产量等资料，并根据省政府颁发的《土地整理暂行办法规定》，县政府组织部分农村积极分子和民国时期旧有土地管理人员计1350人，进行土地调查，从6月份开始，历时半年，查实计田41万7161亩、地11万9360亩、山13万3355亩、塘1万2830亩、宅1万7535亩、杂1万4386亩，共计71万4627亩(旱地2.263亩折田1亩，山15.589亩折田1亩，塘10.571亩折田1亩)。并根据土地自然条件的优劣，划分等级评定产量。全县田分十等，地分六等，山、塘各分二等。在此基础上评定等级产量，确定税率，计征应负税额。是年评定每亩常年产量为416斤。

表6-2-7-5

# 1950年东阳县土地面积等级产量统计表

单位：亩、斤

| 地区 | 等级 | 田 | | | | | | | | | | 山 | | 地 | | | | | | 塘 | |
|---|---|---|---|---|---|---|---|---|---|---|---|---|---|---|---|---|---|---|---|---|---|
| | | 一等 | 二等 | 三等 | 四等 | 五等 | 六等 | 七等 | 八等 | 九等 | 十等 | 甲等 | 乙等 | 一等 | 二等 | 一等 | 二等 | 一等 | 二等 | 甲等 | 乙等 |
| 城关区 | 面积 | 7001 | 11663 | 524 | 21317 | 4061 | 3006 | 318 | 1693 | | | 95 | 18822 | | | 4668 | 2009 | 10273 | 432 | 227 | 1439 |
| | 亩产 | 522 | 503 | 480 | 450 | 406 | 380 | 350 | 300 | | | 30 | 22 | | | 210 | 177 | 141 | 100 | 44 | 32 |
| 上卢区 | 面积 | 1856 | 14119 | 11200 | | 9050 | | | 22 | | 8085 | 635 | 16250 | | 5352 | 3109 | | 6075 | | 1500 | 36 |
| | 亩产 | 550 | 550 | 480 | | 420 | | | 300 | | 220 | 33 | 25 | | 249 | 210 | | 110 | | 43 | 22 |
| 李宅区 | 面积 | 8916 | 11272 | | 12424 | | | 5160 | | | | | | | | 3988 | 3340 | 1610 | | | |
| | 亩产 | 550 | 550 | | 450 | | | 350 | | | | | | | | 207 | 180 | 140 | | | |
| 林蒲区 | 面积 | | | | 7255 | 11766 | | 2718 | | 4878 | | | 6097 | | | 3239 | 412 | 2487 | | | |
| | 亩产 | | | | 450 | 400 | | 350 | | 250 | | | 20 | | | 206 | 175 | 125 | | | |
| 巍山区 | 面积 | | 12682 | | 10214 | 1161 | 1157 | 1996 | 1781 | 57 | 1566 | | | | 3562 | 7431 | 2923 | 8 | | | |
| | 亩产 | | 500 | | 450 | 400 | 380 | 332 | 300 | 252 | 240 | | | | 250 | 220 | 178 | 128 | | | |
| 湖溪区 | 面积 | | 4120 | 561 | 14028 | 19180 | 906 | | 1956 | 2538 | | 420 | 9443 | | 365 | 2640 | 188 | 2564 | 1509 | 553 | |
| | 亩产 | | 507 | 470 | 450 | 402 | 390 | | 300 | 250 | | 30 | 18 | | 250 | 207 | 160 | 103 | 74 | 40 | |
| 马宅区 | 面积 | | | | | 25178 | | 11405 | | | | | 16078 | | | 6748 | 6356 | | | 1151 | 488 |
| | 亩产 | | | | | 400 | | 350 | | | | | 26 | | | 200 | 175 | | | 41 | 35 |
| 画水区 | 面积 | | 8440 | 10185 | | 18608 | | | | | | 3118 | 12866 | | 4451 | 6776 | | | | 1454 | |
| | 亩产 | | 530 | 480 | | 430 | | | | | | 33 | 27 | | 252 | 215 | | | | 45 | |
| 象岗区 | 面积 | | | | 2426 | | 4958 | | 13362 | | | | 4953 | | | 809 | 2285 | 5743 | | | 538 |
| | 亩产 | | | | 450 | | 380 | | 300 | | | | 21 | | | 225 | 180 | 150 | | | 34 |
| 南马区 | 面积 | 1632 | 7908 | | 23606 | 24227 | | 3780 | 268 | | | 1990 | 7369 | 14 | 897 | 1718 | 553 | 2218 | | | |
| | 亩产 | 550 | 500 | | 450 | 400 | | 350 | 300 | | | 45 | 25 | 327 | 255 | 210 | 174 | 134 | | | |
| 玉山区 | 面积 | | | | | | | | | 22480 | 6529 | 15328 | | | | | 12605 | | | | |
| | 亩产 | | | | | | | | | 250 | 233 | 41 | | | | | 166 | | | | |
| 合计 | 面积 | 19405 | 70204 | 22470 | 91270 | 113231 | 10027 | 25377 | 19082 | 29953 | 16180 | 21586 | 91878 | 14 | 14627 | 41126 | 30671 | 30978 | 1941 | 4885 | 2501 |
| | 亩产 | 552 | 504 | 480 | 450 | 408 | 380 | 348 | 300 | 250 | 228 | 38 | 24 | 327 | 250 | 210 | 172 | 134 | 80 | 43 | 33 |

1951年，在结束土改造册发证的基础上，各乡成立查田定产委员会(小组)，按1950年划定的土地等级进行定产，并在1950年评产计征的基础上，对税负畸轻畸重的土地加以适当调整。全县调产的有42个乡，其中全乡调整的32个、联评4个、个别调整6个，调整田6.3万亩、地5.8万亩、山28.3万亩，增加产量229万斤。

1956年，改全年一次征收为预征和秋征两期进行。征收品种为早晚谷和代金。

1957年，农村基本上实现了农业合作高级社组织，原来以个体农民为征收对象的农业税收制度，改为"按社计征"。次年，实行"人民公社化"后，改为"按(生产)队计征"。

1961年，浙江省人民政府决定再次在全省范围内较大幅度地调低农业税负担。1963年，为救助全国特大自然灾害地区的需要，中央决定适当增加部分省市农业税的征收任务。

1964—1998年，国家下达了稳定农业税征收任务、稳定农民负担的政策，全国统一的农业税制执行了30多年，虽然在具体征收方法上有修改和补充，区与区之间的税率有所调整，但基本政策与制度没有大的变动。

1981年，东阳普遍推行联产承包农业生产责任制，农业税纳税单位由"生产队缴纳，按生产队核算"改为"联产承包组、联产承包户缴纳，按生产队结算"。

1985年，国务院通知，农业税改按粮食"倒三七"比例价(30%按原统购价、70%按原超购价)折征代金。次年起，根据省政府《关于农村若干经济政策措施的通知》，农业税仍坚持征收实物原则，对农业税恢复按"实物征收、货币结算"的办法，并由粮食部门负责按照"先征后购"的原则，在纳税人出售的粮食价款中先代为征足，及时解缴入库；对没有粮食定购任务的纳税人应缴的农业税，仍征收代金，并改由财税部门征收为委托乡人民政府负责征收。

1987年，征收农业税代金强调"先税后贷"原则。

1988年起，对评产计征的农业税，不论应征粮食或代金，一律按粮食合同定购价格，分别实行早稻、晚稻两道价征收办法，从当年起对定购的粮食实行价外补贴，但对农业税顶抵合同定购的粮食不含加价补贴。

1993年1月1日起，全省放开粮食购销及价格，东阳市农业税仍实行征收粮食实物。纳税人应缴纳的农业税现粮，仍由粮食部门统一代征。征收依据统一以1992年度粮食定购任务为标准：凡粮食定购任务大于农业税任务的纳税人，其农业税要全部缴纳粮食；定购任务小于农业税任务或没有定购任务的纳税人，其农业税改缴代金，改缴代金的计税价格，统一规定每50公斤粮食按28.2元征收。是年，为粮食政策放开的第一年，征收主体也由粮食部门改为各乡镇政府。

此后，农业税计税结算价格时有调整。

2001年，农业税征收由农户自己确定缴纳现金和现粮，体现"谁用粮、谁订单、谁拿钱"的原则。农业税计税价格为每50公斤46元，并实行代金与实物一道价征收，鼓励农民交现粮，允许农民缴代金。并自当年5月1日起，农业税的征收管理参照《中华人民共和国税收征管法》执行，对纳税人未按规定期限缴纳税款的按日加收万分之五的滞纳金。同时规定,凡是在原粮田上常年调整发展经济作物和水产养殖业的集中产区,本着"两税"不重复交叉征收的原则,可以只征农业税或只征农业特产税。

### (三)减免与优待

减免与优待是农业税政策中的一项重要内容,是贯彻执行农业税合理负担政策的组成部分,体现党和政府对农业生产的扶持与对困难农户的关怀。中华人民共和国成立以来,实施减免和优待的主要包括灾情减免、社会减免、优待减免和鼓励生产性减免等四类,具体政策随着时代的变化不断修正。

灾情减免是属于农作物遭受自然灾害歉收减产性质的减免,遵循"轻灾少减、重灾多减、特重全免"的原则。

社会减免是属于生产、生活困难性质的减免,其对象主要是缺乏劳力的烈属、军属、在乡残废军人和老、弱、孤寡、残疾以及患病的困难农户,遭受火灾、风灾、水灾,财产损失严重和水利建设移民以及交通不便,偏僻山区生活困难的农户等,按照其困难程度给予减征或免征。农户有下列情形之一者,视其困难程度酌情减征农业税2~6成,特殊困难者全免,对象为:老、弱、孤寡、残疾无劳动力,生活困难者;无劳动力的烈士家属,革命军人家属,以及新安家的转业军人,生产、生活有困难者;终年患病或染有地方病,致丧失劳动力,生活困难者;遭受意外灾害或由于其他原因而缴税确有困难者。

优待减免是指对农业生产条件差、口粮水平低、农业收入少的农户和生产单位及福利事业单位,亦给予适当的减免与优待。

鼓励生产性减免主要是对新开垦荒地、荒坡、梯田、围垦溪滩等扩种耕地,给予定期减免,如以繁殖农作物优良种籽为主业的国营农场,从1962年起免征农业税;社员自留地从1959年起免征农业税等。

1951年,浙江省人民政府决定,1951年秋征后,完成土地改革的地区,新分得土地的贫苦农户,因生产资料和生活资料暂时尚有困难,其新分之土地,每亩照顾减征15斤。

1952年3月,政务院颁布《受灾农户农业税减免办法》,受灾农户依其受灾轻重,农业税减免分为五等:

一等农户——歉收6成以上者,农业税全免;

二等农户——歉收5成以上不到6成者,减征应交农业税的7成;

三等农户——歉收4成以上不到5成者,减征应交农业税的5成;

四等农户——歉收3成以上不到4成者,减征应交农业税的3.5成;

五等农户——歉收2成以上不到3成者,减征应交农业税的2.5成;

歉收2成者,不予减免。

灾情减免分集体和个体两种:集体的农业社和农场的灾情减免,按照歉收成数减征:歉收不到0.5成者,不予减免;歉收0.5成以上不到3成,按歉收成数减征;歉收3成以上不到4成,按歉收成数加1成减征;歉收4成以上不到5成,按歉收成数加2成减征;歉收5成以上者,全免。未入农业合作社的个体农户的灾情减免:歉收不到2成者,不予减免;歉收2成以上不到4成,按歉收成数减征;歉收4成以上不到5成,按歉收成数加1成减征;歉收5成以上不到6成,按歉收成数加2成减征;歉收6成以上者,全免。

1954年,增加交通不便、农副业收入较少之贫瘠山区,以乡为单位,每人平均常产不满300斤的乡,人均常年产量不满300斤的农户,酌情减征其税额2成。

1957年,实现农业高级合作社后,农业税改为"按社计征",其减免优待办法,相应作了修订:经济基础差,当年受灾减少收入,无力解决社内五保户、困难户的农业生产高级社,给予社会减免照顾,减征税额一般不得超过全社五保户实有人口的每人平均税额的汇总数,归社列入公益金项目内统一解决社内五保户及困难户的困难;无劳力或缺乏劳力,纳税确有困难的农业生产初级社社员和个体农户(与当地高级社五保户具有同样条件的困难户),视其实际困难程度,减征其税额的一部份,特殊困难者,全免;高、初级农业生产合作社公共保管的农产品,遭受人力不可抗拒意外灾害,损失严重,交税发生困难者,根据实际情况,在农业生产合作社应缴的税额中减征一部分;对群众生产、生活有困难的革命老根据地,少数民族聚居或杂居地区,在了解情况,划定范围内,以社(户)为单位,在其应纳税额的1成以内予以减征照顾。

1958年,为了适应人民公社化的新形势,在贯彻《中华人民共和国农业税条例》和《浙江省农业税征收实施办法》时,全面落实其中的农业税优待减免政策。

由于以计税土地的常年产量来衡量灾歉,不能真实反映农民受灾的客观实际,1967年起,改变原来以纳税单位全部计税土地的常年产量为标准,与受灾后全年实收产量对比,求出减产和歉收成数,然后依据其减产和歉收成数减免的办法,将以常年产量来衡量灾歉标准的方法,修改为以纳税单位上年实产量与当年灾后产量进行对比,求得减产成数,按规定给以减免。

1959年至1988年的30年中,有关农业税减免政策无重大变动,但减免项目,减免计算口径,免征点及减免成数,曾有过几次变动。

1979年,将当年受灾后的实产与常年产量对比减产成数的方法,改为当年受灾后产量与上年农业实产量对比减产成数的计算办法。同年,东阳县革命委员会生产指挥组调整了起征点,农业税起征点的具体标准,按正常年景,以生产队为单位,每人平均口粮在400斤以下,社员分配收入在50元以下的,免征农业税。口粮水平和社员分配收入略高于起征点的生产队,根据具体情况,给予社会减免照顾。享受起征点减免的生产队主要在安文、玉山、盘山三个山区。同时,调整灾情减免标准,即纳税单位当年受灾后产量与最近正常年景产量对比,实际歉收2.5成起不满3.5成的,按歉收成数减征;实际歉收3.5成起不满4.5成的,按歉收成数加1成减征,实际歉收4.5成起不满

5.5成的，按歉收成数加2.5成减征，歉收5.5成以上的全免。

1981年，普遍推行专业承包联产计酬等多种形式的农业生产责任制，农业税减免工作随之以纳税单位的变化而变更。凡农业税由队交纳的，减免落实到队，由承包组交纳的，减免落实到组，由承包户交纳的，减免落实到户。

1989年，鉴于征收价格提高后，有些贫困山区农民既属缺粮、又很少有农林特产收入而纳税确有困难的实际情况，适当增加一次性照顾指标，对社会减免（含贫困地区减免）须按规定的条件和农户的困难程度酌情计征和免征，并逐步做到“先减后征”。是年夏，发生“7·23”洪灾，全市成灾面积11.5万亩，水冲沙积、不能恢复的耕种面积2.5万亩，确定对受灾农户“轻灾少减，重灾多减，特重全免”的原则，对沙积早稻颗粒无收、晚稻又无法下种的农户，沙积30%以下的不免，30%至80%之间的按沙积比例减免，80%以上的全免；住房倒塌农户全免；农田受淹时间过长，早稻无收及减产5成以上的农户，适当考虑减免。

1993年，根据财政部规定，下半年起不得出台新的减免税措施；暂停审批临时性、困难性减免税。浙江省财政厅根据“轻灾少减、重灾多减、特重全免”的灾情减免政策，对因洪涝灾害造成人员伤亡和重伤、住房倒塌、早稻绝收、大牲畜死亡和严重受灾按政策规定需给予农业税减免的农户暂不征收农业税。

1995年因洪涝、干旱，省财政厅追加东阳市农业税灾情减免指标稻谷250万公斤、折金额281万元，占当年任务的23.8%，另外补助东阳市15万元，占减免数的4.4%。

1996年1月1日起，对良种站良种繁殖面积免征农业税。当年由于农业税计税价格提高较大，增加农业税减免指标。

1997年，结合扶贫攻坚计划，财政部门对辖区内的贫困农户进行了登记造册，做好农业税减免工作。

2002年，财政部门组织对2001年度农业税减免政策执行情况进行了专项检查，主要检查农业税减免是否按“轻灾少减、重灾多减、特重全免”分配，减免程序是否公开、公平、公正等。当年进行农村税费改革。农业税社会减免指标按当年农业税计税任务的5%安排，重点倾向贫困农户。

2003年，为了切实做好农业税减免工作，对因为农业税减免而减少的乡镇财政收入，市财政给予一定的补助。同年，经省财政厅批准，对三单乡、上村乡、八达乡范围的收入较低农户的农业税实行减免，减免农户占总农户的四分之一左右，并实行先减后征。

**（四）地方附加**

农业税附加是按照国家规定，随同农业税正税加征一定比例的税款。目的是为了解决地方性公益事业发展的部分资金需要。农业税附加列入地方财政预算外资金核算和管理。1958年《中华人民共和国农业税条例》规定，农业税附加一般不得超过纳税人应纳税额的15%，种植经济作物比较集中的地区可高于15%，但最高不得超过30%。农业税附加率在1950年至1964年间，曾作过数次调整。

1949年计征任务不分正税和附加税。

1950年附加税率为正税的15%，1951年增加到20%。

1952年至1953年不征附加。

1954年依率计征土地，每人平均常产在350斤以上的，一律按正税额附加7%，标准以下户不征。

1955年附加率调整为5%。

1956年为适当满足地方建设事业需要，随同农业税征收省附加5%和7%的乡自筹经费，一并按正税的12%征收。

1958年为12%，1961年降为正税的10%征收。

1964，为解决农村社会主义教育运动所需经费，农业税附加率由10%提高到15%，此后一直未作变动。

表6-2-7-6　　1949—1988年东阳市（县）农业税征收情况统计表

| 年份 | 计税面积（万亩） | 计税产量（万斤） | 计征任务 | | 正税占常年产量（%） | 减免数 | | 实征数 | | 平均单价（元） | 农林特产农业税 | |
|---|---|---|---|---|---|---|---|---|---|---|---|---|
| | | | 合计（万元） | 其中：正税（万元） | | 小计（万元） | 其中社会减免（万元） | 粮食小计（万元） | 其中现金折谷（万元） | | 金额（万元） | 折谷数（万元） |
| 1949 | 42.2 | | | | | | | 3470 | | | | |
| 1950 | 47.8 | 19889 | 2887.6 | 2511 | 9 | 3.1 | | 2924 | | | | |
| 1951 | 59.4 | 23232 | 3959.1 | 3020 | 13 | 193 | 172.5 | 3767 | | | | |
| 1952 | 61 | 23461 | 3195 | 3195 | 13.6 | 178.4 | 174.6 | 3196 | 29.3 | | | |
| 1953 | 60.9 | 23429 | 3212 | 3212 | 13.7 | 182 | | 3044 | | | | |
| 1954 | 59 | 22433 | 3218 | 3173.3 | 13.7 | 92.3 | | 3130 | | | | |
| 1955 | 60.2 | 23432 | 3402.1 | 3173.2 | 14.1 | 169.7 | | 3160 | 614.2 | | 7.6 | 119.2 |
| 1956 | 60.2 | 23242 | 3409.5 | 3099.1 | 13.6 | 202 | 10.5 | 3106 | 466 | | 23.5 | 370.7 |
| 1957 | 61 | 23224.7 | 3525.2 | 2953 | 12.7 | 76.7 | 69.7 | 3446.9 | 198.5 | | 6.8 | 107 |
| 1958 | 58.6 | 32081.3 | 4333.9 | 3874.8 | 12.1 | 99 | 73.2 | 4234.9 | 942.8 | | 83.5 | 1312 |
| 1959 | 56.9 | 76489 | 4709.4 | 4204.8 | | / | / | 4698.7 | 359.6 | | 66.5 | 1043.6 |
| 1960 | 64.4 | 45594.6 | 4645.6 | 3975.4 | 8.72 | 55 | 55 | 4491.5 | 611.4 | | 43.5 | 682.2 |
| 1961 | 51 | 29885.5 | 2939.4 | 2581.3 | 8.6 | 140 | 139 | 2683 | 219.3 | | 26.1 | 372.2 |
| 1962 | 51.2 | 29823 | 3003.2 | 2730.2 | 9.1 | 60 | 58.4 | 2933.7 | 111.3 | | 26.1 | 314.8 |
| 1963 | 51 | 29747 | 3213.1 | 2919.9 | 9.8 | 6.7 | | 3202.6 | 155.5 | | 25.9 | 313 |
| 1964 | 51.2 | 29820.5 | 3366.1 | 2924.6 | 9.8 | 40.1 | 9.1 | 3316.4 | 215.6 | 8.2 | 29.8 | 310.3 |
| 1965 | 51 | 29773.4 | 3361.5 | 2923 | 9.8 | 34.5 | | 3361.5 | | 8.2 | 94.7 | 100.2 |

续表6-2-7-6

| 年份 | 计税面积（万亩） | 计税产量（万斤） | 计征任务 | | 正税占常年产量（%） | 减免数 | | 实征数 | | 平均单价（元） | 农林特产农业税 | |
|---|---|---|---|---|---|---|---|---|---|---|---|---|
| | | | 合计（万元） | 其中：正税（万元） | | 小计（万元） | 其中社会减免（万元） | 粮食小计（万元） | 其中现金折谷（万元） | | 金额（万元） | 折谷数（万元） |
| 1966 | 50.3 | 29477 | 3330 | 2895.6 | 9.8 | | | 3285.4 | 415.5 | 9.45 | 94.7 | 100.2 |
| 1967 | 49 | 28867 | 3269.4 | 2843 | 9.8 | | | 3103.3 | 551 | 9.60 | 50.7 | 527.7 |
| 1968 | 49 | 28867 | 3267 | 2840.6 | 9.8 | | | 3238.2 | 605.7 | 9.60 | 67.3 | 700.7 |
| 1969 | 49 | 28847 | 3264.6 | 2838.8 | 9.8 | 4.7 | | 3258.6 | 566 | 9.6 | 58 | 791.4 |
| 1970 | 49 | 28830 | 3263 | 2837 | 9.84 | 0.8 | | 3252.8 | 646.5 | 9.46 | 72.7 | 768.5 |
| 1971 | 48.7 | 28629 | 3246 | 2823 | 9.86 | 126.8 | 46.8 | 3114.7 | 579.6 | 9.42 | 64.3 | 683.7 |
| 1972 | 48.8 | 28522 | 3237 | 2815 | 9.81 | 24.3 | | 3209.4 | 787.4 | 9.40 | 67.4 | 716.7 |
| 1973 | 49.6 | 29036 | 3284 | 2856 | 9.83 | 39 | | 3245 | 828.8 | 9.387 | 55.5 | 598.3 |
| 1974 | 49.6 | 29033 | 3284 | 2856 | 9.83 | 24.3 | | 3258.6 | 901.1 | 9.387 | 46.1 | 497.7 |
| 1975 | 49.5 | 28982 | 3280 | 2852 | 9.84 | 18.5 | | 3261 | 839.3 | 9.385 | 38.2 | 411.6 |
| 1976 | 49.4 | 28934 | 3276 | 2849 | 9.84 | 15.7 | | 3258 | 906.6 | 9.381 | 39.8 | 429.7 |
| 1977 | 49.6 | 28999 | 3281 | 2853 | 9.84 | 13.4 | | 3268 | 942 | 9.381 | 38.5 | 458.1 |
| 1978 | 49.6 | 28976 | 3280 | 2852 | 9.84 | 41.3 | 41.3 | 3238.5 | 982.3 | | 42.9 | 511 |
| 1979 | 48.5 | 28912 | 3273 | 2846 | 9.84 | 1052 | | 2220.6 | 523 | 10.857 | 46.9 | 558 |
| 1980 | 49.4 | 28876 | 3269 | 2842 | 9.84 | 1116 | | 2153 | 480 | | 45.8 | 544.7 |
| 1981 | 49.4 | 28855 | 3266 | 2840 | 9.83 | 1064 | | 2202 | 4 | | 52.8 | 628.2 |
| 1982 | 49.4 | 28989 | 3280 | 2852 | 9.83 | 1055 | | 2224 | 55.3 | | 60.8 | 723.8 |
| 1983 | 49.4 | 28829 | 3264 | 2838 | 9.83 | 155 | | 3108.6 | 905 | | 49.7 | 428.6 |
| 1984 | 39.8 | 23486 | 2727 | 2368 | 10.08 | 138 | | 2585.4 | 400 | 11.54 | 16.2 | 139.5 |
| 1985 | 39.7 | 23475 | 2727 | 2367 | 10.08 | 138 | 9.7 | 2584.3 | | 15.40 | 37.9 | 246 |
| 1986 | 39.7 | 23453 | 2720 | 2220 | 9.46 | 166.8 | 81.2 | 2553 | | 15.40 | 42.4 | 275.1 |
| 1987 | 39.6 | 23414 | 2720 | 2361 | 10.08 | 127.6 | 40.7 | 2588 | 348.3 | | 42.1 | 239.1 |
| 1988 | 39.5 | 23364 | 2711 | 2357 | 10.08 | 155.2 | 54.3 | 2555.3 | 176.8 | | 41.2 | 243.8 |

表6-2-7-7 **1989—2004年东阳市农业税征收情况统计表**

| 年份 | 纳税户数（户） | 农业人口（人） | 计税土地面积（万亩） | 计税产量（万公斤） | 正附税计征任务 | | | 减免 | | 实征 | |
|---|---|---|---|---|---|---|---|---|---|---|---|
| | | | | | 数量（万公斤） | 单价（元） | 金额（万元） | 数量（万公斤） | 金额（万元） | 数量（万公斤） | 金额（万元） |
| 1989 | 192988 | 696691 | 39.4 | 11649.5 | 1351.4 | 0.444 | 588.0 | 528.1 | 234.5 | 823.2 | 353.5 |
| 1990 | 200065 | 700052 | 39.1 | 11571.5 | 1342.6 | 0.444 | 584.2 | 230 | 102.1 | 1112.6 | 482.1 |
| 1991 | 206516 | 700762 | 39.2 | 11577.5 | 1343.2 | 0.435 | 584.4 | 92 | 40.8 | 1251.2 | 543.6 |

续表6-2-7-7

| 年份 | 纳税户数(户) | 农业人口(人) | 计税土地面积(万亩) | 计税产量(万公斤) | 正附税计征任务 | | | 减免 | | 实征 | |
|---|---|---|---|---|---|---|---|---|---|---|---|
| | | | | | 数量(万公斤) | 单价(元) | 金额(万元) | 数量(万公斤) | 金额(万元) | 数量(万公斤) | 金额(万元) |
| 1992 | 210892 | 701826 | 39.1 | 11551.5 | 1340.8 | 0.492 | 646.5 | 80.5 | 39.6 | 1260.3 | 606.9 |
| 1993 | 210188 | 706826 | 38.9 | 11508.7 | 1335.9 | 0.562 | 711.4 | 521.8 | 293.1 | 814.2 | 418.3 |
| 1994 | 207060 | 706858 | 38.7 | 11435.7 | 1327.3 | 0.86 | 1089.1 | 484.2 | 425.5 | 843.2 | 663.6 |
| 1995 | 218180 | 708858 | 38.5 | 11396 | 1322 | 1.05 | 1392.2 | 376 | 365 | 945.9 | 759.4 |
| 1996 | 218321 | 710858 | 38.4 | 11356.3 | 1317.6 | 1.15 | 1577.7 | 322 | 369.5 | 995.6 | 1017.8 |
| 1997 | 216604 | 711878 | 38.3 | 11335.7 | 1315.1 | 1.10 | 1574.8 | 379.5 | 419.3 | 935.6 | 962.9 |
| 1998 | 220762 | 704121 | 38.2 | 11303.7 | 1311 | 1.13 | 1502.3 | 322 | 364.5 | 989 | 1010.7 |
| 1999 | 200397 | 701211 | 38.1 | 11261.9 | 1306 | 1.05 | 1338.1 | 32.3 | 33.7 | 1273.7 | 1304.4 |
| 2000 | 200307 | 695182 | 37.9 | 11224.1 | 1302 | 0.86 | 1113.1 | 52.5 | 45.3 | 1249.4 | 1067.8 |
| 2001 | 200307 | 695182 | 37.8 | 11183 | 1297 | 0.92 | 1193.2 | 36.8 | 33.9 | 1260.1 | 1159.3 |
| 2002 | 200397 | 605182 | 37.5 | 11126.1 | 1289.8 | 0.92 | 1186.6 | 36.7 | 33.8 | 1253.1 | 1152.8 |
| 2003 | 200366 | 695182 | 36.9 | 10946.2 | 1267.6 | 0.92 | 1166.2 | 86.6 | 79.7 | 1181.0 | 1086.5 |
| 2004 | 200366 | 666297 | 35.9 | 10690.2 | 1235.3 | 0.92 | 1136.5 | 1235.3 | 1136.5 | | |

说明：单价为平均单价

## 二、农业特产税

农业特产税是国家对从事农业特产生产经营并取得园艺收入、林木收入、水产收入等农林特产收入的单位和个人按比例税率征收的一种税。在1994年前称为“农林特产农业税”，简称农林特产税，此后改称“农业特产农业税”，简称农业特产税。属农业税的组成部分。

1953年以前，种植农林特产的土地，按其平均收入折合主粮，并入该户内依率计征农业税。

1955年浙江省人民委员会制定《浙江省1955年农业税施行细则》，规定农林特产税的征收范围、计税价格、征收环节和税率等，并予公布实施，在全省统一农林特产税税制，东阳始有农业特产税征收。征收的特产范围主要有：药材（白术、芍药、元参、元胡、厚朴、山萸肉）、茶叶、木材、毛竹等；纳税依据为应税特产的出售价；税率：元胡和芍药13%、其他药材15%、木材和毛竹10%、茶叶7%。同年4月，东阳县人民政府对征收茶叶农业税和药材农业税问题发出通知，把茶叶评产并户依率计征农业税的方法改按出售价随售随征，税率7%；元胡、芍药改按13%；白术、元参仍按15%征收。同年7月，东阳县人民政府通知，对药材停止随售随征，仍用评常年产量并户依率计征的办法征收；对木材、毛竹、茶叶仍实行随售随征。

1956年，对茶叶的计税价格，根据各种茶叶制作技术，选择一个中等偏上的等级，作为征税最高等级，凡茶叶质量超过征税最高等级的，一律按征税最高等级的收购价格计税，不按实际售价计算，低于征收最高等级者，一律按实际售价计算。同年4月，实行随售随征的农林特产，除了加征正税的5%地方附加外，为平衡负担，解决乡镇建设事业的资金需要，再加征7%的自筹经费，一并加征12%，这项附加收入，归县市统筹使用。

此后，农林特产税的征税范围、税率和征税办法时有调整。

1959年，随售随征农林特产税地方附加部分自8月1日起停止征收，相应税率作了调整。

表6-2-7-8　　1959年东阳县农林特产农业税税率对照表

| 品种 | 连附加税率（7月31日前） | 停止后税率（8月1日） |
| --- | --- | --- |
| 毛 竹 | 11.2% | 10% |
| 林 木 | 11.2% | 10% |
| 茶 叶 | 9% | 9% |
| 桐 子 | 8.96% | 7% |
| 柏 子 | 8.96% | 7% |
| 油茶子 | | 7% |
| 白 术 | 28% | 25% |
| 芍 药 | 14.56% | 13% |
| 元 胡 | 14.56% | 13% |
| 贝 母 | 14.56% | 13% |

1961，东阳县人民委员会规定，只征随售随征农业税，停止评产计征农业税，免征社员自留地种植的农林特产农业税，并调低了部分农林特产农业税的税率。

1962年8月1日起，凡实行随售随征的农林特产农业税品种，一律恢复按正税税负征收10%的农林特产农业税地方附加。随售随征农林特产农业税品种规定为：原竹、木材、笋干、茶叶、桐籽、柏籽、茶籽、山核桃、芍药、元胡、贝母、麦冬、萸肉、白术等15种。

1964年，为解决社会主义教育运动所需的经费，在提高农业税附加比例同时，对农林特产随售随征的15个品种，也由原来按正税额征收10%的附加提高到15%。

1983年，国务院下发《关于对农林特产收入征收农业税的若干规定》，全国纳入统一税制轨道。此前，农林特产税随售随征的税目税率是浙江省政府（省人民委员会或省革命委员会）制定的。

1984年以后，按照国家的有关规定，浙江省相继对蛛蚌、珍珠、柑橘、西瓜等开征农林特产税。

1989年1月1日起，国务院对大宗农林特产收入实行统一税率。同年浙江省人民政府印发《关于全面征收农林特产税的通知》，在全省全面开征农林特产税，税率分5%、7%、8%、10%、12%五档，征收方法有评产征收、随购代征、查账征收、就场征收、起运征收五种。

表6-2-7-9 **1989年东阳市农林特产税征收范围和税率一览表**

| 征收范围分类 | 具体征收产品 | 统一税率 |
|---|---|---|
| 海水、淡水、滩涂养殖类 | 珠蚌、珍珠、海参、鲍鱼、<br>淡水鱼、贝类、紫菜、河蟹、鳖、对虾、河鳗等 | 15%<br>10% |
| 鲜、干果类 | 柑橘类(文旦、香泡、橙、金桔)、苹果<br>香榧、山核桃、桃、梨、枣、枇杷、杨梅、葡萄、板栗、白果等 | 15%<br>10% |
| 果用瓜类 | 西瓜 | 10% |
| 竹类 | 毛竹、毛篙竹、青竹、鲜笋、笋干等 | 8% |
| 原木类 | 原条、原段、板方材、枕木、次材小料 | 8% |
| 茶叶、花卉类 | 各种茶叶和观赏花卉、出售的苗木<br>制茶用香花 | 8%<br>5% |
| 食用菌类 | 香菇、蘑菇、金针菇、猴头菇、平菇、黑、白木耳等 | 7% |
| 药材类 | 白术、芍药、萸肉 | 6% |
| 其他类 | 木本油料(桐籽、乌桕籽、油茶籽)、林产品(松脂、生漆、棕片)、芦笋、莼菜 | 5% |

1994年1月起，执行国务院《关于农业特产收入征收农业税的规定》,1983年发布的《若干规定》同时废止，其名称改为农业特产农业税，简称农业特产税。取消农林牧水产品征收产品税，统一征收农业特产税。

表6-2-7-10 **1994年东阳市农业特产税税目税率表**

| 税目 | 税率 |
|---|---|
| 一、烟叶产品 | |
| 晾晒烟叶 | 31% |
| 烤烟叶 | 31% |
| 二、园艺产品 | |
| 毛茶 | 16% |
| 柑橘 香蕉 荔枝 苹果 梨 | 12% |
| 其他水果 干果 | 10% |
| 果用瓜 | 8% |
| 蚕茧 | 8% |
| 三、水产品 | 8% |
| 四、林木产品 | |
| 原木 原竹 | 8% |
| 生漆 天然树脂 | 10% |
| 天然橡胶 | 8% |
| 五、牲畜产品 | |

续表6-2-7-10

| 税目 | 税率 |
|---|---|
| 牛皮 猪皮 羊皮 | 10% |
| 羊毛 兔毛 | 10% |
| 羊绒 驼绒 | 10% |
| 六、食用菌 | |
| 黑木耳 银耳 香菇 蘑菇 | 8% |
| 七、贵重食品 | |
| 海参 鲍鱼 干贝 燕窝 鱼唇 鱼翅 | 25% |

2000年农村税费改革试点工作开始以后，国家陆续下发文件，逐步降低了农业特产税的税率，缩小了农业特产税的征税范围。2002年7月，浙江省委、省政府下发《关于全面进行农村税费改革的通知》，确定对在农业税计税土地上生产的农业特产品，只征收农业税，不再征收农业特产税。

2003年起，根据农村税费改革政策，东阳市停征农业特产税。

表6-2-7-11　　**1989—2002年东阳市农业特产税征收明细表**

| 年份 | 入库合计 | 征收数 | | | | | | | | | | | | 提退征收费 |
|---|---|---|---|---|---|---|---|---|---|---|---|---|---|---|
| | | 小计 | 淡水养殖 | 水果 | 果用瓜 | 竹类 | 原木 | 茶叶 | 食用菌 | 药材 | 蚕茧 | 天然树脂 | 其他 | |
| 1989 | 56.2 | 59.2 | 4.4 | 6.6 | 0.2 | | 0.5 | 44.0 | | 2.9 | | | 0.6 | 3.0 |
| 1990 | 34.4 | 38.1 | 3.5 | 6.5 | 0.7 | 0.2 | 0.5 | 22.5 | | 3.6 | | | 0.6 | 3.8 |
| 1991 | 36.9 | 41.0 | 2.5 | 10.1 | 1.1 | 0.2 | 0.7 | 21.4 | 0.1 | 4.9 | | | | 4.1 |
| 1992 | 23.4 | 26.0 | 2.0 | 2.6 | 0.9 | 0.1 | 0.4 | 14.8 | 0.2 | 5.0 | | | | 2.6 |
| 1993 | 13.7 | 15.3 | 2.3 | 3.8 | 0.5 | 0.1 | 0.4 | 7.1 | 0.3 | 0.8 | | | | 1.5 |
| 1994 | 26.2 | 29.1 | 2.8 | 4.2 | 1.1 | 0.4 | 5.3 | 14.7 | 0.1 | 0.5 | | | | 2.9 |
| 1995 | 44.7 | 49.9 | 3.6 | 6.4 | 0.3 | 0.2 | 7.7 | 25.3 | 0.1 | 3.2 | 3.1 | | | 5.0 |
| 1996 | 45.8 | 50.9 | 6.7 | 4.9 | 1.0 | 0.2 | 8.8 | 24.8 | | 4.1 | 0.4 | | | 5.1 |
| 1997 | 48.0 | 53.4 | 5.2 | 4.3 | 0.1 | 2.2 | 8.7 | 29.1 | | 3.8 | | | | 5.3 |
| 1998 | 51.1 | 56.8 | 5.2 | 3.9 | 0.1 | 2.1 | 13.3 | 27.8 | | 4.4 | | | | 5.7 |
| 1999 | 96.7 | 107.4 | 21.3 | 1.1 | 0.1 | 0.7 | 53.0 | 25.7 | | 3.5 | | 2.0 | | 10.7 |
| 2000 | 87.0 | 96.7 | 13.8 | 0.6 | 2.0 | 7.0 | 48.6 | 23.1 | | 0.2 | 0.4 | 1.0 | | 9.7 |
| 2001 | 91.4 | 101.7 | 11.3 | 0.1 | 2.0 | 6.4 | 60.4 | 20.4 | | 1.1 | | | | 10.2 |
| 2002 | 9.2 | 9.2 | 2.2 | | | | | 7.0 | | | | | | |

说明：入库合计=征收数小计-提退征收费

表6-2-7-12 1949—2003年东阳市(县)农业税、农业特产税收入情况表

单位:万元

| 年份 | 农业税 | 农林特产税 | 年份 | 农业税 | 农林特产税 | 年份 | 农业税 | 农林特产税 |
|---|---|---|---|---|---|---|---|---|
| 1949 | 145.2 | | 1968 | 253.7 | 67.3 | 1987 | 367.2 | 42.1 |
| 1950 | 207.6 | | 1969 | 275.3 | 58.0 | 1988 | 366.1 | 41.4 |
| 1951 | 242.6 | | 1970 | 258.5 | 72.7 | 1989 | 307.4 | 56.2 |
| 1952 | 213.2 | | 1971 | 240.2 | 64.3 | 1990 | 419.2 | 34.4 |
| 1953 | 217.0 | | 1972 | 260.8 | 67.4 | 1991 | 472.7 | 36.9 |
| 1954 | 223.9 | | 1973 | 257.9 | 55.5 | 1992 | 528.0 | 23.0 |
| 1955 | 268.5 | 7.6 | 1974 | 260.0 | 46.1 | 1993 | 364.0 | 14.0 |
| 1956 | 219.7 | 23.5 | 1975 | 261.2 | 38.2 | 1994 | 577.0 | 26.0 |
| 1957 | 352.2 | 6.8 | 1976 | 260.5 | 39.8 | 1995 | 660.0 | 45.0 |
| 1958 | 284.8 | 83.5 | 1977 | 261.4 | 38.5 | 1996 | 885.0 | 46.0 |
| 1959 | 271.3 | 66.5 | 1978 | 258.5 | 42.9 | 1997 | 837.0 | 48.0 |
| 1960 | 263.0 | 43.5 | 1979 | 203.7 | 46.9 | 1998 | 879.0 | 51.0 |
| 1961 | 205.1 | 26.1 | 1980 | 203.2 | 45.8 | 1999 | 809.0 | 97.0 |
| 1962 | 216.4 | 26.1 | 1981 | 205.9 | 52.8 | 2000 | 880.0 | 87.0 |
| 1963 | 215.8 | 25.9 | 1982 | 205.9 | 60.8 | 2001 | 956.0 | 91.0 |
| 1964 | 230.5 | 29.8 | 1983 | 287.4 | 49.7 | 2002 | 1002.0 | 9.0 |
| 1965 | 186.1 | 94.7 | 1984 | 257.7 | 16.2 | 2003 | 960.0 | 停征 |
| 1966 | 259.2 | 94.7 | 1985 | 336.6 | 37.9 | | | |
| 1967 | 247.3 | 50.7 | 1986 | 332.9 | 42.4 | | | |

# 第七篇　税收征管

## 第一章　税收征收

税收征收是税务机关运用法律手段来实现税收分配职能和经济调节职能而进行的一系列活动，是税务机关为了贯彻税收法规，实现税收计划，协调征纳关系，组织税款入库而开展的各项管理活动的总称。体现为税务机关对所辖范围的纳税人采取一定的组织形式，贯彻税收法令，依法对纳税人履行纳税义务进行有效实施管理和监督的一系列过程。

### 第一节　税收征收方式

税收征收方式是税务机关在税收征收过程中所采取的组织形式和方法，它是由各个时期税收征收任务所决定的。

**一、征收模式**

税收征收模式是基层税务机关实施税收征收的组织形式。不同时期税收的征收模式也各不相同。

**(一)税务专管员征收模式**

东阳解放初期，浙江省第八区专员公署留用一批旧机关税务人员，对旧税制进行了调整。废除苛捐杂税，根据“发展生产、繁荣经济、公私兼顾、劳资两利”方针开展税收工作。为了适应私人资本主义经济和多种税、多次征的复合税制的征管需要，在税收征管模式上采取以各税分管、固定管户(片、区)为主的征管模式：“各税分管”主要是国地税实行分税管理，国税有货物税、所得税、遗产税、印花税、特种营业税五个税种；地税有屠宰税、营业税、文化娱乐税、营业牌照税、房捐、行商税六个税种，分别由国税稽征所和县税征收处负责征收；“固定管户”就是按行业或区域进行专责管理，此为税务专管员制度的雏形。

1950年4月，国税地税合并，建立了统一的税务机构，成立东阳县税务局。内设秘书、计划、会计、检查、税政5股，下设上卢、巍山、湖溪、南马、划水5个税务所和玉山、横店、千祥三个税务组，各项税收统一由税务局征收，各税统管，但仍然实行固定管户的专管员制度。

1952年，因税收征管力量不足，偷漏税现象比较严重，遵照上级指示，东阳在全县范围内层层建立护税组织，11个区除玉山外成立了10个护税委员会，125个乡设立了105个护税分会，乡以下又设立509个村级护税小组，此外，还有县店员工会等护税组织10个，从城镇至农村，组成税收保护管理网络。

1956年，生产资料所有制的社会主义改造任务基本完成，国家全面进入社会主义计划经济建设时期，为适应计划经济建设需要，税收体制也发生了重大变革，国有企业只纳一种税，集体企业只纳二种税，进而税收征管实施完全的各税统管、征管查于一人的税收专管员制度。1960年，贯彻党中央“调整、巩固、充实、提高”的八字方针，征管工作中的松弛现象得到改进，建立了“一放、二统、四定”的征管责任制：“一放”是把每个专管员所管辖的专管点纳税户的征管权责放给专管员；“二统”是统一领导，统管税制；“四定”是定户、定片、定人、定任务。东阳全县13个人民公社，13个税务所，92个大队，1261个生产队，划分为37个专管片，平均每片（人）管辖2.48个大队，34.08个生产队。工作上采取一月三段制，月初辅导企业决算，组织收入，月中检查生产计划和纳税情况，月末了解生产经营成果，着手入库工作。

中国共产党十一届三中全会以后，全党工作重点转移，城乡经济体制改革的开始，税务管理也逐步得到加强，过去一些行之有效的征管制度得到恢复，并根据社会主义有计划商品经济和市场经济的发展需要，对税收征管模式进行多种形式的探索，逐步建立了一套适应经济发展的税收征管办法。

1985年，全市推广了巍山财税所的税款“征期清”经验，将过去由专管员下村巡回收税的征收方法变更为由纳税户按期自动上门到专管点申报交税，使专管员有充分时间去进行管理、监督和检查。

1988年，吴宁财税所根据新的经济形势，试行征、管、查三分离的征管办法。

1989年，全面试行税收征管改革，试行“征、管、查”三分离的征管模式，制定了32种稽征管理条款，从税务登记、纳税鉴定、税款征收、解款程序、财务辅导、税收检查到年度结算等各个环节有机地紧密联系起来，对征收、管理、检查三者进行了明确的分工。至1990年底，全市9个财税所有6个实行征管和检查分离的“双轨制”模式，有2个实行“征、管、查”三分离的“三轨制”模式，对专管员的职能进行了分化。

21世纪初，随着税务征管信息化的持续推进，税款征收、纳税管理与纳税检查相互分离、相互制约的征管机制逐步完善，税务专管员制度逐渐消失。

### （二）“三自纳税”征收模式

对财务核算健全纳税意识较强的纳税人，由其自行计算应税额，自行填写纳税凭证，自行在当地缴纳税款，这种征收方法称为“三自纳税”。

1956—1960年，在农业、私营工商业和手工业的社会主义改造基本完成后，人民公社化初期，社会经济成分和经济结构发生了变化，国营经济和集体经济占据绝对主导地位。这一时期，东阳的国营企业实行自行计算、自行开票、自行交库的“三自”纳税制度，公私合营企业全部参照国营企业的办法征管。

改革开放后，国家实行多种经济成分并存的有计划的商品经济制度，除对国有企业仍施行“三自纳税”外，其他经济成分均由税务专管员上门辅导、征收和检查。

2002年，东阳开始以《浙江地税信息系统》(TF98系统)为管理平台，依托高速发展的因特网、数据通信网，积极引导纳税人通过非接触式的“三自”纳税申报方式，在纳税人、税务机关、银行、国库之间纵横联网的基础上，实现纳税申报、征收、核算、处理的网络化、集约化和一体化。逐步实现了以网上申报、电话申报等非接触式数据电子申报方式为主要形式的管理模式。此后，“三自纳税”成为东阳主要的征收模式。

**(三)代征模式**

为加强零星分散税款的源头控管，税务机关根据税法规定，委托某单位或个人代为征收税款，称为“代征”，如委托公路运输管理部门代征车船使用牌照税和运输业务收入营业税、委托农产品收购部门代征农业特产税等。

**(四)代扣代缴模式**

由依税法规定负有代扣代缴义务的单位，对应税事项实施代扣代缴税款的一种征收方式，如发放工资、劳务报酬单位的财务部门，对超过起征点的应税收入实施代扣代缴个人所得税等。

**(五)门征征收模式**

1979年5月，东阳县财税局转发《浙江省门征税收管理办法》，建立了门征制度。

1996年，东阳市财政局、国税局、地税局在横店所进行征管改革试点，建立集税务咨询、发票发售、纳税申报、税款征收等功能于一体的办税大厅。次年，其他各基层税务分局(所)都相继建立了办税服务大厅，原门征的相关业务植入服务大厅直接为广大纳税人开展服务。

2009年，为了规范和统一门征税收征收管理，东阳市地方税务局印发《东阳市个人税收门征综合征收率表》，对金融保险、娱乐、交通运输、建筑、文化体育、服务业等行业个人应缴纳的税费，包括营业税、城建税、教育费附加、地方教育附加、个人所得税、水利建设资金、文化事业费等税费，实行按综合税费率征收的办法。

2013年，为了进一步加强门征税收的征收管理，东阳市地方税务局印发《关于进一步明确门征税收有关事项的通知》，明确门征税收征管范围为本市范围内临时从事经营活动或临时取得应税收入的单位和个人，并对门征发票的开具和门征税款的征收作了明确规定，同时，调整了《门征税收综合税费率表》的征收范围和综合税费率。

## 二、征收方法

中华人民共和国成立后，东阳税务机关根据税种的不同特点和征纳双方的具体条件确定税款的计算与方法。先后实施的征收方法主要有以下8种。

### （一）查账征收

纳税人在规定的纳税期限内根据自己的财务报表或经营结果，向税务机关申报应纳税收入或所得额及应纳税额，经税务机关审查核实后，填写纳税缴款书，纳税人据以缴税。实行这种征收方法的纳税人，会计核算真实准确，资料齐全，可作为计税依据；且纳税意识比较强，有专门的办税人员，经主管税务机关认可。查账征收是长期以来企业主要的征收方法。

1950年1月，国务院颁布《货物税暂行条例》，税收管理采用"两照"（完税照、分运照）"四证"（完税证、查验证、改装证、改制证）制度，实行"货、证、照"同行的管理办法。对工商业税的征收方法分查账征收、民主评议、定期定额3种。会计制度较健全的企业，采取查账征收方法。

1951年6月，东阳税务局就征管问题作了6条规定：营业额报告表规定于每月1日填报，集体交纳时间为每月7日。进货报验，货物税产品应随到随报，验后拆售……外销的货物，应依式填报运销证明书，送税务机关编号盖印，持证运销，向售地税务机关报验交纳营业税，回县后补交地方附加与所得税。代购代销，应立委托书，写明货物名称、数量、单价、手续费等，并经税务机关核准方可进行。

1953年，社会主义改造初期，国家从税收政策上对公私经济实行区别对待，为壮大国营经济，扶持合作经济，加强对私营企业的社会主义改造，扩大了查帐征收和自报核定征收范围，对民主评议、定期定额、查定征收等方法作了相应的改进和紧缩。

改革开放后，除国有企业外，对集体企业、乡镇企业、私营企业等均实行查账征收办法。

进入21世纪，随着征、管、查分离机制的推行，在实施"三自纳税"办法的同时，同步推行纳税评估和税务稽查制度，查账征收办法自然消亡。

### （二）查定征收

税务机关通过按期查定纳税人的实物量并确定其应纳税额，分期收征税款。这种征收方法源于20世纪50年代初对货物税的征收，主要针对应税产品零星、税源分散的税收征管。

### （三）查验征收

针对某些难以进行源头控制的征税对象，税务机关通过检验证照和实物据以征收税款，使流动、分散的税源得以控制。此方法在改革开放后曾广泛用于集贸税收及屠宰税的征管中。因其征收难度较大，而且存在征管漏洞，以及税收政策中起征点的逐步提高，查验征收方法也逐步成为历史。

### （四）民主评议征收

对经营规模小，会计记录很不完备的工商业户，税务部门组织业主及邀请工商联等有关部门建立评议组织，选择具有代表性的典型户，进行调查研究和协商，确定标准营业额、收益率、所得额，然后自报公议，核定其一定时期应纳税额。此征收方法一般参考经营户的生产经营指标，如用电、用工、规模、机器等，在红木家具、工艺品、纺织服装、废塑制品等大都用这种征收方法。

1950年1月，国务院颁布《货物税暂行条例》，税收管理采用“两照”（完税照、分运照）“四证”（完税证、查验证、改装证、改制证）制度，实行“货、证、照”同行的管理办法。对工商业税的征收方法分查账征收、民主评议、定期定额三种。对不符合上述条件的企业，采取自报公议，民主评定的办法计征。

1950年12月，政务院颁布《工商业税民主评议委员会组织通则》，东阳各地相应地建立民主评议会组织。成员除当地政府代表和工商界公正人士外，主要由各行业推选代表组成。基本任务是：传达人民政府税收政策、法令；督促工商业户自报营业额，所得额；检举假账、揭发偷税；评定和复评工商业户的营业额和所得额；受理申诉异议；协助税务机关督促工商业户完成纳税义务。方法上一般选择典型户进行利润情况调查，然后内外排队，分类划级。税务机关根据典型户材料，对外开展行业等级纯益率协商工作。整个过程几上几下，工作量较大。

改革开放后，民主评议办法逐步被公开办税制度所替代。

### （五）定期定额征收

针对一些没有记账能力，无法查实其销售收入和所得额的个体或小型工商业户，由税务机关核定其应纳税收入、所得额和应纳税额，分期征收税款的办法。

1950年1月，国务院公布《货物税暂行条例》，税收管理采用“两照”（完税照、分运照）“四证”（完税证、查验证、改装证、改制证）制度，实行“货、证、照”同行的管理办法。对工商业税的征收方法分查账征收、民主评议、定期定额三种。对规模较小的业户，在民主评议的基础上，采用定期定额的办法计征。

长期以来，特别是改革开放后，私营企业、个体工商户和家庭工业迅速发展，对经营规模小、无建账能力的城乡个体工商业户、私营企业多采用定期定额征收方法，同时实行定额公开，接受群众监督。

### （六）定率带征

对无法按照正常程序准确计算和征收所得税的纳税人，税务机关以其应纳税收入额作为计税依据，按照一定的综合税率，合并征收流转税和所得税税款。适用于规模较小，无法实施查账征收的企业。另外，对一些地方政策扶持行业也实行此办法征收。

### （七）起运征收

纳税人生产或经营的某些产品生产周期长，经营比较分散，税务机关规定其在起运前到主管税务机关申报缴税或申请税务机关到实地查验征收。这种征收方法，20世纪50年代多用于对货物税的征收，嗣后用于对应税农、林、牧、水产品的征税。

### (八)分期核实征收

增值税一般纳税人按照税务机关核定的纳税期限和规定的计算方法,逐期缴纳并结算应纳税款。

## 三、ISO 9000征管质量管理

为了提升税务系统内部税务征管质量,根据浙江省地税局的统一安排,按照"依法纳税、以德治队、科学管理、优质服务"的质量方针和质量目标,2003年,东阳市地税局开始组织实施ISO 9000质量管理体系建设。ISO 9000质量管理体系覆盖的组织范围为市地税局机关所有的涉税科室、综合科室和信息中心、稽查局、各征管局。覆盖的业务范围为所有的地税税收征收管理服务行为,包括地税征收、管理、稽查的全过程、各种涉税服务及本系统的内部管理。ISO 9000质量管理体系的质量内容包括1个质量手册(含质量方针、质量目标)、24个程序文件、94个作业指导书、466个质量记录表单等:

质量手册。质量手册是质量管理体系的纲领性文件,描述质量方针、质量目标、组织机构与部门职责、质量管理体系过程之间的相互作用以及《GB/Tl9001—2000idt ISO9001:2000质量管理体系要求》标准中地税系统适用条款的规定。质量手册对内作为质量管理体系的最高文件,对外提供满足纳税人要求的服务和依法办理地方税收征收管理业务。

程序文件。编制与标准要求的6个通用程序,与税收征管业务以及相关的管理和资源支持方面的控制程序9个,与规范管理工作方面的管理工作控制程序9个,对质量手册构成支持。

作业指导书。编制15大类94个作业指导书,对程序文件构成支持。

质量记录表单。为质量体系提供客观证据的文件,包括业务用记录和体系运行记录两类。

2003年6月对该体系进行试运行。9月通过认证。

2004年起,东阳市地税局每年组织进行相关质量指标的调整、评审和分解落实工作,并根据省局要求开展ISO 9000质量管理体系的考核工作。

2008年,东阳市地税局组织实施了ISO 9000质量管理体系B版的二次修改。

2010年,东阳市地税局组织实施了ISO 9000质量管理体系B2版的修订工作。

东阳地税局ISO 9000质量管理体系实施之后,通过涵盖税收征管全过程的标准化管理,在征管质量、税收执法、涉税服务及机关管理诸方面取得了成效;通过流程再造,使各环节的接口更加规范衔接,运行机制更加科学合理;全员参与,责任到人,调动了干部的责任心及工作主动性,杜绝了扯皮推诿现象;科学编制体系文件,提高了工作的准确性与有效性,减少过错;坚持修正改进,使税务机关形成追求卓越工作目标氛围;组织内部审核和管理评审,培养一批懂得运用现代管理理论、方法的专业知识人才。

表7-1-1-1　　2011年东阳市地税局质量目标完成情况统计表

<table>
<tr><th>序号</th><th colspan="2">指 标</th><th>目标值</th><th>实际完成</th><th>加(扣)分</th></tr>
<tr><td rowspan="2">1</td><td rowspan="2">纳税申报率</td><td>企业</td><td>97%以上</td><td>99.11%</td><td>0.21</td></tr>
<tr><td>个人</td><td>93%以上</td><td>95.41%</td><td>0.24</td></tr>
<tr><td rowspan="2">2</td><td rowspan="2">入库率</td><td>综合入库率</td><td>95%以上</td><td>98%</td><td>0.3</td></tr>
<tr><td>稽查查补入库率</td><td>90%以上</td><td>100%</td><td>1</td></tr>
<tr><td>3</td><td colspan="2">滞纳金加收率(以金额计算)</td><td>100%</td><td>100%</td><td></td></tr>
<tr><td>4</td><td colspan="2">检查案件罚款率</td><td>50%以上</td><td>50.9%</td><td>0.1</td></tr>
<tr><td rowspan="2">5</td><td rowspan="2">控制压缩欠税</td><td>新欠控制率</td><td>10%以下</td><td>2%</td><td>0.8</td></tr>
<tr><td>陈欠压缩率</td><td>10%以上</td><td>80%</td><td>1</td></tr>
<tr><td>6</td><td colspan="2">社会保险费申报率(企业)</td><td>85%以上</td><td>99.62%</td><td>1</td></tr>
<tr><td>7</td><td colspan="2">社会保险费征缴率</td><td>92%以上</td><td>98.58%</td><td>0.66</td></tr>
<tr><td>8</td><td colspan="2">查结率</td><td>90%以上</td><td>100%</td><td>1</td></tr>
<tr><td>9</td><td colspan="2">复查率</td><td>7%以上</td><td>17%</td><td>1</td></tr>
<tr><td>10</td><td colspan="2">干部学历程度</td><td>干部大专学历占95%以上</td><td>96.2%</td><td>0.12</td></tr>
<tr><td>11</td><td colspan="2">网税咨询服务答复率</td><td>100%</td><td>100%</td><td></td></tr>
<tr><td>12</td><td colspan="2">网络与信息安全信息报送率</td><td>100%</td><td>100%</td><td></td></tr>
<tr><td>13</td><td colspan="2">纳税人满意度</td><td>90%以上</td><td>96.44%</td><td>0.64</td></tr>
<tr><td>14</td><td colspan="2">廉政建设(大要案数量)</td><td>无大要案发生</td><td>无</td><td></td></tr>
<tr><td>15</td><td colspan="2">地税业务文档归档率</td><td>97%以上</td><td>100%</td><td>0.3</td></tr>
<tr><td></td><td colspan="2">合　计</td><td></td><td></td><td>8.37</td></tr>
</table>

2011年后，东阳市地税局未组织对ISO 9000质量管理体系的运行管理和考核。

**四、纳税信用评价**

2005年，为响应省委、省政府提出的打造“信用浙江”的号召，加强税收信用体系建设，倡导诚信纳税，根据浙江省国家税务局、地方税务局制定的《浙江省纳税信用等级评定管理实施办法(暂行)》，东阳市国家税务局、地方税务局决定联合开展2004年度信用等级评定工作。成立东阳市国、地税联合评定委员会。信用等级评定设置A、B、C、D四级，其中A级由县市评定委员会评审、AA级由地市评定委员会评审、AAA报省评定委员会评审。纳税信用等级评定工作每两个连续会计年度进行一次，国、地税轮流牵头。

2009年，浙江省国家税务局、地方税务局联合对原纳税信用等级评定暂行办法进行了修订，印发《浙江省纳税信用等级评定管理实施办法》，据此，东阳市国税局、地税局决定联合开展2007—2008年度的纳税信用等级评定工作。评审工作引入公示机制，接受群众监督。纳税人连续两次被评为A级的，本次可上报地市评定为AA级；连续三次及以上被评为AA级的，本次可上报省评定为AAA级。对评为A(AA、AAA)级的纳税人,由省统一在相关媒体上公告。

2013年,继续开展2011—2012年度纳税信用等级评定工作,全市共参加评定的纳税人6330户,占纳税人总户数的15.3%,评出A级纳税人15户、AA级16户、B级6136户、C级59户、D级50户,另向省推荐评审AAA级54户。

2014年,按照国家税务总局《纳税信用管理办法(试行)》、《纳税信用评价指标和评价方式(试行)》和浙江省国家税务局、浙江省地方税务局联合印发的《关于开展2014年度纳税信用评价工作的通知》的要求,积极部署,逐步建立纳税信用评价管理制度体系。是年,纳税信用评价工作改变以往先由依纳税人提出申请,税务机关手工评定的方式,运用纳税信用评价系统进行评价,实现系统自动采集评价与人工补录调整相结合的方式进行。共有4225户企业参加信用等级评定。其中龙版系统产生4179户,手工评定46户。根据评定指标和相关参数,我局共产生A级企业1903户,占全部参评企业的45%,B级企业1294户,占全部参评企业的31%;C级企业816户,占全部参评企业的19%,D级企业213户,占全部参评企业的5%。9月,根据总局与省局相关要求做好纳税信用等级补评、复评工作。

东阳2016年纳税信用等级联评成功的户数为19257户,其中A级672户,D级2934户,被评为A级的企业按规定进行了公布。

2017年,根据浙江省国税局、地税局颁布的《浙江省个体工商户和其他类型纳税人纳税信用管理办法(试行)》和《浙江省个体工商户和其他类型纳税人纳税信用评价指标和评价方式(试行)》,东阳市国税局、地税局决定联合开展对个体工商户和其他类型纳税人的纳税信用评价工作。

2018年,东阳市"信用东阳"建设领导小组办公室转发国家发改委等29个部委印发的《关于对纳税信用A级纳税人实施联合激励措施的合作备忘录》,对被评为A级纳税信用等级的纳税人,在政府行政管理中的项目审批服务和管理、财政资金使用等18个方面共41项措施给予优惠和激励,对不同纳税信用等级的纳税人实施分类的服务和管理,极大地推进了纳税评价结果的增值应用。

## 第二节 税收信息化

税收信息化是将信息技术广泛应用于税务管理,深度开发和利用信息资源,提高管理、监控、服务水平,并由此推动税务部门业务重组、流程再造、文化重塑,进而推进税务管理现代化建设的综合过程。税收信息化以实现税务管理现代化为目标。税收信息化有利于推进依法治税和依法行政,有利于加强税务系统的内部监督和外部监控,有利于提高税收征管和公共服务水平。

2015年新修订的《税收征管法》第六条规定:"国家有计划地用现代化信息技术装备各级税务机关,加强税收征收管理信息系统的现代化建设,建立、健全税务机关与政府其他管理机关的信息共享制度。"税收信息化的主要任务是建设"一个平台、两级处理、三个覆盖、四个系统","一个平台”是指建立一个包含网络硬件和基础软件的统一的技术基础平台；“两级处理”是指依托统一的技术基础平台，逐步实现税务系统的数据信息在总局和省税务局集中处理；“三个覆盖”是指应用内容逐步覆盖所有税种、税收工作重要环节、各级税务机关并与有关部门联网；“四个系统”是指通过业务的重组、优化和规范，逐步形成一个包括征收管理、纳税服务、管理决策和行政管理系统在内的四个信息管理应用系统。

**一、计算机应用培训**

自20世纪90年代始，东阳市财政税务局坚持硬件设施与软件应用齐头并进，努力培养计算机应用人才，提高计算机管理能力和应用能力，不断提升信息装备现代化，以信息化带动税收征管现代化。

1996年，东阳市财政局、国税局、地税局对计算机应用能力作为公务员上岗、考核和专业技术人员评审、聘任专业技术职务的重要条件之一。计算机培训合格的人员，由省委组织部、省人事厅联合组成的省计算机应用能力培训考核办公室颁发等级证书，培训考核成绩进入个人档案。

1997年6月，东阳市国税局、地税局成立税务系统信息化领导小组。9月，国税局、地税局分设后，重新建立了地税系统信息应用网。

1998年12月，浙江省地税局批复成立“东阳市地税局信息中心”。次年6月，经东阳市政府编制办批准，东阳市地税局信息中心为全民所有制事业单位，全额拨款，编制3人。当年共组织13期中级电脑培训，参培人员98人。

2000年，东阳财税系统工会举办了计算机操作比赛。同时，还制定了《办公自动化系统使用注意事项》和《公文处理系统规定》等制度。同年10月至次年6月间，共组织办公自动化培训9期，参培人员197人。

2002年，举办了为期2天的农业征管软件（ATS）培训班。信息中心组织稽查人员进行TF2000稽查模块培训。对基层征收负责人、征收人员及20家试点企业财务人员进行Internet纳税申报专项培训。

2003年，东阳市地税局成立信息化建设领导小组，局长任组长。同年8月，组织财税干部进行电子商（政）务培训并考核。

2004年，组织全体财税人员进行TF2000数据库清理、管理软件应用等业务培训。

2005年，组织分局（科）重点税源监控管理人员进行重点税源调查与分析系统TRAS软件业务培训。

2006年，东阳市地税局举办“电脑版发票开票系统”和“税源紧急管控平台”培训。

2007年7月，东阳市地税局组织了推广应用TF2006业务骨干培训，参培人员30余人。同年8月，组织全局税务干部分4期举办TF2006业务操作培训。

2010年，东阳市地税局推广应用12366语音特服系统，并成立12366语音特服系统运行维护管理领导小组，局长任组长。

2011年，组织全局税务人员参加了《税友龙版》培训。

2012年，组织了新版非税软件培训、地税龙版系统高级培训。

2016年，东阳市地税局组织全体人员参加金税三期全员培训，同年10月，二次组织全体税务干部和纳税户一起进行“金三”上线前的人海压力测试。

**二、征管信息系统推广应用**

税务征管应用现代信息技术是社会发展科技进步的必然。税收征管软件是对纳税人的基本资料、纳税申报、税款入库、税收统计等全过程进行信息化监督管理重要手段，每一种征管软件系统的应用，都必将促进税收征管和纳税服务的提升。

1990年，东阳市税务局开始配置计算机，主要应用于税收会计核算和税收统计工作。次年，吴宁财税所陆续配置计算机，主要试用于基层税收统计报表和文档处理。

1992年，东阳开始运用计算机管理税收计划、分析进度、统计税收、税收会计核算等，通过计算机报解和汇总数据资料，取消了每月统计员集中互审汇审。同时，吴宁财税所征解会计还进行了运用计算机核算应征数的试点。

1992年起，各基层财税所先后都配备了计算机TPS系统应用于税收征管。

1994年5月，东阳经济开发区分局、直属所批准为浙江省税务局基层财税所推广应用计算机单位。此年，全市基层所实现单机版开票征收税款。

1995年，东阳税务系统统一使用局域网版本的税务软件，纳税人购买发票、税务登记、税收开票基本使用计算机操作；东阳开始运用微机征收、金穗卡缴税、代理记账的3项征管改革试点。

1997年，东阳市国税局、地税局进一步分设后，地税局重新建立地税系统网络，各基层所购置专用服务器和PC设备，建立起完整的局域网；建立健全了办税服务厅，对其功能、工作间、接待间、计算机软硬件作出具体规定。

1999年，东阳市地税局全面推广运用省地税系统新征管软件TaxFriend98（简称TF98）征管系统，分三个阶段实施：资料整理阶段、采购和培训阶段、资料输入和全面运行阶段，当年纳入TF98系统管理的纳税户共7935户，实现数据集中，实时反映税务征管和稽查情况，全面提升税收能力和管理水平。次年，进一步完善和扩充TF98的功能开发，扩大征管软件的应用面，经金华市局考核验收，确定东阳市地税局为税收征管“三到位”合格单位。

2001年，开发用于文件交流的信息化系统，东阳财政地税局成为全省能够通过ODPS正常接收省局文件的11个单位之一。并应用地税NOTES电子收发文系统，用于全省地税系统内部电子邮件收发。同年10月，进行税务管理软件换版升级，换用省地税局升级版本“税友2000”（简称TF2000），实行税款实时银行电子扣款，缩短税款缴库时间，保证税款及时足额入库。是年，纳入TF2000管理纳税户11840户，其中A类520户，B类431户，C类10889户。为有效防止局域网内各计算机免受病毒攻击，及时升级了KILL FOR NT查、杀毒软件的病毒库，并对征管服务器进行了全面升级，加快服务器处理数据的能力和速度。同时，制定了《计算机管理制度》和《计算机房管理制度》。

为进一步深化税收征管改革，促进地税信息化进程，充分发挥TF2000系统的作用，提高工作效率，提高申报率、入库率、方便纳税人，发挥银行的特有功能，减少税款流转环节，降低税收成本，东阳自2002年1月起在全市范围内实现"税银联网，实时扣款"的税款（费、金）缴纳办法。同年10月，根据浙江省地税局《关于推进现代化纳税申报方式的工作意见》，充分利用现代计算机网络技术和现代支付手段，逐步实现税款（费、基金）申报缴库电子网络化，为纳税人申报纳税提供方便快捷的服务，提供申报征收和核算工作效率，年内完成了网上申报软件开发，共有60家企业试行网上申报。同时，实行税源监控网络化，并全面运行12366多功能语音服务系统。是年，农业税收征管信息系统软件运行应用。

2003年，东阳地税局实行社保、银行、地税联网征缴。同年9月，推广应用《浙江省税银报解系统》，完善了税、行、库计算机横向联网系统，实行税款报解入库业务电子化；同时将ISO9000的质量管理体系导入地税征收管理系统，实行规范运行。

2004年，实施《浙江省地税系统税、银、库联网税款征缴管理办法》。全面推广"浙江省地税互联网办税系统"，开通会计核算网络查账系统，通过了ISO9000管理体系内部审核工作，全面清理TF2000基础数据，完善浙江地税12366语音服务系统，推行地税"一窗式"服务试点。有选择地开通《个人所得税全员管理系统》进行纳税申报。

2005年1月，浙江省地税局批准东阳市地税局为浙江地税信息系统小型机应用单位。

2006年，东阳地方税务局推广应用税源间接控管平台。开通"网税系统"和"个人所得税全员管理系统"，企业可通过网税系统进行财务上报和税费申报、文书查询等涉税事项。个人所得税代扣缴人，则可通过所得税管理系统进行税款清册、人员信息等管理事宜。依托税收征管信息系统外围软件，开通"联合办证"软件，可与国税局联合办理税务登记证，实现资源共享，简化纳税人的办证手续。

2007年，应用公路货物运输发票税控软件系统，货物运输企业可通过系统进行发票开具及上传发票信息；并开通地税系统内部视频会议管理系统。同年10月，推广应用"税友2006"（简称TF2006）征管信息系统，顺利完成TF2006信息系统的切换升级，全面运行，并升级ISO9000质量管理体系，进一步规范地税各项工作流程。12月，推广应用"一户通"电子缴税系统，启用邮寄式个人所得税完税证明，对需要即时开具完税凭证的纳税人实行专户缴款，当年，全市共有28971户纳入"一户通"电子缴税系统，通过"一户通"缴纳税费达3.52亿元。

2008年，开发TF2006系统后台管理模块和管理层软件，完善查询、统计、分析等管理功能。完成了ISO9000换B版工作。

2009年1月，设立"东阳办税中心"后，国地税联合办税，简化办税流程，方便企业和个人纳税，建立了信息共享制度和工作联系制度，定期交换数据、互相配合，共同协作；建立日常工作协调、异议协商机制；地税部门深入挖掘TF2006的管理和应用功能，提高TF2006快捷查询系统应用效率。强化第三方数据尤其是国税方数据交互，组织开发与TF2006系统相匹配的征管查询比对软件——"税友伴侣"。提高应用不动产建筑业税收项目管理软件，完善和规范12366语音服务系统，利用12366短信平台定期发送催报催缴短信及有关涉税信息。

2010年，推广应用"地方两税"征管应用系统和视觉识别系统(VI)。是年，开发两项教育附加比对软件；契税和耕地占用税纳入TF2006管理，实现征管职能划转平稳过渡；持续改进ISO税收质量管理体系，积极推进ISO9000B版升C版。

2011年，在《税友龙版》上线前，全面开展基础数据的清理工作，确保TF2006数据准确完整地迁移到《税友龙版》，以提升《浙江地税信息系统》数据的真实性、全面性、准确性。10月《税友龙版》试运行，平稳实现应用CA数字证书工作，实行数字证书网上申报的纳税户3350户，占全部纳税户的52%。

2014年，进一步加强税收征管软件的开发应用，如：个人所得税全员申报软件、普通发票开票软件、建筑业销售不动产开票软件、浙江地税《税友龙版》代征人开票系统软件等。同时与国税局、工商局、社保局及银行等部门做好数据交换，最大程度实现数据共享与利用。

2016年，为确保"金税三期"(简称"金三"，下同)系统顺利上线，及时应对处理"龙版"和"金三"外围软件衔接过程中出现的各种问题；对社保新系统接口进行了测试，保证新系统社保数据的及时接收和返还；并按"金三"系统要求提高电脑配置。10月，金税三期优化版系统正式上线运行，国地税共用同一系统平台，使资料查询及传递更准确方便，更有利于加强税收征管。

2018年7月20日，根据国家税收征管体制改革安排，东阳市国家税务局、东阳市地方税务局合并为国家税务总局东阳市税务局，相应地统一了国地税的税收征管信息平台。

**三、信息安全管理**

信息网络安全是税收信息化的重要环节，东阳市财政地税局历来十分重视信息化安全管理工作。

1998年，东阳市地税局信息中心成立后，为确保计算机系统的安全运行与数据的准确完整，先后制订了《地税系统计算机房管理暂行办法》和《计算机操作人员守则》等信息安全管理的规章制度。

2002年，为保证地税局系统网络与信息安全，防止攻击和破坏网络及应对突发紧急事件，市局制定了《计算机网络及信息安全管理规定》。10月，还制定出台了《网络与信息安全防范处置预案》。同时，成立网络与信息安全领导小组，由局领导担任组长，下设综合协调组、信息网络安全组，建立健全网络与信息安全岗位责任制。

2004年，为规范互联网网站、内部局域网网站的管理，为全社会提供多方位、多层次的信息化服务，也为系统内部提供信息资源共享，促进信息化建设，东阳市地税局印发《网站管理制度》，规定上网信息必须报局相关部门审批，经审核同意方可发布，并填写上网发布登记表。

2008年，建立机房环境监控系统，监控机房内环境参数及服务器、网络设备运行情况。同年11月，转发执行省局《浙江地税计算机房管理制度》。

2009年，转发执行省局《浙江地税数据应急处理中心应用系统运行维护管理办法》，确保数据中心系统的正常运行和数据的及时、完整、准确、稳定上行。

2010年，印发东阳市地方税务局《网络与信息安全综合应急预案》和《网络与信息安全应急预案操作方法》，明确由网络与信息安全领导小组统一负责安全事件的应急组织和指挥工作。

2011年，东阳地税局印发《〈税友龙版〉试运行应急方案》和《〈税友龙版〉试运行期间业务问题应急措施》，以有效应对《税友龙版》试运行过程中可能出现的各种故障，确保日常税收工作正常开展。

2014年，浙江省地方税务2014网络与信息安全领导小组来东检查，对提出的iP地址绑定、防病毒软件、准入控制和分局营业大厅等检查中暴露出的问题，采取了整改措施：外网网站"东阳财税网"的注入问题联系了网站的开发公司对网站的原始代码进行了修改；内网的准入没有开启动的问题联系相关公司设置开启网的准入设备；防火墙按照省局的要求定期进行备份；建立了局网络与信息安全领导小组，修订了《东阳市地方税务局网络与信息安全应急预案》《东阳市地方税务局税友龙版技术应急预案》和《东阳市地方税务局因特网办税服务技术应急预案》。

2017年，完成了局虚拟化桌面项目建设和机房配电系统项目改造；针对全球传播WINDOWS操作系统漏洞的勒索病毒，本局采取断外网和切断内网USB口等方法，处理后开放外网和USB接口。8月，东阳地税局印发了《〈税友2006〉技术应急预案》《〈因特网办税服务系统〉技术应急预案》、《〈因特网门户网站〉应急预案》《〈广域网骨干网络系统〉应急预案》和《网络准入管理办法》，进一步规范网络（包括内网和因特网）准入工作，提高网络和信息安全的保障能力，细化准入流程、准入要求和维护管理工作。

# 第二章　税收管理

## 第一节　税收基础管理

税收基础管理包括税务登记、纳税鉴定、纳税申报、发票管理、纳税评估和纳税辅导等工作。

**一、税务登记**

税务登记是税务机关对纳税人的生产经营活动进行登记,并据此对纳税人实施税务管理的一系列法定制度的总称。税务登记是税收管理工作的首要环节,是征纳双方法律关系成立的依据和证明。建立税务登记制度,便于税务机关掌握和控制税源,监督和管理纳税人依法履行纳税义务。税务登记分开业税务登记、变更注销登记、停业复业登记、外出经营报验登记和纳税人税种登记等5种。

20世纪50年代,东阳执行工商税暂行条例规定,对工商企业单位和个人于开业前,按规定时间办理税务登记。

党的十一届三中全会后,城乡商品经济日趋活跃,应纳税单位和个人不断增加。为有效地控制税源,按税法规定,企业和个人在开业、转业、改组、合并等经营活动中,都必须在规定期限内办理税务登记。

1982年8月,东阳县财税局转发了财政部《关于办理税务登记的通知》,在全县范围内办理税务登记。税务登记的范围包括:工商管理部门登记发证的企事业单位;未经工商管理部门登记发证,但经有关部门批准经营的;农村社队企业未经工商管理部门批准发证,但经主管部门批准经营的;农村生产大队、生产队常年从事传统性的副业生产的;经工商管理部门登记发证的有证个体户等。

1986年,根据国务院《中华人民共和国税收征收管理暂行条例》,省税务局《关于税务登记、纳税鉴定若干问题的通知》,东阳全面办理了自1982年以来的税务登记核证手续。规定对应核发“税务登记证”的企业单位,暂定两年验收一次,五年换证一次;核发“个体工商业户税务登记证”、“税务登记证”的纳税人,一年验证一次,三年换证一次。1987年底,全县共换发税务登记证8861户,其中集体4222户,个体4639户。

1988年,东阳“撤县设市”,将原换发的税务登记证进行清理和调换,冠以市名的税务登记。

1991年，东阳统一使用31.5厘米×42厘米规格的“税务登记证”。对集体企业换发了税务登记证。1991年度，对合法税务登记证的企业进行全面换证登记工作。

1993年8月1日起，东阳对外商投资企业和外国企业核发全国统一的税务登记证。

自1996年6月1日至9月10日，东阳开展了1996年度的税务登记证件的换发工作。1997年1月1日起，要求企业发票专用章及增值税一般纳税人使用的销货单位条形章上刻制的税务登记证号码，一律使用新的纳税人识别号。否则，所开具的发票视同废票。

2004年，国家税务总局发出《关于国家税务局和地方税务局联合办理税务登记有关问题的通知》，统一设立登记、变更登记、注销登记、违章处理的工作流程。税务登记的内容包括：纳税人生产经营及其财务核算情况；各税种的核定及其有关资格认定、各类征收方式核定、多元化申报和缴款方式的核准情况；各税种的申报纳税、税款滞纳及其补缴情况；税务检查及其处理、享受减免税政策及其执行情况；纳税人发票领购资格、品种、数量情况；纳税户关、停、并、转、歇业以及委托税务代理情况等。

2005年8月，东阳国、地税开展联合办理税务登记，实现“五统一”（统一受理税务登记、统一税务登记代码、统一税务登记表式、统一信息采集标准）、“两降低”（降低纳税成本、降低征税成本）、“一提高”（提高办理税务登记的工作效率）管理方式。

2006年，东阳执行省国税局、地税局《关于完善税务登记管理若干问题的通知》，全市统一换发、启用新税务登记证，规定自2007年1月1日起旧税务登记证不再有效。

2007年，东阳执行国家税务总局《关于进一步加强个体工商户税务登记管理的通知》。实行国地税联合办理税务登记证，做到国地税“双证合一”，共换证22000余户，其中国地税共管户17800户。

2015年7月，东阳发放首批“五证合一”营业执照，上面同时印有注册号、组织机构代码、税务登记证号、统计登记证号以及社保登记证号，并实行“一照一码”的信用代码登记制度（五证是指：工商营业执照、税务登记证、组织机构代码证、社会保险登记证、统计证；一照一码是指：工商营业执照、组织机构代码）。

2017年，东阳深化“最多跑一次”改革，税务登记全面融入商事登记模块，实行了与市监管部门登记的无缝对接，做到了税务登记“一次不用跑”。

**二、纳税鉴定**

纳税鉴定是指按照税法规定，根据纳税人生产的产品和经营范围，对纳税人有关纳税事项作出书面鉴定的一项制度，它是税务机关将税收政策、法令和制度贯彻到纳税人的一种具体形式，是征纳双方在征纳过程中应共同遵守的依据。是税务部门贯彻“依法办事，依率计征”的前提，是一项经常性的税收业务工作。

1955年，东阳的纳税鉴定工作首先在国营企业、合作社试点，然后扩大到全部纳税单位，纳税鉴定内容为税种、税目、税率、纳税环节、计税价格、缴纳日期、减免规定等。在1958年税制改革和1973年简化税制时，分别进行了大范围的纳税鉴定工作，对每个企业应税产品的适用税率逐个地进行了鉴定。

1980年，规定纳税鉴定工作，必需按照企业产品结构、国家税收政策和价格等变化，一年修订一次，作为税收管理的常态化工作。

1981年，贯彻国务院调整农村社队企业工商税负担的若干规定，对全县1392户社队企业全面地进行了一次纳税鉴定。

1986年，东阳执行省税务局关于税务登记、纳税鉴定若干问题的通知，在进行税务登记的同时，又全面的修订了纳税鉴定书。

1987年，东阳县财税局重申领取税务登记证（卡）的纳税人，在生产经营之日起30天内，向主管税务机关办理纳税鉴定申报；税务机关及时签发鉴定书，通知纳税人，据以执行。纳税人生产新产品，15日内申报办理修订纳税鉴定，税务机关15天内发出修订通知单。将样品和鉴定书送交税务机关进行纳税鉴定，验后退回。

1993年1月1日起，东阳不再进行纳税鉴定，改为在办理税务登记同时进行税种登记，填制"企业基本情况表"，内容包括生产经营内容、应纳税种、税目、税率、纳税环节计税依据、缴纳日期、征收方式、纳税期限等。

1999年开始，地税税种登记表录入TF98系统(《浙江地税信息系统》)征管。

**三、纳税申报**

纳税申报是指纳税人履行纳税义务、按规定向税务机关申报纳税期应交税额的一项基本制度。它是纳税人履行纳税义务的法定手续，也是税务机关办理征收业务、核定纳税人应纳税款、开具纳税凭证以及分析税源变化的主在依据。我国的纳税申报是中华人民共和国成立初期和"一化三改"（注：一化是人民公社化，三改是对农业、手工业、私营工商业的社会主义改造）时，在对资本主义工商业改造中逐步建立起来的一种制度。凡有纳税义务的单位和个人，都应按税务机关规定的期限，向主管税务机关办理纳税申报。申报内容包括：纳税申报表、会计财务报表和有关纳税资料等。

1980年，东阳县财税局印发《税收征管工作制度》，重申国营、集体企业（包括社队办企业），均应按时向财税机关进行纳税申报。

1987年，规定纳税人逾期不申报者，按日对逾期税款加收万分之五的滞纳金；税务专管员如未经批准擅自不加收滞纳金者，按岗位责任制考核扣发奖金。

1996年1月1日起，东阳执行国家税务总局修订后的《增值税一般纳税人纳税申报办法》，规范了纳税人纳税申报行为。

1998年1月1日起，东阳为进一步规范纳税行为，增强纳税人依法纳税意识，提高办税能力和办税质量，执行浙江省地方税务局制定的《浙江省地方税收纳税人管理暂行办法》，按照纳税人依法纳税程度进行分类，具体依据纳税申报、缴纳税款、纳税档案、偷抗税款及违法情况、财务管理水平等综合情况划分为A类纳税户、B类纳税户、C类纳税户。在纳税管理时，A类纳税人可自由选择上门申报、自核自缴、代理申报中的任何一种方式。B类纳税人可在上门申报和代理申报中作出选择。C类纳税人只能由税务机关同意的税务师事务所代理申报，必要时提供纳税担保手续后才可办理申报纳税手续。

2002年，东阳根据浙江省地税局《关于推进现代化纳税申报方式的意见》开始推进信息化纳税申报方式，该方式以《中华人民共和国税收征收管理法》及其实施细则为依据，以《浙江地税信息系统》（TF98系统）为管理平台，依托高速发展的因特网、数据通讯网，积极引导纳税人采用非接触式的现代化纳税申报方式；通过税银联网实现税款申报缴库网络化；通过税库联网实现税款划解入库和收入对账电子化；通过税务机关内部各征管环节的计算机联网，实现税收会计统计核算的电子化。从而在纳税人、税务机关、银行、国库之间纵横联网的基础上，实现纳税申报、征收、核算、处理的网络化、集约化和一体化。积极支持和鼓励广大纳税人采用以现代化通讯技术和计算机网络为依托、以电子货币为介质的纳税申报方式，逐步推行以网上申报、电话申报等非接触式数据电文申报方式为主要形式的管理模式。

2006年，国家税务总局颁布《个人所得税自行纳税申报办法（试行）和《关于明确年所得12万元以上自行纳税申报口径的通知》，浙江省地税局印发实施方案，东阳全市施行年所得额12万元以上个人所得税自行纳税申报制度。同年12月，东阳根据上级有关规定进一步加强针对货物运输业的纳税申报管理工作。

2007年，东阳市地方税务局推进个人所得税全员申报管理，全市1445户符合条件的纳税人，当年实现申报1303人。同年7月1日起，执行国家税务总局《个人所得税自行纳税申报办法（试行）》，凡依据个人所得税法负有纳税义务的纳税人，年所得12万元以上的；从中国境内两处或者两处以上取得工资、薪金所得的；从中国境外取得所得的；取得应税所得，没有扣缴义务人的；国务院规定的其他情形，有上述情形之一的，在纳税年度终了后3个月内向主管税务机关办理纳税申报。

2009年，国家税务总局关于未申报税款追缴期限问题作出批复，对偷税、抗税、骗税的，税务机关可以无限期追征其未缴或者少缴的税款、滞纳金或者所骗取的税款。对税收征管法第六十四条第二款规定的纳税人不进行纳税申报造成不缴或少缴应纳税款的情形不属于偷税、抗税、骗税，其追征期一般为三年，特殊情况可以延长至五年。

2011年起，执行国家税务总局《关于加强高收入者个人所得税征管的通知》，推进年所得12万元以上纳税人自行纳税申报常态化管理，优化申报流程，强化事中服务，不断提高申报数据质量，加强申报补缴税款管理，推进个人所得税申报“最多跑零次”。至2016年，全市个税12万申报人数达到5066人，比上年同期申报人数增加了480人，增长10.47%，补缴税款608.53万元。

2016年，为减轻纳税人办税负担，根据上级要求，东阳决定进一步兼并纳税申报次数，一是增值税小规模纳税人按季申报缴纳增值税、消费税的，其印花税同步实行按季申报；二是实行查账征收、核实征收方式的个体工商户、个人独资企业和合伙企业，其投资者“个体工商户生产经营所得”项目个人所得税统一调整为按季申报。同年，对个人所得税重点抓好财产转让所得、利息股息红利所得、高收入者工资薪金所得、劳务报酬所得等非劳动所得和重点所得项目、重点人群的个人所得税自行纳税申报工作。

**四、发票管理**

发票是企业发生财务行为、进行财务核算的原始依据，也是税务机关计算应纳税款的重要依据。发票各类包括产品统一发票、商业零售统一发票、行业特种发票、代扣税款专用发票及临时经营统一发票等。

建国后，企业使用的发票一直由税务机关管理。

1955年，东阳县税务局印发了《本县工商业发票改进管理制度的规定》，简化了一些发票种类。

1961年，东阳县税务局、财政局、粮食局、工交局、手管局、商业局、供销社7个单位联合制订了《东阳县发票管理暂行办法》，规定全县不论城乡工商企业、临时性、季节性经营其他业务收入，都应开具规定的发票，不得使用白条子；任何企业或个体户不得以“大头小尾”等进行偷税漏税，也不得将本企业发票转供或出售给其他单位使用。

1976年，东阳县生产指挥组下文，用自查、互查及财税部门抽查等方式对企业发票使用情况进行了一次全面清查。

1985年，东阳贯彻《浙江省统一发票管理办法》，对违反发票管理者处以5000元以下的罚款。

1986年，省税务局对发票管理又作出了新的规定，自次年1月起，统一使用新的发票。新的统一发票不得带到外县去填开，每年应检查一次发票使用情况，存根至少保存5年，需销毁的要报经税务机关批准。

1988年，东阳“撤县设市”，更换统一发票。结合贯彻国家税务局《关于检查清理发票的通知》，采取内查与外查、自查与重点检查相结合的方法，对企业的旧发票作了全面检查清理。印制统一发票时，不论单位和个人，均得事先报(市)税务局同意，套印“东阳市税务局发票专用章”。

1989年4月1日起，全省范围内统一使用新规格的《货运税收管理证明单》。同年10月，省税务局规定，除提供纯劳务服务的规定项目外，一切经营单位和个人，销售产品、商品、提供劳务服务的收入，均应使用印有“浙江省××县(市)税务局发票监制章”的统一发票。年底，印发《浙江省税务局发票管理工作制度和奖罚规定试行办法》。当年，东阳开展发票抽样专项调查，抽查1895户企业，发票使用有问题企业200户，至年底查处133户，补罚税款49.6万元。

1991年,东阳对1990年以来的税务机关发票管理情况开展专项检查,检查3188户企业,发现有违纪行为的199户,违纪发票8840份,对73户进了处罚,共收取罚款12万元。

1992年,东阳完成新旧版本发票的转换工作,并对旧发票进行全面清理。次年1月1日起,全市企业按规定全部使用新版发票。

1994年,《中华人民共和国发票管理办法》实施。1994年1月1日起,使用全国统一的“增值税专用发票”。同时,全市开展增值税发票交叉检查和协查,先后检查发票15611份,查处不予抵扣税额35.3万元。6月,以“金税”工程为依托,进行专用发票计算机稽核,共录入发票25000份。

1995年7月1日起,国家税务局重新制定“全国统一发票监制章”,启用椭圆形内刻“全国统一发票监制章”、“国家税务局监制”或“地方税务局监制”字样印章的发票。同时,东阳各基层税务所与用票单位签订《增值税专用发票目标管理责任书》,制定《增值税专用发票存储运输安全保管暂行办法》,建立多环节的岗位责任制,增值税专用发票管理规范化。

1997年,东阳使用全国统一的采用防伪措施的普通发票。省地税局规定:自1月1日起,全省饮食行业实行饮食业定额发票和饮食业限额专用发票相结合的管理办法,达不到100元以下的营业额,开具限额发票,最高只能开到99元;满100元以上的整数,使用撕开的限额发票。5月1日起,东阳在全市饮食行业实行饮食行业定额发票和饮食业限额专用发票相结合的管理办法,必须使用定额发票和限额发票或企业具名机外饮食业发票(即电脑发票)。

1999年1月1日,东阳统一使用新版的地税发票。10月15日,将纳税人发票管理分为5大类,规定各类纳税人发票申购方式和各种税务发票限购数量。

2002年1月1日起,东阳统一使用由地方税务局监制的公路客运票据;执行省地税局《关于加强发票印刷管理若干问题的意见》,按照“注重质量、确保安全、择优选择”的原则,精简压缩定点印刷企业的数量。

2004年10月1日起,东阳统一启用新版“税务机关代开的公路、内河货物运输业统一发票”。

2006年,东阳执行国家税务总局《饮食业、娱乐业税控收款系统营业税“票表比对”管理操作规程》。同年10月1日起,执行国家税务总局《不动产、建筑业营业税项目管理及发票使用管理暂行办法》。2006年12月,东阳推进落实“税控票”改革,完成对广告业、旅游业两个行业的发票改革,将原先手工开具发票转变为电脑打印发票。

2008年,东阳执行国家税务总局《关于进一步加强普通发票管理工作的通知》,实施“机具开票,逐笔开具;有奖发票,鼓励索票;查询辨伪,防堵假票;票表比对,以票控税”的管理模式,切实加强普通发票的日常管理;开展打击制售假发票行动,缴获假冒浙江省定额统一发票83本计4079份,票面金额66.67万元,缴获假冒发票专用章12枚。

2011年1月1日起,东阳完成全国统一的地税普通发票换版工作,简并票种,统一式样;执行修改后的《中华人民共和国发票管理办法》。同年,执行省地税局《关于进一步做好推广应用网络发票工作的通知》,使用地税发票且实行查账征收方式的纳税人100%应用网络发票;实行定期定额征收方式,其核定的月经营额在1万元以上的纳税人应用网络发票比例达80%以上。次年起,进一步推广网络发票。

2016年,东阳开展企业发票违法行为的查处和假发票的鉴定认证,重点做好虚假发票“买方市场”的整治工作,做到“查账、查案、查税必查票,查票必查税”,完成所有“营改增”企业的发票清理工作。

**五、纳税评估**

纳税评估是指税务机关根据纳税人(扣缴义务人)报送的纳税申报资料和日常掌握的征管资料及其他有关资料,依据国家有关法律、法规和政策的规定,按照规定的程序,运用指标分析、资料对比等手段和方法,对纳税人(扣缴义务人)一定纳税期限内纳税(扣缴)情况的真实性、合法性、准确性进行审核分析,对纳税人(扣缴义务人)依法履行纳税(扣缴)义务的准确程度做出综合评定,及时发现、纠正和处理申报纳税中的错误和异常问题,提供税收征收管理建议和稽查案源线索,从而对纳税人(扣缴义务人)的日常申报纳税进行全面、实时监控的一项管理措施。

2004年5月,根据浙江省地方税务局印发的《纳税评估工作试行办法》,东阳适时开展纳税评估工作。

2006年,东阳在科学合理制定纳税评估程序和工作流程的基础上,分批开展纳税评估工作,是年共对114家企业进行了纳税评估。

2014年,东阳重点开展文化体育和娱乐业、水利、环境和公共设施管理、居民服务和其他服务业、教育等行业的纳税评估,实现对不同行业税收的差异化和精细化管理,提高行业税收风险防控能力和税源专业化管理水平。

2015年,东阳进一步推进以风险管理为导向的税源专业化管理,根据省局统一部署开展了2015年税收风险管理工作,分批次推送了重点纳税评估对象清册和税收风险项目应对清册,对9户重点评估对象进行了集中评估,除1户企业移送稽查立案外,另外8户企业均严格按照工作要求完成了整个纳税评估流程。在评估中发现瞒报工程收入、虚列工资费用、个人所得税未全额代扣代缴、所得税汇总缴纳分配不合理、存在漏报其他地方税费等多个问题,共计评估入库税费1970.26万元,并在第二阶段的复核评审中查补入库各项税费1100.3万元,实现了“以评促改、以评促管、以评促查、以评促收”。同时还开展了纳税评估日常化管理工作,先后对26家工业企业和6家餐饮旅店企业进行了纳税评估,在评估中发现存在隐瞒收入、多列成本、多提各类基金;还存在房产税、土地使用税计征依据存在理解偏差,建筑营业税清理不到位,代扣代缴(红利)个人所得税长期挂帐,箱包行业的加工费未足额取得发票、社保虚报减免、申报不足等问题,合计评估入库各项税费692.85万元,通过日常纳税评估发现税收征管中存在的薄弱环节,为今后针对性地加强征管工作提供了思路。

2016年，东阳对3户省重点评估企业进行纳税评估，在评估过程中及时告知企业存在的涉税风险，边自查边入库，补缴地方税费合计2703.18万元。同时，根据省局工作要求，对12家房产中介、物业管理企业通过金三系统按操作流程进行行业专项评估，按时完成了上级布置要求的任务，查补税费5730元。

### 六、纳税辅导

纳税辅导是税务机关对纳税人履行纳税义务进行纳税辅导的一项具体的经常性事务，也是密切税企关系、开展税法宣传的重要方式。

1963年起，东阳县政府和县财税局先后下文，建立纳税辅导制度，规定每个专管员在企业纳税申报期限内，对所管辖的企业巡回上门辅导一次，宣讲税法，帮助企业改进纳税和财务核算方面存在的问题，正确有序地贯彻税收政策。

1985年起，东阳县财税局着手对个体工商业户的建账建证工作，要求税务专管员加强对纳税人健全财务制度、会计核算和财务管理的辅导工作。

2011年8月，执行省地税局《关于开展营业税专项辅导清理工作的通知》，组织人员上门对纳税人进行有关营业税政策的辅导，帮助纳税人对列入专项清理项目的营业税纳税情况进行自行审核清理，并根据纳税人自行审核结果组织人员上门进行集中清理。

2012年，结合线上线下两条线同步开展"纳税人学堂"活动，定期组织培训。通过东阳财税微信公众号、分局QQ群、微信群等信息化交流互动平台，随时在线解答纳税人提出的问题，把最新优惠政策等内容第一时间传递给纳税人。利用门户网站为纳税人提供培训课件下载、在线咨询等服务。

此后，纳税辅导工作逐步结合到税法宣传、涉税业务培训、税收征管、税收稽查、纳税服务等各税收管理环节中，或开展网上纳税辅导。

## 第二节　行业税收管理

### 一、国营、集体企业税收征管

中华人民共和国成立后，东阳人民政府执行没收官僚资本，改造民族资本政策，1956年完成对私营工商业的社会主义改造，形成以国营和集体经济为主导的社会主义经济体制模式。这一时期，根据省税务局长会议精神，试行税务专管员制度，城镇征收模式为"划片包干，一员进厂，各税统管，征查合一"；农村征收模式为"划片专管、分片包干、巡回征收、各税统管、征查合一"。税务专管员集征、管、查、评于一身，根据课税品种、税源大小等情形安排工作，办理纳税事宜。

1961年，省税务局印发《关于商贩工商税收稽征管理意见的通知》，规定合作商店的工商统一税，采取按月自报核实征收；工商所得税，采取按月暂缴，年终结算清缴的办法征收。对合作小组成员根据经营业务，进货来源和账册设置情况，分别采取委托代征、核实征收和定期定额等不同征收方法。

1963年，东阳县税务局规定：国营工业企业和手工业合作组织以自产的工业产品直接售给消费者的，如按零售价格出售的（包括批零同价，以直接销售给消费者为主的产品）均应按规定征收产品税和零售环节的统一税。（对地方国营工业、手工业合作组织生产的竹、木、铁制农具，仍按规定不征零售税），企业对自产的工业产品以零售价格或批零同价直接出售给消费者为主的产品，在账户上应分别记载，便于企业纳税和核算。

1989年10月，东阳专门设立直属财税所负责国营企业税收征收工作，对国营企业实施查账征收。

1994年，国家施行分税制改革后，作为针对国有企业和集体企业的独立的税种已不复存在，税制设置打破了所有制界限，与其他所有制形式的企业同等纳税，以实行公平竞争。此后，东阳全市对国有和集体企业实施企业改制，原有国有和集体企业先后改制为股份制、股份合作制或私营、个体企业。此后，针对国有和城镇集体企业的税收征管制度和征管办法相应取消。

1996年12月，直属财税所撤销。

**二、个体工商业户税收征管**

建国初期，经过对私营工商业的社会主义改造，特别是到“文化大革命”时期，集市贸易也被关闭，个体私营经济受到严重制约，个体工商业税收收入也微乎其微。

改革开放后，东阳个体经济快速发展起来。由于个体工商户规模小，户数多，生产经营情况复杂，税收征收管理难度较大，对个体工商业户主要采取定期定额征收方法。

1990年，省税务局《浙江省城乡个体工商户税收征收管理办法》出台，对个体工商户进行税务登记、纳税鉴定、纳税申报，账证和发票管理、税款征收、税收检查、违章处理七个方面作出规定；同年12月，浙江省税务局相继印发《关于城乡个体工商户定期定额征收的试行规定》，落实征管制度，改进管理方法。

至1993年，东阳个体工商户税收征管取得重大突破，全市征税达1898万元，比上年增长20.28%，创历史新高。

1995年，东阳按照浙江省国家税务局、浙江省地方税务局《关于加强城乡个体工商户和私营企业税收征收管理若干意见》，落实“征管组织系统化，征管制度公开化，征管指标数量化，征管手段现代化，征管资料规范化，协税护税网络化”要求，对各基层税务机构建立了年度个体税收“五单”工程质量考核评比制度。次年，全市个体税收达4131万元。

1997年1月1日起，加强城区个体、私营和财务不健全的租赁、挂靠、承包经营户的税收征管工作，对实行定期定额征收征管办法的纳税户，按规定限期自行申报纳税。城区“双定”户定额表将行业分为5个大类100个小类，最高的为商业的家电店，每月核定营业额3万元。同年，出台《东阳市个体工商户定期定额管理暂行办法》,进一步规范定期定额民主评议征收制度。

1999年,根据《浙江省地方税务局关于切实加强个体私营经济地方税收征管工作的通知》,推行"三等九级"管理办法,要求对个体私营经济业户的地方税收征管全面实行"分级定位、量化定额、民主评议、系数调整"的定期定额评定办法。是年,实施《东阳市地方税收纳税人分类管理暂行办法》,依据纳税人依法纳税程度分为A、B、C三类加以管理。

2001年1月1日起,东阳市地方税务局制定《2001年定额户税收定额标准》,标准如下:

表7-2-2-1　　2001年东阳市税收定额标准表

| 行业 | 范围 | 预征率(%) |
| --- | --- | --- |
| 工业 | 医药化工 | 4 |
| | 磁钢 | 3 |
| | 服装、针织、绣花、床上用品 | 3 |
| | 木雕、竹编 | 3 |
| | 皮革、箱包 | 3 |
| | 塑料 | 3 |
| | 五金、机械、缝纫配件 | 3 |
| | 电子、电声 | 3 |
| | 家具 | 3 |
| | 食品饮料加工、制造 | 3 |
| | 砖瓦 | 2.5 |
| | 印刷 | 4.5 |
| | 木线 | 3 |
| 商业 | 商品批发、零售 | 2 |
| 建筑业 | 企业所得税 | 1 |
| | 扣缴个人所得税 | 0.3 |
| 交通运输业 | | 3 |
| 娱乐业 | | 3 |
| 电子游戏、网吧 | | 4.5 |
| 饮食业 | | 4 |
| 社会中介机构 | | 5 |
| 服务业 | | 3 |
| 其他 | | 3 |

2002年,东阳市地方税务局印发《东阳市企事业单位、个体工商户所得税"最低应税所得率"表》,自1月1日起执行。

表7-2-2-2　　2002年东阳市企事业单位、个体工商户所得税最低应税所得率表

| 行业 | 范围 | 应税所得率(%) |
|---|---|---|
| 工业 | 医药化工 | 10 |
| | 磁钢 | 7 |
| | 服装、针织、绣花、床上用品 | 6 |
| | 木雕、竹编 | 6 |
| | 皮革、箱包 | 6 |
| | 塑料 | 6 |
| | 五金、机械、缝纫配件 | 6 |
| | 电子、电声 | 6 |
| | 家具 | 6 |
| | 食品饮料加工、制造 | 6 |
| | 砖瓦 | 5 |
| | 印刷 | 10 |
| | 木线 | 6 |
| 商业 | 商品批发、零售 | 4 |
| 建筑业 | | 5 |
| 交通运输业 | | 6 |
| 娱乐业 | | 6 |
| 电子游戏、网吧 | | 12 |
| 饮食业 | | 10 |
| 社会中介机构 | | 12 |
| 服务业 | | 6 |
| 其他 | | 6 |

同年，大力开展个体工商业户建账和强化查账征收工作，在个体工商业户中广泛推行使用税控收款机，积极开展有奖发票的活动，强化调整定额工作，加强税务检查。

2003年1月1日起，执行定期定额户税收定额标准，按地段、数量等划分为三等九级。

2005年，为进一步规范和完善个体工商税收的征管，推行计算机核定定额工作，落实《集贸市场实施分类管理办法》，并加强个体税源分析，加强对重点税源和未达起征点业户的动态管理。同时，贯彻执行国家税务总局《关于进一步规范和完善个体税收征收管理工作的意见》，东阳市地方税务局制定《2005年度个体税收定期定额调整和征管方案》，印发《东阳市双定户税费征收率(国、地税共管户)表》，涉及增值税、城建税、教育费附加、所得税、水利建设专项基金五项，折合成综合税费率。并实施《欠税公告办法(试行)》，对欠税达一定数目者，上报金华市地方税务局实施公告。

2006年1月1日起，执行《东阳市个体双定户所得税征收率表》：

表7-2-2-3　　2006年东阳市个体双定户所得税征收率表

| 编号 | 行业名称 | 征收率(%) |
|---|---|---|
| 1 | 商业 | 1.5 |
| 2 | 农资、饲料、农产品 | 1.5 |
| 3 | 修理 | 1 |
| 4 | 工业生产 | 3 |
| 5 | 歌厅、舞厅、卡拉OK厅、音乐茶座、酒吧、游艺 | 1 |
| 6 | 网吧、电子游戏 | 1 |
| 7 | 保龄球、台球 | 1 |
| 8 | 交通运输 | 3.3 |
| 9 | 邮电通信、文化体育业 | 1 |
| 10 | 企事业 | 2 |
| 11 | 茶吧、租赁业、旅馆业、其他服务业,旅游业 | 1 |
| 12 | 广告业 | 1 |
| 13 | 美容美发、足浴、桑拿 | 1 |
| 14 | 社会中介 | 5 |
| 15 | 诊所 | 3 |
| 16 | 房屋租赁 | 4 |

2007年1月,国家税务总局印发《个体工商户税收定期定额征收管理办法》。次年,东阳市地税局制定2008年度个体税收定期定额标准和征收方案,进一步规范和加强个私企业税收的征管工作,包括继续强化建账工作、定额标准设置及方案调整、规范定额程序、实施工作方法、工作要求、典型调查及考核六个方面。

2010年,出台《个人出租房税收管理办法》,推广应用机打发票机应用CA证书办理涉税事项。

2013年,执行浙江省人民政府办公厅《关于支持个体工商户转型升级为企业的意见》,对“个转企”后属小型微利企业的(不含个人独资、合伙企业)减按20%税率征收企业所得税;年应税所得额低于6万元(含6万元)的小型微利企业(不含个人独资、合伙企业),2015年底前,其所得减按50%计入应纳税所得额,按20%的税率缴纳企业所得税;“个转企”后,经认定属国家重点扶持的高新技术企业的,减按15%税率征收企业所得税;企业为开发新产品、新技术、新工艺所发生的研发费用,在计算企业所得税时可按规定加计扣除;对确有困难的“个转企”企业,报经地税部门批准后,可给予减免房产税、城镇土地使用税。截至2016年,符合“个转企”条件的个体工商户均转企业管理。

**三、交通运输业税收征管**

1995年1月1日起,除市客运公司、联运公司、货联运公司、交通劳动服务公司外,东阳国有、集体、私营、个体及联户的机动客运、货运车辆应缴纳税款，均委托市运管稽征所、市公路运输配载管理站代征。

1997年5月1日起，对出租车辆实行"定额加发票"的征收管理办法，征收3%的营业税，并带征1%的所得税和7%的城建税。

2000年，为规范东阳市的机动车辆税收管理，增加地方财政收入，下发《东阳市机动车辆税收征管办法》，按办法规定征税。

2004年，全市货物运输业代开票纳税人税收综合征收率统一为6.7%，其中营业税及附加3.3%、企业所得税或个人所得税3.3%、水利建设资金0.1%，后有所调整。

2006年，国家税务总局印发《关于进一步加强货物运输业税收征收管理的通知》。

2007年，执行国家税务总局《关于进一步加强公路内河货物运输业税收征收管理的通知》。同年8月1日起，对达到建账建证条件的交通运输业企业，委托市公路运输管理所代征和实行定期定额管理办法。

2009年1月1日起，调整营运车辆税收征收管理办法。对从事专业运输，财务、发票管理制度健全、会计核算规范的单位，经主管税务机关核准，实行查账征收。承包给个人营运和挂靠车辆超过本单位全部车辆20%以上的单位，一般不予核准查账征收，实行"定额加发票"的征收管理办法。对已核准查账征收的单位，核准后如果出现承包给个人营运和挂靠车辆超过本单位全部车辆20%以上的，当年实行"定额加发票"的征收管理办法。

表7-2-2-4　　2009年东阳市营运车辆定期定额税费征收标准表

| 车辆划分 | 征收依据 | 核定月营业额/座(吨、辆) | 月税额/座(吨、辆) | 划分标准 |
|---|---|---|---|---|
| 出租车 | 按核定座位数 | 1682元/座 | 75元/座 | 4座 |
| 小客车 | 按核定座位数 | 673元/座 | 30元/座 | 20座及以下 |
| 大客车 | 按核定座位数 | 561元/座 | 25元/座 | 21座及以上 |
| 货车 | 按核定辆数 | 673元/辆 | 30元/辆 | 0.5吨及以下 |
| | 按核定辆数 | 1121元/辆 | 50元/辆 | 0.5吨~1吨 |
| | 按核定吨位数 | 1121元/吨 | 50元/吨 | 1吨以上 |

### 四、农村工商税收征管

农村工商税收，在农业合作化前，主要是对农村经营的手工业作坊、小商小贩和农民经营的某些副业征收的工商各税。农业合作化后，主要是对农业集体所有制的手工副业生产单位和社队企业征收的工商各税。改革开放后，主要是对乡镇企业、村办企业、私营企业、个体工商业户征收的税收收入。由于农村地域广阔、人口众多、税源分散、征管面广，加上农村基础较差，生产条件相对落后，因而国家对这部分税收采取从宽从简、低税免税政策，在税收征管上也体现了其特殊性。

20世纪50年代初，农村工商税收采取上门征收办法。有些征税面广、生产经营具有季节性的税源，如家酿酒业等，采取集中人员、集中时间突击征收。

1953年，浙江省委批转了中共省财政厅党组《关于整顿农村税收问题的意见》，对家酿酒、植物油、土红糖、屠宰税、牲畜交易税、土麦粉，手工业品、自产自销8个产业开展了税收整顿，健全税收征管。

1957年，农业合作化后，执行《浙江省农村工商税收暂行办法》，规定农业社、社员、个体农民产制的手工业应税产品确定为竹制品、木制品、草席、麻绳、麻线、棕衣、棕绳、木梳、索面、粉干、豆腐皮、纸筋、木炭、土绸、笔、五金制品16类。

1958年，人民公社化后，人民公社为基本核算单位，同时也成为主要的纳税义务人，征管上改为定点包干，带票下乡，依据账面核实征收。对于经常有应税产品销售的生产队，建立“自产自销记录卡”，加强集贸市场税收管理。同年，浙江省颁发《关于农村人民公社工商税收征税暂行办法》，对土化肥、土农药及试制试销期间的新式农具给予免税；同时对应税产品在本队范围内，企业间互换或作价分配给社员自用部分，除烟丝、土红糖、饴糖、植物油、土纱、土布、蚕丝、丝棉、皮革、土纸、砖瓦、陶瓷、焚化品及准许酿制的代用品制酒14种产品应照章征税外，其他产品原则上给予免税。

1961年，落实《浙江省农民自产自销证明使用管理暂行办法》，对农民从事远途运销加以限制，出县运销自制产品的，除按规定征收工商统一税外，还得征收10%的临商税，持有“农民自产自销证”的可免征临商税。

1966年，根据《浙江省农村人民公社工商税征收规定》，减少也生产大队、生产队自产自用征税产品的品种，即由原来的14种改为除了禁止生产的焚化品和限制生产的粮食酿酒两种继续征税外，其余都不征税；扩大公社、生产大队、生产队生产直接为农业生产服务产品的免税范围，即由原来的3种改为对化肥、农药、兽药、小农具不论自用或出售，一律免征工商统一税。

进入20世纪70年代后，由于农村社队企业的迅速发展，农村的征税对象主要为社队企业。财税部门把加强对社队办企业财务人员的培训与辅导，加强社队企业财务核算，健全财务管理制度作为加强对农村税收征管的重点来抓。

1975年，执行省财政金融局下达的《关于农村人民公社试行“工商税条例(草案)”若干问题的通知》，对人民公社、生产大队、生产队及社员个人向外出售的工业、手工业产品和工商税税率表列举征税的农、林、渔、牧产品，以及对外运输、装卸和建筑等服务性业务，均按“工商税条例(草案)”规定的税目，税率征收工商税。社队企业其他工业品仍减按3%税率征税。农村工商税不再征收地方附加。

1978年，省革委会颁布了《浙江省农村工商税征收办法》，规定对社队办的小铁矿、小煤窑、小电站、小水泥厂的销售收入和利润，从1978年1月1日起至1980年12月31日止免征工商税和所得税。同时，省财政厅制定了《浙江省关于改进农村社队企业征收工商所得税的规定》，对社队企业实行四级超额累进税率。

表7-2-2-5 1978—1980年东阳县农村社队企业工商所得税税率表

| 级别 | 所得税级距 | 税率 | 速算扣除数 |
|---|---|---|---|
| | 全年所得额在2400元以下 | 免税 | |
| 1 | 全年所得额在2400元至30000元部分 | 15% | 360 |
| 2 | 全年所得额在30000元至60000元部分 | 25% | 3360 |
| 3 | 全年所得额在60000元至100000元部分 | 35% | 9360 |
| 4 | 全年所得额在100000元部分 | 45% | 19360 |

1981年，根据狠抓调整，稳定经济的方针，贯彻执行国务院《关于调整农村社队企业工商税负担的若干规定》，省政府颁布《浙江省农村工商税收征税规定》，4月1日执行。对直接为农业生产和社员生活服务的农机、农具修造，肥料饲料、农药、兽药和队办的豆腐坊、粉坊、酱坊，以及按不含税价格销售给县内用于农田基本建设的产品，及队内公用和社员自用的队办企业生产的砖瓦、石灰、水泥预制构件和小水电均免征工商税；社队企业生产销售的烟、酒、糖、棉纱等高税率产品，不再减免。

1982年，省政府又颁布新的《浙江省农村工商税收征税规定》，7月1日起执行。规定不予减免税照顾的产品除烟、酒、糖、棉纱、手表、焚化品外，增列钟、鞭炮焰火、电子产品、自行车、缝纫机、塑料制品、化妆品，丝绸、化纤纺织品、油漆、家用电器、钢木家具、皮革制品、橡胶制品共20种。

1984年，为了支持山区乡镇企业的发展，东阳县委决定给占全县1/3的18个山区乡（罗山、东白、白溪、胡村、佐村、上村、罗峰、宅口、三单、西营、玉溪、东门、八达、南江、徐宅、青联、民主、山店）予以免征工商税和工商所得税一年的照顾；1985年和1986年继续免征工商所得税。

1985年，东阳财税局制定《关于乡镇企业税收政策的若干规定》，对新办的乡镇集体工业企业，除20种产品外，按规定纳税确有困难的，报经县财税局批准，给予一年内减免产品税、增值税、营业税的照顾；对生产酱、油、醋、豆制品、腌腊制品、糖制小食品、儿童食品小糕点等的老办乡镇企业，减半征收工商所得税；乡镇企业将不列举的农产品，经简单加工后销售的，免征工商所得税等。

此后，为支持发展乡镇企业，县委、县政府相继制定出台促进乡镇企业发展的税收优惠政策。

1986年，全县农村工商税收收入达2015.2万元；1987年达2334.5万元；1988年达3104.2万元。

20世纪90年代，乡镇集体企业陆续进行改制，特别是1994年实行分税制改革后，作为农村税收特殊的税收优惠政策和征管办法相继取消。

## 五、集贸税收征管

集市贸易的税收征管，就是充分发挥税收的职能作用，监督参与集市贸易的国营、集体单位和个人的交易活动，保护合法经营，打击不法分子，将应收税款及时收缴国库，做到应收尽收。集市贸易税收管理的特点是税源零星分散，征收面广，政策性强。

计划经济时期，国家限制集市贸易，除农民自产的农副产品可上市交易外，禁止进行商品贩卖。改革开放后，集市贸易兴起，东阳按照上级有关规定和各地普遍性做法，采取多种多样的方法加强集贸税收征管。

### （一）扩大代征单位

为了方便群众，简化征管手续，解决税务机关征管力量不足的问题，对进入集贸市场交易的应税商品和临时经营项目，凡是通过由工商管理部门批准的交易所、贸易货栈、批发商行成交的，经市（县）税务局批准，可以委托这些纳税单位代扣和代缴税款。对于远离税务机关的集市，可以委托集市附近的乡镇财政所或乡镇组织代征，税务机关进行定期的代征代扣业务辅导和检查。

### （二）建立登记报验制度

凡领有"税务登记证"的所有工商业经营单位和个人到集贸市场经营商品业务的，都必须携带"税务登记证"，并摆在明显位置，以便查验。没有"税务登记证"的工商业经营单位和个人进入集贸市场，要到集市税务驻征地办理商品入市纳税登记。税务机关根据集市税源和征收力量的情况，在集市上设置纳税窗口，入市登记报验的应税商品在销售完后，纳税人应立即回窗口纳税。为了防止逃漏税，可先让纳税人交付一定数量的货币保证金。保证金的数量可根据产品的品种、市场价格等情况而定。待产品销售完后，再到窗口办理纳税结算手续，多退少补。并有税务人员到市场内巡查，督促纳税人到纳税窗口纳税款。

### （三）加强发票管理

发票是作为计算缴纳税款的原始凭证，是集贸税收稽查的重要依据。在集市进货和销货的发票，必须使用税务机关统一印制的正式发票。从个人手中采购农副产品，应在成交后，到税务机关开具《临时经营发票》。

### （四）加强对重点税源的征管

集市贸易税收的重点税源是指进行长途贩运的临时商贩及其出售的应税产品和上市税率高、数量大的应税商品。根据长途运临时商贩的经营特点，建立使用"外销证"等管理制度；对重点税源的应税商品，税务人员可通过巡查，检查纳税人的营业执照、纳税登记等情况，核实应税商品的销售收入额。

### （五）加强场外检查，取缔非法交易

场外检查就是在集贸市场外围，即税源来回流动的地方开展税务稽查工作，即税务联合工商管理、公安、交管等部门，在集市周围的交通要道、车站等地对即将上市的商品和转运的货物，以及

各种应税交易行为进行检查，1983年，先后设立了吴宁、洪塘、南马、王宅、安文5个税务检查站，配合集贸税收管理。

**（六）区分经营范围进行管理**

根据上市的商品，分种类集中在一起摆摊出售的，采取按地段划片或按商品种类进行管理。

进入20世纪90年代后，集贸市场向规模化和专业化方向发展，加上分税制改革后，对个体工商业户应纳各税的起征点逐步提高，东阳对农村以农副产品交易为主的集贸市场的税收逐渐停征，重点转向专业市场的税收管理。

**六、建筑业税收征管**

东阳素为建筑之乡，建筑安装企业众多，分布面广，大多跨地经营，税收的征管具有特殊性。

在计划经济时期，各公社相继成立公社集体所有的工程队，经批准向外承揽工程，由当地税务所开具《外出经销证明》，取得劳务收入回原地按规定征税。

从1989年1月起，对赴沪建筑安装企业实行定率预征所得税的办法。预征率分两种，资质三、四级的建筑安装企业，按建筑安装工程收入的1.5%计算预征。无资质和从事修缮业务（包括有资质）的建筑安装企业，按建筑安装工程和修缮业务收入的2.5%计算预征。

1993年7月1日起，依据国家税务总局通知，对于出售自建建筑物的纳税人，除按建筑物销售收入全额依照“土地使用权转让及出售建筑物”税目征收营业税外，进一步征收“建筑安装”营业税。

1994年，对建安企业的所得税实行定额缴纳，并每年按10%的递增率增加。建筑企业应向劳务发生地主管税务机关申报纳税，跨地经营的企业或企业分支机构，在经营地具备独立经济核算的，在经营地应向经营地税务机关缴纳所得税。

1998年起，根据东阳市政府《关于进一步深化股份合作企业改革的指导意见》，全市建筑企业改制工作全面推开，全市有98家企业先后通过出售、拍买、兼并、破产、关闭、股份制改造方式实施改制，实行产权买断、土地出让、社保运行、民营机制、股份集中的“五到位”。

1999年1月1日起，执行《浙江省外出经营地方税收征收管理办法》启用新版“外经证”。除承包工程跨省、自治区、直辖市或接受分包、转包的工程外，纳税人持“外经证”跨县（市）城市建筑安装，则应向劳务发生地主管税务机关申报缴纳营业税、城建税、教育费附加等税种；所得税回纳税人所在地向主管地税分局（所）缴纳。到外县（市）从事建筑安装工程的，“外经证”有效期最长不得超过一年。同年7月，对全市建安企业纳税情况进行了全面调查，全市共有注册批准的拥有施工执照的建安企业134家，其中具有一级资质的建安企业11家、具有二级资质企业36家；1998年度全市建安企业完成产值约16.5亿元，其中一级资质企业完成产值约占总数的83%～85%；1998年度全市建安企业上交企业所得税460万元。

2000年1月1日起，根据《东阳市地方税务局关于进一步加强建筑业税收管理的通知》，全市统一了建筑安装企业税、费征收标准,即营业税3%,企业所得税1%,个人所得税0.2%,城建税市区7%(建制镇5%),粮附税0.6%(粮补金3元/月),兵役义务费1.7‰,水利建设专项基金1‰,财政风险金0.5‰。对临时经营门征开票的税率统一为营业税3%,个人所得税1.2%,城建税市区7%(建制镇5%),粮附税0.6%,兵役义务费1.7‰,水利建设专项基金1‰,财政风险金0.5‰。

2002年,东阳市地方税务局出台《东阳市建筑安装业税收管理办法》,1月1日起执行,进一步规范了建筑安装企业的税收征管。

表7-2-2-6　　**东阳市建筑安装业应税所得率表**

| 年度工程价款收入 | 应得税率 |
|---|---|
| 不超过5000万元 | 3% |
| 超过5000万元至1亿元的部分 | 2% |
| 超过1亿元至2亿元的部分 | 1.5% |
| 超过2亿元的部分 | 1.2% |

2004年1月1日起,执行修订后的《东阳市建筑安装业税收管理办法》。

2007年7月1日起,执行《浙江省建筑业税收管理办法(试行)》。

2009年8月,根据浙江省地方税务局,浙江省国家税务局,浙江省财政厅联合下发《关于省内跨地区经营建筑安装企业有关所得税管理问题的通知》,省内跨市、县经营建筑安装业务的总分机构,其二级分支机构的判定和企业所得税征收管理办法按国家税务总局和浙财预字〔2009〕1号的有关规定执行。对不符合二级分支机构判定标准的非法人分支机构(如总机构直接设立的项目公司、工程部等),若同时符合三个条件(分支机构未在施工地领取非法人营业执照;分支机构持有总机构主管税务机关开具的《外出经营活动税收管理证明》;由总机构出具并由总机构主管税务机关确认的该分支机构在财务、业务、人员等方面纳入总机构统一核算和管理的证明),该分支机构在向施工地税务机关报验登记后,其经营所得由总机构统一计算缴纳企业所得税,分支机构在施工地不预缴企业所得税。对三级及以下分支机构(如二级分支机构设立的项目公司、工程部等),持"外经证"向施工地税务机关报验登记,并提供由总机构出具并经总机构和二级分支机构主管税务机关确认的该分支机构在财务、业务、人员等方面纳入二级分支机构统一核算和管理的证明后,该分支机构不就地预缴企业所得税,其经营收入、职工工资总额和资产总额统一计入二级分支机构。11月1日起,执行浙江省地方税务局《关于进沪建筑施工企业代征税款有关问题的通知》,各级地税机关不再委托省政府驻上海办事处代征浙江省进沪建筑施工企业相关税收,但仍委托省政府驻上海办事处开具外管证并于当天反馈。

2009年10月,东阳市地方税务局吴宁分局专门设立建筑管理股,负责建筑和房地产开发企业的税收管理。

2013年，执行国家税务总局《关于印发〈跨地区经营汇总纳税企业所得税征收管理办法〉的公告〉》和《关于明确跨地区经营企业所得税汇总纳税分支机构年度纳税申报有关事项的公告》的规定，对企业所得税实行“查账征收”的建筑企业，严格执行“按季预缴，年终汇算清缴，多退少补”企业所得税政策。

2015年，东阳市政府成立支持建筑业发展的“店小二”服务中心，集中国地税、公检法、金融、建管等12家单位，专门设立服务大厅提供行政审批、行业服务、法务保障三大功能的47项服务项目，凡是涉及建筑业的事项统一纳入建筑业“店小二”服务中心，并优化工作流程，推进审批提速。构建涉及建筑业科技创新“互联网+”服务体系，融入建筑诚信平台、鲁班软件工作站、民间融资服务中心等多个社会中介机构和社会团体，为企业提供服务。

经国务院批准，自2016年5月1日起，在全国范围内全面推开“营改增”工作，建筑业、房地产业、金融业和生活服务业等全面纳入试点范围，由缴纳营业税改为缴纳增值税。当年东阳在册建筑企业275家，其中特级企业6家，一级建筑企业67家，二级59家，三级及其他143家，对地方财政的税收贡献度达到11%。

2017年，根据东阳市委、市政府部署，实施建筑企业招商回归工程，年内招引建筑企业240家，其中资质落地77家；增加开票纳税企业135家，完成招商纳税额3.1亿元。

表7-2-2-7　　2000—2018年东阳市建筑安装企业税收收入情况表

单位：万元

| 年度 | 税收额 | 年度 | 税收额 |
|---|---|---|---|
| 2000 | 1564.30 | 2010 | 44716.52 |
| 2001 | 4254.40 | 2011 | 47567.23 |
| 2002 | 6041.50 | 2012 | 52943.75 |
| 2003 | 7972.00 | 2013 | 67616.59 |
| 2004 | 12115.00 | 2014 | 70951.59 |
| 2005 | 12594.00 | 2015 | 91810.72 |
| 2006 | 20503.00 | 2016 | 72514.11 |
| 2007 | 26270.07 | 2017 | 47896.80 |
| 2008 | 28942.32 | 2018 | 217300 |
| 2009 | 30426.24 | | |

图7-2-2-8　　东阳市建筑业历年税收收入图示

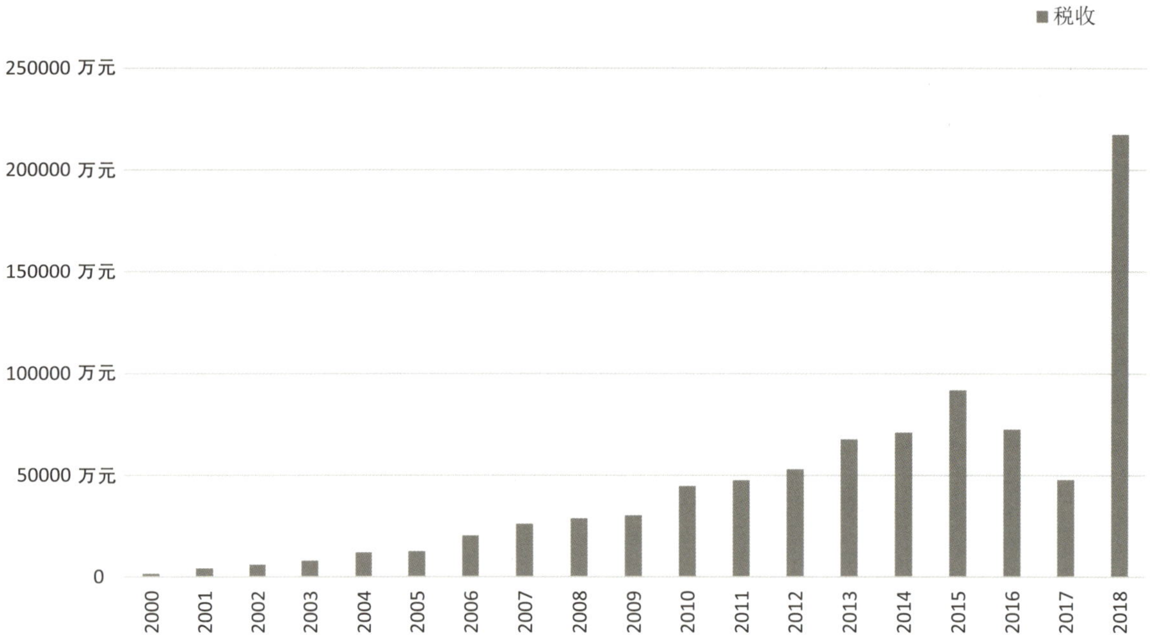


## 第三节　规费征收管理

税务部门征收的规费是按国家法律法规规定征收由法规赋予或各级地方政府及其有关部门委托税务部门征收的各类政府性基金或专项资金（收费）等，简言之，是指由税务部门征收除税种以外的各类费种。税务部门征收规费有国家法律法规赋予的征收项目，如征收国家能源交通重点建设基金、国家预算调节基金等；有省政府确定由税务部门征收的项目，如粮食附加税、社会保障基金等；有县级政府确定税务部门征收的项目，如兵役义务费、财政风险金等；也有相关部门委托税务部门代征的项目，如工会经费等。

### 一、规费的种类

税务部门征收规费是在改革开放以后。1982年12月，国务院颁布《国家能源交通重点建设基金征集办法》，于次年1月1日起施行，《办法》规定征集任务由各级政府分配，具体征集工作由各级税务部门负责办理。此后，随着改革开放的深入，各级政府因经济社会建设所需而筹集的各类基金和资金的项目也越来越多，一般涉及纳税人的筹资项目基本指定由税务部门负责征集，因而，税务部门征收规费的种类也随之增多，1983—2018年，东阳先后由税务部门征收或代为征收的规费项目有国家能源交通重点建设基金、教育费附加、生猪生产稳定基金、粮食附加税、丝类产品调节基金、酒专项收入、国家预算调节基金、粮食补偿金、水利建设专项资金、农业发展基金、财政风险金、残疾人就业保障金、工会经费、文化事业建设费、兵役义务费、新型墙体材料专项用费、旅游发展统筹资金、养老保险基金、医疗保险基金、工伤保险基金、失业保险基金、生育保险基金、地方教育附加、农村教育费附加、副食品价格调节基金、绿化费26种。

1997年，国地税机构分设后，除国家能源交通重点建设基金、国家预算调节基金两项基金由国税部门征收外，其余规费均由地税部门负责征收。

至2018年底，仍由税务部门征收的规费有：教育费附加、地方教育附加、文化事业建设费、残疾人就业保障金、工会经费、养老保险基金、医疗保险基金、工伤保险基金、失业保险基金、生育保险基金10项。

**二、规费的征收管理**

税务征收规费主要根据规费的征收政策制定征管制度，使用专用征收票据（有的实行税费同票），由基层税务征收机构在征收税款的同时完成规费征缴，并及时缴入指定专用账户或国库。

20世纪80—90年代，东阳的规费征收管理，对财务核算健全的企业实行按月（季）申报预缴，年终结算，多退少补；对财务管理不健全的企业和个体工商业户，实行确定规费带征率按税款额带征的办法。

1999年，东阳市地税局开征职工基本养老保险费，由社保部门提供每月应征数据，由地税部门手工录入计算机进行开票、销号、结报，工作量大、效率低。当年征收养老保险费3575.6万元。次年起，东阳地税先后推广应用了TF98、TF2000、TF2006、税友龙版、金税三期等税费征管信息系统，征管效率全面提升。

2002年，东阳市地税局增设规费科，配备2人，专职从事规费管理。同年，各基层征收单位建立了社保缴费单位登记底册、征收台账、征收清册等基础资料制度。

2003年，东阳地税局印发《东阳市规费管理工作考核办法》，根据财政地税年度工作目标岗位责任制考核办法，具体制定对各基层地税分局规费征管工作的考核制度。

2007年，东阳地税系统依托TF2006信息管理系统，企业、个人全部税费均实行“一户通”扣缴，在此基础上，拓展网上打印凭证功能。同年10月，全市社保“五费”（即养老保险基金、医疗保险基金、工伤保险基金、失业保险基金、生育保险基金）全部实施“五费合征”。

2008年，东阳地税与社保部门统一信息平台，利用社保编码实现“一户式”便民查询；该年“五费”汇算清缴申报3550户，汇缴“五费”23623万元；

2009年，东阳将城镇个体劳动者的社会保险费征缴纳入TF2006系统管理,实现“一户通”电子扣缴方式征收社会保险费。

2010年，东阳在完成国地税信息共享平台升级工作的基础上，以推广应用“税友2006”为契机，实行单位个人缴费通过CA系统申报；调整了社会保险费结算政策，由原来的分月结算按年汇总缴纳改为直接按年结算缴纳，为企业减负；同时，为促进社会保险费征管业务统一和规范，通过建立缴费登记模板，强化规费征管。

2012—2018年，随着信息化建设持续推进，持续推进社保“五费合征”工作，规费征管质量和效率不断提高。东阳市地税局通过开展社保费征管汇算清缴工作，切实保证社保费收入及时足额入库；与人劳局一起出台“双定户”工伤保险登记办法，进一步扩大了社会保险费征缴范围；规范乡财中心、会计核算中心、教育分中心等3个中心代管单位的社会保险费征收形式，实现“一户通”电子扣缴；完善社会保险费“一站式”服务，建立城镇个体劳动者社会保险费催报催缴工作机制；完成社保与银行一起入驻社保大厅工作；在社保局新信息系统中统一以地税企业编码为接口，每天进行数据交换，确保双方数据传递的及时性、准确性；积极推进企业代扣代缴社会保险费个人部分申报方式改革，通过企业申报确认的方法，明确缴费单位主体责任，强化对社保缴费的依法征缴。一系列措施使社会保障水平不断提高，有效降低了社会风险。

为规范各级地方政府收费，治理“三乱”（乱收费、乱罚款、乱摊派），减轻企业和农民负担，先后停征了税务部门征收的部分规费项目，包括：1996年1月1日停征了国家能源交通重点建设基金、1999年停征了旅游发展统筹资金、2001年停征了粮食附加税、粮食补偿金和财政风险金；2002年停征了兵役义务费；2016年11月停征水利建设专项资金；2017年停征新型墙体材料专项基金等。

**三、规费的减费降费政策**

在按规定停征规费项目的同时，为落实中央减税降费政策，东阳地税局通过减免、降低费率、缓缴等方式，贯彻落实相应的减费降费政策。2008—2016年共减免了2351户符合条件的企业2.2亿元地方水利建设基金，其中2014年，为配合实施“个转企”和“小升规”活动，共对312户“个转企”企业、67户“小升规”、23户小型微利企业、132户影视企业减免了地方水利建设基金及其他有关规费；并对社会保险五费的征缴比例多次下调。2017年，根据省政府文件精神，阶段性下调企业拨缴上级工会经费比例。另外，对征缴社会保险“五费”有困难的企业经批准给予缓缴。总之，通过“减、免、降、缓”等降费政策的落实，进一步减轻了企业负担。

表7-2-3-1　**1983-1996年东阳市（县）税务部门征收的各项规费统计表**

单位：万元

| 年度 | 国家能源交通建设基金 | 国家预算调节基金 | 粮食附加税 | 酒专项收入 | 教育费附加 | 水利建设专项基金 | 生猪稳定基金 | 粮食补偿金 | 丝类产品调节基金 |
|---|---|---|---|---|---|---|---|---|---|
| 1983 | 172.8 | | | | | | | | |
| 1984 | 210.3 | | | | | | | | |
| 1985 | 219.8 | | | | | | | | |
| 1986 | 251.8 | | | | | | | | |
| 1987 | 306.7 | | | | | | | | |
| 1988 | 453.0 | | 235.8 | 12.5 | 28.0 | | | | 5.5 |
| 1989 | 530.2 | 171.1 | 301.4 | 41.6 | 41.4 | | | | |

续表7-2-3-1

| 年度 | 国家能源交通建设基金 | 国家预算调节基金 | 粮食附加税 | 酒专项收入 | 教育费附加 | 水利建设专项基金 | 生猪稳定基金 | 粮食补偿金 | 丝类产品调节基金 |
|---|---|---|---|---|---|---|---|---|---|
| 1990 | 362.2 | 340.3 | 301.4 | 23.0 | 65.5 | | | 97.2 | |
| 1991 | 432.5 | 344.0 | 366.6 | 13.8 | 68.0 | | | 114.5 | |
| 1992 | 357.0 | 331.2 | 380.1 | 10.1 | 72.6 | | | 111.2 | |
| 1993 | 155.7 | 199.6 | 390.5 | 11.5 | 107.3 | | | 104.2 | |
| 1994 | 119.0 | 129.9 | 297.6 | | 158.3 | 361.8 | 9.4 | 80.5 | |
| 1995 | 38.1 | 34.3 | 229.7 | | 182.0 | 434.5 | 5.0 | 66.7 | |
| 1996 | | | 375.5 | | 208.8 | 429.4 | 8.0 | 39.0 | |

表7-2-3-2

# 1997-2018年东阳市地税部门征收的各项规费统计表

单位：万元

| 年度 | 教育费附加 | 地方教育附加 | 文化事业建设费 | 工会经费 | 残保金 | 水利建设专项基金 | 旅游发展统筹资金 | 粮食附加税 | 农业发展基金 | 粮食补偿金 | 墙改基金 | 财政风险金 | 兵役义务费 | 社保五费 | | | | |
|---|---|---|---|---|---|---|---|---|---|---|---|---|---|---|---|---|---|---|
| | | | | | | | | | | | | | | 养老保险 | 医疗保险 | 失业保险 | 工伤保险 | 生育保险 |
| 1997 | 220.4 | | | | | 474 | | 444.3 | | 41.8 | | | 514 | | | | | |
| 1998 | 224.3 | | 1.8 | | | 477.9 | 3.9 | 464.6 | | 45.8 | | | 519 | | | | | |
| 1999 | 203 | | 18 | | | 559 | 57 | 508 | | 52 | | | 888 | 3575.6 | | | | |
| 2000 | 321.1 | | 24.1 | | | 487.4 | 2.3 | 560 | 648.7 | | | | 892 | 5801.9 | | | | |
| 2001 | 458.8 | | 25.7 | | | 547 | | | 156.4 | | | | 934.6 | 7799.1 | | | | |
| 2002 | 512 | | 27.7 | | | 699.5 | | | 1.3 | | 27 | | 592.8 | 10867.4 | | | | |
| 2003 | 503 | | 38 | 463.6 | | 732 | | | | | 35.5 | 0.01 | 3.9 | 12556.6 | | | | |
| 2004 | 668 | | 33 | 631.4 | | 1068 | | | | | 30.7 | | | 18271.5 | 935 | 153 | | |
| 2005 | 858 | | 77 | 634 | 811 | 1281 | | | | | 1 | | | 24267 | 8144 | 786 | 88 | |
| 2006 | 1653 | 3623 | 231 | 970 | 1335 | 1709 | | | | | | | | 28857.1 | 16982 | 1029 | 544 | 221 |
| 2007 | 3526 | 2469 | 272 | 1000.4 | 1514 | 2270 | | | | | | | | 39843.3 | 14250 | 1136 | 927 | 238 |
| 2008 | 3946 | 2872 | 517 | 1129 | 1530 | 2665 | | | | | | | | 42267 | 16647 | 2467 | 1636 | 567 |
| 2009 | 4257 | 3053 | 448 | | 1331 | 3604 | | | | | | | | 45103 | 17351 | 3238 | 1724 | 620 |
| 2010 | 5482 | 3866 | 670 | | 1540 | 3958 | | | | | | | | 50526 | 23165 | 4589 | 2127 | 888 |
| 2011 | 6487.9 | 4369.9 | 1091.6 | | 1623.4 | 4752 | | | | | | | | 114687 | 29956 | 5316 | 2417 | 1092 |
| 2012 | 8472.1 | 5639.2 | 2037.2 | | 1732.9 | 5172.4 | | | | | | | | 81975.2 | 35606.4 | 6629.7 | 3167.5 | 1395.2 |
| 2013 | 8706.8 | 5786.2 | 358.9 | | 1985.7 | 6061.7 | | | | | | | | 99073.4 | 39716.8 | 7286.8 | 3665.4 | 1495.6 |
| 2014 | 9920.4 | 6619.8 | 289.5 | | 2342.4 | 7406.4 | | | | | | | | 120202.1 | 45462 | 8469.6 | 4530 | 1776.3 |
| 2015 | 10628.8 | 7105.5 | 199.5 | | 2590.3 | 9354.5 | | | | | | | | 133289.2 | 54075.4 | 7577.4 | 5430.6 | 2165.8 |
| 2016 | 12726.8 | 8543.6 | 95.4 | | 2870 | 5380.6 | | | | | | | | 198448.8 | 59995.8 | 6736.2 | 4953.2 | 2016 |
| 2017 | 12763.5 | 8525.9 | 2.8 | | 3934.3 | -1499.4 | | | | | | | | 213572 | 68697.1 | 4813.2 | 5446.1 | 2319.6 |
| 2018 | 17464.9 | 11618.9 | 0.2 | | 6590.7 | | | | | | | | | 259276.1 | 80981.8 | 5773.6 | 6543 | 2671 |

说明：水利建设专项基金2017年负值为停征后办理减免退库

# 第三章 税收核算与税收票证

税收核算包括税收计划、会计和统计的核算,税收计划、会计、统计是税收工作的一个重要组成部分,是科学管理税收的必要手段。税收计划、会计、统计的基本任务是:调查研究经济税源情况,管理税收计划的编制、分配和执行,核算税款征收、入库,分析税收、税源资料,监督实施税收政策,反映税收工作成果,保证税收工作顺利进行。

建国以后,我们国家就建立了税收计划、会计和统计的核算制度。1958年至1977年期间,税收计划、会计与统计工作曾经历过不同程度的削弱,机构撤并,人员缩减,制度松懈,管理薄弱。十一届三中全会以后,随着经济体制和财税体制的改革,税收在国民经济中的地位和作用加强,税收计划、会计与统计工作在组织国家财政收入,推动税收工作,反映经济税收变化,正确制定和贯彻执行税收政策,以及提供和积累税收、税源资料等方面都发挥了重要作用。1984年,国家税务总局印发《税收计划、会计、统计工作规章制度》,此后,基层的税收计划、会计与统计工作得到逐步规范和加强。

税收票证是税务机关征收或退还税款(含费金、滞纳金和罚款)所使用的专用凭证,以及进行税收管理所使用的列入票证管理的其他专用凭证和章戳的总称,狭义简称“税票”。加强票证管理,保证票款安全,是税务机关的重要职责。

## 第一节 税收计划

税收计划是税务部门对未来的税收收入所做的部署和安排,体现目标管理的要求。税收计划包括编制税收计划、分配税收计划、检查分析税收计划的执行情况、税收预测和税源调查等内容。

### 一、税收计划的编制

税收计划是根据国民经济和社会发展计划要求,以及计划期内全市经济税源情况,按照现行税收政策,经过深入细致分析和调查研究,对税收收入进行测算而编制的。年度、季度税收计划一经核定一般不作调整,由县(市)税务局按旬检查收入进度,按月分析报告,按季重点分析执行情况,按年考核计划执行结果。

1950年,国家税务总局召开第一次全国税务计划工作会议,制定了《全国各级税务机关计划工作规则》，按照《规则》规定，各级税务机关都应当编制下年度分税、分季、分月的税收计划。随后改为编制年度计划和季度执行计划两种。年度计划分税种、项目、重点品目编制；季度执行计划分月、分税种编制。根据财政管理体制“集中统一，分级管理”的原则，采取“分级编制，逐级上报”的编制程序。

东阳税收计划的编制经历了“由上而下”到“一上一下”和“两上两下”到“两上一下”的发展过程：

1950年，由于尚未掌握税源情况，年度计划是自上而下核定的。自1951年起，东阳实施局、所两级计划管理，采取自下而上编制与自上而下核定的办法；试行计划管理制度，在编制货币计划的基础上，同时编制实物计划。同年11月，执行浙江省税务局《工商税收计划、会计、统计制度》，制定了税务所一级的计划、会计、统计工作制度。

1953年起，取消实物计划，贯彻计划指导征收的原则，局、所两级配备专(兼)职计划员负责计划的编制、分配、考核和执行情况的检查分析工作。

1965年，执行浙江省税务局《关于改进季度税收计划编报程序的通知》规定，工商税、营业税、农林特产税、农业税等的季度税收计划，应当于季度开始后两天内编制，并下达所属各税务所执行，以作考核。税务所(组)一般按照县(市)局的要求定期编报年度、季度计划，待核定下达后，进行层层落实，作为检查考核的依据。

“文化大革命”期间，税收计划被视为条条框框受冲击，或流于形式，或“实报实销”，缺乏计划刚性。

20世纪70年代后期，重新加强税收计划工作，规定税收计划实行调查、编报、下达、考核的程序，按年分季下达任务。如遇税制调整或税源变化，到年底统一调整。

改革开放初期，由于经济税源变化因素较大，客观经济状况与税收计划编制矛盾比较突出，对年度税收计划实行“必成数”(保证数)和“期成数”(争取数)两个指标下达，并分别考核。从1986年开始，因各镇乡建立了乡镇一级财政体制，全县实行分乡、分专管点的税收收入计划簿进行计划管理，用以登记各镇乡按月份、季度、年度计划执行情况和记录税收的征管、检查情况，列入档案资料管理。

1987年，根据财政部重新修订的《税收计划、会计、统计工作制度》要求编制计划。

1990年及以后部分年度，根据国家财政预算收支状况分配超收指标，以确保税收任务的完成和超额完成。

1997年起，将原按“基数法”改为按国内生产总值税收负担率法编制和核定税收计划。国民生产总值税收负担率是指一定时期的税收收入总额与国民生产总值的比例，计算公式为：

国民生产总值税收负担率=(税收收入总额÷国民生产总值)× 100%

1998年，东阳执行浙江省地税局颁发的《税收计划、会计、统计工作制度实施办法》。

2002年，浙江省地方税务局颁发《税收计划管理业务工作规程》，提出编制税收计划的客观性、系统性、连续性、定性分析与定量分析相结合、重要性、时效性等6项原则，旨在提高税收计划管理水平。

2012年，为适应新形势下组织税收收入工作，规范完善税收计划管理，浙江地税局印发《浙江省地税系统税收计划管理办法》，对税收计划的编制、分配与落实，税收计划执行情况的检查与分析，税收收入预测，经济税源调研等计划管理内容进行了重新规范。2002年颁发的《工作规程》同时废止。

2013年起，向浙江省地税局只报税收收入计划建议数，省局也不再向下下达税收收入计划任务。此后，对各基层局所虽有年度收入计划下达，但已不再进行收入计划完成情况的考核，重在依法收税，应收尽收，弱化税收计划在税收收入中的调节作用。

## 二、税源管理

税源管理是税收管理的重要内容，是编制税收计划主要依据。税源管理包括税源调查、重点税源监控和重点税源督查等工作。为分析研究经济政策和税收措施对税收的影响，观察预测经济税源变化趋势，增强工作预见性，在编报分配计划和计划执行过程中，东阳县(市)税务局注重税源调查研究，为正确编制检查计划和税收政策的贯彻执行情况，开展经常性调查和专题性调查，对重点税源实施科学监控和核查。

东阳税源调查工作始于1950年，当时屠宰税的收入占整个工商各税比重很大，税务部门应按季分月调查猪、牛、羊生产情况，并订立《东阳县屠工登记管理办法》。1950年下半年开始至1953年5月止，全县共登记屠工942人，设立屠宰税代征处43个。

1953年，对素来有“百工之乡”之称的东阳小手工业和小商贩进行调查登记，合计登记在册泥、木、篾、石、缝五匠49640人，小商贩3110户。是年，农村税收占全年税收收入的40%。

1954年，东阳贯彻“利用、限制、改造”私营工商企业政策，对公、私经济营业变化情况作了调查和对比，其比重变化情况列表如下。

表7-3-1-1　**1953—1954年东阳县公私经济营业额比重变化表**

| 年度<br>经济性质 | 1953 | | 1954 | |
|---|---|---|---|---|
| | 营业额(元) | 比重(%) | 营业额(元) | 比重(%) |
| 合　计 | 19015004 | 100 | 24082060 | 100 |
| 国　营 | 4258060 | 39 | 8557893 | 35.54 |
| 合作社 | 6674064 | 35.1 | 9449141 | 39.24 |
| 公私合营 | 14652 | 0.08 | | |
| 私　营 | 8068228 | 42.43 | 6075026 | 25.22 |

1955年，私营工商业实行社会主义改造后，经济成份和税源结构发生了重大变化，公营经济上升，私营经济下降；工商比重上，公营“工升商降”，私营则“工降商升”。

1970年，社队企业迅速发展，公社企业收入在三级所有总收入中所占比重不断上升。

1981年，东阳根据财政部和浙江省税务局部署，开展全县经济税源普查，全民、集体、个体工业、商业、服务、建筑、运输等企业，以及有收入按规定应纳税的企业列为普查对象。

1986年开始，由于市场经济发展迅猛，税源变化日新月异，东阳县财税局把经济税源调研作为一项重要工作来抓，要求各财税所每季选写一篇经济税源调研材料上报县局。1986年至1988年三年时间中，全县共写出调研报告108篇，其中《从牲畜产、销情况谈屠宰税征管办法的改善》和《个人收入调节税征收情况简析》两篇调研报告，受到上级部门的采纳和肯定。

1987年，建立了县化工厂、农药厂等24户重点企业税收入库情况档案资料。此后，着重对重点企业和重点税源进行调查分析。

1994年，东阳建立重点税源调查报告制度，凡应纳税额在20万元以上的纳税户，不分经济性质，均列入调查范围。

1997年起，税收计划管理转向重点税源监控，建立重点税源数据库管理办法。

2002年，执行省地税局印发的《浙江地税系统重点企业税源监控管理办法》，纳入重点税源户的标准为：地税税收收入年200万元以上或增值税一般纳税人地税税收收入100万元以上的为省级重点企业，全市共计18家；地税税收收入在100万元以上的为地市级重点企业，全市共计65家；地税税收收入在30万元以上的为县（市）级重点企业，全市共计17家。重点税源企业实行年度滚动更新。纳入重点税源监控户的企业，应当在“税友2000”系统的财务管理模块中按月录入各项财务数据，以及时反映重点税源变化情况。

2004年，根据省局统一部署，东阳开展了对煤炭、电力、石油、运费及其原材料价格上涨对税收的影响和房地产行业税收趋势的调查和分析，以及时把握税收收入趋势。

2005年，根据《浙江省地税局关于加强税源管理工作若干意见》，东阳市地税局税源管理侧重税源总量和税负变化的宏观分析与监控，完善管理制度，开展税源分析；实施分类管理，按照“抓大控中定小”的思路，根据税源重要性、稳定性、成长性区别对待，并适时动态调整类别结构。

2006年，根据浙江省地税局要求，东阳市地税局改革“人户对应”税收管理模式，停止执行“税企联系制度”，建立“人对事、事对户”的日常税源间接控管模式，从事日常税源管理的税务人员与纳税人之间没有固定的关联，只有因不同的具体工作而建立不同的信息没能渠道，即“间接管控”，实行案头分析监控和实地核查两种工作方式。同时，推广应用《税源间接控管平台》，实现税源管理精细化、扁平化和标准化，提升税源管理的质量和效率。

2007年，配合修改后的《城镇土地使用税暂行条例》的实施，开展了外商投资企业和外国企业城镇土地使用税税源调查。

2010年，按照浙江省地税局《关于进一步加强房产税、城镇土地使用税税源管理工作的通知》，东阳开展了房产税、城镇土地使用税的税源清查，并做好税源信息的登记工作。同年，还对部分重点税源企业开展专项分析检查工作，对税收高风险和纳税异常企业实施重点分析和检查。次年，省地税局制订《浙江省地税系统税源监控分析管理办法（试行）》，进一步强调和规范税源监控分析工作。

2012年，省地税局重新修订《浙江省地税系统重点税源监控管理办法》，以深化数据分析应用，提高税源监控专业化管理水平。

2017年，根据浙江省国家税务局、地方税务局《关于深化国地税合作进一步加强税源管理的通知》精神，在东阳国地税部门之间实行“资源共用、信息共享、税源共育、项目共管、定额共评、问题共商、风险共防、政策共宣、效应共析、经验共推”合作机制，共同推进加强税源管理新举措、新方法。

表7-3-1-2　　1950—2018年东阳市（县）税收计划执行情况统计表

| 时期 | 完成计划 | 平均每年递增 | 备注 |
|---|---|---|---|
| 国民经济恢复时期（1950—1952年） | 103.6% | 29.9% | |
| “一五”时期（1953—1957年） | 98.5% | 7.4% | |
| “二五”时期（1958—1962年） | 104.2% | 0.5% | |
| “调整”时期（1963—1965年） | 101.7% | 6.4% | |
| “三五”时期（1966—1970年） | | 3.49% | 计划数不准，未能计算 |
| “四五”时期（1971—1975年） | 98.7% | 3% | |
| “五五”时期（1976—1980年） | 109.3% | 13.7% | |
| “六五”时期（1981—1985年） | 119.6% | 19.2% | |
| “七五”时期（1986—1990年） | 100.7% | 7.8% | |
| “八五”时期（1991—1995年） | 108.6% | 20.7% | |
| “九五”时期（1996—2000年） | 110.49% | 7.36% | 其间因国地税机构分设，年递增数计算口径变化 |
| “十五”时期（2001—2005年） | 111.14% | 46.22% | |
| “十一五”时期（2006—2010年） | 106.4% | 34.83% | |
| “十二五”时期（2011—2015年） | 104.3% | 16.33% | |
| “十三五”时期（2016—2018年） | 102% | 0.7% | 2016年5月起营改增，收国税部门征收，收入口径变化 |

## 第二节　税收会计

税收会计是税务机关核算、反映和监督税收征收、解缴和税务机关征收经费收支等经济业务的一种专业会计，是国家预算会计的一个组成部分，也是科学化运用会计方法和手段，对税收业务进行全面、综合、连续、系统地核算反映与监督的税收管理活动。长期以来，以基层税务机构为税收会计的核算单位，基层财税所都配有税收会计员，负责保护国家税款安全，监督税款及时足额入库，核算和反映税款的征收、解缴、提退过程及收入成果，按时向上级上报会计报表。县(市)税务局为基层税收会计的主管核算单位。实行税收管理信息化后，税收会计改由市(县)税务局直接核算。

**一、税收会计核算**

税收会计核算，应全面系统地如实反映税款的征收、提退和入库的全过程，监督税款及时足额入库，并据以编报会计报表。

**(一)税收会计制度**

1950年，东阳执行财政部、税务总局《各级税务机关暂行会计制度》，采用收付记账法。

1958年，简化会计制度，一度撤销基层税务所级会计。1960年恢复所级会计，搞税收计划、会计、统计工作人员并兼管所内勤及区、社经费拨款等工作。

1979年，浙江省税务局颁发《工商税收计划、会计、统计工作制度》，税收会计核算仍采用简单的单式记账法，记载税款的征解提退，严格税款入库解缴手续，凡在银行开户的工商企业，其纳税额不论大小，一律填开缴款书，由纳税人直接解缴金库经收处；自收税款和代征税款，一律填开完税证收取税款；税务所必须按日填开汇总缴款书，办理入库手续。

1985年，根据浙江省税务局规定，将税收会计核算从单式收付记账法改为复式资金反收付记账法。

1986年，基层税务所配备计划统计员和预算会计，始成为专职的税收会计员并兼管票款等管理工作。

1987年1月1日起，执行财政部制定的《税收计划、会计、统计工作制度》。同年3月，东阳县财税局系统地整理、制订和完善有关税款退库的规定和制度，防止税款的重退和多退现象。1987年至1988年两年时间中，通过审核查出退还差错申请书43份，查出多报退库税款12.7万元，避免国家税款损失。

1988年，为了理顺税款划解和凭证转递的关系，各财税所在当地银行或营业所设立税款专户，由财税所会计填制税款划解日报单，连同原始凭证通过银行划解。税款划解后，由财税所单独邮寄一份日报单至市局计财科，便于市局了解税款划解情况，掌握银行滞留税款的数额和时间，监督税款及时入库，改变凭证倒流的弊端。金华市财税局肯定了此种做法，义乌市、永康县先后来东阳交流和推广税款专户和定期划解的管理办法，提高了会计核算的及时性和正确性。是年，执行《浙江省会计档案管理实施办法》，强化税收会计档案管理。

1991年，执行国家税务总局下发《税收会计改革方案》和《税收会计核算试行办法》。

1993年12月，执行浙江省税务局下发《税收会计核算试行办法》和《税收会计改革实施意见》，

1994年1月1日起，推行税收会计改革：一是扩大核算范围，即由征收数扩大到应征数；二是改革核算办法，即由反收付记账法改为借贷记账法；三是会计科目设置按资金性质分资金来源类、资金占用类两大类记录核算；四是明确核算单位及核算范围；五是试行从应征数核算的新的税收会计核算办法。

1998年，根据税收工作发展要求，为适应税收管理需要，提高税收会计核算效率，东阳执行国家税务总局制定颁布的《税收会计制度》。

2002年，根据国家税务总局1998年颁布的《税收会计制度》，浙江省地方税务局对原《浙江省税收会计核算实施细则》进行了修订，印发修改后的《税收会计核算实施细则》，对记账方法、会计科目设置、会计凭证、会计账簿、会计报表、会计电算化、会计分析等作了具体规定。此后，实行以市(县)地税局为单位的会计一级核算制度。

2004年，浙江省地方税务局印发《关于加强税收会计核算，提高会统报表质量的通知》，针对税收会计核算存在的会计核算基础不够扎实、减免税核算不够全面、税收会计科目核算不统一等问题，提出加强政策性、逻辑性审核，确保各项数据反映的准确和统一，加强会计分析等规范税收会计核算的措施。

2016年，为健全税收会计制度体系，提高税收会计工作管理水平，国家税务总局制定颁发《税收会计基本规定》，对税收会计工作的管理体制，主要任务，机构设置和人员配备，税款缴库、退库和调库，税收会计核算，税收会计监督和分析，税收会计档案管理等内容作了明确规定，东阳于2017年1月1日起执行。

**(二)会计报表**

1951年4月起，东阳县税务局开始编制分税分月分所税收计划，检查税收计划执行情况，分析超短收原因，专题上报金华。10月起，将税收会计分收入会计、支出会计和票证会计三个岗位，收入会计负责日记账、总账、明细分类账、明细分类分户账、没收实物账、税收日报、月报、没收品报告表、传票；支出会计负责税务费、临时补助费、提成奖金、工本费；票证会计负责票证预算，领发、审核、结报、税务所设日记账、税款收解明细分类账、没收品实物账等。

此后，会计报表只编报“工商税收会计报表”一种。

1985年，根据浙江省税务局规定，将税收会计核算从单式记账改为复式记账法，设置税收资金平衡表、应征税金明细表、入库税金明细表、待征税金明细表、减免税金明细表、税收提成收入明细表等。是年，金华市局开展税收报表同工种竞赛，东阳上报的会计报表数字正确、口径一致、报告及时。

1986年，根据《税收会计核算试行办法》，税收会计报表统一为税收资金平衡表、税收收入明细表、税收入库明细月报表、各项提退月报表、出口产品退税明细月报表、欠税月报表6种。

1988年，金华市局对各县(市)税收会计进行计算机操作培训，要求以软盘报送税收报表。

1990年开始,税收会统报表全部使用计算机软件编报。

1998年起,根据国家税务总局新颁布的《税收会计制度》和国家收支预算科目的要求,浙江省地方税务局每年发布税收会计报表制度,修订报表指标内容和相关表式。2001年发布的2002年税收会计统计报表表式有31种,其中包括会计报表达16种、统计报表13种、票证报表2种。

2003年起,根据浙江省地方税务局部署,东阳地税局每年开展会计核算和会计报表质量的专项检查。

2004年,浙江省地方税务局印发《关于加强税收会计核算,提高会统报表质量的通知》,要按照"资料完整、数据准确、口径统一、报送及时"的要求,加强对账和审核,努力提高报表质量。

2012年,以梳理税友龙版的计财模块为契机,及时发现和反馈存在的问题,以便及时解决。进一步完善龙版中的财务数据修改流程,对财务报表数据的修改从严审核把关。

**二、税款的解缴**

税务机关征收的各项税款和基金收入,应及时缴入国库。

1951年,浙江省《税务会计须知》规定,设有金库的税务机构所在地,工商企业应纳税款由纳税单位直接解缴金库,并建立同银行对账制度,每日每月核对,半年重核,以免税收纳库数与金库收到数不符;个人纳税的零星税款,征收后当日存入银行,日税日解;无金库设置的税务所,税款日征收不足50元时,5日解缴一次,超过50元的,3日解缴一次。税收会计不直接办理征收业务。据此,在建国初期,对应缴税款由税务征收机关填开缴款书,由纳税人直接缴入所在地的金库经收处。此后不久,规定对有条件的纳税企业,可以自己填开缴款书、自行审核、自行缴库,即"三自"纳税办法。

1955年起,税款报解由电话汇报和票汇改为信汇。

1962年后,对催缴无效的纳税单位,税务机关可填发"委托代扣款项通知书",委托银行进行扣缴税款。

1979年,东阳根据省税务局《工商税收计划、会计、统计工作制度》规定基层税款报解限额,超出限额必须实时报解:税务所限期10天以内,限额500元以内;农村专管员限期一个月最少两次,限额不定,税款当日存入信用社;代征单位、代征人员,限期10天以内,限额100元以内;山区、边远、交通不便地区,以及旺征时期,自收税款和代征税款的限期限额可适当放宽或缩短。

1980年7月1日起,对直接向金库经收处缴纳税款的纳税单位(包括三自纳税单位)填开五联各税缴款书;各财税所自收税款向金库经收处汇缴时,改填四联汇总缴款书。入库税款划解时加编"征解凭证汇总单"一份,送金库经收处核对划解税款。

1987年起,浙江省统一自收税款缴库的限期限额:对税务所,限期10天以内,限额2000元以内;农村专管员,限期10天以内,限额500元以内;代征单位(人员),限期10天以内,限额200元以内;对于山区、边远地区、交通不便,最长限期不得超过一个月。

1989年，浙江省税务局规定对大额欠税要定期书面和电话向省税务局汇报，及时提供清欠信息。

20世纪90年代初，计算机引入税收征管后，采取由纳税人填报纳税申报表，交由征管大厅实行计算机开给缴款书，再由纳税人缴入国库经收处。

1995年，浙江省税务局制定《税收票证管理办法》，自1996年1月起，对自收税款的限期限额作重新规定：税务部门的征收人员限期为10天，限额为2000～5000元；在征期内税款集中，限期为3天，限额由各市（地）、县（市）税务局自行规定；代征代扣单位限期为10天，限额为2000元；对山区、边远地区交通不便的，专管员和代征单位自收税款限期适当放宽，但不得超过1个月。当地没有国库经收处，而信用社又有条件办理税款存款业务的，为保证税款安全，自收税款和代征税款当日存入信用社，按规定的期限、额度办理票款结算手续，税款不得存入私人账户。存入信用社的税款，只能划解，不能提取现金。没有条件办理税款划解的信用社，专管员应按限期、限额的规定，自带信用社的转账支票，向税务所办理票款结报。

1996年，执行国家税务总局《严格执行税款解缴，严肃财税政纪法纪的紧急通知》，进一步严格税款结报制度。

1998年，浙江省地方税务局制定《浙江省地税系统税收票证管理实施办法》，规定：对于当地没有国库经收处的，税务部门自收的税款以及代征单位代征的税款，按照“限期限额”即“双限”管理规定办理税款缴库和结报手续。

2002年，根据浙江省地税局《关于税收会统核算若干问题的通知》，要求做好所得税分享改革后征收核算工作，及时做好账外核算呆账税金的清理工作，加强滞纳金的核算管理，做好多缴税款及应付利息的退库处理，调整应税税金明细核算办法及《应征税金明细月报表》指标。

2005年，浙江省地方税务局根据税收征管手段的变化修改了税款结报“限期限额”管理办法，对税务机关门征税款未实行税库（银）联网电子划解方式缴库的、且当地未设国库经收处的和代征单位代征的税款，应当按照“双限”管理规定报解，并对“双限”标准作了调整。此后，为确保税收票款安全，根据省局部署，东阳市地税局每年组织对基层税务机关进行票款核查工作。

2008年，根据上级地税部门部署，东阳市地税局适时开展了税款过渡账户的清理工作，同时，对清查出的违规过渡账户，要及时纠正，立即撤销，账户中存储的各项税款、结存利息全部清理入库。此后，东阳市地税局再无税款过渡账户，所有税款均及时缴入国库。

2011年，根据浙江省地方税务局《转发国家税务总局关于严格执行税款退库办理制度的通知》精神，为规范税费退库工作，按规定开展了退库自查和上报自查情况。不断提高税费退库办理效率，推进流程再造，缩短退库办理时限。同时，开展以税收资金安全为重点的税收会计检查工作，加强分局税收资金管理专户的对账管理，完善了征收大厅的对账资料，实行每天对账、责任到人；票款核对，确保税收资金管理专户余额与电脑数的一致；确保基础环节税款准确、安全入库。

### 三、收入退库和损失核销的管理

税款的退库包括计算失误的错征税款退还、政策规定的出口退税、减免退税、减税还贷退库、所得税汇算清缴和增值税等结算退库、代征代扣税款提取手续费和违章案件提奖退库以及集贸市场税收分成退库等。办理税款的退库，除计算差错的误征税款，小额退税（1986年前限额为10元以下，1986后提高为30元以下，1996年提高为100元以下），由所长批准，在自收税款中退还外，一般退税由退税单位或个人提出申请，按照审批权限，由县（市）税务局长签具意见后，通过国库办理退还。办理申请退税期限应自征收之日起1年内；已批准的退税应自通知之日起1个月内有效，逾期不予办理。

2014年，为规范税款缴库退库程序，国家税务局颁布第31号令《税款缴库退库工作规程》，对税款缴库退库的具体工作程序作了明确规定，次年，浙江省地税局印发《关于进一步明确税款退库办理流程的意见》，对税款退库在税务部门内部的工作流程作了进一步明确。

对损失税款，应查明原因，对无法追回的税款，据实报告，按核销权限进行处理。损失税款100元以下的，由县（市）税务局处理，超过100元以上的，报省税务局处理。

### 四、税务经费管理

税务经费是税务部门完成税收工作任务和税务事业发展的物质保证。

建国以后，税务部门所需经费均由同级财政列入预算安排，经费支出按财政财务制度要求进行管理，严格执行财经纪律。

1983年，执行财政部《各级税务机关税务经费管理办法》，不准擅自扩大开支范围和提高开支标准；要按规定编制经费预算和用款计划，按期编制会计报表和会计决算。

1984年，财政部下发《关于加强各项税务经费收支管理的通知》，要求认真执行国家预、决算制度，加强各项费用管理，发扬艰苦奋斗的革命传统，厉行节约，反对浪费。要求建立和健全经费管理制度，严格收支手续，切实进行会计监督，保护国家资金、财产的安全。会计人员要严格按照各项经费管理制度办事，敢于同一切违反财经纪律的行为进行斗争。

1985年起，为了充分调动税务部门的征收积极性，根据上级规定可按代征税款的4%提取代征手续费和按集贸市场税收的25%提取集贸税收分成，用于基层税务所建房、支付代征税收报酬和弥补财政预算安排的税务事业费不足。此两项提取成为税务部门的预算外资金收入。

1995年起，根据财政部、国家税务总局规定取消集贸市场税收分成办法，税务机关所需经费由同级财政列入预算支出安排。

1997年，因国地税机构分设，根据上级规定国税机关的支出经费按基数上划由中央财政负担，地税机关经费由地方财政负担。1998年，执行省局《浙江省地税系统税务经费管理办法》，该办法共分五章三十条，规范浙江省地税系统的经费管理制度，切实加强地税系统的税费管理，充分发挥资金使用效益，保障各项税收工作的正常开展，规定按月编制经费会计报表报送计财部门，严格拨款程序，严格执行财务制度，加强对经费使用和财产的管理。

2001年，浙江省地税局制定印发《浙江省地方税务系统税务经费电算化核算管理办法》《浙江省地税系统税务经费内部审计工作制度》《浙江省地税系统税务经费管理工作规程》等税务经费管理制度，对税务经费科目、核算账簿的设置、年终结账的规范、会计报表的种类和内容以及内审部门和人员、内审工作职责、内审工作权限、内审的方式和程序作了明确规定。此后，东阳市地税局每年组织本局税务经费收支的内部审计工作。同年，根据财政部、国家税务总局规定，取消代征税款提取代征手续费的规定，地税部门所需代征手续费纳入同级财政预算。

2003年1月1日起，执行财政部《农业税收征管经费管理办法》，农业税收征管经费集中用于支持农业税收征管信息化建设、改善基层农业税收征管手段，以及经财政部、国家税务总局批准的其他支出，不得用于下列各项开支：①行政事业单位日常公用经费和人员经费；②各种奖金、津贴和福利补助；③建造楼、堂、馆、所及住宅；④偿还债务；⑤购置高档通信设备，如手机、传呼机等；⑥其他与征管业务无关的支出。

2006年，因东阳市财政局、地方税务局及吴宁分局的大楼基建经费不足，特向浙江省地税局争取税务基建经费补助250万元。

2015年，为加强地税系统税务经费管理和监督，确保税务经费安全、规范、有序，浙江省地税局制定印发《浙江省地税系统税务经费管理办法》，对税务经费管理原则、管理任务、收入管理、支出管理、会计科目、财务报告、财务监督等作出明确规定。

2016年，为规范地税部门各项经费管理，对东阳市地税局的各项经费结余及银行账户进行了全面清理和规范，经费结余收归地方财政，银行账户进行归并。

## 第三节　税收统计

税收统计是社会经济统计的组成部分，是税务机关根据税收政策法令和税收计划管理的需要，按照统一的工作制度和工作方法进行统计核算的一种专业行为，制定相应表式，自下而上进行组织的统计活动。

### 一、税收统计制度

建国后，为全面准确反映国家税收的征收和管理情况，国家建立税收统计制度。

1951年，东阳县税务局内设计划股，税务统计工作属于税收计划工作范围，设专人负责税务统计工作。

1953年1月起，根据税务总局重新制定的统计制度规定，实行“会统结合”，即在会计中加一部分统计内容。并将税务统计的有关“产量、课税数量、总值、税率、营业额、所得额”等指标列为会计账簿专栏指标，并在会计报表上增列课税依据数字（即上述若干税源指标），将能从会计票证等原始凭证产生的数字都统一列入会计月报，试图以会计报表代替部分统计报表，不但增加了会计核算的工作量和复杂性，而且统计报表上的某些指标仍然保留，造成工作重复。6月国家税务总局废除了这一规定。

1954年，国家税务总局颁布《税务统计工作制度（草案）》，规定税收统计范围包括税收、税源和税政三部分。税收统计是以税款的征收、入库数字为依据，分别按税种、地区、时间等指标进行的统计；税源统计是对经济、税源发展变化情况，按照税种的不同征收对象及征收结果，分类分组、分部门和行业，统计商品课税数量和计税总值，并对各种数额和比率的历史比较进行的统计；税政统计是对税务机构设置、人员配备、票证使用量、纳税企业违章案件等内容的统计。税务统计的时期，分所属时期、征收时期和入库时期进行统计。税务统计的税额，分应征数、征收数和入库数进行统计。税务统计的分组，实行按税种分组、按地区分组、按经济类型分组、按行业分组、按主管系统分组、按重点项目分组等进行统计。

同年，东阳县税务局计划、会计两股合并为计划会计股，统计工作成为计会股的一项职能。

1956年，按照国家税务总局制定的《各级税务机关会计、统计工作结合办法》规定，将部分按征收数统计的税源报表改由会计负责，并根据会计核算资料，产生会统结合报表，从机构和报表产生程序两个方面实行"会统结合"。

1980年前，各种税收会计、统计报表由各基层税务所上报县税务局，经县税务局汇总后直接报送省税务局。自1980年起，县税务局编报的税收会统报表，先报地（市）税务局审核汇编再报送省税务局。

1998年起，根据国家税务总局新颁布的《税收会计制度》和国家收支预算科目的要求，浙江省地方税务局每年发布税收会计统计报表制度，修订报表指标内容和相关表式。此后，每年发布的税收统计报表略有调整和修订。2001年发布的2002年税收会计统计报表表式有31种，其中包括会计报表达16种、统计报表13种、票证报表2种。

2001年，根据浙江省地税局通知要求，自是年起，建立"地方七税"基本征管情况统计上报制度，以全面反映东阳全市地方七税征收和管理情况。

进入21世纪后，根据不同时期税收工作需要和总局和省局的统一部署，对相关工作的进展、成效和问题等，均有单项的统计及其报表的上报。

**二、税收统计报表**

税收统计报表不仅反映经济发展变化情况和税收政策的实施效果，而且为研究制定税收政策、编制和检查税收计划服务，也为当地党政领导、计划经济部门制定国民经济计划和决策提供可靠依据。特别在对私营工商业改造时期，受国家统计部门的委托，担负起国家统计所需要的私营工商业资料的统计任务。所以税务统计报表资料是根据各个经济时期和税收法规之需要设置。它既为上级主管部门服务，又为地方政府服务，具有广泛性和综合性的特点。

统计报表的种类分为旬报、月报、季报、半年报、年度报表等20余种。按制度规定要求统计报表应当做到"资料完整、数字正确、口径统一、报送及时"。税务统计报表的种类和内容,随着税制变革而变动。

1953年1月,根据国家税务总局的规定,试行会计统计有机结合,对所有工商税收的税种全部进行统计。税收、税源统计设置国营、合作社营、公私合营和私营等经济类指标。

1956年,完成生产资料私有制改造以后,由多种经济成分转变为单一的社会主义经济,按照国家税务总局《各级税务机关会计统计工作结合办法》规定,将部分按征收数统计的税源报表改由会计负责,根据会计核算资料,产生会计统计结合报表,使主要税种的统计数字和税收会计数字相一致。

1958年,简化税制,简并税率,改变征收办法,简化统计报表上报制度。7月,撤销税务所一级会计,把统计工作分解给每个税务专管员。

1973年,再次简化税制,税务统计报表亦相应简化,将多种税目汇合于一表。

1985年,改变税务统计工作一般由税收会计兼任的做法,各基层财税所单独配备有一名计划统计员,建立统计台账,开展统计核算。同时将税源登记簿改由税收统计台帐代替。

1986年开始,为保证税务统计数字的准确性,东阳县税务局建立每月一次的互审、学习、总结的会议制度,每月组织统计人员对税务统计报表进行认真审核,由基层单位开展自审、互审,对已编报的报表按月纠正差错,年度终了清理定案。为积累和运用统计资料,省税务局按年编制税务统计年刊,东阳亦根据本地区的税收税源资料,定期汇编,以分析税源、制订计划。

1990年起,东阳税务系统首先从计会部门开始推广应用计算机新技术,试用计算机处理会统报表。

1998年起,根据国家税务总局要求,浙江省地方税务局每年发布税收会计报表和统计报表制度,修订报表指标内容和相关表式。此后,每年发布的税收统计报表略有调整和修订。2001年发布的2002年税收会计统计报表表式有31种,其中包括会计报表16种、统计报表13种、票证报表2种。

随着税收征管信息化的进一步推进,取消了基层税务所(分局)税收会计核算的制度,改由东阳市地税局作为会计核算单位,相应的税收统计报表不再由基层填报,而由东阳市地税局直接填报并上报。

### 三、税收统计分析

统计资料的积累是为运用统计资料,以利于作近期和历史的分析。税务统计资料的综合分析,是税务部门制定政策和指导工作的重要依据。统计分析根据定期的、专题的和历史统计资料,经过整理调查资料的基础上,根据党和国家的方针政策,运用各种统计分析方法,分析研究经济税源、税收政策和税政措施,发现问题,找出矛盾,作出结论和提出建议的工作过程。对于税务部门制定政策，指导工作，分析掌握和预测税收税源发展变化，编制和检查税收计划，反映税收政策实施效果，指导和推动完成组织收入工作，都具有重要作用。

税务统计分析的内容，因目的、性质、要求不同，一般着重分析以下几个方面：税收政策和税政措施实施情况、税收计划的执行情况、经济税源发展变化情况、征收措施落实情况等。如对城乡集贸市场、税务检查、代征代扣单位征收零星税收、查补偷漏税等情况以及所采取的征管措施对税收影响的分析研究，反映征管措施效果和存在问题。

2001年，为加强对城镇职工基本医疗保险征收工作的管理，建立必要的费源监控体系，及时、准确地掌握医保基金征收工作情况和收入入库进度，根据省地税局的统一部署，东阳市地税局建立了城镇职工基本医疗保险基金征收情况统计上报和收入分析制度。

2003年，为全面反映地税部门贯彻落实再就业税收政策情况，按照省地税局要求，东阳市地税局组织了再就业税收政策的统计分析工作，并将统计资料按时、详实、完整地上报省局。

2010年，根据浙江省地税局要求，为全面掌握社会保险费的征收情况，东阳市地税局建立了社会保险费收入的统计和分析制度，指定专人负责，做好基础工作，定期开展统计和分析工作，并及时上报统计分析资料。

## 第四节　税收票证

税收票证是税务机关组织征收税款、基金(费)及滞纳金、罚款等各项收入时使用的法定收款和退款凭证。它既是纳税人的完税证明，也是税务机关进行税收会计核算的原始凭证和税源统计的原始资料。

### 一、票证种类

税收票证种类，随着税种增减和管理方法的变化，不同时期各有不同。

中华人民共和国成立初期，税收票证分为完税照证、管理凭证和处罚凭证三类，其中包括货物税用的照证和各种货物税查验证达20余种、印花税税票按面值有10余种、直接税、地方税的票证近20余种。货物税照证包括《货物税完税照》《货物税分运照》《货物完税证》《货物改制证》《货物改装证》《特许免税照》《没收证》《货物税罚金收据》《货物税专用交款书》9种照证和卷烟、火柴、饮料、酒、麦粉、化妆品、颜染料、迷信品等29种查验证。印花税票证包括按旧人民币面额的“10元”“20元”“50元”“100元”“200元”“500元”“1000元”“2000元”“5000元”“10000元”“20000元”“50000元”12种印花税票和《印花税交款书》。直接税和地方税票证包括《工商业税完税证》《摊贩课税营业牌照完税证》《摊贩免税营业牌照》《临时商业税完税证》《屠宰税完税证》《房产税完税证》《地产税完税证》《交易税完税证》《特种消费行为税完税证》《车船使用牌照税完税证》《直地税罚金收据》《工商业税专用交款书》《屠宰税专用交款书》《房地税专用交款书》《交易税专用交款书》《特种消费行为税专用交款书》《使用牌照税专用交款书》《普通交款书》18种。税收照证种类之多，填写要求之高（货物税完税证用毛笔单写式），管理之严和有价证券并论。

1953年，开征商品流通税，征收商品流通税的票证均需利用货物税照证加盖“暂作商品流通税照证”戳记代用。1955年，新人民币发行后，原旧人民币面额的12种印花税票上加盖改值为新人民币面额的“1分”“2分”“5分”“1角”“2角”“5角”“1元”“2元”“5元”9种印花税票。

1955年以后，随着社会主义改造的发展，货运管理的不断完善，商、货两税照证经过几次简化，到1958年改革税制，征收商品流通税、货物税、营业税、印花税的各种照证，随税种合并为工商统一税而废止。税制改革后征收工商统一税和直、地各税的票证，除保留《屠宰税完税证》和非机动车船牌照及纳税期标志外，其余各种照证简并为各税通用的《通用完税证》；《货物税罚金收据》和《直地税罚金收据》简并为通用的《罚金收据》；各种缴款书除保留《普通缴款书》和增加《企业收入专用缴款书》外，其余简并为《税务系统专用缴款书》。

随着税制的改革，税种的变化，为简化征管手续，1958年9月试行工商统一税后，税收票证的种类，略有减少，逐步对部分税种使用通用交款书和各税完税证。同年，因印花税并入工商统一税后，印花税票停止使用。

1966年，增加《滞纳金收据》。

1978年，非机动车船牌照随车船使用牌照税停征而废止。1980年以后，随着涉外税收税种的开征和利改税以后一系列新税种的开征以及国家能源交通重点建设基金的征集，相应的陆续增加了一部分票证。

到1987年底使用的各种税收票证共为24种，即：《各税完税证》《限额完税证》《工商所得税完税证》《屠宰税完证税》《罚款收据》《没收物品收据》《扣货凭单》《各税缴款书》《建筑税专用缴款书》《增值税专用缴款书》《产品税专用缴款书》《营业税专用缴款书》《集体企业所得税专用缴款书》《国营企业所得税专用缴款书》《国家能源交通重点建设基金专用缴款书》《工商统一税完税证（代缴款书）》《工商统一税外国企业所得税完税证（代缴款书）》《中外合资经营企业所得税完税证（代缴款书）》《外国企业所得税完税证（代缴款书）》《工商所得税完税证（代缴款书）》《个人所得税完税证（代缴款书）》等。上述《限额完税证》是浙江省为了加强票款管理而特定设置的，于1984年启用，仅限于自收税款10元以下使用，1985年起，限额税款提高为30元以下。

另外，还有《固定工商业外出经营税收管理证明单》《农民自产自销证明书》《纳税保证金（物品）凭单》《税票调换证》等管理凭证，经税务机关批准使用的《扣税专用发票》和《批发单位代扣代交税款凭单》，以及票证专用章、税务查验章、印花税收讫专用章、税务检查证等税务章证，均视同税收票证管理。

1988年，恢复征收印花税后，印花税票面额分为1角、2角、5角、1元、2元、5元、10元、50元、100元9种。

1995年起，为适应“分税制”的需要，加强税收票证管理，根据征管法的规定，国家税务总局制定的全国统一税收票证式样，结合浙江实际，减少一种车船使用税（自行车专用）定额完税证，增加一种扣押商品、货物、财产专用收据，共18种，其中中华人民共和国税收缴款书、固定资产投资方向调节税专用缴款书、税收汇总专用缴款书、税收完税证、税收定额完税证（分1元、5元、10元3种）、代扣代收税款凭证、税收罚款收据、税收收入退还书、小额税款退税凭证、固定资产投资方向调节税零税率项目凭证、税票调换证、纳税保证金收据、印花税票销售凭证、扣押商品、货物、财产专用收据等14种票证，由浙江省国税局、地税局联合印发，其余出口产品专用缴款书、出口产品完税证分割单、车船使用税标志和印花税票4种由国家税务总局统一印刷。原使用的“票证专用章”改为“征收专用章”。原使用的税票一律作废。

1998年，根据浙江省地税局制发的《浙江省地税系统税收票证管理实施办法》，地税系统使用的税收票证有税收通用缴款书、固定资产投资方向调节税专用缴款书、税收汇总专用缴款书、税收通用完税证、税收定额完税证、税收转账专用完税证、代扣代收税款凭证、税收罚款收据、当场处罚罚款收据、印花税票、税收收入退还书、小额税款退税凭证、车船使用税标志、税票调换证、固定资产投资方向调节税零税率项目凭证、纳税保证金收据、印花税票销售凭证和票证专用章戳18种，并明确规定了每一种税收票证的使用范围。

2002年，启用税收转账专用完税证（通用版），至此，税收转账专用完税证分为通用版和个体版两种。

2006年，增加并启用税收通用完税证（滚筒式计算机票）种类。同年，为推广税控开票软件应用，启用税收电子转账专用完税证，并对相关税收票证的尺寸和栏次内容进行统一，同时，增加启用邮简式个人所得税完税证明各类。

2010年，为适应经济社会的发展，省地税局重新修订并印发《浙江省地税系统税收票证管理实施办法》，调整了税收票证（含章戳）种类，包括税收通用缴款书、税收（汇总专用）缴款书、税收通用完税证、税收定额完税证、税收转账专用完税证、税收电子转账专用完税证、个人所得税完税证明、代扣代收税款凭证、印花税票、税收收入退还书、税务代保管资金专用收据、印花税票销售凭证和票证专用章戳13种。

2018年，为适应“最多跑一次”改革需要，根据浙江省地税局要求，推行网上开具《税收完税证明》的办法。

## 二、票证管理

东阳市税务局对税收票证（包括税收业务上使用的专用章戳）在领发、填用、结报、缴销、保管等方面均有较为完整和严密的管理制度。

### （一）票证的印制

建国初期，使用各种税收照证均由中央或省级税务局统一印制，其中货物税各种完税照证和印花税票由中央用统一规定的版式，由华东区税务管理局制发，1954年，华东区税务局撤销后，授权上海市税务局代办；直接税、地方税完税票证，由省税务局依式制发。

1958年，随着税制的改革，税种的变化，货物税和印花税票随税种并入工商统一税而废止，其他所有各种税收票证均由省税务局印制配发。

从1990年起，对税收专用缴款书授权由市（地）税务局按省统一规定格式印制。

1995年，启用新版税收票证由浙江省税务局统一印制。对农民自产自销证明单等部分税收管理凭证，省税务局授权各县（市）税务局自行印制。

1998年，国家税务总局颁布《税收票证管理办法》，相继浙江省地税局印发《浙江省地税系统税收票证管理实施办法》，规定：除当场处罚罚款收据由财政部门制定，税务与国库联网计算机专用书、税收转账专用完证（其基本项目内容由国家税务总局确定）和税收定额完税证的式样由省地方税务局确定，本办法规定的其他税收票证的格式、规格、联次及各联颜色、用途、项目内容和票证字号的编制方法均由国家税务总局统一制定，票证栏目尺寸、字体规格及计税栏下留多少空行等，由省地方税局确定。印花税、车船使用税标志由国家税务总局统一印制，当场处罚罚款收据向当地财政部门领取，其他各种税收票证均由省地方税务局按照国家税务总局规定的式样和要求集中统一印制。凡由国家税务总局统一制定式样的各种税收票证（印花税票除外）都必须在各种票证的规定联次的抬头中央套印税收票证监制章。征税专用章、退库专用章和印花税收讫专用章由国家税务总局统一制定式样，由省地方税务局统一刻制并留底归档备查。

2010年，浙江省地税局修订《浙江省地税系统税收票证管理实施办法》，规定除税收定额完税证的式样由省地税局确定外，其他税收票证和印花税票均由国家税务总局统一印制。

2013年，国家税务总局发布第28号令《税收票证管理办法》，规定《税收缴款书》、《出口货物完税分割单》、印花税票以及其他需要全国统一印制的税收票证由国家税务总局印制，其他税收票证，按照国家税务总局规定的式样和要求，由省税务机关确定印制。同时规定税收票证监制章由国家税务总局统一制发，其他税收票证专用章戳的刻制由省税务机关确定。

2018年，为适应国地税机构合并需要，浙江省税务局根据国家税务总局有关精神印发通知，新机构需用的相关章戳由各县（市）税务局根据新机构名称和总局统一规定式样刻制；旧版税收票证应加盖新章后使用。

**（二）票证的领发**

税收票证的领发，一般采用逐级领发制。

1953年前，各县（市）一律向专区税务局领取。1953年后各县（市）直接向省税务局领取。

为加强税收票证印刷和领用的计划性，保证征收的需要，1985年起，县、地、市税务局向上领用票证，需按年度编报“税收票证领用计划表”。领取票证时，填具票证领用单，凭以配发。税务所请领票证时，填具票证领用单，向县（市）税务局领取，县（市）税务局凭以配发。税务所与专管员或专管员与代征单位(员)之间请领票证,凭票证结报手册领取。

1986年起,实行两级领发,即省税务局只与市(地)税务局发生领发关系,县(市)税务局向市(地)税务局领取。

1998年,浙江省地税局印发《浙江省地税系统税收票证管理实施办法》规定,为加强票证领用的计划性,确保票证领发安全,各级地税机关应当按照"分级负责、逐级领发"的建立票证领发管理制度,定期编制票证领用计划,专人专车领取或发送票证,不得委托他人捎带或代领,更不得以包裹、信件邮寄,严密办理票证领发交接手续。并规定向基层用票人员发放视同现金管理的票证时,必须拆包发放。

以上领发制度一直沿用至今。

2017年,金华市地税局规定视同现金管理的票证领用量控制在一个月的使用量。

**(三)票证的保管**

长期以来,为加强票证管理,从县局至税务所(组)对税收票证从领发、保管、结报、缴销均有专人管理,设置专用库房或专人箱柜;专管员和代征单位(员)也设专用箱柜或专用袋,确保票款安全。同时,建立严格的票证结报制度,税务机关税收票证开具人员、扣缴义务人、代征代售人、自行填开税收票证的纳税人与税收票证管理人员之间,基层税务机关与上级所属税务机关之间,应当办理税收票款结报缴销手续。结报人员应向票证管理人员提供已开票证的存根联、报查联等联次,连同作废税收票证、需交回的税收票证及未开税收票证(含未销售印花税票)一并办理结报缴销手续。

1998年,国家税务总局印发《税收票证管理办法》,该办法共32条,自7月1日起施行。同年6月,省地税局印发《浙江省地税系统税收票证管理实施办法》,明确规定了各级税务机关及其税收票证管理人员在税收票证印制、领发、使用和保管过程中的主要工作职责、管理要求和监督检查。明确规定各级税务机关要有专人保管票证,有专门设施存放票证,县级税务机关要有票证专用库房和专用箱柜;基层税务所(征收点)和代扣代征单位要配备票证保险专用箱柜;税务人员和代征经办人员外出使用票证要有票证专用包袋,做到票不离身,票清离岗。对税收通用完税征、税收定额完税证、税收罚款收据、代扣代收税款凭证、当场处罚罚款收据、印花税票、税票调换证和退库专用章应视同现金进行严格管理。同时对税收票证的填用、结报、缴销、审核、损失处理、停用、盘点、销毁等具体事项作了明确规定。

2010年,浙江省地税局对《浙江省地税系统税收票证管理实施办法》作了修订。

2013年,国家税务总局发布第28号令《税收票证管理办法》,办法根据现行税制改革要求对税收票证的各项管理制度作了新的规定,自2014年1月1日起执行。

**(四)票证的登记、结报与核销**

中华人民共和国成立初期,东阳县税务局、各税务所按制度规定分别设置《票证分类出纳账》

《印花税票分类出纳账》《票证分类分户账》《印花税票分类分户账》等，全面登记反映税收票证收、付、用、存情况，并按规定上报票证报表，税务局、所按规定逐级编报《货物税票证用存月报表》《直地税票证用存月报表》《印花税票证用存月报表》《票证审核错误月报表》《票证损失月报表》等。对未填用的税收票证需要销毁的，应当由两人以上共同清点，编制销毁清册，逐级上缴省或地市税务机关销毁；其他各种税收票证账簿和税收票证资料需要销毁的，由税收票证主管人员清点并编制销毁清册，报经县（市）税务机关批准，由两人以上监督销毁；税收票证专用章戳需要销毁的，由刻制税收票证专用章戳的税务机关销毁。

1953年，县税务局取消分户分类账，以各税务所上报的《票证用存月报表》代替分户账。

1958年以后，税务所设置的账簿为：《票证分类出纳账》和《票款结报手册》代分户账；县税务局设置《票证分类出纳账》和《票证审核错误登记簿》。

1963年，根据上级规定，县税务局按年增报《票证用存年报表》。

1985年起，浙江省税务局规定，县税务局逐级上报《票证用存报表》（半年），和《印花税票用存报表》（季度）等。税务所编报的表式和编报期数按省规定的基本表式按月编报。

1998年，浙江省地税局印发《浙江省地税系统税收票证管理实施办法》规定，对已填用的票证（作为会计凭证的除外）和作废、停用损失上缴的票证，必须按一定方法整理、装订（税收完税证、罚款收据、当场处罚罚款收据和小额税退税凭证报查联与相应的汇总专用缴款书报查联一起装订），加具封面，登记造册，连同票证账簿和票证报表按规定的保管要求移送归档，并按规定年限为保管。收票证保管期限为：税收通用完税证存根联3年、报查联10年；印花税票销售凭证、税票调换证、固定资产投资方向调节税零税率项目凭证2年；其他税收凭证存根联2年，报查联、回执联10年；票证移交清册、票证销售清册的保管期为10年；票证账册保存期为7年。为严防税收票款发生损失，保证税及时、足额入库，各级地方税务机关必须按以下要求结报和缴销票证：

税务人员、扣义务人和代征代售单位（人），必须按规定的要求和期限，持已填用的税收通用完税证、代扣代收税款凭证（包括代扣代收税款报告表）及作废、停用、损失的票证和空白通用税收完税证、代扣代收税款凭证连同所收税款或税款专户存折和票款结报手册向税收会计办理结报和验手续，并在结报手册上相互签章。税务所（组）对应缴验的空白票证和信用社存折，由税务所会计每月盘检一次；

缴销的票证要及时清点号码是否顺序连号，发现跳号要及时查明原因，若是作废票证要全份上缴，不准留页短页；

自收现金税款的税务人员、扣缴义务人和代征单位填用各种完税证、税收罚款收据、当场处罚罚款收据、小税款退税凭证、代扣代收税款凭证后，当地设有国库经收处的，应于当日或次日办理结报。对于当地没有国库经收处的，税务部门自收的税款以及代征单位代征的税款，按照规定限期限额办理税款缴库和结报手续；

各级税务机关必须按票证种类、领用单位设置“税收票证分类出纳账”，对各种税收票证的领发、用存、作废、结报缴销、停用上缴、损失和销毁的数量、号码进行及时的登记和核算，并向上级编报报表。

2010年，国家税务总局印发《关于严格执行税收票款管理制度的通知》，规定要严格执行开票与收款分开、会计与出纳分开的原则，征收单位和代征单位每次向会计结报票款时，税收会计必须对账与票、票与款进行全面核对，保证账票、票款相一致。

2016年，“金税三期”税收征管系统上线运行后，税收票证同步纳入系统进行核算和管理，在初始化的过程中做到正确无误。

**（五）票证管理的监督与考核。**

建国以后，为确保税收票款安全，堵塞漏洞，东阳县税务局及各基层税务所，均建立了内部税收票款的监督检查制度，实行定期或不定期的检查。

1978年，浙江开展全省性的票款大清理，并组织各地（市）税务局对口检查。针对检查暴露出来的问题，省税务局下达“关于加强税收票证管理工作的规定”和“严格执行税款征解入库的具体规定”等。

1985年开始，在全县范围内均每年组织一次票款大检查，作为常规工作来抓，推动财税干部廉政建设和票款管理工作。

1986年，东阳县财税局制定了《票证管理制度》和《优秀填票员考核制度》，填票要求达到规范化。1988年，浙江省税务局在兰溪市召开的全省计财工作座谈会上，肯定了东阳优秀填票员的做法，并在全省范围内推广。

1988年，在全县税务系统范围内开展“税收票证管理岗位责任制”考核工作，建立从1984年以来专管员票证管理档案资料。同年，全系统审定54名财税干部为连续五年票证管理工作优秀人员，并给予表彰和奖励。

1998年，浙江省地税局印发《浙江省地税系统税收票证管理实施办法》规定，各级地方税务机关必须定期对税收票证的印制、领发、保管、填用、结报缴销、作废、损失处理和核算等工作，以自查、互查、抽查、重点检查和内审外调等形式组织清理检查。同时，要建立税收票证管理岗位责任制考核办法，建立奖罚机制。

2005年，为确保国家税款的安全，严格执行税收票款管理制度，浙江省地方税务局提出进行税收票证的查点盘库和开展票款检查的意见，重点在领用手续、票款结报、建账核算等方面开展检查。

2007年，将各基层分局的税收票证管理工作纳入年度工作目标责任制考核内容。

2015年，根据国家税务总局颁布的《税收票证管理办法》，金华市地税局制定印发了《税收票证检查办法》，实行税收票证日常检查和每年一次的票证大检查制度。同年，东阳市地税局试行绩效管理考核制度，将各基层分局的票款管理纳入重要考核内容。

# 第八篇　税收执法与税收优惠

## 第一章　税收执法与纳税服务

税法是国家组织财政收入的法律保障,是税务机关及其工作人员行使税收执法权的法律依据,也是纳税人履行纳税义务的法律依据和保护其合法权益的法律武器。规范税收执法行为是税务机关正确贯彻执行税法的重要环节纳。纳税服务与税收执法的目标是一致的,是在依法治税的前提下,增强征纳双方的良性互动,营造一个法治、公平、文明、效率的税收环境,提高税收工作水平,二者相互促进。

### 第一节　税收执法

税收执法是指国家税务机关及其工作人员依照法定职权和程序,将国家税收法律法规适用于纳税人及其他管理相对人的一种具体行政行为。其内容包括税务管理、税款征收、税务检查、税务处罚和税务行政复议等。

**一、执法规范化**

建国后,国家实行计划经济体制,主要依靠行政手段管理社会经济,在税收上,虽也有税法规定的征管制度,但总体上还是依靠行政手段进行税收征管。

改革开放后,国家实行有计划的商品经济制度,发展社会主义市场经济,要求加强法制建设,实行依法治国,在税收上实行依法治税。

1986年4月,财政部制定出台《中华人民共和国税收征收管理暂行条例》,首次将税收征纳双方的关系以法律形式确定下来。该《条例》于当年7月1日起施行。

1989年,东阳实行公开办税制度,主要内容为:税收法规公开、征管公开、处罚公开、减免税收政策公开、工作纪律公开和工作结果公开等。当年底共对2100多户个体工商业户实行了纳税定额公开。

1992年9月，为了加强税收征管，规范税收征收和缴纳行为，保障国家税收收入，保护纳税人的合法权益，促进经济社会发展，全国人大常委会颁布《中华人民共和国税收征收管理法》，首次将税收征管制度由行政法规上升为国家法律，对强化税收征管起到了法律保障作用。此后，根据社会经济发展，该法经过多次修订。

2002年9月，国务院颁布《税收征收管理法实施细则》，具体明确了实施办法，进一步规范了税收征管。该细则后经多次修订。

2004年，贯彻国家税务总局《关于进一步规范税收执法和税务代理工作的通知》，明确税务师事务所与税务部门脱钩改制后，税收执法权不得委托任何中介机构行使，同时也促进了注册税务师制度的健康发展。

2008年，为进一步规范执法行为，明确执法责任，提高执法水平，东阳市地方税务局印发《税收执法责任制考核办法》和《税收执法过错责任追究实施办法》，实行税收执法责任的考核和过错追究制度。

2013年，根据《浙江省地税系统税收执法责任制考核评议办法》，东阳市地税局启用《税友龙版》应用功能推进税收执法责任制计算机考核的办法，即将确定的32个税收执法责任制考核指标纳入《税友龙版》的税收征管系统平台，实行每月考核一次，强化实时监控。

2015年，为了规范税务人员进户执法管理行为，防止税务机关对纳税人“多头执法”“重复检查”，东阳地税局印发《避免重复进户执法管理办法》，除法律法规规定设立的进户执法项目外，一律不再安排税务人员进户执法。

2017年，为促进地税机关严格规范公正文明执法，维护纳税人合法权益，深化法治地税建设，根据省地税局的有关精神，东阳市地税局推行行政执法公示制度、执法全过程记录制度和重大执法决定法制审核制度等三项制度，结合征管体制改革、编制完善权力清单和责任清单、落实各项税收执法和纳税服务规范、“最多跑一次”改革、实行税收执法人员持证上岗和资格管理、政务公开标准化规范化等工作，统筹谋划，协同实施，系统集成，减少重复工作，提高行施绩效。

**二、执法监督**

推行执法监督检查是保障税收法规贯彻执行的有效手段。建国后，财税部门历来重视对税收的执法监督工作。改革开放前，财税合一，税收执法监督主要由财政监察承担，以财经纪律监督检查为主要形式，财政监察的基本任务是监督检查机关、团体和企事业单位财政税收政策、法令的贯彻执行情况；监督检查财政、税务、财务人员遵守财税政策、法令、制度的情况；违反法规和财经纪律案件的查处等。

1985年起，根据国务院批转财政部《关于开展税收财务大检查的报告》，将税收执法检查与财务制度执行情况检查相结合，东阳县政府决定在全县开展税收财务大检查工作，这是自上而下全面组织税收执法检查的开始。此后，每年组织一次税收财务大检查活动。

1990年，为国家即将出台《中华人民共和国行政诉讼法》做好各项准备工作，东阳财税局首先建立税务行政复议制度，并成立东阳市税务局税务行政复议委员会，制定了《税务行政复议委员会工作规程（试行）》，以监督和促进税务行政执法行为的进一步规范。

1995年起，根据上级要求，将原每年组织的税收财务大检查改为税收执法检查，强化依法治税意识。

1996年，东阳全面检查了全市12个基层税务所（分局）的执法情况，纠正了个别基层所门征开票征税的随意性、个别企业购买发票和缓交税款未按规定程序报批等问题。

1999年，为了防止和纠正违法的或者不当的具体行政行为，保护公民、法人和其他组织的合法权益，保障和监督行政机关依法行使职权，全国人大常委会颁布《中华人民共和国行政复议法》。

2007年，东阳市地税局贯彻国务院《全面推行依法行政实施纲要》和浙江省委《关于建设“法治浙江”的决定》，深入实践“三个代表”重要思想，坚持“内外并举，重在治内，以内促外”的指导方针，根据国家税务总局和省地税局《关于开展2007年税收执法检查和执法监察工作的通知》，将税收执法检查与执法过错责任追究相结合，施行执法监察制度。

2008年，东阳地税局会同财政局建立行政执法投诉、举报制度，对税务人员执法行为接受社会监督。

2009年，实施《东阳市地方税务局税收执法责任制考核办法》和《东阳市地方税务局税收执法过错责任追究实施办法》，在查处重大税务违法案件的同时，对两名地税干部的不当执法行为进行了过错追究。同时，根据省局的统一安排，对《税友2006》公共指标库中设置的考核指标进行了校验，抽调人员组成检查组，开展了2009年度税收执法检查工作；对金华市局2008—2009年税收执法检查反馈问题及时进行整改。

2011年，按照上级要求，东阳市地税局对年度税收执法督察工作进行了统一部署，在各涉税科室、分局、稽查局自查基础上，局执法督察工作领导小组抽调12名业务骨干对各基层单位开展了重点督察，并对督察结果进行了通报。同时，也接受了金华市地税局检查组对东阳的税收执法进行重点督察。同年，建立特邀监察员制度，使税收执法监督常态化、社会化。同时印发《税务行政处罚裁量权实施办法》和《裁量权执行标准（试行）》等制度，进一步细化落实税收执法规范，量化执法标准。

2012年，抽调业务骨干组成三个执法督察小组，先后对基层地税分局、稽查局、涉税科室和窗口自2009—2011年度的税收执法情况进行了重点督察活动，对督察中发现的问题严格按照有关税收法律法规和政策规定进行整改并上报整改结果，针对督察中发现的问题和薄弱环节，进一步完善制度，建立长效监督和预防机制。同年，东阳市地税局对《税友龙版》上线后的考核指标进行校验，完成对稽查考核指标的校验，发现存在数据口径、计算公式、数据来源等方面的问题，对执法责任制考核的指标选择提出了建设性的意见，为税收执法责任制考核的顺利开展作了积极的准备工作。

2014年，税收执法督察重点开展疑点核查工作。按照国家税务总局对运用执法疑点开展税收执法督察情况进行量化的要求，利用省局提取的2013—2014年期间的11项疑点数据开展了排查，重点对季度最后三天入库的大额整数税款、欠税超1万元的记录数、退税超时限、双定户开票金额超起征点的纳税人、注销未进行缴费清算、注销有欠税六项763条疑点数据开展了逐条核查，分析疑点产生的原因，并针对不同的疑点产生原因开展整改，及时实施税款追缴、数据清理等整改措施。

2017年，建立"税收执法大督察工作联席会议"制度，组织相关单位开展执法自查，在此基础上组建督察组，对吴宁地税分局开展重点督察，对发现问题责成进行整改，补征税款6990.72元，滞纳金1400.47元。同年8月，金华市地税局督察组对东阳市地税局开展了税收执法重点督察，下达了税收执法督察处理意见书，补征税款1325730.58元、滞纳金57753.91元。

**三、执法评议**

1993年，东阳市人大常委会首先组织开展了对东阳财税系统的执法评议活动，东阳财税局成立人大评议活动领导小组，层层签订责任书，结合落实公开承诺制、行风建设责任制，借助执法评议，提升执法水平。通过执法评议活动，真实反映了社会对财税部门执法中存在的意见和问题，同时也收到了社会各界对财税部门改进工作的建议意见，对财税部门进一步规范税收执法起到了促进作用。

2005年，国家税务总局下发了《税收执法责任制考核评议办法（试行）》，以《全国地税系统税收执法责任制岗位职责和工作规程范本（试行）》为主要标准，采取内部考核和外部评议相结合的办法实施税收执法责任制考核评议。东阳从实际出发，采取了一系列举措加强执法责任制考核：认真修订岗位制考核办法，严格工作纪律，加强考核力度；推行"一窗式"服务工作机制，在"脸好看""门好进""话好听"的基础上，做到"事好办"；优化干部服务意识，实现从要我服务到我要服务的转变，全面提高办事效率。

2007年，根据上级部署，东阳市委、市政府组织开展了民主评议基层站所、创建"群众满意基层站所（办事窗口）"活动，通过一系列创建活动，横店地税分局被评为"群众满意基层站所"荣誉称号。

2008年，东阳在全市开展了"万人百企评机关"和涉企科室的评议活动，地税系统通过不断完善党风监督、行风监督、群众监督和舆论监督体系，结合"廉政教育月"等一系列活动，不断提升税务干部的执法公信力，在评议活动中以87.75高分位列机关评议涉企组第一名；在"涉企科室"评议中，企业科以91.81分获第一名、行政审批科以91.55分获第二名、税政科以91.47获第五名，全市通报表彰的5个科室中占了3个。次年，全市继续开展了该项评议活动，东阳地税系统在评议活动中继续保持领先。

2016年，根据《国家税务总局关于开展2016年全国税收执法督察工作的通知》和《浙江省地方税务局关于开展2016年全省地税系统税收执法督察工作的通知》，开展行政执法督察疑点核查工作。结合年度绩效考核要求，对2015—2016年国务院重大政策措施发布文件落实情况、组织收入原则执行情况、切实加强征收机关事中事后管理情况开展了税收执法督察和疑点核查工作。同时，对《法治政府建设实施纲要（2015—2020年）》贯彻落实情况开展了自查整改。是年，全国开展纳税满意度调查活动，东阳市地方税务局荣获全国第二名。次年，全国继续开展纳税满意度调查，东阳市地方税务局名列全省第四名。

## 第二节　税务稽查

税务稽查是税务机关代表国家依法对纳税人履行纳税义务情况进行监督的一种方式，是税收征收管理工作的重要步骤和环节，是税收执法的重要方面。

东阳的税务检查工作始于1952年，东阳县税务局设有专门检查股，配有干部六人，负责指导全县的纳税检查和重要案件的查处工作。不久，内设的检查机构撤销，实行征查统管模式。“文化大革命”期间税务检查被忽视。改革开放后，随着市场经济的发展，税收稽查工作真正提上议事日程。1987年1月，东阳税务局恢复内设检查组机构，配备四名专职干部，负责对纳税人违反税收法规和财经纪律的问题进行检查，重点查处大案、要案；并负责对基层财税部门和专管员进行税收执法情况的监督和检查。1992年，税收征管实行“双轨制”模式，征管和稽查分离，各司其职。1998年，成立东阳市地税局稽查局，完善稽查体系，理顺隶属关系，规范操作方法，优化执法环境，加大对群众来信举报和税务违章案件的查处力度。次年，为规范税务稽查执法，在稽查局内设立综合股、稽查股、案审股、执行股四个职能股室，实行选案、稽查、审理、执行四分离的工作机制。2002年，东阳取消二级稽查，实现一级稽查机制，基层征收和稽查人员按7∶3比例配备，按区域成立稽查中队。

### 一、稽查制度

税务稽查制度是税务机关实行公平公正稽查、规范税收执法、保障纳税人合法权益的重要保证。

建国后，在国民经济三年恢复时期，1952年开展了“五反”运动，其中包括反偷税漏税，建立起以检查偷税漏税为重点的税收稽查制度。

社会主义改造完成后，国民经济以公有制经济为主导，特别进入“大跃进”和“文化大革命”时期，放松了税收检查工作，税收稽查制度松懈。

改革开放后，国家实行有计划的商品经济，出现多种经济成分并存的经济模式，税收稽查工作重新被重视，各项税收稽查机制和制度重新建立和健全。

1987年，针对当时存在问题，东阳县财税局制定了《关于税收管理若干具体规定（试行稿）》，重申税务机关有权对生产经营单位的账册、财务和财产进行税务检查；纳税人和代征人必须接受监督检查，如实反映情况，提供有关资料。

1998年1月起，执行《浙江省地税系统稽查协查工作制度》，内容包括提高协查认识，建立协查网络，组织人员要求，协作、协查工作范围，协查工作要求等。同年6月，金华市地税局印发《涉税举报案件受理查处工作制度》，涉及举报案件的受理范围、管理权限、接待工作、登记、处理、奖励、保密、反馈、归档等方面。

2000年，为提升税务办案质量，国家税务总局印发《税务稽查案件复查暂行办法》，建立税务稽查案件复查制度。同年6月，东阳地税局建立征管和稽查联席会议制度，按照"以查代管，以管推查"的原则，在城区实行一级稽查机制。同年9月，地税系统自下而上建立大案要案报告制度。是年，东阳市地税局稽查局出台了《以查促管联系制度》《农村二级稽查管理办法》《税务稽查人员主、协查制度》《错案追究制度》《案件复查制度》等稽查制度，并向社会公开推出《税务稽查承诺自律制度》，接受社会监督。

2001年，为加强税收稽查工作，全市实行市区一级稽查、农村二级稽查制度。

2002年，制定并出台《地税稽查五率一面指标考核办法》，"五率"为罚款率、入库率、结案率、复查率、公告率，"一面"为稽查面，实行稽查工作责任量化考核。同年9月，为深化东阳市税务征管改革，进一步加强征管局和稽查局之间的联系和协作，根据浙江省地方税务局制定的《征管局、稽查局工作联系与协作管理暂行办法》，征管与稽查的联系和协作制度化。同年，成立东阳市地方税务局选案工作委员会。同时，根据《浙江省地方税务局关于征管局（税务所）、稽查局定岗定责的实施意见（试行稿）》，对征管局（税务所）和稽查局的职能分解及内设部门设置原则、岗位设置及其职责、具体人员岗位进行了调整。

2003年，执行《浙江省地税系统稽查责成自查工作操作办法》，对涉及责成自查对象的确定、责成自查的管理、责成自查的实施、责成自查的审核与重点检查、责成自查的处理、责成自查材料的保存、责成自查的适用等内容进行了规范。同年，试行《金华市地方税务局涉税举报案件分类管理暂行办法》，举报中心对受理的举报案件，除转办和移办的之外，按照案件的来源、举报偷税的性质、举报内容的详实程度，分三类进行管理。

2004年，金华市地方税务局印发《税务稽查下查一级管理暂行办法》，要求市地税局对县（市）地税局下查一级的案件一般每年不少于2件。同年6月，东阳市地方税务局印发《税务分局、稽查局工作联系与协作管理暂行办法》，引进稽查约谈制度，邀请企业负责人及财务人员就税收政策及企业生产经营情况进行约谈，是年通过约谈补报的税款达68万元。

2005年，建立了公安经侦和税务稽查部门联络协作的工作机制。同年8月，省地税局印发《浙江省国、地税稽查系统协作配合暂行办法》，形成了国、地税协作稽查的四项制度：联席会议制度、情报通报制度、联合检查制度、配合检查制度等。

2006年，建立税务稽查预案制度。稽查人员根据被查对象的税收征管资料、举报、转办、交办、协查、情报交换等资料中的信息，运用稽核、计算、经验判断等方法，对纳税人的涉税指标进行综合评估，了解企业的基本情况、发票领用存情况、纳税申报情况、税收负担率等，如实填写《纳税稽查预案》，查找企业可能存在的涉税问题，确定重点稽查项目、内容，拟定具体稽查方法，做出比较科学的检查实施方案。

2007年，国家税务总局、财政部制定印发《检举纳税人税收违法行为奖励暂行办法》，对举报税收违法行为，检举伪造、变造、倒卖、盗窃、骗取增值税专用发票，检举可用于骗取出口退税、抵扣税款的其他发票行为，检举非法印制、转借、倒卖、变造或者伪造完税凭证的行为，根据根据检举时效、检举材料中提供的线索和证据详实程度、检举内容与查实内容相符程度以及收缴入库的税款数额等情况，按照标准对检举人计发奖金。

2008年，东阳市地方税务局建立稽查建议制度，主要内容涉及甄选征管、稽查建议、责任追究等。

2010年1月1日起，执行国家税务总局制订的《税务稽查工作规程》，进一步规范税收稽查程序。

2016年起，严格执行《全国税务稽查规范（1.0）版》，并结合"金税三期"税收管理系统，对照税务稽查新规范，规范执法，依法执法。

## 二、稽查形式

税务稽查主要有日常稽查、专项稽查和专案稽查三种形式。

### （一）日常稽查

日常稽查主要是结合日常税收征管对纳税人履行纳税义务的异常情况进行的常规性检查。

建国初期，实行税收征查统管模式，主要检查对象是私营工商业户，以反偷税漏税、查评营业额和所得税为重点。1952年上半年，全县共查获各类不同违章案件492件。

改革开放后，商品经济日益活跃，商品流通渠道更加多样化，给税收征管工作带来新情况、新问题，1983年9月，成立了吴宁、洪塘、王宅、南马4个税务检查站，负责路检工作，1984年6月份暂停。1985年6月吴宁镇七里寺站重新恢复工作。1986年5月，又恢复其他3个税务检查站，开展了正常性的税收路检工作。

1992年起，东阳市地税局进行了税收征管体制改革，先后试行征管与稽查的"两分离"和征、管、查的"三分离"改革，使税收稽查工作职能更加明确、分工更加专业、程序更加规范。

同时，日常稽查的内容也发生重大变化，主要查处利用虚假凭证、做假账、账外经营、两套账等手段偷逃税款行为；重点查处企业利用电子账簿虚假记账、隐匿或销毁电子账簿，利用互联网和手机等新型支付手段逃避纳税的问题，以及关联企业利用区域税收优惠转移应税收入问题；重点关注零负申报、低税负和跨国经营企业涉税问题；对国内大型连锁零售企业实施重点检查。重点查处假冒出口、以次充好、低价高报、将低退税率产品按高退税率产品申报退税，以及利用小规模纳税人货物、未缴税或缴税不足货物骗取出口退税等行为。继续查处虚开发票违法行为，对废旧物资经营企业有关征税政策调整前存在的疑点，应加大检查力度；高度关注增值税转型后，部分企业将以前年度固定资产列入当期抵扣的新动向，重点查处利用真票套打、虚开专用发票和其他可抵扣票偷骗税的违法行为。

2009年上半年，东阳市地税局稽查局接到群众举报，市区某宾馆只是部分客房在申报纳税，棋牌室、足浴房、餐饮部的经营收入均未申报纳税，存在严重偷税现象。经局领导批准，稽查人员介入此案。根据举报线索，重点对宾馆电脑上储存的信息进行审阅，通过财务人员的配合，调出了宾馆营业报表，记录有该宾馆各部门每日、月营业收入情况，包括现金收入、转账收入、应收账款等等，稽查人员按规定程序进行取证。经查，该宾馆成立于1997年10月，2006年下半年由法人代表蒋某等人共同转买过来投资经营，主营餐饮、住宿、茶座服务、足浴服务，税收实行定期定额管理，月定额80800元，2007年10—12月向主管税务机关申报营业收入236154.88元。稽查人员对报表进行了汇总计算得出2007年10—12月宾馆总营业收入为915280元，大大超过了该宾馆向主管税务部门申报数236154.88元。在大量的事实证据面前，该酒店负责人最后承认了隐匿营业收入，偷逃国家税款的违法事实。根据查明的事实、情节和查案的经过，东阳市地税局稽查局作出税务处理决定：追征税费5.21万元，滞纳金0.65万元，罚款2.32万元，合计8.18万元。

2010—2011年，根据国家税务总局“查案必查票”的要求，东阳对房地产业、交通运输业进行了日常检查，发现虚假发票案22件，涉及假发票1607份，涉及金额2653万元，查补税款756万元、罚款175万元、滞纳金53万元。

2012—2014年，按照浙江省地税局对工业商贸企业三年一轮查要求，东阳对全市主营业务收入排名前30位的工业企业和主营业务收入排名前10位的商贸企业以及其他规模以上企业每年抽取三分之一比例开展日常检查；对股权出让(企业兼并重组、债务重组、股权收购等）及契证变更纳税人进行日常检查。

2015年，日常检查企业106户，查补金额1922万元。检查后转重点检查企业23户，查补税款1152万元。

2016年，完成日常检查112户，查补金额5283万元。

2017年，税务日常检查推行国、地税联合办案，坚持“举必接、查必果、奖励兑现和取信于民”的原则。做到全面登记，慎重分析，及时查办，彻底落实。

**（二）专项稽查**

专项稽查是由税务部门组织对某一行业、某一地区或某一时期进行专项性的税收稽查活动。

1955年1—8月，全县先后对4个税务所组织了联合检查，纠正了1954年度所得税税负偏高的差错，促使税务专管员加强对业务知识和技能的学习，增强法制观念。

1961年，对城乡企业开展了纳税大检查。一边税法宣传，边整顿纳税纪律，帮助企业健全财务管理制度。

1963年，组织了城镇专管员12人，分成3个组，用18天时间检查10个财税所管辖的30户国营企业，补缴税款7537元，纠正错征应退工商各税1303.33元，补缴利润498.38元。

1972年，组织了80多名财税干部和企业财务人员，用20天时间，对全县的集体企业作了一次清查工作，共查补漏税23万元，欠税3.7万元。偷税、漏税现象较普遍，全县共437户集体企业，清查了387户，发现有偷、漏、欠税款的企业326户，占84.24%。有的企业存在投机倒把，转手倒卖等违法违纪现象；有的请客送礼、损害集体资金。对各类违纪违章问题，财政税务机关按其职能范围予以及时纠正。

1981年，财政部和国家税务总局发布关于开展清理偷税欠税的第一号通告，在全县范围内开展了清理偷税欠税的大检查。

1985年开始，中央统一规定开展税收财务大检查，当年，由县统一组织抽调以财税干部为主的114名干部，组成50多个检查组，对全县8个区镇，38个乡镇和国营、集体所有制企事业单位及个体工商业户分期分批有重点地开展了较大规模的专项检查。先后共检查627户，查出违纪金额达1391.5万元，其中：应上交国库425.5万元，违纪在20万元以上的3户，炒卖黄金100万元的1户。此后，每年均组织税收财务（物价）大检查。

1986年，组织52人，对占全县工农业总产值20%左右的建安企业进行了专项检查，共检查了66户，占全县工程队的60%左右，补缴工商税收101万元、能交基金2万元。在当年的税收财务物价大检查中，又检查了各类企业725户，查补偷漏税款253.28万元。

1987年的税收大检查，自查面积达100%，自动申报漏欠税79.9万元。重点检查时，查补税款208.7万元。

1992年，实行征管与稽查职能分离后，专项稽查逐步由稽查局承担。

1995年起，根据上级要求，将原每年组织的税收财务大检查改为税收执法检查。

2000年，组织对全市20家涉外三资企业进行了个人所得税专项检查，共查补税费、罚款89812.34元。全年共受理群众举报的案件50起，年内查处49起，查结47起，查补税款及罚款22万元。共查各类企业222户，有问题户为200户，查补地方税费313万元，罚款87万元，均全部入库。

2001年，组织全市组织小税种的稽查，查补税款36万元，其中土地使用税3万元、房产税5万元，印花税15万元。2007年，开展房地产业、餐饮业、食品药品行业、高收益者个人所得税专项检查和“8·10”专案的专项检查。同年，东阳市地税局稽查局开展了一次“阳光稽查”活动，将正在查处的东阳市某酒店等举报案件进行公开处理。

2012年，东阳市地税局将资本交易项目、多年未查的工业企业和商贸企业确定为指令性检查项目，从企业股权转让、上市公司公告、企业所得税特殊事项备案（企业兼并重组、债务重组、股权收购等）及契证变更筛选确定调查对象，对股权转让纳税人进行了重点检查，查补税费248万元。同时，根据省局要求，在对92户多年未查企业责成自查（自查入库税费217万元）的基础上，重点检查16户，查补收入202万元。同年，对金融、保险业发票和医疗机构（含非营利性）、广告发布单位

（如电视台、报社、广播站、机场、高速公路等）高收入者个人所得税开展指导性专项检查。

2013年，重点对营业税、个人所得税、企业所得税和其他地方税费进行全面专项检查。同时，对纳税人使用发票检查做到“查账必查票”“查案必查票”“查税必查票”“查票必查税”，共采集发票信息6469份，查询比对发票信息6082份，查处发票违法企业9户，查处违法发票160份，涉案金额457万元。

2014年，完成工业、商贸企业、房地产、建安企业“三年一轮查”专项检查任务，共自查211户，重点检查26户，查补税费4000余万元，其中重点检查入库税费3800万元。

2016年，启动了首次国地税联合稽查行动，实行统一选案，统一调账检查，由主税种管理方牵头，分税种分别开展，双方共同参与，检查人员相互配合，商讨解决疑难问题，共查补101万元，健全了国、地税联合稽查的机制，并实现了“税友龙版”与“金税三期”的无缝对接。

2017年，组织了对交通银行、中信证券等两户企业的重点检查，以及对总局下达的三户企业股票转让纳税情况进行定向检查，并以“一案一报”文件的形式上报省局、总局。

2018年，东阳税务稽查落实“双随机”制度，开展国、地税联合稽查，共享稽查成果。

### （三）专案稽查

专案稽查是税务部门根据相关线索对重大税收违法案件的稽查活动。改革开放后，特别是1994年分税制改革实施增值税制度后，利用各类发票进行违法犯罪活动的案件频发。东阳市财税局（地税局）根据上级统一部署，先后协同公安机关加大对制售假发票和非法代开发票行为的打击力度；重点整治不法分子利用手机短信、互联网、传真、邮递等方式销售假发票、非法代开发票活动，摧毁犯罪窝点，深挖幕后操纵的犯罪集团；严厉打击团伙违法行为、公共场所兜售发票行为、利用虚假发票和非法取得的代开发票实施偷骗税等违法行为；开展对建筑安装、交通运输、餐饮服务、商业零售等购买、使用虚假发票重点行业、企业的清理检查；以及严厉查处违法使用发票冲抵个人收入偷逃个人所得税等专案稽查活动。

2009年，东阳市地税稽查局接到一起金华市地税局转办的案子：注册在东阳市的某企业提供给金华市某公司的11份建筑业发票，金额5916.85万元，税收完税证明1份，税额155.26万元，有假票嫌疑。为查清事实真相，东阳市地税稽查局稽查人员赴金华向城建、规划、招标等单位了解工程情况，并到建设单位进行调查取证。经过几个月努力，终于查清事实真相：2005年11月由东阳某公司中标并承建的金华市某公司工程实际结算价款为13233981.04元，金华市某公司自建工程价款16433715.96元，总计29667697元。为取得工程价款，该项目经理陆续向金华市某公司开具自己购买的假票11份，金额5916.85万元。后因金华市某公司要求，汇总以上发票又开了一份实际工程价款29667697元假的电脑发票。金华市某公司财务部门为了确保发票的真实性，要求该项目经理提供缴纳发票税款的完税证，该项目经理就提供了一张票面1551620.55元的假完税证。鉴于以上违法事实清楚，证据完整，东阳市地税稽查局依法作出税务处理决定：追缴浙江某建筑有限公司税费879854.04元,罚款433384.55元,滞纳金251079.71元,没收违法所得1038367.46元,总计2602685.76元。

2017年,专案检查24户。其中,对总局下达的3户企业股票转让纳税情况进行定向检查,对鼎立控股集团股份有限公司补征营业税3571.5万元;华谊兄弟传媒股份有限公司补交营业税等7820.73万元,以“一案一报”形式上报省局、总局,按照总局回复处理。

2009—2018年,东阳共专案检查企业147户,共计查补地方税费30104万元。

表8-1-2-1　**2009—2018年东阳市税收检查情况统计表**

单位:万元

| 年份 | 日常稽查 | | 专项稽查 | | 专案稽查 | | 合计查补税费 |
|---|---|---|---|---|---|---|---|
| | 户数 | 查补税费 | 户数 | 查补税费 | 户数 | 查补税费 | |
| 2009 | 135 | 2173 | 3872 | 21200 | 30 | 1839 | 25212 |
| 2010 | 94 | 2585 | 98 | 2675 | 5 | 500 | 5760 |
| 2011 | 117 | 2416 | 106 | 2145 | 11 | 755 | 5316 |
| 2012 | 71 | 2833 | 124 | 2093 | 30 | 3141 | 8067 |
| 2013 | 40 | 2452 | 149 | 4379 | 8 | 1329 | 8160 |
| 2014 | 236 | 200 | 237 | 3800 | 13 | 1800 | 5800 |
| 2015 | 129 | 3074 | 129 | 3083 | 10 | 1530 | 7687 |
| 2016 | 112 | 5283 | 144 | 3481 | 7 | 923 | 9687 |
| 2017 | 135 | 5667 | 137 | 4561 | 24 | 11392 | 21620 |
| 2018 | 32 | 583 | 40 | 1725 | 9 | 6895 | 9203 |

## 三、税务案件查处程序

改革开放后,随着法治国家建设的深入、税务查处案件的增多、税收稽查机构的专设和稽查力量的逐步增强,税收违法案件查处程序也逐步得到规范和完善。

1990年,东阳市税务局制定《关于查处税务案件的具体实施办法(试行)》,该办法共分六章,包括总则、案源、受理与管辖、立案与调查、处理、复议、附则等,对税务案件查处程序进行了规范。同年7月,出台《东阳市税务行政复议委员会工作规程(试行)》,对税务依法行政起到了积极的推动作用。

1991年1月1日起,执行《浙江省税务机关查处税务案件具体办法(试行)》,涉及案源与管理、立案与调查、审理与处理、档案管理等内容,税务案件查处程序进一步细化。是年,执行国家税务总局《税务行政复议规则》。

1999年1月,东阳地方税务局出台《东阳市税收违法处罚暂行规定》,该规定计28条,涉及税务登记、账簿凭证管理、纳税申报、税款征收、发票管理等方面的税收违法处罚。

2009年，修订完善稽查预案制度，规范稽查程序，首次将案件复查工作全部进入TF2006系统内操作，对税务稽查实施过程监控，包括：在ISO 9000作业指导书的基础上，实现调账、首次实地检查取证与后续检查实施相分离；预案在调账、首次实地检查取证前预制定，并进行监督、跟踪；实施检查固定汇报制度，预查和撰写稽查报告前，至少二次向案审小组会议进行案情汇报，预查汇报前不得正面与纳税人接触制度；严格执行两人以上检查制度；原始《税务稽查工作底稿》存档制度；廉政执法意见反馈制度等。

2010年，对照《常见案卷质量问题》，在案件查处的规范、执法程序、正确运用法律条文、及时移送司法部门及执行收入入库等方面，对上年查结税务案件开展复查；完善税收稽查“初查制度”；贯彻执行新修订的《稽查工作规程》。

2012年，完善了“办案积分制”和“检查预查制度”，加强了稽查执法内控机制建设；充分调动了稽查人员的办案积极性，提高了稽查的质量与时效。

2013年，通过对复查案件多次流程测试、数据跟踪，从案件筛选、领导审批、案件分工、复查结论下达到复查案件归案这一系列程序，首次在《税友龙版》中完成案件复查全部流程。

2014年，金华市地税局开展稽查案件质量评比活动，东阳地税选送2件案例参加评比，荣获一等奖、二等奖各1件，同时，通过参加案评活动，及时梳理存在的问题，对照《地税稽查违法事实表述库》《地税稽查常用法律引用参考》等标准，不断规范和完善案卷质量。

2015年，东阳市地税稽查局制定《复查报告》和《复查结论》，将稽查案件的工作程序、执法程度、处理处罚、执行入库等案卷管理流程进一步规范，确保复查案卷资料的完整性。

通过多年的探索实践，东阳市税务局(地税局)对税务违法案件查处工作的程序进一步完善和规范。一是完善选案工作机制，充分利用征管部门在日常管理信息方面的优势，实现稽查计划选案工作的互动。要通过拓宽稽查案源渠道，提高选案工作的针对性，避免盲目性下户检查，确保稽查部门有的放矢的开展检查。二是完善纳税评估与稽查正常移送机制，征管部门在纳税评估中发现涉嫌偷逃骗税等违法行为的，要及时移交给稽查部门查处，稽查部门将查处情况及时反馈。三是细化稽查建议的范围，完善联席会议制度、案例分析会、情况通报会等管查互动形式，对税收管理过程中存在的相关问题，由征管、稽查定期提出议题，进行分析、探讨，提出改正完善的措施，把稽查中发现的问题及时反馈给征管、税政等部门。通过建立良性的管查互动机制，充分发挥稽查的“以查促收、以查促管、以查促查”的职能作用。

## 第三节　税收宣传与纳税服务

税收宣传是指为进一步方便纳税人办税、提高纳税人对税收法律的知晓度和遵从度，对税务机关的外在形象、业务流程、办税措施、税收政策等内容开展的宣传告知活动。税收宣传是社会主义市场经济体制的客观要求，是纳税人依法履行纳税义务和保障合法权益的要求，也是依法治税的必然要求，同时，也是优化为纳税人提供服务的需要。税收宣传是纳税服务的重要内容。

**一、税收宣传**

税收宣传内容包括税收的性质和意义、现行政策和相关法律法规、培养依法诚信纳税意识、各时期财税热点及相关办事流程等。通过税法宣传，不断提高全社会纳税人依法纳税的自觉性，树立纳税光荣、偷税可耻的社会风尚。

中华人民共和国成立初期，东阳县税务局高度重视税法宣传工作，税收法规的宣传主要以黑板报、广播、墙头刷标语、组织学生呼喊标语口号、召开群众大会和工商人员、工商户会议等形式。

20世纪60年代前后，税收宣传贯彻“形式多样化、内容通俗化”的思路，每月由县局统一给基层所发放宣传资料，通过放幻灯、唱快板和唱道情等形式，宣传税收“取之于民，用之于民”的道理，重点贯彻落实农村工商税收暂行办法与屠宰税新规定，由专管员下乡做好宣传工作。

党的十一届三中全会之后，国务院、财政部多次发出加强税收工作的一系列通知。1982年5月，省税务局下发的《关于加强税收征收管理工作的意见》指出，“大力加强税收法规的宣传教育”，税收宣传工作列入税收工作的议事日程，专门成立了税法宣传工作领导小组开展税收宣传工作，通过各种形式的宣传，使税收政策法规逐步深入人心，家喻户晓；使纳税户知法、懂法、守法，树立“依法纳税光荣、偷税漏税可耻”的公民纳税意识。

1989年，开展个体工商户税法宣传普及教育活动，印发宣传资料6700本，发送公开信1609份，建立宣传栏14个，安排监督电话9台，举办广播讲话2次，在不同层次和范围内，公开办税工作程序、规定和制度。

1991年，东阳市税务局、总工会、团委、妇联联合成立“税法宣传教育活动领导小组”，开展税法宣传活动，邀请苏州歌舞团在东阳剧院演出《税务之声》；东阳电视台先后播放40集《纳税指南》电视短集；东阳广播站开辟“税务园地”，每天用3～5分钟播送税法知识；全市电影院在放电影前放映部分税法宣传幻灯片；吴宁、横店等乡镇分别召开依法纳税动员大会进行宣传；全市纳税单位在厂区周围、集镇地和交通要道两侧张贴税法宣传标语；税法宣传力度堪称空前。

从1992年开始，国家税务局将每年4月确定为全国统一的“税收宣传月”，每年确定一个“税收宣传月”主题。是年全国第一个“税收宣传月”的主题为“税收与发展”，宣传内容是“人民税收为人民”“税收带来祖国美”。吴宁、巍山、湖溪所共张贴宣传标语3965条，其中永久性标语24条，刊出黑板报164期，广播宣传179次，放映宣传幻灯片180场次。

1993年，全国第二个“税收宣传月”的主题是“税收与改革”，主要内容是在改革开放和建立市场经济中，税收工作要更好地服从、服务于深化改革和扩大开放，为建立社会主义市场经济服务。东阳市财税局结合“两则两制”（即会计准则、财务通则、分行业会计制度和分行业财务制度）知识竞赛，各基层所开展财会、税法知识竞赛活动，全面贯彻落实《中华人民共和国税收征收管理法》，把国家依法纳税的强制性同纳税人依法纳税的自觉性结合起来，加强涉外税收管理，促进对外开放。

1995年，在税收宣传月活动中，东阳市地税局邀请东阳市电视台对公众和纳税人关心的热点问题进行专访，在《东阳报》上就土地增值税、个人所得税、增值税专用发票等主要内容进行宣传，对百万纳税大户进行宣传；同时，在全市范围开展税法咨询宣传和税法摄影及征文活动，在《东阳税务》开辟“税收宣传”专栏。

1996年，组织税法宣传进校园，在中学生中开展“税法杯”书法比赛、税法知识竞赛等活动。

1999年，税收宣传月活动主题是“依法治税、富国强民”，东阳全市各单位各部门组成20支文艺团队，在黉门广场参加由市财税局、文化局、教委联合举办的东阳市“财税之声”万人歌会，营造了“一家唱、万人和”的恢宏税收宣传场面；市领导发表税收宣传电视讲话；东阳市地税局会同市文化馆、东阳报社举办“我与财税”征文、摄影比赛；开展“地税宣传送万家”活动，送出地税宣传资料4万份；在城区中小学建立“校外税法辅导员”进行定期授课，让孩子从小树立依法纳税意识。

2000年，税收宣传月的主题是“税收与未来”，遵循“喜闻乐见、降低成本、持之以恒、讲究实效”的税收宣传工作方针，东阳创新形式，组织全市400多辆出租车在车身打上地税广告作长期宣传；与东阳报社联办“财税杯”头条新闻竞赛；召开新闻媒体、文化单位和纳税大户座谈会；与电影公司联合开展送地税知识电影下乡活动；办好东阳气象预报栏地税宣传；与电视台联合制作《税收与未来》电视纪录片；与文化馆联办“地税带来东阳美”为主题的“地税杯”摄影大赛；还通过新闻媒体曝光涉税大案要案。税收宣传做到形象宣传与素质宣传相结合；地税宣传与新征管模式相结合；宣传广度与深度相结合；长期与短期宣传相结合。

2002年，税收宣传月的主题是“诚信纳税，利国利民”，与教育局联合举办“万名小记者诚信纳税采访”活动；与市电视台联合拍摄《纳税人话诚信》纪录片在“新闻广角”栏目播出；与《东阳日报》联办“诚信纳税”征文比赛。同时，开展“诚实守信，不做假账”为主题的《中华人民共和国会计法》宣传活动，在全市开展“会计职业道德建设”征文有奖比赛。

2005年，税收宣传月开展送税法进厂下乡活动，在全市公共场所展示中国税收发展沿革及东阳税收成绩。利用内外网络开展系列税收宣传，利用横店影视城拍摄一个家庭的故事，反映地税支持公共产品对失地农民的扶持。与教育局联办“财税杯”书画比赛，在《东阳日报》专版宣传税收政策和成绩，选拔优秀稿件推荐省局、金华市局内刊发表。曝光涉税违法典型案例，教育广大纳税人，震慑违法人员。

2007年，东阳市地税局与市国税局联合举办东阳市首届“税收杯”风筝比赛，以风筝为载体，书写税收宣传标语与绘画，营造和谐税收、和谐社会氛围；在《东阳史镜》刊发《东阳财税十年回顾》文章；市国税局联合开展“税收政策进万家”活动，把百姓最关心的社保费、个人所得税、房地产交易等税收政策制作成宣传画；在东阳市政府网站、东阳信息港等门户网站以及地税网站进行税法宣传。开启国地税联合税收宣传活动。

2008年，税收宣传月以"税收·发展·民生"为主题，建立税收教育基地，给吴宁二中授牌；税务骨干分别为市政协委员、人大代表、镇乡代表上三堂税法课，主要内容为新《中华人民共和国企业所得税法》、两个《条例》、"五费"合征等，并赠送《税费政策汇编》；与市国税局联合开展"税收政策进万家"活动。

2011年，税收宣传月主体是"税收·发展·民生"。通过举办"给力'税月' 情系万家"景区税收宣传活动、"以税说事(法)"征文、"超级童声 与税同行"主题活动等，进一步扩大税收宣传影响力。"给力'税月' 情系万家"横店景区宣传活动获全省2011年税收宣传月活动优秀项目。积极参加全省"以税说事(法)"税收动漫创意大赛，动漫作品《让税飞》《一张税票》分别获全省二等奖、优秀奖。

2012年，组织开展"和谐'税'月，放飞梦想"景区税收宣传活动，活动获全省2012年税收宣传月活动优秀项目；参加全省第二届"以税说事(法)"税收宣传动漫创意大赛，动漫作品《起征号》获大赛三等奖；加强与其他部门的合作，联合开展税法宣讲课和"税收文化走亲"活动；开展高校税收宣传活动，成立大学生志愿者中队；借助媒体扩大宣传，利用财税网站、办税服务厅，实现税收宣传常态化。

2013年，重点开展"感受税韵"系列活动，大力营造"关注税收，情系民生"的社会氛围。"感受税韵·寻梦华夏"主题活动获得2013年全省税收宣传月活动优秀创新项目。积极参加税收动漫创作宣传活动，动漫作品《大话西游一个税篇》获浙江省第三届"以税说事(法)"税收宣传动漫大赛三等奖。

2014年，开展"相约春风里"系列活动，重点宣传个人出租房税收政策、各项税收优惠政策。向市民寄送5000封《给纳税人的一封信》，提升税收宣传氛围。积极参加税收动漫创作宣传活动，创作动漫作品《中国"税"的前世今生》。

2017年，税收宣传月的主题是"深化税收改革，助力企业发展"，借助横店国际马拉松大赛平台，将税改、税法等宣传内容融入比赛全过程；与东阳市国税局、东阳市广播电台合作开展"税月留声，为你朗读"活动。

2018年，税收宣传月的主题是"优化税收营商环境，助力经济高质量发展"，是年4月，由金华市国税局、金华市地税局主办，东阳市财政局、市国税局、市地税局承办的"优化税收营商环境，助力经济高质量发展"金华市2018税收宣传进小镇活动启动仪式在东阳市木雕小镇举行，金华各县(市、区)同步开展，现场连线直播，现场举行了"税务直通车"，主持人与税收部门负责人、企业代表就税收工作现场互动提问，国地税干部对企业家们提出的问题一一释疑，传递了最新、最全的税收优惠政策；同时组织小学生走进木雕小镇参观、到手作坊学习木雕工艺、现场体验融入税收元素的木雕竹编制作等活动。

## 二、纳税服务

纳税服务是指税务部门和相关社会组织根据税收法律、法规的规定，在纳税人依法履行纳税义务和行使权利的过程中，为纳税人提供的规范、全面、便捷、经济的各项纳税服务措施的总称。主要内容包括税法宣传、纳税咨询、纳税辅导、纳税申报、涉税事项办理、纳税环境优化、投诉并反馈结果、纳税及服务的信息化及其他个性化服务措施等。

建国以后，国家税收的性质发生了质的变化，“取之不民、用之于民”成为社会主义税收的本质特征，在纳税人履行纳税义务的过程中，理应得到优厚的纳税服务，但在计划经济时期，重点强调了税收的强制性，重点强化税收的行政管理，纳税服务意识较为淡薄，存在“重管理、轻服务”的观点。

改革开放后，国家施行社会主义市场经济体制，推行依法治国方略，依法行政、依法治税成为有中国特色社会主义初级阶段的国家税收特性，征纳双方在法律地位上是平等的，税务部门在加强税收征管的同时，为纳税人提供优质、便捷的纳税服务提上了议事日程。

20世纪80年代初，东阳财税部门把加强对社队企业财务人员的财会知识培训和辅导作为重点工作来抓，以提高社队企业会计核算和财务管理水平。

1980年，东阳县财税局规定每个专管员在企业纳税申报期限内，对所管辖的企业上门巡回辅导一次，宣讲税法，确保国家税收财务政策的贯彻执行。

1985年，东阳县财税局在全县税务系统推广巍山财税所的“征期清”经验，变过去税务专管员下企业巡回征收为纳税户按期自动上门到专管员申报点缴税，使税务专管员在更多时间和精力对企业进行财务和税收辅导。并着力抓好全县个体工商业户的建账建证工作。

1996年，东阳市财政局、国税局、地税局在横店所进行征管改革试点，建立集税务咨询、发票发售、纳税申报、税款征收等功能于一体的办税大厅。其他各所也于当年基本完成征管改革的前期准备，计算机开始应用于税收征管和纳税服务。

1997年，东阳市国税局、地税局根据省局《关于全省办税大厅建设的指导性意见》，全市开展办税服务大厅的建设，横店、六石办税服务厅于同年投入运行。按照纳税服务、申报征收、税务稽查、法规复议、微机管理五大系列设置机构，划分职能，按岗定职，对原撤并人员实行合理分流，并开展“最佳服务厅”评选活动，公开办税程序、工作纪律、承诺服务内容，主动接受纳税人监督；改变作风，微笑服务，着装上岗，挂牌服务，文明用语，礼貌待人。

1998年，东阳市地税局下发《深化地方税收征管改革实施意见》，明确征管改革的指导思想、任务和目标，建立以纳税申报和优化服务为基础，以计算机网络为依托，集中办税，优质服务，重点稽查相结合的征管新模式，城区取消了专管员制度，实行管户制向管事制的转换，推行纳税人自行申报制度，税款集中征收。加强办税服务大厅的软硬件建设和制度建设，规范服务标准，按标准在办税场所提供齐全的服务设施，满足纳税人日常办税需要。

1999年，东阳市地税局建立东阳市第一税务师事务所，为无条件或不方便办理各类申报方式的纳税人、扣缴义务人代理申报纳税。7月，成立东阳市协税护税协会，建立社会化的纳税服务机制。

2001年，东阳市地税局推行以“TAIS浙江地税版”为依托，以新组织体系和社会化保障网络为保证，以方便纳税人自行申报为出发点，建立健全网上申报、电话申报、上门申报、邮寄申报方式和扣缴税款方式为主的税款征收制度。并加大税收宣传力度，完善触摸屏查询系统和税法公告制度，即时更新《东阳地税》网站信息，全天候满足纳税人网上申报、举报、查询的需要。10月，开展“地税365为您服务”活动（简称“地税365”），具体负责公休日的税务登记、发票缴销、咨询服务、申报征收、临时门征等服务，为需在假日办理地税业务的纳税人提供优质便利的办税服务。

2002年，东阳市地税局对分局服务厅提出转变服务理念的要求，从“要我服务”向“我要服务”转变，从“单一窗口服务”向“全员、全程、全方位服务”转变，推行征期午间连续工作制，AB上岗制、纳税人评议制、休息日预约工作制、首问责任制等制度。

2003年，在全系统建立和完善导税服务制度、涉税资料移交制度、征管日记记录制度、办税业务学习制度、预约承诺制度和值班制度等一系列纳税服务制度，设立分局局长接待日制度，分局局长亲自到服务大厅处理有关疑难事项，听取纳税人的意见和建议，并组织纳税人评选“服务示范岗”和优质服务人员。

2006年，建立国地税联合办证制度，推进“一窗式”服务（即在同一窗口办理认证、报税、申报）。

2009年，东阳成立了全省首个国地税联合办税服务中心，按照规范、便捷、高效、文明的原则为纳税人提供导税服务、全程服务、限时服务、延时服务、预约服务、提醒服务等，注重国地税各窗口间的统一、协调。8月，根据国家税务总局《办税服务厅管理办法（试行）》，东阳市地税局进一步推进办税服务厅标准化建设，调理办税服务厅内容、业务流程、窗口设置、功能区划分、制度建设、环境设施等工作，进一步规范办税服务厅服务资源配置，优化窗口服务激励机制，提高办税服务水平；严格落实责任追究制，促进依法行政水平和纳税服务质量的提高；根据不同类别纳税人的需求，提供个性化纳税服务；积极推进视觉识别系统建设。

2010年，东阳财政局党组决定建立镇乡街道重点企业联系制度，组织干部深入企业发放税企联系卡，分送服务指南，征求对地税工作的意见。推行办税服务厅窗口“纳税服务之星”考评。组建纳税服务志愿者队伍，成立东阳地税纳税服务志愿者大队，开展税法宣传，纳税服务援助等志愿纳税服务主题系列活动。

2012年，实行工商、国税、地税三部门联合办证机制，委托工商部门在办理工商营业执照的同时办理税务登记证，以方便纳税人。同时，按照“将服务沉下去，把效益提上来”的指导思想，制定出台了《日常税源管理岗办税大厅值班制度》，由管理股各日常税源岗轮流到办税大厅前台值班，负责发票缴销领购、停复业、注销等业务受理和审核。积极实施流程再造，规范内部操作，不断提高行政审批和办事效率。积极倡导特事特办绿色通道服务、全程代理服务、大众化导税服务，打造“航空式”纳税服务，推进立体服务体系建设。

2014年，建立纳税人需求联动响应机制，联动开展各项办税服务，积极与人行、建行、农商行和邮政银行等建立“银税互动”机制，为东阳影视、建筑企业“走出去”提供合同税收风险研判、出口退税政策辅导等服务，受企业高度认可。

2017年，东阳贯彻落实“最多跑一次”事项17主项83子项，国地税联合开通7个窗口实行“一人一窗一机”办税服务，实现“最多跑一次”事项95.4%以上。

**三、纳税大户表彰**

改革开放后，东阳经济得到快速发展，带来了税收收入的高速增长，也培育了一批上规模的骨干企业。为了鼓励企业发展生产，增强纳税观念，东阳市政府决定，从1993年财政年度起，每年按上缴税款排出100家企业由市政府授予“纳税大户”称号。1993年度被授予的100家“纳税大户”中，有19家被授予“百万纳税大户”称号。凡被授予“纳税大户”的企业，由市政府给予通报表彰的同时，可在税前按企业当年度实际上缴税款的0.5%提取奖励金，作为企业负责人的专项奖励，同时，有关部门对纳税大户给予政策倾斜，帮助企业解决生产发展中的实际困难问题，促进企业上规模，上水平，上档次。当年，只占全市企业总数1%左右的近百家企业上缴的税利，占全市财政总收入的50%以上。

1995年，东阳市政府对“纳税大户”的表彰增设了“超千万纳税大户”和“超五百万纳税大户”两个档次称号。

进入21世纪，东阳经济迅猛发展，纳税大户队伍不断壮大，2000年始，东阳市政府重点表彰“超百万纳税大户”，并增设了“超五千万纳税大户”和“超贰千万纳税大户”称号的表彰。是年，全市超百万纳税大户达78家。

2002年，全市超百万纳税大户户数超过100家，达121家。

2005年，东阳市政府对纳税大户分别设“纳税十强”“纳税百强”“纳税超百万”企业进行表彰。

2008年起，东阳市政府设“纳税超亿元企业”“纳税十强企业”“纳税超千万企业”“纳税百强企业”和“纳税超百万企业”进行表彰，受表彰企业达349家。

2011年起，“纳税百强企业”由东阳市政府给予表彰，其他“纳税超百万企业”由东阳市国税局和地税局给予表彰。

2012年起，“纳税百强企业”中增设“纳税超五千万企业”称号。

2018年，东阳市政府对横店集团东磁股份有限公司等10家“纳税十强企业”、横店集团得邦照明股份有限公司等17家“纳税超亿元企业”、东阳市新悦房产开发有限公司等135家“纳税超千万企业”、东阳市横店禹山运动休闲有限公司等148家“纳税超五百万企业”进行了表彰。

**四、纳税人满意度调查**

纳税人满意度是衡量税务机关办税服务质量、税收执法水平的主要标准，也是税务部门执政为民的重要体现。通过调查了解纳税人、社会公众对地税部门工作的满意程度，针对纳税人反映的问题，研究制定改进措施，提高税收执法效能和纳税服务工作水平，

2006年，按照ISO 9000质量管理体系的要求，为提升地税部门的服务质量和水平，结合全市开展的“万人百企评机关”活动，东阳市地税局决定开展纳税人满意度调查活动，要求调查范围不低于所有纳税户的10%，通过分发或寄送调查表的方式进行调查。

2007年，为进一步推进地税系统作风建设和纳税服务体系建设，浙江省地税局决定在全省范围开展纳税人满意度问卷调查活动，调查内容包括税收政策公开性、税收执法公正性、税收征管文明性、税收征管效率和税务部门廉政建设等方面，对其满意程度采取打分方式。次年，国家税务总局委托第三方开展了全国范围的纳税人满意度调查活动，

2009年，东阳市地税局继续以发放调查函的形式进行纳税人满意度调查，调查函回复率达90.2%，征集到意见和建议29条，平均满意度为99.3%。同年，浙江省地税局委托第三方专业调查机构在全省范围开展了纳税人满意度和需求调查，在全省22个调查单位东阳被列入其中，东阳地税局在全省被调查单位中“总体得分”排列第7名、“办税服务整体满意度”排列第10名、“办税服务厅暗访”排列第8名。次年，对调查到的建议和第三方反馈意见进行了分解、整改和落实。

此后，在东阳市地税局组织的2010—2012年度纳税人满意度调查测评中，连续三年满意度均保持在98%以上。

2012年，东阳市财税局开展了纳税人满意度调查以及民主评议行风“回头看”的活动，按照“问题不解决不过，群众不满意不通过”的要求，本着“有则改之、无则加勉、举一反三、改进工作”的态度，逐条逐项落实整改责任，制订切实有效的改进措施。

2014年，针对全国纳税人满意度调查中发现的七个重点整改项目，东阳市财税局全面查找自身的短板，建立弹性工作制度和值班工作制度；落实对外咨询电话接听AB岗制度、首问责任制、一次性告知制等；在办税服务厅为纳税人配备所需的常用应急药品、老花镜等便民办税物品；开展多种方式的明察暗访，把督促检查贯穿于工作全过程，并建立了定期检查分析制度，及时发现问题、纠正问题、解决问题。

2016年，东阳被国家税务总局抽查作为满意度调查县（市），东阳地税局十分重视，通过培训、辅导、走访方式进行宣传，对征管和服务中存在的问题进行逐一排查和整改，并确保调查电话打通率。是年东阳市的纳税人满意度调查综合成绩在全国400多个区县地税系统排名第二，其中二维码一次性告知、“12366”服务态度等七个单项获全国第一。同时，东阳市地税局被浙江省地税局授予“满意度调查”集体二等功、纳税服务科杜丹同志授予个人三等功。

2017年，结合“春暖东阳、惠风和畅”主题行动，对纳税百强企业开展了走访送政策上门活动，帮助企业排忧解难；加强国地税联合执法、联合培训、联合税法宣传，提升了国、地税联合办税服务厅的服务效率。是年，东阳市地税局在全省满意度调查中再次取得第四名的好成绩。

# 第二章　税收优惠

国家税收不仅仅是政府取得财政收入的工具，在社会主义市场经济条件下，更是调节经济结构和社会分配的重要手段，除了开停征税种、设置科目、调整税率等政策措施外，出口退税和税收优惠也是税收重要的调节杠杆。

## 第一节　出口退税

我国的出口退税是指在国际贸易业务中，对我国报送出口的货物退还或免征其在国内各生产和流转环节按税法规定缴纳的增值税和消费税，即我国对货物出口环节免税且退还以前在国内各纳税环节的已纳税款，全称是“出口货物退（免）税”，简称“出口退税”（下同）。出口退税能有效避免国际贸易中的重复征税，是通行的国际惯例。

1980年，国家对外实行开放政策，为有利于保护国内生产和发展出口贸易，有利于引进外资和先进技术、设备，有利于国内企业和产品进入国际市场增强竞争力，国务院批转财政部拟定的《关于进出口商品征免工商税收的规定》，随后，国家制定出台了一系列出口货物退（免）税的政策法规，逐步形成了出口货物退（免）税制度体系。

1997年，国地税机构进一步分设后，出口退税职能划归了国税部门。

### 一、出口退税政策

东阳是全省外向型经济发展较快的县市之一，出口退税的政策执行和管理，成为税收管理的重要内容。在出口退税管理中，东阳根据省税务局规定，执行全国统一的出口货物退（免）税范围、退税税率、退税依据、退税承受人、退税期限等政策规定，形成一个比较完整的出口货物退（免）税管理制度。

#### （一）出口退税范围

东阳出口货物的退（免）税范围包括出口货物退（免）税的企业范围和货物范围。

#### 1.企业范围

1985年，国家实行出口退税政策。享受国家出口退税政策的企业主要有：报经对外贸易经济合作部批准享有自营进出口经营权的企业，包括中央和地方外贸企业、工贸（集团）企业和工业生产企业,以及委托有进出口经营权的外贸企业代理出口并由委托方承担出口盈亏的没有出口经营权的内资生产企业。

1988年,经浙江省外经贸厅批准,东阳进出口公司和木雕总厂先后获得自营进出口权,开始自营出口业务,次年,东阳始有出口退税业务。随着改革开放的深入和外贸体制改革的深化,赋予出口经营权的企业范围不断扩大,出口退税企业逐渐增多。

1995年,浙江省根据国家税务总局规定对1994年1月1日以后领取工商营业执照的外商投资企业实施“先征后退”办法,1997年7月1日起,改为“免、抵、退”办法;对1993年底以前已批准设立的外商投资企业出口货物在1994年1月1日以后新上生产项目生产的出口货物,凡其货物与原生产的货物不同,并实行独立核算、单独管理的,报浙江省国家税务局批准,享受出口退税政策。1993年底之前已批准设立的外商投资企业的出口免税政策执行到2000年底,期满后统一执行“免、抵、退”税政策。(注:企业出口货物分别实行“免、抵、退税”办法,“免税”是指对生产企业自营出口或委托外贸企业代理出口的自产货物,免征本企业生产销售环节增值税;“抵税”,是指生产企业自营出口或委托外贸企业代理出口的自产货物应予免征或退还的所耗用原材料、零部件等已纳税款抵顶内销货物的应纳税款;“退税”,是指生产企业自营出口或委托外贸企业代理出口的自产货物占本企业当期全部货物销售额50%及以上的,在一个季度内,因应抵的税额大于应纳税额而未抵顶完时,经主管出口退税业务的税务机关批准,对未抵顶完的税额部分予以退税)。

**2.货物范围**

出口退税的货物范围包括出口退税货物范围、出口免税货物范围和不予退税货物范围。

(1)退税货物范围

凡属于税法规定的应税范围的货物,除另有规定者外,均属于出口退税的货物范围。出口货物必须同时具备以下3个条件才能申报退税:必须是属于税法规定征税范围的货物,出口列入税法规定免税项目的避孕药品和用具、古旧图书、军品以及军队系统企业出口军需工厂生产或军需部门调拨的货物,不予办理退税;必须是财务上已做销售的货物,非销售性的援外出口货物不予办理退税;必须是报关离境并已收汇核销的货物,对在国内销售并收取外汇的货物,不予办理退税。

1992年,执行省税务局、省对外经济贸易委员会转发的国家税务总局和对外贸易部《关于明确部分出口企业出口高税率产品和贵重产品准予退税的通知》,对机械手表,化妆品,乳胶制品和其他橡胶制品,黄金、首饰、珠宝、玉石,水貂皮,鱼翅、鲍鱼、海参、鱼唇、干贝、燕窝等产品的出口按规定退税。

(2)免税货物范围

凡属于部分出口货物和贸易方式在国内生产环节免征增值税、消费税,在出口环节不再享受退税。生产环节免税的货物有:来料加工复出口货物;计划内出口卷烟;小规模纳税人自营出口和代理出口的自产货物;1993年12月31日前批准设立的外商投资企业自营出口和代理出口的自产货物。

上述免税货物的增值税进项税额不得抵扣内销货物的应纳增值税，出口后也不办理退税，列入产品成本。

(3)不予退税货物范围

为配合国家对经济宏观调控和未征不退的原则，税法规定下列货物不予退税：原油；国家禁止出口的货物，包括天然牛黄、麝香、铜及铜基合金、白金等；糖；出口企业以自带客户、自带货源、自带汇票、自行报关和不见出口货物、不见供货货主、不见外商（简称"四自三不见"）方式成交出口的货物、涉嫌骗税的出口货物在未查清有关税收情况之前或查实前道环节代开虚开发票的；出口企业从小规模纳税人购进并持普通发票的货物，除下述12类特准退税货物外，不予退税。12类货物是指抽纱、工艺品、香料油、山货、草柳竹藤制品、鱼网鱼具、松香、五倍子、生漆、鬃尾、山羊板皮、纸制品。

**(二)出口退税税种和税率**

1993年底以前的退税政策规定出口产品退产品税、增值税、营业税和特别消费税，出口彩电的特别消费税在生产环节免征。1994年实施新税制后，根据《中华人民共和国增值税暂行条例》和《中华人民共和国消费税暂行条例》的规定，东阳出口货物仅退增值税和消费税。出口企业可在货物报关出口后按税法规定向东阳市税务局申请退还出口货物已征的增值税和消费税或免征出口货物应征的增值税和消费税。

出口退税税率在1994年分税制改革前后因税制不同，其退税率自然各异。

**1.分税制改革前的退税率**

1993年底以前的出口产品退税率是根据出口产品的税种和实际税负不同，分别适用产品税税率、产品税综合退税率、增值税税率、增值税核定退税率、营业税退税率和特别消费税的单位税额。营业税退税率统一规定为3‰，其他各税种的退税率累计达140多档，从3%～58.66%不等，属于产品税征收范围的出口产品，有产品税综合退税率的，按综合退税率退税，没有综合退税率的，按产品税税率退税；属于增值税征收范围的出口产品，有增值税核定退税率的，按核定退税率退税，没有核定退税率的，按增值税税率退税。外贸企业出口产品在国内仓储、运输等环节支付费用和银行存款利息中包含的营业税，统一按出口产品退还产品税、增值税价格的3‰计算退税，生产企业直接出口的产品，一律不退3‰的营业税；属于特别消费税征收范围的出口产品，按单位税额计算退税。

1985年，财政部颁布《产品税条例》和《增值税条例》，规定对国家鼓励出口的应税产品，由生产单位直接出口的，免税；已经缴纳产品税或增值税的，由经营出口者在报关出口后，申请退还已纳的税款。同年4月，财政部印发《进出口产品征退产品税或增值税的规定》，对企业经营出口的产品，除原油和成品油之外，在出口后退（免）产品税或增值税，出口已缴税农牧水产品，退还收购环节的产品税，并规定申请退税的手续、期限、应退税款的计算等，形成进出口税收制度的基本法规。

1989年1月1日起，实行核定若干出口产品的退税率的办法，对下列出口产品按以下税率退税：味精11.2%，奶制品10%，固体饮料10%，甜酒酿7%。

1991年，为进一步贯彻国务院“征多少、退多少、未征不退”的出口退税原则和国家税务局等六部门《关于加强出口产品退税管理的联合通知》，对部分出口产品退税税率加以调整。调整后的退税率如下。

表8-2-1-1　　1991年东阳市部分出口产品退税税率

| 产品名称 | 调整后的退税率% |
|---|---|
| 一、纺织品 | |
| （一）纯棉纺织品 | |
| 1.棉条 | 5.8 |
| 2.棉纱 | 5.8 |
| 3.棉坯布、棉色织布 | 8.6 |
| 4.其他棉制品 | 9.7 |
| （二）纯麻纺织品 | |
| 1.麻条 | 9.5 |
| 2.麻纱 | 9.5 |
| 3.麻袋 | 7 |
| 4.其他麻纺织品 | 10.5 |
| （三）棉型化纤纺织品 | |
| 1.化纤纱 | 14 |
| 2.其他棉型化纤织品 | 13.4 |
| （四）棉、麻混纺织品 | |
| 1.棉混纺纱、麻混纺纱 | 10 |
| 2.其他棉、麻纺织品 | 12.1 |
| （五）毛纺织品 | |
| 1.毛条 | 13.2 |
| 2.毛纱、毛线、呢绒、毛毯 | 21.1 |
| 3.毛针织品、毛复制品、人造皮毛 | 17 |
| 4.其他毛纺织品 | 15.5 |
| （六）蚕丝、蚕丝织品 | |
| 1.蚕丝 | 5.6 |
| 2.蚕丝织品 | 13.3 |
| （七）化学纤维 | 13.3 |
| 二、建筑材料 | |
| 水泥 | 12.6 |

续表8-2-1-1

| 产品名称 | 调整后的退税率% |
|---|---|
| 三、陶瓷 | |
| (一)日用陶瓷 | 9.7 |
| (二)其他陶瓷 | 15.3 |
| 四、黑色、有色金属产品 | |
| (一)铁合金 | 12.4 |
| (二)其他合金 | 17.6 |
| 五、动物胶 | 12.4 |
| 六、机械手表、秒表 | 33.6 |
| 七、金笔 | 19.9 |
| 八、化妆品 | 35.5 |

1992年1月1日起,对部分出口产品退税税率做了调整,30类产品中有17种产品的税率有所下降。同年7月1日起,调整汽车轮胎等80多种出口产品的退税税率。

**2.分税制改革后的退税率**

1994年,实施新税制后,出口货物仅退增值税和消费税。

(1)增值税退税率

1995年6月30日(含)以前报关离境出口货物的退税率,依《中华人民共和国增值税暂行条例》规定的17%和13%的税率执行,从小规模纳税人购进特准退税的12类货物依6%的退税率执行。

1995年7月1日起。报关离境的出口货物的退税率分别为:农产品、煤炭为3%;以农产品为原料加工生产的工业品和适用13%增值税税率的其他货物,为10%;适用17%增值税税率的其他货物,为14%。1996年1月1日以后报关离境的上述三类出口货物分别按3%、6%、9%的退税率办理退税。

1995年7月1日以后报关离境的大型成套设备和大宗机电产品,报经国家税务总局批准可按17%的退税率办理退税,此类出口货物在1996年1月1日以后报关离境降按14%的退税率办理退税。

1995年7月1日以后报关离境的从小规模纳税人购进的特准退税的12类货物的退税率,除农产品为3%外,其余仍按6%执行。

(2)消费税退税率

根据《中华人民共和国消费税暂行条例》中的《消费税税目税率(税)表》规定的税率或单位税额,作为出口货物应退消费税的退税率或单位退税额。

**(三)出口退税凭证**

企业的退税凭证,是指出口企业在向主管出口退税的税务机关申请退税时,必须提供的凭证。

1985年,出口企业申请出口产品退税时,可根据《出口商品销售明细帐》或者《出口主要商品销售利润(亏损)表》所列产品品种、数量,剔除以外汇销售给国内企业、单位和外商但不报关出口部分,填报《出口产品退(免)税申请表》,并附送进货发票和《出口产品证明》,后改为出口货物报关单。

1988年,根据财政部文件精神,要求经营出口产品的企业应在产品报关出口并在财务上作销售后才能申报退税,并附送出口销售发票、进货发票和出口报关单等退税凭证,简称"两票一单",若属代理出口产品,还需提供《代理出口产品证明》。

1991年起,出口产品退税实行与出口企业出口创汇任务、上缴中央外汇任务挂钩的办法,国家税务局浙江进出口税收管理处规定出口企业申请退税除需提供上述"两票一单"外,还需提供银行出具的结汇水单,简称"两票两单"。

1993年起,国家税务总局规定对出口产品实行专用税票管理,要求出口货物凭专用税票申报退税,浙江省出口企业申报退税必须提供的凭证已达"三票两单"。

1994年,实施新税制后,外贸企业申报退税需提供的凭证仍需"三票两单"。

增值税专用发票(税款抵扣联)或普通发票。普通发票仅限于从小规模纳税人购进的12类特准退税货物。

出口货物专用缴款书,简称专用税票。出口货物专用缴款书有出口货物增值税专用缴款书和消费税专用缴款书。出口货物报关单(退税专用联)。出口货物报关单,是出口企业为申报货物出口而填写,并经海关验讫无误后签发的证明货物已报关离境的凭证。出口企业申请退税时,附送的出口货物报关单必须是盖有在税务机关备案的海关"验讫章"和海关经办人员或复核人员签名(章)的"退税专用联"原件。

出口销售明细账。这是证明出口货物已作销售的依据。浙江省后改为注有登记自营出口销售账时间的出口销售发票。

出口收汇核销单(退税专用联)。出口收汇核销单,是指由国家外汇管理局制发、出口企业和受托行及解付行填写,海关据以受理报关,外汇管理部门凭以核销收汇的有顺序编号的凭证。

上述凭证,简称"三票两单"。按"先征后退"办法办理退税的生产企业(包括1994年1月1日以后批准设立的外商投资企业)申请退税时,也需提供"三票两单"等退税凭证。

按"免、抵、退"办法办理退税的生产企业,需提供的退税凭证有:出口货物报关单(退税专用联);出口收汇核销单(退税专用联);出口销售发票。

上述企业经营的出口货物若属代理出口的,还需提供经受托方所在地主管退税机关审核签章的《代理出口货物证明》及《代理出口协议》(副本)。

小规模纳税人申请免税需提供的退税凭证有:小规模纳税人自营出口和委托其他企业代理出口的货物,凭出口货物报关单(退税专用联)、出口收汇核销单(退税专用联)、出口销售发票和经受托方所在地主管退税机关市核签章的《代理出口货物证明》、《代理出口协议》(副本),向当地主管征税的税务机关申请办理免征出口货物的增值税和消费税。

1995年7月1日起,浙江省国家税务局根据外汇管理新规定将结汇水单改为出口收汇核销单(退税专用联)。

1996年4月1日以后购进出口的货物,申请退增值税时必须提供出口货物增值税专缴用缴款书或分割单。出口货物属消费税征收范围的,申请退还消费税时,还必须提供出口货物消费税专用缴款书或分割单。专用缴款书必须经供货方税务机关和银行(国库)盖章才有效。

## 二、出口退税管理

出口货物退(免)税管理包括出口企业退税登记、出口货物退(免)税申报、出口货物退(免)税审核审批、及出口货物(免)税检查和违章处理。

### (一)出口企业退税登记

凡在浙江境内经国家对外经贸部及其授权单位批准享有进出口经营权的外贸企业,工贸集团、生产企业和1994年1月1日以后批准设立的外商投资企业,以及外轮供应公司、远洋运输公司、对外承包工程公司、对台小额贸易公司、出境口岸免税店等特准退税企业,都是出口退税登记的对象。上述企业必须在自批准之日起30日内,向所在地主管出口退税的税务机关申请办理退税登记。

出口企业取"出口企业退税登记证"后,若发生停业、改名、近移、合并、分设和变更经营范围、经营方式、隶属关系等等情况,应在变动之日起30天内,将原登记证和申请交更内容理由说明书以及批准变更部门的批件一并送原办理退税登记的税务机关,申请办理变更登记、重新登记、或注销登记。

出口企业由于停业、合并、分设、破产等原因而办理注销登记的,税企双方应对原出口企业的出口退税情况进行全面的清算,办理多退少补手续。清算完成后方可办理注销登记手续。

### (二)出口退税申报

出口企业办妥退税登记后,即可向主管出口退税的税务机关中请办理有关出口货物退(免)税事宜。

浙江省对出口货物退(免)税实行凭单申报的办法,即出口企业将规定必须提供的出口货物报关单、出口收汇核销单、增值税专用发票、专用税票和出口销售发票一一配对,并将单证上有关数据填入《出口货物退(免)税申请报表》,经当地外经贸主管部门稽核后,再上报主管出口退税的税务机关,据以申报退(免)税。

1997年1月1日起,外贸出口企业全面推行出口退税电子化管理;生产企业仍按原规定申报退税。出口企业将配对齐全的退税凭证的数据填入《出口凭证登录表》《进货凭证登录表》《出口货物退税汇总申报表》,按照出口退税申报子系统的要求,将有关内容录入计算机,生成申报退税数据；外经贸主管部门接到出口企业的退税单证后，核对企业申报的退税数据与原始单证的内容，经稽核子系统稽核后，由出口企业将符合规定的单证及相应的申报退税数据送主管出口退税的税务机关申报退税。从1998年起，省级出口企业开始试行出口退税计算机管理软件的网络版。

为适应出口退税电算化要求，防止多退少退现象的发生，省局规定对外贸企业和按"先征后退"办法办理退税的生产企业的出口退税统一实行"按月申报、年终清算"的办法，对按"免、抵、退"办法办理退税的生产企业统一实行"月报免抵、按季退税、年终清算"的办法。

出口企业在一个会计年度终了后3个月内，必须向主管其出口退（免）税的税务机关申办理年终清算手续。主管出口退税的税务机关在年度终了3个月后。按出货物退（免）税政策定，对出口企业上一会计年度内报关出口并作销售的各类已申报办理或未申报办理退（免）税的出口货物的有关经济内容进行一次全面、系统的清理、审核和检查，办理多退少补。年终清算是正确办理出口货物退（免）税的重要一环。

**（三）出口退税审核审批**

1996年前，出口企业手工申报退税时，税务机关主要是审核出口企业的《出口货物退（免）税申请表》及附送的资料凭证，审核表与表之间的逻辑关系，审核表证是否相符，审核计算依据是否准确、适用退税率是否正确，审核退税凭证是否真实合法等。1996年出口退税改为计算机管理后，东阳税务机关对出口企业申报资料的审核，主要是通过出口退税审核子系统审核完成的。出口退税审核子系统将出口企业申报数据与税务机关掌握的海关信息数据、外汇核销信息、税务机关内部交换信息（增值税专用发票和专用税票）、外经贸主管部门提供的信息等参考数据进行计算机自动审核。对审核疑点按规定发函或派员调查，在没有收到回函或查清之前，一律不得办理退税。

东阳还建立了出口退税三级审核管理制度。首先由经办人员对出口企业申报资料进行初审，然后送部门负责人复审，最后送主管领导审批后开具"收入退还书"，由会计人员送交当地金库，金库凭东阳市税务局填制的"收入退还书"办理退库手续。

**（四）出口退税检查和违章处罚**

出口货物退（免）税检查的形式主要有出口企业自查和税务机关检查，其中税务机关检查又可分为常规检查、重点抽查和查处骗取出口退税的专项检查。出口货物退（免）税检查的内容主要有，检查与退税有关的财务报表、会计账簿与会计凭证，检查企业的退税资格，检查出口贸易方式，检查退税申报表与退税凭证，检查退税的计算依据，检查适用退税率等。

根据国家税务总局颁发的《出口货物退（免）税管理办法》，浙江省对出口货物退（免）税违章事项的处罚作了如下规定：

（1）对经营出口货物的企业有下列违章行为之一，除令其限期纠正外，处以5000元以下罚款：未按规定办理出口退税登记的；未按规定建立、使用和保存有关出口退税账簿票证的；拒绝主管退税的税务机关检查和提供退税资料、凭证的。

(2)由于出口企业过失而造成实际退(免)税款大于应退(免)税或企业办理来料加工免税手续后逾期未核销的,主管出口退税的税务机关应当令其限期回多退或已征的税款。逾期不缴的,从限期期满之日起,依未缴税款额按日加收2‰的滞纳金。

对于不法分子利用不真实的单据骗取出口退税的行为,严重损害外贸出口企业的信誉,影响外贸出口的正常秩序,而且严重破坏了出口退税政策的贯彻执行。为了防止、打击骗税行为,国家制定一系列法律规定,对客商自带客户、自带货源、自带汇票、自行报关,出口企业不见出口产品、不见供货货主、不见外商(简称"四自三不见")成交出口的产品,不予退税。

企业采取伪造、涂改、贿赂或其他非法手段骗取退税的,除按《中华人民共和国税收征收管理法》第44条处罚外,对骗取退税情节严重的企业,可由国家税务总局批准停止其半年以上的出口退税权。在停止退税期间出口和代理出口的货物,一律不予退税。企业骗取退税数额较大或情节特别严重的,由对外贸易经济合作部撤销其出口经营权。

对为经营出口货物企业非法提供或开具假增值税专用发票或其他假退税凭证的,按其非法所得处以5倍以下罚款。企业骗取退税数额较大,情节严重的,应从重处罚或提交司法机关追究刑事责任。

1992年,全国人大常委会颁布的《中华人民共和国税收征收管理法》,对骗取退税制定了较为严厉的处罚规定:企业事业单位采取对所生产或者经营的商品假报出口等欺骗手段,骗取出口退税款、数额在10000元以上的,除由税务机关追缴其取的退税款外,依照全国人大常委会《关于惩治偷税、抗税犯罪的补充规定》,处骗税款5倍以下的罚金,并对负有直接责任的主管人员和其他直接责任人员,处3年以下有期徒刑或拘役。骗取出口退税款数额不满10000元的,由税务机关追其骗取的退税款,并处以骗税款5倍以下的罚款。企事业单位以外的单位或个人骗取出口退税款的,除由税务机关追缴其骗取的退税款外,依照全国人大常委会《关于惩治偷税、抗税犯罪的补充规定》,按照诈骗罪追究刑事责任,并处骗税款5倍以下的罚金;单位犯本款罪的,除处以罚金外,对负有直接责任的主管人员和其他直接责任人员,按诈骗罪追究刑事责任;数额较小、未构成犯罪的,由税务机关追缴其骗取的退税款,并处以骗税款5倍以下的罚款。

表8-2-1-2　**1989—1997年东阳市出口退税情况统计表**

单位:万元

| 年份 | 合计 | 退中央库 | | | | 退地方库 | |
|---|---|---|---|---|---|---|---|
| | | 小计 | 增值税 | 消费税 | 其他 | 小计 | 增值税 |
| 1989 | 4.2 | 4.2 | 4.2 | | | | |
| 1990 | 9.7 | 9.7 | 9.7 | | | | |

续表8-2-1-2

| 年份 | 合计 | 退中央库 | | | | 退地方库 | |
|---|---|---|---|---|---|---|---|
| | | 小计 | 增值税 | 消费税 | 其他 | 小计 | 增值税 |
| 1991 | 53.5 | 53.5 | 53.5 | | | | |
| 1992 | 45.6 | 45.6 | 45.6 | | | | |
| 1993 | 177.6 | 177.6 | 177.6 | | | | |
| 1994 | 1006.4 | 967.3 | 850 | | 117.3 | 39.1 | 39.1 |
| 1995 | 1557.1 | 1500.7 | 1330 | 1.7 | 169 | 56.4 | 56.4 |
| 1996 | 4656.1 | 4603.1 | 4444 | | 159.1 | 53 | 53 |
| 1997 | 4288.7 | 4244.2 | 4107 | 3.7 | 133.5 | 44.5 | 44.5 |

## 第二节　税收减免

税收减免是税收优惠政策的重要内容，是指国家运用税收政策在税收法律、行政法规中规定对某部分特定企业和课税对象给予减轻或免除税收负担的一种措施。税收减免形式主要有减税、免税、退税、投资抵免、税前还贷、加速折旧和亏损结转抵补等。在各税种的法律法规中，均有该税种优惠的一般性规定，本节仅对税收减免等特殊性的税收优惠政策作阐述。

### 一、税收减免管理

税收减免管理内容包括减免政策制定、减免对象确定、减免条件审查、减免审批流程、税收减免确定等，其核心是税收减免确定权，包括审批、确定减税免税数额、幅度、期限等权力，包含在税收管理权限中，由税收管理体制所规定。建国后，国家实行“集中领导、分级管理”的税收管理体制，税收减免的确定权集中在中央，地方少有减免权限。改革开放后，税收减免权限略有调整，在国家税收制度框架下，适当下放或扩大地方减税免税权限。

1950年1月，政务院颁布通令《关于统一全国税收的决定》，并附发布《全国税政实施要则》，凡有关全国性税收条例、法令，均由政务院统一制定、颁布实施，各地区遵照执行，不得自行修改或变更，凡有关全国性各种税收条例施行细则，由中央税务机关统一制定，经财政部批准后施行。凡有关地方性税收，属于县范围由县人民政府拟议，报请省人民政府核转，报中央备案。3月，政务院公布《统一国家财政经济工作的决定》，规定税则、税目、税率由中央人民政府财政部提交中央人民政府政务院决定实施，未经批准，各地人民政府不得增加和变动。此时，税收管理权限高度集中，在税率的设置上体现了工轻于商、生产资料轻于消费资料、日用品轻于奢侈品等区别税负的原则，减免税主要是实行公私企业区别对待的税收政策，对新办集体企业、贫苦艺匠、家庭副业以及直接为农业服务的化肥、农药、农机具等商品，采取低税、减税或免税政策。

1955年，规定凡属地方性的个别或临时性减税、免税项目，由省税务局报请省人民政府核实施行。

改革开放后，我国改革了税收管理体制，税收政策的确定、税法的制定和颁布、税法的解释、主要税种的开征与停征、税目的增减和税率的调整、全国性的减免税等权限均属中央。省、市、自治区、直辖市可以在中央统一领导下，根据体制规定，因地制宜地确定部分税收优惠问题。除税收管理体制规定的权限外，任何地方、部门和单位都无权自行制定税收优惠政策。

1978年，规定工商税、工商所得税每户减免额在2000元以下，由东阳县财税局审批；2000元以上1万元以下报省局审批；1万元以上报省局审查转报财政部审批。屠宰税、城市房地产税等减免，均由东阳县财税局审批。

1983年，东阳按省政府授权制定减免税审批权限。省政府授权地(市)税务局审批的项目有：企业利用废旧物品为主要原料生产产品纳税困难，需要减征产品税、增值税；企业以议价粮食、议价薯干为原料生产酒精，企业纳税发生亏损，需要减半征收产品税；新办集体企业减免所得税5万元以上至10万元；集体企业全年所得补亏损金额在5万元以上至10万元；符合产业政策的新办企业，年减免税10万元以上；个别企业纳税有困难，当年减免产品税、增值税超过3万元不足5万元，营业税超过1万元不足2万元的，所得税3万元以上至5万元的。授权县(市)税务局审批项目有：乡镇、街道、中小学校办工厂，利用“三废”为主要原料生产的产品，需减免产品税、增值税的；乡镇企业生产产品，用于本县(市)内农田水利基本建设；防洪、排涝、救灾，修造农村桥梁，并以不含税价格销售需免征产品税，增值税；砖瓦厂用非耕地泥土生产销售砖瓦，需暂减增值税1～3成；乡镇集体建筑安装企业承包本县乡镇、村办农村公路、桥梁、河道、农田水利基本建设所取得收入需减免增值税的；城镇集体工业企业生产销售小农具，需减免营业税的；国营集体企业从事理发、浴室、茶水、洗染、弹花、修理修配(限于为群众生活服务部分)业务和经营蔬菜、食盐、豆制品、煤饼、大饼、油条收入需减免营业税；有证个体工商户的生产经营收入纳税有困难需减免；符合产业政策的新办企业，年减免产品税、增值税10万元以下；个别企业困难减免，当年减免产品税、增值税税款在3万元以下，减免营业税在1万元以下；新办集体企业，全年减免所得税额在5万元以下；集体企业个别纳税困难，全年减免所得税在3万元以下；集体企业全年所得额弥补亏损在5万元以下。

1989年，浙江省税务局对企业所得税减免、税前还贷等审批权限作出新规定：集体企业在开办初期纳税有困难，一年内减或免所得税。全年减免5万元以下(含5万元)报市(地)财税局审批。原有个别集体企业纳税有困难，全年减免税1万元以下(含1万元)的报市(地)财税局审批；1万元以上的报省税务局审批。国营企业用当年盈利弥补上年亏损及按规定缴纳所得税有困难，经各级主管财税局审批后，报省税务局审批或由省税务局报国家税务局审批。城镇集体工业企业当年税前归还的贷款，占当年合同规定应归还货款比例在60%以下(含60%)，报县(市)财税局审批；60%以上报省税务局审批，但还贷金额在3万元以下(含3万元)报市(地)财税局审批。乡镇集体工业企业1988年底前向财政、银行借用尚未到期专项技措贷款，税前归还贷款的比例在60%以下

（含60%），报县（市）财税局审批，60%以上报市（地）财税局审批。集体企业财产损失需在营业外列支，全年损失在1万元以下（含1万元），由上级主管部门审批：损失1万～3万元（含3万元）经上级主管部门审核报县（市）财税局审批；损失3万～5万元（含5万元）报市（地）财税局审批；损失5万元以上的报省税务局审批。集体企业（除乡镇企业外）经有关部门鉴定确认危房，翻修费用应先用企业大修理基金、更新改造基金、税后利润以及主管部门调剂基金解决，仍有困难需税前列支，经县（市）财税局审核后，报省税务局审批。

1992年，根据省税务局《扩大部分县市税收管理权限的通知》，东阳按照市（县）级税收管理权限审批减免税、减税还贷、亏损弥补、税前列支、欠税豁免等，原由地区税务局转报省税务局审批的减免税，8月起由东阳税务局直接报省税务局审批。

1994年1月1日实行分税制改革后，中央赋予省级立法机构开征新的地方税立法权限，地方税管理权限基本下放给地方（省级），屠宰税和筵席税下放地方管理，省级可自行决定继续征收或停止征收或减免政策。

2001年，为进一步加强各项税、费、基金的减免管理，规范各类减免项目的申请、审批行为，浙江省地方税务局印发《减免税、费、基金审批管理暂行办法》，实行“分类管理、分级审批”的办法，根据各级地方税务机关对减免项目享有权限不同，减免项目的审查批准行为分为审批类、审核类、核准类和备案类，各级地方税务机关相应地实行审批制、审核制、核准制、备案制管理。“审批”是指根据省及省以上权限部门规定的一定条件，有权的地方税务局结合当地有关情况，对申请人的减免申请进行审查后，决定批准或不予批准的行为；“审核”是审批的前置行为，是指各级地方税务局根据省及省以上权限部门规定的条件，对申请人的减免申请进行初步审查后，决定是否报审批机关的行为；“核准”是指有权的地方税务机关根据省及省以上权限部门事先确定的一定条件，对申请人的减免申请进行核实后，只要符合减免条件，就应当允许申请人实施减免的行为；“备案”是指各级地方税务机关根据省及省以上权限部门规定的条件，要求符合减免条件的单位和个人报告减免事项的情况及相关材料的行为。省和各市、县（市）地方税务局依照省及省以上权限部门规定，对相应减免项目的申请行使审批权或审核权，各级主管地方税务机关依照省及省以上权限部门规定，对相应减免项目的实施行使核准权或备案权。同时，对各税种规定的减免项目进行了分类，规定了各级地方税务机关审核、审批权限，明确了对各减免项目的审核、审批程序和必须提供的资料条件等。

2003年，根据省局《减免税、费、基金审批管理暂行办法》规定，对地（市）局与各县（市）地方税务局的审批、核准权限作出调整，由地（市）税务局审批的项目有：100万元（含）以下财产损失税前扣除，100万元（含）以下技术开发基金税前扣除；下放各县（市）税务局审批的项目有：年减免企业所得税额10万～20万元（含）的劳动就业服务企业和随军家属就业企业；授权县（市）税务局批、核准、备案的项目有：从事个体经营的随军家属、下岗职工3年内免征个人所得税，机关服务中心后勤保障服务、下岗失业人员再就业、自主择业军转干部减免营业税、城建税、企业所得税、个人所得税、教育费附加，教育劳务、个人销售普通住宅、住房租赁减免营业税，乡镇企业企业所得税减征10%部分，减免土地增值税企业所得税年度弥补亏损，个人购房后一年内出售原住房减免个人所得税，总投资在2000万元(含)以下技改国产设备投资抵免企业所得税等。

2004年，为提高减免税政策的管理水平，以全国范围对2003年的减免税情况开展了一次普查。同年，浙江省地税局修订《减免税、费、基金审批管理暂行办法》，对部分审批项目的审批权限作了调整。

2005年，根据上级税务部门部署，东阳市地税局开展了减免税整顿，规范减免税申报制度，严格减免税审批管理，健全减免税核算统计制度，减免税基础管理工作进一步强化。

2008年，东阳市地税局成立减免税审批领导小组。同年，新企业所得法实施后，其减免所得税实行报备制管理。也是同年下半年，国际金融危机暴发，一些地区借机擅自出台减免税、缓缴税和豁免欠税，或返还已缴纳的税收等政策，为此，财政部会同国家税务总局印发《关于坚决制止越权减免税，加强依法治税工作的通知》，要求对存在违反国家财税规定和超越税收管理权限行为进行自查自纠。

2010年，浙江省地税局调整了契税减免的审批权限，契税金额在10000元以上的减免，由房屋、土地所在地的市、县地税局审核后直接上报省地税局审批；契税计税金额在10000元以下的减免，不再实行分级审批，由市、县地税局审批。

2012年，浙江省地税局调整了城镇土地使用税减免审批流程，纳税人缴纳城镇土地使用税确有困难，需要申请减免税且年度申请减免额在20万元以下的，由省地税直接交办给各市、县主管地税局办理；年度申请减免额在20万元以上的，由市、县主管地税局审核后，上报省地税局审批。次年，又将申请减免额在20万元以上的审批权限下放给了市、县地税局。

2013年，推行行政审批制度改革，税收优惠审批事项除契税和耕地占用税困难减免执行审批外，其他税收优惠事项均已改为备案类和办理类管理。

2015年，国家税务总局颁布《减免税管理办法》，明确减免税是指国家对特定纳税人或征税对象，给予减轻或者免除税收负担的一种税收优惠措施，包括税基式减免、税率式减免和税额式减免三类。税务机关遵循依法、公开、公正、高效、便利的原则实施减免税管理。减免税分核准类减免税和备案类减免税两类进行管理，核准类减免税是指法律、法规规定应由税务机关核准的减免税项目；备案类减免税是指不需要税务机关核准的减免税项目。同时发布《减免税政策代码目录》，对减免税政策按收入种类和政策优惠的领域类别，分别赋予减免性质代码及减免项目名称，便于纳税人和税务机关在申报、备案、核准、减免退税等业务事项时检索。

2016年，为提高减免税管理水平，健全减免税核算体系，国家税务总局印发《减免税会计核算工作规范》，对纳入《减免税政策库》管理的减免税政策进行规范核算，以完整、详细、及时反映和监督减免税业务的税收管理活动。

2017年，为进一步深化地税系统“放管服”和“最多跑一次”改革，浙江省地税局决定全面实施“征前减免”税费优惠管理方式改革，即纳税人符合税费优惠条件的，减免的税费款在纳税申报时直接从应征税费款中扣除，不征收入库，由原来的“先征后退”改为“征前减免”。

## 二、税收减免政策

税收减免政策是税制的组成部分。在各个历史发展阶段，因党和国家对社会经济发展的重点不同，税收减免政策相应地也各有区别。在计划经济时期，主要减免对象为公有经济和农林牧副渔等扶持领域。改革开放后，主要减免对象为社队（乡镇）集体企业、新办困难企业、福利企业、校办企业和各类支农行业和产品。1994年实施分税制改革后，取消了一些特殊性行业和企业的税收优惠政策，按照市场经济原则实行公平税负的税收政策，营造公平竞争的市场环境，税收减免趋向普惠原则。

### （一）农业农村减免税

1959年，土化肥、土农药、新式农具试用期免税。

1966年起，小农具免税。

1973年起，供销社销售的农业生产资料免征营业税。

1978年，对安排“上山下乡”知识青年的农村集体所有制场所、队，自1979年起至1985年期间，对其生产经营的各项应税产品和业务收入免征工商税和所得税。

1991年，为扶持林业系统的发展，执行国家税务局《关于林业系统征免土地使用税的通知》，对符合免征规定的林区贮木场、水运码头用地免征土地使用税。

1992年底前，对麦粉、成品粮、食用植物油、饲料、糠麸和榨油用的油饼；籽棉加工成皮面、棉短绒、皮棉加工的絮棉；猪皮革、商品房、煤球、蜂窝煤和引火炭农副产品免征增值税。

1994年，规定对由乡、村或其乡、村与供销社、农业（农机）、水利部门联合兴办的，以服务为目的的农业综合服务站（社）（包括庄稼医院、农产品专业合作社），自新办之日起一年内给予免征营业税。

1996年起，连续免征农业生产资料、饲料、化肥、农药、批发和零售的种子种苗、农机的增值税。

### （二）社队（乡镇）企业减免税

1959年，生产队生产除烟丝、红糖、饴糖、植物油、土纱、土布、蚕丝、丝棉、皮革、土纸、砖瓦、陶瓷、焚化品、代用品制酒14种产品外，免征工商税。

1966年，农村生产队除生产焚化品和粮食酿酒外，其余产品一律免征工商税。

1978年起，免征社办铁矿、煤窑、电站、水泥厂的工商税和所得税。

1981年4月，免征农机、农具、肥料、饲料、农药及豆腐坊、粉坊、酱坊等产品工商税。

1984年，东阳县政府规定18个山区乡的乡镇企业工商税和工商所得税免征一年。

1985年，明确规定了乡镇企业减免税产品的品种。

1986年，规定对乡镇企业免征奖金税，所得税占利润30%以上部分减半征收。

1989年，规定乡镇工业企业和城镇集体工业企业可按销售额中提取1%的经营费用，严格按开支范围开支，结余可转入技术开发基金。

20世纪90年代起，逐步对乡镇企业实施企业改制。1994年分税制后取消了对乡镇企业特殊的税收优惠政策。

**（三）新办企业与新产品减免税**

1984年起，新办企业和试制新产品经过批准，给予一定时期免税。产品销路一时困难企业，经批准以减免所得税归还银行贷款。

1989年1月1日起，工业企业可按固定从销售收入总额在提取1%的技术开发基金，升级技术进步的优秀企业可按2%提取技术开发基金；对批准的新产品减免产品税、增值税及试销减免税期间实现的利润，全部转入技术开发基金。

1992年，科研单位从事技术咨询、技术转让、技术服务和技术开发的收入，对其他单位和个人从事技术转让的收入，暂免征营业税。

1994年起，取消新办企业的税收减免政策。新产品税收减免逐步转向高新技术企业和产品的税收优惠政策。

**（四）进出口产品减免税**

1980年，国家对外实行开放政策，按《关于进出口商品免征工商税收的规定》，准予出口的产品，根据其换汇成本高低及亏损程度，在保本微利的原则下给予减免税。

1983年9月1日起，凡进口钟表、自行车、缝纫机、照相机、录像机、电视机、袖珍电子计算器、空调机、金笔、铱金笔、圆珠笔等17种产品，征收进口环节的工商税或增值税；出口上述产品，退还生产环节的增值税或最后环节的工商税。

1985年起，施行出口退税政策。

**（五）税前还贷**

税前还贷是指对缴纳企业所得税的纳税人，按规定用贷款项目新增利润，归还各种专项基本建设和技术改造投资项目贷款本息时，准许在计算应纳税所得额中扣除的一种税收优惠。

税前还贷旨在鼓励企业加大固定资产投资和加速企业技术改造。本着还贷由国家和企业分担，投资增加的收益也由双方共同分享的原则，在1984年第二步利改税时规定，国营企业在归还技措性项目借款和基建改扩建项目借款时，经财政部门批准，允许在计算应纳税所得额之前，用该借款项目投产后新增利润归还；同时，为照顾集体企业的还贷能力，集体企业新借用的各种技措贷款，在缴纳所得税前允许用贷款项投产后新增加的利润归还贷款本息的60%。

税前还贷办法在初期确实起到促进企业技术更新的作用，在企业留用利润不能满足技术改造和正常所需资金的情况下，税前还贷对支持企业进行技术改造和扩大再生产起到了积极作用。但是，随着时间的推移，这种优惠措施逐渐弊多利少，税前还贷办法强烈地刺激了企业投资冲动，实质上形成了投资的"大锅饭"，不利于控制基建规模，并加重了国家的财政负担。由于投资体制和贷款项目范围失控，基建投资急剧膨胀，贷款和还款数额猛增，国家财政收入受到了直接影响。同时，税前还贷对产业结构调整和企业自我约束机制的完善也产生了一定的负面影响。因此，1994年税制改革后，税前还贷政策取消。

1981—1993年，东阳企业共计享受税前还贷政策2415万元，其中全民所有制企业税前还贷1703.1万元；集体所有制企业711.9万元。

**（六）小微企业减免税**

进入21世纪，社会主义市场经济体制进一步完善，税收减免也逐步趋向适应市场经济原则，实行更加公开、公正、透明的普惠制的税收减免制度。

2009年，围绕省委省政府"减免相关税费、减轻企业负担"重大战略部署和《浙江省地方税务局关于贯彻省委推进创业富民创新强省决定的实施意见》，东阳全面落实"两创"和民生两项税费优惠政策；"两创"方面突出对自主创新、转型升级、节能减排、总部经济、人才引进等的扶持，共涉及38条具体措施；民生方面突出对教育、就业、医疗、社保、农村发展等的扶持，共涉及21条具体措施。

2010年，根据财政部、国家税务总局《关于小型微利企业有关企业所得税政策的通知)，2010年1月1日—12月31日对年应纳税所得额低于3万元(含3万元)的小型微利企业，其所得减按50%计入应纳税所得额，按20%的税率缴纳企业所得税。次年，延续执行该政策至年底。2012年，继续执行小型微利企业所得税优惠政策，并将最低应纳税所得额调整至6万元(含6万元)

2014年，东阳执行国家税务总局《关于小微企业免征增值税和营业税有关问题的公告》，增值税小规模纳税人和营业税纳税人销售货物的起征点为月销售额或营业额3万元；以一个季度为纳税期限的增值税小规模纳税人和营业税纳税人，季度销售额或营业额不超过9万元的，按文件规定免征增值税和营业税。同年，执行《关于小型微利企业所得税优惠政策有关问题的通知》，2014年1月1日—12月31日，对年应纳税所得额低于10万元(含10万元)的小型微利企业，其所得减按50%计入应纳税所得额，按20%的税率缴纳企业所得税。

2015年，东阳执行财政部、国家税务总局《关于小型微利企业所得税优惠政策的通知》，2015年1月1日—2017年12月31日，对年应纳税所得额低于20万元(含20万元)的小型微利企业，其所得减按50%计入应纳税所得额，按20%的税率缴纳企业所得税。

2017年，扩大小型微利企业所得税优惠政策范围，自2017年1月1日起，小型微利企业的年应纳税所得额上限由30万元提高至50万元。次年，进一步扩大小型微利企业所得税优惠政策范围，自2018年1月1日起，将小型微利企业的年应纳税所得额上限由50万元提高至100万元，对年应纳税所得额低于100万元(含100万元)的小型微利企业,其所得减按50%计入应纳税所得额,按20%的税率缴纳企业所得税。

此外,在改革开放初期,税收法规还规定了对民政福利企业、校办企业、街道办企业、安置知识青年就业企业、农林渔茶场及其所办企业等实行税收优惠政策。

表8-2-2-1　**1981—1997年东阳市(县)税收减免情况表**

单位:万元

| 年份 | 减免税额 | 年份 | 减免税额 | 年份 | 减免税额 |
| --- | --- | --- | --- | --- | --- |
| 1981 | 280.8 | 1982 | 343.2 | 1983 | 287.7 |
| 1984 | 411.3 | 1985 | 622.2 | 1986 | 489.7 |
| 1987 | 699.2 | 1988 | 776.3 | 1989 | 741.5 |
| 1990 | 530.2 | 1991 | 1271.2 | 1992 | 2001.7 |
| 1993 | 1937.7 | 1994 | 335 | 1995 | 263.7 |
| 1996 | 150.6 | 1997 | | | |

表8-2-2-2　**1998—2018年东阳市地方税收减免情况表**

单位:万元

| 年份 | 减免税额 | 年份 | 减免税额 | 年份 | 减免税额 |
| --- | --- | --- | --- | --- | --- |
| 1998 | 8.3 | 1999 | 6 | 2000 | 17.3 |
| 2001 | 2767.6 | 2002 | 1373.1 | 2003 | 5106.1 |
| 2004 | 97.5 | 2005 | 7641 | 2006 | 845.8 |
| 2007 | 8617.2 | 2008 | 8890 | 2009 | 7795.7 |
| 2010 | 12204 | 2011 | 13072 | 2012 | 29944 |
| 2013 | 33628 | 2014 | 38401 | 2015 | 56056 |
| 2016 | 78762 | 2017 | 117169 | 2018 | 133528.9 |

## 第三节　促产增收

中华人民共和国成立后,东阳税务部门始终认真贯彻“发展经济,保障供给”的财经工作总方针,充分发挥税务部门的职能作用,一手抓培植税源,一手抓税收征管,在大力促进地方经济发展的同时,大力组织税收收入,从而保证了在各个历史时期税收收入计划的圆满实现,有力保障和促进了全市经济和社会各项事业的发展。

在计划经济时期,东阳税务部门主要通过深入企业调查研究,帮助企业加强经济核算,节约成本费用,提高经济效益,沟通企业经营信息,解决企业管理中存在的问题,促进企业技术改造和技术创新，扩大生产能力等。1964年，浙江省税务局召开全省税务局长会议，专门总结交流促进生产、培养财源的典型经验，对税务部门促产增收工作起到了积极的推动作用。

改革开放后，东阳税务部门紧紧围绕市委、市政府经济建设的中心工作，积极帮助企业用足用活税收扶持政策，努力壮大国有和集体经济，大力支持发展乡镇集体企业和个体私营经济，有力促进了全市各行各业经济的迅猛发展，同时，也带来了东阳税收的快速增长。特别是1994年实行分税制改革后，根据国家现行税收法规之规定，制定了一系列适合东阳实际的优化产业结构、推动产业发展、促进企业创业创新的税收扶持政策。

## 一、促进技术创新

根据2008年颁布实施的《中华人民共和国企业所得税法》和《中华人民共和国企业所得税法实施条例》，东阳对促进企业技术创新实施的税收扶持政策有：

（一）对国家需要重点扶持的高新技术企业，减按15%的税率征收企业所得税。

（二）企业为开发新技术、新产品、新工艺发生的研究开发费用、未形成无形资产计入当期损益的，在按照规定据实扣除的基础上，按照研究开发费用的50%加计扣除；形成无形资产的，按照无形资产成本的150%摊销。

（三）创业投资企业从事国家需要重点扶持和鼓励的创业投资，采取股权投资方式投资于未上市的中小高新技术企业2年以上的，可以按照其投资额的70%在股权持有满2年的当年抵扣该创业投资企业的应纳税所得额；当年不足抵扣的，可以在以后纳税年度结转抵扣。

（四）企业符合条件的技术转让所得免征、减征企业所得税，是指一个纳税年度内，居民企业技术转让所得不超过500万元的部分，免征企业所得税；超过500万元的部分，减半征收企业所得税。

（五）企业的固定资产由于技术进步等原因，确需加速折旧的，可以缩短折旧年限或者采取加速折旧的方法。

另外，根据国家税务总局1999年发布的《关于促进科技成果转化有关税收政策的通知》和2015年发布的《关于许可使用权技术转让所得企业所得税有关问题的公告》《关于高新技术企业职工教育经费税前扣除政策的通知》《关于将国家自主创新示范区有关税收试点政策推广到时全国范围实施的通知》等文件精神，东阳对促进企业技术创新实施的税收扶持政策有：

自2015年10月1日起，全国范围内的居民企业转让5年（含、下同）以上非独占许可使用权取得的技转得、纳入享受企业所得税优惠的技术转让所得范围。居民企业的年度技术转让所得不超过500万元的部分，免征企业所得税；超过500万元的部分，减半征收企业所得税；

自1999年7月1日起，科研机构、高等学校转化职务科技成果以股份或出资比例等股权形式给予个人奖励，获奖人在取得股份、出资比例时，暂不缴纳个人所得税；取得按股份、出资比例分红或转让股权、出资比例所得时，应依法缴纳个人所得税。有关此项的具体操作定，由国家税务总局另行制定；高新技术企业职工教育经费税前扣除；高新技术企业发生的职工教育经费支出，不超过工资薪金总额8%的部分，准予在计算企业所得税应纳税所得额时扣除。超过部分，准予在以后纳税年度结转扣除；中小高新技术企业转增股本，个人所得税分期缴纳。

自2016年1月1日起，全国范围内的中小高新技术企业以未分配利润、盈余公积、资本公积向个人股东转股本时，个人股东一次缴纳个人所得税确有困难的、可根据实际情况自行制定分期缴税计划，在不超过5个公历年度内（含）分期缴纳，并将有关资料报主管税务机关备案。

**二、发展循环经济**

根据《中华人民共和国企业所得税法》和《中华人民共和国企业所得税法实施条例》，东阳对发展循环经济实施的税收扶持政策有：

（一）企业从事符合条件的环境保护、节能节水项目，包括公共污水处理、公共垃圾处理、沼气综合开发利用、节能减排技术改造、海水淡化等。项目的具体条件和范围由国务院财政、税务主管部门会同国务院有关部门制订，报国务院批准后公布施行。

企业从事前款规定的符合条件的环境保护、节能节水项目的所得，自项目取得第一笔生产经营收入所属纳税年度起，第一年至第三年免征企业所得税，第四年至第六年减半征收企业所得税。

（二）企业综合利用资源，生产符合国家产业政策规定的产品所取得的收入，可以在计算应纳税所得额时减计收入。

减计收入，是指企业以《资源综合利用企业所得税优惠目录》规定的资源作为主要原材料，生产国家非限制和禁止并符合国家和行业相关标准的产品取得的收入，减按90%计入收入总额。前款所称原材料占生产产品材料的比例不得低于《资源综合利用企业所得税优惠目录》规定的标准。

（三）企业购置用于环境保护、节能节水、安全生产等专用设备的投资额，可以按一定比例实行税额抵免。税额抵免，是指企业购置并实际使用《环境保护专用设备企业所得税优惠目录》、《节能节水专用设备企业所得税优惠目录》《安全生产专用设备企业所得税优惠目录》规定的环境保护、节能节水、安全生产等专用设备的，该专用设备的投资额的10%可以从企业当年的应纳税额中抵免;当年不足抵免的，可以在以后5个纳税年度结转抵免。

根据国家税务总局2012年发布的《关于节约能源 使用新能源车船车船使用税政策的通知》和2010年发布的《关于促进节能服务产业发展增值税、营业税和企业所得税政策问题的通知》等有关文件精神，东阳对发展循环经济实施的税收扶持政策还有：

自2012年1月1日起，对节约能源的车船，减半征收车船税；对使用新能源的车船，免征车船税；节能服务公司实施合同能源管理项目涉及的项目，符合企业所得税税法有关规定的，自项目取得第一笔生产经营收入所属纳税年度起，第一年至第三年免征企业所得税，第四年至第六年按照25%的法定税率减半征收企业所得税。

**三、扶持企业改制重组**

根据财政部、国家税务总局2012年发布的《关于企业改制重组有关土地增值税政策的通知》

文件精神，东阳对企业改制重组实施的税收扶持政策有：

（一）非公司制企业整体改建为有限责任公司或者股份有限公司，有限责任公司（股份有限公司）整体改建为股份有限公司（有限责任公司），对改建前的企业将国有土地、房屋权属转移、变更到改建后的企业，暂不征土地增值税；两个或两个以上企业合并为一个企业，且原企业投资主体存续的，对原企业将国有土地、房屋权属转移、变更到合并后的企业，暂不征土地增值税；按照法律规定或者合同约定，企业分设为两个或两个以上与原企业投资主体相同的企业，对原企业将国有土地、房屋权属转移、变更到分立后的企业，暂不征土地增值税；单位、个人在改制重组时以国有土地、房屋进行投资，对其将国有土地、房屋权属转移、变更到被投资的企业，暂不征土地增值税。

（二）企业按照《中华人民共和国公司法》有关规定整体改制、包括非公司制企业改制为有限责任公司或股份有限公司、有限责任公司变更为股份有限公司，股份有限公司变更为有限责任公司，原企业投资主体存续并在改制（变更）后的公司中所持股权（股份）比例超过75%，且改制（变更）后公司承继原企业权利、义务的，对改制（变更）后公司承受原企业土地、房屋权属，免征契税。事业单位按照国家有关规定改制为企业，原投资主体存续并在改制后企业中出资（股权、股份）比例超过50%的，对改制后企业承受原事业单位土地、房屋权属免征契税。两个或两个以上的公司，依照法律规定、合同约定，合并为一个公司，且原投资主体存续的，对合并后公司承受原合并各方土地、房屋权属，免征契税。公司依照法律规定、合同约定分立为两个或两个以上与原公司投资主体相同的公司，对分立后公司承受原公司土地、房屋权属，免征契税。

（三）企业债务重组确认的应纳税所得额占该企业当年应纳税所得额50%以上，可以在5个纳税年度的期间内，均匀计入各年度的应纳税所得额。

此外，对企业债权转股权、股权收购、资产收购、企业合并、企业分立以及控股企业之间账面资产划转等行为的企业所得税处理均作了明确规定。

**四、促进文化产业发展**

根据财政部、国家税务总局2014年发布的《关于继续实施支持文化企业发展若干税收政策的通知》文件精神，东阳对促进文化产业发展实施的税收扶持政策有：

（一）对从事文化产业支撑技术等领域的文化企业按规定认定为高新技术企业的，减按15%的税率征收企业所得税；开发新技术、新产品、新工艺发生的研究开发费用，允许按照税收法律法规的规定，在计算应纳税所得额时加计扣除。文化产业支撑技术等领域的具体范围和认定工作由科技部、财政部、国家税务总局商中央宣传部等部门另行明确。

（二）经营性文化事业单位转制为企业，可以享受以下税收优惠政策：经营性文化事业单位转制为企业，自转制注册之日起免征企业所得税；由财政部门拨付事业经费的文化单位转制为企业，自转制注册之日起对其自用房产免征房产税；对经营性文化事业单位转制中资产评估增值、资产转让或划转涉及的企业所得税、城市维护建设税、印花税、契税等，符合现行规定的享受相应税收优惠政策;转制为企业的出版、发行单位处置库存呆滞出版物形成的损失,允许按照税收法律法规的规定在企业所得税前扣除。

**五、促进小微企业发展**

根据财政部、国家税务总局2015年发布的《关于进一步扩大小型微利企业所得税优惠政策范围的通知》和国家税务总局2014年发布的《关于进一步支持小微企业增值税和营业税政策的通知》《关于小微企业免征增值税和营业税有关问题的公告》等有关文件精神,东阳对促进小微企业发展实施的税收扶持政策有:

(一)从2015年1月1日至2017年12月31日,将享受减半征收企业所得税优惠政策的小微企业范围,由年应纳税所得额10万元以内(含10万元)扩大到20万元以内(含20万元),并按20%的税率缴纳企业所得税;自2015年10月1日起至2017年12月31日,对年应纳税所得额在20万元到30万元(含30万元)之间的小型微利企业,其所得减按50%计入应纳税所得额,按20%的税率缴纳企业所得税。

(二)自2014年10月1日起至2015年12月31日,对月营业额2万元至3万元的营业税纳税人,免征营业税。自2014年10月1日起,营业税纳税人、月销售额或营业额不超过3万元(含3万元,下同)的、按照上述文件规定免征营业税,其中以1个季度为纳税期限的营业税纳税人,季度销售额或营业额不超过9万元的,按照上述文件规定免征营业税。自2014年10月1日起,增值税小规模纳税人兼营营业税应税项目的,应当分别核算增值税应税项目的销售额和营业税应税项目的营业额,月营业额不超过3万元(按季纳税9万元)的,免征营业税。

(三)自2015年1月1日起至2017年12月31日,对按月纳税的月销售额或营业额不超过3万元(含3万元),以及按季纳税的季度销售额或营业额不超过9万元(含9万元)的缴纳义务人,免征教育费附加、地方教育附加、水利建设基金、文化事业建设费。

(四)自工商登记注册之日起3年内,对安排残疾人就业未达到规定比例、在职职工总数20人以下(含20人)的小微企业、免征残疾人就业保障金。

(五)自2014年11月1日至2017年12月31日,对金融机构与小型、微型企业签订的借款合同免征印花税。摘自财政部国家税务总局《关于金融机构与小型微型企业签订借款合同免征印花税的通知》

**六、促进土地集约节约利用**

根据《东阳市关于开展调整城镇土地使用税政策促进土地集约节约利用工作的通知》,按国民经济行业分类,结合东阳产业结构特色,实行城镇土地使用税分行业分类分档差别化减免政策,将行业划分为工业、服务业和公园游览景区三类管理,并根据企业亩产税收贡献额,综合考虑产业导向排污、单位能耗、土地使用状况等因素,在每个行业中划分为三类及若干档分别确定减免政策:

(一)工业企业纳税人城镇土地使用税分类分档差别化减免政策如下:一类企业:亩产税收达

到东阳市行业亩产税收平均值400%(含)以上的,给予100%的减免优惠;亩产税收达到东阳市行业亩产税收平均值300%(含)以上至400%的企业,给于80%的减免优惠。二类企业:亩产税收达到东阳市行业亩产税收平均值200%(含)以上至300%的企业,给60%的减免优惠;亩产税收在东阳市行业亩产税收平均值以上、但未达到200%的,给予50%的减免优惠。三类企业:亩产税收低于东阳市行业亩产税收平均值的企业,不享受本方案的减免优惠。

(二)服务业企业纳税人城镇土地使用税分类分档差别化减免政策如下:一类企业:亩产税收达到东阳市亩产税收平均值400%(含)以上的,给予80%的减免优惠。二类企业:亩产税收达到东阳市行业亩产税收平均值200%(含)以上至400%的企业,给予60%的减免优惠。三类企业:亩产税收低于东阳市行业亩产税收平均值200%的企业,不享受本方案的减免优惠。

(三)公园和游览景区城镇土地使用税分类分档差别化减免政策如下:一类企业:亩产税收达到东阳市行业亩产税收平均值20%(含)以上的,给于100%的减免优惠;产税收达到东阳市行业亩产税收平均值100%(含)以上至200%的企业,给予80%的减免优惠。二类企业:亩产税收达到东阳市行业亩产税收平均值70%(含)以上、但未达到100%的企业,给予50%的减免优惠。三类企业:亩产税收低于东阳市行业亩产税收平均值70%的企业,不享受本方案的减免优惠。

(四)特殊规定:对省以上高新技术企业,由于前期投入大,按规定缴纳城镇土地使用税确有困难的,但目前亩产税收贡献不高的企业,自首次认定起前三年,由市城镇土地使用税政策调整试点工作领导小组确定名单,通过减免等优惠措施,培育其发展壮大。对符合国家产业导向的企业自供地起前三年按以下政策办理:自供地起第一年按有关政策规定予以免征;第二年开始在实施上述分类分档减免的基础上再给予80%的减免;第三年开始在实施上述分类分档减免的基础上再给予50%的减免。

从2015年1月1日开始,对市政府认定为低效用地的企业其城镇土地使用税每平方米单位税额调整为15元。

# 第九篇　机构队伍

## 第一章　财税机构

财政税务机构是中国历代政府为行使国家征税权力而设立的职能机构。县级税务机构自东阳县始建时已设，而县地方自治财政机构自清朝宣统元年(1909)始设，此前的财权都集中于中央。

我国早在3000多年前的西周时代，就有了比较完整的税务机构。周朝中央机构的“六官”(天、地、春、夏、秋、冬)中的地官是管理赋税征收的总机构，最高税收长官称大司徒。秦统一中国后，废分封，置郡县，县下设乡。秦朝管理国家财政税收的专职机构叫“治粟内史”。汉初沿秦制，汉武帝太初元年(前104)，最高税收长官改称大司农，设大司农寺为最重要的政府行政部门，掌管国家钱谷租税等财政收入和支出，还掌管屯田、仓储、漕运、水利等事业。

隋唐期间，国家实行三省(尚书、门下、中书)六部(吏、民、礼、兵、刑、工)制。隋朝设民部掌管国家财政出纳，唐朝改为户部。户部置尚书一员，侍郎二员，“掌天下田户、均输、钱谷之政令”。北宋初年，将全国州郡划分为15路(后分为28路)，各路设转运使，掌管财政并兼监察，简称“漕司”。北宋政府设三司，掌管盐铁、度支、户部，号“计省”。三司为中国最早的单设税务机构，其长官即三司使，又称“计相”，为国家最高理财机关长官。元、明、清掌管全国财政税收的职能部门是户部，行政长官元代设尚书、侍郎、郎中、员外郎；明代设尚书二员、侍郎三员；清代设户部尚书、左右侍郎。

东阳春秋时属越国，战国时属楚国。秦统一六国后，推行郡县制，为诸暨县、乌伤县(义乌)的一部分，属会稽郡。东阳建县于东汉兴平二年(195)，自建县至唐代，征税机构旧志无记载。宋、元、明、清四代，由知县(元代为知州)总揽县政，县丞或主簿佐理钱粮。征税机构因形势设置，职官多属于未入流品级，故旧县志记载不详。

民国时期，战事连绵，县财政税务机构由于行政组织的变迁，组织庞杂，人事更迭频繁，加上民国财税档案残缺，民国时期东阳财税机构设置情况亦记载不详。

1949年5月8日，东阳解放。5月16日，东阳县人民政府工作机构财经科建立。1950年4月12日，成立东阳县人民政府税务局。随着政治和经济体制的变革，财税机构的设置也随之多次变动。

至1994年,我国开始实行分税制财政管理体制改革,中央政府设立国家税务总局,省及省以下税务机构分设国家税务局和地方税务局两个系统。是年9月,东阳市财政局、东阳市国家税务局、东阳市地方税务局分别挂牌,“三块牌子”“一套班子”。1997年9月,东阳市国家税务局和地方税务局分设,分开办公,并各自行使职权。2018年3月,国家改革国税地税征管体制,将省级和省级以下国税地税机构合并。2018年7月20日,国家税务总局东阳市税务局挂牌,是年11月30日,原地税局职能科室、稽查局和吴宁、横店、巍山3个分局,成建制与原东阳市国家税务局合并。

## 第一节　东汉至清代财税机构

东阳县始建于东汉兴平二年(195),县令总揽财政税务,历两晋、南北朝、隋、唐不变。隋朝初期,农村基层设族、闾、保三级组织。唐代实行乡、里、坊、村制,百户为里,五里为乡。百户设里正一人,掌察户口,课植农桑,催驱役使。邑居为坊正;田野为村正。垂拱二年(686),全县辖39个乡,后调整为34个乡。

宋代,县令总理县政,凡户口、赋役、钱粮、赈济之事皆由县令总掌管。县丞起助理作用,负责田粮、盐政诸事;主簿负责收支账簿;商务负责征收工商税;酒务负责酒税、酿酒专卖、稽查私酒。宋咸平四年(1001),34个乡合并为14个乡。农村基层由里正、户长和乡书手共同课督租赋。乡书手为乡中协助里正办理文书者。熙宁四年(1071),推行保甲制,改乡、里为都保制,10家为保,50家为一大保,10大保为一都保。

元代,县设税使司负责商税。此时食盐、酒、醋、茶实行专卖,皆要交商税。县城设坊正,乡设里正,都设主首,负责催输税粮。

明代,乡承宋制,都保改称都,各都计户编图,以110户为一图。隆庆年间(1567—1572),县城设6图,乡村分68都,180图。各都、图设户房、粮房,负责征收财政田粮;县设税课局,置大使,征收商税。税课局,位于旧县治之西七十步;另有监税务舍,在旧县治之东七十步。各都、图设粮长,粮长即为税官。明洪武四年(1371),规定凡纳粮千石以上的地方划为一区,全县设18区,每区设粮长1名,副粮长2名,由县衙指派区内田地最多的大户充当,主持区内田粮征收和转运事宜。后改坊长、里长催收税粮。全县有坊长12名、里长181名。

清代,知县亲理钱谷、财赋。县丞、主簿分掌粮秣、户籍等职。赋税由县税课局征收。康熙三年(1664),东阳县税课局负责巡视稽察的差役有8名。雍正年间(1723—1735),乡改庄,由庄差催粮。清咸丰十一年(1861),太平军攻取东阳县,实行军事编制,建立门牌制度,根据新编户籍负担军需粮秣,征收钱粮,并在各交通要道设立卡哨,征收过境贸易的商税。

清光绪三十一年(1905),筹议立宪,划分国家地方收支范围;三十二年,县设统捐局、所,为征收赋税的机构。宣统元年(1909),颁布《府州县地方自治章程》,至此,始有“县地方自治财政”之名。此前的财权都集中于中央。宣统二年(1910)十二月,始行城镇乡自治,东阳有城镇乡14个,城镇设董事会、乡设乡董,作为乡镇财政的执行机关。

## 第二节　民国时期财税机构

民国元年(1912),东阳县衙改为县公署,知县改称民政长。是年6月,县公署设二科(财政)、粮柜(田赋)。由粮柜经征人员负责田赋催征;二科与警察、教育部门联合征收杂税,专款专用。粮柜在城区设总柜,下设千祥、玉山、巍山3个分柜,民国19年,裁撤千祥,改设南马分柜。

民国2年(1913),县公署最高行政长官称知事。设民政、财政、教育、司法四课,财政课掌管全县财政。

民国3年(1914),财政课改财政科。翌年裁改为一、二、三科,由第二科掌管财政。

民国4年(1915),设金、衢、严烟酒税稽征局东阳稽征所,征收烟酒税和烟酒牌照税;民国12年4月1日,设浙江省卷烟特税局第七分局(局址在兰溪城隍庙)东阳稽征所和巍山稽征所;民国23年,设东阳县土酒税稽征所,征收土酒税;民国27年,改设金华烟酒稽征分局(局址在永康方岩,后迁云和)东阳县稽征所。

民国6年(1917),东阳始征印花税,有印花税劝导员9人;民国17年12月,成立东(阳)义(乌)印花税稽征支处(址在东阳东街);民国18年1月,改为东义浦(江)印花税稽征支局(址在义乌稠城)。

民国16年(1927),南京国民政府成立,知事改称县长。根据县政府组织暂行条例,规定县长之下设财政科,职掌田赋、捐税,调查地方经济及编制行政事业预决算。民国17年,国民政府公布县组织法,规定县政府设财务局,但东阳县为紧缩预算,一直沿用财政科称谓,直至民国时期结束。

民国20年(1931),浙江始征营业税。全省划为12个区,东阳县属第5区,下设营业税督征员。征收区域为:上卢、六石、李宅、吴良、白坦、巍山、林头、郭宅、千祥、湖溪、横店、防军、南马、黄田畈、王坎头等地。是年,东阳县征收额居全省第八位。

民国23年(1934),成立东阳县财务委员会。

民国24年(1935)7月,颁布财政收支系统法,确定中央、省、县(市)三级财政,县级财政体制始被中央认可。东阳县财政科设会计、稽核主任,主要职能为编制县级财政预决算,审核经费收支。是年,成立东阳县田赋征收处。

民国26年(1937),成立东阳县税征收处。

民国28年(1939),成立东阳县税务处,兼办营业税征收和代征附捐事务。是年,县税征收处与田赋征收处合并,改称为县赋税征收处,内设契税、田赋、税捐三股,分掌税验查催、收款核算、票照征收等各项事务。

图9-1-2-1 民国28年(1939)东阳县政府财政科机构图

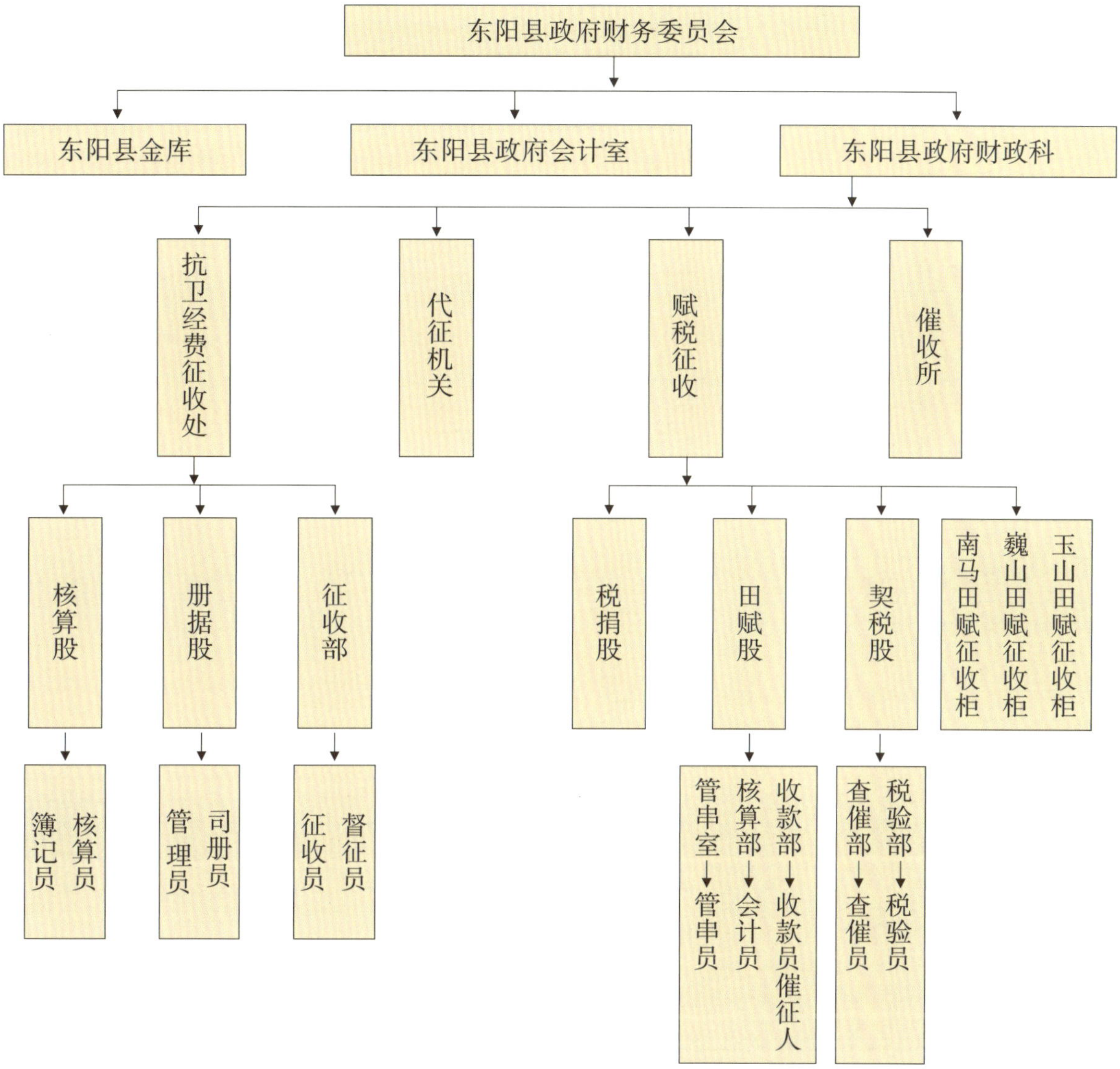


民国29年(1940)3月,东阳县田赋征收处与县税征收处分设,田赋征收处改为东阳县粮食管理处;12月又改为县粮食管理委员会,由管委会主任担任经理。7月,设立东阳县税务局。

民国30年(1941),田赋改征实物,东阳县政府内设粮征科;11月改称田赋管理处。

民国31年(1942),设浙江直接税局东阳县营业税征收局。撤销县税务局,复设县税征收处。

民国32年(1943)7月,东阳县田赋管理处、粮食管理处合并为田赋粮食管理处(简称田粮处),由县长兼处长,并兼办契税。内设一科、二科,下设吴宁、南马、湖溪、巍山4个办事处。一科配备科长、科员、办事员、督征员;二科配备科长、科员、技士、主办会计、会计助理、人事管理员、集中仓库主任等。办事处配主任、股长、稽征员,催征员、管理员等。田粮处员额共计60多人。

民国33年(1944),东阳县税征收处下设罗店、岭北周、大路、溪口、玉山、岭干、鹤洲、郭宅、湖溪、南上湖、横店、徐宅、雅坑、千祥、南马、黄田畈稽征所。

表9-1-2-2　　民国33年(1944)东阳县税征收处下设稽征所人员配备表

单位:人

| 单位 | 税收人员 | 其中　勤工 | 催征警察 |
|---|---|---|---|
| 县税征收处 | 7 | 4 | |
| 罗店稽征所 | 4 | 2 | |
| 岭北周稽征所 | 6 | 6 | |
| 大路稽征所 | 5 | 1 | 2 |
| 溪口稽征所 | 6 | 3 | |
| 玉山稽征所 | 5 | 1 | 2 |
| 岭干稽征所 | 7 | 3 | |
| 鹤洲稽征所 | 7 | 1 | 3 |
| 郭宅稽征所 | 5 | 1 | 2 |
| 湖溪稽征所 | 5 | 1 | 2 |
| 南上湖稽征所 | 6 | 1 | 3 |
| 横店稽征所 | 6 | 1 | 2 |
| 徐宅稽征所 | 6 | 1 | 2 |
| 雅坑稽征所 | 5 | 1 | 1 |
| 千祥稽征所 | 6 | 1 | 2 |
| 南马稽征所 | 7 | 1 | 3 |
| 黄田畈稽征所 | 8 | 1 | 2 |

民国34年(1945),撤销东阳县税征收处,改设浙江税务管理局临海分局东阳税务员办公处。是年,成立东阳县公有款产委员会,接收东阳县财务委员会业务。

民国35年(1946)1月,设浙江区货物税局金华分局驻东阳县办公处,单独征收货物税。10月16日成立东阳县税捐稽征处,统一稽征省、县各项税捐,原由田粮处办理的契税业务划归县税捐稽征处。

民国35年(1946)8月,设财政部浙江区直接税局诸暨分局东阳查征分驻所。

民国36年(1946)4月,设财政部浙江区直接税局兰溪分局东阳查征分驻所。

民国37年(1948)2月,设财政科、会计室、县税稽征处、田粮科(处)。

1949年4月,设财政科、会计室、县田赋粮食管理处(内设2科,外设吴宁、南马、湖溪、巍山四个分处)、县税稽征处(外设16个稽征所:南马、鹤洲、黄田畈、横店、千祥、徐宅、南上湖、大路、湖溪、郭宅、玉山、雅坑、岭干、罗店、溪口、岭北周)及国税稽征所。

图9-1-2-3　　**民国时期东阳县财政税务系统机构设置演变示意图**

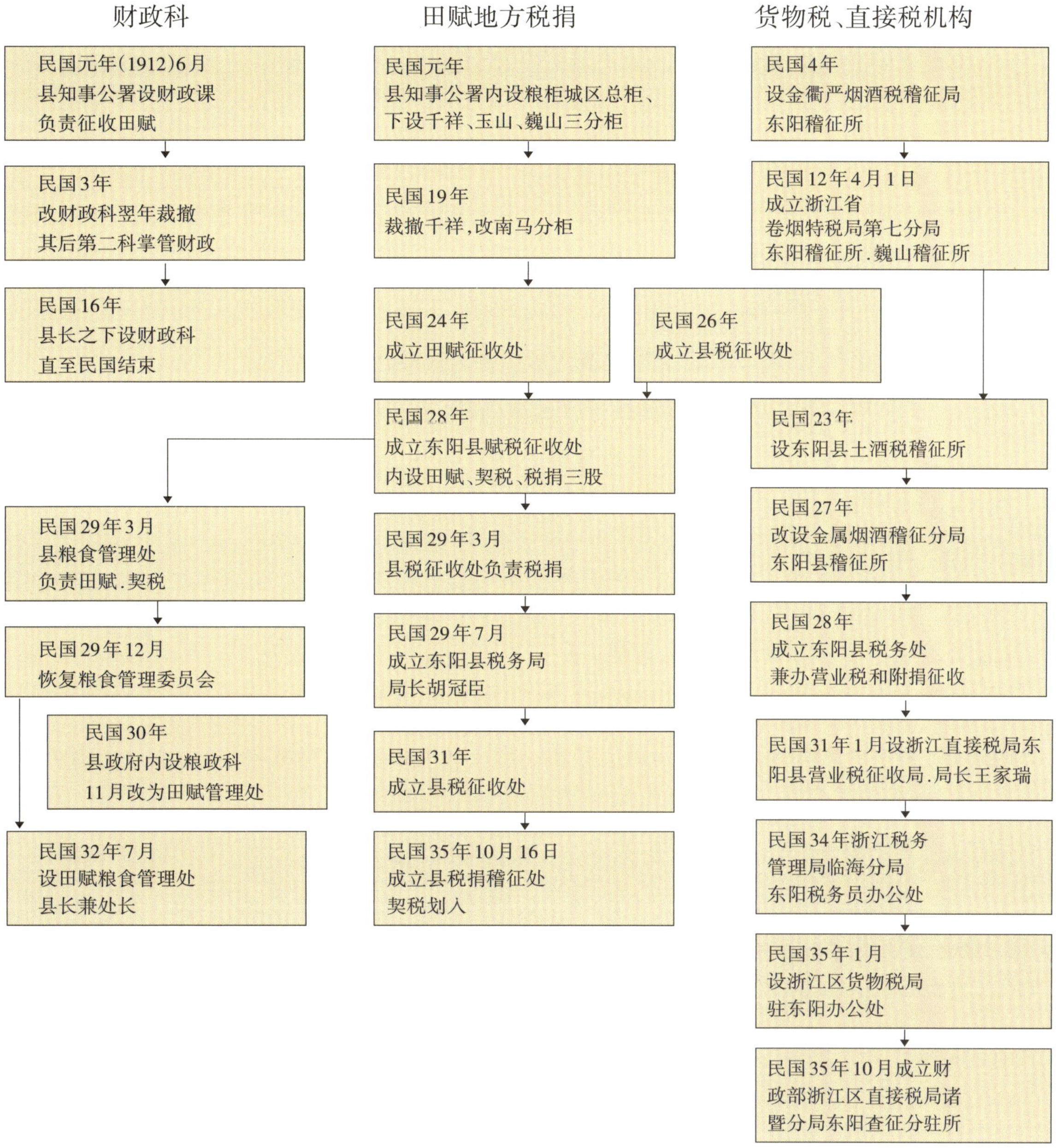


## 第三节　中华人民共和国成立后的财税机构

1949年东阳解放前夕，民国政府的财政税务机构有三个：东阳县政府财政科——掌理县政府预算之编制，决算之编造，金库的管理以及财务行政工作；东阳县税捐稽征处——统一经征省、县各项税捐；东阳县田赋粮食管理处——负责田赋之征收，粮食的收缴、储运、调拨。中华人民共和国成立后，随着政治、经济体制改革的不断深入，财政与税务机构几经变化。县(市)级及以下承担财政税务的职能机构有县（市）级财税机构、局（科）级机关科室、基层财税机构和直属事业单位等。

## 一、财税机构沿革

1949年5月8日，东阳解放。15日，东阳县人民政府成立，16日，组建东阳县人民政府财经科，5月27日，财经科改为财政科，内设行政股、会审股。是年5月17日，设东阳县人民政府税务处，开展税收稽征工作。9月，裁撤税务处，建立浙江省税务局金华分局东阳县稽征所，有税务人员19人。

1950年4月12日，国地税合并，成立东阳县人民政府税务局，征收工商各税。是年6月，设立东阳县人民政府粮政科，征收农业税。

1952年10月11日，将财政、粮政两科合并为财粮科，下设农业税册籍室。

1956年10月18日，县人民政府财粮科改为东阳县人民委员会财政科。

1958年10月7日，浙江省委调整县级行政区域，撤销磐安县建制，磐安县全境并入东阳县，安文区财政所和盘山区财政所归属东阳县财政局管辖。10月20日，为"精简机构，下放干部"，东阳县人民委员会将原东阳县财政科、税务局、保险公司合并成立东阳县财政局，下设5个股（对外保留保险公司名称）。

1961年8月31日，东阳县财政、税务机构分设，恢复东阳县财政局和东阳县税务局，分别办公。东阳县房地产管理委员会并入财政局。

1966年2月，东阳县财政局、税务局合署办公。

1968年1月7日，建立县革委会财贸组财税小组。7月30日，裁撤财税小组，成立东阳县财税局革命委员会。

1971年4月17日，启用东阳县革命委员会生产指挥组财政金融局印鉴。4月30日，财税局、中国人民银行东阳支行合并组建东阳县革命委员会财政金融局，内设5个组，下设9个区财政金融所，隶属东阳县革命委员会生产指挥组领导，基层财税、银行同时合并。

1973年2月23日，裁撤东阳县革命委员会财政金融局，建立东阳县革委会财税局，恢复中国人民银行东阳县支行，9个区财政金融所恢复为9个区财政税务所。

1977年3月5日，启用东阳县财税局印章。

1979年2月8日，县财税局所属的房地产管理委员会（包括白蚁防治工作）划归县计委。

1980年7月16日，启用东阳县税务局印章。

1982年1月7日，恢复中国人民保险公司东阳支公司。

1983年8月3日，恢复磐安县建制，所辖玉山区、安文区、盘山区3个财政税务所划归磐安县财税局。

1988年5月8日，东阳撤县建市。8月12日，东阳县财政税务局改称东阳市财政税务局。

1989年10月31日，原东阳市财政税务局分拆为东阳市财政局和东阳市税务局，两块牌子，一套班子，隶属关系不变。

1992年9月19日，建立东阳市经济开发区管理委员会财政税务局。

1993年9月29日，建立东阳市税务稽查大队，为副局级单位，下设第一，第二，第三稽查队。1998年10月15日，东阳市税务稽查大队更名为市地税局稽查局；1999年5月24日，内设四个股：综合股、稽查股、审理股、执行股(副所级)。

1994年9月30日，撤消东阳市税务局，建立东阳市国家税务局、东阳市地方税务局。东阳市财政局东阳市国家税务局东阳市地方税务局分别挂牌，一套班子，隶属关系不变。

1996年8月10日，建立国有资产管理局。8月26日，成立东阳市国有资产管理委员会，市委书记任主任，委员会下设办公室(设在市国资局)。

1997年9月4日，东阳市国家税务局东阳市地方税务局机构分设，两局正式分开办公，独立行使职权。11月7日，核定财政局(国资局)内设机构12个、领导职数4名、科室领导职数16名、行政编制33名。核定市地税局内设机构6个、科室领导职数4名、行政编制10名。设立东阳市控制集团购买力办公室和市税收财务大检查办公室，挂靠市财政局。控办主任由财政局长兼任，另配一名专职副主任。

1998年10月，市地税局成立行政复议委员会，设在局办公室。10月15日，东阳市地税局稽查大队(稽查分局)更名为东阳市地方税务局稽查局。

2002年6月18日，东阳市委、市政府批复设置东阳市财政局，地方税务局，不再保留东阳市国有资产管理局，其职能并入市财政局，保留东阳市国有资产管理委员会办公室牌子。市财政局机关内设14个职能科室，市地方税务局机关内设8个职能科室。市财政局(含地方税务局)机关行政编制41名，局领导职数5名(局长1名，副局长4名)科室领导职数22名。

2007年11月19日，建立东阳市国有资产监督管理委员会，下设办公室于财政局。

2012年9月18日，调整东阳市财政局、东阳市地方税务局职责。市财政局设16个职能科室，直属机构1个(经济开发区财政分局)，派出机构3个；机关行政编制41名，其中：局长1名，副局长4名(财政2名、税务2名)；中层领导职数21名；市纪委(监察局)派驻监察室，设主任1名。确定市地方税务局地税专项编制186名，其中：局长1名(由财政局局长兼任)，副局长2名，中层领导职数4名(不含与财政局合署办公的综合科室)；设直属机构1个(稽查局)，派出机构3个。

2015年12月4日，调整市纪委派驻机构设置和人员编制，市财政地税局划转给纪委编制2名。

2016年9月2日，市财政局增挂东阳市国有资产监督管理委员会牌子，设专职副主任1名。

2018年7月20日，国家税务总局东阳市税务局挂牌；11月30日，从财政地税局划转给东阳市税务局原地税局的税政、征管、规费、纳服、计财5个职能科室；地税稽查局；吴宁、横店、巍山3个地税分局；市行政服务中心财税窗口。划转干部职工167名，退休干部18名。

2019年1月24日，东阳市政府国有资产监督管理办公室单设。

2019年3月10日，东阳市委办、市府办批复，市财政局是市政府工作部门，为正科级；市委财经委员会办公室设在市财政局，财政局接受市委财经委员会直接领导，承担委员会具体工作；行政编制59名（含专项控制编制数33名），设局长1名，副局长3名，总会计师1名，中层领导职数28名。

图9-1-3-1　　东阳市(县)财政税务机构设置演变示意图

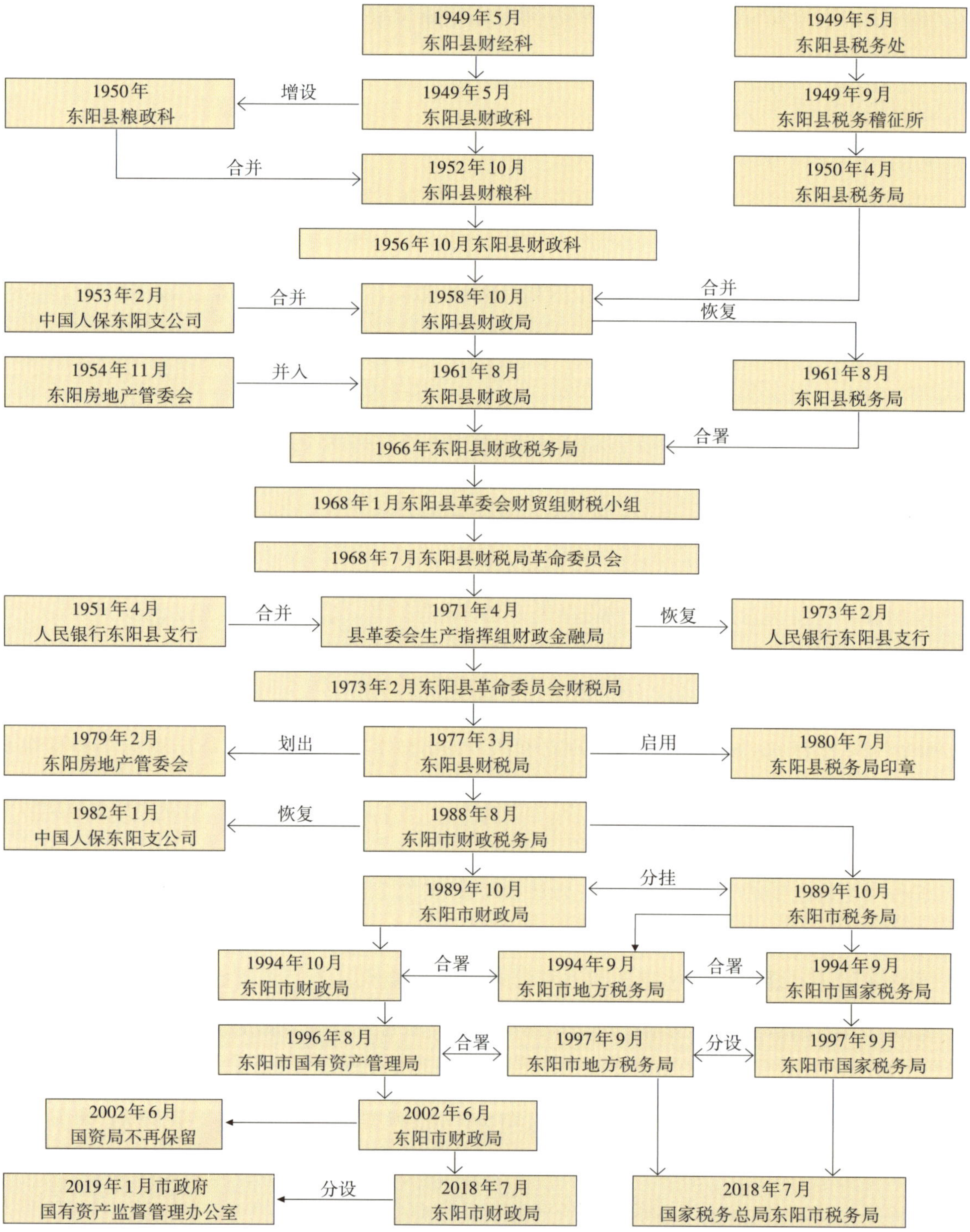

## 二、财税机构职能演变

财税机构职能由县政府下文确定，随着时代变革，职能随着机构设置的改变而变化。

1950年4月，成立东阳县人民政府税务局，霍俊任税务局长。局址设城内西街2-4号合和厅。

1952年10月，财政、粮政两科合并建立东阳县人民政府财粮料。

1956年10月，东阳县人民政府财粮科改称为东阳县人民委员会财政科。

1958年10月，磐安县全境并入东阳县，10月20日，东阳县人民委员会将原东阳县财政科、税务局、保险公司合并成立东阳县财政局，财政局职能包括财政、税务和保险业务。

1961年8月，东阳县财政局和东阳县税务局分别办公。东阳县房地产管理委员会有关职能并入县财政局。1966年2月，东阳县财政局和税务局合署办公。

1968年1月，撤东阳县财政局、东阳县税务局，建立东阳县革委会财贸组财税小组。

1971年4月，县财税局、中国人民银行东阳支行合并组建东阳县革命委员会财政金融局，中国人民银行东阳支行有关职能归入东阳县革命委员会财政金融局。

1973年2月，建立东阳县革委会财税局，恢复中国人民银行东阳县支行，中国人民银行东阳支行有关职能划出。

1978年12月，建设银行从财政税务局分设，成立中国人民建设银行东阳县支行。

1979年2月，县财税局所属的房地产管理委员会和相关职能划归县计委。

1982年1月，恢复中国人民保险公司东阳支公司，有关职能划出。。

1983年8月，恢复磐安县建制，所辖玉山区、安文区、盘山区3个财政税务所划归磐安县财税局。

1989年10月，分挂“东阳市财政局”、“东阳市税务局”两块牌子，实行一套领导班子。

1994年9月，撤消东阳市税务局，建立东阳市国家税务局、东阳市地方税务局。“东阳市财政局”、“东阳市国家税务局”、“东阳市地方税务局”分别挂牌，一套班子，隶属关系不变。

1996年8月，建立国有资产管理局。2002年3月6日，不再保留国有资产管理局，国有资产管理局职能并入财政局，保留东阳市国有资产管理委员会办公室牌子。

1997年9月，“东阳市国家税务局”、“东阳市地方税务局”机构分设，两局正式分开办公，独立行使职权。

2002年6月，不再保留东阳市国有资产管理局，其职能并入市财政局。

2018年7月，国家税务总局东阳市税务局挂牌，原东阳市地方税务局职能划出。

## 三、机关科室设置

1950年4月，县税务局内设总务股、税务股。

1951年10月，县税务局增设检查、会计、计划3个股，原总务股改为秘书股，原税务股改为税政股。

1953年4月，县税务局增设监察股，设有秘书、税政、会计、计划、监察5个股。

1954年10月，县税务局计划、会计两股合并为计会股，撤销监察股。

1955年7月，县税务局内设秘书、税政、检查、计会4个股。

1958年10月，县财政局内设秘书、预算财务、工商税收、农业税收、保险5个股。

1961年8月，县财政局内设秘书、预算、企业财务、公社财务4个股和房地产管理委员会。县税务局内设秘书、税收、计会3个股。

1971年4月，县革命委员会财政金融局内设政工、城镇、农村、营业、房管5个组。

1973年5月，县革命委员会财税局内设秘书、税政、预算、企业财务4个股和房地产管理委员会(包括白蚁防治站)。

1979年2月，县财税局增设农业财务股。

1984年7月，县财税局恢复监察股。9月，设人事秘书、税政、监察、预算、计会、农财、企财7个股。

1986年6月，县财税局建立检查级(股级)。

1989年4月，市财政局增设综合计划科。10月，局职能机构改股为科，市财税局内设：人秘、监察、税政、预算、计会、农财、企财、综合计划8个科和检查组。

1990年6月，县财税局增设会计事务管理科。

1993年8月，县财税局增设国有资产管理科；9月，增设征收管理科；9月，人秘科更名为办公室；监察科更名为人事监察科。

1994年12月，市财政局内设机构9个：办公室、人事教育科、监察科、预算科、综合计划科、农业财务科、企业财务科、国有资产管理科、会计事务管理科；市国家税务局和地方税务局设6个科：办公室、人事教育科、监察科、税政科、征收管理科、计划财务科。(办公室、人事教育科、监察科，财政与税务合署办公)。

1996年1月，市财政局增设基本建设科；增挂"社会保障科"和"对外经济科"牌子。3月，市国税局设立涉外税收管理科(分局)；在税政科设立稽核中心。8月，市财政局成立行政复议委员会，办事机构暂设在办公室。

1997年11月，市财政局(国有资产管理局)内设机构12个：办公室(法制科)、人事教育科、监察科、预算科(行政事业和税务科)、社会保障科、基本建设科、综合计划科、工业交通科、商贸外经科、农业和农税管理科、会计管理科、国有资产管理科。市地税局内设机构6个：办公室(法制科)、人事教育科、监察科、税政科、征收管理科、计划财务科(其中办公室、人事教育科、监察科与财政局相应科室合署办公)。

2002年6月，市财政局内设14个职能科室：办公室、政策法规科、人事教育科、监察科、预算科(税政科)、行政事业科(市政府采购办公室)、国库科、综合科、会计管理科、社会保障科、农业和农税管理科、经济建设科、企业科(国有资产管理科、市清产核资办公室)、监督检查科；市地税局内设7个职能科室：办公室(政策法规科)、人事教育科、监察科、税政管理科(涉外税管科)、征收管理科、计划财务科、规费管理科(其中办公室、政策法规、人事教育科,监察科与财政相应科室合署办公)。

2007年12月,市财政局增设"政府采购监管科"、"绩效评价科"。

2008年11月,市财政局内设14个职能科室:办公室、政策法规科、人事教育科、监察科、行政审批科、预算科(税政科、市控办、政府采购监管科)、经济建设科、国库科、综合科、会计管理科、社会保障科、农业和农业税收管理科、企业科(国资管理科、清仓核资办)、监督检查科(绩效评价科)。市地税局内设8个职能科室:办公室、人事教育科、监察科、政策法规科、税收管理科(涉外税收管理科)、规费管理科、征收管理科、计划财务科(其中办公室、人事教育科、监察科、政策法规科与财政局相应科室合署办公)。

2009年6月,市财政局增设"国有资产管理科"。

2010年11月,市财政局预算科更名为预算局,国库科更名为预算执行局,监督检查科(绩效评价科)更名为财政监督局。(局长为副科级)。

2011年9月,市财政局增设"镇乡(街道)财政管理科"。

2012年9月,市财政局内设机构调整,设16个科室:办公室、人事、监察、政策法规、预算、镇乡(街道)财政管理、预算执行、综合、社会保障、农业、企业(市清产核资办)、经济建设、财政监督(绩效管理)、会计、国有资产管理(行政事业单位资产管理)、行政审批科;市地税局内设机构调整为8个职能科室:办公室、人事、监察、政策法规、税政管理(涉外税收和管理)、征收管理(纳税评估)、计划财务、规费管理科(其中办公室、人事、监察、政策法规科与财政局相应科室合署办公)。

2014年8月,市地税局增设"纳税服务科"。

2016年9月,市财政局增挂国有资产监督管理委员会办公室牌子,增设投融资管理科。

2017年12月,市财政(地税)局监察科更名为"督察内审科。

**四、基层财税机构**

1949年9月,东阳稽征所下设城区、上卢、巍山、湖溪、南马、马宅、画水7个区税务稽征所。

1950年4月,建立上卢、巍山、湖溪、南马4个税务所和划水、马宅2个税务专管组;撤销城区税务稽征所,业务由县局税务股直接管理。10月,增设横店镇税务稽征组,属湖溪税务所管辖;划水税务专管组改为黄田畈镇税务所。

1952年2月,增设玉山区尖山镇税务专管稽征组,其业务归巍山所管理。

1953年4月,区、乡设5个税务所:六石口、巍山、湖溪、南马、黄田畈;4个稽征组:上卢、千祥、尖山、横店。

1953年10月,上卢区税务所更名为六石口税务所,原上卢税务所改设为上卢税务组,其业务归六石口税务所管辖;马宅税务稽征组改称千祥税务管理组。

1955年7月,千祥税务稽征组改设税务所。

1957年3月,裁撤千祥镇税务所,其业务划归南马镇税务所管理;黄田畈镇税务所改称划水镇税务所。

1958年10月，原县税务局所属各税务所改为县财政局下属财政所，同时设立城关财政所，管理全县财政、税务、保险业务。

1959年6月，启用16个人民公社财政管理所印章：城关、上卢、李宅、巍山、桑梓、尚湖、玉山、安文、新渥、双溪、盘山、千祥、横店、湖溪、南马、划水。12月，将新渥公社财政管理所并入安文公社财政管理所。

1961年8月，原人民公社财政所相应合并改为区税务所：城关、上卢、巍山、玉山、安文、盘山、千祥、湖溪、南马、画水等10个税务所。设东阳县税务局汽车站检查站。

1968年7月，区税务所改为财税所革命领导小组。裁撤画水税务所，其业务并入城关财税所。

1971年4月，基层财税、银行机构合并。县财政金融局下设城关、上卢、巍山、玉山、安文、盘山、千祥、湖溪、南马9个区财政金融所。

1973年2月，财政金融机构分设，恢复9个区财政税务所。

1983年7月，建立东阳县财税局直属财税所。

1983年8月，恢复磐安县编制，辖安文、盘山、玉山三个所划归磐安县。

1983年10月，建立吴宁、洪塘、南马、王宅、4个税务检查站(1984年暂停工作，1985年6月恢复吴宁税务检查站工作)。

1984年3月，增设佐村区财税所。

1986年12月，城关区财税所更名为吴宁财税所，管辖吴宁镇、黄田畈镇、各直属乡的财税业务。

1988年4月，改洪塘税务检查站为画水税务检查站。12月，增设虎鹿财税所。

1989年10月，设直属、吴宁、上卢、巍山、佐村、虎鹿、湖溪、千祥、南马9个财税所和吴宁七里寺、巍山王宅、南马3个税务检查站。

1991年2月，单列“控制集团购买办公室”；撤销虎鹿财税所；建立吴宁第二财税所和画水财税所。2月，恢复洪塘税务检查站。

1993年12月，增设横店财政税务所。

1994年12月，市财政局下设11个派出机构：吴宁财政所、吴宁第二财政所及六石、巍山、佐村、湖溪、横店、千祥、南马、画水财政所、经济开发区分局(所级)；市国家税务局和地方税务局下设13个派出机构：税务稽查大队(同时挂税务稽查分局牌子，副科级)、直属税务所、吴宁税务所、吴宁第二税务所和六石、巍山、佐村、湖溪、横店、千祥、南马、画水税务所、经济开发区分局(所级)。

1996年1月，市财政局增设直属财政所；建立国税、地税发票管理所。

1997年10月，撤销东阳市财政局直属财政所、吴宁财政所、吴宁第二财政所，建立东阳市财政局吴宁财政分局；撤销东阳市地方税务局直属税务所、吴宁税务所、吴宁第二税务所，建立东阳市地方税务局吴宁税务分局；建立财政稽查大队（稽查分局）。

1999年5月，撤销画水财政所、地税所，设立画水财政管理处、画水税收征收管理处（副所级），隶属吴宁财政、地税分局；撤销佐村财政所、地税所，设立佐村财政管理处、佐村税收征收管理处（副所级），隶属巍山财政、地税所。

2000年5月，东阳市地方税务局吴宁税务分局更名为东阳市地方税务局吴宁征管分局；六石、巍山、湖溪、横店、千祥、南马6个税务所分别更名为中心税务所，隶属关系和机构级别不变；9月，东阳市地方税务局经济开发区分局更名为东阳市地方税务局经济开发区征管分局。

2002年8月，财政局下设三个分局：吴宁分局、横店分局、巍山分局。分别与地税局各基层税收征管局合署办公。地税局：撤销吴宁征管分局、开发区征管分局、六石地税所、南马地税所，成立吴宁征收管理局，内设综合股、征收计会股、管理股，下设六石、南马、画水、开发区4个征管处；撤销横店地税所、湖溪地税所、千祥地税所，成立横店征收管理局，内设综合股、征收计会股、管理股，下设湖溪、千祥二个征管处；撤销巍山地税所；成立巍山征收管理局，内设综合股、征收计会股、管理股，下设佐村征管处。保留市地税局稽查局内设综合股、稽查一股、稽查二股、稽查三股、案审股、执行股。

2004年2月，市地方税务局吴宁征管局、横店征管局、巍山征管局更名为东阳市地方税务局吴宁分局、横店分局、巍山分局。

2006年7月，市地税局吴宁分局下设：办公室、综合业务股、计会信息股、办税服务股、管理一股、管理二股、管理三股；横店分局下设：办公室、综合业务股、计会征收股、管理一股、管理二股。

2008年4月，增设东阳市财政局开发区分局。

2009年10月，市地税局吴宁分局内设机构调整：原计会信息股和办税服务股合并为计会征收股，新设建筑业管理股。

2012年9月，市财政局派出机构3个：市财政局吴宁分局、市财政局横店分局、市财政局巍山分局；地税局内设机构调整派出机构3个：市地方税务局吴宁分局、市地方税务局横店分局、市地方税务局巍山分局。

2013年4月，将全市17个镇乡（街道）财政（务）办公室（横店镇除外）更名为东阳市XX镇乡（街道）财政所，作为镇乡（街道）内设机构。

## 五、局属事业单位

### （一）东阳市财务开发公司

1988年6月，建立县信托投资公司；8月，县信托投资公司更名为市财务开发公司。1997年12月，成立东阳市财务开发公司，为自收自支事业单位。

### （二）东阳市政府采购中心

1991年2月，增设控制集团购买力办公室（简称“控办”，机构单列）。1997年11月，设立东阳市控制集团购买力办公室，挂靠市财政局。1999年9月，设立东阳市政府采购办公室，与东阳市控制集团购买力办公室合署办公，后改名东阳市政府采购中心，为全额拨款事业单位，编制3人。

**（三）东阳会计师事务所**

1992年9月，设立东阳会计师事务所，为自收自支事业单位，编制8人。1999年10月，撤销东阳会计师事务所，与市财政局实行整体脱钩，改制为东阳衡力会计师事务所。1999年12月，撤销东阳会计师事务所资产评估资格，市财政局收回资产评估资格证书。

**（四）东阳市国有资产经营公司**

1993年8月，建立东阳市国有资产经营公司，为自收自支事业单位，编制8人。

**（五）东阳市农业综合开发办公室**

1997年5月，建立东阳市农业综合开发办公室，为全额拨款事业单位，编制4人，隶属市财政局。2009年7月，确定为监督管理类事业单位。2019年2月，建制转隶农业农村局，人员5名。

**（六）东阳市第一税务师事务所**

1999年1月，建立东阳市第一税务师事务所，隶属市地税局。为自收自支事业单位，编制6人。1999年12月，东阳市第一税务师事务所与地方税务局整体脱钩，改制为东阳圣华税务师事务所有限责任公司。

**（七）东阳市建设工程预决算审核中心**

1999年9月，建立东阳市建设工程预决算审核中心，隶属市财政局。为自收自支事业单位，编制4人。2008年3月，更名为东阳市财政项目预算审核中心，经费渠道和隶属关系不变。2009年7月，确定为监督管理类事业单位。2011年12月批准为参照公务员法管理单位。2020年5月，调整为股级、全额拨款、公益一类，编制9人。

**（八）东阳市财政（地税）局信息中心**

1999年9月，建立东阳市地方税务局信息中心，为全额拨款事业单位，编制3人，隶属市地方税务局。2009年6月，设立东阳市财政（地税）局信息中心。2009年7月，确定为纯公益性事业单位。2010年6月，增加编制2名用于接收公路养路费征稽人员。

**（九）东阳市会计事务管理中心**

1999年11月，成立东阳市会计事务管理中心，为全民事业单位，编制253人，其中核增4名全额拨款，4名差额拨款，其余人员由受派单位划转抽调。2000年10月注销。

**（十）东阳市行政事业单位会计核算中心**

2000年10月，成立东阳市行政事业单位会计核算中心，为全额拨款事业单位，编制20人，隶属市财政局。2006年4月，在市行政事业单位会计核算中心增挂东阳市财政支付中心牌子。2010年2月，批准为参照公务员法管理单位。2020年5月，更名为市财政国库支付中心，调整为股级、全额、公益一类。

**(十一)东阳市镇乡(街道)财政管理中心**

2006年5月,设立东阳市镇乡(街道)财政管理中心,为全额拨款事业单位,编制20人,隶属财政局。2009年7月,确定为监督管理类事业单位。2011年9月,撤销东阳市镇乡(街道)财政管理中心。

**(十二)东阳市道路交通事故社会救助基金管理中心**

2012年10月,设立东阳市道路交通事故社会救助基金管理中心,为全额拨款公益二类事业单位,编制3人,隶属财政局。2020年5月,东阳市道路交通事故社会救助基金管理中心与市财政预算编制中心整合设置为市财政预算编制中心。

**(十三)东阳市财政预算编制中心**

2015年11月,设立东阳市财政预算编制中心,为全额拨款公益二类事业单位,编制3人,隶属财政局。2020年5月,市财政预算编制中心与东阳市道路交通事故社会救助基金管理中心整合设置为市财政预算编制中心。调整为股级、全额补助、公益一类事业单位,编制11人。

**(十四)东阳市国有企业财务管理中心**

2017年8月,设立东阳市国有企业财务管理中心,为全额拨款公益二类事业单位,编制5人,隶属于东阳市国有资产监督管理委员会办公室。

**六、临时机构**

表9-1-3-2　　**东阳市(县)政府托管临时机构一览表**

| 成立时间 | 机构名称 |
|---|---|
| 1977年3月 | 中共东阳县委打击贪污盗窃、投机倒把、批判资本主义领导小组 |
| 1981年12月 | 东阳县会计干部技术职称评定委员会 |
| 1984年3月 | 东阳县国库券推销办公室 |
| 1985年10月 | 东阳县税收财务大检查办公室 |
| 1986年6月 | 东阳县会计档案清理工作领导小组 |
| 1987年10月 | 东阳县税收、财务、物价大检查办公室 |
| 1989年9月 | 东阳市税收、财务、物价大检查领导小组 |
| 1992年4月 | 东阳市清仓查库办公室 |
| 1993年3月 | 东阳市清产核资领导小组 |
| 1994年8月 | 东阳市清理预算外资金领导小组 |
| 1996年8月 | 东阳市国有资产管理委员会 |
| 1997年10月 | 东阳市公安局驻地方税务局联络室 |
| 1998年6月 | 东阳市预算外资金管理领导小组 |
| 1998年6月 | 东阳市公款帐户专项清理领导小组 |
| 1998年8月 | 东阳市公款帐户归并办公室 |
| 1999年5月 | 东阳市财政支农资金项目管理办公室 |

续表9-1-3-2

| 成立时间 | 机构名称 |
| --- | --- |
| 1999年11月 | 市政府采购工作领导小组 |
| 2000年7月 | 东阳市财政集中收付制度改革领导小组 |
| 2000年7月 | 东阳市农村税费改革工作领导小组 |
| 2007年11月 | 东阳市财政周转金清收工作领导小组 |
| 2009年6月 | 东阳市专项治理“小金库”工作领导小组 |
| 2018年7月 | 东阳市税务机构改革协调小组 |
| 2018年11月 | 东阳市政策性融资担保工作领导小组 |
| 2018年12月 | 东阳市国控融资担保有限公司 |
| 2019年3月 | 东阳市减轻企业负担领导小组 |

表9-1-3-3　　东阳市(县)财税局内设临时机构一览表

| 成立时间 | 机构名称 |
| --- | --- |
| 1986年10月 | 财政中专自学考试领导小组 |
| 1997年6月 | 税务系统信息化领导小组 |
| 1997年7月 | 市财政局行风建设领导小组 |
| 1997年12月 | 地方税务局税收征管改革领导小组 |
| 1998年2月 | 整顿财政信用工作办公室 |
| 1998年10月 | 地方税务局行政复议委员会 |
| 1998年12月 | 市财政地税局财务管理领导小组 |
| 1999年4月 | TaxFRiend98应用领导小组 |
| 2000年2月 | 市财政局宣传贯彻新《会计法》领导小组 |
| 2001年6月 | “税银联网、实时扣款”工作领导小组 |
| 2002年11月 | 市财政局“金财工程”领导小组 |
| 2003年12月 | 地方税务局信息化建设领导小组 |
| 2007年7月 | 推行“五费合征”工作领导小组 |
| 2007年7月 | 市财政周转金清收领导小组 |
| 2007年9月 | 调整东阳市地方税务局税务案件审理委员会组成人员 |
| 2007年12月 | 税收执法责任制领导小组 |
| 2009年 | 视觉识别系统(VI)推广应用领导小组 |
| 2010年4月 | 地税纳税服务志愿者大队 |
| 2010年11月 | 12366语音特服系统建设重大事项的指导和决策 |
| 2011年6月 | 地税系统民主评议行风工作领导小组 |
| 2011年8月 | 调整政府信息公开(政务公开)工作领导小组 |
| 2018年7月 | 税务机构改革征管和信息化工作组 |

## 七、办公地址变迁

1949年5月8日东阳解放后，财政税务机构办公地址经多次迁移。

**(一)财政机构：**

1949年至1958年，财政科、粮政科合并为财粮科时，办公地址设城内与县政府一起。

1949年至1958年，农业科册籍室在东街东房第0537号～0539号。

**(二)税务机构：**

1949年至1956年，东阳城内西街合和厅(后设县邮电局，西街2～4号门牌)。

1957年至1958年4月，东阳城内东街93号(原吴宁镇人民政府办公室)。

**(三)财政、税务机构合并：**

1958年至1959年，财政税务合并，东阳县城内西街(即县邮电局2～4号街面屋里面)。

1959年至1961年，东阳城内黉门前原工商联办公室。20世纪70年代初，部分房屋拆建为房管会办公室。(黉门前10～11号)

**(四)财政、税务机构分设：**

1961年至1965年，财政局：在县政府的东面原政协办公室和县府办公室(已拆建)。

1961年至1965年，税务局：东街2～4号，后拆建为侨务办公室，侨汇商店和财税局干部宿舍。

**(五)财政、税务机构合并：**

1966年至1970年，财政税务两局合署办公，设在东街2～4号内。

1971年至1973年2月，与银行合并成立财政金融局，设黉门前(原银行宿舍)。

1973年3月至1988年10月，财税、银行分设后，财税局设东阳城内黉门前10号。

1988年10月至2005年10月财政税务局迁址至吴宁东路38号财税大楼。期间(1997年8月至10月)因吴宁东路38号装修，东阳市财政、地税局在人民路69号办公。

**(六)国税、地税机构分设：**

1997年8月至2013年1月，国地税机构分设，东阳市国家税务局在人民路69号办公。

1997年10月至2005年8月，财政、地税局合署办公，办公地址设吴宁东路38号。

2005年10月，财政、地税局迁移至人民北路8号财税综合大楼办公。吴宁分局、稽查局迁入人民北路2号、6号大楼办公。

2013年1月，东阳市国家税务局办公大楼迁至江北街道翠竹路19号。

2018年10月，市人民北路2号、6号大楼，暂由市税务局无偿使用。

# 第二章　党群组织

党群组织包括中国共产党组织、工会、共青团、女职工委员会和各种学术团体。财税系统建立的中共党组、机关党总支(直属机关党委),是财税部门的领导核心,其下设各党支部则发挥着模范带头作用。相应建立的工会、共青团、女职工委员会等组织则发挥联系群众的纽带和助手作用。改革开放后,为了营造理论学术研究氛围,提高财税干部的业务素质,财税系统学术团体也应运而生。

## 第一节　中国共产党基层组织

### 一、党组织机构

#### (一)党组

中华人民共和国成立之初,财政、粮政和税务机关的党务活动由东阳县人民政府党组安排。

1953年7月,建立中共东阳县财政经济党组。之后党组名称随着机构变动而调整。1954年7月,建立县企业党组;1955年3月28日,建立县财经企业党组;1958年6月20日,建立县财政局党组;1959年10月13日,建立县财政贸易党组;1961年3月8日,组建县财政银行党组,12月12日,建立县财政银行税务党组;1964年2月23日,建立县财政党组。

1971年9月17日,建立县财政金融局级党支部;1973年11月28日,建立县财政税务局级党支部;1979年10月7日,建立县财政税务局党组;1995年1月11日始,市财政税务局党组更名为东阳市财政局党组。

表9-2-1-1　　1953—2018年东阳市(县)财税党组任职人员一览表

| 组织名称 | 职务 | 姓名 | 任职时间 |
|---|---|---|---|
| 中共东阳县财政经济党组 | 组　长 | 王心斋 | 1953.7—1954.7 |
| | 副组长 | 亓曜东 | 1953.7—1954.7 |
| | 组　员 | 刘笃兴、王德钰、高铭俊、赵　梁、徐熙玉 | 1953.7—1954.7 |
| 中共东阳县企业党组 | 书　记 | 高铭俊 | 1954.7—1955.3 |
| | 副书记 | 赵　梁 | 1954.7—1955.3 |
| | 成　员 | 刘鸿吉、姜文礼、曹善瑞 | 1954.7—1955.3 |

续表9-2-1-1

| 组织名称 | 职务 | 姓名 | 任职时间 |
|---|---|---|---|
| 中共东阳县财经企业党组 | 书　记 | 王德钰 | 1955.3—1955.11 |
| | 副书记 | 高铭俊 | 1955.3—1955.11 |
| | 成　员 | 刘鸿吉、马佃举、金盛源 | 1955.3—1955.11 |
| 中共东阳县财政局党组 | 书　记 | 吕传德 | 1958.6—1959.10 |
| | 成　员 | 高尚朋、徐子良 | 1958.6—1959.10 |
| 中共东阳县财贸党组 | 书　记 | 赵　梁 | 1959.10—1961.3 |
| | 组　员 | 秦泽恩、张桂元<br>郭连照、唐亭然 | 1959.10—1961.3 |
| 中共东阳县财政银行党组 | 书　记 | 薛瑞符 | 1961.3—1961.7 |
| | 组　员 | 马梓龙、郭连照 | 1961.3—1961.7 |
| 中共东阳县财政银行税务党组 | 书　记 | 秦泽恩 | 1961.12—1964.2 |
| | 组　员 | 郭连照、倪志骧 | 1961.12—1964.2 |
| 中共东阳县财政党组 | 书　记 | 吕传德 | 1964.2—1967 |
| | 副书记 | 郭连照 | 1964.2—1967 |
| | 组　员 | 倪志骧、冯甲明、吕　烈 | 1964.2—1967 |
| 中共东阳县财政金融局支部 | 书　记 | 赵　梁 | 1971.9—1973.11 |
| | 副书记 | 秦泽恩、陆仁天 | 1971.9—1973.11 |
| | 委　员 | 蒋伦忠、杜德虎 | 1971.9—1973.11 |
| 中共东阳县财税局支部 | 书　记 | 郭连照 | 1973.11—1978.6 |
| | 委　员 | 孙炳发、王章智 | 1973.11—1978.6 |
| 中共东阳县财税局支部 | 书　记 | 郭连照 | 1978.6—1979.6 |
| | 副书记 | 陈德祥 | 1978.6—1979.6 |
| | 委　员 | 薛瑞符、孙炳发、王章智 | 1978.6—1979.6 |
| 中共东阳县财税局支部 | 书　记 | 郭连照 | 1979.6—1979.10 |
| | 委　员 | 卢保云、吕　烈 | 1979.6—1979.10 |
| 中共东阳县财政税务局党组 | 书　记 | 郭连照 | 1979.10—1983.11 |
| | 成　员 | 薛瑞符 | 1979.10—1982.7 |
| | 成　员 | 卢保云 | 1979.10—1983.9 |
| | 成　员 | 吕　烈 | 1979.10—1979.12 |
| 中共东阳县财税局党组 | 副书记 | 丁廷友 | 1983.11—1986.8 |
| | 成　员 | 陈治平 | 1983.11—1986.8 |
| | 成　员 | 陈灯红 | 1983.11—1986.8 |
| | 成　员 | 严祖华 | 1985.5—1988.8 |
| 中共东阳县财税局党组 | 副书记 | 吴品文 | 1986.8—1987.4 |
| | 成　员 | 陈治平 | 1986.8—1989.7 |
| | 成　员 | 陈灯红 | 1986.8—1990.8 |
| | 成　员 | 严祖华 | 1988.8—1990.9 |

续表9-2-1-1

| 组织名称 | 职务 | 姓名 | 任职时间 |
|---|---|---|---|
| | 成　员 | 王立照 | 1987.3—1990.9 |
| | 书　记 | 吴品文 | 1987.4—1990.9 |
| | 成　员 | 陈　军 | 1987.8—1990.9 |
| 中共东阳市财政税务局党组 | 书　记 | 吴品文 | 1990.9—1993.5 |
| | 成　员 | 陈　军 | 1990.9—1993.12 |
| | 成　员 | 郭巧范 | 1990.9—1993.12 |
| | 成　员 | 严剑平 | 1990.9—1993.12 |
| | 成　员 | 王立照 | 1990.9—1993.12 |
| | 成　员 | 斯光浩 | 1990.9—1993.12 |
| | 成　员 | 徐立刚 | 1992.9—1993.12 |
| 中共东阳市财政税务局党组 | 书　记 | 严祖华 | 1993.5—1993.12<br>1993.12—1995.1 |
| | 成　员 | 陈　军 | 1993.12—1995.1 |
| | 成　员 | 郭巧范 | 1993.12—1995.1 |
| | 成　员 | 徐立刚 | 1993.12—1995.1 |
| 中共东阳市财政局党组 | 书　记 | 严祖华 | 1995.1—1998.5 |
| | 成　员 | 陈　军 | 1995.1—1998.5 |
| | 成　员 | 郭巧范 | 1995.1—1997.8 |
| | 成　员 | 徐立刚 | 1995.1—1998.5 |
| | 成　员 | 吴德兰 | 1996.3—1997.8 |
| 中共东阳市财政局党组 | 书　记 | 陈　军 | 1998.5—2007.4 |
| | 副书记 | 徐立刚 | 1998.5—2007.4 |
| | 成　员 | 姚理珍 | 1998.5—2006.7 |
| | 成　员 | 斯光浩 | 1998.5—2005.11 |
| | 成　员 | 卢伟民 | 1998.5—2007.4 |
| | 成　员 | 张军南 | 1998.5—2006.2 |
| | 成　员 | 徐跃卫 | 1998.5—2007.4 |
| | 成　员 | 吴正华 | 1998.5—2007.4 |
| | 副书记 | 吴庚友 | 2002.3—2003.5 |
| | 副书记 | 俞朝良 | 2005.11—2007.4 |
| 中共东阳市财政局党组 | 书　记 | 徐立刚 | 2007.4—2012.4 |
| | 副书记 | 俞朝良 | 2007.4—2009.2 |
| | 副书记 | 马樟云 | 2007.4—2010.3 |
| | 成　员 | 卢伟民 | 2007.4—2008.3 |
| | 成　员 | 徐跃卫 | 2007.4—2012.4 |
| | 成　员 | 吴正华 | 2007.4—2012.4 |
| | 成　员 | 沈银福 | 2007.6—2012.11 |
| | 成　员 | 林　斌 | 2007.6—2012.4 |

续表9-2-1-1

| 组织名称 | 职务 | 姓名 | 任职时间 |
|---|---|---|---|
| | 副书记 | 杜希庭 | 2009.2—2012.4 |
| | 成　员 | 单仲尧 | 2009.4—2012.4 |
| | 成　员 | 韦俊图 | 2010.3—2012.4 |
| 中共东阳市财政局党组 | 副市长兼书记 | 陈　军 | 2012.4—2012.11 |
| 中共东阳市财政局党组 | 书　记 | 虞跃桂 | 2012.11—2014.2 |
| | 书　记 | 沈银福 | 2014.2—2016.12 |
| | 副书记 | 杜希庭 | 2012.4—2016.12 |
| | 副书记 | 沈银福 | 2012.11—2014.2 |
| | 成　员 | 徐跃卫 | 2012.4—2014.2 |
| | 成　员 | 吴正华 | 2012.4—2016.12 |
| | 成　员 | 林　斌 | 2012.4—2014.8 |
| | 成　员 | 单仲尧 | 2012.4—2016.12 |
| | 成　员 | 韦俊图 | 2012.4—2013.5 |
| | 成　员 | 韦向东 | 2013.1—2016.12 |
| | 成　员 | 周奕明 | 2013.1—2016.12 |
| | 成　员 | 金大法 | 2013.1—2016.12 |
| | 成　员 | 钟柏青 | 2013.8—2016.12 |
| | 副书记 | 徐生银 | 2014.6—2017.4 |
| | 成　员 | 曹晓红 | 2014.6—2016.12 |
| | 成　员 | 张雪飞 | 2016.8—2016.12 |
| | 成　员 | 严徽华 | 2016.8—2016.12 |
| 中共东阳市财政局党组 | 书　记 | 吕良勇 | 2016.12—2019.1 |
| | 副书记 | 沈银福 | 2016.12—2017.4 |
| | 副书记 | 杜希庭 | 2016.12—2019.1 |
| | 成　员 | 吴正华 | 2016.12—2019.1 |
| | 成　员 | 单仲尧 | 2016.12—2018.11 |
| | 成　员 | 韦向东 | 2016.12—2019.1 |
| | 成　员 | 周奕明 | 2016.12—2018.11 |
| | 成　员 | 金大法 | 2016.12—2017.6 |
| | 成　员 | 钟柏青 | 2016.12—2019.1 |
| | 成　员 | 曹晓红 | 2016.12—2019.1 |
| | 成　员 | 张雪飞 | 2016.12—2018.11 |
| | 成　员 | 严徽华 | 2016.12—2019.1 |
| | 成　员 | 许飞南 | 2017.6—2018.11 |
| 中共东阳市财政局党组 | 书　记 | 徐育阳 | 2019.1— |
| | 成　员 | 韦向东 | 2019.1— |
| | 成　员 | 钟柏青 | 2019.1— |

续表9-2-1-1

| 组织名称 | 职务 | 姓名 | 任职时间 |
|---|---|---|---|
| | 成　员 | 严徽华 | 2019.1—2021.9 |
| | 成　员 | 金旭东 | 2019.4— |
| 中共东阳市政府国有资产监督管理办公室党组 | 书　记 | 马宗强 | 2019.1—2020.12 |
| | 书　记 | 韦向东 | 2020.12— |
| | 成　员 | 曹晓红 | 2019.1— |
| | 成　员 | 厉　俊 | 2019.4— |

### (二)党总支

1999年8月18日,成立中共东阳市财税局党总支委员会,下设机关党支部、地税稽查局党支部、开发区分局党支部、会计师事务所党支部、离退休干部党支部。2001年6月,增建会计核算中心党支部和圣华税务师事务所党支部。2006年12月,增建镇乡(街道)财务管理中心党支部。

2007年7月16日,局党总支委员会改称直属党总支委员会;2011年8月18日,市财税局直属党总支委员会终止,建立中共东阳市财政(地税)局直属机关委员会。下设局机关党支部、地税稽查局党支部、会计核算中心党支部、圣华税务师事务所党支部、离退休干部党支部、明鉴会计事务所党支部。

表9-2-1-2　　东阳市财税局党总支委员会名录

| 任职时间 | 总支名称 | 职务 | 姓名 |
|---|---|---|---|
| 1999.12 | 东阳市财税局机关党总支 | 书　记 | 斯光浩 |
| | | 副书记 | 吴正华 |
| | | 委　员 | 徐跃卫 |
| | | 委　员 | 周丽宛 |
| | | 委　员 | 应　鹏 |
| 2002.11 | 东阳市财政局机关党总支 | 副书记 | 林　斌 |
| 2006.12 | 东阳市财政局机关党总支 | 书　记 | 俞朝良 |
| | | 副书记 | 林　斌 |
| | | 委　员 | 吴时根 |
| | | 委　员 | 郑永智 |
| | | 委　员 | 周丽宛 |
| | | 委　员 | 洪启良 |
| 2007.7 | 东阳市财政局直属机关党总支 | 书　记 | 马樟云 |
| | | 副书记 | 林　斌 |
| | | 委　员 | 吴时根 |
| | | 委　员 | 郑永智 |

续表9-2-1-2

| 任职时间 | 总支名称 | 职务 | 姓名 |
|---|---|---|---|
| | | 委　员 | 周丽宛 |
| 2008.5 | 东阳市财税局直属机关党总支 | 副书记 | 单仲尧 |
| 2010.6 | 东阳市财税局直属机关党总支 | 书　记 | 杜希庭 |
| 2011.9 | 东阳市财政(地税)局直属机关党委 | 书　记 | 杜希庭 |
| | | 副书记 | 郭红军 |
| | | 委　员 | 单仲尧 |
| | | 委　员 | 周奕明 |
| | | 委　员 | 何灿平 |
| 2013.6 | 东阳市财政(地税)局直属机关党委 | 委　员 | 金大法 |
| | | 委　员 | 吴时根 |
| 2015.11 | 东阳市财政(地税)局直属机关党委 | 委　员 | 张雪飞 |
| | | 委　员<br>纪委书记 | 俞一忠 |
| 2016.10 | 东阳市财政(地税)局直属机关党委 | 委　员 | 任　俊 |
| 2017.8 | 东阳市财政(地税)局直属机关党委 | 专职副书记 | 何灿平 |
| 2019.7 | 东阳市财政局机关党委 | 书　记 | 韦向东 |
| | | 委　员 | 吕　琳 |
| | | 委　员 | 马樟云 |
| | | 委　员 | 赵　萍 |
| | | 委　员 | 程　婧 |
| | | 委　员 | 张雪燕 |
| | | 委　员 | 俞士平 |
| 2020.8 | 东阳市财政局机关党委 | 专职副书记 | 吕　琳 |
| 2021.4 | 东阳市财政局机关党委 | 书　记 | 金旭东 |
| 2019.8 | 东阳市国资办机关党委 | 书　记 | 马宗强 |
| | | 专职副书记 | 吴迅凌 |
| | | 委　员 | 申屠江 |
| | | 委　员 | 杜益初 |
| | | 委　员 | 葛海波 |
| 2021.4 | 东阳市国资办机关党委 | 书　记 | 韦向东 |

## (三)党支部

### 1.机关党支部

1980年3月29日,东阳市财税局机关党支部始建立,之后随着机构改革,党支部名称也随之变化。

表9-2-1-3　**东阳市(县)财税局机关党支部领导名录**

| 任职时间 | 组织名称 | 职务 | 姓名 |
|---|---|---|---|
| 1980.3 | 东阳县财政税务局机关党支部 | 书　记 | 卢保云 |
| | | 成　员 | 薛瑞符 |
| | | 成　员 | 包中乔 |
| 1981.3 | 东阳县财税局机关党支部 | 书　记 | 卢保云 |
| | | 成　员 | 陈绍福 |
| | | 成　员 | 包中乔 |
| 1982.7 | 东阳县财税局机关党支部 | 书　记 | 卢保云 |
| | | 成　员 | 陈灯红 |
| | | 成　员 | 包中乔 |
| 1984.2 | 东阳县财税局机关党支部 | 书　记 | 陈灯红 |
| | | 成　员 | 许树土 |
| | | 成　员 | 王立照 |
| 1990.10 | 东阳市财税局机关党支部 | 书　记 | 斯光浩 |
| | | 委　员 | 张有木 |
| | | 委　员 | 徐根龙 |
| | | 委　员 | 薛锦芹 |
| 1996.11 | 东阳市财税系统机关党支部 | 书　记 | 吴德兰 |
| | | 委　员 | 蒋海新 |
| | | 委　员 | 周丽宛 |
| | | 委　员 | 徐德洪 |
| 1999.12 | 东阳市财税局机关党支部 | 书　记 | 吴正华 |
| 2007.7 | 东阳市财政局机关党支部 | 书　记 | 林　斌 |
| | | 委　员 | 郑永智 |
| | | 委　员 | 吴时根 |
| | | 委　员 | 周丽宛 |
| | | 委　员 | 宗庆红 |
| 2008.5 | 东阳市财税局机关党支部 | 书　记 | 单仲尧 |
| 2009.12 | 东阳市财政局机关党支部 | 书　记 | 单仲尧 |
| | | 委　员 | 吴时根 |
| | | 委　员 | 郑永智 |
| | | 委　员 | 胡　健 |
| | | 委　员 | 金平平 |
| 2016.10 | 东阳市财政局机关党支部 | 书　记 | 任　俊 |
| 2017.11 | 东阳市财政局机关党支部 | 书　记 | 虞红霞 |
| 2019.8 | 东阳市财政局机关党支部 | 书　记 | 程　婧 |
| | | 委　员 | 张丽虹 |
| | | 委　员 | 吴　妍 |

续表9-2-1-3

| 任职时间 | 组织名称 | 职务 | 姓名 |
| --- | --- | --- | --- |
| | | 委　员 | 包东旗 |
| | | 委　员 | 金　鑫 |
| | | 委　员 | 王锦晓 |
| | | 委　员 | 王挺挺 |

**2.基层党支部**

基层党组织包括局直属机关党委下设的党支部与隶属各镇乡(街道)党委管理的基层财税所(分局)党支部。1978—1980年,镇乡基层财税所党组织有9个(城关区、上卢区、南马区、巍山区、湖溪区、千祥区、玉山区、安文区、盘山区)。2018年,基层党组织有局机关党支部、地税稽查局党支部、会计核算中心党支部、圣华税务师事务所党支部、离退休干部党支部和吴宁、横店、巍山财税分局党支部。

表9-2-1-4　**东阳市(县)财税系统基层党支部领导名录**

| 任职时间 | 组织名称 | 职务 | 姓名 |
| --- | --- | --- | --- |
| 1978.8 | 湖溪财税所党支部 | 书　记 | 卢云龙 |
| | 上卢财税所党支部 | 书　记 | 俞光培 |
| | 安文财税所党支部 | 书　记 | 卢保云 |
| | 盘山财税所党支部 | 书　记 | 陈　江 |
| | 千祥财税所党支部 | 副书记 | 郭中华 |
| | 南马财税所党支部 | 副书记 | 王立照 |
| 1979.2 | 巍山财税所党支部 | 书　记 | 蒋时完 |
| | 安文财税所党支部 | 副书记 | 蔡志洪 |
| | 玉山财税所党支部 | 书　记 | 金瑞洪 |
| 1979.5 | 安文财税所党支部 | 书　记 | 蔡品祥 |
| 1979.12 | 千祥财税所党支部 | 书　记 | 陈章星 |
| 1980.6 | 城关财税所党支部 | 书　记 | 蒋时完 |
| | | 副书记 | 徐子良 |
| | 巍山财税所党支部 | 书　记 | 卢金潭 |
| | 南马财税所党支部 | 书　记 | 何孙有 |
| 1980.12 | 千祥财税所党支部 | 副书记 | 吕东京 |
| 1981.9 | 湖溪财税所党支部 | 书　记 | 金瑞洪 |
| 1982.10 | 湖溪财税所党支部 | 副书记 | 吕金桃 |
| 1983.8 | 安文财税所党支部 | 书　记 | 傅其星 |
| | 玉山财税所党支部 | 副书记 | 周邦朝 |
| | 南马财税所党支部 | 书　记 | 厉贻品 |

续表9-2-1-4

| 任职时间 | 组织名称 | 职务 | 姓名 |
|---|---|---|---|
| | 直属财税所党支部 | 书　记 | 俞光培 |
| | 上卢财税所党支部 | 书　记 | 金瑞洪 |
| 1984.3 | 佐村财税所党支部 | 书　记 | 王华元 |
| 1984.7 | 上卢财税所党支部 | 书　记 | 严祖华 |
| | 湖溪财税所党支部 | 书　记 | 吕金桃 |
| 1984.7 | 南马财税所党支部 | 副书记 | 陈兆刚 |
| 1985.6 | 上卢财税所党支部 | 副书记 | 吴有少 |
| 1987.4 | 上卢财税所党支部 | 书　记 | 徐富春 |
| 1988.2 | 千祥财税所党支部 | 副书记 | 史树林 |
| 1989.1 | 虎鹿财税所党支部 | 副书记 | 虞庭友 |
| | 南马财税所党支部 | 副书记 | 卢成喜 |
| 1989.10 | 佐村财税所党支部 | 书　记 | 王华元 |
| 1990.6 | 上卢财税所党支部 | 副书记 | 张军南 |
| 1990.6 | 南马财税所党支部 | 书　记 | 卢志坚 |
| 1991.4 | 南马财税所党支部 | 书　记 | 季建平 |
| 1991.5 | 吴宁二所党支部 | 副书记 | 单　春 |
| 1991.5 | 吴宁财税所党支部 | 副书记 | 徐立刚 |
| | | 委　员 | 许树土 |
| | | 委　员 | 王伟良 |
| 1991.5 | 直属财税所党支部 | 书　记 | 蒋时完 |
| 1992.3 | 佐村财税所党支部 | 书　记 | 邢喜龙 |
| 1992.9 | 吴宁财税所党支部 | 书　记 | 单　春 |
| 1992.9 | 吴宁二所党支部 | 书　记 | 卢成喜 |
| 1994.2 | 横店财税所党支部 | 书　记 | 吕金桃 |
| 1994. 2 | 上卢财税所党支部 | 书　记 | 季建平 |
| 1994.4 | 直属财税所党支部 | 书　记 | 郭锡森 |
| 1994.4 | 画水财税所党支部 | 书　记 | 郑永智 |
| 1994.5 | 吴宁财税所党支部 | 书　记 | 郭巧范 |
| | 吴宁财税所党支部 | 副书记 | 张军南 |
| | 吴宁二所党支部 | 书　记 | 方永祥 |
| 1995.7 | 巍山财税所党支部 | 负责人 | 卢金潭 |
| | 湖溪财税所党支部 | 负责人 | 徐根龙 |
| | 千祥财税所党支部 | 负责人 | 倪永法 |
| | 南马财税所党支部 | 负责人 | 蒋建林 |
| 1998.1 | 画水地税所党支部 | 书　记 | 郑永智 |
| 1998.1 | 六石财政所党支部 | 书　记 | 周奕明 |
| 1998.3 | 吴宁财政分局党支部 | 书　记 | 张军南 |
| | | 成　员 | 郭锡森 |

续表9-2-1-4

| 任职时间 | 组织名称 | 职务 | 姓名 |
|---|---|---|---|
| | | 成　员 | 王伟良 |
| 1998.4 | 千祥财政所党支部 | 书　记 | 吴时根 |
| 1999.6 | 湖溪财税所党支部 | 书　记 | 任向东 |
| 1999.12 | 地税稽查局党支部 | 书　记 | 徐跃卫 |
| | 会计师事务所党支部 | 书　记 | 孔　端 |
| | 离退休干部党支部 | 书　记 | 华耀东 |
| | 开发区分局党支部 | 副书记 | 张丽光 |
| 2001.7 | 会计核算中心党支部 | 书　记 | 郭锡森 |
| | 圣华税务师事务所党支部 | 书　记 | 杜新华 |
| 2002.12 | 吴宁财政分局党支部 | 书　记 | 张军南 |
| | | 副书记 | 单仲尧 |
| | 吴宁财政分局党支部 | 委　员 | 金大法 |
| | | 委　员 | 张跃东 |
| | | 委　员 | 张丽光 |
| | | 委　员 | 蒋正兴 |
| 2003.1 | 横店财政分局党支部 | 书　记 | 沈银福 |
| | | 副书记 | 任向东 |
| | | 委　员 | 许飞南 |
| 2004.4 | 会计核算中心党支部 | 书　记 | 周晓晓 |
| 2005.4 | 吴宁财政分局党支部 | 书　记 | 张军南 |
| | | 委　员 | 单仲尧 |
| | | 委　员 | 金大法 |
| | | 委　员 | 张丽光 |
| | | 委　员 | 张跃东 |
| 2007.1 | 横店财政分局党支部 | 书　记 | 周奕明 |
| | | 委　员 | 许飞南 |
| | | 委　员 | 葛家舵 |
| | | 委　员 | 严宝群 |
| | | 委　员 | 张行金 |
| 2007.7 | 稽查局党支部 | 书　记 | 徐跃卫 |
| | | 委　员 | 王兆伟 |
| | | 委　员 | 张忠孝 |
| | | 委　员 | 朱航军 |
| | 会计核算中心党支部 | 书　记 | 周晓晓 |
| | | 委　员 | 王云晓 |
| | | 委　员 | 吴如慧 |
| | | 委　员 | 吴志荣 |
| | | 委　员 | 胡孝珍 |

续表9-2-1-4

| 任职时间 | 组织名称 | 职务 | 姓名 |
| --- | --- | --- | --- |
| | 财管中心党支部 | 书　记 | 任向东 |
| | | 委　员 | 陈景军 |
| | | 委　员 | 包东旗 |
| | | 委　员 | 单晓红 |
| | | 委　员 | 陈三伟 |
| | 老干部党支部 | 书　记 | 张占元 |
| 2008.7 | 财政局吴宁分局党支部 | 书　记 | 沈银福 |
| | | 副书记 | 严徽华 |
| | | 副书记 | 郭红军 |
| | | 委　员 | 张　莉 |
| | | 委　员 | 张跃东 |
| 2008.12 | 稽查局党支部 | 书　记 | 周奕明 |
| | | 副书记 | 王兆伟 |
| | | 委　员 | 张忠孝 |
| | | 委　员 | 朱航军 |
| | | 委　员 | 吴洵阳 |
| 2009.12 | 财管中心党支部 | 书　记 | 胡耀华 |
| | | 委　员 | 俞继萍 |
| | | 委　员 | 包东旗 |
| | | 委　员 | 单晓红 |
| | | 委　员 | 陈三伟 |
| | 会计核算中心党支部 | 书　记 | 陈岩金 |
| | | 委　员 | 胡孝珍 |
| | | 委　员 | 吴如慧 |
| | | 委　员 | 吴志荣 |
| | | 委　员 | 陈莉莉 |
| 2010.2 | 巍山征管分局党支部 | 书　记 | 黄克明 |
| | | 委　员 | 严宝群 |
| | | 委　员 | 金　华 |
| 2011.3 | 会计核算中心党支部 | 书　记 | 何灿平 |
| 2011.6 | 财政局吴宁分局党支部 | 书　记 | 钟柏青 |
| | | 委　员 | 郭红军 |
| | | 委　员 | 马国成 |
| | | 委　员 | 胡伟华 |
| | | 委　员 | 张　莉 |
| 2011.8 | 圣华税务师事务所党支部 | 书　记 | 杜新华 |
| 2013.3 | 巍山财政分局党支部 | 书　记 | 朱航军 |
| | | 委　员 | 李旭航 |

续表9-2-1-4

| 任职时间 | 组织名称 | 职务 | 姓名 |
| --- | --- | --- | --- |
| | | 委　员 | 胡金良 |
| 2017.10 | 财政局吴宁分局党支部 | 书　记 | 张雪飞 |
| | | 委　员 | 胡伟华 |
| | | 委　员 | 赵　军 |
| 2017.11 | 财政局横店分局党支部 | 书　记 | 许飞南 |
| | | 委　员 | 张　涤 |
| | | 委　员 | 吕勇敢 |
| | | 委　员 | 包志坚 |
| | | 委　员 | 杜海露 |
| | 会计核算中心党支部 | 书　记 | 陈俊刚 |
| 2019.8 | 会计核算中心党支部 | 书　记 | 赵　萍 |
| | | 委　员 | 蒋小英 |
| | | 委　员 | 许晓丽 |
| | 财政局老干部党支部 | 书　记 | 马樟云 |
| | | 委　员 | 洪启良 |
| | | 委　员 | 胡　健 |
| 2019.8 | 明鉴会计师事务所党支部 | 书　记 | 俞士平 |
| | | 委　员 | 韦振钢 |
| | | 委　员 | 金巧琴 |
| | 众华联合会计师事务所党支部 | 书　记 | 张雪燕 |
| | 圣华税务师事务所党支部 | 书　记 | 杜新华 |

## 二、党员队伍

1953年，县财粮科、税务局初建机关党支部时有党员6人，占财税正式工作人员79人的7.6%；后来随着形势的变化，财税人员的调整，党员人数比例随之增减。

1961年，县财政税务局党支部党员26人，占财税正式工作人员104人的25%。

1971年，县财政金融局党支部党员66人，占财税正式工作人员185人的35.6%。

1988年，市财政税务局党支部党员87人，占财税正式工作人员258人的33.7%。

1989年，市财税系统有党员87人，占财税正式工作人员265人的32.83%。

1994年，市财政局、国税局、地税局合署时，有党员168人，占财税正式工作人员438人的38.35%。

2009年，市财税局有党员171人，占财税正式工作人员297人的57.57%。

2018年，市财政局有党员113人。

表9-2-1-5　　1949—2018年东阳市(县)财税系统党员人数统计表

单位:人

| 年份 | 机构 | 总数 | 党员数 | 年份 | 机构 | 总数 | 党员数 |
|---|---|---|---|---|---|---|---|
| 1949 | 财政 | 8 | 3 | 1974 | 财税 | 100 | 36 |
| | 税务 | 46 | 4 | 1975 | 财税 | 132 | 36 |
| 1950 | 财政 | 9 | 2 | 1976 | 财税 | 110 | 47 |
| | 税务 | 43 | 2 | 1977 | 财税 | 147 | 54 |
| 1951 | 财粮 | 14 | 2 | 1978 | 财税 | 124 | 55 |
| | 税务 | 59 | 3 | 1979 | 财税 | 108 | 47 |
| 1952 | 财粮 | 15 | 1 | 1980 | 财税 | 123 | 48 |
| | 税务 | 64 | 3 | 1981 | 财税 | 124 | 49 |
| 1953 | 财粮 | 15 | 1 | 1982 | 财税 | 247 | 59 |
| | 税务 | 64 | 5 | 1983 | 财税 | 176 | 47 |
| 1954 | 财粮 | 14 | 1 | 1984 | 财税 | 186 | 52 |
| | 税务 | 59 | 8 | 1985 | 财税 | 226 | 58 |
| 1955 | 财粮 | 15 | 3 | 1986 | 财税 | 226 | 72 |
| | 税务 | 66 | 15 | 1987 | 财税 | 237 | 82 |
| 1956 | 财政 | 26 | 3 | 1988 | 财税 | 258 | 87 |
| | 税务 | 65 | 17 | 1989 | 财税 | 265 | 87 |
| 1957 | 财政 | 15 | 3 | 1990 | 财税 | 276 | 87 |
| | 税务 | 56 | 21 | 1991 | 财税 | 308 | 101 |
| 1958 | 财政 | 77 | 12 | 1992 | 财税 | 315 | 100 |
| 1959 | 财政 | 71 | 20 | 1993 | 财税 | 331 | 99 |
| 1960 | 财政 | 64 | 14 | 1994 | 财税 | 438 | 168 |
| 1961 | 财政 | 25 | 5 | 1995 | 财税 | 411 | 131 |
| | 税务 | 79 | 21 | 1996 | 财税 | 395 | 132 |
| 1962 | 财政 | 20 | 4 | 1997 | 财地 | 210 | 88 |
| | 税务 | 74 | 22 | 1998 | 财地 | 260 | 99 |
| 1963 | 财政 | 19 | 4 | 1999 | 财地 | 271 | 103 |
| | 税务 | 70 | 21 | 2000 | 财地 | 268 | 111 |
| 1964 | 财政 | 19 | 4 | 2001 | 财地 | 284 | 125 |
| | 税务 | 68 | 21 | 2002 | 财地 | 261 | 130 |
| 1965 | 财政 | 16 | 2 | 2003 | 财地 | 292 | 168 |
| | 税务 | 64 | 18 | 2004 | 财地 | 290 | 166 |
| 1966 | 财税 | 87 | 20 | 2005 | 财地 | 273 | 161 |
| 1971 | 财金 | 185 | 66 | 2006 | 财地 | 278 | 168 |
| 1972 | 财金 | 198 | 68 | 2007 | 财地 | 294 | 171 |
| 1973 | 财税 | 68 | 19 | 2008 | 财地 | 294 | 170 |

续表9-2-1-5

| 年份 | 机构 | 总数 | 党员数 | 年份 | 机构 | 总数 | 党员数 |
|---|---|---|---|---|---|---|---|
| 2009 | 财地 | 297 | 171 | 2014 | 财地 | 328 | 183 |
| 2010 | 财地 | 334 | 205 | 2015 | 财地 | 328 | 183 |
| 2011 | 财地 | 329 | 199 | 2016 | 财地 | 323 | 176 |
| 2012 | 财地 | 322 | 187 | 2017 | 财地 | 246 | 187 |
| 2013 | 财地 | 323 | 188 | 2018 | 财政 | 151 | 113 |

### 三、学习教育活动

20世纪50年代，通过党日活动和健全党课制度开展党员政治思想教育。先后开展了“反贪污、反浪费、反官僚主义”的“三反”运动；对党员进行过渡时期总路线、总任务和方针政策教育；一月一次党课制度等活动；整风反右运动；“大跃进”“总路线”、人民公社“三面红旗”教育运动；“鼓干劲，争上游”活动和“反右倾”斗争等。

20世纪60年代，对党员开展忆苦思甜教育和政治思想教育，开展增产节约运动，组织党员学习毛主席著作，农业学大寨、工业学大庆、全国学习解放军，发扬革命精神。组织党员投入农村“四清”和机关“五反”为内容的社会主义教育运动。

1978年10月，组织党员干部开展“实践是检验真理的唯一标准问题”讨论，对党员进行“四化”前途、实事求思想路线、解放思想等理论教育。是年12月，党的十一届三中全会作出了把党的工作中心转移到经济建设上来、实行改革开放的历史性决策，实现了新中国成立以来党的历史上具有深远意义的伟大转折，开启了我国改革开放和社会主义现代化建设的历史新时期。

党的十一届三中全会以来，财税系统党组织学习中共十四大精神和邓小平建设有中国特色社会主义理论；组织党员学习《关于建国以来若干历史问题的决议》，学习新党章；恢复建立“三会一课”（党小组生活会、党支部委员会、党员大会和党课）制度，对党员进行党的基本路线、民主集中制和组织性、纪律性教育；先后开展了“争创先进党支部，争做优秀党员”活动，组织机关党支部、基层党支部召开“三心”教育民主生活会，组织党员开展“讲政治、树形象、创业绩”主题教育。

1989年6月，党的十三届四中全会以来，以江泽民为主要代表的中国共产党人，深化改革开放，与时俱进，确立社会主义市场经济体制，把中国特色社会主义伟大事业成功推向二十一世纪。财税系统组织全体党员进行“三个代表”重要思想学习教育活动，保持共产党员先进性教育，坚持立党为公，执政为民，牢固树立正确的世界观、人生观、价值观和权力观、地位观与利益观。开展形式多样的廉政宣传教育，增强党员干部反腐防腐能力；以“三心”教育为契机，对党员干部深入党风党纪教育；加强党的组织建设，健全党内组织生活，建成标准化的党员活动室。

2002年11月，中国共产党第十六次全国代表大会提出全面建设小康社会的战略目标，把“三个代表”重要思想写入党章。财税系统党组织以胡锦涛同志的科学发展观为指导，开展十六大精神为主题的教育活动和“先进党支部”创建活动，牢固树立执政为民，依法行政意识，落实“八个坚持、八个反对”，牢记“两个务必”，提倡艰苦奋斗，自强不息精神，与时俱进，开拓创新。组织全体党员开展先进性教育活动，提高党员对开展保持共产党员先进性和构建和谐社会的认识，创建“学习型党支部”。组织党员干部学习贯彻东阳市委、市政府“十个严禁”文件，开展机关效能建设。

2007年，财税局党组按照“政治坚定、求真务实、开拓创新、勤政廉政、团结协调”的要求，加强自身建设。开好民主生活会，开展批评和自我批评。深化干部制度改革，创新选人用人机制，有效开展作风建设年活动。2009年，以“坚持科学发展，深化财税改革，实现奋力追赶”为实践载体，坚持抓学习教育，强化理论武装；抓分析检查，理清发展思路；抓工作重点，突出实践特色。2010年，组织开展以实践科学发展观、建设服务型基层党组织为主要内容的“东阳先锋”创先争优活动。局党组制定《廉政风险点防范管理措施》，对党员干部深入廉政风险教育，深入推进争当“五事”干部，打造一支“五事”党员干部队伍，为“十二五”开好局提供坚强的组织保证。2011年，进一步加强党风建设，稳妥有序开展“争先创优”活动。

2012年11月8日，中国共产党第十八次全国代表大会在北京召开。党的十八大以来，以习近平同志为主要代表的中国共产党人，团结带领全国人民，坚持和发展中国特色社会主义，不忘初心，砥砺奋进，党和国家事业发生了历史性变革，中国特色社会主义进入了新时代。

党的十八大以来，财税局党组织带领党员以习近平新时代中国特色社会主义思想为指导，忠实践行“八八战略”，为高水平建设东阳“经济强市、文化名城、歌画东阳”，争当社会主义现代化先行市建设排头兵。

2012年，全面制订财税党组中心组和机关党支部理论学习方案和工作计划，组织理论学习；召开领导班子民主生活会，下发创先争优承诺书。开展“解放思想大讨论、转变作风大赶超”，学习贯彻落实十八大精神等活动。

2014年，东阳市财政局、地税局围绕”为民务实清廉“为主题，以反对”四风“和执行”八项规定“为重点，按照”照镜子、正衣冠、洗洗澡、治治病“的总体要求，扎实开展党的群众路线教育实践活动。积极开门纳谏，对教育实践活动中征求到的各类问题，制定了10条整改措施。

2015年，利用“三会一课”“周一夜学”等有效载体，组织先进典型学习活动，充分发挥他们的引领示范作用。组织开展“学制度、明纪律、守规矩”专题活动，梳理制度清单，分组召开专题学习会，组织专题知识测试，做到人人学制度、人人明制度。组织开展“四个知晓”专题活动，以“三严三实”为主题，领导班子召开一次专题民主生活会。

2016年，贯彻党要管党、从严治党的要求，以组合式设计、交替式启动、平行式推进的方式积极开展“两学一做”学习教育，开展“一把手上党课”专题活动。

2018年，局党组共开展12期党组中心理论组学习，深入学习党的十九大报告、八八战略、市委巡察工作要求等14个文件精神。推进“不忘初心、牢记使命”主题教育大调研工作，开展“不担当不作为”专项整治工作，制定专项整治工作方案。结合“党日活动”“周一夜学”等进行宣传学习，每位干部均撰写学习心得体会，畅谈感想感悟。

## 第二节　群众团体

### 一、工会组织

#### （一）概况

1952年11月2日，东阳县税务局财政金融工会成立，负责人王德钰。

1954年10月26日，东阳县财政金融工会税务局委员会成立。主席：虞元高，宣传委员：傅国华，财务兼组织委员：周明哲，劳保兼经审委员：楼金火，委员：虞秀洪。

1985年7月31日，选举产生东阳县财税局第一届工会委员会，由严祖华、吴德进、许树土、陈军、吴妮娜等5位同志组成，严祖华任主席；吴德进任副主席。

1988年10月18日，选举产生东阳市财政税务局工会第二届委员会，由严祖华、吴德进、吴妮娜、许树土、蒋时完等5位同志组成，严祖华任主席，吴德进任副主席，张有木任工会经费审查委员会主任，下设10个工会小组：局机关、直属所、吴宁所、上卢所、巍山所、虎鹿所、佐村所、湖溪所、千祥所、南马所。

1990年10月8日，选举产生东阳市财政税务局工会第三届委员会，由郭巧范、吴德进、蒋海新、蒋时完、吴妮娜、许树土等6位同志组成，郭巧范同志任主席，吴德进任副主席，许树土任工会经费审查委员会主任。

1995年5月30日，选举产生东阳市财政税务局工会第四届委员会，由陈军、蒋海新、薛锦芹、吴妮娜、厉海忠、傅德寿、李大荣等7位同志组成，陈军任主席，蒋海新任副主席，许树土任工会经费审查委员会主任。选举产生工会女职工委员会。

1998年9月10日，选举产生东阳市财政税务局工会第五届委员会，由斯光浩、楼赏月、徐跃卫、郭梅龙、王伟良、周丽宛、林斌等7位同志组成，斯光浩任主席，楼赏月任副主席。由许树土、周丽宛、王伟良、张异君四位同志组成工会经费审查委员会，许树土任工会经费审查委员会主任。

2007年8月17日，选举产生东阳市财政税务局工会第六届委员会，由马樟云、赵志飞、林斌、吴正华、郑永智、吴时根、卢晓雁、任国桥等8位同志组成，马樟云任主席，赵志飞任副主席，吴时根任工会经费审查委员会主任。

2010年7月5日，杜希庭任东阳市财政局工会主席。

2014年1月24日，选举产生东阳市财政税务局工会第七届委员会，由杜希庭、金大法、张雪飞、任俊、吴时根、虞红霞、韦刚等7位同志组成，杜希庭任主席，吴时根任工会经费审查委员会主任。

2019年7月19日，选举产生东阳市财政税务局工会第八届委员会，由韦向东、程婧、王克、陈俊刚、徐宏刚、韦刚、陈美菊等7位同志组成，韦向东任主席，程婧任副主席，陈俊刚任工会经费审查委员会主任。

表9-2-2-1　　1985—2018年东阳市（县）财税系统工会会员人数统计表

单位：人

| 年份 | 干部职工人数 | | | 工会会员人数 |
|---|---|---|---|---|
| | 男 | 女 | 小计 | |
| 1985 | 187 | 39 | 226 | 186 |
| 1986 | 187 | 39 | 226 | 191 |
| 1987 | 194 | 43 | 237 | 200 |
| 1988 | 209 | 44 | 253 | 201 |
| 1989 | 215 | 50 | 265 | 242 |
| 1990 | 223 | 53 | 276 | 274 |
| 1991 | 249 | 59 | 308 | 301 |
| 1992 | 251 | 64 | 315 | 303 |
| 1993 | 260 | 71 | 331 | 310 |
| 1994 | 345 | 93 | 438 | 418 |
| 1995 | 320 | 91 | 411 | 400 |
| 1996 | 302 | 93 | 395 | 385 |
| 1997 | 160 | 50 | 210 | 206 |
| 1998 | 197 | 63 | 260 | 209 |
| 1999 | 201 | 70 | 271 | 268 |
| 2000 | 200 | 68 | 268 | 251 |
| 2001 | 199 | 85 | 284 | 273 |
| 2002 | 179 | 82 | 261 | 252 |
| 2003 | 207 | 85 | 292 | 281 |
| 2004 | 205 | 85 | 290 | 284 |
| 2005 | 185 | 88 | 273 | 267 |
| 2006 | 185 | 93 | 278 | 261 |
| 2007 | 190 | 104 | 294 | 259 |
| 2008 | 190 | 104 | 294 | 257 |
| 2009 | 189 | 108 | 297 | 283 |
| 2010 | 216 | 118 | 334 | 304 |
| 2011 | 214 | 115 | 329 | 311 |
| 2012 | 212 | 110 | 322 | 307 |

续表9-2-2-1

| 年份 | 干部职工人数 | | | 工会会员人数 |
|---|---|---|---|---|
| | 男 | 女 | 小计 | |
| 2013 | 207 | 116 | 323 | 308 |
| 2014 | 208 | 120 | 328 | 313 |
| 2015 | 208 | 120 | 328 | 317 |
| 2016 | 203 | 120 | 323 | 315 |
| 2017 | 156 | 90 | 246 | 246 |
| 2018 | 74 | 53 | 127 | 127 |

### (二)工会活动

1985年至1987年,县财税系统工会举办税收业务知识竞赛以及围棋、象棋、乒乓球、篮球、拔河、钓鱼、歌咏等各种竞赛活动。

1988年,制定了财税人员职业道德规范,并举办了职业道德演讲会、财税系统208名干部职业道德教育培训班。

1998年,局工会组织各工会小组学习《中华人民共和国工会法》,组织两年一次的会员旅游和休养。制定关爱职工有关措施,规定职工住院,由工会小组前去探望慰问。成立了工会篮球队,组织局系统篮球赛,并选拔运动员参加全市篮球联赛。局工会配置电视机、放像机和卡拉OK等音响设备。吴宁和六石工会小组建立"职工之家"、健身房。

1999年,组织"计算机新征管模式"培训,组织各基层工会小组开展保龄球、女子跳绳、棋牌等文体活动和文艺演出。局机关小组组织会员参加局工会征文、诗词比赛。

2000年,局工会开展"创优质服务,促双实双建"活动。各工会小组分别组织计算机操作比赛。

2001年至2010年,十年间,工会多次组织基层小组开展"帮困扶贫"活动。六石小组帮助桐坑村砌筑山塘,千祥小组给当地敬老院赠送钱物,巍山小组改进食堂用水照明,横店分会购置图书,捐款奖励考上东阳中学的职工子女。为汶川地震灾区捐款。组织干部职工参加无偿献血、建立职工家属联系卡。局工会组织成立东阳市摄影家协会财税分会、羽毛球协会、乒乓球协会,选拔27名运动员参加市第三届运动会,获得体育道德风尚奖。组织17名运动员参加市总工会组织的"农行杯"职工运动会,协助市总工会举办全市"财税杯"演讲比赛和篮球赛。组织以职业道德为内容的演讲比赛、"花园杯"工会工作论文比赛及"国税杯"书画比赛。局工会被评为2001年度省级财贸系统先进工会集体、被金华市总工会评为2002年度市级先进集体。

2012年,关心离退休干部职工生活,进一步落实老干部生活待遇和政治待遇,多次组织老干部学习政治理论,并订阅了一些老年杂志;开展丰富多彩的活动,丰富老干部生活。全年累计开展各类活动将近20次，执行“五必访”制度，即生日、生病、去世、春节、困难户必访，让所有老干部深切地感受到组织上的关怀和温暖。

2013年，组织干部职工参加金华市局优秀课件评选，获得三等奖、演讲比赛获三等奖及优秀奖，五一职工乒乓球比赛获团体亚军。

2014年，组织每周职工书法培训，丰富干部职工的业余生活。

2015年，筹建了10个职工活动小组，分别开展活动。组队参加金华市财税系统运动会、市总工会运动会。

2016年，组织职工疗休养活动，开展文体活动兴趣小组活动，由各个兴趣活动小组负责挑选人员组队参加市直机关篮球赛、市气排球赛和乒乓球赛，丰富干部业余生活。其中横店分局被中华全国总工会授予了“全国模范职工小家”称号。

2017—2018年，实施全员健康生活计划，开展文体活动兴趣小组活动，局工会筹建了7个健身小组，组织开展活动。关心老干部退休后生活，除了定期组织老干部活动，开展局长利用周末休息时间对单月生日的老干部家访活动。

## 二、共青团组织

### （一）概况

自1953年县财粮科、税务局合并组建机关党支部始，就有团组织活动。财税局机关团组织归属县团委，基层所的团组织归属所在地乡镇团委。局机关团组织开展活动时，根据财税工作需要，也吸收基层所的团员参加。

1971年12月25日，共青团财政金融局支部建立，恢复团组织生活，蒋伦忠任书记。

1983年2月10日，共青团县财税局支部委员会由陈军任书记，吴雅军、郭巧范任委员。

1985年8月5日，共青团东阳县财税局支部委员会由吴德进任书记，周晓晓、何平平任委员。

1986年5月30日，共青团县财税局支部委员会由严剑平任书记，吴德进任副书记，马如凤、朱慧玲、赵亮任委员。

1998年8月24日，共青团东阳市财政局首届委员会成立。叶海其任书记，林斌任副书记，叶海其、林斌、虞红霞、吕勇敢、叶惠飞任委员，下设分局、所9个团支部。

2002年4月2日，应鹏任共青团东阳市财政局第二届委员会书记。

2004年5月17日，林斌任共青团东阳市财政局第三届委员会书记，胡伟华任副书记。

2008年11月7日，何剑锋、金平平、胡伟华、徐宏刚、徐晓丽任共青团东阳市财政局第四届委员会委员，金平平任副书记（主持工作），胡伟华任副书记。

2018年4月17日，王娟、金瑾琦、方晓晨、金鑫、申屠瑶瑶任共青团东阳市财政局第五届委员会委员，王娟任书记，金瑾琦任副书记。

表9-2-2-2　　1949—2018年东阳市（县）财税系统团员人数统计表

单位：人

| 年份 | 机构 | 总人数 | 团员数 | 年份 | 机构 | 总人数 | 团员数 |
|---|---|---|---|---|---|---|---|
| 1949 | 财政 | 8 | 2 | 1974 | 财税 | 100 | |
| | 税务 | 46 | 1 | 1975 | 财税 | 132 | 1 |
| 1950 | 财政 | 9 | 3 | 1976 | 财税 | 110 | 5 |
| | 税务 | 43 | 3 | 1977 | 财税 | 147 | 5 |
| 1951 | 财粮 | 14 | 3 | 1978 | 财税 | 124 | 5 |
| | 税务 | 59 | 8 | 1979 | 财税 | 108 | 5 |
| 1952 | 财粮 | 15 | 6 | 1980 | 财税 | 123 | 16 |
| | 税务 | 64 | 12 | 1981 | 财税 | 124 | 17 |
| 1953 | 财粮 | 15 | 6 | 1982 | 财税 | 247 | 113 |
| | 税务 | 64 | 14 | 1983 | 财税 | 176 | 79 |
| 1954 | 财粮 | 14 | 6 | 1984 | 财税 | 186 | 85 |
| | 税务 | 59 | 25 | 1985 | 财税 | 226 | 85 |
| 1955 | 财粮 | 15 | 6 | 1986 | 财税 | 226 | 93 |
| | 税务 | 66 | 24 | 1987 | 财税 | 237 | 88 |
| 1956 | 财政 | 26 | 6 | 1988 | 财税 | 258 | 86 |
| | 税务 | 65 | 23 | 1989 | 财税 | 265 | 124 |
| 1957 | 财政 | 15 | 6 | 1990 | 财税 | 276 | 152 |
| | 税务 | 56 | | 1991 | 财税 | 308 | 154 |
| 1958 | 财政 | 77 | 18 | 1992 | 财税 | 315 | 165 |
| 1959 | 财政 | 71 | 13 | 1993 | 财税 | 331 | 174 |
| 1960 | 财政 | 64 | | 1994 | 财税 | 438 | 210 |
| 1961 | 财政 | 25 | 6 | 1995 | 财税 | 411 | 206 |
| | 税务 | 79 | 20 | 1996 | 财税 | 395 | 220 |
| 1962 | 财政 | 20 | 4 | 1997 | 财地 | 210 | 91 |
| | 税务 | 74 | 20 | 1998 | 财地 | 260 | 58 |
| 1963 | 财政 | 19 | 3 | 1999 | 财地 | 271 | 66 |
| | 税务 | 70 | 20 | 2000 | 财地 | 268 | 66 |
| 1964 | 财政 | 19 | 3 | 2001 | 财地 | 284 | 56 |
| | 税务 | 68 | 8 | 2002 | 财地 | 261 | 54 |
| 1965 | 财政 | 16 | | 2003 | 财地 | 292 | 36 |
| | 税务 | 64 | | 2004 | 财地 | 290 | 39 |
| 1966 | 财税 | 87 | | 2005 | 财地 | 273 | 31 |
| 1971 | 财金 | 185 | 4 | 2006 | 财地 | 278 | 17 |
| 1972 | 财金 | 198 | 30 | 2007 | 财地 | 294 | 17 |
| 1973 | 财税 | 68 | 4 | 2008 | 财地 | 294 | 19 |

续表9-2-2-2

| 年份 | 机构 | 总人数 | 团员数 | 年份 | 机构 | 总人数 | 团员数 |
|---|---|---|---|---|---|---|---|
| 2009 | 财地 | 297 | 16 | 2014 | 财地 | 328 | 14 |
| 2010 | 财地 | 334 | 17 | 2015 | 财地 | 328 | 14 |
| 2011 | 财地 | 329 | 15 | 2016 | 财地 | 323 | 17 |
| 2012 | 财地 | 322 | 12 | 2017 | 财地 | 246 | 14 |
| 2013 | 财地 | 323 | 12 | 2018 | 财政 | 151 | 6 |

### (二)团组织活动

1998年,局团委组织基层所建立团支部,将团工作纳入正常轨道。2月,局机关支部组织团员上街开展为民服务活动,为希望工程募捐2600元,为特困下岗职工子女上学捐款1000元。

1999年,在"税收宣传月"活动中,各基层所团支部组织"青年志愿服务队",帮助农民夏粮征收入库。局团委开展"创建文明所、文明单位、青年文明号"为动力的精神文明建设和"形象工程"建设。春运期间,局团委与市客运站团支部联合开展春运便民服务活动。机关团支部在"老人节"期间向吴宁敬老院捐款。稽查局团支部与工会一起组织"扶贫帮学"捐款活动。吴宁分局团支部在中小学生中开展"小小税法宣传员"活动,开展迎"五一"吴宁地税杯知识竞赛。千祥所团支部联合各部门开展"地税之声"卡拉O K大奖赛。巍山所团支部组织参加无偿义务献血活动。

2000年,为提高广大团员青年业务技能,开展岗位练兵和服务"双建"活动,局团委号召团员青年积极参与局组织的业务知识自学考试,继续争创"青年文明号"。组织"社会调研"活动,掌握税务工作第一手资料,为服务地方经济出谋划策。

2001年,参加市局"三个代表"重要思想学习教育活动,强化团员思想作风建设。8月份参加《中华人民共和国税收征收管理法》知识学习考试。在学雷锋活动中,机关团支部、吴宁分局团支部10多名团员参加黉门广场的税法宣传活动和团市委组织的青年志愿者社区服务活动,参加"保护母亲河"捐款活动。参与市团委组织的江北新区树木认捐活动。

2002年,局团委集中抓学习,强素质,切实加强青年干部队伍建设。全部团员干部取得大专以上文凭,鼓励他们全部取得大学本科文凭。选送"新疆舞"节目参加团市委组织的建团80周年大型文艺晚会获好评。

2004年,以"三个代表"重要思想为指导,进行党的基本知识和光辉历程教育。4月,与供电局团委联合举办全市爱心开启新希望助学义卖活动,在本单位发起捐物倡议,通过义卖开拍得3000多元助学。组织团员参加"新城市、新生活、新青年"健身长跑活动,配合东街共建团委在黉门广场举办"财税杯"文艺晚会。参加市全运会、省财税系统羽毛球比赛,参与市创卫工作,鼓励广大青年参与业务学习培训,2名青年干部参加省局组织的研究生学习班,1名青年干部入选省稽查人才库,6名青年干部取得高级职称,10多名青年干部取得高一级文凭,20多名青年干部参加学历教育。

2006年，组织各团支部到横店红军长征博览城接受爱国主义传统教育。参加团市委组织的"中天杯"青年机关干部风采大赛，与供电局团委共组"自信、健康、快乐"为主题游园活动，捐款2000多元组织扶贫结对活动。2名青年干部取得会计高级职称，3名团员吸收为中共预备党员。

2007年，集中学习党课6次，组织党内生活3次，围绕"作风建设年"和"两创"大讨论活动，组织座谈8次。加强团籍档案管理，推进团的基础工作档案化。

2008年，局团委制订"每月一练，每季一考"学习制度，学习《中华人民共和国税收征收管理法》《行政复议法》等课程。组织青年干部职工岗位技能比赛，推动综合能力、计算机信息技术全面提高。为营造继续教育和学历教育的良好氛围，采用定量检查、定期考核、组织比赛和观摩等方法，激励青年干部职工自我发展自我完善的学习热情。以创建青年文明号、文明单位为平台，围绕税收征管工作，把"青春献税收，文明树形象"为主题的创建精神，深入到工作的各个方面。参加"打击发票犯罪，维护社会秩序"税法宣传活动。响应团市委招募志愿者活动，不计报酬、帮助他人，服务社会。参加环保、文明宣传、助学、无偿献血等活动，开展健身登山、气排球、龙舟赛等各项文体活动。

2009年，坚持"四好"、"五有"创建标准，把服务青年作为团建设的出发点和落脚点。有16名青年团员干部注册志愿者队伍，参加环保、文明宣传、扶老助残、无偿献血、助学、禁毒、防治艾滋病文艺演出等社会服务活动。

2010年，组织团干部学习十七大精神和科学发展观，进行党的基本知识和光辉历程教育。坚持党建带团建，加强团基层组织建设。做好团支部工作手册记录，重视团组织资料收集和档案管理。继续开展创建青年文明号、文明单位活动，响应团市委招募志愿者号召。

2011年，组织团员利用节假日参加义务活动，积极开展技能、知识竞赛和岗位练功，开展各种形式文体比赛活动。

2015年，有计划、分层次组织青年团员干部参加初任培训、全员业务培训，做到"团干带头学、团组织帮助学"。以"书税梦"为主题，组织企业和财税干部书法爱好者开展书法比赛，宣传税收知识，增强依法诚信纳税意识。开展最美地税人评选活动，开展摄影作品征集评优活动，组建文体兴趣活动小组。

2016年，择优推选85后青年干部参加全市青年论坛，每季一期；组队策划多样化的"三.五扶残助残"志愿服务活动、税收宣传月活动，以横店国际马拉松活动为契机，在活动起点—明清宫苑，开展营改增主题税收宣传活动；积极参加"走在前列、共建东阳"主题微型党课比赛，参加金华市财税系统党的知识竞赛；6月参加全市第三届主题为"环境革命毅起来"的毅行活动，传播财税正能量；组织参加东阳市先进团支部、志愿服务先进集体、青年岗位能手、优秀志愿者等各类先进评选。

2017年，组织青年团员参加团市委举办的"青春毅行"活动，组织参加税务系统"岗位大练兵、业务大比武”活动，一名同志入选金华地区地税系统“115”工程人才库。

2018年，开展青年干部与退休干部的结对活动，撰写退休干部传记，编印成《岁月风华》。与国税局联办“优化税收营商环境、助力经济高质量发展”金华市2018税收宣传进小镇活动，在木雕小镇举行“税务直通车”活动。

### 三、女职工委员会

#### （一）概况

1995年5月30日，东阳市财税系统第四届工会委员会选举薛锦芹、许跃兰、吴妮娜3人组成财税系统工会女职工委员会，薛锦芹任主任。

1998年9月10日，周丽宛、许交心、许跃兰组成财税系统工会女职工委员会，周丽宛任主任。

2007年8月17日，卢晓雁、周晓晓、周喜阳、周玉屏、许跃兰组成财税系统工会女职工委员会，卢晓雁任主任。

2014年1月24日，虞红霞、俞继萍、范丽华、李婷婷、吕琳、张莉、陈莉组成财税系统工会女职工委员会，虞红霞任主任。

#### （二）女职工活动

2006年，对全系统70名女职工进行每人二份的重大疾病互助保险。组织全系统女职工到市妇女保健院做了妇女病普查，组建女子气排球小组，集中培训和锻炼，参加全市“中天杯”气排球赛。会计核算中心女子示范岗为佐村镇上林口妇代会赠送一套办公桌椅和档案柜，并表彰奖励了该村先进人物和五好文明家庭。

2007年，组织女职工到富阳开展2天团体活动，对全系统76名女工进行1份“安康团体重大疾病互助保险”。女职委气排球队参加市气排球协会组织的全市气排球比赛。局女职委被市财贸工会评为2006—2007年度先进女职工组织。会计核算中心荣获中国妇联“全国巾帼文明岗”荣誉称号。

2008年，组织全体女职工参加市妇联主办的东阳市“工行杯”第九套广播体操比赛，组织女干部参加市妇联开设的“东阳女性课堂”授课。会计核算中心女职工积极参加社会志愿者组织，前往市社会福利院慰问老人；与佐村镇上林口村组成“百岗联百村”对子、与三单乡大潘溪村组对共建文明、与佐村镇学生结对扶助，获2008年东阳市“建功立业标兵岗”称号。

2009—2018年，10年来，女职工委制订员工教育培训学习计划，组织和引导女干部和女职工学习科学理论，开展文化知识学习和岗位练兵活动。加强制度建设，实施规范服务，“建文明岗位，树巾帼形象”，增强窗口创建的活力和动力。到横店国防科技园拓展基地举行户外拓展活动；组织女职工开展“三八”节赴苏州、天目山、千岛湖等地考察学习。

# 第三节　学术团体

## 一、东阳市会计学会

### (一)概况

1988年6月17日，东阳县会计学会成立，选举组成第一届理事会。理事长陈治平，副理事长楼金声、李成浓，秘书长何绍德。常务理事7名，理事15名，个人会员201人。

1996年8月，第二届理事会理事长为严祖华；2000年3月10日，第三届理事会理事长为陈军；2009年6月26日，第四届理事会理事长为徐立刚。

2012—2017年学会活动基本停止。

2018年8月22日，会计学会的整体管理工作移交给中华会计函授学校东阳分校。

2019年10月14日，选举产生第五届理事会，理事长徐文财。

### (二)学术交流

1991年至2011年，学会主要活动为：组织学术讨论和向上级推进优秀学术论文。1993年，会员卜家岑撰写的《浅谈会计管理也是生产力》和吴菊新撰写的《企业经营机制看会计改革》两篇论文均获省会计学会有奖征文评选二等奖。1994年，卢纯佶撰写的《建立基金增值考核指标促进基金增值》论文获金华市会计学会会计科学优秀成果三等奖；《对社会保险管理机构开展成本核算的思考》获金华市会计学会1993—1994年度会计科学优秀成果一等奖；《建立适应社会主义市场经济要求的社会保险机构会计制度之我见》获省会计学会1995年有奖征文二等奖。

2012-2016年，学会会员有39篇论文在全国各报刊杂志发表。

2017年，学会会员有5篇论文获东阳市第十四届自然科学优秀学术论文一、二、三等奖。

### (三)业务培训

1989年，承办“全国会计知识大赛”，编印《会计知识竞赛问答》，翻印“讲义”298本，参赛1000多人。

1990—2017年，举办会计达标升级短期培训班、会计资格考试培训、高等教育自学考试辅导班、会计自学考试大专班和本科班，会计证考试珠算培训、会计电算化培训，“国家公务员WTO基本规则与公共管理”讲座和“全国税务系统加入WTO”电视讲座等。做好珠算定级工作，承办中国首届珠算科技竞赛、浙江省中华会计函授学校东阳函授站，办理会计从业认证、换证等工作。组织会员学习《社会组织清理整顿和规范管理工作及行业协会商会与行政机关脱构工作文件汇编》。

## 二、东阳市税务学会

1988年11月8日，东阳市税务学会成立，会长：陈军；副会长：丁廷友、徐子良；秘书长：王立照。设常务理事9人，会员20人。

1998年，东阳市税务学会注销登记。

## 三、东阳市珠算协会

1996年7月1日，成立东阳市珠算协会，第一届理事会理事长陈军。副理事长：金荣初；秘书长：周丽宛；副秘书长：冯锦瑞。会员144名。2000年3月28日，第二届理事会理事长姚理珍。2007年，协会法定代表人吴正华。

2009年9月15日，珠算工作职能及结余经费并入东阳市会计学会。12月18日，东阳市珠算协会注销登记。。

1996—2007年，市珠算协会开展的主要活动有：组织会计人员珠算考核定级、珠算技术比武和操作技能比赛，组织会员撰写学术论文并发表。

## 四、东阳市协税护税协会

1999年7月6日，成立东阳市协税护税协会。社团负责人、法人代表：陈军；秘书长：吕金桃。常务理事67人，理事196人，会员611人。2007年，协会法人徐立刚，秘书长许瑞庭；2008年，秘书长严徽华。

2017年12月29日，东阳市协税护税协会注销登记。

主要职能：协助地税部门依法计征地方小税种；交警、运管稽征部门会员积极协助地税部门代征车船税和营运车辆营业税费；各乡镇政府和有关单位会员协助做好零散税收代征管理工作。减少税源流失，增加地方税费收入。

主要活动：与国税部门协作，实行国地税联合办证，定期交换定户数据，通过数据对比查找出税收征管漏洞。

# 第三章　队伍建设

财税工作，外涉税收征收和财政收支管理，内系队伍建设与文档管理。加强队伍建设，主要是对财税系统干部职工进行人员管理，对财税干部进行思想政治、业务、工作作风、党风廉政等一系列教育，从而造就一支政治坚定、业务精通、作风过硬的财税队伍，确保财税工作任务的顺利完成。内部管理主要是通过导入ISO质量管理体系，合理调整和优化各部门的职责和权限，培养一批懂得运用现代管理理论和方法的专业知识人才；制订岗位责任制和考核制度，加强机关事务管理、文书管理，规范公文处理和档案工作，加强人财物管理，不断完善内部规章制度，保证财税工作正常运行。

## 第一节　人员管理

人员管理包括单位人员编制、领导职务与非领导职务、职称评定和责任制考核等相关内容。

### 一、人员编制

1949年5月17日，浙东第五行政区东磐办事处接管了民国时期的财政税务机构，旧职人员中多数潜逃，仅剩下5名留用。成立东阳县人民政府税务处后，配备税务干部17名。同年8月，周永山县县长调职时，有14名税务人员随带而去。至年末，县财政科配有干部8人，县税捐稽征所19人，6个区稽征所27人，合计54人。其中财政科供给制待遇7人，薪给制1人；税务人员供给制待遇37人，薪给制9人。

1950年4月，成立东阳县人民政府税务局，实有干部43名；县局17人、巍山税务所5人、南马税务所3人、上卢税务所5人、湖溪税务所5人、划水税务组4人、马宅税务组4人。供给制待遇27人，工资制16人。

1952年国民经济得到了较好恢复和发展，财政税收业务扩大，任务日益繁重，财政干部队伍随之扩大，从各单位抽调一些干部充实财税队伍，至年末实有干部64人，其中县税务局32人，税务所组32人。供给制50人（外勤29人，内勤21人；干部48人，勤什2人），薪给制14人（外勤5人，内勤9人；干部14人）。

1954年，税务局核定编制72名。1954年下半年缩编机构，精减人员45人。

表9-3-1-1　　1954年1月东阳县税务局在职人员一览表

单位:人

| 名称 | 53年干部数 | 内勤 | 外勤 | 54年1月干部数 |
|---|---|---|---|---|
| 县局 | 31 | 17 | 12 | 29 |
| 绿石口税务所 | 6 | 2 | 4 | 6 |
| 巍山镇税务所 | 9 | 3 | 6 | 10 |
| 横店镇税务所 | 7 | 3 | 4 | 8 |
| 南马税务所 | 8 | 3 | 5 | 8 |
| 黄田畈税务所 | 5 | 2 | 3 | 6 |
| 合计 | 66 | 30 | 34 | 69 |

表9-3-1-2　　1954年4月东阳县税务局在职人员一览表

单位:人

| 单位 | 中层以上领导 | 一般干部 | 合计 |
|---|---|---|---|
| 局领导 | 3 | | 3 |
| 县局秘书股 | 1 | 3 | 4 |
| 税政股 | 1 | 10 | 11 |
| 计划股 | 1 | 2 | 3 |
| 会计股 | 1 | 2 | 3 |
| 监察股 | 1 | | 1 |
| 绿石税务所 | 1 | 4 | 5 |
| 巍山税务所 | 1 | 5 | 6 |
| 横店税务所 | 1 | 3 | 4 |
| 南马税务所 | 2 | 2 | 4 |
| 黄田畈税务所 | 1 | 4 | 5 |
| 上卢稽征组 | | 1 | 1 |
| 尖山稽征组 | | 2 | 2 |
| 湖溪稽征组 | | 3 | 3 |
| 千祥稽征组 | | 3 | 3 |
| 南马外检查站 | | 1 | 1 |
| 合计 | 14 | 45 | 59 |

1958年4月,县财政科、县税务局、县保险公司合并组建东阳县财政局,实有人员77人,其中局长2名,股长5名。1960年,国家恰逢困难时期,全面贯彻中央“大办农业、大办粮食”和“大刀阔斧”精简机构、减少人员的指示精神,10月财政局机关原31人精简为14人,其中局长2人,股长2人。下放农村劳动17人。

1961年，县财政、税务各设机构。财政局精减后实有人数30人(包括房管会)；税务局年末实有人员79人。

1966年2月，财政、税务合署办公，再度合并成立东阳县财政税务局，实有人员87人。“文化大革命”期间受极“左”路线干扰，将部分财政税务干部调出。

1971年，财政税务局、人民银行合并组建东阳县革命委员会财政金融局，年末固定职工人数185人。

1972年，东阳县革命委员会财政金融局实有人数198人。

1973年2月，财政金融分开，房地产管委会合并组建东阳县革委会财税局，实有人员68人。

1976年，根据税源增长，征管力量不足的实际情况，经批准将14名复退军人吸收为正式职工，列入国家事业编制。

1977年10月，经县革委会批准，雇用了农村征收员45名。

1982年3月至8月，分别从社会知识青年、集体企业、厂矿中招收驻公社财政员52名，税务干部50名。

1983年磐安县恢复建制，划转磐安县财税局人员52名。年末东阳财税局实有人员176名。

1994年，国家税务局、地方税务局分设(合署办公)。年末市财税局总人数438人。

1997年8月，国、地税进一步分设，独立行使职能。划转市财政地税局人员在职187名，年末统计表总人数210人。

2011年12月31日，市财政地税总人数329人(乡镇财政34人)。正式职工295人(公务员247人)，事业34人(参公管理19人)；科级干部135人，一般干部141人，工勤聘用53人。

2018年7月20日，根据中央和省国税、地税征管体制改革会议精神，国家税务总局东阳市税务局成立。11月30日，原地税科室、人员、资产划转东阳市税务局。国地税合并划转税务局人员185名(其中公务员121名、事业单位2名、退休人员18名、临聘人员44名)；财政实有人员127名(其中公务员85名、工人3名、信息中心4名、核算中心19名、审核中心3名、农发办5名、道救中心2名、预算编制中心2名、国企财管中心4名等事业编制39名)，退休人员58名。年末市财政总人数151人。其中正式职工127人(包括公务员85人，参公22人，事业17人，工勤3人)，乡镇所24人；文化程度：本科66人，专科32人，中专及以下53人；政治面貌：中共党员113人；团员6人，民主党派7人，其他25人。

表9-3-1-3　　1949—2018年东阳市(县)财税系统干部职工基本情况统计表

单位:人

| 年份 | 单位 | 实有人数 | 性别 | | 局股科室 | 基层所 | 政治面貌 | | 文化程度 | | | | |
|---|---|---|---|---|---|---|---|---|---|---|---|---|---|
| | | | 男 | 女 | | | 党员 | 团员 | 研究生 | 本科 | 大专 | 中专 | 高中以下 |
| 1949 | 财经 | 6 | 6 | | 6 | | 4 | | | | | | 6 |
| | 财政 | 8 | 6 | 2 | 8 | | 3 | 2 | | | | 1 | 7 |
| | 税务 | 46 | 46 | | 19 | 27 | 4 | 1 | | | 1 | | 45 |
| 1950 | 财政 | 9 | 7 | 2 | 9 | | 2 | 3 | | | | 2 | 7 |
| | 税务 | 43 | 42 | 1 | 17 | 26 | 2 | 3 | | | 1 | | 42 |
| 1951 | 财政 | 9 | 6 | 3 | 9 | | 1 | 3 | | | | 2 | 7 |
| | 粮政 | 5 | 5 | | 5 | | 1 | | | | | | 5 |
| | 税务 | 59 | 56 | 3 | 30 | 29 | 3 | 8 | | | 1 | 1 | 57 |
| 1952 | 财粮 | 15 | 13 | 2 | 15 | | 1 | 6 | | | | 2 | 13 |
| | 税务 | 64 | 60 | 4 | 32 | 32 | 3 | 12 | | | 1 | 1 | 62 |
| 1953 | 财粮 | 15 | 13 | 2 | 15 | | 1 | 6 | | | | 2 | 13 |
| | 税务 | 64 | 60 | 4 | 31 | 33 | 3 | 14 | | | 1 | 1 | 62 |
| 1954 | 财粮 | 14 | 11 | 3 | 14 | | 1 | 6 | | | 1 | 1 | 12 |
| | 税务 | 59 | 56 | 3 | 25 | 34 | 8 | 25 | | | 1 | 1 | 57 |
| 1955 | 财粮 | 15 | 11 | 4 | 15 | | 3 | 6 | | | | | 15 |
| | 税务 | 66 | 63 | 3 | 22 | 44 | 15 | 24 | | | 2 | | 64 |
| 1956 | 财政 | 26 | 22 | 4 | 26 | | 3 | 6 | | | | | 26 |
| | 税务 | 65 | 62 | 3 | 22 | 43 | 17 | 23 | | | 2 | | 63 |
| 1957 | 财政 | 15 | 11 | 4 | 15 | | 3 | 6 | | | | | 15 |
| | 税务 | 56 | | | 22 | 34 | 21 | | | | | | 56 |
| 1958 | 财政 | 77 | 75 | 2 | 16 | 61 | 12 | 18 | | | 2 | | 75 |
| 1959 | 财政 | 71 | 69 | 2 | 25 | 46 | 20 | 13 | | | 1 | | 70 |
| 1960 | 财政 | 64 | 60 | 4 | | | 14 | | | | | | 64 |
| 1961 | 财政 | 25 | 13 | 12 | 15 | 10 | 5 | 6 | | | | | 25 |
| | 税务 | 79 | 75 | 4 | 16 | 63 | 21 | 20 | | | 2 | 1 | 76 |
| 1962 | 财政 | 20 | 20 | | 13 | 7 | 4 | 4 | | | 1 | | 19 |
| | 税务 | 74 | 71 | 3 | 11 | 63 | 22 | 20 | | | 2 | | 72 |
| 1963 | 财政 | 19 | 19 | — | 12 | 7 | 4 | 3 | | | 2 | | 17 |
| | 税务 | 70 | 67 | 3 | 11 | 59 | 22 | 20 | | | 2 | | 68 |
| 1964 | 财政 | 19 | 19 | — | 12 | 7 | 4 | 3 | | | 2 | | 17 |
| | 税务 | 68 | 65 | 3 | 12 | 56 | 21 | 8 | | | 1 | | 67 |
| 1965 | 财政 | 16 | 16 | — | 16 | 4 | 5 | | | | 2 | | 14 |
| | 税务 | 64 | 61 | 3 | 11 | 53 | 18 | | | | 1 | | 63 |

续表9-3-1-3

| 年份 | 单位 | 实有人数 | 性别 | | 局股科室 | 基层所 | 政治面貌 | | 文化程度 | | | | |
|---|---|---|---|---|---|---|---|---|---|---|---|---|---|
| | | | 男 | 女 | | | 党员 | 团员 | 研究生 | 本科 | 大专 | 中专 | 高中以下 |
| 1966 | 财税 | 87 | | | | | | | | | | | |
| 1968 | 财税 | | | | | 100 | | | | | | | 100 |
| 1971 | 财金 | 185 | 167 | 18 | 52 | 133 | 66 | 4 | | | 3 | | 182 |
| 1972 | 财金 | 198 | 182 | 16 | 54 | 144 | 68 | 30 | | | 3 | | 195 |
| 1973 | 财税 | 68 | 65 | 3 | 20 | 48 | 19 | 4 | | | 3 | | 65 |
| 1974 | 财税 | 100 | 96 | 4 | 30 | 70 | 36 | | | | | | |
| 1975 | 财税 | 132 | 129 | 3 | 31 | 101 | 36 | 1 | | | | | |
| 1976 | 财税 | 110 | 107 | 3 | 27 | 83 | 47 | 5 | | | | | |
| 1977 | 财税 | 147 | 143 | 4 | 29 | 118 | 54 | 5 | | | | | |
| 1978 | 财税 | 124 | 117 | 7 | 37 | 87 | 55 | 5 | | | | | |
| 1979 | 财税 | 108 | 100 | 8 | 25 | 83 | 47 | 5 | | | | | |
| 1980 | 财税 | 123 | 106 | 17 | 28 | 95 | 48 | 16 | | | 2 | 7 | 114 |
| 1981 | 财税 | 124 | 109 | 15 | 30 | 94 | 49 | 17 | | | 2 | 7 | 115 |
| 1982 | 财税 | 247 | 205 | 42 | 35 | 212 | 59 | 113 | | | 2 | 7 | 238 |
| 1983 | 财税 | 176 | 148 | 28 | 24 | 152 | 47 | 79 | | | 2 | 5 | 169 |
| 1984 | 财税 | 186 | 157 | 29 | 29 | 157 | 52 | 85 | | | 2 | 12 | 172 |
| 1985 | 财税 | 226 | 187 | 39 | 36 | 190 | 58 | 85 | | | 2 | 10 | 214 |
| 1986 | 财税 | 226 | 187 | 39 | 40 | 186 | 61 | 89 | | 2 | 2 | 13 | 209 |
| 1987 | 财税 | 237 | 194 | 43 | 42 | 195 | 82 | 88 | | 1 | 7 | 21 | 208 |
| 1988 | 财税 | 258 | 215 | 43 | 47 | 211 | 87 | 86 | | 2 | 27 | 24 | 205 |
| 1989 | 财税 | 265 | 215 | 50 | 50 | 215 | 87 | 124 | | | 47 | 43 | 175 |
| 1990 | 财税 | 276 | 223 | 53 | 47 | 229 | 87 | 152 | | | 58 | 71 | 147 |
| 1991 | 财税 | 308 | 249 | 59 | 50 | 258 | 101 | 127 | | 10 | 62 | 88 | 148 |
| 1992 | 财税 | 315 | 251 | 64 | — | — | 100 | 165 | | 13 | 63 | 96 | 143 |
| 1993 | 财税 | 331 | 260 | 71 | 51 | 280 | 99 | 174 | | 14 | 84 | 99 | 134 |
| 1994 | 财税 | 438 | 345 | 93 | 57 | 381 | 168 | 210 | | 22 | 92 | 130 | 194 |
| 1995 | 财税 | 411 | 320 | 91 | 63 | 348 | 131 | 206 | | 28 | 100 | 105 | 178 |
| 1996 | 财税 | 395 | 302 | 93 | 81 | 314 | 132 | 220 | | 33 | 107 | 115 | 140 |
| 1997 | 财地 | 210 | 160 | 50 | 54 | 156 | 88 | 91 | | 15 | 55 | 82 | 58 |
| 1998 | 财地 | 260 | 197 | 63 | — | — | 99 | 58 | | 17 | 70 | 84 | 89 |
| 1999 | 财地 | 271 | 201 | 70 | 42 | 229 | 103 | 66 | | 19 | 67 | 96 | 89 |
| 2000 | 财地 | 268 | 200 | 68 | 51 | 217 | 111 | 66 | | 22 | 70 | 88 | 88 |
| 2001 | 财地 | 284 | 199 | 85 | 50 | 234 | 125 | 56 | | 31 | 95 | 73 | 85 |
| 2002 | 财地 | 261 | 179 | 82 | 50 | 211 | 130 | 54 | | 51 | 102 | 52 | 56 |
| 2003 | 财地 | 292 | 207 | 85 | 50 | 242 | 168 | 36 | | 58 | 131 | 43 | 60 |

续表9-3-1-3

| 年份 | 单位 | 实有人数 | 性别 | | 局股科室 | 基层所 | 政治面貌 | | 文化程度 | | | | |
|---|---|---|---|---|---|---|---|---|---|---|---|---|---|
| | | | 男 | 女 | | | 党员 | 团员 | 研究生 | 本科 | 大专 | 中专 | 高中以下 |
| 2004 | 财地 | 290 | 205 | 85 | 80 | 210 | 166 | 39 | | 81 | 116 | 38 | 55 |
| 2005 | 财地 | 273 | 185 | 88 | 81 | 192 | 161 | 31 | | 121 | 95 | 26 | 31 |
| 2006 | 财地 | 278 | 185 | 93 | 110 | 168 | 168 | 17 | | 154 | 75 | 22 | 27 |
| 2007 | 财地 | 294 | 190 | 104 | 95 | 199 | 171 | 17 | | 170 | 66 | 20 | 38 |
| 2008 | 财地 | 294 | 190 | 104 | 139 | 155 | 170 | 19 | 5 | 169 | 64 | 18 | 38 |
| 2009 | 财地 | 297 | 189 | 108 | 140 | 157 | 171 | 16 | 6 | 176 | 63 | 16 | 36 |
| 2010 | 财地 | 334 | 216 | 118 | 144 | 190 | 205 | 17 | 7 | 183 | 87 | 21 | 36 |
| 2011 | 财地 | 329 | 214 | 115 | 133 | 196 | 199 | 15 | 8 | 190 | 82 | 16 | 33 |
| 2012 | 财地 | 322 | 212 | 110 | 136 | 186 | 187 | 12 | 9 | 194 | 76 | 12 | 31 |
| 2013 | 财地 | 323 | 207 | 116 | 141 | 182 | 188 | 12 | 9 | 200 | 73 | 11 | 30 |
| 2014 | 财地 | 328 | 208 | 120 | 139 | 189 | 183 | 14 | 9 | 204 | 72 | 13 | 30 |
| 2015 | 财地 | 328 | 208 | 120 | 137 | 191 | 183 | 14 | 9 | 204 | 72 | 13 | 30 |
| 2016 | 财地 | 323 | 203 | 120 | 150 | 173 | 176 | 17 | 9 | 208 | 64 | 12 | 30 |
| 2017 | 财地 | 246 | 156 | 90 | 150 | 96 | 187 | 14 | 5 | 206 | 33 | 1 | 1 |
| 2018 | 财政 | 151 | 95 | 56 | 127 | 24 | 113 | 6 | | 66 | 32 | 28 | 25 |

## 二、领导职务与非领导职务

1993年国家公务员暂行条例根据公务员是否承担领导职责的标准，将公务员分为领导职务与非领导职务。领导职务是指机关中具有组织、管理、决策、指挥职能的职务，包括乡科级副职至国家级正职10个层次，而非领导职务包括办事员、科员、副主任科员、主任科员、副调研员、调研员、副巡视员、巡视员等8个层次。在工资福利待遇上，乡科级副职与副主任科员对应，科级正职与主任科员对应，其余类推。2018年12月29日，新修订《中华人民共和国公务员法》，将非领导职务改为职级。至2019年7月底，财税系统有办事员38人、科员401人、副主任科员335人、主任科员148人、副调研员16人。

表9-3-1-4　　1949—2018年东阳市(县)财政税务机构局级负责人一览表

| 机构名称 | 职务 | 姓名 | 任职起止时间 |
|---|---|---|---|
| 东阳县人民政府财经科 | 科　长 | 许维星 | 1949.5—1949.5 |
| 东阳县人民政府财政科 | 科　长 | 李效孔 | 1949.5—1950.10 |
| | 副科长 | 许维星 | 1949.5—1949.5 |
| | 副科长 | 刘鸿三 | 1950.10—1951.7 |
| | 科　长 | 刘鸿三 | 1951.7—1952.10 |

续表9-3-1-4

| 机构名称 | 职务 | 姓名 | 任职起止时间 |
|---|---|---|---|
| 东阳县人民政府粮政科 | 财经组成员兼科长 | 王　澄 | 1950.7—1951.7 |
| | 科　长 | 张建中 | 1951.7—1952.10 |
| 东阳县人民政府财粮科 | 科　长 | 张建中 | 1952.10—1953.5 |
| | 副科长 | 徐熙玉 | 1952.12—1956.5 |
| | 第二副科长 | 吴　敌 | 1952.12—1956.10 |
| | 科　长 | 徐熙玉 | 1956.4—1956.9 |
| | 副科长 | 徐中帆 | 1956.5—1956.10 |
| 东阳县人民政府财政科 | 第一副科长 | 吴　敌 | 1956.10—1958.3 |
| | 第二副科长 | 徐中帆 | 1956.10—1958.5 |
| 东阳县财政局 | 局　长 | 吕传德 | 1958.5—1958.9 |
| | 县钢指炼钢团团长 | 吕传德 | 1958.9—1958.10 |
| | 局　长 | 吕传德 | 1958.10—1959.11 |
| | 副局长 | 高尚朋 | 1958.4—1958.10 |
| | 副局长 | 高尚朋 | 1958.10—1958.12 |
| | 副局长 | 郭连照 | 1958.11—1961.8 |
| 东阳县财政局 | 财贸副部长兼局长 | 薛瑞符 | 1959.12—1960.3 |
| | 局　长 | 薛瑞符 | 1960.3—1961.8 |
| | 副局长 | 吴美炉 | 1961.8—1962.10 |
| 东阳县财政局 | 局　长 | 倪志骧 | 1961.11—1962.10 |
| | 副局长 | 董　信 | 1962.1—1962.1 |
| 东阳县财政局 | 局　长 | 吕传德 | 1962.7—1967.12 |
| | 副局长 | 倪志骧 | 1962.7—1968.7 |
| 东阳县人民政府税务处 | 处　长 | 龚子微 | 1949.5—1949.8 |
| 东阳县税务稽征所 | 负责人 | 汤正许 | 1949.9—1950.3 |
| 东阳县税务局 | 县长兼局长 | 霍　俊 | 1950.4—1951.7 |
| | 副局长 | 曹洁民 | 1950.4—1951.7 |
| 东阳县税务局 | 局　长 | 曹洁民 | 1951.7—1952.10 |
| | 副局长 | 王德钰 | 1951.7—1952.10 |
| 东阳县税务局 | 局　长 | 王德钰 | 1952.10—1955.8 |
| | 副局长 | 涂　钦 | 1952.10—1953.8 |
| 东阳县税务局 | 第一副局长 | 吕星春 | 1954.4—1956.4 |
| | 第二副局长 | 李家成 | 1954.4—1958.2 |
| | 第二副局长 | 金盛源 | 1954.10—1955.1 |
| | 第三副局长 | 岳公盛 | 1954.10—1956.10 |
| 东阳县税务局 | 局　长 | 高尚朋 | 1956.4—1958.4 |
| | 副局长 | 吕星春 | 1956.4—1957.5 |
| 东阳县税务局 | 局　长 | 郭连照 | 1961.8—1962.2 |

续表9-3-1-4

| 机构名称 | 职务 | 姓名 | 任职起止时间 |
|---|---|---|---|
| | 副局长 | 马正田 | 1961.11—1962.10 |
| | 局　长 | 吕传德 | 1962.1—1962.10 |
| | 局　长 | 郭连照 | 1962.7—1966.4 |
| | 副局长 | 冯甲明 | 1962.7—1967.12 |
| 东阳县财税局革委会 | 主　任 | 倪子骧 | 1968.7—1970.1 |
| | 副主任 | 陆仁天 | 1968.7—1971.6 |
| 东阳县财政金融局革命领导小组 | 组　长 | 赵　梁 | 1971.6—1973.2 |
| | 副组长 | 秦泽恩 | 1971.6—1973.2 |
| | 副组长 | 陆仁天 | 1971.6—1973.2 |
| | 副组长 | 蒋伦忠 | 1971.6—1973.2 |
| 东阳县财税局 | 局　长 | 张芝田 | 1973.2—1977.11 |
| | 副局长 | 郭连照 | 1973.2—1977.11 |
| | 副局长 | 薛瑞符 | 1973.2—1977.11 |
| | 副局长 | 陆仁天 | 1974.7—1975.8 |
| 东阳县财政税务局 | 局　长 | 郭连照 | 1977.11—1983.11 |
| | 副局长 | 薛瑞符 | 1977.11—1982.7 |
| | 副局长 | 陈德祥 | 1977.11—1978.12 |
| | 副局长 | 卢保云 | 1978.12—1983.10 |
| 东阳县财政税务局 | 副局长<br>主持工作 | 丁廷友 | 1983.11—1986.9 |
| | 副局长 | 陈治平 | 1983.11—1987.6 |
| | 副局长 | 严祖华 | 1985.5—1987.6 |
| | 副局长<br>主持工作 | 吴品文 | 1986.9—1987.6 |
| 东阳县财政税务局 | 局　长 | 吴品文 | 1987.6—1990.5 |
| | 副局长 | 陈治平 | 1987.6—1989.7 |
| | 副局长 | 严祖华 | 1987.6—1990.5 |
| | 副局长 | 陈　军 | 1987.8—1990.5 |
| 东阳市财政税务局 | 局　长 | 吴品文 | 1990.5—1993.5 |
| | 副局长 | 陈　军 | 1990.5—1993.5 |
| | 副局长 | 郭巧范 | 1990.6—1994.9 |
| 东阳市财政局<br>东阳市国税局<br>东阳市地税局 | 财政局、税务局局长 | 严祖华 | 1993.5—1998.3 |
| | 国税局长 | 郭巧范 | 1994.9—1997.9 |
| | 地税局长 | 严祖华 | 1994.9—1998.11 |
| | 副局长<br>国资局局长(兼) | 陈　军 | 1993.5—1998.5<br>1996.8—2002.3 |

续表9-3-1-4

| 机构名称 | 职务 | 姓名 | 任职起止时间 |
| --- | --- | --- | --- |
| | 副局长 | 徐立刚 | 1993.5—1998.5 |
| 东阳市财政局<br>东阳市地税局 | 财政局局长<br>地税局局长 | 陈　军 | 1998.5—2003.5<br>1998.11—2003.5 |
| | 财政副局长<br>地税副局长 | 徐立刚 | 1998.5—2003.5<br>1997.11—2003.5 |
| | 财政副局长 | 姚理珍 | 1998.5—2003.5 |
| | 财政副局长<br>地税副局长 | 斯光浩 | 1998.5—2003.5<br>1998.7—2003.5 |
| | 财政副局长 | 卢伟民 | 1998.5—2003.5 |
| 东阳市财政局<br>东阳市地税局 | 财政局局长<br>地税局局长 | 陈　军 | 2003.5—2007.4<br>2003.5—2007.7 |
| | 财政副局长<br>地税副局长 | 徐立刚 | 2003.5—2007.4<br>2003.5—2007.4 |
| | 财政副局长 | 姚理珍 | 2003.5—2006.10 |
| | 财政副局长<br>地税副局长 | 斯光浩 | 2003.5—2005.12<br>2003.5—2006.1 |
| | 财政副局长 | 卢伟民 | 2003.5—2007.4 |
| | 副局长 | 俞朝良 | 2005.12—2007.4 |
| 东阳市财政局<br>东阳市地税局 | 财政局局长<br>地税局局长 | 徐立刚 | 2007.4—2012.4<br>2007.7—2012.5 |
| | 财政副局长 | 俞朝良 | 2007.4—2009.3 |
| | 财政副局长 | 卢伟民 | 2007.4—2008.4 |
| | 财政副局长 | 杜希庭 | 2009.3—2012.4 |
| | 财政副局长 | 吴正华 | 2008.3—2012.4 |
| | 财政副局长 | 徐跃卫 | 2008.4—2012.4 |
| | 地税副局长 | 钱　钧 | 2008.5—2009.5 |
| | 地税副局长 | 沈银福 | 2009.3—2012.11 |
| 东阳市国有资产监督管理委员会办公室 | 国资办主任 | 陈　军 | 2002.3—2007.11 |
| | 国资办主任 | 徐立刚 | 2007.11—2014.6 |
| | 国资办副主任 | 吴正华 | 2008.3—2010.3 |
| | 国资办副主任 | 韦俊图 | 2010.3—2013.5 |
| 东阳市财政局<br>东阳市地税局 | 副市长兼财政局局长<br>地税局局长 | 陈　军 | 2012.4—2012.11<br>2012.5—2013.1 |
| | 财政局局长<br>地税局局长 | 沈银福 | 2012.11—2017.4<br>2013.1—2017.7 |
| | 财政副局长 | 杜希庭 | 2012.4—2017.4 |
| | 财政副局长 | 吴正华 | 2012.4—2017.4 |

续表9-3-1-4

| 机构名称 | 职务 | 姓名 | 任职起止时间 |
|---|---|---|---|
| | 财政副局长 | 徐跃卫 | 2012.4—2014.2 |
| | 财政局总会计师 | 韦向东 | 2013.1—2017.6 |
| | 地税副局长 | 林　斌 | 2013.2—2014.8 |
| | 地税副局长 | 单仲尧 | 2014.10—2017.4 |
| | 地税局总会计师 | 金大法 | 2014.12—2017.4 |
| 东阳市国有资产监督管理委员会办公室 | 国资办主任 | 徐生银 | 2014.6—2017.4 |
| | 国资办副主任 | 曹晓红 | 2014.6—2017.6 |
| 东阳市财政局<br>东阳市地税局 | 财政局局长<br>地税局局长 | 吕良勇 | 2017.4—2019.1<br>2017.7—2018.11 |
| | 财政副局长 | 杜希庭 | 2017.4—2019.1 |
| | 财政副局长 | 吴正华 | 2017.4—2019.1 |
| | 地税副局长 | 单仲尧 | 2017.4—2018.11 |
| | 地税局总会计师 | 金大法 | 2017.4—2017.6 |
| | 财政副局长 | 韦向东 | 2017.6—2019.1 |
| | 财政局总会计师 | 钟柏青 | 2017.6—2019.1 |
| | 国资办专职副主任 | 曹晓红 | 2017.6—2019.1 |
| 东阳东阳市财政局 | 局　长 | 徐育阳 | 2019.1— |
| | 副局长 | 韦向东 | 2019.4—2021.1 |
| | 副局长 | 钟柏青 | 2019.4— |
| | 副局长 | 金旭东 | 2019.4— |
| 东阳市政府国有资产监督管理委员会办公室 | 主　任 | 马宗强 | 2019.1—2021.1 |
| | 主　任 | 韦向东 | 2021.1— |
| | 副主任 | 曹晓红 | 2019.1— |
| | 副主任 | 厉　俊 | 2019.4— |
| | 总会计师 | 胡金良 | 2019.4— |

### 三、职称评定

1981年3月，财政部下发《会计干部技术职称暂行规定》，9月，浙江省财政厅下发《浙江省会计干部技术职称暂行规定实施细则》。1986年，东阳县经济专业职务评审委员会成立，全县经济、会计专业技术职务评审工作全面展开。1993年开始实行考评结合。

1983年8月，东阳县财税局获评会计师2人，助理会计师2人，会计员1人。

1992年东阳市开始评审高级会计师。

1999年，高级会计师资格评审由浙江省财政厅会同浙江省人社厅组成评审组进行评审。同年，东阳推荐8人参加高级会计师上报评审，5人通过。

1995年12月14日，浙江省国家税务局、浙江省地方税务局认定东阳市国地税系统94人具有税务师资格；1997年8月1日认定东阳市国地税系统62人具有税务师资格；1998年2月24日认定东阳市税务系统7人具有税务师资格。

2005年年末，全市有高级会计师54人，中级会计师1013人，助理会计师2199人，会计员1880人。2018年末，全市有高级会计师135人。

1983—2018年，财税系统获得会计、经济专业技术资格人数：高级会计师16人，高级经济师1人，高级工程师1人，驾驶高级工2人，收银员高级工1人；中级会计师86人，中级经济师34人，中级财税师19人，中级技师1人，税务师163人；初级助理会计师130人，初级助理经济师124人，初级财税4人，初级助理工程师4人；会计员48人，经济员147人。

**四、责任制考核**

责任制考核办法自1989年1月始。中共东阳市委办公室下发(89)03号《关于对市级机关进行一九八八年度岗位责任制考核的通知》文件，先由各部委办局对本单位全年工作进行全面总结，对考核内容逐条自评打分，考核小组对所属系统各个单位进行考评审核，评出分数，然后由财税局按各系统实际计奖人数、月数按人均全年120元的奖金额拨给各系统并分解到各单位，再由单位按每个工作人员岗位责任制考核所得分数，计算出每人的奖金。

1995年始，市财政局自行制订责任制考核办法。市财政局印发了《东阳财税系统科所一九九六年加压目标"绩效"考核办法》讨论稿，考核对象以科(室)所(分局)为责任单位，其正副职为被考核的责任人。考核内容分为思想政治工作、完成收入任务、执行方针政策、服务基层质量、行风队伍建设。考核采用百分制，实行日常与年终结合，定量与定性结合，总结自评与民主评议结合，领导与群众结合。考核基本分100分，其中定量分70分，定性分30分。定性分由局领导、考核组、各科所评议记分，各占三分之一。实行责、权、利相结合，贯彻奖优罚劣，奖功罚过的原则。

2007年，市财政局工作目标责任制考核分业务工作类和综合工作类两块，各100分，业务工作类由计财科及各对口业务科负责考核，综合工作类由局考核领导小组负责考核，考核与奖金挂钩，根据各单位考核得分情况确定奖金数额。对年度考核分数在后两位的单位主要负责人进行戒勉谈话。

2008年，年度考核评比分优秀公务员考核评比、事业单位考核评比、基层单位业务工作单项先进评比。公务员考核评比分优秀、称职、基本称职、不称职四个等次，局领导和中层干部由全体机关干部和基层单位中层干部直接投票评选；一般干部先由科室推选候选人，再由全体中层干部、机关干部投票评选。事业单位考核评比，分优秀、合格、不合格三个等次，除核算中心由本单位评比外，其余单位由市局统一评比。基层单位业务工作单项先进评比，由各科室将初评结果报局党组审批后表彰。

2011年，年度岗位责任制考核依照"依法治税、为民理财、务实创新、廉洁高效"总体工作思路，结合争先创优活动，争当"五事"干部活动，坚持以人为本，使考核工作成为促进工作、监督管理干部的有效手段。考核实行分级管理，归口负责，市局考核科室和局属单位，科室和局属单位考核到个人，特别加大平时动态考核力度，建立动态考核台账，以利于考核的公平、公正、合理。在市府统一发放的奖金中安排5000元作为年度考核奖金，根据各人考核得分情况，确定奖金数额。各科室、局属单位工作人员在考核年度内受到党纪严重警告、政纪记过以上处分的，取消所在单位年度评优资格；对年度考核分数在后三名且分数在180分以下的单位主要负责人戒勉谈话。

2012年建立市局考核领导小组，下设办公室，负责岗位责任制考核办法的制定、修改及考核的组织实施。考核对象为各科室、分局、稽查局及各直属事业单位。实行分组管理、归口负责。即市局考核各科室单位，由各科室单位考核到人。考核内容分为综合工作100分，业务工作100分，总基准分200分。另设附加项加减分。考核以平时抽查和听汇报、看资料、个别谈话等形式进行。

2015年7月10日，制定《东阳市财政局东阳市地方税务局绩效管理考核办法》。成立绩效管理工作领导小组，领导和组织开展绩效管理工作。考核对象为各科（室）、稽查局、各分局、下属事业单位。考核内容分基本分、加减分和不予评优，并结合考评进行日常管理和资料管理。考核程序分指标自评、考评科室考评和绩效办审核。

2016年2月18日，东阳市财政地税局印发了关于试行绩效管理考核的通知。

2017年5月10日，东阳市财政地税局印发了各机关科室2017年绩效管理考核的通知。

2018年3月20日，结合《金华市财税系统绩效管理考评办法》，东阳市财政地税局制定了《东阳市财税系统2018年绩效管理考核办法》。

## 第二节　干部教育

东阳财税系统干部教育内容有政治教育、业务培训和学历教育等。政治思想教育工作根据党的方针政策结合财税工作实际开展，而业务学习培训根据工作需要作出年度安排。为了提高财税干部的业务水平，鼓励工作人员多渠道参加学历教育。

### 一、政治教育

#### （一）1949年至1956年

中华人民共和国成立之初，税务局干部多数工农出身，亟须对他们进行政治思想教育和专业知识培训。1950年，东阳财税系统政治思想教育工作主要围绕土地改革、抗美援朝和镇压反革命运动开展。1951年，全国开展“反贪污、反浪费、反官僚主义”的“三反”运动。1952年，开展“反贿赂、反偷税漏税、反盗窃国家财产、反偷工减料、反盗窃国家情报”的“五反”运动和贯彻执行党在过渡时期总路线。1956年，东阳县税务局组织全体税务干部开展社会主义劳动竞赛和“比、学、赶、帮”活动，内容包括学习、工作、任务等方面，以保证按时完成税收任务，解决干部队伍中存在的不安心、不团结、不负责任和简单粗暴的工作作风问题，引导干部经受整风反右等政治运动的考验，贯彻增产节约精神，严格组织纪律。

### （二）1961年至1966年

1960—1962年，东阳税务局组织干部学习党在农村工作“六十条”和国民经济“调整、巩固、充实、提高”八字方针，结合财税业务，联系实际，广开言路，吸取教训，改正错误。1962年，为提高税务人员的政治素质，促进征收工作，东阳县税务局开展“五勤”“五好”竞赛活动。“五勤”指勤跑、勤管、勤讲、勤查和勤催。“五好”指虚心学习听党的话好，实事求是群众路线好，促进生产增加收入好，执行政策完成任务好，勤俭节约团结互助好。1964—1965年，开展阶级教育和政治思想教育，学毛主席著作，学解放军，学大庆，发扬革命精神。坚持干部参加劳动制度，组织干部投入农村“四清”运动和机关“五反”运动。1966年“文化大革命”后，机关被撤并，干部队伍受冲击，许多干部被戴上“走资本主义道路当权派”帽子遭到批判。政治活动主要是学习毛主席著作和毛主席最新指示，学习《人民日报》《解放军报》和《红旗》杂志“两报一刊”文章。

### （三）1972年至1978年

1972—1974年，以揭批“林彪反党集团”罪行，东阳财税系统开展“认真看书学习，弄通马克思主义”活动，用办专题学习班方式，贯彻“抓革命，促生产，促工作，促战备”的“一抓三促”方针。1976年，党中央一举粉碎江青反革命集团，宣告十年“文化大革命”结束。1978年党的十一届三中全会之后，党的工作重心从阶级斗争为纲转移到经济建设为中心，拨乱反正，正本清源。东阳财政税务局组织干部职工学习“毛选”第五卷，批判“两个凡是”，开展“实践是检验真理的唯一标准”学习大讨论，以“一批双打”（批判江青反革命集团、打击贪污盗窃、打击投机倒把）运动推动财税工作，加强队伍建设，建立规章制度，恢复正常工作。在思想教育过程中，联系税收征管实际，开展“比、学、赶、帮、超”社会主义劳动竞赛，评选各种类型的先进个人和先进集体。

### （四）1982年至1990年

1982年，东阳财税系统开展“讲文明、讲礼貌、讲卫生、讲秩序、讲道德”和“心灵美、语言美、行为美、环境美”的“五讲”“四美”活动，学习党的十二大文件。1985年，重点抓所风所纪，促廉政建设，对干部进行理想教育、职业道德教育、廉洁奉公教育和政纪教育。1986年3月，在全县财税系统开展“有理想、有道德、有文化、有纪律”的“四有”活动，执行财政部颁发的《税务专管员守则》。开展“一五”普法教育和纪律教育，贯彻财政部、税务总局的《税务专管员“五要”“十不准”规定》，围绕“规定”加强思想政治工作，整顿干部作风，建设“四有”干部队伍。1987年，围绕改革、开放主题，以社会主义初级阶段理论和“一个中心”“两个基本点”重要理论，对干部进行“坚持社会主义道路、坚持人民民主专政、坚持共产党的领导、坚持马克思列宁主义毛泽东思想”四项基本原则教育，反对资产阶级自由化，恪守职业道德。1989年思想政治工作以学习党的十三届四中、五中全会精神，坚持四项基本原则，反对资产阶级自由化为重要内容。以“为政清廉”为中心，从“两公开一监督”着手，以反贪污、反受贿为重点，正面教育和严肃查处违法违纪案件相结合。1990年，采取正常学习与集中教育相结合的办法，坚持基层所每月两次政治学习，局机关每周二、五学习制度。

### （五）1991年至2000年

1991年，东阳市财税局党组在基层所开展“怎样做一名受人民群众欢迎的财税干部”形象大讨论。1992年，组织财税干部学习贯彻邓小平视察南方重要讲话、中央二号文件和十四大精神，增强坚持党的基本路线的自觉性，坚定走中国特色社会主义道路的信心。1993年，组织学习十四大、十四届三中全会文件、中央六号文件和《邓小平文选》第三卷，开展向优秀共产党员、模范税务工作者陈孝明学习活动。1994年，以邓小平关于建设有中国特色的社会主义市场经济有关理论统一思想，指导工作，正确处理税制改革、机构改革和组织收税中出现的各种问题，集中精力搞好各项税收工作。1995年，按照全国税务系统思想政治工作会议精神，结合大中专毕业生分配前因忽视思想政治教育发生各种违法违纪情况，有的放矢抓好新分配大中专毕业生上岗培训，开展学习孔繁森先进事迹和“三爱一树立”“二五”普法教育活动和知识竞赛，开展创建“文明财税所”和“青年文明号”争先创优活动。

1996年，全系统组织开展“围绕经济建设为中心，增强加快发展信心，促进同德同心”为主题的“三心”思想政治教育活动。印发《行风建设考核办法》，开展“说说身边人，谈谈身边事”为内容的演讲比赛。1997年，学习宣传党的十五大精神与财政地税工作有机结合，解放思想，更新观念。国税、地税系统进一步分设后，做好地税职能范围宣传工作，开展“财税优质服务月”活动和“优美环境、优良秩序、优质服务”的创“三优”活动。1998年，坚持学习党的十五大报告、邓小平理论和中纪委反腐倡廉有关规定，抓好贯彻“八条”为主要内容的党风廉政建设。1999年，深入开展以“讲学习、讲政治、讲正气”为主要内容的党性党风教育，树立服务基层、关心基层、建设基层思想观念，为基层创造良好的工作生活环境。2000年，强化职业道德教育，深入开展“双思”教育，举办“致富思源不忘本，富而思进兴财税”为主题的教育活动。

### （六）2001年至2011年

2001—2011年，10年间，东阳市财政地税局先后开展了如下政治学习教育：

建立“三个代表”重要思想学教领导小组、文秘信息组和纪律督查测试组，推行“学教”联系人制度，评选先进标兵；在党员领导干部中深入开展学习范匡夫先进事迹，进行从政道德教育活动，在全市财税系统开展“转变作风年”和“调查研究年”活动，切实解决财税系统在思想作风、工作作风、学习和领导作风及生活作风等“五风”方面存在的突出问题；抓好思想政治教育和制度建设，规范干部行为，签订《党风行风廉政责任书》，出台《东阳市财税系统思想政治工作制度》；坚持“两会一课”，开展“三个主义（社会主义、爱国主义、集体主义）、三观（世界观、人生观、价值观）、三德（社会公德、职业道德、家庭美德）、四财税（树财税形象、精财税业务、尽财税职责、比财税贡献）”教育；开展创建“学习型组织”工作和保持共产党员先进性教育活动，构建财税系统惩办和预防腐败体系，把财政地税局建设成廉洁型班子、实干型集体、创新型团队、学习型组织；贯彻市委市府“十个严禁”，深入开展机关效能建设，参与“万人百企评机关”活动，实施廉政建设责任追究制度和廉政谈话教育制度；深入推进“创业富民，创新强市”的“双创”大讨论活动，以“树新形象、创新业绩”为主题，改善党风促政风；在全系统开展“发展为了谁？发展依靠谁？发展为了什么？用什么手段来发展？”的“四发展”大讨论，坚持学习为先，务实高效，统筹兼顾，创新载体“四原则”；深入学习实践科学发展观，开展“推进落实年”、“企业服务年”、“廉政教育年”活动；结合创先争优，争当“五事”干部，文明在东阳等思想政治活动，推动“执行力建设年”活动和《廉政准则》主题教育活动，开展廉政风险点排查，实行局领导联系重点企业制度；开展“评优创新”，推进争当“五事干部”活动。

### （七）2012年至2018年

2012—2016年，市财政地税局根据认真开展各项活动，努力提高干部思想政治素质。一是开展争先创优工作和“解放思想大讨论、转变作风大赶超”活动；二是开展第五轮中层干部选拔和一般干部双向选择，激发财税干部的工作积极性；三是开展以“正风肃纪强素质，提升效能强服务”为主题的群众路线教育实践活动；四是筹划涉税事项“同城通办”，方便纳税人就近办税；五是加强“两学一做”学习教育。

2017年，着手“最多跑一次”改革：成立专项领导工作小组，开展涉及“放管服”改革、“最多跑一次”改革的规范性文件清理，涉及183件行政规范性文件，废止69件。

2018年，全面贯彻落实中央、省、市各级财政工作会议精神，围绕目标抓落实、适应形势抓落实、以“学习贯彻年、调查研究年、工作落实年”活动为主线抓落实。财税局党组共开展12期党组中心组学习，各支部开展主题党日学习72次，学习人数达1400余人次。

## 二、业务培训

20世纪50年代，财政税务干部多数文化程度不高，业务知识不全面，对他们专业知识的培养，采取边做边学，能者为师的办法。同时，举办一些小型的为期半月或一周的专题培训班。到20世纪70年代，随着国家文化教育事业的发展，开始分期分批送金华地区或浙江省财政专科学校、干部学校培训学习。

1977年11月，东阳县财政税务局对75名基层财税所干部进行一次业务测试，其中34名干部送金华财校轮训一个月。1983年至1988年，先后6期计150余名干部送金华财校培训，每期3个月。

20世纪90年代，按照公务员条例，做好财税系统干部的培训管理和考评工作，培训人数不少于20%。认真贯彻落实《中华人民共和国会计法》《中华人民共和国注册会计税法》《浙江省会计工作管理方法》，加强财会队伍建设，对在职财会人员进行会计电算化知识培训。

市财税局从1990年开始对全市乡财政人员进行岗位专业培训。

1991年二季度，财税局举办乡镇企业会计和增值税业务培训班，3期5个班的会计证考试辅导培训班。1992年，组织全局财税干部参加“二五”普法学习，有206人参加普法知识考试，合格率达

100%。

1993年，市局分二次组织局机关干部、各所分管领导及业务骨干、企业主管部门共180余名财会人员，进行《企业财务通则》和《会计准则》“两则”业务培训；为结合第三轮乡镇财政体制改革，市财政局对48名乡镇财政总会计进行了业务考核。

1994年，为普及法律知识，提高干部业务水平，市财税局组织313人参加全市普法知识考试，组织313人参加市场经济法律法规考试，组织99人参加国家公务员公共课程培训考试和公务员岗位培训，组织303人参加会计、税收、财政业务考试。

1995年9月，市局组织全系统312人参加“三爱一树立”、“二五”普法知识竞赛。

1997年，共举办10期办税员培训班，受训人员1700人。组织交通系统、乡镇财政总会计培训4期，受训人员118人。

1998年，举办3期全市纳税单位法人代表税法知识普及教育培训班，参培人员208人。组织6期共266人次的财税业务知识培训班，其中乡镇总会计2期、会计员1期、财税干部3期。9月，市地税局举办与国税局分设后的首期税收业务培训班，历时6天，参培46人；同时参加省地税局、金华市地税局培训52人。为了严肃考核纪律，市局作出严格考试、严格发证、成绩作为用人依据存入档案的规定。

1999年，为提高乡镇长管家理财能力，预算科制订了1999年乡镇长培训班初步规划，10月，对26名乡镇长进行为期5天的财政税务知识培训。市局组织各科所(分局)20余次业务培训和考试，吴宁分局每月进行税收业务比赛。在金华市地税系统税收业务“大比武”中，东阳市地税局代表队获团体第三名。

2000年，举行全系统160余名税务干部参加的所得税汇缴业务考核，报送56名中层干部分批到金华进行为期一周的行政执法培训。利用周一晚上集体学习时间进行基础会计、税务会计知识培训，7—11月进行业务考核。对206名工作人员分三批实行全封闭军事训练，邀请浙师大专职礼仪老师进行礼仪授课，提高文明服务素养。10月，市财政局党组邀请浙师大法律系教师对142名财税干部进行为期5天的行政执法培训。

2002年9月，邀请金华市稽查局、东阳市经侦大队对财税稽查人员进行稽查业务、谈话笔录培训。10月，组织税收一线稽查人员听取省局《征收征管法实施细则》授课。全年共组织5次专门业务培训，1次任职培训，受训310人。选送7名优秀青年干部参加东阳市青年干部培训班。

2003年10月，组织全局中层干部参加为期4天的封闭性财税业务知识培训。

2004年7月，组织全局中层干部进行为期3天的新财务会计制度、行政许可法培训。

2006年，为规范培训专项资金的管理使用，制定《东阳市财税局干部教育培训资金管理办法》。根据浙江省地税局三年地税岗位全员轮训计划，于7月分三批去湖州参加45周岁以下税务人员业务培训，每期7天，每批50人，共参培144人。全年选派干部参加省厅省局各类培训班47人次。8月召集镇乡财政财务人员和学校财务人员培训，9月举办部门预算培训班，12月举办发票改革培训班。

2007年，市局组织126人分三批去湖州参加地税岗位业务技能全员培训。全年选派公务员参加公共管理基础课程培训考试、高级会计师培训、新录用公务员初任培训、《中华人民共和国劳动合同法》培训等共311人次。

2008年10月，组织全局193名财税干部参加《中华人民共和国企业所得税法》《企业所得税实施细则》培训，邀请湖州税校老师授课。全年共25人次参加为期3天的金华市质量管理培训，7人参加省地税局规费培训，8人参加为期5天的财税支出、绩效评价、财政监督、高级会计师培训，6人参加为期6天的财务培训。组织基层分局参加为期一周的省共青团青年文明号负责人培训。制定出台《关于进一步加强干部教育培训的若干规定》，培训成绩作为参评优秀公务员和先进的条件，列入年度考核；成绩不合格的，培训费用自理。

2010年，组织强农惠农政策培训900余人次。4月，4名新录用公务员参加省局组织的初任培训。8月上旬至9月上旬，组织全体干部赴上海财经大学经济学院培训财政税收知识，前4批197人，时间6天；后一批54人，时间2天。10月，组织全局公务员193人参加企业所得税法培训、公务员知识更新培训。

2011年10月，组织全体干部赴江西财经大学学习培训财政税收知识。

2012年，组织开展全市财税系统窗口工作人员业务培训，提升窗口工作人员服务水平。

2013年，组织学习培训及业务考试工作。一是组织全体干部学习《小企业会计准则》，聘请浙江财经学院教授授课，并组织税务线干部参加《小企业会计准则》金华市局的抽考及东阳市局组织的考试。二是组织全体干部分两期参加了全员培训，聘请浙江财经学院、浙江大学等院校的专家教授，就当前宏观经济形势、财税知识、税制改革等课程进行系统培训。三是从4月份开始，每月组织业务学习（每个月最后一周的星期五），由各科室负责人主讲科室的相关政策及业务，全面提升全局干部的政策水平和业务素质，提高对外的宣传水平。四是组织财政线干部参加金华市局组织的财政业务知识考试，参考人员全部及格。五是组织部分财政和地税业务骨干到江西财经大学、扬州国家税务培训学校参加金华市局组织的业务培训。六是组织新进公务员参加省局组织的初任培训。七是组织窗口工作人员参加业务知识和服务技能的培训。

2014年，落实“财税大练兵”活动，提升干部综合素质，以考促学、以学促工，积极参加全省、金华市分类业务考试，在全省地税系统业务知识考试中东阳市税收线和稽查线考试成绩分列金华第一和第二。组织全体干部分两期参加了全员培训，聘请上海财经大学等院校的专家教授，就当前宏观经济形势、财税知识、传统文化与创新、执行力提升、阳光心态塑造等课程进行了系统培训。组织稽查局及三个税务分局45周岁以下的干部参加了省局税收业务考试。组织市局综合线、财政线、地税线及信息中心45周岁以下干部参加金华市局组织的业务考试。

2015—2018年，开展了以下几项业务培训学习：一是分岗位职能分批组织人员到省内参加各条业务线上有针对性的课程培训。邀请省内外高校教授专家讲解最新的财税政策、改革热点、心理调节等课程，提高业务技能的同时提升心理素养。二是利用干部网络学院，督促干部开展公务员网络学院的自主学习，开拓财税干部视野，及时掌握与财税发展相关的最新热点和重难点。三是分类组织业务学习与考试和学法用法培训。

**三、学历教育**

1984年，为优化财税干部队伍的学历，决定对1968届初中毕业职工实现文化补习，分期分批保送到专修班、中专班、电视大学及函授学校脱产学习。至1988年底，在财会专修科结业2人，大专函授毕业18人，财会中专毕业18人，电视大学毕业4人，省委党校毕业1人，参加业余大专学习10人，脱产在校学习5人。

1989年，经东阳市财会中专自学考试毕业20人；参加中等成人教育35人，毕业14人；参加高等成人考试20人，毕业3人；参加高等教育自学考试毕业2人，中等教育自学考试毕业12人。

1990年，参加高等成人教育学习21人，毕业3人；参加中等成人教育学习13人，毕业15人；中等教育自学考试毕业的8人。

1991年，大学专科毕业5人，中等专业毕业2人。

1992年，参加高等成人教育学习13人，中等成人教育学习4人，高等教育自学考试毕业的1人。

1993年，参加高等教育学习18人；中等教育学习6人，毕业2人。

1994年，参加中等专业证书教育2人，大学专科毕业3人，中等专业毕业1人。

1995年，参加大专毕业证书培训2人，中专学历培训37人。

1996年，参加中专毕业证书教育25人，大学专科教育66人，中等专业教育53人，大学专科毕业2人。

1997年，考取大学本科1人，专科3人；大学本科毕业1人，大学专科毕业4人，中等专业毕业1人。

1998年，根据《浙江地税局1998—2000年教育培训规划》，结合东阳财政地税工作实际，市局加强业务培训和学历教育，4人参加研究生学习，7人考入大学专科，26人参加大学专科函授，大学专科毕业11人，中等专业毕业11人。

1999年，制定《东阳市财税系统干部（职工）参加学历教育培训暂行规定》，凡取得学科毕业（结业或合格）证者，可按有效收费凭证报销学习费用，鼓励干部职工参加学历教育。是年考取大学本科13人，大学专科10人，大学专科毕业4人。

2000年，下发《东阳市财税系统干部（职工）参加学历教育培训的补充规定》，鼓励40周岁以下具备大专学历的干部职工报考业余大学专科学历教育，计划选送符合条件的干部参加大学本科、研究生学历教育，以及专业性脱产进修和培训。

2002年，18人参加湖南大学本科远程教育学习，22人参加大专学历教育学习，43人参加第二学历教育学习(不含远程教育人员)。

2003年,参加学历教育培训46人;2004年,参加学历教育培训68人;2005年,参加学历教育培训12人。

2007年,财政地税局注重抓好公务员的"双学历"教育培训。是年,参加大学本科在职函授15人,参加研究生教育学习7人。

2008年,参加大学本科在职函授10人,考取研究生就读2人,研究生毕业5人。

2010年,本科毕业4人。

**四、干部选拔交流**

1991年12月,东阳市财政税务局转发《浙江省税务局关于基层财税所实现干部岗位轮换和离岗审计制度的意见》。《意见》指出,岗位轮换对象为直接从事基层财税工作的干部,包括正副所长。轮换形式:一是所内换岗,二是所与所之间交流。所内换岗一般3~5年进行一次,换岗人数不超过30%,正副所长一般在一地任职5年左右,异地交流换岗人数应控制在20%左右。换岗审计内容分三个方面:一是对换岗干部的德、能、勤、绩进行考核;二是对票证、实物、资料、账户进行审计;三是审廉,看是否恪尽职守,廉洁奉公。"干部离岗审计表"存入档案,作为今后干部职务晋升、技术职称评定、荣誉称号评选的依据之一。考核审计中发现的违法或违纪人员按规定程序立案审查。

1993年考核干部325人,优秀65人,称职252人,不称职5人,不列入考评2人。交流换岗人数:科、所领导18人,一般干部34人,干部任免18人。报批主任科员19人,副主任科员100人,科员175人,办事员13人,军转干4人,大中专生15人。

1994年,东阳市财政局、国税局、地税局对科所班子进行了调整交流,对全局23个科所班子50名科所级干部进行逐个考核和考察,在德、能、勤、绩诸方面作出了评价,干部管理走上规范化。

1996年2月,中共东阳市财政局党组印发《东阳市财税系统科所领导选拔和干部轮岗交流制度》的通知,规定科所领导选拔任用的基本条件和资格条件,其中资格条件规定:年龄一般在45周岁以下,具有高中毕业文化程度,二年以上基层财税工作经验,科所正职应有一年以上副职经历。选拔任用工作应经过民主推荐、组织考察、党组讨论、上级批准等程序,具体由党组集体研究决定,按干部管理权限任免。"干部交流制度"规定,科所领导实行交流和回避制度,每年轮换交流面一般不少于15%。交流回避对象的原则是:在一地或一个岗位上任职3~5年;在一个所(科)连续工作8年的;因工作需要的;按财税干部任职回避制度需回避交流的。科(所)长交流和回避应由市局统一组织,任用交流时实行离岗审计制度。一般干部在一个岗位工作3~5年,或根据有关干部任职回避制度需要回避的,或不适宜所在岗位工作的对象,实行轮岗交流,每年轮岗交流面一般不少于20%,由各所党组织讨论决定,报市局人教科备案,实行轮岗交流审计。

1999年3月,制定《东阳市财政地税局机关聘任制实施方案》,报经市委组织部批准,局机关干部实行聘任制。聘任制在局党组统一领导下进行,坚持公平竞争,择优选聘原则;坚持"双向选择"

和以组织需要相结合原则；坚持干部回避，适度岗位交流相结合原则；坚持任期制和动态管理相结合原则。聘任单位11个，中层正职11名，副职7名，聘任对象为局机关工作正式干部及基层所（分局）副所级以上干部。聘任程序为自荐报名、资格审查、竞聘演说、群众测评、党组决定、报批任免。

2002年8月，局机构改革干部任用制度。认真贯彻《党政领导干部任用工作条例》，坚持“公开、公平、公正”原则，4个中层正职向全局现任副职公开竞聘，13个副职向全局干部公开竞聘。年龄要求副职40岁以下，正职45岁以下，大专以上文凭，从公开报名、资格审查、笔试、面试到考察录用都予以公开。笔试面试坚持统一试题，坚持机关和基层统一，邀请外地专家阅卷，邀请市纪委、市委组织部和市人事局派员全程参与，对拟提拔、任用的中层领导干部实行公示。改革后的中层干部队伍，大专以上学历占总人数的82%，30岁以下的占总人数的15%；新提拔的中层正职全部本科学历，平均年龄36.5岁；副职本科学历占69%，平均年龄31岁。中层干部交流32人，交流面为72%。通过交流，干部的年龄、业务结构得到较大的改进。

2006年7月，局党组根据“德、能、勤、绩、廉”五个方面的表现，调整科、室、分局的人员结构，实行优化组合。在同等条件下，优先选拔使用年轻干部，特别是基层单位领导配备相对年轻的干部，推进中层干部年轻化进程，增强干部队伍的生机和活力。竞争上岗正职3名，副职3名，须具有国家承认的大学专科以上学历，三年以上财税工作经验，中层正职应任副职二年以上。一般干部双向选择要求在同一科室工作满8年以上（含8年），交流面不得少于30%，一般不超过50%。

2009年10月，开始第四轮中层领导干部竞争上岗和干部双向选择聘任工作，公开竞聘中层副职5名，选拔任用人选由局党组集体研究决定，坚持任人唯贤、德才兼备原则，公开、平等、竞争、择优原则，稳定与适当交流相结合原则，“双向选择”和组织相结合原则，任期制与干部动态管理相结合原则，培养使用优秀年轻干部的原则。双聘稳定比例要求不少于80%，交流面20%以上。

2012年6月，组织人员对拟招录的5名地税基层编制公务员完成了考察政审。同时招录合同工5名，其中驾驶员4名，窗口工作人员1名。

2013年，顺利完成第五轮中层领导干部竞争上岗和一般干部双向选择聘任工作。在此次中层干部竞聘中，原任中层干部有3人因年龄因素从原岗位上退下；新提中层正职7名，最年轻的36岁，平均年龄39.4岁；中层副职8名，最年轻的28岁，平均年龄31.3岁，使中层干部队伍平均年龄更年轻，符合干部队伍年轻化的要求。竞争上岗工作取得显著成效，树立了正确用人导向，拓宽了选人用人渠道，实现了岗位调整目标，健全了干部激励机制。

2014年，招录地税编制公务员6名，核算中心及审核中心参公人员各1名，该项工作于10月份全部完成。信息中心及道路交通救助中心招录事业编制人员各一名。

2015年，招录地税公务员2名。

2016年，新设投融资管理科，增设中层正职一名，新晋局党组成员两人，涉及科室负责人变动4人。开展公务员、参公及事业单位人员公开招考工作，招录地税公务员4名。

2017年，开展中层干部选拔工作。一是做好选拔方案的拟订工作，确定调整补充范围、选拔职数、任职条件、调整程序和选拔方式等；二是梳理人员，确定符合选拔条件的人员；三是开展民主推荐进行选拔；四是确定入围人员，开展考察和公示。2017年补缺性选拔，共提拔任用了13名中层正职和23名中层副职。

2018年，新入职事业干部4名，招录公务员12名。原地税局招录的10名公务员统一安排至东阳市税务局入职。

## 第三节　纪检监察

为加强社会监督，更好地为社会经济服务，市财税系统建立了纪检监察机构，开展了系列活动，与时俱进，拓宽监察渠道，完善和扩大社会监督网络，改进工作作风，改善服务态度，为认真贯彻"依法治税、以德治队、科学管理、优秀服务"方针，努力促进党风廉政建设和行风建设，查处违纪案件，营造风清气正的财税氛围。

### 一、组织机构

#### （一）监察科（股室）

1953年4月，为严肃税法，端正税风，东阳县税务局设立监察股。1954年10月，撤销监察股。

1958年以后，随着机构撤并，人员精简，监察工作由人事秘书部门兼管。

1984年9月2日，县财税局设立监察股。1993年11月17日，改财税局监察科。

2017年12月29日，监察科更名为督察内审科。

#### （二）纪律检查组

1984年11月24日，县财税局设立纪律检查组。

2015年12月，撤销市财政局原内设纪检监察机构和市监察局派驻监察室，将相关编制及人员划转至市纪委。

表9-3-3-1　　1984—2016年中共东阳市（县）财税纪检组任职一览表

| 组织名称 | 职务 | 姓名 | 任职起止时间 |
|---|---|---|---|
| 中共东阳县财税局纪检组 | 组　长 | 丁廷友 | 1984.11—1987.8 |
| | 成　员 | 陈灯红 | 1984.11—1987.8 |
| | 成　员 | 金瑞洪 | 1984.11—1987.8 |
| | 成　员 | 华耀东 | 1984.11—1987.8 |
| 中共东阳市财税局纪检组 | 组　长 | 丁廷友 | 1987.8—1990.4 |
| | 正科级纪检员 | 陈灯红 | 1990.8—1998.10 |

续表9-3-3-1

| 组织名称 | 职务 | 姓名 | 任职起止时间 |
|---|---|---|---|
| | 纪检员 | 金瑞洪 | 1996.5—1998.10 |
| 中共东阳市财政局纪检组 | 组　长 | 斯光浩 | 1998.10—2002.3 |
| | 成　员 | 徐跃卫 | 1998.10—1999.4 |
| | 成　员 | 陈灯红 | 1998.10—2001.6 |
| 中共东阳市财政局纪检组 | 组　长 | 吴庚友 | 2002.3—2003.5 |
| 中共东阳市财政局纪检组 | 组　长 | 马樟云 | 2008.3—2010.3 |
| 中共东阳市财政局纪检组 | 组　长 | 杜希庭 | 2010.4—2010.6 |
| 中共东阳市纪委派驻市财政局纪检组 | 组　长 | 杜希庭 | 2010.6—2013.1 |
| | 成　员 | 吴时根 | 2010.10—2013.1 |
| | 成　员 | 陈洪升 | 2010.10—2013.1 |
| 中共东阳市纪委派驻市财政局纪检组 | 组　长 | 单仲尧 | 2013.1—2014.12 |
| | 成　员 | 吴时根 | 2013.1—2015.12 |
| | 成　员 | 陈洪升 | 2013.1—2015.12 |

### （三）廉政建设与行风监督网络

1984年，东阳县财税局恢复监察股，相继配备监察员、兼职监察员，全县财税系统逐步建立廉政建设与行风监督网络。

1993年12月，市财政税务局在内部聘请一定数量的兼职监察员外，另聘请35名镇（乡）、街道办事处有关干部担任财税系统监督员。

1996年8月，市财政局、国税局、地税局聘请市委、市府、市政协，民主党派和社会团体共14名代表为财税系统行风建设特邀监察员，聘请106名义务监督员。

1998年8月，市财政地税局特聘19名党政机关、民主党派和新闻媒体代表为特邀监察员和114名社会义务监督员。1999年，市局有兼职监察员9名，基层财税所有兼职监察员20名。2000年，全市财税系统聘请特邀监察员130名，义务监督员111名。2003年8月，市财政地税局聘请22名各级机关单位和社会团体代表组成特邀监察员。

2007年6月，市财政地税局制定《东阳市财税系统特邀监察员工作实施办法》，规定聘请特邀监察员范围为各级党政机关、群众团体、民主党派、纳税大户和其他有代表性并具有一定影响力的行业或部门代表。10月，市财政地税局聘请第五届特邀监察员20名。

2011年1月，市财政地税局扩大第六届特邀监察员聘请范围，除吴宁街道、横店、巍山镇的纪委书记之外，聘请市内重大企业及部门代表，共计30名。

2013年8月，市财税局聘请2名民主党派成员为特邀监察员。

2017年9月，市国税局、地税局开展纪检监察合作，联合聘请13名特邀监察员。

## 二、工作概况

中华人民共和国成立后，纪检监察工作主要是对外部进行财政监督，对内部进行干部清查教育，在与不法工商户进行反偷税逃税斗争的同时，重视内部违法违纪案件的处理。

1953年4月，东阳县税务局设立监察股。1955年专案检查违法违纪案件。

“文化大革命”10年中，纪检监察机构受到冲击，财政税务的纪检监察工作处于瘫痪状态。

1985年以后，重点抓所风所纪和队伍廉政建设，对财税干部进行理想教育、道德教育、廉洁奉公教育和政纪教育。1988年6月，在浙江省监察工作会议上，东阳县财税局领导作了题为《领导重视，部门配合，查处大案》的总结发言。1986—1988年，东阳县财税局连续三年被评为金华市财税系统监察工作先进单位。

1989–1998年，市财税局从以下几方面深入开展廉政教育：

一是从“两公开，一监督”着手推动廉政建设，严肃查处违法违纪案件。制定了《关于廉洁问题的若干规定》《关于局机关保持廉洁的几项规定》《东阳市财税工作人员违纪处分暂行规定》等制度。

二是走访社会，开展自查，摸清系统内行业不正之风的实际情况；以岗位责任制为中心制定内部制约制度，规定减免税办事过程须经专管员审核签字，征求乡工办或乡镇长意见，所分管领导、业务主办核实，所务会议集体审核，局审批小组集体审批，报请上级审批等“六关”，实行征、管、查分离，相互监督，相互制约，防止以权谋私。建立“税收法规公开、征管公开、减免税政策公开、处罚公开、工作纪律公开、工作结果公开”的公开办税公开理财制度。搞好监督检查，严肃查处违法违纪案件，确保税款及时足额入库。坚持每月25日为廉政、作风、纪律检查日制度，每半年进行一次自查。

三是组织全市财税系统干部参加“怎样争取做一名群众欢迎的财税干部”形象大讨论。局机关进行“学榜样、树形象、比奉献”专题教育。

四是搞好“撤区扩镇并乡”工作中的资产清理，发现票据明细不清、预算外资金各自为政、自收自支、私设“小金库”乱支滥用等问题及时反馈给有关部门。

五是组织学习党的十四大和十四届三中全会精神，增强贯彻党的基本路线和拒腐防变自觉性，在全局开展“岗位学雷锋，行业树新风”活动和职业理想、职业道德、职业纪律、职业技能“四职”教育，成立局长带头，职能科室人员参加的“财税系统纠风倡廉领导小组”，聘请35名社会廉政监督员，形成上下结合、内外共管的反腐倡廉网络体系。

六是开展执法自查，做好新税制的宣传、辅导、培训工作，新旧税制衔接工作，新税制执法大检查工作和增值税专用发票管理工作，使新税制得到进一步巩固完善，税收征管改革得到进一步深化，税收征管得到进一步加强，严厉打击了税收犯罪活动。

1999年，市财政局印发了《内部经费管理若干规定》《关于加强局机关各类资金内部管理的若干规定》《财政地税系统内部审计工作的规定（试行）》，进一步规范财政地税系统内部经费、车辆、财产物资的管理，建立和健全内部自我监督机制，确保各类资金的安全。内设审计小组，配备内部兼职审计人员，独立行使审计监督权。

2000年，纪检监察工作主抓健全责任工作机制，加强教育防范机制，强化监督约束机制，硬化惩处警示机制，将“三优一满意”创建标准推向全系统。制定《经常性政治工作制度》《党风廉政建设责任追究制度》《行政执法追究制度》。

2001年，市财政局印发《东阳市财政地税系统基层单位各类资金财务管理的若干规定（试行）》和《基层单位财务管理补充规定》。实行资金财务管理分类核算的原则，统一领导集中管理原则和有利于各类资金实行监管原则；对各项资金的分类、管理和核算依据、具体核算要求、财务管理、银行账户管理、会计档案管理、财会人员岗位职责、会计监督与奖惩作了明确规定。

2002年，市财政局向社会公开《财政系统公开承诺自律工作制度》《财税系统行政执法承诺制》《行政执法过错追究管理办法》，接受社会监督。

2003年，继续抓好行风建设，调整充实行风领导小组，制定行风建设责任制，切实加强和改进全市财税系统的行风建设，把人民群众关注的热点难点问题解决好，树立财税系统的良好形象。形成一把手亲自抓，分管领导直接抓，职能科室具体抓，其他领导配合抓，上下合力一起抓的局面。

2004年，市财政局成立效能建设投诉中心，制定效能告诫暂行办法，印发《效能工作责任制》。对机关部门落实禁酒令、公车不私开、上班不玩电脑游戏和上下班纪律制度执行情况进行明查暗访。向全系统干部职工发出杜绝参赌倡议书，全系统财税人员全部签订杜绝参赌承诺书。

2005年，加大查办违纪违法案件力度，查处违反规定收取现金、有价证券和支付凭证行为；查处税务人员在税收执法过程中利用职务之便贪赃枉法、以税谋私案件，损害财税部门形象的吃、拿、卡、要、报、游及赌博等违纪行为；查处工作作风恶劣、服务态度差等有损地方经济发展和投资环境的违纪行为。制订《东阳市财政局、地方税务局构建惩治和预防腐败体系工作计划》和《地税党风廉政建设研究计划》，参与全市“清风赞”廉政文化文艺会演。

2006年，以贯彻落实浙江省财政厅“五大禁令”和东阳市委“十个严禁”为契机，贯彻实施中共中央《建立健全教育、制度、监督并重的惩治和预防腐败体系实施纲要》。成立东阳市财政局改善服务环境工作领导小组，组织全系统财税干部参与金华市财税局监察室举办的“弘扬财税文化，推进廉政建设”书画比赛。在全局开展深化预防体系构建，推进反腐倡廉工作调研活动。出台《东阳市财政局关于治理政府采购领域商业贿赂专项工作实施方案》，成立东阳市财政局治理商业贿赂专项工作领导小组。

2007年，全面开展行政事业国有资产和国有企业财产清查工作，完成343家单位的资产清查。共调处查补税收45735.85万元。11月，成立财政地税局预防职务犯罪领导小组。

2008年，建立基层站（所）党风廉政建设和民主评议活动联系点，实地查看走访有关部门及企业，掌握联系点活动情况，发现问题及时通报解决。做好中层干部述职述廉报告和民主测评。

2009年，市财政局印发《公开承诺自律工作制度》，公布公开承诺内容和工作标准，投诉程序和违诺处理规定。市局监察科负责对党风廉政建设责任制进行专门检查和考核，考核结果作为对干部业绩评定、奖励惩处、选拔任用的重要依据之一。印发《诫勉谈话制度》，强化对党员干部、职工的严格教育、管理和监督，防范和遏制违纪违法行为的发生，推进党风廉政建设责任制的落实。组织全系统开展廉洁自律自查和以党风廉政建设、行风建设为主要内容的年度考核，举办特邀监察员座谈会，编辑一册本系统干部职工自创的《廉政格言·警句》小册子。

2010年8月，市财政局印发《关于重申财税部门公务人员不得从事或参与营利性活动纪律规定的通知》，制定《东阳市财政地税局廉政风险点防范管理措施》，下发“从事或参与营利活动自查表”，形成以工作岗位为点、工作程序为线、监管制度为面，环环相扣的廉政风险防范管理机制。

2011年7月，地税局成立执法督察工作领导小组，对本单位税收执法情况全面自查，市局组织重点督查。市财政局印发《全面推进廉政风险防控机制建设实施方案》，填报《推进廉政风险防控机制建设工作报表》，建立廉政风险信息库，廉政风险点在一定范围内公示，接受社会监督。

2012年4月，市财税局印发《关于重申财税系统干部职工严禁赌博的通知》和《关于开展“严明法纪、远离赌博”专项教育活动的通知》，重申财税干部不得参与赌博等违法违纪行为。组织开展“廉洁家庭、幸福港湾”廉洁家书主题征文活动。

2013年，市财税局印发《东阳市财政地税局关于实行党政主要领导不直接分管财务、人事、工程建设、行政审批和物资采购工作的实施方案》，进一步规范领导干部从政行为，推进廉政风险防控机制建设。印发《东阳市财税系统效能建设“十项制度”》，推行岗位责任制、首问责任制、服务承诺制和限时办结制等十项作风效能建设制度。开展会员卡专项清退活动；开展党的群众路线教育实践活动提能增效行动，推进基层站(所)对接村级便民服务中心工作，梳理13项对接审批服务事项及48项相关法律法规政策选编，统一装订成册，分发到各村级便民服务中心。

2014年，市财税局印发正风肃纪工作方案，成立督查组，启动正风肃纪督查行动。以“正风肃纪强素质，提升效能强服务”活动为总载体，开展群众路线教育实践活动征求意见和建议活动，积极开门纳谏。成立公共服务对象跟踪回访领导小组，对工作人员服务情况、作风效能情况、行政执法情况、办事程序规范性情况、廉洁自律情况等进行对办事人跟踪回访。印发《东阳市财政地税系统建立健全惩治和预防腐败体系2013～2017年工作计划》，对财税系统已有制度进行清理，将涉及财税方面的法律、法规、制度116项选编成册。

2015年，市财税局印发《关于进一步加强正风肃纪工作的通知》，围绕参与“酒局”、“牌局”等突出问题，以“月计划、周检查、日巡查”的方式组织开展督查工作。开展党政机关领导干部在公款存放方面发生利益冲突和利益输送问题开展专项整治及事业单位纠正“四风”问题自查工作。对照东阳市委提出的“十类问题十种人”，主动查找个人在“四风”方面存在的问题。对教育实践活动中征求到的各类问题，制定了10条整改措施，研究制定了整改清单，明确整改责任领导和具体落实科室。修订完善了《东阳市财税系统工作人员学习制度》等32个制度，重新制定了《后续教育管理办法》《公务差旅审批规定》等规定和办法。印发《关于进一步明确上下班等工作纪律的通知》，重申上下班工作纪律。组织全体党员干部学习《中国共产党廉洁自律准则》和《中国共产党纪律处分条例》。

2016年，市地税局开展全市地税系统执法监察和效能监察工作，成立领导小组，重点检查中央八项规定、省委28条办法和东阳市委25条意见落实情况；"降成本、扶实体"税收优惠政策落实情况；误收退税审批、企业注销税务登记、企业股权转让审核等方面情况。开展贯彻落实中央八项规定精神自查工作，对照作风建设有关制度规定，进行对照自查自纠。组织学习《中共浙江省纪委关于11起违反中央八项规定精神问题的通报》，开展廉政文化优秀作品征集活动。

2017年，市财政局党组印发《东阳市财政地税局巡查工作制度》，重点对系统内工作落实、工作纪律、工作作风、廉洁自律等方面开展巡查。印发《东阳市财政局东阳市地方税务干部职工重大事项报告制度》，要求财税干部对个人涉及负面新闻、涉诉、违法违纪情况、个人因私出国（境），个人操办婚丧喜庆事项等十四项重大事项实行报告制度。

2018年，研究制订财税系统党风廉政建设工作计划，按照"谁主管、谁负责"和"一岗双责"的要求，局与各科室（单位）负责人签订《党风廉政建设责任书》。根据阶段性重点工作安排，制订巡查计划，分组开展巡查，并对巡查发现的各类问题限期落实整改，并按要求做好党风廉政建设主体责任全程记实管理工作。

## 三、专题教育

### （一）行风建设（1995~1997年）

1995年，东阳市财政局、国税局、地税局在南马财税所开展"搞好行风建设，树立财税新风"的行风建设试点，为全系统开展行风评议积累经验。1996年，建立行风建设领导小组，组成行风建设办公室，下属12个基层财税所成立以所（分局）领导为正副组长的行风建设领导小组，分四个阶段完成38项工作。制订《行风建设考核办法》，局和所（分局）分别签订了《行风建设责任书》和《党风廉政建设目标责任状》，推出公开承诺自律工作制度。全年召开28次各类座谈会，共有230名党政领导和监察员参加行风建设座谈，提出40条意见和建议；向社会发送60份行风建设征求意见公开信，反馈318条意见和建议；开展4次行风督查活动，收到人民来信5封，都作了认真处理；在办税服务大厅，推行20句行业文明用语和12句警用语。1997年，开展"迎回归、爱祖国"教育和"学习贯彻十五大精神，集中精力抓经济"大讨论，强化公仆意识，提高服务质量，为发展东阳经济服务。拟定16个内部管理制度，修订完善《公开承诺自律工作制度》，规定公务接待一律在机关食堂就餐，一律实行分餐制和一律不上烟酒饮料的"三个一律"规定。

### （二）"形象工程"建设（1998~2001年）

1998年9月，市财政局印发《关于在全市财政、地税系统开展"形象工程"活动的实施意见》，在继续抓行风建设的同时，开展“形象工程”建设活动。市局和各所(分局)有关责任人员组成11个“形象工程”领导小组和“形象工程”办公室，调整充实监督员队伍，形成强有力的领导机制、工作机制和监督机制。围绕“依法办税、秉公理财、规范管理、完善服务”总目标，在巩固、深化、提高上下功夫，推行礼仪服务，建立健全统一的规章制度，树立和展示财税系统的良好形象。全年召开12次监督员座谈会，走访194户企业，印发495份征求意见信。1999年，在巩固基层所廉政灶的同时，财政地税局在8月份建起廉政灶，节省接待费一半以上。2000年8至9月，组织全系统206名干部职工进行全封闭军事训练和规范化礼仪教育；结合“双思”教育，提出“三看、三比”的廉政勤政教育思路。2001年，推出“财税行风万人评”活动，向党政机关、社会团体、企业法人寄送行风评议表2000份。

**(三)“作风建设年”活动(2007年)**

以“三靠两抓”为切入点，深入开展“作风建设年”活动和学习型组织建设活动，组织财税干部学习中央纪委《关于严禁利用职务上的便利谋取不正当利益的若干规定》，把推进党风廉政建设与财税中心工作有机结合，注重党组、中心组的思想教育、反腐败警示教育和科学知识专题学习。召开节假日期间廉洁自律民主生活会，对节假日期间执行廉洁自律规定进行专题汇报讨论。播放警示教育片6次，党员干部受教育面达100%。编发《警示》每月一期内刊，摘录最新廉政建设法律法规，论文、动态及贪官忏悔录等供中层以上干部学习。出台《干部请销假制度》《财税系统公车管理规定》《财税工作目标责任制管理规定》《财税系统特邀监察员实施办法》等工作纪律和工作管理制度。召开第五届特邀监察员座谈会，续聘和新聘20名特邀监察员。全年共发放23期督查通报，接群众举报6件，电话举报4件，网上举报1件，其中调处10件，转分局调处1件。

**(四)民主评议行风活动(2011年)**

2011年，市地税系统开展民主评议行风活动，组织行风评议领导小组。坚持标本兼治、综合治理、惩办并举方针，广泛发动社会各界参与，充分发挥群众监督作用，推动地税系统行风建设。评议重点为“三服务”和工作作风，深入开展“三解三评三创”主题活动。“三解”即解读政策、解答咨询、解决问题；“三评”即社会评说“税收·发展·民生”，纳税人评价地税机关工作作风，地税系统内评执法水平；“三创”即创一流业绩，创一流服务，创一流队伍。召开全系统民主评议行风工作动员大会，聘任民主评议行风代表，坚持“谁主管谁负责”原则，落实一把手责任制，积极发现总结服务纳税人的好经验、好做法加以推广。建立和健全相关制度，促进行风建设规范化，构建行风建设长效机制。

**(五)开发廉政效能风险防控模块(2013~2018年)**

根据浙江省地方税务局开发的廉政效能风险防控模块，市地方税务局于2013年5月21日印发《税友龙板》廉政效能风险防控模块上线运行实施方案，成立上线运行工作领导小组，并做好上线前期的辅导培训、权限设置等工作。2013年7月1日，廉政效能风险防控模块正式上线运行，模块内设61个预警指标，由系统自动扫描产生廉政效能风险点。并印发《税友龙板》廉政效能风险防控模块推广应用考核办法，对模块点击率、风险预警消除率及按期消除率进行考核。2016年8月，《税友龙板》廉政效能风险防控模块换为金税三期工程优化版，并推广应用上线。

为全面贯彻落实党的十九大精神，高质量推进新时代税收现代化，构建完善税务系统全面从严治党新格局。根据新时代新要求，国家税务总局应用新平台，为了实现内部控制、内部监督现代化，组织开发了税务系统内部控制监督平台。2018年3月，市地方税务局印发《东阳市地税系统内部控制监督平台推广上线实施方案》，成立推广上线运行工作领导小组。4月，内部控制监督平台正式上线运行。平台包括内部控制管理子系统、税收执法风险监控分析子系统、行政管理风险监控分析子系统、税收执法责任管理与过错追究子系统、督察审计流程管理子系统、工作辅助支持子系统6个子系统。

## 第四节　内部管理

### 一、制度建设

20世纪80年代，随着财税机构增多，财税人员增加，针对治理整顿和深化改革的需要，为加强内部管理，制定了干部管理、廉政建设和行政财经各项管理制度。

21世纪后，东阳市财政局、地税局贯彻“以人为本”和“科教兴税”战略思想，对队伍内部加强工作行风教育、职业道德教育和业务素质教育，加强党风政风廉政建设、信息化建设和制度文化建设，于2003年和2011年各进行一次规章制度汇编工作，将规章制度装订成册。

至2018年，财税系统制定的干部管理规章制度20项，廉政建设规章制度27项，行政财经管理规章制度35项。

### 二、公文管理

财税机关的公文，是财税机关在行政管理过程中所形成的具有法定效力和规范体式的公务文书，是依法行政，实施财政、税务行政措施和公务活动的重要工具，主要分为公文处理、收文、局发文及市委市府交办件和督办件等。公文经过清理归档后集中存放局档案室，统一管理，方便开发利用。

#### （一）公文处理

1991年10月，制定东阳市财政、地税局《文书管理暂行办法》；2010年10月制定下发《关于规范公文操作流程的通知》和《局机关公文处理办法》等文件，规定公文管理由局办公室主管局机关公文编写并负责指导下级机关的公文处理工作。办公室由专职收发人员、科室和基层单位由兼职人员统一收发、分办、传递、立卷、归档和销毁。

#### （二）收文登记阅办

公文统一由办公室专职收发人员签收并分类登记，根据文件缓急程序，由主任签署拟办意见。

来自市委、市府及上级厅、局机关急件、领导批示、传真公文及涉及东阳市经济和社会发展有关重大财税政策文件送局长阅处；一般业务性文件和各部门业务性报告及所属单位请示，送局长或主管部门负责人阅处。各科室阅办急件随到随办。公文处理完毕后，承办人员应写上处理结果、办毕时间和姓名，及时退回办公室，不得留存原件。传阅文件由各科、室、队自行转送。上级机关或领导人交办的公文，办公室和各单位要负责催办、查办，做到紧急公文跟踪催办、查办；重点公文重点催办、查办；一般公文定期催办、查办，对下发重要公文，承办单位要及时了解并向领导反馈执行情况。

### （三）文件签发

发文程序为经办人拟稿，科室负责人初核，局办公室审核，局领导签发，编文号，打字，文印室校对、修正、印刷、盖章、封发。综合性文件由办公室拟稿，业务性文件由有关科室主管拟稿。由市局名义发出的上行文件和向市委、市政府及上级厅、局请示报告和财政税收、计划财务、党组、人事、监察、机关党组（总支）等文件，统一由局长签发。与有关部门会签文件，由业务科（室）提出意见送局长签发。

### （四）电子公文传输

2000年4月，在市局系统推广使用办公自动化软件系统。2001年4月，开发用于文件交流的公文处理系统，成为全省ODPS正常接收省局文件的11个单位之一。2003年1月，开发全省财政系统内部收发电文邮件的NOTES电子收发文软件系统。

2007年1月，市局下发《关于进一步做好电子公文转输工作的通知》，要求局机关制发的主（抄）送给各科室、分局、稽查局、直属事业单位的文件全部通过ODPS公文处理系统发送，除密级文件外，不再发送纸质文件。上行省厅、省局、市委市府的文件，需提供电子公文和纸质文件的，电子公文由局办公室传送，纸质文件由经办人员到办公室统一领取后上报。与其他单位会签的文件，由局领导签发后，办公室打印成纸质文件，主办科室送至会签单位会签，送回办公室再行文。下发文件一般不发纸质文件，直接通过办公专网传输。

## 三、档案管理

### （一）机关档案

20世纪50年代，东阳县财政、税务局未建档案专门机构，各股文件均系自行保管。1951年4月，根据浙江省人民政府文书处理规则要求，公文进行清理归档后集中存放。

20世纪60年代，文书资料和干部人事档案由秘书股收集整理，职能性业务资料各股自行管理。

1988年5月，局址迁至吴宁东路38号财税大楼，专设档案资料室，由办公室负责，专人管理。

1991年，财税局建立机关档案鉴定小组，负责对局机关档案进行长期鉴定，调整档案密级，确定档案存毁，制定《东阳财税局档案工作管理制度》。

2004年11月，市财政地税局制定了档案管理八项制度：1.档案借阅利用制度；2.档案库房管理制度；3.档案保密制度；4.档案监定和销毁制度；5.档案统计制度；6.档案交接制度；7.档案员岗位制度;8.兼职档案员岗位制度。

2005年10月,市财政地税局迁入人民北路8号财税综合大楼,设立综合档案室和档案员办公室,下发《关于建立市局综合档案室的通知》,规定局机关各科室的档案全部由综合档案室集中统一管理,稽查局和各分局档案由各单位分别自行保管。局机关综合档案室隶属市局办公室。建立档案管理专职班子,设立档案员工作职责。

### (二)综合档案室

有资料库房3间,办公和阅览室1间,面积共计112平方米。设备计有:密集架15列,空调2台,电脑3台,打印机、电动缝纫机、电钻、灭火机、温湿度计、档案管理软件各1件。

档案资料按职能、业务区分为文书档案、业务档案、会计档案、科技档案、特种载体五类。

档案资料保管期限分永久(50年以上),长期(30年),短期(10年)三类。

### (三)达标活动

2007年,市财政地税局获档案工作目标管理市级合格证书。

2009年,市财政局、地税局为2009年度全省财政地税系统档案工作目标管理省三级认定单位。

2010年,市财政局、地税局为2010年度财政地税系统档案工作目标管理省二级认定单位。

## 四、综合事务管理

### (一)机关事务管理

#### 1.安全保卫工作

1991年8月,市财政税务局下发了《关于加强安全保卫工作有关规定的通知》。1992年3月,制定了《东阳市财税局治安保卫工作办法》,组织建立财税系统治安保卫工作领导小组。1999年8月,制定《关于加强安全保卫工作的有关规定》,确定安保工作的领导,明确职责,分组负责。

#### 2.请(休)假和考勤制度

1991年4月,财税局下发《关于干部请休假制度规定的通知》。6月,印发《关于恢复年休假制度的通知》。1994年5月,印发《东阳市财政税务局考勤制度》。1999年11月,下发《关于进一步严格财税工作人员考勤工作的通知》。2007年6月,市财政局制定《东阳市财政地税局请销假管理办法》,加强假期管理(探亲假、年休假、婚丧假、事假等),疗休养管理,外出学习、培训、会议管理。2011年制定请销假制度。

#### 3.会议制度

1994年5月,制定《东阳市财政税务局会议制度》。1999年1月,制定了《东阳市财政局、地税局机关会议制度》《东阳市财政局、地税局所(分局)领导班子会议制度》。2010年4月,制定《东阳市财政(地税)局领导集体议事制度》,同年7月,下发《东阳市财政(地税)局会议制度》,包括党组会议、局长办公会议、党组中心学习组会议、局务会议、财税工作会议、专题会议,规定会议召集主持人、参会人员组成、主要议事、会议决定或决议签发、列席人员组成、会议记录等内容。

4.学习制度

1990年,坚持基层所每月二次政治学习、局机关每周二、五学习制度。1996年,市局机关建立每星期一个晚上的干部学习制度。1999年8月,印发《东阳市财税系统工作人员学习制度》。个人学习情况列入岗位责任制考核。每年组织1~2次政治或业务考试,考试成绩作为晋级、评优依据。2004年,市局印发《效能建设工作责任制》中,重新制定了《财税系统工作人员学习制度》。

5.统一着装管理

1996年5月,市国家税务局、地方税务局印发《税务人员上班期间统一着装的通知》,决定在当年5月1日起税务干部在执行公务时必须统一着装。全市各所、队(分局)、全体税务人员在正课时间必须统一穿税服,佩戴肩章、胸章。税务稽查人员和集贸市场税收征收人员还应佩戴臂章。局机关人员到企业执行公务时一律穿制服、佩戴肩、胸章。2011年5月,再次制定着装管理规定。

(二)人财物管理

1.离退休干部管理

1989年,制定了《东阳市财政局、税务局离退休干部管理服务工作试行办法》,配合市委老干部局落实老干部管理相关政策。1999年8月,市财政局制定了《关于加强财税系统老干部管理工作的若干意见》,实现分级管理,由分管局长任组长,由人教科负责具体管理;各所(分局)实现所(分局)长负责制,指定专人负责。局机关单独建立老干部党支部,成立老干部活动小组,每年召开1~2次老干部座谈会。每年安排一次就近就地的参观学习,适时安排老干部开展多种形式的调研活动。落实老干部生活待遇,及时足额发放老干部工资和应享受的各种补贴,医药费实行按实报销,在职干部体检时组织老干部同时体检。2007年7月,制定《干部职工工作调动(退休)交接管理制度》,规定财产、物资、资料交接内容。

2.临时用工管理

1999年9月,为规范临时用工管理制度,制定《东阳市财税系统临时用工管理规定》,对系统内临时用工的基本条件、审批制度、聘用期限、人员管理、人员待遇、岗位安排作了明确规定。2010年4月,下发《合同工及临时人员管理办法》,规定合同工的日常管理由用工单位实施,并提出量化管理考核办法,年度考核由局考核领导小组会同用工单位一起实施,根据考核结果给予一定奖励。

3.行政经费管理

为更好地使用资金,控制支出,减少浪费,使财务管理规范化、制度化,1992年7月,东阳市财税局制定了《行政事业财务管理暂行办法(试行)》。1999年1月,市局印发《内部经费管理若干规定》,明确了审批权限及程序。2010年10月,制定《基层单位经费使用管理若干规定》,作出对经费使用划拨标准。

4.公费医疗管理

为合理使用公费医疗经费,1991年4月,市财政局制定《加强公费医疗管理规定》,内容包括:

医疗定点范围、重症病人转院治疗规定、中西药处方控制及对医疗费的审核把关。

1999年1月，市财税局制定了《公费医疗暂行规定》，实行“定点医疗，凭证就医”，凭公疗专用处方取药，凭公疗专用发票报销的原则。2001年4月，实行《东阳市城镇职工基本医疗保险暂行规定》，本单位干部职工纳入基本医疗保险的范围，停止执行《公费医疗暂行规定》。

**5.车辆管理**

1992年7月，为合理用车，安全运输，提高车辆使用效率，制定《关于加强汽车、摩托车管理的通知》。1999年1月印发的《车辆管理规定》，完善了车辆维修和油料管理，车辆维修实行定点制度，并建立车辆维修档案，用油与公里数挂钩。2007年7月，再次作出《公车管理规定》，市局所有公车归办公室管理，建立所有车辆的基本档案，统一安排车辆年审、检修、保险、工作用车调度等事项。

**6.基本建设**

中华人民共和国成立初，财政税务机关的用房，变动搬迁较多，先接管了的国民政府旧房，尔后用土地改革时国家没收官僚、地主的房子，这些用房大部分是砖木结构的厅、堂，陈旧简陋。20世纪60年代，税务局在东街拆旧房，盖起9间砖木结构的二层楼一幢，作为办公和宿舍用房。70年代末该房进行了第二次拆建。后财政税务局在黉门前建成南北向和东西向的二层砖混结构各3间，作办公和生活用房，后相继建砖混结构的二层楼宿舍4间、砖混结构的三层楼办公用房7间，在东街原税务局旧址建造三层楼宿舍一幢。1985年，县局和直属所在朝阳路建造四层楼宿舍一幢，次年在吴宁东路38号建造财政税务大楼，五层砖混结构。2003年，于人民北路8号新建财政地税综合大楼，五层钢混结构，建筑面积18053.93平方米，造价5177万元。

## 第五节　荣誉榜

中华人民共和国成立以来，东阳市财政税务部门和单位及系统广大干部职工，立足本职，努力进取，为东阳财税事业和经济社会的建设发展做出了较大的贡献，涌现出一大批先进集体和个人。

20世纪70年代，在“比、学、赶、帮、超”劳动竞赛活动中，湖溪财税所成绩突出，被浙江省革命委员会授予1977年度财贸系统学大寨、学大庆“双学”先进单位。改革开放后，吴宁财税所以“税收、服务、发展”为主题，抓税收征管，抓服务建设，抓信息化管理，工作绩效显著，被财政部评为1986年度“全国财税系统先进集体”；1988年度、1997年度相继被国家税务总局评为“全国税务系统先进集体”；2009年度被全国总工会评为“全国工人先锋号”。

21世纪，市行政事业单位会计核算中心被全国妇联评为2007年度全国“巾帼文明岗”单位。吴宁分局、横店分局及下属办税服务厅连年被评为省级“基层文明单位”和省级“青年文明号”。

表9-3-5-1　　**1977—2018年度获省级以上集体荣誉称号统计表**

| 获奖单位 | 获奖年度及荣誉称号 | 颁发单位 |
|---|---|---|
| 湖溪财税所 | 1977年度全省"双学"先进单位 | 浙江省革命委员会 |
| 湖溪财税所 | 1978年度大庆大寨式单位 | 中共浙江省委 |
| 吴宁财税所 | 1986年度全省财税系统先进集体 | 浙江省财政厅<br>中国财贸工会浙江省委 |
| 吴宁财税所 | 1986年度全国财税系统先进集体 | 中华人民共和国财政部<br>中国财贸工会全国委员会 |
| 吴宁财税所 | 1988年度省级文明财税所 | 浙江省财政厅 |
| 吴宁财税所 | 1988年度全国税务系统先进集体 | 人事部、国家税务总局<br>中国财贸工会全国委员会 |
| 吴宁财税所 | 1989年度省级文明财税所 | 浙江省财政厅 |
| 吴宁财税所 | 1990年度省级文明财税所 | 浙江省财政厅 |
| 吴宁财税所 | 1992年度省级文明财税所 | 浙江省财政厅、浙江省税务局 |
| 吴宁财税所 | 1993年度全省财税系统先进集体 | 浙江省财政厅、浙江省人事厅 |
| 吴宁财税所 | 1993年度省级文明财税所 | 浙江省财政厅、浙江省税务局 |
| 吴宁财政所、国税所、地税所 | 1994年度省级文明所 | 浙江省财政厅、浙江省国税局<br>浙江省地税局 |
| 吴宁财政所、国税所、地税所 | 1995年度省级文明所 | 浙江省财政厅、浙江省国税局<br>浙江省地税局 |
| 巍山国税所、地税所 | 1995年度省级"青年文明号" | 共青团浙江省委、浙江省国税局<br>浙江省地税局 |
| 巍山国税所、地税所 | 1996年度省级"青年文明号" | 共青团浙江省委、浙江省国税局<br>浙江省地税局 |
| 吴宁财政所、国税所、地税所 | 1996年度省级文明所 | 浙江省财政厅、浙江省国税局<br>浙江省地税局 |
| 吴宁财政所、地税所 | 1997年度省级基层财税文明单位 | 浙江省财政厅、浙江省地税局 |
| 东阳市地税局吴宁分局 | 1997年度全国税务系统先进集体 | 人事部、国家税务总局 |
| 吴宁征管分局办税服务厅 | 1999-2000年度省级最佳办税服务厅 | 浙江省地税局 |
| 东阳市地税局巍山税务所 | 1997年度、1999年度省级"青年文明号" | 共青团浙江省委、浙江省地税局 |
| 东阳市地税局吴宁分局<br>办税大厅 | 2000年度省级"青年文明号" | 共青团浙江省委、浙江省地税局 |
| 东阳市财政局<br>东阳市地税局 | 1999年度、2000年度全省财税系统形象工程活动先进单位 | 浙江省财政厅、浙江省地税局 |
| 东阳市地税局吴宁分局 | 1999年度、2000年度全省财税系统基层文明单位 | 浙江省财政厅、浙江省地税局 |
| 东阳市地税局吴宁征管局 | 2001年度地税系统省级基层文明单位 | 浙江省地税局 |
| 吴宁征管局办税服务厅 | 2001年度省级最佳办税服务厅 | 浙江省地税局 |

续表9-3-5-1

| 获奖单位 | 获奖年度及荣誉称号 | 颁发单位 |
| --- | --- | --- |
| 东阳市地税局吴宁征管局 | 2002年度地税系统省级基层文明单位 | 浙江省地税局 |
| 东阳市地税局吴宁分局 | 2003年度全省地税系统省级基层文明单位 | 浙江省地税局 |
| 东阳市财政局<br>东阳市地方税务局 | 2004年度全省财政地税系统党风廉政建设　先进单位 | 浙江省财政厅、浙江省地税局 |
| 东阳市地税局吴宁分局 | 2004年度地税系统省级基层文明单位 | 浙江省地税局 |
| 横店税务分局办税服务厅 | 2004-2005年度、2007年度省级“青年文明号” | 浙江省青年文明号、青年岗位能手活动组委会 |
| 东阳市行政事业单位会计核算中心 | 2006年度全国“巾帼文明岗” | 中华全国妇女联合会、全国妇女“巾国建功”活动领导小组 |
| 东阳市地税局吴宁分局 | 2006年度地税系统省级基层文明单位 | 浙江省地税局 |
| 东阳市地税局吴宁分局 | 2007年度全省地税系统“文明单位创建成果奖” | 浙江省地税局 |
| 东阳市地税局横店分局 | 2007年度全省地税系统“群众满意基层站所(办事窗口)”创建工作先进单位 | 浙江省地税局 |
| 东阳市地税局横店分局 | 2007-2008年度省级“青年文明号” | 浙江省青年文明号、青年岗位能手活动组委会 |
| 东阳市税务局吴宁分局 | 2007年度浙江省“工人先锋号” | 浙江省总工会 |
| 东阳市地税局吴宁分局 | 2008年度地税系统省级基层文明单位 | 浙江省地税局 |
| 东阳市地税局吴宁分局 | 2009年度“人民满意的公务员集体”荣誉称号 | 浙江省委组织部、省委宣传部<br>浙江省人力资源和社保厅、省公务员局 |
| 东阳市地税局横店分局 | 2009年度全省地税系统“群众满意基层站所(办事窗口)”创建工作先进单位 | 浙江省地税局 |
| 横店分局办税服务厅 | 2009-2015年度省级“青年文明号” | 浙江省青年文明号、青年岗位能手活动组委会 |
| 东阳市地税局吴宁分局 | 2009年度全国“工人先锋号” | 中华全国总工会 |
| 东阳市地税局吴宁分局 | 2009年度地税系统省级基层文明单位 | 浙江省地税局 |
| 东阳市财政局农业和农税科 | 2010年度全省财政系统先进集体 | 浙江省人力资源和社会保障厅<br>浙江省财政厅 |
| 东阳市地税局吴宁分局 | 2010年度地税系统省级基层文明单位 | 浙江省地税局 |
| 东阳市地税局吴宁分局 | 2011年度地税系统省级基层文明单位 | 浙江省地税局 |
| 东阳市地税局吴宁分局 | 2012年度全省地税系统省级基层文明单位 | 浙江省地税局 |
| 东阳市地税局横店分局 | 2016年度全省地税系统先进集体 | 浙江省人力资源和社会保障厅<br>浙江省地税局 |
| 东阳市地税局吴宁分局 | 2017年度浙江省文明单位 | 中共浙江省委 |

续表9-3-5-1

| 获奖单位 | 获奖年度及荣誉称号 | 颁发单位 |
| --- | --- | --- |
| 东阳市地税局 | 2017年度全省纳税人满意度调查市(县)排名全省第4名 | 浙江省地税局 |

表9-3-5-2　　1958—2018年度获省级以上个人荣誉称号统计表

| 获奖个人 | 获奖年度及荣誉称号 | 颁发单位 |
| --- | --- | --- |
| 徐子良 | 1958年度浙江省工业、交通运输、基本建设、财政贸易、先进生产(工作)者 | 浙江省人民委员会 |
| 丁廷友 | 1961年度浙江省工业、交通运输、基本建设、财政贸易系统先进生产(工作)者 | 浙江省人民委员会 |
| 丁廷友 | 1962年度浙江省工业、交通运输、基本建设、财政贸易方面先进生产(工作)者 | 浙江省人民委员会 |
| 张桂松 | 1962年度浙江省工业、交通运输、基本建设、财政贸易方面先进生产(工作)者 | 浙江省人民委员会 |
| 吴宏昌 | 1962年度浙江省工业、交通运输、基本建设、财政贸易方面先进生产(工作)者 | 浙江省人民委员会 |
| 许树土 | 1986年度浙江省财税系统先进工作者 | 浙江省财政厅<br>中国财贸工会浙江省委员会 |
| 方永祥 | 1990年度全省税务系统青年标兵 | 共青团浙江省委、浙江省税务局 |
| 单　春 | 1993年度全省财税系统先进工作者 | 浙江省人事厅、浙江省财政厅 |
| 徐根龙 | 1996年度全省税务系统先进工作者 | 浙江省人事厅、浙江省国税局浙<br>浙江省地税局浙 |
| 张军南 | 1998年度全省地税系统省级优秀税务工作者 | 浙江省地税局 |
| 吴时根 | 2015年度全省财政系统先进工作者 | 浙江省财政厅<br>浙江省人力资源和社会保障厅 |
| 朱航军 | 2016年度全省地税系统先进工作者 | 浙江省地税税务局<br>浙江省人力资源和社会保障厅 |

说明：以上集体、个人荣誉统计范围为获省级以上综合性荣誉称号

# 附 录

## 一、图表目录

（图表目录编序：1—1—2—3 第一篇第一章第二节表3）

### 第一篇 财政体制与收支

**第二篇　财政保障**

**第三篇　财政管理**

**第四篇　财政监督**



**第五篇　国有资产管理**

**第六篇 税制税种**

**第七篇　税收征管**



**第八篇　税收执法与税收优惠**

**第九篇　机构队伍**

## 二、1998—2018年东阳市国家税务局税收情况统计表

单位：万元

| 年份 | 合计 | | 增值税 | | 消费税 | 营业税 | 企业所得税 | 个人所得税 | 车辆购置税 |
|---|---|---|---|---|---|---|---|---|---|
| | 总收入 | 其中：属地方财政的收入 | 总收入 | 其中：营改增收入 | | | | | |
| 1998 | 22320 | 5495 | 21061 | | 170 | 700.0 | 389 | | |
| 1999 | 20872 | 5470 | 19192 | | 76 | 758.0 | 840 | 6 | |
| 2000 | 39728 | 10096 | 35553 | | 79 | 1505.0 | 1307 | 1284 | |
| 2001 | 43724 | 10647 | 39404 | | 101 | 919.0 | 935 | 2365 | |
| 2002 | 51308 | 13606 | 46882 | | 118 | 473.0 | 1352 | 2483 | |
| 2003 | 55620 | 14590 | 50057 | | 229 | 103.0 | 2612 | 2619 | |
| 2004 | 61875 | 14942 | 55109 | | 137 | | 3907 | 2722 | |
| 2005 | 73417 | 17367 | 65013 | | 129 | | 4368 | 2927 | 980 |
| 2006 | 91135 | 20451 | 74201 | | 90 | | 6503 | 3666 | 6675 |
| 2007 | 106274 | 24394 | 83471 | | 84 | | 10629 | 4050 | 8040 |
| 2008 | 116254 | 27380 | 92947 | | 160 | | 13172 | 2313 | 7662 |
| 2009 | 125377 | 29268 | 99460 | | 136 | | 13324 | 991 | 11466 |
| 2010 | 161243 | 37237 | 116812 | | 129 | | 24632 | 170 | 19500 |
| 2011 | 207650 | 48448 | 140800 | | 143 | | 41128 | 72 | 25507 |
| 2012 | 242044 | 61373 | 143081 | 89 | 165 | | 68478 | 25 | 30295 |
| 2013 | 322034 | 106493 | 202511 | 34892 | 313 | | 80810 | 8 | 38392 |
| 2014 | 370785 | 124626 | 228903 | 40846 | 410 | | 99951 | 3 | 41518 |
| 2015 | 406009 | 137081 | 250973 | 43256 | 402 | | 119535 | 2 | 35097 |
| 2016 | 455825 | 186549 | 306618 | 104903 | 363 | | 121452 | 2 | 27390 |
| 2017 | 566971 | 238867 | 422136 | 195249 | 308 | | 107957 | 1 | 36569 |
| 2018 | 635402 | 275782 | 486698 | 299710 | 403 | | 113063 | 1 | 35237 |

## 三、《隆庆东阳县志·民赋志》节选

**民赋志**

凡七:曰前制,曰户口,曰税粮,曰里甲,曰里甲,曰均徭,曰岁课,曰诸需。其大者为税粮,为里甲、均徭,成宪具在也。第司计者有增损,建议者有因革,欲画一而世守之,弗可得已。此其大略耳。

**前制第一**

今昔制殊,难于类附,汇志之以冠于首。

**唐户口**

垂拱二年,户一万一千有畸。

**宋户口**

大中祥符中,主客户二万七千一百一十四,主客丁一万八千七百三十四。

绍兴二十四年,主客户三万五千四百九十六(主户三万四千七百八十四,客户七百一十二),主客丁七万六千三十八(主丁七万四千八百二十三,客丁二千二百一十五。)。

宝祐元年,户四万四百九十八,丁十八万五千一百九十二。

**元户口**

至元二十七年抄籍总计,诸色户四万一千二十三户,一十七万五千五百九十三口。

**宋税粮**

折帛钱五万三千四百二十九贯七百二十六文。

䌷钱一万五千二百二十四贯二百八十八文。

绢八千九百六十六疋三丈五尺五寸(内合发户部二千五百五十五疋)。

绫二千五十七疋三丈九尺一寸(内合发户部二千二十七疋)。

罗二千九百四十五疋(全解户部)。

绵三万九千二百八十八两六钱(内合发户部一万七千两)。

丝四千八两(全解户部)。

苗米二万一千二百二十三石六斗八升三合二勺。

**元税粮**

秋粮：正米一万七千四百三十五石七斗一升九合七勺（官田正米五千四百七十二石七斗四升三合六勺，民田正米一万一千九百六十二石九斗七升六合一勺）。

夏税：中统钞八百三十一锭七两四钱七分九厘（民税中统钞七百一十七锭三十八两九钱二分八厘，站锐中统钞一百一十三锭一两四钱二分八厘八毫）。

**宋各色**

煮酒钱，原管每月一千七百三十贯七百三文（后减三百贯文）。

清酒钱，每月原管一千二贯一十文（后减二百贯文。端平三年，知县林嘉会申请云："本县东、西二尉共管弓手二百三十名，每名月请庸钱四贯二百三十七文，乃抑纳买酒二贯七百三十文，是其所请庸钱大半耗于买酒矣。为弓兵者于是重困，平居无事，则不免于扰民，而缓急有事，则难藉以为用。原其所以，盖缘本县酒额太重，无从发泄，怕户均认之外，科之妓第吏胥等人，犹云可也。至于科之弓兵，则大不使。且东阳去义乌不过四十里，而酒额轻重，爰然不同。义乌每月管发煮酒钱一千六十四贯一百三六十文，而本县则管发一千七百三十贯七百三文；义乌每月管发清酒钱六百贯五文，而本县则每月管发一千二贯一十文。其视义乌几倍，无怪其后事于科，抑而为弓兵之害也。"后量减）。

煮酒库，每月解发州库三百七十七贯一百文、经总制司七百二十八贯五百四十五文、财用司三百二十贯一百二十三文，并钱汇中半。

清酒库，每月解丛州库三百二贯二百二十七文、总制司三百七十四贯五百一十六文、财用司一百四十三贯五十七文，并钱汇中半。

酒名钱，村坊一十九处，管钱二千三百一十六贯三百四十八文。

茶租钱。每年共管七百二十贯文，钱汇中半（内一半助役庄代纳。助役庄者，宝庆三年太守王罗龙从官会二万贯置）。

商税钱，二千七百八十九贯八百七十七文。

税务，每年解发本州一千八百九十六贯三百七十四文界汇，通判厅经总制九百二十一贯八百八十八文十七界钱汇中半，财用司二十九贯二百一十九文十八界钱汇中半。

州役钱七千四百一十九贯一百一十二文。

县役钱六千四百九十四贯文。

**元各色**

商税，周岁额办中统钞三百七十五锭。

酒醋课程门摊，每岁额办中统钞五百五锭二两二钱（征解本路）

茶课，中统钞三十三绽一十二两五钱一分六厘（均派合属乡都，征解征税提举司分司）。

房地赁钱，岁解中统钞九锭四十五两六钱六分。

站户钞，免征粮一千八百八十九石五斗一升七合。

添荅粮，二千三百九十二石五斗九升五合二勺。

包银九户（延祐七年奉旨，民田每米一斗添仓二升；无田地有营运之家，每户包银二两，折至元钞一十两，准中统钞五十两）。

**宋官租**

圭租每年官催一百五十石，解发三百九十一石斗（使府七十石七斗一升五合无废、府通判厅二十五石七斗九升无废，只解一佰贯。节推九十石，察推三十五石七斗七升九合，书记二十三石七升，司理一十二石二升，教投五十石，司户一十二石二升，知录二十五石一升，知县四十八石。端平三年，知县林嘉会申请云："群官之有圭租，所以为养廉之助，然实有是田，而后可以有是租。本县职田米麦一百七十三石六斗二升，其间尚有堰江逃绝不可催追之数顷，缘本县押禄何惠妄指职田，指县衙为衙楼丘，指婺女星祠为星楼丘，指教场为教场丘，虚申名额，均献州官，计二百二十石八斗，本县无所从出，即均敷合县公吏，抑勤赔偿，众口哓哓，以为无辜，欲乞将实管田额高下，均给州官，而猾吏妄申虚名石数，并与蠲豁不行）。

**元官租**

职田十顷五十亩（达鲁花赤田二顷，县尹田二顷，县丞田一顷五十亩，主薄田一顷，永宁、永寿巡检田一顷，瑞山、玉山巡检田一顷，兴贤、仁寿巡检田一顷）。

儒学租米计一百八十三石，租利钱中统钞六十贯。

小学租米一十五石五斗五升（大德二年二月肃政廉访使按部，课本学教官以学租见存钱谷，今儒户买田赡养小学生员）。

**户口第二**

国初册籍民数如左，永乐以下渐有耗减，今几半矣。其虒源则以民间户口率多隐漏，有百家共一丁者，而册籍所载甲首户又多，逃绝空名耳。

图旧三百有六十，今一百八十有六。

城四隅，共六图，乡六十八都，共一百八十图（城图坊长共六名，乡图里长一百八十名）。

户，洪武二十四年四万三千一百三十三，今二万六千五百七十一。

口，洪武二十四年一十八万一千五百三十三，今七万九千八百一十。

**税粮第三**

宋元《志》，土田无改，国初始有定额，是后稍增益云。其间飞洒移易，弊端为多。询诸故老，唯谓成化间，缪侯核田极为清彻，今奸民且去其籍，弊复滋矣（本县十四乡，其田赋因之为轻重，如升苏乡则极重，玉山乡则极轻，余乡或轻或重。而一乡之中，其田又分水平高三则，通县民田合有四十余则，即肥硗高下所不能无，何至醜缕若是？欲求无弊，不可得已。议者欲均赋，则物情不协；欲方田，则耳目难逮。必有刚毅足以任怨、聪明足以扶弊者，斯足以集事哉）。

官民田地山塘，洪武二十四年一万一千二百八十一顷八十八亩三分，今一万一千三百四顷六亩四分七厘。

田，五千四百九十二顷七十五亩八分五厘一毫。

地，一千九百七十六顷七十亩三分。

山，三千三百七十顷二十六亩四分九厘九毫。

塘，四百六十四顷二十六亩六厘。

夏税麦，二千三百四十八石四斗八升二合六勺（夏税有麦、有丝、有钞，本府额征丝，皆并派汤溪县，而七县止征麦）。

京库麦，一千五百二十石四斗一升四合（每石折银二钱五分）。

本县儒学仓麦，一百石。

本府永济仓麦，七百二十七石七斗二升三合七勺。

秋粮米，二万四百二十八石七斗五升三合八勺（夏税秋粮本县原分一十八区，额设粮长一十八名管催）。

京库米，五千四百二十三石七斗一升（每石折银二钱五分）。

南京各衙仓米，一万五百六十石（内本色米一万二十石三升七合，每石连耗七斗，共征银八钱五分；折色米五百三十九石九斗六升三合。每石折银六钱）。

预备米，四千九百五石三斗一升四合八勺（每石折银五钱，解本司以备军饷支用）。

台州府临海县广储二仓米，四百石（每石征银五钱五分）。

临海县广储三仓米，一千六百二十三石四斗八升五合三勺（每石征银五钱五分）。

临海县广储四仓米，七百一十石（每石征银五钱五分）。

太平县广盈一仓米，七百九十二石二斗四升（每石征银五钱五分）。

兰溪章懋《核田记》曰："惟东阳金华望县，所隶十有四乡，系藉之民以数万计。其所有土田，为亩一十二万九千四百有奇，而税入二万四千余石，可谓庶且富矣。然税之所出，必于其田，县故有复熟官田一百一十五顷二十六亩九分四厘三毫，名存实亡，莫知田之所在，其米一千三百余石皆所无征。为政者以为大农经费之入，弗可亏也，则以之抑配农民而责其偿。至其官民之田之米无征者，又三百余石，其抑配亦如之。呜呼，古之耕者助而不税，其制不可及已。后世有田则有税，然各随其所有多寡而征，民未以为病也。至于无田而有抑配之税，则民之困极矣，是岂真无其田也耶，盖版藉不明，奸欺百出，有田者不税，有税者无田，逋租匿役，靡所不至。政庞赋扰，诉理纷纭，非惟民所不堪，而有司者亦病之矣。今缪侯之为令也，励精治理，勤恤民隐，谓仁政自经界始。经界不正而田失其实，则版籍以之不明，而税之逋陷、民之憔悴，无怪其然，不有以更张之，其弊何时已乎？乃成化十有余年，适国著令重造版籍，遂以部使者吴公森之命，取洪武中鱼鳞图籍为之准，而役民之善方田者，使履亩而量之，仍以乡老之公正者为监量。凡田之若官若民，与号名、步亩、税粮之实，沿革之故，以及得业之人，即皆核而籍之矣，而独恐有蔽于私者，又更其人，易其地覆核之。且躬自临视，以发其隐伏，听其争讼焉。夫然后宿蠹潜奸，披露首服。有受人之田而不认其税者，以其税寄之他人者，有以官田隐为民田，以上地冒作下地者，诸若此类，悉厘正之。所核官、民、职学与买、括等田，其数多与旧额相当，独义庄为余，计其所余田亩，适符复熟之数。侯乃叹曰：'吾知所处矣，彼复熟，即义庄也，特名之异而失之耳。'询诸父老，佥谓其然。上于藩府，藩府允焉，遂以义庄余亩定为复熟之田。其陵谷迁变、田之果不存者，则以新所垦辟之数充之。田土即核，税得所归，民业有经，公租不负，失业之民脱然苦沉疴去体，洒然若执热遇濯，而无复有抑配之苦矣。其定著为籍，曰流水，曰保类，曰户类者，皆明白可据。乃以附诸国版，登于天府焉。凡民之任役者若干人，始事于是岁之春，而讫役于其冬。邑人既皆悦喜，相与归德于侯，而侯不自居也，则又谢曰：'板籍之正，田税之均，实圣祖旧章，明天子盛德，藩府大官之令尔，诸父老之勤也，吾何力之有哉？'虽吾与若等所以救其弊于今日者，非易易也。异时或有兼并之徒恶其害已而去籍焉，则不得善其后矣，亦思以维持而勿坏，使吾民永有赖乎。乃伐石走书请记，且曰：'吾于诸父兄独有望焉，幸有以作其志'。噫，仁政之不行，久矣。昔朱子之守漳州也，尝欲推行经界以惠贫民，时当道者惑于浮议，迄不果行。有志之士，至今为憾，则为后世之吏欲行其志，不亦难乎？今侯核田于东阳，虽未能为古经界，而有经界之遗意焉，可谓善学朱子者矣。而获乎上下莫或扰之，则其时之所遭，殆有过于彼者，非幸耶？又孰谓吏于令者，不得行其志哉？夫以朱子之不为者，侯既为之，则其所已为，若水利，若社仓，若义役，皆仁政之宜于今者，又岂不欲次第为之乎？侯之所望于父兄者，固有在矣，尔父尔兄尚亦有以外赞其成哉。吾见邑人之蒙其泽者未可既也，若其维持而勿坏，则后之君子必将有任其责者，故特书其事以告焉。侯名槱，字全之，溧阳人，以进士起家而为是邑，既新其学，又及于此，教养兼举，方以治行闻于时云。若执役者之名氏，与诸乡田土多寡、税粮轻重之数，则列之碑阴。"

**里甲第四**

里甲十年一轮，以供公家之用也。解两京者为额办，为坐办；其司道府县之费为杂办（俱照该年丁田出办。额办者，分派一府买办之物也，坐办者，通派各府出办之银也）。

额办银，四百五十六两一钱四分。

笙竹银，四两捌钱九分七厘。

鹿皮银玖钱柒分叁厘。

槐花银壹拾玖两壹钱捌分陆厘。

弓箭弦条银，贰百肆拾壹两玖钱陆分柒厘。

胖袄银，壹百肆拾伍两肆钱柒分陆厘。

药材银，壹拾两伍钱玖分壹厘。

农桑绢银，贰拾捌两五分陆厘。

坐办银，贰千玖百肆四拾柒两捌钱陆分。

水牛底皮等料银，肆钱玖分陆厘。

曆日纸银，壹拾贰两玖分捌厘。有闰，加银叁钱肆分壹厘。

浅船料银，肆百陆拾陆两柒钱陆厘。

缎疋银，壹千贰百肆拾玖两陆钱陆分陆厘。有闰，加银九十二两七分八厘。

漆木料银，一十二两二分六厘。

四司工料银，六百一十五两五钱五分七厘。

果品银，一十八两五钱三分二厘。

牲口银，三十五两七钱五分四厘。

蜡茶银，五百三十九两二分四厘。

杂办（银一千二百两有奇，唯解司府若祭祀、乡饮、存恤等，则有常数，余皆裒多益寡，不尽如额）。

宾兴礼币银，十六两六钱零。

举进牌坊银，八十八两八钱七分四厘（解司）。

修城钱，三两四钱五分（解司）。

战船银，八十四两一钱五分（解司）。

祭祀钱，一百六十四两七钱。

乡饮银，二十两。

斋捧表笺银，四两六钱一分七厘（解府）。

迎春贺节银，共七两。

孤老柴布银，三十两。

考试生员银，共八十五两八钱五分。

分巡驻扎银，共四十三两。

上司经临银，共十四两四钱。

使客过往银，三十两。

岁贡路费银，四两五钱（外，均徭岁派银三十两）。

科举路费银，二十三两。

会试路费银，二十五两九钱。

修理厅馆银，四十两。

上司家伙，十一两（外，均徭岁派府县并儒学家伙银五十两四钱三分）。

心红纸扎（府四十两，县一百八两）。

夫马银，二百七十八两二钱。

预备杂用银，一百八十两。

**均徭第五**

均徭亦十年一轮，与里甲循环，以服公家之役也。有银差，有力差（俱照该年丁田，今皆征银募差矣，唯府县斗级则犹编审）。

柴薪皂隶（每名银十二两）。

南京额班九名　布政司一名　本府五名　本县九名

**隶兵**

南京九名（每名银九两，滴珠三钱）按察司二名（每名银一十二两）

提学道二保（每名银一十二两）都司经厉一名（银一十二两）

本府十二名（充饷二名，每名银九两；跟随十名，每名银十两）

本县三十名（每名银九两）

马丁（每名银四两）

本府十名

本县四十名

斋夫（每名银十三两）

府学二名　县学六名

膳夫（每名银十两）

府学二名　县学八名

富户（每名银二两）

京库八名

**库子**

布政司一名（十二两）　按察使司二名（每名银十二两）

本府一名（库役银四十两）本县一名（库役银三十六两）

县学二名（每名银七两二钱）运司幕厅（银八两二钱）

**狱卒**

布政司二名（每名银十二两）按察使司三名（每名银十二两）

本府三名（每名银十两八钱）本县五名（每名银九两）

**门子**

驿传道一名（银十二两）本府二名（每名银七两二钱）

本县二名（每名银七两二钱）司馆三名（每名银三两六钱）

褒忠祠一名（银三两）　县学三名（每名银七两二钱）

启圣祠一名（银七两二钱）

**斗级**

本府永济仓一名(银二十两)　军储仓一名(银十两)

本县预备仓二名(每名银十五两) 际留仓二名(银六两)

儒学两名(每名银七两二钱)

**巡盐应捕**

本县六名(抵课银十两八钱。巡盐四名,每名银七两二钱)

**巡拦**

本县税课局八名(每名银八两)

**弓兵**

本县永宁巡检司二十五名(接济五名,每名银五两。当役二十名,每名银七两二钱)

提学道执伞一名(银一十二两)　海道执伞一名(银九两)

**铺司兵**

本县铺司兵一十五(每名银八两)

贴户(每名银三十两)

本府二名　布政司二名

**甲首**

分巡嘉湖一名(银九两)　聘取试官一名(银十二两)

本府听差二名(每名银七两二钱)

**夫**

都察院轿夫一名(银十二两) 察院轿伞夫半名(银六两)

监院轿夫半名(银六两)　监院座船水手(银一两七钱八分)

提学道听事夫三名(每名银十二两)

本县河埠渡夫二名(每名银二两)

**岁课第六**

有户口之征,有市廛之征。户口有盐粮,有盐钞;市廛有县课,有局课。

盐粮无闰米,一千七十九石七斗六升四合;有闰,加米八十九石九斗八升三勺零(派征乡民,今附税粮同征。粮钞等为食盐,但乡市异耳,并载于此)。

颜料米,二百二十九石一斗六升六合二勺五抄(每石折银六钱)。

本县儒学仓米,二百五十石(本色)。

本县际留仓米,三百一十石(本色)。

台州府临海县广储三仓米,二百九十石五斗九升七合七勺五抄(每石征银五钱五分)。

监钞无闰本色钞,六百九十六锭(该银三两九钱七分七厘六毫),折色铜钱六千九百六十文(该银九两九钱四分二厘八毫）；有闰，加本色钞五十锭七贯五百文，折色铜钱五百一十五文（俱派征市民，盖钞为轻，粮为重）。

一半解司，转解北京户都太仓银库。

一半解贮库，为府县官吏折钞。

本县无闰课钞，一百七十七锭二贯二百四十八文（该银一两一钱七分四厘）；遇有闰，加钞一十锭三贯二百二十八文（均派县市铺行出办）。

解司抵支卫所官军俸钞。

税课局无闰课钞，六千八百五十三锭二贯七百四十文（该银六十八两五钱三分五厘）；有闰，加钞五百七十一锭一贯一百三文（年编巡拦八名追役银六十四两，抵课不足之数，均派市镇铺行辏办）。

解支同前。

**诸需第七**

军国之需，有在诸赋之外者，则系之以诸需。

**驿传**

此验粮派征者，有本省，有别省，计额征，丁佥马价银三百九十三两九钱七分，粮佥马价银二百三十七两三钱三分，附近水夫银八百八两八钱八分八厘零。本县赋役成规，俱照民米派征（本县除官米外，民米一万七千二百三十四石三斗五升五勺，每石征银八分三厘零。其在别府，亦有分丁粮派者）。

**兵饷**

此验亩派征者。浙自遭倭寇后，海防为重，通省饷银俱以田地、山塘亩分相准派征。其数，前后稍有增损，先年征银四千九百有奇，今三千六百有奇。

**民壮**

此照通县丁田派征者。赋役成规，里甲旧额民壮一百五十名，每名银六两，后增至七两二钱，银数颇多，通派一县征之。

**织造**

此亦照通县丁田派征者。赋役成规，均徭旧派预备织造银四百两，听候布政司取给袍服、生绫、段疋等项织造之用。彼时取用不常，其征为缓。比年加至一千三百余两。取数既多，且催督旁午，虽通派一县，犹不堪矣。

# 后 记

2017年12月，根据东阳市委、市政府《关于做好东阳市志编纂工作的通知》精神，东阳市财政局、地税局、国资办成立了重修《东阳财税志》编纂委员会，下设编纂办公室。并制定重修实施方案，将《东阳财税志》下限延至2018年末。

《东阳财税志》重修编纂过程，大体经历了动员发动、收集资料、撰写编辑、评审修改等阶段。2018年1月，召开《东阳财税志》重修工作动员大会，对编辑人员进行工作分工，确定各科室资料收集联络员，落实工作任务。2018年3月，为了更好地记录东阳市财税工作的发展历程，东阳市财政、地税局下发了《关于开展"财税记忆"老照片、老物件征集活动方案》，向社会各界征集财税工作物化资料。在搜集资料和编纂过程中，《东阳财税志》编纂委员会先后编印了《岁月风华(东阳市财政地税系统离退休干部职工访谈录)》《东阳财政税务干部职工名录》《东阳县田亩数额(乾隆十二年后)东阳农村经济(民国21年11月)合集》《东阳县永宁乡鱼鳞册(顺治年间)》《东阳县田赋税课全书东阳县田亩数额合集》《东阳鱼鳞图册选编(清康熙三年)》《东阳鱼鳞图册选编(清光绪二十九年)》等书籍，为编修财税志书提供了翔实的依据。

2021年3月，完成《东阳财税志》分篇初稿，经广泛征求方志有关专家学者和财政、税务、国资系统有关同志意见，编辑人员作补充修改，调整完善体例结构，严格核对数据，规范文字表述。9月，又将《东阳财税志》送印稿发至财政、税务、国资部门各科室审阅，编纂人员根据评审意见，作进一步的修改完善。经过近四年时间的挖掘、收集、整理、修改、纂写，几易其稿，《东阳财税志》终于付梓出版。

《东阳财税志》的资料收集涉及社会经济生活的方方面面，是一项系统性的大项目，汇聚了全市财政、税务、国资系统广大干部职工集体劳动的成果和智慧，凝聚着全体编修人员的心血和汗水。在编纂过程中，我们得到了浙江省、金华市财政、税务、国资部门领导的工作业务指导和金华市地方志办公室、东阳市人民政府地方志编纂室、东阳市档案馆及东阳市历史文化研究会等单位及财政、税务、国资部门的领导和袁朝明、张忠鸣、王九成、任立平、李玲、徐松涛、李义敏、楼天良、华柯、方乾罡等同志的大力支持和帮助，在此深表谢忱！

由于编者学识水平有限，加上财政税收历史悠久，涉及面广，专业性强，以及资料缺失等原因，本书难免出现疏漏与错误之处，恳请读者与方家批评指正。

编 者

2021年12月30日